AF072516

BHAGAVAD GĪTĀ ZOALS ZE IS

WERKEN VAN ŚRĪ ŚRĪMAD
A.C. BHAKTIVEDANTA SWAMI PRABHUPĀDA

Vertaald in het Nederlands

Aan een zijden draad
Bhagavad-gītā zoals ze is
De nektarzee van zuivere liefde
De wetenschap van zelfrealisatie (*tweede editie*)
Het pad naar perfectie
Kṛṣṇa (*twee delen*)
Leven komt voort uit leven
Prahlāda Mahārāja's transcendentale kennis
Rāja-vidyā: De koning van alle kennis
Śrī Īśopaniṣad
Śrīmad-Bhāgavatam, canto's 1–10.1 (*twaalf delen*)
Tijdeloze eenvoud – Spiritualiteit en verloren vooruitgang
Volmaakte vragen, volmaakte antwoorden

Engels

Śrīmad-Bhāgavatam canto's 10.2–12 (*zes delen; door discipelen*)
Śrī Caitanya-caritāmṛta (*negen delen*)
Teachings of Lord Caitanya
The Nectar of Instruction
Light of the Bhāgavata
The Nārada-bhakti-sūtra (*voltooid door Satsvarūpa Dāsa Goswami*)
The Mukunda-mālā-stotra (*voltooid door Satsvarūpa Dāsa Goswami*)
Easy Journey to Other Planets
Teachings of Lord Kapila, the Son of Devahūti
Teachings of Queen Kuntī
Message of Godhead
The Perfection of Yoga
Beyond Birth and Death
On the Way to Kṛṣṇa
Elevation to Kṛṣṇa Consciousness
Kṛṣṇa Consciousness: The Matchless Gift
Kṛṣṇa Consciousness: The Topmost Yoga System
Back to Godhead (*tijdschrift; oprichter*)
Search for Liberation
The Journey of Self-Discovery
Civilization and Transcendence
The Laws of Nature
Renunciation Through Wisdom
The Quest for Enlightenment
Dharma, the Way of Transcendence
Beyond Illusion and Doubt
The Hare Kṛṣṇa Challenge

Bengali

Geetār-gan
Vairāgya-vidyā
Buddhi-yoga
Bhakti-ratna-bolī

Overige Nederlandstalige publicaties van de Bhaktivedanta Book Trust International

Een hogere smaak
Heengaan en terugkomen
Prabhupāda (*biografie*)
Vedische kookkunst

गीतोपनिषद्

BHAGAVAD GĪTĀ ZOALS ZE IS

TWEEDE EDITIE
Herzien en uitgebreid

met de oorspronkelijke sanskriettekst,
transliteratie in westers schrift,
woord-voor-woord-vertaling, vertaling
en uitgebreid commentaar

door

Śrī Śrīmad
A.C. Bhaktivedanta Swami Prabhupāda
Stichter-*ācārya* van de Internationale Gemeenschap voor Krishna-bewustzijn

THE BHAKTIVEDANTA BOOK TRUST

Lezers die meer willen weten over de in dit boek behandelde onderwerpen, worden hierbij uitgenodigd contact op te nemen met het secretariaat van de Internationale Gemeenschap voor Krishna-bewustzijn.

Nederland

ISKCON Amsterdam
Lizzy Ansinghstraat 80
1072 RD Amsterdam
t +31 (0)20 67 51 404
info@iskconamsterdam.nl
www.iskconamsterdam.nl

België

ISKCON Radhadesh
Château de Petite Somme
6940 Septon (Durbuy)
t +32 (0)86 32 29 26
info@radhadesh.com
www.radhadesh.com

www.krishna.com
www.bbt.info

Eerste druk, 2003: 10 000 exemplaren
Tweede druk, 2008: 10 000 exemplaren
Derde druk (paperback), 2009: 15 000 exemplaren
Vierde druk (paperback), 2021: 10 000 exemplaren
Vijfde druk (paperback), 2023: 10 000 exemplaren

© 2003, 2021 The Bhaktivedanta Book Trust International, Inc.

Oorspronkelijke titel: *Bhagavad-gītā As It Is*

Vertaald door: Rūpa Sanātana Dāsa (Rogier Vrieling)

Alle rechten voorbehouden.

ISBN 978 90 70742 35 5
NUR 718, 739

Aan

ŚRĪLA BALADEVA VIDYĀBHŪṢAṆA

die ons zijn *Govinda-bhāṣya*,
zijn commentaar op de Vedānta-filosofie,
heeft gegeven.

INHOUD

De achtergrond van de *Bhagavad-gītā* *xi*

Voorwoord *xiii*

Inleiding 1

De opeenvolging van discipelen 28

1 HET AANSCHOUWEN *van de* STRIJDMACHTEN *op het* SLAGVELD *van* KURUKṢETRA 29

Arjuna, de machtige strijder, ziet onder de twee vijandige legers die op het punt staan de strijd aan te gaan, zijn familieleden, leraren en vrienden gereed om te vechten en hun levens op te offeren. Maar terwijl Arjuna zijn dierbaren zo voor zich ziet staan, wordt hij door verdriet en medeleven overmand. Zijn geest raakt verward en hij verliest zijn kracht en vastberadenheid om te strijden.

2 SAMENVATTING *van de* GĪTĀ 59

Nadat Arjuna zich aan Heer Kṛṣṇa heeft overgegeven en Zijn discipel is geworden, begint Kṛṣṇa Zijn onderricht. Hij legt het fundamentele verschil uit tussen het tijdelijk materieel lichaam en de eeuwige ziel, het proces van reïncarnatie, de aard van onzelfzuchtige dienst aan de Allerhoogste en de kenmerken van een zelfgerealiseerd persoon.

3 KARMA-YOGA 129

In de materiële wereld is iedereen gedwongen te handelen. Maar activiteiten kunnen ons aan deze wereld binden of ons ervan bevrijden. Wie handelt om de Allerhoogste zonder resultaatgerichte motieven tevreden te stellen, kan worden bevrijd van de wet van karma (actie en reactie) en kan transcendentale kennis over het zelf en de Allerhoogste krijgen.

4 TRANSCENDENTALE KENNIS 169

Transcendentale kennis — de spirituele kennis over de ziel, over God en over de relatie tussen beide — is zuiverend en leidt tot bevrijding. Zulke kennis is het resultaat van onzelfzuchtige devotionele activiteit (*karma-yoga*). Heer Kṛṣṇa zet de geschiedenis van de *Gītā* uiteen en geeft uitleg over het doel en de betekenis van Zijn periodieke afdaling naar de materiële wereld en de noodzaak om een *guru*, een zelf-gerealiseerde spiritueel leraar, te benaderen.

5 KARMA-YOGA: ACTIVITEIT *in* KṚṢṆA-BEWUSTZIJN 215

Wie door het vuur van transcendentale kennis gezuiverd raakt, kan vrede, verdraagzaamheid, een spirituele visie en gelukzaligheid verwerven en uiterlijk allerlei activiteiten verrichten, maar zich innerlijk van hun vruchten onthechten.

6 DHYĀNA-YOGA 243

Door het proces van *aṣṭāṅga-yoga* (een mechanische vorm van meditatie) kan men zijn geest en zintuigen beheersen en zich concentreren op de gedaante van de Heer die Zich in het hart bevindt (de Paramātmā of Superziel). Deze vorm van yoga leidt uiteindelijk tot *samādhi*, zich volledig bewust zijn van de Allerhoogste.

7 KENNIS *van de* ABSOLUTE 285

Heer Kṛṣṇa is de Absolute Waarheid, de allerhoogste oorzaak en de kracht die alles, zowel materie als het spirituele, instandhoudt. Vergevorderde zielen geven Zich met diepe devotie aan Hem over, terwijl goddeloze zielen hun geest van Hem afwenden naar andere objecten van verering.

8 HET BEREIKEN *van de* ALLERHOOGSTE 325

Wie zich Heer Kṛṣṇa gedurende zijn hele leven en vooral op het moment van de dood met diepe devotie herinnert, kan Zijn allerhoogste woning bereiken, die voorbij de materiële wereld ligt.

9 DE MEEST VERTROUWELIJKE KENNIS 351

Heer Kṛṣṇa is de Allerhoogste Godheid en het allerhoogste object van verering. De ziel is eeuwig met Hem verbonden door transcendentale devotionele dienst (*bhakti*). Wie zijn zuivere devotie voor Kṛṣṇa opwekt, kan naar Hem terugkeren in de spirituele wereld.

10 DE VOLHEID *van de* ABSOLUTE 395

Alle wonderbaarlijke verschijnselen die kracht, schoonheid, verhevenheid of grootsheid vertonen, hetzij in de materiële wereld, hetzij in de spirituele, zijn slechts gedeeltelijke manifestaties van de goddelijke energieën en volheid van Heer Kṛṣṇa. Als de allerhoogste oorzaak van alle oorzaken en de drager en essentie van alles is Heer Kṛṣṇa het allerhoogste object van verering voor alle wezens.

11 DE KOSMISCHE GEDAANTE 433

Heer Kṛṣṇa verleent Arjuna goddelijke visie, waarop Hij hem Zijn spectaculaire, oneindige vorm als de kosmos onthult en zo op afdoende wijze Zijn goddelijkheid bewijst. Kṛṣṇa legt uit dat Zijn persoonlijke menselijke gedaante, die alle schoonheid bezit, de oorspronkelijke vorm van God is. Deze gedaante kan alleen door zuivere devotionele dienst worden waargenomen.

12 DEVOTIONELE DIENST 477

Bhakti-yoga, zuivere devotionele dienst aan Heer Kṛṣṇa, is het hoogste en meest doeltreffende middel om zuivere liefde voor Kṛṣṇa, het hoogste doel van het spirituele bestaan, te bereiken. Wie dit allerhoogste pad volgt, zal goddelijke kwaliteiten ontwikkelen.

13 NATUUR, GENIETER *en* BEWUSTZIJN 497

Wie het verschil begrijpt tussen het lichaam, de ziel en de Superziel, die boven deze twee verheven is, raakt bevrijd uit de materiële wereld.

14 DE DRIE HOEDANIGHEDEN *van de* MATERIËLE NATUUR 533

Alle belichaamde zielen worden bestuurd door de drie hoedanigheden of kwaliteiten van de materiële natuur: goedheid, hartstocht en onwetendheid. Heer Kṛṣṇa legt uit wat deze hoedanigheden zijn, hoe ze ons beïnvloeden, hoe we ze kunnen transcenderen en wat de kenmerken zijn van iemand die het transcendentale niveau heeft bereikt.

15 DE ALLERHOOGSTE PERSOON 557

Het uiteindelijke doel van de Veda's is zich los te maken uit de verstrikking van de materiële wereld en te begrijpen dat Heer Kṛṣṇa de Allerhoogste Persoonlijkheid Gods is. Wie de allerhoogste identiteit van Kṛṣṇa kent, geeft zich aan Hem over en begint Hem met devotie te dienen.

16 DE GODDELIJKE *en de* DEMONISCHE EIGENSCHAPPEN 579

Wie demonische eigenschappen bezit en volgens eigen opvattingen leeft, zonder de regels van de heilige teksten te volgen, wordt in lagere levensvormen geboren en raakt verder verstrikt in de materiële wereld. Maar wie goddelijke eigenschappen bezit, een gereguleerd leven leidt en vasthoudt aan de gezaghebbende heilige teksten, bereikt geleidelijk aan spirituele volmaaktheid.

17 DE VORMEN *van* GELOOF 603

Er bestaan drie vormen van geloof. Deze vormen komen overeen met en ontwikkelen zich door contact met de drie hoedanigheden van de materiële natuur. De activiteiten van personen van wie het geloof in hartstocht en onwetendheid is, leveren alleen tijdelijke, materiële resultaten op. Maar activiteiten in goedheid en in overeenstemming met de regels van de heilige teksten zuiveren het hart en leiden tot een zuiver geloof in Heer Kṛṣṇa en devotie voor Hem.

18 CONCLUSIE: DE VOLMAAKTHEID *van* ONTHECHTING 623

Heer Kṛṣṇa legt uit wat onthechting betekent en welke invloed de hoedanigheden van de natuur op het menselijk bewustzijn en zijn activiteit hebben. Hij geeft uitleg over Brahman-realisatie en over de glorie van de *Bhagavad-gītā*. Daarnaast geeft Hij de uiteindelijke conclusie van de *Gītā*: het hoogste pad van religie is absolute, onvoorwaardelijke overgave aan de Heer uit liefde. Deze overgave bevrijdt iemand van alle zonden, schenkt volledige verlichting en stelt iemand in staat terug te keren naar de eeuwige, spirituele verblijfplaats van Kṛṣṇa.

APPENDICES

Noot bij de tweede editie 679

Over de schrijver 680

Referenties 682

Verklarende woordenlijst 683

Register van namen 690

Stamboom van de Kuru-dynastie 704

Uitspraak van de sanskriettekens 705

Register van geciteerde teksten 708

Register van sanskrietteksten 716

Register 724

Geleerden over de *Bhagavad-gītā zoals ze is* 798

DE ACHTERGROND *van de* BHAGAVAD-GĪTĀ

HOEWEL WERELDWIJD GEPUBLICEERD en gelezen als een afzonderlijk boek, verscheen de *Bhagavad-gītā* oorspronkelijk als een episode in het *Mahābhārata,* de epische historie van de oude wereld. Het *Mahābhārata* beschrijft gebeurtenissen tot aan het huidige Tijdperk van Kali. Vlak voordat dit tijdperk begon, zo'n vijfduizend jaar geleden, sprak Heer Kṛṣṇa de *Bhagavad-gītā* tot Zijn vriend en toegewijde, Arjuna.

Hun dialoog — een van de meest verheven filosofische en religieuze dialogen die de mensheid ooit gekend heeft — vond plaats vlak voor het begin van een oorlog, een groot conflict tussen de honderd zonen van Dhṛtarāṣṭra en hun neven, de Pāṇḍava's, de zonen van Pāṇḍu.

Dhṛtarāṣṭra en Pāṇḍu waren broers binnen de Kuru-dynastie. Deze dynastie stamde af van koning Bharata, die vroeger over de wereld heerste en van wie de naam *Mahābhārata* komt. Omdat Dhṛtarāṣṭra, de oudste van de broers, blindgeboren was, werd de troon, die anders hem zou zijn toegekomen, overgedragen aan de jongere broer, Pāṇḍu.

Toen Pāṇḍu op jonge leeftijd stierf, werden zijn vijf kinderen — Yudhiṣṭhira, Bhīma, Arjuna, Nakula en Sahadeva — onder Dhṛtarāṣṭra's voogdij geplaatst, die daardoor tijdelijk koning werd. Zo groeiden de zonen van Dhṛtarāṣṭra en de zonen van Pāṇḍu op in hetzelfde vorstenhuis. Ze werden allemaal opgeleid in de krijgskunst door de bedreven Droṇa en kregen onderricht van de gerespecteerde 'grootvader' van het geslacht, Bhīṣma.

Maar de zonen van Dhṛtarāṣṭra, in het bijzonder de oudste, Duryodhana, hadden een hekel aan de Pāṇḍava's en waren hen vijandig gezind. En de blinde en zwakke Dhṛtarāṣṭra wilde dat zijn eigen zonen, en niet die van Pāṇḍu, het koninkrijk zouden erven. Daarom smeedde Duryodhana, met Dhṛtarāṣṭra's toestemming, plannen om de jonge zonen van Pāṇḍu te vermoorden en het was enkel dankzij de zorgvuldige bescherming van hun oom, Vidura, en hun neef, Heer Kṛṣṇa, dat de Pāṇḍava's aan de vele aanslagen op hun leven ontkwamen.

Heer Kṛṣṇa was geen gewoon mens, maar de Allerhoogste God Zelf, die naar de aarde was afgedaald en de rol van een prins speelde in een dynastie van die tijd. In deze rol was Hij ook de neef van Pāṇḍu's vrouw Kuntī of Pṛthā, de moeder van de Pāṇḍava's. Omdat Hij dus hun familielid was en ook de eeuwige instandhouder van religie, steunde en beschermde Kṛṣṇa de rechtschapen zonen van Pāṇḍu.

Uiteindelijk daagde de sluwe Duryodhana de Pāṇḍava's echter uit tot een gokspel. Tijdens dat beslissende spel namen Duryodhana en zijn broers de kuise en toegewijde vrouw van de Pāṇḍava's, Draupadī, in hun bezit en probeerden ze haar te beledigen door haar in het bijzijn van alle aanwezige prinsen en koningen te ontkleden. Ze werd gered door de goddelijke tussenkomst van Kṛṣṇa, maar doordat de

Pāṇḍava's het gokspel, waarmee geknoeid was, verloren, werden ze gedwongen afstand te doen van hun koninkrijk en dertien jaar in ballingschap te leven.

Nadat de Pāṇḍava's uit ballingschap waren teruggekeerd, vroegen ze Duryodhana om hun rechtmatige koninkrijk, maar die weigerde er botweg afstand van te doen. Omdat ze als prinsen verplicht waren een bestuurlijke functie uit te oefenen, verminderden de vijf Pāṇḍava's hun verzoek tot slechts vijf dorpen. Maar op een arrogante manier antwoordde Duryodhana dat hij hen nog niet eens een oppervlakte land zou geven waarin een speld zou kunnen staan.

Tijdens dit alles waren de Pāṇḍava's voortdurend verdraagzaam gebleven, maar nu leek oorlog onvermijdelijk. Terwijl de prinsen van de wereld zich verdeelden — sommige kozen partij voor de zonen van Dhṛtarāṣṭra en andere voor de Pāṇḍava's — besloot Kṛṣṇa niettemin om Zelf als boodschapper van de zonen van Pāṇḍu op te treden en naar het paleis van Dhṛtarāṣṭra te gaan om voor vrede te pleiten. Toen Zijn pleidooi werd afgewezen, was de oorlog een feit.

De Pāṇḍava's, die mannen van het hoogste morele kaliber waren, erkenden Kṛṣṇa als de Allerhoogste Persoonlijkheid Gods, terwijl de goddeloze zonen van Dhṛtarāṣṭra dat niet konden. Toch bood Kṛṣṇa aan om deel te nemen aan de oorlog overeenkomstig het verlangen van de tegenstanders. Omdat Kṛṣṇa God is, zou Hij persoonlijk niet vechten, maar wie dat verlangde, kon gebruik maken van Zijn leger; de andere partij zou Kṛṣṇa Zelf krijgen, als adviseur en assistent. Duryodhana, het politieke genie, greep naar de gewapende strijdmachten van Kṛṣṇa, terwijl de Pāṇḍava's even blij waren met Kṛṣṇa Zelf aan hun zijde.

En zo werd Kṛṣṇa de wagenmenner van Arjuna en nam Hij het op Zich de strijdwagen van de legendarische boogschutter te besturen. Dit brengt ons tot het punt waarop de *Bhagavad-gītā* begint, met de twee legers opgesteld en klaar voor de strijd, terwijl Dhṛtarāṣṭra bezorgd aan zijn secretaris Sañjaya vraagt: 'Wat deden ze?'

Ten slotte nog enkele woorden over deze vertaling. De meeste vertalers die de *Bhagavad-gītā* naar het Engels hebben vertaald, hebben geprobeerd Kṛṣṇa als persoon opzij te schuiven om hun eigen inzichten en filosofieën de ruimte te geven. Het *Mahābhārata* wordt als onwerkelijke mythologie beschouwd en Kṛṣṇa als een poëtisch middel om de ideeën van een of ander anoniem genie te presenteren. Op zijn best wordt Hij als een minder belangrijke historische persoonlijkheid beschouwd. Maar volgens de *Gītā* zelf is de persoon Kṛṣṇa zowel het doel als het onderwerp van de *Bhagavad-gītā.*

Deze vertaling en de commentaar erop hebben tot doel de lezer *tot* Kṛṣṇa te leiden, in plaats van deze bij Hem vandaan te halen. Zo wordt de *Bhagavad-gītā* volkomen samenhangend en begrijpelijk. Omdat Kṛṣṇa de spreker van de *Gītā* is en daarnaast ook haar hoogste doel, presenteert de *Bhagavad-gītā zoals ze is* deze verheven tekst werkelijk in haar eigen woorden.

— *De uitgevers*

VOORWOORD

OORSPRONKELIJK SCHREEF IK de *Bhagavad-gītā zoals ze is* in de vorm waarin ze nu gepresenteerd wordt. Toen dit boek voor het eerst gepubliceerd werd, werd het oorspronkelijke manuscript helaas tot minder dan vierhonderd bladzijden teruggebracht, zonder illustraties en zonder uitleg bij de meeste van de oorspronkelijke verzen van de *Śrīmad Bhagavad-gītā.* In al mijn andere boeken—*Śrīmad-Bhāgavatam, Śrī Īśopaniṣad* enz.—is het systeem dat ik de oorspronkelijke sanskriettekst geef, de transliteratie ervan, de woord-voor-woord-vertalingen van het Sanskriet naar het Engels, de vertalingen en de commentaren. Dit maakt een boek zeer authentiek en wetenschappelijk en maakt de betekenis duidelijk en vanzelfsprekend. Ik was daarom niet zo gelukkig toen ik mijn oorspronkelijke manuscript aanzienlijk moest inkorten. Maar later, toen de behoefte aan de *Bhagavad-gītā zoals ze is* aanmerkelijk toenam, werd ik door vele geleerden en toegewijden gevraagd het boek in haar oorspronkelijke vorm te presenteren. Daarom hebben we nu geprobeerd om het oorspronkelijke manuscript van dit grote boek van kennis met volledige uitleg volgens de *paramparā* te presenteren, zodat de beweging voor Kṛṣṇa-bewustzijn goed gevestigd kan worden en zich verder kan ontwikkelen.

Onze beweging voor Kṛṣṇa-bewustzijn is authentiek, historisch gezien geautoriseerd, natuurlijk en transcendentaal, omdat ze gebaseerd is op de *Bhagavad-gītā zoals ze is.* Ze wordt geleidelijk aan de populairste beweging van de hele wereld, vooral onder de jongere generatie. Ook voor de oudere generatie wordt ze steeds interessanter. Oudere heren raken geïnteresseerd, zelfs zozeer dat de vaders en grootvaders van mijn discipelen ons aanmoedigen door steunend lid te worden van onze belangrijke gemeenschap, de Internationale Gemeenschap voor Kṛṣṇa-bewustzijn. In Los Angeles kwamen vele vaders en moeders me bezoeken om hun gevoelens van dankbaarheid te uiten voor de leiding die ik over de hele wereld aan de beweging voor Kṛṣṇa-bewustzijn geef. Sommigen van hen zeiden dat de Amerikanen zeer fortuinlijk zijn dat ik de beweging voor Kṛṣṇa-bewustzijn in Amerika begonnen ben. Maar eigenlijk is de oorspronkelijke vader van deze beweging Heer Kṛṣṇa Zelf, omdat ze zeer lang geleden begonnen is, maar de menselijke samenleving heeft bereikt via een opeenvolging van discipelen. Als ik in dit verband enige verdienste heb, dan komt die mij niet persoonlijk toe, maar is die te danken aan mijn eeuwige spiritueel leraar Oṁ Viṣṇupāda Paramahaṁsa Parivrājakācārya 108 Śrī Śrīmad Bhaktisiddhānta Sarasvatī Gosvāmī Mahārāja Prabhupāda.

Komt mij persoonlijk enige verdienste toe, dan alleen omdat ik geprobeerd heb de *Bhagavad-gītā* te presenteren zoals ze is, onvervalst. Vóór mijn publicatie van de *Bhagavad-gītā zoals ze is* werden bijna alle Engelse edities van de *Bhagavad-gītā* uitgebracht om iemands persoonlijke ambitie te vervullen. Maar met het publiceren van de *Bhagavad-gītā zoals ze is* proberen wij de missie van de Allerhoogste Persoonlijkheid Gods, Kṛṣṇa, te presenteren. Het is onze taak om het verlangen van Kṛṣṇa te presenteren en niet dat van een of andere wereldse theoreticus, zoals de politicus, de filosoof of de wetenschapper, omdat zij maar heel weinig kennis hebben over Kṛṣṇa, ondanks al hun andere kennis. Wanneer Kṛṣṇa zegt, *man-manā bhava mad-bhakto mad-yājī māṁ namaskuru* enz., dan zeggen wij, in tegenstelling tot de zogenaamde geleerden, niet dat Kṛṣṇa van Zijn ziel verschilt. Kṛṣṇa is absoluut en er bestaat geen verschil tussen Kṛṣṇa's naam, Kṛṣṇa's gedaante, Kṛṣṇa's eigenschappen, Kṛṣṇa's activiteiten van vermaak enz. Deze absolute positie van Kṛṣṇa is moeilijk te begrijpen voor iemand die geen toegewijde van Kṛṣṇa is binnen het *paramparā*-systeem (de opeenvolging van discipelen). Zogenaamde geleerden, politici, filosofen en swami's, die geen volmaakte kennis hebben over Kṛṣṇa, proberen Hem over het algemeen te verdrijven of te doden wanneer ze hun commentaren op de *Bhagavad-gītā* schrijven. Zulk ongeautoriseerd commentaar op de *Bhagavad-gītā* wordt *Māyāvāda-bhāṣya* genoemd en Heer Caitanya heeft ons gewaarschuwd voor deze ongeautoriseerde personen. Heer Caitanya zegt heel duidelijk dat wie de *Bhagavad-gītā* probeert te begrijpen vanuit het standpunt van de *māyāvādī's*, een grote blunder begaat. Het resultaat van zo'n blunder is uiteindelijk dat de misleide student van de *Bhagavad-gītā* beslist verward raakt op het pad van spirituele bewustwording en niet in staat zal zijn om terug te keren naar huis, terug naar God.

Ons enige doel is deze *Bhagavad-gītā zoals ze is* te presenteren om de geconditioneerde student tot hetzelfde doel te leiden waarvoor Kṛṣṇa één keer in een dag van Brahmā of eens per 8.600.000.000 jaar naar deze planeet afdaalt. Dit doel wordt vermeld in de *Bhagavad-gītā* en we moeten het aanvaarden zoals het is; zo niet, dan heeft het geen zin om te proberen de *Bhagavad-gītā* en haar spreker, Heer Kṛṣṇa, te begrijpen. Heer Kṛṣṇa sprak de *Bhagavad-gītā* honderden miljoenen jaren geleden voor het eerst tot de zonnegod. We moeten dit feit aanvaarden en het historische belang van de *Bhagavad-gītā* op gezag van Kṛṣṇa begrijpen, zonder verkeerde interpretatie. Het interpreteren van de *Bhagavad-gītā*, zonder enige aandacht voor het verlangen van Kṛṣṇa, is de grootste overtreding. Om deze overtreding te vermijden, moet men begrijpen dat de Heer de Allerhoogste Persoonlijkheid Gods is; zo werd Hij ook begrepen door Arjuna, de eerste discipel van Heer Kṛṣṇa. Zo'n begrip van de *Bhagavad-gītā* is werkelijk waardevol en heeft gezag voor het welzijn van de menselijke samenleving in het verwezenlijken van het doel van het leven.

De beweging voor Kṛṣṇa-bewustzijn is van essentieel belang voor de menselijke samenleving, omdat ze de hoogste volmaaktheid van het leven biedt. Waarom dit zo is, wordt volledig uitgelegd in de *Bhagavad-gītā*. Helaas hebben wereldse ruziezoekers misbruik gemaakt van de *Bhagavad-gītā* om hun demonische neigingen door te zetten en om de mensen te misleiden wat betreft het juiste begrip van de eenvoudige principes van het leven. Iedereen moet weten hoe God, Kṛṣṇa, groot is, en iedereen moet weten wat de feitelijke positie van het levend wezen is. Iedereen moet weten dat het levend wezen eeuwig een dienaar is en dat als men Kṛṣṇa niet dient, men in verschillende variaties van de drie hoedanigheden van de materiële natuur de illusie moet dienen, met als gevolg dat men onophoudelijk moet rondreizen in de kringloop van geboorte en dood. Zelfs de zogenaamd bevrijde *māyāvādī*-filosoof moet dit proces ondergaan. Deze kennis vormt een grote wetenschap en ieder levend wezen moet ze voor zijn eigen bestwil horen.

Over het algemeen zijn mensen, vooral in dit Tijdperk van Kali, bekoord door de externe energie van Kṛṣṇa en hebben ze het verkeerde idee dat het bevorderen van materieel comfort ieder mens gelukkig zal maken. Ze hebben geen kennis van het feit dat de materiële of externe natuur erg sterk is, omdat iedereen stevig gebonden is door de strenge wetten van de materiële natuur. Een levend wezen is gelukkig in zijn positie als een integrerend deeltje van de Heer en daarom is het bewijzen van rechtstreekse dienst aan de Heer zijn natuurlijke functie. In de ban van illusie proberen we gelukkig te worden door onze eigen zintuigen te dienen door deze op verschillende manieren te bevredigen; geen van deze manieren zal ons echter ooit gelukkig maken. In plaats van onze eigen materiële zintuigen te bevredigen, moeten we de zintuigen van de Heer bevredigen. Dat is de hoogste volmaaktheid van het leven. De Heer wil dit en eist het. We moeten deze boodschap, die centraal staat in de *Bhagavad-gītā*, goed begrijpen. Onze beweging voor Kṛṣṇa-bewustzijn onderwijst de hele wereld deze centrale boodschap. En omdat we het thema van de *Bhagavad-gītā zoals ze is* niet schenden, zou iedereen die er daadwerkelijk in geïnteresseerd is om vooruitgang te maken door het bestuderen van de *Bhagavad-gītā*, hulp moeten zoeken bij de beweging voor Kṛṣṇa-bewustzijn voor een praktisch begrip van de *Bhagavad-gītā* onder de rechtstreekse leiding van de Heer. We hopen daarom dat mensen het hoogste voordeel zullen ontlenen aan de *Bhagavad-gītā zoals ze is* door haar te bestuderen zoals we haar hier gepresenteerd hebben, en zelfs al wordt er maar één van hen een zuivere toegewijde van de Heer, dan zullen we onze poging als een succes beschouwen.

A.C. Bhaktivedanta Swami
12 mei 1971
Sydney, Australië

oṁ ajñāna-timirāndhasya, jñānāñjana-śalākayā
cakṣur unmīlitaṁ yena, tasmai śrī-gurave namaḥ

śrī-caitanya-mano-'bhīṣṭaṁ, sthāpitaṁ yena bhū-tale
svayaṁ rūpaḥ kadā mahyaṁ, dadāti sva-padāntikam

'Ik werd geboren in het diepste duister der onwetendheid en mijn spiritueel leraar heeft mij verlicht met de fakkel der kennis. Ik breng hem mijn respectvolle eerbetuigingen.

Wanneer zal Śrīla Rūpa Gosvāmī Prabhupāda, die in de materiële wereld de missie heeft uitgedragen om het verlangen van Heer Caitanya te vervullen, mij beschutting geven onder zijn lotusvoeten?'

vande 'haṁ śrī-guroḥ śrī-yuta-pada-kamalaṁ śrī-gurūn vaiṣṇavāṁś ca
śrī-rūpaṁ sāgrajātaṁ saha-gaṇa-raghunāthānvitaṁ taṁ sa-jīvam
sādvaitaṁ sāvadhūtaṁ parijana-sahitaṁ kṛṣṇa-caitanya-devaṁ
śrī-rādhā-kṛṣṇa-pādān saha-gaṇa-lalitā-śrī-viśākhānvitāṁś ca

'Ik breng mijn respectvolle eerbetuigingen aan de lotusvoeten van mijn spiritueel leraar en aan de voeten van alle *vaiṣṇava's*. Ik breng mijn respectvolle eerbetuigingen aan de lotusvoeten van Śrīla Rūpa Gosvāmī en aan die van zijn oudere broer Sanātana Gosvāmī en ook aan Ragunātha Dāsa, Ragunātha Bhaṭṭa, Gopāla Bhaṭṭa en Śrīla Jīva Gosvāmī. Ik breng mijn respectvolle eerbetuigingen aan Heer Kṛṣṇa Caitanya en Heer Nityānanda en Advaita Ācārya, Gadādhara, Śrīvāsa en andere metgezellen. Ik breng mijn respectvolle eerbetuigingen aan Śrīmatī Rādhārāṇī en Śrī Kṛṣṇa en aan Hun metgezellinnen Śrī Lalitā en Śrī Viśākhā.'

he kṛṣṇa karuṇā-sindho, dīna-bandho jagat-pate
gopeśa gopikā-kānta , rādhā-kānta namo 'stu te

'O mijn dierbare Kṛṣṇa, Je bent de vriend van de bedroefden en de oorsprong van de schepping. Je bent de heer van de *gopī's* en de minnaar van Rādhārāṇī. Ik breng Je mijn respectvolle eerbetuigingen.'

tapta-kāñcana-gaurāṅgi, rādhe vṛndāvaneśvari
vṛṣabhānu-sute devi, praṇamāmi hari-priye

'Ik breng mijn eerbetuigingen aan Rādhārāṇī, de Koningin van Vṛndāvana, die een huidskleur heeft als gesmolten goud. Je bent de dochter van Vṛṣabhānu en Je bent Kṛṣṇa zeer dierbaar.'

vāñchā-kalpatarubhyaś ca, kṛpā-sindhubhya eva ca
patitānāṁ pāvanebhyo, vaiṣṇavebhyo namo namaḥ

'Ik breng mijn eerbiedige eerbetuigingen aan alle *vaiṣṇava's*, de toegewijden van de Heer. Zij zijn net als wensbomen, die alle verlangens kunnen vervullen en ze zijn vol mededogen voor de gevallen zielen.'

śrī-kṛṣṇa-caitanya, prabhu-nityānanda
śrī-advaita gadādhara, śrīvāsādi-gaura-bhakta-vṛnda

'Ik breng mijn eerbetuigingen aan Śrī Kṛṣṇa Caitanya en Prabhu Nityānanda, Śrī Advaita, Gadādhara, Śrīvāsa en alle anderen in de devotionele lijn.'

hare kṛṣṇa hare kṛṣṇa, kṛṣṇa kṛṣṇa hare hare
hare rāma hare rāma, rāma rāma hare hare

De *Bhagavad-gītā* staat ook bekend als de *Gītopaniṣad*. Ze is de essentie van de Vedische kennis en een van de belangrijkste *upaniṣads* binnen de Vedische literatuur. Er bestaan in de westerse talen natuurlijk vele commentaren op de *Bhagavad-gītā* en men kan zich afvragen of het werkelijk noodzakelijk is om daar nog een aan toe te voegen. De editie die u nu voor u heeft kan als volgt worden verklaard. Onlangs vroeg een Amerikaanse dame me of ik haar een Engelse vertaling van de *Bhagavad-gītā* kon aanbevelen. Er bestaan in Amerika, en niet alleen in Amerika maar ook in India, natuurlijk vele Engelse edities van de *Bhagavad-gītā*, maar voor zover ik gezien heb, kan van al die edities niet gezegd worden dat ze volledig gezaghebbend zijn, omdat in nagenoeg al deze edities de commentator zijn eigen mening geeft zonder daadwerkelijk door te dringen tot de essentie van de *Bhagavad-gītā* zoals ze is.

De essentie van de *Bhagavad-gītā* wordt in de *Bhagavad-gītā* zelf gegeven. Men kan het vergelijken met het volgende: als we een bepaald medicijn willen innemen, dan moeten we de aanwijzingen op de verpakking volgen. We kunnen het medicijn niet zomaar naar eigen willekeur innemen of volgens de aanwijzing van een vriend. Het moet worden ingenomen volgens de aanwijzingen op de bijsluiter of volgens de aanwijzingen van een dokter. Op dezelfde manier moet de *Bhagavad-gītā* 'ingenomen' of aanvaard worden volgens de aanwijzingen van de spreker Zelf.

De spreker van de *Bhagavad-gītā* is Heer Śrī Kṛṣṇa. Op elke pagina van de *Bhagavad-gītā* wordt Hij beschreven als de Allerhoogste Persoonlijkheid Gods, Bhagavān. Nu is het natuurlijk zo dat het woord *'bhagavān'* soms naar welk machtig persoon of welke machtige halfgod dan ook verwijst, en het is zeker zo dat Heer Kṛṣṇa hier met het woord *'bhagavān'* als een zeer belangrijke persoonlijkheid aangeduid wordt. Maar tegelijkertijd moeten we weten dat Heer Śrī Kṛṣṇa de Allerhoogste Persoonlijkheid Gods is, zoals bevestigd wordt door alle grote *ācārya's* (spiritueel leraren), zoals Śaṅkarācārya, Rāmānujācārya, Madhvācārya,

Nimbārka Svāmī, Śrī Caitanya Mahāprabhu en vele andere Indiase gezaghebbende personen op het gebied van de Vedische kennis. De Heer bevestigt in de *Bhagavad-gītā* Zelf dat Hij de Allerhoogste Persoonlijkheid Gods is en Hij wordt ook als zodanig aanvaard in de *Brahma-saṁhitā* en alle *purāṇa's*, in het bijzonder in het *Śrīmad-Bhāgavatam*, dat bekendstaat als de *Bhāgavata Purāṇa* (*kṛṣṇas tu bhagavān svayam*). We moeten de *Bhagavad-gītā* daarom aanvaarden volgens de aanwijzingen van de Persoonlijkheid Gods Zelf.

In het vierde hoofdstuk van de *Gītā* (4.1-3) zegt de Heer:

imaṁ vivasvate yogaṁ, proktavān aham avyayam
vivasvān manave prāha, manur ikṣvākave 'bravīt

evaṁ paramparā-prāptam, imaṁ rājarṣayo viduḥ
sa kāleneha mahatā, yogo naṣṭaḥ parantapa

sa evāyaṁ mayā te 'dya, yogaḥ proktaḥ purātanaḥ
bhakto 'si me sakhā ceti, rahasyaṁ hy etad uttamam

In deze verzen vertelt de Heer aan Arjuna dat deze yogamethode, namelijk de *Bhagavad-gītā*, eerst tot de zonnegod werd gesproken, die haar daarna aan Manu uitlegde en die haar op zijn beurt aan Ikṣvāku uiteenzette en dat deze yogamethode op die manier, via de opeenvolging van discipelen, van de ene spreker op de andere, werd overgedragen. Maar na verloop van tijd raakte ze verloren. Daarom moest de Heer deze kennis opnieuw geven, en deze keer was dat aan Arjuna, op het Slagveld van Kurukṣetra.

Hij vertelt Arjuna dat Hij dit allergrootste geheim aan hem vertelt, omdat hij Zijn toegewijde is en Zijn vriend. Dit betekent dat de *Bhagavad-gītā* een verhandeling is die speciaal bedoeld is voor de toegewijde van de Heer. Er zijn drie categorieën van transcendentalisten: de *jñānī*, de *yogī* en de *bhakta*, of de impersonalist, de beoefenaar van meditatie en de toegewijde. De Heer vertelt Arjuna hier duidelijk dat Hij hem de eerste ontvanger van een nieuwe *paramparā* (opeenvolging van discipelen) maakt, omdat de oude verbroken was. Het was daarom het verlangen van de Heer om de grondslag te leggen voor een nieuwe *paramparā*, die zou overeenstemmen met de kennis die via de zonnegod aan anderen overgeleverd was; het was Zijn verlangen dat Zijn onderricht opnieuw verspreid zou worden door Arjuna. Hij wilde dat Arjuna de autoriteit zou worden voor het juiste begrip van de *Bhagavad-gītā*. We zien dus dat de *Bhagavad-gītā* juist aan Arjuna onderwezen werd, omdat hij een toegewijde van de Heer was, een directe student van Kṛṣṇa en Zijn intieme vriend. De *Bhagavad-gītā* kan daarom het best begrepen worden door iemand die dezelfde eigenschappen heeft als Arjuna; dat wil zeggen: hij moet een toegewijde zijn die een rechtstreekse relatie heeft met de Heer. Zodra iemand een toegewijde van de Heer wordt, heeft hij ook een rechtstreekse relatie met de Heer. Dat is een zeer uitgebreid onderwerp, maar er kan in het kort over gezegd worden dat de toegewijde op vijf verschillende manieren een relatie met de Allerhoogste Persoonlijkheid Gods kan hebben:

1. Iemand kan een toegewijde zijn in passieve staat.
2. Iemand kan een toegewijde zijn in actieve staat.
3. Iemand kan een toegewijde zijn als vriend.
4. Iemand kan een toegewijde zijn als ouder.
5. Iemand kan een toegewijde zijn als minnaar.

Arjuna had een relatie met de Heer als vriend. Er bestaat natuurlijk een groot verschil tussen deze vriendschap en de vriendschap die we in de materiële wereld aantreffen, want deze vriendschap is transcendentaal en niet iedereen kan zo'n vriendschap hebben. Natuurlijk heeft iedereen een bepaalde relatie met de Heer en die relatie wordt opgewekt door volmaaktheid in devotionele dienst. Maar in de huidige toestand van ons leven zijn we niet alleen de Heer vergeten, maar ook onze eeuwige relatie met Hem. Elk levend wezen uit de vele, vele miljoenen en biljoenen levende wezens die er zijn, heeft eeuwig een bepaalde relatie met de Heer. Dat wordt *svarūpa* genoemd. Door het proces van devotionele dienst kan men die *svarūpa* doen herleven en dat stadium wordt *svarūpa-siddhi* genoemd: de vervolmaking van zijn wezenlijke positie. Arjuna was dus een toegewijde en hij was verbonden met de Heer door vriendschap.

Het is belangrijk om te zien hoe Arjuna deze *Bhagavad-gītā* aanvaardde. De manier waarop hij dat deed wordt beschreven in het tiende hoofdstuk (10.12-14):

arjuna uvāca
paraṁ brahma paraṁ dhāma, pavitraṁ paramaṁ bhavān
puruṣaṁ śāśvataṁ divyam, ādi-devam ajaṁ vibhum

āhus tvām ṛṣayaḥ sarve, devarṣir nāradas tathā
asito devalo vyāsaḥ, svayaṁ caiva bravīṣi me

sarvam etad ṛtaṁ manye, yan māṁ vadasi keśava
na hi te bhagavan vyaktiṁ, vidur devā na dānavāḥ

'Arjuna zei: Jij bent de Allerhoogste Persoonlijkheid Gods, de allerhoogste verblijfplaats, de zuiverste, de Absolute Waarheid. Jij bent de eeuwige, transcendentale en oorspronkelijke persoon, de ongeborene, de grootste. Alle grote wijzen zoals Nārada, Asita, Devala en Vyāsa bevestigen deze waarheid over Jou en nu verklaar Je het me Zelf. O Kṛṣṇa, alles wat Je me gezegd hebt aanvaard ik volledig als de waarheid. Zowel de halfgoden als de demonen, o Heer, kunnen Je vorm en Je transcendentale eigenschappen niet begrijpen.'

Nadat Arjuna de *Bhagavad-gītā* van Kṛṣṇa, de Allerhoogste Persoonlijkheid Gods, gehoord had, aanvaardde hij Kṛṣṇa als *paraṁ brahma*, het Allerhoogste Brahman. Ieder levend wezen is Brahman, maar het allerhoogste levend wezen of de Allerhoogste Persoonlijkheid Gods, is het Allerhoogste Brahman. *Paraṁ dhāma* betekent dat Hij de allerhoogste basis of verblijfplaats is van alles; *pavitram* betekent dat Hij zuiver is, onaangeroerd door materiële onzuiverheid; *puruṣam* betekent dat Hij de allerhoogste genieter is; *śāśvatam*, oorspronkelijk; *divyam*, transcendentaal; *ādi-devam*, de Allerhoogste Persoonlijkheid Gods; *ajam*, de ongeborene, en *vibhum*, de grootste.

Men zou nu kunnen denken dat Arjuna dit alles alleen maar uit vleierij tegen Kṛṣṇa zei omdat Hij zijn vriend was. Maar om zulke twijfels uit de gedachten van de lezers van de *Bhagavad-gītā* te verdrijven, onderbouwt Arjuna zijn lofuitingen in het volgende vers door te zeggen dat Kṛṣṇa niet alleen door hemzelf als de Allerhoogste Persoonlijkheid Gods aanvaard wordt, maar ook door gezaghebbende personen, zoals Nārada, Asita, Devala en Vyāsadeva. Dit zijn allemaal grote persoonlijkheden, die de Vedische kennis verspreiden zoals die door alle *ācārya's* aanvaard wordt. Arjuna zegt daarom tegen Kṛṣṇa dat hij alles wat Hij zegt als volkomen volmaakt aanvaardt. *Sarvam etad ṛtaṁ manye:* 'Ik aanvaard alles wat Je zegt als de waarheid.' Arjuna zegt ook dat het zeer moeilijk is om de persoonlijkheid van de Heer te begrijpen en dat zelfs de halfgoden Hem niet kunnen begrijpen. Dat betekent dat de Heer zelfs niet begrepen kan worden door personen die hoger staan dan menselijke wezens. Hoe zou een menselijk wezen Heer Kṛṣṇa dan kunnen begrijpen zonder Zijn toegewijde te worden?

De *Bhagavad-gītā* moet benaderd worden met een devotionele mentaliteit. Men moet niet denken gelijk te zijn aan Kṛṣṇa en evenmin dat Kṛṣṇa een gewone of zelfs een zeer grote persoonlijkheid is. Heer Śrī Kṛṣṇa is de Allerhoogste Persoonlijkheid Gods. Volgens de uitspraken in de *Bhagavad-gītā* en die van Arjuna, die de *Bhagavad-gītā* probeert te begrijpen, moeten we dus op zijn minst theoretisch aanvaarden dat Śrī Kṛṣṇa de Allerhoogste Persoonlijkheid Gods is. Met zo'n nederige mentaliteit kunnen we de *Bhagavad-gītā* begrijpen. Tenzij men de *Bhagavad-gītā* met een nederige mentaliteit leest, is het zeer moeilijk om de *Bhagavad-gītā* te begrijpen, omdat ze een groot mysterie is.

Wat is de *Bhagavad-gītā* eigenlijk? Het doel van de *Bhagavad-gītā* is om de mensheid te bevrijden van de onwetendheid van het materiële bestaan. Iedereen wordt op zo veel manieren geconfronteerd met problemen, net zoals Arjuna het moeilijk had omdat hij in de Slag van Kurukṣetra moest vechten. Arjuna gaf zich over aan Śrī Kṛṣṇa en daarom werd de *Bhagavad-gītā* gesproken. Niet alleen Arjuna, maar iedereen is vervuld van zorgen door het materiële bestaan. Ons bestaan zelf bevindt zich in een sfeer van niet-bestaan. Eigenlijk zijn we er niet voor bestemd bedreigd te worden door dit niet-bestaan. Ons bestaan is eeuwig. Maar op de een of andere manier zijn we in *asat* geplaatst. *Asat* verwijst naar dat wat niet bestaat.

Van de vele menselijke wezens die lijden, zijn er enkele die werkelijk onderzoek doen naar hun positie, wie ze zijn, waarom ze zich in deze benarde positie bevinden enz. Wie niet tot het punt komt waarop hij zich afvraagt waarom hij moet lijden en niet inziet dat hij dit lijden niet wil, maar dat hij eerder een oplossing moet zien te vinden voor al het lijden, wordt niet als een volmaakt menselijk wezen beschouwd. Het mens-zijn begint pas wanneer zulke vragen in iemands geest opkomen. In het *Brahma-sūtra* wordt dit onderzoek *brahma-*

jijñāsā genoemd. *Athāto brahma-jijñāsā.* Behalve wanneer de mens onderzoek doet naar de aard van het Absolute, wordt iedere menselijke activiteit als een mislukking beschouwd. Daarom zijn zij die zich beginnen af te vragen waarom ze lijden of waar ze vandaan komen en waar ze na de dood heen zullen gaan, geschikte studenten om de *Bhagavad-gītā* te leren begrijpen. De oprechte student moet ook een diep respect hebben voor de Allerhoogste Persoonlijkheid Gods. Arjuna was zo'n student.

Heer Kṛṣṇa daalt vooral neer om het werkelijke doel van het leven opnieuw te vestigen wanneer de mensheid dit doel vergeet. Maar zelfs dan zal er uit vele, vele menselijke wezens die ontwaken, misschien slechts één zijn die werkelijk doordringt in het begrijpen van zijn positie; voor die persoon is deze *Bhagavad-gītā* gesproken. We worden eigenlijk allemaal verslonden door de tijgerin van onwetendheid, maar de Heer is zeer genadig voor de levende wezens en vooral voor de menselijke. Met dit doel sprak Hij de *Bhagavad-gītā*, waarbij Hij Zijn vriend Arjuna tot Zijn leerling maakte.

Als vriend van Heer Kṛṣṇa was Arjuna boven alle onwetendheid verheven. Maar op het Slagveld van Kurukṣetra werd hij in onwetendheid gebracht, zodat hij Heer Kṛṣṇa vragen zou stellen over de problemen van het leven, waarop de Heer ze voor toekomstige generaties kon beantwoorden en het plan van het leven in grote lijnen kon uitleggen. De mens zou dan in overeenstemming daarmee kunnen handelen en het doel van het menselijk leven volbrengen.

In de *Bhagavad-gītā* wordt een uiteenzetting gegeven van vijf fundamentele waarheden. Allereerst wordt de wetenschap van God uitgelegd en daarna de wezenlijke positie van de levende wezens, de *jīva's.* Aan de ene kant is er de *īśvara*, wat 'bestuurder' betekent, en aan de andere kant zijn er de *jīva's*, de levende wezens, die bestuurd worden. Wanneer een levend wezen beweert dat het niet bestuurd wordt maar dat het vrij is, dan is het krankzinnig. Het levend wezen wordt in alle opzichten bestuurd, tenminste zolang het zich in het geconditioneerde bestaan bevindt. De *Bhagavad-gītā* behandelt dus de *īśvara*, de allerhoogste bestuurder, en de *jīva's*, de levende wezens, die bestuurd worden. Ook worden *prakṛti* (de materiële natuur), tijd (de bestaansduur van het hele universum of de manifestatie van de materiële natuur) en karma (activiteit) besproken. De materiële kosmos bruist van verschillende activiteiten. Alle levende wezens zijn bezig met verschillende activiteiten. Uit de *Bhagavad-gītā* moeten we leren wat God is, wat de levende wezens zijn, wat *prakṛti* is, wat de materiële kosmos is, hoe het levend wezen door de tijd bestuurd wordt en wat zijn activiteiten zijn.

Op grond van deze vijf basisonderwerpen in de *Bhagavad-gītā* wordt gesteld dat de Allerhoogste Godheid of Kṛṣṇa of Brahman of de allerhoogste bestuurder of Paramātmā — of welke naam je ook kiest — de grootste is van allemaal. De levende wezens zijn kwalitatief gelijk aan de allerhoogste bestuurder. De Heer bestuurt bijvoorbeeld alle mogelijke aangelegenheden binnen de materiële natuur; dit zal worden uitgelegd in latere hoofdstukken van de *Bhagavad-gītā*. De materiële natuur is niet onafhankelijk, maar werkt onder leiding van de Allerhoogste

Heer. Heer Kṛṣṇa zegt: *mayādhyakṣeṇa prakṛtiḥ sūyate sa-carācaram* — 'Deze materiële natuur werkt onder Mijn leiding.' Wanneer we wonderbaarlijke dingen zien gebeuren in de kosmische natuur, dan moeten we begrijpen dat er zich achter deze gemanifesteerde kosmos een bestuurder bevindt. Niets had gemanifesteerd kunnen worden als het niet ook bestuurd werd. Het is kinderachtig om het bestaan van een bestuurder buiten beschouwing te laten. Een kind mag dan bijvoorbeeld denken dat een automobiel het wonderbaarlijke vermogen heeft om te rijden zonder dat hij door een paard of een ander dier voortgetrokken wordt, maar een verstandig persoon weet hoe een auto technisch in elkaar zit. Hij begrijpt altijd dat er achter alle machinerie een mens zit, de bestuurder. Op dezelfde manier is de Allerhoogste Heer de bestuurder onder Wiens leiding alles werkt.

Zoals we in hoofdstuk vijftien zullen lezen, worden de *jīva's*, de levende wezens, door de Heer erkend als Zijn integrerende deeltjes. Een klein deeltje goud is ook goud en een druppel water uit de oceaan smaakt ook zout; op dezelfde manier hebben wij als levende wezens, die integrerende deeltjes zijn van de allerhoogste bestuurder, *īśvara* of Bhagavān, Heer Śrī Kṛṣṇa, alle kwaliteiten van de Allerhoogste Heer in een minieme hoeveelheid, omdat we minieme of ondergeschikte *īśvara's* zijn. We proberen de natuur te beheersen en dat is te zien aan de huidige pogingen om de ruimte of de planeten te beheersen; we hebben deze neiging om te besturen omdat ze ook in Kṛṣṇa aanwezig is. Maar ook al hebben we de neiging om de baas te spelen over de materiële natuur, toch moeten we weten dat we niet de allerhoogste bestuurder zijn. Dit wordt in de *Bhagavad-gītā* uitgelegd.

Wat is de materiële natuur? In de *Gītā* wordt ze uitgelegd als de ondergeschikte *prakṛti*, de inferieure natuur. Er wordt uitgelegd dat het levend wezen tot de hogere *prakṛti* behoort. Of *prakṛti* nu hoger is of lager, ze wordt altijd bestuurd. *Prakṛti* is vrouwelijk en wordt bestuurd door de Heer, net zoals de echtgenoot de activiteiten van zijn echtgenote bestuurt. *Prakṛti* is altijd ondergeschikt en wordt bestuurd door de Heer, die over haar heerst. De levende wezens en de materiële natuur zijn allebei ondergeschikt en worden door de Allerhoogste Heer bestuurd. Hoewel ze integrerende deeltjes van de Allerhoogste Heer zijn, moeten de levende wezens volgens de *Gītā* beschouwd worden als *prakṛti.* Dit wordt in het zevende hoofdstuk van de *Bhagavad-gītā* duidelijk gezegd. *Apareyam itas tv anyāṁ prakṛtiṁ viddhi me parām/ jīva-bhūtām:* 'Deze materiële natuur is Mijn ondergeschikte *prakṛti*, maar daarbuiten bestaat er nog een andere *prakṛti*, namelijk *jīva-bhūtām*, het levend wezen.'

De materiële natuur zelf is samengesteld uit drie kwaliteiten: de hoedanigheid goedheid, de hoedanigheid hartstocht en de hoedanigheid onwetendheid. Boven deze hoedanigheden staat de eeuwige tijd en door de combinatie van deze hoedanigheden van de natuur en onder de controle en de bepalingen van de eeuwige tijd is er sprake van activiteiten, die karma genoemd worden. Deze activiteiten zijn al sinds onheuglijke tijden aan de gang en we lijden door of genieten van de vruchten van onze activiteiten. Stel dat ik een zakenman ben die zeer hard en met veel vernuft heeft gewerkt en dat ik daardoor een grote hoeveelheid geld op de bank heb. Ik ben dan een genieter. Maar wanneer ik daarna bijvoorbeeld al mijn geld verlies tijdens het zakendoen, dan ben ik iemand die lijdt. Op dezelfde manier genieten we op elk gebied van ons leven van de resultaten van onze activiteit of zullen we erdoor lijden. Dit wordt karma genoemd.

Īśvara (de Allerhoogste Heer), *jīva* (het levend wezen), *prakṛti* (de materiële natuur), *kāla* (de eeuwige tijd) en *karma* (activiteit) worden in de *Bhagavad-gītā* allemaal uitgelegd. Van deze vijf zijn de Heer, de levende wezens, de materiële natuur en de tijd eeuwig. *Prakṛti* mag dan tijdelijk manifest zijn, maar ze is niet vals. Sommige filosofen zeggen dat de manifestatie van de materiële natuur vals is, maar volgens de filosofie van de *Bhagavad-gītā* of volgens de filosofie van de *vaiṣṇava's* is dit niet het geval. De manifestatie van de wereld wordt niet als vals beschouwd; ze wordt als werkelijk beschouwd, maar ook als tijdelijk. Het wordt vergeleken met een wolk die in de lucht drijft of met het komen van het regenseizoen dat de granen voedt. Zodra het regenseizoen voorbij is en de wolk weggaat, drogen alle gewassen op die door de regen gevoed werden. Op dezelfde manier vindt de manifestatie van de materiële natuur plaats binnen een bepaalde periode, is ze voor een bepaalde tijd aanwezig en verdwijnt dan weer. Zo werkt *prakṛti*. Maar deze cyclus gaat eeuwig door. Daarom is *prakṛti* eeuwig; ze is niet vals en de Heer verwijst naar haar als 'Mijn *prakṛti*.' Deze materiële natuur is de afgescheiden energie van de Allerhoogste Heer en de levende wezens zijn ook een energie van de Allerhoogste Heer, hoewel ze niet afgescheiden zijn maar een eeuwige band met Hem hebben. Op die manier zijn de Heer, het levend wezen, de materiële natuur en de tijd met elkaar verbonden en ze zijn allemaal eeuwig. Maar het andere element, namelijk karma, is niet eeuwig. De effecten van karma kunnen zeker oorzaken hebben in een ver verleden. Sinds onheuglijke tijden lijden we door of genieten we van de resultaten van onze activiteiten, maar we kunnen de resultaten van ons karma of onze activiteiten veranderen en deze verandering hangt af van de volmaaktheid van onze kennis. We zijn met zoveel activiteiten bezig. En ongetwijfeld is het zo dat we niet weten welke activiteiten we moeten verrichten om bevrijd te raken van de acties en reacties van al deze activiteiten, maar ook dat wordt uitgelegd in de *Bhagavad-gītā*.

De positie van *īśvara* is die van het allerhoogste bewustzijn. De *jīva's*, de levende wezens, die integrerende deeltjes zijn van de Allerhoogste Heer, hebben ook bewustzijn. We hebben uitgelegd dat zowel het levend wezen als de materiële natuur *prakṛti*, de energie van de Allerhoogste Heer, is, maar van deze twee heeft de *jīva* bewustzijn. De andere *prakṛti* heeft geen bewustzijn, dat is het verschil. De *jīva-prakṛti* wordt daarom hoger genoemd, want de *jīva* heeft een soortgelijk bewustzijn als dat van de Heer. Maar dat van de Heer is het allerhoogste bewustzijn en men moet niet beweren dat de *jīva*, het levend wezen, ook het allerhoogste bewustzijn heeft. Het levend wezen kan op geen enkel niveau van zijn ontwikkeling tot volmaaktheid het allerhoogste bewustzijn hebben en de theorie die beweert dat dat wel kan, is een misleidende theorie. Het levend wezen mag dan bewust zijn, maar het kan nooit het allerhoogste of volmaakte bewustzijn bezitten.

Het onderscheid tussen de *jīva* en de *īśvara* zal in hoofdstuk dertien van de *Bhagavad-gītā* worden uitgelegd. De Heer is *kṣetra-jña*, bewust, en het levend wezen is dat ook, maar het levend wezen is zich alleen bewust van zijn eigen lichaam, terwijl de Heer Zich bewust is van alle lichamen. Omdat de Heer aanwezig is in het hart van ieder levend wezen, is Hij Zich bewust van de psychische activiteit van de afzonderlijke *jīva's*. We mogen dit niet vergeten. Er wordt ook uitgelegd dat de Paramātmā, de Allerhoogste Persoonlijkheid Gods, aanwezig is in ieders hart als *īśvara*, als de bestuurder, en dat Hij aanwijzingen geeft aan het levend wezen om te doen wat het verlangt. Het levend wezen vergeet wat het moet doen. Het maakt allereerst het besluit om op een bepaalde manier actief te zijn, waarna het verstrikt raakt in de acties en reacties van zijn eigen karma. Nadat het een bepaald lichaam heeft opgegeven, gaat het binnen in een andere type lichaam zoals we kleren aan en uittrekken. Terwijl de ziel op die manier verhuist, lijdt ze door haar activiteiten en door de reacties die ze ondergaat als gevolg van vroegere acties. Die activiteiten kunnen veranderd worden wanneer het levend wezen in de hoedanigheid goedheid is, wanneer het een gezond verstand heeft en het begrijpt met wat voor soort activiteiten het zich moet bezighouden. Wanneer het dat begrijpt, kunnen alle acties en reacties van vroegere activiteiten worden veranderd. Karma is dus niet eeuwig. We hebben daarom gezegd dat van de vijf onderdelen (*īśvara*, *jīva*, *prakṛti*, tijd en karma) er vier eeuwig zijn, maar dat karma niet eeuwig is.

De *īśvara*, die het allerhoogste bewustzijn heeft, is op de volgende manier gelijk aan het levend wezen: zowel het bewustzijn van de Heer als dat van het levend wezen is transcendentaal. Bewustzijn wordt niet veroorzaakt door contact tussen materiedeeltjes onderling — dat is een misvatting. De theorie dat bewustzijn zich onder bepaalde voorwaarden uit verbindingen van materie ontwikkelt, wordt niet aanvaard in de *Bhagavad-gītā*. Het bewustzijn mag dan op een verwrongen manier weerspiegeld zijn door de bedekking van materiële omstandigheden, net zoals licht dat door gekleurd glas weerspiegeld wordt een bepaalde kleur lijkt te hebben, maar het bewustzijn van de Heer wordt niet beïnvloed door materie. Heer Kṛṣṇa zegt: *mayādhyakṣeṇa prakṛtiḥ*. Wanneer Hij in het materiële universum neerdaalt, raakt Zijn bewustzijn niet door materie beïnvloed. Zou dat wel het geval zijn, dan zou Hij ongeschikt zijn om over transcendentale onderwerpen te spreken zoals Hij dat doet in de *Bhagavad-gītā*. Niemand kan iets over de transcendentale wereld zeggen zonder vrij te zijn van een materieel besmet bewustzijn. De Heer is dus niet besmet door materie. Maar op dit moment is ons bewustzijn wél besmet door materie. De *Bhagavad-gītā* leert dat we dit materieel besmette bewustzijn moeten zuiveren. Wanneer ons bewustzijn zuiver is, zullen onze activiteiten in verbinding staan met de wil van de *īśvara* en daardoor zullen we gelukkig worden. We hoeven niet alle activiteiten te stoppen. Het is eerder zo dat onze activiteiten gezuiverd moeten worden, en gezuiverde activiteiten worden *bhakti* genoemd. Activiteiten die met *bhakti* gedaan worden, lijken ogenschijnlijk op gewone activiteiten, maar ze zijn onbesmet. Een onwetend persoon zou een toegewijde kunnen zien als iemand die bezig is of werkt als een gewoon mens, maar zo'n persoon met armzalige kennis weet niet dat de activiteiten van de toegewijde of die van de Heer niet besmet zijn door een onzuiver bewustzijn of door materie. Zulke activiteiten zijn ontstegen aan de drie hoedanigheden van de materiële natuur. Maar we moeten wel begrijpen dat ons huidig bewustzijn besmet is.

Wanneer we materieel besmet zijn, worden we geconditioneerd genoemd. Een vals bewustzijn doet zich voor wanneer we veronderstellen dat we een product zijn van de materiële natuur. Dat wordt vals ego genoemd. Wie in beslag wordt genomen door gedachten en opvattingen die betrekking hebben op het lichaam, kan de situatie waarin hij verkeert niet begrijpen. De *Bhagavad-gītā* werd gesproken om iedereen te bevrijden van de lichamelijke levensopvatting en Arjuna aanvaardde deze positie om zo kennis van de Heer te ontvangen. Men moet zich bevrijden van de lichamelijke levensopvatting; dat is de voorbereiding waarmee een transcendentalist zich ten eerste bezighoudt. Wie zich vrij wil maken, wie bevrijd wil worden, moet allereerst leren dat hij niet dit materiële lichaam is. *Mukti* of bevrijding betekent vrij zijn van een materieel bewustzijn. De definitie van bevrijding wordt ook in het *Śrīmad-Bhāgavatam* gegeven. *Muktir hitvānyathā-rūpaṁ svarūpeṇa vyavasthitiḥ: mukti* betekent bevrijding van het besmette bewustzijn van deze wereld en verankerd zijn in zuiver bewustzijn. Het doel van alle instructies in de *Bhagavad-gītā* is het doen ontwaken van dit zuivere bewustzijn en we zien dat Kṛṣṇa daarom aan het einde van de instructies in de *Gītā* aan Arjuna vraagt of zijn bewustzijn nu zuiver is. Een gezuiverd bewustzijn wil zeggen: handelen volgens de instructies van de Heer. Dat is de hele essentie van het gezuiverde bewustzijn. Bewustzijn is al aanwezig omdat we integrerende deeltjes van de Heer zijn, maar we hebben de neiging om beïnvloed te raken door de lagere hoedanigheden. Maar omdat Hij de Heer is, de Allerhoogste, wordt Hij nooit beïnvloed. Dat is het verschil tussen de Allerhoogste Heer en de kleine, individuele zielen.

Wat is dit bewustzijn? Dit bewustzijn betekent 'Ik ben.' Maar wat ben ik? In een besmet bewustzijn betekent 'Ik ben' zoveel als 'Ik ben de heer van alles binnen mijn bereik. Ik ben de genieter.' De aarde draait omdat ieder levend wezen denkt dat het de heer en schepper van de materiële wereld is. Het materiële bewustzijn kent twee psychische onderverdelingen. De eerste is dat ik de schepper ben en de tweede dat ik de genieter ben. Maar eigenlijk is de Allerhoogste Heer zowel de schepper als de genieter en omdat het levend wezen een integrerend deeltje is van de Allerhoogste Heer, is het schepper noch genieter, maar is het een samenwerker. Het is dat wat geschapen is en wat genoten wordt. Een onderdeel van een machine werkt bijvoorbeeld samen met de hele machine en een bepaald lichaamsdeel werkt samen met het hele lichaam. De handen, benen, ogen enz. zijn allemaal delen van het lichaam, maar ze zijn niet werkelijk de genieters; de maag is de genieter. De benen bewegen zich voort, de handen leveren het voedsel aan, de tanden kauwen en alle lichaamsdelen zijn bezig met het tevredenstellen van de maag, omdat de maag de belangrijkste factor is in het voeden van het organisme van het lichaam. Alles wordt daarom aan de maag gegeven. Een boom kan gevoed worden door water op de wortels te gieten en het lichaam kan gevoed worden door de maag van voedsel te voorzien. Wil men het lichaam gezond houden, dan moeten de lichaamsdelen samenwerken om de maag te voeden. Op dezelfde manier is de Allerhoogste Heer de genieter en de Schepper, en als ondergeschikte levende wezens zijn wij ervoor bedoeld om samen te werken om Hem tevreden te stellen. Deze samenwerking zal ons echt helpen, net zoals het voedsel dat door de maag opgenomen wordt alle andere delen van het lichaam zal helpen. Als de vingers van de handen denken dat ze het voedsel zelf moeten nemen in plaats van het aan de maag te geven, dan zullen ze gefrustreerd worden. De centrale persoon van de schepping en van genot is de Allerhoogste Heer en alle levende wezens zijn samenwerkers; door deze samenwerking genieten ze. De relatie is ook als die tussen meester en dienaar. Als de meester volledig tevreden is, dan is de dienaar dat ook. Op dezelfde manier moet de Allerhoogste Heer tevreden worden gesteld, ook al is de neiging om de schepper te zijn en van de materiële wereld te genieten ook in het levend wezen aanwezig. Het heeft deze neigingen omdat die ook aanwezig zijn in de Allerhoogste Heer, die de gemanifesteerde kosmos heeft geschapen.

In de *Bhagavad-gītā* zullen we zien dat het complete geheel bestaat uit de allerhoogste bestuurder, het levend wezen dat bestuurd wordt, de kosmische verschijning, de eeuwige tijd en karma of activiteiten, en ze worden allemaal uitgelegd in de tekst. Al deze elementen samen vormen het complete geheel en het complete geheel wordt de Allerhoogste Absolute Waarheid genoemd. Het complete geheel en de complete Absolute Waarheid zijn de complete Persoonlijkheid Gods, Śrī Kṛṣṇa. Al het gemanifesteerde is het gevolg van Zijn verschillende energieën. Hij *is* het complete geheel.

In de *Gītā* wordt verder uitgelegd dat ook het onpersoonlijk Brahman ondergeschikt is aan de complete Allerhoogste Persoonlijkheid (*brahmaṇo hi pratiṣṭāham*). In het *Brahma-sūtra* wordt het Brahman nader uitgelegd als de lichtstralen van de Allerhoogste Persoonlijkheid Gods; het onpersoonlijk Brahman is Zijn lichtgloed. Het besef van het onpersoonlijk Brahman-aspect van het absolute geheel is incompleet en het besef van Paramātmā is dat ook. In het vijftiende hoofdstuk zal duidelijk worden dat de Allerhoogste Persoonlijkheid Gods, Puruṣottama, verheven is boven zowel het onpersoonlijk Brahman als de Paramātmā, die gedeeltelijke aspecten zijn. De Allerhoogste Persoonlijkheid Gods wordt *sac-cid-ānanda-vigraha* genoemd. De *Brahma-saṁhitā* begint als volgt: *īśvaraḥ paramaḥ kṛṣṇaḥ sac-cid-ānanda-vigrahaḥ/ anādir ādir govindaḥ sarva-kāraṇa-kāraṇam.* 'Govinda, Kṛṣṇa, is de oorzaak van alle oorzaken. Hij is de oeroorzaak en de vorm van eeuwigheid, kennis en gelukzaligheid.' Zich bewust worden van het onpersoonlijk Brahman is zich bewust worden van Zijn *sat*-aspect (eeuwigheid). Bewustwording van de Paramātmā is bewustwording van *sat-cit* (eeuwige kennis). Maar bewustwording van de Persoonlijkheid Gods, Kṛṣṇa, is bewustwording van alle transcendentale aspecten: *sat, cit* en *ānanda* (eeuwigheid, kennis en gelukzaligheid) in volledige *vigraha* (vorm).

Mensen met weinig intelligentie denken dat de Absolute Waarheid onpersoonlijk is, maar Hij is een transcendentale persoon en dat wordt in de hele Vedische literatuur bevestigd. *Nityo nityānāṁ cetanaś cetanānām* (*Kaṭha Upaniṣad* 2.2.13). Net zoals wij allemaal individuele levende wezens zijn en onze eigen individualiteit hebben, zo is de Absolute Waarheid uiteindelijk ook een persoon en is bewustwording van de Persoonlijkheid Gods het zich bewustworden van alle transcendentale aspecten die zich in Zijn complete vorm bevinden. Het complete geheel is niet vormloos. Als Hij vormloos zou zijn of als Hij in welk opzicht dan ook minder zou zijn dan Zijn schepping, dan zou Hij niet het complete geheel kunnen zijn. Het complete geheel moet alles wat binnen en buiten onze ervaring ligt omvatten, anders kan het niet compleet zijn.

Het complete geheel, de Persoonlijkheid Gods, heeft immense vermogens (*parāsya śaktir vividhaiva śrūyate*). Hoe Kṛṣṇa actief is met verschillende vermogens, wordt ook uitgelegd in de *Bhagavad-gītā*. Deze waarneembare of materiële wereld waarin we geplaatst zijn, is compleet in zichzelf, omdat de vierentwintig elementen waarvan dit materiële universum volgens de *sāṅkhya*-filosofie een tijdelijke manifestatie is, volledig afgesteld zijn om alle benodigdheden voor het onderhoud en het bestaan van dit universum te produceren. Niets is overbodig en evenmin is er aan iets een tekort. Deze manifestatie heeft een eigen tijdsduur en die is bepaald door de energie van het complete geheel; wanneer deze tijdsduur verstreken is, zullen al deze tijdelijke manifestaties worden vernietigd door de complete regeling van Hem die compleet is. Voor de kleine, complete eenheden, namelijk de levende wezens, is er volop gelegenheid om zich bewust te worden van het complete geheel en ze ervaren allerlei vormen van incompleetheid door incomplete kennis van dat complete geheel. De *Bhagavad-gītā* omvat de complete kennis van de Vedische wijsheid.

Alle Vedische kennis is onfeilbaar en de hindoes aanvaarden de vedische kennis als complete en onfeilbare kennis. Koeienmest is bijvoorbeeld dierlijke ontlasting en volgens de *smṛti* of de Vedische voorschriften moet men een bad nemen om zich te reinigen als men in aanraking is geweest met de uitwerpselen van een dier. Maar koeienmest wordt in de Vedische teksten beschouwd als een reinigend middel. Nu kan men dit als een tegenstrijdigheid zien, maar het wordt aanvaard omdat het een Vedisch voorschrift is en men begaat zeker geen fout als men het aanvaardt. De moderne wetenschap heeft later bewezen dat koeienmest alle ontsmettende eigenschappen bezit. De Vedische kennis is dus compleet omdat ze boven alle twijfels en fouten staat en de *Bhagavad-gītā* is de essentie van alle Vedische kennis.

De Vedische kennis is geen kwestie van research. Onze research naar dingen is onvolmaakt, omdat we het met onvolmaakte zintuigen doen. We moeten volmaakte kennis aanvaarden, die ons via de *paramparā* (opeenvolging van discipelen) bereikt zoals in de *Bhagavad-gītā* beschreven wordt. We moeten kennis ontvangen vanuit de juiste bron, die verbonden is met de opeenvolging van discipelen, beginnend met de allerhoogste spiritueel leraar, de Heer Zelf, en die kennis moet overgedragen zijn aan een opeenvolging van spiritueel leraren. Arjuna was een leerling van Heer Śrī Kṛṣṇa en aanvaardde alles wat Hij zei zonder Hem tegen te spreken. We mogen niet een bepaald deel van de *Bhagavad-gītā* aanvaarden en een ander deel verwerpen. Nee. We moeten de *Bhagavad-gītā* aanvaarden zonder interpretatie, zonder weglatingen en we mogen er niet zomaar mee doen wat we willen.

De *Gītā* moet worden gezien als de volmaaktste verwoording van de Vedische kennis. Vedische kennis wordt verkregen uit transcendentale bronnen en werd voor het eerst door de Heer Zelf gesproken. De woorden die de Heer Zelf spreekt, worden *apauruṣeya* genoemd, wat betekent dat ze verschillen van woorden die gesproken worden door een persoon van deze wereld, die behept is met vier gebreken. Een werelds persoon (1) maakt zeker fouten, (2) verkeert steevast in illusie, (3) heeft de neiging om anderen te bedriegen en (4) is beperkt door onvolmaakte zintuigen. Wie deze vier gebreken heeft, kan geen perfecte, transcendentale kennis overdragen.

De Vedische kennis wordt niet door zulke onvolmaakte levende wezens overgedragen. Ze werd onthuld in het hart van Brahmā, het eerstgeschapen levend wezen, en Brahmā verspreidde deze kennis vervolgens onder zijn zonen en discipelen zoals hij haar oorspronkelijk van de Heer ontvangen had. De Heer is *pūrṇam*, volkomen volmaakt, en Hij kan onmogelijk onderhevig raken aan de wetten van de materiële natuur. Men moet daarom intelligent genoeg zijn om te begrijpen dat de Heer de enige bezitter is van alles in het universum en dat Hij de oorspronkelijke schepper is, de schepper van Brahmā. In het elfde hoofdstuk wordt de Heer aangesproken met *prapitāmaha*, omdat Hij de schepper is van Brahmā, die aangesproken werd met *pitāmaha*, de grootvader. Niemand zou dus moeten beweren dat hij van wat dan ook de eigenaar is; men moet alleen die dingen aanvaarden, die de Heer voor hem gereserveerd heeft als quota voor zijn onderhoud.

Er zijn veel voorbeelden van hoe we de dingen die de Heer voor ons heeft gereserveerd moeten gebruiken. Ook dit wordt in de *Bhagavad-gītā* uitgelegd. Aanvankelijk besloot Arjuna dat hij niet zou vechten in de Slag van Kurukṣetra. Dat was zijn eigen beslissing. Arjuna vertelde de Heer dat hij onmogelijk van het koninkrijk zou kunnen genieten na het doden van zijn familieleden. Deze beslissing was gebaseerd op het lichaam, omdat hij dacht dat hij het lichaam was en dat zijn broers, neven, zwagers, grootvaders enz. zijn lichamelijke relaties of expansies waren. Met andere woorden, hij wilde zijn lichamelijke verlangens vervullen. De Heer sprak de *Bhagavad-gītā* om deze opvatting te veranderen en uiteindelijk besloot Arjuna te vechten onder leiding van de Heer toen hij zei: *kariṣye vacanaṁ tava* — 'Ik zal doen wat Je mij gezegd hebt.'

De mensen in deze wereld zijn er niet voor bedoeld om te vechten als katten en honden; mensen moeten intelligent genoeg zijn om het belang van het menselijk leven te beseffen en ze zouden zichzelf niet moeten toestaan om zich als gewone dieren te gedragen. Een menselijk wezen moet doordrongen zijn van het doel van zijn leven. Deze aanwijzing wordt in de hele Vedische literatuur gegeven en de essentie daarvan is te vinden in de *Bhagavad-gītā*. De Vedische literatuur is bedoeld voor mensen en niet voor dieren. Dieren kunnen andere dieren doden en er is dan geen sprake van dat ze daardoor een zonde begaan. Maar als een mens een dier doodt, alleen maar om zijn onbeheerste tong tevreden te stellen, dan overtreedt hij de wetten van de natuur en wordt hij daarvoor verantwoordelijk gehouden. In de *Bhagavad-gītā* wordt duidelijk uitgelegd dat er drie soorten activiteiten zijn overeenkomstig de drie hoedanigheden van de materiële natuur: activiteiten in goedheid, in hartstocht en in onwetendheid. Op dezelfde manier zijn er ook drie verschillende voedselsoorten: voedsel in goedheid, in hartstocht en in onwetendheid. Dit wordt allemaal duidelijk beschreven en als we de instructies in de *Bhagavad-gītā* op de juiste manier naleven, dan zal ons hele leven gezuiverd raken en zullen we uiteindelijk in staat zijn om die bestemming te bereiken die ontstegen is aan de materiële wereld (*yad gatvā na nivartante tad dhāma paramaṁ mama*).

Die bestemming wordt de *sanātana*-hemel genoemd, de eeuwige, spirituele hemel. In de materiële wereld zien we dat alles tijdelijk is. Iets ontstaat, blijft enige tijd bestaan, produceert enkele bijproducten, vervalt en verdwijnt vervolgens. Dat is de wet van de materiële wereld, ongeacht of we het lichaam als voorbeeld gebruiken of een stuk fruit of wat dan ook. Maar buiten de materiële wereld bestaat een andere wereld waarover we informatie hebben. Die wereld is van een andere natuur, namelijk een die *sanātana* is of eeuwig. De *jīva* wordt ook beschreven als *sanātana*, als eeuwig, en ook de Heer wordt in het elfde hoofdstuk beschreven als *sanātana*. We hebben een intieme relatie met de Heer en omdat we allemaal kwalitatief gelijk zijn — de *sanātana-dhāma* of de hemel, de *sanātana* Allerhoogste Persoonlijkheid en de *sanātana* levende wezens — is het uiteindelijke doel van de *Bhagavad-gītā* om ons aan te sporen onze *sanātana*-bezigheid op te pakken, namelijk *sanātana-dharma*, de eeuwige bezigheid van het levend wezen. We zijn nu bezig met verschillende tijdelijke activiteiten, maar al onze activiteiten kunnen worden gezuiverd wanneer we deze tijdelijke activiteiten allemaal opgeven en activiteiten gaan verrichten die door de Heer zijn voorgeschreven. Dat wordt ons zuivere leven genoemd.

De Allerhoogste Heer en Zijn transcendentale woning zijn allebei *sanātana;* de levende wezens zijn dat ook en de onderlinge omgang tussen de Allerhoogste Heer en de levende wezens in die woning die *sanātana* is, is de volmaaktheid van het menselijk leven. De Heer is heel vriendelijk voor de levende wezens omdat ze Zijn zonen zijn. De Heer verklaart in de *Bhagavad-gītā:* 'Ik ben de vader van iedereen' (*sarva-yoniṣu...ahaṁ bīja-pradaḥ pitā*). Er zijn natuurlijk allerlei typen levende wezens op grond van hun verschillend karma, maar de Heer verklaart dat Hij de vader is van hen allemaal. De Heer daalt daarom neer om al deze gevallen, geconditioneerde zielen weer op het rechte pad te zetten en ze terug te roepen naar de *sanātana*-hemel, zodat de *sanātana*-levende wezens hun *sanātana*-posities weer kunnen innemen in het eeuwige gezelschap van de Heer. De Heer komt Zelf in verschillende incarnaties of Hij stuurt Zijn vertrouwelijke dienaren als zonen of Zijn metgezellen of *ācārya's* om de geconditioneerde zielen te hervormen.

Sanātana-dharma verwijst niet naar een sektarisch proces van religie. Het is de eeuwige functie van de eeuwige levende wezens in hun relatie met de eeuwige Allerhoogste Heer. Zoals gezegd, *sanātana-dharma* verwijst naar de eeuwige bezigheid van het levend wezen. Śrīpāda Rāmānujācārya heeft het woord *'sanātana'* uitgelegd als 'dat wat geen begin en geen einde heeft'. Wanneer we dus over *sanātana-dharma* spreken, dan moeten we eenvoudig op het gezag van Śrīpāda Rāmānujācārya aannemen dat het geen begin en geen einde heeft.

Er is een verschil tussen het Nederlandse woord 'religie' en 'sanātana-dharma'. Het woord 'religie' omsluit het idee van geloof en geloof kan veranderen. Wie geloof heeft in een bepaald proces, kan dat geloof veranderen en een ander aanvaarden. Maar 'sanātana-dharma' verwijst naar die activiteit, die niet veranderd kan worden. Om een voorbeeld te geven: vochtigheid kan niet onttrokken worden aan water en evenmin kan hitte worden onttrokken aan vuur. Op dezelfde manier kan de eeuwige functie van het eeuwig levend wezen niet onttrokken worden aan dat levend wezen. *Sanātana-dharma* zal eeuwig inherent zijn aan het levend wezen. Wanneer we daarom over *sanātana-dharma* spreken, moeten we eenvoudig op het gezag van Śrīpāda Rāmānujācārya aannemen dat het geen begin en geen einde heeft. Dat wat geen begin en geen einde heeft, kan niet sektarisch zijn, omdat het door geen enkele beperking begrensd kan worden. Wie een sektarisch geloof aanhangt, zal ten onrechte denken dat *sanātana-dharma* ook sektarisch is, maar als we diep op de zaak ingaan en het beschouwen vanuit het perspectief van de moderne wetenschap, dan kunnen we inzien dat *sanātana-dharma* de bezigheid is van alle mensen van de wereld, ja zelfs van alle levende wezens van het universum.

Een religieuze geloofsovertuiging die niet-*sanātana* is, kan ergens in de kronieken van de menselijke geschiedenis een begin hebben, maar er bestaat geen begin van de geschiedenis van *sanātana-dharma*, omdat het eeuwig inherent blijft aan de levende wezens. Over die levende wezens wordt in de gezaghebbende *śāstra's* (heilige teksten) gesteld dat ze niet geboren worden en niet sterven. In de *Gītā* wordt gesteld dat het levend wezen nooit geboren wordt en dat het nooit sterft. Het is eeuwig en onvernietigbaar en blijft verder leven na de vernietiging van zijn tijdelijke materiële lichaam. Met betrekking tot het concept van *sanātana-dharma* moeten we het concept van religie proberen te begrijpen vanuit de grondbetekenis van het woord in het Sanskriet. *Dharma* verwijst naar dat wat voortdurend aanwezig is bij een bepaald voorwerp. We kunnen vaststellen dat vuur gepaard gaat met hitte en licht; zonder hitte en licht heeft het woord 'vuur' geen betekenis. Op dezelfde manier moeten we het essentiële deel van het levend wezen zien te ontdekken, dat deel dat zijn voortdurende metgezel is. Die voortdurende metgezel is zijn eeuwige functie en die eeuwige functie is zijn eeuwige religie.

Toen Sanātana Gosvāmī aan Śrī Caitanya Mahāprabhu vroeg wat de *svarūpa* van ieder levend wezen is, antwoordde de Heer dat het verlenen van dienst aan de Allerhoogste Persoonlijkheid Gods de *svarūpa* of de wezenlijke positie van het levend wezen is. Als we deze uitspraak van Heer Caitanya analyseren, dan kunnen we gemakkelijk inzien dat ieder levend wezen voortdurend bezig is met het dienen van een ander levend wezen. Een levend wezen dient andere levende wezens in verschillende rollen en op die manier geniet het van het leven. De dieren, die lager staan, dienen de mens zoals dienaren hun meester dienen. A dient meester B, B dient meester C, C dient meester D enz. Aan de hand hiervan zien we dat de ene vriend de andere vriend dient, dat de moeder haar zoon dient, dat de vrouw haar man dient en de man zijn vrouw enz. Als we op die manier verder zoeken, zullen we zien dat er in de samenleving van de levende wezens geen uitzondering bestaat wat betreft het dienen van anderen. De politicus presenteert zijn verkiezingsprogramma aan de kiezers om hen te overtuigen van zijn bekwaamheid tot dienen. De kiezers geven hem hun waardevolle stemmen, omdat ze denken dat hij de samenleving op een waardevolle manier van dienst kan zijn. De winkelier dient de klant en de arbeider dient de kapitalist. De kapitalist dient het gezin en het gezin dient de staat overeenkomstig de eeuwige functie van het levend wezen. Op die manier kunnen we zien dat geen enkel levend wezen vrijgesteld is van het dienen van andere levende wezens en we kunnen daarom met zekerheid concluderen dat dienstverlening de voortdurende metgezel is van het levend wezen en dat het verlenen van dienst de eeuwige religie van het levend wezen is.

Toch betuigt de mens zijn verbondenheid met een bepaald type geloof afhankelijk van tijd en omstandigheid en beweert zo een hindoe, een moslim, een christen, een boeddhist of een aanhanger van welke andere geloofsgemeenschap dan ook te zijn. Zulke benamingen zijn non-*sanātana-dharma.* Een hindoe kan van geloof veranderen en een moslim worden of een moslim kan tot een ander geloof overgaan en een hindoe worden of een christen kan van geloof veranderen enz. Maar in al deze gevallen brengt een verandering van geloof geen verandering in de eeuwige functie van het dienen van anderen. De hindoe, de moslim of de christen zijn in alle omstandigheden een dienaar van iemand anders. Met het aanhangen van een bepaald type geloof belijdt men dus niet zijn *sanātana-dharma.* Dienstbaar zijn is *sanātana-dharma.*

Het is een feit dat we in verbinding staan met de Allerhoogste Heer door middel van dienstbaarheid. De Allerhoogste Heer is de allerhoogste genieter en als levende wezens zijn wij Zijn dienaren. We zijn geschapen voor Zijn plezier en als we Hem van dienst zijn in dat plezier, dan zullen we gelukkig worden. We kunnen niet op een andere manier gelukkig worden. Het is onmogelijk om onafhankelijk te zijn en gelukkig te worden, zoals geen enkel lichaamsdeel gelukkig kan worden zonder samen te werken met de maag. Het levend wezen kan onmogelijk gelukkig worden zonder de Allerhoogste Heer transcendentale liefdedienst te bewijzen.

In de *Bhagavad-gītā* wordt het vereren of het dienen van de verschillende halfgoden niet goedgekeurd. In het zevende hoofdstuk wordt in tekst twintig het volgende gesteld:

kāmais tais tair hṛta-jñānāḥ, prapadyante 'nya-devatāḥ
taṁ taṁ niyamam āsthāya, prakṛtyā niyatāḥ svayā

'Zij die door materiële verlangens van hun verstand beroofd zijn, geven zich over aan de halfgoden en volgen de specifieke regels en bepalingen van verering die overeenkomen met hun eigen aard.' Hier wordt duidelijk gezegd dat zij die door lust geleid worden de halfgoden vereren en niet de Allerhoogste Heer Kṛṣṇa.

Wanneer we spreken van de naam Kṛṣṇa, dan verwijzen we daarmee niet naar een sektarische naam. *Kṛṣṇa* betekent de allerhoogste vreugde en er wordt geschreven dat de Allerhoogste Heer de onuitputtelijke bron of het reservoir van alle vreugde is. We hunkeren allemaal naar vreugde. *Ānanda-mayo 'bhyāsāt* (*Vedānta-sūtra* 1.1.12). De levende wezens zijn net als de Heer vol bewustzijn en zoeken naar geluk. De Heer is eeuwig gelukkig en als de levende wezens met Hem omgaan, met Hem samenwerken en Zich in Zijn gezelschap bevinden, dan worden zij ook gelukkig.

De Heer daalt af naar deze vergankelijke wereld om in Vṛndāvana Zijn activiteiten van vermaak te tonen, die vol geluk zijn. Toen Heer Kṛṣṇa in Vṛndāvana was, waren al Zijn activiteiten met Zijn vrienden, de koeherders, met Zijn jonge vriendinnen, met de andere inwoners van Vṛndāvana en met de koeien vol geluk. De volledige bevolking van Vṛndāvana dacht aan niemand anders dan Kṛṣṇa. Maar ondanks dat weerhield Heer Kṛṣṇa Zijn vader Nanda Mahārāja ervan om de halfgod Indra te vereren, omdat Hij duidelijk wilde maken dat mensen geen enkele halfgod hoeven te vereren. Ze hoeven alleen de Allerhoogste Heer te vereren, omdat het hun uiteindelijke doel is terug te keren naar Zijn woning.

De woning van Heer Śrī Kṛṣṇa wordt in het vijftiende hoofdstuk van de *Bhagavad-gītā*, tekst zes, beschreven:

na tad bhāsayate sūryo, na śaśāṅko na pāvakaḥ
yad gatvā na nivartante, tad dhāma paramaṁ mama

'Die allerhoogste woning van Mij wordt niet verlicht door de zon of de maan en evenmin door vuur of elektriciteit. Zij die haar bereiken, komen nooit meer terug naar de materiële wereld.'

Dit vers geeft een beschrijving van die eeuwige hemel. Natuurlijk hebben we een materiële opvatting van de hemel en we hebben hierbij een zon, maan, sterren enz. in gedachten, maar in dit vers zegt de Heer dat er in de eeuwige hemel geen behoefte is aan een zon en evenmin aan een maan of elektriciteit of vuur van welke soort dan ook, omdat de spirituele hemel al verlicht wordt door de *brahmajyoti*, het licht dat van de Allerhoogste Heer afstraalt. Met veel moeite proberen we andere planeten te bereiken, maar het is niet moeilijk om de woonplaats van de Allerhoogste Heer te begrijpen. Deze woonplaats wordt Goloka genoemd en in de *Brahma-saṁhitā* (5.37) wordt het prachtig beschreven: *goloka eva nivasaty akhilātma-bhūtaḥ*. De Heer verblijft eeuwig in zijn woning Goloka, maar Hij kan bereikt worden vanuit deze wereld en met dit doel manifesteert Hij Zijn ware gedaante, *sac-cid-ānanda-vigraha*. Zodra Hij deze gedaante manifesteert, hoeven we niet meer te speculeren over hoe Hij eruitziet. Om zulk creatief speculeren te ontmoedigen daalt Hij neer en toont Hij Zichzelf zoals Hij is, als Śyāmasundara. Maar jammer genoeg bespotten de minder intelligente personen Hem, omdat Hij als een van ons komt en Zich met ons vermaakt als een menselijk wezen. Maar dat is geen reden om de Heer als een van de onzen te beschouwen. Door Zijn almacht verschijnt Hij voor ons in Zijn ware vorm en openbaart Hij Zijn activiteiten van vermaak, die een replica zijn van de activiteiten van vermaak die in Zijn woning plaatsvinden.

In de lichtstralen van de spirituele hemel zweven ontelbare planeten. De *brahmajyoti* wordt uitgestraald door de allerhoogste woning, namelijk Kṛṣṇaloka, en de *ānanda-maya-, cin-maya*-planeten, die niet materieel zijn, zweven in die stralen. De Heer zegt: *na tad bhāsayate sūryo na śaśāṅko na pāvakaḥ/ yad gatvā na nivartante tad dhāma paramaṁ mama.* Wie die spirituele hemel weet te bereiken, hoeft niet meer naar de materiële hemel af te dalen. In de materiële hemel zullen we dezelfde levensomstandigheden tegenkomen: geboorte, dood, ziekte en ouderdom, ook al bereiken we de hoogste planeet (Brahmaloka), om niet te spreken van de maan. Geen enkele planeet in het materiële universum is vrij van deze vier onderdelen van het materiële bestaan.

De levende wezens reizen van planeet naar planeet, maar we kunnen niet eenvoudigweg op een mechanische manier naar elke gewenste planeet gaan. Als we naar andere planeten willen gaan, dan bestaat daarvoor een proces, dat als volgt wordt beschreven: *yānti deva-vratā devān pitṝn yānti pitṛ-vratāḥ.* Als we interplanetair willen reizen, dan hebben we daarvoor geen mechanisch toestel nodig. De *Gītā* geeft de volgende instructie: *yānti deva-vratā devān.* De maan, de zon en de hogere planeten worden Svargaloka genoemd. De planeten zijn onderverdeeld in drie categorieën: de hogere, de middelste en de lagere planetenstelsels. De aarde maakt deel uit van het middelste planetenstelsel. De *Bhagavad-gītā* geeft ons de kennis over hoe we via een simpele methode naar de hogere planetenstelsels (Devaloka) kunnen reizen: *yānti deva-vratā devān.* Het vereren van de bepaalde halfgod van een bepaalde planeet is voldoende om naar de maan, de zon of naar welke van de andere hogere planetenstelsels dan ook te gaan.

Toch raadt de *Bhagavad-gītā* ons niet aan om naar welke planeet in de materiële wereld dan ook te gaan, want zelfs al gaan we naar Brahmaloka, de hoogste planeet, door veertigduizend jaar lang te reizen in een of ander mechanisch toestel (en wie leeft er zo lang?), dan nog zullen we de materiële ongemakken van geboorte, dood, ziekte en ouderdom tegenkomen. Maar wie de allerhoogste planeet, Kṛṣṇaloka, of een van de andere planeten in de spirituele hemel wil bereiken, zal geen last ondervinden van deze materiële ongemakken. Te midden van alle planeten in de spirituele hemel is er één planeet die de allerhoogste is en die Goloka Vṛndāvana wordt genoemd. Zij is de oorspronkelijke planeet in de verblijfplaats van de oorspronkelijke Persoonlijkheid Gods, Śrī Kṛṣṇa. De *Bhagavad-gītā* geeft ons al deze informatie en door haar instructies leert ze ons hoe we de materiële wereld kunnen verlaten en hoe we een leven vol werkelijk geluk kunnen beginnen in de spirituele hemel.

In het vijftiende hoofdstuk van de *Bhagavad-gītā* wordt een werkelijk beeld van de materiële wereld gegeven. Daar wordt gezegd:

ūrdhva-mūlam adhaḥ-śākham, aśvatthaṁ prāhur avyayam
chandāṁsi yasya parṇāni, yas taṁ veda sa veda-vit

De materiële wereld wordt hier beschreven als een boom waarvan de wortels omhoog gaan en de takken naar beneden. We hebben allemaal wel eens zo'n boom gezien: wanneer men op de oever van een rivier of van een waterbekken staat, kan men zien dat de weerspiegelde bomen omgekeerd staan. De takken gaan naar beneden en de wortels naar boven. Op dezelfde manier is de materiële wereld een weerspiegeling van de spirituele wereld. De materiële wereld is alleen maar een schaduw van de werkelijkheid. De schaduw zelf heeft geen werkelijkheid en geen substantie, maar door de schaduw begrijpen we dat er zowel een substantie als een werkelijkheid is. In een woestijn is geen water aanwezig, maar de luchtspiegeling geeft aan dat er zoiets als water bestaat. In de materiële wereld is er geen water, geen geluk, maar het echte water van werkelijk geluk is aanwezig in de spirituele wereld.

De Heer geeft aan dat we de spirituele wereld als volgt kunnen bereiken (*Bg.* 15.5):

nirmāna-mohā jita-saṅga-doṣā
adhyātma-nityā vinivṛtta-kāmāḥ
dvandvair vimuktāḥ sukha-duḥkha-saṁjñair
gacchanty amūḍhāḥ padam avyayaṁ tat

Dat *padam avyayam* of eeuwige koninkrijk kan bereikt worden door iemand die *nirmāna-moha* is. Wat betekent dit? We zijn allemaal op zoek naar benamingen. De een wil een 'meneer' worden, de ander een 'excellentie' en weer een ander wil de president worden of een rijk man of een koning of iets anders. Zolang we gehecht zijn aan die benamingen zijn we gehecht aan het lichaam, want deze benamingen hebben betrekking op het lichaam. Maar we zijn dit lichaam niet en wanneer we dat eenmaal begrijpen, is dat de eerste stap in onze spirituele bewustwording. We staan nu in contact met de drie hoedanigheden van de materiële natuur, maar we moeten ons door devotionele dienst aan de Heer van hen onthechten. Als we niet gehecht zijn aan devotionele dienst aan de Heer, dan kunnen we ons niet losmaken van de hoedanigheden van de materiële natuur. Benamingen en gehechtheden komen voort uit onze lust en verlangens, uit ons verlangen de baas te spelen over de materiële natuur. Zolang we deze neiging om de baas te spelen over de materiële natuur niet opgeven, is het onmogelijk om terug te gaan naar het koninkrijk van de Allerhoogste, de *sanātana-dhāma.* Dat eeuwige koninkrijk, dat nooit vernietigd wordt, kan benaderd worden door iemand die niet door de aantrekking van vals materieel genot misleid wordt en die standvastig is in dienst aan de Allerhoogste Heer; zo iemand kan die allerhoogste woning gemakkelijk bereiken.

Op een andere plaats in de *Gītā* (8.21) wordt gezegd:

avyakto 'kṣara ity uktas, tam āhuḥ paramāṁ gatim
yaṁ prāpya na nivartante, tad dhāma paramaṁ mama

Avyakta betekent 'ongemanifesteerd'. Niet eens alles van de materiële wereld is aan ons gemanifesteerd. Onze zintuigen zijn zo onvolmaakt dat we niet eens alle sterren binnen dit materiële universum kunnen zien. Door de Vedische literatuur hebben we toegang tot veel informatie over alle planeten en we kunnen die informatie geloven of niet. Alle belangrijke planeten worden in de Vedische literatuur beschreven, vooral in het *Śrīmad-Bhāgavatam*, en de spirituele wereld, die voorbij deze materiële hemel ligt, wordt beschreven als *avyakta*, ongemanifesteerd. Men zou moeten verlangen en hunkeren naar dat allerhoogste koninkrijk, want wie dat koninkrijk bereikt, hoeft niet meer terug te keren naar de materiële wereld.

Men zou zich nu kunnen afvragen hoe men die woning van de Allerhoogste Heer kan bereiken. Het achtste hoofdstuk geeft hierover informatie. Daarin wordt gezegd:

anta-kāle ca mām eva, smaran muktvā kalevaram
yaḥ prayāti sa mad-bhāvaṁ, yāti nāsty atra saṁśayaḥ

'En wie aan het eind van zijn leven, wanneer hij zijn lichaam verlaat, uitsluitend aan Mij denkt, bereikt onmiddellijk Mijn zijnstoestand. Hierover is geen twijfel mogelijk.' (*Bg.* 8.5) Wie op het moment van de dood aan Kṛṣṇa denkt, gaat naar Kṛṣṇa. Men moet zich de gedaante van Kṛṣṇa herinneren; als men aan die vorm denkt wanneer men het lichaam verlaat, zal men zeker het spirituele koninkrijk bereiken. *Mad-bhāvam* heeft betrekking op de allerhoogste natuur van het Allerhoogste Wezen. Het Allerhoogste Wezen is *sac-cid-ānanda-vigraha*, dat wil zeggen: Zijn vorm is eeuwig, vol kennis en gelukzaligheid. Ons huidige lichaam is niet *sac-cid-ānanda*. Het is *asat*, niet *sat*. Het is niet eeuwig, maar vergankelijk. Het is niet *cit*, vol kennis, maar het is vol onwetendheid. We hebben geen kennis over de spirituele wereld en evenmin hebben we volmaakte kennis over de materiële wereld, waar zoveel dingen ons onbekend zijn. Het lichaam is ook *nirānanda;* in plaats van vol geluk te zijn, is het vol ellende. Alle ellende die we in de materiële wereld ondergaan wordt veroorzaakt door het lichaam, maar wie dit lichaam verlaat terwijl hij denkt aan Heer Kṛṣṇa, de Allerhoogste Persoonlijkheid Gods, krijgt meteen een *sac-cid-ānanda*-lichaam.

Het proces waarbij men het lichaam verlaat en in de materiële wereld een ander aanneemt, verloopt volgens een plan. Iemand sterft nadat is vastgesteld wat voor soort lichaam hij in zijn volgend leven krijgt. Deze beslissing wordt genomen door hogere autoriteiten en niet door het levend wezen zelf. Overeenkomstig onze activiteiten in dit leven kunnen we ofwel omhoog ofwel omlaag gaan. Dit leven is een voorbereiding op ons volgend leven. Als we ons daarom in dit leven kunnen voorbereiden om gepromoveerd te worden naar het koninkrijk van God, dan zullen we na het verlaten van dit materiële lichaam zeker een spiritueel lichaam krijgen, net als dat van de Heer.

Zoals al eerder is uitgelegd, zijn er verschillende soorten transcendentalisten: de *brahma-vādī*, *paramātma-vādī* en de toegewijde, en er is ook gezegd dat er in de *brahmajyoti* (de spirituele hemel) ontelbare spirituele planeten zijn. Het aantal van deze planeten is vele, vele malen groter dan alle planeten in de materiële wereld tezamen. De materiële wereld is naar schatting slechts een kwart van de schepping (*ekāṁśena sthito jagat*). In dit materiële deel bevinden zich miljoenen en miljarden universa met triljoenen planeten, zonnen, sterren en manen. Maar deze hele materiële schepping is enkel een fragment van de totale schepping. Het grootste gedeelte van de schepping bevindt zich in de spirituele hemel.

Wie ernaar verlangt op te gaan in het bestaan van het Allerhoogste Brahman, wordt onmiddellijk overgebracht naar de *brahmajyoti* van de Allerhoogste Heer en bereikt zo de spirituele hemel. De toegewijde die van het gezelschap van de Heer wil genieten, gaat naar de Vaikuṇṭha-planeten, waarvan er ontelbare zijn, en daar gaat de Allerhoogste Heer met hem om in Zijn volkomen expansies zoals Nārāyaṇa met vier armen en met verschillende namen zoals Pradyumna, Aniruddha en Govinda. Aan het eind van hun leven denken transcendentalisten daarom of aan de *brahmajyoti* of aan de Paramātmā of aan de Allerhoogste Persoonlijkheid Gods Śrī Kṛṣṇa. In al deze gevallen gaan ze binnen in de spirituele hemel, maar alleen de toegewijde of degene die persoonlijk contact heeft met de Allerhoogste Heer, gaat naar de Vaikuṇṭha-planeten of naar de planeet Goloka Vṛndāvana. De Heer voegt daar nog aan toe dat daarover 'geen twijfel bestaat'. We moeten dit zonder meer geloven. We moeten dat wat niet met onze verbeelding strookt, niet afwijzen; onze houding zou eerder als die van Arjuna moeten zijn: 'Ik geloof alles wat Je mij gezegd hebt.' Wanneer de Heer daarom zegt dat degene die op het moment van de dood aan Hem denkt als Brahman of Paramātmā of als de Persoonlijkheid Gods, zeker in de spirituele hemel zal binnengaan, dan bestaat daarover geen twijfel. Hieraan kan gewoon niet worden getwijfeld.

De *Bhagavad-gītā* (8.6) legt ook het algemene principe uit dat het mogelijk maakt het spirituele koninkrijk binnen te gaan door eenvoudig aan de Allerhoogste te denken op het moment van de dood:

yaṁ yaṁ vāpi smaran bhāvaṁ, tyajaty ante kalevaram
taṁ tam evaiti kaunteya, sadā tad-bhāva-bhāvitaḥ

'Welke zijnstoestand iemand ook in gedachten heeft wanneer hij zijn lichaam opgeeft, o zoon van Kuntī, die toestand zal hij in zijn volgend leven zeker bereiken.' Maar eerst moeten we begrijpen dat de materiële natuur een manifestatie is van een van de energieën van de Allerhoogste Heer. In de *Viṣṇu Purāṇa* (6.7.61) wordt het geheel van de energieën van de Allerhoogste Heer gekenschetst:

viṣṇu-śaktiḥ parā proktā, kṣetra-jñākhyā tathā parā
avidyā-karma-saṁjñānyā, tṛtīyā śaktir iṣyate

De Allerhoogste Heer heeft uiteenlopende en ontelbare energieën die onze verbeeldingskracht te boven gaan, maar geleerde wijzen of bevrijde zielen hebben deze energieën bestudeerd en geanalyseerd en in drie groepen ingedeeld. Al deze energieën zijn *viṣṇu-śakti*, dat wil zeggen: ze zijn allemaal verschillende vermogens van Heer Viṣṇu. De eerste energie is *parā*, transcendentaal. De levende wezens horen bij de hogere energie, zoals al eerder is uitgelegd. De andere energieën, ook wel de materiële energieën genoemd, bevinden zich in de hoedanigheid onwetendheid. Op het moment van de dood blijven we of in de lagere energie van de materiële wereld of we worden overgebracht naar de energie van de spirituele wereld. De *Bhagavad-gītā* (8.6) zegt dus:

yaṁ yaṁ vāpi smaran bhāvaṁ, tyajaty ante kalevaram
taṁ tam evaiti kaunteya, sadā tad-bhāva-bhāvitaḥ

'Welke zijnstoestand iemand ook in gedachten heeft wanneer hij zijn lichaam opgeeft, o zoon van Kuntī, die toestand zal hij in zijn volgend leven zeker bereiken.'

Ons hele leven door zijn we gewend om of aan de materiële of aan de spirituele energie te denken. Maar hoe kunnen we onze gedachten nu van de materiële energie op de spirituele energie richten? Er bestaat zoveel literatuur die onze gedachten vult met de materiële energie, zoals bijvoorbeeld kranten, tijdschriften, romans enz. Ons denken, dat nu helemaal in beslag wordt genomen door zulke literatuur, moet op de Vedische literatuur gericht worden. Daarom hebben de grote wijzen zoveel Vedische teksten, zoals de *purāṇa's*, geschreven. De *purāṇa's* zijn geen fictie; het zijn historische verslagen. In het *Caitanya-caritāmṛta* (*Madhya* 20.122) staat het volgende vers:

māyā-mugdha jīvera nāhi svataḥ kṛṣṇa-jñāna
jīvere kṛpāya kailā kṛṣṇa veda-purāṇa

De vergeetachtige levende wezens of geconditioneerde zielen zijn hun relatie met de Allerhoogste Heer vergeten en zijn verdiept in gedachten aan materiële activiteiten. Om hun denkvermogen op de spirituele hemel te richten, heeft Kṛṣṇa-dvaipāyana Vyāsa de zeer omvangrijke Vedische literatuur gegeven. Allereerst verdeelde hij de *Veda* in vier delen, daarna legde hij ze in de *purāṇa's* uit en voor hen die minder begaafd zijn heeft hij het *Mahābhārata* geschreven. De *Bhagavad-gītā* wordt in het *Mahābhārata* gegeven. Daarna werd de hele Vedische literatuur samengevat in het *Vedānta-sūtra* en als een leidraad voor de toekomst heeft hij zijn natuurlijke commentaar op dat *Vedānta-sūtra* geschreven, die het *Śrīmad-Bhāgavatam* genoemd wordt. We moeten onze geest altijd gebruiken om deze Vedische literatuur te lezen. Net zoals materialisten hun geest bezighouden met het lezen van kranten, tijdschriften en zoveel andere materialistische literatuur, moeten wij onze leesgewoonten richten op de literatuur die ons door Vyāsadeva is gegeven. Op die manier zullen we in staat zijn om ons de Allerhoogste Heer te herinneren op het moment van de dood. Dat is de enige manier die de Heer voorstelt en Hij verzekert ons van het resultaat: 'Hierover bestaat geen twijfel.'

tasmāt sarveṣu kāleṣu, mām anusmara yudhya ca
mayy arpita-mano-buddhir, mām evaiṣyasy asaṁśayaḥ

'Denk daarom altijd aan Mij in de gedaante van Kṛṣṇa, o Arjuna, en vervul tegelijkertijd je voorgeschreven plicht als strijder. Wanneer je activiteiten aan Mij gewijd zijn en je geest en intelligentie op Mij gevestigd zijn, zul je Mij ongetwijfeld bereiken.' (*Bg*. 8.7)

Kṛṣṇa raadt Arjuna niet aan om zich alleen Hem te herinneren en zijn voorgeschreven bezigheid op te geven. Nee, de Heer zou nooit iets onpraktisch voorstellen. In de materiële wereld moet men werken om het lichaam te onderhouden. De menselijke samenleving wordt, volgens de voorgeschreven activiteit die men verricht, onderverdeeld in vier sociale geledingen: *brāhmaṇa's*, *kṣatriya's*, *vaiśya's* en *śūdra's*. De klasse van de *brāhmaṇa's* of de intellectuelen is op een bepaalde manier actief, de *kṣatriya's* of de klasse van bestuurders zijn op een andere manier actief en de klasse van koopmanslieden en arbeiders doen allemaal hún eigen plicht.

Of men in de menselijke samenleving nu een arbeider, een koopman, een bestuurder of een boer is of zelfs als men tot de hoogste klasse behoort en een letterkundige, een wetenschapper of een theoloog is, men zal moeten werken voor zijn levensonderhoud. De Heer vertelt Arjuna daarom dat hij zijn bezigheden niet hoeft op te geven, maar dat hij zich, terwijl hij zijn voorgeschreven activiteiten uitoefent, Kṛṣṇa moet herinneren (*mām anusmara*). Als hij zich tijdens zijn strijd om het bestaan niet oefent in het zich herinneren van Kṛṣṇa, dan zal hij zich Kṛṣṇa onmogelijk kunnen herinneren op het moment van de dood. Ook Heer Caitanya raadt dit aan. Hij zegt: *kīrtanīyaḥ sadā hariḥ*, men moet zich oefenen in het voortdurend chanten van de namen van de Heer. Er bestaat geen verschil tussen de namen van de Heer en de Heer Zelf. De instructie van Heer Kṛṣṇa aan Arjuna dat hij zich Kṛṣṇa moet herinneren en Heer Caitanya's opdracht om 'altijd de namen van Heer Kṛṣṇa te chanten' zijn een en dezelfde instructie. Er is geen verschil, omdat er geen verschil bestaat tussen Kṛṣṇa en Kṛṣṇa's naam. Op het absolute niveau bestaat er geen verschil tussen het verwijzingsteken en datgene waarnaar verwezen wordt. We moeten ons daarom oefenen in het ons voortdurend herinneren van de Heer, vierentwintig uur per dag, door Zijn namen te chanten en de activiteiten in ons leven zo vorm te geven dat we altijd aan Hem kunnen denken.

Hoe is dat mogelijk? De *ācārya's* geven het volgende voorbeeld. Als een getrouwde vrouw gehecht is aan een andere man of als een man gehecht is aan een andere vrouw dan zijn echtgenote, dan wordt deze gehechtheid als zeer sterk beschouwd. Iemand met zo'n gehechtheid denkt voortdurend aan zijn geliefde. De getrouwde vrouw die aan haar minnaar denkt, denkt altijd aan hun ontmoeting, zelfs wanneer ze het huishouden doet. Sterker nog, ze zal al haar huishoudelijk werk veel zorgvuldiger doen, zodat ze ondanks haar gehechtheid geen argwaan wekt bij haar echtgenoot. Op dezelfde manier moeten wij ons altijd de allerhoogste geliefde, Śrī Kṛṣṇa, herinneren, terwijl we tegelijkertijd al onze materiële plichten met zorg vervullen. Een sterk gevoel van liefde is hierbij noodzakelijk. Als we een sterk gevoel van liefde hebben voor de Allerhoogste Heer, kunnen we onze plicht doen en ons Hem tegelijkertijd herinneren. Maar we moeten dat gevoel van liefde ontwikkelen. Arjuna dacht bijvoorbeeld altijd aan Kṛṣṇa; hij was de trouwe vriend van Kṛṣṇa en tegelijkertijd was hij een strijder. Kṛṣṇa raadde hem niet aan het vechten op te geven en naar het bos te gaan om te mediteren. Toen Kṛṣṇa aan Arjuna de yogamethode uiteenzette, zei Arjuna dat het voor hem onmogelijk was om dat systeem te beoefenen.

arjuna uvāca
yo 'yaṁ yogas tvayā proktaḥ, sāmyena madhusūdana
etasyāhaṁ na paśyāmi, cañcalatvāt sthitiṁ sthirām

'Arjuna zei: O Madhusūdana, de yogamethode die Je me in het kort beschreven hebt, lijkt me onpraktisch en niet vol te houden, want de geest is rusteloos en onstandvastig.' (*Bg.* 6.33)

Maar de Heer zegt:

yoginām api sarveṣāṁ, mad-gatenāntar-ātmanā
śraddhāvān bhajate yo māṁ, sa me yuktatamo mataḥ

'En van alle yogī's is hij die zich vol vertrouwen voortdurend in Mij bevindt, die altijd aan Mij denkt en Mij transcendentale liefdedienst bewijst, het innigst met Mij in yoga verbonden en de beste van allemaal. Dat is Mijn mening.' (*Bg.* 6.47)

Wie dus altijd aan de Allerhoogste Heer denkt, is tegelijkertijd de grootste *yogī*, de grootste *jñānī* en de grootste toegewijde. Vervolgens vertelt de Heer aan Arjuna dat hij als *kṣatriya* het strijden niet mag opgeven, maar als Arjuna vecht en zich daarbij Kṛṣṇa herinnert, dan zal hij zich Kṛṣṇa kunnen herinneren op het moment van de dood. Maar men moet de Heer wel met volkomen overgave transcendentale liefdedienst bewijzen.

We verrichten onze activiteiten eigenlijk niet met ons lichaam, maar met onze geest en onze intelligentie. Wanneer de geest en de intelligentie voortdurend aan de Allerhoogste Heer denken, dan zullen ook de zintuigen vanzelf bezig zijn Hem te dienen. De activiteiten van de zintuigen zullen oppervlakkig gezien dezelfde blijven, maar het bewustzijn is veranderd. De *Bhagavad-gītā* leert ons hoe de geest en de intelligentie verzonken kunnen raken in gedachten aan de Heer. Wanneer we op zo'n manier volledig opgaan in de Heer, zullen we in staat zijn naar Zijn koninkrijk te gaan. Als de geest bezig is in dienst aan Kṛṣṇa, zijn ook de zintuigen vanzelf bezig in Zijn dienst. Dat is de kunst en dat is ook het geheim van de *Bhagavad-gītā:* volkomen verdiept zijn in gedachten aan Śrī Kṛṣṇa.

De moderne mens heeft zeer veel moeite gedaan om de maan te bereiken, maar heeft zich niet bijzonder hard ingespannen om zichzelf spiritueel te ontwikkelen. Als men nog vijftig jaar te leven heeft, zou men die korte tijd moeten gebruiken om zich te oefenen in het zich herinneren van de Allerhoogste Persoonlijkheid Gods. Deze oefening is het proces van devotie:

śravaṇaṁ kīrtanaṁ viṣṇoḥ, smaraṇaṁ pāda-sevanam
arcanaṁ vandanaṁ dāsyaṁ, sakhyam ātma-nivedanam
(*Śrīmad-Bhāgavatam* 7.5.23)

Door deze negen processen, waarvan de makkelijkste *śravaṇam* is, het horen van de *Bhagavad-gītā* van een zelfgerealiseerd persoon, zal men zijn gedachten op het Allerhoogste Wezen richten. Als gevolg hiervan zal men zich de Allerhoogste Heer herinneren en zal men in staat zijn om op het moment waarop men dit lichaam verlaat een spiritueel lichaam te krijgen dat precies geschikt is om met de Allerhoogste Heer om te gaan.

De Heer zegt verder:

abhyāsa-yoga-yuktena, cetasā nānya-gāminā
paramaṁ puruṣaṁ divyaṁ, yāti pārthānucintayan

'Wie op Mij mediteert als de Allerhoogste Persoonlijkheid Gods en zonder van het pad af te dwalen voortdurend aan Me denkt, zal Me zeker bereiken, o Pārtha.' (*Bg.* 8.8)

Dit proces is niet zo moeilijk, maar men moet het leren van iemand met ervaring. *Tad-vijñānārthaṁ sa gurum evābhigacchet:* men moet iemand benaderen die dit proces al beoefent. De geest vliegt altijd van hier naar daar, maar men moet zich er in oefenen hem altijd geconcentreerd te houden op de vorm van de Allerhoogste Heer, Śrī Kṛṣṇa, of op het geluid van Zijn naam. De geest is van nature rusteloos en gaat van hier naar daar, maar hij kan rust vinden in de geluidsvibratie van Kṛṣṇa. Men moet daarom mediteren op de *paramaṁ puruṣam*, de Allerhoogste Persoonlijkheid Gods in het spirituele koninkrijk, de spirituele hemel, en Hem daar bereiken. De manier waarop en de middelen waarmee men de uiteindelijke realisatie bereikt, het uiteindelijke doel, wordt in de *Bhagavad-gītā* gegeven en deze kennis is toegankelijk voor iedereen. Niemand wordt uitgesloten. Alle klassen van mensen kunnen Heer Kṛṣṇa benaderen door aan Hem te denken, want over Hem horen en aan Hem denken is mogelijk voor iedereen.

De Heer zegt verder (*Bg.* 9.32-33):

māṁ hi pārtha vyapāśritya, ye 'pi syuḥ pāpa-yonayaḥ
striyo vaiśyās tathā śūdrās, te 'pi yānti parāṁ gatim

kiṁ punar brāhmaṇāḥ puṇyā, bhaktā rājarṣayas tathā
anityam asukhaṁ lokam, imaṁ prāpya bhajasva mām

Hier zegt de Heer dat zelfs een koopman, een gevallen vrouw of een arbeider of zelfs menselijke wezens in de laagste levenspositie de Allerhoogste kunnen bereiken. Men hoeft geen hoogontwikkelde intelligentie te hebben. Het gaat erom dat iedereen die het principe van *bhakti-yoga* aanvaardt en die de Allerhoogste Heer aanvaardt als het summum bonum van het leven, als het hoogste doel, als de uiteindelijke bestemming, de Heer kan benaderen in de spirituele hemel. Wie de principes toepast die in de *Bhagavad-gītā* worden uiteengezet, kan zijn leven vervolmaken en alle problemen van het leven definitief oplossen. Dit is de essentie van de hele *Bhagavad-gītā*.

De conclusie is dat de *Bhagavad-gītā* een transcendentaal werk is dat men zeer zorgvuldig moet lezen. *Gītā-śāstram idaṁ puṇyaṁ yaḥ paṭhet prayataḥ pumān*. Wanneer men de instructies van de *Bhagavad-gītā* op de juiste manier volgt, kan men in dit leven bevrijd raken van alle angsten en ellende van het leven en zal het volgend leven spiritueel zijn. *Viṣṇoḥ padam avāpnoti bhaya-śokādi varjitaḥ* (*Gītā-māhātmya* 1)

Er is nog een ander voordeel:

gītādhyāyana-śīlasya, prāṇāyama-parasya ca
naiva santi hi pāpāni, pūrva-janma-kṛtāni ca

'Als iemand de *Bhagavad-gītā* heel oprecht en serieus leest, dan zullen door de genade van de Heer de karmische reacties op zijn vroegere wandaden geen vat op hem hebben.' (*Gītā-māhātmya* 2) De Heer zegt nadrukkelijk in het laatste gedeelte van de *Bhagavad-gītā* (18.66):

sarva-dharmān parityajya, mām ekaṁ śaraṇaṁ vraja
ahaṁ tvāṁ sarva-pāpebhyo, mokṣayiṣyāmi mā śucaḥ

'Laat alle vormen van religie achter je en geef je alleen aan Mij over. Ik zal je verlossen van alle reacties op je zonden. Vrees niet.' Op deze manier neemt de Heer alle verantwoordelijkheid op zich van degene die zich aan Hem overgeeft en Hij vrijwaart zo'n persoon van alle karmische reacties op zonden.

mala-nirmocanaṁ puṁsāṁ, jala-snānaṁ dine dine
sakṛd gītāmṛta-snānaṁ, saṁsāra-mala-nāśanam

'Iemand mag zich dan dagelijks wassen door een bad te nemen in water, maar als hij slechts één keer een bad neemt in het heilige gangeswater van de *Bhagavad-gītā*, dan zal voor hem al het vuil van het materiële leven volledig zijn weggevaagd.' (*Gītā-māhātmya* 3)

gītā su-gītā kartavyā, kim anyaiḥ śāstra-vistaraiḥ
yā svayaṁ padmanābhasya, mukha-padmād viniḥsṛtā

Omdat de *Bhagavad-gītā* door de Allerhoogste Persoonlijkheid Gods gesproken is, hoeft men geen enkele andere Vedische tekst te lezen. Men hoeft alleen aandachtig en regelmatig de *Bhagavad-gītā* te horen en te lezen. In het huidige tijdperk worden mensen zozeer in beslag genomen door wereldse activiteiten, dat ze onmogelijk de hele Vedische literatuur kunnen lezen. En dat is ook niet nodig. Dit ene boek — de *Bhagavad-gītā* — is voldoende, omdat het de essentie van de hele Vedische literatuur is en vooral ook omdat het door de Allerhoogste Persoonlijkheid Gods is gesproken (*Gītā-māhātmya* 4).

En zoals wordt gezegd:

bhāratāmṛta-sarvasvaṁ, viṣṇu-vaktrād viniḥsṛtam
gītā-gaṅgodakaṁ pītvā, punar janma na vidyate

'Wie het water van de Ganges drinkt, krijgt bevrijding, om niet te spreken van degene die de nectar van de *Bhagavad-gītā* drinkt. De *Bhagavad-gītā* is de essentiële nectar van het *Mahābhārata* en werd gesproken door Heer Kṛṣṇa Zelf, de oorspronkelijke Viṣṇu.' (*Gītā-māhātmya* 5) De *Bhagavad-gītā* komt van de mond van de Allerhoogste Persoonlijkheid Gods en de Ganges ontspringt aan de lotusvoeten van de Heer. Er is natuurlijk geen verschil tussen de mond en de voeten van de Allerhoogste Heer, maar door een onbevooroordeelde studie kunnen we begrijpen dat de *Bhagavad-gītā* nog belangrijker is dan het water van de Ganges.

sarvopaniṣado gāvo, dogdhā gopāla-nandanaḥ
pārtho vatsaḥ su-dhīr bhoktā, dugdhaṁ gītāmṛtaṁ mahat

'Deze *Gītopaniṣad*, de *Bhagavad-gītā*, de essentie van alle *upaniṣads*, is net als een koe en Heer Kṛṣṇa, die bekendstaat als een koeherdersjongen, melkt deze koe. Arjuna is net als een kalf en wijze geleerden en zuivere toegewijden moeten deze nectarmelk van de *Bhagavad-gītā* drinken.' (*Gītā-māhātmya* 6)

ekaṁ śāstraṁ devakī-putra-gītam, eko devo devakī-putra eva
eko mantras tasya nāmāni yāni, karmāpy ekaṁ tasya devasya sevā
(*Gītā-māhātmya* 7)

Tegenwoordig verlangen mensen zeer sterk naar één geschrift, één God, één religie en één bezigheid. Vandaar *ekaṁ śāstraṁ devakī-putra-gītam:* laat er slechts één heilige tekst zijn, één gezamenlijke heilige tekst voor de hele wereld — de *Bhagavad-gītā. Eko devo devakī-putra eva:* laat er één God zijn voor de hele wereld — Śrī Kṛṣṇa. *Eko mantras tasya nāmāni:* en één hymne, één mantra, één gebed — het chanten van Zijn naam: Hare Kṛṣṇa, Hare Kṛṣṇa, Kṛṣṇa Kṛṣṇa, Hare Hare / Hare Rāma, Hare Rāma, Rāma Rāma, Hare Hare. *Karmāpy ekaṁ tasya devasya sevā:* en laat er maar één activiteit zijn — dienst aan de Allerhoogste Persoonlijkheid Gods.

DE OPEENVOLGING *van* DISCIPELEN

Evaṁ paramparā-prāptam imaṁ rājarṣayo viduḥ (*Bhagavad-gītā* 4.2). Deze *Bhagavad-gītā zoals ze is* werd ontvangen via de volgende opeenvolging van discipelen:

1. Kṛṣṇa
2. Brahmā
3. Nārada
4. Vyāsa
5. Madhva
6. Padmanābha
7. Nṛhari
8. Mādhava
9. Akṣobhya
10. Jaya Tīrtha
11. Jñānasindhu
12. Dayānidhi
13. Vidyānidhi
14. Rājendra
15. Jayadharma
16. Puruṣottama
17. Brahmaṇya Tīrtha
18. Vyāsa Tīrtha
19. Lakṣmīpati
20. Mādhavendra Purī
21. Īśvara Purī, (Nityānanda, Advaita)
22. Heer Caitanya
23. Rūpa, (Svarūpa, Sanātana)
24. Raghunātha, Jīva
25. Kṛṣṇadāsa
26. Narottama
27. Viśvanātha
28. (Baladeva), Jagannātha
29. Bhaktivinoda
30. Gaurakiśora
31. Bhaktisiddhānta Sarasvatī
32. A.C. Bhaktivedanta Swami Prabhupāda

I

HET AANSCHOUWEN *van de* STRIJDMACHTEN *op het* SLAGVELD *van* KURUKṢETRA

TEKST 1

धृतराष्ट्र उवाच
धर्मक्षेत्रे कुरुक्षेत्रे समवेता युयुत्सवः ।
मामकाः पाण्डवाश्चैव किमकुर्वत सञ्जय ॥ १ ॥

dhṛtarāṣṭra uvāca
dharma-kṣetre kuru-kṣetre, samavetā yuyutsavaḥ
māmakāḥ pāṇḍavāś caiva, kim akurvata sañjaya

dhṛtarāṣṭraḥ uvāca — koning Dhṛtarāṣṭra zei; *dharma-kṣetre* — in de bedevaartplaats; *kuru-kṣetre* — in de plaats genaamd Kurukṣetra; *sama-vetāḥ* — bijeengekomen; *yuyutsavaḥ* — met het verlangen te strijden; *māmakāḥ* — mijn partij (zonen); *pāṇḍavāḥ* — de zonen van Pāṇḍu; *ca* — en; *eva* — zeker; *kim* — wat; *akurvata* — deden ze; *sañjaya* — o Sañjaya.

Dhṛtarāṣṭra zei: O Sañjaya, wat deden mijn zonen en de zonen van Pāṇḍu toen ze vol strijdlust bijeen waren gekomen in de bedevaartplaats Kurukṣetra?

COMMENTAAR: De *Bhagavad-gītā* is de veelgelezen theïstische wetenschap die in het *Gītā-māhātmya* (*De verheerlijking van de Gītā*) is samengevat. Daarin wordt gezegd dat men de *Bhagavad-gītā* met behulp van een toegewijde van Śrī Kṛṣṇa heel zorgvuldig moet lezen en dat men haar moet proberen te begrijpen zonder persoonlijk gekleurde interpretaties. In de *Bhagavad-gītā* zelf is het voorbeeld te vinden van hoe de *Gītā* begrepen moet worden, namelijk zoals ze door Arjuna begrepen werd, die de *Gītā* rechtstreeks van de Heer hoorde. Wanneer men fortuinlijk genoeg is de *Bhagavad-gītā* te begrijpen in die opeenvolging van discipelen, zonder gekleurde interpretaties, dan overstijgt men de studie van de Vedische wijsheid en alle andere heilige teksten van de wereld. In de *Bhagavad-gītā* zal men alles vinden wat ook in andere heilige teksten aanwezig is, maar de lezer zal er ook dingen in aantreffen die nergens anders te vinden zijn. Dat is de speciale positie die de *Bhagavad-gītā* inneemt. Ze is de perfecte theïstische wetenschap, omdat ze rechtstreeks gesproken werd door de Allerhoogste Persoonlijkheid Gods, Heer Śrī Kṛṣṇa.

De onderwerpen die tussen Dhṛtarāṣṭra en Sañjaya besproken worden en die in het *Mahābhārata* worden beschreven, vormen de grondslag voor deze grootse filosofie. Deze filosofie werd uiteengezet op het Slagveld van Kurukṣetra, dat al sinds de onheuglijke tijd van het Vedische tijdperk een bedevaartplaats is. De Heer sprak deze filosofie toen Hij persoonlijk op deze planeet aanwezig was om leiding te geven aan de mensheid.

Het woord *'dharma-kṣetra'* (een plaats waar religieuze rituelen worden verricht) is belangrijk omdat de Allerhoogste Persoonlijkheid Gods op het Slagveld van Kurukṣetra aan de kant van Arjuna stond. Dhṛtarāṣṭra, de vader van de Kuru's, twijfelde er sterk aan dat zijn zonen uiteindelijk zouden zegevieren. Terwijl hij zo twijfelde, vroeg hij aan Sañjaya, zijn secretaris: 'Wat deden ze?' Hij was ervan overtuigd dat zowel zijn zonen als die van zijn jongere broer Pāṇḍu vol vastberadenheid op het slagveld bijeengekomen waren om de strijd aan te gaan. Maar toch is zijn vraag belangrijk. Hij wilde niet dat de neven en broers een compromis zouden aangaan en hij wilde zeker zijn van het lot van zijn zonen op het slagveld. Omdat besloten was dat de slag zou plaatsvinden op Kurukṣetra, dat ergens anders in de Veda's beschreven wordt als een bedevaartsoord — zelfs voor de hemelbewoners — werd Dhṛtarāṣṭra zeer bezorgd over de invloed van de heilige plaats op de uitkomst van de strijd. Hij wist maar al te goed dat deze invloed gunstig was voor Arjuna en de zonen van Pāṇḍu, omdat ze allemaal van nature deugdzaam waren. Sañjaya was een leerling van Vyāsa en was daarom door de genade van Vyāsa in staat om zich het Slagveld van Kurukṣetra voor de geest te halen, ook al bevond hij zich in de kamer van Dhṛtarāṣṭra. Daarom vroeg Dhṛtarāṣṭra hem naar de situatie op het slagveld.

De Pāṇḍava's en de zonen van Dhṛtarāṣṭra behoren tot dezelfde familie, maar Dhṛtarāṣṭra onthult hier zijn gedachten. Hij rekende doelbewust alleen zijn eigen zonen tot de Kuru's en hij ontzegde de zonen van Pāṇḍu hun erfdeel. Hieruit wordt duidelijk wat Dhṛtarāṣṭra's relatie en positie was ten opzichte van zijn neven, de zonen van Pāṇḍu. Zoals in een rijstveld de overbodige planten weggenomen worden, zo kon vanaf het begin van deze gebeurtenissen verwacht worden dat op het heilige veld Kurukṣetra, waar Śrī Kṛṣṇa, de vader van religie, aanwezig was, de ongewenste planten zoals Dhṛtarāṣṭra's zoon Duryodhana en anderen weggevaagd zouden worden en dat diep religieuze personen, aangevoerd door Yudhiṣṭhira, door de Heer zouden worden aangesteld. Dat is de betekenis van de woorden *'dharma-kṣetre'* en *'kuru-kṣetre'*, los van hun historische en Vedische betekenis.

TEKST 2

सञ्जय उवाच
दृष्ट्वा तु पाण्डवानीकं व्यूढं दुर्योधनस्तदा ।
आचार्यमुपसङ्गम्य राजा वचनमब्रवीत् ॥ २ ॥

sañjaya uvāca
dṛṣṭvā tu pāṇḍavānīkaṁ, vyūḍhaṁ duryodhanas tadā
ācāryam upasaṅgamya, rājā vacanam abravīt

sañjayaḥ uvāca — Sañjaya zei; *dṛṣṭvā* — na gezien te hebben; *tu* — maar; *pāṇḍava-anīkam* — de soldaten van de Pāṇḍava's; *vyūḍham* — in gevechtsformatie opgesteld; *duryodhanaḥ* — koning Duryodhana; *tadā* — op dat moment; *ācāryam* — de leraar; *upasaṅgamya* — benaderde; *rājā* — de koning; *vacanam* — woorden; *abravīt* — sprak.

Sañjaya zei: O koning, nadat hij zijn blik had laten gaan over het leger dat door de zonen van Pāṇḍu in gevechtsformatie was opgesteld, ging koning Duryodhana naar zijn leraar en sprak de volgende woorden.

COMMENTAAR: Dhṛtarāṣṭra was blind vanaf zijn geboorte. Het ontbrak hem helaas ook aan spirituele visie. Hij wist maar al te goed dat zijn zonen wat religie betreft net zo blind waren en hij was ervan overtuigd dat ze nooit tot een schikking zouden komen met de Pāṇḍava's, die allemaal vanaf hun geboorte vroom waren. Toch had hij zijn twijfels over de invloed van de bedevaartplaats en Sañjaya begreep zijn beweegreden toen hij naar de situatie op het slagveld vroeg. Sañjaya wilde de zwaarmoedige koning daarom moed inspreken en verzekerde hem dat zijn zonen onder invloed van de heilige plaats geen compromis zouden sluiten. Sañjaya vertelde de koning dat zijn zoon, Duryodhana, nadat hij de legermacht van de Pāṇḍava's gezien had, zich onmiddellijk wendde tot Droṇācārya, zijn opperbevelhebber, om hem over de werkelijke situatie in te lichten. Hoewel Duryodhana aangeduid wordt als koning, moest hij zich vanwege de ernst van de situatie toch tot zijn opperbevelhebber wenden. Zo bewees hij een goed politicus te zijn. Maar Duryodhana's diplomatieke façade kon de angst die hij voelde toen hij de gevechtsformatie van de Pāṇḍava's zag, niet verbergen.

TEKST 3

पश्यैतां पाण्डुपुत्राणामाचार्य महतीं चमूम् ।
व्यूढां द्रुपदपुत्रेण तव शिष्येण धीमता ॥ ३ ॥

paśyaitāṁ pāṇḍu-putrāṇām, ācārya mahatīṁ camūm
vyūḍhāṁ drupada-putreṇa, tava śiṣyeṇa dhīmatā

paśya — aanschouw; *etām* — deze; *pāṇḍu-putrāṇām* — van de zonen van Pāṇḍu; *ācārya* — o leraar; *mahatīm* — grote; *camūm* — strijdmacht; *vyūḍhām* — opgesteld; *drupada-putreṇa* — door de zoon van Drupada; *tava* — uw; *śiṣyeṇa* — discipel; *dhī-matā* — zeer intelligente.

O leraar, aanschouw de grote strijdmacht van de zonen van Pāṇḍu, die zo vakkundig is opgesteld door uw intelligente discipel, de zoon van Drupada.

COMMENTAAR: Duryodhana wilde, diplomatiek als hij was, de gebreken aantonen van Droṇācārya, de grote *brāhmaṇa*-bevelhebber. Droṇācārya had een politieke ruzie met koning Drupada, de vader van Draupadī, Arjuna's vrouw. Als gevolg van die ruzie bracht Drupada een groot offer en kreeg als gunst een zoon die Droṇācārya zou kunnen doden. Droṇācārya was hiervan goed op de hoogte, maar omdat hij een ruimdenkende *brāhmaṇa* was, aarzelde hij niet om al zijn militaire geheimen te onthullen aan Dhṛṣṭadyumna, de zoon van Drupada, toen deze hem werd toevertrouwd om onderwezen te worden in de strijdkunst. Maar op het slagveld koos Dhṛṣṭadyumna de kant van de Pāṇḍava's en hij was het die voor de opstelling van hun gevechtsformaties gezorgd had, nadat hij deze kunst van Droṇācārya had geleerd. Duryodhana wees op deze fout van Droṇācārya, zodat hij alert en onverzettelijk zou zijn in de strijd. Duryodhana wilde op die manier ook aangeven dat Droṇācārya tijdens de strijd niet net zo toegeeflijk moest zijn tegenover de Pāṇḍava's, die ook tot zijn geliefde leerlingen behoorden. Arjuna was in het bijzonder zijn briljantste en meest geliefde leerling. Duryodhana waarschuwde er ook voor dat een dergelijke toegeeflijkheid in de strijd tot de nederlaag zou leiden.

TEKST 4

अत्र शूरा महेष्वासा भीमार्जुनसमा युधि ।
युयुधानो विराटश्च द्रुपदश्च महारथः ॥ ४ ॥

atra śūrā maheṣv-āsā, bhīmārjuna-samā yudhi
yuyudhāno virāṭaś ca, drupadaś ca mahā-rathaḥ

atra — hier; *śūrāḥ* — helden; *mahā-iṣu-āsāḥ* — machtige boogschutters; *bhīma-arjuna* — aan Bhīma en Arjuna; *samāḥ* — gelijk aan; *yudhi* — in de strijd; *yuyudhānaḥ* — Yuyudhāna; *virāṭaḥ* — Virāṭa; *ca* — ook; *drupadaḥ* — Drupada; *ca* — ook; *mahā-rathaḥ* — groot strijder.

In dit leger bevinden zich vele heldhaftige boogschutters, die in de strijd gelijk zijn aan Bhīma en Arjuna: grote krijgslieden zoals Yuyudhāna, Virāṭa en Drupada.

COMMENTAAR: Hoewel Dhṛṣṭadyumna niet zo'n belangrijk obstakel was in vergelijking met Droṇācārya's geweldige militaire kracht, waren er wel heel wat anderen die gevreesd moesten worden. Duryodhana vermeldt ze hier als grote struikelblokken op het pad naar de overwinning, omdat de genoemde personen allemaal net zulke geduchte tegenstanders waren als Bhīma en Arjuna. Hij kende de kracht van Bhīma en Arjuna en vergeleek de anderen daarom met hen.

TEKST 5

धृष्टकेतुश्चेकितानः काशिराजश्च वीर्यवान् ।
पुरुजित्कुन्तिभोजश्च शैब्यश्च नरपुङ्गवः ॥ ५ ॥

dhṛṣṭaketuś cekitānaḥ, kāśirājaś ca vīryavān
purujit kuntibhojaś ca, śaibyaś ca nara-puṅgavaḥ

dhṛṣṭaketuḥ — Dhṛṣṭaketu; *cekitānaḥ* — Cekitāna; *kāśirājaḥ* — Kāśirāja; *ca* — ook; *vīryavān* — zeer krachtig; *purujit* — Purujit; *kuntibhojaḥ* — Kuntibhoja; *ca* — en; *śaibyaḥ* — Śaibya; *ca* — en; *nara-puṅgavaḥ* — held onder de mensen.

Er zijn ook grote heldhaftige en geduchte strijders zoals Dhṛṣṭaketu, Cekitāna, Kāśirāja, Purujit, Kuntibhoja en Śaibya.

TEKST 6

युधामन्युश्च विक्रान्त उत्तमौजाश्च वीर्यवान् ।
सौभद्रो द्रौपदेयाश्च सर्व एव महारथाः ॥ ६ ॥

yudhāmanyuś ca vikrānta, uttamaujāś ca vīryavān
saubhadro draupadeyāś ca, sarva eva mahā-rathāḥ

yudhāmanyuḥ — Yudhāmanyu; *ca* — en; *vikrāntaḥ* — machtige; *uttamaujāḥ* — Uttamaujā; *ca* — en; *vīryavān* — zeer sterk; *saubhadraḥ* — Subhadrā's zoon; *draupadeyāḥ* — de zonen van Draupadī; *ca* — en; *sarve* — allemaal; *eva* — zeker; *mahā-rathāḥ* — grote strijdwagenvechters.

Daarnaast zijn er nog de machtige Yudhāmanyu, de uiterst krachtige Uttamaujā, de zoon van Subhadrā, en de zonen van Draupadī. Al deze krijgers zijn grote strijdwagenvechters.

TEKST 7

अस्माकं तु विशिष्टा ये तान्निबोध द्विजोत्तम ।
नायका मम सैन्यस्य संज्ञार्थं तान्ब्रवीमि ते ॥ ७ ॥

asmākaṁ tu viśiṣṭā ye, tān nibodha dvijottama
nāyakā mama sainyasya, saṁjñārthaṁ tān bravīmi te

asmākam — onze; *tu* — maar; *viśiṣṭāḥ* — uitzonderlijk machtig; *ye* — die; *tān* — hen; *nibodha* — vestig uw aandacht op, wees geïnformeerd; *dvija-uttama* — o beste van de *brāhmaṇa's*; *nāyakāḥ* — bevelhebbers; *mama* — mijn; *sainyasya* — van de soldaten; *saṁjñā-artham* — ter informatie; *tān* — hen; *bravīmi* — ik spreek; *te* — tot u.

Maar voor uw informatie, o beste van de brāhmaṇa's, zal ik u nu over de bevelhebbers vertellen die uitzonderlijk gekwalificeerd zijn om mijn strijdmacht te leiden.

TEKST 8 भवान्भीष्मश्च कर्णश्च कृपश्च समितिंजयः ।
अश्वत्थामा विकर्णश्च सौमदत्तिस्तथैव च ॥ ८ ॥

bhavān bhīṣmaś ca karṇaś ca, kṛpaś ca samitiṁ-jayaḥ
aśvatthāmā vikarṇaś ca, saumadattis tathaiva ca

bhavān — uzelf; *bhīṣmaḥ* — Grootvader Bhīṣma; *ca* — ook; *karṇaḥ* — Karṇa; *ca* — en; *kṛpaḥ* — Kṛpa; *ca* — en; *samitim-jayaḥ* — altijd zegevierend in de strijd; *aśvatthāmā* — Aśvatthāmā; *vikarṇaḥ* — Vikarṇa; *ca* — evenals; *saumadattiḥ* — de zoon van Somadatta; *tathā* — en ook; *eva* — zeker; *ca* — ook.

Onder hen bevinden zich persoonlijkheden die altijd zegevieren in de strijd, zoals uzelf, Bhīṣma, Karṇa, Kṛpa, Aśvatthāmā, Vikarṇa en de zoon van Somadatta, genaamd Bhūriśravā.

COMMENTAAR: Duryodhana noemt de buitengewone helden die stuk voor stuk altijd zegevieren in de strijd. Vikarṇa is de broer van Duryodhana, Aśvatthāmā is de zoon van Droṇācārya en Saumadatti of Bhūriśravā is de zoon van de koning van de Bāhlīka's. Karṇa is de halfbroer van Arjuna, omdat Kuntī geboorte aan hem gaf voordat ze met koning Pāṇḍu trouwde. De tweelingzus van Kṛpācārya trouwde met Droṇācārya.

TEKST 9 अन्ये च बहवः शूरा मदर्थे त्यक्तजीविताः ।
नानाशस्त्रप्रहरणाः सर्वे युद्धविशारदाः ॥ ९ ॥

anye ca bahavaḥ śūrā, mad-arthe tyakta-jīvitāḥ
nānā-śastra-praharaṇāḥ, sarve yuddha-viśāradāḥ

anye — anderen; *ca* — ook; *bahavaḥ* — in groten getale; *śūrāḥ* — helden; *mat-arthe* — in mijn belang; *tyakta-jīvitāḥ* — bereid hun leven te wagen; *nānā* — veel; *śastra* — wapens; *praharaṇāḥ* — uitgerust met; *sarve* — allemaal; *yuddha-viśāradāḥ* — bedreven in de strijdkunst.

En er zijn nog vele andere helden die bereid zijn hun leven voor mij te geven. Allemaal zijn ze uitgerust met verschillende wapens en allemaal zijn ze bedreven in de strijdkunst.

COMMENTAAR: Wat de anderen, zoals Jayadratha, Kṛtavarmā en Śalya betreft, ze zijn allemaal vastberaden om hun leven voor Duryodhana te geven. Met andere woorden, het is al duidelijk dat ze allemaal zullen sterven in de Slag van Kurukṣetra, omdat ze de kant hebben gekozen van de zondige Duryodhana. Duryodhana was zelf natuurlijk overtuigd van zijn overwinning door de gezamenlijke kracht van zijn vrienden die hierboven genoemd zijn.

TEKST 10 अपर्याप्तं तदस्माकं बलं भीष्माभिरक्षितम् ।
पर्याप्तं त्विदमेतेषां बलं भीमाभिरक्षितम् ॥ १० ॥

aparyāptaṁ tad asmākaṁ, balaṁ bhīṣmābhirakṣitam
paryāptaṁ tv idam eteṣāṁ, balaṁ bhīmābhirakṣitam

aparyāptam — onmetelijk; *tat* — dat; *asmākam* — van ons; *balam* — kracht; *bhīṣma* — door Grootvader Bhīṣma; *abhirakṣitam* — volledig beschermd; *paryāptam* — beperkt; *tu* — maar; *idam* — dit alles; *eteṣām* — van de Pāṇḍava's; *balam* — kracht; *bhīma* — door Bhīma; *abhirakṣitam* — zorgvuldig beschermd.

Onze kracht is onmetelijk en we worden volledig beschermd door Grootvader Bhīṣma, terwijl de kracht van de Pāṇḍava's, die zorgvuldig worden beschermd door Bhīma, beperkt is.

COMMENTAAR: Duryodhana maakt hier een schatting van de onderlinge krachtsverhoudingen. Hij denkt dat het vermogen van zijn strijdkrachten onmetelijk is, vooral omdat deze beschermd worden door de meest ervaren generaal, Grootvader Bhīṣma. De strijdmacht van de Pāṇḍava's daarentegen is beperkt, omdat deze beschermd wordt door een minder ervaren generaal, namelijk Bhīma, die in Bhīṣma's aanwezigheid niet veel betekent.

Duryodhana was Bhīma altijd vijandig gezind, omdat hij heel goed wist dat, mocht hij ooit gedood worden, zoiets alleen kon gebeuren door de hand van Bhī ma. Maar tegelijkertijd was hij overtuigd van zijn overwinning door de aanwezigheid van Bhīṣma, die een generaal was die veruit superieur was. Hij kon niet anders concluderen dan dat hij als overwinnaar uit de strijd tevoorschijn zou komen.

TEKST 11 अयनेषु च सर्वेषु यथाभागमवस्थिताः ।
भीष्ममेवाभिरक्षन्तु भवन्तः सर्व एव हि ॥ ११ ॥

ayaneṣu ca sarveṣu, yathā-bhāgam avasthitāḥ
bhīṣmam evābhirakṣantu, bhavantaḥ sarva eva hi

ayaneṣu — in strategische posities; *ca* — ook; *sarveṣu* — overal; *yathā-bhā-gam* — zoals verschillend opgesteld; *avasthitāḥ* — geplaatst; *bhīṣmam* — aan Grootvader Bhīṣma; *eva* — zeker; *abhirakṣantu* — moeten dekking geven; *bhavantaḥ* — jullie; *sarve* — allemaal respectievelijk; *eva hi* — zeker.

Jullie moeten Grootvader Bhīṣma nu allemaal volledige dekking geven, ieder vanuit zijn eigen strategische positie om door te dringen in de slagorde van de vijand.

COMMENTAAR: Nadat hij Bhīṣma's moed en bekwaamheid geprezen had, bedacht Duryodhana dat de anderen misschien zouden denken dat ze minder belangrijk werden gevonden; daarom probeerde hij op zijn gebruikelijke diplomatieke manier de situatie met de bovenstaande woorden te manipuleren. Hij benadrukte dat Bhīṣmadeva ongetwijfeld de grootste held was, maar dat hij daarnaast ook een oude man was en dat iedereen er daarom aan moest denken om hem van alle kanten te beschermen. Als Bhīṣma betrokken zou raken in de strijd en zich maar op één plaats zou concentreren, dan zou de vijand daar zijn voordeel mee kunnen doen. Het was daarom van belang dat de andere helden hun strategische posities niet zouden verlaten, omdat de vijand anders zou kunnen doordringen in de gevechtsformatie. Duryodhana voelde duidelijk dat de overwinning van de Kuru's afhing van de aanwezigheid van Bhīṣmadeva. Hij was er zeker van dat Bhīṣmadeva en Droṇācārya hem volledig zouden steunen in de strijd, want hij herinnerde zich nog heel goed dat zij geen woord hadden gesproken toen de vrouw van Arjuna, Draupadī, hen in een hulpeloze positie had gesmeekt haar recht te doen toen ze gedwongen werd naakt te verschijnen voor alle generaals die tijdens de samenkomst aanwezig waren. Hoewel hij wist dat de twee generaals een zekere genegenheid voor de Pāṇḍava's hadden, hoopte hij niettemin dat deze generaals die genegenheid nu volledig zouden opgeven, zoals zij tijdens het gokspel hadden gedaan.

TEKST 12
तस्य सञ्जनयन्हर्षं कुरुवृद्धः पितामहः ।
सिंहनादं विनद्योच्चैः शङ्खं दध्मौ प्रतापवान् ॥ १२ ॥

tasya sañjanayan harṣaṁ, kuru-vṛddhaḥ pitāmahaḥ
siṁha-nādaṁ vinadyoccaiḥ, śaṅkhaṁ dadhmau pratāpavān

tasya — zijn; *sañjanayan* — toenemend; *harṣam* — blijdschap; *kuru-vṛddhaḥ* — de voorvader van de Kuru-dynastie (Bhīṣma); *pitāmahaḥ* — de Grootvader; *siṁha-nādam* — geluid als het gebrul van een leeuw; *vinadya* — weerklinkend; *uccaiḥ* — zeer luid; *śaṅkham* — hoornschelp; *dadhmau* — blies; *pratāpa-vān* — de heldhaftige.

Toen blies Bhīṣma, de grote heldhaftige voorvader van de Kuru-dynastie, de Grootvader van de strijders, zeer luid op zijn hoornschelp. Het geluid was als het gebrul van een leeuw en vervulde Duryodhana met vreugde.

COMMENTAAR: De voorvader van de Kuru-dynastie begreep wat er in het hart van zijn kleinzoon Duryodhana omging en uit een natuurlijk medeleven probeerde Bhīṣma hem op te vrolijken door zijn hoornschelp zeer luid te laten schallen, wat paste bij zijn positie als leeuw. Door de symboliek van de hoornschelp liet hij zijn terneergeslagen kleinzoon indirect weten dat hij geen kans had om de strijd te winnen, omdat de Allerhoogste Heer zich aan de andere kant bevond. Maar toch bleef het zijn plicht om het gevecht te leiden en daarbij zou hij geen enkele moeite sparen.

TEKST 13
ततः शङ्खाश्च भेर्यश्च पणवानकगोमुखाः ।
सहसैवाभ्यहन्यन्त स शब्दस्तुमुलोऽभवत् ॥ १३ ॥

tataḥ śaṅkhāś ca bheryaś ca, paṇavānaka-gomukhāḥ
sahasaivābhyahanyanta, sa śabdas tumulo 'bhavat

tataḥ — daarna; *śaṅkhāḥ* — hoornschelpen; *ca* — ook; *bheryaḥ* — grote trommels; *ca* — en; *paṇava-ānaka* — kleine trommels en pauken; *go-mukhāḥ* — bazuinen; *sahasā* — plotseling; *eva* — zeker; *abhyahanyanta* — werden tegelijkertijd ten gehore gebracht; *saḥ* — dat; *śabdaḥ* — gezamenlijke geluid; *tumulaḥ* — tumultueus; *abhavat* — werd.

Daarna weerklonken plotseling alle hoornschelpen, trommels, bugels, trompetten en bazuinen, en samen gaven ze een daverend geluid.

TEKST 14 ततः श्वेतैर्हयैर्युक्ते महति स्यन्दने स्थितौ ।
माधवः पाण्डवश्चैव दिव्यौ शङ्खौ प्रदध्मतुः ॥ १४ ॥

tataḥ śvetair hayair yukte, mahati syandane sthitau
mādhavaḥ pāṇḍavaś caiva, divyau śaṅkhau pradadhmatuḥ

tataḥ — daarna; *śvetaiḥ* — met witte; *hayaiḥ* — paarden; *yukte* — bespannen; *mahati* — in een grote; *syandane* — strijdwagen; *sthitau* — geplaatst; *mādhavaḥ* — Kṛṣṇa (de echtgenoot van de godin van het geluk); *pāṇḍavaḥ* — Arjuna (de zoon van Pāṇḍu); *ca* — ook; *eva* — zeker; *divyau* — transcendentale; *śaṅkhau* — hoornschelpen; *pradadhmatuḥ* — lieten weerklinken.

Aan de andere kant van het slagveld stonden Heer Kṛṣṇa en Arjuna in een grote, met witte paarden bespannen strijdwagen en lieten hun transcendentale hoornschelpen weerklinken.

COMMENTAAR: In tegenstelling tot de hoornschelp waarop Bhīṣmadeva blies, worden de hoornschelpen in de handen van Kṛṣṇa en Arjuna beschreven als transcendentaal. Het weerklinken van de transcendentale hoornschelpen gaf aan dat er voor de andere zijde geen hoop op overwinning bestond, omdat Kṛṣṇa Zich aan de kant van de Pāṇḍava's bevond. *Jayas tu pāṇḍu-putrāṇāṁ yeṣāṁ pakṣe janārdanaḥ*. De overwinning is altijd aan personen zoals de zonen van Pāṇḍu, omdat Kṛṣṇa aan hun kant staat. En daar waar de Heer aanwezig is, is ook de godin van het geluk, omdat de godin van het geluk haar echtgenoot nooit alleen laat. Overwinning en voorspoed stonden Arjuna dus op te wachten en het transcendentale geluid dat door de hoornschelp van Viṣṇu of Heer Kṛṣṇa werd voortgebracht, maakte dit duidelijk. Daarnaast was de strijdwagen waarop de twee vrienden zaten door Agni (de vuurgod) als een geschenk aan Arjuna gegeven, wat betekende dat deze strijdwagen in staat was om aan alle zijden de overwinning te behalen, waar in de drie werelden hij ook maar heengereden werd.

TEKST 15 पाञ्चजन्यं हृषीकेशो देवदत्तं धनञ्जयः ।
पौण्ड्रं दध्मौ महाशङ्खं भीमकर्मा वृकोदरः ॥ १५ ॥

pāñcajanyaṁ hṛṣīkeśo, devadattaṁ dhanañjayaḥ
pauṇḍraṁ dadhmau mahā-śaṅkhaṁ, bhīma-karmā vṛkodaraḥ

pāñcajanyam — de hoornschelp genaamd Pāñcajanya; *hṛṣīka-īśaḥ* — Hṛṣīkeśa (Kṛṣṇa, de Heer die de zintuigen van de toegewijden leidt); *deva-dattam* — de hoornschelp genaamd Devadatta; *dhanam-jayaḥ* — Dhanañjaya (Arjuna, de overwinnaar van rijkdom); *pauṇḍram* — de hoornschelp genaamd Pauṇḍra; *dadhmau* — blies; *mahā-śaṅkham* — de schrikwekkende hoornschelp; *bhīma-karmā* — iemand die herculische daden verricht; *vṛka-udaraḥ* — de gulzige eter (Bhīma).

Heer Kṛṣṇa blies op Zijn hoornschelp, genaamd Pāñcajanya, Arjuna blies op de zijne, de Devadatta, en Bhīma, de gulzige eter en verrichter van herculische daden, blies op Pauṇḍra, zijn schrikwekkende hoornschelp.

COMMENTAAR: Heer Kṛṣṇa wordt in dit vers Hṛṣīkeśa genoemd omdat Hij de eigenaar is van alle zintuigen. Omdat de levende wezens integrerende deeltjes van Hem zijn, zijn de zintuigen van de levende wezens ook integrerende deeltjes van Zijn zintuigen. De impersonalisten hebben geen verklaring voor de zintuigen van de levende wezens en zijn er daarom altijd op uit om alle levende wezens als 'zintuigloos' of als onpersoonlijk te beschrijven. De Heer, die Zich in het hart van alle levende wezens bevindt, bestuurt hun zintuigen, maar doet dat afhankelijk van de overgave van het levend wezen en in het geval van een zuivere toegewijde bestuurt Hij de zintuigen rechtstreeks. Hier op het Slagveld van Kurukṣetra bestuurt de Heer de zintuigen van Arjuna rechtstreeks, vandaar deze specifieke naam Hṛṣīkeśa.

De Heer heeft verschillende namen die met Zijn verschillende activiteiten overeenstemmen. Zijn naam is bijvoorbeeld Madhusūdana, omdat Hij een demon doodde met de naam Madhu; Zijn naam is Govinda, omdat Hij plezier geeft aan de koeien en de zintuigen; Zijn naam is Vāsudeva, omdat Hij als de zoon van Vasudeva verscheen; Zijn naam is Devakī-nandana, omdat Hij Devakī als Zijn moeder aanvaardde; Zijn naam is Yaśodā-nandana, omdat Hij Zijn activiteiten van vermaak tijdens Zijn jeugd aan Yaśodā in Vṛndāvana toekende; Zijn naam is Pārtha-sārathi, omdat Hij de wagenmenner van Zijn vriend Arjuna werd. Op dezelfde manier is Zijn naam Hṛṣīkeśa omdat Hij op het Slagveld van Kurukṣetra rechtstreeks leiding gaf aan Arjuna.

Arjuna wordt in dit vers Dhanañjaya genoemd, omdat hij zijn oudere broer hielp met het vergaren van rijkdommen toen de koning die nodig had om verschillende offers te bekostigen. Op dezelfde manier staat Bhīma bekend als Vṛkodara, omdat hij net zo allesverslindend kon eten als hij in staat was herculische daden te verrichten, zoals het doden van de demon Hiḍimba. Zo was het weerklinken van de hoornschelpen van diverse personen aan de kant van de Pāṇḍava's, beginnend met die van de Heer, zeer bemoedigend voor de vechtende strijders. De tegenpartij miste zulke voordelen en miste ook Kṛṣṇa, de Allerhoogste Bestuurder, aan hun zijde alsook de godin van het geluk. Ze waren dus voorbestemd de strijd te verliezen; dat was de boodschap die het geluid van de hoornschelpen overbracht.

TEKST 16 – 18

अनन्तविजयं राजा कुन्तीपुत्रो युधिष्ठिरः ।
नकुलः सहदेवश्च सुघोषमणिपुष्पकौ ॥ १६ ॥
काश्यश्च परमेष्वासः शिखण्डी च महारथः ।
धृष्टद्युम्नो विराटश्च सात्यकिश्चापराजितः ॥ १७ ॥
द्रुपदो द्रौपदेयाश्च सर्वशः पृथिवीपते ।
सौभद्रश्च महाबाहुः शङ्खान्दध्मुः पृथक्पृथक् ॥ १८ ॥

anantavijayaṁ rājā, kuntī-putro yudhiṣṭhiraḥ
nakulaḥ sahadevaś ca, sughoṣa-maṇipuṣpakau

kāśyaś ca parameṣv-āsaḥ, śikhaṇḍī ca mahā-rathaḥ
dhṛṣṭadyumno virāṭaś ca, sātyakiś cāparājitaḥ

drupado draupadeyāś ca, sarvaśaḥ pṛthivī-pate
saubhadraś ca mahā-bāhuḥ, śaṅkhān dadhmuḥ pṛthak pṛthak

ananta-vijayam — de hoornschelp genaamd Anantavijaya; *rājā* — de koning; *kuntī-putraḥ* — de zoon van Kuntī; *yudhiṣṭhiraḥ* — Yudhiṣṭhira; *nakulaḥ* — Nakula; *sahadevaḥ* — Sahadeva; *ca* — en; *sughoṣa-maṇi-puṣpakau* — de hoornschelpen genaamd Sughoṣa en Maṇipuṣpaka; *kāśyaḥ* — de koning van Kāśī (Vārāṇasī); *ca* — en; *parama-iṣu-āsaḥ* — de grote boogschutter; *śikhaṇḍī* — Śikhaṇḍī; *ca* — ook; *mahā-rathaḥ* — iemand die het helemaal alleen tegen duizenden kan opnemen; *dhṛṣṭadyumnaḥ* — Dhṛṣṭadyumna (de zoon van koning Drupada); *virāṭaḥ* — Virāṭa (de prins die de Pāṇḍava's onderdak bood toen ze zich moesten verbergen); *ca* — ook; *sātyakiḥ* — Sātyaki (andere naam van Yuyudhāna, de wagenmenner van Heer Kṛṣṇa); *ca* — en; *aparājitaḥ* — die nog nooit verslagen was; *drupadaḥ* — Drupada, de koning van Pāñcāla; *draupadeyāḥ* — de zonen van Draupadī; *ca* — ook; *sarvaśaḥ* — allemaal; *pṛthivī-pate* — o koning; *saubhadraḥ* — Abhimanyu, de zoon van Subhadrā; *ca* — ook; *mahā-bāhuḥ* — sterkgearmde; *śaṅkhān* — hoornschelpen; *dadhmuḥ* — bliezen; *pṛthak pṛthak* — ieder afzonderlijk.

Koning Yudhiṣṭhira, de zoon van Kuntī, blies op zijn hoornschelp, de Ananta-vijaya, en Nakula en Sahadeva bliezen op de Sughoṣa en de Maṇipuṣpaka. Die grote boogschutter, de koning van Kāśī, de grote strijder Śikhaṇḍī, Dhṛṣṭadyumna, Virāṭa, de onoverwinnelijke Sātyaki, Drupada, de zonen van Draupadī, en anderen, o koning, zoals de sterkgearmde zoon van Subhadrā, bliezen ieder afzonderlijk op hun hoornschelp.

COMMENTAAR: Sañjaya maakte koning Dhṛtarāṣṭra tactvol duidelijk dat het bedriegen van de zonen van Pāṇḍu en de poging om zijn eigen zonen op de troon te zetten onverstandig en niet bepaald bewonderenswaardig was. Alle voortekenen wezen er duidelijk op dat de hele Kuru-dynastie in de grote slag gedood zou worden. Beginnend met Bhīṣma, de voorvader, tot kleinzonen als Abhimanyu en anderen, samen met de koningen van vele naties van de wereld, waren ze allemaal aanwezig en waren ze allemaal gedoemd te sterven. Koning Dhṛtarāṣṭra was de veroorzaker van de hele catastrofe, omdat hij de handelswijze van zijn zonen aanmoedigde.

TEKST 19 स घोषो धार्तराष्ट्राणां हृदयानि व्यदारयत् ।
नभश्च पृथिवीं चैव तुमुलोऽभ्यनुनादयन् ॥ १९ ॥

sa ghoṣo dhārtarāṣṭrāṇāṁ, hṛdayāni vyadārayat
nabhaś ca pṛthivīṁ caiva, tumulo 'bhyanunādayan

saḥ — die; *ghoṣaḥ* — geluidstrilling; *dhārtarāṣṭrāṇām* — van de zonen van Dhṛtarāṣṭra; *hṛdayāni* — de harten; *vyadārayat* — verscheurde; *nabhaḥ* — de lucht; *ca* — ook; *pṛthivīm* — het aardoppervlak; *ca* — ook; *eva* — zeker; *tumulaḥ* — overweldigend; *abhyanunādayan* — weerklinkend.

Het schallen van al deze hoornschelpen werd overweldigend en terwijl het weergalmde in de lucht en op de aarde, verscheurde het de harten van de zonen van Dhṛtarāṣṭra.

COMMENTAAR: Toen Bhīṣma en de anderen aan de zijde van Duryodhana op hun hoornschelpen bliezen, was er aan de kant van de Pāṇḍava's geen sprake van brekende harten. Zulke gebeurtenissen worden niet vermeld, maar in dit specifieke vers wordt gezegd dat de harten van de zonen van Dhṛtarāṣṭra verscheurd werden door het geluid dat de Pāṇḍava's voortbrachten. Dit kwam door de Pāṇḍava's en hun vertrouwen in Heer Kṛṣṇa. Wie zijn toevlucht bij de Allerhoogste Heer zoekt, heeft niets te vrezen, zelfs niet te midden van de grootste ellende.

TEKST 20 अथ व्यवस्थितान्दृष्ट्वा धार्तराष्ट्रान्कपिध्वजः ।
प्रवृत्ते शस्त्रसम्पाते धनुरुद्यम्य पाण्डवः ।
हृषीकेशं तदा वाक्यमिदमाह महीपते ॥ २० ॥

atha vyavasthitān dṛṣṭvā, dhārtarāṣṭrān kapi-dhvajaḥ
pravṛtte śastra-sampāte, dhanur udyamya pāṇḍavaḥ
hṛṣīkeśaṁ tadā vākyam, idam āha mahī-pate

atha — vervolgens; *vyavasthitān* — opgesteld; *dṛṣṭvā* — kijkend naar; *dhārtarāṣṭrān* — de zoons van Dhṛtarāṣṭra; *kapi-dhvajaḥ* — hij die een afbeelding van Hanumān in het vaandel droeg; *pravṛtte* — toen hij op het punt stond om; *śastra-sampāte* — zijn pijlen af te schieten; *dhanuḥ* — boog; *udyamya* — opnemend; *pāṇḍavaḥ* — de zoon van Pāṇḍu (Arjuna); *hṛṣīkeśam* — tot Heer Kṛṣṇa; *tadā* — op dat moment; *vākyam* — woorden; *idam* — deze; *āha* — sprak; *mahī-pate* — o koning.

Toen nam Arjuna, de zoon van Pāṇḍu, zijn boog op en maakte zich gereed om vanaf zijn strijdwagen, die Hanumān in het vaandel droeg, zijn pijlen af te schieten. O koning, nadat hij de zonen van Dhṛtarāṣṭra in slagorde opgesteld had zien staan, sprak Arjuna de volgende woorden tot Heer Kṛṣṇa.

COMMENTAAR: De strijd stond op het punt om los te barsten. Uit het voorgaande is gebleken dat de zonen van Dhṛtarāṣṭra min of meer ontmoedigd waren geraakt door de onverwachte gevechtsformatie van de Pāṇḍava's, die op het slagveld geleid werden door instructies die rechtstreeks van Heer Kṛṣṇa kwamen. Het embleem van Hanumān op de vlag van Arjuna is een ander voorteken van overwinning, omdat Hanumān met Heer Rāma samenwerkte in de strijd tussen Rāma en Rāvaṇa, waaruit Heer Rāma als overwinnaar tevoorschijn kwam. Nu waren zowel Rāma als Hanumān op de strijdwagen van Arjuna aanwezig om hem te helpen. Heer Kṛṣṇa is Rāma Zelf en waar Heer Rāma is, daar zijn ook Zijn eeuwige dienaar Hanumān en Zijn eeuwige echtgenoot Sītā, de godin van het geluk. Arjuna had daarom geen reden om welke vijand dan ook te vrezen. Bovendien was de Heer van de zintuigen, Heer Kṛṣṇa, persoonlijk aanwezig om hem leiding te geven. Arjuna beschikte dus over alle mogelijke raad om de strijd te voeren. In zulke gunstige omstandigheden, die de Heer Zelf voor Zijn eeuwige toegewijde had gecreëerd, lagen de voortekenen van een onvermijdelijke overwinning.

TEKST 21 – 22

अर्जुन उवाच
सेनयोरुभयोर्मध्ये रथं स्थापय मेऽच्युत ।
यावदेतान्निरीक्षेऽहं योद्धुकामानवस्थितान् ॥ २१ ॥
कैर्मया सह योद्धव्यमस्मिन्रणसमुद्यमे ॥ २२ ॥

arjuna uvāca
senayor ubhayor madhye, rathaṁ sthāpaya me 'cyuta
yāvad etān nirīkṣe 'haṁ, yoddhu-kāmān avasthitān
kair mayā saha yoddhavyam, asmin raṇa-samudyame

arjunaḥ uvāca — Arjuna zei; *senayoḥ* — van de legers; *ubhayoḥ* — allebei; *madhye* — tussen; *ratham* — de strijdwagen; *sthāpaya* — hou alsjeblieft; *me* — mijn; *acyuta* — o onfeilbare; *yāvat* — zolang als; *etān* — al deze; *nirīkṣe* — kan bekijken; *aham* — ik; *yoddhu-kāmān* — vol strijdlust; *avasthitān* — op het slagveld opgesteld; *kaiḥ* — met wie; *mayā* — door mij; *saha* — samen; *yoddhavyam* — moeten strijden; *asmin* — in deze; *raṇa* — strijd; *samudyame* — tijdens de poging.

Arjuna zei: O onfeilbare, rij alsjeblieft mijn strijdwagen tussen de twee legers in, zodat ik kan zien wie hier aanwezig zijn, wie er naar de strijd verlangen en met wie ik me in deze grote veldslag moet meten.

COMMENTAAR: Ook al is Heer Kṛṣṇa de Allerhoogste Persoonlijkheid Gods, toch diende Hij Zijn vriend uit Zijn grondeloze genade. Hij schiet nooit tekort in Zijn genegenheid voor Zijn toegewijden en daarom wordt Hij hier onfeilbaar genoemd. Als wagenmenner moest Hij de bevelen van Arjuna uitvoeren en omdat Hij niet aarzelde dit te doen, wordt Hij aangesproken met onfeilbare. Hoewel Hij de positie van wagenmenner van Zijn toegewijde had aanvaard, bleef Zijn allerhoogste positie onbetwist. In alle omstandigheden is Hij de Allerhoogste Persoonlijkheid Gods, Hṛṣīkeśa, de Heer van alle zintuigen. De relatie tussen de

Heer en Zijn dienaar is heel zoet en transcendentaal. De dienaar staat altijd klaar om de Heer te dienen en de Heer zoekt ook altijd naar een gelegenheid om de toegewijde een dienst te bewijzen. De Heer beleeft er meer plezier aan wanneer Zijn zuivere toegewijde de superieure positie inneemt waarin hij Hem bevelen geeft, dan wanneer Hijzelf de bevelen geeft. Omdat Hij de meester is, kan Hij iedereen bevelen geven en is er niemand die boven Hem staat om Hem te bevelen. Maar wanneer Hij merkt dat Zijn zuivere toegewijde Hem beveelt, dan beleeft Hij transcendentaal plezier, ook al is Hij in alle omstandigheden de onfeilbare meester.

Omdat Arjuna een zuivere toegewijde van de Heer was, had hij geen enkel verlangen om tegen zijn neven en broers te vechten, maar door de koppigheid van Duryodhana, die nooit bereid was om over vrede te onderhandelen, was hij wel gedwongen om op het slagveld te verschijnen. Hij was daarom zeer benieuwd om te zien wie de leiders op het slagveld waren. Ook al kon er op het slagveld geen sprake meer zijn van vredesonderhandelingen, toch wilde hij hen nog een keer aanschouwen om te zien hoe vastbesloten ze waren om een ongewilde oorlog te voeren.

TEKST 23 योत्स्यमानानवेक्षेऽहं य एतेऽत्र समागताः ।
धार्तराष्ट्रस्य दुर्बुद्धेर्युद्धे प्रियचिकीर्षवः ॥ २३ ॥

yotsyamānān avekṣe 'haṁ, ya ete 'tra samāgatāḥ
dhārtarāṣṭrasya durbuddher, yuddhe priya-cikīrṣavaḥ

yotsyamānān — zij die zullen strijden; *avekṣe* — laat mij zien; *aham* — ik; *ye* — wie; *ete* — die; *atra* — hier; *samāgatāḥ* — bijeengekomen; *dhārta-rāṣṭrasya* — voor de zoon van Dhṛtarāṣṭra; *durbuddheḥ* — kwaadaardige; *yuddhe* — in de strijd; *priya* — het beste; *cikīrṣavaḥ* — verlangend.

Laat me zien wie hier voor de strijd bijeengekomen zijn met het verlangen de kwaadaardige zoon van Dhṛtarāṣṭra tevreden te stellen.

COMMENTAAR: Het was een publiek geheim dat Duryodhana zich met kwaadaardige plannen en in samenwerking met zijn vader het koninkrijk van de Pāṇḍava's wilde toe-eigenen. Alle personen die de kant van Duryodhana hadden gekozen, moeten daarom wel personen van hetzelfde allooi zijn geweest. Voordat de strijd zou beginnen, wilde Arjuna hen op het slagveld zien om uit te vinden wie ze waren, maar hij was allerminst van plan om opnieuw met vredesonderhandelingen te beginnen. Arjuna wilde hen ook zien om een schatting te maken van de strijdmacht waartegen hij het zou moeten opnemen, al was hij overtuigd van de overwinning omdat hij Kṛṣṇa aan zijn zijde had.

TEKST 24 सञ्जय उवाच
एवमुक्तो हृषीकेशो गुडाकेशेन भारत ।
सेनयोरुभयोर्मध्ये स्थापयित्वा रथोत्तमम् ॥ २४ ॥

sañjaya uvāca
evam ukto hṛṣīkeśo, guḍākeśena bhārata
senayor ubhayor madhye, sthāpayitvā rathottamam

sañjayaḥ uvāca — Sañjaya zei; *evam* — zo; *uktaḥ* — aangesproken; *hṛṣīkeśaḥ* — Heer Kṛṣṇa; *guḍākeśena* — door Arjuna; *bhārata* — o afstammeling van Bharata; *senayoḥ* — van de legers; *ubhayoḥ* — allebei; *madhye* — te midden van; *sthāpayitvā* — plaatsend; *ratha-uttamam* — de voortreffelijkste strijdwagen.

Sañjaya zei: O afstammeling van Bharata, nadat Heer Kṛṣṇa zo door Arjuna was aangesproken, mende Hij de voortreffelijke strijdwagen tussen de beide legers in en bracht hem daar tot stilstand.

COMMENTAAR: In dit vers wordt Arjuna Guḍākeśa genoemd. *Guḍākā* betekent 'slaap' en iemand die de slaap overwonnen heeft, wordt *guḍākeśa* genoemd. Slaap betekent ook onwetendheid. Arjuna overwon dus zowel slaap als onwetendheid door zijn vriendschap met Kṛṣṇa. Als een groot toegewijde van Kṛṣṇa kon hij Kṛṣṇa voor geen moment vergeten, want dat is de aard van een toegewijde. Zowel tijdens waken als slapen zal een toegewijde de naam, gedaante, eigenschappen en het vermaak van Kṛṣṇa nooit vergeten. Op die manier kan een toegewijde zowel slaap als onwetendheid overwinnen door eenvoudig altijd aan Kṛṣṇa te denken. Dit wordt Kṛṣṇa-bewustzijn of *samādhi* genoemd. Als Hṛṣīkeśa of de bestuurder van de zintuigen en de geest van ieder levend wezen, begreep Kṛṣṇa Arjuna's bedoeling om de strijdwagen tussen de legers in te plaatsen. Kṛṣṇa deed dit vervolgens en sprak als volgt.

TEKST 25
भीष्मद्रोणप्रमुखतः सर्वेषां च महीक्षिताम् ।
उवाच पार्थ पश्यैतान्समवेतान्कुरूनिति ॥ २५ ॥

bhīṣma-droṇa-pramukhataḥ, sarveṣāṁ ca mahī-kṣitām
uvāca pārtha paśyaitān, samavetān kurūn iti

bhīṣma — Grootvader Bhīṣma; *droṇa* — de leraar Droṇa; *pramukhataḥ* — in het aangezicht van; *sarveṣām* — alle; *ca* — ook; *mahī-kṣitām* — leiders van de wereld; *uvāca* — zei; *pārtha* — o zoon van Pṛthā; *paśya* — aanschouw; *etān* — ze allemaal; *samavetān* — bijeengekomen; *kurūn* — de leden van de Kuru-dynastie; *iti* — zo.

In het aangezicht van Bhīṣma, Droṇa en alle andere heersers van de wereld zei de Heer: 'Aanschouw, o Pārtha, alle Kuru's die hier bijeengekomen zijn.'

COMMENTAAR: Als de Superziel van alle levende wezens begreep Heer Kṛṣṇa wat er in Arjuna's geest omging. Het gebruik van het woord 'Hṛṣīkeśa' wijst in dit verband op het feit dat Hij alles wist. En het woord 'Pārtha', dat 'de zoon van Kuntī of Pṛthā' betekent, is met betrekking tot Arjuna net zo belangrijk. Als vriend wilde Hij Arjuna laten weten dat Hij had ingestemd zijn wagenmenner te worden, omdat Arjuna de zoon was van Pṛthā, de zus van Zijn eigen vader Vasudeva. Maar wat bedoelde Kṛṣṇa toen Hij tegen Arjuna zei: 'Aanschouw de Kuru's'? Wilde Arjuna daar blijven stilstaan en niet meer vechten? Kṛṣṇa verwachtte zoiets niet van de zoon van Pṛthā, Zijn tante. Zo voorspelde de Heer de geest van Arjuna op een vriendschappelijk schertsende manier.

TEKST 26 तत्रापश्यत्स्थितान् पार्थः पितॄनथ पितामहान् ।
आचार्यान्मातुलान् भ्रातॄन् पुत्रान् पौत्रान् सखींस्तथा ।
श्वशुरान् सुहृदश्चैव सेनयोरुभयोरपि ॥ २६ ॥

tatrāpaśyat sthitān pārthaḥ, pitṝn atha pitāmahān
ācāryān mātulān bhrātṝn, putrān pautrān sakhīṁs tathā
śvaśurān suhṛdaś caiva, senayor ubhayor api

tatra — daar; *apaśyat* — hij kon zien; *sthitān* — staand; *pārthaḥ* — Arjuna; *pitṝn* — vaders; *atha* — ook; *pitāmahān* — grootvaders; *ācāryān* — leraren; *mātulān* — ooms van moederskant; *bhrātṝn* — broers; *putrān* — zonen; *pautrān* — kleinzonen; *sakhīn* — vrienden; *tathā* — en ook; *śva-śurān* — schoonvaders; *suhṛdaḥ* — zij die het beste toewensen; *ca* — ook; *eva* — zeker; *senayoḥ* — in de legers; *ubhayoḥ* — van beide partijen; *api* — inclusief.

Daarop zag Arjuna in de gelederen van beide partijen zijn vaders, grootvaders, leraren, ooms van moederszijde, broers, zonen, kleinzonen, vrienden, schoonvaders en kennissen.

COMMENTAAR: Arjuna zag allerlei familieleden op het slagveld. Hij zag personen als Bhūriśravā, die leeftijdgenoten van zijn vader waren; daarnaast Grootvaders als Bhīṣma en Somadatta, leraren als Droṇācārya en Kṛpācārya, ooms van moederszijde als Śalya en Śakuni, broers als Duryodhana, zonen als Lakṣmaṇa, vrienden als Aśvatthāmā, kennissen als Kṛtavarmā enz. Hij kon ook de legers zien waaronder zich vele van zijn vrienden bevonden.

TEKST 27 तान्समीक्ष्य स कौन्तेयः सर्वान्बन्धूनवस्थितान् ।
कृपया परयाविष्टो विषीदन्निदमब्रवीत् ॥ २७ ॥

tān samīkṣya sa kaunteyaḥ, sarvān bandhūn avasthitān
kṛpayā parayāviṣṭo, viṣīdann idam abravīt

tān — ze allemaal; *samīkṣya* — na gezien te hebben; *saḥ* — hij; *kaunteyaḥ* — de zoon van Kuntī; *sarvān* — allerlei; *bandhūn* — familieleden; *avasthitān* — opgesteld; *kṛpayā* — door medeleven; *parayā* — van een hoge graad; *āviṣṭaḥ* — overmand door; *viṣīdan* — terwijl je treurt; *idam* — als volgt; *abravīt* — sprak.

Toen de zoon van Kuntī, Arjuna, al deze verschillende soorten vrienden en familieleden zag, raakte hij door medeleven overmand en sprak als volgt.

TEKST 28

अर्जुन उवाच
दृष्ट्वेमं स्वजनं कृष्ण युयुत्सुं समुपस्थितम् ।
सीदन्ति मम गात्राणि मुखं च परिशुष्यति ॥ २८ ॥

arjuna uvāca
dṛṣṭvemaṁ sva-janaṁ kṛṣṇa, yuyutsuṁ samupasthitam
sīdanti mama gātrāṇi, mukhaṁ ca pariśuṣyati

arjunaḥ uvāca — Arjuna zei; *dṛṣṭvā* — na gezien te hebben; *imam* — al deze; *sva-janam* — familieleden; *kṛṣṇa* — o Kṛṣṇa; *yuyutsum* — allemaal vol strijdlust; *samupasthitam* — aanwezig; *sīdanti* — beven; *mama* — mijn; *gātrāṇi* — ledematen; *mukham* — mond; *ca* — ook; *pariśuṣyati* — droogt op.

Arjuna zei: O dierbare Kṛṣṇa, nu ik mijn vrienden en familieleden hier zo strijdlustig voor me zie, voel ik mijn ledematen beven en mijn mond opdrogen.

COMMENTAAR: Wie oprechte devotie heeft voor de Heer, heeft alle goede eigenschappen die in goddelijke personen of in de halfgoden aanwezig zijn. De niet-toegewijde daarentegen bezit geen goddelijke eigenschappen, hoezeer hij zich materieel gezien ook heeft gekwalificeerd door onderwijs en cultuur. Meteen na het zien van zijn familieleden en vrienden raakte Arjuna daarom opeens overmand door medeleven voor al deze personen, die besloten hadden om de strijd met elkaar aan te gaan. Al vanaf het begin voelde hij een genegenheid voor zijn eigen soldaten, maar nu had hij zelfs medeleven met de soldaten van de tegenpartij, omdat hij hun dood zag naderen. Terwijl deze gedachten bij hem opkwamen, begonnen zijn ledematen te trillen en droogde zijn mond op. Hij stond min of meer versteld van hun vechtlust. Nagenoeg alle leden van de gemeenschap, al zijn bloedverwanten, waren gekomen om de strijd met hem aan te gaan. Dit overweldigde een goedaardige toegewijde als Arjuna. Hoewel het hier niet vermeld wordt, kan men zich gemakkelijk voorstellen dat Arjuna niet alleen trillende ledematen en een droge mond kreeg, maar dat hij ook huilde van medeleven. Zulke symptomen waren niet het gevolg van zwakheid, maar van zachtaardigheid, wat een kenmerk is van een zuivere toegewijde van de Heer. Er wordt daarom gezegd:

yasyāsti bhaktir bhagavaty akiñcanā, sarvair guṇais tatra samāsate surāḥ
harāv abhaktasya kuto mahad-guṇā, mano-rathenāsati dhāvato bahiḥ

'Iemand met onwankelbare devotie voor de Persoonlijkheid Gods heeft alle goede eigenschappen van de halfgoden. Maar wie geen toegewijde van de Heer is, heeft alleen maar materiële eigenschappen, die weinig waarde hebben. Dat komt doordat zo iemand rondzweeft op het mentale vlak en beslist aangetrokken zal worden door de schittering van de materiële energie.' (*Śrīmad-Bhāgavatam* 5.18.12)

TEKST 29 वेपथुश्च शरीरे मे रोमहर्षश्च जायते ।
गाण्डीवं स्रंसते हस्तात्त्वक्चैव परिदह्यते ॥ २९ ॥

vepathuś ca śarīre me, roma-harṣaś ca jāyate
gāṇḍīvaṁ sraṁsate hastāt, tvak caiva paridahyate

vepathuḥ — beven van het lichaam; *ca* — ook; *śarīre* — op het lichaam; *me* — mijn; *roma-harṣaḥ* — het overeind staan van het haar; *ca* — ook; *jāyate* — vindt plaats; *gāṇḍīvam* — Arjuna's boog; *sraṁsate* — glijdt; *hastāt* — uit de hand; *tvak* — huid; *ca* — ook; *eva* — zeker; *paridahyate* — brandt.

Mijn hele lichaam beeft, mijn haar staat overeind, mijn boog Gāṇḍīva glijdt uit mijn hand en mijn huid gloeit.

COMMENTAAR: Er bestaan twee soorten van beven van het lichaam en overeind staan van haar. Zulke verschijnselen komen voor tijdens grote spirituele extase of uit hevige angst tijdens materiële omstandigheden. Wanneer er sprake is van transcendentale bewustwording, kan er geen angst zijn. In het geval van Arjuna waren de symptomen die hij liet zien het gevolg van materiële angst, namelijk de angst om zijn leven te verliezen. Dit blijkt ook uit de andere symptomen: hij werd zo onrustig dat zijn befaamde boog Gāṇḍīva uit zijn hand gleed en omdat zijn hart van binnen brandde, voelde hij zijn huid gloeien. Al deze symptomen zijn het gevolg van een materialistische levensopvatting.

TEKST 30 न च शक्नोम्यवस्थातुं भ्रमतीव च मे मनः ।
निमित्तानि च पश्यामि विपरीतानि केशव ॥ ३० ॥

na ca śaknomy avasthātuṁ, bhramatīva ca me manaḥ
nimittāni ca paśyāmi, viparītāni keśava

na — evenmin; *ca* — ook; *śaknomi* — ben ik in staat; *avasthātum* — te blijven; *bhramati* — vergetend; *iva* — alsof; *ca* — en; *me* — mijn; *manaḥ* — geest; *nimittāni* — oorzaken; *ca* — ook; *paśyāmi* — ik zie; *viparītāni* — juist het tegenovergestelde; *keśava* — o doder van de demon Keśī (Kṛṣṇa).

Ik ben niet in staat hier langer te blijven. Ik ben mijn zelfbeheersing kwijt en mijn geest duizelt. Ik voorzie alleen maar onheil, o Kṛṣṇa, doder van de demon Keśī.

COMMENTAAR: Door zijn onrust kon Arjuna niet langer op het slagveld blijven en deze zwakheid van geest deed hem zijn zelfbeheersing verliezen. Overdreven gehechtheid aan materiële dingen plaatst iemand in verwarrende levensomstandigheden. *Bhayaṁ dvitīyābhiniveśataḥ syāt* (*Śrīmad-Bhāgavatam* 11.2.37): zulke angst en verlies van mentaal evenwicht overkomt personen die te veel door materiële omstandigheden beïnvloed worden. Arjuna voorzag alleen maar pijnlijke tegenslagen op het slagveld; hij zou niet gelukkig worden, zelfs al zou hij de vijand verslaan.

De woorden *'nimittāni viparītāni'* zijn belangrijk. Wanneer iemand zijn verwachtingen niet ziet uitkomen, raakt hij gefrustreerd en vraagt zich af: 'Waarom ben ik hier?' Iedereen is geïnteresseerd in zichzelf en in zijn eigen welzijn, maar niemand is geïnteresseerd in het Allerhoogste Zelf. Arjuna gaf blijk van onwetendheid wat betreft zijn eigenbelang omdat Kṛṣṇa dat zo wilde. Ieders eigenbelang is gelegen in Viṣṇu of Kṛṣṇa. De geconditioneerde ziel vergeet dit en krijgt daarom materiële ellende te verduren. Arjuna dacht dat zijn overwinning in de strijd niets anders dan verdriet voor hem zou veroorzaken.

TEKST 31 न च श्रेयोऽनुपश्यामि हत्वा स्वजनमाहवे ।
न काङ्क्षे विजयं कृष्ण न च राज्यं सुखानि च ॥ ३१ ॥

na ca śreyo 'nupaśyāmi, hatvā sva-janam āhave
na kāṅkṣe vijayaṁ kṛṣṇa, na ca rājyaṁ sukhāni ca

na — evenmin; *ca* — ook; *śreyaḥ* — goed; *anupaśyāmi* — ik voorzie; *hatvā* — door te doden; *sva-janam* — eigen familieleden; *āhave* — in de strijd; *na* — evenmin; *kāṅkṣe* — verlang ik; *vijayam* — overwinning; *kṛṣṇa* — o Kṛṣṇa; *na* — evenmin; *ca* — ook; *rājyam* — koninkrijk; *sukhāni* — het geluk daarvan; *ca* — en.

Ik zie niet in hoe het doden van mijn eigen familieleden in deze strijd tot iets goeds kan leiden, o Kṛṣṇa, en evenmin verlang ik naar de overwinning, het koninkrijk en het geluk die erop zullen volgen.

COMMENTAAR: Zonder te weten dat ieders eigenbelang in Viṣṇu (of Kṛṣṇa) ligt, worden de geconditioneerde zielen aangetrokken door relaties die gebaseerd zijn op het lichaam en hopen ze in zulke situaties gelukkig te worden. Door zo'n blinde levensopvatting vergeten ze zelfs wat de oorzaken van materieel geluk zijn. Arjuna lijkt zelfs de morele voorschriften voor een *kṣatriya* te zijn vergeten. Er wordt gezegd dat twee soorten mensen ervoor in aanmerking komen om binnen te gaan in de zonneplaneet, die zo krachtig en oogverblindend is, namelijk de *kṣatriya* die op het slagveld sneuvelt en onder het persoonlijk bevel van Kṛṣṇa staat en personen in de onthechte levensorde, die zich uitsluitend aan het spirituele leven wijden. Arjuna zou zelfs zijn vijanden met tegenzin doden, laat staan zijn familieleden. Hij denkt dat er in dit leven geen geluk meer zal zijn als hij zijn verwanten doodt; hij wil daarom niet vechten, net zoals iemand die geen honger heeft, niet geneigd is te koken. Hij heeft nu besloten het bos in te trekken om een leven van afzondering en frustratie te leiden. Maar omdat hij een *kṣatriya* is, heeft hij een koninkrijk nodig om te bestaan, want *kṣatriya's* kunnen zich niet met ander werk bezighouden. Maar Arjuna heeft geen koninkrijk. De enige mogelijkheid voor Arjuna om een koninkrijk te bemachtigen, ligt in het aangaan van de strijd met zijn neven en broers om zo het koninkrijk dat hij van zijn vader geërfd heeft, terug te winnen, maar dat is iets wat hij niet graag doet. Hij stond daarom op het punt naar het woud te gaan om een leven van afzondering en frustratie te leiden.

TEKST 32 – 35

किं नो राज्येन गोविन्द किं भोगैर्जीवितेन वा ।
येषामर्थे काङ्‌क्षितं नो राज्यं भोगाः सुखानि च ॥ ३२ ॥
त इमेऽवस्थिता युद्धे प्राणांस्त्यक्त्वा धनानि च ।
आचार्याः पितरः पुत्रास्तथैव च पितामहाः ॥ ३३ ॥
मातुलाः श्वशुराः पौत्राः श्यालाः सम्बन्धिनस्तथा ।
एतान्न हन्तुमिच्छामि घ्नतोऽपि मधुसूदन ॥ ३४ ॥
अपि त्रैलोक्यराज्यस्य हेतोः किं नु महीकृते ।
निहत्य धार्तराष्ट्रान्नः का प्रीतिः स्याज्जनार्दन ॥ ३५ ॥

kiṁ no rājyena govinda, kiṁ bhogair jīvitena vā
yeṣām arthe kāṅkṣitaṁ no, rājyaṁ bhogāḥ sukhāni ca

ta ime 'vasthitā yuddhe, prāṇāṁs tyaktvā dhanāni ca
ācāryāḥ pitaraḥ putrās, tathaiva ca pitāmahāḥ

mātulāḥ śvaśurāḥ pautrāḥ, śyālāḥ sambandhinas tathā
etān na hantum icchāmi, ghnato 'pi madhusūdana

api trailokya-rājyasya, hetoḥ kiṁ nu mahī-kṛte
nihatya dhārtarāṣṭrān naḥ, kā prītiḥ syāj janārdana

kim — wat is het nut; *naḥ* — voor ons; *rājyena* — het koninkrijk; *govinda* — o Kṛṣṇa; *kim* — wat; *bhogaiḥ* — genot; *jīvitena* — leven; *vā* — of; *yeṣām* — wie; *arthe* — in het belang van; *kāṅkṣitam* — wordt verlangd; *naḥ* — door ons; *rājyam* — koninkrijk; *bhogāḥ* — materieel genot; *sukhāni* — al het geluk; *ca* — ook; *te* — zij allemaal; *ime* — deze; *avasthitāḥ* — opgesteld; *yuddhe* — op dit slagveld; *prāṇān* — levens; *tyaktvā* — opgevend; *dhanāni* — rijkdom; *ca* — ook; *ācāryāḥ* — leraren; *pitaraḥ* — vaders; *putrāḥ* — zonen; *tathā* — evenals; *eva* — zeker; *ca* — ook; *pitāmahāḥ* — grootvaders; *mātulāḥ* — ooms van moederskant; *śvaśurāḥ* — schoonvaders; *pautrāḥ* — kleinzonen; *śyālāḥ* — zwagers; *sambandhinaḥ* — familieleden; *tathā* — evenals; *etān* — al deze; *na* — nooit; *hantum* — doden; *icchāmi* — ik verlang; *ghnataḥ* — gedood worden; *api* — zelfs; *madhusūdana* — o doder van de demon Madhu (Kṛṣṇa); *api* — zelfs als; *trailokya* — van de drie werelden; *rājyasya* — voor het koninkrijk; *hetoḥ* — in ruil voor; *kim nu* — om nog maar te zwijgen van; *mahī-kṛte* — voor de aarde; *nihatya* — door te doden; *dhārtarāṣṭrān* — de zonen van Dhṛtarāṣṭra; *naḥ* — onze; *kā* — wat; *prītiḥ* — vreugde; *syāt* — zal er zijn; *janārdana* — o instandhouder van alle levende wezens.

O Govinda, wat winnen we met een koninkrijk, geluk of zelfs ons leven, wanneer alle personen voor wie we dat alles verlangen, nu tegenover ons op het slagveld opgesteld staan? O Madhusūdana, wanneer leraren, vaders, zonen, grootvaders, ooms van moederszijde, schoonvaders, klein-

zoons, zwagers en andere familieleden tegenover me staan, bereid om hun levens en bezittingen op te geven, waarom zou ik er dan naar verlangen hen te doden, zelfs al staan ze mij naar het leven? O instandhouder van alle levende wezens, ik ben niet bereid met hen te strijden, zelfs niet in ruil voor de drie werelden, laat staan deze aarde. Wat voor vreugde valt er te behalen aan het doden van de zonen van Dhṛtarāṣṭra?

COMMENTAAR: Arjuna sprak Kṛṣṇa aan met Govinda, omdat Kṛṣṇa de bron van alle plezier voor de koeien en de zintuigen is. Door dit belangrijke woord te gebruiken, geeft Arjuna aan dat Kṛṣṇa zou moeten weten wat de zintuigen van Arjuna zal bevredigen. Maar Govinda is er niet voor bedoeld om onze zintuigen te bevredigen. Als wij echter de zintuigen van Govinda proberen te bevredigen, zullen onze eigen zintuigen vanzelf ook bevredigd zijn. Materieel gesproken wil iedereen zijn zintuigen bevredigen en van God wordt dan verlangd dat Hij zulke bevrediging op bestelling levert. De Heer stelt de zintuigen van de levende wezens tevreden in de mate waarin ze dat verdienen, niet in de mate waarin ze dat verlangen. Maar als men het tegenovergestelde doet, namelijk proberen de zintuigen van Govinda te bevredigen zonder te verlangen naar persoonlijke zinsbevrediging, dan worden door de genade van Govinda alle verlangens van het levend wezen vervuld.

Arjuna's diepe genegenheid voor de gemeenschap en zijn familieleden komt hier naar voren deels door zijn natuurlijk medeleven met hen. Hij is daarom niet bereid te vechten. Iedereen wil de rijkdom die hij verworven heeft aan zijn vrienden en familie laten zien, maar Arjuna is bang dat al zijn vrienden en familieleden op het slagveld gedood zullen worden, zodat hij na de overwinning niet meer in staat zal zijn om zijn rijkdom met hen te delen. Zo'n berekenende gedachte is typerend voor het materiële leven. Maar het spirituele leven is anders. Omdat de toegewijde de zintuigen van de Heer wil bevredigen, mag hij, als de Heer het wil, allerlei weelde aanvaarden voor zijn dienst aan de Heer, maar als de Heer het niet wil, dan mag hij nog geen cent aanvaarden.

Arjuna wilde zijn familieleden niet doden; mocht het toch noodzakelijk zijn hen te doden, dan was het zijn verlangen dat Kṛṣṇa dat Zelf zou doen. Op dat moment wist Arjuna niet dat Kṛṣṇa hen allemaal al gedood had voordat zij naar het slagveld waren gekomen en dat hij er alleen voor bedoeld was een instrument van Kṛṣṇa te zijn. Dit zal in de komende hoofdstukken worden onthuld. Omdat hij van nature een toegewijde van Kṛṣṇa was, voelde Arjuna er niets voor om wraak te nemen op zijn verdorven neven en broers. Maar het was het plan van de Heer dat ze allemaal gedood zouden worden. De toegewijde van de Heer neemt geen wraak als iemand hem kwaad doet, maar de Heer duldt geen enkel kwaad dat de toegewijde wordt aangedaan door kwaadaardige personen. De Heer kan het kwaad voor Zijn eigen rekening vergeven, maar Hij vergeeft niemand die Zijn toegewijden kwaad doet. De Heer was daarom vastberaden de kwaadaardige personen te doden, ook al wilde Arjuna hen vergeven.

TEKST 36 पापमेवाश्रयेदस्मान्हत्वैतानाततायिनः ।
तस्मान्नार्हा वयं हन्तुं धार्तराष्ट्रान्सबान्धवान् ।
स्वजनं हि कथं हत्वा सुखिनः स्याम माधव ॥ ३६ ॥

pāpam evāśrayed asmān, hatvaitān ātatāyinaḥ
tasmān nārhā vayaṁ hantuṁ, dhārtarāṣṭrān sa-bāndhavān
sva-janaṁ hi kathaṁ hatvā, sukhinaḥ syāma mādhava

pāpam — zonden; *eva* — zeker; *āśrayet* — moet komen over; *asmān* — ons; *hatvā* — door te doden; *etān* — al deze; *ātatāyinaḥ* — aanvallers; *tasmāt* — daarom; *na* — nooit; *arhāḥ* — waardig; *vayam* — wij; *hantum* — doden; *dhārtarāṣṭrān* — de zonen van Dhṛtarāṣṭra; *sa-bāndhavān* — samen met vrienden; *sva-janam* — familieleden; *hi* — zeker; *katham* — hoe; *hatvā* — door te doden; *sukhinaḥ* — gelukkig; *syāma* — zullen we worden; *mādhava* — o Kṛṣṇa, echtgenoot van de godin van het geluk.

We zullen tot zonde vervallen wanneer we zulke aanvallers doden. Het is daarom niet goed als we de zonen van Dhṛtarāṣṭra en onze vrienden van het leven beroven. Wat bereiken we ermee, o Kṛṣṇa, echtgenoot van de godin van het geluk, en hoe zouden we gelukkig kunnen worden door onze eigen familieleden te doden?

COMMENTAAR: Volgens de Vedische teksten zijn er zes soorten aanvallers: (1) een gifmenger; (2) een brandstichter; (3) iemand die aanvalt met dodelijke wapens; (4) iemand die rijkdommen wegrooft; (5) iemand die andermans land inneemt, en (6) iemand die andermans vrouw ontvoert. Zulke aanvallers moeten onmiddellijk worden gedood en men begaat daarmee geen zonde. Het past een gewoon persoon om zulke aanvallers te doden, maar Arjuna was geen gewoon persoon. Hij had het karakter van een heilige en wilde hen daarom op een heilige manier behandelen. Maar zulke heiligheid past niet bij een *kṣatriya.*

Wie verantwoordelijkheden heeft in het bestuur van een land moet de eigenschappen van een heilige hebben, maar hij mag geen lafaard zijn. Heer Rāma was bijvoorbeeld zo heilig dat de mensen er tegenwoordig nog steeds naar verlangen om in het koninkrijk van Heer Rāma te wonen (*rāma-rājya*), maar Heer Rāma gaf nooit blijk van lafheid. Rāvaṇa was een aanvaller van Heer Rāma, omdat Rāvaṇa de vrouw van Heer Rāma, Sītā, ontvoerde, maar Heer Rāma leerde hem een lesje op een manier die ongeëvenaard is in de wereldgeschiedenis. In het geval van Arjuna echter moet men rekening houden met de speciale groep van aanvallers die tegenover hem stond, namelijk zijn eigen grootvader, zijn eigen leraar, vrienden, zonen, kleinzonen enz. Omdat zij het waren, was Arjuna van mening dat hij tegen hen niet dezelfde maatregelen moest nemen als tegen gewone aanvallers. Daarnaast wordt heilige personen aangeraden vergevensgezind te zijn. Zulke voorschriften voor heilige personen zijn belangrijker dan welke politieke noodsituatie dan ook.

Arjuna dacht dat het beter zou zijn om zijn bloedverwanten op religieuze gronden en op basis van goed en heilig gedrag te vergeven, dan hen om politieke redenen te doden. Het leek hem niet gunstig hen te doden, alleen maar omdat het tijdelijk lichamelijk geluk zou opleveren. Alle koninkrijken en al het geluk die daar uiteindelijk uit zouden voortkomen, zijn tenslotte niet blijvend; waarom zou hij dan zijn leven en eeuwige verlossing riskeren door zijn bloedverwanten te doden?

Dat Arjuna Kṛṣṇa aanspreekt met 'Mādhava' — echtgenoot van de godin van het geluk — is in dit verband ook belangrijk. Hij wilde Kṛṣṇa hiermee duidelijk maken dat Hij als echtgenoot van de godin van het geluk Arjuna er niet toe zou moeten aanzetten iets te ondernemen dat uiteindelijk alleen maar onheil teweeg zou brengen. Maar Kṛṣṇa brengt niemand ongeluk, laat staan Zijn toegewijde.

tekst
37 – 38

यद्यप्येते न पश्यन्ति लोभोपहतचेतसः ।
कुलक्षयकृतं दोषं मित्रद्रोहे च पातकम् ॥ ३७ ॥
कथं न ज्ञेयमस्माभिः पापादस्मान्निवर्तितुम् ।
कुलक्षयकृतं दोषं प्रपश्यद्भिर्जनार्दन ॥ ३८ ॥

yady apy ete na paśyanti, lobhopahata-cetasaḥ
kula-kṣaya-kṛtaṁ doṣaṁ, mitra-drohe ca pātakam

kathaṁ na jñeyam asmābhiḥ, pāpād asmān nivartitum
kula-kṣaya-kṛtaṁ doṣaṁ, prapaśyadbhir janārdana

yadi — als; *api* — zelfs; *ete* — zij; *na* — doen niet; *paśyanti* — zien; *lobha* — door hebzucht; *upahata* — overmand; *cetasaḥ* — hun harten; *kula-kṣaya* — in het doden van de familie; *kṛtam* — gedaan; *doṣam* — fout; *mitra-drohe* — in ruziën met vrienden; *ca* — ook; *pātakam* — karmische reacties op zonden; *katham* — waarom; *na* — moet niet; *jñeyam* — bekend zijn; *asmābhiḥ* — door ons; *pāpāt* — van zonden; *asmāt* — deze; *nivartitum* — ophouden; *kula-kṣaya* — in de vernietiging van een dynastie; *kṛtam* — gedaan; *doṣam* — misdaad; *prapaśyadbhiḥ* — door hen die kunnen zien; *janārdana* — o Kṛṣṇa.

O Janārdana, hoewel deze mannen, hun harten vol hebzucht, geen kwaad zien in het doden van hun familie of in het aanvallen van vrienden, waarom zouden wij, die beseffen hoe misdadig het is om een familie te vernietigen, ons dan inlaten met zulke zondige activiteiten?

COMMENTAAR: Van een *kṣatriya* wordt niet verwacht dat hij weigert te strijden of te gokken wanneer hij door een tegenpartij wordt uitgedaagd. Door deze verplichting kon Arjuna niet weigeren te vechten, omdat hij uitgedaagd werd door Duryodhana en de zijnen. Arjuna dacht dat de andere partij misschien blind was voor de gevolgen van zo'n uitdaging, maar omdat Arjuna er de kwade consequenties wel van inzag, kon hij de uitdaging niet aannemen. Een verplichting is pas echt bindend als het gevolg goed is, maar als dat niet het geval is, dan kan niemand ergens toe verplicht worden. Nadat hij alle voor- en nadelen tegen elkaar had afgewogen, besloot Arjuna niet te vechten.

TEKST 39 कुलक्षये प्रणश्यन्ति कुलधर्माः सनातनाः ।
धर्मे नष्टे कुलं कृत्स्नमधर्मोऽभिभवत्युत ॥ ३९ ॥

kula-kṣaye praṇaśyanti, kula-dharmāḥ sanātanāḥ
dharme naṣṭe kulaṁ kṛtsnam, adharmo 'bhibhavaty uta

kula-kṣaye — als de familie vernietigd wordt; *praṇaśyanti* — worden verslagen; *kula-dharmāḥ* — de familietradities; *sanātanāḥ* — eeuwig; *dharme* — religie; *naṣṭe* — vernietigd is; *kulam* — familie; *kṛtsnam* — geheel; *adharmaḥ* — goddeloosheid; *abhibhavati* — verandert; *uta* — er wordt gezegd.

Door de vernietiging van de dynastie zal de eeuwige familietraditie verloren gaan, waardoor de rest van de familie in goddeloosheid vervalt.

COMMENTAAR: Het *varṇāśrama*-stelsel kent veel principes van religieuze tradities die de leden van een familie helpen om op de juiste manier op te groeien en tot spirituele waarden te komen. De oudere familieleden zijn verantwoordelijk voor zulke zuiverende processen in de familie, van geboorte tot dood. Maar door de dood van de oudere familieleden zou er aan zulke familietradities van zuivering een eind kunnen komen, waardoor de jongere familieleden die achterblijven, irreligieuze gewoonten zullen ontwikkelen en hun kans op spirituele verlossing verliezen. De oudere familieleden mogen dus onder geen enkele voorwaarde worden gedood.

TEKST 40 अधर्माभिभवात्कृष्ण प्रदुष्यन्ति कुलस्त्रियः ।
स्त्रीषु दुष्टासु वार्ष्णेय जायते वर्णसङ्करः ॥ ४० ॥

adharmābhibhavāt kṛṣṇa, praduṣyanti kula-striyaḥ
strīṣu duṣṭāsu vārṣṇeya, jāyate varṇa-saṅkaraḥ

adharma — goddeloosheid; *abhibhavāt* — overheersend geworden; *kṛṣṇa* — o Kṛṣṇa; *praduṣyanti* — raken verdorven; *kula-striyaḥ* — de vrouwen van de familie; *strīṣu* — door het vrouwelijk geslacht; *duṣṭāsu* — zo besmet; *vārṣṇeya* — o afstammeling van Vṛṣṇi; *jāyate* — ontstaat; *varṇa-saṅkaraḥ* — onwenselijk nageslacht.

Wanneer goddeloosheid in de familie de overhand heeft, o Kṛṣṇa, vervallen de vrouwen van de familie in losbandigheid en het gevolg van de verdorvenheid van vrouwen, o afstammeling van Vṛṣṇi, is onwenselijk nageslacht.

COMMENTAAR: Een goede bevolking in de menselijke samenleving is het basisprincipe van vrede, voorspoed en spirituele vooruitgang in het leven. De principes van de religie van *varṇāśrama* waren zo ontworpen, dat een goede bevolking de overhand zou hebben voor de spirituele vooruitgang van de staat en de hele gemeenschap. Zo'n bevolking hangt af van de kuisheid en trouw van het vrouwelijk geslacht. Net zoals kinderen zeer vatbaar zijn voor misleiding, zo zijn vrouwen ook zeer vatbaar voor ontaarding. Zowel kinderen als vrouwen hebben daarom bescherming nodig van oudere familieleden. Door bezig te zijn met verschillende religieuze praktijken, zullen vrouwen niet tot overspel worden verleid. Volgens Cāṇakya Paṇḍita zijn vrouwen over het algemeen niet erg intelligent en daarom onbetrouwbaar. De verschillende familietradities moeten hen daarom altijd bezighouden, zodat ze door hun kuisheid en devotie geboorte zullen geven aan een goede bevolking, die geschikt is om te functioneren binnen het *varṇāśrama*-stelsel. Wanneer dit *varṇāśrama-dharma* faalt, zullen de vrouwen vanzelfsprekend vrij zijn in hun activiteiten en hun omgang met mannen en op die manier zullen ze zich aan overspel overgeven, waardoor een risico op onwenselijk nageslacht ontstaat. Ook mannen zonder verantwoordelijkheidsgevoel veroorzaken overspel in de samenleving en op die manier overspoelen onwenselijke kinderen het menselijk ras met het gevaar van oorlog en ziekten.

TEKST 41

सङ्करो नरकायैव कुलघ्नानां कुलस्य च ।
पतन्ति पितरो ह्येषां लुप्तपिण्डोदकक्रियाः ॥ ४१ ॥

saṅkaro narakāyaiva, kula-ghnānāṁ kulasya ca
patanti pitaro hy eṣāṁ, lupta-piṇḍodaka-kriyāḥ

saṅkaraḥ — zulke onwenselijke kinderen; *narakāya* — veroorzaken een hels bestaan; *eva* — zeker; *kula-ghnānām* — voor zij die doders van de familie zijn; *kulasya* — voor de familie; *ca* — ook; *patanti* — komen ten val; *pitaraḥ* — voorouders; *hi* — zeker; *eṣām* — van hen; *lupta* — gestaakt; *piṇḍa* — van offerandes van voedsel; *udaka* — en water; *kriyāḥ* — rituelen.

Een toename van onwenselijke bevolking veroorzaakt ongetwijfeld een hels bestaan voor zowel de familie als voor zij die de familietraditie vernietigen. De voorouders van zulke verdorven families komen ten val, omdat de rituelen waarbij aan hen voedsel en water wordt geofferd, volledig worden gestaakt.

COMMENTAAR: Volgens de regels en bepalingen van resultaatgerichte activiteiten bestaat er de noodzaak om regelmatig voedsel en water aan de voorouders van de familie te offeren. Dit offer wordt volbracht door Viṣṇu te vereren, omdat wie eet van wat Viṣṇu van het offer overlaat, bevrijd raakt van allerlei reacties op zonden. De voorouders hebben soms te lijden van verschillende karmische reacties op zonden en het komt voor dat sommigen van hen niet eens een grofstoffelijk lichaam kunnen krijgen en zo gedwongen zijn om als geesten voort te leven in een fijnstoffelijk lichaam. Wanneer hun nakomelingen hun datgene offeren wat van het *prasāda*-voedsel overblijft, dan worden deze voorouders bevrijd van hun bestaan als geesten of van hun bestaan in andere ellendige levenssoorten. Zulke hulp aan voorouders is een familietraditie en zij die geen leven van devotie leiden moeten zulke rituelen verrichten. Wie wel een leven van devotie leidt, hoeft zulke activiteiten niet te verrichten. Door eenvoudigweg bezig te zijn met devotionele dienst, kan men honderden en duizenden voorouders van allerlei ellende bevrijden. In het *Śrīmad-Bhāgavatam* (11.5.41) staat:

devarṣi-bhūtāpta-nṛṇāṁ pitṝṇāṁ, na kiṅkaro nāyam ṛṇī ca rājan
sarvātmanā yaḥ śaraṇaṁ śaraṇyaṁ, gato mukundaṁ parihṛtya kartam

'Iedereen die allerlei verplichtingen heeft opgegeven en zijn toevlucht heeft gezocht bij de lotusvoeten van Mukunda, de gever van bevrijding, heeft, als hij dit pad in alle ernst volgt, geen plichten meer te vervullen en is de halfgoden, de wijzen, de levende wezens in het algemeen, de familieleden, de mensheid of de voorouders niets verschuldigd.' Aan zulke verplichtingen wordt vanzelf voldaan door devotionele dienst aan de Allerhoogste Persoonlijkheid Gods.

TEKST 42 दोषैरेतैः कुलघ्नानां वर्णसङ्करकारकैः ।
उत्साद्यन्ते जातिधर्माः कुलधर्माश्च शाश्वताः ॥ ४२ ॥

doṣair etaiḥ kula-ghnānāṁ, varṇa-saṅkara-kārakaiḥ
utsādyante jāti-dharmāḥ, kula-dharmāś ca śāśvatāḥ

doṣaiḥ — door zulke fouten; *etaiḥ* — al deze; *kula-ghnānām* — van de vernietigers van de familie; *varṇa-saṅkara* — van onwenselijke kinderen; *kārakaiḥ* — die oorzaken zijn; *utsādyante* — worden tenietgedaan; *jāti-dharmāḥ* — gemeenschapsverplichtingen; *kula-dharmāḥ* — familietradities; *ca* — ook; *śāśvatāḥ* — eeuwig.

Door de wandaden van hen die de familietraditie vernietigen en die zo de oorzaak zijn van onwenselijke kinderen, worden allerlei gemeenschapsverplichtingen en activiteiten voor het welzijn van de familie tenietgedaan.

COMMENTAAR: De verantwoordelijkheden die de vier klassen van de menselijke samenleving hebben ten opzichte van de gemeenschap, in combinatie met activiteiten voor het welzijn van de familie zoals die uiteengezet zijn binnen het *sanātana-dharma* of *varṇāśrama-dharma*, zijn ontworpen om het menselijk wezen in staat te stellen zijn uiteindelijke verlossing te bereiken. Het verbreken van de traditie van het *sanātana-dharma* door de onverantwoordelijke leiders van de samenleving brengt daarom een chaos teweeg in die samenleving en als gevolg daarvan vergeten de mensen wat het doel van het leven is: Viṣṇu. Zulke leiders worden als blind beschouwd en personen die hen volgen kunnen er zeker van zijn dat ze naar een chaos worden geleid.

TEKST 43 उत्सन्नकुलधर्माणां मनुष्याणां जनार्दन ।
नरके नियतं वासो भवतीत्यनुशुश्रुम ॥ ४३ ॥

utsanna-kula-dharmāṇāṁ, manuṣyāṇāṁ janārdana
narake niyataṁ vāso, bhavatīty anuśuśruma

utsanna — verloren gegaan; *kula-dharmāṇām* — van hen die de familietradities hebben; *manuṣyāṇām* — van zulke mensen; *janārdana* — o Kṛṣṇa; *narake* — in de hel; *niyatam* — altijd; *vāsaḥ* — verblijf; *bhavati* — het wordt zo; *iti* — zo; *anuśuśruma* — ik heb het via de opeenvolging van discipelen gehoord.

O Kṛṣṇa, instandhouder van de mensheid, via de opeenvolging van discipelen heb ik gehoord dat degenen van wie de familietradities vernietigd zijn, voor altijd in de hel verblijven.

COMMENTAAR: Arjuna baseert zijn argument niet op zijn eigen ervaring, maar op wat hij van gezaghebbende personen gehoord heeft. Dat is de manier om werkelijke kennis te ontvangen. Men kan niet tot ware kennis komen zonder geholpen te worden door de juiste persoon die al verankerd is in die kennis. Binnen de *varṇāśrama-dharma*-samenleving bestaat er een systeem waarbij men, voordat men sterft, een proces van boetedoening moet ondergaan voor alle begane zondige activiteiten. Wie zich altijd bezighoudt met zondige activiteiten, moet gebruik maken van dit proces van boetedoening, dat *prāyaścitta* genoemd wordt. Doet men dat niet, dan zal men zeker naar de helse planeten worden overgebracht om daar als gevolg van zondige activiteiten een reeks van ellendige levens te leiden.

TEKST 44 अहो बत महत्पापं कर्तुं व्यवसिता वयम् ।
यद्राज्यसुखलोभेन हन्तुं स्वजनमुद्यताः ॥ ४४ ॥

aho bata mahat pāpaṁ, kartuṁ vyavasitā vayam
yad rājya-sukha-lobhena, hantuṁ sva-janam udyatāḥ

aho — ach; *bata* — wat is het vreemd; *mahat* — grote; *pāpam* — zonden; *kartum* — begaan; *vyavasitāḥ* — hebben besloten; *vayam* — wij; *yat* — omdat; *rājya-sukha-lobhena* — gedreven door het verlangen naar koninklijk geluk; *hantum* — doden; *sva-janam* — familieleden; *udyatāḥ* — proberend.

Ach, hoe vreemd is het dat we voorbereidingen treffen om zulke zondige activiteiten te begaan! Gedreven door een verlangen naar koninklijk geluk, zijn we bereid onze eigen familieleden te doden.

COMMENTAAR: Gedreven door resultaatgerichte motieven zou men geneigd kunnen zijn zondige activiteiten te begaan zoals het doden van zijn eigen broer, vader of moeder. Er zijn daar veel voorbeelden van te vinden in de wereldgeschiedenis. Maar Arjuna, als een heilige toegewijde van de Heer, is zich altijd bewust van morele principes en let er daarom goed op zulke activiteiten te vermijden.

TEKST 45 यदि मामप्रतीकारमशस्त्रं शस्त्रपाणयः ।
धार्तराष्ट्रा रणे हन्युस्तन्मे क्षेमतरं भवेत् ॥ ४५ ॥

yadi mām apratīkāram, aśastraṁ śastra-pāṇayaḥ
dhārtarāṣṭrā raṇe hanyus, tan me kṣemataraṁ bhavet

yadi — zelfs als; *mām* — mij; *apratīkāram* — zonder tegenstand te bieden; *aśastram* — zonder volledig uitgerust te zijn; *śastra-pāṇayaḥ* — zij die wapens in de hand hebben; *dhārtarāṣṭrāḥ* — de zonen van Dhṛtarāṣṭra; *raṇe* — op het slagveld; *hanyuḥ* — zouden doden; *tat* — dat; *me* — voor mij; *kṣema-taram* — beter; *bhavet* — zou zijn.

Het zou beter voor me zijn als de zonen van Dhṛtarāṣṭra me met hun wapens in de hand zouden doden op het slagveld, terwijl ik ongewapend ben en geen tegenstand bied.

COMMENTAAR: Volgens de gevechtscodes van de *kṣatriya's* mag een ongewapende en onwillige vijand niet worden aangevallen. Arjuna had besloten dat hij niet zou vechten, ook al zou hij in zo'n ongunstige positie door de vijand worden aangevallen. Hij nam niet in overweging hoezeer de andere partij gebrand was op de strijd. Al deze symptomen waren het gevolg van zijn zachtmoedigheid, die voortkwam uit het feit dat hij een groot toegewijde van de Heer was.

TEKST 46 सञ्जय उवाच
एवमुक्त्वार्जुनः संख्ये रथोपस्थ उपाविशत् ।
विसृज्य सशरं चापं शोकसंविग्नमानसः ॥ ४६ ॥

sañjaya uvāca
evam uktvārjunaḥ saṅkhye, rathopastha upāviśat
visṛjya sa-śaraṁ cāpaṁ, śoka-saṁvigna-mānasaḥ

sañjayaḥ uvāca — Sañjaya zei; *evam* — zo; *uktvā* — sprekend; *arjunaḥ* — Arjuna; *saṅkhye* — op het slagveld; *ratha* — van de strijdwagen; *upasthe* — op de zitplaats; *upāviśat* — ging weer zitten; *visṛjya* — naast zich neer leggend; *sa-śaram* — samen met de pijlen; *cāpam* — de boog; *śoka* — door droefheid; *saṁvigna* — verdrietig; *mānasaḥ* — in de geest.

Sañjaya zei: Nadat Arjuna deze woorden op het slagveld gesproken had, wierp hij zijn boog en pijlen naast zich neer en ging op de strijdwagen zitten, zijn geest overweldigd door verdriet.

COMMENTAAR: Tijdens het aanschouwen van de strijdmacht van zijn vijand had Arjuna op zijn strijdwagen gestaan, maar hij werd zo overweldigd door verdriet, dat hij weer ging zitten, waarbij hij zijn boog en pijlen aan de kant legde. Zo'n goedaardig en zachtmoedig persoon die devotionele dienst verricht voor de Heer, is gekwalificeerd om kennis over het zelf te ontvangen.

Zo eindigen de commentaren van Śrī Śrīmad A.C. Bhaktivedanta Swami Prabhupāda bij het eerste hoofdstuk van Śrīmad Bhagavad-gītā, *getiteld 'Het aanschouwen van de strijdmachten op het slagveld van Kurukṣetra'.*

2

SAMENVATTING *van de* GĪTĀ

TEKST 1 सञ्जय उवाच
तं तथा कृपयाविष्टमश्रुपूर्णाकुलेक्षणम् ।
विषीदन्तमिदं वाक्यमुवाच मधुसूदनः ॥ १ ॥

sañjaya uvāca
taṁ tathā kṛpayāviṣṭam, aśru-pūrṇākulekṣaṇam
viṣīdantam idaṁ vākyam, uvāca madhusūdanaḥ

sañjayaḥ uvāca — Sañjaya zei; *tam* — tegen Arjuna; *tathā* — zo; *kṛpayā* — door mededogen; *āviṣṭam* — overmand; *aśru-pūrṇa-ākula* — vol tranen; *īkṣaṇam* — ogen; *viṣīdantam* — treurend; *idam* — deze; *vākyam* — woorden; *uvāca* — sprak; *madhu-sūdanaḥ* — de doder van Madhu.

Sañjaya zei: Toen Hij Arjuna vol mededogen, terneergeslagen en met zijn ogen vol tranen zag zitten, sprak Madhusūdana, Kṛṣṇa, de volgende woorden.

COMMENTAAR: Materieel mededogen, verdriet en tranen zijn allemaal tekens van onwetendheid over het wezenlijke zelf. Mededogen voor de eeuwige ziel is een teken van zelfrealisatie. In dit vers is het woord 'Madhusūdana' belangrijk.

Heer Kṛṣṇa doodde de demon Madhu en nu verlangde Arjuna dat Kṛṣṇa de demon van zijn onbegrip zou doden, die hem tijdens het vervullen van zijn plicht had overvallen. Niemand weet waarvoor men mededogen moet hebben. Het is onzinnig om mededogen te hebben voor de kleren van een drenkeling. Iemand die in zee gevallen is, kan niet worden gered door eenvoudigweg zijn kleren, het grofstoffelijk lichaam, te redden. Wie dit niet weet en om de kleding treurt, wordt een *śūdra* genoemd of iemand die onnodig weeklaagt. Arjuna was een *kṣatriya* en zulk gedrag werd niet van hem verwacht. Maar Heer Kṛṣṇa kan al het geweeklaag van een onwetend persoon wegnemen en met dit doel sprak Hij de *Bhagavad-gītā*.

In dit hoofdstuk geeft de allerhoogste autoriteit, Heer Śrī Kṛṣṇa, ons door een analytische studie van het materiële lichaam en de spirituele ziel instructies over zelfrealisatie. Deze bewustwording is mogelijk voor iemand die handelt zonder gehecht te zijn aan resultaten en die gegrond is in kennis over het werkelijke zelf.

TEKST 2 श्रीभगवानुवाच
कुतस्त्वा कश्मलमिदं विषमे समुपस्थितम् ।
अनार्यजुष्टमस्वर्ग्यमकीर्तिकरमर्जुन ॥ २ ॥

śrī-bhagavān uvāca
kutas tvā kaśmalam idaṁ, viṣame samupasthitam
anārya-juṣṭam asvargyam, akīrti-karam arjuna

śrī-bhagavān uvāca—de Allerhoogste Persoonlijkheid Gods zei; *kutaḥ* — waarvandaan; *tvā* — tot jou; *kaśmalam* — onzuiverheid; *idam* — dit getreur; *viṣame* — op dit kritieke moment; *samupasthitam* — gekomen; *anārya* — mensen die de waarde van het leven niet kennen; *juṣṭam* — beoefend door; *asvargyam* — wat niet tot hogere planeten leidt; *akīrti* — schande; *karam* — de oorzaak van; *arjuna* — o Arjuna.

De Allerhoogste Persoonlijkheid Gods zei: Mijn beste Arjuna, waar komen deze onzuiverheden vandaan? Ze passen helemaal niet bij iemand die de waarde van het leven kent. Ze leiden niet tot hogere planeten, maar tot schande.

COMMENTAAR: Kṛṣṇa en de Allerhoogste Persoonlijkheid Gods zijn een en dezelfde. Heer Kṛṣṇa wordt daarom overal in de *Gītā* aangeduid met 'Bhagavān'. Bhagavān is het allerhoogste in de Absolute Waarheid. De Absolute Waarheid wordt in drie fasen van inzicht gerealiseerd: als Brahman of de onpersoonlijke, aldoordringende spirituele energie; als Paramātmā of dat aspect van de Allerhoogste dat gelokaliseerd is in het hart van alle levende wezens, en Bhagavān of de Allerhoogste Persoonlijkheid Gods, Heer Kṛṣṇa. In het *Śrīmad-Bhāgavatam* (1.2.11) wordt dit begrip van de Absolute Waarheid als volgt uitgelegd:

vadanti tat tattva-vidas, tattvaṁ yaj jñānam advayam
brahmeti paramātmeti, bhagavān iti śabdyate

'De Absolute Waarheid wordt in drie fasen van inzicht gerealiseerd door degene die de Absolute Waarheid kent, en ze zijn alle drie gelijk aan elkaar. Deze fasen van inzicht worden aangeduid met Brahman, Paramātmā en Bhagavān.'

Deze drie goddelijke aspecten kunnen worden verduidelijkt door het voorbeeld van de zon, die ook drie verschillende aspecten heeft: de zonneschijn, het zonneoppervlak en de zonneplaneet zelf. Wie alleen maar de zonneschijn bestudeert, is een student die zich nog voorbereidt. Wie het zonneoppervlak begrijpt, is verder gevorderd en wie door kan dringen tot de zonneplaneet is het verst gevorderd. Gewone studenten die al tevreden zijn met begrip van de zonneschijn — de verblindende gloed van haar onpersoonlijke natuur en hoe zij aldoordringend is in het universum — kunnen vergeleken worden met hen die zich alleen maar bewust kunnen worden van het Brahman-aspect van de Absolute Waarheid. De student die verder gevorderd is, begrijpt de zonneschijf, die vergeleken wordt met het kennen van het Paramātmā-aspect van de Absolute Waarheid. En de student die kan doordringen tot de kern van de zonneplaneet, wordt vergeleken met hen die zich de persoonlijke kenmerken van de Allerhoogste Absolute Waarheid hebben gerealiseerd. De *bhakta's* of transcendentalisten die zich het Bhagavān-aspect van de Absolute Waarheid gerealiseerd hebben, zijn daarom de allerhoogste transcendentalisten, ook al bestuderen alle studenten in de Absolute Waarheid hetzelfde onderwerp. De zonneschijn, de zonneschijf en de processen die plaatsvinden in de planeet zelf kunnen niet van elkaar gescheiden worden, maar ondanks dat bevinden de studenten van de drie verschillende fasen zich niet in dezelfde categorie.

Het sanskrietwoord *'bhagavān'* wordt uitgelegd door Parāśara Muni, de grote autoriteit en vader van Vyāsadeva. De Allerhoogste Persoonlijkheid die alle rijkdom, alle kracht, alle roem, alle schoonheid, alle kennis en alle onthechting bezit, wordt Bhagavān genoemd. Er zijn veel personen die heel rijk, heel krachtig, heel mooi, heel beroemd, heel geleerd en heel onthecht zijn, maar geen van hen kan volhouden volledig in het bezit te zijn van alle rijkdom, alle kracht enz. Alleen Kṛṣṇa kan dit beweren, omdat Hij de Allerhoogste Persoonlijkheid Gods is. Geen enkel levend wezen, inclusief Brahmā, Heer Śiva en Nārāyaṇa, kan deze volheden net zo volledig in zijn bezit hebben als Kṛṣṇa. Daarom komt heer Brahmā zelf in zijn *Brahma-saṁhitā* tot de conclusie dat Heer Kṛṣṇa de Allerhoogste Persoonlijkheid Gods is. Niemand is Zijn gelijke en niemand staat boven Hem. Hij is de oorspronkelijke Heer of Bhagavān, die bekendstaat als Govinda en die de oorzaak van alle oorzaken is:

īśvaraḥ paramaḥ kṛṣṇaḥ, sac-cid-ānanda-vigrahaḥ
anādir ādir govindaḥ, sarva-kāraṇa-kāraṇam

'Er zijn veel persoonlijkheden die de kwaliteiten van Bhagavān bezitten, maar Kṛṣṇa is de Allerhoogste, want niemand kan Hem overtreffen. Hij is de Allerhoogste Persoon en Zijn lichaam is eeuwig, vol kennis en geluk. Hij is de oorspronkelijke Heer Govinda en de oorzaak van alle oorzaken.' (*Brahma-saṁhitā* 5.1)

Ook in het *Bhāgavatam* wordt een opsomming gegeven van vele incarnaties van de Allerhoogste Persoonlijkheid Gods. Maar Kṛṣṇa wordt beschreven als de oorspronkelijke Persoonlijkheid Gods en uit Hem expanderen vele, vele incarnaties en Persoonlijkheden Gods:

ete cāṁśa-kalāḥ puṁsaḥ, kṛṣṇas tu bhagavān svayam
indrāri-vyākulaṁ lokaṁ, mṛḍayanti yuge yuge

'Alle incarnaties van God waar hier naar verwezen wordt, zijn of volkomen expansies of delen van volkomen expansies van de Allerhoogste God — maar Kṛṣṇa is de Allerhoogste Persoonlijkheid Gods Zelf.' (*Bhāg.* 1.3.28)

Kṛṣṇa is dus de oorspronkelijke Allerhoogste Persoonlijkheid Gods, de Absolute Waarheid, de oorsprong van zowel de Superziel als het onpersoonlijk Brahman.

In de aanwezigheid van de Allerhoogste Persoonlijkheid Gods is het geweeklaag van Arjuna om zijn verwanten zeker ongepast en Kṛṣṇa maakte Zijn verbazing daarom kenbaar met het woord *'kutaḥ'*, 'vanwaar'. Van een persoon die tot de beschaafde klasse van mensen, de Ārya's, behoort, werden zulke onzuiverheden nooit verwacht. Het woord *'ārya'* heeft betrekking op personen die de waarde van het leven kennen en die een samenleving hebben die gebaseerd is op spirituele bewustwording. Personen die zich laten leiden door een materialistische levensopvatting weten niet dat zich bewustworden van de Absolute Waarheid, Viṣṇu of Bhagavān het doel van het leven is; ze zijn te gefascineerd door de externe eigenschappen van de materiële natuur en weten daarom niet wat bevrijding is. Personen die geen kennis hebben over bevrijding van materiële gebondenheid worden niet-Ārya's genoemd. Hoewel Arjuna een *kṣatriya* was, week hij, door de strijd te weigeren, af van zijn voorgeschreven plichten. Deze daad van lafheid wordt beschreven als passend bij niet-Ārya's. Zulke plichtsverzaking zal niemand helpen om vooruitgang te maken in het spirituele leven; het is evenmin mogelijk om op die manier beroemd te worden in deze wereld. Heer Kṛṣṇa keurde het zogenaamde mededogen dat Arjuna voor zijn familie had daarom ook af.

TEKST 3

क्लैब्यं मा स्म गमः पार्थ नैतत्त्वय्युपपद्यते ।
क्षुद्रं हृदयदौर्बल्यं त्यक्त्वोत्तिष्ठ परन्तप ॥ ३ ॥

klaibyaṁ mā sma gamaḥ pārtha, naitat tvayy upapadyate
kṣudraṁ hṛdaya-daurbalyaṁ, tyaktvottiṣṭha parantapa

klaibyam — zwakheid; *mā sma* — doe niet; *gamaḥ* — toegeven; *pārtha* — o zoon van Pṛthā; *na* — nooit; *etat* — dit; *tvayi* — bij jou; *upapadyate* — is passend; *kṣudram* — kleingeestig; *hṛdaya* — van het hart; *daurbalyam* — zwakheid; *tyaktvā* — opgevend; *uttiṣṭha* — sta op; *param-tapa* — o bedwinger van de vijand.

O zoon van Pṛthā, geef niet toe aan deze onterende zwakheid. Ze past je niet. Zet deze kleingeestige lafhartigheid van je af en sta op, o bedwinger van de vijand.

COMMENTAAR: Arjuna werd aangesproken als de zoon van Pṛthā. Pṛthā was de zus van Kṛṣṇa's vader, Vasudeva, en Arjuna was dus een bloedverwant van Kṛṣṇa. Wanneer de zoon van een *kṣatriya* weigert te vechten, dan is hij alleen in naam een *kṣatriya*, en wanneer de zoon van een *brāhmaṇa* zondig handelt, dan is hij alleen in naam een *brāhmaṇa*. Zulke *kṣatriya's* en *brāhmaṇa's* zijn onwaardige zonen van hun vaders en Kṛṣṇa wilde niet dat Arjuna een onwaardige zoon van een *kṣatriya* zou worden. Arjuna was de innigste vriend van Kṛṣṇa en Kṛṣṇa gaf hem op de strijdwagen rechtstreeks leiding. Zou Arjuna ondanks al deze voordelen toch van de strijd afzien, dan zou hij daarmee een roemloze daad begaan. Kṛṣṇa zei daarom dat zo'n houding niet bij Arjuna's persoonlijkheid paste. Arjuna zou het tegenargument kunnen geven dat hij uit edelmoedigheid tegenover de zeer eerbiedwaardige Bhīṣma en zijn familieleden van de strijd afzag, maar Kṛṣṇa beschouwde een dergelijke edelmoedigheid enkel als lafhartigheid. Zulke valse edelmoedigheid werd door geen enkele autoriteit goedgekeurd. Personen als Arjuna, die onder de rechtstreekse leiding van Kṛṣṇa staan, moeten zulke edelmoedigheid of zogenaamde geweldloosheid laten varen.

TEKST 4

अर्जुन उवाच
कथं भीष्ममहं संख्ये द्रोणं च मधुसूदन ।
इषुभिः प्रतियोत्स्यामि पूजार्हावरिसूदन ॥ ४ ॥

arjuna uvāca
kathaṁ bhīṣmam ahaṁ saṅkhye, droṇaṁ ca madhusūdana
iṣubhiḥ pratiyotsyāmi, pūjārhāv ari-sūdana

arjunaḥ uvāca — Arjuna zei; *katham* — hoe; *bhīṣmam* — Bhīṣma; *aham* — ik; *saṅkhye* — in de strijd; *droṇam* — Droṇa; *ca* — en; *madhu-sūdana* — o doder van Madhu; *iṣubhiḥ* — met pijlen; *pratiyotsyāmi* — zal in de tegenaanval gaan; *pūjā-arhau* — zij die vereerbaar zijn; *ari-sūdana* — o doder van de vijand.

Arjuna zei: O doder van de vijand, o doder van Madhu, hoe zou ik in de strijd de aanval kunnen beantwoorden door pijlen af te schieten op mannen als Bhīṣma en Droṇa, aan wie ik de hoogste eerbied verschuldigd ben?

COMMENTAAR: Voorname meerderen als Grootvader Bhīṣma en Droṇācārya, de leraar, zijn altijd vererenswaardig. Zelfs al gaan ze over tot de aanval, dan moet hun aanval nooit beantwoord worden met een tegenaanval. Het is een kwestie van etiquette dat meerderen nooit mogen worden tegengesproken. Zelfs al is hun gedrag soms ruw, dan nog moeten ze niet ruw behandeld worden. Hoe zou Arjuna hun aanval dus kunnen beantwoorden? Zou Kṛṣṇa ooit Zijn eigen grootvader Ugrasena of Zijn leraar Sāndīpani Muni aanvallen? Dit waren enkele van de argumenten die Arjuna Kṛṣṇa voorlegde.

TEKST 5 गुरूनहत्वा हि महानुभावान् श्रेयो भोक्तुं भैक्ष्यमपीह लोके ।
हत्वार्थकामांस्तु गुरूनिहैव भुञ्जीय भोगान्रुधिरप्रदिग्धान् ॥ ५ ॥

gurūn ahatvā hi mahānubhāvān
śreyo bhoktuṁ bhaikṣyam apīha loke
hatvārtha-kāmāṁs tu gurūn ihaiva
bhuñjīya bhogān rudhira-pradigdhān

gurūn — de meerderen; *ahatvā* — niet dodend; *hi* — beslist; *mahā-anu-bhāvān* — grote zielen; *śreyaḥ* — het is beter; *bhoktum* — genieten van het leven; *bhaikṣyam* — door te bedelen; *api* — zelfs; *iha* — in dit leven; *loke* — in deze wereld; *hatvā* — dodend; *artha* — winst; *kāmān* — verlangend; *tu* — maar; *gurūn* — meerderen; *iha* — in deze wereld; *eva* — zeker; *bhuñjīya* — iemand moet genieten; *bhogān* — genietbare dingen; *rudhira* — bloed; *pradigdhān* — bevlekt met.

Het is beter om in deze wereld als bedelaar te leven, dan om te leven ten koste van de levens van grote zielen die mijn leraren zijn. Ook al verlangen ze naar materieel gewin, toch blijven ze mijn meerderen. Wanneer zij gedood worden, zal alles waarvan we genieten, besmeurd zijn met bloed.

COMMENTAAR: Volgens de regels van de heilige teksten moet een leraar die een verfoeilijke daad begaat en zijn onderscheidingsvermogen heeft verloren, verworpen worden. Bhīṣma en Droṇa waren gedwongen om de kant van Duryodhana te kiezen vanwege zijn financiële steun, maar ze hadden een dergelijke positie niet alleen maar uit financiële overwegingen mogen innemen. Onder zulke omstandigheden hebben ze daarom hun aanzien als leraar verloren. Toch denkt Arjuna dat ze zijn meerderen blijven, en genieten van de materiële winst nadat hij hen gedood heeft, zou daarom gelijkstaan met het genieten van een oorlogsbuit waaraan bloed kleeft.

TEKST 6 न चैतद्विद्मः कतरन्नो गरीयो यद्वा जयेम यदि वा नो जयेयुः ।
यानेव हत्वा न जिजीविषाम- स्तेऽवस्थिताः प्रमुखे धार्तराष्ट्राः ॥ ६ ॥

na caitad vidmaḥ kataran no garīyo
yad vā jayema yadi vā no jayeyuḥ
yān eva hatvā na jijīviṣāmas
te 'vasthitāḥ pramukhe dhārtarāṣṭrāḥ

na — evenmin; *ca* — en; *etat* — dit; *vidmaḥ* — weten we; *katarat* — welke; *naḥ* — voor ons; *garīyaḥ* — beter; *yat vā* — ofwel; *jayema* — wij zouden kunnen verslaan; *yadi* — als; *vā* — of; *naḥ* — ons; *jayeyuḥ* — zij verslaan; *yān* — zij die; *eva* — zeker; *hatvā* — door te doden; *na* — nooit; *jijīviṣāmaḥ* — we zouden willen leven; *te* — zij allemaal; *avasthitāḥ* — staan opgesteld; *pramukhe* — tegenover ons; *dhārtarāṣṭrāḥ* — de zonen van Dhṛtarāṣṭra.

Ook weten we niet wat beter is: hen verslaan of door hen verslagen te worden. Wanneer we de zonen van Dhṛtarāṣṭra doden, is ons leven niets meer waard. Maar ondertussen staan ze tegenover ons op het slagveld.

COMMENTAAR: Arjuna wist niet of hij nu moest vechten en daarbij onnodig geweld riskeren (ook al is vechten de plicht van de *kṣatriya's*) of dat hij daarvan moest afzien om een leven als bedelaar te leiden. Als hij zijn vijand niet zou verslaan, dan zou bedelen de enige manier zijn om te overleven. Bovendien was het helemaal niet zeker dat hij zou winnen, want beide partijen zouden als overwinnaar uit de strijd kunnen komen. Zelfs al zouden ze zegevieren (en ze vochten voor een rechtvaardige zaak), dan nog zou het heel moeilijk voor hen zijn om in de afwezigheid van de zonen van Dhṛtarāṣṭra te leven als deze in de strijd zouden sneuvelen. Zo'n overwinning zou voor hen eigenlijk een soort nederlaag zijn. Al deze overwegingen van Arjuna bewezen niet alleen dat hij een groot toegewijde van de Heer was, maar ook dat hij zeer verlicht was en dat hij zijn geest en zintuigen volledig onder controle had. Zijn verlangen om te gaan bedelen, hoewel hij van koninklijke afkomst was, is een ander teken van onthechting. Hij was werkelijk deugdzaam en dit blijkt uit al deze kwaliteiten in combinatie met zijn vertrouwen in de verhelderende woorden van Śrī Kṛṣṇa (zijn spiritueel leraar). Op grond hiervan kunnen we concluderen dat Arjuna zeker gekwalificeerd was voor bevrijding. Tenzij men zijn zintuigen beheerst, kan men zich niet tot het niveau van kennis verheffen, en zonder kennis en devotie is het onmogelijk bevrijd te worden. Arjuna had al deze eigenschappen en bovendien had hij aanzienlijke materiële kwalificaties.

TEKST 7 कार्पण्यदोषोपहतस्वभावः पृच्छामि त्वां धर्मसम्मूढचेताः ।
यच्छ्रेयः स्यान्निश्चितं ब्रूहि तन्मे शिष्यस्तेऽहं शाधि मां त्वां प्रपन्नम् ॥ ७ ॥

kārpaṇya-doṣopahata-svabhāvaḥ
pṛcchāmi tvāṁ dharma-sammūḍha-cetāḥ
yac chreyaḥ syān niścitaṁ brūhi tan me
śiṣyas te 'haṁ śādhi māṁ tvāṁ prapannam

kārpaṇya — van vrekkigheid; *doṣa* — door de zwakheid; *upahata* — gekweld worden; *sva-bhāvaḥ* — kenmerken; *pṛcchāmi* — ik vraag; *tvām* — aan Jou; *dharma* — religie; *sammūḍha* — verward; *cetāḥ* — in het hart; *yat* — wat; *śreyaḥ* — het beste; *syāt* — kan zijn; *niścitam* — vertrouwelijk; *brūhi* — vertel; *tat* — dat; *me* — aan mij; *śiṣyaḥ* — discipel; *te* — Jouw; *aham* — ik ben; *śādhi* — onderricht; *mām* — mij; *tvām* — aan Jou; *prapannam* — overgegeven.

Ik weet niet meer wat mijn plicht is en ben door een vrekkige zwakheid mijn evenwicht kwijt. In deze toestand vraag ik Je me met zekerheid te

vertellen wat het beste voor me is. Ik ben nu Je leerling en geef me volkomen aan Je over. Alsjeblieft, onderricht me.

COMMENTAAR: Het hele systeem van materiële activiteiten is voor iedereen een bron van verwarring; zo werkt de natuur. Bij elke stap raken we verward en daarom moeten we een bonafide spiritueel leraar benaderen die de juiste begeleiding kan geven om het doel van het leven te volbrengen. De hele Vedische literatuur raadt ons aan een bonafide spiritueel leraar te benaderen om vrij te raken van de complicaties van het leven, die ons overkomen zonder dat we dat willen. Het is als een bosbrand die om de een of andere reden woedt zonder door iemand aangestoken te zijn. Op dezelfde manier bevindt de wereld zich in een situatie waarin de problemen van het leven vanzelf verschijnen zonder dat we deze verwarring willen. Niemand wil brand, maar toch is het er en we staan perplex. De Vedische wijsheid raadt ons daarom aan dat, als we een oplossing willen voor de moeilijkheden van het leven en we de wetenschap van de oplossing willen begrijpen, we een bonafide spiritueel leraar moeten benaderen, die verbonden is met de opeenvolging van discipelen. Wie een spiritueel leraar heeft, wordt verondersteld alles te weten. Men moet daarom niet in deze materiële verbijstering blijven, maar men moet een spiritueel leraar benaderen. Dat is de betekenis van dit vers.

Wie is degene die omgeven wordt door materiële verwikkelingen? Het is degene die de problemen van het leven niet begrijpt. In de *Bṛhad-āraṇyaka Upaniṣad* (3.8.10) wordt een verward persoon als volgt beschreven: *yo vā etad akṣaraṁ gārgy aviditvāsmāl̐ lokāt praiti sa kṛpaṇaḥ.* 'Degene die niet als een mens een oplossing zoekt voor de problemen van het leven en die zo net als katten en honden de wereld verlaat, zonder dat hij de wetenschap van zelfrealisatie begrepen heeft, is een vrekkig persoon.' Deze menselijke levensvorm is een zeer waardevol bezit voor het levend wezen, dat hem kan gebruiken om de problemen van het leven mee op te lossen; wie deze mogelijkheid niet aangrijpt, is daarom een vrek. In tegenstelling tot de vrek is er ook de *brāhmaṇa* of degene die intelligent genoeg is dit lichaam te gebruiken om alle problemen op te lossen. *Ya etad akṣaraṁ gārgi viditvāsmāl̐ lokāt praiti sa brāhmaṇaḥ.*

De *kṛpaṇa's*, de vrekkige personen, verspillen hun tijd in de lichamelijke levensopvatting door hun sterke vereenzelviging met familie, samenleving, land enz. Op basis van externe, lichamelijke aantrekking is men vaak gehecht aan het familieleven, dat wil zeggen: vrouw, kinderen en andere familieleden. De *kṛpaṇa* denkt dat hij in staat is om zijn familieleden tegen de dood te beschermen of hij denkt dat zijn familie of samenleving hem van de afgrond van de dood kan redden. Zulke gehechtheid aan familie is ook aanwezig in de lagere diersoorten, die ook voor hun kinderen zorgen. Intelligent als hij was, begreep Arjuna dat zijn genegenheid voor zijn familieleden en zijn verlangen om hen tegen de dood te beschermen de oorzaken waren van zijn verwarring. Hoewel hij begreep dat zijn plicht om te vechten op hem wachtte, kon hij, door zijn vrekkige zwakheid, toch zijn plichten niet vervullen. Daarom vraagt hij Heer Kṛṣṇa, de allerhoogste spiritueel leraar, om hem de uiteindelijke oplossing te geven. Hij geeft zich over aan Kṛṣṇa als een discipel. Hij wil geen vriendelijke gesprekken meer. De gesprekken tussen meester en discipel zijn ernstig en Arjuna wil nu zeer ernstig spreken met de persoon die hij als zijn spiritueel leraar erkent. Kṛṣṇa is daarom de oorspronkelijke spiritueel leraar van de wetenschap van de *Bhagavad-gītā* en Arjuna is de eerste discipel die de *Gītā* leert begrijpen.

De manier waarop Arjuna de *Bhagavad-gītā* leert begrijpen, wordt in de *Gītā* zelf beschreven. Toch zeggen dwaze, wereldse geleerden dat men zich niet aan de persoon Kṛṣṇa hoeft over te geven, maar aan 'het ongeborene in Kṛṣṇa'. Er bestaat geen verschil tussen het in- en uitwendige van Kṛṣṇa; wie dit niet begrijpt, maar toch de *Bhagavad-gītā* probeert te begrijpen, is een grote dwaas.

TEKST 8

न हि प्रपश्यामि ममापनुद्याद् यच्छोकमुच्छोषणमिन्द्रियाणाम् ।
अवाप्य भूमावसपत्नमृद्धं राज्यं सुराणामपि चाधिपत्यम् ॥ ८ ॥

na hi prapaśyāmi mamāpanudyād
yac chokam ucchoṣaṇam indriyāṇām
avāpya bhūmāv asapatnam ṛddhaṁ
rājyaṁ surāṇām api cādhipatyam

na — niet; *hi* — zeker; *prapaśyāmi* — ik zie; *mama* — mijn; *apanudyāt* — kan verdrijven; *yat* — dat wat; *śokam* — verdriet; *ucchoṣaṇam* — opdrogend; *indriyāṇām* — van de zintuigen; *avāpya* — verkrijgend; *bhūmau* — op aarde; *asapatnam* — zonder rivaal; *ṛddham* — welvarend; *rājyam* — koninkrijk; *surāṇām* — van de halfgoden; *api* — zelfs; *ca* — ook; *ādhipatyam* — heerschappij.

Ik weet niet hoe ik dit verdriet, dat mijn zintuigen alle kracht ontneemt, kan verdrijven. Ik zal het niet kunnen verdrijven, zelfs al verwerf ik een welvarend en onbetwist koninkrijk op aarde met macht als de halfgoden in de hemel.

COMMENTAAR: Ook al droeg Arjuna zoveel argumenten aan die gebaseerd waren op kennis van religieuze principes en morele voorschriften, toch bleek dat hij niet in staat was om zijn werkelijke probleem op te lossen zonder de hulp van de spiritueel leraar, Heer Śrī Kṛṣṇa. Arjuna begreep dat zijn zogenaamde kennis nutteloos was om de problemen, die zijn hele bestaan uitholden, te verdrijven; hij kon zulke verbijsteringen niet oplossen zonder de hulp van een spiritueel leraar als Heer Kṛṣṇa. Academische kennis, geleerdheid, hoge posities enz. zijn allemaal nutteloos als het gaat om het oplossen van de problemen van het leven; hulp kan alleen komen van een spiritueel leraar als Kṛṣṇa. De conclusie is daarom dat een spiritueel leraar die honderd procent Kṛṣṇa-bewust is, een bonafide spiritueel leraar is, omdat hij de problemen van het leven kan oplossen. Heer Caitanya zei dat degene die geleerd is in de wetenschap van het Kṛṣṇa-bewustzijn, ongeacht zijn sociale positie, een echte spiritueel leraar is.

kibā vipra, kibā nyāsī, śūdra kene naya
yei kṛṣṇa-tattva-vettā, sei 'guru' haya

'Het maakt niet uit of men een *vipra* is [een geleerde in de Vedische wijsheid] of geboren is in een lagere familie of zich in de onthechte levensorde bevindt; als men een meester is in de wetenschap van Kṛṣṇa, dan is men de volmaakte en bonafide spiritueel leraar.' (*Caitanya-caritāmṛta, Madhya* 8.128) Wie geen meester is in de wetenschap van het Kṛṣṇa-bewustzijn, is dus geen bonafide spiritueel leraar. In de Vedische literatuur wordt gezegd:

ṣaṭ-karma-nipuṇo vipro, mantra-tantra-viśāradaḥ
avaiṣṇavo gurur na syād, vaiṣṇavaḥ śva-paco guruḥ

'Een geleerde *brāhmaṇa* die expert is in alle onderwerpen van de Vedische kennis, is niet geschikt om spiritueel leraar te worden als hij geen *vaiṣṇava* is of een expert in de wetenschap van Kṛṣṇa-bewustzijn. Maar een persoon die in een familie van een lagere kaste geboren is, kan een spiritueel leraar worden als hij een *vaiṣṇava* of Kṛṣṇa-bewust is.' (*Padma Purāṇa*)

De problemen van het leven — geboorte, ouderdom, ziekte en dood — kunnen niet worden tegengegaan door veel rijkdom te vergaren of door economische ontwikkeling. Over de hele wereld zijn er landen die goed voorzien zijn van alle benodigdheden van het leven, die heel rijk en economisch ontwikkeld zijn, maar de problemen van het materiële bestaan zijn er nog steeds aanwezig. Ze zoeken op verschillende manieren naar vrede, maar kunnen alleen werkelijke vrede bereiken wanneer ze Kṛṣṇa of de *Bhagavad-gītā* en het *Śrīmad-Bhāgavatam* — die de wetenschap van Kṛṣṇa vormen — raadplegen via de bonafide vertegenwoordiger van Kṛṣṇa, degene die Kṛṣṇa-bewust is.

Als economische ontwikkeling en materieel comfort iemands verdriet om familie en sociale, nationale en internationale benevelingen zouden kunnen verdrijven, dan zou Arjuna niet gezegd hebben dat zelfs het bezit van een onbetwist koninkrijk op aarde of van de oppermacht van de halfgoden op de hemelse planeten, zijn verdriet niet zou kunnen verdrijven. Hij zocht zijn toevlucht daarom bij het Kṛṣṇa-bewustzijn, dat het juiste pad naar vrede en harmonie is. Aan economische ontwikkeling en oppermacht in de wereld kan op elk moment een einde komen door de catastrofes van de materiële natuur. Zelfs aan verheffing naar een positie op hogere planeten, zoals de mens die tegenwoordig op de maan zoekt, kan in één klap een einde worden gemaakt. De *Bhagavad-gītā* bevestigt dit: *kṣīṇe puṇye martya-lokaṁ viśanti.* 'Wanneer de resultaten van vrome activiteiten uitgeput zijn, valt men opnieuw van het toppunt van geluk naar de laagste positie in het leven.' Veel politici in de wereld zijn op die manier ten val gekomen. Zulke ondergangen zijn alleen maar meer oorzaken van verdriet.

Als we dus voorgoed alle verdriet achter ons willen laten, moeten we, net als Arjuna, onze toevlucht bij Kṛṣṇa zoeken. Arjuna vroeg Kṛṣṇa om zijn probleem voorgoed op te lossen — dat is het pad van Kṛṣṇa-bewustzijn.

TEKST 9

सञ्जय उवाच
एवमुक्त्वा हृषीकेशं गुडाकेशः परन्तपः ।
न योत्स्य इति गोविन्दमुक्त्वा तूष्णीं बभूव ह ॥ ९ ॥

sañjaya uvāca
evam uktvā hṛṣīkeśaṁ, guḍākeśaḥ parantapaḥ
na yotsya iti govindam, uktvā tūṣṇīṁ babhūva ha

sañjayaḥ uvāca — Sañjaya zei; *evam* — aldus; *uktvā* — sprekend; *hṛṣīkeśam* — tegen Kṛṣṇa, de meester van de zintuigen; *guḍākeśaḥ* — Arjuna, meester in het bedwingen van onwetendheid; *parantapaḥ* — de bestraffer van de vijand; *na yotsye* — ik zal niet vechten; *iti* — zo; *govindam* — tegen Kṛṣṇa, Hij die plezier geeft aan de zintuigen; *uktvā* — sprekend; *tūṣṇīm* — stil; *babhūva* — werd; *ha* — zeker.

Sañjaya zei: Nadat hij deze woorden gesproken had, zei Arjuna, de bedwinger van de vijand, tot Kṛṣṇa: 'Govinda, ik zal niet strijden', en zweeg.

COMMENTAAR: Dhṛtarāṣṭra moet heel verheugd zijn geweest toen hij hoorde dat Arjuna niet zou vechten, maar in plaats daarvan het slagveld ging verlaten om bedelaar te worden. Maar Sañjaya stelde Dhṛtarāṣṭra opnieuw teleur door hem te vertellen dat Arjuna bedreven was in het doden van zijn vijanden (*parantapaḥ*). Hoewel Arjuna voorlopig overmand was door een denkbeeldig leed als gevolg van zijn genegenheid voor zijn familie, gaf hij zich over aan Kṛṣṇa, de allerhoogste spiritueel leraar, als Zijn discipel. Dit geeft aan dat hij spoedig bevrijd zou raken van zijn denkbeeldige verdriet als gevolg van genegenheid voor zijn familie, dat hij verlicht zou worden met volmaakte kennis over zelfrealisatie of Kṛṣṇa-bewustzijn en dat hij daarna zeker zou vechten. Dhṛtarāṣṭra's vreugde zou dus worden bedorven, omdat Kṛṣṇa Arjuna zou verlichten, waarna die tot het einde toe zou doorvechten.

TEKST 10

तमुवाच हृषीकेशः प्रहसन्निव भारत
सेनयोरुभयोर्मध्ये विषीदन्तमिदं वचः ॥ १० ॥

tam uvāca hṛṣīkeśaḥ, prahasann iva bhārata
senayor ubhayor madhye, viṣīdantam idaṁ vacaḥ

tam — tegen hem; *uvāca* — zei; *hṛṣīkeśaḥ* — de meester van de zintuigen, Kṛṣṇa; *prahasan* — glimlachend; *iva* — zo; *bhārata* — o Dhṛtarāṣṭra, afstammeling van Bharata; *senayoḥ* — van de legers; *ubhayoḥ* — van beide partijen; *madhye* — tussen; *viṣīdantam* — tegen de treurende; *idam* — de volgende; *vacaḥ* — woorden.

Op dat moment, o afstammeling van Bharata, sprak Kṛṣṇa te midden van beide legers glimlachend de volgende woorden tot Arjuna, die door verdriet was overmand.

COMMENTAAR: Het gesprek vond plaats tussen twee innige vrienden, namelijk de Hṛṣīkeśa en de Guḍākeśa. Als vrienden bevonden ze zich op gelijk niveau, maar een van hen werd vrijwillig de leerling van de ander. Kṛṣṇa glimlachte omdat een vriend besloten had een discipel te worden. Als de Heer van alles, bevindt Hij zich altijd in een hogere positie als meester van iedereen. Toch stemt de Heer ermee in om een vriend, een zoon of een geliefde te worden van de toegewijde die een relatie met Hem wil in een dergelijke rol. Maar toen Hij als leraar werd aanvaard, nam Hij onmiddellijk die rol aan en sprak dan ook als leraar tot Zijn discipel — in alle ernst, zoals vereist is.

Het gesprek tussen de meester en de discipel werd blijkbaar in de aanwezigheid van de twee legers en in alle openheid gevoerd, zodat iedereen er zijn voordeel mee kon doen. De gesprekken in de *Bhagavad-gītā* zijn dus niet voor een bepaalde persoon, samenleving of gemeenschap bedoeld, maar zijn er voor iedereen; vriend en vijand hebben evenveel recht ze te horen.

TEKST 11

श्रीभगवानुवाच
अशोच्यानन्वशोचस्त्वं प्रज्ञावादांश्च भाषसे ।
गतासूनगतासूंश्च नानुशोचन्ति पण्डिताः ॥ ११ ॥

śrī-bhagavān uvāca
aśocyān anvaśocas tvaṁ, prajñā-vādāṁś ca bhāṣase
gatāsūn agatāsūṁś ca, nānuśocanti paṇḍitāḥ

śrī-bhagavān uvāca — de Allerhoogste Persoonlijkheid Gods zei; *aśocyān* — het treuren niet waard; *anvaśocaḥ* — je bent aan het treuren; *tvam* — jij; *prajñā-vādān* — geleerde woorden; *ca* — en; *bhāṣase* — spreekt; *gata* — verloren; *asūn* — leven; *agata* — niet voorbij; *asūn* — leven; *ca* — ook; *na* — nooit; *anuśocanti* — treuren; *paṇḍitāḥ* — de geleerden.

De Allerhoogste Persoonlijkheid Gods zei: Hoewel je geleerde woorden spreekt, treur je om iets wat het treuren niet waard is. Zij die wijs zijn, treuren noch om de levenden noch om de doden.

COMMENTAAR: De Heer nam onmiddellijk de positie in van leraar en berispte Zijn leerling door hem indirect een dwaas te noemen. De Heer zei: 'Je spreekt als een geleerd man, maar je weet niet dat een geleerd persoon — iemand die onderscheid weet te maken tussen het lichaam en de ziel — niet om het lichaam treurt, in welk stadium het zich ook bevindt en of het nu levend is of dood.' In latere hoofdstukken zal worden uitgelegd dat kennis het kennen van zowel de materie als de ziel betekent en ook van de bestuurder van beide. Arjuna's redenatie was dat religieuze principes belangrijker waren dan politieke of sociale overwegingen, maar hij wist niet dat kennis over de materie, de ziel en de Allerhoogste zelfs belangrijker is dan religieuze rituelen. Omdat hij deze kennis miste, had hij zich niet als een zeer geleerd man moeten voordoen. En omdat hij blijkbaar niet een zeer geleerd man was, treurde hij om iets wat het betreuren niet waard was. Het lichaam wordt geboren en is gedoemd om vroeg of laat ten onder te gaan; het lichaam is daarom niet net zo belangrijk als de ziel. Wie dit weet, is werkelijk geleerd en voor hem bestaat er geen reden tot treuren, ongeacht de toestand waarin het lichaam zich bevindt.

TEKST 12 न त्वेवाहं जातु नासं न त्वं नेमे जनाधिपाः ।
न चैव न भविष्यामः सर्वे वयमतः परम् ॥ १२ ॥

na tv evāhaṁ jātu nāsaṁ, na tvaṁ neme janādhipāḥ
na caiva na bhaviṣyāmaḥ, sarve vayam ataḥ param

na — nooit; *tu* — maar; *eva* — zeker; *aham* — ik; *jātu* — op welk tijdstip dan ook; *na* — niet; *āsam* — bestond; *na* — niet; *tvam* — jij; *na* — niet; *ime* — al deze; *jana-adhipāḥ* — koningen; *na* — nooit; *ca* — en; *eva* — zeker; *na* — niet; *bhaviṣyāmaḥ* — zullen bestaan; *sarve vayam* — wij allemaal; *ataḥ param* — hierna.

Nooit was er een tijd dat Ik niet bestond, noch jij noch al deze koningen; noch zal ook maar een van ons in de toekomst ophouden te bestaan.

COMMENTAAR: De Veda's — zowel de *Kaṭha Upaniṣad* als de *Śvetāśvatara Upaniṣad* — zeggen dat de Allerhoogste Persoonlijkheid Gods de instandhouder is van ontelbare levende wezens wat betreft hun verschillende situaties op grond van hun individuele activiteiten en de gevolgen daarvan. In de vorm van Zijn volkomen expansies leeft die Allerhoogste Persoonlijkheid Gods ook in het hart van ieder levend wezen. Alleen heilige personen die dezelfde Allerhoogste Heer zowel intern als extern kunnen zien, kunnen werkelijk volkomen en eeuwige vrede verwerven.

nityo nityānāṁ cetanaś cetanānām, eko bahūnāṁ yo vidadhāti kāmān
tam ātma-sthaṁ ye 'nupaśyanti dhīrās, teṣāṁ śāntiḥ śāśvatī netareṣām

(*Kaṭha Upaniṣad* 2.2.13)

Dezelfde Vedische waarheid die Arjuna ontving, is er voor alle personen in de wereld die zich als zeer geleerd voordoen, maar die eigenlijk maar armzalige kennis bezitten. De Heer zegt duidelijk dat Hijzelf, Arjuna en alle koningen die op het slagveld bijeengekomen zijn, allemaal eeuwig individuele wezens zijn en dat de Heer eeuwig de instandhouder is van de individuele levende wezens, zowel in hun geconditioneerde als in hun bevrijde toestand. De Allerhoogste Persoonlijkheid Gods is de allerhoogste individuele persoon en Arjuna, de eeuwige metgezel van de Heer, en alle verzamelde koningen zijn eeuwig individuele personen. Het is niet zo dat ze in het verleden geen individuen waren en dat ze niet eeuwig personen zullen blijven. Hun individualiteit bestond in het verleden en in de toekomst zal deze zonder onderbreking blijven bestaan. Daarom heeft niemand reden tot klagen.

Dit vers van Heer Kṛṣṇa, de allerhoogste autoriteit, ondersteunt niet de theorie van de *māyāvādī's* dat de individuele ziel, afgescheiden door de bedekking van *māyā* (illusie), na haar bevrijding met het onpersoonlijk Brahman zal samensmelten en haar individuele bestaan zal verliezen. En de theorie dat we alleen in een geconditioneerde toestand in termen van individualiteit denken, wordt hier evenmin ondersteund. Kṛṣṇa zegt hier duidelijk, en de *upaniṣads* bevestigen het, dat de individualiteit van de Heer en die van anderen ook in de toekomst eeuwig voortduurt. Deze uitspraak van Kṛṣṇa is gezaghebbend, omdat Kṛṣṇa niet onderhevig kan zijn aan illusie. Als individualiteit geen feit zou zijn, dan zou Kṛṣṇa er — zelfs voor de toekomst — niet zo de nadruk op hebben gelegd. De *māyāvādī* zou nu kunnen tegenwerpen dat de individualiteit waarover Kṛṣṇa spreekt niet spiritueel maar materieel is. Maar zelfs al aanvaarden we het argument dat individualiteit materieel is, hoe kan de individualiteit van Kṛṣṇa dan onderscheiden worden? Kṛṣṇa bevestigt dat Hij zowel in het verleden als in de toekomst een individu is. Hij heeft Zijn individualiteit op zo veel manieren bevestigd en van het onpersoonlijk Brahman werd gezegd dat het ondergeschikt is aan Hem. Kṛṣṇa heeft voortdurend volgehouden dat er spirituele individualiteit is; wanneer Hij als een gewone geconditioneerde ziel met een individueel bewustzijn gezien wordt, dan heeft Zijn *Bhagavad-gītā* als gezaghebbend geschrift geen waarde. Een gewoon mens met de vier gebreken van menselijke zwakheid kan onmogelijk iets onderwijzen dat het aanhoren waard is. De *Gītā* staat boven zulke literatuur. Geen enkel werelds boek kan zich met de *Bhagavad-gītā* meten. Wanneer men Kṛṣṇa als een gewoon mens beschouwt, verliest de *Gītā* al haar belang.

De *māyāvādī* voert als argument aan dat de meervoudigheid waarover dit vers spreekt, conventioneel is en betrekking heeft op het lichaam. Maar voorafgaand aan dit vers is deze lichamelijke levensopvatting al verworpen. Als Kṛṣṇa de lichamelijke levensopvatting eerder al verworpen heeft, hoe kan Hij dan later weer een conventionele uitspraak over het lichaam doen? Individualiteit blijft dus behouden op spirituele basis en grote *ācārya's* zoals Śrī Rāmānujācārya en anderen bevestigen dit. Op veel plaatsen in de *Gītā* wordt gesteld dat deze spirituele individualiteit begrepen wordt door toegewijden van de Heer. Zij die afgunstig zijn op Kṛṣṇa omdat Hij de Allerhoogste Persoonlijkheid Gods is, kunnen niet werkelijk doordringen tot dit grootse boek.

De manier waarop de niet-toegewijde de filosofie van de *Gītā* benadert, valt te vergelijken met een bij die aan een honingpot likt. Niemand kan van de honing proeven als hij niet eerst de pot openmaakt. Op dezelfde manier kan de mystiek van de *Bhagavad-gītā* alleen door toegewijden begrepen worden en niemand anders kan haar proeven, zoals in het vierde hoofdstuk van dit boek gezegd wordt. De *Gītā* is evenmin toegankelijk voor personen die vijandig staan tegenover het bestaan van de Heer zelf. De commentaar die de *māyāvādī* op de *Gītā* geeft, is daarom een misleidende weergave van de volledige waarheid. Heer Caitanya heeft ons verboden de commentaren van *māyāvādī's* te lezen en waarschuwt dat wie deze *māyāvādī*-filosofie aanvaardt, al zijn vermogen om de ware essentie van de *Gītā* te begrijpen, zal verliezen. Als individualiteit betrekking heeft op het empirisch universum, dan is het onderricht van de Heer overbodig. De pluraliteit van de individuele ziel en de Heer is een eeuwig feit en de Veda's bevestigen dit zoals hierboven werd beschreven.

TEKST 13 देहिनोऽस्मिन्यथा देहे कौमारं यौवनं जरा ।
तथा देहान्तरप्राप्तिर्धीरस्तत्र न मुह्यति ॥ १३ ॥

dehino 'smin yathā dehe, kaumāraṁ yauvanaṁ jarā
tathā dehāntara-prāptir, dhīras tatra na muhyati

dehinaḥ — van de belichaamde; *asmin* — in dit; *yathā* — zoals; *dehe* — in het lichaam; *kaumāram* — kinderjaren; *yauvanam* — jeugd; *jarā* — ouderdom; *tathā* — op dezelfde manier; *deha-antara* — lichaamsverwisseling; *prāptiḥ* — het bereiken van; *dhīraḥ* — iemand die wijs is; *tatra* — daarover; *na* — nooit; *muhyati* — is verward.

Zoals de belichaamde ziel in dit lichaam voortdurend overgaat van kinderjaren naar jeugd en van jeugd naar ouderdom, zo gaat ze op het moment van de dood over naar een ander lichaam. Een wijs persoon raakt door zo'n verandering niet verward.

COMMENTAAR: Omdat ieder levend wezen een individuele ziel is, veranderen ze allemaal voortdurend van lichaam, waardoor ze soms in de gedaante van een kind, soms als jongeling en soms als oude man gemanifesteerd zijn. Toch blijft dezelfde spirituele ziel aanwezig en ze ondergaat geen enkele verandering. Uiteindelijk verandert deze individuele ziel op het moment van de dood van lichaam en verhuist ze naar een ander lichaam. En omdat vaststaat dat ze in haar volgend leven een ander lichaam zal hebben — hetzij materieel, hetzij spiritueel — was er voor Arjuna geen reden tot weeklagen over de dood van zowel Bhīṣma als Droṇa, om wie hij zo bezorgd was. Integendeel, hij zou verheugd moeten zijn over hun lichaamsverwisseling van oude naar nieuwe lichamen, waardoor ze nieuwe energie zouden krijgen. Zulke lichaamsverwisselingen verklaren het bestaan van de verschillende vormen van geluk en ellende overeenkomstig de activiteiten die men tijdens zijn leven verricht. Omdat Bhīṣma en Droṇa nobele zielen waren, zouden ze in hun volgend leven ongetwijfeld allebei een spiritueel lichaam krijgen of in ieder geval een leven in hemelse lichamen voor een hogere standaard van geluk in het materiële bestaan. In beide gevallen was er dus geen reden tot klagen.

Iedereen die volmaakte kennis heeft over de wezenlijke positie van de individuele ziel, de Superziel en de natuur — zowel de materiële als de spirituele — wordt een *dhīra* genoemd of een zeer bedachtzaam persoon. Zo iemand raakt nooit verward door het verwisselen van lichamen.

De theorie van de *māyāvādī's* over de eenheid van de spirituele ziel is onhoudbaar op grond van het feit dat de spirituele ziel niet in stukken kan worden gesplitst. Een dergelijk opsplitsen in verschillende individuele zielen zou de Allerhoogste splijtbaar of veranderlijk maken, wat indruist tegen het principe dat de Allerhoogste Ziel onveranderlijk is. Zoals bevestigd wordt in de *Gītā*, is het bestaan van de afzonderlijke deeltjes van de Allerhoogste eeuwig (*sanātana*) en ze worden *kṣara* genoemd; dat wil zeggen, ze hebben de neiging om in de materiële natuur te vallen. De afzonderlijke deeltjes bestaan eeuwig als afzonderlijke deeltjes en de individuele ziel blijft zelfs na haar bevrijding dezelfde: afzonderlijk. Maar is ze eenmaal bevrijd, dan leeft ze samen met de Persoonlijkheid Gods een leven vol geluk en kennis.

De weerspiegelingstheorie is van toepassing op de Superziel, die in ieder individueel lichaam aanwezig is en die met Paramātmā wordt aangeduid. De Superziel is verschillend van het individuele levend wezen. Als de lucht in het water weerspiegeld wordt, worden zowel de zon als de maan en ook de sterren weerspiegeld. De sterren kunnen vergeleken worden met de levende wezens en de zon of de maan met de Allerhoogste Heer. Arjuna vertegenwoordigt de individuele en afzonderlijke spirituele ziel en de Allerhoogste Ziel is de Persoonlijkheid Gods, Śrī Kṛṣṇa. Ze bevinden zich niet op hetzelfde niveau, zoals duidelijk zal worden aan het begin van het vierde hoofdstuk. Als Arjuna zich op hetzelfde niveau als Kṛṣṇa zou bevinden en Kṛṣṇa dus niet superieur zou zijn aan Arjuna, dan zou hun relatie als leermeester en leerling geen betekenis hebben. Als ze allebei verward zouden zijn door de illusionerende energie (*māyā*), dan zou het niet veel zin hebben dat de een de leermeester is en de ander de leerling. Zulk onderricht zou zinloos zijn, omdat iemand in de greep van *māyā* geen gezaghebbend leermeester kan zijn. In de gegeven omstandigheden aanvaarden we dan ook dat Heer Kṛṣṇa de Allerhoogste Heer is en dat Zijn positie superieur is aan die van het levend wezen, Arjuna, die een vergeetachtige ziel is, verward door *māyā*.

TEKST 14 मात्रास्पर्शास्तु कौन्तेय शीतोष्णसुखदुःखदाः ।
आगमापायिनोऽनित्यास्तांस्तितिक्षस्व भारत ॥ १४ ॥

mātrā-sparśās tu kaunteya, śītoṣṇa-sukha-duḥkha-dāḥ
āgamāpāyino 'nityās, tāṁs titikṣasva bhārata

mātrā-sparśāḥ — zintuiglijke waarneming; *tu* — alleen maar; *kaunteya* — o zoon van Kuntī; *śīta* — winter; *uṣṇa* — zomer; *sukha* — geluk; *duḥkha* — en pijn; *dāḥ* — gevend; *āgama* — verschijnend; *apāyinaḥ* — verdwijnend; *anityāḥ* — tijdelijk; *tān* — ze allemaal; *titikṣasva* — probeer gewoon te verdragen; *bhārata* — o afstammeling van de Bharata-dynastie.

O zoon van Kuntī, het afwisselend komen en gaan van geluk en verdriet is als het komen en gaan van zomer en winter. Ze zijn het gevolg van zintuiglijke waarneming, o afstammeling van Bharata, en men moet ze onbewogen leren verdragen.

COMMENTAAR: Wanneer men zijn plicht op de juiste manier vervult, moet men het afwisselend komen en gaan van geluk en verdriet leren verdragen. Volgens de Vedische voorschriften moet men in de vroege ochtend een bad nemen, zelfs tijdens de maand Māgha (januari-februari). Rond die tijd is het heel koud, maar ondanks dat zal een man die zich aan de religieuze principes houdt, niet aarzelen om een bad te nemen. Op dezelfde manier zal een vrouw niet aarzelen om in de keuken te gaan koken tijdens de maanden mei en juni, wat in India de heetste periode van de zomer is. Men moet zijn plicht vervullen, ondanks de ongemakken van het klimaat. Op dezelfde manier geldt voor de *kṣatriya's* het religieuze principe dat ze moeten vechten; ook al moet men de strijd aangaan met vrienden of familieleden, men mag niet van zijn voorgeschreven plicht afwijken. Men moet zich aan de voorgeschreven regels en bepalingen van de religieuze principes houden om tot het niveau van kennis te komen, want alleen door kennis en devotie kan men zich uit de greep van *māyā* (illusie) bevrijden.

De twee namen waarmee Arjuna hier wordt aangesproken, zijn ook belangrijk. Hij wordt aangesproken met Kaunteya vanwege zijn hoge afkomst aan moederskant en hij wordt Bhārata genoemd vanwege zijn hoge afkomst aan vaderskant. Aan beide kanten staat hij bekend als de erfgenaam van een groot erfdeel. Zo'n groot erfdeel brengt verantwoordelijkheden met zich mee wat betreft het juist vervullen van plichten; hij kan het gevecht daarom niet uit de weg gaan.

TEKST 15 यं हि न व्यथयन्त्येते पुरुषं पुरुषर्षभ ।
समदुःखसुखं धीरं सोऽमृतत्वाय कल्पते ॥ १५ ॥

yaṁ hi na vyathayanty ete, puruṣaṁ puruṣarṣabha
sama-duḥkha-sukhaṁ dhīraṁ, so 'mṛtatvāya kalpate

yam — iemand die; *hi* — zeker; *na* — nooit; *vyathayanti* — kwellen; *ete* — al deze; *puruṣam* — een persoon; *puruṣa-ṛṣabha* — o beste onder de mensen; *sama* — onveranderd; *duḥkha* — in verdriet; *sukham* — en geluk; *dhīram* — verdraagzaam; *saḥ* — hij; *amṛtatvāya* — voor bevrijding; *kalpate* — wordt als geschikt gezien.

O beste onder de mensen [Arjuna], wie onverstoorbaar is in vreugde en verdriet en in beide omstandigheden standvastig blijft, is zeker geschikt voor bevrijding.

COMMENTAAR: Wie vastberaden blijft streven om het gevorderde stadium van spirituele bewustwording te bereiken en daarnaast ook alle ellende en geluk die hem overkomen weet te verdragen, is zeker geschikt voor bevrijding. In het *varṇāśrama*-stelsel is de vierde orde, namelijk de onthechte levensorde (*sannyāsa*), een zeer moeizame situatie. Maar wie in alle ernst probeert zijn leven te vervolmaken, zal ondanks alle moeilijkheden zeker de orde van *sannyāsa* aanvaarden. De moeilijkheden ontstaan meestal doordat men familiebanden moet verbreken, zoals de relatie met vrouw en kinderen. Maar wie in staat is zulke moeilijkheden te verdragen, maakt zijn pad naar spirituele bewustwording zeker vrij. Op dezelfde manier wordt Arjuna aangeraden om te volharden in het uitvoeren van zijn taak als *kṣatriya,* zelfs al is het moeilijk om met familieleden of andere geliefde personen te moeten vechten. Heer Caitanya nam *sannyāsa* toen Hij vierentwintig jaar oud was, waarna Zijn jonge vrouw en ook Zijn oude moeder niemand meer hadden om voor hen te zorgen. Maar Hij nam *sannyāsa* voor een hoger doel en was vastberaden in het vervullen van Zijn hogere plichten. Dat is de manier om bevrijd te worden van materiële gebondenheid.

TEKST 16 नासतो विद्यते भावो नाभावो विद्यते सतः ।
उभयोरपि दृष्टोऽन्तस्त्वनयोस्तत्त्वदर्शिभिः ॥ १६ ॥

nāsato vidyate bhāvo, nābhāvo vidyate sataḥ
ubhayor api dṛṣṭo 'ntas, tv anayos tattva-darśibhiḥ

na — nooit; *asataḥ* — van het niet-bestaande; *vidyate* — er is; *bhāvaḥ* — duurzaamheid; *na* — nooit; *abhāvaḥ* — van eigenschap veranderend; *vidyate* — er is; *sataḥ* — van het eeuwige; *ubhayoḥ* — van beide; *api* — beslist; *dṛṣṭaḥ* — waargenomen; *antaḥ* — conclusie; *tu* — zeker; *anayoḥ* — van deze; *tattva* — van de waarheid; *darśibhiḥ* — door hen die zien.

Zij die de waarheid zien, hebben geconcludeerd dat het nietbestaande [het materiële lichaam] vergankelijk is en dat het eeuwige [de ziel] geen verandering ondergaat. Ze zijn tot deze conclusie gekomen door onderzoek van het wezen van beide.

COMMENTAAR: Er bestaat geen duurzaamheid voor het veranderlijke lichaam. De moderne medische wetenschap onderkent dat het lichaam ieder moment verandert door de acties en reacties van verschillende cellen; op die manier vindt er in het lichaam groei en ouderdom plaats. Maar de spirituele ziel blijft voortdurend bestaan en blijft dezelfde ondanks alle veranderingen van lichaam en geest. Dat is het verschil tussen materie en het spirituele. Het lichaam is van nature altijd veranderlijk en de ziel is eeuwig. Alle soorten personen die de waarheid hebben gezien, zowel de impersonalisten als de personalisten, hebben geconcludeerd dat dit een vaststaand feit is. In de *Viṣṇu Purāṇa* (2.12.38) wordt gesteld dat Viṣṇu en Zijn woningen allemaal spiritueel zijn en zelf licht geven (*jyotīṁṣi viṣṇur bhuvanāni viṣṇuḥ*). De woorden 'bestaand' en 'niet-bestaand' verwijzen alleen naar het spirituele en het materiële. Dat is de visie van hen die de waarheid zien.

De Heer begint hier Zijn onderricht aan de levende wezens die verward zijn door de invloed van onwetendheid. Het wegnemen van onwetendheid houdt in dat de eeuwige relatie tussen de vereerder en degene die verering waard is wordt hersteld, waardoor men het verschil beseft tussen de levende wezens, die integrerende deeltjes van God zijn, en de Allerhoogste Persoonlijkheid Gods Zelf.

Men kan het wezen van de Allerhoogste begrijpen door zichzelf grondig te bestuderen, waarbij het verschil tussen zichzelf en de Allerhoogste begrepen wordt als de relatie tussen het deel en het geheel.

In de *Vedānta-sūtra's* en ook in het *Śrīmad-Bhāgavatam* wordt de Allerhoogste aanvaard als de oorsprong van alle emanaties. Zulke emanaties doen zich voor in opeenvolgingen binnen zowel de hogere als de lagere natuur. Zo zal in het zevende hoofdstuk worden uitgelegd, dat de levende wezens tot de hogere natuur behoren. Hoewel er geen verschil bestaat tussen de energie en de energiebron, wordt de energiebron als de Allerhoogste aanvaard en wordt de energie of de natuur als ondergeschikt gezien. De levende wezens zijn daarom altijd ondergeschikt aan de Allerhoogste Heer, zoals ook het geval is met de relatie tussen de meester en de dienaar of de onderwijzer en de leerling. Men kan zulke duidelijke kennis onmogelijk begrijpen als men beïnvloed wordt door onwetendheid, en om zulke onwetendheid te verdrijven onderwijst de Heer de *Bhagavad-gītā* voor de verlichting van alle levende wezens in alle tijden.

TEKST 17 अविनाशि तु तद्विद्धि येन सर्वमिदं ततम् ।
विनाशमव्ययस्यास्य न कश्चित्कर्तुमर्हति ॥ १७ ॥

avināśi tu tad viddhi, yena sarvam idaṁ tatam
vināśam avyayasyāsya, na kaścit kartum arhati

avināśi — onvergankelijk; *tu* — maar; *tat* — dat; *viddhi* — weet dat; *yena* — door wie; *sarvam* — het hele lichaam; *idam* — dit; *tatam* — doordrongen; *vināśam* — vernietiging; *avyayasya* — van de onvergankelijke; *asya* — ervan; *na kaścit* — niemand; *kartum* — doen; *arhati* — is in staat.

Weet dat datgene waarvan het hele lichaam doordrongen is, onvernietigbaar is. Niemand kan die onvergankelijke ziel vernietigen.

COMMENTAAR: Dit vers geeft verder inzicht in de werkelijke aard van de ziel, die over het hele lichaam verspreid is. Iedereen kan begrijpen wat over het hele lichaam verspreid is: bewustzijn. Iedereen is zich bewust van de pijn en het plezier van bepaalde lichaamsdelen of van het hele lichaam. Deze verspreiding van het bewustzijn is beperkt tot het eigen lichaam; de pijn en het plezier van een bepaald lichaam zijn iemand anders onbekend. Ieder afzonderlijk lichaam is daarom het omhulsel van een individuele ziel en de aanwezigheid van de ziel wordt waargenomen als individueel bewustzijn.

De omvang van deze ziel wordt beschreven als het tienduizendste deel van het uiterste puntje van een haar. De *Śvetāśvatara Upaniṣad* (5.9) bevestigt dit:

bālāgra-śata-bhāgasya, śatadhā kalpitasya ca
bhāgo jīvaḥ sa vijñeyaḥ, sa cānantyāya kalpate

'Wanneer het uiterste puntje van een haar in honderd deeltjes wordt gesplitst en elk van die deeltjes verder wordt gesplitst in weer honderd deeltjes, dan is elk van die deeltjes de omvang van de spirituele ziel.' Hetzelfde wordt ook ergens anders gezegd:

keśāgra-śata-bhāgasya, śatāṁśaḥ sādṛśātmakaḥ
jīvaḥ sūkṣma-svarūpo 'yaṁ, saṅkhyātīto hi cit-kaṇaḥ

'Er bestaan ontelbare spirituele atoomdeeltjes die een omvang hebben van een tienduizendste deel van het uiterste puntje van een haar.'

Het individuele deeltje, de spirituele ziel, is dus een spiritueel atoom dat kleiner is dan materiële atomen, en er zijn ontelbaar veel van zulke atomen. Deze uiterst kleine spirituele vonk is het basisprincipe van het materiële lichaam, en de invloed van zo'n spirituele vonk wordt over het hele lichaam verspreid zoals de invloed van het actieve bestanddeel van een medicijn ook over het hele lichaam wordt verspreid. De uitstraling van de ziel wordt over het hele lichaam gevoeld als bewustzijn en dat is het bewijs van de aanwezigheid van de ziel. Iedere leek begrijpt dat het materiële lichaam minus bewustzijn een lijk is en dit bewustzijn kan niet door enige materiële ingreep in het lichaam worden opgewekt. Het bewustzijn ontstaat daarom niet uit welke hoeveelheid verbindingen tussen materiële elementen dan ook, maar komt voort uit de ziel.

In de *Muṇḍaka Upaniṣad* (3.1.9) wordt de omvang van de atomisch kleine ziel verder uitgelegd:

eṣo 'ṇur ātmā cetasā veditavyo
yasmin prāṇaḥ pañcadhā saṁviveśa
prāṇaiś cittaṁ sarvam otaṁ prajānāṁ
yasmin viśuddhe vibhavaty eṣa ātmā

'De ziel heeft atomische afmetingen en kan door volmaakte intelligentie worden waargenomen. Deze atomische ziel zweeft in de vijf verschillende soorten lucht (*prāṇa, apāna, vyāna, samāna* en *udāna*), ze bevindt zich in het hart en verspreidt haar invloed over het materiële lichaam van de belichaamde levende wezens. Wanneer de ziel gezuiverd is van de onzuiverheid van de vijf soorten materiële lucht, wordt haar spirituele invloed zichtbaar.' Het *haṭha-yoga*-systeem is ervoor bedoeld om door verschillende zithoudingen de vijf soorten lucht te beheersen die de zuivere ziel omringen — niet met het oog op materieel gewin, maar om de minuscule ziel uit de verstrikking in de materiële sfeer te bevrijden.

De gesteldheid van de atomische ziel wordt dus in de hele Vedische literatuur erkend en wordt in de praktijk ook direct ervaren door ieder normaal mens. Alleen een krankzinnig persoon denkt dat deze atomische ziel de alomtegenwoordige *viṣṇu-tattva* is.

De invloed van de atomische ziel kan over een heel lichaam verspreid zijn. Volgens de *Muṇḍaka Upaniṣad* bevindt deze atomische ziel zich in het hart van ieder levend wezen en omdat de omvang van de atomische ziel het voorstellingsvermogen van de materialistische wetenschap te boven gaat, beweren sommige wetenschappers dwaas genoeg dat de ziel niet bestaat. De individuele atomische ziel bevindt zich beslist samen met de Superziel in het hart, en alle energieën voor de lichaamsbewegingen komen daarom voort uit dit gedeelte van het lichaam. De bloedlichaampjes, die zuurstof bij de longen halen, krijgen hun energie van de ziel. Wanneer de ziel haar positie verlaat, stopt de activiteit van het bloed, namelijk het opwekken van fusie. De medische wetenschap aanvaardt het belang van de rode bloedlichaampjes, maar is niet in staat om vast te stellen dat de ziel de bron van energie is. Maar de medische wetenschap onderkent wel dat het hart de zetel is van alle energieën van het lichaam.

Zulke atomische deeltjes van het spirituele geheel worden vergeleken met moleculen zonlicht. In het zonlicht zijn ontelbare lichtgevende moleculen aanwezig. Op dezelfde manier zijn de afzonderlijke deeltjes van de Allerhoogste atomische vonken van de lichtstralen van de Allerhoogste Heer. Die lichtstralen worden *prabhā* of hogere energie genoemd. Met andere woorden, of men nu de Vedische kennis aanvaardt of de moderne wetenschap, men kan het bestaan van de ziel in het lichaam niet ontkennen en de wetenschap van de ziel wordt in de *Bhagavad-gītā* uitvoerig beschreven door de Persoonlijkheid Gods Zelf.

TEKST 18 अन्तवन्त इमे देहा नित्यस्योक्ताः शरीरिणः ।
अनाशिनोऽप्रमेयस्य तस्माद्युध्यस्व भारत ॥ १८ ॥

antavanta ime dehā, nityasyoktāḥ śarīriṇaḥ
anāśino 'prameyasya, tasmād yudhyasva bhārata

anta-vantaḥ — vergankelijk; *ime* — al deze; *dehāḥ* — materiële lichamen; *nityasya* — eeuwig bestaand; *uktāḥ* — zo wordt gezegd; *śarīriṇaḥ* — van de belichaamde ziel; *anāśinaḥ* — nooit te vernietigen; *aprameyasya* — onmeetbaar; *tasmāt* — daarom; *yudhyasva* — strijd; *bhārata* — o afstammeling van Bharata.

Het materiële lichaam van het onvernietigbare, onmeetbare en eeuwige levend wezen zal zeker vergaan. Strijd daarom, o afstammeling van Bharata.

COMMENTAAR: Het materiële lichaam is van nature vergankelijk. Het kan onmiddellijk vergaan of na honderd jaar; het is alleen een kwestie van tijd. Men kan het onmogelijk voor onbepaalde tijd instandhouden. Maar de ziel is zo klein dat een vijand haar zelfs niet kan zien, laat staan doden. In het vorige vers werd al gezegd dat de ziel zo klein is dat niemand enig idee heeft hoe ze gemeten moet worden. Er is dus in geen enkel opzicht reden tot klagen, omdat het levend wezen op zich niet gedood kan worden; evenmin kan het materiële lichaam voor welke tijdsduur dan ook worden gered of voor altijd worden beschermd. Het minuscule deeltje van het spirituele geheel krijgt dit materiële lichaam door zijn activiteiten en daarom doet men er goed aan zijn voordeel te doen met het naleven van religieuze principes. In de *Vedānta-sūtra's* wordt het levend wezen beschreven als licht, omdat het een integrerend deeltje is van het allerhoogste licht. Zoals het zonlicht het hele universum instandhoudt, zo houdt het licht van de ziel dit materiële lichaam in stand. Zodra de ziel uit dit materiële lichaam is, begint het lichaam te ontbinden; het is dus de ziel die het lichaam instandhoudt. Het lichaam zelf is onbelangrijk. Arjuna kreeg de raad om te vechten en het doel van religie niet op te offeren voor materiële, lichamelijke overwegingen.

TEKST 19 य एनं वेत्ति हन्तारं यश्चैनं मन्यते हतम् ।
उभौ तौ न विजानीतो नायं हन्ति न हन्यते ॥ १९ ॥

ya enaṁ vetti hantāraṁ, yaś cainaṁ manyate hatam
ubhau tau na vijānīto, nāyaṁ hanti na hanyate

yaḥ — iedereen die; *enam* — deze; *vetti* — weet; *hantāram* — de doder; *yaḥ* — iedereen die; *ca* — ook; *enam* — deze; *manyate* — denkt; *hatam* — gedood; *ubhau* — allebei; *tau* — zij; *na* — nooit; *vijānītaḥ* — hebben kennis; *na* — nooit; *ayam* — deze; *hanti* — doodt; *na* — evenmin; *hanyate* — wordt gedood.

Noch degene die denkt dat het levend wezen kan doden, noch degene die denkt dat het gedood kan worden, bezit kennis, want het zelf doodt niet en kan niet worden gedood.

COMMENTAAR: Wanneer een belichaamd levend wezen door dodelijke wapens wordt getroffen, dan moet men begrijpen dat het levend wezen in het lichaam niet gedood wordt. De ziel is zo klein dat het onmogelijk is om haar met welk wapen dan ook te doden, zoals duidelijk zal worden in de volgende verzen. Ook vanwege haar spirituele aard kan het levend wezen niet worden gedood. Dat wat gedood wordt of wat verondersteld wordt te worden gedood, is enkel het lichaam. Maar dit betekent niet dat het doden van het lichaam wordt aangemoedigd. Het Vedische voorschrift is *mā hiṁsyāt sarvā bhūtāni:* gebruik nooit geweld tegen wie dan ook. Het besef dat het levend wezen niet wordt gedood, moedigt ook het slachten van dieren niet aan. Zonder toestemming het lichaam van wie dan ook doden is weerzinwekkend en strafbaar, zowel volgens de wetten van de staat als volgens die van de Heer. Maar Arjuna wordt wegens religieuze principes betrokken in het doden en niet zomaar uit grilligheid.

TEKST 20 न जायते म्रियते वा कदाचिन् नायं भूत्वा भविता वा न भूयः ।
अजो नित्यः शाश्वतोऽयं पुराणो न हन्यते हन्यमाने शरीरे ॥ २० ॥

na jāyate mriyate vā kadācin
nāyaṁ bhūtvā bhavitā vā na bhūyaḥ
ajo nityaḥ śāśvato 'yaṁ purāṇo
na hanyate hanyamāne śarīre

na — nooit; *jāyate* — wordt geboren; *mriyate* — sterft; *vā* — evenmin; *kadācit* — wanneer dan ook (verleden, heden of toekomst); *na* — nooit; *ayam* — deze; *bhūtvā* — na ontstaan te zijn; *bhavitā* — zal onstaan; *vā* — of; *na* — niet; *bhūyaḥ* — of ontstaat opnieuw; *ajaḥ* — ongeboren; *nityaḥ* — eeuwig; *śāśvataḥ* — permanent; *ayam* — deze; *purāṇaḥ* — de oudste; *na* — nooit; *hanyate* — wordt gedood; *hanyamāne* — is gedood; *śarīre* — het lichaam.

Voor de ziel bestaat er op geen enkel tijdstip geboorte of dood. Ze is niet ontstaan, ze ontstaat niet en ze zal niet ontstaan. Ze is ongeboren, eeuwig, oorspronkelijk en permanent. Ze wordt niet gedood wanneer het lichaam wordt gedood.

COMMENTAAR: Kwalitatief gezien is het afzonderlijke en atomisch kleine deeltje van de Allerhoogste Ziel één met de Allerhoogste. Het ondergaat geen veranderingen zoals het lichaam. De ziel wordt soms de bestendige of *kūṭa-stha* genoemd. Het lichaam is onderhevig aan zes verschillende transformaties: het wordt geboren uit de baarmoeder van het moederlichaam, groeit, blijft enige tijd, produceert enkele bijverschijnselen, verzwakt geleidelijk aan en verdwijnt uiteindelijk in de vergetelheid. De ziel daarentegen is niet onderhevig aan zulke veranderingen. De ziel wordt niet geboren, maar omdat ze een materieel lichaam aanneemt, wordt het lichaam geboren. De ziel wordt niet in een lichaam geboren en sterft ook niet. Alles wat geboren wordt, sterft ook. Maar omdat de ziel niet geboren wordt, heeft ze geen verleden, heden of toekomst. Ze is eeuwig, oorspronkelijk en bestaat altijd; met andere woorden, er is in de geschiedenis geen spoor van haar ontstaan te bekennen. Alleen omdat we zien dat het lichaam geboren wordt, zoeken we naar het tijdstip van de geboorte enz. van de ziel.

In tegenstelling tot het lichaam, wordt de ziel op geen enkel moment oud. Een man die zogenaamd oud is, voelt zich van binnen dezelfde als in zijn kinderjaren of toen hij een jongeman was. De veranderingen van het lichaam hebben geen invloed op de ziel. De ziel vergaat niet als een boom of iets anders materieels. De ziel heeft ook geen bijproducten. De bijproducten van het lichaam, namelijk kinderen, zijn ook verschillende individuele zielen en vanwege het lichaam verschijnen ze als de kinderen van een bepaald persoon. Het lichaam ontwikkelt zich omdat de ziel erin aanwezig is, maar de ziel heeft geen nakomelingen en ondergaat geen verandering; de ziel is daarom vrij van de zes veranderingen van het lichaam.

In de *Kaṭha Upaniṣad* (1.2.18) vinden we een soortgelijke passage:

na jāyate mriyate vā vipaścin, nāyaṁ kutaścin na babhūva kaścit
ajo nityaḥ śāśvato 'yaṁ purāṇo, na hanyate hanyamāne śarīre

De betekenis en uitleg van dit vers is dezelfde als die in de *Bhagavad-gītā*, maar in dit vers wordt een specifiek woord gebruikt, namelijk *'vipaścit'*, dat 'geleerd' of 'met kennis' betekent. De ziel is vol kennis of altijd vol bewustzijn. Het bewustzijn is dan ook hét kenmerk van de ziel. Zelfs al is men niet in staat om de ziel in het hart te vinden — waar ze zich bevindt — dan nog kan men de aanwezigheid van de ziel eenvoudig begrijpen door de aanwezigheid van bewustzijn. Soms kunnen we de zon niet zien omdat het bewolkt is of om een andere reden, maar het zonlicht is altijd aanwezig en daarom zijn we ervan overtuigd dat het dag is. Zodra er in de vroege morgen een sprankje licht aan de horizon verschijnt, kunnen we begrijpen dat de zon er is. Op dezelfde manier kunnen we de aanwezigheid van de ziel begrijpen, doordat er in alle lichamen — zowel menselijke als dierlijke — een zekere mate van bewustzijn aanwezig is. Maar dit bewustzijn van de ziel is verschillend van dat van de Allerhoogste, omdat het allerhoogste bewustzijn alle kennis omvat — van verleden, heden en toekomst. Het is de individuele ziel die geneigd is tot vergeetachtigheid en wanneer ze haar werkelijke natuur vergeet, krijgt ze onderricht en verlichting door de verheven lessen van Kṛṣṇa. Maar Kṛṣṇa is niet zoals de vergeetachtige ziel; zou dat wel zo zijn, dan zou de filosofie van Kṛṣṇa in de *Bhagavad-gītā* nutteloos zijn.

Er bestaan twee soorten zielen, namelijk de minuscule ziel, die een deeltje is (*aṇu-ātmā*), en de Superziel (*vibhu-ātmā*). Dit wordt bevestigd in de *Kaṭha Upaniṣad* (1.2.20):

aṇor aṇīyān mahato mahīyān, ātmāsya jantor nihito guhāyām
tam akratuḥ paśyati vīta-śoko, dhātuḥ prasādān mahimānam ātmanaḥ

'Zowel de Superziel [Paramātmā] als de atomische ziel [*jīvātmā*] bevindt zich in dezelfde boom van het lichaam, in hetzelfde hart van het levend wezen; alleen degene die vrij is geraakt van alle materiële verlangens en verdriet, kan door de genade van de Allerhoogste de glorie van de ziel begrijpen.' Kṛṣṇa is ook de oorsprong van de Superziel (dit zal in de volgende hoofdstukken worden uitgelegd) en Arjuna is de atomische ziel die zijn werkelijke natuur vergeten is; daarom moet hij door Kṛṣṇa of door Zijn bonafide vertegenwoordiger (de spiritueel leraar) worden verlicht.

TEKST 21 वेदाविनाशिनं नित्यं य एनमजमव्ययम् ।
कथं स पुरुषः पार्थ कं घातयति हन्ति कम् ॥ २१ ॥

vedāvināśinaṁ nityaṁ, ya enam ajam avyayam
kathaṁ sa puruṣaḥ pārtha, kaṁ ghātayati hanti kam

veda — weet; *avināśinam* — onvernietigbaar; *nityam* — altijd bestaand; *yaḥ* — iemand die; *enam* — deze (ziel); *ajam* — ongeboren; *avyayam* — gelijk blijvend; *katham* — hoe; *saḥ* — die; *puruṣaḥ* — persoon; *pārtha* — o Pārtha (Arjuna); *kam* — aan wie; *ghātayati* — veroorzaakt het toebrengen van pijn; *hanti* — doodt; *kam* — wie.

O Pārtha, hoe kan iemand die weet dat de ziel onvernietigbaar, eeuwig, ongeboren en onveranderlijk is, een ander doden of tot doden aanzetten?

COMMENTAAR: Alles heeft zijn specifieke nut en gebruik en wie gegrond is in volledige kennis weet hoe en waar hij een bepaald ding op de juiste manier kan toepassen. Zo heeft geweld ook zijn nut en wie kennis heeft begrijpt hoe het moet worden toegepast. Een rechter die de doodstraf toekent aan iemand die veroordeeld is voor moord, kan zelf niet beschuldigd worden, omdat zijn bevel tot het gebruik van geweld tegen de moordenaar in overeenstemming is met de voorschriften van de wet.

De *Manu-saṁhitā*, het wetboek voor de mensheid, stelt dat een moordenaar ter dood veroordeeld moet worden, zodat hij in zijn volgend leven niet hoeft te lijden voor de grote zonde die hij heeft begaan. Dat de koning een moordenaar voor straf laat ophangen is daarom heilzaam. Als Kṛṣṇa op dezelfde manier het bevel geeft om te vechten, dan moet men concluderen dat zulk geweld voor het allerhoogste recht is. Arjuna moet daarom de instructie opvolgen, goed wetend dat zulk geweld tijdens het vechten voor Kṛṣṇa in werkelijkheid geen geweld is, omdat de mens, of liever de ziel, toch niet kan worden gedood. Voor toepassing van het recht is zogenaamd geweld dus toegestaan. Een chirurgische ingreep is er niet voor bedoeld de patiënt te doden, maar juist om hem te genezen. De strijd die Arjuna op bevel van Kṛṣṇa moet aangaan wordt met volledige kennis gestreden en daarom zijn reacties op zonden uitgesloten.

TEKST 22 वासांसि जीर्णानि यथा विहाय नवानि गृह्णाति नरोऽपराणि ।
तथा शरीराणि विहाय जीर्णान्य् अन्यानि संयाति नवानि देही ॥ २२ ॥

vāsāṁsi jīrṇāni yathā vihāya, navāni gṛhṇāti naro 'parāṇi
tathā śarīrāṇi vihāya jīrṇāny, anyāni saṁyāti navāni dehī

vāsāṁsi — kleren; *jīrṇāni* — oud en versleten; *yathā* — zoals; *vihāya* — opgeven; *navāni* — nieuwe kleren; *gṛhṇāti* — aanvaardt; *naraḥ* — een man; *aparāṇi* — anderen; *tathā* — op dezelfde manier; *śarīrāṇi* — lichamen; *vihāya* — opgevend; *jīrṇāni* — oud en waardeloos; *anyāni* — verschillende; *saṁyāti* — aanvaardt beslist; *navāni* — nieuwe stellen; *dehī* — de belichaamde.

Zoals men nieuwe kleren aantrekt en de oude opgeeft, zo aanvaardt de ziel nieuwe materiële lichamen en geeft ze de oude en nutteloze op.

COMMENTAAR: Dat de atomische ziel van lichaam verandert, is een vaststaand feit. Zelfs de moderne wetenschappers, die niet in het bestaan van de ziel geloven, maar die tegelijkertijd geen verklaring hebben voor de energiebron in het hart, moeten aanvaarden dat het lichaam voortdurend verandert, wat zichtbaar is in de overgangen van kinderjaren naar jeugd, van jeugd naar adolescentie en daarna van adolescentie naar ouderdom. Na de ouderdom is de volgende verandering dat de ziel naar een ander lichaam wordt overgebracht. Dit werd al in een eerder vers uitgelegd (2.13).

Het overbrengen van de atomische individuele ziel naar een ander lichaam wordt mogelijk gemaakt door de genade van de Superziel. De Superziel vervult het verlangen van de atomische ziel zoals een vriend de verlangens van een andere vriend vervult. In de Veda's, zowel in de *Muṇḍaka Upaniṣad* als in de *Śvetāśvatara Upaniṣad*, worden de ziel en de Superziel vergeleken met twee bevriende vogels die in dezelfde boom zitten. De ene vogel (de individuele, atomische ziel) is bezig met het eten van de vruchten van deze boom, terwijl de andere vogel (Kṛṣṇa) eenvoudigweg naar Zijn vriend kijkt. Hoewel ze kwalitatief gelijk zijn, is de ene vogel in de ban van de vruchten van de materiële boom, terwijl de andere eenvoudig de getuige is van de activiteiten van Zijn vriend. Kṛṣṇa is de vogel die getuige is en Arjuna is de vogel die eet. Ook al zijn ze vrienden, toch is de een de meester en de ander de dienaar. Doordat de atomische ziel deze relatie vergeet, veroorzaakt ze haar verandering van positie van boom naar boom of van lichaam naar lichaam. De *jīva*-ziel levert een felle strijd om het bestaan in de boom van het materiële lichaam, maar zodra ze de andere vogel als de allerhoogste spiritueel leraar aanvaardt — zoals Arjuna deed toen hij zich vrijwillig aan Kṛṣṇa overgaf voor instructies — dan raakt de ondergeschikte vogel onmiddellijk bevrijd van alle ellende en verdriet. Zowel de *Muṇḍaka Upaniṣad* (3.1.2) als de *Śvetāśvatara Upaniṣad* (4.7) bevestigt dit:

samāne vṛkṣe puruṣo nimagno, 'nīśayā śocati muhyamānaḥ
juṣṭaṁ yadā paśyaty anyam īśam, asya mahimānam iti vīta-śokaḥ

'Hoewel de twee vogels in dezelfde boom zitten, wordt de vogel die eet en de genieter is van de vruchten van de boom volledig in beslag genomen door angst en somberheid. Maar als hij op de een of andere manier zijn gezicht naar zijn vriend keert, namelijk de Heer, en wanneer hij Zijn roem kent, dan raakt de lijdende vogel onmiddellijk van zijn ellende bevrijd.' Arjuna heeft nu zijn gezicht toegekeerd naar Kṛṣṇa, zijn eeuwige vriend, en leert van Hem de *Bhagavad-gītā*. Door op die manier van Kṛṣṇa te horen, kan hij de allerhoogste roem van de Heer begrijpen en vrij zijn van ellende.

De Heer raadt Arjuna hier aan niet te treuren om de lichaamsverwisseling van zijn oude Grootvader en zijn leraar. Hij zou eerder blij moeten zijn om hun lichamen in een rechtvaardige strijd te doden, zodat ze onmiddellijk bevrijd zouden worden van al het karma voor hun verschillende lichamelijke activiteiten. Wie zijn leven geeft op het altaar van een rechtvaardig slagveld, wordt meteen gezuiverd van al het karma voor lichamelijke activiteiten en wordt naar een hoger bestaan bevorderd. Arjuna had daarom geen reden tot klagen.

TEKST 23 नैनं छिन्दन्ति शस्त्राणि नैनं दहति पावकः ।
न चैनं क्लेदयन्त्यापो न शोषयति मारुतः ॥ २३ ॥

nainaṁ chindanti śastrāṇi, nainaṁ dahati pāvakaḥ
na cainaṁ kledayanty āpo, na śoṣayati mārutaḥ

na — nooit; *enam* — deze ziel; *chindanti* — kunnen aan stukken snijden; *śastrāṇi* — wapens; *na* — nooit; *enam* — deze ziel; *dahati* — verbrandt; *pāvakaḥ* — vuur; *na* — nooit; *ca* — en; *enam* — deze ziel; *kledayanti* — bevochtigt; *āpaḥ* — water; *na* — nooit; *śoṣayati* — verdroogt; *mārutaḥ* — wind.

De ziel kan nooit en door geen enkel wapen in stukken worden gesneden en kan niet door vuur worden verbrand, door water worden bevochtigd of door de wind worden verdroogd.

COMMENTAAR: Geen enkel soort wapen — zwaarden, vuurwapens, regenwapens, tornadowapens enz. — is in staat de ziel te doden. Het blijkt dat er naast de moderne vuurwapens nog talloze andere soorten wapens bestonden, gemaakt van aarde, water, lucht, ether enz. Zelfs de atoomwapens van de moderne tijd worden tot de vuurwapens gerekend, maar voorheen bestonden er nog andere wapens die van verschillende materiële elementen waren gemaakt. Vuurwapens werden onschadelijk gemaakt door waterwapens, die de moderne wetenschap nu onbekend zijn; de moderne wetenschappers hebben evenmin kennis van tornadowapens. Toch kan de ziel niet in stukken worden gesneden of vernietigd worden door welke hoeveelheid wapens ook, hoe vernuftig ze technisch gezien ook mogen zijn.

Volgens de *māyāvādī*-filosofen ontstaat de individuele ziel door onwetendheid, waarop ze door de illusionerende energie bedekt wordt. Maar deze filosofen kunnen niet precies uitleggen hoe dat alles in zijn werk gaat en evenmin is het ooit mogelijk geweest om individuele zielen uit de oorspronkelijke Allerhoogste Ziel te snijden. Integendeel, de individuele zielen zijn eeuwige, afgescheiden deeltjes van de Allerhoogste Ziel. Omdat ze eeuwig (*sanātana*) atomische individuele zielen zijn, zijn ze vatbaar voor de bedekkende werking van de illusionerende energie, waardoor ze van het gezelschap van de Allerhoogste Heer worden afgezonderd. Het is zoals de vonken van een vuur wanneer ze zich buiten het vuur bevinden; deze vonken zullen de neiging hebben uit te doven, ook al zijn ze kwalitatief gezien één met het vuur.

In de *Varāha Purāṇa* worden de levende wezens beschreven als afgescheiden integrerende deeltjes van de Allerhoogste; dit is hun eeuwige positie, ook volgens de *Bhagavad-gītā*. Dus zelfs na bevrijd te zijn van illusie, behoudt het levend wezen een afzonderlijke identiteit, zoals blijkt uit wat de Heer Arjuna onderwijst. Arjuna raakte bevrijd door de kennis die hij van Kṛṣṇa ontving, maar hij werd nooit één met Kṛṣṇa.

TEKST 24 अच्छेद्योऽयमदाह्योऽयमक्लेद्योऽशोष्य एव च ।
नित्यः सर्वगतः स्थाणुरचलोऽयं सनातनः ॥ २४ ॥

acchedyo 'yam adāhyo 'yam, akledyo 'śoṣya eva ca
nityaḥ sarva-gataḥ sthāṇur, acalo 'yaṁ sanātanaḥ

acchedyaḥ — onbreekbaar; *ayam* — deze ziel; *adāhyaḥ* — onmogelijk te verbranden; *ayam* — deze ziel; *akledyaḥ* — onoplosbaar; *aśoṣyaḥ* — onmogelijk te verdrogen; *eva* — zeker; *ca* — en; *nityaḥ* — onsterfelijk; *sarva-gataḥ* — overal aanwezig; *sthāṇuḥ* — onveranderbaar; *acalaḥ* — onbeweegbaar; *ayam* — deze ziel; *sanātanaḥ* — eeuwig dezelfde.

Deze individuele ziel is onbreekbaar, onoplosbaar en kan verbrand noch verdroogd worden. Ze is onsterfelijk, overal aanwezig, onveranderlijk, onbeweegbaar en eeuwig dezelfde.

COMMENTAAR: Al deze eigenschappen van de atomische ziel bewijzen duidelijk dat de individuele ziel eeuwig een atomisch deeltje van het spirituele geheel is en dat ze eeuwig en onveranderlijk hetzelfde atoom blijft. De theorie van het monisme kan hier heel moeilijk toegepast worden, omdat de individuele ziel niet verondersteld wordt een homogene eenheid te vormen met dat spirituele geheel. Na haar bevrijding van materiële onzuiverheid zou de atoomachtige ziel er de voorkeur aan kunnen geven om als een spirituele vonk in de lichtstralen van de Allerhoogste Persoonlijkheid Gods te blijven, maar de intelligente zielen gaan naar de spirituele planeten om in het gezelschap van de Persoonlijkheid Gods te zijn.

Het woord *'sarva-gata'* ('overal aanwezig') is belangrijk, omdat het een feit is dat er overal in Gods schepping levende wezens zijn. Ze leven op het land, in het water, in de lucht, onder de grond en zelfs in het vuur. Het idee dat ze vernietigd worden in vuur is onhoudbaar, omdat hier duidelijk gesteld wordt dat de ziel niet door vuur kan worden verbrand. Ook op de zonneplaneet zijn er daarom ongetwijfeld levende wezens, die een geschikt lichaam hebben om daar te leven. Als de zonneplaneet onbewoond is, dan heeft het woord *'sarva-gata'* — 'overal levend' — geen enkele betekenis meer.

TEKST 25 अव्यक्तोऽयमचिन्त्योऽयमविकार्योऽयमुच्यते ।
तस्मादेवं विदित्वैनं नानुशोचितुमर्हसि ॥ २५ ॥

avyakto 'yam acintyo 'yam, avikāryo 'yam ucyate
tasmād evaṁ viditvainaṁ, nānuśocitum arhasi

avyaktaḥ — onzichtbaar; *ayam* — deze ziel; *acintyaḥ* — onvoorstelbaar; *ayam* — deze ziel; *avikāryaḥ* — onveranderlijk; *ayam* — deze ziel; *ucyate* — wordt gezegd; *tasmāt* — daarom; *evam* — zo; *viditvā* — het goed wetend; *enam* — deze ziel; *na* — niet; *anuśocitum* — treuren; *arhasi* — je moet.

Er wordt gezegd dat de ziel onzichtbaar, onvoorstelbaar en onveranderlijk is. Wanneer je dit weet, moet je niet treuren om het lichaam.

COMMENTAAR: Zoals al eerder is beschreven, is de ziel naar onze materiële maatstaven gemeten zo klein, dat ze zelfs door de krachtigste microscoop niet kan worden waargenomen; daarom is ze onzichtbaar. Wat betreft het bestaan van de ziel, zonder bewijs van de *śruti*, de Vedische wijsheid, kan niemand haar bestaan experimenteel vaststellen. We moeten deze waarheid aanvaarden, omdat er geen andere bron is om het bestaan van de ziel vast te stellen, ook al is het een waarneembaar feit. Er zijn veel dingen die we enkel en alleen op grond van hoger gezag moeten aanvaarden. Niemand kan het bestaan van zijn vader ontkennen op basis van het gezag van zijn moeder. Er bestaat geen andere bron om de identiteit van de vader vast te stellen dan het gezag van de moeder. Op dezelfde manier bestaat er geen andere mogelijkheid om de ziel te begrijpen dan door het bestuderen van de Veda's. Met andere woorden, door experimentele, menselijke kennis kan men zich geen voorstelling maken van de ziel. De ziel is bewustzijn en bewust; ook dat wordt in de Veda's verklaard en we moeten het aanvaarden.

In tegenstelling tot de veranderingen van het lichaam, vinden er in de ziel geen veranderingen plaats. Omdat ze eeuwig onveranderlijk is, blijft de ziel een atoom in vergelijking met de oneindige Allerhoogste Ziel. De Allerhoogste Ziel is oneindig groot en de atomische ziel is oneindig klein. Omdat de oneindig kleine ziel onveranderlijk is, kan ze nooit gelijk worden aan de oneindig grote ziel, de Allerhoogste Persoonlijkheid Gods. Dit concept van de ziel wordt in de Veda's op verschillende manieren herhaald om de bestendigheid van dit concept te benadrukken. Herhaling is noodzakelijk, omdat we op die manier een bepaald onderwerp grondig en zonder misvattingen kunnen begrijpen.

TEKST 26 अथ चैनं नित्यजातं नित्यं वा मन्यसे मृतम् ।
तथापि त्वं महाबाहो नैनं शोचितुमर्हसि ॥ २६ ॥

atha cainaṁ nitya-jātaṁ, nityaṁ vā manyase mṛtam
tathāpi tvaṁ mahā-bāho, nainaṁ śocitum arhasi

atha — maar als; *ca* — en; *enam* — deze ziel; *nitya-jātam* — voortdurend geboren; *nityam* — voor eeuwig; *vā* — of; *manyase* — je zo denkt; *mṛtam* — dood; *tathā api* — nog steeds; *tvam* — je; *mahā-bāho* — o sterkgearmde; *na* — nooit; *enam* — over de ziel; *śocitum* — treuren; *arhasi* — moet.

Wanneer je daarentegen denkt dat de ziel [of de levenssymptomen] altijd geboren wordt en voorgoed sterft, dan heb je nog geen reden tot treuren, o sterkgearmde.

COMMENTAAR: Er bestaat altijd een bepaald type filosofen, nagenoeg gelijk aan de boeddhisten, die niet geloven in het afzonderlijk bestaan van de ziel los van het lichaam. Toen Heer Kṛṣṇa de *Bhagavad-gītā* sprak, bestonden er ook zulke filosofen en ze stonden bekend als de *lokāyatika's* en *vaibhāṣika's*. Zulke filosofen beweren dat levensverschijnselen optreden wanneer er sprake is van een bepaalde rijpingsgraad van een materiële samenstelling. De moderne, materiële wetenschappers en materialistische filosofen houden er dezelfde gedachten op na. Volgens hen is het lichaam een combinatie van fysische elementen en door interactie tussen de fysische en chemische elementen ontwikkelen zich op een gegeven moment levensverschijnselen. De antropologie is op deze filosofie gebaseerd. Tegenwoordig hangen veel pseudoreligies, die nu in Amerika in de mode zijn, deze filosofie en die van de nihilistische, niet-devotionele boeddhistische scholen aan.

Zelfs al geloofde Arjuna niet in het bestaan van de ziel — zoals in de *vaibhāṣika*-filosofie — dan zou er nog geen reden tot treuren zijn. Niemand betreurt het verlies van een bepaalde massa chemicaliën en geeft er zijn voorgeschreven plicht voor op. In de moderne wetenschap en tijdens wetenschappelijke oorlogvoering worden zoveel tonnen chemicaliën verspild om de overwinning op de vijand te behalen.

Volgens de *vaibhāṣika*-filosofie verdwijnt de ziel of de *ātmā* tegelijkertijd met het verval van het lichaam. Hoe dan ook, of Arjuna nu de Vedische conclusie aanvaardde dat er een atomische ziel bestaat of niet in het bestaan van de ziel geloofde, in beide gevallen had hij geen reden tot treuren. Omdat er volgens deze theorie ieder moment zoveel levende wezens uit materie voortkomen en er ieder moment zoveel van hen worden vernietigd, is er geen enkele reden om zulke gebeurtenissen te betreuren. Als er voor de ziel geen wedergeboorte zou bestaan, dan zou Arjuna geen reden hebben om bang te zijn voor karmische reacties op zonden vanwege het doden van zijn grootvader en zijn leraar. Maar tegelijkertijd spreekt Kṛṣṇa hem sarcastisch aan met *mahā-bāhu*, sterkgearmde, omdat Hij in ieder geval de theorie van de *vaibhāṣika's*, die de Vedische wijsheid naast zich neerlegt, niet aanvaardde. Als *kṣatriya* maakte Arjuna deel uit van de Vedische cultuur en daarom hoorde hij de principes van deze cultuur te blijven volgen.

TEKST 27

जातस्य हि ध्रुवो मृत्युर्ध्रुवं जन्म मृतस्य च ।
तस्मादपरिहार्येऽर्थे न त्वं शोचितुमर्हसि ॥ २७ ॥

jātasya hi dhruvo mṛtyur, dhruvaṁ janma mṛtasya ca
tasmād aparihārye 'rthe, na tvaṁ śocitum arhasi

jātasya — van iemand die geboren is; *hi* — zeker; *dhruvaḥ* — een feit; *mṛtyuḥ* — de dood; *dhruvam* — het is ook een feit; *janma* — geboorte; *mṛtasya* — van de dode; *ca* — en; *tasmāt* — daarom; *aparihārye* — van dat wat onvermijdelijk is; *arthe* — over; *na* — niet; *tvam* — jij; *śocitum* — treuren; *arhasi* — moet.

Wie geboren is, zal zeker sterven en wordt na de dood zeker weer geboren. Je moet daarom tijdens de onvermijdelijke vervulling van je plicht niet treuren.

COMMENTAAR: De activiteiten die men tijdens zijn leven verricht, bepalen de volgende geboorte. Nadat men de activiteiten voor een bepaalde termijn heeft beëindigd, zal men sterven om geboren te worden voor een volgende termijn. Op die manier gaat men zonder bevrijding van de ene kringloop van geboorte en dood naar een andere. Deze kringloop van geboorte en dood rechtvaardigt echter niet het bestaan van nodeloze moord, slachting en oorlog. Maar geweld en oorlog zijn onvermijdelijke factoren in het handhaven van de wet in de menselijke samenleving.

Omdat de Slag van Kurukṣetra volgens de wil van de Allerhoogste plaatsvond, was hij onvermijdelijk, en het is de plicht van de *kṣatriya* om voor een goede zaak te vechten. Waarom zou Arjuna bang moeten zijn voor of zich bedroefd moeten voelen over de dood van zijn familieleden als hij gewoon bezig was met het vervullen van zijn plicht? Hij hoefde geen enkele wet te overtreden waarbij hij zou worden onderworpen aan het karma voor zondige activiteiten waar hij zo bang voor was. Door zich aan zijn eigen plicht te onttrekken, zou hij de dood van zijn familieleden niet kunnen afwenden, maar zelf zou hij wel degraderen door te kiezen voor een verkeerde manier van handelen.

TEKST 28 अव्यक्तादीनि भूतानि व्यक्तमध्यानि भारत ।
व्यक्तनिधनान्येव तत्र का परिदेवना ॥ २८ ॥

avyaktādīni bhūtāni, vyakta-madhyāni bhārata
avyakta-nidhanāny eva, tatra kā paridevanā

avyakta-ādīni — aanvankelijk ongemanifesteerd; *bhūtāni* — iedereen die geschapen is; *vyakta* — gemanifesteerd; *madhyāni* — in het midden; *bhārata* — o afstammeling van Bharata; *avyakta* — ongemanifesteerd; *nidhanāni* — wanneer vernietigd; *eva* — zo is het; *tatra* — daarom; *kā* — wat; *paridevanā* — getreur.

Alle geschapen wezens zijn aanvankelijk ongemanifesteerd, in hun tussentoestand zijn ze gemanifesteerd en wanneer ze worden vernietigd zijn ze opnieuw ongemanifesteerd. Wat valt er dus te treuren?

COMMENTAAR: Ervan uitgaande dat er twee typen filosofen zijn, een die wel en een die niet in het bestaan van de ziel gelooft, is er in beide gevallen geen reden tot treuren. Zij die de Vedische wijsheid aanvaarden noemen degenen die niet in het bestaan van de ziel geloven, atheïsten. Maar stel dat we deze atheïstische theorie aanvaarden, dan nog is er geen reden tot treuren. Afgezien van het afzonderlijk bestaan van de ziel, bevinden de materiële elementen zich vóór de schepping in een ongemanifesteerde toestand. Uit deze subtiele toestand van niet-gemanifesteerd zijn komt het gemanifesteerde voort, net zoals ether lucht voortbrengt, vuur water voortbrengt en aarde door water wordt gemanifesteerd.

Vanuit de aarde worden vele verschillende dingen gemanifesteerd. Neem bijvoorbeeld een grote wolkenkrabber die vanuit de aarde gemanifesteerd wordt; op het moment dat deze wordt afgebroken, wordt het gemanifesteerde opnieuw ongemanifesteerd en blijven uiteindelijk alleen de atomen bestaan. De wet van behoud van energie blijft gelden, maar in de loop van de tijd worden dingen gemanifesteerd en raken ze ongemanifesteerd, dat is het verschil. Wat valt er dan te treuren in zowel de toestand van manifest zijn als in de toestand van niet-manifest zijn? Hoe dan ook, zelfs in de ongemanifesteerde toestand gaat er niets verloren. Zowel aan het begin als aan het eind blijven alle elementen ongemanifesteerd en alleen in het midden zijn ze gemanifesteerd, maar materieel gezien maakt dat geen verschil.'

En als we eenmaal de Vedische conclusie aanvaarden zoals die in de *Bhagavad-gītā* weergegeven wordt, namelijk dat materiële lichamen uiteindelijk vergankelijk zijn (*antavanta ime dehāḥ*), maar dat de ziel eeuwig is (*nityasyoktāḥ śarīriṇaḥ*), dan moeten we ons er altijd van bewust zijn dat het lichaam net een stel kleren is, en waarom zouden we treuren om het verwisselen van een stel kleren? Het materiële lichaam heeft in relatie tot de eeuwige ziel geen feitelijk bestaan. Het is net zoiets als een droom. Wanneer we dromen denken we soms dat we vliegen of dat we als een koning op een strijdwagen zitten, maar als we wakker worden beseffen we dat we niet vliegen en evenmin op een strijdwagen zitten. De Vedische wijsheid moedigt zelfrealisatie aan op basis van het niet-bestaan van het materiële lichaam. Dus of men nu wel of niet in het bestaan van de ziel gelooft, in beide gevallen is er geen reden tot treuren om het verlies van het lichaam.

TEKST 29 आश्चर्यवत्पश्यति कश्चिदेनम् आश्चर्यवद्वदति तथैव चान्यः ।
आश्चर्यवच्चैनमन्यः शृणोति श्रुत्वाप्येनं वेद न चैव कश्चित् ॥ २९ ॥

āścarya-vat paśyati kaścid enam
āścarya-vad vadati tathaiva cānyaḥ
āścarya-vac cainam anyaḥ śṛṇoti
śrutvāpy enaṁ veda na caiva kaścit

āścarya-vat — als verbazingwekkend; *paśyati* — ziet; *kaścit* — iemand; *enam* — deze ziel; *āścarya-vat* — als verbazingwekkend; *vadati* — spreekt over; *tathā* — zo; *eva* — zeker; *ca* — en; *anyaḥ* — een ander; *āścarya-vat* — even verbazingwekkend; *ca* — en; *enam* — deze ziel; *anyaḥ* — een andere; *śṛṇoti* — hoort over; *śrutvā* — gehoord hebbend; *api* — zelfs; *enam* — deze ziel; *veda* — weet; *na* — nooit; *ca* — en; *eva* — zeker; *kaścit* — iemand.

Sommigen zien dat de ziel verbazingwekkend is, sommigen beschrijven haar als verbazingwekkend en sommigen horen dat ze verbazingwekkend is, terwijl anderen, zelfs wanneer ze over haar gehoord hebben, helemaal niets van haar begrijpen.

COMMENTAAR: Omdat de *Gītopaniṣad* voor een groot deel gebaseerd is op de principes van de *upaniṣads* is het niet verrassend dat deze passage ook terug te vinden is in de *Kaṭha Upaniṣad* (1.2.7):

śravaṇayāpi bahubhir yo na labhyaḥ, śṛṇvanto 'pi bahavo yaṁ na vidyuḥ
āścaryo vaktā kuśalo 'sya labdhā, āścaryo 'sya jñātā kuśalānuśiṣṭaḥ

Het feit dat de atomische ziel zich in het lichaam van een reusachtig dier bevindt of in een reusachtige banyan-boom, maar daarnaast ook aanwezig is in microscopische bacteriën waarvan er zich miljoenen en miljarden op een vierkante centimeter bevinden, is zeker zeer verbazingwekkend. Mensen met armzalige kennis en mensen die geen ascetisch leven leiden, kunnen de wonderen van de individuele, atomische spirituele vonk niet begrijpen, ook al wordt ze door de meest gezaghebbende autoriteit uitgelegd, die deze kennis zelfs aan Brahmā gaf, het eerste levend wezen in het universum. Door hun grofstoffelijke opvatting van dingen kunnen de meeste mensen in dit tijdperk zich niet voorstellen hoe zo'n klein deeltje zo groot en ook zo klein kan worden. Mensen beschouwen de ziel dus als iets wonderbaarlijks, ofwel omdat ze haar wezen zien ofwel omdat dit aan hen beschreven wordt. Begoocheld als ze zijn door de materiële energie, zijn de mensen zo druk bezig met onderwerpen die te maken hebben met zinsbevrediging, dat ze maar heel weinig tijd hebben om te begrijpen wie ze zelf zijn, ook al is het een feit dat als men geen begrip van het zelf heeft, alle activiteiten in de strijd om het bestaan uiteindelijk op een nederlaag uitlopen. Misschien hebben ze er geen idee van dat ze aan de ziel moeten denken om de materiële ellende op te lossen.

Sommige mensen die bereid zijn over de ziel te horen, wonen af en toe in goed gezelschap lezingen bij, maar worden soms door onwetendheid misleid en aanvaarden dan dat de Superziel en de atomische ziel een en dezelfde zijn en niet verschillen in grootheid. Het is heel moeilijk om iemand te vinden die een perfect begrip heeft van de positie van de Superziel en de atomische ziel, hun respectievelijke functies en relaties en alle andere belangrijke en bijkomende details. En nog moeilijker is het om iemand te vinden die werkelijk alle profijt heeft gehaald uit de kennis van de ziel en die de positie van de ziel in al haar veelzijdigheid kan beschrijven. Maar als iemand op de een of andere manier in staat is om de kennis van de ziel te begrijpen, dan is zijn leven volmaakt.

De eenvoudigste manier om de kennis van het zelf te begrijpen is door de uitspraken van de *Bhagavad-gītā*, die gesproken werd door de hoogste autoriteit, Heer Kṛṣṇa, te aanvaarden, zonder zich door andere theorieën te laten afleiden. Maar daarnaast is er ook een hoeveelheid ascese en opoffering vereist, hetzij in dit leven, hetzij in vorige levens, voordat men Kṛṣṇa als de Allerhoogste Persoonlijkheid Gods kan aanvaarden. Kṛṣṇa kan echter als zodanig worden gekend door de grondeloze genade van de zuivere toegewijde en op geen andere manier.

TEKST 30 देही नित्यमवध्योऽयं देहे सर्वस्य भारत ।
तस्मात्सर्वाणि भूतानि न त्वं शोचितुमर्हसि ॥ ३० ॥

dehī nityam avadhyo 'yaṁ, dehe sarvasya bhārata
tasmāt sarvāṇi bhūtāni, na tvaṁ śocitum arhasi

dehī — de eigenaar van het materiële lichaam; *nityam* — eeuwig; *avadhyaḥ* — kan niet gedood worden; *ayam* — deze ziel; *dehe* — in het lichaam; *sarvasya* — van iedereen; *bhārata* — o afstammeling van Bharata; *tasmāt* — daarom; *sarvāṇi* — alle; *bhūtāni* — levende wezens (die geboren zijn); *na* — nooit; *tvam* — jij; *śocitum* — treuren; *arhasi* — moet.

O afstammeling van Bharata, degene die in het lichaam verblijft, kan nooit worden gedood. Daarom hoef je om geen enkel levend wezen te treuren.

COMMENTAAR: De Heer beëindigt hier het gedeelte van kennis over de onveranderlijke ziel. Door de onsterfelijke ziel op verschillende manieren te beschrijven, legt Kṛṣṇa vast dat de ziel onsterfelijk is en het lichaam tijdelijk. Als *kṣatriya* zou Arjuna zijn plicht daarom niet moeten verzaken uit angst dat zijn Grootvader en zijn leraar — Bhīṣma en Droṇa — in de strijd zouden sneuvelen. Op gezag van Śrī Kṛṣṇa moeten we geloven dat er een ziel bestaat die van het lichaam verschilt, en niet dat er niet zoiets is als de ziel of dat de levensverschijnselen optreden tijdens een bepaalde materiële rijpingsgraad, die voortkomt uit de interacties tussen chemicaliën. Hoewel de ziel onsterfelijk is, wordt gewelddadigheid niet aangemoedigd, maar tijdens een oorlog, wanneer geweld daadwerkelijk noodzakelijk is, wordt het ook niet ontmoedigd. Zo'n noodzaak tot geweld moet gerechtvaardigd zijn door de goedkeuring van de Heer en kan niet op eigen gezag worden bepaald.

TEKST 31 स्वधर्ममपि चावेक्ष्य न विकम्पितुमर्हसि ।
धर्म्याद्धि युद्धाच्छ्रेयोऽन्यत्क्षत्रियस्य न विद्यते ॥ ३१ ॥

sva-dharmam api cāvekṣya, na vikampitum arhasi
dharmyād dhi yuddhāc chreyo 'nyat, kṣatriyasya na vidyate

sva-dharmam — iemands voorgeschreven religieuze principes; *api* — ook; *ca* — zeker; *avekṣya* — rekening houdend met; *na* — nooit; *vikampitum* — aarzelen; *arhasi* — je moet; *dharmyāt* — voor religieuze principes; *hi* — zeker; *yuddhāt* — dan te strijden; *śreyaḥ* — betere bezigheid; *anyat* — alle andere; *kṣatriyasya* — van de *kṣatriya*; *na* — niet; *vidyate* — bestaat.

Omdat je voorgeschreven plicht die van een kṣatriya is, zou je ervan doordrongen moeten zijn dat er voor jou geen betere bezigheid is dan te strijden volgens religieuze principes; er is dus geen reden tot aarzelen.

COMMENTAAR: Van de vier klassen binnen het sociale bestel wordt de tweede klasse, die voor een goed bestuur moet zorgen, *kṣatriya* genoemd. *Kṣat* betekent 'verwonden'. Wie bescherming tegen kwaad biedt, wordt een *kṣatriya* genoemd (*trāyate* — bescherming geven). De *kṣatriya's* worden in het bos getraind om te doden. Vroeger ging een *kṣatriya* het woud in om met het zwaard een tweegevecht aan te gaan met een tijger. Was de tijger eenmaal gedood, dan kreeg deze de koninklijke eer gecremeerd te worden. Dit is tot op de dag van vandaag nog steeds een gebruik van de *kṣatriya*-koningen van de staat Jaipur. *Kṣatriya's* worden speciaal getraind in uitdagen en doden, omdat geweld soms noodzakelijk is voor een religieuze zaak. Het is daarom dan ook niet de bedoeling dat *kṣatriya's* rechtstreeks de levensorde van *sannyāsa* of van onthechting aanvaarden. In de politiek kan geweldloosheid een diplomatieke tactiek zijn, maar het is nooit een grondbeginsel. In de religieuze wetboeken wordt gesteld:

āhaveṣu mitho 'nyonyaṁ, jighāṁsanto mahī-kṣitaḥ
yuddhamānāḥ paraṁ śaktyā, svargaṁ yānty aparāṅ-mukhāḥ

yajñeṣu paśavo brahman, hanyante satataṁ dvijaiḥ
saṁskṛtāḥ kila mantraiś ca, te 'pi svargam avāpnuvan

'Wanneer een koning of *kṣatriya* op het slagveld strijd levert met een vijandige koning, dan is hij gekwalificeerd om na zijn dood de hemelse planeten te bereiken, zoals ook de *brāhmaṇa's* de hemelse planeten bereiken door dieren te offeren in het offervuur.' Vandaar dat het doden van vijanden op het slagveld op basis van religieuze principes en het doden van dieren in het heilige offervuur beslist niet als daden van geweld worden beschouwd, omdat iedereen baat heeft bij de religieuze principes die ermee verbonden zijn. Het offerdier krijgt onmiddellijk een menselijke levensvorm zonder dat het via een geleidelijk evolutionair proces van de ene levensvorm naar de andere hoeft te gaan, en de *kṣatriya's* die op het slagveld worden gedood, bereiken de hemelse planeten, net als de *brāhmaṇa's* die offers verrichten.

Er bestaan twee soorten *sva-dharma's* of specifieke plichten. Zolang men nog niet bevrijd is, moet men, in overeenstemming met de religieuze principes, de plichten vervullen die bij zijn bepaalde lichaam horen om bevrijding te bereiken. Is men eenmaal bevrijd, dan is het *sva-dharma*, de specifieke plicht, spiritueel en niet meer onderhevig aan een materiële en lichamelijke levensopvatting. Binnen een lichamelijke levensopvatting zijn er verschillende plichten voor de *brāhmaṇa's* en de *kṣatriya's* en zulke plichten zijn onvermijdelijk. Ieders *sva-dharma* wordt door de Heer voorgeschreven; dit zal in het vierde hoofdstuk worden verduidelijkt. Op het lichamelijk niveau wordt *sva-dharma* aangeduid met *varṇāśrama-dharma* of de springplank voor de mens om tot spirituele bewustwording te komen. Van menselijke samenleving is sprake vanaf het niveau van *varṇāśrama-dharma* of de specifieke plichten overeenkomstig de specifieke hoedanigheden van de natuur die bij het lichaam horen dat men gekregen heeft. Wie binnen welk type activiteiten dan ook zijn specifieke plicht vervult in overeenstemming met de instructies van hogere autoriteiten, zal daardoor tot een hoger bestaansniveau worden verheven.

TEKST 32 यदृच्छया चोपपन्नं स्वर्गद्वारमपावृतम् ।
सुखिनः क्षत्रियाः पार्थ लभन्ते युद्धमीदृशम् ॥ ३२ ॥

yadṛcchayā copapannaṁ svarga-dvāram apāvṛtam
sukhinaḥ kṣatriyāḥ pārtha, labhante yuddham īdṛśam

yadṛcchayā — vanzelf; *ca* — en; *upapannam* — aangekomen; *svarga* — van de hemelse planeten; *dvāram* — deur; *apāvṛtam* — wijd open; *sukhinaḥ* — heel gelukkig; *kṣatriyāḥ* — de leden van de koninklijke orde; *pārtha* — o zoon van Pṛthā; *labhante* — bereiken zeker; *yuddham* — oorlog; *īdṛśam* — zoals deze.

O Pārtha, fortuinlijk zijn de kṣatriya's aan wie zich zulke gelegenheden om te strijden voordoen zonder dat ze daarnaar op zoek waren, want de deuren van de hemelse planeten gaan zo voor hen open.

COMMENTAAR: Als de allerhoogste leraar van de wereld verwerpt Kṛṣṇa het standpunt van Arjuna, die zei: 'Ik zie geen enkel heil in dit gevecht. Het zal alleen een eeuwig verblijf in de hel opleveren.' Zulke beweringen van Arjuna waren alleen te wijten aan onwetendheid. Tijdens het vervullen van zijn specifieke plicht wilde hij geweldloos worden. Dat een *kṣatriya* op het slagveld geweldloos wordt, is een filosofie van dwazen. In de *Parāśara-smṛti*, de religieuze voorschriften opgesteld door de grote wijze Parāśara, de vader van Vyāsadeva, wordt gezegd:

kṣatriyo hi prajā rakṣan, śastra-pāṇiḥ pradaṇḍayan
nirjitya para-sainyādi, kṣitiṁ dharmeṇa pālayet

'De *kṣatriya* heeft de plicht de burgers te beschermen tegen allerlei moeilijkheden en om die reden moet hij in de juiste gevallen geweld toepassen om de orde te handhaven. Hij moet daarom de soldaten van vijandige koningen verslaan en dan volgens religieuze principes over de wereld regeren.' Alles welbeschouwd had Arjuna geen reden om zich uit de strijd terug te trekken. Als hij zijn vijanden zou verslaan, zou hij van het koninkrijk kunnen genieten en mocht hij sneuvelen in de strijd, dan zou hij verheven worden naar de hemelse planeten, waar de deuren wijd voor hem openstonden. In beide gevallen was het in zijn voordeel de strijd aan te gaan.

TEKST 33 अथ चेत्त्वमिमं धर्म्यं सङ्ग्रामं न करिष्यसि ।
ततः स्वधर्मं कीर्तिं च हित्वा पापमवाप्स्यसि ॥ ३३ ॥

atha cet tvam imaṁ dharmyaṁ, saṅgrāmaṁ na kariṣyasi
tataḥ sva-dharmaṁ kīrtiṁ ca, hitvā pāpam avāpsyasi

atha — daarom; *cet* — als; *tvam* — jij; *imam* — deze; *dharmyam* — als een religieuze plicht; *saṅgrāmam* — strijden; *na* — niet; *kariṣyasi* — verricht; *tataḥ* — dan; *sva-dharmam* — je religieuze plicht; *kīrtim* — reputatie; *ca* — en; *hitvā* — verliezend; *pāpam* — karmische reactie op zonden; *avāpsyasi* — zal verwerven.

Vervul je daarentegen je religieuze plicht om te strijden niet, dan zul je door je plichten te verwaarlozen zeker zonden begaan en daardoor je reputatie als strijder verliezen.

COMMENTAAR: Arjuna was een beroemd strijder en die roem had hij verworven door met vele grote halfgoden te vechten, waaronder zelfs Heer Śiva. Nadat Arjuna Heer Śiva, die zich als jager gekleed had, bevochten en verslagen had, was de heer voldaan en als beloning ontving Arjuna het wapen genaamd *pāśupata-astra*. Iedereen wist dat hij een groot strijder was. Zelfs Droṇācārya had hem zijn zegeningen gegeven en had hem een speciaal wapen geschonken waarmee hij zelfs zijn leraar zou kunnen doden. Hij had dus van verschillende autoriteiten, waaronder zijn natuurlijke vader, Indra, de hemelkoning, talloze militaire onderscheidingen gekregen. Maar als hij het slagveld zou verlaten, zou hij niet alleen zijn specifieke plicht als *kṣatriya* veronachtzamen, maar hij zou ook zijn roem en reputatie verliezen en daardoor voor zichzelf een koninklijke weg naar de hel effenen. Met andere woorden, hij zou niet naar de hel gaan door te strijden, maar door zich uit de strijd terug te trekken.

TEKST 34 अकीर्तिं चापि भूतानि कथयिष्यन्ति तेऽव्ययाम् ।
सम्भावितस्य चाकीर्तिर्मरणादतिरिच्यते ॥ ३४ ॥

akīrtiṁ cāpi bhūtāni, kathayiṣyanti te 'vyayām
sambhāvitasya cākīrtir, maraṇād atiricyate

akīrtim — schande; *ca* — ook; *api* — bovendien; *bhūtāni* — alle mensen; *kathayiṣyanti* — zullen spreken; *te* — over jou; *avyayām* — voor altijd; *sambhāvitasya* — voor een eerbiedwaardig man; *ca* — en; *akīrtiḥ* — schande; *maraṇāt* — dan de dood; *atiricyate* — te boven gaan.

De mensen zullen altijd schande van je spreken en voor eerbiedwaardige personen is schande erger dan de dood.

COMMENTAAR: Heer Kṛṣṇa geeft Arjuna nu zowel als vriend als filosoof Zijn definitieve oordeel over het feit dat Arjuna weigert te vechten. De Heer zegt: 'Arjuna, als je het slagveld nog voordat de strijd begint verlaat, zullen de mensen je een lafaard noemen. En als je denkt dat de mensen je dan mogen bespotten, maar dat jij je leven zult redden door van het slagveld weg te vluchten, dan is Mijn advies dat je er beter aan doet in de strijd te sneuvelen. Voor een eerbiedwaardig persoon als jij is schande erger dan de dood. Vlucht daarom niet uit angst voor je leven; het is beter om te sterven in de strijd. Dat zal je redden van de schande die over je zal komen als je Mijn vriendschap misbruikt en het zal voorkomen dat je je prestige in de samenleving verliest.'

Het eindoordeel van de Heer was dat Arjuna beter in de strijd kon sneuvelen, dan zich terug te trekken.

TEKST 35 भयाद्रणादुपरतं मंस्यन्ते त्वां महारथाः ।
येषां च त्वं बहुमतो भूत्वा यास्यसि लाघवम् ॥ ३५ ॥

bhayād raṇād uparataṁ, maṁsyante tvāṁ mahā-rathāḥ
yeṣāṁ ca tvaṁ bahu-mato, bhūtvā yāsyasi lāghavam

bhayāt — uit angst; *raṇāt* — het slagveld; *uparatam* — verlaten; *maṁsyante* — ze zullen denken; *tvām* — jou; *mahā-rathāḥ* — de grote veldheren; *yeṣām* — voor wie; *ca* — en; *tvam* — jij; *bahu-mataḥ* — hoge achting hebben voor; *bhūtvā* — geweest; *yāsyasi* — je zult gaan; *lāghavam* — verminderd respect.

De grote legeraanvoerders, die jouw naam en eer altijd hoog achtten, zullen denken dat je het slagveld enkel en alleen uit angst hebt verlaten en zullen je daarom onbeduidend vinden.

COMMENTAAR: Heer Kṛṣṇa zet Zijn mening verder uiteen aan Arjuna: 'Denk niet dat generaals als Duryodhana, Karṇa en andere tijdgenoten zullen denken dat je het slagveld hebt verlaten uit mededogen voor je broers en Grootvader. Ze zullen denken dat je bent weggegaan uit angst voor je leven. Zo zal de hoge achting die ze voor je persoonlijkheid hebben naar de hel gaan.'

TEKST 36 अवाच्यवादांश्च बहून्वदिष्यन्ति तवाहिताः ।
निन्दन्तस्तव सामर्थ्यं ततो दुःखतरं नु किम् ॥ ३६ ॥

avācya-vādāṁś ca bahūn, vadiṣyanti tavāhitāḥ
nindantas tava sāmarthyaṁ, tato duḥkhataraṁ nu kim

avācya — beledigende; *vādān* — verzonnen woorden; *ca* — ook; *bahūn* — veel; *vadiṣyanti* — zullen zeggen; *tava* — jouw; *ahitāḥ* — vijanden; *nindantaḥ* — verachtend; *tava* — jouw; *sāmarthyam* — bekwaamheid; *tataḥ* — dan dat; *duḥkhataram* — pijnlijker; *nu* — natuurlijk; *kim* — wat is er.

Je vijanden zullen je met vele smalende woorden belasteren en je bekwaamheid bespotten. Wat kan er pijnlijker voor je zijn dan dat?

COMMENTAAR: In het begin was Heer Kṛṣṇa verbaasd over Arjuna's ongepast pleidooi voor mededogen en Hij beschreef zulk mededogen als passend bij niet-Ārya's. Nu heeft Hij Zijn uitspraken tegen het zogenaamde mededogen van Arjuna uitvoerig bewezen.

TEKST 37 हतो वा प्राप्स्यसि स्वर्गं जित्वा वा भोक्ष्यसे महीम् ।
तस्मादुत्तिष्ठ कौन्तेय युद्धाय कृतनिश्चयः ॥ ३७ ॥

hato vā prāpsyasi svargaṁ, jitvā vā bhokṣyase mahīm
tasmād uttiṣṭha kaunteya, yuddhāya kṛta-niścayaḥ

hataḥ — gedood; *vā* — of; *prāpsyasi* — je bereikt; *svargam* — het hemelse koninkrijk; *jitvā* — door te overwinnen; *vā* — of; *bhokṣyase* — je geniet; *mahīm* — de wereld; *tasmāt* — daarom; *uttiṣṭha* — sta op; *kaunteya* — o zoon van Kuntī; *yuddhāya* — om te strijden; *kṛta* — vastberaden; *niścayaḥ* — met zekerheid.

O zoon van Kuntī, óf je wordt op het slagveld gedood en je bereikt de hemelse planeten, óf je wint de strijd en geniet van je koninkrijk hier op aarde. Wees daarom vastberaden en sta op en strijd.

COMMENTAAR: Hoewel de overwinning voor Arjuna's zijde niet zeker was, moest Arjuna toch vechten, want zelfs als hij daar zou sneuvelen, dan zou hij naar de hemelse planeten verheven worden.

TEKST 38 सुखदुःखे समे कृत्वा लाभालाभौ जयाजयौ ।
ततो युद्धाय युज्यस्व नैवं पापमवाप्स्यसि ॥ ३८ ॥

sukha-duḥkhe same kṛtvā, lābhālābhau jayājayau
tato yuddhāya yujyasva, naivaṁ pāpam avāpsyasi

sukha — vreugde; *duḥkhe* — en verdriet; *same* — in gelijkmoedigheid; *kṛtvā* — door zo te doen; *lābha-alābhau* — zowel winst als verlies; *jaya-ajayau* — zowel overwinning als nederlaag; *tataḥ* — daarna; *yuddhāya* — om het strijden zelf; *yujyasva* — verricht (strijd); *na* — nooit; *evam* — zo; *pāpam* — karmische reacties op zonden; *avāpsyasi* — je zult verwerven.

Strijd om het strijden zelf, zonder te denken aan geluk of verdriet, winst of verlies, overwinning of nederlaag; wanneer je zo handelt, zul je nooit tot zonde vervallen.

COMMENTAAR: Heer Kṛṣṇa zegt nu onomwonden dat Arjuna moet vechten om het vechten zelf, omdat Hij deze strijd verlangt. Bij Kṛṣṇa-bewuste activiteiten zijn geluk of ellende, winst of verlies, overwinning of nederlaag niet belangrijk. Transcendentaal bewustzijn houdt in dat alles voor Kṛṣṇa moet worden gedaan; op die manier is er geen karma voor materiële activiteiten. Wie voor zijn eigen zinsbevrediging handelt, of het nu in goedheid is of in hartstocht, is onderhevig aan goed of slecht karma. Maar wie zich volledig heeft overgegeven aan Kṛṣṇa-bewuste activiteiten, heeft tegenover niemand nog verplichtingen en is niemand iets verschuldigd, zoals dat normaal wel het geval is. Er wordt gezegd:

devarṣi-bhūtāpta-nṛṇāṁ pitṝṇāṁ, na kiṅkaro nāyam ṛṇī ca rājan
sarvātmanā yaḥ śaraṇaṁ śaraṇyaṁ, gato mukundaṁ parihṛtya kartam

'Wie zich volledig heeft overgegeven aan Kṛṣṇa, Mukunda, en alle andere plichten heeft opgegeven, heeft geen schulden meer en hoeft zich tegenover niemand verplicht te voelen — niet tegenover de halfgoden, de wijzen, de mensen in het algemeen, de familieleden, de mensheid of tegenover de voorouders.' (*Bhāg.* 11.5.41) Dat is de indirecte aanwijzing die Kṛṣṇa Arjuna in dit vers geeft en in de volgende verzen zal dit nog duidelijker worden uitgelegd.

TEKST 39 एषा तेऽभिहिता सांख्ये बुद्धिर्योगे त्विमां शृणु ।
बुद्ध्या युक्तो यया पार्थ कर्मबन्धं प्रहास्यसि ॥ ३९ ॥

eṣā te 'bhihitā sāṅkhye, buddhir yoge tv imāṁ śṛṇu
buddhyā yukto yayā pārtha, karma-bandhaṁ prahāsyasi

eṣā — dit alles; *te* — aan jou; *abhihitā* — beschreven; *sāṅkhye* — volgens analytische filosofie; *buddhiḥ* — intelligentie; *yoge* — als activiteit die niet resultaatgericht is; *tu* — maar; *imām* — dit; *śṛṇu* — luister; *buddhyā* — door intelligentie; *yuktaḥ* — verbonden; *yayā* — waardoor; *pārtha* — o zoon van Pṛthā; *karma-bandham* — gebondenheid door karma; *prahāsyasi* — je kunt bevrijd worden van.

Tot dusver heb Ik je deze kennis op analytische wijze uitgelegd; luister nu hoe Ik haar omschrijf met betrekking tot het verrichten van activiteiten die geen karma opleveren. O zoon van Pṛthā, handel je volgens deze kennis, dan kun je jezelf bevrijden van de gebondenheid die veroorzaakt wordt door activiteiten.

COMMENTAAR: Volgens de *Nirukti*, het Vedisch woordenboek, betekent *saṅkhyā* dat wat dingen gedetailleerd beschrijft en *sāṅkhya* verwijst naar die filosofie die de ware natuur van de ziel beschrijft. En yoga heeft betrekking op het beheersen van de zintuigen.

Arjuna's idee om niet te vechten was gebaseerd op zinsbevrediging. Hij vergat wat zijn belangrijkste plicht was en wilde stoppen met vechten, omdat hij dacht dat hij gelukkiger zou worden door zijn familieleden en verwanten niet te doden, dan door te genieten van het koninkrijk na de overwinning op zijn neven en broers, de zonen van Dhṛtarāṣṭra. Deze twee gedachtegangen waren gebaseerd op zinsbevrediging. Zowel het geluk verkregen door hen te verslaan als het geluk verkregen door hen levend en wel te zien, is gebaseerd op persoonlijke zinsbevrediging, waarbij zelfs wijsheid en plicht worden opgeofferd. Kṛṣṇa wilde Arjuna daarom uitleggen dat het doden van het lichaam van zijn Grootvader niet betekende dat de ziel zelf werd gedood en Hij legde uit dat alle individuele personen, de Heer Zelf inbegrepen, eeuwige individuen zijn; in het verleden waren ze individuen, in het heden zijn ze individuen en in de toekomst zullen ze individuen blijven, omdat we allemaal eeuwig individuele zielen zijn. We veranderen eenvoudig ons lichamelijk kostuum op verschillende manieren, maar eigenlijk houden we onze individualiteit zelfs nadat we bevrijd zijn van de gebondenheid in het materiële kostuum. Heer Kṛṣṇa heeft de analytische studie van ziel en lichaam heel treffend uitgelegd en deze kennis die de ziel en het lichaam vanuit verschillende standpunten beschrijft, wordt hier, uitgaande van het *Nirukti*-woordenboek, aangeduid met *sāṅkhya.*

Deze *sāṅkhya* heeft niets te maken met de *sāṅkhya*-filosofie van de atheïstische Kapila. Ver vóór de *sāṅkhya* van de bedrieger Kapila werd de *sāṅkhya*-filosofie al door de werkelijke Heer Kapila, de incarnatie van Heer Kṛṣṇa, uiteen gezet in het *Śrīmad-Bhāgavatam*, toen Hij deze aan Zijn moeder Devahūti uitlegde. Hij legt duidelijk uit dat de *puruṣa* of de Allerhoogste Heer actief is en dat Hij creëert door Zijn blik over de *prakṛti* te laten gaan. Dit wordt in de Veda's en ook in de *Gītā* aanvaard. De beschrijving in de Veda's geeft aan dat de Heer Zijn blik over de *prakṛti*, de materiële natuur, laat gaan en haar zwanger maakt met atomische individuele zielen. Al deze individuele zielen werken in de materiële wereld voor zinsbevrediging en omdat ze in de ban van de materiële energie zijn, denken ze dat ze genieters zijn. Deze mentaliteit wordt tot op het laatste punt van bevrijding voortgesleept wanneer het levend wezen één wil worden met de Heer. Dit is de laatste valstrik van *māyā*, de illusie van zinsbevrediging. Pas na vele, vele levens van zulke activiteiten van zinsbevrediging geeft een grote ziel zich over aan Vāsudeva, Heer Kṛṣṇa, waarmee de zoektocht naar de uiteindelijke waarheid volbracht is.

Arjuna heeft Kṛṣṇa al als zijn spiritueel leraar aanvaard door zich aan Hem over te geven: *śiṣyas te 'haṁ śādhi māṁ tvāṁ prapannam*. Kṛṣṇa zal hem nu dus de werking uitleggen van *buddhi-yoga* of *karma-yoga*, of met andere woorden, het beoefenen van devotionele dienst die alleen bedoeld is voor de zinsbevrediging van de Heer. Deze *buddhi-yoga* wordt in hoofdstuk tien, tekst tien, duidelijk uitgelegd als een rechtstreeks contact met de Heer, die in ieders hart aanwezig is als Paramātmā. Maar zonder devotionele dienst kan zulk nauw contact niet bestaan. Wie vastberaden bezig is met devotionele of transcendentale liefdedienst aan de Heer, of, anders gezegd, met Kṛṣṇa-bewustzijn, bereikt door de speciale genade van de Heer dit niveau van *buddhi-yoga*. De Heer zegt daarom dat Hij alleen zuivere kennis van devotie schenkt aan hen die altijd uit transcendentale liefde devotionele dienst verrichten. Op die manier kan de toegewijde Hem gemakkelijk bereiken in het eeuwig koninkrijk van God, dat vol geluk is.

De *buddhi-yoga*, die in dit vers wordt genoemd, is dus devotionele dienst aan de Heer en het woord *'sāṅkhya'*, dat ook genoemd wordt, heeft niets te maken met de atheïstische *sāṅkhya-yoga* die verkondigd werd door de bedrieger die zich voor de ware Kapila uitgaf. Het is dus een misverstand als men denkt dat de *sāṅkhya-yoga* waarvan hier sprake is iets te maken zou hebben met de atheïstische *sāṅkhya*. Deze filosofie had destijds niet de minste invloed en evenmin zou Heer Kṛṣṇa er iets om hebben gegeven om zulke goddeloze filosofische speculaties te vermelden. Echte *sāṅkhya*-filosofie wordt in het *Śrīmad-Bhāgavatam* beschreven door Heer Kapila, maar zelfs die *sāṅkhya* heeft niets te maken met het onderwerp dat hier behandeld wordt. *Sāṅkhya* betekent hier de analytische beschrijving van lichaam en ziel. Heer Kṛṣṇa heeft alleen een analytische beschrijving van de ziel gegeven om Arjuna tot het punt van *buddhi-yoga* of *bhakti-yoga* te brengen. De *sāṅkhya* van Heer Kṛṣṇa en de *sāṅkhya* van Heer Kapila, zoals die in het *Bhāgavatam* beschreven wordt, zijn daarom een en dezelfde. Ze zijn niets dan *bhakti-yoga*. Heer Kṛṣṇa zegt daarom dat alleen minder intelligente mensen een onderscheid maken tussen *sāṅkhya-yoga* en *bhakti-yoga* (*sāṅkhya-yogau pṛthag bālāḥ pravadanti na paṇḍitāḥ*). Natuurlijk heeft de atheïstische *sāṅkhya-yoga* niets te maken met *bhakti-yoga*, maar toch beweren minder intelligente mensen dat er in de *Bhagavad-gītā* naar de atheïstische *sāṅkhya-yoga* wordt verwezen.

Men moet daarom begrijpen dat *buddhi-yoga* betekent: werken in Kṛṣṇa-bewustzijn in het volledige geluk en de volledige kennis van devotionele dienst. Wie alleen werkt om de Heer tevreden te stellen, hoe moeilijk zulk werk ook is, werkt in overeenstemming met de principes van *buddhi-yoga* en zal altijd transcendentaal gelukkig zijn. Door zulke transcendentale bezigheden krijgt men door de genade van de Heer vanzelf een transcendentaal inzicht dat volledig is en op die manier is iemands bevrijding op zichzelf compleet, zonder dat hij daarbuiten moeite hoeft te doen om kennis te vergaren. Er bestaat een groot verschil tussen Kṛṣṇa-bewuste activiteiten en activiteiten die gericht zijn op zinsbevrediging in termen van een gelukkig gezinsleven en materieel geluk. *Buddhi-yoga* is daarom de transcendentale kwaliteit van de activiteiten die we verrichten.

TEKST 40 नेहाभिक्रमनाशोऽस्ति प्रत्यवायो न विद्यते ।
स्वल्पमप्यस्य धर्मस्य त्रायते महतो भयात् ॥ ४० ॥

nehābhikrama-nāśo 'sti, pratyavāyo na vidyate
sv-alpam apy asya dharmasya, trāyate mahato bhayāt

na — er is niet; *iha* — in deze yoga; *abhikrama* — tijdens het streven; *nāśaḥ* — verlies; *asti* — er is; *pratyavāyaḥ* — vermindering; *na* — nooit; *vidyate* — er is; *su-alpam* — een klein beetje; *api* — hoewel; *asya* — van deze; *dharmasya* — bezigheid; *trāyate* — bevrijdt; *mahataḥ* — van heel groot; *bhayāt* — gevaar.

Dit streven kent geen verlies noch vermindering en een kleine vooruitgang op dit pad kan iemand voor het grootste gevaar behoeden.

COMMENTAAR: Actief zijn in Kṛṣṇa-bewustzijn of druk bezig zijn voor het plezier van Kṛṣṇa zonder er enige zinsbevrediging voor terug te verwachten, is activiteit van de hoogste transcendentale kwaliteit. Wie zelfs maar een klein begin maakt met zulke activiteit, zal geen belemmering tegenkomen en dat kleine begin kan nooit verloren gaan. Op het materiële vlak moeten alle activiteiten die eenmaal begonnen zijn, worden afgemaakt, anders lopen ze op niets uit. Maar in Kṛṣṇa-bewustzijn heeft elke activiteit waaraan men begint een blijvend effect, ook al is ze onvoltooid. Wie zulke activiteiten verricht, verliest dus niets, ook al is zijn activiteit in Kṛṣṇa-bewustzijn onvolledig. Als men één procent heeft gedaan in Kṛṣṇa-bewustzijn, dan heeft dat een blijvend effect, zodat het volgende begin vanaf twee procent zal zijn, maar bij materiële activiteiten is er geen sprake van winst als ze niet voor honderd procent voltooid worden. Ajāmila had zijn plicht voor een bepaald percentage in Kṛṣṇa-bewustzijn volbracht, maar door de genade van de Heer was zijn eindresultaat honderd procent. In verband hiermee is er een mooi vers in het *Śrīmad-Bhāgavatam* (1.5.17):

tyaktvā sva-dharmaṁ caraṇāmbujaṁ harer
bhajann apakvo 'tha patet tato yadi
yatra kva vābhadram abhūd amuṣya kiṁ
ko vārtha āpto 'bhajatāṁ sva-dharmataḥ

'Als iemand zijn voorgeschreven activiteiten opgeeft en handelt in Kṛṣṇa-bewustzijn, maar dan ten val komt doordat hij zijn werk niet voltooid heeft, wat heeft hij dan verloren? En wat wint men als men zijn materiële werkzaamheden perfect uitvoert?' Of zoals de christenen zeggen: 'Wat baat het de mens zo hij de hele wereld wint, maar schade lijdt aan zijn eeuwige ziel?'

Materiële activiteiten en hun resultaten eindigen samen met het lichaam. Maar activiteiten in Kṛṣṇa-bewustzijn brengen iemand opnieuw tot Kṛṣṇa-bewustzijn, zelfs na het verlies van het lichaam. In ieder geval is het zeker dat men een goede kans heeft om in een volgend leven als mens geboren te worden. Zo'n geboorte kan plaatsvinden in een familie van zeer beschaafde *brāhmaṇa's* of in een rijke aristocratische familie en geeft iemand de kans om verder vooruitgang te maken. Dat is de unieke aard van activiteiten in Kṛṣṇa-bewustzijn.

TEKST 41 व्यवसायात्मिका बुद्धिरेकेह कुरुनन्दन ।
बहुशाखा ह्यनन्ताश्च बुद्धयोऽव्यवसायिनाम् ॥ ४१ ॥

vyavasāyātmikā buddhir, ekeha kuru-nandana
bahu-śākhā hy anantāś ca, buddhayo 'vyavasāyinām

vyavasāya-ātmikā — vastberaden in Kṛṣṇa-bewustzijn; *buddhiḥ* —intelligentie; *ekā* — maar één; *iha* — in deze wereld; *kuru-nandana* — o geliefd kind van de Kuru's; *bahu-śākhāḥ* — verschillende takken hebbend; *hi* — zeker; *anantāḥ* — oneindig; *ca* — ook; *buddhayaḥ* — intelligentie; *avyavasāyinām* — van hen die zich niet in Kṛṣṇa-bewustzijn bevinden.

Zij die zich op dit pad bevinden zijn vastberaden en richten zich op één doel. Maar de intelligentie van hen die aarzelen, O geliefd kind van de Kuru's, is wijdvertakt.

COMMENTAAR: De vaste overtuiging dat men door Kṛṣṇa-bewustzijn verheven zal worden tot de hoogste volmaaktheid van het leven wordt *vyavasāyātmikā*-intelligentie genoemd. In het *Caitanya-caritāmṛta* (*Madhya* 22.62) staat:

śraddhā'-śabde — viśvāsa kahe sudṛḍha niścaya
kṛṣṇe bhakti kaile sarva-karma kṛta haya

Geloof betekent een onwankelbaar vertrouwen hebben in iets verhevens. Wie zijn plichten in Kṛṣṇa-bewustzijn vervuld, hoeft zich niet meer bezig te houden met de verplichtingen van de materiële wereld wat betreft familietradities, samenleving of nationaliteit. Het karma voor goede en slechte daden zorgt ervoor dat men zich met resultaatgerichte activiteiten bezighoudt. Wie Kṛṣṇa-bewust is, hoeft zich niet langer in te zetten voor de goede resultaten van zijn activiteiten. Wanneer men verankerd is in Kṛṣṇa-bewustzijn, bevinden alle activiteiten zich op het absolute niveau, omdat ze niet langer onderworpen zijn aan dualiteiten zoals goed en kwaad. De hoogste volmaaktheid in Kṛṣṇa-bewustzijn is onthechting van de materialistische levensopvatting. Deze toestand wordt vanzelf bereikt door vooruitgang te maken in Kṛṣṇa-bewustzijn.

De vastberadenheid van een persoon in Kṛṣṇa-bewustzijn is gebaseerd op kennis. *Vāsudevaḥ sarvam iti sa mahātmā su-durlabhaḥ:* een Kṛṣṇa-bewust persoon is die zeldzame, goede ziel die de perfecte kennis heeft dat Vāsudeva, Kṛṣṇa, de wortel van alle gemanifesteerde oorzaken is. Zoals men door water op de wortels van een boom te gieten vanzelf ook de bladeren en de takken van water voorziet, zo kan men door Kṛṣṇa-bewust te handelen de grootste dienst bewijzen aan iedereen, namelijk aan zichzelf, familie, samenleving, land, mensheid enz. Als Kṛṣṇa tevreden is met onze activiteiten, dan zal iedereen tevreden zijn.

Devotionele dienst in Kṛṣṇa-bewustzijn kan het best beoefend worden onder de bekwame begeleiding van een spiritueel leraar die een bonafide vertegenwoordiger is van Kṛṣṇa en die de aard van de student kent en hem in zijn Kṛṣṇa-bewuste activiteiten kan begeleiden. Om vertrouwd te raken met het Kṛṣṇa-bewustzijn is het noodzakelijk standvastig te werk te gaan, de vertegenwoordiger van Kṛṣṇa te gehoorzamen en de instructie van een bonafide spiritueel leraar te aanvaarden als het doel van het leven. In zijn beroemde gebeden aan de spiritueel leraar geeft Śrīla Viśvanātha Cakravartī Ṭhākura ons de volgende instructie:

yasya prasādād bhagavat-prasādo
yasyāprasādān na gatiḥ kuto 'pi
dhyāyan stuvaṁs tasya yaśas tri-sandhyaṁ
vande guroḥ śrī-caraṇāravindam

'Door de spiritueel leraar tevreden te stellen, wordt ook de Allerhoogste Persoonlijkheid Gods tevredengesteld. Maar als men de spiritueel leraar niet tevredenstelt, dan is het onmogelijk om op het niveau van Kṛṣṇa-bewustzijn te komen. Daarom moet ik drie keer per dag op mijn spiritueel leraar mediteren en voor zijn genade bidden en moet ik mijn spiritueel leraar mijn respectvolle eerbetuigingen brengen.'

Het hele proces hangt echter af van de volmaakte kennis dat de ziel een bestaan heeft los van de lichamelijke levensopvatting — niet alleen theoretisch, maar ook praktisch, wanneer er geen kans meer bestaat op zinsbevrediging die tot uiting komt in resultaatgerichte activiteiten. Wie niet vastberaden van geest is, zal door verschillende soorten resultaatgerichte activiteiten worden afgeleid.

TEKST 42 – 43

यामिमां पुष्पितां वाचं प्रवदन्त्यविपश्चितः ।
वेदवादरताः पार्थ नान्यदस्तीति वादिनः ॥ ४२ ॥
कामात्मानः स्वर्गपरा जन्मकर्मफलप्रदाम् ।
क्रियाविशेषबहुलां भोगैश्वर्यगतिं प्रति ॥ ४३ ॥

yām imāṁ puṣpitāṁ vācaṁ, pravadanty avipaścitaḥ
veda-vāda-ratāḥ pārtha, nānyad astīti vādinaḥ
kāmātmānaḥ svarga-parā, janma-karma-phala-pradām
kriyā-viśeṣa-bahulāṁ, bhogaiśvarya-gatiṁ prati

yām imām — al deze; *puṣpitām* — bloemrijke; *vācam* — woorden; *pravadanti* — zeggen; *avipaścitaḥ* — mensen met weinig kennis; *veda-vāda-ratāḥ* — zogenaamde volgelingen van de Veda's; *pārtha* — o zoon van Pṛthā; *na* — nooit; *anyat* — iets anders; *asti* — er is; *iti* — zo; *vādinaḥ* — de pleiters; *kāma-ātmānaḥ* — verlangend naar zinsbevrediging; *svarga-parāḥ* — erop gericht de hemelse planeten te bereiken; *janma-karma-phala-pradām* — goede geboorte en andere vruchtdragende resultaten tot gevolg hebbend; *kriyā-viśeṣa* — gewichtige ceremonies; *bahulām* — verschillende; *bhoga* — in zinnelijk genot; *aiśvarya* — en weelde; *gatim* — vooruitgang; *prati* — naar.

Mensen met weinig kennis zijn zeer gehecht aan de bloemrijke taal van de Veda's, die verschillende soorten resultaatgerichte activiteiten aanraden om bevorderd te worden naar de hemelse planeten voor een aanzienlijke geboorte, macht enzovoort. Omdat ze naar zinsbevrediging en een weelderig leven verlangen, beweren ze dat er daarbuiten niets anders bestaat.

COMMENTAAR: Mensen zijn in het algemeen niet bijzonder intelligent en door onwetendheid zijn ze zeer gehecht aan de resultaatgerichte activiteiten die in het *karma-kāṇḍa*-gedeelte van de Veda's worden aanbevolen. Ze willen niets liever dan ideeën opdoen voor zinsbevrediging om van het leven in de hemel te genieten, waar wijn en vrouwen beschikbaar zijn en waar materiële weelde heel gewoon is. In de Veda's worden vele offers aanbevolen, vooral de *jyotiṣṭoma*-offers om naar de hemelse planeten te worden bevorderd. Er wordt feitelijk gezegd dat iedereen die naar de hemelse planeten bevorderd wil worden, deze offers moet verrichten en mensen met armzalige kennis denken dat dit de hele bedoeling van de Vedische wijsheid is. Voor zulke onervaren personen is het heel moeilijk om vastberaden te zijn in Kṛṣṇa-bewuste activiteiten. Zoals dwazen aangetrokken zijn tot de bloemen van giftige bomen zonder te weten wat het gevolg van die aantrekking is, zo worden onwetende mensen aangetrokken door zulke hemelse weelde en de zinsbevrediging die daarbij hoort.

In het *karma-kāṇḍa*-gedeelte van de Veda's staat: *apāma somam amṛtā abhūma* en *akṣayyaṁ ha vai cāturmāsya-yājinaḥ sukṛtaṁ bhavati.* Met andere woorden, zij die zich houden aan de periode van vier maanden ascese, zijn gekwalificeerd om de *soma-rasa*-drank te drinken, waardoor iemand onsterfelijk en voor altijd gelukkig wordt. Zelfs op deze aarde zijn er enkelen die hevig naar *soma-rasa* verlangen om sterk en gezond te worden en zo van verschillende vormen van zinsbevrediging te genieten. Zulke personen geloven niet in bevrijding van materiële gebondenheid en zijn zeer gehecht aan de pompeuze ceremonies van de Vedische rituelen. Over het algemeen zijn ze sensueel en willen ze niets anders dan de hemelse genietingen van het leven. Er bestaan lusthoven die Nandana-kānana worden genoemd, waar er volop gelegenheid is om met mooie, engelachtige vrouwen om te gaan en waar een overvloedige hoeveelheid *soma-rasa*-wijn voorhanden is. Zulk lichamelijk genot is zeker sensueel. Er zijn personen die alleen maar aangetrokken zijn tot zulk materieel en tijdelijk geluk als heersers van de materiële wereld.

TEKST 44 भोगैश्वर्यप्रसक्तानां तयापहृतचेतसाम् ।
व्यवसायात्मिका बुद्धिः समाधौ न विधीयते ॥ ४४ ॥

bhogaiśvarya-prasaktānāṁ, tayāpahṛta-cetasām
vyavasāyātmikā buddhiḥ, samādhau na vidhīyate

bhoga — aan materieel genot; *aiśvarya* — en weelde; *prasaktānām* — voor zij die gehecht zijn; *tayā* — door zulke dingen; *apahṛta-cetasām* — verward in de geest; *vyavasāya-ātmikā* — gegrond in vastberadenheid; *buddhiḥ* — devotionele dienst aan de Heer; *samādhau* — in de beheerste geest; *na* — nooit; *vidhīyate* — vindt plaats.

Zij die te gehecht zijn aan zinsbevrediging en materiële rijkdommen en die verward raken door zulke dingen, zullen in hun geest niet de vastberaden overtuiging ontwikkelen om de Allerhoogste Heer toegewijd te dienen.

COMMENTAAR: *Samādhi* betekent 'onverstoorbare geest.' Het Vedisch woordenboek, de *Nirukti*, zegt: *samyag ādhīyate 'sminn ātma-tattva-yāthātmyam* — 'Wanneer de geest verankerd is in het begrip van het zelf, wordt gezegd dat hij in *samādhi* is.' Personen die geïnteresseerd zijn in materiële zinsbevrediging en die door zulke tijdelijke dingen verward raken, zullen nooit *samādhi* bereiken. Door de werking van de materiële energie zijn ze min of meer gedoemd te falen.

TEKST 45 त्रैगुण्यविषया वेदा निस्त्रैगुण्यो भवार्जुन ।
निर्द्वन्द्वो नित्यसत्त्वस्थो निर्योगक्षेम आत्मवान् ॥ ४५ ॥

trai-guṇya-viṣayā vedā, nistrai-guṇyo bhavārjuna
nirdvandvo nitya-sattva-stho, niryoga-kṣema ātmavān

trai-guṇya — betrekking hebbend op de drie hoedanigheden van de materiële natuur; *viṣayāḥ* — op het onderwerp; *vedāḥ* — Vedische literatuur; *nistrai-guṇyaḥ* — ontstegen aan de drie hoedanigheden van de materiële natuur; *bhava* — wees;

arjuna — o Arjuna; *nirdvandvaḥ* — zonder dualiteit; *nitya-sattva-sthaḥ* — in een zuivere toestand van spiritueel bestaan; *niryoga-kṣemaḥ* — vrij van gedachten aan winst en bescherming; *ātma-vān* — verankerd in het zelf.

De Veda's spreken vooral over de drie hoedanigheden van de materiële natuur. O Arjuna, ontstijg aan deze drie hoedanigheden. Raak bevrijd van alle dualiteiten en van alle bezorgdheid om winst of veiligheid en wees verankerd in het zelf.

COMMENTAAR: Alle materiële activiteiten brengen onder invloed van de drie hoedanigheden van de materiële natuur acties en reacties met zich mee. Ze zijn bedoeld voor zelfzuchtige resultaten, die gebondenheid in de materiële wereld veroorzaken. De Veda's gaan voor het grootste gedeelte over resultaatgerichte activiteiten om het gewone volk geleidelijk aan te verheffen van het zintuiglijke vlak tot een positie op het transcendentale vlak. Als leerling en vriend van Heer Kṛṣṇa wordt Arjuna aangeraden zichzelf te verheffen tot het transcendentale niveau van de *vedānta*-filosofie, die begint met *brahma-jijñāsā* of vragen over de allerhoogste transcendentale werkelijkheid.

Alle levende wezens in de materiële wereld leveren een bittere strijd om het bestaan. Na de schepping van de materiële wereld gaf de Heer hun de Vedische wijsheid, die aanwijzingen geeft over hoe ze moeten leven om zich van de materiële verstrikking te bevrijden. Wanneer de activiteiten voor zinsbevrediging, namelijk het *karma-kāṇḍa*-hoofdstuk, afgerond zijn, wordt de kans op spirituele bewustwording geboden in de vorm van de *upaniṣads,* die deel uitmaken van verschillende Veda's, zoals de *Bhagavad-gītā* deel uitmaakt van de vijfde veda, het *Mahābhārata.* Het spirituele leven begint pas vanaf de *upaniṣads.*

Zolang het materiële lichaam bestaat, zijn er acties en reacties onder invloed van de materiële hoedanigheden. Men moet verdraagzaam leren zijn wanneer dualiteiten als geluk en ellende of hitte en kou zich voordoen, en door zulke dualiteiten te verdragen moet men alle angst voor winst en verlies laten varen. Deze transcendentale positie bereikt men in volledig Kṛṣṇa-bewustzijn, wanneer men totaal afhankelijk is van de welwillendheid van Kṛṣṇa.

TEKST 46 यावानर्थ उदपाने सर्वतः सम्प्लुतोदके ।
तावान्सर्वेषु वेदेषु ब्राह्मणस्य विजानतः ॥ ४६ ॥

yāvān artha udapāne, sarvataḥ samplutodake
tāvān sarveṣu vedeṣu, brāhmaṇasya vijānataḥ

yāvān — alles wat; *arthaḥ* — is bedoeld; *uda-pāne* — in een waterbron; *sarvataḥ* — in alle opzichten; *sampluta-udake* — in een groot waterreservoir; *tāvān* — op dezelfde manier; *sarveṣu* — in alle; *vedeṣu* — Vedische literatuur; *brāhmaṇasya* — van degene die het Allerhoogste Brahman kent; *vijānataḥ* — die volledige kennis bezit.

Alle doeleinden die door een kleine waterbron worden gediend, kunnen in één keer worden gediend door een groot waterreservoir. Op dezelfde manier kan elk resultaat van het volgen van de Veda's verkregen worden door iemand die hun werkelijke bedoeling kent.

COMMENTAAR: De rituelen en offers die in het *karma-kāṇḍa*-gedeelte van de Vedische literatuur worden vermeld, zijn bedoeld als aanmoediging tot een geleidelijke ontwikkeling naar zelfrealisatie. En het doel van zelfrealisatie blijkt duidelijk uit het vijftiende hoofdstuk van de *Bhagavad-gītā* (15.15): het doel van het bestuderen van de Veda's is het begrijpen van Heer Kṛṣṇa, de oorspronkelijke oorzaak van alles. Zelfrealisatie betekent dus het begrijpen van Kṛṣṇa en onze eeuwige relatie met Hem. Ook de relatie tussen de levende wezens en Kṛṣṇa wordt in het vijftiende hoofdstuk van de *Bhagavad-gītā* (15.7) genoemd. De levende wezens zijn integrerende deeltjes van Kṛṣṇa; daarom is het opwekken van Kṛṣṇa-bewustzijn door het individuele levend wezen het hoogste niveau van Vedische kennis. Dit wordt als volgt bevestigd in het *Śrīmad-Bhāgavatam* (3.33.7):

aho bata śva-paco 'to garīyān, yaj-jihvāgre vartate nāma tubhyam
tepus tapas te juhuvuḥ sasnur āryā, brahmānūcur nāma gṛṇanti ye te

'O mijn Heer, iemand die Je heilige naam chant, bevindt zich op het hoogste niveau van zelfrealisatie, ook al is hij geboren in een lage familie van bijvoorbeeld een *caṇḍāla* [hondeneter]. Zo'n persoon moet wel alle vormen van ascese en offers in overeenstemming met de Vedische rituelen hebben verricht, de Vedische literatuur vele, vele malen hebben bestudeerd en zijn bad hebben genomen in alle heilige pelgrimsoorden. Zo'n persoon wordt beschouwd als de voornaamste van de familie van de Ārya's.'

Men moet dus intelligent genoeg zijn om het doel van de Veda's te begrijpen, zonder aan de rituelen alleen gehecht te zijn, en men moet er niet naar verlangen bevorderd te worden naar de hemelse koninkrijken voor een hogere standaard van zinsbevrediging. Voor de gemiddelde mens in dit tijdperk is het niet mogelijk om alle regels en bepalingen van de Vedische rituelen te volgen en evenmin is het mogelijk om de hele *Vedānta* en alle *upaniṣads* grondig te bestuderen. Het kost veel tijd, energie, kennis en financiële middelen om de rituelen van de Veda's uit te voeren. Zoiets is in dit tijdperk nauwelijks mogelijk.

Het hoogste doel van de Vedische cultuur kan echter worden bereikt door het chanten van de heilige naam van de Heer, zoals ons door Heer Caitanya, de verlosser van de gevallen zielen, wordt aangeraden. Toen Heer Caitanya door de grote Vedisch geleerde Prakāśānanda Sarasvatī werd gevraagd waarom Hij, de Heer, in plaats van de *vedānta*-filosofie te bestuderen, als een sentimentalist de heilige naam van de Heer aan het chanten was, antwoordde de Heer dat Zijn spiritueel leraar Hem een grote dwaas vond en Hem daarom gevraagd had de heilige naam van Heer Kṛṣṇa te chanten. Hij deed dit en raakte in extase als een bezetene.

In dit Tijdperk van Kali is het overgrote deel van de bevolking dwaas en onvoldoende opgeleid om de *vedānta*-filosofie te begrijpen; het hoogste doel van de *vedānta*-filosofie kan worden gediend door zonder overtredingen de heilige naam van de Heer te chanten. De *Vedānta* is de eindconclusie van de Vedische wijsheid en de auteur en de kenner van de *vedānta*-filosofie is Heer Kṛṣṇa, en de meest gevorderde vedāntist is de grote ziel die plezier heeft in het chanten van de heilige naam van de Heer. Dat is het uiteindelijke doel van alle Vedische mystiek.

TEKST 47 कर्मण्येवाधिकारस्ते मा फलेषु कदाचन ।
मा कर्मफलहेतुर्भूर्मा ते सङ्गोऽस्त्वकर्मणि ॥ ४७ ॥

karmaṇy evādhikāras te, mā phaleṣu kadācana
mā karma-phala-hetur bhūr, mā te saṅgo 'stv akarmaṇi

karmaṇi — in voorgeschreven plichten; *eva* — zeker; *adhikāraḥ* — recht; *te* — van jou; *mā* — nooit; *phaleṣu* — in de vruchten; *kadācana* — op elk moment; *mā* — nooit; *karma-phala* — in de resultaten van het werk; *hetuḥ* — oorzaak; *bhūḥ* — word; *mā* — nooit; *te* — van jou; *saṅgaḥ* — gehechtheid; *astu* — er moet zijn; *akarmaṇi* — in het nalaten van voorgeschreven werk.

Je hebt het recht om je voorgeschreven plicht te verrichten, maar je hebt geen recht op de vruchten ervan. Zie jezelf nooit als de oorzaak van de resultaten van je activiteiten en wees nooit gehecht aan het niet vervullen van je plicht.

COMMENTAAR: Er zijn hier drie punten van overweging: voorgeschreven plichten, eigenzinnige activiteiten en inactiviteit. Voorgeschreven plichten zijn activiteiten die worden opgelegd in overeenstemming met de bepaalde hoedanigheden van de materiële natuur waardoor men wordt beïnvloed. Eigenzinnige activiteiten zijn activiteiten die zonder goedkeuring van gezaghebbende personen worden gedaan, en inactiviteit betekent dat men zijn voorgeschreven plicht niet nakomt. Het advies van de Heer is dat Arjuna niet inactief moet zijn, maar dat hij zijn voorgeschreven plicht moet vervullen zonder gehecht te zijn aan het resultaat. Wie gehecht is aan het resultaat van zijn activiteit, is ook de oorzaak van die activiteit. Op die manier geniet of lijdt hij door het resultaat van zulke activiteiten.

Voorgeschreven plichten kunnen worden onderverdeeld in drie categorieen: routinewerk, noodgedwongen activiteiten en gewenste activiteiten. Routinewerk dat gedaan wordt als een verplichting die de heilige teksten voorschrijven, zonder te verlangen naar resultaten, is activiteit in de hoedanigheid goedheid. Activiteiten met een verlangen naar resultaten vormen de oorzaak van gebondenheid; zulke activiteiten zijn daarom niet gunstig. Wat betreft voorgeschreven plichten heeft iedereen zijn onvervreemdbaar recht, maar men moet actief zijn zonder gehecht te zijn aan de resultaten; zulke belangeloze verplichtingen leiden iemand ongetwijfeld naar het pad van bevrijding.

De Heer raadde Arjuna aan uit plichtsbesef te vechten, zonder gehecht te zijn aan het resultaat. Dat hij niet wilde deelnemen aan de strijd is een andere vorm van gehechtheid. Zulke gehechtheid zal iemand nooit naar het pad van verlossing leiden. Iedere gehechtheid, positief of negatief, is de oorzaak van gebondenheid. Inactiviteit is zondig. Vechten uit plichtsbesef was voor Arjuna daarom de enige positieve weg naar verlossing.

TEKST 48 योगस्थः कुरु कर्माणि सङ्गं त्यक्त्वा धनञ्जय ।
सिद्ध्यसिद्ध्योः समो भूत्वा समत्वं योग उच्यते ॥ ४८ ॥

yoga-sthaḥ kuru karmāṇi, saṅgaṁ tyaktvā dhanañjaya
siddhy-asiddhyoḥ samo bhūtvā, samatvaṁ yoga ucyate

yoga-sthaḥ — onwankelbaar; *kuru* — verricht; *karmāṇi* — je plichten; *saṅgam* — gehechtheid; *tyaktvā* — opgevend; *dhanañjaya* — o Arjuna; *siddhi-asiddhyoḥ* — in succes en falen; *samaḥ* — onwankelbaar; *bhūtvā* — wordend; *samatvam* — gelijkmoedigheid; *yogaḥ* — yoga; *ucyate* — wordt genoemd.

O Arjuna, wees onwankelbaar in het vervullen van je plicht en geef alle gehechtheid aan succes en falen op. Zulke gelijkmoedigheid wordt yoga genoemd.

COMMENTAAR: Kṛṣṇa zegt tegen Arjuna dat hij moet handelen in yoga. En wat is die yoga? Yoga betekent het concentreren van de geest op de Allerhoogste door de zintuigen, die altijd onrust veroorzaken, te bedwingen. En wie is de Allerhoogste? De Allerhoogste is de Heer. En omdat de Heer Zelf Arjuna opdraagt om te vechten, heeft Arjuna niets te vrezen van de resultaten van het gevecht. De winst of de overwinning is in handen van Kṛṣṇa; Arjuna kreeg eenvoudig de raad om het bevel van Kṛṣṇa op te volgen. Het opvolgen van het bevel van Kṛṣṇa is werkelijke yoga en wordt beoefend in het proces dat Kṛṣṇa-bewustzijn wordt genoemd. Alleen door Kṛṣṇa-bewustzijn kan iemand zijn besef van eigendom opgeven. Men moet de dienaar van Kṛṣṇa worden of de dienaar van de dienaar van Kṛṣṇa. Dat is de juiste manier om plichten te vervullen in Kṛṣṇa-bewustzijn, en dat is het enige wat iemand kan helpen om in yoga te handelen.

Arjuna is een *kṣatriya* en als zodanig maakt hij deel uit van het *varṇāśrama-dharma*-stelsel. In de *Viṣṇu Purāṇa* staat dat alleen het tevredenstellen van Viṣṇu het doel van het *varṇāśrama-dharma*-stelsel is. Men moet dus niet zichzelf tevredenstellen zoals dat in de materiële wereld gebruikelijk is, maar men moet Kṛṣṇa tevredenstellen. Dus tenzij men Kṛṣṇa tevredenstelt, leeft men de principes van *varṇāśrama-dharma* niet op de juiste manier na. Arjuna werd indirect aangeraden te doen wat Kṛṣṇa hem zei.

TEKST 49 दूरेण ह्यवरं कर्म बुद्धियोगाद्धनञ्जय ।
बुद्धौ शरणमन्विच्छ कृपणाः फलहेतवः ॥ ४९ ॥

dūreṇa hy avaraṁ karma, buddhi-yogād dhanañjaya
buddhau śaraṇam anviccha, kṛpaṇāḥ phala-hetavaḥ

dūreṇa — hou het op grote afstand; *hi* — zeker; *avaram* — weerzinwekkende; *karma* — activiteit; *buddhi-yogāt* — op grond van Kṛṣṇa-bewustzijn; *dhanañjaya* — o overwinnaar van rijkdom; *buddhau* — in zo'n bewustzijn; *śaraṇam* — volledige overgave; *anviccha* — streef naar; *kṛpaṇāḥ* — vrekken; *phala-hetavaḥ* — zij die de resultaten van hun activiteiten verlangen.

O Dhanañjaya, hou alle weerzinwekkende activiteiten op grote afstand door devotionele dienst en geef je in dat bewustzijn volledig over aan de Heer. Zij die naar de vruchten van hun activiteiten verlangen zijn gierigaards.

COMMENTAAR: Wie werkelijk tot het punt is gekomen dat hij begrijpt dat zijn wezenlijke positie die van een dienaar van de Heer is, geeft al zijn bezigheden op, behalve zijn activiteiten in Kṛṣṇa-bewustzijn. Zoals al eerder is uitgelegd betekent *buddhi-yoga* transcendentale liefdevolle dienst aan de Heer. Voor het levend wezen is zulke devotionele dienst de juiste manier van handelen. Alleen vrekken verlangen ernaar om van de vruchten van hun eigen activiteiten te genieten om zo alleen maar verder verstrikt te raken in materiële gebondenheid.

Alle activiteiten buiten die in Kṛṣṇa-bewustzijn zijn weerzinwekkend, omdat ze degene die ze verricht voortdurend aan de cyclus van geboorte en dood kluisteren. Men mag daarom nooit verlangen het doel van zijn activiteiten te worden. Alles moet gedaan worden in Kṛṣṇa-bewustzijn, om Kṛṣṇa tevreden te stellen. Vrekken weten niet wat ze met de rijkdommen moeten doen die ze door goed karma of door hard werken vergaard hebben. Men zou alle energieën moeten gebruiken voor Kṛṣṇa-bewuste activiteiten, dat zal iemands leven succesvol maken. Onfortuinlijke mensen gebruiken, net als vrekken, hun menselijke energie niet in dienst van de Heer.

TEKST 50 बुद्धियुक्तो जहातीह उभे सुकृतदुष्कृते ।
तस्माद्योगाय युज्यस्व योगः कर्मसु कौशलम् ॥ ५० ॥

buddhi-yukto jahātīha, ubhe sukṛta-duṣkṛte
tasmād yogāya yujyasva, yogaḥ karmasu kauśalam

buddhi-yuktaḥ — iemand die devotionele dienst verricht; *jahāti* — kan kwijtraken; *iha* — in dit leven; *ubhe* — allebei; *sukṛta-duṣkṛte* — goede en slechte gevolgen; *tasmāt* — daarom; *yogāya* — voor devotionele dienst; *yujyasva* — wees op die manier actief; *yogaḥ* — Kṛṣṇa-bewustzijn; *karmasu* — in alle activiteiten; *kauśalam* — kunst.

Wie devotionele dienst verricht, bevrijdt zichzelf nog in dit leven van reacties op zowel goede als slechte daden. Beoefen daarom yoga, de kunst van alle handelen.

COMMENTAAR: Sinds onheuglijke tijden heeft ieder levend wezen verschillend karma voor goede en slechte daden verzameld en op die manier is het voortdurend in onwetendheid over zijn uiteindelijke, wezenlijke positie. Iemands onwetendheid kan worden weggenomen door de instructie van de *Bhagavad-gītā*, die leert hoe men zich in alle opzichten aan Heer Kṛṣṇa moet overgeven en hoe men zich kan bevrijden van de aaneenschakeling van acties en reacties waarvan we leven na leven het slachtoffer zijn. Arjuna wordt daarom aangeraden actief te zijn in Kṛṣṇa-bewustzijn, het proces waardoor men gezuiverd kan worden van de resultaten van activiteiten.

TEKST 51 कर्मजं बुद्धियुक्ता हि फलं त्यक्त्वा मनीषिणः ।
जन्मबन्धविनिर्मुक्ताः पदं गच्छन्त्यनामयम् ॥ ५१ ॥

karma-jaṁ buddhi-yuktā hi, phalaṁ tyaktvā manīṣiṇaḥ
janma-bandha-vinirmuktāḥ, padaṁ gacchanty anāmayam

karma-jam — door resultaatgericht werk; *buddhi-yuktāḥ* — devotionele dienst verrichten; *hi* — zeker; *phalam* — resultaten; *tyaktvā* — opgevend; *manīṣiṇaḥ* — grote wijzen of toegewijden; *janma-bandha* — van de gebondenheid in geboorte en dood; *vinirmuktāḥ* — bevrijd; *padam* — positie; *gacchanti* — ze bereiken; *anāmayam* — zonder ellende.

Door op die manier devotionele dienst aan de Heer te verrichten, ontdoen grote wijzen en toegewijden zich van de resultaten van hun activiteiten in de materiële wereld. Zo raken ze bevrijd uit de kringloop van geboorte en dood en bereiken ze de plaats die vrij is van alle ellende [door terug te gaan naar God].

COMMENTAAR: De bevrijde levende wezens horen thuis op die plaats waar geen materiële ellende bestaat. In het *Śrīmad-Bhāgavatam* (10.14.58) staat:

samāṣritā ye pada-pallava-plavaṁ
mahat-padaṁ puṇya-yaśo murāreḥ
bhavāmbudhir vatsa-padaṁ paraṁ padaṁ
padaṁ padaṁ yad vipadāṁ na teṣām

'Voor wie de boot van de lotusvoeten van de Heer heeft aangegrepen, die de toevlucht van de hele kosmos is en bekendstaat als Mukunda, Hij die *mukti* geeft, is de oceaan van de materiële wereld als het water in de hoefafdruk van een kalf. Zijn doel is *paraṁ padam* of die plaats waar geen materiële ellende bestaat, Vaikuṇṭha, en niet de plaats waar gevaar dreigt bij iedere stap in het leven.'

Door onwetendheid weet men niet dat de materiële wereld een ellendig oord is waar gevaar dreigt bij iedere stap. Alleen uit onwetendheid proberen minder intelligente personen door resultaatgerichte activiteiten de hele situatie op zo'n manier aan te passen, dat de resultaten van die activiteiten hen gelukkig zullen maken. Ze beseffen niet dat geen enkel materieel lichaam, waar dat zich ook maar bevindt in het universum, hun een leven zonder ellende kan geven. De ellende van het leven, namelijk geboorte, dood, ouderdom en ziekte, zijn overal in de materiële wereld aanwezig. Maar wie zijn echte, wezenlijke positie als de eeuwige dienaar van de Heer begrijpt en dus de positie van de Persoonlijkheid Gods kent, zal transcendentale liefdedienst aan de Heer bewijzen, waardoor hij gekwalificeerd raakt om de Vaikuṇṭha-planeten binnen te gaan, waar er geen ellendig materieel leven is en waar zowel de invloed van de tijd als de dood afwezig zijn.

Wanneer iemand zijn wezenlijke positie kent, dan betekent dat dat hij ook de verheven positie van de Heer kent. Wie de denkfout maakt dat de positie van het levend wezen en die van de Heer dezelfde zijn, bevindt zich in het duister en is daarom niet in staat devotionele dienst aan de Heer te verrichten. Zo iemand wordt zelf een heer en effent op die manier de weg voor herhaalde geboorte en dood. Maar wie zich toelegt op het dienen van de Heer nadat hij eenmaal begrepen heeft dat zijn positie die van een dienaar is, is meteen gekwalificeerd om naar Vaikuṇṭhaloka te gaan. Het dienen van het belang van de Heer wordt *karma-yoga* of *buddhi-yoga* genoemd of gewoon: devotionele dienst aan de Heer.

TEKST 52 यदा ते मोहकलिलं बुद्धिर्व्यतितरिष्यति ।
तदा गन्तासि निर्वेदं श्रोतव्यस्य श्रुतस्य च ॥ ५२ ॥

yadā te moha-kalilaṁ, buddhir vyatitariṣyati
tadā gantāsi nirvedaṁ, śrotavyasya śrutasya ca

yadā — wanneer; *te* — jouw; *moha* — van verwarring; *kalilam* — dicht woud; *buddhiḥ* — transcendentale dienst met intelligentie; *vyatitariṣyati* — overtreft; *tadā* — dan; *gantā asi* — je zult gaan; *nirvedam* — ongevoeligheid; *śrotavyasya* — met betrekking tot alles wat gehoord zal worden; *śrutasya* — alles wat al gehoord is; *ca* — ook.

Wanneer je intelligentie uit het dichte woud van verwarring tevoorschijn is gekomen, zul je onverschillig staan tegenover alles wat gehoord is en alles wat zal worden gehoord.

COMMENTAAR: Er bestaan veel goede voorbeelden van toegewijden van de Heer die eenvoudig door devotionele dienst aan de Heer onverschillig kwamen te staan tegenover de rituelen van de Veda's. Wie Kṛṣṇa en zijn relatie met Hem werkelijk begrijpt, komt vanzelfsprekend volledig onverschillig te staan tegenover de rituelen van resultaatgerichte activiteiten, ook al is hij een ervaren *brāhmaṇa*. Śrī Mādhavendra Purī, een groot toegewijde en *ācārya* in de opeenvolging van toegewijden, zegt:

sandhyā-vandana bhadram astu bhavato bhoḥ snāna tubhyaṁ namo
bho devāḥ pitaraś ca tarpaṇa-vidhau nāhaṁ kṣamaḥ kṣamyatām
yatra kvāpi niṣadya yādava-kulottaṁsasya kaṁsa-dviṣaḥ
smāraṁ smāram aghaṁ harāmi tad alaṁ manye kim anyena me

'O gebeden die ik driemaal daags opzeg, alle eer aan jullie. En ook aan het baden breng ik mijn eerbetuigingen. O halfgoden! O voorouders! Vergeef mij alstublieft dat ik niet in staat ben om jullie mijn respect te betuigen. Waar ik me nu ook bevind, ik kan me de grote afstammeling van de Yadu-dynastie [Kṛṣṇa], de vijand van Kaṁsa, voor de geest halen en zo kan ik me van alle zondige gebondenheid bevrijden. Ik denk dat dat voldoende voor me is.'

Voor beginnelingen zijn Vedische riten en rituelen verplicht, wat inhoudt: driemaal daags allerlei gebeden opzeggen, een bad nemen in de vroege ochtend, respect betuigen aan de voorouders enz. Maar wanneer iemand volledig Kṛṣṇa-bewust is en bezig is met transcendentale liefdedienst aan Hem, komt hij onverschillig te staan tegenover al deze regulerende principes, omdat hij de volmaaktheid al heeft bereikt. Als men het niveau van kennis kan bereiken door het dienen van de Allerhoogste

Heer Kṛṣṇa, dan hoeft men de verschillende soorten ascese en offers die in de geopenbaarde teksten worden aanbevolen, niet langer uit te voeren. Anderzijds is het zo dat als iemand niet heeft begrepen dat het bereiken van Kṛṣṇa het doel van de Veda's is en zich alleen maar met de rituelen enz. bezighoudt, hij onnodig zijn tijd verspilt met zulke bezigheden. Personen in Kṛṣṇa-bewustzijn ontstijgen aan de reikwijdte van *śabda-brahma* of het bereik van de Veda's en de *upaniṣads.*

TEKST 53 श्रुतिविप्रतिपन्ना ते यदा स्थास्यति निश्चला ।
समाधावचला बुद्धिस्तदा योगमवाप्स्यसि ॥ ५३ ॥

śruti-vipratipannā te, yadā sthāsyati niścalā
samādhāv acalā buddhis, tadā yogam avāpsyasi

śruti — van Vedische openbaring; *vipratipannā* — zonder door de resultaten beïnvloed te worden; *te* — jouw; *yadā* — wanneer; *sthāsyati* — blijft; *niścalā* — onbeweeglijk; *samādhau* — in transcendentaal bewustzijn of Kṛṣṇa-bewustzijn; *acalā* — vastberaden; *buddhiḥ* — intelligentie; *tadā* — dan; *yogam* — zelfrealisatie; *avāpsyasi* — je zult bereiken.

Wanneer je geest niet langer verstoord is door de bloemrijke taal van de Veda's en onbeweeglijk blijft in de concentratie van zelfrealisatie, dan zul je het goddelijk bewustzijn hebben bereikt.

COMMENTAAR: Wanneer iemand in *samādhi* is, dan betekent dat dat hij volledig Kṛṣṇa-bewust is; dat wil zeggen: wie volledig in *samādhi* is, heeft zich Brahman, Paramātmā en Bhagavān gerealiseerd. De hoogste perfectie van zelfrealisatie is het begrip dat we een eeuwige dienaar van Kṛṣṇa zijn en dat het enige wat ons te doen staat het vervullen van onze plichten in Kṛṣṇa-bewustzijn is. Een Kṛṣṇa-bewust persoon of een onwankelbare toegewijde van de Heer zou niet verward moeten raken door de bloemrijke taal van de Veda's en zou zich evenmin met resultaatgerichte activiteiten moeten bezighouden om zo bevorderd te worden naar de hemelse planeten. Iemand in Kṛṣṇa-bewustzijn komt onmiddellijk in nauw contact met Kṛṣṇa en in die transcendentale toestand kan hij alle aanwijzingen van Kṛṣṇa begrijpen. Door zulke activiteiten zal men zeker resultaten behalen en afdoende kennis krijgen. Men moet alleen de opdrachten van Kṛṣṇa of die van Zijn vertegenwoordiger, de spiritueel leraar, uitvoeren.

TEKST 54 अर्जुन उवाच
स्थितप्रज्ञस्य का भाषा समाधिस्थस्य केशव ।
स्थितधीः किं प्रभाषेत किमासीत व्रजेत किम् ॥ ५४ ॥

arjuna uvāca
sthita-prajñasya kā bhāṣā, samādhi-sthasya keśava
sthita-dhīḥ kiṁ prabhāṣeta, kim āsīta vrajeta kim

arjunaḥ uvāca — Arjuna zei; *sthita-prajñasya* — van iemand die onwankelbaar is in standvastig Kṛṣṇa-bewustzijn; *kā* — wat; *bhāṣā* — taal; *samādhi-sthasya* — van iemand in een toestand van diepe meditatie (*samādhi*); *keśava* — o Kṛṣṇa; *sthita-dhīḥ* — iemand die verankerd is in Kṛṣṇa-bewustzijn; *kim* — wat; *prabhāṣeta* — spreekt; *kim* — hoe; *āsīta* — stil blijven zitten; *vrajeta* — loopt; *kim* — hoe.

Arjuna zei: O Kṛṣṇa, wat zijn de kenmerken van iemand van wie het bewustzijn op die manier van het transcendentale vervuld is? Hoe spreekt hij en wat is zijn taalgebruik? Hoe zit hij en hoe loopt hij?

COMMENTAAR: Net zoals er voor ieder mens kenmerken zijn in overeenstemming met de bepaalde situatie waarin hij zich bevindt, zo heeft ook een Kṛṣṇa-bewust persoon zijn bepaalde manier van spreken, lopen, denken, voelen enz. Zoals een rijke bepaalde kenmerken bezit waardoor hij als een rijk man bekendstaat, zoals een zieke bepaalde symptomen heeft waaruit blijkt dat hij ziek is of zoals een geleerde zo zijn kenmerken heeft, zo vertoont ook iemand in transcendentaal Kṛṣṇa-bewustzijn zijn specifieke gedragskenmerken. Deze specifieke kenmerken kan men in de *Bhagavad-gītā* vinden. Het belangrijkste is hoe een Kṛṣṇa-bewust persoon spreekt, want spraak is iemands belangrijkste eigenschap. Er wordt gezegd dat een dwaas onherkenbaar blijft zolang hij niet spreekt en het is zeker zo dat een goedgeklede dwaas niet herkend wordt zolang hij zwijgt, maar zodra hij begint te spreken, laat hij zich meteen kennen. Het directe kenmerk van een Kṛṣṇa-bewust persoon is dat hij alleen over Kṛṣṇa praat en over dingen die met Hem in verband staan. Andere kenmerken volgen dan vanzelf, wat hieronder duidelijk zal worden.

TEKST 55 श्रीभगवानुवाच
प्रजहाति यदा कामान्सर्वान्पार्थ मनोगतान् ।
आत्मन्येवात्मना तुष्टः स्थितप्रज्ञस्तदोच्यते ॥ ५५ ॥

śrī-bhagavān uvāca
prajahāti yadā kāmān, sarvān pārtha mano-gatān
ātmany evātmanā tuṣṭaḥ, sthita-prajñas tadocyate

śrī-bhagavān uvāca — de Allerhoogste Persoonlijkheid Gods zei; *prajahāti* — geeft op; *yadā* — wanneer; *kāmān* — verlangens naar zinsbevrediging; *sarvān* — van allerlei soorten; *pārtha* — o zoon van Pṛthā; *manaḥ-gatān* — van gedachtespinsels; *ātmani* — in de zuivere staat van de ziel; *eva* — zeker; *ātmanā* — door de gezuiverde geest; *tuṣṭaḥ* — tevreden; *sthita-prajñaḥ* — op een transcendentaal niveau bevindend; *tadā* — dan; *ucyate* — wordt gezegd.

De Allerhoogste Persoonlijkheid Gods zei: O Pārtha, wanneer iemand het verlangen naar alle soorten van zinsbevrediging, die voortkomen uit gedachtespinsels, opgeeft en wanneer de geest, daardoor gezuiverd, alleen voldoening vindt in het zelf, dan wordt van hem gezegd dat hij zich in zuiver transcendentaal bewustzijn bevindt.

COMMENTAAR: Het *Bhāgavatam* bevestigt dat ieder persoon die volledig Kṛṣṇa-bewust is of uitsluitend bezig is met devotionele dienst aan de Heer, alle goede eigenschappen van de grote wijzen bezit, terwijl een persoon die zich niet in een transcendentale positie bevindt geen goede kwalificaties heeft, omdat hij ongetwijfeld zijn toevlucht zal zoeken in zijn eigen gedachtespinsels. Er wordt hier dan ook terecht gezegd dat men alle soorten zinsbevrediging, die voortkomen uit gedachtespinsels, moet opgeven. Zulke zinnelijke verlangens kunnen niet kunstmatig gestopt worden, maar als men bezig is met Kṛṣṇa-bewustzijn, dan zullen deze zinnelijke verlangens, zonder externe inspanningen, vanzelf afnemen. Men moet zich daarom zonder te aarzelen toeleggen op het Kṛṣṇa-bewustzijn, omdat deze devotionele dienst iemand onmiddellijk op het niveau van transcendentaal bewustzijn zal brengen. Een zeer gevorderde ziel zal altijd tevreden zijn in zichzelf, doordat hij beseft dat hij een eeuwige dienaar is van de Allerhoogste Heer. Wie zich op zo'n transcendentaal niveau bevindt, heeft geen verlangens die het gevolg zijn van kleingeestig materialisme, integendeel, hij blijft altijd gelukkig in zijn natuurlijke positie waarin hij de Allerhoogste Heer eeuwig dient.

TEKST 56 दुःखेष्वनुद्विग्नमनाः सुखेषु विगतस्पृहः ।
वीतरागभयक्रोधः स्थितधीर्मुनिरुच्यते ॥ ५६ ॥

duḥkheṣv anudvigna-manāḥ, sukheṣu vigata-spṛhaḥ
vīta-rāga-bhaya-krodhaḥ, sthita-dhīr munir ucyate

duḥkheṣu — te midden van de drie soorten leed; *anudvigna-manāḥ* — zonder een verstoorde geest; *sukheṣu* — in geluk; *vigata-spṛhaḥ* — zonder geïnteresseerd te zijn; *vīta* — vrij van; *rāga* — gehechtheid; *bhaya* — angst; *krodhaḥ* — en woede; *sthita-dhīḥ* — van wie de geest onbewogen is; *muniḥ* — een wijze; *ucyate* — wordt genoemd.

Wiens geest niet verstoord raakt te midden van de drie soorten leed of wie zich niet verheugt tijdens geluk en wie vrij is van gehechtheid, angst en woede, wordt een wijze met een onwankelbare geest genoemd.

COMMENTAAR: Het woord *'muni'* heeft betrekking op iemand die zijn geest op verschillende manieren weet te stimuleren tot speculeren, zonder daadwerkelijk tot een conclusie te komen. Er wordt gezegd dat iedere *muni* een ander standpunt heeft en als een *muni* niet van mening verschilt met andere *muni's*, dan kan hij strikt genomen geen *muni* worden genoemd. *Nāsāv ṛṣir yasya mataṁ na bhinnam* (*Mahābhārata, Vana-parva* 313.117). Maar een *sthita-dhīr muni*, waarover de Heer hier spreekt, verschilt van een gewone *muni*. De *sthita-dhīr muni* of een *muni* met een vastberaden geest, is altijd in Kṛṣṇa-bewustzijn, omdat al zijn activiteiten van creatief speculeren uitgeput zijn. Hij wordt *praśānta-niḥśeṣa-manorathāntara* genoemd (*Stotra-ratna* 43) of iemand die het stadium van mentale speculaties voorbij is en tot de conclusie is gekomen dat Heer Kṛṣṇa of Vāsudeva alles is (*vāsudevaḥ sarvam iti sa mahātmā su-durlabhaḥ*). Hij wordt een *muni* met een standvastige geest genoemd.

Zo'n persoon die volledig Kṛṣṇa-bewust is, raakt niet in het minst verward door de aanvallen van de drie soorten ellende, omdat hij alle ellende als de genade van de Heer ziet en denkt dat hij eigenlijk nog meer problemen verdient door zijn slechte daden. Hij ziet dat zijn ellende door de genade van de Heer is teruggebracht tot een minimum. En wanneer hij gelukkig is, dan weet hij dat dit ook van de Heer komt en hij denkt dan dat hij zulk geluk niet waardig is; hij beseft dat de comfortabele situatie waarin hij verkeert de genade van de Heer is waardoor hij zijn dienst aan de Heer beter kan doen. En tijdens het dienen van de Heer is hij moedig en actief en hij wordt niet beïnvloed door gehechtheid en afkeer. Gehechtheid betekent dat dingen aanvaard worden voor iemands eigen zinsbevrediging en afkeer is de afwezigheid van zulke zinnelijke gehechtheid. Maar wie verankerd is in Kṛṣṇa-bewustzijn heeft geen gehechtheid en evenmin afkeer, omdat zijn leven gewijd is aan dienst aan de Heer; daardoor wordt hij nooit kwaad wanneer zijn pogingen niet succesvol zijn. Succes of geen succes, een Kṛṣṇa-bewust persoon blijft altijd vastberaden.

TEKST 57

यः सर्वत्रानभिस्नेहस्तत्तत्प्राप्य शुभाशुभम् ।
नाभिनन्दति न द्वेष्टि तस्य प्रज्ञा प्रतिष्ठिता ॥ ५७ ॥

yaḥ sarvatrānabhisnehas, tat tat prāpya śubhāśubham
nābhinandati na dveṣṭi, tasya prajñā pratiṣṭhitā

yaḥ — iemand die; *sarvatra* — overal; *anabhisnehaḥ* — zonder genegenheid; *tat* — dat; *tat* — dat; *prāpya* — bereikend; *śubha* — goed; *aśubham* — kwaad; *na* — nooit; *abhinandati* — prijst; *na* — nooit; *dveṣṭi* — veracht; *tasya* — zijn; *prajñā* — volmaakte kennis; *pratiṣṭhitā* — onwankelbaar.

Wie onbewogen blijft te midden van al het goede en kwade dat hem in de materiële wereld toekomt, zonder het te verheerlijken of te verachten, staat onwankelbaar in volmaakte kennis.

COMMENTAAR: In de materiële wereld is er altijd wel iets wat voor opschudding zorgt en dat kan goed of slecht zijn. Wie zich niet van zijn stuk laat brengen door zulke materiële ophef en zich niet laat beïnvloeden door goed of kwaad, wordt beschouwd als onwankelbaar in Kṛṣṇa-bewustzijn. Zolang men in de materiële wereld is, bestaat er altijd kans op goed en kwaad, omdat deze wereld vol dualiteiten is. Maar wie verankerd is in Kṛṣṇa-bewustzijn wordt niet beïnvloed door goed en kwaad, omdat hij alleen maar bezig is met Kṛṣṇa, die het absoluut goede is. Zo'n bewustzijn dat vervuld is van Kṛṣṇa, plaatst iemand in een volmaakt transcendentale positie, die technisch gesproken *samādhi* wordt genoemd.

TEKST 58 यदा संहरते चायं कूर्मोऽङ्गानीव सर्वशः ।
इन्द्रियाणीन्द्रियार्थेभ्यस्तस्य प्रज्ञा प्रतिष्ठिता ॥ ५८ ॥

yadā saṁharate cāyaṁ, kūrmo 'ṅgānīva sarvaśaḥ
indriyāṇīndriyārthebhyas, tasya prajñā pratiṣṭhitā

yadā — wanneer; *saṁharate* — trekt terug; *ca* — en; *ayam* — hij; *kūrmaḥ* — schildpad; *aṅgāni* — ledematen; *iva* — zoals; *sarvaśaḥ* — volledig; *indriyāṇi* — zintuigen; *indriya-arthebhyaḥ* — van de zinsobjecten; *tasya* — zijn; *prajñā* — bewustzijn; *pratiṣṭhitā* — onwankelbaar.

Wie in staat is zijn zintuigen van de zinsobjecten terug te trekken zoals de schildpad zijn ledematen intrekt onder zijn schild, staat onwankelbaar in volmaakt bewustzijn.

COMMENTAAR: Het bewijs dat iemand een *yogī*, een toegewijde of een zelfverwerkelijkte ziel is, is dat hij zijn zintuigen kan beheersen volgens eigen plan. Maar de meeste mensen zijn dienaren van hun zintuigen en worden daarom geleid door dat wat hun wordt opgelegd door de zintuigen. Dat is het antwoord op de vraag waaraan men de *yogī* herkent. De zintuigen worden vergeleken met giftige slangen, die vrij willen zijn en geen beperkingen dulden. De *yogī* of de toegewijde moet heel sterk zijn om die slangen te bedwingen, net als een slangenbezweerder. Hij laat ze nooit hun eigen gang gaan.

In de geopenbaarde teksten staan vele voorschriften vermeld, waarvan sommige beschrijven wat wel en andere wat niet mag. Tenzij iemand in staat is om datgene op te volgen wat wel en niet mag en zich onthoudt van zinsbevrediging, is het niet mogelijk om zeer vastberaden te zijn in Kṛṣṇa-bewustzijn. Het beste voorbeeld, dat hier gegeven wordt, is dat van de schildpad. De schildpad kan op ieder gewenst moment zijn ledematen intrekken en ze op ieder ander moment voor verschillende doeleinden weer tevoorschijn halen. Op dezelfde manier gebruikt iemand die Kṛṣṇa-bewust is zijn zintuigen alleen voor bepaalde doeleinden in dienst van de Heer, anders houdt hij ze bij zich. Arjuna leert hier hoe hij zijn zintuigen in dienst van de Heer moet gebruiken in plaats van voor zijn eigen plezier. De analogie van de schildpad die zijn zintuigen ingetrokken houdt, maakt duidelijk dat de zintuigen altijd in dienst van de Heer gebruikt moeten worden.

TEKST 59 विषया विनिवर्तन्ते निराहारस्य देहिनः ।
रसवर्जं रसोऽप्यस्य परं दृष्ट्वा निवर्तते ॥ ५९ ॥

viṣayā vinivartante, nirāhārasya dehinaḥ
rasa-varjaṁ raso 'py asya, paraṁ dṛṣṭvā nivartate

viṣayāḥ — objecten voor zinnelijk genot; *vinivartante* — worden geoefend om af te zien van; *nirāhārasya* — door negatieve beperkingen; *dehinaḥ* — voor de belichaamde; *rasa-varjam* — de smaak opgevend; *rasaḥ* — besef van genot; *api* — hoewel er is; *asya* — zijn; *param* — veel betere dingen; *dṛṣṭvā* — door te ervaren; *nivartate* — hij houdt op met.

Hoewel de belichaamde ziel van zinnelijk genot weerhouden kan worden, blijft de smaak voor zinsobjecten bestaan. Maar wanneer ze zulke bezigheden opgeeft omdat ze een hogere smaak ervaart, is ze onwankelbaar in haar bewustzijn.

COMMENTAAR: Tenzij men zich op een transcendentaal niveau bevindt, is het onmogelijk om zinsbevrediging op te geven. Het proces van het beperken van zinsbevrediging door regels en bepalingen is te vergelijken met het ontzeggen van bepaalde voeding aan een zieke. Zo'n patiënt zal zeker niet blij zijn met zulke beperkingen en zal ook zijn smaak voor die bepaalde voeding niet verliezen. Op dezelfde manier wordt minder intelligente mensen, die ontoereikende kennis hebben, aangeraden de zintuigen te beperken door een spiritueel proces als *aṣṭāṅga-yoga* (*yama, niyama, āsana, prāṇāyāma, pratyāhāra, dhāraṇā, dhyāna* en *samādhi*). Maar wie tijdens zijn vorderingen in Kṛṣṇa-bewustzijn de schoonheid van de Allerhoogste Heer Kṛṣṇa heeft ervaren, heeft geen smaak meer voor dode, materiële dingen. De beperkingen zijn er daarom voor de minder intelligente nieuwelingen in het spirituele leven; maar die beperkingen zijn alleen goed totdat iemand werkelijk smaak heeft voor Kṛṣṇa-bewustzijn. Wanneer iemand werkelijk Kṛṣṇa-bewust is, verliest hij vanzelf alle smaak voor minderwaardige dingen.

TEKST 60 यततो ह्यपि कौन्तेय पुरुषस्य विपश्चितः ।
इन्द्रियाणि प्रमाथीनि हरन्ति प्रसभं मनः ॥ ६० ॥

yatato hy api kaunteya, puruṣasya vipaścitaḥ
indriyāṇi pramāthīni, haranti prasabhaṁ manaḥ

yatataḥ — terwijl hij streeft; *hi* — zeker; *api* — ondanks; *kaunteya* — o zoon van Kuntī; *puruṣasya* — van een man; *vipaścitaḥ* — vol onderscheidende kennis;

indriyāṇi — de zintuigen; *pramāthīni* — verstorend; *haranti* — werpen; *prasabham* — met geweld; *manaḥ* — de geest.

De zintuigen zijn zo sterk en onstuimig, o Arjuna, dat ze zelfs de geest van een wijsgerig persoon die zich inspant ze te beheersen, met geweld kunnen meesleuren.

COMMENTAAR: Er zijn veel geleerde wijzen, filosofen en transcendentalisten die de zintuigen proberen te overwinnen, maar ondanks hun inspanningen worden zelfs de grootsten onder hen soms het slachtoffer van materiële zinsbevrediging door een onrustige geest. Zelfs Viśvāmitra, die een grote wijze en volmaakt *yogī* was, werd door Menakā verleid tot seksueel genot, ook al streefde de *yogī* er met zware ascese en yogaoefeningen naar zijn zintuigen te beheersen. In de wereldgeschiedenis zijn er natuurlijk nog veel meer soortgelijke gevallen bekend. Het is dus heel moeilijk om de geest en de zintuigen te beheersen zonder volkomen Kṛṣṇa-bewust te zijn. Zonder zijn geest op Kṛṣṇa te richten, kan niemand zulke materiële activiteiten stoppen. Śrī Yāmunācārya, een groot heilige en een toegewijde, geeft hiervan een praktisch voorbeeld wanneer hij zegt:

yad-avadhi mama cetaḥ kṛṣṇa-pādāravinde
nava-nava-rasa-dhāmany udyataṁ rantum āsīt
tad-avadhi bata nārī-saṅgame smaryamāne
bhavati mukha-vikāraḥ suṣṭhu niṣṭhīvanaṁ ca

'Sinds mijn geest bezig is met dienst aan de lotusvoeten van Heer Kṛṣṇa en ik voortdurend nieuwe transcendentale gemoedstoestanden ervaar, draai ik mijn hoofd weg wanneer ik aan seksuele omgang met een vrouw denk en moet ik alleen al bij de gedachte eraan spuwen.'

Kṛṣṇa-bewustzijn is zoiets transcendentaal plezierigs, dat materieel genot vanzelf weerzinwekkend wordt. Het is alsof een hongerig persoon zijn honger heeft gestild met een toereikende hoeveelheid goed voedsel. Een ander voorbeeld is Mahārāja Ambarīṣa, die de grote *yogī* Durvāsā Muni versloeg, eenvoudig omdat zijn geest opging in Kṛṣṇa-bewustzijn (*sa vai manaḥ kṛṣṇa-padāravindayor vacāṁsi vaikuṇṭha-guṇānuvarṇane*).

TEKST 61 तानि सर्वाणि संयम्य युक्त आसीत मत्परः ।
वशे हि यस्येन्द्रियाणि तस्य प्रज्ञा प्रतिष्ठिता ॥ ६१ ॥

tāni sarvāṇi saṁyamya, yukta āsīta mat-paraḥ
vaśe hi yasyendriyāṇi, tasya prajñā pratiṣṭhitā

tāni — die zintuigen; *sarvāṇi* — alle; *saṁyamya* — beheersend; *yuktaḥ* — verbonden; *āsīta* — moet zich bevinden; *mat-paraḥ* — in relatie met Mij; *vaśe* — in volledige onderwerping; *hi* — zeker; *yasya* — iemand van wie; *indriyāṇi* — zintuigen; *tasya* — zijn; *prajñā* — bewustzijn; *pratiṣṭhitā* — onwankelbaar.

Wie zijn zintuigen beheerst en volledig in bedwang houdt en zijn bewustzijn op Mij richt, wordt een mens van onwankelbare intelligentie genoemd.

COMMENTAAR: In dit vers wordt duidelijk gezegd dat Kṛṣṇa-bewustzijn de hoogste vorm van perfectie in yoga is. Men kan onmogelijk zijn zintuigen beheersen zonder Kṛṣṇa-bewust te zijn. Zoals hierboven al gezegd is, zocht de grote wijze Durvāsā Muni onenigheid met Mahārāja Ambarīṣa; Durvāsā Muni werd uit trots onnodig kwaad en kon daardoor zijn zintuigen niet bedwingen. De koning, die weliswaar niet zo'n machtige *yogī* was als de wijze, maar wel een toegewijde van de Heer, verdroeg daarentegen zwijgend het onrecht dat de wijze hem aandeed en triomfeerde daardoor. De koning was in staat zijn zintuigen te beheersen, omdat hij de volgende eigenschappen had die in het *Śrīmad-Bhāgavatam* (9.4.18-20) worden genoemd:

sa vai manaḥ kṛṣṇa-padāravindayor
vacāṁsi vaikuṇṭha-guṇānuvarṇane
karau harer mandira-mārjanādiṣu
śrutiṁ cakārācyuta-sat-kathodaye

mukunda-liṅgālaya-darśane dṛśau
tad-bhṛtya-gātra-sparśe 'ṅga-saṅgamam
ghrāṇaṁ ca tat-pāda-saroja-saurabhe
śrīmat-tulasyā rasanāṁ tad-arpite

pādau hareḥ kṣetra-padānusarpaṇe
śiro hṛṣīkeśa-padābhivandane
kāmaṁ ca dāsye na tu kāma-kāmyayā
yathottama-śloka-janāśrayā ratiḥ

'Koning Ambarīṣa concentreerde zijn geest op de lotusvoeten van Heer Kṛṣṇa, gebruikte zijn woorden om de verblijfplaats van de Heer te beschrijven; zijn handen om de tempel van de Heer schoon te maken; zijn oren om over de activiteiten van vermaak van de Heer te horen; zijn ogen om de vorm van de Heer te zien; zijn lichaam om de lichamen van de toegewijden aan te raken; zijn neus om de geur van de bloemen die aan de lotusvoeten van de Heer zijn geofferd, te ruiken; zijn tong om de *tulasī*-bladeren te proeven die aan Hem zijn geofferd; zijn benen om naar de heilige plaats te reizen waar Zijn tempel staat; zijn hoofd om eerbetuigingen te brengen aan de Heer, en zijn verlangens om de verlangens van de Heer te vervullen — en al deze eigenschappen maakten hem geschikt om een *mat-para*-toegewijde van de Heer te worden.'

Het woord *'mat-para'* is uiterst belangrijk in dit verband. Hoe iemand *mat-para* kan worden, blijkt uit de levensbeschrijving van Mahārāja Ambarīṣa. Śrīla Baladeva Vidyābhūṣaṇa, een groot geleerde en *ācārya* in de lijn van *mat-para*-toegewijden, merkt het volgende op: *mad-bhakti-prabhāvena sarvendriya-vijaya-pūrvikā svātma-dṛṣṭiḥ sulabheti bhāvaḥ*. 'De zintuigen kunnen alleen volledig worden beheerst door de kracht van devotionele dienst aan Kṛṣṇa.' Soms wordt ook het voorbeeld van het vuur gegeven: 'Zoals een laaiend vuur alles in een kamer verbrandt, zo brandt Heer Viṣṇu, die Zich in het hart van de *yogī* bevindt, alle onzuiverheden weg.' Het *Yoga-sūtra* schrijft ook meditatie op Heer Viṣṇu voor en niet mediteren op de leegte. De zogenaamde *yogī's* die op iets anders dan de vorm van Viṣṇu mediteren, verspillen eenvoudig hun tijd met het vergeefs najagen van hersenschimmen. We moeten Kṛṣṇa-bewust worden, toegewijd aan de Persoonlijkheid Gods. Dat is het doel van ware yoga.

TEKST 62 ध्यायतो विषयान्पुंसः सङ्गस्तेषूपजायते ।
सङ्गात्सञ्जायते कामः कामात्क्रोधोऽभिजायते ॥ ६२ ॥

dhyāyato viṣayān puṁsaḥ, saṅgas teṣūpajāyate
saṅgāt sañjāyate kāmaḥ, kāmāt krodho 'bhijāyate

dhyāyataḥ — de aandacht richtend op; *viṣayān* — zinsobjecten; *puṁsaḥ* — van een persoon; *saṅgaḥ* — gehechtheid; *teṣu* — aan de zinsobjecten; *upajāyate* — ontwikkelt zich; *saṅgāt* — van gehechtheid; *sañjāyate* — ontwikkelt zich; *kāmaḥ* — begeerte; *kāmāt* — van begeerte; *krodhaḥ* — woede; *abhijāyate* — onstaat.

Door zijn aandacht op de zinsobjecten te richten, raakt men aan ze gehecht; uit zulke gehechtheid ontwikkelt zich lust en uit lust ontstaat woede.

COMMENTAAR: Wie niet Kṛṣṇa-bewust is, is onderhevig aan materiële verlangens wanneer hij zijn aandacht op de zinsobjecten richt. De zintuigen hebben echte bezigheden nodig en als ze niet in beslag worden genomen door transcendentale liefdedienst aan de Heer, zullen ze zulke bezigheden zeker in de dienst van het materialisme zoeken.

In de materiële wereld is iedereen, inclusief Heer Śiva en Heer Brahmā — om maar te zwijgen van andere halfgoden op de hemelse planeten — onderhevig aan de invloed van de zinsobjecten. De enige manier om uit de puzzel van het materiële bestaan te komen is Kṛṣṇa-bewust te worden. Heer Śiva was in diepe meditatie verzonken, maar toen Pārvatī hem tot zinnelijk genot aanzette, ging hij op haar voorstel in en als gevolg hiervan werd Kārtikeya geboren. Toen Haridāsa Ṭhākura een jonge toegewijde van de Heer was, werd hij op soortgelijke manier verleid door een incarnatie van Māyā-devī, maar door zijn onvermengde devotie voor Kṛṣṇa doorstond Haridāsa de test met gemak.

Zoals in het vers van Śrī Yāmunācārya hierboven duidelijk werd gemaakt, schuwt een oprechte toegewijde van de Heer alle materiële zinsbevrediging, omdat hij een hogere smaak heeft voor spiritueel plezier in het gezelschap van de Heer. Dat is het geheim van succes. Daarom zal iemand die niet Kṛṣṇa-bewust is uiteindelijk falen in het beheersen van zijn zintuigen, hoe bedreven hij er ook in is ze kunstmatig te onderdrukken, want de minste gedachte aan zinnelijk genot zal hem ertoe aanzetten zijn zintuigen te bevredigen.

TEKST 63 क्रोधाद्भवति सम्मोहः सम्मोहात्स्मृतिविभ्रमः ।
स्मृतिभ्रंशाद्बुद्धिनाशो बुद्धिनाशात्प्रणश्यति ॥ ६३ ॥

krodhād bhavati sammohaḥ, sammohāt smṛti-vibhramaḥ
smṛti-bhraṁśād buddhi-nāśo, buddhi-nāśāt praṇaśyati

krodhāt — van woede; *bhavati* — vindt plaats; *sammohaḥ* — volkomen illusie; *sammohāt* — van illusie; *smṛti* — van geheugen; *vibhramaḥ* — verwarring; *smṛti-bhraṁśāt* — na de verbijstering van het geheugen; *buddhi-nāśaḥ* — verlies van intelligentie; *buddhi-nāśāt* — en door het verlies van intelligentie; *praṇaśyati* — komt men ten val.

Uit woede komt volslagen illusie voort en illusie veroorzaakt verwarring van het geheugen. Wanneer het geheugen verward is, gaat de intelligentie verloren en is de intelligentie eenmaal verloren, dan valt men terug in het materiële moeras.

COMMENTAAR: Śrīla Rūpa Gosvāmī heeft ons de volgende instructie gegeven:

prāpañcikatayā buddhyā, hari-sambandhi-vastunaḥ
mumukṣubhiḥ parityāgo, vairāgyaṁ phalgu kathyate
(*Bhakti-rasāmṛta-sindhu* 1.2.256)

Door Kṛṣṇa-bewustzijn te ontwikkelen komt men tot het besef dat alles in dienst aan de Heer gebruikt kan worden. Zij die niets van Kṛṣṇa-bewustzijn afweten, proberen kunstmatig materiële objecten te vermijden, met als gevolg dat ze niet het niveau van volmaakte onthechting bereiken, ook al verlangen ze naar bevrijding van materiële gebondenheid. Hun zogenaamde onthechting wordt *phalgu* genoemd, minder belangrijk.

Iemand in Kṛṣṇa-bewustzijn weet daarentegen hoe hij alles in dienst aan de Heer moet gebruiken; daardoor valt hij niet ten prooi aan een materieel bewustzijn. Bijvoorbeeld, volgens een impersonalist kan de Heer of het Absolute niet eten omdat Hij onpersoonlijk is. Terwijl een impersonalist alle smakelijke etenswaren vermijdt, weet een toegewijde dat Kṛṣṇa de allerhoogste genieter is en dat Hij alles eet wat met liefde aan Hem geofferd wordt. Nadat hij de Heer goed voedsel geofferd heeft, neemt de toegewijde dat wat de Heer overlaat, wat *prasāda* wordt genoemd. Op die manier wordt alles gespiritualiseerd en bestaat er geen gevaar dat men terugvalt. De toegewijde neemt *prasāda* in Kṛṣṇa-bewustzijn, terwijl de niet-toegewijde dat verwerpt als iets materieels. De impersonalist geniet door zijn kunstmatige onthechting dus niet van het leven en daarom zal de geringste verstoring van zijn geest hem opnieuw verstrikken in het moeras van het materiële bestaan. Er wordt daarom gezegd dat zo'n ziel, ook al komt ze tot de positie van bevrijding, terugvalt omdat ze niet ondersteund wordt door devotionele dienst.

TEKST 64 रागद्वेषविमुक्तैस्तु विषयानिन्द्रियैश्चरन् ।
आत्मवश्यैर्विधेयात्मा प्रसादमधिगच्छति ॥ ६४ ॥

rāga-dveṣa-vimuktais tu, viṣayān indriyaiś caran
ātma-vaśyair vidheyātmā, prasādam adhigacchati

rāga — gehechtheid; *dveṣa* — en onthechting; *vimuktaiḥ* — door iemand die vrij is geraakt van; *tu* — maar; *viṣayān* — zinsobjecten; *indriyaiḥ* — door de zintuigen; *caran* — naleven; *ātma-vaśyaiḥ* — in iemands macht; *vidheya-ātmā* — iemand die regulerende principes van vrijheid volgt; *prasādam* — de genade van de Heer; *adhigacchati* — bereikt.

Maar wie vrij is van alle gehechtheid en afkeer en in staat is zijn zintuigen met regulerende principes van vrijheid te beheersen, kan de volledige genade van de Heer krijgen.

COMMENTAAR: Er is al uitgelegd dat men misschien extern de zintuigen kan beheersen door een of ander kunstmatig proces, maar tenzij de zintuigen bezig-gehouden worden in transcendentale dienst aan de Heer, is er alle kans dat men terugvalt. Hoewel een persoon in volledig Kṛṣṇa-bewustzijn zich op het zintuig-lijke vlak lijkt te bevinden, is hij door zijn Kṛṣṇa-bewustzijn toch niet gehecht aan zintuiglijke activiteiten. Een Kṛṣṇa-bewust persoon is er alleen maar in geïnteresseerd om Kṛṣṇa tevreden te stellen en in niets anders; daarom is hij boven alle gehechtheid en afkeer verheven. Als Kṛṣṇa het wil, kan de toegewijde alles doen wat normaal onwenselijk is, en als Hij het niet wil, zal de toegewijde datgene nalaten wat hij normaal voor zijn eigen plezier gedaan zou hebben. Hij heeft zowel het doen als het laten van activiteiten in eigen hand, omdat hij alleen handelt onder leiding van Kṛṣṇa. Dit bewustzijn is de grondeloze genade van de Heer, die de toegewijde kan krijgen ondanks zijn gehechtheid aan het zintuiglijke.

TEKST 65 प्रसादे सर्वदुःखानां हानिरस्योपजायते ।
प्रसन्नचेतसो ह्याशु बुद्धिः पर्यवतिष्ठते ॥ ६५ ॥

prasāde sarva-duḥkhānāṁ, hānir asyopajāyate
prasanna-cetaso hy āśu, buddhiḥ paryavatiṣṭhate

prasāde — bij het krijgen van de grondeloze genade van de Heer; *sarva* — van alle; *duḥkhānām* — materiële ellende; *hāniḥ* — vernietiging; *asya* — zijn; *upajāyate* — vindt plaats; *prasanna-cetasaḥ* — van degenen met een gelukkige geest; *hi* — zeker; *āśu* — heel spoedig; *buddhiḥ* — intelligentie; *pari* — voldoende; *avatiṣṭhate* — raakt gevestigd.

Voor wie zo volkomen tevreden is [in Kṛṣṇa-bewustzijn], bestaat de drievoudige ellende van het materiële bestaan niet meer. Met zo'n tevreden bewustzijn zal iemands intelligentie snel doelgericht zijn.

TEKST 66 नास्ति बुद्धिरयुक्तस्य न चायुक्तस्य भावना ।
न चाभावयतः शान्तिरशान्तस्य कुतः सुखम् ॥ ६६ ॥

nāsti buddhir ayuktasya, na cāyuktasya bhāvanā
na cābhāvayataḥ śāntir, aśāntasya kutaḥ sukham

na asti — er kan niet zijn; *buddhiḥ* — transcendentale intelligentie; *ayuktasya* — van iemand die niet verbonden is (met Kṛṣṇa-bewustzijn); *na* — niet; *ca* — en; *ayuktasya* — van iemand zonder Kṛṣṇa-bewustzijn; *bhāvanā* — onwankelbare geest (in geluk); *na* — niet; *ca* — en; *abhāvayataḥ* — van iemand die niet onwankelbaar is; *śāntiḥ* — vrede; *aśāntasya* — van de rustelozen; *kutaḥ* — waar is; *sukham* — geluk.

Wie niet verbonden is met de Allerhoogste [door Kṛṣṇa-bewustzijn], kan geen transcendentale intelligentie en geen onbewogen geest hebben, zonder welke vrede onmogelijk is. En hoe kan er geluk bestaan zonder vrede?

COMMENTAAR: Tenzij men Kṛṣṇa-bewust is, is vrede onmogelijk. Dit wordt in het vijfde hoofdstuk (5.29) bevestigd: alleen als men begrijpt dat Kṛṣṇa de enige genieter van alle goede resultaten van offers en ascese is, dat Hij de eigenaar van alle kosmische manifestaties is en de werkelijke vriend van alle levende wezens, kan men werkelijk vrede vinden. Daarom kan er voor de geest geen uiteindelijk doel zijn als men niet Kṛṣṇa-bewust is. Verwarring komt voort uit de afwezigheid van een einddoel. Wanneer iemand ervan overtuigd is dat Kṛṣṇa de genieter, de eigenaar en de vriend van alles en iedereen is, dan kan men, met een vastberaden geest, vrede bewerkstelligen. Maar wie activiteiten verricht zonder dat hij een relatie met Kṛṣṇa heeft, is ongetwijfeld altijd verontrust en kent geen vrede, hoezeer hij ook een show maakt van zijn vrede en spirituele vooruitgang. Kṛṣṇa-bewustzijn is een zelfmanifesterende toestand van vrede die alleen bereikt kan worden in een relatie met Kṛṣṇa.

TEKST 67 इन्द्रियाणां हि चरतां यन्मनोऽनुविधीयते ।
तदस्य हरति प्रज्ञां वायुर्नावमिवाम्भसि ॥ ६७ ॥

indriyāṇāṁ hi caratāṁ, yan mano 'nuvidhīyate
tad asya harati prajñāṁ, vāyur nāvam ivāmbhasi

indriyāṇām — van de zintuigen; *hi* — zeker; *caratām* — ronddolende; *yat* — waarmee; *manaḥ* — de geest; *anuvidhīyate* — raakt voortdurend bezig; *tat* — dat; *asya* — zijn; *harati* — neemt weg; *prajñām* — intelligentie; *vāyuḥ* — wind; *nāvam* — een boot; *iva* — zoals; *ambhasi* — op het water.

Zoals een boot op het water meegevoerd wordt door een sterke wind, zo kan zelfs één van de ronddolende zintuigen waarop de geest zich richt, iemands intelligentie meevoeren.

COMMENTAAR: Tenzij alle zintuigen in dienst aan de Heer worden gebruikt, kan zelfs één zintuig dat zich op zinsbevrediging richt, de toegewijde van het pad van spirituele vooruitgang afbrengen. Zoals duidelijk werd uit het leven van Mahārāja Ambarīṣa, moeten alle zintuigen in Kṛṣṇa-bewustzijn worden gebruikt; dat is de juiste techniek om de geest te beheersen.

TEKST 68 तस्माद्यस्य महाबाहो निगृहीतानि सर्वशः ।
इन्द्रियाणीन्द्रियार्थेभ्यस्तस्य प्रज्ञा प्रतिष्ठिता ॥ ६८ ॥

tasmād yasya mahā-bāho, nigṛhītāni sarvaśaḥ
indriyāṇīndriyārthebhyas, tasya prajñā pratiṣṭhitā

tasmāt — daarom; *yasya* — van wie; *mahā-bāho* — o sterkgearmde; *nigṛhītāni* — zo beheerst; *sarvaśaḥ* — aan alle kanten; *indriyāṇi* — de zintuigen; *indriya-arthebhyaḥ* — van zinsobjecten; *tasya* — zijn; *prajñā* — intelligentie; *pratiṣṭhitā* — onwankelbaar.

Wie zijn zintuigen van de zinsobjecten kan weerhouden is daarom zeker iemand met een onwankelbare intelligentie, o sterkgearmde.

COMMENTAAR: Men kan de drang tot zinsbevrediging alleen bedwingen door Kṛṣṇa-bewustzijn en dat houdt in dat alle zintuigen in de transcendentale liefdedienst van de Heer gebruikt moeten worden. Zoals vijanden bedwongen worden door een sterkere kracht, zo kunnen de zintuigen ook bedwongen worden. Maar menselijke inspanningen alleen zijn hiervoor niet voldoende: alleen door de zintuigen te gebruiken in dienst van de Heer kunnen ze worden bedwongen. Wie dit begrepen heeft, namelijk dat men alleen door Kṛṣṇa-bewustzijn werkelijk een onwankelbare intelligentie kan hebben en dat men deze kunst onder begeleiding van een bonafide spiritueel leraar moet beoefenen, wordt een *sādhaka* genoemd, een geschikte kandidaat voor bevrijding.

TEKST 69 या निशा सर्वभूतानां तस्यां जागर्ति संयमी ।
यस्यां जाग्रति भूतानि सा निशा पश्यतो मुनेः ॥ ६९ ॥

yā niśā sarva-bhūtānāṁ, tasyāṁ jāgarti saṁyamī
yasyāṁ jāgrati bhūtāni, sā niśā paśyato muneḥ

yā — wat; *niśā* — nacht is; *sarva* — alle; *bhūtānām* — van levende wezens; *tasyām* — in dat; *jāgarti* — is waakzaam; *saṁyamī* — degenen met zelfbeheersing; *yasyām* — in welke; *jāgrati* — zijn wakker; *bhūtāni* — alle wezens; *sā* — dat is; *niśā* — nacht; *paśyataḥ* — voor de introspectieve; *muneḥ* — wijze.

Wat nacht is voor alle levende wezens, is de tijd van ontwaken voor iemand met zelfbeheersing. En wat voor alle wezens de tijd van ontwaken is, is nacht voor de wijze die bezig is met zelfbeschouwing.

COMMENTAAR: Er bestaan twee soorten intelligente mensen: de ene is intelligent op het gebied van materiële activiteiten voor zinsbevrediging en de andere is introspectief en staat open voor het cultiveren van zelfrealisatie. De activiteiten van een wijze die diepzinnig is en die bezig is met zelfbeschouwing, zijn als nacht voor personen die helemaal opgaan in het materiële leven. Tijdens zo'n nacht blijven materialistische personen door hun onwetendheid in slaap wat betreft zelfrealisatie. De introspectieve wijze blijft waakzaam tijdens de 'nacht' van de materialistische mensen. De wijze ervaart transcendentaal geluk door de geleidelijke vooruitgang die hij in zijn spirituele ontwikkeling maakt, terwijl degene die opgaat in materiële activiteiten van verschillende soorten zinnelijk genot droomt, omdat hij zich niet bewust is van zelfrealisatie. In die slaaptoestand voelt hij zich soms gelukkig en soms verdrietig. Wie introspectief is, staat altijd onverschillig tegenover materieel geluk en verdriet. Hij zet zijn activiteiten voor zelfrealisatie voort en laat zich niet verstoren door materiële omstandigheden.

TEKST 70 आपूर्यमाणमचलप्रतिष्ठं समुद्रमापः प्रविशन्ति यद्वत् ।
तद्वत्कामा यं प्रविशन्ति सर्वे स शान्तिमाप्नोति न कामकामी ॥ ७० ॥

āpūryamāṇam acala-pratiṣṭhaṁ, samudram āpaḥ praviśanti yadvat
tadvat kāmā yaṁ praviśanti sarve, sa śāntim āpnoti na kāma-kāmī

āpūryamāṇam — voortdurend worden gevuld; *acala-pratiṣṭham* — onbewogen blijvend; *samudram* — de oceaan; *āpaḥ* — waters; *praviśanti* — binnenstromen; *yadvat* — zoals; *tadvat* — zo; *kāmāḥ* — verlangens; *yam*— in wie; *praviśanti* — binnenstromen; *sarve* — alle; *saḥ* — die persoon; *śāntim* — vrede; *āpnoti* — verkrijgt; *na* — niet; *kāma-kāmī* — iemand die verlangens wil vervullen.

Alleen iemand die niet verstoord wordt door de onophoudelijke stroom van verlangens — die als rivieren in de oceaan stromen, die zelf voortdurend wordt gevuld, maar altijd rustig blijft — kan vrede vinden, maar niet degene die zulke verlangens probeert te vervullen.

COMMENTAAR: Hoewel de uitgestrekte oceaan altijd gevuld is met water, wordt ze altijd, vooral gedurende het regenseizoen, gevuld met nog veel meer water. Toch blijft de oceaan dezelfde — kalm. Ze wordt niet in beroering gebracht en evenmin treedt ze buiten haar oevers. Dat geldt ook voor iemand die verankerd is in Kṛṣṇa-bewustzijn. Zolang men een materieel lichaam heeft, blijven de verlangens van het lichaam naar zinsbevrediging bestaan. Maar de toegewijde raakt door zijn volheid niet verstoord door zulke verlangens.

Een Kṛṣṇa-bewust persoon komt niets tekort, omdat de Heer in al zijn materiële benodigdheden voorziet. Hij is daarom als de oceaan — altijd vol in zichzelf. Verlangens mogen naar hem toe komen als rivieren die naar de oceaan stromen, maar hij blijft evenwichtig in zijn activiteiten en hij raakt niet in het minst verstoord door verlangens naar zinsbevrediging. Dat bewijst dat iemand Kṛṣṇa-bewust is: hij voelt geen neigingen meer tot materiële zinsbevrediging, hoewel de verlangens daarnaar nog aanwezig zijn. Omdat hij tevreden blijft in de transcendentale liefdedienst van de Heer, is hij in staat om net als de oceaan kalm te blijven en daardoor geniet hij volkomen vrede.

Maar zij die hun verlangens willen vervullen, zelfs al is dat het verlangen naar bevrijding, laat staan materieel succes, zullen nooit vrede ervaren. Zij die resultaatgerichte activiteiten verrichten, zij die naar bevrijding streven en ook de *yogī's* die mystieke vermogens verlangen, zijn allemaal ongelukkig, omdat ze onvervulde verlangens hebben. Maar een Kṛṣṇa-bewust persoon is gelukkig met het dienen van de Heer en hij heeft geen verlangens meer die vervuld moeten worden. Sterker nog, hij verlangt er zelfs niet naar om bevrijd te worden uit de materiële gebondenheid. De toegewijden van Kṛṣṇa hebben geen materiële verlangens en daarom zijn ze volkomen vredig.

TEKST 71 विहाय कामान्यः सर्वान्पुमांश्चरति निःस्पृहः ।
निर्ममो निरहङ्कारः स शान्तिमधिगच्छति ॥ ७१ ॥

vihāya kāmān yaḥ sarvān, pumāṁś carati niḥspṛhaḥ
nirmamo nirahaṅkāraḥ, sa śāntim adhigacchati

vihāya — heeft opgegeven; *kāmān* — materiële verlangens naar zinsbevrediging; *yaḥ* — die; *sarvān* — alle; *pumān* — een persoon; *carati* — leeft; *niḥspṛhaḥ* — vrij van verlangens; *nirmamaḥ* — zonder bezitsdrang; *nirahaṅkāraḥ* — zonder vals ego; *saḥ* — hij; *śāntim* — volmaakte vrede; *adhigacchati* — bereikt.

Wie alle verlangens naar zinsbevrediging heeft opgegeven, wie een leven vrij van verlangens leidt, wie alle bezitsdrang heeft opgegeven en vrij is van vals ego — alleen hij kan werkelijke vrede vinden.

COMMENTAAR: Vrij worden van verlangens betekent dat men niets verlangt voor zinsbevrediging. Met andere woorden, het verlangen om Kṛṣṇa-bewust te worden betekent werkelijk zonder verlangens zijn. Het inzicht dat ieders werkelijke positie die van een eeuwige dienaar van Kṛṣṇa is, zonder dat men zichzelf ten onrechte met dit materiële lichaam identificeert en zonder dat men ten onrechte iets in de wereld als zijn eigendom beschouwt, is het volmaakte niveau van Kṛṣṇa-bewustzijn. Wie zich op dit niveau van perfectie bevindt, weet dat alles gebruikt moet worden om Kṛṣṇa tevreden te stellen, omdat Hij de eigenaar is van alles.

Arjuna wilde niet vechten voor zijn eigen zinsbevrediging, maar toen hij volledig Kṛṣṇa-bewust werd, vocht hij omdat Kṛṣṇa dat wilde. Arjuna had geen verlangen om voor zichzelf te vechten, maar voor Kṛṣṇa vocht dezelfde Arjuna zo goed als hij kon. Werkelijk vrij zijn van verlangens betekent verlangen naar de tevredenheid van Kṛṣṇa; het is geen kunstmatige poging om een einde te maken aan verlangens. Het levend wezen kan niet zonder verlangens of zintuigen zijn, maar het moet de kwaliteit van zijn verlangens veranderen. Iemand zonder materiële verlangens is ervan doordrongen dat alles het eigendom is van Kṛṣṇa (*īśāvāsyam idaṁ sarvam*) en daarom beschouwt hij niets ten onrechte als zijn eigendom. Deze transcendentale kennis is gebaseerd op zelfrealisatie, wat inhoudt dat men goed beseft dat ieder levend wezen eeuwig een integrerend deeltje van Kṛṣṇa is met een spirituele identiteit en dat de eeuwige positie van het levend wezen daarom nooit dezelfde is als of hoger is dan die van Kṛṣṇa. Een dergelijk begrip van Kṛṣṇa-bewustzijn is het basisprincipe van echte vrede.

TEKST 72 एषा ब्राह्मी स्थितिः पार्थ नैनां प्राप्य विमुह्यति ।
स्थित्वास्यामन्तकालेऽपि ब्रह्मनिर्वाणमृच्छति ॥ ७२ ॥

eṣā brāhmī sthitiḥ pārtha, naināṁ prāpya vimuhyati
sthitvāsyām anta-kāle 'pi, brahma-nirvāṇam ṛcchati

eṣā — deze; *brāhmī* — spirituele; *sthitiḥ* — situatie; *pārtha* — o zoon van Pṛthā; *na* — nooit; *enām* — dit; *prāpya* — bereikend; *vimuhyati* — iemand is verward; *sthitvā* — vaststaand; *asyām* — in dit; *anta-kāle* — aan het eind van het leven; *api* — ook; *brahma-nirvāṇam* — het spirituele koninkrijk van God; *ṛcchati* — men bereikt.

Dat is de spirituele en goddelijke levenswijze, en wie deze heeft bereikt, zal niet meer verward zijn. Wanneer iemand zich zelfs op het moment van de dood in die toestand bevindt, kan hij binnengaan in het koninkrijk van God.

COMMENTAAR: Men kan onmiddellijk, binnen een seconde, Kṛṣṇa-bewust worden of goddelijk leven, of men kan zelfs na miljoenen levens niet in staat zijn dit te bereiken. Het is een kwestie van de waarheid begrijpen en deze aanvaarden. Khaṭvāṅga Mahārāja bereikte deze toestand enkele minuten vóór zijn dood door zich over te geven an Kṛṣṇa.

Nirvāṇa betekent een einde maken aan het materiële leven. Volgens de boeddhistische filosofie is er na het beëindigen van dit materiële leven enkel de leegte, maar de *Bhagavad-gītā* leert iets anders. Het echte leven begint na het beëindigen van dit materiële bestaan. Voor een uitgesproken materialist is het voldoende om te weten dat men de materialistische levenswijze moet beëindigen, maar voor personen die spiritueel gevorderd zijn, is er na dit materiële bestaan een ander bestaan. Als iemand het geluk heeft om voor het beëindigen van dit leven Kṛṣṇa-bewust te worden, dan bereikt hij onmiddellijk het niveau van *brahma-nirvāṇa.*

Er bestaat geen verschil tussen het koninkrijk van God en devotionele dienst aan de Heer. Omdat ze zich allebei op het absolute vlak bevinden, is het zo dat, als men bezig is met transcendentale liefdedienst aan de Heer, men het spirituele koninkrijk bereikt heeft. In de materiële wereld zijn er activiteiten voor zinsbevrediging, maar in de spirituele wereld zijn er Kṛṣṇa-bewuste activiteiten. Met het verwerven van Kṛṣṇa-bewustzijn heeft men, zelfs tijdens dit leven, onmiddellijk het Brahman verworven en iemand die verankerd is in Kṛṣṇa-bewustzijn is zeker al het koninkrijk van God binnengegaan. Brahman is precies het tegenovergestelde van materie. *Brāhmī sthiti* betekent daarom: 'niet op het niveau van materiële activiteiten.' Devotionele dienst aan de Heer wordt in de *Bhagavad-gītā* beschouwd als het niveau van bevrijding (*sa guṇān samatītyaitān brahma-bhūyāya kalpate*). *Brāhmī sthiti* is daarom bevrijding van materiële gebondenheid.

Śrīla Bhaktivinoda Ṭhākura heeft dit tweede hoofdstuk beschreven als de samenvatting van de hele *Bhagavad-gītā*. De onderwerpen die de *Bhagavad-gītā* behandelt, zijn *karma-yoga*, *jñāna-yoga* en *bhakti-yoga*. In het tweede hoofdstuk zijn *karma-* en *jñāna-yoga* uitvoerig besproken en ook is er een glimp van *bhakti-yoga* gegeven als de inhoud van de hele tekst.

Zo eindigen de commentaren van Śrī Śrīmad A.C. Bhaktivedanta Swami Prabhupāda bij het tweede hoofdstuk van Śrīmad Bhagavad-gītā, *getiteld 'Samenvatting van de Gītā'.*

3

KARMA-YOGA

TEKST 1 अर्जुन उवाच
ज्यायसी चेत्कर्मणस्ते मता बुद्धिर्जनार्दन ।
तत्किं कर्मणि घोरे मां नियोजयसि केशव ॥ १ ॥

arjuna uvāca
jyāyasī cet karmaṇas te, matā buddhir janārdana
tat kiṁ karmaṇi ghore māṁ, niyojayasi keśava

arjunaḥ uvāca — Arjuna zei; *jyāyasī* — beter; *cet* — als; *karmaṇaḥ* — dan resultaatgerichte activiteit; *te* — door Jou; *matā* — wordt beschouwd; *buddhiḥ* — intelligentie; *janārdana* — o Kṛṣṇa; *tat* — daarom; *kim* — waarom; *karmaṇi* — in activiteit; *ghore* — afschuwelijk; *mām* — mij; *niyojayasi* — Je betrekt; *keśava* — o Kṛṣṇa.

Arjuna zei: O Janārdana, o Keśava, waarom wil Je me in deze gruwelijke oorlog betrekken, als Je denkt dat intelligentie beter is dan resultaatgerichte activiteiten?

COMMENTAAR: In het vorige hoofdstuk heeft de Allerhoogste Persoonlijkheid Gods Śrī Kṛṣṇa een uitvoerige beschrijving gegeven van de wezensstaat van de ziel met als doel Zijn innige vriend Arjuna te bevrijden uit de oceaan van materieel leed. Daarnaast werd het pad van bewustwording aangeraden: *buddhi-yoga* of Kṛṣṇa-bewustzijn. Kṛṣṇa-bewustzijn wordt soms verkeerd begrepen en gezien als daadloosheid, en iemand met die misvatting trekt zich vaak terug op een afgelegen plaats om volledig Kṛṣṇa-bewust te worden door de heilige naam van Heer Kṛṣṇa te chanten. Maar zonder training in de filosofie van het Kṛṣṇa-bewustzijn is het niet raadzaam om de heilige naam van Heer Kṛṣṇa op een eenzame plaats te chanten, waar men alleen maar de goedkope verering van het argeloze publiek krijgt.

Arjuna dacht ook dat Kṛṣṇa-bewustzijn of *buddhi-yoga* of het gebruik maken van de intelligentie om vooruitgang te maken in spirituele kennis, zoiets was als zich terugtrekken uit het actieve leven en op een afgezonderde plaats ascese beoefenen. Met andere woorden, hij wilde op slimme wijze de strijd ontlopen door Kṛṣṇa-bewustzijn als een excuus te gebruiken. Maar als een oprechte leerling legde hij alles aan zijn meester voor en vroeg hij Kṛṣṇa wat hij het beste kon doen. Als antwoord hierop legt Heer Kṛṣṇa in dit derde hoofdstuk uitgebreid uit wat *karma-yoga* of activiteit in Kṛṣṇa-bewustzijn inhoudt.

TEKST 2

व्यामिश्रेणेव वाक्येन बुद्धिं मोहयसीव मे ।
तदेकं वद निश्चित्य येन श्रेयोऽहमाप्नुयाम् ॥ २ ॥

vyāmiśreṇeva vākyena, buddhiṁ mohayasīva me
tad ekaṁ vada niścitya, yena śreyo 'ham āpnuyām

vyāmiśreṇa — door dubbelzinnige; *iva* — zeker; *vākyena* — woorden; *buddhim* — intelligentie; *mohayasi* — Je verwart; *iva* — zeker; *me* — mijn; *tat* — daarom; *ekam* — enkel één; *vada* — vertel alsjeblieft; *niścitya* — verzekerend van; *yena* — waardoor; *śreyaḥ* — werkelijk voordeel; *aham* — ik; *āpnuyām* — kan hebben.

Mijn intelligentie is verward door Je dubbelzinnige instructies. Vertel me daarom alsjeblieft ondubbelzinnig welk pad het beste voor me is.

COMMENTAAR: Als inleiding tot de *Bhagavad-gītā* werd er in het vorige hoofdstuk uitleg gegeven over vele verschillende wegen, zoals *sāṅkhya-yoga*, *buddhi-yoga*, het beheersen van de zintuigen door de intelligentie en activiteit zonder zelfzuchtig verlangen; daarnaast werd de positie van de nieuweling uitgelegd. Dit alles werd onsystematisch gepresenteerd; voor een juist begrip en om tot handelen te komen was een gestructureerder overzicht van het pad nodig. Arjuna wilde deze ogenschijnlijk verwarrende zaak daarom ophelderen, zodat ook een doorsnee persoon ze zonder misverstanden zou kunnen aanvaarden. Hoewel Kṛṣṇa Arjuna niet wilde verwarren met woordgegoochel, wist Arjuna niet hoe hij het proces van Kṛṣṇa-bewustzijn moest volgen — door daadloosheid of door actieve dienstbaarheid. Met zijn vragen maakt Arjuna zo het pad van het Kṛṣṇa-bewustzijn vrij voor alle serieuze studenten die het mysterie van de *Bhagavad-gītā* willen begrijpen.

TEKST 3

श्रीभगवानुवाच
लोकेऽस्मिन्द्विविधा निष्ठा पुरा प्रोक्ता मयानघ ।
ज्ञानयोगेन सांख्यानां कर्मयोगेन योगिनाम् ॥ ३ ॥

śrī-bhagavān uvāca
loke 'smin dvi-vidhā niṣṭhā, purā proktā mayānagha
jñāna-yogena sāṅkhyānāṁ, karma-yogena yoginām

śrī-bhagavān uvāca — de Allerhoogste Persoonlijkheid Gods zei; *loke* — in de wereld; *asmin* — deze; *dvi-vidhā* — twee soorten; *niṣṭhā* — geloof; *purā* — vroeger; *proktā* — werden gezegd; *mayā* — door Mij; *anagha*— o zondeloze; *jñāna-yogena* — door het verbindingsproces van kennis; *sāṅkhyānām* — van de empirische filosofen; *karma-yogena* — door het verbindingsproces van devotie; *yoginām* — van de toegewijden.

De Allerhoogste Persoonlijkheid Gods zei: O zondeloze Arjuna, Ik heb al uitgelegd dat er twee soorten mensen zijn die naar zelfrealisatie streven. Sommigen proberen door middel van empirische, filosofische speculatie het zelf te begrijpen, terwijl anderen dat doen door devotionele dienst te verrichten.

COMMENTAAR: In het tweede hoofdstuk, tekst 39, sprak de Heer over twee benaderingen, namelijk *sāṅkhya-yoga* en *karma-yoga* of *buddhi-yoga*. In dit vers legt de Heer hetzelfde duidelijker uit: *sāṅkhya-yoga*, het analytische onderzoek naar de aard van het spirituele en het materiële, is het onderwerp van studie voor die groep mensen die geneigd is om te speculeren en de dingen te begrijpen via empirische kennis en filosofie. De andere groep mensen verricht activiteiten in Kṛṣṇa-bewustzijn, zoals in tekst 61 van het tweede hoofdstuk wordt uitgelegd. In tekst 2.39 legde de Heer ook uit dat men door te werken volgens de principes van *buddhi-yoga* of Kṛṣṇa-bewustzijn uit de gebondenheid door activiteiten bevrijd kan raken, en vervolgens dat dit proces foutloos is. Ditzelfde principe wordt duidelijker uitgelegd in tekst 2.61, dat zegt dat *buddhi-yoga* betekent dat men volledig afhankelijk is van de Allerhoogste (of specifieker: van Kṛṣṇa) en dat de zintuigen zo gemakkelijk onder controle kunnen worden gebracht. De twee yoga's zijn dus onderling afhankelijk, net zoals religie en filosofie.

Religie zonder filosofie is sentiment, soms zelfs fanatisme, terwijl filosofie zonder religie mentale speculatie is. Het uiteindelijke doel is Kṛṣṇa, want de filosofen die ook oprecht naar de Absolute Waarheid zoeken, komen uiteindelijk tot Kṛṣṇa-bewustzijn. Dit staat ook in de *Bhagavad-gītā*. Het hele proces houdt in dat men de werkelijke positie van het zelf begrijpt in relatie met het Superzelf. Het indirecte proces is dat van filosofische speculatie waardoor iemand geleidelijk aan tot het punt van Kṛṣṇa-bewustzijn kan komen; het andere proces bestaat eruit alles rechtstreeks met Kṛṣṇa te verbinden in Kṛṣṇa-bewustzijn. Van deze twee paden is het pad van het Kṛṣṇa-bewustzijn beter, omdat het niet afhankelijk is van het zuiveren van de zintuigen door een filosofisch proces. Het Kṛṣṇa-bewustzijn zelf is het zuiverende proces en de rechtstreekse methode van devotionele dienst is eenvoudig en tegelijkertijd verheven.

TEKST 4

न कर्मणामनारम्भान्नैष्कर्म्यं पुरुषोऽश्नुते ।
न च संन्यसनादेव सिद्धिं समधिगच्छति ॥ ४ ॥

na karmaṇām anārambhān, naiṣkarmyaṁ puruṣo 'śnute
na ca sannyasanād eva, siddhiṁ samadhigacchati

na — niet; *karmaṇām* — van voorgeschreven plichten; *anārambhāt* — door niet te vervullen; *naiṣkarmyam* — vrijheid van karma; *puruṣaḥ* — een man; *aśnute* — bereikt; *na* — evenmin; *ca* — ook; *sannyasanāt* — door onthechting; *eva* — eenvoudigweg; *siddhim* — succes; *samadhi-gacchati* — bereikt.

Men kan zich niet van karma bevrijden door enkel al zijn activiteiten op te geven, noch bereikt men volmaaktheid door onthechting alleen.

COMMENTAAR: Iemand kan de onthechte levensorde aanvaarden wanneer hij gezuiverd is door het vervullen van de voorgeschreven plichten, die aangegeven zijn om de harten van materialistische mensen te zuiveren. Zonder een dergelijke zuivering zal iemand die abrupt de vierde levensorde (*sannyāsa*) aanvaardt, niet succesvol kunnen worden. Volgens empirische filosofen wordt iemand onmiddellijk net zo goed als Nārāyaṇa door *sannyāsa* te nemen of door afstand te doen van resultaatgerichte activiteiten. Maar Kṛṣṇa verwerpt die zienswijze. Zonder zuivering van het hart is *sannyāsa* gewoon een verstoring van de sociale orde. Aan de andere kant, als iemand zich aan de transcendentale dienst van de Heer (*buddhi-yoga*) wijdt, aanvaardt de Heer alle vooruitgang die zo iemand maakt op het pad, zelfs als hij de plichten die normaal voor hem zijn voorgeschreven niet nakomt. *Sv-alpam apy asya dharmasya trāyate mahato bhayāt.* Zelfs een kleine hoeveelheid devotionele dienst stelt iemand in staat om grote moeilijkheden te overwinnen.

TEKST 5

न हि कश्चित्क्षणमपि जातु तिष्ठत्यकर्मकृत् ।
कार्यते ह्यवशः कर्म सर्वः प्रकृतिजैर्गुणैः ॥ ५ ॥

na hi kaścit kṣaṇam api, jātu tiṣṭhaty akarma-kṛt
kāryate hy avaśaḥ karma, sarvaḥ prakṛti-jair guṇaiḥ

na — evenmin; *hi* — zeker; *kaścit* — wie dan ook; *kṣaṇam* — een moment; *api* — ook; *jātu* — wanneer dan ook; *tiṣṭhati* — blijft; *akarma-kṛt* — zonder iets te doen; *kāryate* — wordt tot handelen gedwongen; *hi* — zeker; *avaśaḥ* — machteloos; *karma* — activiteit; *sarvaḥ* — iedereen; *prakṛti-jaiḥ* — geboren uit de hoedanigheden van de materiële natuur; *guṇaiḥ* — door de kwaliteiten.

Iedereen wordt machteloos gedwongen te handelen volgens de eigenschappen die hij gekregen heeft van de hoedanigheden van de materiële natuur; daarom kan niemand zelfs maar voor een moment ophouden iets te doen.

COMMENTAAR: Het is niet zo dat de ziel alleen actief is in haar belichaamde staat; integendeel, het is de aard van de ziel dat ze altijd actief is. Zonder de aanwezigheid van de ziel, kan het materiële lichaam niet bewegen. Het lichaam is niet meer dan een levenloos voertuig, dat bestuurd wordt door de ziel, die altijd actief is en zelfs niet voor een moment kan stoppen. De ziel moet daarom betrokken worden in de goede activiteiten van het Kṛṣṇa-bewustzijn; zo niet, dan zal ze bezig worden gehouden met activiteiten die haar door de illusionerende energie worden opgelegd.

Wanneer de ziel in contact staat met de materiële energie, wordt ze beïnvloed door de materiële hoedanigheden en om haar van deze invloed te zuiveren, is het noodzakelijk de plichten die de *śāstra's* voorschrijven te vervullen. Maar als de ziel volgens haar natuur in Kṛṣṇa-bewustzijn functioneert, dan is alles wat ze doet goed. Het *Śrīmad-Bhāgavatam* (1.5.17) bevestigt dit:

tyaktvā sva-dharmaṁ caraṇāmbujaṁ harer,
bhajann apakvo 'tha patet tato yadi
yatra kva vābhadram abhūd amuṣya kiṁ
ko vārtha āpto 'bhajatāṁ sva-dharmataḥ

'Voor wie zich toelegt op het Kṛṣṇa-bewustzijn, maar de plichten die de *śāstra's* voorschrijven niet vervult of niet op de juiste manier devotionele dienst beoefent of terugvalt van de standaard, is er niets verloren en niets kwaads zal hem overkomen. Maar ook al volgt hij alle voorschriften voor zuivering die in de *śāstra's* staan, wat is daar dan het nut van als hij niet Kṛṣṇa-bewust is?' Het zuiveringsproces is dus noodzakelijk om tot dit Kṛṣṇa-bewustzijn te komen. Daarom is *sannyāsa* of elk ander zuiveringsproces ervoor bedoeld om iemand te helpen het uiteindelijke doel te bereiken, namelijk Kṛṣṇa-bewust worden, want zonder Kṛṣṇa-bewustzijn wordt alles als een mislukking beschouwd.

TEKST 6 कर्मेन्द्रियाणि संयम्य य आस्ते मनसा स्मरन् ।
इन्द्रियार्थान्विमूढात्मा मिथ्याचारः स उच्यते ॥ ६ ॥

karmendriyāṇi saṁyamya, ya āste manasā smaran
indriyārthān vimūḍhātmā, mithyācāraḥ sa ucyate

karma-indriyāṇi — de vijf actieve zintuigen; *saṁyamya* — onder controle hebbend; *yaḥ* — iedereen die; *āste* — verblijft; *manasā* — door de geest; *smaran* — denkend aan; *indriya-arthān* — zinsobjecten; *vimūḍha* — dwaze; *ātmā* — ziel; *mithyā-ācāraḥ* — hypocriet; *saḥ* — hij; *ucyate*— wordt genoemd.

Wie de actieve zintuigen beteugelt, maar in zijn geest bezig is met zinsobjecten, misleidt beslist zichzelf en wordt een hypocriet genoemd.

COMMENTAAR: Er bestaan veel hypocrieten die weigeren in Kṛṣṇa-bewustzijn te handelen, maar die een show maken van hun meditatie terwijl ze in hun geest aan zinsbevrediging denken. Zulke hypocrieten spreken soms ook droge filosofie om hun ontwikkelde volgelingen te overbluffen, maar volgens dit vers zijn ze de grootste oplichters. Voor iemand die uit is op zinnelijk genot is het beter om in zijn maatschappelijke positie te blijven. Zolang hij de regels en bepalingen van zijn eigen status volgt, kan hij toch geleidelijk vooruitgang maken in het zuiveren van zijn bestaan. Maar wie zich alleen maar voordoet als een *yogī*, terwijl hij eigenlijk uit is op zinsbevrediging, moet de grootste oplichter worden genoemd, ook al spreekt hij soms over filosofie. De kennis van zo'n zondig persoon heeft geen waarde, omdat de illusionerende energie van de Heer afbreuk doet aan de gevolgen ervan. De geest van zo'n hypocriet is altijd onzuiver en daarom heeft zijn hele show van yogameditatie geen enkele waarde.

TEKST 7 यस्त्विन्द्रियाणि मनसा नियम्यारभतेऽर्जुन ।
कर्मेन्द्रियैः कर्मयोगमसक्तः स विशिष्यते ॥ ७ ॥

yas tv indriyāṇi manasā, niyamyārabhate 'rjuna
karmendriyaiḥ karma-yogam, asaktaḥ sa viśiṣyate

yaḥ — iemand die; *tu* — maar; *indriyāṇi* — de zintuigen; *manasā* — door de geest; *niyamya* — regulerend; *ārabhate* — begint; *arjuna* — o Arjuna; *karma-indriyaiḥ* — door de actieve zintuigen; *karma-yogam* — devotie; *asaktaḥ* — zonder gehechtheid; *saḥ* — hij; *viśiṣyate* — is verreweg superieur.

Maar een oprecht persoon die de actieve zintuigen met de geest probeert te beheersen en zonder gehechtheid karma-yoga [in Kṛṣṇa-bewustzijn] begint te beoefenen, is verreweg superieur.

COMMENTAAR: In plaats van een pseudotranscendentalist te worden om een lichtzinnig leven van zinnelijk genot te leiden, is het veel beter om zich te beperken tot zijn eigen plichten en het doel van het leven na te streven, namelijk bevrijd raken uit materiële gebondenheid en het koninkrijk van God binnengaan.

Het *svārtha-gati* of het hoogste eigenbelang is het bereiken van Viṣṇu. Het hele stelsel van *varṇa* en *āśrama* is ontworpen om ons te helpen dit levensdoel te bereiken. Een getrouwd persoon kan deze bestemming ook bereiken via aan regels gebonden dienst in Kṛṣṇa-bewustzijn. Voor zelfrealisatie kan men een gereguleerd leven leiden zoals dat in de *śāstra's* wordt voorgeschreven en kan men zonder gehechtheid doorgaan met zijn verplichtingen om op die manier vooruitgang te maken. Een oprecht persoon die deze methode volgt, is veel beter af dan de hypocriet die een show maakt van het spirituele leven om indruk te maken op het argeloze publiek. Een eenvoudige straatveger is veel beter dan een charlatan die alleen maar mediteert om aan de kost te komen.

TEKST 8 नियतं कुरु कर्म त्वं कर्म ज्यायो ह्यकर्मणः ।
शरीरयात्रापि च ते न प्रसिद्ध्येदकर्मणः ॥ ८ ॥

niyataṁ kuru karma tvaṁ, karma jyāyo hy akarmaṇaḥ
śarīra-yātrāpi ca te, na prasiddhyed akarmaṇaḥ

niyatam — voorgeschreven; *kuru* — doe; *karma* — plichten; *tvam* — jij; *karma* — activiteit; *jyāyaḥ* — beter; *hi* — zeker; *akarmaṇaḥ* — dan geen activiteit; *śarīra* — lichamelijk; *yātrā* — onderhoud; *api* — zelfs; *ca* — ook; *te* — jouw; *na* — nooit; *prasiddhyet* — wordt verwezenlijkt; *akarmaṇaḥ* — zonder activiteit.

Verricht je voorgeschreven plicht, want dat is beter dan geen activiteiten te verrichten. Zonder activiteiten kan men niet eens zijn materiële lichaam onderhouden.

COMMENTAAR: Er zijn veel mensen die net doen alsof ze mediteren en die zich voordoen als leden van een voorname familie; ook zijn er mensen die zich beroepsmatig voordoen alsof ze alles hebben opgeofferd om vooruitgang te maken in het spirituele leven. Heer Kṛṣṇa wilde niet dat Arjuna zo'n hypocriet werd; integendeel, de Heer wilde dat Arjuna zijn plicht zou vervullen zoals die voor *kṣatriya's* is voorgeschreven. Arjuna was zowel een getrouwd persoon als een veldheer en het was voor hem daarom beter om in die positie te blijven en de religieuze plichten te vervullen die voorgeschreven zijn voor *kṣatriya's* met een gezin. Zulke activiteiten zuiveren geleidelijk aan het hart van een werelds persoon en bevrijden hem van materiële onzuiverheid.

Zogenaamde onthechting, die als doel heeft zich ervan te onderhouden, wordt nooit goedgekeurd door de Heer en evenmin door welke religieuze tekst dan ook. Uiteindelijk moet iemand zijn lichaam en ziel bijeenhouden door een of andere activiteit; men moet nooit gewoon uit grilligheid activiteiten opgeven, zonder gezuiverd te zijn van materiële neigingen. Iedereen in de materiële wereld heeft beslist de onzuivere neiging om de baas te spelen over de materiële natuur, of met andere woorden, de neiging tot zinsbevrediging. Zulke onzuivere neigingen moeten gezuiverd worden. Zonder dit volgens de voorgeschreven plichten te doen, zou men nooit een zogenaamde transcendentalist moeten worden door al zijn activiteiten op te geven en op andermans kosten te leven.

TEKST 9 यज्ञार्थात्कर्मणोऽन्यत्र लोकोऽयं कर्मबन्धनः ।
तदर्थं कर्म कौन्तेय मुक्तसङ्गः समाचर ॥ ९ ॥

yajñārthāt karmaṇo 'nyatra, loko 'yaṁ karma-bandhanaḥ
tad-arthaṁ karma kaunteya, mukta-saṅgaḥ samācara

yajña-arthāt — enkel gedaan in het belang van Yajña, Viṣṇu; *karmaṇaḥ* — dan activiteit; *anyatra* — anders; *lokaḥ* — wereld; *ayam* — deze; *karma-bandhanaḥ*

— gebondenheid door activiteit; *tat* — van Hem; *artham* — in het belang van; *karma* — activiteit; *kaunteya* — o zoon van Kuntī; *mukta-saṅgaḥ* — bevrijd van contact; *samācara* — doe het perfect.

Men moet activiteiten verrichten als offers aan Viṣṇu, omdat activiteiten anders de oorzaak worden van gebondenheid in de materiële wereld. Vervul daarom je voorgeschreven plichten om Hem tevreden te stellen, o zoon van Kuntī; op die manier zul je altijd vrij blijven van gebondenheid.

COMMENTAAR: Omdat men zelfs moet werken om in zijn gewone levensonderhoud te voorzien, zijn de voorgeschreven plichten voor bepaalde sociale posities en functies zo vastgesteld dat ze dat doel dienen. Met *yajña* worden Heer Viṣṇu en het brengen van offers aangeduid. Alle offers die worden gebracht zijn bedoeld om Heer Viṣṇu tevreden te stellen. De Veda's geven de volgende opdracht: *yajño vai viṣṇuḥ*. Met andere woorden, zowel voorgeschreven *yajña's* verrichten als het rechtstreeks dienen van Heer Viṣṇu leiden tot hetzelfde doel. Kṛṣṇa-bewustzijn verschilt daarom niet van het brengen van offers, zoals in dit vers voorgeschreven wordt.

Het *varṇāśrama*-stelsel is ook bedoeld om Heer Viṣṇu tevreden te stellen. *Varṇāśramācāravatā puruṣeṇa paraḥ pumān/ viṣṇur ārādhyate* (*Viṣṇu Purāṇa* 3.8.9). Men moet daarom handelen om Viṣṇu tevreden te stellen. Elke andere activiteit in de materiële wereld zal een oorzaak van gebondenheid worden, omdat zowel goede als slechte activiteiten karma opleveren, waardoor degene die zulke activiteiten verricht, gebonden raakt. Men moet dus actief zijn in Kṛṣṇa-bewustzijn om Kṛṣṇa (of Viṣṇu) tevreden te stellen. En terwijl men bezig is met zulke activiteiten, bevindt men zich al op het niveau van bevrijding; dat is de grote kunst van activiteiten verrichten.

In het begin vereist dit proces deskundige begeleiding. Men moet daarom ijverig werken onder de deskundige begeleiding van een toegewijde van Heer Kṛṣṇa of met de rechtstreekse aanwijzingen van Heer Kṛṣṇa Zelf (onder wie Arjuna de kans had te werken). Niets moet voor zinsbevrediging gedaan worden — alles moet juist worden gedaan om Kṛṣṇa tevreden te stellen. Wie zo handelt zal niet alleen geen karma ontwikkelen, maar zal ook geleidelijk aan verheven worden tot transcendentale liefdedienst aan de Heer, en dat is het enige wat iemand naar het koninkrijk van God kan brengen.

TEKST 10 सहयज्ञाः प्रजाः सृष्ट्वा पुरोवाच प्रजापतिः ।
अनेन प्रसविष्यध्वमेष वोऽस्त्विष्टकामधुक् ॥ १० ॥

saha-yajñāḥ prajāḥ sṛṣṭvā, purovāca prajāpatiḥ
anena prasaviṣyadhvam, eṣa vo 'stv iṣṭa-kāma-dhuk

saha — samen met; *yajñāḥ* — offers; *prajāḥ* — generaties; *sṛṣṭvā* — scheppend; *purā* — lang geleden; *uvāca* — zei; *prajā-patiḥ* — de Heer der schepselen;

anena — door deze; *prasaviṣyadhvam* — wordt steeds voorspoediger; *eṣaḥ* — dit; *vaḥ* — jullie; *astu* — laat het zijn; *iṣṭa* — van alle wenselijke dingen; *kāma-dhuk* — schenker.

Bij de aanvang van de schepping bracht de Heer der schepselen generaties mensen en halfgoden voort samen met offers aan Viṣṇu. Daarop zegende Hij hen en sprak: 'Wees gelukkig met dit yajña [offer], want door het te volbrengen, zal jullie alles geschonken worden wat wenselijk is om gelukkig te leven en bevrijding te bereiken.'

COMMENTAAR: De Heer van alle wezens (Viṣṇu) schiep de materiële schepping om de geconditioneerde zielen de kans te geven terug te keren naar huis, terug naar God. Alle levende wezens in de materiële schepping zijn geconditioneerd door de materiële natuur, omdat ze hun relatie met Viṣṇu of Kṛṣṇa, de Allerhoogste Persoonlijkheid Gods, vergeten zijn. De Vedische principes zijn ervoor bedoeld om ons te helpen deze eeuwige relatie te begrijpen, of zoals het in de *Bhagavad-gītā* staat: *vedaiś ca sarvair aham eva vedyaḥ*. De Heer zegt dat Hem begrijpen het doel is van het bestuderen van de Veda's. In de Vedische hymnen wordt gezegd: *patiṁ viśvasyātmeśvaram*. De Heer van de levende wezens is daarom de Allerhoogste Persoonlijkheid Gods, Viṣṇu. In het *Śrīmad-Bhāgavatam* (2.4.20) beschrijft Śrīla Śukadeva Gosvāmī de Heer ook op zoveel manieren als *pati:*

śriyaḥ patir yajña-patiḥ prajā-patir
dhiyāṁ patir loka-patir dharā-patiḥ
patir gatiś cāndhaka-vṛṣṇi-sātvatāṁ
prasīdatāṁ me bhagavān satāṁ patiḥ

De *prajā-pati* is Heer Viṣṇu en Hij is de Heer van alle levende wezens, alle werelden, alle schoonheid en de beschermer van iedereen. De Heer heeft de materiële wereld geschapen om de geconditioneerde zielen in staat te stellen *yajña's* te leren verrichten om Viṣṇu tevreden te stellen, zodat ze tijdens hun verblijf in de materiële wereld zonder zorgen een aangenaam leven kunnen leiden en, nadat ze dit materiële lichaam hebben opgegeven, kunnen binnengaan in het koninkrijk van God. Dat is het plan van de Heer voor de geconditioneerde ziel. Door het verrichten van *yajña* worden de geconditioneerde zielen geleidelijk aan Kṛṣṇa-bewust en worden ze in alle opzichten goddelijk.

In de Vedische teksten wordt voor het Tijdperk van Kali het *saṅkīrtana-yajña* (het chanten van de namen van God) aangeraden en Heer Caitanya introduceerde dit transcendentale proces om alle mensen in dit tijdperk te bevrijden. *Saṅkīrtana-yajña* en Kṛṣṇa-bewustzijn gaan heel goed samen. In Zijn vorm als toegewijde (als Heer Caitanya) wordt Heer Kṛṣṇa met een speciale verwijzing naar *saṅkīrtana-yajña* in het *Śrīmad-Bhāgavatam* (11.5.32) als volgt beschreven:

kṛṣṇa-varṇaṁ tviṣākṛṣṇaṁ, sāṅgopāṅgāstra-pārṣadam
yajñaiḥ saṅkīrtana-prāyair, yajanti hi su-medhasaḥ

'In dit Tijdperk van Kali zullen mensen met voldoende intelligentie de Heer, die in het gezelschap is van Zijn metgezellen, vereren met het verrichten van het *saṅkīrtana-yajña*.' Andere *yajña's* die in de Vedische literatuur worden voorgeschreven zijn moeilijk te verrichten in dit Tijdperk van Kali, maar het *saṅkīrtana-yajña* is in alle opzichten makkelijk en subliem en wordt ook aangeraden in de *Bhagavad-gītā* (9.14).

TEKST 11

देवान्भावयतानेन ते देवा भावयन्तु वः ।
परस्परं भावयन्तः श्रेयः परमवाप्स्यथ ॥ ११ ॥

devān bhāvayatānena, te devā bhāvayantu vaḥ
parasparaṁ bhāvayantaḥ, śreyaḥ param avāpsyatha

devān — halfgoden; *bhāvayatā* — geplezierd hebbend; *anena* — door dit offer; *te* — die; *devāḥ* — halfgoden; *bhāvayantu* — zullen plezieren; *vaḥ* — jullie; *parasparam* — wederzijds; *bhāvayantaḥ* — elkaar plezierend; *śreyaḥ* — gunst; *param* — de allerhoogste; *avāpsyatha* — jullie zullen bereiken.

'Wanneer de halfgoden door offers tevreden zijn gesteld, zullen zij jullie ook tevredenstellen en op die manier zal er door de samenwerking tussen mensen en halfgoden voorspoed heersen voor iedereen.'

COMMENTAAR: De halfgoden zijn bekrachtigde bestuurders van materiële aangelegenheden. Het voorzien van lucht, licht, water en alle andere zegeningen waardoor lichaam en ziel van ieder levend wezen bij elkaar gehouden worden, is toevertrouwd aan ontelbare halfgoden, die assistenten zijn in verschillende delen van het lichaam van de Allerhoogste Persoonlijkheid Gods. Of ze tevreden of ontevreden zijn hangt af van het verrichten van *yajña's* door de mensen. Sommige van die *yajña's* zijn bedoeld om bepaalde halfgoden tevreden te stellen, maar toch wordt Heer Viṣṇu in die *yajña's* vereerd als de belangrijkste genieter. In de *Bhagavad-gītā* (5.29) wordt ook gezegd dat Kṛṣṇa Zelf de genieter is van alle *yajña's: bhoktāraṁ yajña-tapasām*. Uiteindelijk is het hoogste doel van alle *yajña's* de tevredenheid van de *yajña-pati*. Wanneer deze *yajña's* perfect worden uitgevoerd, zullen de halfgoden, die verantwoordelijk zijn voor de verschillende afdelingen voor bepaalde voorzieningen, vanzelf ook tevreden zijn en zal er geen schaarste zijn in de toevoer van natuurlijke producten.

Het verrichten van *yajña's* heeft veel bijkomende voordelen en leidt uiteindelijk tot bevrijding uit materiële gebondenheid. Alle activiteiten worden erdoor gezuiverd, zoals in de Veda's wordt bevestigd: *āhāra-śuddhau sattva-śuddhiḥ sattva-śuddhau dhruvā smṛtiḥ smṛti-lambhe sarvagranthī-nāṁ vipramokṣaḥ*. Door het verrichten van *yajña* wordt iemands voedsel geheiligd en door geheiligd voedsel te eten raakt iemands hele bestaan gezuiverd; doordat het bestaan geheiligd wordt, raken de fijnere weefsels van het geheugen geheiligd en wanneer het geheugen geheiligd is, kan iemand aan het pad van bevrijding denken. Al deze elementen samen leiden tot Kṛṣṇa-bewustzijn, iets wat zeer noodzakelijk is in de hedendaagse samenleving.

TEKST 12 इष्टान्भोगान्हि वो देवा दास्यन्ते यज्ञभाविताः ।
तैर्दत्तानप्रदायैभ्यो यो भुङ्क्ते स्तेन एव सः ॥ १२ ॥

iṣṭān bhogān hi vo devā, dāsyante yajña-bhāvitāḥ
tair dattān apradāyaibhyo, yo bhuṅkte stena eva saḥ

iṣṭān — gewenste; *bhogān* — levensbehoeften; *hi* — zeker; *vaḥ* — aan jullie; *devāḥ* — de halfgoden; *dāsyante* — zullen schenken; *yajña-bhāvitāḥ* — tevredengesteld door het volbrengen van offers; *taiḥ* — door hen; *dattān* — gegeven dingen; *apradāya* — zonder geofferd te hebben; *ebhyaḥ* — aan deze halfgoden; *yaḥ* — hij die; *bhuṅkte* — geniet; *stenaḥ* — dief; *eva* — zeker; *saḥ* — hij.

'Wanneer de halfgoden, die verantwoordelijk zijn voor het voorzien in verschillende levensbehoeften, tevreden zijn gesteld met de volbrachte yajña's, zullen zij jullie alles geven wat nodig is. Maar hij die van zulke giften geniet zonder ze aan de halfgoden terug te offeren, is beslist een dief.'

COMMENTAAR: De halfgoden zijn geautoriseerde tussenpersonen van de Allerhoogste Persoonlijkheid Gods, Viṣṇu, en zijn verantwoordelijk voor het voorzien in alle levensbehoeften. Ze moeten daarom worden tevredengesteld door het verrichten van voorgeschreven *yajña's*. In de Veda's worden verschillende soorten *yajña's* voorgeschreven voor verschillende soorten halfgoden, maar uiteindelijk worden al deze *yajña's* aan de Allerhoogste Persoonlijkheid Gods geofferd. Wie niet begrijpt wie de Allerhoogste Persoonlijkheid Gods is, wordt aangeraden om offers te brengen aan de halfgoden.

Overeenkomstig de verschillende materiële kwaliteiten van degene die het offer brengt, worden er in de Veda's verschillende soorten *yajña's* aangeraden. De verering van verschillende halfgoden heeft dezelfde basis, namelijk de verschillende materiële kwaliteiten. Vleeseters wordt bijvoorbeeld aangeraden om de godin Kālī, de afgrijselijke gedaante van de materiële natuur, te vereren, en er wordt aanbevolen dierenoffers aan haar te brengen. Voor hen die in de hoedanigheid goedheid zijn, wordt echter de transcendentale verering van Heer Viṣṇu aangeraden. Maar uiteindelijk zijn alle *yajña's* bedoeld voor geleidelijke verheffing naar de transcendentale positie. Voor gewone mensen zijn op zijn minst de vijf *yajña's* vereist die de *pañca-mahā-yajña* worden genoemd.

Het is belangrijk om in te zien dat de halfgoden in naam van de Heer alle levensbehoeften van de menselijke samenleving leveren. Niemand is in staat om iets te produceren. Neem bijvoorbeeld al het voedsel voor de menselijke samenleving. Voor personen in de hoedanigheid goedheid bestaat dat uit granen, vruchten, groenten, melk, suiker enz. en voor niet-vegetariërs uit soorten vlees. Al dit voedsel kan niet door de menselijke samenleving gemaakt worden. Andere voorbeelden zijn warmte, licht, water, lucht enz.; ook dit zijn levensbehoeften en ze kunnen geen van alle door de menselijke samenleving worden aangemaakt. Zonder de Allerhoogste Heer zou er geen overvloed zijn aan zonlicht, maanlicht, regen, wind enz. zonder welke niemand kan leven.

Het is duidelijk dat ons leven afhangt van de bevoorrading van de Heer. Zelfs voor onze fabrieken hebben we zoveel grondstoffen nodig: ijzer, zwavel, kwik, mangaan en zoveel andere onontbeerlijke zaken. Deze worden allemaal door de tussenpersonen van de Heer geleverd, met als doel dat we er op de juiste manier gebruik van maken, dat wil zeggen: om onszelf gezond en in goede conditie te houden met het oog op zelfrealisatie. En het is zelfrealisatie die tot het doel van het leven leidt: bevrijding van de strijd om het materiële bestaan. Dit doel van het leven wordt bereikt door het verrichten van *yajña's*. Als we de zin van het menselijk leven vergeten en de voorraden van de tussenpersonen van de Heer alleen voor zinsbevrediging gebruiken, raken we daardoor meer en meer verstrikt in het materiële bestaan, en dat is niet de bedoeling van de schepping. Op die manier zullen we zeker dieven worden en daarom worden gestraft door de wetten van de materiële natuur. Een samenleving van dieven kan nooit gelukkig zijn omdat ze geen levensdoel heeft. Uiteindelijk hebben de uitgesproken materialistische dieven geen doel in het leven. Ze zijn alleen maar uit op zinsbevrediging en ook weten ze niet hoe ze *yajña's* moeten verrichten. Maar Heer Caitanya heeft het eenvoudigste proces van *yajña* toegankelijk gemaakt, namelijk het *saṅkīrtana-yajña*, dat iedereen in de wereld die de principes van het Kṛṣṇa-bewustzijn accepteert, kan verrichten.

TEKST 13 यज्ञशिष्टाशिनः सन्तो मुच्यन्ते सर्वकिल्बिषैः
भुञ्जते ते त्वघं पापा ये पचन्त्यात्मकारणात् ॥ १३ ॥

yajña-śiṣṭāśinaḥ santo, mucyante sarva-kilbiṣaiḥ
bhuñjate te tv aghaṁ pāpā, ye pacanty ātma-kāraṇāt

yajña-śiṣṭa — van voedsel dat gegeten wordt na het brengen van *yajña*; *aśinaḥ* — eters; *santaḥ* — de toegewijden; *mucyante* — worden bevrijd; *sarva* — allerlei soorten; *kilbiṣaiḥ* — van zonden; *bhuñjate* — genieten; *te* — zij; *tu* — maar; *agham* — ernstige zonden; *pāpāḥ* — zondaars; *ye* — die; *pacanti* — bereiden voedsel; *ātma-kāraṇāt* — voor zinsbevrediging.

'De toegewijden van de Heer worden van allerlei soorten zonden bevrijd, omdat ze voedsel eten dat eerst geofferd is. Maar anderen, die voedsel bereiden voor persoonlijke zinsbevrediging, eten beslist uitsluitend zonde.'

COMMENTAAR: De toegewijden van de Allerhoogste Heer of zij die Kṛṣṇa-bewust zijn worden *santa's* genoemd en ze zijn altijd vol liefde voor de Heer, zoals beschreven wordt in de *Brahma-saṁhitā* (5.38): *premāñjana-cchurita-bhakti-vilocanena santaḥ sadaiva hṛdayeṣu vilokayanti*. De *santa's*, die altijd een liefdesband hebben met de Allerhoogste Persoonlijkheid Gods, die bekendstaat als

Govinda (Hij die alle vreugde geeft), Mukunda (Hij die bevrijding geeft) en Kṛṣṇa (de alaantrekkelijke persoon), aanvaarden niets zonder het eerst aan de Allerhoogste Persoon te offeren. Zulke toegewijden verrichten daarom altijd *yajña's* in de vorm van de verschillende onderdelen van devotionele dienst zoals *śravaṇaṁ, kīrtanaṁ, smaraṇam, arcanam* enz., en door die *yajña's* te verrichten blijven ze altijd onaangedaan door allerlei onzuiverheden van zondige invloeden in de materiële wereld. Anderen, die voedsel bereiden voor hun eigen zinsbevrediging, zijn niet alleen dieven, maar eten ook allerlei soorten zonden. Hoe kan iemand gelukkig zijn als hij zowel een dief als een zondaar is? Dat is niet mogelijk. Als mensen in alle opzichten gelukkig willen worden, moet hen worden geleerd hoe ze in volledig Kṛṣṇa-bewustzijn het eenvoudige proces van het *saṅkīrtana-yajña* kunnen verrichten; er kan anders geen vrede of geluk zijn in de wereld.

TEKST 14 अन्नाद्भवन्ति भूतानि पर्जन्यादन्नसम्भवः ।
यज्ञाद्भवति पर्जन्यो यज्ञः कर्मसमुद्भवः ॥ १४ ॥

annād bhavanti bhūtāni, parjanyād anna-sambhavaḥ
yajñād bhavati parjanyo, yajñaḥ karma-samudbhavaḥ

annāt — van granen; *bhavanti* — groeien; *bhūtāni* — de materiële lichamen; *parjanyāt* — van regen; *anna* — van granen; *sambhavaḥ* — productie; *yajñāt* — van het brengen van offers; *bhavati* — wordt mogelijk; *parjanyaḥ* — regen; *yajñaḥ* — het brengen van *yajña*; *karma* — voorgeschreven plichten; *samudbhavaḥ* — geboren uit.

Alle bezielde lichamen blijven in leven door granen, die groeien dankzij de regen. Regen volgt op het brengen van yajña's [offers] en yajña's hebben hun oorsprong in voorgeschreven activiteiten.

COMMENTAAR: Śrīla Baladeva Vidyābhūṣāṇa, een groot commentator op de *Bhagavad-gītā*, schrijft het volgende: *ye indrādy-aṅgatayāvasthitaṁ yajñaṁ sarveśvaraṁ viṣṇum abhyarcya tac-cheṣam aśnanti tena tad deha-yātrāṁ sampādayanti, te santaḥ sarveśvarasya yajña-puruṣasya bhaktāḥ sarva-kilbiṣair anādi-kāla-vivṛddhair ātmānubhava-pratiban-dhakair nikhilaiḥ pāpair vimucyante.* De allerhoogste Heer, die bekendstaat als de *yajña-puruṣa*, de persoonlijke genieter van alle offers, is de meester van alle halfgoden, die Hem dienen zoals de verschillende ledematen het hele lichaam dienen. Halfgoden als Indra, Candra en Varuṇa zijn aangesteld als functionarissen om de materiële aangelegenheden te regelen en de Veda's schrijven offers voor om deze halfgoden tevreden te stellen, zodat ze bereid zijn voldoende lucht, licht en water te leveren om granen te produceren.

Wanneer Heer Kṛṣṇa wordt vereerd, worden de halfgoden, die de verschillende ledematen van de Heer zijn, vanzelf ook vereerd; het is daarom onnodig de halfgoden apart te vereren. Dit is de reden waarom de toegewijden van Heer Kṛṣṇa hun voedsel eerst aan Hem offeren en het daarna eten; dit is een proces waardoor het lichaam spiritueel gevoed wordt. Door dit te doen worden niet alleen karmische reacties op zonden tenietgedaan, maar wordt het lichaam ook immuun voor alle besmetting van de materiële natuur. Wanneer er een epidemische ziekte heerst, beschermt een vaccinestof iemand tegen zo'n epidemie. Op dezelfde manier geeft het voedsel dat aan Heer Viṣṇu geofferd is en dat wij daarna eten, ons een goede weerstand tegen materiële invloeden, en wie van dit gebruik een gewoonte heeft gemaakt, wordt een toegewijde van de Heer genoemd. Wie Kṛṣṇa-bewust is en alleen voedsel eet dat geofferd is aan Kṛṣṇa, kan daarom al het karma voor vroegere infecties, dat een belemmering op het pad van zelfrealisatie is, tegengaan. Maar wie dit nalaat, begaat voortdurend meer en meer zondige activiteiten, waarvoor hij zal moeten lijden door in zijn volgend leven geboren te worden in het lichaam van een hond of een varken. De materiële wereld is vol onzuiverheden, maar wie geïmmuniseerd is door de *prasāda* van de Heer (voedsel dat eerst aan Viṣṇu geofferd is), is beschermd tegen de aanval, terwijl iemand die dat niet doet besmet wordt.

Voedsel betekent eigenlijk granen en groenten. Het menselijk wezen eet verschillende granen, groenten, vruchten enz., en de dieren eten het afval van granen en groenten, gras, planten enz. Mensen die gewend zijn om vlees te eten, zijn indirect ook afhankelijk van de productie van planten wanneer ze dieren willen eten. We zijn daarom uiteindelijk afhankelijk van de opbrengst van het land en niet van wat in grote fabrieken geproduceerd wordt. De opbrengst van het land is te danken aan voldoende regenval en die regen wordt door halfgoden als Indra, de zonnegod, de maangod enz. bestuurd, en zij zijn allemaal dienaren van de Heer. De Heer kan worden tevredengesteld door offers, maar wie deze niet verricht, zal in schaarste leven — dat is de wet van de natuur. Om ons op zijn minst voor voedselschaarste te behoeden, moeten we dus *yajña* verrichten, in het bijzonder het *saṅkīrtana-yajña* dat voor dit tijdperk is voorgeschreven.

TEKST 15

कर्म ब्रह्मोद्भवं विद्धि ब्रह्माक्षरसमुद्भवम् ।
तस्मात्सर्वगतं ब्रह्म नित्यं यज्ञे प्रतिष्ठितम् ॥ १५ ॥

karma brahmodbhavaṁ viddhi, brahmākṣara-samudbhavam
tasmāt sarva-gataṁ brahma, nityaṁ yajñe pratiṣṭhitam

karma — activiteit; *brahma* — van de Veda's; *udbhavam* — voortgebracht; *viddhi* — je moet weten; *brahma* — de Veda's; *akṣara* — van het Allerhoogste Brahman (de Persoonlijkheid Gods); *samudbhavam* — rechtstreeks gemanifesteerd; *tasmāt* — daarom; *sarva-gatam* — alomtegenwoordig; *brahma* — de transcendentie; *nityam* — eeuwig; *yajñe* — in offers; *pratiṣṭhitam* — aanwezig zijn.

Gereguleerde activiteiten worden voorgeschreven in de Veda's en de Veda's zijn rechtstreeks afkomstig van de Allerhoogste Persoonlijkheid Gods. Daarom is de alomtegenwoordige Transcendentie eeuwig aanwezig in het brengen van offers.

COMMENTAAR: *Yajñārtha-karma*, de noodzaak van activiteiten uitsluitend om Kṛṣṇa tevreden te stellen, wordt in dit vers nog duidelijker uitgelegd. Als we actief moeten zijn om de *yajña-puruṣa*, Viṣṇu, tevreden te stellen, dan moeten we voor zulke activiteiten de richtlijnen raadplegen van Brahman, de transcendentale Veda's. De Veda's zijn daarom het richtsnoer van het menselijk handelen. Alle activiteit die zonder de aanwijzingen van de Veda's gedaan wordt, wordt *vikarma* of ongeautoriseerde, zondige activiteit genoemd. Men moet daarom altijd de aanwijzingen van de Veda's volgen om zich te behoeden voor het karma dat op handelen volgt. Zoals iemand in het gewone leven volgens de aanwijzingen van de regering moet werken, zo moet iemand ook volgens de aanwijzingen van de allerhoogste regering van de Heer werken.

Deze aanwijzingen, de Veda's, worden rechtstreeks gemanifesteerd uit de adem van de Allerhoogste Persoonlijkheid Gods. In de *Bṛhad-āraṇyaka Upaniṣad* (4.5.11) staat: *asya mahato bhūtasya niśvasitam etad yad ṛg-vedo yajur-vedaḥ sāma-vedo 'tharvāṅgirasaḥ* — 'De vier Veda's, namelijk de *Ṛg-veda*, *Yajur-veda*, *Sāma-veda* en *Atharva-veda*, zijn allemaal emanaties van de adem van de grote Persoonlijkheid Gods.' In de *Brahma-saṁhitā* wordt bevestigd dat de almachtige Heer kan spreken door te ademen, omdat Hij de almacht heeft om met elk van Zijn zintuigen de functies van alle andere zintuigen te vervullen. Met andere woorden, de Heer kan spreken door te ademen en kan bevruchten met Zijn ogen. Er wordt gezegd dat Hij Zijn blik over de materiële natuur liet gaan en op die manier de levende wezens verwekte. Na deze schepping of het inbrengen van de geconditioneerde zielen in de baarmoeder van de materiële natuur gaf Hij Zijn aanwijzingen in de vorm van de Vedische wijsheid om die geconditioneerde zielen te laten zien hoe ze kunnen terugkeren naar huis, terug naar God.

We moeten altijd bedenken dat de geconditioneerde zielen in de materiële wereld allemaal een verlangen naar materieel genot hebben. Maar de Vedische aanwijzingen zijn zo opgesteld dat iemand zijn verwrongen verlangens kan vervullen en daarna terug kan gaan naar God. Dit is een kans voor de geconditioneerde ziel om bevrijding te krijgen en daarom moet ze het proces van *yajña* proberen te volgen door Kṛṣṇa-bewust te worden. Zelfs zij die de Vedische voorschriften niet hebben gevolgd, kunnen de principes van het Kṛṣṇa-bewustzijn toepassen en dat zal dan een vervanging zijn voor het verrichten van Vedische *yajña's* of *karma's*.

TEKST 16 एवं प्रवर्तितं चक्रं नानुवर्तयतीह यः ।
अघायुरिन्द्रियारामो मोघं पार्थ स जीवति ॥ १६ ॥

evaṁ pravartitaṁ cakraṁ, nānuvartayatīha yaḥ
aghāyur indriyārāmo, moghaṁ pārtha sa jīvati

evam — op die manier; *pravartitam* — door de Veda's ingesteld; *cakram* — cyclus; *na* — niet; *anuvartayati* — aanvaardt; *iha* — in dit leven; *yaḥ* — iemand die; *agha-āyuḥ* — van wie het leven vol zonden is; *indriya-ārāmaḥ* — tevreden met zinsbevrediging; *mogham* — vergeefs; *pārtha* — o zoon van Pṛthā (Arjuna); *saḥ* — hij; *jīvati* — leeft.

Mijn beste Arjuna, wie zich in dit menselijk leven niet houdt aan de cyclus van offers die door de Veda's is ingesteld, leidt ongetwijfeld een leven vol zonde. Wie zo alleen maar voor zinsbevrediging leeft, leeft tevergeefs.

COMMENTAAR: De filosofie van de mammonist, namelijk 'hard werken en van zinsbevrediging genieten', wordt in dit vers door de Heer veroordeeld. Voor hen die van de materiële wereld willen genieten, is het verrichten van de bovengenoemde cyclus van *yajña's* absoluut noodzakelijk. Wie deze regels niet volgt, leidt beslist een riskant leven, omdat er een steeds grotere doem op hem komt te rusten. Volgens de wet van de natuur is de menselijke levensvorm speciaal bedoeld voor zelfrealisatie op een van de drie manieren, namelijk *karma-yoga*, *jñāna-yoga* of *bhakti-yoga*. Voor de transcendentalisten, die boven deugd en ondeugd staan, bestaat er geen noodzaak om de voorgeschreven *yajña's* op een strikte manier te verrichten, maar zij die zich bezighouden met zinsbevrediging moeten gezuiverd worden door de bovengenoemde cyclus van *yajña's*.

Er bestaan verschillende soorten activiteiten. Zij die niet Kṛṣṇa-bewust zijn, hebben ongetwijfeld een zintuiglijk bewustzijn en voor hen is het noodzakelijk om vrome activiteiten te verrichten. Het *yajña*-systeem is zo opgezet, dat personen met een zintuiglijk bewustzijn hun verlangens kunnen vervullen zonder verstrikt te raken in het karma dat op activiteiten van zinsbevrediging volgt. De voorspoed van de wereld hangt niet af van onze eigen inspanningen, maar van het achterliggende plan van de Allerhoogste Persoonlijkheid Gods, dat direct door de halfgoden wordt uitgevoerd. De *yajña's* zijn daarom rechtstreeks gericht op bepaalde halfgoden die in de Veda's worden genoemd. Indirect is dit het beoefenen van Kṛṣṇa-bewustzijn, want wanneer men het verrichten van *yajña's* meester is, wordt men zeker Kṛṣṇa-bewust. Maar als men door het verrichten van *yajña's* niet Kṛṣṇa-bewust wordt, dan zijn zulke principes niets anders dan morele voorschriften. Men moet zijn vooruitgang daarom niet beperken tot morele voorschriften alleen, maar men moet deze transcenderen om tot Kṛṣṇa-bewustzijn te komen.

TEKST 17 यस्त्वात्मरतिरेव स्यादात्मतृप्तश्च मानवः ।
आत्मन्येव च सन्तुष्टस्तस्य कार्यं न विद्यते ॥ १७ ॥

yas tv ātma-ratir eva syād, ātma-tṛptaś ca mānavaḥ
ātmany eva ca santuṣṭas, tasya kāryaṁ na vidyate

yaḥ — iemand die; *tu* — maar; *ātma-ratiḥ* — plezier hebbend in het zelf; *eva* — zeker; *syāt* — blijft; *ātma-tṛptaḥ* — tevreden in het zelf; *ca* — en; *mānavaḥ* — een mens; *ātmani* — in zichzelf; *eva* — alleen; *ca* — en; *santuṣṭaḥ* — volkomen voldaan; *tasya* — zijn; *kāryam* — plicht; *na* — niet; *vidyate* — bestaat.

Maar wie zijn menselijke levensvorm aan zelfrealisatie wijdt, wie alleen maar vreugde beleeft door en tevreden is met het zich realiseren van het zelf en zo volkomen voldaan is, voor hem bestaat er geen plicht.

COMMENTAAR: Iemand die *volledig* Kṛṣṇa-bewust is en die volkomen tevreden is door zijn activiteiten in Kṛṣṇa-bewustzijn, heeft geen plichten meer te vervullen. Omdat hij Kṛṣṇa-bewust is, is hij onmiddellijk gezuiverd van alle zondige neigingen vanbinnen, wat het gevolg is van vele, vele duizenden *yajña's*. Door deze zuivering van bewustzijn raakt iemand volledig overtuigd van zijn eeuwige positie in relatie met de Allerhoogste. Zijn plicht wordt hem duidelijk door de genade van de Heer vanbinnen en hij heeft daardoor geen verplichtingen meer ten opzichte van de Vedische voorschriften. Zo'n Kṛṣṇa-bewust persoon is niet langer geïnteresseerd in materiële activiteiten en beleeft geen plezier meer aan materiële dingen als wijn, vrouwen en meer van zulke verdwazingen.

TEKST 18 नैव तस्य कृतेनार्थो नाकृतेनेह कश्चन ।
न चास्य सर्वभूतेषु कश्चिदर्थव्यपाश्रयः ॥ १८ ॥

naiva tasya kṛtenārtho, nākṛteneha kaścana
na cāsya sarva-bhūteṣu, kaścid artha-vyapāśrayaḥ

na — nooit; *eva* — zeker; *tasya* — zijn; *kṛtena* — door zijn plicht te vervullen; *arthaḥ* — doel; *na* — evenmin; *akṛtena* — zonder zijn plicht te vervullen; *iha* — in deze wereld; *kaścana* — wat dan ook; *na* — nooit; *ca* — en; *asya* — van hem; *sarva-bhūteṣu* — te midden van alle levende wezens; *kaścit* — enkele; *artha* — reden; *vyapāśrayaḥ* — toevlucht nemen tot.

Voor een zelfgerealiseerd persoon bestaat er tijdens het vervullen van zijn voorgeschreven plichten geen enkel doel om na te streven, maar evenmin heeft hij reden om zulke activiteiten niet te verrichten. Ook hoeft hij zich niet afhankelijk te stellen van enig ander levend wezen.

COMMENTAAR: Wie zelfgerealiseerd is, is niet langer verplicht om welke voorgeschreven plichten dan ook te vervullen, behalve zijn activiteiten in Kṛṣṇa-bewustzijn. Toch is Kṛṣṇa-bewustzijn geen inactiviteit; dit zal in de volgende verzen worden uitgelegd. Wie Kṛṣṇa-bewust is, zoekt bij geen enkel persoon zijn toevlucht, bij mens noch halfgod. Wat hij ook doet in Kṛṣṇa-bewustzijn, het is voldoende om zijn plicht te vervullen.

TEKST 19 तस्मादसक्तः सततं कार्यं कर्म समाचर ।
असक्तो ह्याचरन्कर्म परमाप्नोति पूरुषः ॥ १९ ॥

tasmād asaktaḥ satataṁ, kāryaṁ karma samācara
asakto hy ācaran karma, param āpnoti pūruṣaḥ

tasmāt — daarom; *asaktaḥ* — zonder gehechtheid; *satatam* — voortdurend; *kāryam* — als plicht; *karma* — activiteit; *samācara* — verricht; *asaktaḥ* — ongehecht; *hi* — zeker; *ācaran* — doen; *karma* — activiteit; *param* — het Allerhoogste; *āpnoti* — bereikt; *pūruṣaḥ* — een man.

Men moet daarom uit plichtsbesef handelen, zonder gehecht te zijn aan de vruchten van activiteiten, want handelt men zonder gehechtheid, dan bereikt men de Allerhoogste.

COMMENTAAR: Voor toegewijden is het Allerhoogste de Persoonlijk Gods, maar voor de impersonalist is dat bevrijding. Wie onder de juiste begeleiding en zonder gehechtheid aan de resultaten van zijn activiteiten voor Kṛṣṇa of in Kṛṣṇa-bewustzijn handelt, maakt zeker vooruitgang op het pad naar het allerhoogste doel van het leven. Kṛṣṇa gaf Arjuna de opdracht om tijdens de Slag van Kurukṣetra in Zijn belang te vechten, omdat Hij dat wilde. Goed of geweldloos willen zijn is een kwestie van persoonlijke gehechtheid, maar iets doen in het belang van de Allerhoogste, is iets doen zonder gehechtheid aan resultaten. Dat is volmaakte activiteit van het hoogste niveau en wordt door de Allerhoogste Persoonlijkheid Gods, Śrī Kṛṣṇa, aangeraden.

De Vedische rituelen, zoals voorgeschreven offers, worden verricht om zich te zuiveren van de zondige activiteiten die men op het gebied van zinsbevrediging heeft begaan. Maar Kṛṣṇa-bewuste activiteiten zijn ontstegen aan het karma voor goede of slechte daden. Wie Kṛṣṇa-bewust is, is niet gehecht aan het resultaat, maar handelt alleen in het belang van Kṛṣṇa; hij is met allerlei activiteiten bezig, maar is volkomen onthecht.

TEKST 20 कर्मणैव हि संसिद्धिमास्थिता जनकादयः ।
लोकसङ्ग्रहमेवापि सम्पश्यन्कर्तुमर्हसि ॥ २० ॥

karmaṇaiva hi saṁsiddhim, āsthitā janakādayaḥ
loka-saṅgraham evāpi, sampaśyan kartum arhasi

karmaṇā — door activiteit; *eva* — zelfs; *hi* — zeker; *saṁsiddhim* — in volmaaktheid; *āsthitāḥ* — bevindend; *janaka-ādayaḥ* — Janaka en andere koningen; *loka-saṅgraham* — de mensen in het algemeen; *eva api* — ook; *sampaśyan* — beschouwend; *kartum* — handelen; *arhasi* — je moet.

Vorsten als Janaka kwamen tot volmaaktheid uitsluitend door hun voorgeschreven plichten te vervullen. Daarom moet je je voorgeschreven activiteiten verrichten; enkel om de gewone mensen te onderrichten.

COMMENTAAR: Koningen als Janaka waren allemaal zelfgerealiseerde zielen en hoefden daarom de plichten die in de Veda's worden voorgeschreven niet te vervullen. Toch verrichtten zij alle voorgeschreven activiteiten om zo een goed voorbeeld te zijn voor de mensen in het algemeen. Janaka was de vader van Sītā en de schoonvader van Heer Śrī Rāma. Omdat hij een toegewijde van de Heer was, bevond hij zich op een transcendentaal niveau, maar omdat hij de koning van Mithilā was (een district van de Indiase provincie Bihar) moest hij zijn onderdanen leren hoe ze voorgeschreven activiteiten moesten verrichten. Voor Heer Kṛṣṇa en Arjuna, Zijn eeuwige vriend, was het niet nodig om in de Slag van Kurukṣetra te vechten, maar toch streden ze om de mensen in het algemeen te leren dat ook geweld noodzakelijk is in een situatie waarin goede argumenten geen effect meer hebben. Voordat de Slag van Kurukṣetra begon, was het uiterste gedaan om de oorlog af te wenden, zelfs door de Allerhoogste Persoonlijkheid Gods. Maar de tegenpartij was vastberaden om te strijden. Voor zo'n goede zaak bestaat er een noodzaak om te vechten. Ook al heeft een Kṛṣṇa-bewust persoon geen interesse in de wereld, toch doet hij zijn best om de mensen te leren hoe ze moeten leven en handelen. Zij die ervaren zijn in het Kṛṣṇa-bewustzijn zijn in staat zo te handelen dat anderen hen volgen; dit wordt in het volgende vers uitgelegd.

TEKST 21

यद्यदाचरति श्रेष्ठस्तत्तदेवेतरो जनः ।
स यत्प्रमाणं कुरुते लोकस्तदनुवर्तते ॥ २१ ॥

yad yad ācarati śreṣṭhas, tat tad evetaro janaḥ
sa yat pramāṇaṁ kurute, lokas tad anuvartate

yat yat — wat dan ook; *ācarati* — hij doet; *śreṣṭhaḥ* — een respectabele leider; *tat* — dat; *tat* — en dat alleen; *eva* — zeker; *itaraḥ* — gewoon; *janaḥ* — persoon; *saḥ* — hij; *yat* — om het even welke; *pramāṇam* — maatstaf; *kurute* — verricht; *lokaḥ* — de hele wereld; *tat* — dat; *anuvartate* — volgt in het voetspoor.

Alle activiteiten die een groot man verricht, worden door gewone mensen nagevolgd. En alle normen die hij door zijn voorbeeldig handelen stelt, worden door de hele wereld nageleefd.

COMMENTAAR: De gemiddelde mens heeft altijd een leider nodig die hem door zijn eigen gedrag kan onderrichten. Een leider kan de mensen niet leren hoe ze moeten stoppen met roken als hij zelf rookt. Heer Caitanya heeft gezegd dat een leraar zich correct moet gedragen voordat hij begint te onderwijzen. Wie op die manier onderricht geeft, wordt een *ācārya* genoemd, een ideale leraar. Een leraar moet daarom de principes van de *śāstra* (de heilige teksten) volgen om de mens in het algemeen te onderwijzen. De leraar kan geen regels verzinnen die ingaan tegen de principes van de geopenbaarde teksten zoals de *Manu-saṁhitā* en soortgelijke heilige teksten die beschouwd worden als standaardwerken die de menselijke samenleving moet volgen. Dat wat de leider onderwijst moet dus gebaseerd zijn op de beginselen van zulke standaard-*śāstra's*. Wie zichzelf wil verbeteren, moet dezelfde standaardregels volgen als de grote leraren. Het *Śrīmad-Bhāgavatam* bevestigt ook dat men in de voetstappen van grote toegewijden moet treden; dat is de manier om vooruitgang te maken op het pad van spirituele bewustwording. De koning of de leidinggevende persoon van een land, de vader en de onderwijzer worden allemaal als natuurlijke leiders van de gewone, eenvoudige mensen beschouwd. Deze natuurlijke leiders hebben allemaal een grote verantwoordelijkheid tegenover hun ondergeschikten en daarom moeten zij vertrouwd zijn met de standaardwerken die de morele en spirituele voorschriften bevatten.

TEKST 22 न मे पार्थास्ति कर्तव्यं त्रिषु लोकेषु किञ्चन ।
नानवाप्तमवाप्तव्यं वर्त एव च कर्मणि ॥ २२ ॥

na me pārthāsti kartavyaṁ, triṣu lokeṣu kiñcana
nānavāptam avāptavyaṁ, varta eva ca karmaṇi

na — niet; *me* — Mijn; *pārtha* — o zoon van Pṛthā; *asti* — er is; *kartavyam* — voorgeschreven plicht; *triṣu* — in de drie; *lokeṣu* — planetenstelsels; *kiñcana* — wat dan ook; *na* — niets; *anavāptam* — ontbrekend; *avāptavyam* — te verwerven; *varte* — Ik ben bezig; *eva* — zeker; *ca* — ook; *karmaṇi* — in voorgeschreven plicht.

O zoon van Pṛthā, voor Mij zijn er in geen van de drie planetenstelsels voorgeschreven activiteiten. Ook heb Ik niets nodig en evenmin is er voor Mij iets te verwerven — toch verricht Ik voorgeschreven plichten.

COMMENTAAR: In de Vedische literatuur wordt de Allerhoogste Persoonlijkheid Gods als volgt beschreven:

tam īśvarāṇāṁ paramaṁ maheśvaraṁ
taṁ devatānāṁ paramaṁ ca daivatam
patiṁ patīnāṁ paramaṁ parastād
vidāma devaṁ bhuvaneśam īḍyam

na tasya kāryaṁ karaṇaṁ ca vidyate
na tat-samaś cābhyadhikaś ca dṛśyate
parāsya śaktir vividhaiva śrūyate
svābhāvikī jñāna-bala-kriyā ca

'De Allerhoogste Heer is de bestuurder van alle andere bestuurders en Hij is de grootste van alle leiders van de verschillende planeten. Iedereen wordt door Hem bestuurd. Alle levende wezens ontlenen hun specifieke kracht alleen aan de Allerhoogste Heer; zelf zijn ze niet de allerhoogste. Hij is ook vererenswaardig voor de halfgoden en Hij is de leider van alle leiders. Hij is daarom verheven boven allerlei wereldse leiders en bestuurders en Hij is vererenswaardig voor hen allemaal. Niemand is groter dan Hij en Hij is de allerhoogste oorzaak van alle oorzaken.

'Zijn lichaam is niet als dat van een gewoon levend wezen. Er bestaat geen verschil tussen Zijn lichaam en Zijn ziel. Hij is absoluut. Al Zijn zintuigen zijn transcendentaal en elk van Zijn zintuigen kan de functie van elk ander zintuig vervullen. Daarom is niemand groter dan Hij of gelijk aan Hem. Zijn vermogens zijn veelsoortig en daarom vinden Zijn handelingen vanzelf en op een natuurlijke wijze plaats.' (*Śvetāśvatara Upaniṣad* 6.7-8)

Omdat alles in alle volledigheid in de Allerhoogste Persoonlijkheid Gods is en in volledige waarheid bestaat, is er geen plicht die door de Heer vervuld hoeft te worden. Wie afhankelijk is van de resultaten van activiteiten, heeft een bepaalde aangewezen plicht, maar iemand voor wie er in de drie planetenstelsels niets te bereiken valt, heeft zeker geen enkele plicht. Toch is Heer Kṛṣṇa betrokken bij de Slag van Kurukṣetra als de leider van de *kṣatriya's*, omdat *kṣatriya's* verplicht zijn om bescherming te geven aan hen die in nood verkeren. Hoewel Hij boven alle regels van de geopenbaarde teksten staat, zal Hij ze nooit schenden.

TEKST 23 यदि ह्यहं न वर्तेयं जातु कर्मण्यतन्द्रितः ।
मम वर्त्मानुवर्तन्ते मनुष्याः पार्थ सर्वशः ॥ २३ ॥

yadi hy ahaṁ na varteyaṁ, jātu karmaṇy atandritaḥ
mama vartmānuvartante, manuṣyāḥ pārtha sarvaśaḥ

yadi — als; *hi* — zeker; *aham* — Ik; *na* — niet; *varteyam* — zo bezig ben; *jātu* — ooit; *karmaṇi* — in het vervullen van voorgeschreven plichten; *atandritaḥ* — heel zorgvuldig; *mama* — Mijn; *vartma* — pad; *anuvartante* — zouden volgen; *manuṣyāḥ* — alle mensen; *pārtha* — o zoon van Pṛthā; *sarvaśaḥ* — in alle opzichten.

Want als Ik het ooit zou nalaten om zorgvuldig voorgeschreven plichten te verrichten, o Pārtha, dan zouden alle mensen ongetwijfeld Mijn pad volgen.

COMMENTAAR: Om het maatschappelijk evenwicht, dat goed is voor spirituele vooruitgang, te bewaren, zijn er traditionele familiegebruiken, die bedoeld zijn voor alle beschaafde personen. Omdat Heer Kṛṣṇa neerdaalde om de beginselen van religie te herstellen, volgde Hij de voorgeschreven regels en bepalingen, ook al zijn die bedoeld voor geconditioneerde zielen en niet voor Hem. Had Hij dat niet gedaan, dan zouden de gewone mensen in Zijn voetsporen treden, omdat Hij de hoogste autoriteit is. Uit het *Śrīmad-Bhāgavatam* blijkt dat Heer Kṛṣṇa zowel thuis als buitenshuis aan alle religieuze verplichtingen voldeed zoals dat van een getrouwd persoon wordt verwacht.

TEKST 24 उत्सीदेयुरिमे लोका न कुर्यां कर्म चेदहम् ।
सङ्करस्य च कर्ता स्यामुपहन्यामिमाः प्रजाः ॥ २४ ॥

utsīdeyur ime lokā, na kuryāṁ karma ced aham
saṅkarasya ca kartā syām, upahanyām imāḥ prajāḥ

utsīdeyuḥ — zouden ten onder gaan; *ime* — al deze; *lokāḥ* — werelden; *na* — niet; *kuryām* — Ik verricht; *karma* — voorgeschreven plichten; *cet* — als; *aham* — Ik; *saṅkarasya* — van onwenselijke bevolking; *ca* — en; *kartā* — schepper; *syām* — zou zijn; *upahanyām* — zou vernietigen; *imāḥ* — al deze; *prajāḥ* — levende wezens.

Als Ik geen voorgeschreven activiteiten zou verrichten, dan zouden al deze werelden in verval raken. Ik zou de oorzaak zijn van het ontstaan van onwenselijke bevolking en Ik zou daardoor de vrede van alle levende wezens verstoren.

COMMENTAAR: *Varṇa-saṅkara* is onwenselijke bevolking die de vrede van de algemene samenleving verstoort. Om een dergelijke sociale verstoring tegen te gaan, zijn er voorgeschreven regels en bepalingen waardoor de bevolking vanzelf vreedzaam en georganiseerd wordt, wat bevorderlijk is voor spirituele vooruitgang. Wanneer Kṛṣṇa neerdaalt, volgt Hij vanzelfsprekend zulke regels om zo het gezag en de noodzaak van zulke belangrijke zaken te handhaven. De Heer is de vader van alle levende wezens en wanneer zij misleid worden, is de Heer daar indirect verantwoordelijk voor. Wanneer de regulerende principes daarom op grote schaal worden veronachtzaamd, daalt de Heer neer om de samenleving te corrigeren.

We moeten echter goed onthouden dat, hoewel we in het voetspoor van de Heer moeten volgen, we Hem niet kunnen imiteren. Volgen en imiteren zijn twee verschillende dingen. We kunnen de Heer niet imiteren door de heuvel Govardhana op te tillen, zoals de Heer in Zijn kindertijd deed; dat is onmogelijk voor welk menselijk wezen dan ook. We moeten Zijn instructies volgen, maar we kunnen Hem nooit ofte nimmer imiteren. Het *Śrīmad-Bhāgavatam* (10.33.30-31) bevestigt dit:

naitat samācarej jātu, manasāpi hy anīśvaraḥ
vinaśyaty ācaran mauḍhyād, yathārudro 'bdhi-jaṁ viṣam

īśvarāṇāṁ vacaḥ satyaṁ, tathaivācaritaṁ kvacit
teṣāṁ yat sva-vaco-yuktaṁ, buddhimāṁs tat samācaret

'Men dient eenvoudig de instructies van de Heer en Zijn bekrachtigde dienaren te volgen. Al hun instructies zijn voor ons bestwil en ieder intelligent persoon zal ze strikt opvolgen. Maar men moet zich er voor hoeden hun activiteiten te imiteren. Men moet niet proberen de oceaan van vergif leeg te drinken als imitatie van Heer Śiva.'

We dienen de positie van de *īśvara's* of zij die daadwerkelijk macht hebben over de bewegingen van de zon en de maan altijd te erkennen als superieur. Zonder een dergelijke macht kan niemand de uiterst machtige *īśvara's* imiteren. Heer Śiva dronk zoveel vergif dat het een oceaan kon vullen, maar als een gewoon mens zelfs maar een minieme hoeveelheid van zulk gif zou drinken, zou hij sterven. Er zijn veel pseudotoegewijden van Heer Śiva die zich te goed willen doen aan *gañjā* (marihuana) en soortgelijke bedwelmende middelen, maar ze vergeten dat ze de dood heel dichtbij brengen door de activiteiten van Heer Śiva te imiteren. Zo zijn er ook pseudotoegewijden van Heer Kṛṣṇa, die ervan houden de *rāsa-līlā*, de dans van liefde van de Heer, te imiteren, maar die ondertussen vergeten dat ze niet het vermogen hebben om de heuvel Govardhana op te tillen. Het is daarom het beste dat men degenen die machtig zijn niet probeert te imiteren, maar gewoon hun instructies opvolgt; daarnaast moet men ook niet proberen om hun functies over te nemen zonder daarvoor de kwalificaties te hebben. Er bestaan zoveel 'incarnaties' van God die niet de macht van de Allerhoogste Godheid bezitten.

TEKST 25 सक्ताः कर्मण्यविद्वांसो यथा कुर्वन्ति भारत ।
कुर्याद्विद्वांस्तथासक्तश्चिकीर्षुर्लोकसङ्ग्रहम् ॥ २५ ॥

saktāḥ karmaṇy avidvāṁso, yathā kurvanti bhārata
kuryād vidvāṁs tathāsaktaś, cikīrṣur loka-saṅgraham

saktāḥ — gehecht zijn; *karmaṇi* — in voorgeschreven plichten; *avidvāṁsaḥ* — de onwetenden; *yathā* — zoveel als; *kurvanti* — zij doen; *bhārata* — o afstammeling van Bharata; *kuryāt* — zou moeten doen; *vidvān* — een geleerde; *tathā* — zo; *asaktaḥ* — zonder gehechtheid; *cikīr-ṣuḥ* — verlangend te leiden; *loka-saṅgraham* — de mensen in het algemeen.

Zoals onwetenden hun plichten vervullen maar gehecht zijn aan het resultaat, zo kan de wijze ook handelen, maar dan zonder gehechtheid, om de mensen zo op het juiste pad te leiden.

COMMENTAAR: Een Kṛṣṇa-bewust persoon en een persoon zonder Kṛṣṇa-bewustzijn worden van elkaar onderscheiden op basis van hun verschillende verlangens. Een Kṛṣṇa-bewust persoon zal nooit iets doen wat niet bevorderlijk is voor vooruitgang in Kṛṣṇa-bewustzijn. Zijn activiteiten kunnen exact dezelfde zijn als die van een onwetend persoon die te gehecht is aan materiële activiteiten, maar het verschil is dat de een zulke activiteiten doet om zijn zintuigen te bevredigen, terwijl de ander ze doet om Kṛṣṇa tevreden te stellen. Er is daarom een Kṛṣṇa-bewust persoon nodig om de mensen te laten zien hoe ze moeten handelen en hoe ze de resultaten van hun activiteiten moeten gebruiken voor Kṛṣṇa-bewuste doeleinden.

TEKST 26 न बुद्धिभेदं जनयेदज्ञानां कर्मसङ्गिनाम् ।
जोषयेत्सर्वकर्माणि विद्वान्युक्तः समाचरन् ॥ २६ ॥

na buddhi-bhedaṁ janayed, ajñānāṁ karma-saṅginām
joṣayet sarva-karmāṇi, vidvān yuktaḥ samācaran

na — niet; *buddhi-bhedam* — verstoring van intelligentie; *janayet* — hij zou moeten veroorzaken; *ajñānām* — van de dwazen; *karma-saṅginām* — die gehecht zijn aan resultaatgerichte activiteit; *joṣayet* — hij moet ze betrekken; *sarva* — alle; *karmāṇi* — activiteiten; *vidvān* — een geleerd persoon; *yuktaḥ* — gewijd aan; *samācaran* — beoefenend.

Om de geest van de onwetenden, die gehecht zijn aan de resultaten van hun voorgeschreven plichten, niet te verstoren, moet iemand die wijs is ze niet van activiteiten weerhouden. Integendeel, door met devotie te handelen, zou hij ze in allerlei activiteiten moeten betrekken [voor de geleidelijke ontwikkeling van Kṛṣṇa-bewustzijn].

COMMENTAAR: *Vedaiś ca sarvair aham eva vedyaḥ.* Dat is het doel van alle Vedische rituelen. Alle rituelen, alle offers en alles wat in de Veda's staat, inclusief alle aanwijzingen voor materiële activiteiten, zijn ervoor bedoeld om Kṛṣṇa te begrijpen, die het uiteindelijke doel van het leven is. Maar omdat de geconditioneerde zielen geen idee hebben van iets wat buiten zinsbevrediging omgaat, bestuderen ze de Veda's met dat doel voor ogen. Maar door resultaatgerichte activiteiten en zinsbevrediging die door de Vedische rituelen gereguleerd worden, raakt men geleidelijk aan verheven tot Kṛṣṇa-bewustzijn. Een zelfgerealiseerde, Kṛṣṇa-bewuste ziel moet anderen daarom niet verstoren in hun begrip of tijdens hun activiteiten, maar moet hen laten zien hoe de resultaten van alle activiteiten in dienst van Kṛṣṇa kunnen worden gesteld. Een geleerd, Kṛṣṇa-bewust persoon moet op zo'n manier handelen, dat een onwetend persoon, die zinsbevrediging nastreeft, kan leren hoe te handelen en hoe zich te gedragen. Ook al moeten we iemand die onwetend is niet in de war brengen over zijn activiteiten, toch kan een Kṛṣṇa-bewust persoon die al een klein beetje vooruitgang heeft gemaakt, zich meteen wijden aan dienst aan de Heer, zonder te wachten op andere Vedische rituelen. Voor zo'n fortuinlijk iemand is het niet nodig om de andere Vedische voorschriften te volgen, omdat hij door direct Kṛṣṇa-bewustzijn alle resultaten kan krijgen die hij anders gekregen zou hebben door zijn voorgeschreven plichten te vervullen.

TEKST 27 प्रकृतेः क्रियमाणानि गुणैः कर्माणि सर्वशः ।
अहङ्कारविमूढात्मा कर्ताहमिति मन्यते ॥ २७ ॥

prakṛteḥ kriyamāṇāni, guṇaiḥ karmāṇi sarvaśaḥ
ahaṅkāra-vimūḍhātmā, kartāham iti manyate

prakṛteḥ — van de materiële natuur; *kriyamāṇāni* — wordt gedaan; *guṇaiḥ* — door de hoedanigheden; *karmāṇi* — activiteiten; *sarvaśaḥ* — allerlei soorten; *ahaṅkāra-vimūḍha* — misleid door het valse ego; *ātmā* — de spirituele ziel; *kartā* — handelende; *aham* — ik; *iti* — zo; *manyate* — hij denkt.

Misleid door de invloed van het vals ego, denkt de ziel dat zij zelf de activiteiten verricht die in werkelijkheid door de drie hoedanigheden van de materiële natuur worden verricht.

COMMENTAAR: Het kan erop lijken dat twee personen, een met Kṛṣṇa-bewustzijn en een ander met een materieel bewustzijn, zich op hetzelfde niveau bevinden wanneer ze dezelfde activiteiten doen, maar er bestaat een groot verschil tussen hun posities. Een persoon met een materieel bewustzijn is er door zijn vals ego van overtuigd dat hij het is die alles doet, maar hij weet niet dat het mechanisme van het lichaam geproduceerd is door de materiële natuur, die onder toezicht van de Allerhoogste Heer staat. Een materialistisch persoon weet niet dat hij uiteindelijk door Kṛṣṇa bestuurd wordt. Door zijn vals ego denkt hij dat hij alles onafhankelijk doet en strijkt vervolgens met de eer; dat is het symptoom van zijn onwetendheid. Hij weet niet dat dit grof- en fijnstoffelijk lichaam in opdracht van de Allerhoogste Persoonlijkheid Gods door de materiële natuur geschapen is en dat zijn lichamelijke en mentale activiteiten daarom in dienst van Kṛṣṇa, in Kṛṣṇa-bewustzijn, gebruikt moeten worden. Een onwetend persoon vergeet dat de Allerhoogste Persoonlijkheid Gods Hṛṣīkeśa wordt genoemd, de meester van de zintuigen van het materiële lichaam. Omdat hij voor lange tijd voor zinsbevrediging misbruik heeft gemaakt van zijn zintuigen, is hij verward geraakt door het vals ego, dat hem zijn eeuwige relatie met Kṛṣṇa doet vergeten.

TEKST 28 तत्त्ववित्तु महाबाहो गुणकर्मविभागयोः ।
गुणा गुणेषु वर्तन्त इति मत्वा न सज्जते ॥ २८ ॥

tattva-vit tu mahā-bāho, guṇa-karma-vibhāgayoḥ
guṇā guṇeṣu vartanta, iti matvā na sajjate

tattva-vit — de kenner van de Absolute Waarheid; *tu* — maar; *mahā-bāho* — o sterkgearmde; *guṇa-karma* — van activiteit onder materiële invloed; *vibhāgayoḥ* — verschillen; *guṇāḥ* — zintuigen; *guṇeṣu* — in zinsbevrediging; *vartante* — aangewend worden; *iti* — zo; *matvā* — denkend; *na* — nooit; *sajjate* — raakt gehecht.

Wie de Absolute Waarheid kent, o sterkgearmde, laat zich niet in met de zintuigen en zinsbevrediging, omdat hij goed weet wat de verschillen zijn tussen devotionele en resultaatgerichte activiteiten.

COMMENTAAR: De kenner van de Absolute Waarheid is ervan overtuigd dat hij door zijn contact met de materie in een benarde positie verkeert. Hij weet dat hij een integrerend deeltje is van de Allerhoogste Persoonlijkheid Gods, Kṛṣṇa, en dat hij geen deel uitmaakt van de materiële wereld. Hij kent zijn ware identiteit als een integrerend deeltje van de Allerhoogste, die eeuwige gelukzaligheid en kennis is, en hij realiseert zich dat hij op een of andere manier verstrikt is geraakt in een materialistische levensopvatting. In zijn zuivere zijnstoestand is het de bedoeling dat hij zijn activiteiten verbindt met devotionele dienst aan de Allerhoogste Persoonlijkheid Gods, Kṛṣṇa. Hij zal daarom Kṛṣṇa-bewuste activiteiten verrichten en raakt daardoor vanzelf onthecht van zintuiglijke activiteiten die tijdelijk en afhankelijk van omstandigheden zijn. Hij weet dat zijn situatie in de materiële wereld onder het allerhoogste toezicht van de Heer staat; hij raakt daarom niet verward door allerlei karma, omdat hij dat als de genade van de Heer ziet. Volgens het *Śrīmad-Bhāgavatam* wordt iemand die de drie aspecten van de Absolute Waarheid kent — Brahman, Paramātmā en de Allerhoogste Persoonlijkheid Gods — *tattva-vit* genoemd, want hij kent ook zijn daadwerkelijke positie ten opzichte van de Allerhoogste.

TEKST 29 प्रकृतेर्गुणसम्मूढाः सज्जन्ते गुणकर्मसु ।
तानकृत्स्नविदो मन्दान्कृत्स्नविन्न विचालयेत् ॥ २९ ॥

prakṛter guṇa-sammūḍhāḥ, sajjante guṇa-karmasu
tān akṛtsna-vido mandān, kṛtsna-vin na vicālayet

prakṛteḥ — van de materiële natuur; *guṇa* — door de hoedanigheden; *sammūḍhāḥ* — misleid door materiële vereenzelviging; *sajjante* — zij houden zich bezig met; *guṇa-karmasu* — in materiële activiteiten; *tān* — die; *akṛtsna-vidaḥ* — personen met heel weinig kennis; *mandān* — lui wat betreft het begrijpen van zelfrealisatie; *kṛtsna-vit* — iemand die werkelijke kennis bezit; *na* — niet; *vicālayet* — moet verontrusten.

Misleid door de hoedanigheden van de materiële natuur, houden de onwetenden zich alleen maar bezig met materiële activiteiten en raken gehecht. Maar de wijze moet hen niet in de war brengen, ook al zijn hun plichten minderwaardig door hun gebrek aan kennis.

COMMENTAAR: Personen zonder kennis vereenzelvigen zich ten onrechte met een grofstoffelijk bewustzijn en materiële benamingen. Dit lichaam is een geschenk van de materiële natuur en iemand die te gehecht is aan het lichamelijk bewustzijn wordt een *manda* genoemd, iemand die lui is en geen begrip heeft van de ziel. Onwetende mensen denken dat het lichaam het zelf is; relaties met anderen, die gebaseerd zijn op het lichaam, aanvaarden ze als verwantschap, het land waarin ze een lichaam gekregen hebben zien ze als iets dat aanbeden moet worden en de handelingen tijdens religieuze rituelen beschouwen ze als doelen op zich. Zulke mensen met materiële benamingen zijn bijvoorbeeld actief op het gebied van sociaal werk, nationalisme en altruïsme. In de ban van zulke benamingen hebben ze het altijd erg druk op het materiële vlak; spirituele bewustwording is voor hen een mythe en daarom hebben ze er geen interesse voor. Maar zij die spiritueel verlicht zijn, moeten zulke personen, die opgaan in een materieel bestaan, niet in de war brengen. Het is beter om eigen spirituele activiteiten in stilte voort te zetten. Deze verwarde personen kunnen betrokken worden in de morele basisprincipes van het leven zoals geweldloosheid en in activiteiten die materieel gezien goed zijn.

Onwetende personen kunnen geen waardering opbrengen voor Kṛṣṇa-bewuste activiteiten en Heer Kṛṣṇa adviseert ons daarom hen niet te storen en onze tijd niet te verspillen. Maar de toegewijden van de Heer zijn vriendelijker dan de Heer, omdat ze Zijn bedoeling begrijpen en allerlei risico's nemen, zelfs zover dat ze onwetende personen benaderen en hen proberen te betrekken in Kṛṣṇa-bewuste activiteiten, die absoluut noodzakelijk zijn voor het menselijk wezen.

TEKST 30 मयि सर्वाणि कर्माणि संन्यस्याध्यात्मचेतसा ।
निराशीर्निर्ममो भूत्वा युध्यस्व विगतज्वरः ॥ ३० ॥

mayi sarvāṇi karmāṇi, sannyasyādhyātma-cetasā
nirāśīr nirmamo bhūtvā, yudhyasva vigata-jvaraḥ

mayi — aan Mij; *sarvāṇi* — allerlei soorten; *karmāṇi* — activiteiten; *sannyasya* — volledig opgevend; *adhyātma* — met volkomen kennis van het Zelf; *cetasā* — door bewustzijn; *nirāśīḥ* — zonder verlangen naar winst; *nirmamaḥ* — zonder eigenaarschap; *bhūtvā* — zo zijnd; *yudhyasva* — strijd; *vigata-jvaraḥ* — zonder lusteloosheid.

O Arjuna, wijd al je activiteiten daarom aan Mij, met volledige kennis van Mij, zonder verlangens naar winst, zonder aanspraak te maken op bezit en wees vrij van lusteloosheid en vecht.

COMMENTAAR: In dit vers wordt het doel van de *Bhagavad-gītā* duidelijk aangegeven. De Heer geeft de instructie dat men volledig Kṛṣṇa-bewust moet worden om zijn plichten te vervullen, als het ware met militaire discipline. Zo'n instructie kan de zaken ietwat moeilijk maken, maar desondanks moeten plichten vervuld worden en men moet zich daarbij afhankelijk stellen van Kṛṣṇa, want dat is de wezenlijke positie van het levend wezen. Het levend wezen kan niet gelukkig zijn als het niet met de Allerhoogste Heer samenwerkt, want het is de wezenlijke positie van het levend wezen om ondergeschikt te zijn aan het verlangen van de Heer. Arjuna kreeg daarom van Śrī Kṛṣṇa het bevel om te vechten alsof de Heer zijn commandant was. Men moet alles opofferen voor het belang van de Allerhoogste Heer en tegelijkertijd zijn voorgeschreven plichten vervullen, zonder iets als zijn eigendom te beschouwen. Het was voor Arjuna niet nodig om nog verder na te denken over het bevel van de Heer, hij hoefde het alleen maar uit te voeren.

De Allerhoogste Heer is de ziel van alle zielen; wie zich daarom zonder enig eigenbelang volledig afhankelijk stelt van de Allerhoogste Ziel of wie volledig Kṛṣṇa-bewust is, wordt *adhyātma-cetas* genoemd. *Nirāśīḥ* betekent dat iemand de opdrachten van de meester moet uitvoeren, zonder daarvoor iets terug te verwachten. Een kassier mag dan voor zijn werkgever miljoenen euro's tellen, maar hij zal geen cent voor zichzelf opeisen. Op dezelfde manier moet iemand beseffen dat niets in de wereld eigendom is van een bepaald individu, maar dat alles eigendom van de Allerhoogste Heer is. Dat is de werkelijke betekenis van *mayi* of 'aan Mij'. Wie in dit Kṛṣṇa-bewustzijn handelt, zal niets als zijn eigendom beschouwen. Zo'n bewustzijn wordt *nirmama* genoemd oftewel 'niets is van mij'. En als iemand tegenzin voelt om zo'n streng bevel op te volgen dat geen rekening houdt met zogenaamde verwantschap en familiebanden, dan moet hij die terughoudendheid van zich afschudden. Op die manier kan men *vigata-jvara* worden, vrij van een lakse mentaliteit of lusteloosheid. Iedereen heeft een bepaald type activiteit te doen in overeenstemming met zijn kwaliteiten en positie en al deze plichten kunnen, zoals hierboven beschreven is, in Kṛṣṇa-bewustzijn gedaan worden. Door dat te doen zal men tot het pad van bevrijding komen.

TEKST 31 ये मे मतमिदं नित्यमनुतिष्ठन्ति मानवाः ।
श्रद्धावन्तोऽनसूयन्तो मुच्यन्ते तेऽपि कर्मभिः ॥ ३१ ॥

ye me matam idaṁ nityam, anutiṣṭhanti mānavāḥ
śraddhāvanto 'nasūyanto, mucyante te 'pi karmabhiḥ

ye — zij die; *me* — Mijn; *matam* — voorschriften; *idam* — deze; *nityam* — als een eeuwige taak; *anutiṣṭhanti* — regelmatig uitvoeren; *mānavāḥ* — mensen; *śraddhā-vantaḥ* — met geloof en devotie; *anasūyantaḥ* — zonder afgunst; *mucyante* — raken bevrijd; *te* — zij allemaal; *api* — zelfs; *karmabhiḥ* — uit de gebondenheid van de wet van resultaatgerichte activiteiten.

Die personen die hun plicht vervullen volgens Mijn voorschriften en dit onderricht met vertrouwen en zonder afgunst naleven, raken bevrijd van de gebondenheid waarin ze zich door hun resultaatgerichte activiteiten bevinden.

COMMENTAAR: Het voorschrift dat de Allerhoogste Persoonlijkheid Gods, Kṛṣṇa, geeft, is de essentie van alle Vedische wijsheid en is daarom, zonder uitzondering, eeuwig waar. Net zoals de Veda's eeuwig zijn, is de waarheid van het Kṛṣṇa-bewustzijn ook eeuwig. Men moet een vast geloof hebben in dit voorschrift, zonder afgunstig te zijn op de Heer. Veel filosofen schrijven commentaren op de *Bhagavad-gītā*, maar geloven niet in Kṛṣṇa; zij zullen nooit bevrijd worden uit de gebondenheid, die veroorzaakt wordt door karma. Maar een gewoon mens die een vast geloof heeft in de eeuwige voorschriften van de Heer, raakt, zelfs al is hij niet in staat ze na te leven, bevrijd van de gebondenheid die door de wet van karma wordt veroorzaakt. Na het aanvaarden van het proces van Kṛṣṇa-bewustzijn zal iemand in het begin de voorschriften misschien niet volledig volgen, maar omdat hij niet afkerig staat tegenover dit principe en oprecht is in zijn activiteiten, zonder aandacht te schenken aan tegenslag en hopeloosheid, zal hij zeker bevorderd worden naar het niveau van zuiver Kṛṣṇa-bewustzijn.

TEKST 32 ये त्वेतदभ्यसूयन्तो नानुतिष्ठन्ति मे मतम् ।
सर्वज्ञानविमूढांस्तान्विद्धि नष्टानचेतसः ॥ ३२ ॥

ye tv etad abhyasūyanto, nānutiṣṭhanti me matam
sarva-jñāna-vimūḍhāṁs tān, viddhi naṣṭān acetasaḥ

ye — diegenen; *tu* — echter; *etat* — dit; *abhyasūyantaḥ* — uit kwaadwilligheid; *na* — niet; *anutiṣṭhanti* — voortdurend verrichten; *me* —Mijn; *matam* — voorschrift; *sarva-jñāna* — in allerlei soorten kennis; *vimūḍhān* — volkomen misleid; *tān* — zij zijn; *viddhi* — weet goed; *naṣṭān* — volledig verwoest; *acetasaḥ* — zonder Kṛṣṇa-bewustzijn.

Maar zij die dit onderricht uit kwaadwilligheid veronachtzamen en het niet naleven, zijn misleid en beroofd van alle kennis en zullen de volmaaktheid nooit kunnen bereiken.

COMMENTAAR: In dit vers wordt uiteengezet wat het nadeel is van een leven zonder Kṛṣṇa-bewustzijn. Net zoals ongehoorzaamheid aan een bevel van de hoogste leidinggevende persoon bestraft wordt, zo wordt ongehoorzaamheid aan het bevel van de Allerhoogste Persoonlijkheid Gods ook zeker bestraft. Wie ongehoorzaam is, hoe groot hij ook mag zijn, heeft een leeg hart en heeft daarom geen kennis van zijn eigen zelf, van het Allerhoogste Brahman, van de Paramātmā en van de Persoonlijkheid Gods. Er bestaat voor hem daarom geen hoop op volmaaktheid.

TEKST 33 सदृशं चेष्टते स्वस्याः प्रकृतेर्ज्ञानवानपि ।
प्रकृतिं यान्ति भूतानि निग्रहः किं करिष्यति ॥ ३३ ॥

sadṛśaṁ ceṣṭate svasyāḥ, prakṛter jñānavān api
prakṛtiṁ yānti bhūtāni, nigrahaḥ kiṁ kariṣyati

sadṛśam — overeenkomstig; *ceṣṭate* — probeert; *svasyāḥ* — door zijn eigen; *prakṛteḥ* — hoedanigheden van de natuur; *jñāna-vān* — een wijze; *api* — hoewel; *prakṛtim* — natuur; *yānti* — ondergaan; *bhūtāni* — alle levende wezens; *nigrahaḥ* — onderdrukking; *kim* — wat; *kariṣyati* — kan doen.

Zelfs de wijze handelt volgens zijn eigen natuur, want iedereen volgt de natuur die hij van de drie hoedanigheden gekregen heeft — wat baat onderdrukking?

COMMENTAAR: Tenzij iemand zich op het transcendentale niveau van Kṛṣṇa-bewustzijn bevindt, kan hij niet vrij raken van de invloed van de hoedanigheden van de materiële natuur, zoals de Heer in het zevende hoofdstuk (7.14) bevestigt. Zelfs voor een persoon die materieel gezien het geleerdst is, is het daarom onmogelijk om eenvoudigweg door theoretische kennis of door de ziel van het lichaam te onderscheiden uit de verstrikking van *māyā* te komen. Er bestaan zoveel zogenaamde spiritualisten die net doen alsof ze ver gevorderd zijn in de spirituele wetenschap, maar die ondertussen vanbinnen of binnenskamers volledig beïnvloed worden door bepaalde hoedanigheden van de materiële natuur die ze niet kunnen overwinnen.

Iemand kan veel universitaire kennis hebben, maar door zijn langdurig contact met de materiële natuur is hij gebonden. Het Kṛṣṇa-bewustzijn helpt iemand uit die materiële verstrikking te komen, zelfs al is hij bezig met de voorgeschreven plichten van het materiële bestaan. Niemand moet daarom zijn plichten opgeven zonder volledig Kṛṣṇa-bewust te zijn. Niemand moet opeens zijn voorgeschreven plicht opgeven om kunstmatig een zogenaamde *yogī* of een transcendentalist te worden. Het is beter dat iemand in zijn eigen positie blijft en vandaar uit onder begeleiding van ervaren personen Kṛṣṇa-bewust probeert te worden. Op die manier kan men bevrijd raken uit de greep van Kṛṣṇa's *māyā*.

TEKST 34 इन्द्रियस्येन्द्रियस्यार्थे रागद्वेषौ व्यवस्थितौ ।
तयोर्न वशमागच्छेत्तौ ह्यस्य परिपन्थिनौ ॥ ३४ ॥

indriyasyendriyasyārthe, rāga-dveṣau vyavasthitau
tayor na vaśam āgacchet, tau hy asya paripanthinau

indriyasya — van de zintuigen; *indriyasya arthe* — in de zinsobjecten; *rāga* — gehechtheid; *dveṣau* — ook afkeer; *vyavasthitau* — aan regels onderwerpen; *tayoḥ* — van hen; *na* — nooit; *vaśam* — controle; *āgacchet* — men moet komen; *tau* — die; *hi* — zeker; *asya* — zijn; *paripanthinau* — struikelblokken.

Er bestaan beginselen die de afkeer en gehechtheid van de zintuigen met betrekking tot de zinsobjecten reguleren. Men moet zich niet laten beheersen door zulke gehechtheid en afkeer, omdat het struikelblokken zijn op het pad van zelfrealisatie.

COMMENTAAR: Zij die Kṛṣṇa-bewust zijn, zijn van nature niet geneigd tot materiële zinsbevrediging, maar zij die niet Kṛṣṇa-bewust zijn, moeten de regels en bepalingen van de geopenbaarde teksten volgen. Onbeperkte zinsbevrediging is de oorzaak van materiële gevangenschap, maar wie de regels en bepalingen van de geopenbaarde teksten volgt, raakt niet verstrikt in zinsobjecten. Voor een geconditioneerde ziel is seksueel genot bijvoorbeeld noodzakelijk en het wordt toegestaan binnen het huwelijk. Volgens de voorschriften van de heilige teksten is het verboden om seksuele relaties aan te gaan met een andere vrouw dan de echtgenote; alle andere vrouwen moeten beschouwd worden als moeders. Maar ondanks zulke voorschriften is een man toch geneigd seksuele relaties met andere vrouwen aan te gaan. Zulke neigingen moeten bedwongen worden, anders zullen ze struikelblokken zijn op het pad van zelfrealisatie.

Zolang we een materieel lichaam hebben is het toegestaan om de behoeften van het lichaam te bevredigen, maar dan wel volgens bepaalde regels en bepalingen. Toch moeten we ook niet te veel op de controle van zulke toezeggingen vertrouwen. Men moet deze regels en bepalingen volgen zonder eraan gehecht te zijn, omdat ook zinsbevrediging volgens de regels iemand op een dwaalspoor kan brengen, net zoals er altijd, zelfs op de koninklijke wegen, kans op een ongeluk bestaat. Niemand kan garanderen dat de veiligste wegen vrij zijn van gevaar, ook al worden ze nog zo goed onderhouden.

De mentaliteit van het genieten van zinsbevrediging bestaat al heel erg lang door het contact met de materiële energie. En ook al reguleren we zinsbevrediging, we lopen altijd het risico om terug te vallen. Iedere gehechtheid aan zinsbevrediging, ook al is deze gereguleerd, moet daarom op alle mogelijke manieren vermeden worden. Maar gehecht zijn aan Kṛṣṇa-bewustzijn of altijd bezig zijn om Kṛṣṇa met liefde te dienen zorgt ervoor dat iemand onthecht raakt van allerlei zintuiglijke activiteiten. Men moet zich daarom in geen enkele fase van zijn leven proberen te onthechten van het Kṛṣṇa-bewustzijn. Het doel van het zich onthechten van allerlei soorten zinsbevrediging is uiteindelijk om op het niveau van Kṛṣṇa-bewustzijn te komen en te blijven.

TEKST 35 श्रेयान्स्वधर्मो विगुणः परधर्मात्स्वनुष्ठितात् ।
स्वधर्मे निधनं श्रेयः परधर्मो भयावहः ॥ ३५ ॥

śreyān sva-dharmo viguṇaḥ, para-dharmāt sv-anuṣṭhitāt
sva-dharme nidhanaṁ śreyaḥ, para-dharmo bhayāvahaḥ

śreyān — veel beter; *sva-dharmaḥ* — eigen voorgeschreven plichten; *viguṇaḥ* — zelfs gebrekkig; *para-dharmāt* — dan plichten voorgeschreven aan anderen; *su-anuṣṭhitāt* — volmaakt gedaan; *sva-dharme*— tijdens eigen voorgeschreven plichten; *nidhanam* — ondergang; *śreyaḥ* — beter; *para-dharmaḥ* — plichten voorgeschreven aan anderen; *bhaya-āvahaḥ* — gevaarlijk.

Het is veel beter om je eigen plicht te vervullen, hoe gebrekkig ook, dan de plicht van een ander foutloos te doen. Wanneer je tijdens het vervullen van je eigen plicht ten onder gaat, is dat beter dan de plicht van iemand anders te vervullen, want het pad van een ander volgen is gevaarlijk.

COMMENTAAR: Men moet zijn eigen voorgeschreven plichten vervullen in volledig Kṛṣṇa-bewustzijn in plaats van de plichten te doen die voor een ander zijn voorgeschreven. Materieel gezien zijn voorgeschreven plichten die plichten die opgedragen worden overeenkomstig iemands psychofysische gesteldheid, volgens de drie hoedanigheden van de materiële natuur. Spirituele plichten worden opgedragen door de spiritueel leraar voor de transcendentale dienst aan Kṛṣṇa. Maar of ze nu materieel of spiritueel zijn, iemand moet zich, zelfs tot de dood, houden aan de plichten die hem zijn voorgeschreven, in plaats van de plichten van iemand anders te imiteren. De plichten op het spirituele en materiële niveau mogen dan verschillend zijn, maar het principe van het volgen van geautoriseerde aanwijzingen is altijd goed voor degene die ze volgt.

Zolang iemand in de ban is van de hoedanigheden van de materiële natuur, moet hij de regels die voor zijn bepaalde situatie zijn voorgeschreven volgen en moet hij anderen niet imiteren. Bijvoorbeeld, een *brāhmaṇa*, die in de hoedanigheid goedheid is, is geweldloos, terwijl het voor een *kṣatriya*, die in de hoedanigheid hartstocht is, is toegestaan om gewelddadig te zijn. Voor een *kṣatriya* is het dus beter om verslagen te worden maar toch de gewelddadige principes te volgen, dan om een *brāhmaṇa* te imiteren die de principes van geweldloosheid volgt. Iedereen moet zijn hart door een geleidelijk proces zuiveren en niet abrupt. Maar als men de hoedanigheden van de materiële natuur ontstijgt en volledig verankerd is in Kṛṣṇa-bewustzijn, dan kan men alles doen volgens de aanwijzingen van een bonafide spiritueel leraar. In die toestand van perfect Kṛṣṇa-bewustzijn kan een *kṣatriya* actief zijn als een *brāhmaṇa* en een *brāhmaṇa* als een *kṣatriya.*

Op het transcendentale niveau zijn de onderscheidingen die in de materiële wereld gelden niet van toepassing. Viśvāmitra was bijvoorbeeld oorspronkelijk een *kṣatriya*, maar later verrichtte hij de activiteiten van een *brāhmaṇa*, terwijl Paraśurāma een *brāhmaṇa* was die later de activiteiten van een *kṣatriya* verrichtte. Omdat ze zich op een transcendentaal niveau bevonden, konden zij dat doen, maar zolang iemand op het materiële niveau is, moet hij zijn plichten vervullen volgens de hoedanigheden van de materiële natuur. Tegelijkertijd moet hij een volledig begrip van het Kṛṣṇa-bewustzijn hebben.

TEKST 36

अर्जुन उवाच
अथ केन प्रयुक्तोऽयं पापं चरति पूरुषः ।
अनिच्छन्नपि वार्ष्णेय बलादिव नियोजितः ॥ ३६ ॥

arjuna uvāca
atha kena prayukto 'yaṁ, pāpaṁ carati pūruṣaḥ
anicchann api vārṣṇeya, balād iva niyojitaḥ

arjunaḥ uvāca — Arjuna zei; *atha* — dan; *kena* — door wat; *prayuktaḥ* — gedwongen; *ayam* — iemand; *pāpam* — zonden; *carati* — begaat; *pūruṣaḥ* — een mens; *anicchan* — zonder te verlangen; *api* — hoewel; *vārṣṇeya* — o afstammeling van Vṛṣṇi; *balāt* — door kracht; *iva* — alsof; *niyojitaḥ* — gedreven.

Arjuna zei: O afstammeling van Vṛṣṇi, wat is het waardoor iemand zelfs tegen zijn wil in tot zondige handelingen wordt aangedreven, alsof hij ertoe gedwongen wordt?

COMMENTAAR: Als integrerend deeltje van de Allerhoogste is het levend wezen van oorsprong spiritueel, puur en vrij van alle materiële onzuiverheden. Het is daarom van nature niet onderhevig aan de zondige neigingen van de materiële wereld. Maar wanneer het in contact staat met de materiële natuur, houdt het zich zonder schroom met vele zondige activiteiten bezig, soms zelfs tegen zijn wil in. De vraag van Arjuna aan Kṛṣṇa over de verwrongen natuur van de levende wezens is daarom heel relevant. Hoewel het levend wezen soms niet zondig wil zijn, is het desondanks gedwongen zo te handelen. Zondige activiteiten worden niet veroorzaakt door de Superziel in het hart, maar hebben een andere oorzaak, zoals de Heer in het volgende vers zal uitleggen.

TEKST 37 श्रीभगवानुवाच
काम एष क्रोध एष रजोगुणसमुद्भवः ।
महाशनो महापाप्मा विद्ध्येनमिह वैरिणम् ॥ ३७ ॥

śrī-bhagavān uvāca
kāma eṣa krodha eṣa, rajo-guṇa-samudbhavaḥ
mahāśano mahā-pāpmā, viddhy enam iha vairiṇam

śrī-bhagavān uvāca — de Allerhoogste Persoonlijkheid Gods zei; *kāmaḥ* — lust; *eṣaḥ* — deze; *krodhaḥ* — woede; *eṣaḥ* — deze; *rajaḥ-guṇa* — de hoedanigheid hartstocht; *samudbhavaḥ* — voortgekomen uit; *mahā-aśa-naḥ* — allesverslindend; *mahā-pāpmā* — uiterst zondig; *viddhi* — weet; *enam* — deze; *iha* — in de materiële wereld; *vairiṇam* — grootste vijand.

De Allerhoogste Persoonlijkheid Gods zei: Het is niets anders dan lust, Arjuna, die ontstaat door contact met de materiële hoedanigheid hartstocht, die later overgaat in woede en die de allesverslindende, zondige vijand van deze wereld is.

COMMENTAAR: Wanneer het levend wezen in contact komt met de materiële wereld, wordt zijn eeuwige liefde voor Kṛṣṇa, door de werkzaamheid van de hoedanigheid hartstocht, omgezet in lust. Met andere woorden, iemands liefde voor God wordt omgezet in lust, net zoals melk in yoghurt wordt omgezet wanneer ze in contact komt met zure tamarinde. Maar als die lust niet bevredigd wordt, verandert hij in woede; woede veroorzaakt illusie, en illusie is de oorzaak van de verlenging van het materiële bestaan. Lust is daarom de grootste vijand van het levend wezen en het is alleen lust die het levend wezen ertoe aanzet om verstrikt te blijven in de materiële wereld. Woede is een uiting van de hoedanigheid onwetendheid. De hoedanigheden onwetendheid en hartstocht manifesteren zich als woede en andere gevolgen. Wanneer de hoedanigheid hartstocht, in plaats van te degraderen naar de hoedanigheid onwetendheid, wordt verheven naar de hoedanigheid goedheid door op de voorgeschreven manier te leven en te handelen, dan kan men door spirituele gehechtheid gered worden van de degradering die het gevolg is van woede.

De Allerhoogste Persoonlijkheid Gods heeft Zichzelf geëxpandeerd in velen voor Zijn altijd toenemende spirituele vreugde en de levende wezens zijn een onderdeel van die spirituele vreugde. Ze hebben een gedeeltelijke onafhankelijkheid, maar door hier misbruik van te maken verandert hun houding van dienstbaarheid in een drang naar zinsbevrediging en zo komen ze in de macht van lust. De materiële wereld is door de Heer geschapen om de geconditioneerde zielen de mogelijkheid te geven om deze zinnelijke verlangens te vervullen, maar wanneer ze volledig gefrustreerd zijn door hun aanhoudelijke zinnelijke activiteiten, beginnen ze vragen te stellen naar hun werkelijke positie.

Dit onderzoek is het begin van de *Vedānta-sūtra's* waarin gezegd wordt *athāto brahma-jijñāsā:* men moet vragen stellen over het Allerhoogste. En het Allerhoogste wordt in het *Śrīmad-Bhāgavatam* beschreven als *janmādy asya yato 'nvayād itarataś ca:* 'De oorsprong van alles is het Allerhoogste Brahman.' De oorsprong van lust ligt daarom ook in het Allerhoogste. Wanneer lust wordt omgezet in liefde voor de Allerhoogste of in Kṛṣṇa-bewustzijn — of met andere woorden, wanneer we alles verlangen voor Kṛṣṇa — dan worden zowel lust als woede gespiritualiseerd. Hanumān, de grote dienaar van Heer Rāma, toonde zijn woede door de gouden stad van Rāvaṇa in brand te steken en werd daardoor de grootste toegewijde van de Heer. In de *Bhagavad-gītā* haalt de Heer Arjuna over om zijn woede tegen zijn vijanden te gebruiken om Hem tevreden te stellen. Wanneer lust en woede daarom gebruikt worden voor Kṛṣṇa, worden het onze vrienden in plaats van onze vijanden.

TEKST 38 धूमेनाव्रियते वह्निर्यथादर्शो मलेन च ।
यथोल्बेनावृतो गर्भस्तथा तेनेदमावृतम् ॥ ३८ ॥

dhūmenāvriyate vahnir, yathādarśo malena ca
yatholbenāvṛto garbhas, tathā tenedam āvṛtam

dhūmena — door rook; *āvriyate* — wordt verhuld; *vahniḥ* — vuur; *yathā* — zoals; *ādarśaḥ* — spiegel; *malena* — door stof; *ca* — en; *yathā* — zoals; *ulbena* — door de moederschoot; *āvṛtaḥ* — wordt omhuld; *garbhaḥ* — het embryo; *tathā* — zo; *tena* — door die lust; *idam* — deze; *āvṛtam* — wordt bedekt.

Zoals vuur verhuld wordt door rook, een spiegel bedekt wordt door stof of zoals een embryo omhuld wordt door de moederschoot, zo wordt het levend wezen verhuld door verschillende gradaties van deze lust.

COMMENTAAR: Het zuivere bewustzijn van het levend wezen wordt verduisterd door drie niveaus van verhulling. Deze verhulling is niets anders dan lust die zich op verschillende manieren manifesteert, zoals rook voor vuur, stof op een spiegel en de baarmoeder rond een embryo.

Wanneer lust met rook wordt vergeleken, dan betekent dat dat het vuur van een levende vonk enigszins waarneembaar is. Met andere woorden, wanneer het levend wezen enigszins Kṛṣṇa-bewustzijn vertoont, kan het vergeleken worden met vuur dat door rook bedekt wordt. Hoewel er vuur moet zijn waar rook is, is het in het beginstadium niet openlijk zichtbaar. Dit niveau is als het begin in Kṛṣṇa-bewustzijn.

Het stof op de spiegel verwijst naar een zuiveringsproces van de spiegel van de geest door verschillende spirituele methoden. Het beste proces is het chanten van de heilige namen van de Heer.

Het embryo dat door de baarmoeder bedekt wordt, is een analogie ter illustratie van een hulpeloze positie, want het kind in de baarmoeder is zo hulpeloos, dat het zich niet eens kan bewegen. Deze levenssituatie kan vergeleken worden met die van bomen. Bomen zijn ook levende wezens, maar ze bevinden zich in deze levensomstandigheden doordat ze zo van lust zijn vervuld, dat ze nagenoeg al hun bewustzijn kwijt zijn.

De bedekte spiegel wordt vergeleken met vogels en dieren en het vuur dat door rook omgeven is, wordt met het menselijk wezen vergeleken. In de menselijke levensvorm kan het levend wezen een klein beetje Kṛṣṇa-bewustzijn opwekken, en als het meer vooruitgang maakt, kan het vuur van het spirituele leven in hem ontbranden. Door voorzichtig om te gaan met de rook in het vuur, kan dat vuur hoog oplaaien. De menselijke levensvorm is daarom een kans voor het levend wezen om te ontsnappen aan de verstrikking van het materiële bestaan. In de menselijke levensvorm kan men de vijand, lust, overwinnen door onder deskundige begeleiding Kṛṣṇa-bewustzijn te cultiveren.

TEKST 39 आवृतं ज्ञानमेतेन ज्ञानिनो नित्यवैरिणा ।
कामरूपेण कौन्तेय दुष्पूरेणानलेन च ॥ ३९ ॥

āvṛtaṁ jñānam etena, jñānino nitya-vairiṇā
kāma-rūpeṇa kaunteya, duṣpūreṇānalena ca

āvṛtam — verhuld; *jñānam* — zuiver bewustzijn; *etena* — hierdoor; *jñāninaḥ* — van de kenner; *nitya-vairiṇā* — door de eeuwige vijand; *kāma-rūpeṇa* — in de vorm van lust; *kaunteya* — o zoon van Kuntī; *duṣpūreṇa* — onverzadigbaar; *analena* — door het vuur; *ca* — ook.

Zo raakt het zuivere bewustzijn van het wijze levend wezen verhuld door zijn eeuwige vijand in de vorm van lust, die onverzadigbaar is en brandt als vuur.

COMMENTAAR: In de *Manu-smṛti* wordt gezegd dat lust door geen enkele hoeveelheid zinsbevrediging bevredigd kan worden, net zoals vuur nooit geblust kan worden door het voortdurend van brandstof te voorzien. In de materiële wereld is seks het centrum van alle activiteiten en daarom wordt de materiële wereld *maithunya-āgāra* genoemd, de keten van seksualiteit. Zoals criminelen in een gewone gevangenis achter tralies worden gehouden, zo worden de criminelen die ongehoorzaam zijn aan de wetten van de Heer, geketend door seksualiteit.

De vooruitgang van de materiële beschaving op basis van zinsbevrediging betekent het verlengen van de tijdsduur van het materiële bestaan van het levend wezen. Deze lust is daarom het symbool van onwetendheid die het levend wezen in de materiële wereld houdt. Het kan zijn dat men een zeker geluksgevoel ervaart wanneer men zijn zintuigen bevredigt, maar dit zogenaamde geluk is in de diepste zin de ergste vijand van de levensgenieter.

TEKST 40 इन्द्रियाणि मनो बुद्धिरस्याधिष्ठानमुच्यते ।
एतैर्विमोहयत्येष ज्ञानमावृत्य देहिनम् ॥ ४० ॥

indriyāṇi mano buddhir, asyādhiṣṭhānam ucyate
etair vimohayaty eṣa, jñānam āvṛtya dehinam

indriyāṇi — de zintuigen; *manaḥ* — de geest; *buddhiḥ* — de intelligentie; *asya* — van deze lust; *adhiṣṭhānam* — zetel; *ucyate* — wordt genoemd; *etaiḥ* — door al deze; *vimohayati* — verbijsterd; *eṣaḥ* — deze lust; *jñānam* — kennis; *āvṛtya* — bedekken; *dehinam* — van de belichaamde.

De zintuigen, de geest en de intelligentie zijn de zetels van deze lust, die de werkelijke kennis van het levend wezen bedekt en het daardoor in verwarring brengt.

COMMENTAAR: De vijand heeft verschillende strategische posities ingenomen in het lichaam van de geconditioneerde ziel en Heer Kṛṣṇa geeft aan wat die posities zijn, zodat iemand die de vijand wil verslaan, weet waar deze te vinden is. De geest is het centrum van alle activiteiten van de zintuigen en wanneer we over zinsobjecten horen, wordt de geest over het algemeen een vergaarbak van allerlei ideeën voor zinsbevrediging; de geest en de zintuigen worden hierdoor de plaatsen waar lust zich ophoudt. Daarna wordt de intelligentie de hoofdplaats van zulke zinnelijke neigingen. De intelligentie grenst direct aan de ziel en wanneer ze vol lust is, zorgt de intelligentie ervoor dat de ziel het vals ego verwerft en zich identificeert met materie en dus ook met de geest en de zintuigen.

De ziel raakt verslaafd aan het genieten van de materiële zintuigen en verwart dit met werkelijk geluk. Deze misidentificatie van de ziel wordt in het *Śrīmad-Bhāgavatam* (10.84.13) zeer goed uitgelegd:

yasyātma-buddhiḥ kuṇape tri-dhātuke
sva-dhīḥ kalatrādiṣu bhauma ijya-dhīḥ
yat-tīrtha-buddhiḥ salile na karhicij
janeṣv abhijñeṣu sa eva go-kharaḥ

'Een menselijk wezen dat zichzelf identificeert met het lichaam dat uit drie elementen bestaat, dat de bijproducten van het lichaam als zijn verwanten beschouwt, dat het land waarin hij is geboren als vererenswaardig beschouwt en dat alleen maar naar een heilige plaats gaat om een bad te nemen, in plaats van er personen te ontmoeten die transcendentale kennis hebben, moet worden beschouwd als een ezel of een koe.'

TEKST 41 तस्मात्त्वमिन्द्रियाण्यादौ नियम्य भरतर्षभ ।
पाप्मानं प्रजहि ह्येनं ज्ञानविज्ञाननाशनम् ॥ ४१ ॥

tasmāt tvam indriyāṇy ādau, niyamya bharatarṣabha
pāpmānaṁ prajahi hy enaṁ, jñāna-vijñāna-nāśanam

tasmāt — daarom; *tvam* — je; *indriyāṇi* — zintuigen; *ādau* — in het begin; *niyamya* — door te reguleren; *bharata-ṛṣabha* — o beste onder de afstammelingen van Bharata; *pāpmānam* — het grote symbool van zonde; *prajahi* — bedwing; *hi* — zeker; *enam* — deze; *jñāna* — van kennis; *vijñāna* — en wetenschappelijke kennis over de zuivere ziel; *nāśanam* — de vernietiger.

O Arjuna, beste onder de Bhārata's, bedwing daarom vanaf het begin dit grote symbool van zonde [lust] door de zintuigen te beheersen en dood deze vernietiger van kennis en zelfrealisatie.

COMMENTAAR: De Heer raadde Arjuna aan om de zintuigen vanaf het prille begin te reguleren, zodat hij de grootste, zondige vijand, namelijk lust, zou kunnen verslaan, de vijand die de drang naar zelfrealisatie en de specifieke kennis van het zelf vernietigt. *Jñāna* verwijst naar de kennis van het verschil tussen zelf en niet-zelf, of met andere woorden, de kennis dat de ziel niet het lichaam is. *Vijñāna* verwijst naar de specifieke kennis van de wezenlijke positie van de ziel en haar relatie met de Allerhoogste Ziel. In het *Śrīmad-Bhāgavatam* (2.9.31) wordt dat als volgt uitgelegd:

jñānaṁ parama-guhyaṁ me, yad vijñāna-samanvitam
sa-rahasyaṁ tad-aṅgaṁ ca, gṛhāṇa gaditaṁ mayā

'Kennis over de ziel en de Superziel is heel vertrouwelijk en mysterieus, maar zulke kennis en specifieke bewustwording kan begrepen worden, wanneer deze samen met hun verschillende aspecten door de Heer Zelf worden uitgelegd.' De *Bhagavad-gītā* geeft ons die algemene en specifieke kennis van de ziel. De levende wezens zijn integrerende deeltjes van de Heer en zijn er daarom eenvoudigweg voor bedoeld om Hem te dienen. Dit bewustzijn wordt Kṛṣṇa-bewustzijn genoemd. Vanaf het prilste begin van het leven moet men dit Kṛṣṇa-bewustzijn leren; hierdoor kan men volledig Kṛṣṇa-bewust worden en overeenkomstig handelen.

Lust is niets anders dan een verwrongen weerspiegeling van de liefde voor God die ieder levend wezen van nature heeft. Als iemand vanaf het begin van zijn leven onderwijs heeft gehad in Kṛṣṇa-bewustzijn, dan kan die natuurlijke liefde voor God niet verslechteren tot lust. Ontaardt die liefde voor God toch in lust, dan is het heel moeilijk om terug te keren naar de normale toestand. Maar ondanks dat is Kṛṣṇa-bewustzijn zo sterk, dat zelfs iemand die laat begint, liefde voor God kan ontwikkelen door de regulerende principes van devotionele dienst te volgen. Binnen elk levensstadium of vanaf het moment dat iemand de noodzaak ervan inziet, kan men beginnen met het reguleren van de zintuigen in Kṛṣṇa-bewustzijn of devotionele dienst aan de Heer en kan men lust veranderen in liefde voor God, het hoogste niveau van volmaaktheid van het menselijk leven.

TEKST 42 इन्द्रियाणि पराण्याहुरिन्द्रियेभ्यः परं मनः ।
मनसस्तु परा बुद्धिर्यो बुद्धेः परतस्तु सः ॥ ४२ ॥

indriyāṇi parāṇy āhur, indriyebhyaḥ paraṁ manaḥ
manasas tu parā buddhir, yo buddheḥ paratas tu saḥ

indriyāṇi — zintuigen; *parāṇi* — hoger; *āhuḥ* — worden gezegd; *indriyebhyaḥ* — meer dan de zintuigen; *param* — hoger; *manaḥ* — de geest; *manasaḥ* — meer dan de geest; *tu* — ook; *parā* — hoger; *buddhiḥ* — intelligentie; *yaḥ* — wie; *buddheḥ* — meer dan de intelligentie; *parataḥ* — hoger; *tu* — maar; *saḥ* — hij.

De actieve zintuigen staan boven de levenloze materie; hoger dan de zintuigen is de geest; nog hoger dan de geest is de intelligentie; maar zij [de ziel] staat zelfs boven de intelligentie.

COMMENTAAR: De zintuigen zijn verschillende uitlaatkleppen voor lust. Deze lust ligt opgeslagen in het lichaam, maar vindt een uitweg door de zintuigen. De zintuigen zijn daarom hoger dan het lichaam in zijn geheel. Deze uitgangen worden niet gebruikt wanneer er sprake is van een hoger bewustzijn of Kṛṣṇa-bewustzijn. In Kṛṣṇa-bewustzijn maakt de ziel rechtstreeks contact met de Allerhoogste Persoonlijkheid Gods; de hiërarchie van lichamelijke functies die hier beschreven wordt, eindigt daarom uiteindelijk in de Allerhoogste Ziel.

Lichamelijke activiteit betekent het functioneren van de zintuigen en het stoppen van de zintuigen betekent dat alle lichamelijke activiteiten gestopt worden. Maar omdat de geest van nature actief is — zelfs al is het lichaam bewegingloos en rustig — moet hij bezig zijn, zoals het geval is tijdens dromen. Boven de geest staat echter de vastberadenheid van de intelligentie, en boven de intelligentie staat de ziel zelf. Wanneer de ziel rechtstreeks verbonden is met de Allerhoogste, zullen alle ondergeschikte functies als de intelligentie, de geest en de zintuigen daar natuurlijkerwijs ook mee verbonden zijn.

In de *Kaṭha Upaniṣad* staat een vergelijkbare passage, waarin gezegd wordt dat de objecten van zinsbevrediging hoger zijn dan de zintuigen en dat de geest hoger is dan de zinsobjecten. Als de geest daarom rechtstreeks bezig is in voortdurende dienst aan de Heer, kunnen de zintuigen onmogelijk op andere manieren bezig zijn. Deze mentaliteit werd al eerder uitgelegd. *Paraṁ dṛṣṭvā nivartate.* Wanneer de geest bezig is met transcendentale dienst aan de Heer, kan hij onmogelijk beïnvloed worden door lagere neigingen. In de *Kaṭha Upaniṣad* wordt de ziel beschreven als *mahān*, de grote. De ziel staat daarom boven hen allemaal: boven de zinsobjecten, de zintuigen, de geest en de intelligentie. Een exact begrip van de wezenlijke positie van de ziel is daarom de oplossing voor het hele probleem. Men moet met behulp van de intelligentie de wezenlijke positie van de ziel ontdekken en de geest vervolgens altijd Kṛṣṇa-bewust houden. Dat is de oplossing voor het hele probleem.

Een beginnend spiritualist wordt over het algemeen aangeraden zich afzijdig te houden van de zinsobjecten, maar daarnaast moet iemand zijn geest door zijn intelligentie sterken. Wanneer iemand door intelligentie zijn geest Kṛṣṇa-bewust houdt door volledige overgave aan de Allerhoogste Persoonlijkheid Gods, dan zal de geest vanzelf sterker worden. En zelfs al zijn de zintuigen heel sterk, net als slangen, toch zullen ze niet gevaarlijker zijn dan slangen met gebroken giftanden. Maar hoewel de ziel de meester van de intelligentie, de geest en ook de zintuigen is, bestaat er toch het risico dat ze terugvalt door de onrustige geest, als ze niet gesterkt is door omgang met Kṛṣṇa in Kṛṣṇa-bewustzijn.

TEKST 43 एवं बुद्धेः परं बुद्ध्वा संस्तभ्यात्मानमात्मना ।
जहि शत्रुं महाबाहो कामरूपं दुरासदम् ॥ ४३ ॥

evaṁ buddheḥ paraṁ buddhvā, saṁstabhyātmānam ātmanā
jahi śatruṁ mahā-bāho, kāma-rūpaṁ durāsadam

evam — zo; *buddheḥ* — aan intelligentie; *param* — hoger; *buddhvā* — wetend; *saṁstabhya* — door te beheersen; *ātmānam* — de geest; *ātma-nā* — door een zorgvuldige intelligentie; *jahi* — overwin; *śatrum* — de vijand; *mahā-bāho* — o sterkgearmde; *kāma-rūpam* — in de vorm van lust; *durāsadam* — geducht.

Wanneer men weet dat men transcendentaal is aan de materiële zintuigen, geest en intelligentie, o sterkgearmde Arjuna, dan moet men de geest met een zorgvuldige, spirituele intelligentie [Kṛṣṇa-bewustzijn] beheersen en zo — door spirituele kracht — deze onverzadigbare vijand, genaamd lust, overwinnen.

COMMENTAAR: Dit derde hoofdstuk van de *Bhagavad-gītā* leidt iemand op een afdoende manier naar Kṛṣṇa-bewustzijn door te laten zien dat men zich ervan bewust moet zijn dat men de eeuwige dienaar van de Allerhoogste Persoonlijkheid Gods is, zonder de onpersoonlijke leegte als het uiteindelijke doel te beschouwen. In het materiële bestaan wordt iemand onvermijdelijk beïnvloed door lust en een verlangen om de rijkdommen van de materiële natuur te beheersen. Het verlangen naar heerschappij en zinsbevrediging is de grootste vijand van de geconditioneerde ziel, maar door de kracht van het Kṛṣṇa-bewustzijn kan men de materiële zintuigen, geest en intelligentie beheersen. Men mag niet zomaar zijn activiteiten en voorgeschreven plichten opgeven, maar door geleidelijk aan vooruitgang te maken in Kṛṣṇa-bewustzijn, kan men in een transcendentale positie komen zonder beïnvloed te worden door de materiële zintuigen en geest; dit door een vastberaden intelligentie die gericht is op iemands zuivere identiteit. Dat is de conclusie van dit hoofdstuk.

In het onvolwassen stadium van het materiële bestaan kunnen filosofische speculaties en kunstmatige pogingen om de zintuigen te beheersen door het zogenaamd beoefenen van yogahoudingen, iemand nooit helpen om tot spiritueel leven te komen. Men moet door een hogere intelligentie worden getraind in Kṛṣṇa-bewustzijn.

Zo eindigen de commentaren van Śrī Śrīmad A.C. Bhaktivedanta Swami Prabhupāda bij het derde hoofdstuk van Śrīmad Bhagavad-gītā, *getiteld 'Karma-yoga' over het uitvoeren van voorgeschreven plicht in Kṛṣṇa-bewustzijn.*

4

TRANSCENDENTALE KENNIS

TEKST 1 श्रीभगवानुवाच
इमं विवस्वते योगं प्रोक्तवानहमव्ययम् ।
विवस्वान्मनवे प्राह मनुरिक्ष्वाकवेऽब्रवीत् ॥ १ ॥

śrī-bhagavān uvāca
imaṁ vivasvate yogaṁ, proktavān aham avyayam
vivasvān manave prāha, manur ikṣvākave 'bravīt

śrī-bhagavān uvāca — de Allerhoogste Persoonlijkheid Gods zei; *imam* — deze; *vivasvate* — aan de zonnegod; *yogam* — de wetenschap over iemands relatie met de Allerhoogste; *proktavān* — onderwees; *aham* — Ik; *avyayam* — onvergankelijk; *vivasvān* — Vivasvān (de naam van de zonnegod); *manave* — aan de vader van de mensheid (genaamd Vaivasvata); *prāha* — vertelde; *manuḥ* — de vader van de mensheid; *ikṣvākave* — aan koning Ikṣvāku; *abravīt* — zei.

De Allerhoogste Persoonlijkheid Gods, Heer Śrī Kṛṣṇa, zei: Ik onderwees deze onvergankelijke wetenschap van yoga aan de zonnegod Vivasvān en Vivasvān onderwees haar aan Manu, de vader van de mensheid, die haar op zijn beurt aan Ikṣvāku onderwees.

COMMENTAAR: In dit vers vinden we de geschiedenis van de *Bhagavad-gītā*, die teruggaat tot een ver verleden toen ze werd overgedragen aan de koninklijke orde van alle planeten, beginnend bij de zonneplaneet. De koningen van alle planeten hebben vooral de taak om de bewoners te beschermen. Om in staat te zijn over de burgers te regeren en ze te beschermen tegen materiële gebondenheid door lust, moet de koninklijke orde de wetenschap van de *Bhagavad-gītā* begrijpen. Het menselijk leven is bedoeld om spirituele kennis te cultiveren in een eeuwige relatie met de Allerhoogste Persoonlijkheid Gods en de leidinggevende figuren van alle landen en alle planeten hebben de plicht om deze les op de bewoners over te brengen door middel van onderwijs, cultuur en devotie. Met andere woorden, de leidinggevende personen van alle landen hebben de taak om de wetenschap van het Kṛṣṇa-bewustzijn te verspreiden, zodat de mensen hun voordeel kunnen doen met deze grote wetenschap en gebruik kunnen maken van de menselijke levensvorm, die de goede gelegenheid biedt het pad naar succes te volgen.

In dit tijdperk is Vivasvān de koning van de zonneplaneet, die de oorsprong van alle planeten in het universum is. In de *Brahma-saṁhitā* (5.52) staat:

yac-cakṣur eṣa savitā sakala-grahāṇāṁ
rājā samasta-sura-mūrtir aśeṣa-tejāḥ
yasyājñayā bhramati sambhṛta-kāla-cakro
govindam ādi-puruṣaṁ tam ahaṁ bhajāmi

Heer Brahmā zegt: 'Ik aanbid de Allerhoogste Persoonlijkheid Gods, Govinda [Kṛṣṇa], die de oorspronkelijke persoon is en op Wiens gezag de koning van de planeten, de zon, een immense energie en hitte uitstraalt. De zon vertegenwoordigt het oog van de Heer en doorloopt haar baan uit gehoorzaamheid aan Zijn bevel.'

De zon is de koning van de planeten en de zonnegod (de huidige wordt Vivasvān genoemd) bestuurt de zonneplaneet, die alle andere planeten beheerst door hen van licht en warmte te voorzien. Zij draait rond op bevel van Kṛṣṇa en Heer Kṛṣṇa maakte Vivasvān tot Zijn eerste discipel, zodat deze de wetenschap van de *Bhagavad-gītā* zou begrijpen. De *Gītā* is dus geen theoretische verhandeling voor de onbeduidende, wereldse geleerde, maar een standaardwerk van kennis dat al sinds onheuglijke tijden wordt overgedragen.

In het *Mahābhārata* (*Śānti-parva* 348.51-52) kunnen we de geschiedenis van de *Gītā* als volgt nagaan:

tretā-yugādau ca tato, vivasvān manave dadau
manuś ca loka-bhṛty-arthaṁ, sutāyekṣvākave dadau
ikṣvākuṇā ca kathito, vyāpya lokān avasthitaḥ

'Aan het begin van het tijdperk dat bekendstaat als Tretā-yuga, werd de wetenschap van de relatie met de Allerhoogste door Vivasvān aan Manu gegeven. Manu, die de vader van de mensheid is, gaf ze aan zijn zoon Mahārāja Ikṣvāku, de koning van deze aarde en de voorvader van de Raghu-dynastie waarin Heer Rāmacandra verscheen.' Dit betekent dat de *Bhagavad-gītā* al vanaf de tijd van Mahārāja Ikṣvāku in de menselijke samenleving bestaat.

Op het ogenblik hebben we van de 432.000 jaar dat het Kali-yuga duurt, vijfduizend jaar achter de rug. Daarvoor was het Dvāpara-yuga (800.000 jaar) en daarvoor Tretā-yuga (1.200.000 jaar); dus zo'n 2.005.000 jaar geleden sprak Manu de *Bhagavad-gītā* tot zijn discipel en zoon Mahārāja Ikṣvāku, de koning van de planeet aarde. Het tijdperk van de huidige Manu wordt berekend op zo'n 305.300.000 jaar, waarvan er 120.400.000 verstreken zijn. Wanneer we aanvaarden dat de Heer de *Gītā* vóór de geboorte van Manu tot Zijn discipel Vivasvān, de zonnegod, sprak, dan kan de ruwe schatting gemaakt worden dat de *Gītā* ten minste 120.400.000 jaar geleden gesproken werd, en in de menselijke samenleving bestaat ze al zo'n twee miljoen jaar. Zo'n vijfduizend jaar geleden sprak de Heer de *Gītā* opnieuw, ditmaal tot Arjuna. Dat is de ruwe schatting van de geschiedenis van de *Gītā* volgens de *Gītā* zelf of volgens de opvatting van de spreker, Heer Śrī Kṛṣṇa. Ze werd tot de zonnegod Vivasvān gesproken, omdat hij ook een *kṣatriya* is en de vader van alle *sūrya-vaṁśa kṣatriya's*, de *kṣatriya's* die afstammelingen zijn van de zonnegod.

Omdat de *Bhagavad-gītā* even goed is als de Veda's, aangezien ze door de Allerhoogste Persoonlijkheid Gods gesproken werd, is deze kennis *apauruṣeya*, bovenmenselijk. Omdat de Vedische instructies worden aanvaard zoals ze zijn, zonder menselijke interpretaties, moet ook de *Gītā* zonder wereldse interpretatie aanvaard worden. Wereldse redetwisters kunnen op hun eigen manier over de *Gītā* theoretiseren, maar dat is niet de *Bhagavad-gītā* zoals ze is. De *Bhagavad-gītā* moet daarom aanvaard worden zoals ze is, in de opeenvolging van discipelen, en in dit vers wordt beschreven dat de Heer tot de zonnegod sprak, de zonnegod sprak tot zijn zoon Manu en Manu sprak tot zijn zoon Ikṣvāku.

TEKST 2 एवं परम्पराप्राप्तमिमं राजर्षयो विदुः ।
स कालेनेह महता योगो नष्टः परन्तप ॥ २ ॥

evaṁ paramparā-prāptam, imaṁ rājarṣayo viduḥ
sa kāleneha mahatā, yogo naṣṭaḥ parantapa

evam — op deze manier; *paramparā* — door de opeenvolging van discipelen; *prāptam* — ontvangen; *imam* — deze wetenschap; *rāja-ṛṣayaḥ* — de heilige koningen; *viduḥ* — begrepen; *saḥ* — die kennis; *kālena* — in de loop der tijd; *iha* — in deze wereld; *mahatā* — groot; *yogaḥ* — de wetenschap over onze relatie met de Allerhoogste; *naṣṭaḥ* — verbroken; *parantapa* — o Arjuna, bedwinger van de vijand.

Zo werd deze allerhoogste wetenschap door de opeenvolging van discipelen ontvangen en zo begrepen de heilige vorsten haar. Maar na verloop van tijd werd de overlevering verbroken en hierdoor lijkt de wetenschap zoals ze is verloren te zijn gegaan.

COMMENTAAR: Hier wordt duidelijk gezegd dat de *Gītā* speciaal bedoeld was voor de heilige vorsten, omdat zij het waren die haar instructies moesten uitvoeren tijdens het regeren over de burgers. De *Bhagavad-gītā* was beslist niet bedoeld voor de demonische personen, die de waarde ervan in ieders nadeel zouden tenietdoen, en die naar eigen willekeur allerlei soorten interpretaties zouden verzinnen. Zodra de oorspronkelijke bedoeling werd geruïneerd door de beweegredenen van gewetenloze commentatoren, ontstond de noodzaak om de opeenvolging van discipelen te herstellen. Vijfduizend jaar geleden zag de Heer Zelf dat de opeenvolging van discipelen verbroken was en daarom verklaarde Hij dat de bedoeling van de *Gītā* verloren was geraakt.

Ook vandaag de dag bestaan er zoveel edities van de *Gītā* (vooral in het Engels), maar nagenoeg allemaal volgen ze niet de geautoriseerde opeenvolging van discipelen. Er bestaan ontelbaar veel interpretaties van verschillende wereldse geleerden, maar ze verwerpen nagenoeg allemaal de Allerhoogste Persoonlijkheid Gods, Kṛṣṇa, hoewel ze goede munt uit Zijn woorden slaan. Dit is een demonische mentaliteit; demonen geloven niet in God, maar willen alleen maar genieten van het bezit van de Allerhoogste. Aangezien er een grote behoefte bestaat aan een Engelse editie van de *Gītā* zoals die is overgedragen via de *paramparā* (opeenvolging van discipelen), wordt bij deze een poging gedaan om daarin te voorzien. Wanneer de *Bhagavad-gītā* wordt aanvaard zoals ze is, is ze een grote zegen voor de mensheid, maar als ze wordt gezien als een verhandeling vol filosofische speculaties, dan is de studie ervan eenvoudigweg verspilde tijd.

TEKST 3

स एवायं मया तेऽद्य योगः प्रोक्तः पुरातनः ।
भक्तोऽसि मे सखा चेति रहस्यं ह्येतदुत्तमम् ॥ ३ ॥

sa evāyaṁ mayā te 'dya, yogaḥ proktaḥ purātanaḥ
bhakto 'si me sakhā ceti, rahasyaṁ hy etad uttamam

saḥ — dezelfde; *eva* — zeker; *ayam* — deze; *mayā* — door Mij; *te* — aan jou; *adya* — vandaag; *yogaḥ* — de wetenschap van yoga; *proktaḥ* — gesproken; *purātanaḥ* — heel oud; *bhaktaḥ* — toegewijde; *asi* — je bent; *me* — Mijn; *sakhā* — vriend; *ca* — ook; *iti* — daarom; *rahasyam* — mysterie; *hi* — zeker; *etat* — deze; *uttamam* — transcendentaal.

Deze zeer oude wetenschap van de relatie met de Allerhoogste draag Ik vandaag over aan jou, omdat je zowel Mijn toegewijde als Mijn vriend bent en daardoor het transcendentale mysterie van deze wetenschap kunt begrijpen.

COMMENTAAR: Er bestaan twee categorieën van mensen, namelijk de toegewijden en de demonen. De Heer koos Arjuna als de ontvanger van deze grote wetenschap, omdat hij een toegewijde van de Heer is. Maar voor de demon is het onmogelijk om deze grote, mysterieuze wetenschap te begrijpen. Er zijn een aantal edities van dit grote boek van kennis; sommige hebben commentaren van toegewijden en andere commentaren geschreven door demonen. De commentaren van de toegewijden zijn waar, maar die van de demonen waardeloos. Arjuna aanvaardt Śrī Kṛṣṇa als de Allerhoogste Persoonlijkheid Gods en ieder commentaar op de *Gītā* dat in Arjuna's voetsporen volgt, is werkelijk devotionele dienst aan het doel van deze grote wetenschap. Zij die demonisch zijn, aanvaarden Heer Kṛṣṇa echter niet zoals Hij is. In plaats daarvan verzinnen ze iets over Kṛṣṇa en brengen daardoor de gemiddelde lezer op een verkeerd spoor, weg van de instructies van Kṛṣṇa. Hier wordt gewaarschuwd voor zulke misleidende paden. Men moet de opeenvolging van discipelen vanaf Arjuna proberen te volgen om op die manier zijn voordeel te doen met deze grote wetenschap van *Śrīmad Bhagavad-gītā*.

TEKST 4 अर्जुन उवाच
अपरं भवतो जन्म परं जन्म विवस्वतः ।
कथमेतद्विजानीयां त्वमादौ प्रोक्तवानिति ॥ ४ ॥

arjuna uvāca
aparaṁ bhavato janma, paraṁ janma vivasvataḥ
katham etad vijānīyāṁ, tvam ādau proktavān iti

arjunaḥ uvāca — Arjuna zei; *aparam* — jonger; *bhavataḥ* — Jouw; *janma* — geboorte; *param* — ouder; *janma* — geboorte; *vivasvataḥ* — van de zonnegod; *katham* — hoe; *etat* — dit; *vijānīyām* — moet ik begrijpen; *tvam* — Jij; *ādau* — in het begin; *proktavān* — onderwees; *iti* — zo.

Arjuna zei: De zonnegod Vivasvān werd eerder geboren dan Jij. Hoe moet ik dan begrijpen dat Jij hem in het begin deze wetenschap hebt onderwezen?

COMMENTAAR: Arjuna is een erkend toegewijde van de Heer, dus hoe kon hij aan de woorden van Kṛṣṇa twijfelen? Het antwoord is dat Arjuna deze vraag niet voor zichzelf stelt, maar voor hen die niet in de Allerhoogste Persoonlijkheid Gods geloven of voor de demonen die een afkeer hebben van de gedachte dat Kṛṣṇa als de Allerhoogste Persoonlijkheid Gods aanvaard moet worden. Alleen voor hen stelt Arjuna vragen over dit punt, alsof hij zelf niet wist wie de Allerhoogste Persoonlijkheid Gods, Kṛṣṇa, is. Zoals uit het tiende hoofdstuk zal blijken, wist Arjuna heel goed dat Kṛṣṇa de Allerhoogste Persoonlijkheid Gods is, de bron van alles en het hoogste aspect van het transcendentale. Kṛṣṇa verscheen natuurlijk ook op deze aarde als de zoon van Devakī. Hoe Kṛṣṇa tegelijkertijd dezelfde Allerhoogste Persoonlijkheid Gods bleef, de eeuwige, oorspronkelijke persoon, is voor een gewoon mens heel moeilijk te begrijpen. Om dit te verduidelijken stelt Arjuna deze vraag aan Kṛṣṇa, zodat Kṛṣṇa deze Zelf met gezag kon beantwoorden.

Dat Kṛṣṇa de allerhoogste autoriteit is, wordt door de hele wereld erkend; niet alleen nu, maar al sinds onheuglijke tijden. Alleen de demonen verwerpen

Hem. Hoe dan ook, omdat Kṛṣṇa de autoriteit is die door iedereen wordt aanvaardt, stelde Arjuna zijn vraag aan Hem, zodat Kṛṣṇa Zichzelf zou beschrijven en niet verkeerd zou worden afgeschilderd door demonen, die Hem altijd proberen voor te stellen op een manier die voor hen en hun volgelingen begrijpelijk is. Het is noodzakelijk dat iedereen de wetenschap van Kṛṣṇa kent; dit is in ieders eigenbelang. Wanneer Kṛṣṇa daarom persoonlijk over Zichzelf spreekt, is dat gunstig voor alle werelden. Omdat de demonen Kṛṣṇa altijd vanuit hun eigen standpunt bestuderen, mogen zulke verklaringen van Kṛṣṇa vreemd voor hen lijken, maar toegewijden verwelkomen de uitspraken van Kṛṣṇa van harte wanneer Kṛṣṇa ze Zelf doet. De toegewijden zullen zulke gezaghebbende uitspraken van Kṛṣṇa altijd vereren, omdat ze er altijd naar verlangen om meer en meer over Hem te horen. De atheïsten, die Kṛṣṇa als een gewoon mens beschouwen, zouden op die manier te weten kunnen komen dat Kṛṣṇa bovenmenselijk is, dat Hij *sac-cid-ānanda-vigraha* is — de eeuwige vorm van gelukzaligheid en kennis — dat Hij transcendentaal is en dat Hij boven de heerschappij van de hoedanigheden van de materiële natuur staat en boven de invloed van tijd en ruimte verheven is. Voor een toegewijde van Kṛṣṇa zoals Arjuna bestaat er ongetwijfeld geen enkel misverstand over de transcendentale positie van Kṛṣṇa. Dat Arjuna zijn vraag aan Kṛṣṇa stelt, is eenvoudig een poging van de toegewijde om de atheïstische mentaliteit te tarten van hen die Kṛṣṇa beschouwen als een gewoon menselijk wezen, dat onderhevig is aan de hoedanigheden van de materiële natuur.

TEKST 5

श्रीभगवानुवाच
बहूनि मे व्यतीतानि जन्मानि तव चार्जुन ।
तान्यहं वेद सर्वाणि न त्वं वेत्थ परन्तप ॥ ५ ॥

śrī-bhagavān uvāca
bahūni me vyatītāni, janmāni tava cārjuna
tāny ahaṁ veda sarvāṇi, na tvaṁ vettha parantapa

śrī-bhagavān uvāca — de Persoonlijkheid Gods zei; *bahūni* — veel; *me* — van Mij; *vyatītāni* — zijn voorbijgegaan; *janmāni* — geboorten; *tava* — van jou; *ca* — en ook; *arjuna* — o Arjuna; *tāni* — die; *aham* — Ik; *veda* — weet; *sarvāṇi* — alle; *na* — niet; *tvam* — jou; *vettha* — weet; *parantapa* — o bedwinger van de vijand.

De Persoonlijkheid Gods zei: Vele, vele geboorten hebben zowel jij als Ik doorgemaakt. Ik kan ze Me allemaal herinneren, maar jij niet, o bedwinger van de vijand!

COMMENTAAR: De *Brahma-saṁhitā* (5.33) geeft informatie over vele, vele incarnaties van de Heer. Er wordt gezegd:

advaitam acyutam anādim ananta-rūpam
ādyaṁ purāṇa-puruṣaṁ nava-yauvanaṁ ca
vedeṣu durlabham adurlabham ātma-bhaktau
govindam ādi-puruṣaṁ tam ahaṁ bhajāmi

'Ik vereer de Allerhoogste Persoonlijkheid Gods, Govinda [Kṛṣṇa], de oorspronkelijke persoon, die absoluut, onfeilbaar en zonder begin is. Hoewel Hij in oneindig veel vormen geëxpandeerd is, blijft Hij toch dezelfde oorspronkelijke persoon, de oudste en Hij die er altijd uitziet als een jongen in de bloei van zijn jeugd. Zulke eeuwige, alwetende vormen van de Heer, die vol geluk zijn, worden gewoonlijk zelfs door de beste Vedische geleerden niet begrepen, maar ze zijn altijd zichtbaar voor de zuivere toegewijden.'

In de *Brahma-saṁhitā* (5.39) staat ook:

rāmādi-mūrtiṣu kalā-niyamena tiṣṭhan
nānāvatāram akarod bhuvaneṣu kintu
kṛṣṇaḥ svayaṁ samabhavat paramaḥ pumān yo
govindam ādi-puruṣaṁ tam ahaṁ bhajāmi

'Ik vereer de Allerhoogste Persoonlijkheid Gods, Govinda [Kṛṣṇa], die altijd in verschillende incarnaties verschijnt, zoals Rāma, Nṛsiṁha en ook in vele subincarnaties, maar die de oorspronkelijke Persoonlijkheid Gods is, die Kṛṣṇa genoemd wordt en die ook persoonlijk neerdaalt.'

Ook in de Veda's wordt gezegd dat de Heer, hoewel Hij één is en geen gelijke heeft, Zich in ontelbare vormen manifesteert. Hij is als de *vaidūrya*, een steen die van kleur verandert maar toch één en dezelfde blijft. Deze veelvormigheid wordt begrepen door de zuivere toegewijden, maar niet door een eenvoudige studie van de Veda's (*vedeṣu durlabham adurlabham ātma-bhaktau*).

Toegewijden als Arjuna horen altijd bij het gezelschap van de Heer en wanneer de Heer incarneert, incarneren de toegewijden die Zijn metgezellen zijn ook om Hem in verschillende rollen te dienen. Arjuna is een van die toegewijden en uit dit vers blijkt dat toen Heer Kṛṣṇa de *Bhagavad-gītā* enkele miljoenen jaren geleden tot de zonnegod Vivasvān sprak, Arjuna ook aanwezig was, maar in een andere rol. Het verschil tussen de Heer en Arjuna is dat de Heer Zich dit voorval kan herinneren, maar Arjuna niet. Dat is het verschil tussen het levend wezen, dat een integrerend deeltje is, en de Allerhoogste Heer. Hoewel Arjuna hier wordt aangesproken als de machtige held die veel vijanden kan bedwingen, is hij niet in staat om zich te herinneren wat er in zijn verscheidene vorige levens gebeurd is. Het levend wezen kan daarom nooit de Allerhoogste Heer evenaren, hoe groot het ook mag zijn naar materiële maatstaven. Wie een eeuwige metgezel van de Heer is, is beslist een bevrijd persoon, maar hij kan niet gelijk zijn aan de Heer. De Heer wordt in de *Brahma-saṁhitā* beschreven als onfeilbaar (*acyuta*), wat betekent dat Hij Zichzelf nooit vergeet, ook al staat Hij in contact met de materiële energie. De Heer en het levend wezen kunnen dus nooit in alle opzichten aan elkaar gelijk zijn, zelfs al is het levend wezen net zo bevrijd als Arjuna.

Hoewel Arjuna een toegewijde van de Heer is, vergeet hij soms de aard van de Heer, maar door goddelijke genade kan een toegewijde onmiddellijk de onfeilbaarheid van de Heer begrijpen, terwijl een niet-toegewijde of demon Zijn transcendentale aard niet kan begrijpen. Demonische breinen kunnen deze beschrijvingen in de *Bhagavad-gītā* dus niet begrijpen. Kṛṣṇa herinnerde Zich Zijn activiteiten van miljoenen jaren, maar Arjuna kon dat niet, ook al zijn zowel Kṛṣṇa als Arjuna van nature eeuwig.

In dit verband kunnen we ook opmerken dat een levend wezen alles vergeet, doordat het van lichaam verandert; maar de Heer kan het Zich herinneren omdat Hij Zijn *sac-cid-ānanda*-lichaam niet verwisselt. Hij is *advaita*, wat betekent dat er geen verschil bestaat tussen Zijn lichaam en Hemzelf. Alles wat met Hem verbonden is, is spiritueel, terwijl de geconditioneerde ziel van haar materiële lichaam verschilt. En omdat het lichaam van de Heer en Zijn Zelf volkomen gelijk zijn, is Zijn positie altijd verschillend van die van het gewone levend wezen, zelfs wanneer Hij afdaalt naar het materiële niveau. De demonen kunnen de transcendentale natuur van de Heer niet aanvaarden. In het volgende vers zal de Heer deze natuur Zelf uitleggen.

TEKST 6 अजोऽपि सन्नव्ययात्मा भूतानामीश्वरोऽपि सन् ।
प्रकृतिं स्वामधिष्ठाय सम्भवाम्यात्ममायया ॥ ६ ॥

ajo 'pi sann avyayātmā, bhūtānām īśvaro 'pi san
prakṛtiṁ svām adhiṣṭhāya, sambhavāmy ātma-māyayā

ajaḥ — ongeboren; *api* — hoewel; *san* — terwijl Ik zo ben; *avyaya* — zonder verval; *ātmā* — lichaam; *bhūtānām* — van al degenen die geboren zijn; *īśvaraḥ* — de Allerhoogste Heer; *api* — hoewel; *san* — terwijl Ik zo ben; *prakṛtim* — in de transcendentale gedaante; *svām* — van Mijzelf; *adhiṣṭhāya* — zich zo bevindend; *sambhavāmi* — Ik incarneer; *ātma-māyayā* — door Mijn interne energie.

Hoewel Ik ongeboren ben en Mijn transcendentale lichaam nooit vergaat, en hoewel Ik de Heer van alle levende wezens ben, verschijn Ik desondanks in elk tijdperk in Mijn oorspronkelijke, transcendentale gedaante.

COMMENTAAR: De Heer heeft gesproken over het kenmerkende van Zijn geboorte: ook al lijkt Hij te verschijnen als een gewoon persoon, Hij herinnert Zich alles van Zijn vele, vele 'geboorten', terwijl een gewoon mens zich niet eens kan herinneren wat hij enkele uren geleden heeft gedaan. Als een gewoon mens gevraagd wordt wat hij de vorige dag op precies hetzelfde tijdstip deed, zal hij er de grootste moeite mee hebben om meteen te antwoorden. Hij zal ongetwijfeld diep in zijn geheugen moeten graven om zich te herinneren waar hij de vorige dag op exact hetzelfde tijdstip mee bezig was. Toch wagen sommige personen vaak te beweren dat ze God of Kṛṣṇa zijn. Men moet zich niet laten misleiden door zulke betekenisloze uitspraken.

Vervolgens verklaart de Heer Zijn *prakṛti* of Zijn vorm. *Prakṛti* betekent zowel 'natuur' als *svarūpa*, 'iemands eigen vorm'. De Heer zegt dat Hij in Zijn eigen lichaam verschijnt. Hij verandert niet van lichaam zoals het gewone levend wezen het ene lichaam voor het andere verwisselt. De geconditioneerde ziel mag dan tijdens dit leven een bepaald lichaam hebben, maar in het volgend leven zal ze een ander lichaam hebben. In de materiële wereld heeft het levend wezen geen vast lichaam, maar het verhuist van het ene lichaam naar het andere. Maar de Heer doet dit niet. Wanneer Hij verschijnt, dan verschijnt Hij door Zijn interne vermogen in hetzelfde oorspronkelijke lichaam. Met andere woorden, Kṛṣṇa verschijnt in de materiële wereld in Zijn oorspronkelijke, eeuwige vorm met twee handen die een fluit vasthouden. Hij verschijnt in Zijn eeuwige lichaam, onaangedaan door de materiële wereld. Hoewel Hij in hetzelfde transcendentale lichaam verschijnt en Hij de Heer van het universum is, lijkt het alsof Hij geboren wordt als een gewoon levend wezen; ook al vergaat Zijn lichaam niet zoals een materieel lichaam, toch lijkt het dat Heer Kṛṣṇa opgroeit van klein kind tot jongen en van jongen tot jongeman. Maar het is verbazingwekkend dat Hij nooit ouder wordt dan een jongeman. Toen Hij op het strijdveld van Kurukṣetra stond, had Hij thuis veel kleinkinderen; met andere woorden, naar materiële maatstaven was Hij al behoorlijk oud. Toch had Hij het uiterlijk van een jongeman van zo'n twintig of vijfentwintig jaar oud. We zullen nooit een afbeelding tegenkomen van Kṛṣṇa als een bejaarde, omdat Hij nooit oud wordt zoals wij, ook al is Hij de oudste persoon in de hele schepping — in het heden, het verleden en in de toekomst. Noch Zijn lichaam noch Zijn intelligentie zullen ooit vergaan of veranderen. Het is daarom duidelijk dat, hoewel Hij in de materiële wereld is, Hij dezelfde ongeboren, eeuwige vorm van geluk en kennis is, onveranderlijk in Zijn transcendentale lichaam en intelligentie.

Het verschijnen en verdwijnen van Heer Kṛṣṇa zijn als het opkomen van de zon, die voor ons verschijnt en dan uit het oog verdwijnt. Wanneer de zon uit ons gezichtsveld verdwenen is, denken we dat ze is ondergegaan en wanneer we de zon voor onze ogen zien, denken we dat ze aan de horizon staat. Eigenlijk is de zon er altijd, maar door onze gebrekkige, ontoereikende zintuigen denken we dat ze in de lucht verschijnt en verdwijnt. Omdat de verschijning en verdwijning van Heer Kṛṣṇa volkomen verschillend zijn van die van ieder gewoon levend wezen, is het duidelijk dat Hij door Zijn interne vermogen eeuwige gelukzalige kennis is; Hij raakt nooit besmet door de materiële natuur.

De Veda's bevestigen dat de Allerhoogste Persoonlijkheid Gods ongeboren is en dat Hij ondanks dat toch geboren lijkt te worden in Zijn vele verschillende gedaanten. Ook de aanvullende heilige teksten van de Veda's bevestigen dat de Heer niet van lichaam verandert, zelfs al lijkt Hij geboren te worden. In het *Bhāgavatam* verschijnt Hij voor Zijn moeder als Nārāyaṇa, met vier handen en de tekenen van de zes volheden. Zijn verschijning in Zijn oorspronkelijke, eeuwige vorm is Zijn grondeloze genade die Hij aan de levende wezens schenkt, zodat ze zich kunnen concentreren op de Allerhoogste Heer zoals Hij is en niet op de gedachtespinsels en voorstellingen waar de impersonalisten de vormen van de Heer ten onrechte voor houden.

Volgens het *Viśva-kośa*-woordenboek heeft het woord *'māyā'* of *'ātma-māyā'* betrekking op de grondeloze genade van de Heer. De Heer is Zich bewust van alle voorgaande keren dat Hij verschenen en weer verdwenen is, maar een gewoon levend wezen vergeet alles van zijn vorige lichaam zodra het een ander lichaam krijgt. Kṛṣṇa is de Heer van alle levende wezens, omdat Hij wonderbaarlijke en bovenmenselijke activiteiten vertoont als Hij op aarde is. De Heer is daarom altijd dezelfde Absolute Waarheid en er bestaat geen verschil tussen Zijn vorm en Zijn Zelf of tussen Zijn eigenschappen en Zijn lichaam. Men kan zich nu afvragen waarom de Heer in deze wereld verschijnt en verdwijnt. Dit wordt in het volgende vers uitgelegd.

TEKST 7

यदा यदा हि धर्मस्य ग्लानिर्भवति भारत ।
अभ्युत्थानमधर्मस्य तदात्मानं सृजाम्यहम् ॥ ७ ॥

yadā yadā hi dharmasya, glānir bhavati bhārata
abhyutthānam adharmasya, tadātmānaṁ sṛjāmy aham

yadā yadā — waar en wanneer dan ook; *hi* — zeker; *dharmasya* — van religie; *glāniḥ* — afwijkingen; *bhavati* — zich manifesteren; *bhārata* — o afstammeling van Bharata; *abhyutthānam* — overhand; *adharmasya* — van goddeloosheid; *tadā* — op dat moment; *ātmānam* — zelf; *sṛjāmi* — verschijn; *aham* — Ik.

Telkens wanneer de beoefening van religie ergens in verval raakt en goddeloosheid de overhand neemt, o afstammeling van Bharata, op dat moment daal Ik Zelf neer.

COMMENTAAR: Het woord *'sṛjāmi'* is hier belangrijk. *Sṛjāmi* kan niet worden gebruikt in de betekenis van schepping, want volgens het vorige vers wordt het lichaam of de vorm van de Heer niet geschapen, omdat al Zijn vormen eeuwig bestaan. Daarom betekent *sṛjāmi* dat de Heer Zichzelf manifesteert zoals Hij is. Hoewel de Heer volgens plan verschijnt, namelijk eens in een dag van Brahmā aan het eind van het Dvāpara-yuga van het achtentwintigste tijdperk van de zevende Manu, is Hij niet verplicht om Zich aan zulke plannen te houden, omdat Hij vrij is om volgens Zijn eigen wil op vele manieren te handelen. Hij verschijnt daarom uit eigen wil wanneer goddeloosheid de overhand neemt en ware religie verdwijnt.

De principes van religie zijn vastgelegd in de Veda's en iedere afwijking in het juist naleven van de regels in de Veda's maakt iemand ongodsdienstig. In het *Bhāgavatam* wordt gezegd dat zulke principes de wetten zijn van de Heer. Alleen de Heer kan een stelsel van godsdienst creëren. Ook wordt aanvaard dat de Veda's oorspronkelijk door de Heer Zelf in het hart van Brahmā gesproken werden. De principes van *dharma* of religie zijn daarom de rechtstreekse bevelen van de Allerhoogste Persoonlijkheid Gods (*dharmaṁ tu sākṣād bhagavat-praṇītam*). Deze principes worden overal in de *Bhagavad-gītā* duidelijk omschreven. Het doel van de Veda's is om op gezag van de Allerhoogste Heer zulke principes in te stellen en aan het eind van de *Gītā* geeft de Heer het bevel dat niets anders dan overgave aan Hem het hoogste religieuze principe is. De Vedische principes sporen iedereen aan om zich volledig aan Heer Kṛṣṇa over te geven en Hij verschijnt wanneer zulke principes door demonische personen worden verbroken.

Uit het *Bhāgavatam* begrijpen we dat Heer Boeddha een incarnatie van Kṛṣṇa is, die verscheen toen het materialisme hoogtij vierde en de materialisten de Veda's als een excuus gebruikten om hun gewoonten te rechtvaardigen. Hoewel er in de Veda's voor verschillende doeleinden bepaalde beperkende regels bestaan voor het offeren van dieren, brachten mensen met demonische neigingen dierenoffers zonder zich aan de Vedische principes te houden. Heer Boeddha verscheen om aan deze onzin een einde te maken en om de Vedische principes van geweldloosheid in te voeren. Iedere *avatāra* of incarnatie van de Heer heeft een bepaalde missie die in de geopenbaarde teksten wordt beschreven. Niemand moet als een *avatāra* worden aanvaard, tenzij er in de heilige teksten naar hem wordt verwezen.

Het is niet waar dat de Heer alleen op Indiase bodem verschijnt. Hij kan Zichzelf overal en altijd manifesteren wanneer Hij dat verlangt. In iedere afzonderlijke incarnatie spreekt Hij over religie, maar alleen tot op het niveau dat door specifieke mensen in hun specifieke omstandigheden begrepen kan worden. Maar de missie blijft dezelfde: mensen tot Godsbewustzijn en tot gehoorzaamheid aan religieuze principes brengen. Soms daalt Hij persoonlijk neer en soms zendt Hij Zijn bonafide vertegenwoordiger in de vorm van Zijn zoon of dienaar of Zichzelf in een onherkenbare vorm. De principes van de *Bhagavad-gītā* werden tot Arjuna en andere zeer verheven personen gesproken, omdat hij, vergeleken met gewone mensen in andere delen van de wereld, zeer gevorderd was.

Dat twee plus twee vier is, is een wiskundig beginsel dat voor zowel beginners als gevorderden in rekenen geldt. Toch bestaat er hogere en lagere wiskunde. Alle incarnaties van de Heer onderwijzen daarom dezelfde principes, maar deze lijken hoger of lager te zijn in verschillende omstandigheden. De hogere principes van religie beginnen met het aanvaarden van de vier orden en de vier maatschappelijke klassen, die later allemaal zullen worden uitgelegd. De uiteindelijke missie van incarnaties is om overal Kṛṣṇa-bewustzijn op te wekken. Een dergelijk bewustzijn is alleen onder bepaalde omstandigheden aan- of afwezig.

TEKST 8 परित्राणाय साधूनां विनाशाय च दुष्कृताम् ।
धर्मसंस्थापनार्थाय सम्भवामि युगे युगे ॥ ८ ॥

paritrāṇāya sādhūnāṁ, vināśāya ca duṣkṛtām
dharma-saṁsthāpanārthāya, sambhavāmi yuge yuge

paritrāṇāya — voor de bevrijding; *sādhūnām* — van de toegewijden; *vināśāya* — voor de vernietiging; *ca* — en; *duṣkṛtām* — van kwaadaardige personen; *dharma* — religieuze principes; *saṁsthāpana-arthāya* — om te herstellen; *sambhavāmi* — verschijn Ik; *yuge* — tijdperk; *yuge* — na tijdperk.

Om de toegewijden te bevrijden en kwaadaardige personen te verdelgen en ook om de religieuze principes te herstellen, verschijn Ik Zelf, tijdperk na tijdperk.

COMMENTAAR: Volgens de *Bhagavad-gītā* is een *sādhu* (een heilige) iemand die Kṛṣṇa-bewust is. Iemand mag dan ongodsdienstig lijken, maar als hij alle kwalificaties van het Kṛṣṇa-bewustzijn volledig bezit, moet hij als een *sādhu* worden beschouwd. Het woord *'duṣkṛtām'* heeft echter betrekking op hen die niets om het Kṛṣṇa-bewustzijn geven. Zulke kwaadaardige personen of *duṣkṛtām* worden beschreven als dwazen en als de laagsten onder de mensen, ook al onderscheiden ze zich doordat ze werelds onderwijs hebben genoten. Wie zich daarentegen voor honderd procent inzet in Kṛṣṇa-bewustzijn, wordt aanvaard als een *sādhu*, ook al is hij niet geleerd en evenmin bijzonder ontwikkeld.

Wat betreft de atheïsten, voor de Allerhoogste Heer is het niet nodig om Zelf te verschijnen om hen te vernietigen, zoals Hij deed voor de demonen Rāvaṇa en Kaṁsa. De Heer heeft veel tussenpersonen die heel goed in staat zijn om demonen te verslaan. Maar de Heer daalt vooral neer om de toegewijden gerust te stellen, die altijd door demonische personen worden gekweld. De demon kwelt de toegewijde ook al is die zijn familielid. Hoewel Prahlāda Mahārāja de zoon was van Hiraṇyakaśipu, werd hij toch door zijn vader vervolgd, en hoewel Devakī, de moeder van Kṛṣṇa, de zuster van Kaṁsa was, werden zij en haar echtgenoot Vasudeva vervolgd, alleen omdat Kṛṣṇa uit hen geboren zou worden. Kṛṣṇa verscheen dus voornamelijk om Devakī te bevrijden en in mindere mate om Kaṁsa te doden, maar de twee handelingen werden tegelijkertijd uitgevoerd. Er wordt hier daarom gezegd dat de Heer in verschillende incarnaties verschijnt om de toegewijden te bevrijden en de demonische, kwaadaardige personen te verdelgen.

In het *Caitanya-caritāmṛta* van Kṛṣṇadāsa Kavirāja worden deze incarnatieprincipes in de volgende verzen (*Madhya* 20.263-264) samengevat:

sṛṣṭi-hetu yei mūrti prapañce avatare,
sei īśvara-mūrti 'avatāra' nāma dhare

māyātīta paravyome sabāra avasthāna
viśve avatari' dhare 'avatāra' nāma

'De *avatāra*, de incarnatie van de Godheid, daalt neer uit het koninkrijk van God naar de materiële wereld om te scheppen. De bepaalde vorm van de Persoonlijkheid Gods die neerdaalt wordt een 'incarnatie' of 'avatāra' genoemd. Zulke incarnaties bevinden zich in de spirituele wereld, het koninkrijk van God. Wanneer zij naar de materiële wereld neerdalen, worden ze 'avatāra' genoemd.'

Er zijn verschillende soorten *avatāra's*, zoals *puruṣāvatāra's*, *guṇāvatāra's*, *līlāvatāra's*, *śakty-āveśa-avatāra's*, *manvantara-avatāra's* en *yugāvatāra's*, en ze verschijnen allemaal op schema over het hele universum. Maar Kṛṣṇa is de oorspronkelijke Heer, de bron van alle *avatāra's*. Heer Śrī Kṛṣṇa daalt neer met het specifieke doel om het leed van de zuivere toegewijden weg te nemen, die er sterk naar verlangen om Hem te zien tijdens Zijn oorspronkelijke vermaak in Vṛndāvana. Het voornaamste doel van de Kṛṣṇa-*avatāra* is om Zijn zuivere toegewijden tevreden te stellen.

De Heer zegt dat Hij Zelf in ieder tijdperk incarneert. Dit betekent dat Hij ook in Kali-yuga incarneert. Zo zegt het *Śrīmad-Bhāgavatam* dat de incarnatie voor Kali-yuga Heer Caitanya Mahāprabhu is, die de verering van Kṛṣṇa verspreidde door de *saṅkīrtana*-beweging (het gezamenlijk chanten van de heilige namen) en die het Kṛṣṇa-bewustzijn over heel India heeft verspreid. Hij voorspelde dat deze *saṅkīrtana*-cultuur over de hele wereld verspreid zou worden, van stad tot stad en van dorp tot dorp. Heer Caitanya wordt in de vertrouwelijke gedeelten van de geopenbaarde teksten, zoals de *upaniṣads*, het *Mahābhārata* en het *Bhāgavatam*, niet rechtstreeks maar op een verborgen manier beschreven als de incarnatie van Kṛṣṇa, de Persoonlijkheid Gods. De toegewijden van Heer Kṛṣṇa voelen zich erg aangetrokken tot de *saṅkīrtana*-beweging van Heer Caitanya. Deze *avatāra* van de Heer doodt de kwaadaardige personen niet, maar bevrijdt hen door Zijn grondeloze genade.

TEKST 9 जन्म कर्म च मे दिव्यमेवं यो वेत्ति तत्त्वतः ।
त्यक्त्वा देहं पुनर्जन्म नैति मामेति सोऽर्जुन ॥ ९ ॥

janma karma ca me divyam, evaṁ yo vetti tattvataḥ
tyaktvā dehaṁ punar janma, naiti mām eti so 'rjuna

janma — geboorte; *karma* — activiteit; *ca* — ook; *me* — van Mij; *divyam* — transcendentale; *evam* — op deze manier; *yaḥ* — iemand die; *vetti* — weet; *tattvataḥ* — werkelijk; *tyaktvā* — terzijde latend; *deham* — dit lichaam; *punaḥ* — opnieuw; *janma* — geboorte; *na* — nooit; *eti* — bereikt; *mām* — naar Mij; *eti* — bereikt; *saḥ* — hij; *arjuna* — o Arjuna.

Wie de transcendentale aard van Mijn verschijnen en activiteiten kent, wordt na het verlaten van zijn lichaam niet opnieuw geboren in de materiële wereld, maar bereikt Mijn eeuwige woning, o Arjuna.

COMMENTAAR: Het neerdalen van de Heer vanuit Zijn transcendentale woning werd al in het zesde vers uitgelegd. Wie de waarheid van het verschijnen van de Persoonlijkheid Gods kan begrijpen, is al bevrijd van materiële gebondenheid en keert daarom onmiddellijk terug naar het koninkrijk van God, zodra hij zijn huidige materiële lichaam verlaat. Zo'n bevrijding van het levend wezen van materiële gebondenheid is helemaal geen eenvoudige zaak. De impersonalisten en *yogī's* bereiken alleen na heel veel moeite en vele, vele levens bevrijding. Maar zelfs dan is de bevrijding die ze bereiken — opgaan in de onpersoonlijke *brahmajyoti* van de Heer — maar gedeeltelijk en bestaat het gevaar op terugkeer naar de materiële wereld. De toegewijde daarentegen bereikt, nadat hij dit lichaam heeft opgegeven, de woning van de Heer eenvoudig omdat hij de transcendentale aard van het lichaam en de activiteiten van de Heer kent; zo loopt hij niet het risico terug te moeten keren naar de materiële wereld.

In de *Brahma-saṁhitā* (5.33) wordt gezegd dat de Heer vele, vele gedaanten en incarnaties heeft: *advaitam acyutam anādim ananta-rūpam.* Hoewel er vele transcendentale gedaanten van de Heer zijn, zijn ze allemaal één en dezelfde Allerhoogste Persoonlijkheid Gods. Men moet dit feit goed begrijpen en ervan overtuigd zijn, ook al is het voor wereldse geleerden en empirische filosofen ondoorgrondelijk. Zo wordt in de Veda's (*Puruṣa-bodhinī Upaniṣad*) het volgende gezegd:

eko devo nitya-līlānurakto, bhakta-vyāpī hṛdy antar-ātmā

'Die ene Allerhoogste Persoonlijkheid Gods heeft vele, vele transcendentale gedaanten waarmee Hij eeuwige relaties met Zijn zuivere toegewijden aangaat.' Deze Vedische uitspraak wordt in dit vers van de *Gītā* persoonlijk door de Heer bevestigd. Wie deze waarheid aanvaardt, vertrouwend op het gezag van de Veda's en de Allerhoogste Persoonlijkheid Gods en zijn tijd niet verspilt met filosofische speculaties, bereikt het hoogste, volmaakte niveau van bevrijding. Door eenvoudig deze waarheid in goed vertrouwen te aanvaarden, zal iemand ongetwijfeld bevrijding bereiken.

De Vedische uitspraak *tat tvam asi* is eigenlijk hier van toepassing. Iedereen die begrijpt dat Heer Kṛṣṇa de Allerhoogste is of die tegen de Heer zegt: 'U bent dat Allerhoogste Brahman, de Persoonlijkheid Gods,' is beslist meteen bevrijd en daardoor is zijn toegang tot het transcendentale gezelschap van de Heer gegarandeerd. Met andere woorden, zo'n toegewijde die vol vertrouwen is, bereikt de perfectie; dit wordt bevestigd door de volgende Vedische uitspraak:

tam eva viditvāti mṛtyum eti, nānyaḥ panthā vidyate 'yanāya

'Men kan het volmaakte niveau van de bevrijding van geboorte en dood bereiken, eenvoudig door de Heer, de Allerhoogste Persoonlijkheid Gods, te kennen; er bestaat geen andere manier om deze volmaaktheid te bereiken.' (*Śvetāśvatara Upaniṣad* 3.8) Dat er geen alternatief bestaat, betekent dat iemand die niet begrijpt dat Kṛṣṇa de Allerhoogste Persoonlijkheid Gods is, zeker in de hoedanigheid onwetendheid verkeert en dus geen verlossing zal bereiken door zogezegd aan de buitenkant van een honingpot te likken, dat wil zeggen: door de *Bhagavad-gītā* te interpreteren met behulp van wereldse geleerdheid. Zulke empirische filosofen mogen dan in de materiële wereld een zeer belangrijke rol spelen, maar ze komen niet noodzakelijkerwijs in aanmerking voor bevrijding. Dergelijke opgeblazen wereldse geleerden zullen op de grondeloze genade van een toegewijde van de Heer moeten wachten. Men moet het Kṛṣṇa-bewustzijn daarom met geloof en kennis cultiveren en op die manier volmaaktheid bereiken.

TEKST 10 वीतरागभयक्रोधा मन्मया मामुपाश्रिताः ।
बहवो ज्ञानतपसा पूता मद्भावमागताः ॥ १० ॥

vīta-rāga-bhaya-krodhā, man-mayā mām upāśritāḥ
bahavo jñāna-tapasā, pūtā mad-bhāvam āgatāḥ

vīta — bevrijd van; *rāga* — gehechtheid; *bhaya* — angst; *krodhāḥ* — en woede; *mat-mayā* — helemaal in Mij; *mām* — in Mij; *upāśritāḥ* — zich volledig bevindend; *bahavaḥ* — veel; *jñāna* — van kennis; *tapasā* — door de ascese; *pūtāḥ* — gezuiverd; *mat-bhāvam* — transcendentale liefde voor Mij; *āgatāḥ* — bereikten.

Door vrij te zijn van gehechtheid, angst en woede, door volledig van Mij vervuld te zijn en door hun toevlucht bij Mij te zoeken, werden er in het verleden zeer veel personen gezuiverd door kennis over Mij en zo hebben ze allemaal transcendentale liefde voor Mij bereikt.

COMMENTAAR: Zoals hierboven beschreven werd, is het voor iemand die te zeer gehecht is aan materiële dingen moeilijk om het persoonlijk wezen van de Allerhoogste Absolute Waarheid te begrijpen. Over het algemeen gaan mensen die gehecht zijn aan de materialistische levensopvatting zo op in het materialisme, dat het voor hen nagenoeg onmogelijk is om te begrijpen hoe de Allerhoogste een persoon kan zijn. Zulke materialisten kunnen zich niet eens voorstellen dat er zoiets is als een transcendentaal lichaam dat onvergankelijk, vol kennis en eeuwig gelukzalig is. In de materialistische opvatting is het lichaam vergankelijk, vol onwetendheid en volslagen ellendig. Over het algemeen houden mensen er daarom ditzelfde idee op na wanneer ze informatie krijgen over de persoonlijke gedaante van de Heer. Voor zulke materialistische mensen is de vorm van de gigantische materiële manifestatie het allerhoogste. Als gevolg daarvan beschouwen ze de Allerhoogste als iets onpersoonlijks, en omdat ze zo in beslag genomen worden door materie, is het idee van het behouden van de persoonlijkheid na de bevrijding voor hen beangstigend. Wanneer ze de kennis krijgen dat het spirituele leven ook persoonlijk is en dat er ook individualiteit bestaat, worden ze bang om opnieuw personen te worden en daarom geven ze vanzelfsprekend de voorkeur aan een soort eenwording met de onpersoonlijke leegte. Ze vergelijken het levend wezen meestal met luchtbellen die opgaan in de oceaan. Dat is de allerhoogste perfectie qua spiritueel bestaan die zonder een individuele persoonlijkheid te bereiken valt. Dit is een beangstigende bestaanstoestand, zonder volmaakte kennis van spiritueel leven.

Verder zijn er veel personen die helemaal niets van een spiritueel bestaan begrijpen. Verward door zoveel theorieën en door de tegenstrijdigheden in verschillende soorten van filosofische speculatie, zijn ze vol afkeer geraakt of kwaad geworden en zijn ze tot de dwaze conclusie gekomen dat er geen allerhoogste oorzaak is en dat alles uiteindelijk leegte is. Zulke mensen bevinden zich in een ziekelijke levenstoestand.

Sommige mensen zijn te gehecht aan de materiële wereld en besteden daarom geen aandacht aan het spirituele leven; sommigen van hen willen opgaan in de allerhoogste spirituele oorzaak, en sommigen van hen verwerpen alles, omdat ze uit hopeloosheid boos zijn op allerlei soorten spirituele speculaties. Deze laatste groep zoekt zijn toevlucht in een of ander bedwelmend middel en de hallucinaties die daardoor worden teweeggebracht, worden soms beschouwd als spirituele visioenen.

Men moet zich bevrijden van deze drie toestanden van gehechtheid aan de materiële wereld: verwaarlozing van het spirituele leven, angst voor een spirituele persoonlijke identiteit en het concept van een leegte dat voortkomt uit frustraties in het leven. Om vrij te raken van die vormen van de materialistische levensopvatting, moet men onder begeleiding van een bonafide spiritueel leraar volledig zijn toevlucht nemen tot de Heer en de discipline en regulerende principes van een leven van toewijding volgen. Het hoogste stadium van het toegewijde leven is *bhāva*, transcendentale liefde voor God.

In de *Bhakti-rasāmṛta-sindhu* (1.4.15-16), de wetenschap van devotionele dienst, staat:

ādau śraddhā tataḥ sādhu-, saṅgo 'tha bhajana-kriyā
tato 'nartha-nivṛttiḥ syāt, tato niṣṭhā rucis tataḥ

athāsaktis tato bhāvas, tataḥ premābhyudañcati
sādhakānām ayaṁ premṇaḥ, prādurbhāve bhavet kramaḥ

'In het begin moet men een voorafgaand verlangen hebben naar zelfrealisatie. Dat zal iemand tot het niveau brengen waarop hij probeert om te gaan met personen die spiritueel gevorderd zijn. In het volgende stadium wordt iemand geïnitieerd door een verheven spiritueel leraar en onder zijn begeleiding begint de beginnende toegewijde aan het proces van devotionele dienst. Door devotionele dienst te verrichten onder begeleiding van de spiritueel leraar, raakt iemand vrij van alle materiële gehechtheid, wordt hij stabiel in zelfrealisatie en krijgt hij smaak voor het horen over de Absolute Persoonlijkheid Gods, Śrī Kṛṣṇa. Deze smaak brengt iemand verder tot gehechtheid aan Kṛṣṇa-bewustzijn, die zich ontwikkelt tot *bhāva*, het stadium voorafgaand aan transcendentale liefde voor God. Werkelijke liefde voor God wordt *prema* genoemd, de hoogste volmaaktheid van het leven.'

In het stadium van *prema* is iemand constant bezig met transcendentale liefdedienst aan de Heer. Door het geleidelijke proces van devotionele dienst, onder begeleiding van de bonafide spiritueel leraar, kan iemand het hoogste niveau bereiken, waarop men vrij is van alle materiële gehechtheid, van de angst voor een individuele spirituele persoonlijkheid en van de frustraties die uitmonden in de filosofie van de leegte. Dan kan men uiteindelijk de woonplaats van de Heer bereiken.

TEKST 11

ये यथा मां प्रपद्यन्ते तांस्तथैव भजाम्यहम् ।
मम वर्त्मानुवर्तन्ते मनुष्याः पार्थ सर्वशः ॥ ११ ॥

ye yathā māṁ prapadyante, tāṁs tathaiva bhajāmy aham
mama vartmānuvartante, manuṣyāḥ pārtha sarvaśaḥ

ye — allen die; *yathā* — zoals; *mām* — aan Mij; *prapadyante* — overgeven; *tān* — hen; *tathā* — zo; *eva* — zeker; *bhajāmi* — beloon; *aham* — Ik; *mama* — Mijn; *vartma* — pad; *anuvartante* — volgen; *manuṣyāḥ* — alle mensen; *pārtha* — o zoon van Pṛthā; *sarvaśaḥ* — in alle opzichten.

Ik beloon iedereen al naargelang ze zich aan Mij overgeven. Iedereen volgt Mijn pad in alle opzichten, o zoon van Pṛthā.

COMMENTAAR: Iedereen is op zoek naar Kṛṣṇa in de verschillende aspecten van Zijn manifestaties. Van Kṛṣṇa, de Allerhoogste Persoonlijkheid Gods, kan men zich gedeeltelijk bewustworden in Zijn onpersoonlijke *brahmajyoti*-gloed en als de alomtegenwoordige Superziel, die in alles aanwezig is, met inbegrip van de atoomdeeltjes. Maar alleen Zijn zuivere toegewijden kunnen zich volledig van Hem bewustworden. Kṛṣṇa is zo het object van ieders bewustwording en zo wordt iedereen tevredengesteld naargelang iemands verlangen Hem te hebben.

Ook in de spirituele wereld heeft Kṛṣṇa uitwisselingen met Zijn zuivere toegewijden in de bepaalde transcendentale vorm waarin de toegewijde Hem wil. De ene toegewijde wil Kṛṣṇa misschien als de allerhoogste meester, een andere als zijn persoonlijke vriend, een andere als zijn zoon en weer een andere als zijn geliefde. Kṛṣṇa beloont alle toegewijden in gelijke mate overeenkomstig de gradaties van intensiteit van hun liefde voor Hem. Dezelfde uitwisselingen van gevoelens zijn ook aanwezig in de materiële wereld en vinden op een evenredige manier plaats tussen de Heer en de verschillende soorten aanbidders. Zowel de zuivere toegewijden hier als die in de transcendentale woonplaats gaan persoonlijk met Heer Kṛṣṇa om en kunnen Hem persoonlijk met liefde dienen en daardoor transcendentaal geluk ervaren.

Ook impersonalisten, die spirituele zelfmoord willen plegen door het individuele bestaan van het levend wezen te beëindigen, worden door Kṛṣṇa geholpen, doordat Hij hen in Zijn lichtgloed opneemt. Zulke impersonalisten weigeren de eeuwige, gelukzalige Persoonlijkheid Gods te aanvaarden; als gevolg daarvan beleven ze geen plezier aan het geluk van de persoonlijke, transcendentale dienst aan de Heer, omdat ze hun individualiteit hebben beëindigd. Enkele onder hen, zij die nog niet stevig verankerd zijn in het onpersoonlijke bestaan, keren terug naar dit materiële domein om hun sluimerende verlangens naar activiteiten te vervullen. Ze worden niet toegelaten tot de spirituele planeten, maar krijgen een nieuwe kans om actief te zijn op de materiële planeten.

Aan personen die zich bezighouden met resultaatgerichte activiteiten, kent de Heer, als de *yajñeśvara*, de verlangde resultaten van hun voorgeschreven plichten toe; aan *yogī's* die mystieke krachten verlangen, worden zulke krachten toegekend. Met andere woorden, om succesvol te zijn is iedereen alleen afhankelijk van Zijn genade en alle mogelijke processen van spirituele vooruitgang zijn niets anders dan verschillende gradaties van succes op hetzelfde pad. Tenzij men tot de hoogste perfectie van Kṛṣṇa-bewustzijn komt, blijven alle ondernomen pogingen dus onvolmaakt; dit wordt beschreven in het *Śrīmad-Bhāgavatam* (2.3.10):

akāmaḥ sarva-kāmo vā, mokṣa-kāma udāra-dhīḥ
tīvreṇa bhakti-yogena, yajeta puruṣaṁ param

'Of iemand nu geen verlangens heeft [de toestand van de toegewijden] of de resultaten verlangt van alle resultaatgerichte activiteiten of bevrijding wil, hij moet uit alle macht de Allerhoogste Persoonlijkheid Gods vereren voor volledige perfectie, die zijn hoogtepunt bereikt in Kṛṣṇa-bewustzijn.'

TEKST 12 काङ्क्षन्तः कर्मणां सिद्धिं यजन्त इह देवताः ।
क्षिप्रं हि मानुषे लोके सिद्धिर्भवति कर्मजा ॥ १२ ॥

kāṅkṣantaḥ karmaṇāṁ siddhiṁ, yajanta iha devatāḥ
kṣipraṁ hi mānuṣe loke, siddhir bhavati karma-jā

kāṅkṣantaḥ — verlangend; *karmaṇām* — van resultaatgerichte activiteiten; *siddhim* — vervolmaking; *yajante* — ze vereren door offers; *iha* — in de materiële wereld; *devatāḥ* — de halfgoden; *kṣipram* — heel snel; *hi* — zeker; *mānuṣe* — in de menselijke samenleving; *loke* — in deze wereld; *siddhiḥ* — succes; *bhavati* — komt; *karma-jā* — van resultaatgerichte activiteit.

In deze wereld willen mensen succes hebben in hun resultaatgerichte activiteiten en daarom vereren ze de halfgoden. Natuurlijk krijgen ze in deze wereld al snel de resultaten van resultaatgerichte activiteiten.

COMMENTAAR: Er bestaat een groot misverstand over de goden of halfgoden van de materiële wereld, en minder intelligente mensen, die ondanks dat toch doorgaan voor grote geleerden, beschouwen die halfgoden als verschillende vormen van de Allerhoogste Heer. In werkelijkheid zijn de halfgoden geen verschillende vormen van God, maar verschillende integrerende deeltjes van God. God is één en de integrerende deeltjes zijn vele. De Veda's zeggen *nityo nityānām:* God is één. *Īśvaraḥ paramaḥ kṛṣṇaḥ.* De Allerhoogste God is één — Kṛṣṇa — en de halfgoden zijn bekrachtigd om de materiële wereld te besturen. Deze halfgoden zijn allemaal levende wezens (*nityānām*) met verschillende machtsniveaus op het materiële vlak. Ze kunnen niet gelijk zijn aan de Allerhoogste God — Nārāyaṇa, Viṣṇu of Kṛṣṇa. Wie denkt dat God en de halfgoden zich op hetzelfde niveau bevinden, wordt een atheïst genoemd of een *pāṣaṇḍī.* Zelfs de grote halfgoden zoals Brahmā en Śiva kunnen niet vergeleken worden met de Allerhoogste Heer. Sterker nog, de Heer wordt vereerd door halfgoden als Brahmā en Śiva (*śiva-viriñci-*

nutam). Maar vreemd genoeg zijn er veel menselijke leiders die vereerd worden door dwaze mensen die misleid zijn door antropomorfisme en zoömorfisme.

Iha devatāḥ heeft betrekking op machtige personen of halfgoden in de materiële wereld. Maar Nārāyaṇa, Viṣṇu of Kṛṣṇa, de Allerhoogste Persoonlijkheid Gods, behoort niet tot deze wereld. Hij staat boven of is ontstegen aan deze materiële schepping. Zelfs Śrīpāda Śaṅkarācārya, de leider van de impersonalisten, stelt dat Nārāyaṇa, Kṛṣṇa, verheven is boven deze materiële schepping. Maar dwaze mensen (*hṛta-jñāna*) vereren de halfgoden omdat ze onmiddellijke resultaten willen. Ze krijgen hun resultaten, maar weten niet dat de resultaten die ze op die manier verkregen hebben, tijdelijk zijn en bedoeld voor minder intelligente personen. Een intelligent persoon is Kṛṣṇa-bewust en voor hem is het niet noodzakelijk om de onbeduidende halfgoden te vereren voor wat onmiddellijk en tijdelijk voordeel.

De halfgoden van de materiële wereld zullen net als hun aanbidders met de vernietiging van de materiële wereld verdwijnen. De gunsten van de halfgoden zijn materieel en tijdelijk. Zowel de materiële werelden als hun inwoners, met inbegrip van de halfgoden en hun aanbidders, zijn luchtbellen in de kosmische oceaan. Maar in deze wereld is de menselijke samenleving verzot op tijdelijke dingen, zoals materiële weelde in de vorm van land, familie en plezierige persoonlijke eigendommen. Om zulke tijdelijke dingen te krijgen, aanbidden mensen de halfgoden of machtige persoonlijkheden in de menselijke samenleving. Wanneer iemand in de regering de positie van minister krijgt door het aanbidden van een politiek leider, dan beschouwt hij dat als een grote gunst. Ze gaan daarom allemaal door het stof voor de zogenaamde leiders of 'hoge pieten' om zo tijdelijke gunsten te krijgen, die ze dan inderdaad ook krijgen. Zulke dwaze mensen zijn niet geïnteresseerd in het Kṛṣṇa-bewustzijn als de permanente oplossing voor de ontberingen van het materiële bestaan. Ze jagen allemaal zinsbevrediging na en om daarvoor wat faciliteiten te krijgen, zijn ze geneigd de bekrachtigde levende wezens te aanbidden die halfgoden genoemd worden. Dit vers geeft aan dat mensen zelden geïnteresseerd zijn in Kṛṣṇa-bewustzijn. Ze zijn gewoonlijk geïnteresseerd in materieel plezier en aanbidden daarvoor een machtig levend wezen.

TEKST 13 चातुर्वर्ण्यं मया सृष्टं गुणकर्मविभागशः ।
तस्य कर्तारमपि मां विद्ध्यकर्तारमव्ययम् ॥ १३ ॥

cātur-varṇyaṁ mayā sṛṣṭaṁ, guṇa-karma-vibhāgaśaḥ
tasya kartāram api māṁ, viddhy akartāram avyayam

cātuḥ-varṇyam — de vier geledingen van de menselijke samenleving; *mayā* — door Mij; *sṛṣṭam* — geschapen; *guṇa* — van kwaliteit; *karma* — en activiteit; *vibhāgaśaḥ* — met betrekking tot verdeling; *tasya* — daarvan; *kartāram* — de vader; *api* — hoewel; *mām* — Mij; *viddhi* — je kunt weten; *akartāram* — als degene die niet handelt; *avyayam* — onveranderlijk.

De vier geledingen van de menselijke samenleving zijn door Mij geschapen op grond van de drie hoedanigheden van de materiële natuur en de activiteiten die daarmee samengaan. Maar hoewel Ik de schepper van dit stelsel ben, moet je weten dat Ik uiteindelijk niet degene ben die handelt, omdat Ik onveranderlijk ben.

COMMENTAAR: De Heer is de schepper van alles. Alles komt voort uit Hem, alles wordt door Hem in stand gehouden en na de vernietiging verblijft alles in Hem. Hij is dus ook de schepper van de vier geledingen van de maatschappij, die begint met de intelligente klasse van mensen, die technisch gezien *brāhmaṇa's* worden genoemd, omdat ze zich in de hoedanigheid goedheid bevinden. De volgende klasse is die van de bestuurders, die technisch gezien *kṣatriya's* worden genoemd, omdat zij zich in de hoedanigheid hartstocht bevinden. De handelslieden, *vaiśya's* genaamd, bevinden zich in een mengeling van de hoedanigheden hartstocht en onwetendheid, en de *śūdra's*, de arbeiders, bevinden zich in de materiële hoedanigheid onwetendheid.

Hoewel Heer Kṛṣṇa de vier geledingen van de menselijke samenleving geschapen heeft, behoort Hijzelf tot geen van die geledingen, omdat Hij niet een van de geconditioneerde zielen is, van wie een deel de menselijke samenleving vormt. De menselijke samenleving is gelijk aan iedere andere samenleving van dieren, maar om de mens boven de status van dieren te verheffen, werden de bovenstaande geledingen door de Heer geschapen, zodat de mens op een systematische manier Kṛṣṇa-bewustzijn kan ontwikkelen.

De neiging tot een activiteit die een zeker persoon heeft, wordt bepaald door de hoedanigheden van de materiële natuur die hij verworven heeft. De symptomen van activiteit volgens de verschillende hoedanigheden van de materiële natuur worden in het achttiende hoofdstuk van dit boek beschreven. Maar iemand die Kṛṣṇa-bewust is, staat zelfs boven de *brāhmaṇa's*. Hoewel *brāhmaṇa's* van nature geacht worden kennis te hebben van Brahman, de Allerhoogste Absolute Waarheid, benaderen de meesten van hen alleen het onpersoonlijk Brahman-aspect van Heer Kṛṣṇa. Maar iemand die de beperkte kennis van de *brāhmaṇa* overstijgt en kennis heeft van de Allerhoogste Persoonlijkheid Gods, Heer Śrī Kṛṣṇa, wordt een Kṛṣṇa-bewust persoon, of met andere woorden, een *vaiṣṇava*. Het Kṛṣṇa-bewustzijn omvat kennis van alle verschillende volkomen expansies van Kṛṣṇa: Rāma, Nṛsiṁha, Varāha enz. En net zoals Kṛṣṇa boven dit systeem van de vier geledingen van de menselijke samenleving staat, staat een Kṛṣṇa-bewust persoon ook boven alle geledingen van de menselijke samenleving, of we nu spreken over geledingen binnen de gemeenschap, het land of de soort.

TEKST 14 न मां कर्माणि लिम्पन्ति न मे कर्मफले स्पृहा ।
इति मां योऽभिजानाति कर्मभिर्न स बध्यते ॥ १४ ॥

na māṁ karmāṇi limpanti, na me karma-phale spṛhā
iti māṁ yo 'bhijānāti, karmabhir na sa badhyate

na — nooit; *mām* — Mij; *karmāṇi* — allerlei soorten van activiteit; *limpanti* — beïnvloeden; *na* — evenmin; *me* — Mijn; *karma-phale* — naar resultaatgerichte activiteit; *spṛhā* — streven; *iti* — zo; *mām* — Mij; *yaḥ* — iemand die; *abhijānāti* — weet; *karmabhiḥ* — door de karmische reacties op zulke activiteit; *na* — nooit; *saḥ* — hij; *badhyate* — raakt verstrikt.

Er bestaat geen activiteit waardoor Ik beïnvloed word en ook verlang Ik niet naar de vruchten van activiteiten. Wie deze waarheid over Mij begrijpt, zal ook nooit verstrikt raken in karma voor resultaatgerichte activiteiten.

COMMENTAAR: Net zoals er in de materiële wereld constitutionele wetten zijn die vaststellen dat de koning geen kwaad kan doen of dat de koning niet onderhevig is aan de wetten van de staat, zo wordt ook de Heer niet beïnvloed door de activiteiten van de materiële wereld, hoewel Hij er de schepper van is. Hij schept en blijft vervolgens afzijdig van de schepping, terwijl de levende wezens verstrikt zijn in de vruchten van hun resultaatgerichte, materiële activiteiten door hun neiging de baas te spelen over materiële rijkdommen. De eigenaar van een firma is niet verantwoordelijk voor de goede en slechte daden van zijn personeel; het personeel is daar zelf verantwoordelijk voor.

De levende wezens houden zich bezig met hun bepaalde activiteiten van zinsbevrediging, maar deze activiteiten zijn niet door de Heer voorgeschreven. Voor het verbeteren van zinsbevrediging houden de levende wezens zich bezig met de activiteiten van deze wereld en streven ze naar hemels geluk na hun dood. De Heer, die vol is in Zichzelf, voelt Zich niet aangetrokken tot dit zogenaamde hemelse geluk. De halfgoden zijn niet meer dan Zijn dienaren. De eigenaar verlangt nooit naar het minderwaardige geluk waar het personeel naar verlangt. Hij is verheven boven materiële acties en reacties. Zo is de regen bijvoorbeeld niet verantwoordelijk voor de verschillende soorten gewassen die op de aarde verschijnen, ook al is er zonder zulke regens geen plantengroei mogelijk. De Vedische *smṛti* bevestigt dit feit als volgt:

nimitta-mātram evāsau, sṛjyānāṁ sarga-karmaṇi
pradhāna-kāraṇī-bhūtā, yato vai sṛjya-śaktayaḥ

'In de materiële scheppingen is de Heer alleen de allerhoogste oorzaak. De onmiddellijke oorzaak is de materiële natuur, waardoor de kosmos zichtbaar wordt gemaakt.'

De geschapen wezens bestaan in een verscheidenheid aan vormen, zoals halfgoden, mensen en lagere dieren en allemaal zijn ze onderhevig aan het karma voor hun goede en slechte activiteiten. De Heer geeft hun alleen de gepaste faciliteiten voor zulke activiteiten en de regulerende invloed van de hoedanigheden van de natuur, maar Hij is nooit verantwoordelijk voor de activiteiten die ze in het verleden hebben gedaan of die ze in het heden doen. Het *Vedānta-sūtra* (2.1.34) bevestigt dit: *vaiṣamya-nairghṛṇye na sāpekṣatvāt,* de Heer bevoorrecht geen enkel levend wezen. Het levend wezen is verantwoordelijk voor zijn eigen daden;

de Heer geeft het enkel de faciliteiten via de tussenkomst van de materiële natuur, de externe energie.

Wie volledig op de hoogte is van de complexiteit van de wet van karma of resultaatgerichte activiteiten wordt niet beïnvloed door de resultaten van zijn activiteiten. Met andere woorden, wie de transcendentale aard van de Heer kent, heeft ervaring in het Kṛṣṇa-bewustzijn en is daarom nooit onderhevig aan de wetten van karma. Wie de transcendentale aard van de Heer niet kent en denkt dat de activiteiten van de Heer gericht zijn op zelfzuchtige resultaten, zoals de activiteiten van de gewone levende wezens, raakt zeker zelf verstrikt in karma. Maar iemand die de Allerhoogste Waarheid kent, is een bevrijde ziel verankerd in Kṛṣṇa-bewustzijn.

TEKST 15

एवं ज्ञात्वा कृतं कर्म पूर्वैरपि मुमुक्षुभिः ।
कुरु कर्मैव तस्मात्त्वं पूर्वैः पूर्वतरं कृतम् ॥ १५ ॥

evaṁ jñātvā kṛtaṁ karma, pūrvair api mumukṣubhiḥ
kuru karmaiva tasmāt tvaṁ, pūrvaiḥ pūrvataraṁ kṛtam

evam — zo; *jñātvā* — goed wetend; *kṛtam* — werd verricht; *karma* — activiteit; *pūrvaiḥ* — door de gezaghebbende personen uit het verleden; *api*— zeker; *mumukṣubhiḥ* — die bevrijd raakten; *kuru* — verricht gewoon; *karma* — voorgeschreven plicht; *eva* — zeker; *tasmāt* — daarom; *tvam* — jij; *pūrvaiḥ* — door de voorgangers; *pūrva-taram* — in het verre verleden; *kṛtam* — zoals verricht.

Alle bevrijde zielen uit het verleden handelden met deze kennis over Mijn transcendentale aard. Daarom moet je in hun voetspoor volgen en je plicht vervullen.

COMMENTAAR: Er bestaan twee groepen mensen. Sommige hebben een hart dat vol is van onzuivere, materiële dingen en sommige zijn vrij van materie. Voor beide groepen is het Kṛṣṇa-bewustzijn even gunstig. Zij die vol onzuivere dingen zijn, kunnen het Kṛṣṇa-bewustzijn beoefenen om zo een geleidelijk proces van zuivering te ondergaan door de regulerende principes van devotionele dienst te volgen. Zij die al van onzuiverheden gezuiverd zijn, kunnen met dezelfde Kṛṣṇa-bewuste activiteiten doorgaan, zodat anderen hun voorbeeldige activiteiten kunnen volgen en daar hun voordeel mee kunnen doen. Dwaze personen of beginnelingen in het Kṛṣṇa-bewustzijn willen vaak stoppen met activiteiten zonder dat ze kennis hebben van het Kṛṣṇa-bewustzijn. Arjuna's verlangen om zich uit de activiteiten op het slagveld terug te trekken werd niet goedgekeurd door de Heer. Men moet alleen weten hoe te handelen. Zich terugtrekken uit Kṛṣṇa-bewuste activiteiten en zich afzijdig houden en een show maken van Kṛṣṇa-bewustzijn is minder belangrijk dan daadwerkelijk activiteiten voor Kṛṣṇa verrichten.

Arjuna wordt hier aangeraden om Kṛṣṇa-bewust actief te zijn, volgend in het voetspoor van de voorgaande discipelen van de Heer, zoals de zonnegod Vivasvān, die al eerder genoemd is. De Allerhoogste Heer kent alle activiteiten die Hij in het verleden verricht heeft en ook die van personen die in het verleden Kṛṣṇa-bewuste activiteiten hebben gedaan. Hij beveelt daarom de activiteiten van de zonnegod aan, die enkele miljoenen jaren geleden deze kunst van de Heer leerde. Al deze leerlingen van Heer Kṛṣṇa worden hier aangeduid als bevrijde personen uit het verleden, die de plichten vervulden die hun door Kṛṣṇa waren toegewezen.

TEKST 16 किं कर्म किमकर्मेति कवयोऽप्यत्र मोहिताः ।
तत्ते कर्म प्रवक्ष्यामि यज्ज्ञात्वा मोक्ष्यसेऽशुभात् ॥ १६ ॥

kiṁ karma kim akarmeti, kavayo 'py atra mohitāḥ
tat te karma pravakṣyāmi, yaj jñātvā mokṣyase 'śubhāt

kim — wat is; *karma* — activiteit; *kim* — wat is; *akarma* — inactiviteit; *iti* — zo; *kavayaḥ* — zij die intelligent zijn; *api* — ook; *atra* — wat dit betreft; *mohitāḥ* — zijn verward; *tat* — dat; *te* — aan jou; *karma* — activiteit; *pravakṣyāmi* — Ik zal uitleggen; *yat* — wat; *jñātvā* — wetend; *mokṣyase* — je zult bevrijd worden; *aśubhāt* — van tegenspoed.

Zelfs intelligente personen raken verward wanneer ze activiteit en inactiviteit van elkaar proberen te onderscheiden. Ik zal je nu uitleggen wat activiteit is en wanneer je dit weet, zul je bevrijd zijn van alle ellende.

COMMENTAAR: Kṛṣṇa-bewuste activiteiten moeten worden verricht in overeenstemming met het voorbeeld van voorgaande bonafide toegewijden. Dit wordt in het vijftiende vers aangeraden. Waarom zulke activiteiten niet onafhankelijk gedaan moeten worden, zal in de volgende tekst worden uitgelegd.

Om Kṛṣṇa-bewust te handelen moet men de leiding van geautoriseerde personen aanvaarden, die deel zijn van de opeenvolging van discipelen, zoals aan het begin van dit hoofdstuk is uitgelegd. Het proces van Kṛṣṇa-bewustzijn werd eerst beschreven aan de zonnegod, de zonnegod legde het aan zijn zoon Manu uit, Manu legde het uit aan zijn zoon Ikṣvāku en sinds dat verre verleden bestaat dit systeem nog altijd op aarde. Men moet daarom in de voetstappen van voorgaande gezaghebbende personen treden, die deel uitmaken van de opeenvolging van toegewijden. Doet iemand dat niet, dan zal zelfs de meest intelligente persoon verward raken over de standaardactiviteiten binnen het Kṛṣṇa-bewustzijn. Om deze reden besloot de Heer Arjuna rechtstreeks instructies te geven over het Kṛṣṇa-bewustzijn. Omdat de Heer rechtstreeks instructie gaf aan Arjuna, is iedereen die in het voetspoor van Arjuna volgt, zeker niet verward.

Er wordt gezegd dat niemand eenvoudig door onvolmaakte experimentele kennis kan bepalen wat de grondslagen van religie zijn. In feite kunnen de principes van religie alleen door de Heer Zelf worden bepaald. *Dharmaṁ tu sākṣād bhagavat-praṇītam* (*Bhāg.* 6.3.19). Niemand kan door onvolmaakte speculatie een religieus principe in het leven roepen. Men moet in de voetsporen volgen van grote gezaghebbende personen als Brahmā, Śiva, Nārada, Manu, de

Kumāra's, Kapila, Prahlāda, Bhīṣma, Śukadeva Gosvāmī, Yamarāja, Janaka en Bali Mahārāja. Niemand kan door mentale speculatie bepalen wat religie of zelfrealisatie is. Uit Zijn grondeloze genade voor Zijn toegewijden legt de Heer daarom rechtstreeks aan Arjuna uit wat activiteit en inactiviteit is. Alleen Kṛṣṇa-bewuste activiteiten kunnen iemand uit de verstrikking van het materiële bestaan bevrijden.

TEKST 17

कर्मणो ह्यपि बोद्धव्यं बोद्धव्यं च विकर्मणः ।
अकर्मणश्च बोद्धव्यं गहना कर्मणो गतिः ॥ १७ ॥

karmaṇo hy api boddhavyaṁ, boddhavyaṁ ca vikarmaṇaḥ
akarmaṇaś ca boddhavyaṁ, gahanā karmaṇo gatiḥ

karmaṇaḥ — van activiteit; *hi* — zeker; *api* — ook; *boddhavyam* — moet begrepen worden; *boddhavyam* — moet begrepen worden; *ca* — en; *vikarmaṇaḥ* — van verboden activiteit; *akarmaṇaḥ* — van inactiviteit; *ca* — ook; *boddhavyam* — moet begrepen worden; *gahanā* — heel moeilijk; *karmaṇaḥ* — van activiteit; *gatiḥ* — toegang.

De complexiteit van handelen is zeer moeilijk te begrijpen. Men moet daarom precies weten wat activiteit is, wat verboden activiteit is en wat inactiviteit is.

COMMENTAAR: Wanneer iemand zijn bevrijding uit de materiële gebondenheid serieus neemt, moet hij de verschillen begrijpen tussen activiteit, inactiviteit en ongeautoriseerde activiteit. Men moet zich toeleggen op een dergelijke analyse van actie, reactie en verwrongen activiteiten, omdat het een zeer ingewikkeld onderwerp is. Om Kṛṣṇa-bewustzijn en activiteiten volgens hun onderverdelingen te begrijpen, moet men zijn relatie met de Allerhoogste leren kennen, dat wil zeggen: wie kennis heeft over deze relatie, weet heel goed dat ieder levend wezen een eeuwige dienaar van de Heer is en dat het als gevolg daarvan Kṛṣṇa-bewust moet handelen. De hele *Bhagavad-gītā* leidt tot deze conclusie. Alle andere conclusies die tegen dit bewustzijn en de activiteiten die ermee samengaan ingaat, zijn *vikarma's*, verboden activiteiten. Om dit allemaal te begrijpen, moet men omgaan met gezaghebbende personen op het gebied van Kṛṣṇa-bewustzijn en van hen het geheim leren. Dat is net zo goed als het rechtstreeks van de Heer te leren. Gebeurt dat niet, dan raken zelfs de meest intelligente personen verward.

TEKST 18

कर्मण्यकर्म यः पश्येदकर्मणि च कर्म यः ।
स बुद्धिमान्मनुष्येषु स युक्तः कृत्स्नकर्मकृत् ॥ १८ ॥

karmaṇy akarma yaḥ paśyed, akarmaṇi ca karma yaḥ
sa buddhimān manuṣyeṣu, sa yuktaḥ kṛtsna-karma-kṛt

karmaṇi — in activiteit; *akarma* — inactiviteit; *yaḥ* — iemand die; *paśyet* — waarneemt; *akarmaṇi* — in inactiviteit; *ca* — ook; *karma* — resultaatgerichte activiteit; *yaḥ* — iemand die; *saḥ* — hij; *buddhi-mān* — is intelligent; *manuṣyeṣu* — in de menselijke samenleving; *saḥ* — hij; *yuktaḥ* — bevindt zich in de transcendentale positie; *kṛtsna-karma-kṛt* — hoewel bezig met allerlei activiteiten.

Wie inactiviteit ziet in activiteit en activiteit in inactiviteit, is intelligent onder de mensen. Zo iemand bevindt zich op het transcendentale niveau, ook al verricht hij allerlei activiteiten.

COMMENTAAR: Wie in Kṛṣṇa-bewustzijn handelt, is vanzelf vrij van de banden van karma. Zijn activiteiten worden allemaal voor Kṛṣṇa verricht; daarom geniet hij niet van de effecten van zijn activiteit en heeft hij evenmin van ze te lijden. Hij is een intelligent persoon in de menselijke samenleving, ook al verricht hij allerlei soorten activiteiten voor Kṛṣṇa.

Akarma betekent activiteit zonder gevolgen. De impersonalist houdt uit angst op met resultaatgerichte activiteiten, zodat de reacties ervan geen belemmering zullen zijn op het pad van zelfrealisatie. Maar de personalist weet heel goed dat hij eeuwig een dienaar van de Allerhoogste Persoonlijkheid Gods is. Hij zal daarom Kṛṣṇa-bewuste activiteiten verrichten en omdat alles voor Kṛṣṇa wordt gedaan, ervaart hij tijdens het dienen alleen transcendentaal geluk. Zij die met dit proces bezig zijn staan bekend als personen die geen verlangen naar persoonlijke zinsbevrediging hebben. Het besef een eeuwige dienaar van Kṛṣṇa te zijn, maakt iemand immuun voor alle soorten karma voor activiteiten.

TEKST 19 यस्य सर्वे समारम्भाः कामसङ्कल्पवर्जिताः ।
ज्ञानाग्निदग्धकर्माणं तमाहुः पण्डितं बुधाः ॥ १९ ॥

yasya sarve samārambhāḥ, kāma-saṅkalpa-varjitāḥ
jñānāgni-dagdha-karmāṇaṁ, tam āhuḥ paṇḍitaṁ budhāḥ

yasya — iemand van wie; *sarve* — allerlei soorten; *samārambhāḥ* — pogingen; *kāma* — gebaseerd op verlangens naar zinsbevrediging; *saṅkalpa* — vastberadenheid; *varjitāḥ* — zijn verstoken van; *jñāna* — van volmaakte kennis; *agni* — door het vuur; *dagdha* — verbrand; *karmāṇam* — wiens activiteiten; *tam* — hem; *āhuḥ* — verklaren; *paṇḍitam* — geleerd; *budhāḥ* — zij die weten.

Wanneer al iemands inspanningen vrij zijn van verlangens naar zinsbevrediging, is het duidelijk dat hij volledige kennis bezit. De wijzen beschouwen hem als iemand van wie het karma voor zijn activiteiten is opgebrand door het vuur van volmaakte kennis.

COMMENTAAR: Alleen iemand met volledige kennis kan de activiteiten van een Kṛṣṇa-bewust persoon begrijpen. Omdat een Kṛṣṇa-bewust persoon vrij is van allerlei neigingen tot zinsbevrediging, heeft hij al het karma voor zijn activiteiten opgebrand door de perfecte kennis van zijn wezenlijke positie als de eeuwige dienaar van de Allerhoogste Persoonlijkheid Gods. Wie zulke perfecte kennis heeft, is werkelijk geleerd. Het ontwikkelen van deze kennis van eeuwige dienstbaarheid aan de Heer wordt vergeleken met vuur. Wanneer zulk vuur eenmaal ontstoken is, kan het allerlei karma voor activiteiten opbranden.

TEKST 20 त्यक्त्वा कर्मफलासङ्गं नित्यतृप्तो निराश्रयः ।
कर्मण्यभिप्रवृत्तोऽपि नैव किञ्चित्करोति सः ॥ २० ॥

tyaktvā karma-phalāsaṅgaṁ, nitya-tṛpto nirāśrayaḥ
karmaṇy abhipravṛtto 'pi, naiva kiñcit karoti saḥ

tyaktvā — opgegeven hebbend; *karma-phala-āsaṅgam* — gehechtheid aan resultaten; *nitya* — altijd; *tṛptaḥ* — tevreden zijnd; *nirāśrayaḥ* — zonder enige toevlucht; *karmaṇi* — in activiteit; *abhipravṛttaḥ* — druk bezig zijn; *api* — ondanks; *na* — niet; *eva* — zeker; *kiñcit* — iets; *karoti* — doet; *saḥ* — hij.

Omdat hij alle gehechtheid aan de resultaten van zijn activiteiten opgeeft en altijd tevreden en onafhankelijk is, verricht hij geen resultaatgerichte activiteiten, ook al heeft hij allerlei bezigheden.

COMMENTAAR: Deze vrijheid van de gebondenheid door activiteiten is alleen mogelijk in Kṛṣṇa-bewustzijn, wanneer iemand alles voor Kṛṣṇa doet. Een Kṛṣṇa-bewust persoon handelt uit zuivere liefde voor de Allerhoogste Persoonlijkheid Gods en voelt zich daarom niet aangetrokken tot de resultaten van de activiteit. Hij is niet eens gehecht aan zijn eigen levensonderhoud, want alles wordt aan Kṛṣṇa overgelaten. Hij is er evenmin op uit om dingen te bemachtigen of om dingen die hij al heeft te beschermen. Hij doet zo goed mogelijk zijn plicht en laat verder alles aan Kṛṣṇa over. Zo'n onthecht persoon is altijd vrij van het goede of slechte karma dat het resultaat is van zijn activiteit; het is alsof hij niets doet. Dat is het kenmerk van *akarma* of activiteiten die geen karma opleveren. Iedere andere activiteit die niet Kṛṣṇa-bewust is, zal daarom gebondenheid veroorzaken voor degene die de activiteit verricht, en dat is, zoals al eerder is uitgelegd, feitelijk *vikarma.*

TEKST 21 निराशीर्यतचित्तात्मा त्यक्तसर्वपरिग्रहः ।
शारीरं केवलं कर्म कुर्वन्नाप्नोति किल्बिषम् ॥ २१ ॥

nirāśīr yata-cittātmā, tyakta-sarva-parigrahaḥ
śārīraṁ kevalaṁ karma, kurvan nāpnoti kilbiṣam

nirāśīḥ — zonder verlangen naar het resultaat; *yata* — beheerst; *citta-ātmā* — geest en intelligentie; *tyakta* — opgevend; *sarva* — alle; *parigrahaḥ* — besef van eigendom met betrekking to bezittingen; *śārīram* — om lichaam en ziel bijeen te houden; *kevalam* — alleen; *karma* — activiteit; *kurvan* — doend; *na* — nooit; *āpnoti* — verwerft; *kilbiṣam* — karmische reacties op zonden.

Iemand met dit inzicht handelt met volledige beheersing van zijn geest en intelligentie, geeft het idee op dat zijn bezittingen zijn eigendom zijn en werkt alleen voor het strikt noodzakelijke om in leven te blijven. Door op die manier bezig te zijn, wordt hij niet beïnvloed door karmische reacties op zonden.

COMMENTAAR: Een Kṛṣṇa-bewust persoon verwacht geen goede of slechte resultaten van zijn activiteiten. Hij heeft zijn geest en intelligentie volledig in bedwang. Omdat hij een integrerend deeltje van de Allerhoogste is, weet hij dat de rol die hij speelt als integrerend deel van het geheel, niet zijn eigen activiteit is, maar dat deze via hem gedaan wordt door de Allerhoogste. Wanneer de hand beweegt, dan doet deze dat niet uit zichzelf, maar door een inspanning van het hele lichaam. Een Kṛṣṇa-bewust persoon staat altijd in verbinding met het verlangen van de Allerhoogste, omdat hij geen verlangen heeft voor persoonlijke zinsbevrediging. Hij beweegt als een onderdeel van een machine. Zoals een machineonderdeel olie nodig heeft en gereinigd moet worden, zo onderhoudt een Kṛṣṇa-bewust persoon zichzelf door zijn werk, alleen om gezond te blijven voor zijn activiteiten in de transcendentale liefdedienst aan de Heer. Hij is daarom immuun voor al het karma voor zijn inspanningen. Net als een dier is hij zelfs niet de eigenaar van zijn eigen lichaam. Een wrede dierenbezitter doodt soms het dier dat hij bezit, maar het dier protesteert niet, evenmin heeft het enige werkelijke onafhankelijkheid. Een Kṛṣṇa-bewust persoon die zich volledig inzet voor zelfrealisatie, heeft bijzonder weinig tijd voor het valselijk in bezit houden van welk materieel object dan ook. Om lichaam en ziel bij elkaar te houden heeft hij geen slinkse manieren nodig om geld te verzamelen. Hij raakt daarom niet besmet door zulke zonden. Hij is vrij van al het karma voor zijn activiteiten.

TEKST 22 यदृच्छालाभसन्तुष्टो द्वन्द्वातीतो विमत्सरः ।
समः सिद्धावसिद्धौ च कृत्वापि न निबध्यते ॥ २२ ॥

yadṛcchā-lābha-santuṣṭo, dvandvātīto vimatsaraḥ
samaḥ siddhāv asiddhau ca, kṛtvāpi na nibadhyate

yadṛcchā — vanzelf; *lābha* — met voordeel; *santuṣṭaḥ* — tevreden; *dvandva* — dualiteit; *atītaḥ* — overtroffen; *vimatsaraḥ* — vrij van afgunst; *samaḥ* — gelijkmoedig; *siddhau* — in succes; *asiddhau* — falen; *ca* — ook; *kṛtvā* — doend; *api* — hoewel; *na* — nooit; *nibadhyate* — wordt beïnvloed.

Wie tevreden is met wat hij vanzelf ontvangt, wie ontstegen is aan dualiteit, wie vrij is van afgunst en zowel tijdens succes als falen gelijkmoedig blijft, raakt nooit verstrikt, ook al verricht hij allerlei activiteiten.

COMMENTAAR: Een Kṛṣṇa-bewust persoon spant zich niet eens bijzonder in om zijn lichaam te onderhouden. Hij is tevreden met dat wat hij vanzelf ontvangt. Hij bedelt niet en leent evenmin, maar hij werkt op een eerlijke manier en naar eigen vermogen en is tevreden met alles wat hij door zijn eerlijke arbeid verkrijgt. Hij is daarom onafhankelijk in zijn levensonderhoud. Hij zal niemand anders dienen als dat zijn eigen dienst in het Kṛṣṇa-bewustzijn belemmert. Maar voor dienst aan de Heer kan Hij elke activiteit verrichten zonder verstoord te zijn door de dualiteit van de materiële wereld. De dualiteit van de materiële wereld wordt ervaren in hitte en kou of geluk en ellende. Een Kṛṣṇa-bewust persoon staat boven dualiteit, omdat hij niet aarzelt om hoe dan ook actief te zijn voor het plezier van Kṛṣṇa. Hij is daarom onverstoorbaar, zowel tijdens succes als falen. Deze kenmerken zijn zichtbaar wanneer iemand volledig vervuld is van transcendentale kennis.

TEKST 23 गतसङ्गस्य मुक्तस्य ज्ञानावस्थितचेतसः ।
यज्ञायाचरतः कर्म समग्रं प्रविलीयते ॥ २३ ॥

gata-saṅgasya muktasya, jñānāvasthita-cetasaḥ
yajñāyācarataḥ karma, samagraṁ pravilīyate

gata-saṅgasya — van iemand die niet gehecht is aan de hoedanigheden van de materiële natuur; *muktasya* — van degene die bevrijd is; *jñāna-avasthita* — gegrond in het transcendentale; *cetasaḥ* — wiens wijsheid; *yajñāya* — voor Yajña (Kṛṣṇa); *ācarataḥ* — handelend; *karma* — activiteit; *samagram* — volledig; *pravilīyate* — gaat helemaal op.

De activiteiten van iemand die niet beïnvloed wordt door de hoedanigheden van de materiële natuur en die volkomen gegrond is in transcendentale kennis, gaan helemaal op in het transcendentale.

COMMENTAAR: Wanneer iemand volledig Kṛṣṇa-bewust wordt, ontstijgt hij aan alle dualiteiten en is daarom bevrijd van de onzuiverheden van de hoedanigheden van de materiële natuur. Hij kan bevrijd worden, omdat hij zijn wezenlijke positie in zijn relatie met Kṛṣṇa kent; daardoor kan zijn geest niet van Kṛṣṇa-bewustzijn gescheiden worden. Als gevolg daarvan verricht hij al zijn activiteiten voor Kṛṣṇa, die de oorspronkelijke Viṣṇu is. Op die manier zijn al zijn activiteiten technisch gezien offers, want offers zijn gericht op het tevredenstellen van de Allerhoogste Persoon, Viṣṇu, Kṛṣṇa. De karmische reacties op al deze activiteiten gaan beslist op in het transcendentale en men hoeft de materiële gevolgen niet te ondergaan.

TEKST 24 ब्रह्मार्पणं ब्रह्म हविर्ब्रह्माग्नौ ब्रह्मणा हुतम् ।
ब्रह्मैव तेन गन्तव्यं ब्रह्मकर्मसमाधिना ॥ २४ ॥

brahmārpaṇaṁ brahma havir, brahmāgnau brahmaṇā hutam
brahmaiva tena gantavyaṁ, brahma-karma-samādhinā

brahma — van spirituele aard; *arpaṇam* — bijdrage; *brahma* — de Allerhoogste; *haviḥ* — boter; *brahma* — spirituele; *agnau* — in het consumerende vuur;

brahmaṇā — door de spirituele ziel; *hutam* — geofferd; *brahma* — spiritueel koninkrijk; *eva* — zeker; *tena* — door hem; *ganta-vyam* — te worden bereikt; *brahma* — spiritueel; *karma* — in activiteiten; *samādhinā* — door volledig op te gaan.

Wie volledig opgaat in Kṛṣṇa-bewustzijn, zal zeker het spirituele koninkrijk bereiken, omdat hij zich volledig inzet voor spirituele activiteiten, waarvan de vervulling absoluut is en waarvan dat wat geofferd wordt van dezelfde spirituele aard is.

COMMENTAAR: Hier wordt beschreven hoe activiteiten in Kṛṣṇa-bewustzijn iemand naar het uiteindelijke spirituele doel kunnen leiden. Er zijn verschillende Kṛṣṇa-bewuste activiteiten en ze zullen allemaal in de volgende verzen beschreven worden. Maar voorlopig wordt alleen het principe van Kṛṣṇa-bewustzijn beschreven. Een geconditioneerde ziel die verstrikt is in materiële onzuiverheid, zal zeker actief zijn in de materiële sfeer, maar ze moet uit zo'n omgeving zien weg te komen. Het proces waardoor de geconditioneerde ziel uit de materiële sfeer kan komen is Kṛṣṇa-bewustzijn. Bijvoorbeeld, een patiënt die door het gebruik van te veel melkproducten darmklachten heeft, wordt genezen door een ander melkproduct, namelijk yoghurt. De geconditioneerde ziel die in beslag wordt genomen door het materiële leven, kan worden genezen door Kṛṣṇa-bewustzijn, zoals hier in de *Gītā* uiteengezet wordt. Dit proces staat over het algemeen bekend als *yajña* of activiteiten (offers) die alleen bedoeld zijn om Viṣṇu, Kṛṣṇa, tevreden te stellen. Hoe meer de activiteiten van de materiële wereld Kṛṣṇa-bewust worden verricht, dat wil zeggen alleen voor Viṣṇu, des te meer raakt de hele omgeving gespiritualiseerd door volledige verdieping in Kṛṣṇa-bewustzijn.

Het woord *'brahma'* (Brahman) betekent 'spiritueel'. De Heer is spiritueel en de stralen van Zijn transcendentale lichaam worden *brahmajyoti* genoemd, Zijn spirituele gloed. Alles wat bestaat bevindt zich in die *brahmajyoti*, maar wanneer de *jyoti* bedekt is door illusie (*māyā*) of zinsbevrediging, dan wordt hij materieel genoemd. Deze materiële sluier kan in een keer worden weggenomen door Kṛṣṇa-bewustzijn; daarom zijn de offergave ter bevordering van het Kṛṣṇa-bewustzijn, dat wat een dergelijke offergave of bijdrage consumeert, het proces van consumptie, degene die een bijdrage doet en het resultaat — allemaal tezamen — Brahman, de Absolute Waarheid. Er is sprake van materie als de Absolute Waarheid bedekt is door *māyā*. Materie die gebruikt wordt voor de Absolute Waarheid, herwint haar spirituele kwaliteit. Kṛṣṇa-bewustzijn is het proces dat het bewustzijn dat in illusie is, omzet naar Brahman of het Allerhoogste. Wanneer de geest volledig verzonken is in Kṛṣṇa-bewustzijn, spreekt men van *samādhi* of een toestand van diepe meditatie. Alles wat in zulk bewustzijn wordt gedaan, wordt *yajña* genoemd, een offer voor het Absolute. In die toestand van spiritueel bewustzijn worden degene die een bijdrage doet, de bijdrage, het proces van consumptie, degene die het offer leidt en het resultaat of het uiteindelijke voordeel — alles — één in het Absolute, het Allerhoogste Brahman. Dat is de methode van het Kṛṣṇa-bewustzijn.

TEKST 25 दैवमेवापरे यज्ञं योगिनः पर्युपासते ।
ब्रह्माग्नावपरे यज्ञं यज्ञेनैवोपजुह्वति ॥ २५ ॥

daivam evāpare yajñaṁ, yoginaḥ paryupāsate
brahmāgnāv apare yajñaṁ, yajñenaivopajuhvati

daivam — door de halfgoden te vereren; *eva* — zoals dit; *apare* — sommige anderen; *yajñam* — offers; *yoginaḥ* — mystici; *paryupāsate* — vereren perfect; *brahma* — van de Absolute Waarheid; *agnau* — in het vuur; *apare* — anderen; *yajñam* — offer; *yajñena* — door een offer; *eva* — zo; *upajuhvati* — offeren.

Sommige yogī's vereren de halfgoden volmaakt door verschillende offers aan hen te brengen; anderen brengen offers in het vuur van het Allerhoogste Brahman.

COMMENTAAR: Zoals hierboven beschreven werd, wordt een persoon die bezig is met het vervullen van zijn plichten in Kṛṣṇa-bewustzijn ook een volmaakte *yogī* of een eersteklas mysticus genoemd. Maar er zijn ook anderen die als verering vergelijkbare offers aan de halfgoden brengen en er zijn weer anderen die offers brengen aan het Allerhoogste Brahman, het onpersoonlijke aspect van de Allerhoogste Heer. Er bestaan dus verschillende soorten offers die in verscheidene categorieën worden onderverdeeld. Deze verscheidene categorieën van offers die door verschillende personen worden uitgevoerd, bakenen alleen oppervlakkig de verschillende soorten offers af. Feitelijk betekent offeren het tevredenstellen van de Allerhoogste Heer, Viṣṇu, die ook bekendstaat als Yajña.

Alle verschillende soorten offers kunnen worden onderverdeeld in twee hoofdcategorieën, namelijk offers van wereldse bezittingen en offers om transcendentale kennis te krijgen. Kṛṣṇa-bewuste personen offeren al hun materiële bezittingen op om de Allerhoogste Heer tevreden te stellen, terwijl anderen, die wat tijdelijk, materieel geluk verlangen, hun materiële bezittingen offeren om halfgoden als Indra, de zonnegod enz. tevreden te stellen. En anderen, de impersonalisten, offeren hun identiteit op door in het bestaan van het onpersoonlijk Brahman op te gaan.

De halfgoden zijn machtige levende wezens die door de Heer zijn aangesteld voor het onderhoud van en de leiding over alle materiële functies zoals de verwarming, de waterhuishouding en de verlichting van het universum. Zij die geïnteresseerd zijn in materiële gunsten aanbidden de halfgoden door verschillende offers te brengen volgens de Vedische rituelen. Ze worden *bahv-īśvara-vādī's* genoemd, personen die in veel goden geloven. Maar anderen, die het onpersoonlijke aspect van de Absolute Waarheid aanbidden en de vormen van de halfgoden als tijdelijk beschouwen, offeren hun individuele zelf in het allerhoogste vuur en beëindigen op die manier hun individuele bestaan door op te gaan in het bestaan van de Allerhoogste. Zulke impersonalisten offeren hun tijd door zich bezig te houden met filosofische speculaties om de transcendentale aard van de Allerhoogste te begrijpen. Met andere woorden, zij die zich met resultaatgerichte activiteiten bezighouden, offeren hun materiële bezittingen voor materieel geluk, terwijl de impersonalist de materiële benamingen waarmee hij wordt aangeduid, offert om op te gaan in het bestaan van de Allerhoogste.

Voor de impersonalist is het Allerhoogste Brahman het vuuraltaar van offers en de offergave is het zelf dat door het vuur van Brahman geconsumeerd wordt. Maar de Kṛṣṇa-bewuste persoon, zoals Arjuna, offert alles om Kṛṣṇa tevreden te stellen en zo worden zowel zijn materiële bezittingen als zijn eigen zelf — alles — voor Kṛṣṇa geofferd. Op die manier is hij een eersteklas *yogī*, maar hij verliest zijn individuele bestaan niet.

TEKST 26 श्रोत्रादीनीन्द्रियाण्यन्ये संयमाग्निषु जुह्वति ।
शब्दादीन्विषयानन्य इन्द्रियाग्निषु जुह्वति ॥ २६ ॥

śrotrādīnīndriyāṇy anye, saṁyamāgniṣu juhvati
śabdādīn viṣayān anya, indriyāgniṣu juhvati

śrotra-ādīni — zoals door te luisteren; *indriyāṇi* — zintuigen; *anye* — anderen; *saṁyama* — van beheersing; *agniṣu* — in de vuren; *juhvati* — offeren; *śabda-ādīn* — geluidstrilling enz.; *viṣayān* — objecten van zinsbevrediging; *anye* — anderen; *indriya* — van de zintuigen; *agniṣu* — in de vuren; *juhvati* — ze offeren.

Sommigen [de zuivere brahmacārī's] offeren het luisteren en de zintuigen in het vuur van de beheersing van de geest; anderen [de gereguleerde gṛhastha's] offeren de zinsobjecten in het vuur van de zintuigen.

COMMENTAAR: Het is de bedoeling dat de leden van de vier geledingen van de menselijke samenleving, namelijk de *brahmacārī*, de *gṛhastha*, de *vānaprastha* en de *sannyāsī*, allemaal perfecte *yogī's* of transcendentalisten worden. Omdat het menselijk leven niet zoals bij dieren bedoeld is voor onze zinsbevrediging, zijn de vier orden van het menselijk leven zo ingesteld dat iemand zich kan perfectioneren in het spirituele leven. De *brahmacārī's* of de studenten, die onder de begeleiding van een bonafide spiritueel leraar staan, beheersen hun geest door zich te onthouden van zinsbevrediging. Een *brahmacārī* luistert alleen naar woorden die te maken hebben met Kṛṣṇa-bewustzijn. Horen is het basisprincipe voor het begrijpen van dingen en daarom is de zuivere *brahmacārī* voortdurend bezig met *harer nāmānukīrtanam:* het horen en chanten van de roem van de Heer. Hij weerhoudt zichzelf van materieel geluid en luistert alleen naar de transcendentale geluidsvibratie van Hare Kṛṣṇa, Hare Kṛṣṇa.

De getrouwde personen, voor wie activiteiten van zinsbevrediging tot op zekere hoogte toegestaan zijn, doen zulke activiteiten met grote terughoudendheid. Seks, intoxicatie en vleeseten zijn algemene neigingen van de menselijke samenleving, maar een getrouwd persoon die een gereguleerd leven leidt, geeft niet toe aan onbeperkte seks en andere zinsbevrediging. Het huwelijk op basis van een religieus leven is gangbaar in alle beschaafde menselijke samenlevingen, omdat dat de manier is om seksualiteit te beperken. Deze beperkte seksualiteit, zonder eraan gehecht te zijn, is ook een soort *yajña*, omdat een getrouwd persoon die zich beperkt, zijn neiging tot zinsbevrediging offert voor een hoger, transcendentaal leven.

TEKST 27 सर्वाणीन्द्रियकर्माणि प्राणकर्माणि चापरे ।
आत्मसंयमयोगाग्नौ जुह्वति ज्ञानदीपिते ॥ २७ ॥

sarvāṇīndriya-karmāṇi, prāṇa-karmāṇi cāpare
ātma-saṁyama-yogāgnau, juhvati jñāna-dīpite

sarvāṇi — van alle; *indriya* — zintuigen; *karmāṇi* — functies; *prāṇa-karmāṇi* — functies van de levensadem; *ca* — ook; *apare* — anderen; *ātma-saṁyama* — van het beheersen van de geest; *yoga* — het verbindingsproces; *agnau* — in het vuur van; *juhvati* — offeren; *jñāna-dīpite* — door de drang naar zelfrealisatie.

Anderen, die zelfrealisatie willen bereiken door het beheersen van de geest en de zintuigen, offeren de functies van alle zintuigen en die van de levensadem als offeringen in het vuur van de beheerste geest.

COMMENTAAR: In dit vers wordt verwezen naar de yogamethode van Patañjali. In het *Yoga-sūtra* van Patañjali wordt de ziel *pratyag-ātmā* en *parāg-ātmā* genoemd. Zolang de ziel gehecht is aan zinsbevrediging wordt ze *parāg-ātmā* genoemd, maar zodra dezelfde ziel zich daarvan onthecht heeft, wordt ze *pratyag-ātmā* genoemd. De ziel is onderworpen aan het functioneren van tien verschillende soorten lucht die werkzaam zijn in het lichaam; dit is te zien binnen het ademhalingssysteem. De yogamethode van Patañjali geeft technische instructies over hoe men de functies van de lucht in het lichaam kan beheersen, zodat alle functies van de lucht uiteindelijk gunstig zijn om de ziel van materiële gehechtheid te zuiveren. Volgens de genoemde yogamethode is *pratyag-ātmā* het uiteindelijke doel. Deze *pratyag-ātmā* heeft zich teruggetrokken van activiteiten in de materie. De zintuigen staan in wisselwerking met de zinsobjecten, zoals het oor met horen, de ogen met zien, de neus met ruiken, de tong met proeven en de hand met aanraken; op die manier zijn ze allemaal bezig met activiteiten buiten het zelf. Ze worden de functies van de *prāṇa-vāyu* genoemd. De *apāna-vāyu* gaat neerwaarts, *vyāna-vāyu* zorgt voor inkrimpen en uitzetten, *samāna-vāyu* zorgt voor evenwicht, *udāna-vāyu* gaat opwaarts, en wanneer iemand verlicht is, gebruikt hij deze allemaal in het zoeken naar zelfrealisatie.

TEKST 28 द्रव्ययज्ञास्तपोयज्ञा योगयज्ञास्तथापरे ।
स्वाध्यायज्ञानयज्ञाश्च यतयः संशितव्रताः ॥ २८ ॥

dravya-yajñās tapo-yajñā, yoga-yajñās tathāpare
svādhyāya-jñāna-yajñāś ca, yatayaḥ saṁśita-vratāḥ

dravya-yajñāḥ — het offeren van onze bezittingen; *tapaḥ-yajñāḥ* — offer van ascese; *yoga-yajñāḥ* — offer van achtvoudige mystiek; *tathā* — zo; *apare* — anderen; *svādhyāya* — offer van het bestuderen van de Veda's; *jñāna-yajñāḥ* — offer van het verwerven van transcendentale kennis; *ca* — ook; *yatayaḥ* — verlichte personen; *saṁśita-vratāḥ* — strikte geloften afgelegd hebben.

Na strikte geloften te hebben afgelegd, bereiken sommigen verlichting door hun bezittingen op te offeren; anderen bereiken verlichting door zware ascese te beoefenen, door het achtvoudige mystieke yogasysteem te volgen of door de Veda's te bestuderen om vorderingen te maken in transcendentale kennis.

COMMENTAAR: Offers kunnen worden ondergebracht in verscheidene afdelingen. Zo zijn er personen die hun bezittingen offeren in de vorm van verschillende soorten liefdadigheid. In India openen de rijke handelslieden of de adel verschillende liefdadigheidsinstellingen zoals *dharma-śālā*, *anna-kṣetra*, *atithi-śālā*, *anāthālya* en *vidyā-pīṭha*. Ook in andere landen zijn er veel ziekenhuizen, bejaardentehuizen en soortgelijke liefdadigheidsinstellingen die bedoeld zijn voor het gratis verspreiden van voedsel, onderwijs en medische hulp aan de armen. Al deze liefdadigheidsactiviteiten worden *dravyamaya-yajña* genoemd.

Anderen die in dit leven vooruitgang willen maken of die bevorderd willen worden naar hogere planeten in het universum, aanvaarden vele soorten van ascese zoals *candrāyaṇa* en *cāturmāsya*. Deze processen brengen strenge geloften met zich mee voor een leven volgens strikte regels. Door de gelofte van *cāturmāsya* scheert de kandidaat zich bijvoorbeeld niet gedurende vier maanden van het jaar (juli tot oktober), onthoudt hij zich van bepaalde voedselsoorten, eet hij één keer per dag of verlaat hij zijn huis niet. Zulke offers van de gemakken van het leven worden *tapomaya-yajña* genoemd.

Daarnaast zijn er anderen die verschillende soorten mystieke yoga beoefenen, zoals het systeem van Patañjali (om op te gaan in het bestaan van de Heer) of *haṭha-yoga* of *aṣṭāṅga-yoga* (voor bepaalde perfecties). En sommigen reizen naar alle heilige pelgrimsoorden. Al deze activiteiten worden *yoga-yajña* genoemd, offers voor een bepaalde soort perfectie in de materiële wereld.

Weer anderen zijn bezig met het bestuderen van de Veda's, in het bijzonder de *upaniṣads* en de *Vedānta-sūtra's* of de *sāṅkhya*-filosofie. Al deze offers worden *svādhyāya-yajña* genoemd, zich toeleggen op het offer van studie.

Alle genoemde *yogī's* zijn vol vertrouwen bezig met verschillende soorten offers en zoeken naar een hogere status in het leven. Maar het Kṛṣṇa-bewustzijn verschilt hiervan, omdat het rechtstreekse dienst aan de Allerhoogste Heer is. Kṛṣṇa-bewustzijn kan niet worden bereikt door welke van de bovengenoemde soorten offers dan ook, maar kan alleen worden bereikt door de genade van de Heer en Zijn bonafide toegewijden. Kṛṣṇa-bewustzijn is daarom transcendentaal.

TEKST 29 अपाने जुह्वति प्राणं प्राणेऽपानं तथापरे ।
प्राणापानगती रुद्ध्वा प्राणायामपरायणाः ।
अपरे नियताहाराः प्राणान्प्राणेषु जुह्वति ॥ २९ ॥

apāne juhvati prāṇaṁ, prāṇe 'pānaṁ tathāpare
prāṇāpāna-gatī ruddhvā, prāṇāyāma-parāyaṇāḥ
apare niyatāhārāḥ, prāṇān prāṇeṣu juhvati

apāne — in de lucht die omlaag werkt; *juhvati* — offeren; *prāṇam* — de lucht die naar buiten werkt; *prāṇe* — in de lucht die naar buiten gaat; *apānam* — de lucht die omlaag gaat; *tathā* — en ook; *apare* — anderen; *prāṇa* — van de lucht die naar buiten gaat; *apāna* — en de lucht die omlaaggaat; *gatī* — de beweging; *ruddhvā* — tegenhoudend; *prāṇa-āyāma* — een toestand van diepe meditatie die teweeg is gebracht door het stoppen van de ademhaling; *parāyaṇāḥ* — daartoe geneigd; *apare* — anderen; *niyata* — door beheerst te hebben; *āhārāḥ* — eten; *prāṇān* — de uitgaande lucht; *prāṇeṣu* — in de uitgaande lucht; *juhvati* — offeren.

Weer anderen, die zich aangetrokken voelen tot de methode waarmee de adem kan worden beheerst om zo in een toestand van diepe meditatie te blijven, offeren de uitgaande beweging van de lucht in de binnengaande en de ingeademde lucht in de uitgeademde. Wanneer ze op die manier de ademhaling volledig stoppen, blijven ze uiteindelijk in een toestand van diepe meditatie. Anderen, die zich beperken in hun eten, offeren de uitgeademde lucht in die lucht zelf als een offergave.

COMMENTAAR: Deze yogamethode om de adem te beheersen wordt *prāṇāyāma* genoemd en in het begin wordt het binnen het *haṭha-yoga*-systeem beoefend door verschillende zithoudingen aan te nemen. Al deze oefeningen worden aangeraden voor het beheersen van de zintuigen om vooruitgang te maken in spirituele bewustwording. Deze beoefening houdt in dat men de soorten lucht in het lichaam beheerst om op die manier hun stroomrichtingen om te draaien. De *apāna*-lucht gaat neerwaarts en de *prāṇa*-lucht opwaarts. De *prāṇāyāma-yogī* oefent het ademhalen in de tegengestelde richting, totdat de stromingen geneutraliseerd zijn in *pūraka*, evenwicht. Het offeren van de uitgeademde lucht in de ingeademde lucht word *recaka* genoemd. Wanneer de twee luchtstromen volledig gestopt zijn, spreekt men van *kumbhaka-yoga*. Door *kumbhaka-yoga* te beoefenen kan men zijn levensduur verlengen om perfectie te bereiken in spirituele bewustwording. De intelligente *yogī* is geïnteresseerd in het bereiken van perfectie in één leven, zonder te wachten op een volgende. Door *kumbhaka-yoga* te beoefenen, verlengen de *yogī's* hun levensduur met vele, vele jaren.

Maar een Kṛṣṇa-bewust persoon beheerst vanzelf zijn zintuigen, omdat hij altijd bezig is met transcendentale liefdedienst aan de Heer. Zijn zintuigen, die altijd bezig zijn met het dienen van Kṛṣṇa, krijgen geen kans om met iets anders bezig te zijn. Aan het eind van zijn leven wordt hij daarom natuurlijkerwijs overgebracht naar het transcendentale niveau van Heer Kṛṣṇa; daarom doet hij geen moeite om zijn levensduur te verlengen. De *Bhagavad-gītā* (14.26) stelt dat hij onmiddellijk verheven wordt tot het niveau van bevrijding:

māṁ ca yo 'vyabhicāreṇa, bhakti-yogena sevate
sa guṇān samatītyaitān, brahma-bhūyāya kalpate

'Wie bezig is met onvermengde devotionele dienst aan de Heer, ontstijgt de hoedanigheden van de materiële natuur en wordt onmiddellijk verheven tot het spirituele niveau.' Een Kṛṣṇa-bewust persoon begint op het transcendentale niveau en hij bevindt zich voortdurend in dat bewustzijn. Hij valt daarom niet terug en uiteindelijk gaat hij zonder uitstel de woonplaats van de Heer binnen.

Het beoefenen van zelfbeheersing door te minderen met eten vindt vanzelf plaats wanneer men uitsluitend *kṛṣṇa-prasāda* eet, voedsel dat eerst aan de Heer is geofferd. Minder eten is zeer behulpzaam bij het beheersen van de zintuigen. Zonder het beheersen van de zintuigen is het onmogelijk om los te komen uit de materiële verstrikking.

TEKST 30 सर्वेऽप्येते यज्ञविदो यज्ञक्षपितकल्मषाः ।
यज्ञशिष्टामृतभुजो यान्ति ब्रह्म सनातनम् ॥ ३० ॥

sarve 'py ete yajña-vido, yajña-kṣapita-kalmaṣāḥ
yajña-śiṣṭāmṛta-bhujo, yānti brahma sanātanam

sarve — allemaal; *api* — hoewel ogenschijnlijk verschillend; *ete* — deze; *yajña-vidaḥ* — die bekend zijn met het doel van het brengen van offers; *yajña-kṣapita* — gezuiverd zijn door zulke offers; *kalmaṣāḥ* — van karmische reacties op zonden; *yajña-śiṣṭa* — van het resultaat van het brengen van zulke *yajña's*; *amṛta-bhujaḥ* — zij die zulke nectar hebben geproefd; *yānti* — naderen; *brahma* — de allerhoogste; *sanātanam* — eeuwige sfeer.

Al deze personen die het doel van offeren kennen, worden gezuiverd van hun karmische reacties op zonden en wanneer ze de nectar van de resultaten van hun offers hebben geproefd, gaan ze binnen in de allerhoogste, eeuwige sfeer.

COMMENTAAR: Uit de voorgaande uitleg over de verschillende soorten offers (namelijk het offeren van onze bezittingen, het bestuderen van de Veda's of filosofische doctrines en het beoefenen van de yogamethode) kan geconcludeerd worden dat hun gemeenschappelijke doel het beheersen van de zintuigen is. Zinsbevrediging is de grondoorzaak van het materiële bestaan en zolang men zich op het niveau van zinsbevrediging bevindt, heeft men geen kans om verheven te worden naar het niveau van volledige kennis, volkomen geluk en volkomen leven. Dit niveau bevindt zich in de eeuwige sfeer, de sfeer van Brahman.

Alle bovengenoemde offers helpen iemand om gezuiverd te worden van de zondige terugslagen van het materiële bestaan. Door deze vooruitgang in het leven wordt men niet alleen gelukkig en leeft men niet alleen in overvloed, maar zal men aan het eind ook binnengaan in het eeuwige koninkrijk van God, ofwel door op te gaan in het onpersoonlijk Brahman ofwel door rechtstreeks om te gaan met de Allerhoogste Persoonlijkheid Gods, Kṛṣṇa.

TEKST 31 नायं लोकोऽस्त्ययज्ञस्य कुतोऽन्यः कुरुसत्तम ॥ ३१ ॥

nāyaṁ loko 'sty ayajñasya, kuto 'nyaḥ kuru-sattama

na — nooit; *ayam* — deze; *lokaḥ* — planeet; *asti* — er is; *ayajñasya* — voor iemand die geen offers brengt; *kutaḥ* — waar is; *anyaḥ* — de andere; *kuru-sat-tama* — o beste van de Kuru's.

O beste van de Kuru-dynastie, zonder te offeren kan niemand ooit gelukkig zijn op deze planeet of in dit leven — laat staan in het volgende.

COMMENTAAR: In welke vorm van materieel bestaan iemand zich ook bevindt, het is onvermijdelijk dat hij in onwetendheid verkeert over zijn werkelijke situatie. Met andere woorden, het materiële bestaan is het gevolg van de veelvoudige terugslagen van onze zondige levens. Onwetendheid is de oorzaak van zondig leven en zondig leven zorgt ervoor dat iemand zich voort blijft slepen in het materiële bestaan. De menselijke levensvorm is de enige uitweg uit deze verstrikking. De Veda's geven ons daarom een kans te ontsnappen, door ons te wijzen op de paden van religie, economische welstand, gereguleerde zinsbevrediging en uiteindelijk op de manier waarop we helemaal uit deze ellendige toestand kunnen loskomen.

Het pad van religie of de verschillende soorten offers die hierboven aangeraden werden, lost vanzelf onze economische problemen op. Door het verrichten van *yajña* kunnen we genoeg voedsel krijgen, genoeg melk enz. — zelfs al is er een zogenaamde bevolkingsgroei. Wanneer het lichaam van alles voorzien is, dan is de volgende stap natuurlijk het bevredigen van de zintuigen. De Veda's schrijven daarom een religieus huwelijk voor, voor gereguleerde zinsbevrediging. Op die manier wordt iemand geleidelijk aan verheven tot het niveau waarop hij bevrijd raakt van materiële gebondenheid, en de hoogste perfectie van een leven in bevrijding is rechtstreekse omgang met de Allerhoogste Heer.

Zoals hierboven beschreven werd, wordt perfectie bereikt door het verrichten van *yajña* (offers). Maar als iemand niet bereid is om *yajña* te verrichten volgens de Veda's, hoe kan hij dan verwachten zelfs in dit lichaam een gelukkig leven te leiden, om niet te spreken van een ander lichaam op een andere planeet? Op verschillende hemelse planeten zijn er verschillende gradaties van materieel comfort en in alle gevallen kennen personen die verschillende soorten *yajña* verrichten een enorm geluk. Maar de hoogste vorm van geluk die iemand kan bereiken is door bevorderd te worden naar de spirituele planeten door Kṛṣṇa-bewustzijn te beoefenen. Een Kṛṣṇa-bewust leven leiden is daarom de oplossing voor alle problemen van het materiële bestaan.

TEKST 32 एवं बहुविधा यज्ञा वितता ब्रह्मणो मुखे ।
कर्मजान्विद्धि तान्सर्वानेवं ज्ञात्वा विमोक्ष्यसे ॥ ३२ ॥

evaṁ bahu-vidhā yajñā, vitatā brahmaṇo mukhe
karma-jān viddhi tān sarvān, evaṁ jñātvā vimokṣyase

evam — zo; *bahu-vidhāḥ* — verschillende soorten; *yajñāḥ* — offers; *vitatāḥ* — zijn verspreid; *brahmaṇaḥ* — van de Veda's; *mukhe* — door de mond; *karma-jān* — voortgekomen uit activiteit; *viddhi* — je moet weten; *tān* — hen; *sarvān* — allemaal; *evam* — zo; *jñātvā* — wetend; *vimokṣyase* — je zult bevrijd worden.

Al deze verschillende soorten offers worden door de Veda's aanbevolen en hebben hun oorsprong in verschillende soorten activiteiten. Wanneer je ze als zodanig kent, zul je bevrijd worden.

COMMENTAAR: Zoals hierboven besproken werd, worden er in de Veda's verschillende soorten offers vermeld, die geschikt zijn voor mensen met verschillende soorten activiteiten. Omdat mensen zo volkomen in beslag worden genomen door de lichamelijke levensopvatting, zijn deze offers zo ingesteld dat iemand actief kan zijn met het lichaam, met de geest of met de intelligentie. Maar al deze activiteiten worden aanbevolen om uiteindelijk bevrijd te raken van het lichaam. Dit wordt hier bevestigd door de woorden uit de mond van de Heer Zelf.

TEKST 33 श्रेयान्द्रव्यमयाद्यज्ञाज्ज्ञानयज्ञः परन्तप ।
सर्वं कर्माखिलं पार्थ ज्ञाने परिसमाप्यते ॥ ३३ ॥

śreyān dravya-mayād yajñāj, jñāna-yajñaḥ parantapa
sarvaṁ karmākhilaṁ pārtha, jñāne parisamāpyate

śreyān — beter; *dravya-mayāt* — van materiële bezittingen; *yajñāt* — dan het offer; *jñāna-yajñaḥ* — offeren met kennis; *parantapa* — o bedwinger van de vijand; *sarvam* — alle; *karma* — activiteiten; *akhilam* — in totaal; *pārtha* — o zoon van Pṛthā; *jñāne* — in kennis; *parisamāpyate* — eindigen.

O bedwinger van de vijand, het is beter een offer te brengen met kennis dan enkel materiële bezittingen te offeren. Per slot van rekening, o zoon van Pṛthā, bereiken alle offeractiviteiten hun hoogtepunt in transcendentale kennis.

COMMENTAAR: Het doel van alle offers is om tot het niveau van complete kennis te komen om vervolgens bevrijd te worden van materiële ellende en uiteindelijk transcendentale liefdedienst aan de Allerhoogste Heer (Kṛṣṇa-bewustzijn) te verrichten. Niettemin schuilt er een mysterie in al deze verschillende offeractiviteiten en men moet dit mysterie doorgronden. Offers nemen verschillende vormen aan overeenkomstig het bepaalde geloof van degene die het offer brengt. Wanneer iemands geloof tot het punt van transcendentale kennis komt, moet zo iemand gezien worden als verder gevorderd dan hen die zonder zulke kennis alleen maar materiële bezittingen offeren, want zonder tot kennis te komen, blijven offers op het materiële niveau en leveren spiritueel gezien geen voordeel op.

Ware kennis culmineert in Kṛṣṇa-bewustzijn, het hoogste niveau van transcendentale kennis. Offers die degene die ze verricht niet verheffen in kennis, zijn niet meer dan materiële activiteiten. Maar wanneer offers worden verricht met transcendentale kennis, komen al deze activiteiten op het spirituele niveau. Afhankelijk van de verschillen in bewustzijn worden offeractiviteiten *karma-kāṇḍa* (resultaatgerichte activiteiten) genoemd en soms *jñāna-kāṇḍa* (het ontwikkelen van kennis om de waarheid te achterhalen). Het is beter wanneer het doel kennis is.

TEKST 34 तद्विद्धि प्रणिपातेन परिप्रश्नेन सेवया ।
उपदेक्ष्यन्ति ते ज्ञानं ज्ञानिनस्तत्त्वदर्शिनः ॥ ३४ ॥

tad viddhi praṇipātena, paripraśnena sevayā
upadekṣyanti te jñānaṁ, jñāninas tattva-darśinaḥ

tat — die kennis van verschillende offers; *viddhi* — probeer te begrijpen; *praṇipātena* — door een spiritueel leraar te benaderen; *paripraśnena* — door nederig vragen te stellen; *sevayā* — door te dienen; *upadekṣyanti* — zij zullen inwijden; *te* — jou; *jñānam* — in kennis; *jñāninaḥ* — de zelfgerealiseerden; *tattva* — van de waarheid; *darśinaḥ* — zieners.

Probeer de waarheid te begrijpen door een spiritueel leraar te benaderen. Stel hem in alle nederigheid vragen en wees hem dienstbaar. De zelfgerealiseerde zielen kunnen kennis aan je overdragen, omdat ze de waarheid hebben gezien.

COMMENTAAR: Het pad van spirituele bewustwording is ongetwijfeld moeilijk. De Heer raadt ons daarom aan om een bonafide spiritueel leraar te benaderen die deel uitmaakt van de opeenvolging van discipelen vanaf de Heer Zelf. Niemand kan een bonafide spiritueel leraar zijn zonder dit principe van de opeenvolging van discipelen te volgen. De Heer is de oorspronkelijke spiritueel leraar en iemand in de opeenvolging van discipelen kan zijn discipel de boodschap van de Heer overdragen zoals ze is. Niemand kan zijn spiritualiteit ontwikkelen door zijn eigen proces te verzinnen, zoals dwaze huichelaars gewoonlijk doen.

Het *Bhāgavatam* (6.3.19) zegt: *dharmaṁ tu sākṣād bhagavat-praṇītam* — het pad van religie wordt rechtstreeks door de Heer bepaald. Mentale speculatie of droge argumenten kunnen iemand niet verder helpen op het juiste pad. Men kan evenmin vooruitgang maken in het spirituele leven door op eigen houtje boeken van wijsheid te bestuderen. Om kennis te krijgen moet men een bonafide spiritueel leraar benaderen. Zo'n spiritueel leraar moet men met volledige overgave aanvaarden en men moet de spiritueel leraar dienen als een nederige dienaar, zonder valse trots. De tevredenheid van de spiritueel leraar is het geheim voor het maken van vooruitgang in het spirituele leven. Vragen stellen en overgave vormen de juiste combinatie om het spirituele te begrijpen. Tenzij er sprake is van overgave en dienstbaarheid, zullen vragen aan de geleerde spiritueel leraar geen effect hebben. Men moet in staat zijn de test van de spiritueel leraar te doorstaan en wanneer hij het oprechte verlangen van de discipel ziet, zal hij hem vanzelfsprekend zegenen met werkelijk spiritueel begrip.

In dit vers worden zowel blind volgen als het stellen van absurde vragen verworpen. Niet alleen moet de discipel nederig naar de spiritueel leraar luisteren, ook moet hij door nederigheid en dienstbaarheid en door het stellen van vragen een duidelijk inzicht van hem krijgen. Een bonafide spiritueel leraar is van nature heel vriendelijk voor zijn discipel. Als de leerling daarom nederig is en altijd bereid om te dienen, wordt de uitwisseling van kennis en het stellen van vragen volmaakt.

TEKST 35 यज्ज्ञात्वा न पुनर्मोहमेवं यास्यसि पाण्डव ।
येन भूतान्यशेषाणि द्रक्ष्यस्यात्मन्यथो मयि ॥ ३५ ॥

yaj jñātvā na punar moham, evaṁ yāsyasi pāṇḍava
yena bhūtāny aśeṣāṇi, drakṣyasy ātmany atho mayi

yat — wat; *jñātvā* — wetend; *na* — nooit; *punaḥ* — opnieuw; *moham* — naar illusie; *evam* — zoals dit; *yāsyasi* — je zult gaan; *pāṇḍava* — o zoon van Pāṇḍu; *yena* — door welke; *bhūtāni* — levende wezens; *aśeṣāṇi* — alle; *drakṣyasi* — je zult zien; *ātmani* — in de Allerhoogste Ziel; *atha u* — of met andere woorden; *mayi* — in Mij.

Wanneer je werkelijke kennis hebt gekregen van een zelfgerealiseerde ziel, zul je nooit meer in zulke illusie vervallen, omdat je door deze kennis zult zien dat alle levende wezens niets anders zijn dan een deel van de Allerhoogste, of met andere woorden, dat ze Mij toebehoren.

COMMENTAAR: Het resultaat van het ontvangen van kennis van een zelfgerealiseerde ziel of iemand die de dingen kent zoals ze zijn, is het begrip dat alle levende wezens integrerende deeltjes zijn van de Allerhoogste Persoonlijkheid Gods, Heer Śrī Kṛṣṇa. Het idee van een bestaan afzonderlijk van Kṛṣṇa wordt *māyā* genoemd (*mā* — niet, *yā* — dit). Sommige mensen denken dat we niets met Kṛṣṇa te maken hebben, dat Kṛṣṇa alleen maar een grote historische persoonlijkheid is en dat het Absolute het onpersoonlijk Brahman is. Maar in de *Bhagavad-gītā* staat duidelijk vermeld dat dit onpersoonlijk Brahman de persoonlijke uitstraling van Kṛṣṇa is. Als de Allerhoogste Persoonlijkheid Gods is Kṛṣṇa de oorzaak van alles. In de

Brahma-saṁhitā wordt duidelijk gezegd dat Kṛṣṇa de Allerhoogste Persoonlijkheid Gods is, de oorzaak van alle oorzaken. Zelfs de miljoenen incarnaties zijn enkel Zijn verschillende expansies. Op dezelfde manier zijn de levende wezens ook expansies van Kṛṣṇa.

De *māyāvādī*-filosofen maken de denkfout dat Kṛṣṇa Zijn eigen afzonderlijke bestaan verliest in Zijn vele expansies. Dit is een materiële opvatting. In de materiële wereld zien we dat wanneer een object in fragmenten gesplitst wordt het zijn eigen, oorspronkelijke identiteit verliest. Maar de *māyāvādī*-filosofen kunnen niet begrijpen dat 'absoluut' betekent dat één plus één gelijk is aan één, en dat één min één ook gelijk is aan één. Dat is de realiteit van de absolute wereld.

Door gebrek aan voldoende kennis van de absolute wetenschap zijn we nu bedekt door illusie en daarom denken we dat we losstaan van Kṛṣṇa. Hoewel we afzonderlijke deeltjes van Kṛṣṇa zijn, zijn we desondanks niet verschillend van Hem. De lichamelijke verschillen tussen de levende wezens onderling zijn *māyā* of niet werkelijk. We worden allemaal verondersteld Kṛṣṇa tevreden te stellen. Het was alleen door *māyā* dat Arjuna dacht dat de tijdelijke lichamelijk relatie die hij met zijn familieleden had, belangrijker was dan zijn eeuwige spirituele relatie met Kṛṣṇa. De hele filosofie van de *Gītā* is gericht op dit doel: dat een levend wezen, als eeuwige dienaar van Kṛṣṇa, niet van Kṛṣṇa gescheiden kan worden, en het idee dat het een identiteit heeft die losstaat van Kṛṣṇa, wordt *māyā* genoemd. Als afzonderlijke integrerende deeltjes van de Allerhoogste hebben de levende wezens een bepaald doel. Omdat ze dat doel sinds onheuglijke tijden vergeten zijn, bevinden ze zich in verschillende lichamen, als mensen, dieren, halfgoden enz. Zulke lichamelijke verschillen komen voort uit het vergeten van de transcendentale dienst aan de Heer. Maar wanneer men bezig is met transcendentale dienst door Kṛṣṇa-bewustzijn, raakt men meteen bevrijd van deze illusie.

Zulke kennis kan men alleen van de bonafide spiritueel leraar ontvangen en men kan daardoor aan het waanidee ontkomen dat het levend wezen gelijk is aan Kṛṣṇa. Dat de Allerhoogste Ziel, Kṛṣṇa, de allerhoogste toevlucht is voor alle levende wezens, is perfecte kennis, maar door het opgeven van deze toevlucht raken de levende wezens verward door de materiële energie en denken ze dat ze een afzonderlijke identiteit hebben. Door zo verschillende soorten materiële identiteiten aan te nemen, vergeten ze Kṛṣṇa. Maar wanneer zulke verwarde levende wezens Kṛṣṇa-bewust worden, bevinden ze zich op het pad naar bevrijding. Dit wordt bevestigd in het *Bhāgavatam* (2.10.6): *muktir hitvānyathā-rūpaṁ svarūpeṇa vyava-sthitiḥ.* Bevrijding betekent dat men zich in zijn eigen wezenlijke positie bevindt als een eeuwige dienaar van Kṛṣṇa (Kṛṣṇa-bewustzijn).

TEKST 36 अपि चेदसि पापेभ्यः सर्वेभ्यः पापकृत्तमः ।
सर्वं ज्ञानप्लवेनैव वृजिनं सन्तरिष्यसि ॥ ३६ ॥

api ced asi pāpebhyaḥ, sarvebhyaḥ pāpa-kṛt-tamaḥ
sarvaṁ jñāna-plavenaiva, vṛjinaṁ santariṣyasi

api — zelfs; *cet* — als; *asi* — je bent; *pāpebhyaḥ* — van zondaars; *sarvebhyaḥ* — van alle; *pāpa-kṛt-tamaḥ* — de grootste zondaar; *sarvam* — al deze karmische reacties op zonden; *jñāna-plavena* — met de boot van transcendentale kennis; *eva* — zeker; *vṛjinam* — de oceaan van ellende; *santariṣyasi* — je zult helemaal oversteken.

Ook al word je als de zondigste van alle zondaars beschouwd, toch zul je in staat zijn om de oceaan van ellende over te steken, wanneer je je in het schip van transcendentale kennis bevindt.

COMMENTAAR: Een juist begrip van onze wezenlijke positie in relatie met Kṛṣṇa is zo fijn, dat het ons meteen uit de strijd om het bestaan kan halen, die plaatsvindt in de oceaan van onwetendheid. De materiële wereld wordt soms als een oceaan van onwetendheid beschouwd en soms als een laaiende bosbrand. In de oceaan is de strijd om het bestaan erg zwaar, hoe goed iemand ook kan zwemmen. Wanneer iemand de worstelende zwemmer uit de oceaan komt lichten, dan is hij de grootste redder. De volmaakte kennis die wordt ontvangen van de Allerhoogste Persoonlijkheid Gods, is het pad van bevrijding. De boot van het Kṛṣṇa-bewustzijn is heel eenvoudig, maar tegelijkertijd het meest verheven.

TEKST 37 यथैधांसि समिद्धोऽग्निर्भस्मसात्कुरुतेऽर्जुन ।
ज्ञानाग्निः सर्वकर्माणि भस्मसात्कुरुते तथा ॥ ३७ ॥

yathaidhāṁsi samiddho 'gnir, bhasma-sāt kurute 'rjuna
jñānāgniḥ sarva-karmāṇi, bhasma-sāt kurute tathā

yathā — net zoals; *edhāṁsi* — brandhout; *samiddhaḥ* — laaiend; *agniḥ* — vuur; *bhasma-sāt* — as; *kurute* — verandert; *arjuna* — o Arjuna; *jñāna-agniḥ* — het vuur van kennis; *sarva-karmāṇi* — alle karmische reacties op materiële activiteiten; *bhasma-sāt* — tot as; *kurute* — het verandert; *tathā* — op dezelfde manier.

Zoals een laaiend vuur brandhout in as verandert, o Arjuna, zo verbrandt het vuur van kennis al het karma voor materiële activiteiten tot as.

COMMENTAAR: Volmaakte kennis van het zelf, het Superzelf en van hun relatie wordt hier met vuur vergeleken. Dit vuur brandt niet alleen al het karma voor zondige activiteiten op, maar verandert ook al het karma voor vrome activiteiten in as. Er zijn verschillende stadia van karma: karma in aanmaak, karma dat al vruchten draagt, karma dat al bereikt is en *a priori* karma. Maar kennis van de wezenlijke positie van het levend wezen verbrandt alles tot as. Wanneer iemand volledige kennis heeft, wordt al het karma, zowel *a priori* als *a posteriori*, opgebrand. In de Veda's (*Bṛhad-āraṇyaka Upaniṣad* 4.4.22) staat *ubhe uhaivaiṣa ete taraty amṛtaḥ sādhv-asādhūnī:* 'Men komt zowel het goede als het slechte karma voor activiteiten te boven.'

TEKST 38 न हि ज्ञानेन सदृशं पवित्रमिह विद्यते ।
तत्स्वयं योगसंसिद्धः कालेनात्मनि विन्दति ॥ ३८ ॥

na hi jñānena sadṛśaṁ, pavitram iha vidyate
tat svayaṁ yoga-saṁsiddhaḥ, kālenātmani vindati

na — niets; *hi* — zeker; *jñānena* — met kennis; *sadṛśam* — in vergelijking; *pavitram* — geheiligd; *iha* — in deze wereld; *vidyate* — bestaat; *tat* — dat; *svayam* — zichzelf; *yoga* — met devotie; *saṁsiddhaḥ* — hij die volgroeid is; *kālena* — in de loop der tijd; *ātmani* — in zichzelf; *vindati* — geniet.

In deze wereld is er niets zo verheven en zuiver als transcendentale kennis. Zulke kennis is de rijpe vrucht van alle mystiek. En degene die volleerd is in het beoefenen van devotionele dienst, zal na verloop van tijd innerlijk plezier beleven aan deze kennis.

COMMENTAAR: Wanneer we spreken over transcendentale kennis dan bedoelen we daarmee het hebben van spiritueel begrip. Er bestaat niets zo verheven en zuiver als transcendentale kennis. Onwetendheid is de oorzaak van onze gebondenheid en kennis is de oorzaak van onze bevrijding. Deze kennis is de rijpe vrucht van devotionele dienst en wanneer iemand gegrond is in transcendentale kennis, hoeft hij nergens anders naar vrede te zoeken, omdat hij vrede in zichzelf ervaart. Met andere woorden, deze kennis en vrede bereiken hun hoogtepunt in Kṛṣṇa-bewustzijn. Dat is de eindconclusie van de *Bhagavad-gītā*.

TEKST 39 श्रद्धावाँल्लभते ज्ञानं तत्परः संयतेन्द्रियः ।
ज्ञानं लब्ध्वा परां शान्तिमचिरेणाधिगच्छति ॥ ३९ ॥

śraddhāvāl̐ labhate jñānaṁ, tat-paraḥ saṁyatendriyaḥ
jñānaṁ labdhvā parāṁ śāntim, acireṇādhigacchati

śraddhā-vān — iemand met een vast geloof; *labhate* — verwerft; *jñānam* — kennis; *tat-paraḥ* — er erg aan gehecht; *saṁyata* — beheerst; *indriyaḥ* — zintuigen; *jñānam* — kennis; *labdhvā* — gekregen; *parām* — transcendentale; *śāntim* — vrede; *acireṇa* — heel spoedig; *adhigacchati* — bereikt.

Een mens met een vast geloof, die zich wijdt aan transcendentale kennis en die zijn zintuigen beheerst, is gekwalificeerd om zulke kennis te ontvangen. En heeft zo iemand die kennis eenmaal ontvangen, dan bereikt hij spoedig de allerhoogste spirituele vrede.

COMMENTAAR: Zulke kennis in Kṛṣṇa-bewustzijn kan verkregen worden door iemand die een vast geloof heeft in Kṛṣṇa. Iemand wordt gelovig genoemd wanneer hij denkt dat hij door eenvoudig Kṛṣṇa-bewust actief te zijn de hoogste perfectie kan bereiken. Dit geloof wordt bereikt door devotionele dienst te verrichten en door het chanten van Hare Kṛṣṇa, Hare Kṛṣṇa, Kṛṣṇa Kṛṣṇa, Hare Hare / Hare Rāma, Hare Rāma, Rāma Rāma, Hare Hare, waardoor het hart van alle materiële vuiligheid gezuiverd wordt. Bovendien moet men de zintuigen beheersen. Wie in Kṛṣṇa gelooft en zijn zintuigen beheerst, kan gemakkelijk en zonder uitstel volmaaktheid bereiken in de kennis van het Kṛṣṇa-bewustzijn.

TEKST 40 अज्ञश्चाश्रद्दधानश्च संशयात्मा विनश्यति ।
नायं लोकोऽस्ति न परो न सुखं संशयात्मनः ॥ ४० ॥

ajñaś cāśraddadhānaś ca, saṁśayātmā vinaśyati
nāyaṁ loko 'sti na paro, na sukhaṁ saṁśayātmanaḥ

ajñaḥ — een dwaas die geen kennis heeft van standaardgeschriften; *ca* — en; *aśraddadhānaḥ* — zonder geloof of vertrouwen in de geopenbaarde teksten; *ca* — ook; *saṁśaya* — met twijfels; *ātmā* — een persoon; *vinaśyati* — valt terug; *na* — nooit; *ayam* — in deze; *lokaḥ* — wereld; *asti* — er is; *na* — evenmin; *paraḥ* — in het volgend leven; *na* — niet; *sukham* — geluk; *saṁśaya* — vol twijfels; *ātmanaḥ* — van de persoon.

Onwetende en ongelovige personen daarentegen, die twijfelen aan de geopenbaarde geschriften, bereiken geen godsbewustzijn, maar komen ten val. Voor de twijfelende ziel bestaat er geen geluk, niet in deze wereld en niet in de volgende.

COMMENTAAR: Uit de vele gevestigde en gezaghebbende heilige teksten is de *Bhagavad-gītā* de beste. Personen die nagenoeg als dieren zijn, hebben geen geloof in of kennis van de erkende geopenbaarde teksten. Sommigen hebben wel kennis, maar hechten geen geloof aan deze teksten zelfs al kunnen ze er passages uit citeren. En zelfs al geloven anderen wel in heilige teksten zoals de *Bhagavad-gītā*, toch geloven ze niet in de Persoonlijkheid Gods, Śrī Kṛṣṇa, of aanbidden Hem niet. Zulke personen komen niet tot Kṛṣṇa-bewustzijn, maar ze komen ten val.

Van alle hierboven genoemde personen, maken zij die geen geloof hebben en die altijd twijfelen, geen enkele vooruitgang. Personen die niet in God en Zijn geopenbaarde woorden geloven, zullen in deze wereld niets goeds tegenkomen en evenmin in de volgende. Voor hen bestaat er geen enkel geluk. Men moet de principes van de geopenbaarde teksten daarom met vertrouwen volgen om zo verheven te worden tot het niveau van kennis. Alleen deze kennis zal iemand helpen om bevorderd te worden naar het transcendentale niveau van spiritueel begrip. Met andere woorden, twijfelende personen hebben geen enkele positie op het pad van spirituele emancipatie. Men moet daarom in de voetstappen van de grote *ācārya's* volgen, die deel uitmaken van de opeenvolging van discipelen, en zo succesvol worden.

TEKST 41 योगसंन्यस्तकर्माणं ज्ञानसञ्छिन्नसंशयम् ।
आत्मवन्तं न कर्माणि निबध्नन्ति धनञ्जय ॥ ४१ ॥

yoga-sannyasta-karmāṇaṁ, jñāna-sañchinna-saṁśayam
ātmavantaṁ na karmāṇi, nibadhnanti dhanañjaya

yoga — door devotionele dienst in *karma-yoga*; *sannyasta* — iemand die zich onthecht heeft; *karmāṇam* — de vruchten van zijn activiteiten; *jñāna* — door kennis; *sañchinna* — gesneden; *saṁśayam* — twijfels; *ātma-vantam* — verankerd in het zelf; *na* — nooit; *karmāṇi* — activiteiten; *nibadhnanti* — binden; *dhanañjaya* — o overwinnaar van rijkdom.

Wie devotionele dienst verricht en zich daarbij van de vruchten van zijn activiteiten onthecht en van wie de twijfels door transcendentale kennis vernietigd zijn, is werkelijk verankerd in het zelf. Op deze manier raakt hij niet meer gebonden door het karma voor zijn activiteiten, o overwinnaar van rijkdom.

COMMENTAAR: Wie de instructie van de *Bhagavad-gītā* opvolgt zoals die is overgedragen door de Heer, de Persoonlijkheid Gods Zelf, raakt door de genade van transcendentale kennis bevrijd van al zijn twijfels. Als integrerend deeltje van de Heer dat volledig Kṛṣṇa-bewust is, is hij al gegrond in zelfkennis. Op die manier staat hij zonder twijfel boven gebondenheid door activiteiten.

TEKST 42 तस्मादज्ञानसम्भूतं हृत्स्थं ज्ञानासिनात्मनः ।
छित्त्वैनं संशयं योगमातिष्ठोत्तिष्ठ भारत ॥ ४२ ॥

tasmād ajñāna-sambhūtaṁ, hṛt-sthaṁ jñānāsinātmanaḥ
chittvainaṁ saṁśayaṁ yogam, ātiṣṭhottiṣṭha bhārata

tasmāt — daarom; *ajñāna-sambhūtam* — voortgekomen uit onwetendheid; *hṛt-stham* — zich bevindend in het hart; *jñāna* — van kennis; *asinā* — met het wapen; *ātmanaḥ* — van het zelf; *chittvā* — afsnijdend; *enam* — deze; *saṁśayam* — twijfel; *yogam* — in yoga; *ātiṣṭha* — leg je toe op; *uttiṣṭha* — sta op om te strijden; *bhārata* — o afstammeling van Bharata.

Daarom moeten de twijfels die door onwetendheid in je hart verschenen zijn, worden weggekapt met het zwaard der kennis. O Bhārata, wapen jezelf met yoga en sta op en strijd.

COMMENTAAR: De yogamethode die in dit hoofdstuk onderwezen werd, wordt *sanātana-yoga* genoemd of eeuwige activiteiten die door het levende wezen verricht worden. Deze yoga heeft twee onderverdelingen in offeractiviteiten: de eerste wordt het offer van materiële bezittingen genoemd en de andere kennis van het zelf, wat een zuiver spirituele activiteit is. Als het offeren van iemands materiële bezittingen niet gericht is op spirituele bewustwording, dan worden zulke offers materieel. Maar wie zulke offers brengt met een spiritueel doel of in devotionele dienst, brengt een volmaakt offer.

Wanneer we tot spirituele activiteiten komen, zullen we zien dat ook die in twee groepen onderverdeeld worden, namelijk het begrijpen van het eigen zelf (of iemands wezenlijke positie) en het begrijpen van de waarheid over de Allerhoogste Persoonlijkheid Gods. Wie het pad van de *Bhagavad-gītā* zoals ze is volgt, kan deze twee belangrijke onderverdelingen van spirituele kennis heel gemakkelijk begrijpen. Er bestaat voor hem geen moeilijkheid in het krijgen van perfecte kennis van het zelf als een integrerend deeltje van de Heer. Een dergelijk begrip is heilzaam, omdat zo'n persoon gemakkelijk de transcendentale activiteiten van de Heer kan begrijpen.

In het begin van dit hoofdstuk werden de transcendentale activiteiten van de Heer door de Allerhoogste Heer Zelf besproken. Wie de instructies van de *Gītā* niet begrijpt, heeft geen geloof en moet worden beschouwd als iemand die misbruik maakt van de minieme hoeveelheid onafhankelijkheid die hem door de Heer is toegekend. Wie ondanks zulke instructies de werkelijke aard van de Heer als de eeuwige, gelukzalige, alwetende Persoonlijkheid Gods niet kent, is beslist de grootste dwaas die er bestaat.

Onwetendheid kan worden weggenomen door geleidelijke aanvaarding van de principes van het Kṛṣṇa-bewustzijn. Kṛṣṇa-bewustzijn wordt opgewekt door verschillende soorten offers aan de halfgoden, offers aan Brahman, het offer van het celibaat, het offer in het gezinsleven, in het beheersen van de zintuigen, in het beoefenen van mystieke yoga, in ascese, in het afstand doen van materiële bezittingen, in het bestuderen van de Veda's, en in het deel uitmaken van het sociale stelsel dat *varṇāśrama-dharma* wordt genoemd. Al deze onderdelen worden offers genoemd en ze zijn allemaal gebaseerd op gereguleerde activiteit. Maar in al deze activiteiten is zelfrealisatie de belangrijke factor. Iemand die *dat* doel nastreeft, is werkelijk gekwalificeerd om de *Bhagavad-gītā* te bestuderen, maar iemand die aan de autoriteit van Kṛṣṇa twijfelt, valt terug. Men wordt daarom aangeraden om de *Bhagavad-gītā* of ieder ander geschrift te bestuderen onder leiding van een bonafide spiritueel leraar die men dient en aan wie men zich overgeeft.

Een bonafide spiritueel leraar maakt deel uit van de opeenvolging van discipelen die al sinds onheuglijke tijden bestaat en hij wijkt niet in het minst af van de instructies van de Allerhoogste Heer, zoals die miljoenen jaren geleden werden overgedragen aan de zonnegod, door wie de instructies van de *Bhagavad-gītā* het aardse koninkrijk hebben bereikt. Men moet het pad van de *Bhagavad-gītā* daarom volgen zoals dat in de *Gītā* zelf uiteengezet is en men moet oppassen voor egoïstische mensen die uit zijn op het vergroten van hun eigen macht, roem en rijkdom en die anderen van het werkelijke pad laten afwijken. De Heer is beslist de allerhoogste persoon en Zijn activiteiten zijn transcendentaal. Wie dit begrijpt, is een bevrijd persoon vanaf het moment dat hij de *Bhagavad-gītā* begint te bestuderen.

Zo eindigen de commentaren van Śrī Śrīmad A.C. Bhaktivedanta Swami Prabhupāda bij het vierde hoofdstuk van Śrīmad Bhagavad-gītā, *getiteld 'Transcendentale kennis'.*

5

KARMA-YOGA:

ACTIVITEIT *in* KṚṢṆA-BEWUSTZIJN

TEKST 1

अर्जुन उवाच
संन्यासं कर्मणां कृष्ण पुनर्योगं च शंससि ।
यच्छ्रेय एतयोरेकं तन्मे ब्रूहि सुनिश्चितम् ॥ १ ॥

arjuna uvāca
sannyāsaṁ karmaṇāṁ kṛṣṇa, punar yogaṁ ca śaṁsasi
yac chreya etayor ekaṁ, tan me brūhi su-niścitam

arjunaḥ uvāca — Arjuna zei; *sannyāsam* — onthechting; *karmaṇām* — van alle activiteiten; *kṛṣṇa* — o Kṛṣṇa; *punaḥ* — weer; *yogam* — devotionele dienst; *ca* — ook; *śaṁsasi* — Je verheerlijkt; *yat* — welke; *śreyaḥ* — is heilzamer; *etayoḥ* — van deze twee; *ekam* — één; *tat* — dat; *me* — aan mij; *brūhi* — vertel alsjeblieft; *su-niścitam* — ondubbelzinnig.

Arjuna zei: O Kṛṣṇa, eerst vraag Je me afstand te doen van activiteiten en daarna raad Je aan om activiteiten met devotie te verrichten. Zou Je me alsjeblieft ondubbelzinnig willen zeggen welke van de twee de beste is?

COMMENTAAR: In dit vijfde hoofdstuk van de *Bhagavad-gītā* zegt de Heer dat activiteit in devotionele dienst beter is dan droog theoretisch gespeculeer. Devotionele dienst is gemakkelijker omdat het transcendentaal is en iemand daarom van karma bevrijdt. In het tweede hoofdstuk werd inleidende kennis gegeven over de ziel en over haar verstrikking in het materiële lichaam. In datzelfde hoofdstuk werd ook uitgelegd hoe iemand door *buddhi-yoga* of devotionele dienst uit deze materiële gevangenschap kan komen. In het derde hoofdstuk werd uitgelegd dat iemand die zich op het niveau van kennis bevindt, geen plichten meer hoeft te vervullen. Vervolgens vertelde Kṛṣṇa in het vierde hoofdstuk aan Arjuna dat alle soorten van offeractiviteiten hun hoogtepunt bereiken in kennis. Maar aan het eind van het vierde hoofdstuk raadde de Heer Arjuna aan om wakker te worden en te vechten nu hij zich op het niveau van kennis bevond. Door tegelijkertijd de nadruk te leggen op activiteit met devotie en inactiviteit in kennis, had Kṛṣṇa de geest van Arjuna verward en zijn vastberadenheid aan het wankelen gebracht.

Arjuna denkt dat onthechting in kennis betekent dat alle soorten van activiteit die met de zintuigen verricht worden, gestopt moeten worden. Maar als iemand activiteiten in devotionele dienst verricht, hoe kunnen activiteiten dan worden gestopt? Met andere woorden, hij denkt dat *sannyāsa* of onthechting in kennis, helemaal vrij zou moeten zijn van alle soorten van activiteit, omdat activiteit en onthechting voor hem onverenigbaar zijn. Hij blijkt niet begrepen te hebben dat een activiteit die in volledige kennis verricht wordt, geen karma oplevert en daarom hetzelfde is als inactiviteit. Zijn vraag is daarom of hij helemaal moet stoppen met activiteiten of actief moet zijn in volledige kennis.

TEKST 2

श्रीभगवानुवाच
संन्यासः कर्मयोगश्च निःश्रेयसकरावुभौ ।
तयोस्तु कर्मसंन्यासात्कर्मयोगो विशिष्यते ॥ २ ॥

śrī-bhagavān uvāca
sannyāsaḥ karma-yogaś ca, niḥśreyasa-karāv ubhau
tayos tu karma-sannyāsāt, karma-yogo viśiṣyate

śrī-bhagavān uvāca — de Persoonlijkheid Gods zei; *sannyāsaḥ* — het afstand doen van activiteiten; *karma-yogaḥ* — activiteit met devotie; *ca* — ook; *niḥśreyasa-karau* — leidend naar het pad van bevrijding; *ubhau* — allebei; *tayoḥ* — van de twee; *tu* — maar; *karma-sannyāsāt* — vergeleken met het afstand doen van resultaatgerichte activiteit; *karma-yogaḥ* — activiteit met devotie; *viśiṣyate* — is beter.

De Persoonlijkheid Gods antwoordde: Zowel het afstand doen van activiteit als het verrichten van activiteiten met devotie leidt tot bevrijding. Maar van deze twee is activiteit in devotionele dienst beter dan het afstand doen van activiteit.

COMMENTAAR: Resultaatgerichte activiteiten (met als doel zinsbevrediging) zijn de oorzaak van materiële gebondenheid. Zolang iemand activiteiten verricht die gericht zijn op het verbeteren van de standaard van lichamelijk comfort, zal hij beslist naar verschillende soorten lichamen verhuizen, waardoor hij zijn materiële gebondenheid onophoudelijk voortzet. Het *Śrīmad-Bhāgavatam* (5.5.4-6) bevestigt dit als volgt:

nūnaṁ pramattaḥ kurute vikarma, yad indriya-prītaya āpṛṇoti
na sādhu manye yata ātmano 'yam, asann api kleśa-da āsa dehaḥ

parābhavas tāvad abodha-jāto, yāvan na jijñāsata ātma-tattvam
yāvat kriyās tāvad idaṁ mano vai, karmātmakaṁ yena śarīra-bandhaḥ

evaṁ manaḥ karma-vaśaṁ prayuṅkte, avidyayātmany upadhīyamāne
prītir na yāvan mayi vāsudeve, na mucyate deha-yogena tāvat

'Mensen zijn verzot op zinsbevrediging, maar weten niet dat dit huidige lichaam, dat vol ellende is, het gevolg is van resultaatgerichte activiteiten in het verleden. Hoewel dit lichaam tijdelijk is, bezorgt het ons altijd op vele manieren ellende. Daarom zijn activiteiten voor zinsbevrediging niet goed. Iemand wordt als mislukt beschouwd als hij niet naar zijn ware identiteit vraagt. Zolang hij zijn ware identiteit niet kent, zal hij alleen werken voor resultaten die voor zijn zinsbevrediging bedoeld zijn, en zolang zijn bewustzijn in beslag wordt genomen door zinsbevrediging, moet hij van het ene lichaam naar het andere verhuizen. Ook al wordt de geest in beslag genomen door resultaatgerichte activiteiten en wordt hij beïnvloed door onwetendheid, toch moet iemand liefde ontwikkelen voor devotionele dienst aan Vāsudeva. Alleen dan bestaat er voor hem een mogelijkheid om uit de gebondenheid van het materiële bestaan te komen.'

Jñāna (of de kennis dat men niet het materiële lichaam is maar een ziel) is op zichzelf niet genoeg voor bevrijding. Men moet *handelen* als een ziel, anders is het niet mogelijk om aan materiële gebondenheid te ontsnappen. Maar Kṛṣṇa-bewuste activiteiten bevinden zich niet op het niveau van resultaatgerichtheid. Activiteiten die met volledige kennis worden gedaan, bevorderen iemands vooruitgang in werkelijke kennis. Zich onthechten van resultaatgerichte activiteiten alleen, zonder Kṛṣṇa-bewustzijn, zal het hart van een geconditioneerde ziel niet werkelijk zuiveren. Zolang het hart niet gezuiverd is, zal iemand actief moeten zijn op het resultaatgerichte niveau. Maar handelen in Kṛṣṇa-bewustzijn helpt iemand vanzelf te ontsnappen aan het karma voor resultaatgerichte activiteiten, zodat iemand niet hoeft af te dalen naar het materiële niveau. Kṛṣṇa-bewuste activiteiten zijn daarom altijd beter dan onthechting, die altijd het risico met zich meebrengt dat men terugvalt.

Onthechting zonder Kṛṣṇa-bewustzijn is onvolledig; dit bevestigt Śrīla Rūpa Gosvāmī in zijn *Bhakti-rasāmṛta-sindhu* (1.2.256):

prāpañcikatayā buddhyā, hari-sambandhi-vastunaḥ
mumukṣubhiḥ parityāgo, vairāgyaṁ phalgu kathyate

'Wanneer mensen die sterk naar bevrijding verlangen zich van dingen onthechten die verband houden met de Allerhoogste Persoonlijkheid Gods, denkend dat deze materieel zijn, dan wordt hun onthechting onvolledig genoemd.' Onthechting is compleet wanneer ze wordt beoefend met de kennis dat alles wat bestaat eigendom van de Heer is en dat niemand zich wat dan ook moet toe-eigenen. Men moet begrijpen dat eigenlijk niets aan iemand toebehoort. Hoe kan er dan sprake zijn van onthechting? Iemand die weet dat alles het eigendom is van Kṛṣṇa, is altijd onthecht. Omdat alles het eigendom is van Kṛṣṇa, moet alles gebruikt worden in dienst aan Hem. Deze perfecte, Kṛṣṇa-bewuste vorm van activiteit is veel beter dan de kunstmatige onthechting van een *sannyāsī* uit de school van de *māyāvādī's*, hoe ver die onthechting ook gaat.

TEKST 3 ज्ञेयः स नित्यसंन्यासी यो न द्वेष्टि न काङ्क्षति ।
निर्द्वन्द्वो हि महाबाहो सुखं बन्धात्प्रमुच्यते ॥ ३ ॥

jñeyaḥ sa nitya-sannyāsī, yo na dveṣṭi na kāṅkṣati
nirdvandvo hi mahā-bāho, sukhaṁ bandhāt pramucyate

jñeyaḥ — zou bekend moeten zijn; *saḥ* — hij; *nitya* — altijd; *sannyāsī* — iemand die zich onthecht; *yaḥ* — wie; *na* — nooit; *dveṣṭi* — verafschuwt; *na* — evenmin; *kāṅkṣati* — begeert; *nirdvandvaḥ* — vrij van alle dualiteiten; *hi* — zeker; *mahā-bāho* — o sterkgearmde; *sukham* — vreugdevol; *bandhāt* — van gebondenheid; *pramucyate* — raakt volkomen bevrijd.

Wie de vruchten van zijn activiteiten verlangt noch verafschuwt, staat bekend als iemand die altijd onthecht is. Zo iemand die vrij is van dualiteiten, overwint gemakkelijk de gebondenheid aan materie en raakt volkomen bevrijd, o sterkgearmde Arjuna.

COMMENTAAR: Wie volledig Kṛṣṇa-bewust is, is altijd iemand die zich onthecht, omdat hij geen haat of verlangen voelt voor de resultaten van zijn activiteiten. Zo iemand die zich onthecht, die zich wijdt aan de transcendentale liefdedienst aan de Heer, is volledig gekwalificeerd op het gebied van kennis, omdat hij weet wat zijn wezenlijke positie is in zijn relatie met Kṛṣṇa. Hij weet heel goed dat Kṛṣṇa het geheel is en dat hij een integrerend deeltje is van Kṛṣṇa. Zulke kennis is perfect, omdat ze zowel kwalitatief als kwantitatief correct is. Het concept van eenheid met Kṛṣṇa is incorrect, omdat een deel nooit gelijk kan zijn aan het geheel. De kennis dat men één is in kwaliteit, maar verschillend in kwantiteit is correcte transcendentale kennis waardoor men volledig in zichzelf voldaan raakt en niets meer nastreeft of betreurt. Er bestaat geen dualiteit meer in zijn geest, omdat hij alles wat hij doet, wat het ook is, voor Kṛṣṇa doet. Doòr op die manier boven het niveau van dualiteiten te staan, is men — zelfs in de materiële wereld — bevrijd.

TEKST 4 सांख्ययोगौ पृथग्बालाः प्रवदन्ति न पण्डिताः ।
एकमप्यास्थितः सम्यगुभयोर्विन्दते फलम् ॥ ४ ॥

sāṅkhya-yogau pṛthag bālāḥ, pravadanti na paṇḍitāḥ
ekam apy āsthitaḥ samyag, ubhayor vindate phalam

sāṅkhya — analytisch onderzoek van de materiële wereld; *yogau* — activiteit in devotionele dienst; *pṛthak* — verschillend; *bālāḥ* — de minder intelligenten; *pravadanti* — zeggen; *na* — nooit; *paṇḍitāḥ* — de geleerden; *ekam* — in één; *api* — zelfs; *āsthitaḥ* — zich bevindend; *samyak* — volledig; *ubhayoḥ* — van beide; *vindate* — geniet; *phalam* — het resultaat.

Alleen onwetenden zeggen dat devotionele dienst [karma-yoga] en het analytische onderzoek van de materiële wereld [sāṅkhya] van elkaar verschillen. Zij die werkelijk geleerd zijn, zeggen dat iemand die zich volledig toelegt op één van deze twee paden, het resultaat van beide krijgt.

COMMENTAAR: Het doel van de analytische studie van de materiële wereld is de ziel van het bestaan te vinden. De ziel van de materiële wereld is Viṣṇu, de Superziel. Devotionele dienst aan de Heer is ook dienst aan de Superziel. De ene methode is het vinden van de wortel van de boom en de andere is het gieten van water op de wortel. Wie de *sāṅkhya*-filosofie serieus bestudeert, vindt de wortel van de materiële boom, Viṣṇu, en geeft zich daarna in perfecte kennis over aan de dienst aan de Heer. Er bestaat dus geen essentieel verschil tussen de twee, omdat Viṣṇu het doel van beide is. Zij die niet weten wat de uiteindelijke bedoeling is, zeggen dat de doeleinden van *sāṅkhya* en *karma-yoga* niet dezelfde zijn, maar iemand die geleerd is, weet wat het gemeenschappelijke doel van deze verschillende methoden is.

TEKST 5 यत्सांख्यैः प्राप्यते स्थानं तद्योगैरपि गम्यते ।
एकं सांख्यं च योगं च यः पश्यति स पश्यति ॥ ५ ॥

yat sāṅkhyaiḥ prāpyate sthānaṁ, tad yogair api gamyate
ekaṁ sāṅkhyaṁ ca yogaṁ ca, yaḥ paśyati sa paśyati

yat — wat; *sāṅkhyaiḥ* — door middel van *sāṅkhya*-filosofie; *prāpyate* — wordt bereikt; *sthānam* — plaats; *tat* — die; *yogaiḥ* — door devotionele dienst; *api* — ook; *gamyate* — men kan bereiken; *ekam* — één; *sāṅkhyam* — analytisch onderzoek; *ca* — en; *yogam* — activiteit met devotie; *ca* — en; *yaḥ* — iemand die; *paśyati* — ziet; *saḥ* — hij; *paśyati* — ziet werkelijk.

Wie weet dat de positie die bereikt wordt door middel van analytisch onderzoek ook door devotionele dienst bereikt kan worden en daardoor ziet dat analytisch onderzoek en devotionele dienst zich op één en hetzelfde niveau bevinden, ziet de dingen zoals ze zijn.

COMMENTAAR: De werkelijke bedoeling van filosofisch onderzoek is het uiteindelijke doel van het leven te vinden. Omdat zelfrealisatie het uiteindelijke doel van het leven is, bestaat er geen verschil tussen de conclusies waartoe de twee methoden komen. Door onderzoek volgens de *sāṅkhya*-filosofie komt men tot de conclusie dat een levend wezen geen integrerend deel uitmaakt van de materiële wereld, maar van het allerhoogste, spirituele geheel. Daaruit volgt dat de ziel volkomen losstaat van de materiële wereld; haar activiteiten moeten op een bepaalde manier in verband staan met de Allerhoogste. Wanneer de ziel Kṛṣṇa-bewust handelt, bevindt ze zich werkelijk in haar wezenlijke positie. Volgens de eerste methode, *sāṅkhya*, moet iemand onthecht raken van materie en volgens de methode van devotionele yoga moet iemand zich aan Kṛṣṇa-bewuste activiteiten hechten. Feitelijk zijn de twee methoden dezelfde, hoewel de ene methode oppervlakkig gezien onthechting betekent en de andere methode juist gehechtheid. Onthechting van materie en gehechtheid aan Kṛṣṇa zijn één en hetzelfde. Wie dit ziet, ziet de dingen zoals ze zijn.

TEKST 6

संन्यासस्तु महाबाहो दुःखमाप्तुमयोगतः ।
योगयुक्तो मुनिर्ब्रह्म नचिरेणाधिगच्छति ॥ ६ ॥

sannyāsas tu mahā-bāho, duḥkham āptum ayogataḥ
yoga-yukto munir brahma, na cireṇādhigacchati

sannyāsaḥ — de onthechte levensorde; *tu* — maar; *mahā-bāho* — o sterkgearmde; *duḥkham* — ellende; *āptum* — kwellen met; *ayogataḥ* — zonder devotionele dienst; *yoga-yuktaḥ* — iemand die devotionele dienst verricht; *muniḥ* — een denker; *brahma* — de Allerhoogste; *na cireṇa* — zonder uitstel; *adhigacchati* — bereikt.

Alleen maar afstand doen van activiteit, zonder devotionele dienst te verrichten aan de Heer, zal niemand gelukkig maken. Maar een bedachtzaam persoon, die devotionele dienst verricht, kan onmiddellijk de Allerhoogste bereiken.

COMMENTAAR: Er zijn twee soorten *sannyāsī's* of personen in de onthechte levensorde. De *māyāvādī-sannyāsī's* bestuderen de *sāṅkhya*-filosofie, terwijl de *vaiṣṇava-sannyāsī's* de filosofie van het *Bhāgavatam* bestuderen, dat het juiste commentaar op de *vedānta-sūtra's* geeft. Ook de *māyāvādī-sannyāsī's* bestuderen de *vedānta-sūtra's*, maar ze gebruiken hun eigen commentaar dat *Śārīraka-bhāṣya* wordt genoemd en dat geschreven is door Śaṅkarācārya. De studenten van de *Bhāgavata*-school verrichten transcendentale devotionele dienst aan de Heer volgens de regels van de *pāñcarātrika* en hebben daarom een veelvoud van bezigheden in devotionele dienst. Zulke *vaiṣṇava-sannyāsī's* hebben niets te maken met materiële activiteiten en toch verrichten ze verschillende activiteiten tijdens hun devotionele dienst aan de Heer. De *māyāvādī-sannyāsī's* daarentegen, die zich bezighouden met *sāṅkhya* en vedanta en met speculeren, kunnen geen plezier beleven aan de transcendentale dienst aan de Heer. Omdat hun studies erg saai worden, worden ze het speculeren over Brahman moe en nemen ze vervolgens hun toevlucht tot het *Bhāgavatam*, maar zonder een juist begrip. Het bestuderen van het *Śrīmad-Bhāgavatam* wordt daarom moeilijk voor hen. Droge speculaties en impersonalistische interpretaties met behulp van bepaalde kunstgrepen zijn allemaal waardeloos voor de *māyāvādī-sannyāsī's*. De *vaiṣṇava-sannyāsī's*, die devotionele dienst verrichten, zijn gelukkig met het vervullen van hun transcendentale plichten en hun uiteindelijke toegang tot het koninkrijk van God is gegarandeerd. De *māyāvādī-sannyāsī's* vallen soms van het pad van zelfrealisatie om zich vervolgens opnieuw bezig te houden met filantropische en altruïstische activiteiten, die niets anders zijn dan materiële bezigheden. De conclusie is daarom dat zij die Kṛṣṇa-bewuste activiteiten verrichten zich in een betere situatie bevinden dan de *sannyāsī's* die zich bezighouden met speculaties over wat wel en wat niet Brahman is, ook al komen ook zij, na vele levens, tot Kṛṣṇa-bewustzijn.

TEKST 7 योगयुक्तो विशुद्धात्मा विजितात्मा जितेन्द्रियः ।
सर्वभूतात्मभूतात्मा कुर्वन्नपि न लिप्यते ॥ ७ ॥

yoga-yukto viśuddhātmā, vijitātmā jitendriyaḥ
sarva-bhūtātma-bhūtātmā, kurvann api na lipyate

yoga-yuktaḥ — bezig met devotionele dienst; *viśuddha-ātmā* — een gezuiverde ziel; *vijita-ātmā* — zelfbeheerst; *jita-indriyaḥ* — de zintuigen overwonnen hebbend; *sarva-bhūta* — met alle levende wezens; *ātma-bhūta-ātmā* — medelijden hebben; *kurvan api* — hoewel bezig met activiteiten; *na* — nooit; *lipyate* — is verstrikt.

Wie met devotie handelt, een zuivere ziel is en zijn geest en zintuigen beheerst, is iedereen dierbaar en iedereen is hem dierbaar. Hoewel zo'n persoon altijd bezig is, raakt hij nooit verstrikt.

COMMENTAAR: Wie zich door Kṛṣṇa-bewustzijn op het pad van bevrijding bevindt, is ieder levend wezen heel dierbaar en ieder levend wezen is hem dierbaar. Dit komt door zijn Kṛṣṇa-bewustzijn. Zo'n persoon ziet geen enkel ander levend wezen als gescheiden van Kṛṣṇa, zoals de bladeren en takken van een boom niet afzonderlijk van de boom bestaan. Hij weet heel goed dat wanneer hij water op de wortels giet, dit water over alle bladeren en takken verdeeld zal worden of dat door de maag met voedsel te vullen de energie vanzelf over het hele lichaam wordt verspreid.

Omdat iemand die Kṛṣṇa-bewust handelt een dienaar van iedereen is, is hij iedereen heel dierbaar, en omdat iedereen tevreden is over zijn werk, is zijn bewustzijn zuiver. Omdat zijn bewustzijn zuiver is, is zijn geest volledig onder controle en omdat zijn geest onder controle wordt gehouden, worden zijn zintuigen dat ook. Omdat zijn geest altijd op Kṛṣṇa geconcentreerd is, bestaat er geen kans dat hij van Kṛṣṇa wordt afgeleid. Er bestaat evenmin een kans dat hij zijn zintuigen voor iets anders gebruikt dan voor dienst aan de Heer. Hij houdt er niet van om iets anders te horen dan onderwerpen die verband houden met Kṛṣṇa; hij houdt er niet van om iets te eten dat niet aan Kṛṣṇa geofferd is, en hij zal nooit ergens naar toe willen gaan als Kṛṣṇa er niet bij betrokken is. Daarom heeft hij zijn zintuigen onder controle.

Iemand met beheerste zintuigen zal nooit iemand kwaad doen. Men zou nu kunnen vragen: 'Waarom viel Arjuna (in de strijd) anderen dan aan? Was hij niet Kṛṣṇa-bewust?' Arjuna was alleen oppervlakkig gezien een aanvaller, want (zoals al in het tweede hoofdstuk is uitgelegd) alle personen die op het slagveld verzameld waren, zouden blijven voortleven als individuen, omdat de ziel niet gedood kan worden. Spiritueel gezien werd niemand op het Slagveld van Kurukṣetra gedood; op bevel van Kṛṣṇa, die persoonlijk aanwezig was, werden alleen hun kleren verwisseld. Toen Arjuna op het slagveld vocht, was hij in werkelijkheid helemaal niet aan het vechten, hij voerde eenvoudig de opdracht van Kṛṣṇa uit in volledig Kṛṣṇa-bewustzijn. Zo'n persoon is nooit verstrikt in karma voor activiteiten.

TEKST 8 – 9

नैव किञ्चित्करोमीति युक्तो मन्येत तत्त्ववित् ।
पश्यञ्शृण्वन्स्पृशञ्जिघ्रन्नश्नन्गच्छन्स्वपन्श्वसन् ॥ ८ ॥
प्रलपन्विसृजन्गृह्णन्नुन्मिषन्निमिषन्नपि ।
इन्द्रियाणीन्द्रियार्थेषु वर्तन्त इति धारयन् ॥ ९ ॥

naiva kiñcit karomīti, yukto manyeta tattva-vit
paśyañ śṛṇvan spṛśañ jighrann, aśnan gacchan svapan śvasan

pralapan visṛjan gṛhṇann, unmiṣan nimiṣann api
indriyāṇīndriyārtheṣu, vartanta iti dhārayan

na — nooit; *eva* — zeker; *kiñcit* — wat dan ook; *karomi* — ik doe; *iti* — zo; *yuktaḥ* — bezig in het goddelijk bewustzijn; *manyeta* — denkt; *tattva-vit* — iemand die de waarheid kent; *paśyan* — ziend; *śṛṇvan* — horend; *spṛśan* — aanrakend; *jighran* — ruikend; *aśnan* — etend; *gacchan* — gaand; *svapan* — dromend; *śvasan* — ademhalend; *pralapan* — pratend; *visṛjan* — opgevend; *gṛhṇan* — aannemend; *unmiṣan* — openend; *nimiṣan* — sluitend; *api* — ondanks; *indriyāṇi* — de zintuigen; *indriya-artheṣu* — met zinsbevrediging; *vartante* — laat ze zo bezig zijn; *iti* — zo; *dhārayan* — bedenkend.

Hoewel een persoon met goddelijk bewustzijn ziet, hoort, voelt, ruikt, eet, zich voortbeweegt, slaapt en ademt, is hij er zich altijd van bewust dat hij eigenlijk helemaal niets doet. Want terwijl hij spreekt, zich ontlast, iets in ontvangst neemt of zijn ogen opent of sluit, is hij er zich diep vanbinnen altijd van bewust dat alleen de materiële zintuigen en de zinsobjecten op elkaar inwerken en dat hij los van hen staat.

COMMENTAAR: Een Kṛṣṇa-bewust persoon leidt een zuiver bestaan en staat daardoor los van elke activiteit die afhankelijk is van de vijf directe en indirecte oorzaken: de handelende persoon, de zintuigen, de situatie, de inspanning en het lot. Dit komt doordat hij bezig is met transcendentale liefdedienst aan Kṛṣṇa. Hoewel het lijkt alsof hij actief is met zijn lichaam en zintuigen, is hij zich altijd bewust van zijn werkelijke positie, namelijk dat hij spirituele activiteiten verricht. In een materieel bewustzijn zijn de zintuigen actief voor zinsbevrediging, maar in Kṛṣṇa-bewustzijn zijn de zintuigen actief om de zintuigen van Kṛṣṇa te bevredigen. Een Kṛṣṇa-bewust persoon is daarom altijd vrij, ook al lijkt hij bezig te zijn met zintuiglijke zaken.

Activiteiten zoals zien en horen zijn activiteiten van de kennisvergarende zintuigen, terwijl bewegen, spreken, zich ontlasten enz. activiteiten van de uitvoerende zintuigen zijn. Een Kṛṣṇa-bewust persoon wordt nooit beïnvloed door de activiteiten van de zintuigen. Hij kan gewoon geen handeling uitvoeren tenzij deze in dienst is van de Heer, omdat hij weet dat hij Zijn eeuwige dienaar is.

TEKST 10 ब्रह्मण्याधाय कर्माणि सङ्गं त्यक्त्वा करोति यः ।
लिप्यते न स पापेन पद्मपत्रमिवाम्भसा ॥ १० ॥

brahmaṇy ādhāya karmāṇi, saṅgaṁ tyaktvā karoti yaḥ
lipyate na sa pāpena, padma-patram ivāmbhasā

brahmaṇi — aan de Allerhoogste Persoonlijkheid Gods; *ādhāya* — afstand doen van; *karmāṇi* — alle activiteiten; *saṅgam* — gehechtheid; *tyaktvā* — opgevend; *karoti* — verricht; *yaḥ* — wie; *lipyate* — wordt beïnvloed; *na* — nooit; *saḥ* — hij; *pāpena* — door zonde; *padma-patram* — een lotusblad; *iva* — zoals; *ambhasā* — door het water.

Wie zonder gehechtheid zijn plicht doet en de resultaten ervan afstaat aan de Allerhoogste Heer, wordt niet beïnvloed door zonde, zoals het blad van een lotus onaangeroerd blijft door water.

COMMENTAAR: *Brahmaṇi* betekent hier 'in Kṛṣṇa-bewustzijn'. De materiële wereld is de totale manifestatie van de drie hoedanigheden van de materiële natuur, technisch gezien *pradhāna* genoemd. De Vedische hymnen *sarvaṁ hy etad brahma* (*Māṇḍūkya Upaniṣad* 2), *tasmād etad brahma nāma-rūpam annaṁ ca jāyate* (*Muṇḍaka Upaniṣad* 1.2.10) en het vers in de *Bhagavad-gītā* (14.3) *mama yonir mahad brahma*, geven aan dat alles in de materiële wereld een manifestatie is van Brahman; hoewel de gevolgen verschillend gemanifesteerd zijn, zijn ze niet verschillend van de oorzaak.

In de *Īśopaniṣad* wordt gezegd dat alles in verband staat met het Allerhoogste Brahman, Kṛṣṇa, en dat alles daarom alleen Zijn eigendom is. Wie ervan doordrongen is dat alles aan Kṛṣṇa toebehoort, dat Hij de eigenaar van alles is en dat alles daarom in dienst van de Heer gebruikt moet worden, staat natuurlijk los van de resultaten van zijn activiteiten, of deze nu deugdzaam zijn of zondig. Zelfs iemands materiële lichaam, dat een geschenk is van de Heer voor het uitvoeren van een bepaald soort activiteit, kan worden gebruikt in Kṛṣṇa-bewustzijn. In dat geval kan het niet besmet worden door het karma voor zondige activiteiten, net zoals het blad van een lotus niet nat wordt, ook al bevindt het zich in het water. In de *Gītā* (3.30) zegt de Heer ook: *mayi sarvāṇi karmāṇi sannyasya* — 'Wijd al je activiteiten aan Mij [Kṛṣṇa].' De conclusie is dat iemand die niet Kṛṣṇa-bewust is, vanuit een levensbeschouwing handelt die gebaseerd is op het lichaam en de zintuigen. Maar wie Kṛṣṇa-bewust is, handelt vanuit het besef dat het lichaam het eigendom van Kṛṣṇa is en dat het daarom in Zijn dienst moet worden gebruikt.

TEKST 11 कायेन मनसा बुद्ध्या केवलैरिन्द्रियैरपि ।
योगिनः कर्म कुर्वन्ति सङ्गं त्यक्त्वात्मशुद्धये ॥ ११ ॥

kāyena manasā buddhyā, kevalair indriyair api
yoginaḥ karma kurvanti, saṅgaṁ tyaktvātma-śuddhaye

kāyena — met het lichaam; *manasā* — met de geest; *buddhyā* — met de intelligentie; *kevalaiḥ* — gezuiverd; *indriyaiḥ* — met de zintuigen; *api* — zelfs; *yoginaḥ* — Kṛṣṇa-bewuste personen; *karma* — activiteiten; *kurvanti* — zij verrichten; *saṅgam* — gehechtheid; *tyaktvā* — opgevend; *ātma* — van het zelf; *śuddhaye* — met zuivering als doel.

De yogī's, hun gehechtheid opgevend, verrichten hun activiteiten met lichaam, geest, intelligentie en zelfs met de zintuigen uitsluitend om gezuiverd te worden.

COMMENTAAR: Wanneer iemand op een Kṛṣṇa-bewuste manier bezig is de zintuigen van Kṛṣṇa te bevredigen, is elke activiteit, of ze nu met het lichaam, de geest, de intelligentie of zelfs de zintuigen wordt gedaan, gereinigd van materiële onzuiverheid. Voor de activiteiten van een Kṛṣṇa-bewust persoon is er geen karma. Zuivere activiteiten, die gewoonlijk *sad-ācāra* worden genoemd, kunnen daarom gemakkelijk verricht worden door actief te zijn in Kṛṣṇa-bewustzijn. In zijn *Bhakti-rasāmṛta-sindhu* (1.2.187) beschrijft Śrīla Rūpa Gosvāmī dit als volgt:

īhā yasya harer dāsye, karmaṇā manasā girā
nikhilāsv apy avasthāsu, jīvan-muktaḥ sa ucyate

'Een persoon die Kṛṣṇa-bewust bezig is (met andere woorden, die Kṛṣṇa dient) met zijn lichaam, geest, intelligentie en woorden, is zelfs in de materiële wereld een bevrijd persoon, hoewel hij bezig is met allerlei zogenaamde materiële activiteiten.' Hij heeft geen vals ego, omdat hij niet gelooft dat hij dit materiële lichaam is of dat dit lichaam van hem is. Hij weet dat hij niet zijn lichaam is en dat dit lichaam niet zijn eigendom is. Zelf behoort hij aan Kṛṣṇa toe en het lichaam ook. Wanneer hij alles wat voortgebracht wordt door het lichaam, de geest, de intelligentie, woorden, het leven, rijkdom enz. — wat hij ook maar in zijn bezit heeft — in dienst aan Kṛṣṇa gebruikt, staat hij onmiddellijk in verbinding met Kṛṣṇa. Hij is één met Kṛṣṇa en hij is vrij van het vals ego, dat iemand laat geloven dat hij zijn lichaam enz. is. Dit is het stadium van perfectie in Kṛṣṇa-bewustzijn.

TEKST 12 युक्तः कर्मफलं त्यक्त्वा शान्तिमाप्नोति नैष्ठिकीम् ।
अयुक्तः कामकारेण फले सक्तो निबध्यते ॥ १२ ॥

yuktaḥ karma-phalaṁ tyaktvā, śāntim āpnoti naiṣṭhikīm
ayuktaḥ kāma-kāreṇa, phale sakto nibadhyate

yuktaḥ — iemand die bezig is met devotionele dienst; *karma-phalam* — de resultaten van alle activiteiten; *tyaktvā* — opgevend; *śāntim* — volmaakte vrede; *āpnoti* — bereikt; *naiṣṭhikīm* — vastberaden; *ayuktaḥ* — iemand die niet Kṛṣṇa-bewust is; *kāma-kāreṇa* — om van het resultaat van activiteiten te genieten; *phale* — aan het resultaat; *saktaḥ* — gehecht; *nibadhyate* — raakt verstrikt.

De ziel die voortdurend is toegewijd, bereikt volkomen vrede, omdat ze alle resultaten van haar activiteiten aan Mij afstaat. Maar wie niet verbonden is met het Goddelijke en begerig is naar de vruchten van zijn arbeid, raakt verstrikt.

COMMENTAAR: Het verschil tussen een Kṛṣṇa-bewust persoon en een persoon met een lichamelijk bewustzijn is dat de eerste gehecht is aan Kṛṣṇa, terwijl de tweede gehecht is aan de resultaten van zijn activiteiten. Wie gehecht is aan Kṛṣṇa en alleen voor Hem werkt, is beslist een bevrijd persoon en heeft geen zorgen over de resultaten van zijn activiteit. In het *Bhāgavatam* wordt de oorzaak van bezorgdheid over het resultaat van een activiteit uitgelegd als iemands functioneren volgens een dualistische levensopvatting, dat wil zeggen: zonder kennis van de Absolute Waarheid. Kṛṣṇa is de Allerhoogste Absolute Waarheid, de Persoonlijkheid Gods.

In Kṛṣṇa-bewustzijn bestaat geen dualiteit. Alles wat bestaat is een product van de energie van Kṛṣṇa, en Kṛṣṇa is algoed. Kṛṣṇa-bewuste activiteiten bevinden zich daarom op een absoluut niveau; ze zijn transcendentaal en hebben geen materiële gevolgen. Daarom is iemand die Kṛṣṇa-bewust is, vervuld van vrede. Maar wie verstrikt is in het berekenen van zijn winst met het oog op zinsbevrediging, kan niet vredig zijn. Dit is het geheim van Kṛṣṇa-bewustzijn: het besef dat er buiten Kṛṣṇa niets anders bestaat, is het niveau van vrede en vrijheid van angst.

TEKST 13 सर्वकर्माणि मनसा संन्यस्यास्ते सुखं वशी ।
नवद्वारे पुरे देही नैव कुर्वन्न कारयन् ॥ १३ ॥

sarva-karmāṇi manasā, sannyasyāste sukhaṁ vaśī
nava-dvāre pure dehī, naiva kurvan na kārayan

sarva — alle; *karmāṇi* — activiteiten; *manasā* — door de geest; *sannyasya* — opgevend; *āste* — verblijft; *sukham* — vreugdevol; *vaśī* — iemand met zelfbeheersing; *nava-dvāre* — in de plaats waar negen poorten zijn; *pure* — in de stad; *dehī* — de belichaamde ziel; *na* — nooit; *eva* — zeker; *kurvan* — iets doen; *na* — niet; *kārayan* — aanzetten tot doen.

Wanneer het belichaamde levend wezen zijn natuur beheerst en zich in zijn geest onthecht van alle activiteiten, dan verblijft het blijmoedig in de stad met negen poorten [het materiële lichaam], zonder activiteiten te verrichten of te veroorzaken.

COMMENTAAR: De belichaamde ziel leeft in de stad met negen poorten. De activiteiten van het lichaam, de figuurlijke stad van het lichaam, worden automatisch uitgevoerd door de bepaalde hoedanigheden van de materiële natuur waardoor het lichaam beïnvloed wordt. Hoewel de ziel zich aan de conditioneringen van het lichaam onderwerpt, kan ze, als ze dat wil, hieraan ontstijgen. Alleen omdat de ziel haar hogere natuur vergeten is, identificeert ze zich met het materiële lichaam en lijdt ze. Door Kṛṣṇa-bewustzijn kan ze haar werkelijke positie weer innemen en ze zal daardoor vrijkomen uit haar belichaming. Vandaar dat iemand die zich op het Kṛṣṇa-bewustzijn toelegt, zich onmiddellijk volkomen afzijdig houdt van lichamelijke activiteiten. Tijdens zo'n beheerst leven, waarin hij andere doeleinden nastreeft, leeft hij in de stad met de negen poorten en is gelukkig. De negen poorten worden als volgt beschreven:

nava-dvāre pure dehī, haṁso lelāyate bahiḥ
vaśī sarvasya lokasya, sthāvarasya carasya ca

'De Allerhoogste Persoonlijkheid Gods, die in het lichaam van het levend wezen leeft, is de bestuurder van alle levende wezens in het hele universum. Het lichaam heeft negen poorten [twee ogen, twee neusgaten, twee oren, een mond, de anus en het geslachtsdeel]. In de geconditioneerde toestand identificeert het levend wezen zich met het lichaam, maar wanneer het zich met de Heer in zichzelf identificeert, wordt het net zo vrij als de Heer, zelfs al bevindt het zich in het lichaam.' (*Śvetāśvatara Upaniṣad* 3.18) Een Kṛṣṇa-bewust persoon is daarom vrij van zowel de externe als de interne activiteiten van het materiële lichaam.

TEKST 14 न कर्तृत्वं न कर्माणि लोकस्य सृजति प्रभुः ।
न कर्मफलसंयोगं स्वभावस्तु प्रवर्तते ॥ १४ ॥

na kartṛtvaṁ na karmāṇi, lokasya sṛjati prabhuḥ
na karma-phala-saṁyogaṁ, svabhāvas tu pravartate

na — nooit; *kartṛtvam* — eigenaarschap; *na* — evenmin; *karmāṇi* — activiteiten; *lokasya* — van de mensen; *sṛjati* — schept; *prabhuḥ* — de meester van de stad van het lichaam; *na* — evenmin; *karma-phala* — met de resultaten van activiteiten; *saṁyogam* — verbinding; *svabhāvaḥ* — de hoedanigheden van de materiële natuur; *tu* — maar; *pravartate* — werkt.

De belichaamde ziel, meester van de stad van het lichaam, geeft geen aanzet tot activiteiten, zet ook anderen niet tot activiteiten aan en laat evenmin activiteiten vruchtdragen. Dit alles wordt teweeggebracht door de hoedanigheden van de materiële natuur.

COMMENTAAR: Zoals in het zevende hoofdstuk uitgelegd zal worden, is het levend wezen een van de energieën van de Allerhoogste Heer, maar het is verschillend van materie, die een andere, lagere, energie van de Heer is. Om de een of andere reden is de hogere natuur, het levend wezen, al sinds onheuglijke tijden in contact met de materiële natuur. Het tijdelijke lichaam of de materiële verblijfplaats die het levend wezen krijgt, is de oorzaak van een verscheidenheid aan activiteiten en hun karmische gevolgen. Wanneer iemand zo'n geconditioneerd bestaan leidt, moet hij de resultaten van de activiteiten van het lichaam ondergaan, omdat hij zich door onwetendheid met dat lichaam identificeert. De oorzaak van lichamelijk lijden en ellende is de onwetendheid waarin we al sinds onheuglijke tijden verkeren. Zodra het levend wezen verheven wordt boven de activiteiten van het lichaam, raakt het ook vrij van karma. Zolang het in de stad van het lichaam is, lijkt het alsof het er de meester van is, maar in feite is het niet de eigenaar, noch is het de bestuurder van de activiteiten van het lichaam en het karma dat daarop volgt. Het bevindt zich slechts in het midden van de materiële oceaan en levert een strijd om het bestaan. De golven van de oceaan slingeren het heen en weer en het heeft er geen controle over. De beste oplossing is om uit het water te komen door het transcendentale Kṛṣṇa-bewustzijn. Dat is het enige wat het van alle deining kan redden.

TEKST 15

नादत्ते कस्यचित्पापं न चैव सुकृतं विभुः ।
अज्ञानेनावृतं ज्ञानं तेन मुह्यन्ति जन्तवः ॥ १५ ॥

nādatte kasyacit pāpaṁ, na caiva sukṛtaṁ vibhuḥ
ajñānenāvṛtaṁ jñānaṁ, tena muhyanti jantavaḥ

na — nooit; *ādatte* — aanvaardt; *kasyacit* — van wie dan ook; *pāpam* — zonde; *na* — evenmin; *ca* — ook; *eva* — zeker; *su-kṛtam* — vrome activiteiten; *vibhuḥ* — de Allerhoogste Heer; *ajñānena* — door onwetendheid; *āvṛtam* — bedekt; *jñānam* — kennis; *tena* — daardoor; *muhyanti* — zijn verward; *jantavaḥ* — de levende wezens.

De Allerhoogste Heer is evenmin verantwoordelijk voor iemands zondige of vrome activiteiten. De belichaamde wezens zijn echter verward, omdat hun werkelijke kennis door onwetendheid is bedekt.

COMMENTAAR: Het sanskrietwoord *'vibhu'* duidt op de Allerhoogste Heer die vol onbeperkte kennis, rijkdom, kracht, roem, schoonheid en onthechting is. Hij is altijd voldaan in Zichzelf, onverstoord door zondige of vrome activiteiten. Hij creëert voor geen enkel levend wezen een bepaalde situatie, maar omdat het levend wezen door onwetendheid verward is, verlangt het ernaar om in bepaalde levensomstandigheden te worden geplaatst, waardoor de aaneenschakeling van actie en reactie begint.

Omdat het levend wezen tot de hogere energie behoort, is het vol kennis. Ondanks dat is het door zijn beperkte vermogen vatbaar voor de invloed van onwetendheid. De Heer is almachtig, maar het levend wezen is dat niet. De Heer is *vibhu*, alwetend, maar het levend wezen is *aṇu*, atomisch. Omdat het een levende ziel is, heeft het door vrije wil het vermogen te verlangen; zo'n verlangen wordt alleen vervuld door de almachtige Heer. Wanneer het levend wezen door materiele verlangens verward is, staat de Heer het toe deze te vervullen, maar de Heer is nooit verantwoordelijk voor de activiteiten en het karma voor de bepaalde situatie waarnaar verlangd wordt. Omdat ze zich in een verwarde toestand bevindt, identificeert de belichaamde ziel zich met het bijkomstige materiële lichaam en raakt het onderhevig aan de ellende en het geluk van het leven, die beide tijdelijk zijn.

Als Paramātmā, de Superziel, is de Heer de voortdurende metgezel van het levend wezen en Hij begrijpt daardoor de verlangens van de individuele ziel zoals iemand de geur van een bloem kan ruiken wanneer hij er dichtbij is. Verlangens hebben is een subtiele conditionering van het levend wezen. De Heer vervult deze verlangens naargelang het levend wezen dat verdient: de mens wikt, God beschikt. Het individu is daarom niet almachtig in het vervullen van zijn verlangens. Maar de Heer kan alle verlangens vervullen en omdat Hij neutraal is ten opzichte van iedereen, staat Hij de verlangens van de nietige, onafhankelijk levende wezens niet in de weg. Maar als iemand Kṛṣṇa verlangt, dan geeft de Heer daar speciale aandacht aan en moedigt Hij die persoon aan om op zo'n manier te verlangen dat hij Kṛṣṇa kan bereiken en eeuwig gelukkig kan zijn. De Vedische hymnen zeggen daarom *eṣa u hy eva sādhu karma kārayati taṁ yam ebhyo lokebhya unninīṣate / eṣa u evāsādhu karma kārayati yam adho ninīṣate:* 'De Heer betrekt het levend wezen in vrome activiteiten, zodat het zich kan verheffen; de Heer betrekt het in zondige activiteiten, zodat het naar de hel kan gaan.' (*Kauṣītakī Upaniṣad* 3.8)

ajño jantur anīśo 'yam, ātmanaḥ sukha-duḥkhayoḥ
īśvara-prerito gacchet, svargaṁ vāśv abhram eva ca

'Het levend wezen is tijdens zijn ellende en geluk volledig afhankelijk. Door de wil van de Allerhoogste kan het naar de hemel of de hel gaan, zoals een wolk door de wind wordt voortgedreven.'

Sinds onheuglijke tijden heeft de belichaamde ziel het verlangen het Kṛṣṇabewustzijn te vermijden en ze veroorzaakt daarom haar eigen verwarring. Omdat ze zo klein is, vergeet ze haar wezenlijke positie als dienaar van de Heer en raakt ze verstrikt in onwetendheid, hoewel ze in essentie eeuwig, gelukzalig en vol kennis is. En in de ban van onwetendheid beweert het levend wezen dat de Heer verantwoordelijk is voor het geconditioneerde bestaan van het levend wezen. De *Vedānta-sūtra* bevestigt dit ook, *vaiṣamya-nairghṛṇye na sāpekṣatvāt tathā hi darśayati* (2.1.34): 'De Heer haat niemand en heeft voor niemand een voorkeur, ook al lijkt dat zo te zijn.'

TEKST 16 ज्ञानेन तु तदज्ञानं येषां नाशितमात्मनः ।
तेषामादित्यवज्ज्ञानं प्रकाशयति तत्परम् ॥ १६ ॥

jñānena tu tad ajñānaṁ, yeṣāṁ nāśitam ātmanaḥ
teṣām āditya-vaj jñānaṁ, prakāśayati tat param

jñānena — door kennis; *tu* — maar; *tat* — dat; *ajñānam* — onwetendheid; *yeṣām* — van wie; *nāśitam* — is vernietigd; *ātmanaḥ* — van het levend wezen; *teṣām* — hun; *āditya-vat* — zoals de opgaande zon; *jñānam* — kennis; *prakāśayati* — onthult; *tat param* — Kṛṣṇa-bewustzijn.

Maar wanneer iemand verlicht wordt met de kennis waardoor onwetendheid vernietigd wordt, dan onthult zijn kennis alles zoals de zon overdag alles verlicht.

COMMENTAAR: Zij die Kṛṣṇa vergeten zijn, zijn beslist verward, maar zij die Kṛṣṇa-bewust zijn, zijn dat niet in het minst. In de *Bhagavad-gītā* staat: *sarvaṁ jñāna-plavena* (4.36), *jñānāgniḥ sarva-karmāṇi* (4.37) en *na hi jñānena sadṛśam* (4.38). Kennis wordt altijd ten zeerste gerespecteerd. Maar wat is die kennis? Men krijgt perfecte kennis wanneer men zich overgeeft aan Kṛṣṇa of zoals in *Bhagavad-gītā* 7.19 gezegd wordt: *bahūnāṁ janmanām ante jñānavān māṁ prapadyate.* Wanneer iemand die volmaakt is in kennis zich na vele, vele levens aan Kṛṣṇa overgeeft of Kṛṣṇa-bewust wordt, dan wordt alles aan hem geopenbaard zoals tijdens de dag alles geopenbaard wordt door de zon.

Het levend wezen is op zoveel manieren verward. Wanneer het bijvoorbeeld botweg denkt dat het zelf God is, dan komt het terecht in de laatste valstrik van onwetendheid. Als het levend wezen God is, hoe kan het dan verward raken door onwetendheid? Kan God in de war raken door onwetendheid? Als dat zo zou zijn, dan zou onwetendheid of Satan groter zijn dan God. Werkelijke kennis kan men van een volmaakt Kṛṣṇa-bewust persoon krijgen. Men moet daarom zo'n bonafide spiritueel leraar proberen te vinden en onder zijn leiding leren wat Kṛṣṇa-bewustzijn is, omdat Kṛṣṇa-bewustzijn beslist alle onwetendheid zal verdrijven zoals de zon de duisternis verdrijft.

Zelfs al is iemand ervan doordrongen dat hij niet het lichaam is, maar dat hij eraan ontstegen is, dan nog kan het zo zijn dat hij niet in staat is om de ziel en de Superziel van elkaar te onderscheiden. Hij kan echter alles op de juiste manier te weten komen als hij ervoor zorgt zijn toevlucht te zoeken bij de volmaakte, bonafide Kṛṣṇa-bewuste spiritueel leraar. Men kan God en de relatie die men met God heeft alleen begrijpen als men werkelijk een vertegenwoordiger van God ontmoet. Een vertegenwoordiger van God zal nooit beweren dat hij God is, hoewel hem hetzelfde respect wordt betuigd dat normaliter aan God betuigd wordt, omdat hij kennis heeft over God. Men moet een onderscheid leren maken tussen God en het levend wezen. Heer Śrī Kṛṣṇa stelt daarom in het tweede hoofdstuk (2.12) dat ieder levend wezen een individu is en dat de Heer ook een individu is. In het verleden waren ze allemaal individuen, in het heden zijn ze individuen en in de toekomst zullen ze individuen blijven, zelfs na hun bevrijding. Tijdens de nacht, in het donker, lijkt alles voor ons één te zijn, maar tijdens de dag, wanneer de zon op is, zien we de ware identiteit van alles. Het besef dat men in het spirituele leven zijn individuele identiteit behoudt is werkelijke kennis.

TEKST 17 तद्बुद्धयस्तदात्मानस्तन्निष्ठास्तत्परायणाः
गच्छन्त्यपुनरावृत्तिं ज्ञाननिर्धूतकल्मषाः ॥ १७ ॥

tad-buddhayas tad-ātmānas, tan-niṣṭhās tat-parāyaṇāḥ
gacchanty apunar-āvṛttiṁ, jñāna-nirdhūta-kalmaṣāḥ

tat-buddhayaḥ — degenen van wie de intelligentie altijd geconcentreerd is op de Allerhoogste; *tat-ātmānaḥ* — zij die altijd mediteren op de Allerhoogste; *tat-niṣṭhāḥ* — zij die hun geloof alleen op de Allerhoogste richten; *tat-parāyaṇāḥ* — die volledig hun toevlucht bij Hem hebben gezocht; *gacchanti* — gaan; *apunaḥ-āvṛttim* — naar bevrijding; *jñāna* — door kennis; *nirdhūta* — gezuiverd; *kalmaṣāḥ* — twijfels.

Wanneer iemands intelligentie, geest en geloof allemaal geconcentreerd zijn op de Allerhoogste en hij alleen daar zijn toevlucht zoekt, dan wordt hij door volkomen kennis volledig gezuiverd van misvattingen en gaat hij zonder omwegen verder op het pad van bevrijding.

COMMENTAAR: De Allerhoogste Transcendentale Waarheid is Heer Kṛṣṇa. Dat Kṛṣṇa de Allerhoogste Persoonlijkheid Gods is, staat centraal in de hele *Bhagavad-gītā*; dat is het oordeel van de hele Vedische literatuur. *Para-tattva* betekent 'de Allerhoogste Werkelijkheid' en wordt door degenen die het Absolute kennen Brahman, Paramātmā en Bhagavān genoemd. Bhagavān, de Allerhoogste Persoonlijkheid Gods, is het hoogste aspect van het Absolute. Er bestaat niets hogers. De Heer zegt: *mattaḥ parataraṁ nānyat kiñcid asti dhanañjaya.* Het onpersoonlijk Brahman is ook gegrondvest op Kṛṣṇa: *brahmaṇo hi pratiṣṭāham.* Kṛṣṇa is daarom in alle opzichten de Allerhoogste Werkelijkheid. Iemand van wie de geest, de intelligentie, het geloof en de toevlucht geconcentreerd zijn in Kṛṣṇa, of met andere woorden, die volledig Kṛṣṇa-bewust is, is zonder meer gezuiverd van alle twijfels en heeft perfecte kennis over alles wat betreft het transcendentale. Een Kṛṣṇa-bewust persoon heeft een diepgaand begrip van het feit dat er in Kṛṣṇa dualiteit (tegelijkertijd identiteit en individualiteit) bestaat, en toegerust met zulke transcendentale kennis, kan iemand voortdurend vooruitgang maken op het pad van bevrijding.

TEKST 18 विद्याविनयसम्पन्ने ब्राह्मणे गवि हस्तिनि ।
शुनि चैव श्वपाके च पण्डिताः समदर्शिनः ॥ १८ ॥

vidyā-vinaya-sampanne, brāhmaṇe gavi hastini
śuni caiva śva-pāke ca, paṇḍitāḥ sama-darśinaḥ

vidyā — met geleerdheid; *vinaya* — en eerbiedwaardige; *sampanne* — volledig toegerust; *brāhmaṇe* — in de *brāhmaṇa*; *gavi* — in de koe; *hastini* — in de olifant; *śuni* — in de hond; *ca* — en; *eva* — zeker; *śva-pāke* — in de hondeneter (de paria); *ca* — respectievelijk; *paṇḍitāḥ* — zij die wijs zijn; *sama-darśinaḥ* — die als gelijk beschouwen.

Omdat ze werkelijke kennis hebben, beschouwen de nederige wijzen een geleerde, eerbiedwaardige brāhmaṇa, een koe, een olifant, een hond en een hondeneter [paria] als gelijk.

COMMENTAAR: Een Kṛṣṇa-bewust persoon maakt geen enkel onderscheid tussen soorten of kasten. De *brāhmaṇa* en de paria mogen dan vanuit sociaal oogpunt verschillend zijn of een hond, een koe en een olifant mogen vanuit het oogpunt van de soorten bekeken verschillend zijn, maar deze lichamelijke verschillen zijn betekenisloos vanuit het oogpunt van een geleerde transcendentalist. Dit komt door de relatie die deze levende wezens hebben met de Allerhoogste, want de Allerhoogste Heer als Zijn volkomen deelaspect Paramātmā is aanwezig in ieders hart. Een dergelijk begrip van het Allerhoogste is werkelijke kennis. Wat betreft de lichamen in verschillende kasten of in verschillende soorten: de Heer is even vriendelijk voor hen allemaal, omdat Hij ieder levend wezen als een vriend behandelt maar daarbij de Paramātmā blijft, ondanks de omstandigheden waarin de levende wezens zich bevinden.

Als Paramātmā is de Heer zowel in de paria als in de *brāhmaṇa* aanwezig, hoewel het lichaam van de *brāhmaṇa* en dat van de paria niet hetzelfde zijn. De lichamen zijn materiële producten van de verschillende hoedanigheden van de materiële natuur, maar de ziel en de Superziel in het lichaam zijn van eenzelfde spirituele kwaliteit. Toch maakt de overeenkomst in kwaliteit van de ziel en de Superziel hen niet gelijk in kwantiteit, omdat de individuele ziel enkel aanwezig is in één bepaald lichaam, terwijl de Paramātmā aanwezig is in ieder lichaam. Een Kṛṣṇa-bewust persoon heeft hierover volledige kennis en is daarom werkelijk geleerd en beschouwt iedereen als gelijk.

De eigenschappen die de ziel en de Superziel gemeenschappelijk hebben, zijn dat ze beide bewust, eeuwig en vol geluk zijn. Maar het verschil is dat de individuele ziel bewust is binnen de beperkte invloedssfeer van haar eigen lichaam, terwijl de Superziel Zich bewust is van alle lichamen. De Superziel is zonder enig onderscheid in alle lichamen aanwezig.

TEKST 19 इहैव तैर्जितः सर्गो येषां साम्ये स्थितं मनः ।
निर्दोषं हि समं ब्रह्म तस्माद्ब्रह्मणि ते स्थिताः ॥ १९ ॥

ihaiva tair jitaḥ sargo, yeṣāṁ sāmye sthitaṁ manaḥ
nirdoṣaṁ hi samaṁ brahma, tasmād brahmaṇi te sthitāḥ

iha — in dit leven; *eva* — zeker; *taiḥ* — door hen; *jitaḥ* — overwonnen; *sargaḥ* — geboorte en dood; *yeṣām* — van wie; *sāmye* — in gelijkmoedigheid; *sthitam* — bevinden; *manaḥ* — geest; *nirdoṣam* — onberispelijk; *hi* — zeker; *samam* — gelijk; *brahma* — zoals de Allerhoogste; *tasmāt* — daarom; *brahmaṇi* — in de Allerhoogste; *te* — zij; *sthitāḥ* — bevinden zich.

Degenen met een geest gegrond in onverstoorbaarheid en gelijkmoedigheid hebben de toestanden van geboorte en dood al overwonnen. Ze zijn zo onberispelijk als Brahman en bevinden zich daarom al in Brahman.

COMMENTAAR: De gelijkmoedigheid van geest die hierboven beschreven wordt, is het teken van zelfrealisatie. Zij die deze toestand werkelijk bereikt hebben, moeten worden beschouwd als personen die de materiële conditioneringen overwonnen hebben en dan in het bijzonder geboorte en dood. Zolang iemand zich identificeert met het lichaam, wordt hij als een geconditioneerde ziel beschouwd, maar zodra hij is verheven tot het niveau van gelijkmoedigheid door het realiseren van het zelf, is hij bevrijd van het geconditioneerde leven. Met andere woorden, hij zal niet langer worden gedwongen om in de materiële wereld geboren te worden, maar kan na zijn dood binnengaan in de spirituele hemel.

De Heer is onberispelijk omdat Hij vrij is van aantrekking en haat. Wanneer een levend wezen op dezelfde manier vrij is van aantrekking en haat, wordt het ook onberispelijk en is het gekwalificeerd om binnen te gaan in de spirituele hemel. Zulke personen moeten al als bevrijd worden beschouwd en hun eigenschappen worden hierna beschreven.

TEKST 20 न प्रहृष्येत्प्रियं प्राप्य नोद्विजेत्प्राप्य चाप्रियम् ।
स्थिरबुद्धिरसम्मूढो ब्रह्मविद्ब्रह्मणि स्थितः ॥ २० ॥

na prahṛṣyet priyaṁ prāpya, nodvijet prāpya cāpriyam
sthira-buddhir asammūḍho, brahma-vid brahmaṇi sthitaḥ

na — nooit; *prahṛṣyet* — verheugt; *priyam* — het aangename; *prāpya* — krijgend; *na* — niet; *udvijet* — onrustig wordt; *prāpya* — krijgend; *ca* — ook; *apriyam* — het onaangename; *sthira-buddhiḥ* — onwankelbare intelligentie; *asammūḍhaḥ* — onverward; *brahma-vit* — iemand die de Allerhoogste volmaakt kent; *brahmaṇi* — in het transcendente; *sthitaḥ* — bevindt zich.

Wie zich niet verheugt wanneer hem iets plezierigs overkomt of klaagt wanneer hij iets onplezierigs krijgt, wie over een onwankelbare intelli-

gentie beschikt, niet verward is en de wetenschap van God kent, bevindt zich al op het transcendentale vlak.

COMMENTAAR: In dit vers worden de eigenschappen van een zelfgerealiseerd persoon beschreven. De eerste eigenschap is dat hij niet verward is door misidentificatie van het lichaam met het werkelijke zelf. Hij weet heel goed dat hij niet het lichaam is, maar een integrerend deeltje van de Allerhoogste Persoonlijkheid Gods. Daarom raakt hij niet verheugd wanneer hij iets krijgt en klaagt evenmin wanneer hij iets verliest met betrekking tot het lichaam. Deze evenwichtigheid van geest wordt *sthira-buddhi* genoemd of onwankelbare intelligentie. Hij verkeert daarom nooit in illusie door het grofstoffelijke lichaam voor de ziel aan te zien en evenmin ziet hij het lichaam als iets blijvends of ontkent hij het bestaan van de ziel. Deze kennis verheft hem tot de positie waarin hij de kennis over de Absolute Waarheid volkomen begrijpt, namelijk de kennis over Brahman, Paramātmā en Bhagavān. Op die manier begrijpt hij zijn wezenlijke positie heel goed, zonder tevergeefs te proberen in alle opzichten één te worden met de Allerhoogste. Dit wordt Brahman-realisatie genoemd of zelfrealisatie. Zo'n evenwichtig bewustzijn wordt Kṛṣṇa-bewustzijn genoemd.

TEKST 21 बाह्यस्पर्शेष्वसक्तात्मा विन्दत्यात्मनि यत्सुखम् ।
स ब्रह्मयोगयुक्तात्मा सुखमक्षयमश्नुते ॥ २१ ॥

bāhya-sparśeṣv asaktātmā, vindaty ātmani yat sukham
sa brahma-yoga-yuktātmā, sukham akṣayam aśnute

bāhya-sparśeṣu — in extern zinnelijk genot; *asakta-ātmā* — iemand die niet gehecht is; *vindati* — geniet; *ātmani* — in het zelf; *yat* — dat wat; *sukham* — geluk; *saḥ* — hij; *brahma-yoga* — door concentratie op Brahman; *yukta-ātmā* — zelfgerealiseerd; *sukham* — geluk; *akṣayam* — onbegrensd; *aśnute* — geniet.

Zo'n bevrijd persoon voelt zich niet aangetrokken tot materieel genot voor de zintuigen, maar blijft altijd in diepe meditatie en ervaart innerlijk geluk. Op deze manier geniet de zelfgerealiseerde persoon oneindige vreugde, omdat hij op de Allerhoogste mediteert.

COMMENTAAR: Śrī Yāmunācārya, een groot toegewijde van Kṛṣṇa heeft het volgende gezegd:

yad-avadhi mama cetaḥ kṛṣṇa-pādāravinde
nava-nava-rasa-dhāmany udyataṁ rantum āsīt
tad-avadhi bata nārī-saṅgame smaryamāne
bhavati mukha-vikāraḥ suṣṭhu niṣṭhīvanaṁ ca

'Sinds ik transcendentale liefdedienst aan Kṛṣṇa verricht, vind ik altijd weer nieuw plezier in Hem, maar wanneer ik ook maar aan seksueel genot denk, vertrekt mijn gezicht van afkeer en spuug ik bij de gedachte alleen al.' Iemand in *brahma-yoga*, Kṛṣṇa-bewustzijn, wordt zo in beslag genomen door zijn liefdedienst aan de Heer, dat hij zijn smaak voor materieel zinnelijk genot volledig verliest. Het hoogste genot in de materiële wereld is seksueel genot. De hele wereld wordt erdoor geregeerd en een materialist kan absoluut niet werken zonder deze motivatie. Maar iemand die bezig is met Kṛṣṇa-bewustzijn, kan met een grotere inzet werken zonder seksueel genot, dat hij vermijdt. Dat is de test in spirituele bewustwording. Spirituele bewustwording en seksueel genot gaan slecht samen. Omdat een Kṛṣṇa-bewust persoon een bevrijde ziel is, voelt hij zich niet aangetrokken tot welk type zinnelijk genot dan ook.

TEKST 22 ये हि संस्पर्शजा भोगा दुःखयोनय एव ते ।
आद्यन्तवन्तः कौन्तेय न तेषु रमते बुधः ॥ २२ ॥

ye hi saṁsparśa-jā bhogā, duḥkha-yonaya eva te
ādy-antavantaḥ kaunteya, na teṣu ramate budhaḥ

ye — die; *hi* — zeker; *saṁsparśa-jāḥ* — door contact met de materiële zintuigen; *bhogāḥ* — genietingen; *duḥkha* — ellende; *yonayaḥ* — bronnen van; *eva* — zeker; *te* — ze zijn; *ādi* — begin; *anta* — einde; *vantaḥ* — onderhevig aan; *kaunteya* — o zoon van Kuntī; *na* — nooit; *teṣu* — daarin; *ramate* — schept behagen; *budhaḥ* — de intelligente persoon.

Al het plezier dat voortkomt uit het contact van de materiële zintuigen met de zinsobjecten is een bron van ellende en een intelligent persoon houdt zich er niet mee bezig. O zoon van Kuntī, zulk genot heeft een begin en een einde en daarom beleeft de wijze er geen plezier aan.

COMMENTAAR: Materieel zinnelijk genot is het gevolg van het contact tussen de materiële zintuigen en hun objecten. Zulke ervaringen zijn allemaal tijdelijk, omdat het lichaam zelf tijdelijk is. Een bevrijde ziel heeft geen interesse voor al wat tijdelijk is. Hoe zou een bevrijde ziel kunnen toegeven aan vals plezier als hij het geluk van transcendentaal plezier kent? In de *Padma Purāṇa* wordt gezegd:

ramante yogino 'nante, satyānande cid-ātmani
iti rāma-padenāsau, paraṁ brahmābhidhīyate

'De mystici beleven onbeperkt, transcendentaal geluk aan de Absolute Waarheid en daarom staat de Allerhoogste Absolute Waarheid, de Allerhoogste Persoonlijkheid Gods, ook bekend als Rāma.'

En in het *Śrīmad-Bhāgavatam* (5.5.1) wordt gezegd:

nāyaṁ deho deha-bhājāṁ nṛ-loke
kaṣṭān kāmān arhate viḍ-bhujāṁ ye
tapo divyaṁ putrakā yena sattvaṁ
śuddhyed yasmād brahma-saukhyaṁ tv anantam

'Mijn beste zonen, er is geen reden om in deze menselijke levensvorm hard te werken voor zinnelijk genot; zulke gelukservaringen zijn er voor dreketers [zwijnen]. Het is beter om in dit leven ascese te beoefenen, waardoor je bestaan gezuiverd wordt; het resultaat daarvan is dat je onbeperkt transcendentaal geluk zult ervaren.'

Ware *yogī's* of geleerde transcendentalisten raken daarom niet aangetrokken tot zinnelijk genot, dat het materiële bestaan verlengt. Hoe meer iemand verslaafd is aan materieel plezier, des te meer hij verstrikt raakt in materiële ellende.

TEKST 23 शक्नोतीहैव यः सोढुं प्राक्शरीरविमोक्षणात् ।
कामक्रोधोद्भवं वेगं स युक्तः स सुखी नरः ॥ २३ ॥

śaknotīhaiva yaḥ soḍhuṁ, prāk śarīra-vimokṣaṇāt
kāma-krodhodbhavaṁ vegaṁ, sa yuktaḥ sa sukhī naraḥ

śaknoti — is in staat; *iha eva* — in het huidige lichaam; *yaḥ* — iemand die; *soḍhum* — tolereren; *prāk* — voor; *śarīra* — het lichaam; *vimokṣaṇāt* — het opgeven van; *kāma* — verlangen; *krodha* — en woede; *udbhavam* — ontstaan uit; *vegam* — drang; *saḥ* — hij; *yuktaḥ* — in een toestand van diepe meditatie; *saḥ* — hij; *sukhī* — gelukkig; *naraḥ* — mens.

Wanneer iemand, voordat hij zijn huidige lichaam opgeeft, in staat is de drangen van de materiële zintuigen te weerstaan en de sterke invloed van verlangen en woede weet te beheersen, dan bevindt hij zich in de juiste positie en is hij gelukkig in deze wereld.

COMMENTAAR: Wanneer iemand vastberaden vooruitgang wil maken op het pad van zelfrealisatie, dan moet hij de drangen van de materiële zintuigen proberen te beheersen. Er bestaan verschillende drangen, bijvoorbeeld: de drang van het spreken, van woede, van de geest, van de maag, van de geslachtsdelen en van de tong. Wie in staat is de drangen van al deze verschillende zintuigen en de geest te beheersen, wordt een *svāmī* of een *gosvāmī* genoemd. Zulke *gosvāmī's* leiden een strikt en beheerst leven en negeren de drangen van de zintuigen volkomen.

Als materiële verlangens niet bevredigd worden, wekken ze woede op en zo raken de geest, de ogen en de borst in beroering. Men moet deze verlangens daarom proberen te beheersen voordat men het huidige lichaam opgeeft. Van iemand die hiertoe in staat is, is duidelijk dat hij zelfgerealiseerd is en in die staat van zelfrealisatie is hij gelukkig. Het is de plicht van de transcendentalist om verlangen en woede met grote inspanning te beheersen.

TEKST 24 योऽन्तःसुखोऽन्तरारामस्तथान्तर्ज्योतिरेव यः ।
स योगी ब्रह्मनिर्वाणं ब्रह्मभूतोऽधिगच्छति ॥ २४ ॥

yo 'ntaḥ-sukho 'ntar-ārāmas, tathāntar-jyotir eva yaḥ
sa yogī brahma-nirvāṇaṁ, brahma-bhūto 'dhigacchati

yaḥ — iemand die; *antaḥ-sukhaḥ* — innerlijk gelukkig; *antaḥ-ārāmaḥ* — innerlijk actief genietend; *tathā* — en ook; *antaḥ-jyotiḥ* — naar binnen gericht; *eva* — zeker; *yaḥ* — wie dan ook; *saḥ* — hij; *yogī* — een mysticus; *brahma-nirvāṇam* — bevrijding in het Allerhoogste; *brahma-bhūtaḥ* — zelfgerealiseerd zijn; *adhigacchati* — bereikt.

Wie innerlijk gelukkig en actief is, wie vreugde ervaart in zichzelf en een innerlijk doel heeft, is werkelijk de volmaakte mysticus. Hij vindt bevrijding in de Allerhoogste en uiteindelijk bereikt hij de Allerhoogste.

COMMENTAAR: Als iemand niet in staat is in zichzelf geluk te ervaren, hoe zal hij de externe bezigheden voor het krijgen van oppervlakkig geluk dan kunnen opgeven? Een bevrijd persoon heeft werkelijke gelukservaringen. Hij kan daarom overal neerzitten en van binnenin de activiteiten van het leven ervaren. Zo'n bevrijd persoon verlangt niet langer naar extern, materieel geluk. Deze toestand wordt *brahma-bhūta* genoemd en wanneer iemand die toestand bereikt, kan hij er zeker van zijn dat hij terug zal gaan naar God, terug naar huis.

TEKST 25 लभन्ते ब्रह्मनिर्वाणमृषयः क्षीणकल्मषाः ।
छिन्नद्वैधा यतात्मानः सर्वभूतहिते रताः ॥ २५ ॥

labhante brahma-nirvāṇam, ṛṣayaḥ kṣīṇa-kalmaṣāḥ
chinna-dvaidhā yatātmānaḥ, sarva-bhūta-hite ratāḥ

labhante — bereiken; *brahma-nirvāṇam* — bevrijding in de Allerhoogste; *ṛṣayaḥ* — zij die innerlijk actief zijn; *kṣīṇa-kalmaṣāḥ* — die vrij zijn van alle zonden; *chinna* — afgesneden hebbend; *dvaidhāḥ* — dualiteit; *yata-ātmānaḥ* — bezig met zelfrealisatie; *sarva-bhūta* — voor alle levende wezens; *hite* — welzijnswerk; *ratāḥ* — gewijd aan.

Wie ontstegen is aan de verdeeldheid die voortkomt uit twijfels, wiens geest onder bedwang is, wie zich altijd inzet voor het welzijn van alle levende wezens en vrij is van alle zonden, raakt bevrijd en bereikt de Allerhoogste.

COMMENTAAR: Alleen van een volledig Kṛṣṇa-bewust persoon kan gezegd worden dat hij bezig is met welzijnswerk voor alle levende wezens. Wanneer iemand werkelijk begrijpt dat Kṛṣṇa de bron is van alles, zal hij, wanneer hij met zo'n mentaliteit handelt, actief zijn voor iedereen. Het leed van de mensheid wordt veroorzaakt door het feit dat ze vergeten is dat Kṛṣṇa de allerhoogste genieter, de allerhoogste eigenaar en de allerhoogste vriend is. Activiteiten waardoor dit bewustzijn in de hele menselijke samenleving wordt opgewekt, zijn daarom het hoogste welzijnswerk. Men kan niet met zulk eersteklas welzijnswerk bezig zijn, als men niet bevrijd is en de Allerhoogste heeft bereikt. Een Kṛṣṇa-bewust persoon heeft geen twijfels over de suprematie van Kṛṣṇa. Hij heeft geen twijfels, omdat hij volledig vrij is van alle zonden. Dit is de toestand van goddelijke liefde.

Wie alleen maar zorg draagt voor het lichamelijk welzijn van de menselijke samenleving, kan niet werkelijk iemand helpen. Een tijdelijke verlichting van ellende voor het externe lichaam en de geest is niet genoeg. De werkelijke oorzaak van iemands moeilijkheden in de harde strijd om het bestaan moet worden gezocht in het feit dat hij zijn relatie met de Allerhoogste Heer vergeet. Wanneer iemand zich volledig bewust is van zijn relatie met Kṛṣṇa, is hij werkelijk een bevrijd persoon, ook al bevindt hij zich nog in het materiële tabernakel.

TEKST 26 कामक्रोधविमुक्तानां यतीनां यतचेतसाम् ।
अभितो ब्रह्मनिर्वाणं वर्तते विदितात्मनाम् ॥ २६ ॥

kāma-krodha-vimuktānāṁ, yatīnāṁ yata-cetasām
abhito brahma-nirvāṇaṁ, vartate viditātmanām

kāma — van verlangens; *krodha* — en woede; *vimuktānām* — van hen die bevrijd zijn; *yatīnām* — van de heilige personen; *yata-cetasām* — die hun geest volledig beheersen; *abhitaḥ* — verzekerd in de nabije toekomst; *brahma-nirvāṇam* — bevrijding in de Allerhoogste; *vartate* — is er; *vidita-ātmanām* — van hen die zelfgerealiseerd zijn.

Wie vrij is van woede en van alle materiële verlangens, wie zelfgerealiseerd en zelfgedisciplineerd is en voortdurend streeft naar volmaaktheid, is verzekerd van bevrijding in de Allerhoogste in de zeer nabije toekomst.

COMMENTAAR: Van heilige personen die voortdurend naar verlossing streven is degene die Kṛṣṇa-bewust is de beste van allemaal. Het *Bhāgavatam* (4.22.39) bevestigt dit als volgt:

yat-pāda-paṅkaja-palāśa-vilāsa-bhaktyā
armāśayaṁ grathitam udgrathayanti santaḥ
tadvan na rikta-matayo yatayo 'pi ruddha-
sroto-gaṇās tam araṇaṁ bhaja vāsudevam

'Probeer door devotionele dienst enkel Vāsudeva, de Allerhoogste Persoonlijkheid Gods, te vereren. Zelfs grote wijzen zijn niet in staat om de drangen van de zintuigen op zo'n doeltreffende manier te beheersen als zij die transcendentaal geluk ervaren tijdens het dienen van de lotusvoeten van de Heer, wat het diepgewortelde verlangen naar resultaatgerichte activiteiten uitroeit.'

Het verlangen om van de resultaten van resultaatgerichte activiteiten te genieten is zo diepgeworteld in de geconditioneerde ziel, dat het zelfs voor de wijzen heel moeilijk is om zulke verlangens te beheersen, ondanks grote inspanningen. Maar een toegewijde van de Heer die voortdurend bezig is met devotionele dienst in Kṛṣṇa-bewustzijn en volkomen zelfgerealiseerd is, bereikt heel snel bevrijding in de Allerhoogste. Dankzij zijn complete kennis in zelfrealisatie, blijft hij altijd in een toestand van diepe meditatie. Om een voorbeeld te geven:

darśana-dhyāna-saṁsparśair, matsya-kūrma-vihaṅgamāḥ
svāny apatyāni puṣṇanti, tathāham api padma-ja

'Alleen door te kijken, door meditatie en door aanraking zorgen de vis, de schildpad en de vogel voor hun jongen. Zo ook Ik, o Padmaja!'

De vis laat haar jongen opgroeien door eenvoudig naar hen te kijken. De schildpad laat haar jongen eenvoudig door meditatie opgroeien. De eieren van de schildpad worden op het land gelegd en de schildpad mediteert op de eieren terwijl ze in het water is. Op dezelfde manier kan een toegewijde van Kṛṣṇa zichzelf tot de woning van de Heer verheffen, hoewel hij er ver van verwijderd is, door eenvoudig voortdurend aan Hem te denken door middel van Kṛṣṇa-bewuste activiteiten. Hij voelt de materiële pijn en ellende niet. Die levenstoestand wordt *brahma-nirvāṇa* genoemd of de afwezigheid van materiële ellende door voortdurend verdiept te zijn in de Allerhoogste.

TEKST 27-28

स्पर्शान्कृत्वा बहिर्बाह्यांश्चक्षुश्चैवान्तरे भ्रुवोः ।
प्राणापानौ समौ कृत्वा नासाभ्यन्तरचारिणौ ॥ २७ ॥
यतेन्द्रियमनोबुद्धिर्मुनिर्मोक्षपरायणः ।
विगतेच्छाभयक्रोधो यः सदा मुक्त एव सः ॥ २८ ॥

sparśān kṛtvā bahir bāhyāṁś, cakṣuś caivāntare bhruvoḥ
prāṇāpānau samau kṛtvā, nāsābhyantara-cāriṇau

yatendriya-mano-buddhir, munir mokṣa-parāyaṇaḥ
vigatecchā-bhaya-krodho, yaḥ sadā mukta eva saḥ

sparśān — zinsobjecten, zoals geluid; *kṛtvā* — houdend; *bahiḥ* — externe; *bāhyān* — onnodige; *cakṣuḥ* — ogen; *ca* — ook; *eva* — zeker; *antare* — tussen; *bhruvoḥ* — de wenkbrauwen; *prāṇa-apānau* — omhoog- en omlaagbewegende lucht; *samau* — in stilstand; *kṛtvā* — houdend; *nāsa-abhyantara* — in de neusgaten; *cāriṇau* — blazend; *yata* — beheerst; *indriya* — zintuigen; *manaḥ* — geest; *buddhiḥ* — intelligentie; *muniḥ* — de transcendentalist; *mokṣa* — voor bevrijding; *parāyaṇaḥ* — daartoe bestemd; *vigata* — opgegeven hebbend; *icchā* — begeerte; *bhaya* — angst; *krodhaḥ* — woede; *yaḥ* — iemand die; *sadā* — altijd; *muktaḥ* — bevrijd; *eva* — zeker; *saḥ* — hij is.

Door zich voor externe zinsobjecten af te sluiten, zijn ogen en blik op het punt tussen de twee wenkbrauwen gericht te houden en de in- en uitademing stil te houden in zijn neusgaten en zo zijn geest, zintuigen en intelligentie te beheersen, raakt de transcendentalist die naar bevrijding streeft, verlost van verlangen, angst en woede. Wie altijd in deze toestand verkeert, is zeker bevrijd.

COMMENTAAR: Door Kṛṣṇa-bewust te handelen kan iemand onmiddellijk zijn spirituele identiteit begrijpen en vervolgens kan hij de Allerhoogste Heer door devotionele dienst begrijpen. Wanneer iemand op de juiste manier functioneert in devotionele dienst, komt hij tot het transcendentale niveau en is hij gekwalificeerd om de aanwezigheid van de Heer te ervaren in elke activiteit die hij doet. Deze bijzondere situatie wordt bevrijding in de Allerhoogste genoemd.

Na de bovenstaande principes van bevrijding in de Allerhoogste te hebben uitgelegd, geeft de Heer Arjuna instructies hoe hij tot dat niveau kan komen door mystiek of door de yoga te beoefenen die bekendstaat als *aṣṭāṅga-yoga* en die onderverdeeld is in de acht stadia van *yama, niyama, āsana, prāṇāyāma, pratyāhāra, dhāraṇā, dhyāna* en *samādhi.* In het zesde hoofdstuk wordt het onderwerp van yoga nauwkeurig beschreven, maar hier, aan het eind van het vijfde hoofdstuk, wordt alleen een inleidende uitleg gegeven. In yoga moet men door het proces van *pratyāhāra* de zinsobjecten zoals geluid, aanraking, vorm, smaak en geur uitdrijven en daarna met halfgesloten oogleden de blik tussen de twee wenkbrauwen of op het puntje van de neus concentreren. Het heeft niet veel nut om de ogen helemaal te sluiten, omdat de kans dan groot is dat men in slaap valt. Het heeft ook geen zin de ogen helemaal te openen, omdat dan het gevaar bestaat dat men aangetrokken wordt door de zinsobjecten. De beweging van de ademhaling wordt binnen de neusgaten in bedwang gehouden door de opgaande en de neergaande luchtstroom te neutraliseren. Door deze yoga te beoefenen zal iemand in staat zijn controle te krijgen over de zintuigen, zich te weerhouden van zinsobjecten en zich op die manier voor te bereiden op de bevrijding in de Allerhoogste.

Deze yogamethode zal iemand helpen om vrij te komen van allerlei angsten en woede om daardoor, in de transcendentale situatie, de aanwezigheid van de Superziel te ervaren. Maar eigenlijk is Kṛṣṇa-bewustzijn de eenvoudigste methode om de principes van yoga uit te voeren. Dit zal in het volgende hoofdstuk grondig worden uitgelegd. Door altijd met devotionele dienst bezig te zijn, loopt een Kṛṣṇa-bewust persoon niet het risico dat zijn zintuigen zich verliezen in een andere bezigheid. Dit is een betere manier om de zintuigen te beheersen dan *aṣṭāṅga-yoga.*

TEKST 29 भोक्तारं यज्ञतपसां सर्वलोकमहेश्वरम् ।
सुहृदं सर्वभूतानां ज्ञात्वा मां शान्तिमृच्छति ॥ २९ ॥

bhoktāraṁ yajña-tapasāṁ, sarva-loka-maheśvaram
suhṛdaṁ sarva-bhūtānāṁ, jñātvā māṁ śāntim ṛcchati

bhoktāram — de genieter; *yajña* — van offers; *tapasām* — en van boetedoeningen en ascese; *sarva-loka* — van alle planeten en hun halfgoden; *maha-īśvaram* — de Allerhoogste Heer; *su-hṛdam* — de weldoener; *sarva* — van alle; *bhūtānām* — de levende wezens; *jñātvā* — dit wetend; *mām* — Mij (Heer Kṛṣṇa); *śāntim* — verlichting van materiële ellende; *ṛcchati* — men bereikt.

Wie zich volledig van Mij bewust is en Me kent als de uiteindelijke genieter van alle offers en ascese, als de Allerhoogste Heer van alle planeten en

halfgoden en als de weldoener en vriend van alle levende wezens, bereikt vrede en verlichting van alle materiële ellende.

COMMENTAAR: De geconditioneerde zielen, die in de greep van de illusionerende energie zijn, verlangen allemaal sterk naar vrede in de materiële wereld, maar ze kennen de formule voor vrede niet die in dit vers van de *Bhagavad-gītā* wordt uitgelegd. De beste vredesformule is deze: Heer Kṛṣṇa is de genieter van alle menselijke activiteiten. De mens zou alles moeten offeren in de transcendentale dienst aan de Heer, omdat Hij de eigenaar van alle planeten is en van de halfgoden die daarop aanwezig zijn. Niemand is groter dan Hij. Hij is groter dan de grootsten onder de halfgoden, namelijk Heer Śiva en Heer Brahmā. In de Veda's (*Śvetāśvatara Upaniṣad* 6.7) wordt de Allerhoogste Heer beschreven als *tam īśvarāṇāṁ paramaṁ maheśvaraṁ*. In de ban van illusie proberen de levende wezens de baas te spelen over alles wat zich binnen hun bereik bevindt, maar in werkelijkheid worden ze bestuurd door de materiële energie van de Heer. De Heer is de meester van de materiële natuur en de geconditioneerde zielen zijn onderworpen aan haar strenge regels. Als deze naakte feiten niet begrepen worden, is vrede in de wereld onmogelijk, zowel op individueel als op collectief niveau. Kṛṣṇa-bewustzijn betekent het volgende: Heer Kṛṣṇa is de allerhoogste bestuurder en alle levende wezens, inclusief de grote halfgoden, zijn ondergeschikt aan Hem. Er kan alleen volmaakte vrede zijn in volledig Kṛṣṇa-bewustzijn.

Dit vijfde hoofdstuk is een praktische uitleg van het Kṛṣṇa-bewustzijn, dat algemeen bekendstaat als *karma-yoga*. De theoretische, speculatieve vraag hoe *karma-yoga* bevrijding kan geven, is hier beantwoord. Handelen in Kṛṣṇa-bewustzijn betekent handelen in het volledige besef dat de Heer de bestuurder is. Zulke activiteiten zijn niet-verschillend van transcendentale kennis. Direct Kṛṣṇa-bewustzijn is *bhakti-yoga*, en *jñāna-yoga* is een pad dat naar *bhakti-yoga* leidt. Kṛṣṇa-bewustzijn betekent activiteiten verrichten in het volledige besef van de relatie die men met de Allerhoogste Absolute heeft; de perfectie van dit bewustzijn is volledige kennis van Kṛṣṇa, de Allerhoogste Persoonlijkheid Gods. Een zuivere ziel is de eeuwige dienaar van God als Zijn integrerend deeltje. Door het verlangen de baas te spelen over *māyā* (illusie), komt ze in contact met *māyā* en dat is de oorzaak van al haar lijden. Zolang iemand in contact staat met materie moet hij activiteiten verrichten voor materiële benodigdheden. Maar het Kṛṣṇa-bewustzijn brengt iemand tot het spirituele leven, zelfs al bevindt hij zich in de invloedssfeer van de materiële wereld, want Kṛṣṇa-bewustzijn betekent het opwekken van een spiritueel bestaan door oefening in de materiële wereld.

Hoe gevorderder iemand is, des te meer hij bevrijd is uit de greep van de materie. De Heer bevoordeelt niemand. Alles hangt af van het praktisch vervullen van iemands plichten in Kṛṣṇa-bewustzijn, dat iemand zal helpen om in alle opzichten zijn zintuigen te beheersen en de invloed van lust en woede te overwinnen. En iemand die gegrond is in Kṛṣṇa-bewustzijn en de bovengenoemde passies onder controle houdt, blijft feitelijk op het transcendentale niveau of *brahma-nirvāṇa*. In Kṛṣṇa-bewustzijn wordt de achtvoudige mystieke yoga vanzelf beoefend, omdat het uiteindelijke doel gediend wordt. Er bestaat een geleidelijke methode voor verheffing door het beoefenen van *yama, niyama, āsana, prāṇāyāma, pratyāhāra, dhāraṇā, dhyāna* en *samādhi*, maar deze stadia gaan vooraf aan de perfectie die bereikt wordt door devotionele dienst, die de enige manier is waarop het menselijk wezen vrede kan bereiken en die de hoogste perfectie van het leven is.

Zo eindigen de commentaren van Śrī Śrīmad A.C. Bhaktivedanta Swami Prabhupāda bij het vijfde hoofdstuk van Śrīmad Bhagavad-gītā, *getiteld 'Karma-yoga: Activiteit in Kṛṣṇa-bewustzijn'.*

6

DHYĀNA-YOGA

TEKST 1 श्रीभगवानुवाच
अनाश्रितः कर्मफलं कार्यं कर्म करोति यः ।
स संन्यासी च योगी च न निरग्निर्न चाक्रियः ॥ १ ॥

śrī-bhagavān uvāca
anāśritaḥ karma-phalaṁ, kāryaṁ karma karoti yaḥ
sa sannyāsī ca yogī ca, na niragnir na cākriyaḥ

śrī-bhagavān uvāca — de Heer zei; *anāśritaḥ* — zonder toevlucht te nemen; *karma-phalam* — van het resultaat van activiteiten; *kāryam* — verplicht; *karma* — activiteit; *karoti* — verricht; *yaḥ* — iemand die; *saḥ* — hij; *sannyāsī* — in de onthechte levensorde; *ca* — ook; *yogī* — mysticus; *ca* — ook; *na* — niet; *niḥ* — zonder; *agniḥ* — vuur; *na* — noch; *ca* — ook; *akriyaḥ* — zonder plicht.

De Allerhoogste Persoonlijkheid Gods zei: Wie niet gehecht is aan de vruchten van zijn activiteiten en handelt volgens zijn plicht, bevindt zich in de onthechte levensorde en is de ware mysticus, maar niet degene die geen vuur ontsteekt en geen plichten vervult.

COMMENTAAR: In dit hoofdstuk legt de Heer uit dat het systeem van de achtvoudige yogamethode een middel is om de geest en de zintuigen te beheersen. Maar voor de mensen in het algemeen is dit systeem zeer moeilijk te beoefenen, vooral in het Kali-tijdperk. Hoewel in dit hoofdstuk de achtvoudige yogamethode wordt aanbevolen, benadrukt de Heer dat de methode van *karma-yoga*, actie in Kṛṣṇa-bewustzijn, beter is. Iedereen werkt in deze wereld om zijn gezin en hun bezittingen te onderhouden. Niemand werkt zonder eigenbelang, zonder persoonlijke bevrediging of die nu strikt voor iemand zelf is of uitgebreid [naar dierbaren].

Het criterium van perfectie is actief zijn in Kṛṣṇa-bewustzijn, zonder van de resultaten van die activiteiten te willen genieten. Actief zijn in Kṛṣṇa-bewustzijn is de plicht van ieder levend wezen, omdat ieder levend wezen in essentie een integrerend deeltje van de Allerhoogste is. De delen van het lichaam werken om het hele lichaam tevreden te stellen. De ledematen van het lichaam zijn niet bezig voor hun eigenbelang, maar om het complete geheel tevreden te stellen. Op dezelfde manier is het levend wezen dat actief is voor het allerhoogste geheel en niet voor persoonlijke bevrediging, de perfecte *sannyāsī*, de perfecte *yogī*.

Sannyāsī's denken soms ten onrechte dat ze bevrijd zijn geraakt van alle materiële plichten en stoppen daarom met het verrichten van *agnihotra yajña's* (vuuroffers), maar eigenlijk denken ze alleen aan hun eigenbelang, omdat het hun doel is één te worden met het onpersoonlijk Brahman. Zo'n verlangen is verhevener dan welk materieel verlangen dan ook, maar het is niet vrij van eigenbelang. Ook de mystieke *yogī* die met halfgesloten ogen de yogamethode beoefent en alle materiële activiteiten stopt, verlangt naar een bepaalde voldoening voor zichzelf. Maar iemand die Kṛṣṇa-bewust handelt, verricht, zonder eigenbelang, activiteiten die voldoening schenken aan het geheel. Een Kṛṣṇa-bewust persoon verlangt niet naar zijn eigen voldoening. Zijn criterium van succes is de voldoening van Kṛṣṇa en daarom is hij de perfecte *sannyāsī* of de perfecte *yogī*. Heer Caitanya, het hoogste en meest volmaakte toonbeeld van onthechting, bidt als volgt:

na dhanaṁ na janaṁ na sundarīṁ, kavitāṁ vā jagad-īśa kāmaye
mama janmani janmanīśvare, bhavatād bhaktir ahaitukī tvayi

'O almachtige Heer, ik verlang er niet naar om veel geld te vergaren of te genieten met mooie vrouwen. Ik wil evenmin veel volgelingen. Het enige wat ik wil, is de grondeloze genade van Uw devotionele dienst, leven na leven.'

TEKST 2 यं संन्यासमिति प्राहुर्योगं तं विद्धि पाण्डव ।
न ह्यसंन्यस्तसङ्कल्पो योगी भवति कश्चन ॥ २ ॥

yaṁ sannyāsam iti prāhur, yogaṁ taṁ viddhi pāṇḍava
na hy asannyasta-saṅkalpo, yogī bhavati kaścana

yam — wat; *sannyāsam* — onthechting; *iti* — zo; *prāhuḥ* — ze zeggen; *yogam* — verbinden met de Allerhoogste; *tam* — dat; *viddhi* — je moet weten; *pāṇḍava* — o zoon van Pāṇḍu; *na* — nooit; *hi* — zeker; *asannyasta* — zonder op te geven;

saṅkalpaḥ — verlangen naar zinsbevrediging; *yogī* — een mysticus, een transcendentalist; *bhavati* — wordt; *kaścana* — wie dan ook.

O zoon van Pāṇḍu, weet dat wat onthechting genoemd wordt, hetzelfde is als yoga of het verbinden van jezelf met de Allerhoogste, want niemand kan een yogī worden zonder het verlangen naar zinsbevrediging op te geven.

COMMENTAAR: Werkelijke *sannyāsa-yoga* of *bhakti* betekent dat men zijn wezenlijke positie als levend wezen moet kennen en in overeenstemming daarmee moet handelen. Het levend wezen heeft geen afzonderlijke, onafhankelijke identiteit; het is de tussenenergie van de Allerhoogste. Een levend wezen is geconditioneerd wanneer het verstrikt is door de materiële energie, maar wanneer het Kṛṣṇa-bewust is of zich bewust is van de spirituele energie, dan is het in zijn werkelijke en natuurlijke zijnstoestand. Op het moment dat iemand volledige kennis heeft, stopt hij daarom alle materiële zinsbevrediging; dat wil zeggen, hij onthecht zich van alle soorten van activiteiten voor zinsbevrediging. Dit is wat de *yogī*'s beoefenen door hun zintuigen te weerhouden van materiële gehechtheid. Maar een Kṛṣṇa-bewust persoon heeft geen gelegenheid om zijn zintuigen te betrekken in iets wat niet voor Kṛṣṇa bedoeld is. Een Kṛṣṇa-bewust persoon is daarom tegelijkertijd een *sannyāsī* en een *yogī*.

In Kṛṣṇa-bewustzijn wordt het doel van kennis en van het beheersen van de zintuigen, zoals dat voorgeschreven wordt in de methoden van *jñāna* en yoga, vanzelf gediend. Als iemand niet in staat is om zijn zelfzuchtige activiteiten op te geven, dan zijn *jñāna* en yoga nutteloos. Het werkelijke doel van een levend wezen is om alle voldoening voor zichzelf op te geven en bereid te zijn de Allerhoogste tevreden te stellen. Een Kṛṣṇa-bewust persoon verlangt niet naar zijn eigen plezier, in welke vorm dan ook. Hij is altijd bezig voor het plezier van de Allerhoogste. Wie geen kennis heeft over de Allerhoogste, móet daarom wel bezig zijn voor zijn eigen voldoening, want niemand kan in een toestand van inactiviteit blijven. Alle doeleinden worden perfect gediend door het beoefenen van Kṛṣṇa-bewustzijn.

TEKST 3 आरुरुक्षोर्मुनेर्योगं कर्म कारणमुच्यते ।
योगारूढस्य तस्यैव शमः कारणमुच्यते ॥ ३ ॥

ārurukṣor muner yogaṁ, karma kāraṇam ucyate
yogārūḍhasya tasyaiva, śamaḥ kāraṇam ucyate

ārurukṣoḥ — die nog maar net met yoga begonnen is; *muneḥ* — van de wijze; *yogam* — het achtvoudige yogastelsel; *karma* — activiteiten; *kāraṇam* — de methode; *ucyate* — wordt gezegd; *yoga* — achtvoudige yoga; *ārūḍhasya* — van iemand die bereikt heeft; *tasya* — zijn; *eva* — zeker; *śamaḥ* — beëindigen van alle materiële activiteiten; *kāraṇam* — de methode; *ucyate* — wordt gezegd.

Voor de beginner in het achtvoudige yogastelsel is werk de methode, maar voor wie al gevorderd is, is het beëindigen van alle materiële activiteiten de methode.

COMMENTAAR: De methode waarbij iemand zich met de Allerhoogste verbindt wordt 'yoga' genoemd. Ze kan vergeleken worden met een ladder om de allerhoogste spirituele bewustwording te bereiken. Deze ladder begint vanaf de laagste materiële toestand van het levend wezen en verheft zich tot perfecte zelfrealisatie in een zuiver spiritueel leven. Naargelang de diverse niveaus hebben de verschillende delen van de ladder verschillende benamingen. Maar de hele ladder wordt 'yoga' genoemd en kan in drie delen worden onderverdeeld: *jñāna-yoga, dhyāna-yoga* en *bhakti-yoga.* Het begin van de ladder wordt het stadium van *yogārurukṣu* genoemd en de hoogste sport wordt *yogārūḍha* genoemd.

De pogingen die in het begin van de achtvoudige yogamethode ondernomen worden om in meditatie te komen door een gereguleerd leven te leiden en door verschillende zithoudingen te beoefenen (die min of meer lichamelijke oefeningen zijn), worden als resultaatgerichte, materiële activiteiten beschouwd. Al deze activiteiten leiden tot een perfect mentaal evenwicht om de zintuigen te beheersen. Wanneer iemand volleerd is in meditatie, stopt hij alle verstorende mentale activiteiten.

Maar een Kṛṣṇa-bewust persoon bevindt zich vanaf het begin op het niveau van meditatie, omdat hij altijd aan Kṛṣṇa denkt. En omdat hij altijd bezig is Kṛṣṇa te dienen, wordt hij beschouwd als iemand die met alle materiële activiteiten is gestopt.

TEKST 4 यदा हि नेन्द्रियार्थेषु न कर्मस्वनुषज्जते ।
सर्वसङ्कल्पसंन्यासी योगारूढस्तदोच्यते ॥ ४ ॥

yadā hi nendriyārtheṣu, na karmasv anuṣajjate
sarva-saṅkalpa-sannyāsī, yogārūḍhas tadocyate

yadā — wanneer; *hi* — zeker; *na* — niet; *indriya-artheṣu* — in zinsbevrediging; *na* — nooit; *karmasu* — in resultaatgerichte activiteiten; *anuṣajjate* — iemand is noodzakelijkerwijs bezig; *sarva-saṅkalpa* — van alle materiële verlangens; *sannyāsī* — iemand die onthecht is; *yoga-ārūḍhaḥ* — gevorderd in yoga; *tadā* — dan; *ucyate* — wordt gezegd.

Wie zich, na alle materiële verlangens te hebben opgegeven, niet bezighoudt met zinsbevrediging en evenmin met resultaatgerichte activiteiten, wordt gezien als iemand die gevorderd is in yoga.

COMMENTAAR: Wanneer iemand volledig opgaat in de transcendentale liefdedienst aan de Heer, is hij tevreden in zichzelf en houdt zich dan ook niet langer meer bezig met zinsbevrediging of resultaatgerichte activiteiten. Is dat niet het geval, dan moet hij wel bezig zijn met zinsbevrediging, omdat niemand kan leven zonder activiteit. Zonder Kṛṣṇa-bewustzijn zal iemand altijd zoeken naar resultaatgerichte activiteiten, die ofwel strikt op zichzelf gericht zijn ofwel uitgebreid naar anderen. Maar een Kṛṣṇa-bewust persoon kan alles doen om Kṛṣṇa tevreden te stellen en daarbij volledig onthecht zijn van zinsbevrediging. Wie dit niet beseft, zal op een mechanische manier moeten proberen aan materiële verlangens te ontkomen voordat hij naar de hoogste sport van de yogaladder wordt verheven.

TEKST 5 उद्धरेदात्मनात्मानं नात्मानमवसादयेत् ।
आत्मैव ह्यात्मनो बन्धुरात्मैव रिपुरात्मनः ॥ ५ ॥

uddhared ātmanātmānaṁ, nātmānam avasādayet,
ātmaiva hy ātmano bandhur, ātmaiva ripur ātmanaḥ

uddharet — men moet bevrijden; *ātmanā* — door de geest; *ātmānam* — de geconditioneerde ziel; *na* — nooit; *ātmānam* — de geconditioneerde ziel; *avasādayet* — zich verlagen; *ātmā* — de geest; *eva* — zeker; *hi* — feitelijk; *ātmanaḥ* — van de geconditioneerde ziel; *bandhuḥ* — vriend; *ātmā* — de geest; *eva* — zeker; *ripuḥ* — vijand; *ātmanaḥ* — van de geconditioneerde ziel.

Men moet zich met behulp van zijn geest bevrijden en niet verlagen. De geest is de vriend van de geconditioneerde ziel, maar ook haar vijand.

COMMENTAAR: Het woord *'ātmā'* betekent 'lichaam', 'geest' en 'ziel', afhankelijk van de context. In de yogamethode zijn vooral de geest en de geconditioneerde ziel belangrijk. Omdat de geest centraal staat in het beoefenen van yoga, duidt *ātmā* hier op de geest. Het doel van de yogamethode is het beheersen van de geest en deze te bevrijden van gehechtheid aan zinsobjecten. Hier wordt benadrukt dat de geest zo getraind moet worden, dat het de geconditioneerde ziel uit het moeras van onwetendheid kan verlossen. In het materiële bestaan is men onderhevig aan de invloed van de geest en de zintuigen. Feitelijk is het zo dat de zuivere ziel verstrikt is in de materiële wereld, omdat de geest verwikkeld is geraakt in het vals ego, dat het verlangen heeft de baas te spelen over de materiële natuur. De geest moet daarom zo getraind worden dat hij niet wordt aangetrokken door de schittering van de materiële natuur; op die manier kan de geconditioneerde ziel gered worden.

Men moet zichzelf niet verlagen door zich te laten aantrekken tot zinsobjecten. Hoe meer iemand aangetrokken is tot zinsobjecten, des te meer hij verstrikt raakt in het materiële bestaan. De beste manier om los te komen uit deze verstrikking is door de geest altijd bezig te houden met Kṛṣṇa-bewustzijn. Het woord *'hi'* wordt hier gebruikt om dit punt te benadrukken, dat wil zeggen, men *moet* dit doen. Er wordt ook gezegd:

mana eva manuṣyāṇāṁ, kāraṇaṁ bandha-mokṣayoḥ
bandhāya viṣayāsaṅgo, muktyai nirviṣayaṁ manaḥ

'De geest is voor de mens zowel de oorzaak van gebondenheid als van bevrijding. Wanneer de geest in beslag genomen wordt door zinsobjecten, is hij de oorzaak van gebondenheid, maar als de geest onthecht is van zinsobjecten, dan is hij de oorzaak van bevrijding.' (*Amṛta-bindu Upaniṣad* 2) De geest die altijd actief is in Kṛṣṇa-bewustzijn, is daarom de oorzaak van de allerhoogste bevrijding.

TEKST 6 बन्धुरात्मात्मनस्तस्य येनात्मैवात्मना जितः ।
अनात्मनस्तु शत्रुत्वे वर्तेतात्मैव शत्रुवत् ॥ ६ ॥

bandhur ātmātmanas tasya, yenātmaivātmanā jitaḥ
anātmanas tu śatrutve, vartetātmaiva śatru-vat

bandhuḥ — vriend; *ātmā* — de geest; *ātmanaḥ* — van het levend wezen; *tasya* — van het; *yena* — door wie; *ātmā* — de geest; *eva* — zeker; *ātmanā* — door het levend wezen; *jitaḥ* — overwonnen; *anātmanaḥ* — van iemand die er niet in is geslaagd zijn geest te beheersen; *tu* — maar; *śatrutve* — door vijandschap; *varteta* — blijft; *ātmā eva* — diezelfde geest; *śatru-vat* — als een vijand.

Voor wie de geest overwonnen heeft, is de geest de beste vriend. Maar voor wie daar niet in geslaagd is, blijft de geest de grootste vijand.

COMMENTAAR: Het doel van het beoefenen van de achtvoudige yogamethode is het beheersen van de geest om deze tot vriend te maken in het uitvoeren van de missie van het menselijk leven. Als de geest onbeheerst is, is het beoefenen van yoga (voor de show) gewoon verspilde tijd. Wie zijn geest niet kan beheersen, leeft altijd samen met zijn grootste vijand en op die manier is zijn leven en zijn levensmissie een mislukking. De wezenlijke positie van het levend wezen is dat het de opdrachten van een meerdere moet uitvoeren. Zolang de geest een onverslagen vijand blijft, is men gedwongen de opdrachten van lust, woede, hebzucht, illusie enz. te gehoorzamen. Maar als de geest verslagen is, zal iemand vrijwillig de opdrachten uitvoeren van de Persoonlijkheid Gods, die in ieders hart aanwezig is als Paramātmā. Echte yoga houdt in dat we de Paramātmā in het hart ontmoeten en ons vervolgens aan Zijn leiding overgeven. Voor wie zich rechtstreeks toelegt op Kṛṣṇa-bewustzijn, zal perfecte overgave aan de leiding van de Heer vanzelf volgen.

TEKST 7 जितात्मनः प्रशान्तस्य परमात्मा समाहितः ।
शीतोष्णसुखदुःखेषु तथा मानापमानयोः ॥ ७ ॥

jitātmanaḥ praśāntasya, paramātmā samāhitaḥ
śītoṣṇa-sukha-duḥkheṣu, tathā mānāpamānayoḥ

jita-ātmanaḥ — van iemand die zijn geest overwonnen heeft; *praśāntasya* — iemand die vrede heeft gevonden door zulke beheersing van de geest; *paramaātmā* — de Superziel; *samāhitaḥ* — volledig bereikt; *śīta* — tijdens kou; *uṣṇa*

— hitte; *sukha* — geluk; *duḥkheṣu* — en verdriet; *tathā* — ook; *māna* — in eer; *apamānayoḥ* — en schande.

Voor wie de geest overwonnen heeft, is de Superziel al bereikt, omdat hij vrede heeft gevonden. Voor zo iemand zijn geluk en verdriet, hitte en kou, eer en schande één en hetzelfde.

COMMENTAAR: Ieder levend wezen is er eigenlijk voor bedoeld om de opdrachten van de Allerhoogste Persoonlijkheid Gods uit te voeren, die in ieders hart aanwezig is als Paramātmā. Wanneer de geest door de externe, illusionerende energie misleid wordt, raakt men verstrikt in materiële activiteiten. Zodra iemand de geest door een van de yogamethoden beheerst, moet hij daarom worden beschouwd als iemand die het doel heeft bereikt.

Men moet zich schikken naar hogere leiding. Wanneer iemands geest geconcentreerd is op de hogere natuur, heeft hij geen ander alternatief dan de leiding van de Allerhoogste te volgen. De geest moet zich aan een hogere leiding overgeven en die volgen. Wanneer de geest beheerst is, volgt men vanzelf de leiding van de Paramātmā (de Superziel). Omdat deze transcendentale positie onmiddellijk bereikt wordt door iemand die Kṛṣṇa-bewust is, is de toegewijde van Kṛṣṇa onaangedaan door de dualiteiten van het materiële bestaan, zoals ellende en geluk, kou en hitte enz. Dit is een toestand van praktische *samādhi* of volledig opgaan in het Allerhoogste.

TEKST 8 ज्ञानविज्ञानतृप्तात्मा कूटस्थो विजितेन्द्रियः ।
युक्त इत्युच्यते योगी समलोष्ट्राश्मकाञ्चनः ॥ ८ ॥

jñāna-vijñāna-tṛptātmā, kūṭa-stho vijitendriyaḥ
yukta ity ucyate yogī, sama-loṣṭrāśma-kāñcanaḥ

jñāna — door verkregen kennis; *vijñāna* — en gerealiseerde kennis; *tṛpta* — tevreden; *ātmā* — een levend wezen; *kūṭa-sthaḥ* — in het spirituele staan; *vijita-indriyaḥ* — met beheerste zintuigen; *yuktaḥ* — gekwalificeerd voor zelfrealisatie; *iti* — zo; *ucyate* — wordt genoemd; *yogī* — een mysticus; *sama* — evenwichtig; *loṣṭra* — een kluit aarde; *aśma* — steen; *kāñcanaḥ* — goud.

Men wordt als werkelijk zelfgerealiseerd gezien en wordt een yogī [of mysticus] genoemd, wanneer men volkomen tevreden is door de kennis en het inzicht dat men verworven heeft. Zo iemand bevindt zich op het transcendentale niveau en is zelfbeheerst. Hij ziet alles — of het nu een kluit aarde, een brok steen of een klomp goud is — als hetzelfde.

COMMENTAAR: Boekenwijsheid zonder een besef van de Allerhoogste Waarheid is nutteloos. Dit wordt als volgt beschreven:

ataḥ śrī-kṛṣṇa-nāmādi, na bhaved grāhyam indriyaiḥ
sevonmukhe hi jihvādau, svayam eva sphuraty adaḥ

'Niemand kan de transcendentale aard van de naam, gedaante, eigenschappen en het vermaak van Śrī Kṛṣṇa begrijpen door materieel bedekte en onzuivere zintuigen. Alleen wanneer iemand door transcendentale dienst aan de Heer spiritueel verzadigd raakt, worden de transcendentale naam, gedaante,eigenschappen en het transcendentale vermaak van de Heer aan hem geopenbaard.' (*Bhakti-rasāmṛta-sindhu* 1.2.234)

Deze *Bhagavad-gītā* is de wetenschap van het Kṛṣṇa-bewustzijn. Niemand kan door wereldse geleerdheid alleen Kṛṣṇa-bewust worden. Men moet fortuinlijk genoeg zijn om met een persoon om te gaan die een zuiver bewustzijn heeft. Een Kṛṣṇa-bewust persoon heeft door de genade van Kṛṣṇa gerealiseerde kennis, omdat hij tevreden is met zuivere devotionele dienst. Door gerealiseerde, transcendentale kennis wordt iemand perfect en door die kennis kan iemand vastberaden blijven in zijn overtuiging. Maar iemand die alleen academische kennis heeft, kan gemakkelijk misleid worden en in de war raken door schijnbare tegenstrijdigheden. Het is de zelfgerealiseerde ziel die werkelijk zelfbeheerst is, want zo iemand heeft zich aan Kṛṣṇa overgegeven. Hij is transcendentaal omdat hij niets te maken heeft met wereldse geleerdheid. Wereldse geleerdheid en mentale speculatie, die voor anderen als goud zijn, zijn voor hem niet meer waard dan wat aarde of steen.

TEKST 9 सुहृन्मित्रार्युदासीनमध्यस्थद्वेष्यबन्धुषु ।
साधुष्वपि च पापेषु समबुद्धिर्विशिष्यते ॥ ९ ॥

suhṛn-mitrāry-udāsīna-, madhyastha-dveṣya-bandhuṣu
sādhuṣv api ca pāpeṣu, sama-buddhir viśiṣyate

su-hṛt — tegenover hen die van nature welgezinden zijn; *mitra* — toegenegen weldoeners; *ari* — vijanden; *udāsīna* — zij die neutraal zijn te midden van oorlogvoerenden; *madhya-stha* — bemiddelaars tussen hen die oorlogvoeren; *dveṣya* — de vijandigen; *bandhuṣu* — en de familieleden of kennissen; *sādhuṣu* — tegenover de vromen; *api* — en ook; *ca* — en; *pāpeṣu* — tegenover de zondaars; *sama-buddhiḥ* — een intelligentie hebben die alles beschouwt op basis van gelijkheid; *viśiṣyate* — is ver gevorderd.

Men wordt als nog verder gevorderd beschouwd, als men oprechte welgezinden, toegenegen weldoeners, de onpartijdigen, bemiddelaars, haatdragenden, vrienden en vijanden, vromen en zondaars allemaal met een neutrale geest beschouwt.

TEKST 10 योगी युञ्जीत सततमात्मानं रहसि स्थितः ।
एकाकी यतचित्तात्मा निराशीरपरिग्रहः ॥ १० ॥

yogī yuñjīta satatam, ātmānaṁ rahasi sthitaḥ
ekākī yata-cittātmā, nirāśīr aparigrahaḥ

yogī — een transcendentalist; *yuñjīta* — moet zich op Kṛṣṇa-bewustzijn concentreren; *satatam* — onophoudelijk; *ātmānam* — zichzelf (met zijn lichaam, geest en zelf); *rahasi* — op een afgezonderde plaats; *sthitaḥ* — zich bevindend; *ekākī* — alleen; *yata-citta-ātmā* — altijd zorgvuldig zijn geest beheersend; *nirāśīḥ* — zonder tot iets anders aangetrokken te worden; *aparigrahaḥ* — vrij van het gevoel iets te bezitten.

De transcendentalist moet zijn lichaam, geest en zelf altijd gebruiken in relatie met de Allerhoogste. Hij moet alleen en op een afgezonderde plaats leven en voortdurend zorgvuldig zijn geest beheersen. Hij moet vrij zijn van verlangens en van het idee iets te bezitten.

COMMENTAAR: Iemand kan zich op verschillende niveaus bewust zijn van Kṛṣṇa, namelijk Kṛṣṇa als Brahman, Paramātmā en de Allerhoogste Persoonlijkheid Gods. In het kort betekent Kṛṣṇa-bewustzijn dat iemand altijd transcendentale liefdedienst aan de Heer bewijst. Maar zij die gehecht zijn aan het onpersoonlijk Brahman of de gelokaliseerde Superziel zijn ook gedeeltelijk Kṛṣṇa-bewust, omdat het onpersoonlijk Brahman de spirituele uitstraling van Kṛṣṇa is en de Superziel de alomtegenwoordige deelexpansie van Kṛṣṇa. Op die manier zijn de impersonalisten en zij die mediteren ook indirect Kṛṣṇa-bewust. Een persoon die direct Kṛṣṇa-bewust is, is de allerhoogste transcendentalist, omdat zo'n toegewijde weet wat er met Brahman en Paramātmā bedoeld wordt. Zijn kennis van de Absolute Waarheid is perfect, terwijl de impersonalist en de mediterende *yogī* niet volmaakt Kṛṣṇa-bewust zijn. Ondanks dat krijgen ze hier allemaal de instructie voortdurend bezig te zijn met hun bepaalde activiteiten, zodat ze vroeg of laat tot de hoogste perfectie zullen komen.

De eerste taak van een transcendentalist is om zijn geest altijd gericht te houden op Kṛṣṇa. Men moet altijd aan Kṛṣṇa denken en Hem geen moment vergeten. De concentratie van de geest op de Allerhoogste wordt *samādhi* of de toestand van diepe meditatie genoemd. Om de geest te kunnen concentreren moet iemand altijd in afzondering blijven en verstoring door externe objecten vermijden. Hij moet zeer zorgvuldig zijn in het aanvaarden van gunstige voorwaarden die zijn bewustwording beïnvloeden en in het verwerpen van ongunstige. Daarnaast moet hij volkomen vastberaden zijn niet te hunkeren naar onnodige materiële dingen die hem verstrikken door een besef van eigendom. Aan al deze voorzorgsmaatregelen wordt perfect voldaan wanneer iemand direct Kṛṣṇa-bewustzijn beoefent, omdat direct Kṛṣṇa-bewustzijn zelfverloochening betekent, wat de kans op materiële bezitsdrang zeer klein maakt. Śrīla Rūpa Gosvāmī karakteriseert Kṛṣṇa-bewustzijn als volgt:

anāsaktasya viṣayān, yathārham upayuñjataḥ
nirbandhaḥ kṛṣṇa-sambandhe, yuktaṁ vairāgyam ucyate

prāpañcikatayā buddhyā, hari-sambandhi-vastunaḥ
mumukṣubhiḥ parityāgo, vairāgyaṁ phalgu kathyate

'Wanneer iemand nergens aan gehecht is, maar tegelijkertijd alles aanvaardt wat in verband staat met Kṛṣṇa, dan is hij op de juiste manier verheven boven bezitsdrang. De onthechting van iemand die daarentegen alles verwerpt zonder te weten in wat voor relatie het met Kṛṣṇa staat, is niet zo compleet.' (*Bhakti-rasāmṛta-sindhu* 1.2.255-256)

Een Kṛṣṇa-bewust persoon weet heel goed dat alles eigendom van Kṛṣṇa is en daarom heeft hij nooit het idee dat hij persoonlijke eigendommen bezit. Voor zichzelf hunkert hij op die manier nergens naar. Hij weet dingen die gunstig zijn voor Kṛṣṇa-bewustzijn te aanvaarden en dingen die ongunstig zijn voor Kṛṣṇa-bewustzijn te verwerpen. Hij houdt zich altijd afzijdig van materiële dingen, omdat hij altijd transcendentaal is, en hij is altijd alleen, omdat hij niets te maken heeft met personen die niet Kṛṣṇa-bewust zijn. Daarom is een Kṛṣṇa-bewust persoon de perfecte *yogī.*

TEKST 11 – 12

शुचौ देशे प्रतिष्ठाप्य स्थिरमासनमात्मनः ।
नात्युच्छ्रितं नातिनीचं चैलाजिनकुशोत्तरम् ॥ ११ ॥
तत्रैकाग्रं मनः कृत्वा यतचित्तेन्द्रियक्रियः ।
उपविश्यासने युञ्ज्याद्योगमात्मविशुद्धये ॥ १२ ॥

śucau deśe pratiṣṭhāpya, sthiram āsanam ātmanaḥ
nāty-ucchritaṁ nāti-nīcaṁ, cailājina-kuśottaram
tatraikāgraṁ manaḥ kṛtvā, yata-cittendriya-kriyaḥ
upaviśyāsane yuñjyād, yogam ātma-viśuddhaye

śucau — in een geheiligde; *deśe* — gebied; *pratiṣṭhāpya* — plaatsend; *sthiram* — stabiele; *āsanam* — zitplaats; *ātmanaḥ* — zijn eigen; *na* — niet; *ati* — te; *uc-chritam* — hoog; *na* — noch; *ati* — te; *nīcam* — laag; *caila-ajina* — van een zachte doek en een hertenvel; *kuśa* — en *kuśa*-gras; *uttaram* — bedekking; *tatra* — daar-op; *eka-agram* — met de aandacht op één ding gericht; *manaḥ* — de geest; *kṛtvā* — makend; *yata-citta* — de gedachten beheersen; *indriya* — zintuigen; *kriyaḥ* — en activiteiten; *upaviśya* — zittend; *āsane* — op de zitplaats; *yuñjyāt* — moet ver-richten; *yogam* — yogabeoefening; *ātma* — het hart; *viśuddhaye* — om te zuiveren.

Om yoga te beoefenen moet men naar een afgezonderde plaats gaan, er kuśa-gras op de grond leggen en dit bedekken met een hertenvel en een zachte doek. De plek moet niet te hoog of te laag zijn en moet zich in een heilige plaats bevinden. De yogī moet daar dan in een stabiele houding gaan zitten en er yoga beoefenen om zijn hart te zuiveren door zijn geest, zintuigen en activiteiten te beheersen en door zijn aandacht op één punt te richten.

COMMENTAAR: Een 'heilige plaats' verwijst naar pelgrimsoorden. In India ver-laten de *yogī's*, de transcendentalisten of de toegewijden, hun huis om in heilige plaatsen zoals Prayāga, Mathurā, Vṛndāvana, Hṛṣīkeśa en Hardwar te verblijven en in eenzaamheid yoga te beoefenen waar heilige rivieren zoals de Yamunā en de Ganges stromen. Maar vaak is dit niet mogelijk, vooral voor degenen buiten India. De zogenaamde yogaclubs in de grote steden mogen misschien succesvol zijn en materieel gezien winst maken, maar ze zijn volkomen ongeschikt om werkelijk yoga te beoefenen. Wie geen zelfbeheersing en geen onverstoorde geest heeft, kan geen meditatie beoefenen. In de *Bṛhan-nāradīya Purāṇa* wordt daarom gezegd dat het chanten van de heilige naam van de Heer de beste manier voor spirituele bewustwording is in het Kali-yuga, het huidige *yuga* of tijdperk waarin de mensen over het algemeen kort leven, traag zijn in spirituele bewustwording en altijd verstoord zijn door allerlei angsten.

harer nāma harer nāma, harer nāmaiva kevalam
kalau nāsty eva nāsty eva, nāsty eva gatir anyathā

'In dit tijdperk van strijd en hypocrisie is het chanten van de heilige naam van de Heer de enige manier om verlost te worden. Er is geen andere weg. Er is geen andere weg. Er is geen andere weg.'

TEKST 13 – 14

समं कायशिरोग्रीवं धारयन्नचलं स्थिरः ।
सम्प्रेक्ष्य नासिकाग्रं स्वं दिशश्चानवलोकयन् ॥ १३ ॥
प्रशान्तात्मा विगतभीर्ब्रह्मचारिव्रते स्थितः ।
मनः संयम्य मच्चित्तो युक्त आसीत मत्परः ॥ १४ ॥

samaṁ kāya-śiro-grīvaṁ, dhārayann acalaṁ sthiraḥ
samprekṣya nāsikāgraṁ svaṁ, diśaś cānavalokayan

praśāntātmā vigata-bhīr, brahmacāri-vrate sthitaḥ
manaḥ saṁyamya mac-citto, yukta āsīta mat-paraḥ

samam — recht; *kāya* — lichaam; *śiraḥ* — hoofd; *grīvam* — en nek; *dhārayan* — houdend; *acalam* — onbeweeglijk; *sthiraḥ* — stil; *samprekṣya* — kijkend; *nāsikā* — van de neus; *agram* — naar de punt; *svam* — eigen; *diśaḥ* — aan alle kanten; *ca* — ook; *anavalokayan* — niet kijkend; *praśānta* — onverstoord; *ātmā* — geest; *vigata-bhīḥ* — zonder angst; *brahmacāri-vrate* — met de gelofte van seksuele onthouding; *sthitaḥ* — bevinden; *manaḥ* — de geest; *saṁyamya* — volledig bedwingend; *mat* — op Mij (Kṛṣṇa); *cittaḥ* — de geest concentreren; *yuktaḥ* — de ware *yogī*; *āsīta* — moet zitten; *mat* — Mij; *paraḥ* — het uiteindelijke doel.

Men moet zijn romp, nek en hoofd in een rechte lijn gestrekt houden en dan onbeweeglijk naar de punt van de neus staren. Op die manier moet men met een onverstoorde, bedwongen geest, zonder angst en volkomen vrij van seksualiteit op Mijn gedaante in het hart mediteren en Mij het hoogste doel van het leven maken.

COMMENTAAR: Het doel van het leven is om Kṛṣṇa te leren kennen, die aanwezig is in het hart van ieder levend wezen als Paramātmā, de vierarmige gedaante van

Viṣṇu. De methode van yoga wordt beoefend om deze gelokaliseerde vorm van Viṣṇu te ontdekken en te zien en om geen andere reden. De gelokaliseerde *viṣṇu-mūrti* is de volkomen expansie van Kṛṣṇa, die Zich in ieders hart bevindt. Wie niet van plan is zich bewust te worden van deze *viṣṇu-mūrti*, houdt zich nutteloos bezig met pseudoyoga en verspilt beslist zijn tijd. Kṛṣṇa is het uiteindelijke doel van het leven en de *viṣṇu-mūrti* in het hart is het doel van de beoefening van yoga.

Om zich bewust te worden van deze *viṣṇu-mūrti* in het hart moet men zich volledig onthouden van seksualiteit; daarvoor is het nodig dat men zijn huis verlaat en op een afgezonderde plaats alleen leeft en blijft zitten zoals hierboven werd aangegeven. Men kan onmogelijk elke dag thuis of waar dan ook van seks genieten en zogenaamde yogalessen volgen en zo een *yogī* worden. Men moet zich oefenen in het beheersen van de geest en allerlei soorten van zinsbevrediging vermijden, waarvan seksualiteit de belangrijkste is. De grote wijze Yājñavalkya schrijft in zijn regels voor seksuele onthouding:

karmaṇā manasā vācā, sarvāvasthāsu sarvadā
sarvatra maithuna-tyāgo, brahmacaryaṁ pracakṣate

'De gelofte van *brahmacarya* is ervoor bedoeld om iemand te helpen zich volledig te onthouden van seksualiteit in daad, in woord en in de geest, ofwel overal, altijd en onder alle omstandigheden.' Niemand kan op de juiste manier yoga beoefenen door toe te geven aan seksualiteit. Daarom wordt *brahmacarya* onderwezen vanaf de kinderjaren, waarin iemand nog niets van seksualiteit afweet. Jonge jongens van vijf jaar worden naar de *guru-kula* gestuurd, de verblijfplaats van de spiritueel leraar, en de leraar traint hen in discipline, zodat ze *brahmacārī's* worden. Zonder deze oefening kan niemand vooruitgang maken in welke yoga dan ook of het nu *dhyāna-*, *jñāna-* of *bhakti-yoga* is.

Wie echter de regels en bepalingen van het gehuwde leven volgt en alleen met zijn vrouw een seksuele relatie heeft (en ook dat volgens bepaalde regels), wordt ook een *brahmacārī* genoemd. Zo'n beheerste getrouwde *brahmacārī* kan worden aanvaard in de *bhakti*-school, maar de scholen van *jñāna* en *dhyāna* laten zelfs geen getrouwde *brahmacārī's* toe. Deze scholen eisen volledige onthouding, zonder enig compromis. In de *bhakti*-school wordt een getrouwde *brahmacārī* gereguleerde seksualiteit toegestaan, want *bhakti-yoga* is zo krachtig dat iemand zijn aantrekking tot seksualiteit vanzelf verliest, omdat hij bezig is met iets hogers — dienst aan de Heer. In de *Bhagavad-gītā* (2.59) staat:

viṣayā vinivartante, nirāhārasya dehinaḥ
rasa-varjaṁ raso 'py asya, paraṁ dṛṣṭvā nivartate

Hoewel anderen gedwongen worden zichzelf te weerhouden van zinsbevrediging, weerhoudt een toegewijde van de Heer zich er vanzelf van, omdat hij een hogere smaak ervaart. Niemand anders dan de toegewijde heeft kennis over die hogere smaak.

Vigata-bhīḥ. Niemand is zonder angst, tenzij hij volledig Kṛṣṇa-bewust is. Door haar verwrongen geheugen, door het vergeten van haar eeuwige relatie met Kṛṣṇa, is een geconditioneerde ziel angstig. Het *Bhāgavatam* (11.2.37) zegt: *bhayaṁ dvitīyābhiniveśataḥ syād īśād apetasya viparyayo 'smṛtiḥ.* Kṛṣṇa-bewustzijn is de enige basis voor onbevreesdheid. Daarom is het voor een Kṛṣṇa-bewust persoon mogelijk om perfect yoga te beoefenen. Omdat het zien van de Heer in zichzelf het uiteindelijke doel van yoga is, is een Kṛṣṇa-bewust persoon al de beste van alle *yogī's.* De principes van de yogamethode die hier vermeld werden, verschillen van die van de populaire zogenaamde yogaclubs.

TEKST 15 युञ्जन्नेवं सदात्मानं योगी नियतमानसः ।
शान्तिं निर्वाणपरमां मत्संस्थामधिगच्छति ॥ १५ ॥

yuñjann evaṁ sadātmānaṁ, yogī niyata-mānasaḥ
śāntiṁ nirvāṇa-paramāṁ, mat-saṁsthām adhigacchati

yuñjan — beoefenen; *evam* — zoals hierboven vermeld; *sadā* — voortdurend; *ātmānam* — lichaam, geest en ziel; *yogī* — de mystieke transcendentalist; *niyata-mānasaḥ* — met een geest die onder controle is; *śāntim* — vrede; *nirvāṇa-paramām* — beëindiging van het materiële bestaan; *mat-saṁsthām* — de spirituele wereld (het koninkrijk van God); *adhigacchati* — bereikt.

Op die manier oefent de mystieke transcendentalist zich voortdurend in het beheersen van de activiteiten van lichaam en geest en beëindigt hij, wanneer zijn geest onder controle is, het materiële bestaan en bereikt hij het koninkrijk van God [de verblijfplaats van Kṛṣṇa].

COMMENTAAR: Het uiteindelijke doel van yoga wordt nu duidelijk uitgelegd. Yogabeoefening is er niet voor bedoeld om bepaalde materiële voorzieningen te krijgen — het helpt het materiële bestaan te beëindigen. Wie naar een verbetering van zijn gezondheid zoekt of materiële perfectie verlangt, is volgens de *Bhagavad-gītā* geen *yogī.* Het beëindigen van het materiële bestaan houdt evenmin in dat iemand opgaat in de 'leegte', die slechts een mythe is. In de schepping van de Heer is er nergens een leegte. Integendeel, het is zo dat het beëindigen van het materiële bestaan iemand in staat stelt om binnen te gaan in de spirituele hemel, de verblijfplaats van de Heer. De verblijfplaats van de Heer wordt duidelijk beschreven in de *Bhagavad-gītā* als die plaats waar geen zon, maan of elektriciteit nodig is. Alle planeten in het spirituele koninkrijk geven zelf licht zoals de zon in de materiële hemel. Het koninkrijk van God is overal, maar de spirituele hemel en de planeten daarvan worden *paraṁ dhāma* genoemd, hogere verblijfplaatsen.

Een volleerd *yogī,* die een perfect begrip heeft van Heer Kṛṣṇa zoals hier door de Heer Zelf wordt verklaard (*mat-cittaḥ, mat-paraḥ, mat-saṁsthām*), kan werkelijk vredig worden en kan uiteindelijk Zijn allerhoogste woning, Kṛṣṇaloka, bereiken, die ook bekendstaat als Goloka Vṛndāvana. In de *Brahma-saṁhitā* (5.37) wordt duidelijk gezegd: *goloka eva nivasaty akhilātma-bhūtaḥ* — ook al verblijft de Heer altijd in Zijn woning, Goloka, toch is Hij door Zijn hogere, spirituele energieën het aldoordringende Brahman en ook de gelokaliseerde Paramātmā. Zonder Kṛṣṇa en Zijn volkomen expansie Viṣṇu op de juiste manier te begrijpen kan niemand de spirituele hemel (Vaikuṇṭha) bereiken of binnengaan in de eeuwige woning van de Heer (Goloka Vṛndāvana). Wie Kṛṣṇa-bewust handelt, is daarom de perfecte *yogī*, omdat zijn geest altijd verzonken is in de activiteiten van Kṛṣṇa (*sa vai manaḥ kṛṣṇa-padāravindayoḥ*). In de Veda's (*Śvetāśvatara Upaniṣad* 3.8) vinden we ook: *tam eva viditvāti mṛtyum eti* — 'Men kan het pad van geboorte en dood alleen transcenderen door de Allerhoogste Persoonlijkheid Gods, Kṛṣṇa, te begrijpen.' Met andere woorden, de perfectie van de yogamethode is dat men uit het materiële bestaan bevrijd raakt en niet een of ander magisch gegoochel of het uithalen van gymnastische toeren om het argeloze publiek te bedriegen.

TEKST 16 नात्यश्नतस्तु योगोऽस्ति न चैकान्तमनश्नतः ।
न चातिस्वप्नशीलस्य जाग्रतो नैव चार्जुन ॥ १६ ॥

nāty-aśnatas 'tu yogo 'sti, na caikāntam anaśnataḥ
na cāti-svapna-śīlasya, jāgrato naiva cārjuna

na — nooit; *ati* — te veel; *aśnataḥ* — van iemand die eet; *tu* — maar; *yogaḥ* — verbinden met de Allerhoogste; *asti* — er is; *na* — evenmin; *ca* — ook; *ekāntam* — overdreven; *anaśnataḥ* — zich onthouden van eten; *na* — evenmin; *ca* — ook; *ati* — te veel; *svapna-śīlasya* — van iemand die slaapt; *jāgrataḥ* — van iemand die 's nachts te veel wakker is; *na* — evenmin; *eva* — ooit; *ca* — en; *arjuna* — o Arjuna.

Men kan onmogelijk een yogī worden, o Arjuna, wanneer men te veel of te weinig eet, te veel slaapt of niet genoeg slaapt.

COMMENTAAR: In dit vers wordt de *yogī's* aangeraden om hun slaap en eten te reguleren. Te veel eten betekent meer eten dan nodig is om lichaam en ziel bij elkaar te houden. De mens hoeft geen dieren te eten, omdat er een toereikende voorraad granen, groenten, fruit en melk is. Zulk simpel voedsel is volgens de *Bhagavad-gītā* voedsel in de hoedanigheid goedheid. Vleeseten is voor personen in de hoedanigheid onwetendheid. Zij die zich daarom te goed doen aan vleeseten, drinken, roken en het eten van voedsel dat niet eerst aan Kṛṣṇa geofferd is, zullen slecht karma krijgen, omdat ze alleen maar onzuivere dingen tot zich nemen. *Bhuñjate te tv aghaṁ pāpā ye pacanty ātma-kāraṇāt.* Iedereen die voor zinnelijk genot eet of die voor zichzelf kookt zonder zijn voedsel aan Kṛṣṇa te offeren, eet alleen maar zonde.

Wie zonde eet en meer eet dan hem is toegemeten, kan niet perfect yoga beoefenen. Men zou bij voorkeur alleen moeten eten wat Kṛṣṇa van het aan Hem geofferde voedsel overlaat. Een Kṛṣṇa-bewust persoon eet niets wat niet eerst aan

Kṛṣṇa geofferd is. Daarom kan alleen een Kṛṣṇa-bewust persoon perfectie bereiken in het beoefenen van yoga. Ook iemand die zich kunstmatig van eten weerhoudt door zijn eigen methode van vasten te verzinnen, kan geen yoga beoefenen. Een Kṛṣṇa-bewust persoon vast zoals dat in de heilige teksten wordt aangeraden; hij vast of eet niet meer dan nodig is en is op die manier in staat yoga te beoefenen.

Wie meer eet dan noodzakelijk, zal tijdens het slapen veel dromen en daardoor meer slapen dan nodig is. Men zou niet langer dan zes uur per dag moeten slapen. Wie meer dan zes uur van de vierentwintig uur slaapt, wordt zeker beïnvloed door de hoedanigheid onwetendheid. Iemand in de hoedanigheid onwetendheid is lui en geneigd om veel te slapen. Zo iemand kan geen yoga beoefenen.

TEKST 17 युक्ताहारविहारस्य युक्तचेष्टस्य कर्मसु ।
युक्तस्वप्नावबोधस्य योगो भवति दुःखहा ॥ १७ ॥

yuktāhāra-vihārasya, yukta-ceṣṭasya karmasu
yukta-svapnāvabodhasya, yogo bhavati duḥkha-hā

yukta — gereguleerd; *āhāra* — eten; *vihārasya* — ontspanning; *yukta* — gereguleerd; *ceṣṭasya* — van iemand die werkt voor zijn levensonderhoud; *karmasu* — in het vervullen van plichten; *yukta* — gereguleerd; *svapna-avabodhasya* — slapen en wakker zijn; *yogaḥ* — beoefening van yoga; *bhavati* — wordt; *duḥkha-hā* — pijn verminderen.

Wie gematigd is in eten, slapen, ontspanning en werk, kan door het beoefenen van yoga alle materiële pijn verlichten.

COMMENTAAR: Overdadig eten, slapen, verdedigen en paren — allemaal behoeften van het lichaam — kan de vooruitgang van yoga belemmeren. Wat eten betreft: dit kan alleen gereguleerd worden wanneer iemand er een gewoonte van heeft gemaakt om *prasāda* (geheiligd voedsel) te eten. Volgens de *Bhagavad-gītā* (9.26) worden aan Heer Kṛṣṇa groenten, bloemen, vruchten, granen, melk enz. geofferd. Op die manier raakt een Kṛṣṇa-bewust persoon vanzelf getraind om geen voedsel te nemen dat niet voor de mens is bedoeld of dat niet in de hoedanigheid goedheid is.

Wat slapen betreft: een Kṛṣṇa-bewust persoon is tijdens het vervullen van zijn plichten in Kṛṣṇa-bewustzijn altijd alert en beschouwt daarom ieder moment dat onnodig gebruikt wordt om te slapen als een groot verlies. *Avyartha-kālatvam:* een Kṛṣṇa-bewust persoon kan niet verdragen dat een minuut van zijn leven voorbijgaat zonder dat hij bezig is in dienst aan de Heer. Daarom beperkt hij zijn slapen tot een minimum; zijn voorbeeld is dan ook Śrīla Rūpa Gosvāmī, die altijd bezig was Kṛṣṇa te dienen en niet meer dan twee uur per dag kon slapen, en soms zelfs dat niet eens. Ṭhākura Haridāsa weigerde zelfs *prasāda* te eten of een moment te slapen voordat hij zich aan zijn dagelijkse gewoonte had gehouden om driehonderdduizend namen op zijn meditatiekralen te chanten.

Wat werk betreft: een Kṛṣṇa-bewust persoon doet niets wat geen verband houdt met het belang van Kṛṣṇa en daarom is zijn werk altijd gereguleerd en onaangetast door zinsbevrediging. Omdat er geen sprake is van zinsbevrediging, houdt een Kṛṣṇa-bewust persoon zich niet bezig met materiële vrijetijdsbesteding. En omdat hij gereguleerd is in al zijn werk, spraak, slapen, waken en alle andere lichamelijke activiteiten, bestaat er voor hem geen materiële ellende.

TEKST 18 यदा विनियतं चित्तमात्मन्येवावतिष्ठते ।
निस्पृहः सर्वकामेभ्यो युक्त इत्युच्यते तदा ॥ १८ ॥

yadā viniyataṁ cittam, ātmany evāvatiṣṭhate
nispṛhaḥ sarva-kāmebhyo, yukta ity ucyate tadā

yadā — wanneer; *viniyatam* — bijzonder gedisciplineerd; *cittam* — de geest en zijn activiteiten; *ātmani* — in het transcendentale; *eva* — zeker; *avatiṣṭhate* — wordt bestendig; *nispṛhaḥ* — vrij van verlangen; *sarva* — naar allerlei soorten; *kāmebhyaḥ* — materiële zinsbevrediging; *yuktaḥ* — ver gevorderd in yoga; *iti* — zo; *ucyate* — wordt gezegd; *tadā* — op dat moment.

Wanneer de yogī, door yoga te beoefenen, de activiteiten van zijn geest beteugelt en gevestigd raakt in het transcendentale, vrij van alle materiële verlangens, dan wordt gezegd dat hij ver gevorderd is in yoga.

COMMENTAAR: De activiteiten van een *yogī* onderscheiden zich van die van een gewoon persoon door zijn karakteristieke onthechting van alle materiële verlangens, waarvan seks de voornaamste is. Een perfecte *yogī* weet de activiteiten van de geest zo te disciplineren, dat hij niet langer verstoord kan worden door welk materieel verlangen dan ook. Dit niveau van perfectie wordt door Kṛṣṇa-bewuste personen vanzelf bereikt, zoals beschreven wordt in het *Śrīmad-Bhāgavatam* (9.4.18-20):

sa vai manaḥ kṛṣṇa-padāravindayor
vacāṁsi vaikuṇṭha-guṇānuvarṇane
karau harer mandira-mārjanādiṣu
śrutiṁ cakārācyuta-sat-kathodaye

mukunda-liṅgālaya-darśane dṛśau
tad-bhṛtya-gātra-sparśe 'ṅga-saṅgamam
ghrāṇaṁ ca tat-pāda-saroja-saurabhe
śrīmat-tulasyā rasanāṁ tad-arpite

pādau hareḥ kṣetra-padānusarpaṇe
śiro hṛṣīkeśa-padābhivandane
kāmaṁ ca dāsye na tu kāma-kāmyayā
yathottama-śloka-janāśrayā ratiḥ

'Koning Ambarīṣa concentreerde allereerst zijn geest op de lotusvoeten van Heer Kṛṣṇa; daarna gebruikte hij zijn woorden om de transcendentale eigenschappen van de Heer te beschrijven; zijn handen om de tempel van de Heer schoon te maken; zijn oren om over de activiteiten van de Heer te horen; zijn ogen om de transcendentale gedaante van de Heer te zien; zijn lichaam om de lichamen van de toegewijden aan te raken; zijn neus om de geuren van de lotusbloemen te ruiken die aan de Heer worden geofferd; zijn tong om de *tulasī*-blaadjes te proeven die aan de lotusvoeten van de Heer worden geofferd; zijn benen om naar de pelgrimsoorden en de tempel van de Heer te gaan; zijn hoofd om zijn eerbetuigingen aan de Heer te brengen, en zijn verlangens om de missie van de Heer te volbrengen. Al deze transcendentale activiteiten zijn eigen aan een zuivere toegewijde.'

Voor impersonalisten mag het transcendentale niveau misschien onverwoordbaar lijken, maar voor een Kṛṣṇa-bewust persoon wordt het heel gemakkelijk en haalbaar, zoals duidelijk wordt uit de bovenstaande beschrijving van de bezigheden van Mahārāja Ambarīṣa. Tenzij de geest op de lotusvoeten van de Heer geconcentreerd is door voortdurende herinnering, zijn zulke transcendentale bezigheden onuitvoerbaar. In devotionele dienst aan de Heer worden deze activiteiten, waarbij alle zintuigen in dienst van de Heer worden betrokken, daarom *arcana* genoemd. De zintuigen en de geest hebben activiteiten nodig; ze simpelweg negeren is ondoenlijk. Voor mensen in het algemeen — in het bijzonder voor hen die zich niet in de onthechte levensorde bevinden — zijn transcendentale activiteiten voor de zintuigen en de geest, zoals hierboven beschreven is, de perfecte methode om het transcendentale niveau te bereiken, dat in de *Bhagavad-gītā yukta* wordt genoemd.

TEKST 19

यथा दीपो निवातस्थो नेङ्गते सोपमा स्मृता ।
योगिनो यतचित्तस्य युञ्जतो योगमात्मनः ॥ १९ ॥

yathā dīpo nivāta-stho, neṅgate sopamā smṛtā
yogino yata-cittasya, yuñjato yogam ātmanaḥ

yathā — zoals; *dīpaḥ* — een lamp; *nivāta-sthaḥ* — op een plaats zonder wind; *na* — niet; *iṅgate* — flakkert; *sā* — deze; *upamā* — vergelijking; *smṛtā* — wordt beschouwd; *yoginaḥ* — van de *yogī*; *yata-cittasya* — van wie de geest beheerst is; *yuñjataḥ* — voortdurend bezig met; *yogam* — in meditatie; *ātmanaḥ* — op het transcendentale.

Zoals een lamp op een windstille plaats niet flakkert, zo blijft de transcendentalist die zijn geest beheerst altijd evenwichtig in zijn meditatie op het transcendente Zelf.

COMMENTAAR: Een werkelijk Kṛṣṇa-bewust persoon, die voortdurend opgaat in het transcendentale en die altijd onverstoorbaar mediteert op de Heer, die hij aanbidt, is net zo evenwichtig als een lamp op een windstille plek.

TEKST 20 – 23

यत्रोपरमते चित्तं निरुद्धं योगसेवया ।
यत्र चैवात्मनात्मानं पश्यन्नात्मनि तुष्यति ॥ २० ॥
सुखमात्यन्तिकं यत्तद्बुद्धिग्राह्यमतीन्द्रियम् ।
वेत्ति यत्र न चैवायं स्थितश्चलति तत्त्वतः ॥ २१ ॥
यं लब्ध्वा चापरं लाभं मन्यते नाधिकं ततः ।
यस्मिन्स्थितो न दुःखेन गुरुणापि विचाल्यते ॥ २२ ॥
तं विद्याद्दुःखसंयोगवियोगं योगसंज्ञितम् ॥ २३ ॥

yatroparamate cittaṁ, niruddhaṁ yoga-sevayā
yatra caivātmanātmānaṁ, paśyann ātmani tuṣyati

sukham ātyantikaṁ yat tad, buddhi-grāhyam atīndriyam
vetti yatra na caivāyaṁ, sthitaś calati tattvataḥ

yaṁ labdhvā cāparaṁ lābhaṁ, manyate nādhikaṁ tataḥ
yasmin sthito na duḥkhena, guruṇāpi vicālyate

taṁ vidyād duḥkha-saṁyoga-, viyogaṁ yoga-saṁjñitam

yatra — in die toestand waar; *uparamate* — ophouden (omdat men transcendentaal geluk ervaart); *cittam* — activiteiten van de geest; *niruddham* — weerhouden zijn van materie; *yoga-sevayā* — door het beoefenen van yoga; *yatra* — waarin; *ca* — ook; *eva* — zeker; *ātmanā* — door de zuivere geest; *ātmānam* — het zelf; *paśyan* — de positie begrijpen van; *ātmani* — in het zelf; *tuṣyati* — men raakt tevreden; *sukham* — vreugde; *ātyantikam* — allerhoogste; *yat* — welke; *tat* — dat; *buddhi* — door intelligentie; *grāhyam* — toegankelijk; *atīndriyam* — transcendentaal; *vetti* — men weet; *yatra* — waarin; *na* — nooit; *ca* — ook; *eva* — zeker; *ayam* — hij; *sthitaḥ* — bevinden in; *calati* — wijkt; *tattvataḥ* — van de waarheid; *yam* — dat wat; *labdhvā* — door te bereiken; *ca* — ook; *aparam* — geen ander; *lābham* — rijkdom; *manyate* — beschouwt; *na* — nooit; *adhikam* — meer; *tataḥ* — dan dat; *yasmin* — waarin; *sthitaḥ* — zich bevindend in; *na* — nooit; *duḥkhena* — door ellende; *guruṇā api* — hoewel zeer moeilijk; *vicālyate* — wordt aan het wankelen gebracht; *tam* — dat; *vidyāt* — je moet weten; *duḥkha-saṁyoga* — van de ellende van contact met de materie; *viyogam* — verdelging; *yoga-saṁjñitam* — die in yoga een toestand van diepe meditatie wordt genoemd.

In het stadium van volmaaktheid, dat de toestand van diepe meditatie of samādhi wordt genoemd, wordt de geest volledig van materiële mentale activiteiten weerhouden door de beoefening van yoga. Deze volmaaktheid wordt gekenmerkt door het vermogen om met de zuivere geest het zelf te aanschouwen en daarbij plezier en vreugde in het zelf te ervaren. In die vreugdevolle toestand ervaart men oneindig transcendentaal geluk met transcendentale zintuigen. Bevindt men zich eenmaal in die toestand, dan verwijdert men zich niet meer van de waarheid, en wanneer dit bereikt is, denkt men dat er geen grotere rijkdom bestaat. Wie zich in een dergelijke positie bevindt, raakt nooit verstoord, zelfs niet te midden van de grootste

moeilijkheden. Dit is werkelijke vrijheid van alle ellende die voortkomt uit het contact met materie.

COMMENTAAR: Door het beoefenen van yoga raakt men geleidelijk aan onthecht van materiële ideeën. Dit is het primaire kenmerk van yoga. Hierna komt iemand in een vaste toestand van diepe meditatie of *samādhi*, wat betekent dat de *yogī* zich bewust wordt van de Superziel met behulp van de transcendentale geest en intelligentie, zonder de misidentificatie van het zelf met de Superziel. De beoefening van yoga is min of meer gebaseerd op de principes van het systeem van Patañjali. Sommige ongeautoriseerde commentatoren proberen te bewijzen dat de individuele ziel en de Superziel identiek zijn en de monisten denken dat die eenheid bevrijding betekent, maar het werkelijk doel van Patañjali's yogamethode begrijpen ze niet.

In het systeem van Patañjali wordt het bestaan van transcendentale vreugde aanvaard, maar de monisten aanvaarden dit transcendentale geluk niet, omdat ze bang zijn dat het hun theorie van eenheid in gevaar brengt. De dualiteit van kennis en kenner wordt door de nondualist niet aanvaard, maar in dit vers wordt transcendentale vreugde — waarvan men zich bewust is met behulp van transcendentale zintuigen — wel aanvaard. Dit wordt bevestigd door Patañjali Muni, de beroemde vertegenwoordiger van de yogamethode. In zijn *Yoga-sūtra's* (4.34) verklaart deze grote wijze: *puruṣārtha-śūnyānāṁ guṇānāṁ pratiprasavaḥ kaivalyaṁ svarūpa-pratiṣṭhā vā citi-śaktir iti.* Dit *citi-śakti* of intern vermogen is transcendentaal. *Puruṣārtha* betekent materiële religiositeit, economische ontwikkeling, zinsbevrediging en uiteindelijk proberen één te worden met de Allerhoogste. Deze 'eenheid met de Allerhoogste' wordt door de monist *kaivalyam* genoemd. Maar volgens Patañjali is deze *kaivalyam* een intern of transcendentaal vermogen waardoor het levend wezen zich bewust wordt van zijn wezenlijke positie. Deze toestand wordt door Heer Caitanya omschreven als *ceto-darpaṇa-mārjanam*, het schoonmaken van de onzuivere spiegel van de geest. Dit 'schoonmaken' is werkelijke bevrijding of *bhava-mahā-dāvāgni-nirvāpaṇam.*

De theorie van het *nirvāṇa*, ook een voorafgaande toestand, is in overeenstemming met dit principe. In het *Bhāgavatam* (2.10.6) wordt dit *svarūpeṇa vyavasthitiḥ* genoemd. In dit vers bevestigt de *Bhagavad-gītā* deze situatie ook. Na *nirvāṇa*, de beëindiging van het materiële bestaan, is er sprake van spirituele activiteiten of devotionele dienst aan de Heer, wat bekendstaat als Kṛṣṇa-bewustzijn. Het *Bhāgavatam* spreekt hierover als *svarūpeṇa vyavasthitiḥ:* dit is het 'werkelijke leven van het levend wezen'. *Māyā* of illusie is de toestand waarin het spirituele leven aangetast is door materiële infectie. Bevrijding van deze materiële infectie betekent niet dat de oorspronkelijke positie van het levend wezen verloren gaat. Patañjali aanvaardt dit ook wanneer hij zegt: *kaivalyaṁ svarūpa-pratiṣṭhā vā citi-śaktir iti.* Deze *citi-śakti* of transcendentale vreugde is het werkelijke leven. Dit wordt in het *Vedānta-sūtra* (1.1.12) bevestigd: *ānanda-mayo 'bhyāsāt.* Deze natuurlijke, transcendentale vreugde is het uiteindelijke doel van yoga en ze kan gemakkelijk verkregen worden door devotionele dienst of *bhakti-*

yoga. Deze *bhakti-yoga* zal in hoofdstuk zeven van de *Bhagavad-gītā* duidelijk worden uitgelegd.

In de yogamethode die in dit hoofdstuk wordt uitgelegd, bestaan er twee soorten *samādhi: samprajñāta-samādhi* en *asamprajñāta-samādhi*. Iemand die door verschillende soorten filosofisch onderzoek de transcendentale positie bereikt, wordt beschouwd als iemand die *samprajñāta-samādhi* bereikt heeft. In *asamprajñāta-samādhi* bestaat er geen enkele verbinding meer met werelds genot, omdat iemand dan ontstegen is aan alle variaties van geluk die verkregen kunnen worden via de zintuigen. Wanneer de *yogī* zich eenmaal in die transcendentale positie bevindt, zal hij deze nooit verlaten. Als een *yogī* deze positie niet bereikt, is hij niet succesvol.

De zogenaamde yogabeoefening van tegenwoordig, die gepaard gaat met verschillende vormen van zinsbevrediging, is tegenstrijdig. Een *yogī* die toegeeft aan seks en drugsgebruik is een aanfluiting. Zelfs de *yogī's* die tijdens het proces van yoga worden aangetrokken door *siddhi's* (mystieke perfecties), zijn niet volmaakt. Wanneer *yogī's* worden aangetrokken door de bijverschijnselen van yoga, kunnen ze het niveau van volmaaktheid dat in dit vers wordt beschreven, niet bereiken. Daarom moeten personen die een show maken van gymnastische toeren of *siddhi's* beseffen dat het doel van yoga op die manier verloren gaat.

De beste manier om in dit tijdperk yoga te beoefenen is het Kṛṣṇa-bewustzijn, dat niemand zal teleurstellen. Een Kṛṣṇa-bewust persoon is zo gelukkig met zijn bezigheid, dat hij naar geen andere vorm van geluk verlangt. Vooral in dit tijdperk van schijnheiligheid zijn er veel hindernissen voor het beoefenen van *haṭha-*, *dhyāna-* en *jñāna-yoga*, maar deze problemen bestaan niet bij het beoefenen van *karma-yoga* of *bhakti-yoga*.

Zolang het materiële lichaam bestaat, moet men in zijn lichamelijke behoeften voorzien, namelijk eten, slapen, verdedigen en paren. Maar wie bezig is met zuivere *bhakti-yoga*, met Kṛṣṇa-bewustzijn, prikkelt zijn zintuigen niet terwijl hij aan de behoeften van het lichaam voldoet. Integendeel, hij zorgt voor het strikt noodzakelijke, daarbij van de nood een deugd makend, en ervaart transcendentaal geluk in Kṛṣṇa-bewustzijn. Hij staat onverschillig tegenover incidentele gebeurtenissen als ongelukken, ziekte, schaarste en zelfs de dood van een zeer dierbaar familielid, maar let er altijd goed op dat hij zijn plichten in Kṛṣṇa-bewustzijn of *bhakti-yoga* vervult. Ongelukken kunnen hem nooit van zijn plicht afbrengen; zo staat in de *Bhagavad-gītā* (2.14): *āgamāpāyino 'nityās tāṁs titikṣasva bhārata*. Hij verdraagt al deze incidentele gebeurtenissen, omdat hij weet dat ze komen en gaan en zijn plichten niet beïnvloeden. Op die manier bereikt hij de hoogste perfectie in het yogaproces.

TEKST 24 स निश्चयेन योक्तव्यो योगोऽनिर्विण्णचेतसा ।
सङ्कल्पप्रभवान्कामांस्त्यक्त्वा सर्वानशेषतः ।
मनसैवेन्द्रियग्रामं विनियम्य समन्ततः ॥ २४ ॥

sa niścayena yoktavyo, yogo 'nirviṇṇa-cetasā
saṅkalpa-prabhavān kāmāṁs, tyaktvā sarvān aśeṣataḥ
manasaivendriya-grāmaṁ, viniyamya samantataḥ

saḥ — dat; *niścayena* — met een sterke vastberadenheid; *yoktavyaḥ* — moet beoefend worden; *yogaḥ* — yogamethode; *anirviṇṇa-cetasā* — zonder af te wijken; *saṅkalpa* — mentale speculaties; *prabhavān* — voortkomen uit; *kāmān* — materiële verlangens; *tyaktvā* — opgevend; *sarvān* — alle; *aśeṣataḥ* — volledig; *manasā* — door de geest; *eva* — zeker; *indriya-grāmam* — de volledige verzameling zintuigen; *viniyamya* — regulerend; *samantataḥ* — aan alle kanten.

Yoga moet met vastberadenheid en vertrouwen worden beoefend, zonder van het pad af te wijken. Daarnaast moet men alle materiële verlangens, die voortkomen uit mentale speculatie, zonder uitzondering opgeven om zo alle zintuigen aan alle kanten met de geest te beheersen.

COMMENTAAR: Wie yoga beoefent, moet vastberaden zijn en zijn oefeningen geduldig uitvoeren, zonder zich te laten afleiden. Hij moet ervan overtuigd zijn dat hij uiteindelijk succes zal behalen en moet met grote volharding doorgaan en niet ontmoedigd raken als het succes enigszins op zich laat wachten. Een strikte beoefenaar is verzekerd van succes. Over *bhakti-yoga* zegt Rūpa Gosvāmī:

utsāhān niścayād dhairyāt, tat-tat-karma-pravartanāt
saṅga-tyāgāt sato vṛtteḥ, ṣaḍbhir bhaktiḥ prasidhyati

'Men kan succes bereiken in het proces van *bhakti-yoga* door oprecht enthousiasme, volharding, vastberadenheid, door het vervullen van de voorgeschreven plichten in de omgang met toegewijden en door alleen bezig te zijn met activiteiten in goedheid.' (*Upadeśāmṛta* 3)

Wat vastberadenheid betreft moet men het voorbeeld volgen van de mus die haar eieren verloor in de golven van de oceaan. Een mus legde haar eieren eens op het strand van de oceaan, maar de grote oceaan nam de eieren mee op haar golven. De mus raakte volkomen overstuur en vroeg de oceaan om haar eieren terug te geven. De oceaan nam haar verzoek niet eens in overweging. Daarop besloot de mus de hele oceaan droog te leggen. Met haar kleine snavel begon ze het water uit de oceaan te halen en iedereen lachte haar uit om haar onmogelijke vastberadenheid. Het nieuws van haar activiteiten verspreidde zich en uiteindelijk kreeg Garuḍa het te horen, de gigantische vogel die Heer Viṣṇu draagt. Hij kreeg medelijden met zijn kleine zusje en besloot haar op te zoeken. Garuḍa was zeer tevreden over de vastberadenheid van de kleine mus en beloofde te helpen. Meteen vroeg Garuḍa de oceaan om de eieren terug te geven, anders zou hij persoonlijk het werk van de mus overnemen. De oceaan werd bang en gaf de eieren terug. Op die manier werd de mus weer gelukkig door de genade van Garuḍa.

Op dezelfde manier kan het beoefenen van yoga, in het bijzonder *bhakti-*

yoga in Kṛṣṇa-bewustzijn, moeilijk lijken. Maar als iemand de principes met grote vastberadenheid volgt, zal de Heer zeker helpen, want God helpt degenen die zichzelf helpen.

TEKST 25 शनैः शनैरुपरमेद्बुद्ध्या धृतिगृहीतया ।
आत्मसंस्थं मनः कृत्वा न किञ्चिदपि चिन्तयेत् ॥ २५ ॥

śanaiḥ śanair uparamed, buddhyā dhṛti-gṛhītayā
ātma-saṁsthaṁ manaḥ kṛtvā, na kiñcid api cintayet

śanaiḥ — geleidelijk aan; *śanaiḥ* — stap voor stap; *uparamet* — men moet zich weerhouden van; *buddhyā* — door intelligentie; *dhṛti-gṛhītayā* — gedreven door overtuiging; *ātma-saṁstham* — geplaatst in het transcendentale; *manaḥ* — de geest; *kṛtvā* — makend; *na* — niet; *kiñcit* — iets anders; *api* — zelfs; *cintayet* — moet denken aan.

Geleidelijk aan, stap voor stap, moet men met behulp van de intelligentie, gebaseerd op een rotsvaste overtuiging, de geest in een toestand van diepe meditatie brengen. Op die manier moet de geest alleen op het Zelf gericht zijn en nergens anders aan denken.

COMMENTAAR: Door de juiste overtuiging en intelligentie moet men de activiteiten van de zintuigen geleidelijk aan stoppen. Dit wordt *pratyāhāra* genoemd. Wanneer de geest door overtuiging, meditatie en het stoppen van zintuiglijke activiteiten onder controle is gebracht, moet hij geconcentreerd raken in *samādhi* of in een toestand van diepe meditatie; op dat moment bestaat er niet langer het gevaar dat men in een materiële levensbeschouwing vervalt. Met andere woorden, zolang het materiële lichaam bestaat, staat men in contact met materie, maar toch moet men niet aan zinsbevrediging denken; men zou aan geen ander plezier moeten denken dan aan het plezier van de Allerhoogste Ziel. Deze toestand kan gemakkelijk bereikt worden door het Kṛṣṇa-bewustzijn geconcentreerd te beoefenen.

TEKST 26 यतो यतो निश्चलति मनश्चञ्चलमस्थिरम् ।
ततस्ततो नियम्यैतदात्मन्येव वशं नयेत् ॥ २६ ॥

yato yato niścalati, manaś cañcalam asthiram
tatas tato niyamyaitad, ātmany eva vaśaṁ nayet

yataḥ yataḥ — waar dan ook; *niścalati* — wordt beslist onrustig; *manaḥ* — de geest; *cañcalam* — rusteloos; *asthiram* — onstandvastig; *tataḥ tataḥ* — van daar; *niyamya* — regulerend; *etat* — deze; *ātmani* — in het zelf; *eva* — zeker; *vaśam* — onder controle; *nayet* — moet brengen.

Waar de geest ook heen dwaalt door zijn rusteloze en onevenwichtige aard, hij moet zeker worden teruggehaald en opnieuw onder de controle van het zelf worden gebracht.

COMMENTAAR: De geest is rusteloos en onevenwichtig van aard. Maar een zelfgerealiseerde *yogī* moet zijn geest beheersen; de geest mag hem niet beheersen. Iemand die de geest beheerst (en daardoor ook de zintuigen), wordt een *svāmī* of een *gosvāmī* genoemd, maar iemand die door zijn geest beheerst wordt, wordt een *go-dāsa* genoemd, een dienaar van de zintuigen. Een *gosvāmī* weet wat zintuiglijk geluk betekent. Tijdens transcendentaal zintuiglijk geluk zijn de zintuigen bezig met het dienen van Hṛṣīkeśa, de allerhoogste eigenaar van de zintuigen — Kṛṣṇa. Dit dienen van Kṛṣṇa met gezuiverde zintuigen wordt Kṛṣṇa-bewustzijn genoemd; dat is de manier om de zintuigen onder volledige controle te krijgen. Sterker nog, het is de hoogste perfectie van yoga.

TEKST 27 प्रशान्तमनसं ह्येनं योगिनं सुखमुत्तमम् ।
उपैति शान्तरजसं ब्रह्मभूतमकल्मषम् ॥ २७ ॥

praśānta-manasaṁ hy enaṁ, yoginaṁ sukham uttamam
upaiti śānta-rajasaṁ, brahma-bhūtam akalmaṣam

praśānta — vredig, geconcentreerd op de lotusvoeten van Kṛṣṇa; *manasam* — van wie de geest; *hi* — zeker; *enam* — deze; *yoginam* — *yogī*; *sukham* — geluk; *uttamam* — het hoogste; *upaiti* — bereikt; *śānta-rajasam* — zijn hartstocht tot bedaren gebracht; *brahma-bhūtam* — bevrijding door vereenzelviging met het Absolute; *akalmaṣam* — bevrijd van alle karmische reacties op zondige activiteiten uit het verleden.

De yogī die zijn geest op Mij geconcentreerd heeft, bereikt beslist het allerhoogste transcendentale geluk. Hij is aan de hoedanigheid hartstocht ontstegen en beseft dat hij kwalitatief gelijk is aan het Absolute. Op die manier is hij bevrijd van alle karmische reacties op zijn vroegere daden.

COMMENTAAR: *Brahma-bhūta* is de toestand waarin iemand vrij is van materiële onzuiverheden en standvastig is in de transcendentale dienst aan de Heer. *Mad-bhaktiṁ labhate parām* (*Bg.* 18.54). Men kan niet op het niveau van Brahman, het Absolute, blijven, tenzij de geest op de lotusvoeten van de Heer is geconcentreerd. *Sa vai manaḥ kṛṣṇa-padāravindayoḥ*. Wanneer iemand altijd bezig is met transcendentale liefdedienst aan de Heer, dat wil zeggen wanneer hij Kṛṣṇa-bewust is, dan is hij werkelijk bevrijd van de hoedanigheid hartstocht en van alle materiële onzuiverheid.

TEKST 28 युञ्जन्नेवं सदात्मानं योगी विगतकल्मषः ।
सुखेन ब्रह्मसंस्पर्शमत्यन्तं सुखमश्नुते ॥ २८ ॥

yuñjann evaṁ sadātmānaṁ, yogī vigata-kalmaṣaḥ
sukhena brahma-saṁsparśam, atyantaṁ sukham aśnute

yuñjan — het beoefenen van yoga; *evam* — zo; *sadā* — altijd; *ātmānam* — het zelf; *yogī* — iemand die in verbinding staat met het Allerhoogste Zelf; *vigata* — bevrijd van; *kalmaṣaḥ* — alle materiële onzuiverheid; *sukhena* — in transcendentaal geluk; *brahma-saṁsparśam* — voortdurend in contact met de Allerhoogste; *atyantam* — de hoogste; *sukham* — geluk; *aśnute* — bereikt.

Zo raakt de zelfbeheerste yogī, die voortdurend het yogaproces beoefent, bevrijd van alle materiële onzuiverheid en bereikt hij het hoogste stadium van volmaakt geluk in de transcendentale liefdedienst aan de Heer.

COMMENTAAR: Zelfrealisatie betekent dat iemand zijn wezenlijke positie in relatie met de Allerhoogste kent. De individuele ziel is een integrerend deeltje van de Allerhoogste en het is haar positie om de Heer transcendentale dienst te bewijzen. Dit transcendentale contact met de Allerhoogste wordt *brahma-saṁsparśa* genoemd.

TEKST 29 सर्वभूतस्थमात्मानं सर्वभूतानि चात्मनि ।
ईक्षते योगयुक्तात्मा सर्वत्र समदर्शनः ॥ २९ ॥

sarva-bhūta-stham ātmānaṁ, sarva-bhūtāni cātmani
īkṣate yoga-yuktātmā, sarvatra sama-darśanaḥ

sarva-bhūta-stham — aanwezig in alle wezens; *ātmānam* — de Superziel; *sarva* — alle; *bhūtāni* — wezens; *ca* — ook; *ātmani* — in het Zelf; *īkṣate* — ziet beslist; *yoga-yukta-ātmā* — iemand die verbonden is met Kṛṣṇa-bewustzijn; *sarvatra* — overal; *sama-darśanaḥ* — als gelijk beschouwend.

Een ware yogī ziet Mij in alle wezens en ziet ook ieder wezen in Mij. Wie zelfgerealiseerd is, ziet Mij, dezelfde Allerhoogste Heer, overal.

COMMENTAAR: Een Kṛṣṇa-bewuste *yogī* is de volmaakte ziener omdat hij ziet dat Kṛṣṇa, de Allerhoogste, in ieders hart aanwezig is als de Superziel (Paramātmā). *Īśvaraḥ sarva-bhūtānāṁ hṛd-deśe 'rjuna tiṣṭhati.* In Zijn Paramātmā-aspect is de Heer aanwezig in zowel het hart van een hond als dat van een *brāhmaṇa.* De volmaakte *yogī* weet dat de Heer eeuwig transcendentaal is en dat Hij door Zijn aanwezigheid in een hond of een *brāhmaṇa* niet beïnvloed wordt door materie. Dat is de allerhoogste neutraliteit van de Heer.

De individuele ziel is ook aanwezig in het individuele hart, maar ze is niet in alle harten aanwezig; dat is het verschil tussen de individuele ziel en de Superziel. Iemand die niet daadwerkelijk yoga beoefent, kan dit niet zo duidelijk zien. Een Kṛṣṇa-bewust persoon ziet Kṛṣṇa in het hart van zowel een gelovig als een ongelovig persoon. Dit wordt in de *smṛti* als volgt aangegeven: *ātatatvāc ca mātṛtvād ātmā hi paramo hariḥ* — 'Als de bron van alle wezens is de Heer als een moeder en een instandhouder.' Zoals de moeder onpartijdig is tegenover haar verschillende kinderen, zo is de allerhoogste vader (of moeder) dat ook. De Superziel is dus altijd aanwezig in het hart van ieder levend wezen.

Ook uitwendig bevindt ieder levend wezen zich in de energie van de Heer. Zoals in het zevende hoofdstuk zal worden uitgelegd, heeft de Heer hoofdzakelijk twee energieën, namelijk de spirituele (of hogere) en de materiële (of lagere). Hoewel het levend wezen deel uitmaakt van de hogere energie, is het geconditioneerd door de lagere energie; het levend wezen bevindt zich altijd in de energie van de Heer. Ieder levend wezen bevindt zich op een of andere manier in Hem.

De *yogī* ziet gelijkheid, omdat hij ziet dat alle levende wezens in alle omstandigheden dienaren van God blijven, ook al bevinden ze zich in verschillende situaties door de resultaten van hun karmische activiteiten. Wanneer het zich in de materiële energie bevindt, dient het levend wezen de materiële zintuigen, maar wanneer het zich in de spirituele energie bevindt, dient het de Allerhoogste Heer rechtstreeks. In beide gevallen is het levend wezen een dienaar van God. Een Kṛṣṇa-bewust persoon bezit deze visie van gelijkheid volkomen.

TEKST 30 यो मां पश्यति सर्वत्र सर्वं च मयि पश्यति ।
तस्याहं न प्रणश्यामि स च मे न प्रणश्यति ॥ ३० ॥

yo māṁ paśyati sarvatra, sarvaṁ ca mayi paśyati
tasyāhaṁ na praṇaśyāmi, sa ca me na praṇaśyati

yaḥ — wie dan ook; *mām* — Mij; *paśyati* — ziet; *sarvatra* — overal; *sarvam* — alles; *ca* — en; *mayi* — in Mij; *paśyati* — ziet; *tasya* — voor hem; *aham* — Ik; *na* — niet; *praṇaśyāmi* — ben verloren; *saḥ* — hij; *ca* — ook; *me* — voor Mij; *na* — evenmin; *praṇaśyati* — is verloren.

Voor wie Mij overal ziet en alles ziet in Mij, zal Ik nooit verloren zijn noch zal hij ooit verloren zijn voor Mij.

COMMENTAAR: Een Kṛṣṇa-bewust persoon ziet Heer Kṛṣṇa beslist overal en ziet alles in Kṛṣṇa. Zo'n persoon mag dan alle verschillende verschijnselen in de materiële natuur zien, maar in ieder afzonderlijk geval is hij zich bewust van Kṛṣṇa en weet hij dat alles een manifestatie is van Kṛṣṇa's energie. Zonder Kṛṣṇa kan niets bestaan en Kṛṣṇa is de Heer van alles — dat is het basisprincipe van Kṛṣṇa-bewustzijn.

Kṛṣṇa-bewustzijn is het ontwikkelen van liefde voor Kṛṣṇa en het is een positie die zelfs boven materiële bevrijding verheven is. Op dit niveau van Kṛṣṇa-bewustzijn, dat hoger is dan zelfrealisatie, wordt de toegewijde één met Kṛṣṇa in de zin dat Kṛṣṇa alles voor de toegewijde betekent en dat de toegewijde vol van liefde voor Kṛṣṇa raakt. Op dat moment bestaat er een zeer vertrouwelijke relatie tussen de Heer en de toegewijde. Het levend wezen zal dan nooit meer verloren zijn en evenmin zal de Persoonlijkheid Gods ooit uit het zicht van de toegewijde zijn. Opgaan in Kṛṣṇa is spirituele zelfvernietiging. Een toegewijde neemt dat risico niet. In de *Brahma-saṁhitā* (5.38) staat:

premāñjana-cchurita-bhakti-vilocanena
santaḥ sadaiva hṛdayeṣu vilokayanti
yaṁ śyāmasundaram acintya-guṇa-svarūpaṁ
govindam ādi-puruṣaṁ tam ahaṁ bhajāmi

'Ik aanbid de oorspronkelijke Heer, Govinda, die altijd zichtbaar is voor de toegewijde van wie de ogen gezalfd zijn met de balsem van liefde. Hij wordt gezien in Zijn eeuwige gedaante van Śyāmasundara, die aanwezig is in het hart van de toegewijde.'

Heer Kṛṣṇa verdwijnt nooit uit het zicht van de toegewijde die dit niveau bereikt heeft en evenmin verliest de toegewijde Hem uit het oog. Voor de *yogī* die de Heer in het hart ziet als Paramātmā, geldt hetzelfde. Zo'n *yogī* verandert in een zuivere toegewijde en kan het niet verdragen wanneer hij de Heer zelfs voor een moment niet in zichzelf ziet.

TEKST 31 सर्वभूतस्थितं यो मां भजत्येकत्वमास्थितः ।
सर्वथा वर्तमानोऽपि स योगी मयि वर्तते ॥ ३१ ॥

sarva-bhūta-sthitaṁ yo māṁ, bhajaty ekatvam āsthitaḥ
sarvathā vartamāno 'pi, sa yogī mayi vartate

sarva-bhūta-sthitam — aanwezig in het hart van iedereen; *yaḥ* — hij die; *mām* — Mij; *bhajati* — met devotie dient; *ekatvam* — in eenheid; *āsthitaḥ* — geplaatst; *sarvathā* — in alle opzichten; *varta-mānaḥ* — verblijvend; *api* — ondanks; *saḥ* — hij; *yogī* — de transcendentalist; *mayi* — in Mij; *vartate* — verblijft.

Zo'n yogī die de Superziel met liefde en devotie dient en weet dat Ik en de Superziel één zijn, verblijft onder alle omstandigheden voortdurend in Mij.

COMMENTAAR: Een *yogī* die zich oefent in meditatie op de Superziel, ziet in zichzelf de volkomen expansie van Kṛṣṇa als Viṣṇu, met vier handen, die een hoornschelp, een discus, een knots en een lotusbloem vasthouden. De *yogī* moet beseffen dat Viṣṇu niet van Kṛṣṇa verschilt. In Zijn gedaante als de Superziel is Kṛṣṇa aanwezig in ieders hart. Bovendien bestaat er geen verschil tussen de ontelbare Superzielen die aanwezig zijn in de ontelbare harten van de levende wezens. Er bestaat evenmin een verschil tussen een Kṛṣṇa-bewust persoon, die altijd bezig is met transcendentale liefdedienst aan Kṛṣṇa, en een perfecte *yogī*, die op de Superziel mediteert. De Kṛṣṇa-bewuste *yogī* verblijft altijd in Kṛṣṇa, ook al is hij bezig met verschillende activiteiten in het materiële bestaan. Dit wordt bevestigd in de *Bhakti-rasāmṛta-sindhu* (1.2.187) van Śrīla Rūpa Gosvāmī: *nikhilāsv apy avasthāsu jīvan-muktaḥ sa ucyate*. Een toegewijde van de Heer, die altijd Kṛṣṇa-bewust bezig is, is vanzelf bevrijd. In het *Nārada-pañcarātra* wordt dit als volgt uitgedrukt:

dik-kālādy-anavacchinne, kṛṣṇe ceto vidhāya ca
tan-mayo bhavati kṣipraṁ, jīvo brahmaṇi yojayet

'Door de aandacht te concentreren op de transcendentale gedaante van Kṛṣṇa, die alomtegenwoordig en boven ruimte en tijd verheven is, raakt men helemaal vervuld van gedachten aan Kṛṣṇa en bereikt men de gelukkige toestand van transcendentale omgang met Hem.'

In het beoefenen van yoga is Kṛṣṇa-bewustzijn het hoogste stadium van *samādhi* (de toestand van diepe meditatie). Juist dit besef dat Kṛṣṇa in ieders hart aanwezig is als de Superziel, is wat de *yogī* perfect maakt. De Veda's bevestigen dit onvoorstelbare vermogen van de Heer als volgt: *eko 'pi san bahudhā yo 'vabhāti* — 'Hoewel de Heer één is, is Hij in ontelbare harten aanwezig als vele.' (*Gopāla-tāpanī Upaniṣad*, Pūrva 21) En in de *smṛti-śāstra* wordt ook gezegd:

eka eva paro viṣṇuḥ, sarva-vyāpī na saṁśayaḥ
aiśvaryād rūpam ekaṁ ca, sūrya-vat bahudheyate

'Viṣṇu is één, maar Hij is beslist alomtegenwoordig. Door Zijn onvoorstelbare vermogen is Hij, ondanks Zijn ene vorm, overal aanwezig, zoals de zon op verscheidene plaatsen tegelijk verschijnt.'

TEKST 32 आत्मौपम्येन सर्वत्र समं पश्यति योऽर्जुन ।
सुखं वा यदि वा दुःखं स योगी परमो मतः ॥ ३२ ॥

ātmaupamyena sarvatra, samaṁ paśyati yo 'rjuna
sukhaṁ vā yadi vā duḥkhaṁ, sa yogī paramo mataḥ

ātma — met zijn zelf; *aupamyena* — door vergelijking; *sarvatra* — overal; *samam* — gelijkelijk; *paśyati* — ziet; *yaḥ* — hij die; *arjuna* — o Arjuna; *sukham* — geluk; *vā* — of; *yadi* — als; *vā* — of; *duḥkham* — verdriet; *saḥ* — zo'n; *yogī* — een transcendentalist; *paramaḥ* — volmaakt; *mataḥ* — wordt beschouwd.

De volmaakte yogī is degene die door vergelijking met zichzelf de ware gelijkheid van alle wezens ziet, zowel tijdens hun geluk als hun verdriet, o Arjuna!

COMMENTAAR: Wie Kṛṣṇa-bewust is, is een perfecte *yogī;* hij is zich bewust van ieders geluk en verdriet door zijn eigen persoonlijke ervaring. De oorzaak van de ellende van een levend wezen is dat het zijn relatie met God vergeten is. Maar de oorzaak van geluk is het besef dat Kṛṣṇa de allerhoogste genieter van alle activiteiten van het menselijk wezen is, de eigenaar van alle landen en planeten en de oprechtste vriend van alle levende wezens. De perfecte *yogī* weet dat het levend wezen dat door de hoedanigheden van de materiële natuur geconditioneerd is, onderhevig is aan de drievoudige materiële ellende doordat het zijn relatie met Kṛṣṇa is vergeten. Wie Kṛṣṇa-bewust is en daardoor gelukkig, probeert de kennis van Kṛṣṇa overal te verspreiden.

Omdat de perfecte *yogī* iedereen probeert te laten inzien wat het belang is van Kṛṣṇa-bewust worden, is hij de beste filantroop ter wereld en de dienaar die de Heer het dierbaarst is. *Na ca tasmān manuṣyeṣu kaścin me priya-kṛttamaḥ* (*Bg.* 18.69). Met andere woorden, een toegewijde van de Heer denkt altijd aan het welzijn van alle levende wezens en op deze manier is hij daadwerkelijk de vriend van iedereen. Hij is de beste *yogī* omdat hij niet alleen naar zijn eigen perfectie in yoga verlangt, maar ook moeite doet voor anderen. Hij is andere levende wezens niet kwaadgezind. Hier zien we het contrast tussen een zuivere toegewijde van de Heer en een *yogī* die alleen maar geïnteresseerd is in zijn persoonlijke verheffing. Een *yogī* die zich heeft teruggetrokken op een afgezonderde plaats om daar op een perfecte manier te mediteren, is misschien niet net zo volmaakt als een toegewijde die zijn best doet om iedereen tot Kṛṣṇa-bewustzijn te brengen.

TEKST 33 अर्जुन उवाच
योऽयं योगस्त्वया प्रोक्तः साम्येन मधुसूदन ।
एतस्याहं न पश्यामि चञ्चलत्वात्स्थितिं स्थिराम् ॥ ३३ ॥

arjuna uvāca
yo 'yaṁ yogas tvayā proktaḥ, sāmyena madhusūdana
etasyāhaṁ na paśyāmi, cañcalatvāt sthitiṁ sthirām

arjunaḥ uvāca — Arjuna zei; *yaḥ ayam* — dit stelsel; *yogaḥ* — mystiek; *tvayā* — door Jou; *proktaḥ* — beschreven; *sāmyena* — in het algemeen; *madhusūdana* — o doder van de demon Madhu; *etasya* — van dit; *aham* — ik; *na* — niet; *paśyāmi* — zie; *cañcalatvāt* — door rusteloosheid; *sthitim* — situatie; *sthirām* — duurzaam.

Arjuna zei: O Madhusūdana, de yogamethode die Je me in het kort beschreven hebt, lijkt me onpraktisch en niet vol te houden, want de geest is rusteloos en onstandvastig.

COMMENTAAR: De mystieke yogamethode die Heer Kṛṣṇa voor Arjuna beschreven heeft, beginnend met de woorden *'śucau deśe'* en eindigend met *'yogī paramaḥ'*, wordt hier door Arjuna uit een gevoel van onvermogen verworpen. In dit Kali-tijdperk kan een gewoon mens onmogelijk zijn huis verlaten om naar een afgezonderde plaats in de bergen of het oerwoud te gaan om yoga te beoefenen. Het huidige tijdperk wordt gekenmerkt door een bittere strijd om een kortstondig bestaan. De mensen nemen zelfrealisatie niet serieus, zelfs niet wanneer ze bereikt kan worden door eenvoudige, praktische methoden, laat staan door de moeilijke yogamethode, die de manier van leven, de manier van zitten, het uitkiezen van een zitplaats en de onthechting van de geest van materiële bezigheden reguleert.

Arjuna was praktisch ingesteld en dacht daarom dat het onmogelijk was om deze yogamethode te volgen, zelfs al was hij op verschillende manieren begunstigd. Hij behoorde tot de koninklijke familie en was zeer verheven vanwege talloze eigenschappen; hij was een groot strijder, had een lang leven en hij was vooral de vertrouwelijkste vriend van Kṛṣṇa, de Allerhoogste Persoonlijkheid Gods. Vijfduizend jaar geleden had Arjuna veel betere faciliteiten dan wij nu hebben en toch weigerde hij deze yogamethode te aanvaarden. Nergens in de geschiedenis is er een aanwijzing te vinden dat hij deze methode ooit beoefend heeft. In dit Kali-tijdperk moet deze methode daarom in het algemeen als onmogelijk worden beschouwd. Voor een zeer zeldzame enkeling zou het natuurlijk mogelijk kunnen zijn, maar voor de mensen in het algemeen is het onmogelijk. Als dit vijfduizend jaar geleden al zo was, wat dan te spreken van nu? Zij die deze yogamethode in verschillende zogenaamde scholen en clubs imiteren, verspillen zeker hun tijd, ook al zijn ze nog zo ingenomen met zichzelf. Ze bevinden zich in volslagen onwetendheid over het verlangde doel.

TEKST 34 चञ्चलं हि मनः कृष्ण प्रमाथि बलवद्दृढम् ।
तस्याहं निग्रहं मन्ये वायोरिव सुदुष्करम् ॥ ३४ ॥

cañcalaṁ hi manaḥ kṛṣṇa, pramāthi balavad dṛḍham
tasyāhaṁ nigrahaṁ manye, vāyor iva su-duṣkaram

cañcalam — rusteloos; *hi* — zeker; *manaḥ* — geest; *kṛṣṇa* — o Kṛṣṇa; *pramāthi* — onrust veroorzakend; *bala-vat* — sterk; *dṛḍham* — koppig; *tasya* — zijn; *aham* — ik; *nigraham* — bedwang; *manye* — denk; *vāyoḥ* — van de wind; *iva* — zoals; *su-duṣkaram* — moeilijk.

De geest is rusteloos, onstuimig, koppig en zeer sterk, o Kṛṣṇa, en hem beteugelen lijkt me moeilijker dan het bedwingen van de wind.

COMMENTAAR: De geest is zo sterk en koppig dat hij soms de intelligentie de baas is, ook al is het juist de geest die ondergeschikt aan de intelligentie hoort te zijn. Voor iemand die in het dagelijkse leven zoveel hindernissen moet zien te overwinnen, is het zeker bijzonder moeilijk om de geest te beheersen. Men kan op een kunstmatige manier neutraal komen te staan tegenover vriend en vijand, maar uiteindelijk is geen enkel werelds persoon daartoe in staat, omdat zoiets moeilijker is dan het bedwingen van de razende wind.

In de Vedische literatuur (*Kaṭha Upaniṣad* 1.3.3-4) wordt gezegd:

ātmānaṁ rathinaṁ viddhi, śarīraṁ ratham eva ca
buddhiṁ tu sārathiṁ viddhi, manaḥ pragraham eva ca

indriyāṇi hayān āhur, viṣayāṁs teṣu go-carān
ātmendriya-mano-yuktaṁ, bhoktety āhur manīṣiṇaḥ

'Het individu is de passagier in het voertuig van het materiële lichaam en de intelligentie is de bestuurder. De geest is de teugel en de zintuigen zijn de paarden. Het zelf is dus degene die geniet of lijdt in het gezelschap van de geest en de zintuigen. Dat is de opvatting van grote denkers.' Normaliter bestuurt de intelligentie de geest, maar de geest is zo sterk en koppig dat hij soms zelfs onze intelligentie de baas is, zoals een acute infectie soms sterker is dan de uitwerking van een medicijn. Deze sterke geest moet bedwongen worden door het beoefenen van yoga, maar deze beoefening is voor een wereIds persoon als Arjuna niet praktisch, laat staan voor de moderne mens.

Het voorbeeld dat in dit vers gebruikt wordt, is heel toepasselijk: niemand kan de wind vangen. En het is nog moeilijker om de razende geest te vangen. De gemakkelijkste manier om de geest te beheersen is door nederig de grote mantra voor verlossing 'Hare Kṛṣṇa' te chanten; dit is wat Heer Caitanya ons aanraadt. De voorgeschreven methode is *sa vai manaḥ kṛṣṇa-padāravindayoḥ:* men moet zijn geest volledig in Kṛṣṇa verdiepen. Alleen dan zullen er geen andere bezigheden zijn die de geest onrustig maken.

TEKST 35 श्रीभगवानुवाच
असंशयं महाबाहो मनो दुर्निग्रहं चलम् ।
अभ्यासेन तु कौन्तेय वैराग्येण च गृह्यते ॥ ३५ ॥

śrī-bhagavān uvāca
asaṁśayaṁ mahā-bāho, mano durnigrahaṁ calam
abhyāsena tu kaunteya, vairāgyeṇa ca gṛhyate

śrī-bhagavān uvāca — de Persoonlijkheid Gods zei; *asaṁśayam* — ongetwijfeld; *mahā-bāho* — o sterkgearmde; *manaḥ* — de geest; *durnigraham* — moeilijk te bedwingen; *calam* — rusteloos; *abhyāsena* — door oefening; *tu* — maar; *kaunteya* — o zoon van Kuntī; *vairāgyeṇa* — door onthechting; *ca* — ook; *gṛhyate* — kan op die manier beheerst worden.

Heer Śrī Kṛṣṇa zei: O sterkgearmde zoon van Kuntī, het is ongetwijfeld erg moeilijk om de rusteloze geest te bedwingen, maar het is mogelijk door de juiste oefening en door onthechting.

COMMENTAAR: De moeilijkheid om de koppige geest te bedwingen waarover Arjuna sprak, wordt ook door de Persoonlijkheid Gods onderkend, maar tegelijkertijd geeft Hij de suggestie dat het mogelijk is door oefening en onthechting. Wat houdt die oefening in? In het huidige tijdperk kan niemand de strikte regels en bepalingen naleven die zeggen dat men zich in een heilige plaats moet vestigen, de geest op de Superziel moet richten, de zintuigen en de geest moet beheersen, celibatair en in afzondering moet leven enz. Maar door het beoefenen van Kṛṣṇa-bewustzijn verricht men negen soorten devotionele dienst aan de Heer. De eerste en belangrijkste van deze devotionele bezigheden is horen over Kṛṣṇa. Dit is een zeer krachtige, transcendentale methode om de geest van alle twijfels te zuiveren. Hoe meer men over Kṛṣṇa hoort, des te verlichter en onthechter men wordt van alles wat de geest bij Kṛṣṇa weghaalt. Door de geest vrij te maken van gehechtheid aan activiteiten die niet aan de Heer gewijd zijn, kan iemand heel gemakkelijk *vairāgya* leren.

Vairāgya betekent onthechting van materie en het verdiepen van de geest in het spirituele. De spirituele onthechting die door de impersonalisten beoefend wordt, is moeilijker dan de geest gehecht maken aan de activiteiten van Kṛṣṇa. Dit laatste is praktisch, omdat men door te horen over Kṛṣṇa vanzelf gehecht raakt aan de Allerhoogste Ziel. Deze gehechtheid wordt *pareśānubhava* genoemd, spirituele voldoening. Het is te vergelijken met het gevoel van voldoening dat iemand die hongerig is ervaart bij elke hap die hij eet. Hoe meer een hongerig persoon eet, des te meer voldoening en kracht hij voelt. Op dezelfde manier voelt iemand transcendentale voldoening door devotionele dienst te verrichten, terwijl zijn geest onthecht raakt van materiële doelen. Het is te vergelijken met het genezen van een ziekte door een deskundige behandeling en het juiste dieet. Horen over de transcendentale activiteiten van Heer Kṛṣṇa is de deskundige behandeling voor de waanzinnige geest en het eten van voedsel dat aan Kṛṣṇa geofferd is, is voor de lijdende patiënt het juiste dieet. Deze behandeling is het proces van Kṛṣṇa-bewustzijn.

TEKST 36 असंयतात्मना योगो दुष्प्राप इति मे मतिः ।
वश्यात्मना तु यतता शक्योऽवाप्तुमुपायतः ॥ ३६ ॥

asaṁyatātmanā yogo, duṣprāpa iti me matiḥ
vaśyātmanā tu yatatā, śakyo 'vāptum upāyataḥ

asaṁyata — onbeteugeld; *ātmanā* — door de geest; *yogaḥ* — zelfrealisatie; *duṣprāpaḥ* — moeilijk te verwerven; *iti* — zo; *me* — Mijn; *matiḥ* — mening; *vaśya* — beheerst; *ātmanā* — door de geest; *tu* — maar; *yatatā* — al strevend; *śakyaḥ* — mogelijk; *avāptum* — bereiken; *upāyataḥ* — op de juiste manier.

Voor iemand met een onbeteugelde geest is zelfrealisatie een zware opgave. Maar wie zijn geest beheerst en op de juiste manier te werk gaat, is verzekerd van succes. Dat is Mijn mening.

COMMENTAAR: De Allerhoogste Persoonlijkheid Gods verklaart dat iemand die niet de juiste behandeling aanvaardt om de geest van materiële bezigheden te onthechten, nauwelijks succes kan hebben in zelfrealisatie. Het beoefenen van yoga terwijl de geest tegelijkertijd met materieel plezier bezig is, valt te vergelijken met pogingen om een vuur aan te steken en er tegelijkertijd water op te gooien. Het beoefenen van yoga zonder de geest te bedwingen is tijdverspilling. Zo'n show van yoga mag dan materieel gezien winstgevend zijn, maar wat spirituele bewustwording betreft, is het waardeloos. Daarom moet men de geest bedwingen door hem voortdurend bezig te houden met transcendentale liefdedienst aan de Heer. Tenzij iemand Kṛṣṇa-bewust bezig is, kan hij de geest niet op een evenwichtige manier beheersen. Een Kṛṣṇa-bewust persoon krijgt zonder afzonderlijke inspanning gemakkelijk de resultaten van het beoefenen van yoga, maar iemand die yoga beoefent, kan niet succesvol zijn zonder Kṛṣṇa-bewust te worden.

TEKST 37 अर्जुन उवाच
अयतिः श्रद्धयोपेतो योगाच्चलितमानसः ।
अप्राप्य योगसंसिद्धिं कां गतिं कृष्ण गच्छति ॥ ३७ ॥

arjuna uvāca
ayatiḥ śraddhayopeto, yogāc calita-mānasaḥ
aprāpya yoga-saṁsiddhiṁ, kāṁ gatiṁ kṛṣṇa gacchati

arjunaḥ uvāca — Arjuna zei; *ayatiḥ* — de transcendentalist die faalt; *śraddhayā* — met geloof; *upetaḥ* — bezig zijn; *yogāt* — van de mystieke verbinding; *calita* — afgeweken; *mānasaḥ* — wie zo'n geest heeft; *aprāpya* — er niet in slagen te bereiken; *yoga-saṁsiddhim* — de hoogste volmaaktheid op mystiek gebied; *kām* — welke; *gatim* — bestemming; *kṛṣṇa* — o Kṛṣṇa; *gacchati* — bereikt.

Arjuna zei: O Kṛṣṇa, wat is de bestemming van de falende transcendentalist die zich aanvankelijk met geloof op het proces van zelfrealisatie toelegt, maar er later mee ophoudt door materiële verlangens en daardoor niet tot volmaaktheid in yoga komt?

COMMENTAAR: In de *Bhagavad-gītā* wordt het pad van zelfrealisatie of yoga beschreven. Het basisprincipe van zelfrealisatie is het besef dat het levend wezen niet dit materiële lichaam is, maar dat het ervan verschilt en dat zijn geluk gelegen is in een eeuwig, transcendentaal bestaan van gelukzaligheid en kennis, dat ontstegen is aan zowel het lichaam als de geest. Zelfrealisatie wordt nagestreefd door het volgen van het pad van kennis, door het beoefenen van het achtvoudige yogasysteem of door *bhakti-yoga*. Door elk van deze methoden moet men zich bewust worden van de wezenlijke positie van het levend wezen, zijn relatie met God en de activiteiten waardoor het de verloren verbintenis kan herstellen en de hoogste perfectie kan bereiken — Kṛṣṇa-bewustzijn. Door welke van deze drie methoden dan ook te volgen, is iemand ervan verzekerd dat hij vroeg of laat het hoogste doel zal bereiken. Dit verzekerde de Heer ons in het tweede hoofdstuk: zelfs een kleine inspanning op het transcendentale pad geeft hoop op verlossing.

Van de drie genoemde methoden is vooral het pad van *bhakti-yoga* geschikt voor dit tijdperk, omdat het de meest rechtstreekse methode van godsrealisatie is. Om hier dubbel zeker van te zijn, vraagt Arjuna aan Kṛṣṇa om Zijn eerder gemaakte bewering te bevestigen. Men kan in alle oprechtheid het pad van zelfrealisatie aanvaarden, maar de methode van het cultiveren van kennis en het beoefenen van de achtvoudige yogamethode zijn over het algemeen zeer moeilijk in dit tijdperk. Om vele redenen kan iemand daarom ondanks voortdurende inspanning toch falen, vooral als hij niet serieus genoeg is in het volgen van de methode.

Het volgen van het transcendentale pad betekent min of meer de oorlog verklaren aan de illusionerende energie. Als gevolg daarvan probeert de illusionerende energie iemand die aan haar greep probeert te ontsnappen, te verslaan met verschillende verleidingen. Een geconditioneerde ziel is al verleid door de hoedanigheden van de materiële energie en er bestaat alle kans dat ze weer verleid wordt, zelfs tijdens het beoefenen van transcendentale disciplines. Dit wordt *yogāc calita-mānasaḥ* genoemd, afwijken van het transcendentale pad. Arjuna is benieuwd naar de gevolgen van het afwijken van het pad van zelfrealisatie.

TEKST 38 कच्चिन्नोभयविभ्रष्टश्छिन्नाभ्रमिव नश्यति ।
अप्रतिष्ठो महाबाहो विमूढो ब्रह्मणः पथि ॥ ३८ ॥

kaccin nobhaya-vibhraṣṭaś, chinnābhram iva naśyati
apratiṣṭho mahā-bāho, vimūḍho brahmaṇaḥ pathi

kaccit — of; *na* — niet; *ubhaya* — allebei; *vibhraṣṭaḥ* — afgeweken van; *chinna* — gescheurde; *abhram* — wolk; *iva* — zoals; *naśyati* — gaat verloren; *apratiṣṭhaḥ* — zonder enige positie; *mahā-bāho* — o sterkgearmde Kṛṣṇa; *vimūḍhaḥ* — verward; *brahmaṇaḥ* — van het transcendentale; *pathi* — op het pad.

O sterkgearmde Kṛṣṇa, zullen zowel spiritueel als materieel succes niet verloren gaan voor zo iemand die is afgeweken van het transcendentale pad, en gaat hij zo niet verloren als een verwaaide wolk, zonder ergens een vaste plaats te hebben?

COMMENTAAR: Er zijn twee manieren om vooruitgang te maken. Materialisten zijn niet geïnteresseerd in het transcendentale; ze zijn meer geïnteresseerd in materiële vooruitgang door economische ontwikkeling of door bevordering naar hogere planeten via activiteiten die hen daar naartoe leiden. Wanneer iemand het transcendentale pad aanvaardt, moet hij met alle materiële activiteiten stoppen en alle vormen van zogenaamd geluk opgeven. Wanneer de transcendentalist faalt in zijn streven, lijkt het dat beide wegen voor hem gesloten zijn; met andere woorden, hij zal materieel gezien niet kunnen genieten en spiritueel zal hij evenmin succesvol zijn. Hij heeft geen positie; hij is als een verwaaide wolk. Soms maakt een wolk in de lucht zich los van een kleine wolk en voegt zich bij een grote, maar als ze zich niet bij die grote wolk kan voegen, wordt ze weggeblazen door de wind en verwaait ze in de uitgestrekte lucht tot niets.

De *brahmaṇaḥ pathi* is het pad van transcendentale bewustwording door te beseffen dat men in essentie een spiritueel wezen is en een integrerend deel van de Allerhoogste Heer, die gemanifesteerd is als Brahman, Paramātmā en Bhagavān. Heer Śrī Kṛṣṇa is de volledigste manifestatie van de Allerhoogste Absolute Waarheid en daarom is een succesvol transcendentalist iemand die zich aan de Allerhoogste Persoon heeft overgegeven. Het doel van het leven bereiken via Brahman en Paramātmā zal vele, vele levens vergen (*bahūnāṁ janmanām ante*). Het allerhoogste pad van transcendentale bewustwording is daarom *bhakti-yoga* of Kṛṣṇa-bewustzijn, de rechtstreekse methode.

TEKST 39 एतन्मे संशयं कृष्ण छेत्तुमर्हस्यशेषतः ।
त्वदन्यः संशयस्यास्य छेत्ता न ह्युपपद्यते ॥ ३९ ॥

etan me saṁśayaṁ kṛṣṇa, chettum arhasy aśeṣataḥ
tvad-anyaḥ saṁśayasyāsya, chettā na hy upapadyate

etat — dit is; *me* — mijn; *saṁśayam* — twijfel; *kṛṣṇa* — o Kṛṣṇa; *chettum* — verdrijven; *arhasi* — Je wordt verzocht; *aśeṣataḥ* — volledig; *tvat* — dan Jou; *anyaḥ* — ander; *saṁśayasya* — van de twijfel; *asya* — deze; *chettā* — verwijderaar; *na* — nooit; *hi* — zeker; *upapadyate* — is te vinden.

Dat is mijn twijfel, o Kṛṣṇa, en ik vraag Je om deze volledig te verdrijven. Buiten Jou is er niemand die deze twijfel kan vernietigen.

COMMENTAAR: Kṛṣṇa kent het verleden, het heden en de toekomst perfect. In het begin van de *Bhagavad-gītā* zei de Heer dat alle levende wezens in het verleden als een individu bestonden, dat ze in het heden bestaan en dat ze in de toekomst hun individuele identiteit zullen behouden, zelfs na bevrijding uit de materiële verstrikking. Hij heeft het vraagstuk van de toekomst van het levend wezen dus al opgelost. Maar Arjuna wil nu weten wat de toekomst is van de transcendentalist die gefaald heeft. Niemand is gelijk aan of staat boven Kṛṣṇa en zeker de zogenaamde wijzen en filosofen die overgeleverd zijn aan de materiële natuur, kunnen Hem niet evenaren. Het oordeel van Kṛṣṇa is daarom het volledige en doorslaggevende antwoord op alle twijfels, want Hij kent verleden, heden en toekomst perfect — maar niemand kent Hem. Alleen Kṛṣṇa en Kṛṣṇa-bewuste toegewijden kunnen onderscheiden wat wat is.

TEKST 40 श्रीभगवानुवाच
पार्थ नैवेह नामुत्र विनाशस्तस्य विद्यते ।
न हि कल्याणकृत्कश्चिद्दुर्गतिं तात गच्छति ॥ ४० ॥

śrī-bhagavān uvāca
pārtha naiveha nāmutra, vināśas tasya vidyate
na hi kalyāṇa-kṛt kaścid, durgatiṁ tāta gacchati

śrī-bhagavān uvāca — de Allerhoogste Persoonlijkheid Gods zei; *pārtha* — o zoon van Pṛthā; *na eva* — nooit is het zo; *iha* — in de materiële wereld; *na* — nooit; *amutra* — in het volgend leven; *vināśaḥ* — vernietiging; *tasya* — zijn; *vidyate* — bestaat; *na* — nooit; *hi* — zeker; *kalyāṇa-kṛt* — iemand die gunstige activiteiten verricht; *kaścit* — wie dan ook; *durgatim* — naar neergang; *tāta* — Mijn vriend; *gacchati* — gaat.

De Allerhoogste Persoonlijkheid Gods zei: O zoon van Pṛthā, een transcendentalist die gunstige activiteiten verricht, zal nooit verloren gaan, niet in dit leven en niet in het volgende, want wie goeddoet, Mijn vriend, wordt nooit overmand door kwaad.

COMMENTAAR: In het *Śrīmad-Bhāgavatam* (1.5.17) geeft Śrī Nārada Muni de volgende instructies aan Vyāsadeva:

tyaktvā sva-dharmaṁ caraṇāmbujaṁ harer
bhajann apakvo 'tha patet tato yadi

yatra kva vābhadram abhūd amuṣya kiṁ
ko vārtha āpto 'bhajatāṁ sva-dharmataḥ

'Er is op geen enkele manier sprake van verlies of achteruitgang wanneer iemand alle materiële verwachtingen opgeeft en volkomen zijn toevlucht zoekt bij de Allerhoogste Persoonlijkheid Gods. Maar een niet-toegewijde kan zich volledig toeleggen op zijn voorgeschreven plichten, zonder daarbij iets te winnen.' Voor het verbeteren van onze materiële situatie zijn er vele activiteiten, zowel activiteiten die gebaseerd zijn op de heilige teksten als gewone activiteiten. Een transcendentalist wordt geacht alle materiële activiteiten op te geven om vooruitgang te maken in het spirituele leven, Kṛṣṇa-bewustzijn.

Iemand zou nu kunnen tegenwerpen dat hij door Kṛṣṇa-bewustzijn de hoogste perfectie kan bereiken als het proces wordt voltooid, maar dat hij zowel materieel als spiritueel gezien verliest als hij dit niveau van perfectie niet bereikt. In de heilige teksten is bepaald dat iemand karma moet ondergaan als hij zijn voorgeschreven plichten niet vervult; wie er niet in slaagt zijn transcendentale activiteiten op de juiste manier uit te voeren, is onderhevig aan dat karma. Het *Bhāgavatam* verzekert de onsuccesvolle transcendentalist dat hij zich geen zorgen hoeft te maken. Zelfs al is hij onderhevig aan karma voor het onvolmaakt uitvoeren van zijn voorgeschreven plichten, dan nog is hij geen verliezer, omdat positief Kṛṣṇa-bewustzijn nooit vergeten wordt en iemand die ermee bezig is, zal ermee verdergaan, zelfs al wordt hij in het volgend leven in een lage familie geboren. Maar wie alleen de voorgeschreven plichten strikt naleeft, zal niet noodzakelijkerwijs gunstige resultaten behalen als het hem ontbreekt aan Kṛṣṇa-bewustzijn.

Dit kan als volgt worden uitgelegd. De mensheid kan in twee groepen worden onderverdeeld, namelijk gereguleerden (zij die regels volgen) en ongereguleerden (zij die dat niet doen). Zij die zich alleen maar bezighouden met dierlijke zinsbevrediging, zonder een besef van hun volgend leven of spirituele verlossing, horen bij de laatste groep. Maar zij die de principes volgen van de verplichtingen die in de heilige teksten worden voorgeschreven, worden gerekend tot de eerste groep. Degenen die geen regels volgen, zowel de beschaafden als de onbeschaafden, de ontwikkelden en de niet-ontwikkelden, de sterken en de zwakken, hebben allemaal zeer veel dierlijke neigingen. Hun activiteiten zijn nooit gunstig omdat ze tijdens het genieten van de dierlijke neigingen, namelijk eten, slapen, verdedigen en paren, voortdurend in een materieel bestaan blijven, dat altijd ellendig is. Zij die daarentegen wel de regels van de heilige teksten volgen en zich daardoor geleidelijk aan verheffen tot Kṛṣṇa-bewustzijn, maken zeker vooruitgang in hun leven.

Zij die het gunstige pad volgen kunnen in drie groepen worden onderverdeeld: (1) zij die de regels in de heilige teksten volgen en materiële welstand genieten; (2) zij die uiteindelijke bevrijding van het materiële leven proberen te vinden, en (3) de Kṛṣṇa-bewuste toegewijden. Zij die de regels en bepalingen van de heilige teksten volgen voor materieel geluk kunnen nog verder worden onderverdeeld in twee categorieën: zij die resultaatgerichte activiteiten verrichten en zij die niet naar resultaten voor zinsbevrediging verlangen. Zij die voor zinsbevrediging naar de vruchten van hun resultaatgerichte activiteiten streven, kunnen naar een hogere levensstandaard worden verheven — zelfs naar de hogere planeten — maar omdat ze niet bevrijd zijn uit het materiële bestaan, volgen ze niet het werkelijk gunstige pad. De enige activiteiten die gunstig zijn, zijn die activiteiten die iemand naar bevrijding leiden. Iedere activiteit die niet bedoeld is om uiteindelijk zelfgerealiseerd te worden of om bevrijd te raken van de lichamelijke levensopvatting, is helemaal niet gunstig. Kṛṣṇa-bewuste activiteiten zijn de enige activiteiten die gunstig zijn en iemand die vrijwillig alle lichamelijke ongemakken aanvaardt om vooruitgang te maken op het pad van Kṛṣṇa-bewustzijn, kan worden beschouwd als een perfecte transcendentalist die streng ascetisch leeft. Omdat de achtvoudige yogamethode uiteindelijk ook bedoeld is om Kṛṣṇa-bewust te worden, is het beoefenen van dat systeem ook gunstig, en wie daarvoor zijn best doet, hoeft niet bang te zijn om terug te vallen.

TEKST 41 प्राप्य पुण्यकृतां लोकानुषित्वा शाश्वतीः समाः ।
शुचीनां श्रीमतां गेहे योगभ्रष्टोऽभिजायते ॥ ४१ ॥

prāpya puṇya-kṛtāṁ lokān, uṣitvā śāśvatīḥ samāḥ
śucīnāṁ śrīmatāṁ gehe, yoga-bhraṣṭo 'bhijāyate

prāpya — na bereikt te hebben; *puṇya-kṛtām* — van hen die vrome activiteiten verricht hebben; *lokān* — planeten; *uṣitvā* — na te hebben verbleven; *śāśvatīḥ* — veel; *samāḥ* — jaren; *śucīnām* — van de vromen; *śrī-matām* — van de welvarenden; *gehe* — in het huis; *yoga-bhraṣṭaḥ* — iemand die van het pad van zelfrealisatie gevallen is; *abhijāyate* — wordt geboren.

Na vele, vele jaren van genieten op de planeten van de vrome levende wezens, wordt de yogī die geen succes had, geboren in een familie van deugdzame mensen of in een rijke, voorname familie.

COMMENTAAR: De *yogī's* die niet succesvol zijn, worden in twee groepen onderverdeeld: de ene valt terug na heel weinig vooruitgang te hebben gemaakt en de andere na een lange tijd van yogabeoefening. De *yogī* die na korte tijd van oefening terugvalt, gaat naar de hogere planeten waar vrome levende wezens worden toegelaten. Na een lang leven daar wordt hij weer naar deze planeet gezonden om in de familie van een deugdzame *brāhmaṇa-vaiṣṇava* geboren te worden of in die van voorname handelaars.

De werkelijke bedoeling van het beoefenen van yoga is om de hoogste perfectie van Kṛṣṇa-bewustzijn te bereiken, zoals in het laatste vers van dit hoofdstuk zal worden uitgelegd. Maar zij die het niet tot dat niveau volhouden en door materiële verleidingen falen, krijgen door de genade van de Heer toestemming om volop uiting te geven aan hun materiële neigingen. Daarna krijgen ze de kans om een rijk leven te leiden in deugdzame of voorname families. Zij die in zulke families geboren worden, kunnen van de faciliteiten gebruik maken en proberen zichzelf te verheffen tot volledig Kṛṣṇa-bewustzijn.

TEKST 42 अथवा योगिनामेव कुले भवति धीमताम् ।
एतद्धि दुर्लभतरं लोके जन्म यदीदृशम् ॥ ४२ ॥

atha vā yoginām eva, kule bhavati dhīmatām
etad dhi durlabhataraṁ, loke janma yad īdṛśam

atha vā — of; *yoginām* — van geleerde transcendentalisten; *eva* — zeker; *kule* — in de familie; *bhavati* — wordt geboren; *dhī-matām* — van hen die begiftigd zijn met grote wijsheid; *etat* — dit; *hi* — zeker; *durlabha-taram* — heel zeldzaam; *loke* — in deze wereld; *janma* — geboorte; *yat* — dat wat; *īdṛśam* — zo'n.

Of hij wordt geboren in een familie van transcendentalisten die zeker grote wijsheid bezitten, [als hij na langdurige beoefening van yoga geen succes heeft bereikt]. In deze wereld is zo'n geboorte ongetwijfeld zeldzaam.

COMMENTAAR: Hier wordt een geboorte in een familie van *yogī's* of transcendentalisten — zij die zeer wijs zijn — geprezen, omdat het kind dat in zo'n familie wordt geboren van jongs af aan wordt aangemoedigd in spiritueel leven. Dit is vooral het geval in *ācārya-* of *gosvāmī*-families. De leden van zulke families zijn door hun traditie en training zeer geleerd en toegewijd en worden dus spiritueel leraren. In India zijn er veel van zulke *ācārya*-families, maar die zijn nu gedegenereerd door onvoldoende onderwijs en training. Door de genade van de Heer zijn er nog steeds families die generatie na generatie transcendentalisten opvoeden. Wie in zo'n familie geboren wordt, is beslist zeer fortuinlijk. Zowel onze spiritueel leraar Oṁ Viṣṇupāda Śrī Śrīmad Bhaktisiddhānta Sarasvatī Gosvāmī Mahārāja als mijn eigen nederige persoon hadden, door de genade van de Heer, de gelegenheid om in zulke families geboren te worden en vanaf het begin van ons leven werden wij allebei getraind in devotionele dienst aan de Heer. Volgens het plan van het transcendentale systeem hebben wij elkaar later ontmoet.

TEKST 43 तत्र तं बुद्धिसंयोगं लभते पौर्वदेहिकम् ।
यतते च ततो भूयः संसिद्धौ कुरुनन्दन ॥ ४३ ॥

tatra taṁ buddhi-saṁyogaṁ, labhate paurva-dehikam
yatate ca tato bhūyaḥ, saṁsiddhau kuru-nandana

tatra — daarop; *tam* — dat; *buddhi-saṁyogam* — herleving van bewustzijn; *labhate* — verkrijgt; *paurva-dehikam* — van het vorige lichaam; *yatate* — hij probeert; *ca* — ook; *tataḥ* — daarna; *bhūyaḥ* — opnieuw; *saṁsiddhau* — voor volmaaktheid; *kuru-nandana* — o afstammeling van Kuru.

O zoon van Kuru, wanneer hij in zo'n familie wordt geboren, herwint hij het goddelijk bewustzijn van zijn vorige leven en probeert hij opnieuw vooruitgang te maken om zo tot volledige volmaaktheid te komen.

COMMENTAAR: Koning Bharata, van wie de derde geboorte plaatshad in de familie van een goede *brāhmaṇa*, is een voorbeeld van iemand die door een goede geboorte zijn transcendentale bewustzijn van vroeger weer kon opwekken. Koning Bharata was de keizer van de wereld en vanaf de tijd dat hij leefde, staat deze planeet onder de halfgoden bekend als Bhārata-varṣa. Eerder had ze bekendgestaan als Ilāvṛta-varṣa. Op jonge leeftijd trok de keizer zich terug om zich spiritueel te vervolmaken, maar hij slaagde daar niet in. Zijn volgende geboorte vond plaats in de familie van een goede *brāhmaṇa* en hij stond bekend als Jaḍa Bharata, omdat hij zich altijd afzonderde en met niemand sprak. Later werd hij door koning Rahūgaṇa herkend als een groot transcendentalist. Uit zijn leven blijkt dat transcendentale inspanningen of het beoefenen van yoga nooit verloren gaan. Door de genade van de Heer krijgt de transcendentalist herhaaldelijk de kans om perfect Kṛṣṇa-bewust te worden.

TEKST 44 पूर्वाभ्यासेन तेनैव ह्रियते ह्यवशोऽपि सः ।
जिज्ञासुरपि योगस्य शब्दब्रह्मातिवर्तते ॥ ४४ ॥

pūrvābhyāsena tenaiva, hriyate hy avaśo 'pi saḥ
jijñāsur api yogasya, śabda-brahmātivartate

pūrva — vorige; *abhyāsena* — door beoefening; *tena* — door die; *eva* — zeker; *hriyate* — wordt aangetrokken; *hi* — ongetwijfeld; *avaśaḥ* — vanzelf; *api* — ook; *saḥ* — hij; *jijñāsuḥ* — nieuwsgierig; *api* — zelfs; *yogasya* — over yoga; *śabda-brahma* — ritualistische principes van de geschriften; *ativartate* — transcendeert.

Op grond van het goddelijk bewustzijn van zijn vorige leven raakt hij vanzelf aangetrokken tot de principes van yoga, zelfs zonder ernaar op zoek te zijn. Zo'n leergierige transcendentalist staat altijd boven de ritualistische principes van de geschriften.

COMMENTAAR: Gevorderde *yogī's* voelen zich niet zo aangetrokken tot de rituelen die in de heilige teksten staan, maar raken vanzelf aangetrokken tot de principes van yoga, die hen tot compleet Kṛṣṇa-bewustzijn kunnen verheffen, wat de hoogste perfectie in yoga is. Dat gevorderde transcendentalisten de Vedische rituelen niet in acht nemen, wordt in het *Śrīmad-Bhāgavatam* (3.33.7) als volgt uitgelegd:

aho bata śva-paco 'to garīyān, yaj-jihvāgre vartate nāma tubhyam
tepus tapas te juhuvuḥ sasnur āryā, brahmānūcur nāma gṛṇanti ye te

'O mijn Heer! Zij die Uw heilige namen chanten zijn zeer, zeer ver gevorderd in het spirituele leven, zelfs al zijn ze geboren in families van hondeneters. Deze chanters hebben ongetwijfeld al lang allerlei soorten van ascese en offers verricht, een bad genomen in alle heilige plaatsen en hun studie van alle heilige teksten beëindigd.'

Het beroemde voorbeeld hiervan is Ṭhākura Haridāsa, die door Heer Caitanya aanvaard werd als een van Zijn belangrijkste discipelen. Hoewel Ṭhākura Haridāsa in een moslimfamilie geboren was, werd hij door Heer Caitanya tot de positie van *nāmācārya* verheven, omdat hij zich strikt aan zijn principe hield van het dagelijks chanten van driehonderdduizend heilige namen van de Heer: Hare Kṛṣṇa, Hare Kṛṣṇa, Kṛṣṇa Kṛṣṇa, Hare Hare / Hare Rāma, Hare Rāma, Rāma Rāma, Hare Hare. En het feit dat hij de heilige naam van de Heer onafgebroken chantte, maakt duidelijk dat hij in zijn vorige leven alle ritualistische methoden van de Veda's, die bekendstaan als *śabda-brahma*, doorlopen moet hebben. Dit betekent dus dat zonder gezuiverd te zijn iemand de principes van het Kṛṣṇa-bewustzijn niet kan aanvaarden en evenmin de heilige naam van de Heer, Hare Kṛṣṇa, kan chanten.

TEKST 45 प्रयत्नाद्यतमानस्तु योगी संशुद्धकिल्बिषः ।
अनेकजन्मसंसिद्धस्ततो याति परां गतिम् ॥ ४५ ॥

prayatnād yatamānas tu, yogī saṁśuddha-kilbiṣaḥ
aneka-janma-saṁsiddhas, tato yāti parāṁ gatim

prayatnāt — door strikte beoefening; *yatamānaḥ* — strevend naar; *tu* — en; *yogī* — zo'n transcendentalist; *saṁśuddha* — gezuiverd; *kilbiṣaḥ* — al zijn zonden; *aneka* — na vele, vele; *janma* — geboorten; *saṁsiddhaḥ* — tot volmaaktheid gekomen; *tataḥ* — daarna; *yāti* — bereikt; *parām* — de hoogste; *gatim* — bestemming.

En wanneer de yogī, die oprecht naar meer vooruitgang streeft, van alle zonden gezuiverd is, komt hij uiteindelijk, na vele, vele levens van oefenen tot volmaaktheid en bereikt hij het allerhoogste doel.

COMMENTAAR: Wie in een bepaalde deugdzame, voorname of vrome familie geboren wordt, wordt zich bewust van de gunstige omstandigheden waarin hij zich bevindt om yoga te beoefenen. Met vastberadenheid neemt hij daarom zijn onvolbrachte taak weer op en zuivert zichzelf van alle materiële onzuiverheid. Wanneer hij uiteindelijk vrij is van alle onzuiverheden, bereikt hij de allerhoogste perfectie — Kṛṣṇa-bewustzijn. Kṛṣṇa-bewustzijn is de toestand van volledige vrijheid van alle onzuiverheden. Dit wordt in de *Bhagavad-gītā* (7.28) bevestigd:

yeṣāṁ tv anta-gataṁ pāpaṁ, janānāṁ puṇya-karmaṇām
te dvandva-moha-nirmuktā, bhajante māṁ dṛḍha-vratāḥ

'Wanneer iemand na vele, vele levens van vrome activiteiten volledig vrij is van alle onzuiverheid en van alle dualiteiten van illusie, raakt hij betrokken in de transcendentale liefdedienst van de Heer.'

TEKST 46 तपस्विभ्योऽधिको योगी ज्ञानिभ्योऽपि मतोऽधिकः ।
कर्मिभ्यश्चाधिको योगी तस्माद्योगी भवार्जुन ॥ ४६ ॥

tapasvibhyo 'dhiko yogī, jñānibhyo 'pi mato 'dhikaḥ
karmibhyaś cādhiko yogī, tasmād yogī bhavārjuna

tapasvibhyaḥ — dan de asceten; *adhikaḥ* — beter; *yogī* — de *yogī*; *jñānibhyaḥ* — dan de wijzen; *api* — ook; *mataḥ* — beschouwd; *adhikaḥ* — beter; *karmibhyaḥ* — dan zij die zich bezighouden met resultaatgerichte activiteiten; *ca* — ook; *adhikaḥ* — beter; *yogī* — de *yogī*; *tasmāt* — daarom; *yogī* — een transcendentalist; *bhava* — wordt; *arjuna* — o Arjuna.

De yogī staat boven de asceet, boven de empirische filosoof en boven degene die uit is op de resultaten van zijn handelingen. Wees daarom onder alle omstandigheden een yogī, o Arjuna.

COMMENTAAR: Wanneer we over yoga spreken, dan bedoelen we daarmee het verbinden van ons bewustzijn met de Allerhoogste Absolute Waarheid. Een dergelijk proces staat onder verschillende namen bekend bij verschillende beoefenaars, afhankelijk van de methode die ze toepassen. Als het verbindingsproces overwegend uit resultaatgerichte activiteiten bestaat, wordt het *karma-yoga* genoemd; als het overwegend empirisch-filosofisch is, wordt het *jñāna-yoga* genoemd, en als het overwegend uit een devotionele relatie met de Allerhoogste Heer bestaat, wordt het *bhakti-yoga* genoemd. *Bhakti-yoga* of Kṛṣṇa-bewustzijn is, zoals in het volgende vers wordt uitgelegd, de uiteindelijk perfectie van alle yoga's. De Heer bevestigt in dit vers dat yoga superieur is, maar Hij heeft niet gezegd dat er een yoga is die beter is dan *bhakti-yoga*. *Bhakti-yoga* is volledige spirituele kennis en kan daarom niet overtroffen worden. Ascese zonder zelfkennis is onvolmaakt. Empirische kennis zonder overgave aan de Allerhoogste Heer is ook onvolmaakt. En resultaatgerichte activiteiten zonder Kṛṣṇa-bewustzijn zijn tijdverspilling. De meest geprezen vorm van yogabeoefening die hier genoemd wordt, is daarom *bhakti-yoga* en dit wordt in het volgende vers nog duidelijker uitgelegd.

TEKST 47 योगिनामपि सर्वेषां मद्गतेनान्तरात्मना ।
श्रद्धावान्भजते यो मां स मे युक्ततमो मतः ॥ ४७ ॥

yoginām api sarveṣāṁ, mad-gatenāntar-ātmanā
śraddhāvān bhajate yo māṁ, sa me yuktatamo mataḥ

yoginām — van *yogī's*; *api* — ook; *sarveṣām* — alle soorten van; *mat-gatena* — verblijvend in Mij, altijd aan Mij denkend; *antaḥ-ātmanā* — in zichzelf; *śraddhāvān* — vol vertrouwen; *bhajate* — bewijst transcendentale liefdedienst; *yaḥ* — iemand die; *mām* — aan Mij (de Allerhoogste Heer); *saḥ* — hij; *me* — door Mij; *yukta-tamaḥ* — de beste *yogī*; *mataḥ* — wordt beschouwd.

En van alle yogī's is hij die zich vol vertrouwen voortdurend in Mij bevindt, die altijd aan Mij denkt en Mij transcendentale liefdedienst bewijst,

het innigst met Mij in yoga verbonden en de beste van allemaal. Dat is Mijn mening.

COMMENTAAR: Het woord *'bhajate'* is hier belangrijk. De wortel van het werkwoord *'bhajate'* is *bhaj*, dat gebruikt wordt wanneer er een noodzaak bestaat tot dienen. Het woord 'aanbidden' betekent niet hetzelfde als *bhaj* en kan niet op dezelfde manier worden gebruikt. 'Aanbidden' betekent 'vereren' of respect en eer betuigen aan een waardig persoon. Maar dienen met geloof en liefde is speciaal bedoeld voor de Allerhoogste Persoonlijkheid Gods. Men kan het nalaten om een respectabel persoon of een halfgod te aanbidden en men kan dan onbeleefd worden genoemd, maar niemand kan het nalaten om de Allerhoogste Heer te dienen zonder volledig te worden verdoemd. Ieder levend wezen is een integrerend deel van de Allerhoogste Persoonlijkheid Gods en ieder levend wezen is er daarom door zijn wezenlijke positie voor bedoeld om de Allerhoogste Heer te dienen. Doet men dit niet, dan komt men ten val. Het *Bhāgavatam* (11.5.3) bevestigt dit als volgt:

ya eṣāṁ puruṣaṁ sākṣād, ātma-prabhavam īśvaram
na bhajanty avajānanti, sthānād bhraṣṭāḥ patanty adhaḥ

'Iedereen die de oorspronkelijke Heer, de oorsprong van alle levende wezens, niet dient en zijn plicht aan Hem verwaarloost, zal zeker vanuit zijn wezenlijke positie ten val komen.'

In dit vers wordt ook het woord *'bhajanti'* gebruikt. *Bhajanti* heeft daarom alleen betrekking op dienst aan de Allerhoogste Heer, terwijl het woord 'aanbidden' betrekking kan hebben op halfgoden of welk ander gewoon levend wezen dan ook. Het woord *'avajānanti'* dat in het vers uit het *Bhāgavatam* werd gebruikt, is ook in de *Bhagavad-gītā* te vinden. *Avajānanti māṁ mūḍhāḥ:* 'Alleen dwazen bespotten de Allerhoogste Persoonlijkheid Gods, Heer Kṛṣṇa.' Zulke dwazen schrijven commentaren op de *Bhagavad-gītā* zonder een houding van dienstbaarheid te hebben tegenover de Heer. Als gevolg daarvan kunnen ze niet goed het onderscheid maken tussen de woorden *'bhajanti'* en 'aanbidden'.

Het hoogtepunt van alle yogamethoden is *bhakti-yoga*. Alle andere yoga's zijn alleen middelen om tot *bhakti* te komen in *bhakti-yoga*. Yoga betekent eigenlijk *bhakti-yoga*; alle andere yoga's zijn stappen in de richting van *bhakti-yoga*. Het is een lange weg naar zelfrealisatie vanaf het begin van *karma-yoga* tot het eind, *bhakti-yoga*. *Karma-yoga*, handelen zonder gehechtheid aan de resultaten, is het begin van dit pad. Wanneer *karma-yoga* verrijkt wordt met kennis en onthechting, wordt dat niveau *jñāna-yoga* genoemd. Wanneer *jñāna-yoga* verrijkt wordt met mediteren op de Superziel door verschillende lichamelijke methoden en wanneer de geest op Hem geconcentreerd is, dan wordt dat *aṣṭāṅga-yoga* genoemd. Wanneer iemand vervolgens het niveau van *aṣṭāṅga-yoga* ontstijgt en tot Kṛṣṇa, de Allerhoogste Persoonlijkheid Gods, komt, dan wordt dat *bhakti-yoga* genoemd, de hoogste vorm van yoga. Feitelijk is *bhakti-yoga* het uiteindelijke doel, maar om *bhakti-yoga* in detail te analyseren, moeten de andere yoga's ook begrepen worden. De *yogī* die vooruitgang maakt, bevindt zich daarom op het ware pad van eeuwige voorspoed. Iemand die op een bepaald punt blijft steken en geen vooruitgang meer maakt, wordt genoemd naar de naam van dat onderdeel: *karma-yogī, jñāna-yogī* of *dhyāna-yogī, rāja-yogī, haṭha-yogī* enz. Wanneer iemand het geluk heeft om tot het punt van *bhakti-yoga* te komen, is hij boven alle andere yoga's uitgestegen. Kṛṣṇa-bewust worden is daarom het hoogste niveau van yoga, net zoals wanneer we over de Himālaya's spreken, we het over de hoogste bergen van de wereld hebben, waarvan de hoogste bergtop, de Mount Everest, beschouwd wordt als het hoogste punt.

Wie zeer fortuinlijk is, komt tot Kṛṣṇa-bewustzijn en situeert zich volgens de instructies in de Vedische literatuur op de juiste manier op het pad van *bhakti-yoga*. De ideale *yogī* richt zijn aandacht op Kṛṣṇa, die Śyāmasundara wordt genoemd, die even mooi gekleurd is als een regenwolk, van wie het lotusgezicht straalt als de zon, van wie de kleding fonkelt van de juwelen en die bloemenkransen draagt. De *brahmajyoti*, Zijn prachtige uitstraling, schittert en verlicht alles om Hem heen. Hij incarneert in verschillende gedaanten, zoals Rāma, Nṛsiṁha, Varāha en Kṛṣṇa, de Allerhoogste Persoonlijkheid Gods; Hij daalt neer als een menselijk wezen, als de zoon van moeder Yaśodā en staat bekend als Kṛṣṇa, Govinda en Vāsudeva. Hij is het perfecte kind, de perfecte echtgenoot, vriend en meester en Hij is volkomen in alle volheden en transcendentale kwaliteiten. Wanneer iemand zich voortdurend volledig bewust is van deze eigenschappen van de Heer, wordt hij de hoogste *yogī* genoemd.

Deze toestand van de hoogste volmaaktheid kan alleen door *bhakti-yoga* bereikt worden, en dit wordt in de hele Vedische literatuur bevestigd:

yasya deve parā bhaktir, yathā deve tathā gurau
tasyaite kathitā hy arthāḥ, prakāśante mahātmanaḥ

'Alleen aan die grote zielen die een onvoorwaardelijk geloof hebben in zowel de Heer als de spiritueel leraar, wordt de betekenis van de Vedische kennis vanzelf geopenbaard.' (*Śvetāśvatara Upaniṣad* 6.23)

Bhaktir asya bhajanaṁ tad ihāmutropādhi-nairāsyenāmuṣmin manaḥ-kalpanam, etad eva naiṣkarmyam. 'Bhakti betekent devotionele dienst aan de Heer, vrij van het verlangen naar materiële winst, zowel in dit leven als in het volgende. Vrij van deze neigingen, moet men zijn geest volledig op de Allerhoogste concentreren. Dat is de betekenis van *naiṣkarmya*.' (*Gopāla-tāpanī Upaniṣad*, Pūrva 15)

Dit zijn enkele methoden om *bhakti* of Kṛṣṇa-bewustzijn te beoefenen, dat het hoogste en het perfecte niveau van de yogamethode is.

Zo eindigen de commentaren van Śrī Śrīmad A.C. Bhaktivedanta Swami Prabhupāda bij het zesde hoofdstuk van Śrīmad Bhagavad-gītā, *getiteld 'Dhyāna-yoga'.*

7

KENNIS *van de* ABSOLUTE

TEKST 1 श्रीभगवानुवाच
मय्यासक्तमनाः पार्थ योगं युञ्जन्मदाश्रयः ।
असंशयं समग्रं मां यथा ज्ञास्यसि तच्छृणु ॥ १ ॥

śrī-bhagavān uvāca
mayy āsakta-manāḥ pārtha, yogaṁ yuñjan mad-āśrayaḥ
asaṁśayaṁ samagraṁ māṁ, yathā jñāsyasi tac chṛṇu

śrī bhagavān uvāca — de Allerhoogste Heer zei; *mayi* — aan Mij; *āsakta-manāḥ* — de geest verbonden; *pārtha* — o zoon van Pṛthā; *yogam* — zelfrealisatie; *yuñjan* — beoefenend; *mat-āśrayaḥ* — bewust zijn van Mij (Kṛṣṇa-bewustzijn); *asaṁśayam* — zonder twijfel; *samagram* — volledig; *mām* — Mij; *yathā* — hoe; *jñāsyasi* — je kunt kennen; *tat* — dat; *śṛṇu* — probeer te horen.

De Allerhoogste Persoonlijkheid Gods zei: Hoor nu, o zoon van Pṛthā, hoe je Me volledig en zonder twijfel kunt kennen door yoga te beoefenen met een bewustzijn dat volledig van Mij vervuld is en met een geest die verbonden is met Mij.

COMMENTAAR: In dit zevende hoofdstuk van de *Bhagavad-gītā* wordt het wezen van het Kṛṣṇa-bewustzijn volledig beschreven. Kṛṣṇa bezit alle volheden volkomen en hoe Hij deze volheden manifesteert, wordt hier beschreven. Ook worden in dit hoofdstuk de vier groepen van fortuinlijke mensen beschreven die gehecht raken aan Kṛṣṇa en ook de vier groepen van onfortuinlijke mensen die nooit tot Kṛṣṇa zullen komen.

In de eerste zes hoofdstukken van de *Bhagavad-gītā* werd het levend wezen beschreven als een niet-materiële ziel, die in staat is zichzelf te verheffen tot zelfrealisatie door verschillende soorten yoga. Aan het eind van het zesde hoofdstuk werd duidelijk gesteld dat de hoogste vorm van alle yogamethoden het standvastig concentreren van de geest op Kṛṣṇa of Kṛṣṇa-bewustzijn is. Alleen door de geest op Kṛṣṇa te concentreren kan iemand de Absolute Waarheid volledig kennen. Bewustwording van de onpersoonlijke *brahmajyoti* en de gelokaliseerde Paramātmā is niet compleet, want het is een gedeeltelijke bewustwording van de Absolute Waarheid. Volledige en wetenschappelijke kennis is kennis van Kṛṣṇa en alles wordt geopenbaard aan een persoon die Kṛṣṇa-bewust is. Wanneer iemand volledig Kṛṣṇa-bewust is, weet hij dat Kṛṣṇa als het uiteindelijke object van kennis boven alle twijfel verheven is. De verschillende soorten yoga zijn niet meer dan gunstige hulpmiddelen op het pad van Kṛṣṇa-bewustzijn. Wie zich rechtstreeks op het Kṛṣṇa-bewustzijn toelegt, heeft vanzelf complete kennis van de *brahmajyoti* en de Paramātmā. Door de yoga van het Kṛṣṇa-bewustzijn te beoefenen, kan iemand volledige kennis krijgen over alles, namelijk over de Absolute Waarheid, de levende wezens, de materiële natuur en hun verschijningsvormen en alles wat daarbij hoort. Men moet daarom beginnen met het beoefenen van yoga zoals dat in het laatste vers van het zesde hoofdstuk wordt aangegeven.

Concentratie van de geest op Kṛṣṇa, de Allerhoogste, wordt mogelijk gemaakt door voorgeschreven devotionele dienst. Deze devotionele dienst bestaat uit negen verschillende vormen, waarvan *śravaṇam* de eerste en allerbelangrijkste is. Daarom zegt de Heer tegen Arjuna *tac chṛṇu*, 'Hoor van Mij.' Niemand kan een hogere autoriteit zijn dan Kṛṣṇa en van Hem horen is de beste gelegenheid om een perfect Kṛṣṇa-bewust persoon te worden. Men moet daarom rechtstreeks leren van Kṛṣṇa of van Zijn zuivere toegewijde en niet van een aanmatigend persoon die trots is op zijn academische opleiding en die geen toegewijde is.

In het tweede hoofdstuk van het eerste canto van het *Śrīmad-Bhāgavatam* wordt deze methode om Kṛṣṇa, de Allerhoogste Persoonlijkheid Gods, de Absolute Waarheid, te leren kennen als volgt beschreven:

śṛṇvatāṁ sva-kathāḥ kṛṣṇaḥ, puṇya-śravaṇa-kīrtanaḥ
hṛdy antaḥ-stho hy abhadrāṇi, vidhunoti suhṛt satām

naṣṭa-prāyeṣv abhadreṣu, nityaṁ bhāgavata-sevayā
bhagavaty uttama-śloke, bhaktir bhavati naiṣṭhikī

tadā rajas-tamo-bhāvāḥ, kāma-lobhādayaś ca ye
ceta etair anāviddhaṁ, sthitaṁ sattve prasīdati

evaṁ prasanna-manaso, bhagavad-bhakti-yogataḥ
bhagavat-tattva-vijñānaṁ, mukta-saṅgasya jāyate

bhidyate hṛdaya-granthiś, chidyante sarva-saṁśayāḥ
kṣīyante cāsya karmāṇi, dṛṣṭa evātmanīśvare

'Horen over Kṛṣṇa uit de Vedische teksten of rechtstreeks van Hemzelf door de *Bhagavad-gītā*, is op zichzelf een deugdzame activiteit. En voor iemand die over Kṛṣṇa hoort, is Heer Kṛṣṇa, die in ieders hart aanwezig is, als een vriend die het beste met iemand voorheeft en die de toegewijde, die voortdurend over Hem hoort, zuivert. Op die manier ontwikkelt een toegewijde vanzelf zijn sluimerende transcendentale kennis. Naarmate hij meer en meer over Kṛṣṇa hoort van het *Bhāgavatam* en van de toegewijden, wordt hij standvastig in devotionele dienst aan de Heer. Door zich te ontwikkelen in devotionele dienst raakt men bevrijd van de hoedanigheden hartstocht en onwetendheid en op die manier verminderen materiële lusten en gierigheid. Wanneer deze onzuiverheden weggevaagd zijn, blijft de kandidaat onwankelbaar op het niveau van zuivere goedheid, raakt hij enthousiast door devotionele dienst en begrijpt hij de wetenschap van God perfect. Zo klieft *bhakti-yoga* de stevige knoop van materiële gehechtheid en stelt ze iemand in staat om onmiddellijk op het niveau van *asaṁśayaṁ samagram* te komen, begrip van de Allerhoogste Absolute Waarheid, de Persoonlijkheid Gods.' (*Bhāg*. 1.2.17-21)

De wetenschap van Kṛṣṇa kan men daarom alleen begrijpen door van Kṛṣṇa of van Zijn Kṛṣṇa-bewuste toegewijde te horen.

TEKST 2 ज्ञानं तेऽहं सविज्ञानमिदं वक्ष्याम्यशेषतः ।
यज्ज्ञात्वा नेह भूयोऽन्यज्ज्ञातव्यमवशिष्यते ॥ २ ॥

jñānaṁ te 'haṁ sa-vijñānam, idaṁ vakṣyāmy aśeṣataḥ
yaj jñātvā neha bhūyo 'nyaj, jñātavyam avaśiṣyate

jñānam — fenomenale (materiële) kennis; *te* — aan jou; *aham* — Ik; *sa* — met; *vijñānam* — spirituele kennis; *idam* — dit; *vakṣyāmi* — zal verklaren; *aśeṣataḥ* — volledig; *yat* — welke; *jñātvā* — wetend; *na* — niet; *iha* — in deze wereld; *bhūyaḥ* — verder; *anyat* — iets anders; *jñātavyam* — kenbaar; *avaśiṣyate* — blijft over.

Ik zal je nu deze kennis, die zowel fenomenale (materiële) als spirituele kennis omvat, volledig verklaren. Heb je deze kennis eenmaal, dan zal er verder niets meer voor je te kennen zijn.

COMMENTAAR: Complete kennis omvat kennis van de fenomenale wereld, de ziel die eraan ten grondslag ligt en de bron van beide. Dit is transcendentale kennis. De Heer wil het bovenstaande kennissysteem uitleggen, omdat Arjuna een vertrouwelijke toegewijde en vriend van Hem is. Aan het begin van het vierde hoofdstuk werd dit al door de Heer uitgelegd en hier wordt het opnieuw bevestigd: alleen een toegewijde van de Heer die deel uitmaakt van de opeenvolging van discipelen, die bij de Heer begint, kan complete kennis krijgen. Men moet daarom intelligent genoeg zijn om de bron van alle kennis te begrijpen, die de oorzaak van alle oorzaken is en het enige object van meditatie in alle soorten van yogabeoefening. Wanneer de oorzaak van alle oorzaken gekend is, kan alles wat kenbaar is worden gekend en blijft niets onbekend. In de Veda's (*Muṇḍaka Upaniṣad* 1.1.3) staat: *kasminn u bhagavo vijñāte sarvam idaṁ vijñātaṁ bhavati.*

TEKST 3 मनुष्याणां सहस्रेषु कश्चिद्यतति सिद्धये ।
यततामपि सिद्धानां कश्चिन्मां वेत्ति तत्त्वतः ॥ ३ ॥

manuṣyāṇāṁ sahasreṣu, kaścid yatati siddhaye
yatatām api siddhānāṁ, kaścin māṁ vetti tattvataḥ

manuṣyāṇām — van mensen; *sahasreṣu* — onder vele duizenden; *kaścit* — iemand; *yatati* — streeft; *siddhaye* — naar volmaaktheid; *yatatām* — van hen die daar naar streven; *api* — inderdaad; *siddhānām* — van hen die volmaaktheid bereikt hebben; *kaścit* — iemand; *mām* — Mij; *vetti* — kent; *tattvataḥ* — naar waarheid.

Onder vele duizenden mensen streeft er misschien één naar volmaaktheid en van hen die de volmaaktheid hebben bereikt, kent nauwelijks één Mij werkelijk.

COMMENTAAR: Er zijn verschillende klassen van mensen en uit vele duizenden van hen is er misschien één zodanig geïnteresseerd in transcendentale bewustwording dat hij probeert te begrijpen wat het zelf, wat het lichaam en wat de Absolute Waarheid is. Over het algemeen is de mensheid alleen maar bezig met de dierlijke neigingen, namelijk eten, slapen, zich verdedigen en paren; vrijwel niemand is geïnteresseerd in transcendentale kennis.

De eerste zes hoofdstukken van de *Gītā* zijn bedoeld voor hen die geïnteresseerd zijn in transcendentale kennis, in het begrijpen van het zelf, de Superziel en methoden van bewustwording als *jñāna-yoga*, *dhyāna-yoga* en in het onderscheiden van het zelf van materie. Maar Kṛṣṇa kan alleen worden gekend door personen die Kṛṣṇa-bewust zijn. Andere transcendentalisten kunnen de onpersoonlijke Brahman-realisatie bereiken, want dat is gemakkelijker dan Kṛṣṇa begrijpen. Kṛṣṇa is de Allerhoogste Persoon en Hij gaat de kennis van Brahman en de Paramātmā te boven. De *yogī's* en de *jñānī's* zijn verward in hun pogingen om Kṛṣṇa te doorgronden. Hoewel de grootste van alle impersonalisten, Śrī pāda Śaṅkarācārya, in zijn commentaar op de *Gītā* heeft toegegeven dat Kṛṣṇa de Allerhoogste Persoonlijkheid Gods is, aanvaarden zijn volgelingen Kṛṣṇa niet als zodanig, want het is heel moeilijk om Kṛṣṇa te kennen, zelfs al heeft men de transcendentale, onpersoonlijke Brahman-realisatie bereikt.

Kṛṣṇa is de Allerhoogste Persoonlijkheid Gods, de oorzaak van alle oorzaken, de oorspronkelijke Heer Govinda. *Īśvaraḥ paramaḥ kṛṣṇaḥ sac-cid-ānanda-vigrahaḥ/ anādir ādir govindaḥ sarva-kāraṇa-kāraṇam.* Voor niet-toegewijden is het bijzonder moeilijk om Hem te kennen. Hoewel niet-toegewijden beweren dat het pad van *bhakti*, devotionele dienst, heel gemakkelijk is, zijn ze niet in staat het te volgen. Als het pad van *bhakti* zo gemakkelijk is, zoals de niet-toegewijden beweren, waarom volgen ze dan het moeilijke pad? Eigenlijk is het pad van *bhakti* niet gemakkelijk. Het zogenaamde pad van *bhakti* dat door ongeautoriseerde personen zonder kennis van echte *bhakti* wordt gevolgd, mag dan misschien gemakkelijk zijn, maar wanneer werkelijke *bhakti* volgens de regels en bepalingen gevolgd wordt, verlaten de speculerende geleerden en filosofen het pad. Śrīla Rūpa Gosvāmī schrijft in zijn *Bhakti-rasāmṛta-sindhu* (1.2.101):

śruti-smṛti-purāṇādi-, pañcarātra-vidhiṁ vinā
aikāntikī harer bhaktir, utpātāyaiva kalpate

'Devotionele dienst aan de Heer die de geautoriseerde Vedische teksten, zoals de *upaniṣads*, de *purāṇa's* en het *Nārada-pañcarātra*, veronachtzaamt, is enkel een onnodige verstoring in de samenleving.'

Voor de impersonalist met Brahman-realisatie of de *yogī* met Paramātmā-realisatie is het onmogelijk om Kṛṣṇa, de Allerhoogste Persoonlijkheid Gods, te begrijpen als de zoon van moeder Yaśodā of als de wagenmenner van Arjuna. Zelfs de grote halfgoden zijn soms verward over Kṛṣṇa (*muhyanti yat sūrayaḥ*). *Māṁ tu veda na kaścana:* 'Niemand kent Mij zoals Ik ben,' zegt de Heer. En als iemand hem wél kent, dan *sa mahātmā su-durlabhaḥ:* 'Zo'n grote ziel is heel zeldzaam.' Daarom kan niemand Kṛṣṇa kennen zoals Hij is (*tattvataḥ*) zonder devotionele dienst aan Hem te beoefenen, zelfs al is men een groot geleerde of filosoof. Omdat Kṛṣṇa Zijn toegewijden goedgezind is, kunnen alleen zuivere toegewijden iets begrijpen van de onvoorstelbare, transcendentale kwaliteiten van Kṛṣṇa en van Zijn almacht en volheid, Zijn rijkdom, roem, kracht, schoonheid, kennis en onthechting en dat Hij de oorzaak van alle oorzaken is. Hij is het hoogste aspect van Brahman-realisatie en de toegewijden kunnen zich van Hem bewust worden zoals Hij is. Er wordt daarom gezegd:

ataḥ śrī-kṛṣṇa-nāmādi, na bhaved grāhyam indriyaiḥ
sevonmukhe hi jihvādau, svayam eva sphuraty adaḥ

'Niemand kan Kṛṣṇa begrijpen zoals Hij is met behulp van de botte, materiele zintuigen. Maar Hij onthult Zich aan Zijn toegewijden, omdat Hij tevreden over hen is door hun transcendentale liefdedienst aan Hem.' (*Bhakti-rasāmṛta-sindhu* 1.2.234)

TEKST 4 भूमिरापोऽनलो वायुः खं मनो बुद्धिरेव च ।
अहङ्कार इतीयं मे भिन्ना प्रकृतिरष्टधा ॥ ४ ॥

bhūmir āpo 'nalo vāyuḥ, khaṁ mano buddhir eva ca
ahaṅkāra itīyaṁ me, bhinnā prakṛtir aṣṭadhā

bhūmiḥ — aarde; *āpaḥ* — water; *analaḥ* — vuur; *vāyuḥ* — lucht; *kham* — ether; *manaḥ* — geest; *buddhiḥ* — intelligentie; *eva* — zeker; *ca* — en; *ahaṅkāraḥ* — vals ego; *iti* — zo; *iyam* — al deze; *me* — Mijn; *bhinnā* — afgescheiden; *prakṛtiḥ* — energieën; *aṣṭadhā* — achtvoudige.

Aarde, water, vuur, lucht, ether, geest, intelligentie en vals ego — samen vormen deze acht Mijn afgescheiden materiële energieën.

COMMENTAAR: De wetenschap van God analyseert de wezenlijke positie van God en Zijn verschillende energieën. De materiële energie wordt *prakṛti* genoemd, de energie van de Heer in Zijn verschillende *puruṣa*-incarnaties (expansies) zoals die worden beschreven in het *Nārada-pañcarātra*, een van de *Sātvata-tantra's:*

viṣṇos tu trīṇi rūpāṇi, puruṣākhyāny atho viduḥ
ekaṁ tu mahataḥ sraṣṭṛ, dvitīyaṁ tv aṇḍa-saṁsthitam
tṛtīyaṁ sarva-bhūta-sthaṁ, tāni jñātvā vimucyate

'Voor de materiële schepping neemt de volkomen expansie van Heer Kṛṣṇa, Viṣṇu, drie vormen aan. De eerste vorm, Mahā-Viṣṇu, schept de totale materiële energie die het *mahat-tattva* genoemd wordt. De tweede, Garbhodaka-śāyī Viṣṇu, gaat binnen in alle afzonderlijk universa om daar verscheidenheid te scheppen. De derde, Kṣīrodaka-śāyī Viṣṇu, is binnen alle universa verspreid als de alomtegenwoordige Superziel en staat bekend als de Paramātmā. Hij is zelfs aanwezig in de atomen. Iedereen die deze drie Viṣṇu's kent, kan bevrijd raken uit materiële gebondenheid.'

De materiële wereld is een tijdelijke manifestatie van één van de energieën van de Heer. Alle activiteiten van de materiële wereld worden door deze drie Viṣṇu-expansies van Heer Kṛṣṇa bestuurd. Deze *puruṣa's* worden incarnaties genoemd. Iemand die geen kennis heeft van de wetenschap van God (Kṛṣṇa), denkt over het algemeen dat de materiële wereld er voor het plezier van de levende wezens is en dat zij de *puruṣa's* — de oorzaken, bestuurders en genieters van de materiële energie — zijn. Deze atheïstische conclusie is volgens de *Bhagavad-gītā* onjuist. In het vers dat hier besproken wordt, wordt gesteld dat Kṛṣṇa de oorspronkelijke oorzaak van de materiële wereld is; het *Śrīmad-Bhāgavatam* bevestigt dit.

De ingrediënten van de materiële wereld zijn afgescheiden energieën van de Heer. Zelfs de *brahmajyoti*, het uiteindelijke doel van de impersonalist, is een spirituele energie die in de spirituele hemel gemanifesteerd wordt. In de *brahmajyoti* is er geen spirituele verscheidenheid zoals in de Vaikuṇṭhaloka's, maar de impersonalist aanvaardt deze *brahmajyoti* als het uiteindelijke, eeuwige doel. De Paramātmā-manifestatie, het alomtegenwoordige aspect van Kṣīrodaka-śāyī Viṣṇu, is tijdelijk. De Paramātmā-manifestatie is niet eeuwig, omdat deze manifestatie in de spirituele wereld niet bestaat. De werkelijke Absolute Waarheid is de Allerhoogste Persoonlijkheid Gods, Kṛṣṇa. Hij is de energetische persoon die compleet is en Hij bezit verschillende afgescheiden en interne energieën.

Zoals hierboven werd vermeld, zijn er in de materiële energie acht voornaamste onderverdelingen. Van deze acht worden de eerste vijf, namelijk aarde, water, vuur, lucht en ruimte, de vijf gigantische of grove scheppingen genoemd. Hierbij zijn de vijf zinsobjecten inbegrepen, namelijk de manifestaties van materieel geluid, tast, vorm, smaak en reuk. De materiële wetenschap neemt alleen deze tien elementen in beschouwing en meer niet; de andere drie elementen, namelijk geest, intelligentie en vals ego, worden door de materialisten genegeerd. Filosofen die zich bezighouden met mentale speculaties zijn ook niet volmaakt in hun kennis, omdat ze de uiteindelijke oorsprong, Kṛṣṇa, niet kennen. Het vals ego — 'Ik ben' en 'Het is van mij', die de basisprincipes van het materiële bestaan vormen — omvat tien zintuigen voor het verrichten van materiële activiteiten. Intelligentie heeft betrekking op de totaliteit van de materiële manifestatie, die het *mahat-tattva* wordt genoemd.

Uit de acht afgescheiden energieën van de Heer worden dus de vierentwintig elementen van de materiële wereld gemanifesteerd, die het onderwerp zijn van de atheïstische *sāṅkhya*-filosofie. Oorspronkelijk zijn deze elementen uitlopers van de energieën van Kṛṣṇa en zijn ze van Hem afgescheiden, maar de atheïstische *sāṅkhya*-filosofen met hun armzalige kennis weten niet dat Kṛṣṇa de oorzaak van alle oorzaken is. Het onderwerp van discussie in de *sāṅkhya*-filosofie is alleen de manifestatie van de externe energie van Kṛṣṇa zoals die in de *Bhagavad-gītā* wordt beschreven.

TEKST 5

अपरेयमितस्त्वन्यां प्रकृतिं विद्धि मे पराम् ।
जीवभूतां महाबाहो ययेदं धार्यते जगत् ॥ ५ ॥

apareyam itas tv anyāṁ, prakṛtiṁ viddhi me parām
jīva-bhūtāṁ mahā-bāho, yayedaṁ dhāryate jagat

aparā — lagere; *iyam* — deze; *itaḥ* — naast deze; *tu* — maar; *anyām* — een andere; *prakṛtim* — energie; *viddhi* — probeer te begrijpen; *me* — Mijn; *parām* — hogere; *jīva-bhūtām* — bestaande uit de levende wezens; *mahā-bāho* — o sterkgearmde; *yayā* — door wie; *idam* — dit; *dhāryate* — wordt gebruikt of benut; *jagat* — de materiële wereld.

O sterkgearmde Arjuna, naast deze energieën heb Ik nog een andere, hogere energie, die uit de levende wezens bestaat die de rijkdommen van deze materiële, lagere natuur benutten.

COMMENTAAR: Hier wordt duidelijk uitgelegd dat de levende wezens tot de hogere natuur (of energie) van de Allerhoogste Heer behoren. De lagere energie bestaat uit materie, die gemanifesteerd is in verschillende elementen: aarde, water, vuur, lucht, ether, geest, intelligentie en vals ego. De twee vormen van de materiele natuur, namelijk de grove (aarde enz.) en de subtiele (geest enz.), zijn producten van de lagere energie. De levende wezens die deze lagere energieën voor verschillende doeleinden benutten, vormen de hogere energie van de Allerhoogste Heer en de hele materiële wereld functioneert door toedoen van deze energie. De gemanifesteerde kosmos werkt niet uit zichzelf, maar werkt pas wanneer hij door een hogere energie, de levende wezens, in beweging wordt gezet.

Energieën worden altijd bestuurd door de energiebron en daarom worden de levende wezens altijd door de Heer bestuurd — ze zijn niet onafhankelijk. Hun kracht is nooit gelijk aan die van Hem, zoals onintelligente mensen denken. Het onderscheid tussen de levende wezens en de Heer wordt in het *Śrīmad-Bhāgavatam* (10.87.30) als volgt beschreven:

aparimitā dhruvās tanu-bhṛto yadi sarva-gatās
tarhi na śāsyateti niyamo dhruva netarathā
ajani ca yan-mayaṁ tad avimucya niyantṛ bhavet
samam anujānatāṁ yad amataṁ mata-duṣṭatayā

'O Allerhoogste Eeuwige! Als de belichaamde levende wezens eeuwig en alomtegenwoordig zouden zijn als U, dan zouden ze niet door U bestuurd worden. Maar als de levende wezens worden gezien als nietige energieën van U, o Heer, dan wordt meteen duidelijk dat ze onderworpen zijn aan Uw gezag. Werkelijke bevrijding betekent dan ook dat de levende wezens zich aan Uw leiding overgeven en die overgave zal hen gelukkig maken. Alleen in die wezenlijke positie kunnen ze bestuurders worden. Degenen met beperkte kennis die de monistische theorie verdedigen dat God en de levende wezens in alle opzichten gelijk zijn, worden daarom in werkelijkheid door een onjuiste en onzuivere opvatting geleid.'

De Allerhoogste Heer, Kṛṣṇa, is de enige bestuurder en alle levende wezens worden door Hem bestuurd. Deze levende wezens zijn Zijn hogere energie, omdat de kwaliteit van hun bestaan dezelfde is als die van de Allerhoogste, maar wat betreft de kwantiteit van hun macht zijn ze nooit gelijk aan de Heer. Terwijl het levend wezen de grove en subtiele lagere energie (materie) voor zijn eigen doeleinden gebruikt, vergeet de hogere energie (het levend wezen) haar werkelijke spirituele geest en intelligentie. Deze vergeetachtigheid is het gevolg van de invloed van de materie op het levend wezen. Maar wanneer het levend wezen bevrijd raakt van de invloed van de illusionerende materiële energie, bereikt het het niveau dat *mukti* of bevrijding wordt genoemd. Onder invloed van de materiele illusie brengt het vals ego het tot de gedachte dat 'Ik ben materie en alles wat ik op materieel gebied verworven heb is van mij.' Het levend wezen wordt zich van zijn werkelijke positie bewust wanneer het van alle materiële ideeën bevrijd is, inclusief de opvatting van het in alle opzichten eenworden met God. We kunnen daarom concluderen dat de *Gītā* bevestigt dat het levend wezen enkel één van de vele energieën van Kṛṣṇa is; wanneer deze energie bevrijd wordt van materiële onzuiverheden, wordt het volledig Kṛṣṇa-bewust of bevrijd.

TEKST 6 एतद्योनीनि भूतानि सर्वाणीत्युपधारय ।
अहं कृत्स्नस्य जगतः प्रभवः प्रलयस्तथा ॥ ६ ॥

etad-yonīni bhūtāni, sarvāṇīty upadhāraya
ahaṁ kṛtsnasya jagataḥ, prabhavaḥ pralayas tathā

etat — deze twee energieën; *yonīni* — wiens bron van geboorte; *bhūtāni* — alles dat geschapen is; *sarvāṇi* — alles; *iti* — zo; *upadhāraya* — weet; *aham* — Ik; *kṛtsnasya* — alomvattende; *jagataḥ* — van de wereld; *prabhavaḥ* — de bron van openbaring; *pralayaḥ* — ontbinding; *tathā* — zowel.

Alle geschapen wezens hebben hun oorsprong in deze twee energieën. Wees ervan verzekerd dat van al wat spiritueel en materieel is in deze wereld, Ik de oorsprong en de ontbinding ben.

COMMENTAAR: Alles wat bestaat is voortgebracht door materiële en spirituele energie. De spirituele energie is de basis van de schepping en materie wordt geschapen door de spirituele energie. De spirituele energie wordt niet geschapen tijdens een bepaalde fase van de ontwikkeling van materie. Integendeel, de materiële wereld wordt alleen gemanifesteerd op basis van de spirituele energie. Het materiële lichaam ontwikkelt zich omdat die supe-rieure energie, de ziel, in materie aanwezig is; een kind groeit geleidelijk van kinderjaren naar volwassenheid door de aanwezigheid van die hogere energie, de ziel. Op dezelfde manier heeft de immense manifestatie van het universum zich ontwikkeld door de aanwezigheid van de Superziel, Viṣṇu. Zo zijn de spirituele en materiële energieën, die door hun combinatie deze immense universele gedaante manifesteren, oorspronkelijk twee energieën van de Heer en daarom is Hij de oorspronkelijke oorzaak van alles. Een nietig integrerend deeltje, het levend wezen, mag dan de oorzaak zijn van een wolkenkrabber, een grote fabriek of zelfs van een grote stad, maar het kan niet de oorzaak zijn van een groot universum. De oorzaak van het grote universum is de grote ziel, de Superziel, en Kṛṣṇa, de Allerhoogste, is de oorzaak van zowel de grote als de kleine zielen. Daarom is hij de oorzaak van alle oorzaken. Dit wordt in de *Kaṭha Upaniṣad* (2.2.13) bevestigd: *nityo nityānāṁ cetanaś cetanānām.*

TEKST 7 मत्तः परतरं नान्यत्किञ्चिदस्ति धनञ्जय ।
मयि सर्वमिदं प्रोतं सूत्रे मणिगणा इव ॥ ७ ॥

mattaḥ parataraṁ nānyat, kiñcid asti dhanañjaya
mayi sarvam idaṁ protaṁ, sūtre maṇi-gaṇā iva

mattaḥ — buiten Mij; *para-taram* — hoger; *na* — niet; *anyat kiñcit* — iets anders; *asti* — er is; *dhanañjaya* — o overwinnaar van rijkdom; *mayi* — in Mij; *sarvam* — al wat is; *idam* — wat we zien; *protam* — is geregen; *sūtre* — aan een draad; *maṇi-gaṇāḥ* — parels; *iva* — zoals.

O overwinnaar van rijkdom, er is geen waarheid die boven Mij uitgaat. Alles berust op Mij, als parels, aan een draad geregen.

COMMENTAAR: Er bestaat een vaak terugkerende controverse over het punt of de Absolute Waarheid persoonlijk of onpersoonlijk is. Volgens de *Bhagavad-gītā* is de Absolute Waarheid de Persoonlijkheid Gods, Śrī Kṛṣṇa, en dit wordt keer op keer bevestigd. Vooral in dit vers wordt benadrukt dat de Absolute Waarheid een persoon is. Dat de Persoonlijkheid Gods de Allerhoogste Absolute Waarheid is, wordt ook bevestigd door de *Brahma-saṁhitā: īśvaraḥ paramaḥ kṛṣṇaḥ sac-cid-ānanda-vigrahaḥ* — de Allerhoogste Waarheid, de Persoonlijkheid Gods, is Heer Kṛṣṇa, die de oorspronkelijke Heer is, de onuitputtelijke bron van alle plezier, Govinda, en de eeuwige gedaante van volledige gelukzaligheid en kennis. Deze gezaghebbende heilige teksten laten er geen twijfel over bestaan dat de Absolute Waarheid de Allerhoogste Persoon is, de oorzaak van alle oorzaken.

Maar de impersonalisten baseren hun argumenten op de volgende Vedische tekst uit de *Śvetāśvatara Upaniṣad* (3.10): *tato yad uttarataraṁ tad arūpam anāmayam/ ya etad vidur amṛtās te bhavanti athetare duḥ-kham evāpiyanti.* 'In de materiële wereld wordt het eerste levend wezen in het universum, Brahmā, beschouwd als de allerhoogste onder de halfgoden, menselijke wezens en dieren. Maar voorbij Brahmā is er de Transcendentie, die geen materiële vorm heeft en die onaangetast is door materiële onzuiverheden. Iedereen die Hem leert kennen, wordt ook transcendentaal, maar zij die Hem niet kennen zullen de ellende in de materiële wereld moeten ondergaan.' De impersonalist legt meer de nadruk op het woord *'arūpam'*. Maar *arūpam* is niet onpersoonlijk. Het duidt op de transcendentale vorm van eeuwigheid, gelukzaligheid en kennis, zoals beschreven wordt in de *Brahma-saṁhitā*, die hierboven geciteerd werd. Andere verzen in de *Śvetāśvatara Upaniṣad* (3.8-9) bevestigen dit als volgt:

vedāham etaṁ puruṣaṁ mahāntam, āditya-varṇaṁ tamasaḥ parastāt
tam eva viditvāti mṛtyum eti, nānyaḥ panthā vidyate 'yanāya

yasmāt paraṁ nāparam asti kiñcid, yasmān nāṇīyo no jyāyo 'sti kiñcit
vṛkṣa iva stabdho divi tiṣṭhaty ekas, tenedaṁ pūrṇaṁ puruṣeṇa sarvam

'Ik ken die Allerhoogste Persoonlijkheid Gods, die verheven is boven alle materiele opvattingen van duisternis. Alleen iemand die Hem kent, kan bevrijd worden uit de ketenen van geboorte en dood. Er bestaat geen andere weg naar bevrijding dan deze kennis over die Allerhoogste Persoon.

'Er is geen waarheid die boven die Allerhoogste Persoon uitgaat, omdat Hij ongeëvenaard is. Hij is kleiner dan het kleinste en groter dan het grootste. Hij staat als een stille boom en verlicht de transcendentale hemel; zoals een boom zijn wortels uitspreidt, zo spreidt Hij Zijn alomtegenwoordige energieën uit.'

Uit deze verzen blijkt duidelijk dat de Allerhoogste Absolute Waarheid de Allerhoogste Persoonlijkheid Gods is, die alomtegenwoordig is door Zijn vele energieën, zowel de materiële als de spirituele.

TEKST 8 रसोऽहमप्सु कौन्तेय प्रभास्मि शशिसूर्ययोः ।
प्रणवः सर्ववेदेषु शब्दः खे पौरुषं नृषु ॥ ८ ॥

raso 'ham apsu kaunteya, prabhāsmi śaśi-sūryayoḥ
praṇavaḥ sarva-vedeṣu, śabdaḥ khe pauruṣaṁ nṛṣu

rasaḥ — smaak; *aham* — Ik; *apsu* — in water; *kaunteya* — o zoon van Kuntī; *prabhā* — het licht; *asmi* — Ik ben; *śaśi-sūryayoḥ* — van de maan en de zon; *praṇavaḥ* — de drie letters *a-u-m*; *sarva* — in alle; *vedeṣu* — de Veda's; *śabdaḥ* — geluidsvibratie; *khe* — in de ether; *pauruṣam* — bekwaamheid; *nṛṣu* — in de mens.

O zoon van Kuntī, Ik ben de smaak van water, het licht van de zon en de maan, en de lettergreep oṁ in de Vedische mantra's; Ik ben het geluid in de ether en de bekwaamheid in de mens.

COMMENTAAR: Dit vers legt uit hoe de Heer alomtegenwoordig is door Zijn verschillende materiële en spirituele energieën. In het begin kan de Allerhoogste Heer worden waargenomen door Zijn verschillende energieën en op die manier kan iemand zich bewust worden van Zijn onpersoonlijke aspect. Zoals de halfgod van de zon een persoon is en door zijn alomtegenwoordige energie, de zonneschijn, kan worden waargenomen, zo kan de Heer worden waargenomen door Zijn verschillende en alomtegenwoordige energieën, ook al bevindt Hij Zich in Zijn eeuwige verblijfplaats.

De smaak van water is het essentiële principe van water. Niemand houdt ervan om zeewater te drinken, omdat de zuivere smaak van water vermengd is met zout. De mate van aantrekking voor water hangt af van de zuiverheid van de smaak, en deze zuivere smaak is een van de energieën van de Heer. De impersonalist ervaart de aanwezigheid van de Heer in water door de smaak die het heeft en de personalist verheerlijkt de Heer ook, omdat Hij zo vriendelijk is om ons van smakelijk water te voorzien, zodat we onze dorst kunnen lessen. Dat is de manier om de Allerhoogste waar te nemen. Praktisch gezien is er geen conflict tussen het personalisme en het impersonalisme. Wie God kent weet dat het impersonalistische en het personalistische kenmerk tegelijkertijd in alles aanwezig is en dat er geen sprake is van een tegenstrijdigheid. Daarom heeft Heer Caitanya Zijn verheven leerstelling gegeven: *acintya bheda-* en *abheda-tattva* of tegelijkertijd eenheid en verscheidenheid.

Het licht van de zon en de maan komt oorspronkelijk ook voort uit de *brahmajyoti*, de onpersoonlijke gloed van de Heer. En met *praṇava* of *oṁkāra*, de transcendentale klank aan het begin van iedere Vedische hymne, wordt de Allerhoogste Heer aangesproken. Omdat de impersonalisten zo bang zijn om de Allerhoogste Heer Kṛṣṇa met Zijn onbeperkte hoeveelheid namen aan te spreken, geven ze er de voorkeur aan om het *oṁkāra*, de transcendentale klank, uit te spreken. Maar ze beseffen niet dat *oṁkāra* Kṛṣṇa is, vertegenwoordigd door geluid.

De invloedssfeer van het Kṛṣṇa-bewustzijn strekt zich over alles uit en iemand die het kent is gezegend. Zij die Kṛṣṇa niet kennen, verkeren in illusie. Zo leidt kennis over Kṛṣṇa tot bevrijding en wie geen kennis over Hem heeft, blijft door die onwetendheid gebonden.

TEKST 9
पुण्यो गन्धः पृथिव्यां च तेजश्चास्मि विभावसौ ।
जीवनं सर्वभूतेषु तपश्चास्मि तपस्विषु ॥ ९ ॥

puṇyo gandhaḥ pṛthivyāṁ ca, tejaś cāsmi vibhāvasau
jīvanaṁ sarva-bhūteṣu, tapaś cāsmi tapasviṣu

puṇyaḥ — oorspronkelijke; *gandhaḥ* — geur; *pṛthivyām* — in de aarde; *ca* — ook; *tejaḥ* — hitte; *ca* — ook; *asmi* — Ik ben; *vibhāvasau* — in het vuur; *jīvanam* — leven; *sarva* — in alle; *bhūteṣu* — levende wezens; *tapaḥ* — ascese; *ca* — en; *asmi* — Ik ben; *tapasviṣu* — in hen die ascese beoefenen.

Ik ben de oorspronkelijke geur van aarde en de hitte in vuur. Ik ben het leven van al wat leeft en de ascese van alle asceten.

COMMENTAAR: *Puṇya* duidt op dat wat niet uiteenvalt; *puṇya* betekent 'oorspronkelijk'. Alles in de materiële wereld heeft een zekere geur, zoals de geur van een bloem of die van de aarde, het water, het vuur, de lucht enz. De zuivere, oorspronkelijke geur die alles doordringt, is Kṛṣṇa. Op dezelfde manier heeft alles een bepaalde oorspronkelijke smaak en deze smaak kan worden veranderd door vermenging met chemische stoffen. Alles wat oorspronkelijk is, heeft dus een bepaalde geur, een bepaald aroma, en een bepaalde smaak.

Het woord *'vibhāvasu'* betekent 'vuur'. Zonder vuur kunnen we geen fabrieken laten draaien, kunnen we niet koken enz. — dat vuur is Kṛṣṇa. De hitte in vuur is Kṛṣṇa. Volgens de Vedische geneeskunde is een lage temperatuur in de maag de oorzaak van moeilijkheden met de spijsvertering. Zelfs voor de spijsvertering is dus vuur nodig. In Kṛṣṇa-bewustzijn worden we ons ervan bewust dat aarde, water, vuur, lucht en ieder essentieel principe — alle chemicaliën en alle materiële elementen — er zijn door Kṛṣṇa.

Ook de levensduur van de mens is afhankelijk van Kṛṣṇa. Door de genade van Kṛṣṇa kan men daarom zijn leven verlengen of verkorten. Kṛṣṇa-bewustzijn is dus op ieder gebied actief.

TEKST 10
बीजं मां सर्वभूतानां विद्धि पार्थ सनातनम् ।
बुद्धिर्बुद्धिमतामस्मि तेजस्तेजस्विनामहम् ॥ १० ॥

bījaṁ māṁ sarva-bhūtānāṁ, viddhi pārtha sanātanam
buddhir buddhimatām asmi, tejas tejasvinām aham

bījam — het zaad; *mām* — Mij; *sarva-bhūtānām* — van alle levende wezens; *viddhi* — probeer te begrijpen; *pārtha* — o zoon van Pṛthā; *sanātanam* — oorspronkelijk, eeuwig; *buddhiḥ* — intelligentie; *buddhi-matām* — van de intelligenten; *asmi* — Ik ben; *tejaḥ* — moed; *tejasvinām* — van de machtigen; *aham* — Ik ben.

O zoon van Pṛthā, weet dat Ik het oorspronkelijke zaad ben van al wat is en ook de intelligentie van de intelligenten en de moed van de machtigen.

COMMENTAAR: Het woord *'bījam'* betekent 'zaad' — Kṛṣṇa is het zaad van alles. Er zijn verschillende levende wezens, bewegende en niet-bewegende. Vogels, dieren, mensen en vele andere schepsels zijn levende wezens die zich voortbewegen; bomen en planten zijn echter onbeweeglijk, ze kunnen zich niet voortbewegen, maar staan op één plaats. Elk wezen maakt deel uit van een totaal van 8.400.000 levenssoorten, waarvan sommige beweeglijk zijn en sommige niet. Maar in alle gevallen is Kṛṣṇa het levenschenkende zaad.

De Vedische literatuur vermeldt dat Brahman, de Absolute Waarheid, datgene is waaruit alles voortvloeit. Kṛṣṇa is Parabrahman, de Allerhoogste Ziel. Brahman is onpersoonlijk, maar Parabrahman is persoonlijk. Het onpersoonlijk Brahman ligt besloten in het persoonlijke aspect; dat wordt in de *Bhagavad-gītā* verklaard. Kṛṣṇa is daarom de oorspronkelijke bron van alles; Hij is de wortel. Zoals de wortel van een boom de hele boom instandhoudt, zo houdt Kṛṣṇa, de oorspronkelijke wortel van alle dingen, alles in de materiële schepping in stand. Dit wordt in de Vedische literatuur (*Kaṭha Upaniṣad* 2.2.13) bevestigd:

nityo nityānāṁ cetanaś cetanānām, eko bahūnāṁ yo vidadhāti kāmān

'Hij is de Eeuwige, de voornaamste onder al degenen die eeuwig zijn. Hij is het allerhoogste levend wezen onder alle levende wezens en Hij alleen houdt al het leven in stand.' Zonder intelligentie is niemand in staat om iets te doen en Kṛṣṇa zegt dat Hij de wortel van alle intelligentie is. Als iemand niet intelligent is, kan hij de Allerhoogste Persoonlijkheid Gods, Kṛṣṇa, niet begrijpen.

TEKST 11 बलं बलवतां चाहं कामरागविवर्जितम् ।
धर्माविरुद्धो भूतेषु कामोऽस्मि भरतर्षभ ॥ ११ ॥

balaṁ balavatāṁ cāhaṁ, kāma-rāga-vivarjitam
dharmāviruddho bhūteṣu, kāmo 'smi bharatarṣabha

balam — kracht; *bala-vatām* — van de sterken; *ca* — en; *aham* — Ik ben; *kāma* — hartstocht; *rāga* — en gehechtheid; *vivarjitam* — vrij van; *dharma-aviruddhaḥ* — niet tegen de religieuze principes in; *bhūteṣu* — in alle wezens; *kāmaḥ* — seksualiteit; *asmi* — Ik ben; *bharata-ṛṣabha* — o heer van de Bhārata's.

Ik ben de kracht van de sterken die vrij is van hartstocht en begeerte. En Ik ben seksualiteit die niet tegen religieuze principes indruist, o heer van de Bhārata's [Arjuna].

COMMENTAAR: De kracht van een sterke man moet gebruikt worden om de zwakken te beschermen en niet voor persoonlijke agressie. Op dezelfde manier moet seksualiteit, in overeenstemming met religieuze principes (*dharma*), worden gebruikt voor het verwekken van kinderen en voor niets anders. Vervolgens is het de verantwoordelijkheid van de ouders om hun nakomelingen Kṛṣṇa-bewust te maken.

TEKST 12 ये चैव सात्त्विका भावा राजसास्तामसाश्च ये ।
मत्त एवेति तान्विद्धि न त्वहं तेषु ते मयि ॥ १२ ॥

ye caiva sāttvikā bhāvā, rājasās tāmasāś ca ye
matta eveti tān viddhi, na tv ahaṁ teṣu te mayi

ye — alle die; *ca* — en; *eva* — zeker; *sāttvikāḥ* — in goedheid; *bhāvāḥ* — zijnstoestanden; *rājasāḥ* — in de hoedanigheid hartstocht; *tāmasāḥ* — in de hoedanigheid onwetendheid; *ca* — ook; *ye* — alle die; *mattaḥ* — van Mij; *eva* — zeker; *iti* — zo; *tān* — die; *viddhi* — probeer te begrijpen; *na* — niet; *tu* — maar; *aham* — Ik; *teṣu* — in hen; *te* — zij; *mayi* — in Mij.

Weet dat alle zijnstoestanden — zij het in goedheid, hartstocht of onwetendheid — gemanifesteerd worden door Mijn energie. In zekere zin ben Ik alles, maar Ik ben onafhankelijk. Ik ben niet onderhevig aan de hoedanigheden van de materiële natuur, omdat deze zich juist in Mij bevinden.

COMMENTAAR: Alle materiële activiteiten in de wereld vinden plaats onder de drie hoedanigheden van de materiële natuur. Hoewel deze materiële hoedanigheden van de natuur voortkomen uit de Allerhoogste Heer, Kṛṣṇa, is Hij niet ondergeschikt aan hen. Bijvoorbeeld, iemand kan volgens de wetten van de staat worden gestraft, maar de koning, de wetgever, is niet onderhevig aan die wetten. Op dezelfde manier komen alle hoedanigheden van de materiële natuur — goedheid, hartstocht en onwetendheid — voort uit de Allerhoogste Heer, Kṛṣṇa, maar Hij is niet onderhevig aan de materiële natuur. Daarom is Hij *nirguṇa*, wat betekent dat deze *guṇa's* of hoedanigheden Hem niet beïnvloeden, ook al komen ze uit Hem voort. Dat is een van de speciale kenmerken van Bhagavān, de Allerhoogste Persoonlijkheid Gods.

TEKST 13 त्रिभिर्गुणमयैर्भावैरेभिः सर्वमिदं जगत् ।
मोहितं नाभिजानाति मामेभ्यः परमव्ययम् ॥ १३ ॥

tribhir guṇa-mayair bhāvair, ebhiḥ sarvam idaṁ jagat
mohitaṁ nābhijānāti, mām ebhyaḥ param avyayam

tribhiḥ — drie; *guṇa-mayaiḥ* — bestaande uit de *guṇa's*; *bhāvaiḥ* — door de zijnstoestanden; *ebhiḥ* — al deze; *sarvam* — hele; *idam* — dit; *jagat* — universum; *mohitam* — misleid; *na abhijānāti* — kent niet; *mām* — Mij; *ebhyaḥ* — boven deze; *param* — de Allerhoogste; *avyayam* — onuitputtelijk.

Misleid door de drie hoedanigheden [goedheid, hartstocht en onwetendheid], is de hele wereld onbekend met Mij, die boven deze hoedanigheden verheven ben en onuitputtelijk.

COMMENTAAR: De hele wereld is betoverd door de drie hoedanigheden van de materiële natuur. Zij die verward zijn door deze drie hoedanigheden kunnen niet begrijpen dat de Allerhoogste Heer, Kṛṣṇa, boven deze materiële natuur verheven is.

Elk levend wezen dat onder de invloed staat van de materiële natuur, heeft een bepaald type lichaam en ook bepaalde psychologische en biologische activiteiten die daarmee samengaan. Er zijn vier klassen van mensen die binnen de drie hoedanigheden van de materiële natuur functioneren. Zij die zich zuiver in de hoedanigheid goedheid bevinden worden *brāhmaṇa's* genoemd. Zij die zich zuiver in de hoedanigheid hartstocht bevinden worden *kṣatriya's* genoemd. Zij die zich in de hoedanigheden hartstocht en onwetendheid bevinden worden *vaiśya's* genoemd. En zij die compleet in onwetendheid zijn worden *śūdra's* genoemd. En lager dan deze vier onderverdelingen vinden we de dieren of het dierlijk leven.

Maar deze benamingen zijn niet blijvend. Ik mag dan een *brāhmaṇa*, een *kṣatriya*, een *vaiśya* of wat dan ook zijn, dit leven is hoe dan ook tijdelijk. Maar ook al is het leven tijdelijk en weten we niet wat we in een volgend leven zullen worden, toch beschouwen we onszelf vanuit een lichamelijke levensopvatting, omdat we in de ban zijn van de illusionerende energie, waardoor we denken dat we Amerikaans, Indiaas of Russisch zijn of een *brāhmaṇa*, een hindoe, een moslim enz. Wanneer we verstrikt raken in de hoedanigheden van de materiële natuur, vergeten we de Allerhoogste Persoonlijkheid Gods, die Zich achter al deze hoedanigheden bevindt. Heer Kṛṣṇa zegt daarom dat de levende wezens die misleid zijn door deze drie hoedanigheden van de materiële natuur, niet begrijpen dat de Allerhoogste Persoonlijkheid Gods Zich achter het materiële decor bevindt.

Er bestaan veel verschillende levende wezens — mensen, halfgoden, dieren enz. — maar allemaal staan ze onder invloed van de materiële natuur en allemaal zijn ze de transcendentale Persoonlijkheid Gods vergeten. Zij die zich in de hoedanigheden hartstocht en onwetendheid bevinden, en zelfs degenen in goedheid, kunnen niet verder komen dan het onpersoonlijk Brahman-aspect van de Absolute Waarheid. Ze raken verward door het persoonlijke aspect van de Allerhoogste Heer, dat alle schoonheid, rijkdom, kennis, kracht, roem en onthechting bezit. Als zelfs degenen die zich in goedheid bevinden dit niet kunnen begrijpen, hoeveel hoop is er dan voor degenen in hartstocht en onwetendheid? Kṛṣṇa-bewustzijn is ontstegen aan deze drie hoedanigheden van de materiële natuur en zij die werkelijk Kṛṣṇa-bewust zijn, zijn echt bevrijd.

TEKST 14 दैवी ह्येषा गुणमयी मम माया दुरत्यया ।
मामेव ये प्रपद्यन्ते मायामेतां तरन्ति ते ॥ १४ ॥

daivī hy eṣā guṇa-mayī, mama māyā duratyayā
mām eva ye prapadyante, māyām etāṁ taranti te

daivī — transcendentaal; *hi* — zeker; *eṣā* — deze; *guṇa-mayī* — bestaande uit de drie hoedanigheden van de materiële natuur; *mama* — Mijn; *māyā* — energie; *duratyayā* — heel moeilijk te overwinnen; *mām* — aan Mij; *eva* — zeker; *ye* — zij die; *prapadyante* — zich overgeven; *māyām etām* — deze illusionerende energie; *taranti* — overwinnen; *te* — zij.

Deze goddelijke energie van Mij, die is samengesteld uit de drie hoedanigheden van de materiële natuur, is moeilijk te overwinnen. Maar zij die zich aan Mij hebben overgegeven, komen haar gemakkelijk te boven.

COMMENTAAR: De Allerhoogste Persoonlijkheid Gods heeft ontelbaar veel energieën en al deze energieën zijn goddelijk. Hoewel de levende wezens deel uitmaken van Zijn energieën en daarom ook goddelijk zijn, is hun oorspronkelijke, hogere kracht bedekt door hun contact met de materiële energie. Wie door de materiële energie bedekt is geraakt, kan haar invloed onmogelijk te boven komen.

Zoals eerder gezegd zijn zowel de materiële als de spirituele natuur eeuwig, omdat ze emanaties van de Allerhoogste Persoonlijkheid Gods zijn. De levende wezens horen bij de eeuwige, hogere natuur van de Heer, maar omdat ze door de lagere natuur, de materie, onzuiver zijn geworden, is hun illusie ook eeuwig. De geconditioneerde ziel wordt daarom *nitya-baddha* genoemd, eeuwig geconditioneerd. Niemand kan in de materiële geschiedenis een datum achterhalen waarop hij geconditioneerd is geraakt. Ook al is de materiële energie een lagere energie, de bevrijding van het levend wezen uit de greep van de materiële energie is heel moeilijk, omdat de materiële energie uiteindelijk bestuurd wordt door de allerhoogste wil, die het levend wezen niet te boven kan komen.

De lagere, materiële energie wordt in dit vers gedefinieerd als een goddelijke natuur door haar verbinding met het goddelijke en omdat ze bewogen wordt door de goddelijke wil. Hoewel de materiële energie de lagere energie is, is het wonderbaarlijk hoe ze functioneert in de opbouw en vernietiging van de gemanifesteerde kosmos. Dit komt doordat ze bestuurd wordt door de goddelijke wil. De Veda's bevestigen dit als volgt: *māyāṁ tu prakṛtiṁ vidyān māyinaṁ tu maheśvaram*. 'Hoewel *māyā* [illusie] zelf onwerkelijk is of tijdelijk, is de oorsprong van *māyā* de allerhoogste magiër, de Allerhoogste Persoonlijkheid Gods, die Maheśvara is, de allerhoogste bestuurder.' (*Śvetāśvatara Upaniṣad* 4.10)

Een andere betekenis van het woord *'guṇa'* is 'koord', wat aangeeft dat de geconditioneerde ziel stevig vastgebonden is met de koorden van illusie. Wie met handen en voeten gebonden is kan zichzelf niet bevrijden — hij moet worden geholpen door een persoon die niet gebonden is. Omdat iemand die gebonden is, andere gebonden personen niet kan helpen, moet de redder zelf een bevrijd persoon zijn. Daarom kan alleen Heer Kṛṣṇa of Zijn bonafide vertegenwoordiger, de spiritueel leraar, de geconditioneerde ziel bevrijden. Zonder deze hulp van bovenaf kan niemand bevrijd raken uit de gebondenheid in de materiële natuur. Devotionele dienst of Kṛṣṇa-bewustzijn kan iemand helpen deze bevrijding te bereiken. Kṛṣṇa, die de Heer van de illusionerende energie is, kan deze onoverkomelijke energie het bevel geven de geconditioneerde ziel vrij te laten. Hij zal de opdracht voor deze vrijlating geven uit Zijn grondeloze genade en uit vaderlijke liefde voor het levend wezen, dat oorspronkelijk een geliefde zoon van de Heer is. Zich overgeven aan de lotusvoeten van de Heer is daarom de enige manier om vrij te komen uit de greep van de onverbiddelijke materiële natuur.

De woorden *'mām eva'* zijn ook belangrijk. *Mām* betekent alleen aan Kṛṣṇa (Viṣṇu) en niet aan Brahmā of Śiva. Hoewel Brahmā en Śiva zeer verheven zijn en zich bijna op het niveau van Viṣṇu bevinden, zijn deze incarnaties van *rajo-guṇa* (hartstocht) en *tamo-guṇa* (onwetendheid) niet in staat de geconditioneerde ziel uit de greep van *māyā* te bevrijden. Met andere woorden, zowel Brahmā als Śiva staan onder invloed van *māyā*. Alleen Viṣṇu is de meester van *māyā* en daarom kan alleen Hij de geconditioneerde ziel bevrijding geven. De Veda's (*Śvetāśvatara Upaniṣad* 3.8) bevestigen dit met de uitspraak *tam eva viditvā:* 'Vrijheid is alleen mogelijk wanneer men Kṛṣṇa doorgrondt.' Zelfs Heer Śiva beaamt dat iemand alleen door de genade van Viṣṇu bevrijd kan worden. Heer Śiva zegt: *muktipradātā sarveṣāṁ viṣṇur eva na saṁśayaḥ:* 'Er bestaat geen twijfel over dat het Viṣṇu is die iedereen bevrijding toekent.'

TEKST 15 न मां दुष्कृतिनो मूढाः प्रपद्यन्ते नराधमाः ।
मराययापहृतज्ञाना आसुरं भावमाश्रिताः ॥ १५ ॥

na māṁ duṣkṛtino mūḍhāḥ, prapadyante narādhamāḥ
māyayāpahṛta-jñānā, āsuraṁ bhāvam āśritāḥ

na — niet; *mām* — aan Mij; *duṣkṛtinaḥ* — kwaadaardige personen; *mūḍhāḥ* — dwazen; *prapadyante* — geven zich over; *nara-adhamāḥ* — laagsten onder de mensen; *māyayā* — door de illusionerende energie; *apahṛta* — gestolen; *jñānāḥ* — wiens kennis; *āsuram* — demonische; *bhāvam* — aard; *āśritāḥ* — aannemend.

Kwaadaardige personen die volkomen dwaas zijn, die de laagsten onder de mensen zijn, die door illusie van hun kennis beroofd zijn en die de atheïstische aard van demonen hebben, geven zich niet aan Mij over.

COMMENTAAR: In de *Bhagavad-gītā* wordt gezegd dat iemand de onverbiddelijke wetten van de materiële natuur te boven kan komen door zich eenvoudig aan de lotusvoeten van de Allerhoogste Persoon Gods, Kṛṣṇa, over te geven. Men zou zich nu kunnen afvragen: 'Hoe komt het dat geleerde filosofen, wetenschappers, zakenlieden, bestuurders en de leiders van de mensen zich niet overgeven aan de lotusvoeten van Śrī Kṛṣṇa, de almachtige Persoonlijkheid Gods?' Al vele jaren en generaties lang zijn de leiders van de mensheid op verschillende manieren en met grote plannen en volharding op zoek naar *mukti*, bevrijding van de wetten van de materiële natuur. Maar als die bevrijding mogelijk is door zich eenvoudig over te geven aan de lotusvoeten van de Allerhoogste Persoonlijkheid Gods, waarom gebruiken deze intelligente mensen deze eenvoudige methode dan niet?

De *Gītā* beantwoordt deze vraag zonder terughoudendheid. De werkelijk geleerde leiders van de samenleving, zoals Brahmā, Śiva, Kapila, de Kumāra's, Manu, Vyāsa, Devala, Asita, Janaka, Prahlāda, Bali en later Madhvācārya, Rāmānujācārya, Śrī Caitanya en vele anderen — allemaal religieuze filosofen, politici, leraren, wetenschappers enz. — geven zich over aan de lotusvoeten van de Allerhoogste Persoon, de almachtige autoriteit. Zij die niet werkelijk filosofen, wetenschappers, leraren, bestuurders enz. zijn, maar zich voor materieel gewin alleen maar zo voordoen, accepteren het plan of het pad van de Allerhoogste Heer niet. Ze hebben geen idee van God. Ze verzinnen gewoon hun eigen wereldse plannen en maken zo de problemen van het materiële bestaan ingewikkelder door hun vergeefse pogingen ze op te lossen. Omdat de materiële energie (de natuur) zo sterk is, kan ze de ongeautoriseerde plannen van de atheïsten weerstaan en tart ze de kennis van 'planningcomités'.

De atheïstische plannenmakers worden in dit vers aangeduid met *duṣkṛtinaḥ*, 'kwaadaardige personen'. *Kṛtī* betekent iemand die verdienstelijk werk heeft gedaan. De plannenmakende atheïst is soms heel intelligent en ook verdienstelijk, omdat het uitvoeren van ieder reusachtig plan, of het nou goed is of slecht, intelligentie vergt. Maar omdat de atheïst zijn intelligentie verkeerd gebruikt en het plan van de Allerhoogste Heer tegenwerkt, wordt de atheïstische plannenmaker *duṣkṛtī* genoemd, wat aangeeft dat zijn intelligentie en inspanningen voor iets verkeerds worden aangewend.

In de *Gītā* wordt duidelijk gesteld dat de materiële energie volledig onder de leiding van de Allerhoogste Heer werkt. Zelf heeft ze geen macht. Ze gedraagt zich als een schaduw die in overeenstemming met de bewegingen van het voorwerp beweegt. Toch is de materiële energie erg machtig en een atheïst kan door zijn goddeloze temperament niet begrijpen hoe ze werkt, zoals ook het plan van de Allerhoogste Heer voor hem onbegrijpelijk is. Onder invloed van illusie en de hoedanigheden hartstocht en onwetendheid worden al zijn plannen verijdeld, zoals in het geval van Hiraṇyakaśipu en Rāvaṇa, van wie de plannen vernietigd werden, hoewel ze materieel gezien allebei geleerde wetenschappers, filosofen, bestuurders en leraren waren. Deze *duṣkṛtina's* of kwaadaardige personen worden als volgt in vier categorieën onderverdeeld.

(1) De *mūḍha's* zijn degenen die buitengewoon dwaas zijn, net als hardwerkende lastdieren. Ze willen zelf van de vruchten van hun arbeid genieten en willen er niets van afstaan aan de Allerhoogste. Het typische voorbeeld van een lastdier is de ezel. Dit nederige dier wordt door zijn baas gebruikt voor zwaar werk. De ezel weet niet eens voor wie hij eigenlijk dag en nacht zo hard werkt. Hij blijft tevreden door zijn maag te vullen met wat gras, door wat te slapen in de angst door zijn meester geranseld te worden en door zijn seksuele lusten te bevredigen met het gevaar herhaaldelijk geschopt te worden door de andere partij.

De ezel reciteert soms wat poëzie en filosofie, maar zijn gebalk is alleen maar storend voor anderen. Dat is de situatie van de dwaas, die op de vruchten van zijn werk uit is en niet weet voor wie hij moet werken. Hij weet niet dat *karma* (activiteit) bedoeld is voor *yajña* (offer).

Zij die dag en nacht hard werken om zich te bevrijden van de last van zelfopgelegde plichten zeggen meestal dat ze geen tijd hebben om over de onsterfelijkheid van het levend wezen te horen. Hoewel *mūḍha's* maar van een heel klein gedeelte van de vruchten van hun arbeid kunnen genieten, is vergankelijke materiële winst alles voor hen. Ze brengen soms slapeloze dagen en nachten door met het vergaren van meer winst, en als ze maagzweren en spijsverteringsproblemen hebben, dan zijn ze zelfs tevreden met nagenoeg geen voedsel; dag en nacht worden ze volkomen in beslag genomen door hun werk voor het plezier van denkbeeldige meesters. Omdat ze niet weten wie hun werkelijke meester is, verspillen dwaze werkers hun waardevolle tijd met het dienen van de mammon. Onfortuinlijk genoeg zullen ze zich nooit aan de allerhoogste meester van alle meesters overgeven en evenmin nemen ze de tijd om uit de juiste bronnen over Hem te horen. De varkens, die drek eten, geven niets om zoetigheid gemaakt van suiker en *ghī* [geklaarde boter]. Op dezelfde manier zal een dwaze werker onvermoeibaar naar nieuws over de voortdurend veranderende wereld van zinsbevrediging blijven luisteren, maar zal hij maar heel weinig tijd hebben om te horen over de eeuwige levenskracht die de materiële wereld laat bewegen.

(2) Een andere categorie van *duṣkṛtina's* of kwaadaardige personen is die van de *narādhama*, de laagste onder de mensen. *Nara* betekent 'menselijk wezen' en *adhama* betekent 'de laagste'. Van de 8.400.000 verschillende soorten levende wezens zijn er 400.000 menselijk. Van deze menselijke soorten zijn er talloze lagere vormen van menselijk leven die grotendeels onbeschaafd zijn. De beschaafde menselijke wezens zijn zij die regulerende principes hebben voor het sociale, politieke en religieuze leven. Zij die in sociaal en politiek opzicht ontwikkeld zijn, maar er geen religieuze principes op na houden, moeten worden beschouwd als *narādhama's*. Ook is een religie zonder God geen werkelijke religie, want het doel van het volgen van religieuze principes is het begrijpen van de Absolute Waarheid en van de relatie tussen Hem en de mens. De Persoonlijkheid Gods verklaart in de *Gītā* duidelijk dat er boven Hem geen hogere autoriteit bestaat en dat Hij de Allerhoogste Waarheid is. De beschaafde menselijke levensvorm is bedoeld voor *het opwekken van het verloren bewustzijn* van de eeuwige relatie van de mens met de Allerhoogste Waarheid, de Allerhoogste Persoonlijkheid Gods, Śrī Kṛṣṇa, die almachtig is. Eenieder die deze kans mist, wordt tot de *narādhama's* gerekend.

In de geopenbaarde teksten kunnen we lezen dat wanneer een baby zich in de baarmoeder bevindt (een buitengewoon onaangename situatie), hij tot God bidt om bevrijding en dat hij belooft om, zodra hij geboren wordt, alleen Hem te vereren. Tot God bidden wanneer men in moeilijkheden is, is een natuurlijk instinct van ieder levend wezen, omdat het eeuwig met God verbonden is. Maar is het kind eenmaal geboren, dan vergeet het de moeilijkheden van zijn geboorte en onder de invloed van *māyā*, de illusionerende energie, vergeet het ook degene die hem verlost heeft.

Het is de plicht van opvoeders het sluimerende goddelijk bewustzijn in hun kinderen weer tot leven te wekken. In de *Manu-smṛti*, het handboek van religieuze principes, worden tien hervormingsceremonieën voorgeschreven, die bedoeld zijn om godsbewustzijn op te wekken binnen het *varṇāśrama*-stelsel. Maar dit wordt op geen enkele plaats in de wereld strikt gevolgd en daarom is de bevolking voor 99,9 procent *narādhama*.

Wanneer de hele bevolking *narādhama* wordt, wordt de waarde van al hun zogenaamde onderwijs door de almachtige energie van de materiële natuur tot nul gereduceerd. Volgens de norm van de *Gītā* is iemand geleerd wanneer hij een geleerde *brāhmaṇa*, een hond, een koe, een olifant en een hondeneter als gelijk ziet. Dat is de visie van de echte toegewijde. Śrī Nityānanda Prabhu, de incarnatie van God als de goddelijke leraar, verloste de broers Jagāi en Mādhāi, die typische *narādhama's* waren, en toonde zo hoe de laagsten onder de mensen de genade van een echte toegewijde krijgen. Een *narādhama* die door de Persoonlijkheid Gods verdoemd is, kan alleen door de genade van een toegewijde opnieuw zijn spirituele bewustzijn opwekken.

Door het *bhāgavata-dharma*, de activiteiten van de toegewijden, bekend te maken, heeft Śrī Caitanya Mahāprabhu de mensen aangeraden om nederig naar de boodschap van de Persoonlijkheid Gods te luisteren. De essentie van die boodschap is de *Bhagavad-gītā*. De laagsten onder de mensen kunnen alleen verlost worden door die methode van nederig luisteren naar deze boodschap, maar jammer genoeg verwerpen ze zelfs deze methode, laat staan dat ze zich aan de wil van de Allerhoogste Heer overgeven. *Narādhama's*, de laagsten onder de mensen, verzuimen opzettelijk de voornaamste plicht van het menselijk wezen.

(3) De volgende categorie van *duṣkṛtina's* is die van de *māyayāpāhṛta-jñānāḥ*, personen van wie de erudiete kennis is tenietgedaan door de invloed van de illusionerende materiële energie. Deze personen zijn meestal heel geleerd — grote filosofen, dichters, letterkundigen, wetenschappers enz. — maar de illusionerende energie misleidt hen en daarom gehoorzamen ze de Allerhoogste Heer niet.

Het aantal *māyayāpāhṛta-jñānāḥ* is op het ogenblik groot, zelfs onder geleerden van de *Bhagavad-gītā*. In de *Gītā* wordt in duidelijke en eenvoudige taal gesteld dat Śrī Kṛṣṇa de Allerhoogste Persoonlijkheid Gods is. Niemand is Zijn gelijke en niemand is groter dan Hij. Hij wordt beschreven als de vader van Brahmā, de oorspronkelijke vader van alle menselijke wezens. Sterker nog, Śrī Kṛṣṇa wordt niet alleen als de vader van Brahmā beschouwd, maar ook als de vader van alle levenssoorten. Hij is de oorsprong van het onpersoonlijk Brahman en van de Paramātmā, de Superziel, die Zijn volkomen expansie is en die aanwezig is in ieder levend wezen. Hij is de bron van alles en iedereen wordt aangeraden om zich over te geven aan Zijn lotusvoeten. Ondanks al deze duidelijke uitspraken bespotten de *māyayāpāhṛta-jñānāḥ* de Persoonlijkheid Gods en beschouwen ze Hem als niet meer dan een gewoon menselijk wezen. Ze weten niet dat de gezegende menselijke levensvorm ontworpen is naar de eeuwige, transcendentale gedaante van de Allerhoogste Heer. Alle ongeautoriseerde interpretaties van de *Gītā* die buiten het *paramparā*-systeem om door de *māyayāpāhṛta-jñānāḥ* geleverd worden, zijn stuk voor stuk obstakels voor een juist begrip op het spirituele pad. De verwarde commentatoren geven zich niet over aan de lotusvoeten van Śrī Kṛṣṇa en evenmin leren ze anderen dit principe na te volgen.

(4) De laatste categorie van *duṣkṛtina's* is die van de *āsuraṁ bhāvam āśritāḥ* of degenen met demonische principes. Deze groep is ronduit atheïstisch. Sommigen van hen beweren dat de Allerhoogste Heer nooit in de materiële wereld kan neerdalen, maar vervolgens zijn ze niet in staat om hiervoor steekhoudende argumenten aan te voeren. Anderen maken Hem ondergeschikt aan het onpersoonlijke aspect, hoewel in de *Gītā* het tegenovergestelde verklaard wordt. Uit afgunst tegenover de Allerhoogste Persoonlijkheid Gods zal de atheïst een aantal valse incarnaties aandragen, die hij met zijn brein bij elkaar heeft gefabriceerd. Zulke personen voor wie het openlijk neerhalen van de Persoonlijkheid Gods een levensprincipe is, kunnen zich niet overgeven aan de lotusvoeten van Śrī Kṛṣṇa.

Śrī Yāmunācārya Albandaru van Zuid-India zei: 'O mijn Heer! Ondanks Uw buitengewone kwaliteiten, vormen en activiteiten, en ondanks het feit dat alle geopenbaarde teksten in de hoedanigheid goedheid Uw persoonlijkheid bevestigen en U erkend wordt door beroemde gezaghebbende personen die goddelijke eigenschappen hebben en die bekendstaan om hun diepgaande kennis in de transcendentale wetenschap, kunt U niet gekend worden door personen die er atheïstische principes op nahouden.'

De personen die hierboven beschreven zijn, namelijk (1) de zeer dwaze personen, (2) de laagsten onder de mensen, (3) de misleide filosofen en (4) de personen die ronduit atheïstisch zijn, zullen zich dus nooit aan de lotusvoeten van de Persoonlijkheid Gods overgeven, ondanks al het advies dat de heilige teksten en de gezaghebbende personen ons geven.

TEKST 16 चतुर्विधा भजन्ते मां जनाः सुकृतिनोऽर्जुन ।
आर्तो जिज्ञासुरर्थार्थी ज्ञानी च भरतर्षभ ॥ १६ ॥

catur-vidhā bhajante māṁ, janāḥ sukṛtino 'rjuna
ārto jijñāsur arthārthī, jñānī ca bharatarṣabha

catuḥ-vidhāḥ — vier soorten; *bhajante* — bewijzen dienst; *mām* — aan Mij; *janāḥ* — personen; *su-kṛtinaḥ* — zij die vroom zijn; *arjuna* — o Arjuna; *ārtaḥ* — degene die in nood verkeert; *jijñāsuḥ* — de nieuwsgierige; *artha-arthī* — iemand die naar materieel voordeel verlangt; *jñānī* — iemand die kennis heeft van dingen zoals ze zijn; *ca* — ook; *bharata-ṛṣabha* — o beste onder de afstammelingen van Bharata.

O beste onder de Bhārata's, vier soorten vrome mensen beginnen Me met devotie te dienen: hij die in nood verkeert, hij die naar rijkdom verlangt, hij die nieuwsgierig is en hij die op zoek is naar kennis van het Absolute.

COMMENTAAR: In tegenstelling tot kwaadaardige personen volgen de mensen die hier beschreven worden wél de regulerende principes van de heilige teksten. Ze worden *sukṛtinaḥ* genoemd of zij die gehoorzaam zijn aan de regels en bepalingen van de heilige teksten en aan de morele en sociale wetten en die min of meer toegewijd zijn aan de Allerhoogste Heer. Binnen deze groep mensen zijn er vier categorieën: zij die soms in nood verkeren, zij die geld nodig hebben, zij die soms nieuwsgierig zijn en zij die soms naar de Absolute Waarheid zoeken. Deze personen benaderen de Allerhoogste Heer om onder verschillende voorwaarden devotionele dienst aan Hem te verrichten. Ze zijn geen zuivere toegewijden, omdat ze bepaalde verlangens vervuld willen zien in ruil voor hun devotionele dienst. Zuivere devotionele dienst is echter vrij van aspiraties en vrij van verlangens naar materiële winst. De *Bhakti-rasāmṛta-sindhu* (1.1.11) definieert zuivere devotie als volgt:

anyābhilāṣitā-śūnyaṁ, jñāna-karmādy-anāvṛtam
ānukūlyena kṛṣṇānu-, śīlanaṁ bhaktir uttamā

'Transcendentale liefdedienst aan de Allerhoogste Heer Kṛṣṇa moet op een positieve manier worden verricht, zonder verlangen naar materiële winst of voordeel door resultaatgerichte activiteiten of filosofische speculatie. Dit wordt zuivere devotionele dienst genoemd.'

Wanneer deze vier soorten personen de Allerhoogste Heer voor devotionele dienst benaderen en volledig gezuiverd zijn geraakt door het gezelschap van een zuivere toegewijde, worden zij ook zuivere toegewijden. Maar voor kwaadaardige personen is devotionele dienst heel moeilijk, omdat ze een egoïstisch, ongereguleerd leven leiden zonder spirituele doeleinden. Maar zelfs onder hen kunnen enkelen zuivere toegewijden worden, wanneer ze zo fortuinlijk zijn in contact te komen met een zuivere toegewijde.

Zij die zich altijd bezighouden met resultaatgerichte activiteiten, benaderen de Heer uit materiële nood en gaan vervolgens met zuivere toegewijden om en worden, in hun nood, toegewijden van de Heer. Zij die om de een of andere reden gefrustreerd zijn, zoeken soms ook de omgang van zuivere toegewijden op en raken zo geïnteresseerd om meer over God te weten te komen. Op dezelfde manier willen droge filosofen, wanneer ze gefrustreerd zijn geraakt op alle gebieden van kennis, soms ook meer over God te weten komen en ze benaderen dan de Allerhoogste Heer voor devotionele dienst; op die manier ontstijgen ze aan de kennis van het onpersoonlijk Brahman en de gelokaliseerde Paramātmā en komen ze door de genade van de Allerhoogste Heer of Zijn zuivere toegewijde tot de persoonlijke opvatting van God.

Over het algemeen worden zij die in nood verkeren, die nieuwsgierig zijn, die naar de waarheid zoeken en die geld nodig hebben zuivere toegewijden wanneer ze zich hebben bevrijd van materiële verlangens en volledig begrepen hebben dat materiële beloning niets te maken heeft met spirituele vooruitgang.

Zolang deze zuivere toestand niet bereikt is, zijn de toegewijden in de transcendentale dienst aan de Heer onzuiver door resultaatgerichte activiteiten, het zoeken naar wereldse kennis enz. Men moet dit alles eerst ontstijgen voordat men tot het niveau van zuivere devotionele dienst kan komen.

TEKST 17 तेषां ज्ञानी नित्ययुक्त एकभक्तिर्विशिष्यते ।
प्रियो हि ज्ञानिनोऽत्यर्थमहं स च मम प्रियः ॥ १७ ॥

teṣāṁ jñānī nitya-yukta, eka-bhaktir viśiṣyate
priyo hi jñānino 'tyartham, ahaṁ sa ca mama priyaḥ

teṣām — onder hen; *jñānī* — iemand die volledige kennis bezit; *nitya-yuktaḥ* — altijd bezig met; *eka* — enkel; *bhaktiḥ* — in devotionele dienst; *viśiṣyate* — is bijzonder; *priyaḥ* — heel dierbaar; *hi* — zeker; *jñāninaḥ* — aan de persoon met kennis; *atyartham* — heel; *aham* — Ik ben; *saḥ* — hij; *ca* — ook; *mama* — aan Mij; *priyaḥ* — dierbaar.

Van deze vier is degene die volledige kennis bezit en die voortdurend bezig is met zuivere devotionele dienst de beste, want Ik ben hem heel dierbaar en hij is Mij heel dierbaar.

COMMENTAAR: Nadat zij die in nood verkeren, de nieuwsgierigen, zij die geen geld meer hebben en zij die naar de absolute waarheid zoeken vrij zijn van alle onzuiverheden van materiële verlangens, kunnen ze allemaal zuivere toegewijden worden. Maar van deze personen wordt degene die kennis heeft over de Absolute Waarheid en geen materiële verlangens meer heeft werkelijk een zuivere toegewijde van de Heer. En de Heer zegt dat van de vier typen de toegewijde die volledige kennis heeft en tegelijkertijd bezig is met devotionele dienst, de beste is.

Door naar kennis te zoeken realiseert iemand zich dat hij van het materiële lichaam verschilt, en wanneer hij verder gevorderd raakt, krijgt hij kennis over het onpersoonlijk Brahman en de Paramātmā. Wanneer iemand volledig gezuiverd is, realiseert hij zich dat zijn wezenlijke positie die van een eeuwige dienaar van God is. Door met zuivere toegewijden om te gaan, worden de nieuwsgierige, degene in nood, degene die naar een verbetering van zijn materiële situatie zoekt en degene met kennis allemaal zelf zuiver. Maar in het voorbereidende stadium is degene die complete kennis van de Heer heeft en tegelijkertijd devotionele dienst verricht de Heer heel dierbaar. Wie gegrond is in zuivere kennis van de transcendentale positie van de Allerhoogste Persoonlijkheid Gods, wordt beschermd door devotionele dienst, zodat materiële onzuiverheden hem niet kunnen deren.

TEKST 18 उदाराः सर्व एवैते ज्ञानी त्वात्मैव मे मतम् ।
आस्थितः स हि युक्तात्मा मामेवानुत्तमां गतिम् ॥ १८ ॥

udārāḥ sarva evaite, jñānī tv ātmaiva me matam
āsthitaḥ sa hi yuktātmā, mām evānuttamāṁ gatim

udārāḥ — grootmoedig; *sarve* — al; *eva* — zeker; *ete* — deze; *jñānī* — iemand die kennis bezit; *tu* — maar; *ātmā eva* — als Mijzelf; *me* — Mijn; *matam* — mening; *āsthitaḥ* — bevindt zich; *saḥ* — hij; *hi* — zeker; *yukta-ātmā* — bezig met devotionele dienst; *mām* — in Mij; *eva* — zeker; *anuttamām* — de hoogste; *gatim* — bestemming.

Al deze toegewijden zijn ongetwijfeld grootmoedige zielen, maar hij die kennis over Mij bezit, is Me net zo dierbaar als Mijn eigen Zelf. Omdat hij bezig is in Mijn transcendentale dienst, zal hij Mij, het hoogste en meest volmaakte doel, zeker bereiken.

COMMENTAAR: Het is niet zo dat toegewijden met minder complete kenis van de Heer Hem niet dierbaar zijn. De Heer zegt dat ze allemaal grootmoedige zielen zijn, omdat iedereen die de Heer voor welk doel dan ook benadert, een *mahātmā*, een grote ziel, genoemd wordt. De Heer aanvaardt toegewijden die wat voordeel willen halen uit hun devotionele dienst, omdat er sprake is van een uitwisseling van genegenheid. Uit genegenheid vragen ze de Heer om wat materieel voordeel en wanneer ze het krijgen zijn ze zo tevreden, dat ze ook vooruitgang maken in devotionele dienst. Maar de toegewijde die volledige kennis heeft, is de Heer zeer dierbaar, omdat het dienen van de Allerhoogste Heer met liefde en devotie zijn enige verlangen is. Zo'n toegewijde kan geen seconde leven zonder in aanraking te zijn met de Allerhoogste Heer of zonder Hem te dienen. Op dezelfde manier houdt de Allerhoogste Heer heel veel van Zijn toegewijde en kan Hij niet van hem gescheiden worden.

In het *Śrīmad-Bhāgavatam* (9.4.68) zegt de Heer:

sādhavo hṛdayaṁ mahyaṁ, sādhūnāṁ hṛdayaṁ tv aham
mad-anyat te na jānanti, nāhaṁ tebhyo manāg api

'De toegewijden zijn altijd aanwezig in Mijn hart en Ik ben altijd aanwezig in het hart van Mijn toegewijden. De toegewijde kent niets buiten Mij en ook Ik kan de toegewijde niet vergeten.' Er bestaat een zeer innige relatie tussen de Allerhoogste Heer en de zuivere toegewijden. Zuivere toegewijden met volledige kennis van de Heer hebben altijd een spirituele verbinding met Hem en daarom zijn ze Hem heel dierbaar.

TEKST 19 बहूनां जन्मनामन्ते ज्ञानवान्मां प्रपद्यते ।
वासुदेवः सर्वमिति स महात्मा सुदुर्लभः ॥ १९ ॥

bahūnāṁ janmanām ante, jñānavān māṁ prapadyate
vāsudevaḥ sarvam iti, sa mahātmā su-durlabhaḥ

bahūnām — veel; *janmanām* — herhaalde geboorte en dood; *ante* — na; *jñāna-vān* — iemand die volledige kennis bezit; *mām* — aan Mij; *prapadyate* — geeft zich over; *vāsudevaḥ* — de Persoonlijkheid Gods, Kṛṣṇa; *sarvam* — alles; *iti* — zo; *saḥ* — die; *mahā-ātmā* — grote ziel; *su-durlabhaḥ* — heel zeldzaam te vinden.

Na vele malen geboren en gestorven te zijn, geeft degene die werkelijk kennis bezit zich aan Mij over, wetend dat Ik de oorzaak van alle oorzaken ben en dat Ik alles ben wat bestaat. Zo'n grote ziel is zeer zeldzaam.

COMMENTAAR: Na vele, vele levens devotionele dienst of transcendentale rituelen te hebben gedaan, kan het levend wezen werkelijk overtuigd raken van de transcendentale, zuivere kennis dat de Allerhoogste Persoonlijkheid Gods het uiteindelijke doel van spirituele bewustwording is. In het begin van spirituele bewustwording, zal iemand, terwijl hij zijn gehechtheid aan materie probeert op te geven, geneigd zijn tot het impersonalisme, maar wanneer hij verder gevorderd raakt, begrijpt hij dat er in het spirituele leven activiteiten zijn en dat deze activiteiten samen devotionele dienst uitmaken. Wanneer hij zich dit eenmaal realiseert, raakt hij gehecht aan de Allerhoogste Persoonlijkheid Gods en geeft hij zich aan Hem over. Op dat moment begrijpt men dat de genade van Heer Śrī Kṛṣṇa alles is, dat Hij de oorzaak van alle oorzaken is en dat de materiële wereld niet onafhankelijk van Hem is. Hij beseft dat de materiële wereld een verwrongen reflectie van de spirituele verscheidenheid is en realiseert zich dat alles in verbinding staat met de Allerhoogste Heer, Kṛṣṇa. Hij beschouwt alles dus in relatie met Vāsudeva, Śrī Kṛṣṇa. Zo'n universele kijk op Vāsudeva bespoedigt iemands volledige overgave aan de Allerhoogste Heer Śrī Kṛṣṇa, het hoogste doel. Zulke grote zielen, die zich hebben overgegeven, zijn heel zeldzaam.

Dit vers wordt in de *Śvetāśvatara Upaniṣad* (3.14-15) zeer goed uitgelegd:

sahasra-śīrṣā puruṣaḥ, sahasrākṣaḥ sahasra-pāt
sa bhūmiṁ viśvato vṛtvā, 'tyātiṣṭhad daśāṅgulam
puruṣa evedaṁ sarvaṁ, yad bhūtaṁ yac ca bhavyam
utāmṛtatvasyeśāno, yad annenātirohati

In de *Chāndogya Upaniṣad* (5.1.15) staat: *na vai vāco na cakṣūṁṣi na śrotrāṇi na manāṁsīty ācakṣate prāṇa iti evācakṣate prāṇo hy evaitāni sarvāṇi bhavanti* — 'In het lichaam van een levend wezen is noch het spraakvermogen noch het gezichtsvermogen noch het gehoor noch het denkvermogen de belangrijkste factor — de levenskracht is het centrum van alle activiteiten.' Op dezelfde manier is Heer Vāsudeva, de Allerhoogste Persoonlijkheid Gods, Heer Śrī Kṛṣṇa, het belangrijkste wezen in alles. In ons lichaam zijn de vermogens tot spreken, zien, horen, denken enz. aanwezig, maar wanneer deze niet in verband staan met de Allerhoogste Heer, zijn ze onbelangrijk. En omdat Vāsudeva alomtegenwoordig is en alles Vāsudeva is, geeft de toegewijde zich in volledige kennis aan Hem over (cf. *Bhagavad-gītā* 7.17 en 11.40).

TEKST 20 कामैस्तैस्तैर्हृतज्ञानाः प्रपद्यन्तेऽन्यदेवताः ।
तं तं नियममास्थाय प्रकृत्या नियताः स्वया ॥ २० ॥

kāmais tais tair hṛta-jñānāḥ, prapadyante 'nya-devatāḥ
taṁ taṁ niyamam āsthāya, prakṛtyā niyatāḥ svayā

kāmaiḥ — door verlangens; *taiḥ taiḥ* — verschillende; *hṛta* — beroofd van; *jñānāḥ* — kennis; *prapadyante* — geven zich over; *anya* — aan andere; *devatāḥ* — halfgoden; *tam tam* — overeenkomstige; *niyamam* — regels; *āsthāya* — volgend; *prakṛtyā* — van nature; *niyatāḥ* — bestuurd; *svayā* — door hun eigen.

Zij die door materiële verlangens van hun verstand beroofd zijn, geven zich over aan de halfgoden en volgen de specifieke regels en bepalingen van verering die overeenkomen met hun eigen aard.

COMMENTAAR: Zij die bevrijd zijn van alle materiële onzuiverheden geven zich over aan de Allerhoogste Heer en verrichten devotionele dienst aan Hem. Zolang materiële onzuiverheid niet volkomen weggewassen is, zijn ze van nature niet-toegewijden. Maar zelfs degenen die materiële verlangens hebben en hun toevlucht bij de Allerhoogste Heer zoeken, worden niet zo erg aangetrokken tot de externe natuur; omdat ze dichter bij het juiste doel komen, raken ze spoedig vrij van alle materiële lust.

In het *Śrīmad-Bhāgavatam* wordt aangeraden om zich in alle gevallen aan Vāsudeva over te geven en Hem te vereren, ongeacht of iemand nu een zuivere toegewijde is en vrij is van materiële verlangens of juist vol is van materiële verlangens, of bevrijding van materiële onzuiverheden wil. Dit zijn de woorden in het *Śrīmad-Bhāgavatam* (2.3.10):

akāmaḥ sarva-kāmo vā, mokṣa-kāma udāra-dhīḥ
tīvreṇa bhakti-yogena, yajeta puruṣaṁ param

Minder intelligente mensen die hun spirituele begrip verloren hebben, zoeken hun toevlucht bij de halfgoden om hun materiële verlangens onmiddellijk in vervulling te laten gaan. Over het algemeen benaderen deze mensen de Allerhoogste Persoonlijkheid Gods niet, omdat ze zich in de lagere hoedanigheden van de natuur bevinden (hartstocht en onwetendheid) en daarom de verschillende halfgoden vereren. Doordat ze de regels en bepalingen van de rituelen volgen, worden ze tevredengesteld. De vereerders van halfgoden worden gedreven door onbeduidende verlangens en weten niet hoe ze het uiteindelijke doel moeten bereiken. Maar een toegewijde van de Allerhoogste Heer wordt niet misleid. Omdat het op bepaalde plaatsen in de Vedische literatuur aanbevolen wordt om verschillende goden voor verschillende doeleinden te vereren (iemand die ziek is wordt bijvoorbeeld aangeraden de zon te vereren), denken degenen die geen toegewijden van de Heer zijn dat het vereren van de halfgoden voor bepaalde doeleinden beter is dan het vereren van de Allerhoogste Heer. Maar een zuivere toegewijde weet dat de Allerhoogste Heer, Kṛṣṇa, de meester van hen allemaal is. In het *Caitanya-caritāmṛta* (*Ādi* 5.142) staat: *ekale īśvara kṛṣṇa, āra saba bhṛtya* — alleen de Allerhoogste Persoonlijkheid Gods, Kṛṣṇa, is de meester en alle anderen zijn dienaren. Een zuivere toegewijde zal daarom nooit de halfgoden benaderen om in zijn materiële behoeften te voorzien. Hij stelt zich afhankelijk van de Allerhoogste Heer. En de zuivere toegewijde is tevreden met alles wat Hij geeft.

TEKST 21

यो यो यां यां तनुं भक्तः श्रद्धयार्चितुमिच्छति ।
तस्य तस्याचलां श्रद्धां तामेव विदधाम्यहम् ॥ २१ ॥

yo yo yāṁ yāṁ tanuṁ bhaktaḥ, śraddhayārcitum icchati
tasya tasyācalāṁ śraddhāṁ, tām eva vidadhāmy aham

yaḥ yaḥ — wie dan ook; *yām yām* — welke dan ook; *tanum* — vorm van een halfgod; *bhaktaḥ* — toegewijde; *śraddhayā* — met geloof; *arcitum* — vereren; *icchati* — verlangt; *tasya tasya* — aan hem; *acalām* — standvastig; *śraddhām* — geloof; *tām* — dat; *eva* — zeker; *vidadhāmi* — geef; *aham* — Ik.

Ik ben in ieders hart aanwezig als de Superziel. Zodra iemand verlangt een halfgod te vereren, sterk Ik zijn geloof, zodat hij zich aan die bepaalde godheid kan wijden.

COMMENTAAR: God heeft aan iedereen onafhankelijkheid gegeven; wanneer iemand daarom materieel genot wil en daarvoor zeer oprecht de faciliteiten van de materiële halfgoden verlangt, dan begrijpt de Allerhoogste Heer, die als de Superziel in ieders hart aanwezig is, dat en zal Hij zulke personen die faciliteiten geven. Als de allerhoogste vader van alle levende wezens staat Hij hun onafhankelijkheid niet in de weg, maar geeft Hij hun alle faciliteiten om hun materiële verlangens te vervullen.

Iemand zou nu de vraag kunnen stellen waarom de almachtige God de levende wezens faciliteiten geeft om in de materiële wereld te genieten en zo in de val van de illusionerende energie te lopen. Het antwoord op deze vraag is dat er geen sprake van werkelijke onafhankelijkheid zou zijn als de Allerhoogste Heer, als de Superziel, deze faciliteiten niet zou geven. Hij geeft iedereen daarom volledige onafhankelijkheid — wat men ook maar wil — maar in de *Bhagavad-gītā* vinden we Zijn uiteindelijke instructie: alle andere bezigheden opgeven en zich volledig aan Hem overgeven. Dat zal de mens gelukkig maken.

Zowel de menselijke wezens als de halfgoden zijn ondergeschikt aan de wil van de Allerhoogste Persoonlijkheid Gods. Daarom kan een menselijk wezen niet door zijn eigen verlangen een halfgod vereren en kan een halfgod evenmin gunsten geven zonder de wil van de Allerhoogste. Zoals gezegd wordt: geen grasspriet beweegt zonder dat de Allerhoogste Persoonlijkheid Gods het wil. Over het algemeen benaderen personen die in nood verkeren de halfgoden, zoals hen dat in de Vedische literatuur wordt aanbevolen. Wie iets bepaalds wil hebben, kan daarvoor een bepaalde halfgod vereren. Zo wordt een ziek persoon bijvoorbeeld aangeraden om de zonnegod te vereren; wie geleerd wil worden, kan de godin van de kennis, Sarasvatī, vereren, en iemand die een mooie vrouw wil, kan de godin Umā, de vrouw van Heer Śiva, vereren. Op die manier zijn er in de *śāstra's* (Vedische teksten) aanbevelingen te vinden voor verschillende manieren om de verschillende halfgoden te vereren. En omdat een bepaald menselijk wezen van een bepaalde materiële faciliteit wil genieten, laat de Heer in hem een sterk verlangen ontstaan om die gunst van een bepaalde halfgod te krijgen; dat is de manier waarop het die gunst krijgt.

Ook de bepaalde devotionele houding van een menselijk wezen ten opzichte van een bepaald type halfgod wordt door de Heer geregeld. De halfgoden kunnen de mensen niet met een dergelijke aanhankelijkheid bezielen, maar Kṛṣṇa zet die mensen aan om bepaalde halfgoden te vereren, omdat Hij de Allerhoogste Heer is en de Superziel, die aanwezig is in de harten van alle levende wezens. In feite zijn de halfgoden verschillende delen van het kosmische lichaam van de Allerhoogste Heer en ze zijn daarom niet onafhankelijk. In de Vedische literatuur wordt het volgende gesteld: 'De Allerhoogste Persoonlijkheid Gods als de Superziel is ook aanwezig in het hart van de halfgod; via de halfgod zorgt Hij daarom dat het verlangen van een menselijk wezen wordt vervuld. Maar zowel de halfgod als het menselijk wezen is afhankelijk van de allerhoogste wil. Ze zijn niet onafhankelijk.'

TEKST 22 स तया श्रद्धया युक्तस्तस्याराधनमीहते ।
लभते च ततः कामान्मयैव विहितान्हितान् ॥ २२ ॥

sa tayā śraddhayā yuktas, tasyārādhanam īhate
labhate ca tataḥ kāmān, mayaiva vihitān hi tān

saḥ — hij; *tayā* — met die; *śraddhayā* — inspiratie; *yuktaḥ* — begiftigd; *tasya* — van die halfgod; *ārādhanam* — voor de verering; *īhate* — hij verlangt naar; *labhate* — verkrijgt; *ca* — en; *tataḥ* — van die; *kāmān* — zijn verlangens; *mayā* — door Mij; *eva* — alleen; *vihitān* — geregeld; *hi* — zeker; *tān* — zij.

Begiftigd met zulk geloof, spant hij zich in om een bepaalde halfgod te vereren en krijgt hij datgene waarnaar hij verlangt. Maar in werkelijkheid worden deze wensen alleen door Mij vervuld.

COMMENTAAR: Zonder toestemming van de Allerhoogste Heer kunnen de halfgoden geen gunsten verlenen aan hun toegewijden. Het levend wezen mag dan vergeten dat alles eigendom van de Allerhoogste Heer is, maar de halfgoden vergeten dat niet. Het vereren van de halfgoden en het krijgen van de gewenste resultaten is dus niet aan de halfgoden te danken, maar aan de regeling van de Allerhoogste Persoonlijkheid Gods. Het minder intelligente levend wezen is zich hiervan niet bewust en benadert daarom, dwaas als het is, de halfgoden voor wat gunsten. Maar wanneer de zuivere toegewijde iets nodig heeft, bidt hij alleen tot de Allerhoogste Heer. Vragen om materiële gunsten is echter niet kenmerkend voor een zuivere toegewijde. Een levend wezen benadert de halfgoden gewoonlijk omdat het als een waanzinnige zijn lusten wil bevredigen. Dat is wat er gebeurt als het levend wezen iets overbodigs verlangt en de Heer Zelf het verlangen niet vervult. In het *Caitanya-caritāmṛta* wordt gezegd dat iemand die de Allerhoogste

Heer vereert en tegelijkertijd naar materieel genot verlangt, tegenstrijdige verlangens heeft. Devotionele dienst aan de Allerhoogste Heer en het vereren van een halfgod kunnen niet van eenzelfde niveau zijn, want het vereren van een halfgod is materieel en devotionele dienst aan de Allerhoogste Heer is volkomen spiritueel.

Voor het levend wezen dat ernaar verlangt terug te gaan naar God, zijn materiële verlangens een belemmering. De materiële gunsten waar de minder intelligente levende wezens naar verlangen worden daarom niet toegekend aan een zuivere toegewijde van de Heer. Om die reden vereren personen met materiële verlangens liever de halfgoden van de materiële wereld, dan dat ze devotionele dienst aan de Allerhoogste Heer verrichten.

TEKST 23 अन्तवत्तु फलं तेषां तद्भवत्यल्पमेधसाम् ।
देवान्देवयजो यान्ति मद्भक्ता यान्ति मामपि ॥ २३ ॥

antavat tu phalaṁ teṣāṁ, tad bhavaty alpa-medhasām
devān deva-yajo yānti, mad-bhaktā yānti mām api

anta-vat — vergankelijk; *tu* — maar; *phalam* — vrucht; *teṣām* — hun; *tat* — dat; *bhavati* — wordt; *alpa-medhasām* — van degenen met weinig intelligentie; *devān* — naar de halfgoden; *deva-yajaḥ* — de vereerders van de halfgoden; *yānti* — gaan; *mat* — Mijn; *bhaktāḥ* — toegewijden; *yānti* — gaan; *mām* — naar Mij; *api* — ook.

Mensen met weinig intelligentie vereren de halfgoden en de vruchten die ze ontvangen zijn beperkt en tijdelijk. Zij die de halfgoden vereren gaan naar de planeten van de halfgoden, maar Mijn toegewijden bereiken uiteindelijk Mijn allerhoogste planeet.

COMMENTAAR: Sommige commentatoren op de *Bhagavad-gītā* zeggen dat iemand die een halfgod vereert, de Allerhoogste Heer zal bereiken. Maar hier wordt duidelijk gesteld dat de vereerders van de halfgoden naar de verschillende planetaire stelsels gaan waar de halfgoden verblijven. Wie de zon vereert, zal bijvoorbeeld naar de zon gaan en wie de halfgod van de maan vereert, zal de maan bereiken. Op dezelfde manier zal iemand die een halfgod als Indra vereert, de planeet van die bepaalde halfgod bereiken. Het is niet zo dat men de Allerhoogste Persoonlijkheid Gods zal bereiken door om het even welke halfgod te vereren. Dat wordt hier ontkend. Er wordt duidelijk gesteld dat zij die de halfgoden vereren naar de verschillende planeten in de materiële wereld gaan, maar dat de toegewijde van de Allerhoogste Heer direct naar de allerhoogste planeet van de Persoonlijkheid Gods gaat.

Iemand zou nu kunnen tegenwerpen dat als de halfgoden verschillende delen van het lichaam van de Allerhoogste Heer zijn, het vereren van hen hetzelfde resultaat zou moeten geven als het vereren van de Allerhoogste Heer. Maar zij die de halfgoden vereren zijn niet erg intelligent, want ze weten niet aan welk lichaamsdeel het voedsel moet worden gegeven. Sommigen van die vereerders zijn zo dwaas dat ze beweren dat er vele delen zijn en vele manieren om het voedsel toe te dienen. Dit is niet zo verstandig. Kan iemand voedsel aan het lichaam toedienen via de oren of de ogen? Ze weten niet dat de halfgoden verschillende delen van het kosmische lichaam van de Allerhoogste Heer zijn en in hun onwetendheid geloven ze dat iedere halfgod op zich een afzonderlijke God is die kan wedijveren met de Allerhoogste Heer.

Niet alleen de halfgoden zijn delen van de Allerhoogste Heer, de gewone levende wezens zijn dat ook. In het *Śrīmad-Bhāgavatam* wordt gesteld dat de *brāhmaṇa's* het hoofd van de Allerhoogste Heer zijn, de *kṣatriya's* Zijn armen, de *vaiśya's* Zijn middel, de *śūdra's* Zijn benen en dat ze allemaal verschillende functies hebben. Wanneer iemand, ongeacht zijn positie, weet dat zowel de halfgoden als hijzelf integrerende deeltjes van de Allerhoogste Heer zijn, dan is zijn kennis perfect. Maar als hij dit niet begrijpt, bereikt hij verschillende planeten waar de halfgoden verblijven. Dit is niet dezelfde bestemming die de toegewijde bereikt.

De resultaten die door de gunsten van de halfgoden verkregen worden, zijn vergankelijk, omdat in de materiële wereld de planeten, de halfgoden en hun vereerders allemaal vergankelijk zijn. In dit vers wordt daarom duidelijk gezegd dat alle resultaten die worden verkregen door het aanbidden van de halfgoden, vergankelijk zijn en dat alleen een minder intelligent levend wezen zich met deze verering bezighoudt. Omdat een zuivere toegewijde die bezig is met Kṛṣṇa-bewustzijn door devotionele dienst aan de Allerhoogste Heer een eeuwig bestaan bereikt dat vol kennis en geluk is, bestaat er een verschil tussen wat hij bereikt en wat de gewone vereerder van de halfgoden bereikt. De Allerhoogste Heer is onbegrensd; Zijn gunsten zijn onbegrensd; Zijn genade is onbegrensd. Daarom is de genade van de Allerhoogste Heer voor Zijn zuivere toegewijde onbegrensd.

TEKST 24 अव्यक्तं व्यक्तिमापन्नं मन्यन्ते मामबुद्धयः ।
परं भावमजानन्तो ममाव्ययमनुत्तमम् ॥ २४ ॥

avyaktaṁ vyaktim āpannaṁ, manyante mām abuddhayaḥ
paraṁ bhāvam ajānanto, mamāvyayam anuttamam

avyaktam — ongemanifesteerd; *vyaktim* — persoonlijkheid; *āpannam* — bereikt; *manyante* — denken; *mām* — Mij; *abuddhayaḥ* — minder intelligente personen; *param* — allerhoogste; *bhāvam* — bestaan; *ajānantaḥ* — zonder te kennen; *mama* — Mijn; *avyayam* — onvergankelijke; *anuttamam* — de allerbeste.

Onintelligentie mensen, die Me niet volmaakt kennen, denken dat Ik, de Allerhoogste Persoonlijkheid Gods, Kṛṣṇa, eerder onpersoonlijk was en dat Ik nu deze persoonlijke vorm heb aangenomen. Door hun geringe kennis weten ze niets van Mijn hogere bestaan, dat onvergankelijk en onovertroffen is.

COMMENTAAR: De vereerders van halfgoden zijn beschreven als minder intelligente personen en hier wordt over de impersonalisten hetzelfde gezegd. Heer Kṛṣṇa spreekt hier in Zijn persoonlijke vorm met Arjuna, maar toch beweren impersonalisten in hun onwetendheid dat de Allerhoogste Heer uiteindelijk geen vorm heeft. Yāmunācārya, een groot toegewijde in de opeenvolging van discipelen van Rāmānujācārya, heeft in dit verband een zeer toepasselijk vers geschreven. Hij zegt:

tvāṁ śīla-rūpa-caritaiḥ parama-prakṛṣṭaiḥ
sattvena sāttvikatayā prabalaiś ca śāstraiḥ
prakhyāta-daiva-paramārtha-vidāṁ mataiś ca
naivāsura-prakṛtayaḥ prabhavanti boddhum

'Mijn beste Heer, toegewijden als Vyāsadeva en Nārada weten dat U de Allerhoogste Persoonlijkheid Gods bent. Door verschillende Vedische teksten te bestuderen, kan men Uw eigenschappen, Uw vorm en Uw activiteiten leren kennen en kan men begrijpen dat U de Allerhoogste Persoonlijkheid Gods bent. Maar degenen in de hoedanigheden hartstocht en onwetendheid, de demonen, de niet-toegewijden, kunnen U niet begrijpen. Ze zijn niet in staat U te begrijpen. Hoe bedreven zulke niet-toegewijden ook zijn in het bespreken van de *Vedānta*, de *upaniṣads* en andere Vedische teksten, zij kunnen onmogelijk de Persoonlijkheid Gods begrijpen.' (*Stotra-ratna* 12)

In de *Brahma-saṁhitā* wordt verklaard dat de Allerhoogste Persoonlijkheid Gods door alleen de bestudering van de *Vedānta*-literatuur niet begrepen kan worden; alleen door de genade van de Allerhoogste Heer kan Zijn persoonlijkheid begrepen worden. In dit vers wordt daarom duidelijk gesteld dat niet alleen de vereerders van de halfgoden minder intelligent zijn, maar dat ook niet-toegewijden die zich bezighouden met het bestuderen van de *Vedānta* en met speculaties over de Vedische literatuur zonder enig spoor van echt Kṛṣṇa-bewustzijn, minder intelligent zijn; zij kunnen onmogelijk Gods persoonlijke natuur begrijpen.

Personen die menen dat de Absolute Waarheid onpersoonlijk is, worden als *abuddhayaḥ* beschreven, wat betrekking heeft op degenen die geen kennis hebben over het hoogste aspect van de Absolute Waarheid. In het *Śrīmad-Bhāgavatam* wordt gesteld dat bewustwording van de Allerhoogste vanaf het onpersoonlijk Brahman begint en vandaar groeit tot bewustwording van de gelokaliseerde Superziel — maar het hoogste aspect van de Absolute Waarheid is de Persoonlijkheid Gods. Moderne impersonalisten zijn nog minder intelligent, omdat zij niet eens Śaṅkarācārya volgen, hun grote voorganger, die duidelijk gezegd heeft dat Kṛṣṇa de Allerhoogste Persoonlijkheid Gods is. Omdat ze de Absolute Waarheid niet kennen, denken de impersonalisten dat Kṛṣṇa alleen maar de zoon van Devakī en Vasudeva is of een prins of een machtig levend wezen. Dit wordt in de *Bhagavad-gītā* (9.11) veroordeeld: *avajānanti māṁ mūḍhā mānuṣīṁ tanum āśritam* — 'Alleen dwazen beschouwen Mij als een gewoon persoon.'

In feite is het zo dat niemand Kṛṣṇa kan begrijpen zonder devotionele dienst te verrichten of zonder Kṛṣṇa-bewustzijn te ontwikkelen. Het *Bhāgavatam* (10.14.29) bevestigt dit:

athāpi te deva padāmbuja-dvaya-, prasāda-leśānugṛhīta eva hi
jānāti tattvaṁ bhagavan-mahimno, na cānya eko 'pi ciraṁ vicinvan

'Mijn Heer, wanneer iemand begunstigd is door zelfs de geringste genade van Uw lotusvoeten, dan kan hij de grootheid van Uw persoonlijkheid begrijpen. Maar zij die zich bezighouden met speculeren om de Allerhoogste Persoonlijkheid Gods te begrijpen, zijn niet in staat U te kennen, zelfs al bestuderen ze de Veda's vele jaren.' Men kan de Allerhoogste Persoonlijkheid Gods, Kṛṣṇa, Zijn gedaante, eigenschappen of naam niet begrijpen door eenvoudigweg te speculeren of discussies te houden over de Vedische literatuur. Men moet Hem leren kennen door middel van devotionele dienst. Alleen wanneer iemand volledig opgaat in Kṛṣṇa-bewustzijn, dat begint met het chanten van de *mahā-mantra* — Hare Kṛṣṇa, Hare Kṛṣṇa, Kṛṣṇa Kṛṣṇa, Hare Hare / Hare Rāma, Hare Rāma, Rāma Rāma, Hare Hare — kan hij de Persoonlijkheid Gods begrijpen. De niet-toegewijde impersonalisten denken dat Kṛṣṇa een lichaam heeft dat gemaakt is van deze materiële natuur en dat al Zijn activiteiten, Zijn vorm en al het andere *māyā* is. Deze impersonalisten staan bekend als *māyāvādī's.* Ze weten niet wat de uiteindelijke waarheid is.

Het twintigste vers zegt duidelijk: *kāmais tais tair hṛta-jñānāḥ prapadyante 'nya-devatāḥ* — 'Zij die verblind zijn door materiële verlangens geven zich over aan verschillende halfgoden.' Het is een aanvaard feit dat er naast de Allerhoogste Persoonlijkheid Gods halfgoden zijn die hun eigen planeten hebben. De Heer Zelf heeft ook een planeet. Zo wordt in het drieëntwintigste vers gezegd: *devān deva-yajo yānti mad-bhaktā yānti mām api* — de vereerders van de halfgoden gaan naar de planeten van de verschillende halfgoden, maar de toegewijden van Heer Kṛṣṇa gaan naar de planeet Kṛṣṇaloka. Hoewel dit duidelijk verklaard wordt, blijven dwaze impersonalisten toch volhouden dat de Heer vormloos is en dat deze vormen Hem worden opgelegd. Blijkt uit de studie van de *Gītā* dat de halfgoden en hun woningen onpersoonlijk zijn? Het is duidelijk dat noch de halfgoden noch Kṛṣṇa, de Allerhoogste Persoonlijkheid Gods, onpersoonlijk zijn. Ze zijn allemaal personen; Heer Kṛṣṇa is de Allerhoogste Persoonlijkheid Gods en Hij heeft Zijn eigen planeet en de halfgoden hebben hun eigen planeten.

De monistische opvatting dat de uiteindelijke waarheid vormloos is en dat vorm iets is dat opgelegd wordt, is daarom niet juist. Hier wordt duidelijk gezegd dat deze vorm niet wordt opgelegd. Uit de *Bhagavad-gītā* kunnen we opmaken dat de vormen van de halfgoden en de vorm van de Allerhoogste Heer tegelijkertijd bestaan en dat Heer Kṛṣṇa *sac-cid-ānanda* is, eeuwig, gelukzalig en vol kennis. De Veda's bevestigen ook dat de Allerhoogste Absolute Waarheid *ānanda-mayo 'bhyāsāt* is of van nature vol van gelukzalige vreugde, en dat Hij de onuitputtelijk bron van oneindig veel gunstige eigenschappen is. En in de *Gītā* zegt de Heer dat, hoewel Hij *aja* (ongeboren) is, Hij toch verschijnt. Dit zijn de feiten die we van de *Bhagavad-gītā* moeten aannemen. Het is onbegrijpelijk hoe de Allerhoogste Persoonlijkheid Gods onpersoonlijk zou kunnen zijn; de theorie van de impersonalistische monist waarbij de Absolute Waarheid kwaliteiten worden opgelegd, is volgens de uitspraken in de *Gītā* onjuist, want daarin wordt duidelijk gezegd dat de Allerhoogste Absolute Waarheid, Heer Kṛṣṇa, zowel vorm als persoonlijkheid heeft.

TEKST 25 नाहं प्रकाशः सर्वस्य योगमायासमावृतः ।
मूढोऽयं नाभिजानाति लोको मामजमव्ययम् ॥ २५ ॥

nāhaṁ prakāśaḥ sarvasya, yoga-māyā-samāvṛtaḥ
mūḍho 'yaṁ nābhijānāti, loko māṁ ajam avyayam

na — evenmin; *aham* — Ik; *prakāśaḥ* — zichtbaar; *sarvasya* — voor iedereen; *yoga-māyā* — door intern vermogen; *samāvṛtaḥ* — verhuld; *mūḍhaḥ* — dwaas; *ayam* — deze; *na* — niet; *abhijānāti* — kunnen begrijpen; *lokaḥ* — personen; *mām* — Mij; *ajam* — ongeboren; *avyayam* — onuitputtelijk.

Voor dwazen en onintelligente personen ben Ik nooit zichtbaar; voor hen ben ik verhuld door Mijn interne vermogen en daarom weten ze niet dat Ik ongeboren en onfeilbaar ben.

COMMENTAAR: Het bezwaar dat men hier zou kunnen maken, is dat als iedereen Kṛṣṇa kon zien toen Hij op deze aarde aanwezig was, waarom Hij dan nu niet zichtbaar is voor iedereen? Maar in feite was Hij niet voor iedereen zichtbaar. Toen Kṛṣṇa op aarde verbleef, waren er maar een paar mensen die begrepen dat Hij de Allerhoogste Persoonlijkheid Gods was. Toen Śiśupāla zich tijdens de bijeenkomst van de Kuru's uitsprak tegen het benoemen van Kṛṣṇa als voorzitter van de bijeenkomst, was het Bhīṣma die Kṛṣṇa steunde en verkondigde dat Hij de Allerhoogste God was. Ook de Pāṇḍava's en enkele anderen wisten dat Hij de Allerhoogste was, maar niet iedereen. Voor niet-toegewijden en mensen in het algemeen bleef Hij verhuld. Daarom zegt Kṛṣṇa in de *Bhagavad-gītā* dat iedereen behalve Zijn zuivere toegewijden denkt dat Hij gelijk is aan henzelf. Hij was alleen voor Zijn toegewijden zichtbaar als de onuitputtelijke bron van alle plezier. Maar voor anderen, de onintelligente niet-toegewijden, was Hij verhuld door Zijn interne vermogen.

In de gebeden van Kuntī in het *Śrīmad-Bhāgavatam* (1.8.19) wordt gezegd dat de Heer door de sluier van *yoga-māyā* verhuld is en dat gewone mensen Hem daardoor niet kunnen begrijpen. Deze sluier van *yoga-māyā* wordt ook beschreven in de *Īśopaniṣad* (mantra 15), waarin de toegewijde als volgt bidt:

hiraṇmayena pātreṇa, satyasyāpihitaṁ mukham
tat tvaṁ pūṣann apāvṛṇu, satya-dharmāya dṛṣṭaye

'O mijn Heer, U bent de instandhouder van het hele universum en devotionele dienst aan U is het hoogste religieuze beginsel. Ik bid daarom dat U ook mij onderhoudt. Uw transcendentale vorm is verhuld door *yoga-māyā*. De *brahmajyoti* is de versluiering van de interne energie. Wees zo vriendelijk deze verblindende gloed weg te nemen, die mij belemmert Uw *sac-cid-ānanda-vigraha* te zien, Uw eeuwige vorm van gelukzaligheid en kennis.' De transcendentale vorm van gelukzaligheid en kennis van de Allerhoogste Persoonlijkheid Gods wordt door het *brahmajyoti*-aspect van de interne energie versluierd; hierdoor kunnen de minder intelligente impersonalisten de Allerhoogste niet zien.

In het *Śrīmad-Bhāgavatam* (10.14.7) komt het volgende gebed van Heer Brahmā voor: 'O Allerhoogste Persoonlijkheid Gods, o Superziel, o meester van alle mystiek, wie is in staat om Uw vermogen en activiteiten van vermaak in deze wereld te bevatten? U ontvouwt voortdurend Uw interne vermogen en daarom kan niemand U begrijpen. Grote wetenschappers en geleerden mogen dan in staat zijn de atomen van de planeten in de materiële wereld te tellen, maar toch zijn ze niet in staat om Uw energieën en vermogens te berekenen, ook al bent U voor hen aanwezig.' De Allerhoogste Persoonlijkheid Gods, Heer Kṛṣṇa, is niet alleen ongeboren, maar ook *avyaya*, onuitputtelijk. Hij heeft een eeuwige vorm van gelukzaligheid en kennis en Zijn energieën zijn allemaal onuitputtelijk.

TEKST 26 वेदाहं समतीतानि वर्तमानानि चार्जुन ।
भविष्याणि च भूतानि मां तु वेद न कश्चन ॥ २६ ॥

vedāhaṁ samatītāni, vartamānāni cārjuna
bhaviṣyāṇi ca bhūtāni, māṁ tu veda na kaścana

veda — weet; *aham* — Ik; *samatītāni* — volledig in het verleden; *vartamānāni* — heden; *ca* — en; *arjuna* — o Arjuna; *bhaviṣyāṇi* — toekomst; *ca* — ook; *bhūtāni* — alle levende wezens; *mām* — Mij; *tu* — maar; *veda* — kent; *na* — niet; *kaścana* — wie dan ook.

O Arjuna, als de Allerhoogste Persoonlijkheid Gods weet Ik alles wat er in het verleden gebeurd is, alles wat er in het heden gebeurt en alles wat er in de toekomst gebeuren zal. Ook ken Ik alle levende wezens, maar niemand kent Mij.

COMMENTAAR: Hier wordt een duidelijk antwoord gegeven op de vraag of Kṛṣṇa persoonlijk of onpersoonlijk is. Als de gedaante van Kṛṣṇa, de Allerhoogste Persoonlijkheid Gods, *māyā* is of materieel zoals de impersonalisten beweren, dan zou Hij net als het levend wezen van lichaam moeten veranderen en alles van Zijn vorige leven moeten vergeten. Niemand die een materieel lichaam heeft, kan zich zijn vorige leven herinneren en hij kan evenmin een voorspelling doen over een volgend leven of de uitkomst van zijn huidige leven voorspellen; daarom is hij zich niet bewust van verleden, heden en toekomst. Tenzij iemand bevrijd is van materiële onzuiverheden, kan hij verleden, heden en toekomst niet kennen. Maar Heer Kṛṣṇa zegt duidelijk dat Hij, in tegenstelling tot het gewone menselijk wezen, alles weet wat er in het verleden gebeurd is, wat er in het heden gebeurt en wat er in de toekomst zal gebeuren. In het vierde hoofdstuk zagen we dat Heer Kṛṣṇa Zich herinnerde dat Hij miljoenen jaren geleden instructies gaf aan Vivasvān, de zonnegod.

Kṛṣṇa kent ieder levend wezen omdat Hij Zich in het hart van ieder levend wezen bevindt als de Superziel. Maar ondanks Zijn aanwezigheid in ieder levend wezen als de Superziel en Zijn aanwezigheid als de Allerhoogste Persoonlijkheid Gods, kunnen zij die minder intelligent zijn Śrī Kṛṣṇa niet bevatten als de Allerhoogste Persoon, ook al zijn ze in staat tot Brahman-realisatie, die onpersoonlijk is. Het transcendentale lichaam van Śrī Kṛṣṇa is zeker niet vergankelijk. Hij is net als de zon en *māyā* is als een wolk. In de materiële wereld zien we een zon en wolken en verschillende sterren en planeten. De wolken kunnen deze hemellichamen allemaal tijdelijk bedekken, maar deze bedekking doet zich alleen maar voor vanwege onze beperkte visie. De zon, de maan en de sterren worden niet werkelijk bedekt. Op dezelfde manier kan *māyā* de Allerhoogste Heer niet bedekken. Door Zijn interne vermogen is Hij voor minder intelligente mensen verhuld.

Het derde vers van dit hoofdstuk geeft de volgende uitleg: uit vele miljoenen en miljoenen mensen proberen er enkele in het menselijk leven perfect te worden, en uit duizenden en duizenden van deze mensen die perfectie bereikt hebben, kan slechts een enkeling begrijpen wie Heer Kṛṣṇa is. Zelfs al heeft iemand perfectie bereikt doordat hij zich het onpersoonlijk Brahman of de gelokaliseerde Paramātmā gerealiseerd heeft, dan nog kan hij onmogelijk de Allerhoogste Persoonlijkheid Gods, Śrī Kṛṣṇa, begrijpen als hij niet Kṛṣṇa-bewust is.

TEKST 27 इच्छाद्वेषसमुत्थेन द्वन्द्वमोहेन भारत ।
सर्वभूतानि सम्मोहं सर्गे यान्ति परन्तप ॥ २७ ॥

icchā-dveṣa-samutthena, dvandva-mohena bhārata
sarva-bhūtāni sammohaṁ, sarge yānti parantapa

icchā — verlangen; *dveṣa* — en haat; *samutthena* — voortgekomen uit; *dvandva* — van dualiteit; *mohena* — door de illusie; *bhārata* — o afstammeling van Bharata; *sarva* — alle; *bhūtāni* — levende wezens; *sammoham* — in verblinding; *sarge* — tijdens de geboorte; *yānti* — gaan; *parantapa* — o bedwinger van de vijand.

O afstammeling van Bharata, o bedwinger van de vijand, alle levende wezens worden in verblinding geboren, verward door de dualiteiten die voortkomen uit verlangen en haat.

COMMENTAAR: De werkelijke, wezenlijke positie van het levend wezen is die van ondergeschiktheid aan de Allerhoogste Heer, die zuivere kennis is. Wanneer iemand, onder invloed van illusie, afgescheiden raakt van deze zuivere kennis, dan komt hij onder het bestuur van de illusionerende energie en kan hij de Allerhoogste Persoonlijkheid Gods niet begrijpen.

De illusionerende energie manifesteert zichzelf in de dualiteit tussen verlangen en haat. Door verlangen en haat wil een onwetend persoon één worden met de Allerhoogste Heer en haat hij het dat Kṛṣṇa de Allerhoogste Persoonlijkheid Gods is. Zuivere toegewijden, die niet in illusie verkeren of niet vervuild zijn door verlangen en haat, kunnen begrijpen dat Heer Kṛṣṇa verschijnt door Zijn interne vermogens, maar zij die misleid zijn door dualiteit en onwetendheid, denken dat de Allerhoogste Persoonlijkheid Gods geschapen is door materiële energieën. Dat is zeer onfortuinlijk voor hen. Deze verwarde personen leven, heel kenmerkend, in dualiteiten als eer en schande, ellende en geluk, vrouw en man, goed en slecht, genot en pijn enz., en denken: 'Dit is mijn vrouw; dit is mijn huis; ik ben de heer en meester van dit huis; ik ben de echtgenoot van deze vrouw.' Dit zijn dualiteiten die voortkomen uit verblinding. Zij die op die manier door dualiteiten in illusie zijn, zijn volkomen dwaas en kunnen de Allerhoogste Persoonlijkheid Gods daarom niet begrijpen.

TEKST 28 येषां त्वन्तगतं पापं जनानां पुण्यकर्मणाम् ।
ते द्वन्द्वमोहनिर्मुक्ता भजन्ते मां दृढव्रताः ॥ २८ ॥

yeṣāṁ tv anta-gataṁ pāpaṁ, janānāṁ puṇya-karmaṇām
te dvandva-moha-nirmuktā, bhajante māṁ dṛḍha-vratāḥ

yeṣām — van wie; *tu* — maar; *anta-gatam* — volledig uitgeroeid; *pāpam* — zonde; *janānām* — van de personen; *puṇya* — vrome; *karmaṇām* — van wie de vroegere activiteiten; *te* — zij; *dvandva* — van dualiteit; *moha* — verblinding; *nirmuktāḥ* — vrij van; *bhajante* — verrichten devotionele dienst; *mām* — aan Mij; *dṛḍha-vratāḥ* — met vastberadenheid.

Zij die in vorige levens en in dit leven vroom gehandeld hebben en van wie de zondige activiteiten volledig zijn vernietigd, worden bevrijd van de dualiteiten van verblinding, waarna ze Mij vastberaden dienen.

COMMENTAAR: In dit vers worden de personen genoemd die ervoor in aanmerking komen om naar het transcendentale niveau verheven te worden. Voor hen die zondig, atheïstisch, dwaas en onbetrouwbaar zijn, is het heel moeilijk om uit te stijgen boven de dualiteit van verlangen en haat. Alleen zij die hun levens hebben doorgebracht met het volgen van religieuze principes, die vroom gehandeld hebben en de karmische reacties op hun zonden overwonnen hebben, kunnen devotionele dienst aanvaarden en geleidelijk aan tot het niveau van zuivere kennis van de Allerhoogste Persoonlijkheid Gods komen. Geleidelijk aan kunnen ze dan beginnen om met volledige concentratie op de Allerhoogste Persoonlijkheid Gods te mediteren. Dat is het proces om het spirituele niveau te bereiken.

Deze verheffing in Kṛṣṇa-bewustzijn is mogelijk wanneer men met zuivere toegewijden omgaat, want in het gezelschap van grote toegewijden kan men bevrijd worden van verblinding. In het *Śrīmad-Bhāgavatam* (5.5.2) wordt gesteld dat als men werkelijk bevrijd wil worden, men de toegewijden moet dienen (*mahat-*

sevāṁ dvāram āhur vimukteḥ); iemand die daarentegen met materialistische mensen omgaat, bevindt zich op het pad naar de duisterste regionen van het bestaan (*tamo-dvāraṁ yoṣitāṁ saṅgi-saṅgam*). De toegewijden van de Heer reizen over deze hele wereld enkel en alleen om de geconditioneerde zielen uit hun waan te halen. De impersonalisten weten niet dat het vergeten van hun wezenlijke positie als ondergeschikte van de Allerhoogste Heer de grootste schending van Gods wet is. Tenzij iemand in zijn eigen wezenlijke positie hersteld is, kan hij onmogelijk de Allerhoogste Persoonlijkheid begrijpen of met vastberadenheid volledig opgaan in transcendentale liefdedienst aan Hem.

TEKST 29 जरामरणमोक्षाय मामाश्रित्य यतन्ति ये ।
ते ब्रह्म तद्विदुः कृत्स्नमध्यात्मं कर्म चाखिलम् ॥ २९ ॥

jarā-maraṇa-mokṣāya, mām āśritya yatanti ye
te brahma tad viduḥ kṛtsnam, adhyātmaṁ karma cākhilam

jarā — van ouderdom; *maraṇa* — en dood; *mokṣāya* — met het oog op bevrijding; *mām* — Mij; *āśritya* — hun toevlucht zoeken bij; *yatanti* — streven; *ye* — al zij die; *te* — zulke personen; *brahma* — Brahman; *tat* — dat werkelijk; *viduḥ* — zij weten; *kṛtsnam* — alles; *adhyātmam* — transcendentaal; *karma* — activiteiten; *ca* — ook; *akhilam* — volledig.

Intelligente personen die naar bevrijding van ouderdom en dood streven, zoeken hun toevlucht bij Mij in devotionele dienst. Zij zijn werkelijk Brahman, omdat ze alles afweten van transcendentale activiteiten.

COMMENTAAR: Geboorte, dood, ouderdom en ziekten beïnvloeden het materiele lichaam, maar niet het spirituele lichaam. Voor het spirituele lichaam bestaan er geen geboorte, dood, ouderdom en ziekte; wie een spiritueel lichaam krijgt en een van de metgezellen van de Allerhoogste Persoonlijkheid Gods wordt en zich met eeuwige devotionele dienst bezighoudt, is dus werkelijk bevrijd. *Aham brahmāsmi:* 'Ik ben een spiritueel wezen.' Hier wordt gesproken over de noodzaak te beseffen dat we Brahman zijn, een spirituele ziel. Dit begrip van Brahman is ook aanwezig in devotionele dienst, zoals in dit vers wordt uitgelegd. Zuivere toegewijden bevinden zich op het transcendentale niveau, op het niveau van Brahman, en weten alles af van transcendentale activiteiten.

Vier soorten onzuivere toegewijden die devotionele dienst aan de Heer verrichten, bereiken hun respectieve doeleinden; door de genade van de Allerhoogste Heer kunnen ze, wanneer ze volledig Kṛṣṇa-bewust zijn, genieten van spirituele omgang met Hem. Maar vereerders van halfgoden zullen de Allerhoogste Heer en Zijn allerhoogste planeet nooit bereiken. Zelfs de minder intelligente personen die het Brahman hebben gerealiseerd, kunnen de allerhoogste planeet van Kṛṣṇa, Goloka Vṛndāvana, niet bereiken. Alleen personen die Kṛṣṇa-bewuste activiteiten verrichten (*mām āśritya*) mogen met recht Brahman genoemd worden, omdat hun inspanning gericht is op het bereiken van de Kṛṣṇa-planeet. Zulke personen hebben geen twijfels over Kṛṣṇa en zijn daarom daadwerkelijk Brahman.

Zij die de *arcā*, de vorm van de Heer, vereren of die op de Heer mediteren voor bevrijding van materiële gehechtheid, kennen, door de genade van de Heer, ook de betekenis van Brahman, *adhibhūta* enz., die in het volgende hoofdstuk door de Heer worden uitgelegd.

TEKST 30 साधिभूताधिदैवं मां साधियज्ञं च ये विदुः ।
प्रयाणकालेऽपि च मां ते विदुर्युक्तचेतसः ॥ ३० ॥

sādhibhūtādhidaivaṁ māṁ, sādhiyajñaṁ ca ye viduḥ
prayāṇa-kāle 'pi ca māṁ, te vidur yukta-cetasaḥ

sa-adhibhūta — en het beginsel dat de materiële manifestatie bestuurt; *adhidaivam* — alle halfgoden besturend; *mām* — Mij; *sa-adhiyajñam* — en alle offers besturend; *ca* — ook; *ye* — zij die; *viduḥ* — kennen; *prayāṇa* — van de dood; *kāle* — op het moment; *api* — zelfs; *ca* — en; *mām* — Mij; *te* — zij; *viduḥ* — kennen; *yukta-cetasaḥ* — hun gedachten aan Mij gewijd.

Zij die zich volledig van Mij bewust zijn en Mij, de Allerhoogste Heer, kennen als het besturende beginsel van de materiële manifestatie, de halfgoden en alle methoden van offeren, kunnen Mij, de Allerhoogste Persoonlijkheid Gods — zelfs op het moment van de dood — kennen en begrijpen.

COMMENTAAR: Personen die Kṛṣṇa-bewust handelen, worden nooit afgeleid van het pad naar compleet begrip van de Allerhoogste Persoonlijkheid Gods. Wanneer iemand in het transcendentale gezelschap van Kṛṣṇa-bewuste personen is, begrijpt hij hoe de Allerhoogste Heer het besturende beginsel is van de materiële wereld en zelfs van de halfgoden. Door zulk transcendentaal gezelschap zal iemands geloof in de Allerhoogste Persoonlijkheid Gods geleidelijk aan groeien en op het moment van de dood kan zo'n Kṛṣṇa-bewust persoon Kṛṣṇa nooit vergeten. Op die manier wordt hij vanzelfsprekend bevorderd naar de planeet van de Allerhoogste Heer, Goloka Vṛndāvana.

Dit zevende hoofdstuk legt vooral uit hoe iemand een volledig Kṛṣṇa-bewust persoon kan worden. Het begin van het Kṛṣṇa-bewustzijn bestaat uit omgang met Kṛṣṇa-bewuste personen. Deze omgang is spiritueel en brengt iemand in direct contact met de Allerhoogste Heer, en door Zijn genade begrijpt iemand dat Kṛṣṇa de Allerhoogste Persoonlijkheid Gods is. Tegelijkertijd kan men de wezenlijke positie van het levend wezen werkelijk begrijpen, evenals hoe het levend wezen Kṛṣṇa vergeet en verstrikt raakt in materiële activiteiten. Wanneer het levend wezen in goed gezelschap geleidelijk aan Kṛṣṇa-bewustzijn ontwikkelt, begrijpt het dat het geconditioneerd is geraakt door de wetten van de materiële natuur omdat het Kṛṣṇa vergeten is. Het begrijpt dan ook dat de menselijke levensvorm een mogelijkheid biedt om zijn Kṛṣṇa-bewustzijn te herwinnen en dat deze levensvorm volledig gebruikt moet worden om de grondeloze genade van de Allerhoogste Heer te krijgen.

In dit hoofdstuk zijn vele onderwerpen besproken: de persoon die in moeilijkheden verkeert; de nieuwsgierige persoon; degene die materiële middelen verlangt; kennis van Brahman; kennis van Paramātmā; bevrijding van geboorte, dood en ziekte, en het vereren van de Allerhoogste Heer. Maar iemand die werkelijk gevorderd is in Kṛṣṇa-bewustzijn, is niet geïnteresseerd in deze verschillende processen. Hij houdt zich eenvoudig bezig met Kṛṣṇa-bewuste activiteiten en bereikt daardoor zijn wezenlijke positie als een eeuwige dienaar van Heer Kṛṣṇa. Met zo'n instelling beleeft hij plezier aan het horen over en het verheerlijken van de Allerhoogste Heer in zuivere devotionele dienst; hij is ervan overtuigd dat hij hierdoor alles zal bereiken wat hij verlangt. Dit vastberaden geloof wordt *dṛḍha-vrata* genoemd en is het begin van *bhakti-yoga* of transcendentale liefdedienst. Alle heilige teksten komen tot deze conclusie. Dit zevende hoofdstuk van de *Bhagavad-gītā* beschrijft de wezenlijke inhoud van die overtuiging.

Zo eindigen de commentaren van Śrī Śrīmad A.C. Bhaktivedanta Swami Prabhupāda bij het zevende hoofdstuk van Śrīmad Bhagavad-gītā, *getiteld 'Kennis van de Absolute'.*

8

HET BEREIKEN *van de* ALLERHOOGSTE

TEKST 1

अर्जुन उवाच
किं तद्ब्रह्म किमध्यात्मं किं कर्म पुरुषोत्तम ।
अधिभूतं च किं प्रोक्तमधिदैवं किमुच्यते ॥ १ ॥

arjuna uvāca
kiṁ tad brahma kim adhyātmaṁ, kiṁ karma puruṣottama
adhibhūtaṁ ca kiṁ proktam, adhidaivaṁ kim ucyate

arjunaḥ uvāca — Arjuna zei; *kim* — wat; *tat* — dat; *brahma* — Brahman; *kim* — wat; *adhyātmam* — het zelf; *kim* — wat; *karma* — resultaatgerichte activiteiten; *puruṣa-uttama* — o Allerhoogste Persoon; *adhibhūtam* — de materiële manifestatie; *ca* — en; *kim* — wat; *proktam* — wordt genoemd; *adhidaivam* — de halfgoden; *kim* — wat; *ucyate* — wordt genoemd.

Arjuna vroeg: O mijn Heer, o Allerhoogste Persoon, wat is Brahman? Wat is het zelf? Wat zijn resultaatgerichte activiteiten? Wat is deze materiële manifestatie en wat zijn de halfgoden? Leg dit alsjeblieft aan me uit.

COMMENTAAR: In dit hoofdstuk beantwoordt Heer Kṛṣṇa verschillende vragen van Arjuna, beginnend met: 'Wat is Brahman?' De Heer geeft ook uitleg over karma (resultaatgerichte activiteiten), devotionele dienst vermengd met principes van yoga en de principes van devotionele dienst in zijn zuivere vorm. Het *Śrīmad-Bhāgavatam* legt uit dat de Allerhoogste, Absolute Waarheid gekend wordt als Brahman, Paramātmā en Bhagavān. Daarnaast wordt ook het levend wezen Brahman genoemd. Arjuna stelt ook vragen over de *ātmā*, die betrekking heeft op lichaam, geest en ziel. Volgens het Vedische woordenboek verwijst *'ātmā'* naar de geest, de ziel, het lichaam en ook naar de zintuigen.

Arjuna sprak de Allerhoogste Heer aan met Puruṣottama, 'Allerhoogste Persoon', wat betekent dat hij zijn vragen niet slechts aan een vriend stelde, maar aan de Allerhoogste Persoon, omdat hij wist dat Hij de allerhoogste autoriteit is en degene die definitieve antwoorden kan geven.

TEKST 2 अधियज्ञः कथं कोऽत्र देहेऽस्मिन्मधुसूदन ।
प्रयाणकाले च कथं ज्ञेयोऽसि नियतात्मभिः ॥ २ ॥

adhiyajñaḥ kathaṁ ko 'tra, dehe 'smin madhusūdana
prayāṇa-kāle ca kathaṁ, jñeyo 'si niyatātmabhiḥ

adhiyajñaḥ — de Heer van offers; *katham* — hoe; *kaḥ* — wie; *atra* — hier; *dehe* — in het lichaam; *asmin* — dit; *madhusūdana* — o Madhusūdana; *prayāṇa-kāle* — op het moment van de dood; *ca* — en; *katham* — hoe; *jñeyaḥ asi* — Jij kunt gekend worden; *niyata-ātmabhiḥ* — door degenen met zelfbeheersing.

Wie is de Heer van offers en hoe verblijft Hij in het lichaam, o Madhusūdana? En hoe kunnen zij die devotionele dienst verrichten Je kennen op het moment van de dood?

COMMENTAAR: 'Heer van offers' kan zowel naar Indra als naar Viṣṇu verwijzen. Viṣṇu staat aan het hoofd van de voornaamste halfgoden, inclusief Brahmā en Śiva, en Indra is de belangrijkste van de besturende halfgoden. Zowel Indra als Viṣṇu wordt vereerd met *yajña's*, maar Arjuna vraagt hier wie werkelijk de Heer van *yajña* (offer) is en hoe Hij in het lichaam van het levend wezen verblijft.

Arjuna spreekt de Heer aan met Madhusūdana, omdat Kṛṣṇa ooit een demon met de naam Madhu doodde. Al deze vragen, die blijk geven van twijfel, hadden eigenlijk niet in Arjuna's geest moeten opkomen, omdat Arjuna een Kṛṣṇa-bewuste toegewijde is. Deze twijfels worden daarom vergeleken met demonen. Omdat Kṛṣṇa zo bedreven is in het doden van demonen, spreekt Arjuna Hem aan met Madhusūdana en vraagt Kṛṣṇa daarmee om de demonische twijfels die in zijn geest zijn opgekomen, te doden.

In dit vers is het woord *'prayāṇa-kāle'* heel belangrijk, want alles wat we in ons leven doen zal op het moment van de dood getest worden. Arjuna wil heel graag weten hoe zij die altijd Kṛṣṇa-bewust bezig zijn, aan het einde van hun leven voor deze test kunnen slagen. Wat moet hun houding zijn op dat beslissende moment? Op het moment van de dood zijn alle lichamelijke functies verstoord en bevindt de geest zich niet in een geschikte toestand. Wie zodanig verstoord is door zijn lichamelijke toestand, zou wel eens niet in staat kunnen zijn om aan de Allerhoogste Heer te denken. Mahārāja Kulaśekhara, een groot toegewijde, bidt daarom: 'O mijn Heer, op dit moment verkeer ik in goede gezondheid en daarom is het beter dat ik nu onmiddellijk sterf, zodat de zwaan van mijn geest kan binnengaan in het netwerk van de lotusstengels van Uw voeten.' Deze metafoor wordt gebruikt omdat de zwaan, een watervogel, er plezier aan beleeft om tussen de stengels van lotussen te woelen; zwanen hebben deze speelse neiging om tussen de lotusbloemen te duiken. Mahārāja Kulaśekhara zegt dus tegen de Heer: 'Mijn geest is nu onverstoord en mijn gezondheid is goed. Als ik nu, terwijl ik aan Uw lotusvoeten denk, onmiddellijk sterf, dan ben ik er zeker van dat mijn devotionele dienst aan U volmaakt zal worden. Maar als ik moet wachten op mijn natuurlijke dood, dan weet ik niet wat er zal gebeuren, want op dat moment zullen alle lichamelijke functies verstoord zijn; mijn keel zal helemaal verstopt zijn en ik weet niet of ik wel in staat zal zijn om Uw naam te chanten. Het is beter dat ik nu onmiddellijk sterf.' Arjuna vraagt in dit vers hoe iemand op zo'n moment zijn geest op de lotusvoeten van Kṛṣṇa kan concentreren.

TEKST 3

श्रीभगवानुवाच
अक्षरं ब्रह्म परमं स्वभावोऽध्यात्ममुच्यते ।
भूतभावोद्भवकरो विसर्गः कर्मसंज्ञितः ॥ ३ ॥

śrī-bhagavān uvāca
akṣaraṁ brahma paramaṁ, svabhāvo 'dhyātmam ucyate
bhūta-bhāvodbhava-karo, visargaḥ karma-saṁjñitaḥ

śrī-bhagavān uvāca — de Allerhoogste Persoonlijkheid Gods zei; *akṣaram* — onvernietigbare; *brahma* — Brahman; *paramam* — transcendentale; *svabhāvaḥ* — eeuwige aard; *adhyātmam* — het zelf; *ucyate* — wordt genoemd; *bhūta-bhāva-udbhava-karaḥ* — de materiële lichamen van de levende wezens voortbrengend; *visargaḥ* — schepping; *karma* — resultaatgerichte activiteit; *saṁjñitaḥ* — wordt genoemd.

De Allerhoogste Persoonlijkheid Gods zei: Het onvernietigbare, transcendentale levend wezen wordt Brahman genoemd en zijn eeuwige aard adhyātma, het zelf. Activiteiten die verband houden met het ontwikkelen van de materiële lichamen van levende wezens worden karma of resultaatgerichte activiteiten genoemd.

COMMENTAAR: Brahman is onvernietigbaar en eeuwig; zijn aard verandert op geen enkel moment. Maar voorbij Brahman bestaat Parabrahman. Brahman heeft betrekking op het levend wezen en Parabrahman op de Allerhoogste Persoonlijkheid Gods. De wezenlijke positie van het levend wezen verschilt van de positie die het in de materiële wereld inneemt. Wanneer het levend wezen een materieel bewustzijn heeft, probeert het heer en meester over de materie te zijn, maar met een spiritueel bewustzijn, Kṛṣṇa-bewustzijn, is het zijn positie om de Allerhoogste te dienen. Met een materieel bewustzijn moet het levend wezen in de materiële wereld verschillende lichamen aannemen en het scheppen van verschillende lichamen door iemands materiële bewustzijn wordt karma genoemd.

In de Vedische literatuur wordt het levend wezen *jīvātmā* en Brahman genoemd, maar nooit Parabrahman. Het levend wezen (*jīvātmā*) neemt verschillende posities in. Soms gaat het op in de duistere materiële natuur en identificeert het zich met materie, en soms identificeert het zich met de hogere, spirituele natuur. Het wordt daarom de tussenenergie van de Allerhoogste Heer genoemd. Afhankelijk van zijn identificatie met ofwel de materiële ofwel de spirituele natuur krijgt het een materieel of spiritueel lichaam. In de materiële natuur kan het verschillende lichamen uit de 8.400.000 levenssoorten aannemen, maar in de spirituele natuur heeft het maar één lichaam. In de materiële natuur verschijnt het levend wezen overeenkomstig zijn karma soms als een mens, soms als een halfgod, een dier, een vogel enz. Om de hemelse planeten in de materiële wereld te bereiken en daar van de faciliteiten te genieten, brengt het soms offers (*yajña*), maar wanneer zijn verdiensten uitgeput zijn, keert het terug naar de aarde in de vorm van een mens. Dit proces wordt karma genoemd.

In de *Chāndogya Upaniṣad* wordt het proces van de Vedische offers beschreven. Op het altaar worden vijf verschillende offergaven gebracht in vijf verschillende soorten vuur. De vijf soorten vuur worden beschouwd als de hemelse planeten, wolken, de aarde, de man en de vrouw, en de vijf soorten offergaven zijn geloof, de genieter op de maan, regen, granen en sperma.

Tijdens het offerproces brengt het levend wezen bepaalde offers om bepaalde hemelse planeten te bereiken en bereikt deze vervolgens. Wanneer de verdiende resultaten van het offer uitgeput zijn, valt het levend wezen terug naar de aarde met de regen, waarna het de vorm van graan aanneemt, dat vervolgens door een man gegeten wordt en in sperma wordt getransformeerd waardoor een vrouw zwanger wordt. Op deze manier krijgt het levend wezen opnieuw een menselijk lichaam om offers te verrichten en daarmee dezelfde cyclus opnieuw te doorlopen. Zo blijft het levend wezen onophoudelijk komen en gaan op het materiële pad. Maar een Kṛṣṇa-bewust persoon vermijdt zulke offers — hij legt zich direct toe op het Kṛṣṇa-bewustzijn en bereidt zich daarmee voor op zijn terugkeer naar God.

Impersonalisten die uitleg geven bij de *Bhagavad-gītā*, veronderstellen op onredelijke wijze dat Brahman in de materiële wereld de vorm van een *jīva* aanneemt. Om dit te bewijzen verwijzen ze naar de zevende tekst van het vijftiende hoofdstuk van de *Gītā*. Maar ook in dit vers spreekt de Heer over het levend wezen als 'een eeuwig deeltje van Mijzelf'. Het deeltje van God, het levend wezen, kan ten val komen en naar de materiële wereld gaan, maar de Allerhoogste Heer (Acyuta) komt nooit ten val. De bewering dat het Allerhoogste Brahman de vorm van een *jīva* aanneemt is daarom onaanvaardbaar. Het is belangrijk om te bedenken dat er in de Vedische literatuur een onderscheid wordt gemaakt tussen Brahman (het levend wezen) en Parabrahman (de Allerhoogste Heer).

TEKST 4 अधिभूतं क्षरो भावः पुरुषश्चाधिदैवतम् ।
अधियज्ञोऽहमेवात्र देहे देहभृतां वर ॥ ४ ॥

adhibhūtaṁ kṣaro bhāvaḥ, puruṣaś cādhidaivatam
adhiyajño 'ham evātra, dehe deha-bhṛtāṁ vara

adhibhūtam — de materiële manifestatie; *kṣaraḥ* — voortdurend veranderend; *bhāvaḥ* — natuur; *puruṣaḥ* — de kosmische gedaante, inclusief alle halfgoden, zoals die van de zon en de maan; *ca* — en; *adhidaivatam* — *adhidaiva* genoemd; *adhiyajñaḥ* — de Superziel; *aham* — Ik (Kṛṣṇa); *eva* — zeker; *atra* — in dit; *dehe* — lichaam; *deha-bhṛtām* — van de belichaamden; *vara* — o beste.

O beste van de belichaamde wezens, de materiële natuur, die voortdurend verandert, wordt adhibhūta genoemd [de materiële wereld]. De kosmische gedaante van de Heer, die alle halfgoden omvat zoals die van de zon en de maan, wordt adhidaiva genoemd. En Ik, de Allerhoogste Heer, die in het hart van ieder levend wezen aanwezig ben als de Superziel, word adhiyajña genoemd [de Heer van offers].

COMMENTAAR: De materiële wereld verandert voortdurend. Over het algemeen gaan materiële lichamen door zes verschillende stadia: ze worden geboren, ze groeien, ze houden zich voor een bepaalde tijd in stand, ze produceren enkele bijproducten, ze takelen af en verdwijnen vervolgens. De materiële wereld wordt *adhibhūta* genoemd. Ze is op een bepaald moment geschapen en zal op een bepaald moment vernietigd worden.

De voorstelling van de kosmische gedaante van de Allerhoogste Heer die alle halfgoden en hun verschillende planeten omvat, wordt *adhidaivata* genoemd. En dat wat de individuele ziel in het lichaam vergezelt, is de Superziel, die een volkomen expansie van Heer Kṛṣṇa is. De Superziel wordt Paramātmā of *adhiyajña* genoemd en bevindt Zich in het hart.

In de context van dit vers is vooral het woord *'eva'* belangrijk, omdat de Heer met dit woord de nadruk legt op het feit dat de Paramātmā niet-verschillend van Hem is. De Superziel, de Allerhoogste Persoonlijkheid Gods die Zich naast de individuele ziel bevindt, is getuige van de activiteiten van de individuele ziel en de bron van de verschillende bewustzijnstoestanden van de ziel. De Superziel geeft de individuele ziel de gelegenheid om ongestoord actief te zijn en is de getuige van haar activiteiten. De functies van al deze verschillende gedaanten van de Allerhoogste Heer worden vanzelf duidelijk voor de zuivere, Kṛṣṇa-bewuste toegewijde, die bezig is met transcendentale dienst aan de Heer.

De gigantische kosmische gedaante van de Heer, die *adhidaivata* wordt genoemd, is het object van contemplatie voor de beginner die de Allerhoogste Heer niet kan benaderen in Zijn verschijning als de Superziel. De beginner wordt aangeraden te mediteren op de kosmische gedaante of de *virāṭ-puruṣa* van wie de benen de lagere planeten zijn, de ogen de zon en de maan en van wie het hoofd beschouwd wordt als het hogere planetenstelsel.

TEKST 5 अन्तकाले च मामेव स्मरन्मुक्त्वा कलेवरम् ।
यः प्रयाति स मद्भावं याति नास्त्यत्र संशयः ॥ ५ ॥

anta-kāle ca mām eva, smaran muktvā kalevaram
yaḥ prayāti sa mad-bhāvaṁ, yāti nāsty atra saṁśayaḥ

anta-kāle — aan het eind van het leven; *ca* — ook; *mām* — Mij; *eva* — zeker; *smaran* — herinnerend; *muktvā* — opgevend; *kalevaram* — het lichaam; *yaḥ* — hij die; *prayāti* — gaat; *saḥ* — hij; *mat-bhāvam* — Mijn zijnstoestand; *yāti* — bereikt; *na* — niet; *asti* — er is; *atra* — hier; *saṁśayaḥ* — twijfel.

En wie aan het eind van zijn leven, wanneer hij zijn lichaam verlaat, uitsluitend aan Mij denkt, bereikt onmiddellijk Mijn zijnstoestand. Hierover is geen twijfel mogelijk.

COMMENTAAR: In dit vers wordt het belang van het Kṛṣṇa-bewustzijn benadrukt. Iedereen die zijn lichaam verlaat in Kṛṣṇa-bewustzijn, verkrijgt onmiddellijk de transcendentale kwaliteiten van de Allerhoogste Heer. De Allerhoogste Heer is het zuiverste van het zuiverste. Iedereen die voortdurend Kṛṣṇa-bewust is, is daarom ook het zuiverste van het zuiverste.

Het woord *'smaran'* ('zich herinneren') is belangrijk. Een onzuivere ziel die het Kṛṣṇa-bewustzijn niet in devotionele dienst heeft beoefend, kan onmogelijk aan Kṛṣṇa denken. Men moet het Kṛṣṇa-bewustzijn daarom vanaf het prille begin van het leven beoefenen. Wanneer iemand aan het eind van zijn leven succesvol wil zijn, is het proces van het zich herinneren van Kṛṣṇa essentieel. Men moet daarom constant, onophoudelijk de *mahā-mantra* chanten: Hare Kṛṣṇa, Hare Kṛṣṇa, Kṛṣṇa Kṛṣṇa, Hare Hare/ Hare Rāma, Hare Rāma, Rāma Rāma, Hare Hare.

Heer Caitanya heeft ons aangeraden om zo verdraagzaam te zijn als een boom (*taror iva sahiṣṇunā*). Voor iemand die Hare Kṛṣṇa chant mogen er dan heel wat obstakels zijn, maar ondanks dat moet hij deze belemmeringen verdragen en doorgaan met het chanten van Hare Kṛṣṇa, Hare Kṛṣṇa, Kṛṣṇa Kṛṣṇa, Hare Hare/ Hare Rāma, Hare Rāma, Rāma Rāma, Hare Hare, zodat hij aan het eind van zijn leven het voordeel van het Kṛṣṇa-bewustzijn volledig zal ervaren.

TEKST 6 यं यं वापि स्मरन्भावं त्यजत्यन्ते कलेवरम् ।
तं तमेवैति कौन्तेय सदा तद्भावभावितः ॥ ६ ॥

yaṁ yaṁ vāpi smaran bhāvaṁ, tyajaty ante kalevaram
taṁ tam evaiti kaunteya, sadā tad-bhāva-bhāvitaḥ

yam yam — welke dan ook; *vā api* — wat ook; *smaran* — herinnerend; *bhāvam* — zijnsvorm; *tyajati* — geeft op; *ante* — aan het eind; *kalevaram* — dit lichaam; *tam tam* — soortgelijke; *eva* — zeker; *eti* — krijgt; *kaunteya* — o zoon van Kuntī; *sadā* — altijd; *tat* — die; *bhāva* — zijnstoestand; *bhāvitaḥ* — herinnerend.

Welke zijnstoestand iemand ook in gedachten heeft wanneer hij zijn lichaam opgeeft, o zoon van Kuntī, die toestand zal hij zeker bereiken.

COMMENTAAR: Hier wordt het proces uitgelegd waardoor iemand op het kritieke moment van de dood zijn zijnsvorm kan veranderen. Een persoon die aan het eind van zijn leven zijn lichaam verlaat terwijl hij aan Kṛṣṇa denkt, verkrijgt de transcendentale kwaliteiten van de Allerhoogste Heer, maar het is niet zo dat iemand die aan iets anders dan Kṛṣṇa denkt dezelfde transcendentale zijnstoestand bereikt. Dit is een punt waaraan we zorgvuldig aandacht moeten schenken. Hoe kunnen we in de juiste geestestoestand sterven?

Mahārāja Bharata was een grote persoonlijkheid, maar ondanks dat dacht hij aan het einde van zijn leven toch aan een hert en werd daarom in zijn volgend leven overgebracht naar het lichaam van een hert. Hoewel hij zich als hert zijn voorgaande activiteiten kon herinneren, moest hij in dat lichaam leven. Het is natuurlijk zo dat iemands gedachten zich gedurende het leven opstapelen en dat deze het denken op het moment van de dood beïnvloeden; op die manier bepaalt dit leven dus iemands volgend leven.

Wanneer iemand in zijn huidige leven in de hoedanigheid goedheid leeft en altijd aan Kṛṣṇa denkt, zal hij in staat zijn zich aan het eind van zijn leven Kṛṣṇa te herinneren. Dat zal hem helpen om overgebracht te worden naar de transcendentale zijnstoestand van Kṛṣṇa. Wanneer iemand volledig opgaat in transcendentale dienst aan Kṛṣṇa, zal zijn volgend lichaam transcendentaal (spiritueel) zijn en niet materieel. Daarom is het chanten van Hare Kṛṣṇa, Hare Kṛṣṇa, Kṛṣṇa Kṛṣṇa, Hare Hare/ Hare Rāma, Hare Rāma, Rāma Rāma, Hare Hare de beste methode om aan het einde van het leven onze zijnstoestand met succes te veranderen.

TEKST 7 तस्मात्सर्वेषु कालेषु मामनुस्मर युध्य च ।
मय्यर्पितमनोबुद्धिर्मामेवैष्यस्यसंशयः ॥ ७ ॥

tasmāt sarveṣu kāleṣu, mām anusmara yudhya ca
mayy arpita-mano-buddhir, mām evaiṣyasy asaṁśayaḥ

tasmāt — daarom; *sarveṣu* — te allen; *kāleṣu* — tijde; *mām* — Mij; *anusmara* — blijf denken aan; *yudhya* — strijd; *ca* — ook; *mayi* — aan Mij; *arpita* — overgevend; *manaḥ* — geest; *buddhiḥ* — intellect; *mām* — tot Mij; *eva* — zeker; *eṣyasi* — je zult bereiken; *asaṁśayaḥ* — ongetwijfeld.

Denk daarom altijd aan Mij in de gedaante van Kṛṣṇa, o Arjuna, en vervul tegelijkertijd je voorgeschreven plicht als strijder. Wanneer je activiteiten

aan Mij zijn gewijd en je geest en intelligentie op Mij gevestigd zijn, zul je Mij ongetwijfeld bereiken.

COMMENTAAR: Deze instructie aan Arjuna is zeer belangrijk voor iedereen die zich met materiële activiteiten bezighoudt. De Heer zegt niet dat iemand zijn voorgeschreven plichten of bezigheden moet opgeven; men kan er mee doorgaan en tegelijkertijd aan Kṛṣṇa denken door Hare Kṛṣṇa te chanten. Dat zal iemand van materiële onzuiverheden bevrijden en zijn geest en intelligentie geconcentreerd houden op Kṛṣṇa. Door de namen van Kṛṣṇa te chanten zal men ongetwijfeld naar de allerhoogste planeet, Kṛṣṇaloka, worden overgebracht.

TEKST 8

अभ्यासयोगयुक्तेन चेतसा नान्यगामिना ।
परमं पुरुषं दिव्यं याति पार्थानुचिन्तयन् ॥ ८ ॥

abhyāsa-yoga-yuktena, cetasā nānya-gāminā
paramaṁ puruṣaṁ divyaṁ, yāti pārthānucintayan

abhyāsa — door beoefening; *yoga-yuktena* — bezig zijn met meditatie; *cetasā* — met de geest en intelligentie; *na anya-gāminā* — zonder dat ze worden afgeleid; *paramam* — de Allerhoogste; *puruṣam* — Persoonlijkheid Gods; *divyam* — transcendentale; *yāti* — men bereikt; *pārtha* — o zoon van Pṛthā; *anucintayan* — voortdurend denkend aan.

Wie op Mij mediteert als de Allerhoogste Persoonlijkheid Gods en zonder van het pad af te dwalen voortdurend aan Me denkt, zal Me zeker bereiken, o Pārtha.

COMMENTAAR: In dit vers benadrukt Heer Kṛṣṇa hoe belangrijk het is om Hem te herinneren. Iemands herinnering aan Kṛṣṇa wordt opgewekt door het chanten van de Hare Kṛṣṇa-*mahā-mantra.* Door het beoefenen van het chanten en het horen van de geluidstrilling van de Allerhoogste Heer worden iemands oren, tong en geest beziggehouden. Deze mystieke meditatie is heel gemakkelijk te beoefenen en helpt iemand om de Allerhoogste Heer te bereiken.

Puruṣam betekent 'genieter'. Hoewel de levende wezens tot de marginale energie van de Allerhoogste Heer behoren, zijn ze in deze wereld, door de invloed van de materiële energie, onzuiver. Ze denken dat ze zelf genieters zijn, maar ze zijn niet de allerhoogste genieter. Hier wordt duidelijk gesteld dat de Allerhoogste Persoonlijkheid Gods in Zijn vele verschillende verschijningsvormen en volkomen expansies als Nārāyaṇa, Vāsudeva enz. de allerhoogste genieter is.

Door Hare Kṛṣṇa te chanten kan de toegewijde voortdurend aan het object van verering denken, namelijk de Allerhoogste Heer in al Zijn gedaanten zoals Nārāyaṇa, Kṛṣṇa, Rāma enz. Het beoefenen van dit chanten zal iemand zuiveren, en door zijn onophoudelijk chanten zal hij worden overgebracht naar het koninkrijk van God. Yoga beoefenen betekent mediteren op de Superziel in het hart. Op dezelfde manier concentreert iemand door Hare Kṛṣṇa te chanten zijn geest altijd op de Allerhoogste Heer. De geest is rusteloos en daarom is het nodig om de geest te dwingen aan Kṛṣṇa te denken. Een vaak aangehaald voorbeeld is dat van de rups die eraan dacht een vlinder te worden en zo in hetzelfde leven in een vlinder werd veranderd. Wanneer we op dezelfde manier voortdurend aan Kṛṣṇa denken, is het zeker dat we aan het einde van ons leven dezelfde lichamelijke gesteldheid zullen hebben als Kṛṣṇa.

TEKST 9

कविं पुराणमनुशासितारमणोरणीयांसमनुस्मरेद्यः ।
सर्वस्य धातारमचिन्त्यरूपमादित्यवर्णं तमसः परस्तात् ॥ ९ ॥

kaviṁ purāṇam anuśāsitāram, aṇor aṇīyāṁsam anusmared yaḥ
sarvasya dhātāram acintya-rūpam, āditya-varṇaṁ tamasaḥ parastāt

kavim — degene die alles weet; *purāṇam* — de oudste; *anuśāsitāram* — de bestuurder; *aṇoḥ* — dan het atoom; *aṇīyāṁsam* — kleiner; *anu-smaret* — denkt altijd aan; *yaḥ* — hij die; *sarvasya* — van alles; *dhātāram* — de instandhouder; *acintya* — onvoorstelbaar; *rūpam* — wiens gedaante; *āditya-varṇam* — stralend als de zon; *tamasaḥ* — aan duisternis; *parastāt* — transcendentaal.

Men moet op de Allerhoogste Persoon mediteren als degene die alles weet, die de oudste is en de bestuurder, als degene die kleiner is dan het kleinste en de instandhouder van alles, als degene die alle materiële opvattingen te boven gaat, die onvoorstelbaar is en altijd een persoon. Hij straalt als de zon en is transcendentaal, ontstegen aan deze materiële natuur.

COMMENTAAR: In dit vers wordt gesproken over het proces van denken aan de Allerhoogste. Het belangrijkste punt is dat Hij niet leeg of onpersoonlijk is. Men kan niet op iets onpersoonlijks of op de leegte mediteren. Dat is heel moeilijk. Maar het proces van denken aan Kṛṣṇa is zeer gemakkelijk en het is dat waarover dit vers spreekt.

Allereerst wordt gezegd dat de Heer een *puruṣa* is, een persoon; we denken aan de persoon Rāma en de persoon Kṛṣṇa. En of iemand nu aan Rāma of aan Kṛṣṇa denkt, de kwaliteiten van deze persoon worden in dit vers van de *Bhagavad-gītā* beschreven. De Heer is *kavi*, wat betekent dat Hij verleden, heden en toekomst kent en daarom alwetend is. Hij is de oudste persoonlijkheid, omdat Hij de oorsprong is van alles; alles komt voort uit Hem. Hij is ook de allerhoogste bestuurder van het universum en de instandhouder en leraar van de mensheid. Hij is kleiner dan het kleinste. Het levend wezen is zo klein als het tienduizendste deel van de punt van een haar, maar de Heer is zo onvoorstelbaar klein dat Hij binnengaat in het hart van dat deeltje. Daarom wordt Hij kleiner dan het kleinste genoemd. Omdat Hij de Allerhoogste is, kan Hij in ieder atoom en in het hart van het kleinste binnengaan en het als de Superziel besturen. Maar ook al is Hij zo klein, toch is Hij alomtegenwoordig en houdt Hij alles in stand. Alle planetenstelsels worden door Hem instandgehouden.

We vragen ons vaak af hoe deze reusachtige planeten in de lucht zweven. In dit vers wordt gesteld dat de Allerhoogste Heer door Zijn onvoorstelbare energie alle grote planeten en sterrenstelsels gaande houdt. Het woord *'acintya'* ('onvoorstelbaar') is in dit verband belangrijk. Gods energie is iets wat ons voorstellingsvermogen en de grenzen van ons denken te boven gaat en wordt daarom onvoorstelbaar (*acintya*) genoemd. Wie kan dit tegenspreken? Hij doordringt de materiële wereld en is er tegelijkertijd aan ontstegen. Hoe kunnen we begrijpen wat er zich voorbij de materiële wereld bevindt als we niet eens de materiële wereld kunnen begrijpen, die onbeduidend is in vergelijking met de spirituele wereld? *Acintya* verwijst naar datgene wat zich voorbij de materiële wereld bevindt, dat wat ons redeneervermogen, onze logica en filosofische speculatie niet kunnen bevatten, dat wat onvoorstelbaar is. Intelligente personen zouden zulke nutteloze redenaties en speculaties moeten vermijden en zouden moeten aanvaarden wat in teksten als de Veda's, de *Bhagavad-gītā* en het *Śrīmad-Bhāgavatam* geschreven staat en zouden de principes die daarin worden vastgesteld moeten volgen. Dat zal iemand tot inzicht brengen.

TEKST 10 प्रयाणकाले मनसाचलेन भक्त्या युक्तो योगबलेन चैव ।
भ्रुवोर्मध्ये प्राणमावेश्य सम्यक् स तं परं पुरुषमुपैति दिव्यम् ॥ १० ॥

prayāṇa-kāle manasācalena,
bhaktyā yukto yoga-balena caiva
bhruvor madhye prāṇam āveśya samyak
sa taṁ paraṁ puruṣam upaiti divyam

prayāṇa-kāle — op het moment van de dood; *manasā* — door de geest; *acalena* — zonder dat hij afgeleid wordt; *bhaktyā* — met volledige devotie; *yuktaḥ* — verbonden; *yoga-balena* — door de kracht van mystieke yoga; *ca* — ook; *eva* — zeker; *bhruvoḥ* — de twee wenkbrauwen; *madhye* — tussen; *prāṇam* — de levensadem; *āveśya* — vestigend; *samyak* — volledig; *saḥ* — hij; *tam* — die; *param* — transcendentale; *puruṣam* — Persoonlijkheid Gods; *upaiti* — bereikt; *divyam* — in het spirituele koninkrijk.

Wie op het moment van de dood zijn levensadem tussen de wenkbrauwen concentreert en door de kracht van yoga in volledige devotie aan de Allerhoogste Heer denkt zonder dat zijn geest afdwaalt, zal de Allerhoogste Persoonlijkheid Gods zeker bereiken.

COMMENTAAR: In dit vers wordt duidelijk gesteld dat de geest op het moment van de dood verzonken moet zijn in devotie voor de Allerhoogste Persoonlijkheid Gods. Personen die gevorderd zijn in yoga wordt aangeraden om de levenskracht omhoog te brengen naar de plaats tussen de wenkbrauwen (naar de *ājñā-cakra*). In dit vers wordt voorgesteld om *ṣaṭ-cakra-yoga* te beoefenen, meditatie op de zes *cakra's*. Een zuivere toegewijde beoefent zulke yoga niet, maar omdat hij altijd bezig is met Kṛṣṇa-bewuste activiteiten, zal hij door de genade van de Allerhoogste Persoonlijkheid Gods in staat zijn op het moment van de dood aan Hem te denken. Dit wordt in tekst veertien uitgelegd.

Het gebruik van het woord *'yoga-balena'* is belangrijk in dit vers, want zonder yoga te beoefenen — of het nu *ṣaṭ-cakra-yoga* of *bhakti-yoga* is — kan niemand op het moment van de dood deze transcendentale zijnstoestand bereiken. Men kan zich niet plotseling de Allerhoogste Heer herinneren wanneer men sterft; men moet een of andere yogamethode beoefend hebben — in het bijzonder het systeem van *bhakti-yoga*. Omdat de geest op het moment van de dood zeer verstoord is, moet men gedurende zijn leven transcendentale activiteiten verrichten door yoga te beoefenen.

TEKST 11 यदक्षरं वेदविदो वदन्ति विशन्ति यद्यतयो वीतरागाः ।
यदिच्छन्तो ब्रह्मचर्यं चरन्ति तत्ते पदं सङ्ग्रहेण प्रवक्ष्ये ॥ ११ ॥

yad akṣaraṁ veda-vido vadanti
viśanti yad yatayo vīta-rāgāḥ
yad icchanto brahmacaryaṁ caranti
tat te padaṁ saṅgraheṇa pravakṣye

yat — dat wat; *akṣaram* — de lettergreep *oṁ*; *veda-vidaḥ* — personen die de Veda's kennen; *vadanti* — zeggen; *viśanti* — binnengaan; *yat* — waarin; *yatayaḥ* — grote wijzen; *vīta-rāgāḥ* — in de onthechte levensorde; *yat* — dat wat; *icchantaḥ* — verlangend; *brahmacaryam* — celibaat; *caranti* — beoefenen; *tat* — dat; *te* — aan jou; *padam* — situatie; *saṅgraheṇa* — in het kort; *pravakṣye* — Ik zal uitleggen.

Personen die geleerd zijn in de Veda's, die oṁkāra chanten en die grote wijzen in de onthechte levensorde zijn, treden binnen in het Brahman. Wie zulke volmaaktheid verlangt, leeft celibatair. Ik zal je nu in het kort deze methode uitleggen waardoor men verlossing kan bereiken.

COMMENTAAR: Heer Śrī Kṛṣṇa raadde Arjuna aan om *ṣaṭ-cakra-yoga* te beoefenen, waarbij de levensadem omhoog wordt gebracht naar de plaats tussen de wenkbrauwen. Omdat de Heer rekening houdt met de mogelijkheid dat Arjuna niet weet hoe hij *ṣaṭ-cakra-yoga* moet beoefenen, legt Hij dit proces in de volgende verzen uit. De Heer zegt dat Brahman, hoewel het één is en zonder gelijke, toch verschillende verschijningsvormen en eigenschappen heeft. Vooral de impersonalist benadrukt dat de *akṣara* of *oṁkāra* — de lettergreep *oṁ* — identiek is met Brahman. Kṛṣṇa geeft hier uitleg over het onpersoonlijk Brahman, waarin de wijzen in de onthechte levensorde binnengaan.

In het Vedische kennissysteem wordt studenten vanaf het begin geleerd de lettergreep *oṁ* te chanten en wordt hen kennis bijgebracht over het aldoordringende onpersoonlijk Brahman; ze leren dit door strikt celibatair te leven onder begeleiding van een spiritueel leraar. Op die manier krijgen ze een besef van twee kenmerken van Brahman. Een dergelijke training is essentieel voor de student om vooruitgang te maken in het spirituele leven, maar tegenwoordig is zo'n bestaan als *brahmacārī* (ongehuwd, celibatair leven) volkomen onmogelijk. De sociale structuur van de wereld is zo veranderd, dat celibatair leven vanaf het begin van iemands studententijd onmogelijk is.

Over de hele wereld zijn er vele instanties voor verschillende takken van kennis, maar er zijn geen erkende instanties waar studenten een opleiding in de principes van *brahmacarya* kunnen volgen. Voor iemand die niet celibatair leeft, is het heel moeilijk om vooruitgang te maken in het spirituele leven. In overeenstemming met de regels voor het Kali-yuga die in de heilige teksten staan, heeft Heer Caitanya daarom verkondigd dat er in dit tijdperk geen ander proces mogelijk is om zich bewust te worden van de Allerhoogste dan het chanten van de heilige namen van Heer Kṛṣṇa: Hare Kṛṣṇa, Hare Kṛṣṇa, Kṛṣṇa Kṛṣṇa, Hare Hare/ Hare Rāma, Hare Rāma, Rāma Rāma, Hare Hare.

TEKST 12 सर्वद्वाराणि संयम्य मनो हृदि निरुध्य च ।
मूर्ध्न्याधायात्मनः प्राणमास्थितो योगधारणाम् ॥ १२ ॥

sarva-dvārāṇi saṁyamya, mano hṛdi nirudhya ca
mūrdhny ādhāyātmanaḥ prāṇam, āsthito yoga-dhāraṇām

sarva-dvārāṇi — alle poorten van het lichaam; *saṁyamya* — beheersend; *manaḥ* — de geest; *hṛdi* — in het hart; *nirudhya* — opsluitend; *ca* — ook; *mūrdhni* — op het hoofd; *ādhāya* — concentrerend; *ātmanaḥ* — van de ziel; *prāṇam* — de levensadem; *āsthitaḥ* — vaststaand in; *yoga-dhāraṇām* — de toestand waarin men verankerd is in yoga.

Verankerd zijn in yoga betekent dat je je van alle zintuiglijke bezigheden onthecht. Door alle poorten van de zintuigen te sluiten, de geest op het hart te concentreren en de levensadem naar de kruin van het hoofd te brengen, raakt men verankerd in yoga.

COMMENTAAR: Om yoga te beoefenen moet men, zoals hier wordt aangeraden, eerst de deuren sluiten voor alle zinsbevrediging. Dit onderdeel wordt *pratyāhāra* genoemd of het terugtrekken van de zintuigen van de zinsobjecten. Men moet de zintuigen voor het opdoen van kennis — de ogen, oren, neus, tong en tastzin — volledig beheersen en hen alle zinsbevrediging ontzeggen. Zo kan de geest zich op de Superziel in het hart concentreren en kan de levensadem naar de kruin van het hoofd worden gebracht. In het zesde hoofdstuk werd deze methode gedetailleerd beschreven. Maar zoals eerder gezegd, is deze methode niet praktisch in dit tijdperk. De beste methode is Kṛṣṇa-bewustzijn. Voor wie in staat is zijn geest altijd op Kṛṣṇa te concentreren in devotionele dienst, is het heel gemakkelijk om in een onverstoorde, transcendentale toestand van diepe meditatie of *samādhi*, te blijven.

TEKST 13 ॐ इत्येकाक्षरं ब्रह्म व्याहरन्मामनुस्मरन् ।
यः प्रयाति त्यजन्देहं स याति परमां गतिम् ॥ १३ ॥

oṁ ity ekākṣaraṁ brahma, vyāharan mām anusmaran
yaḥ prayāti tyajan dehaṁ, sa yāti paramāṁ gatim

oṁ — de lettercombinatie *oṁ* (*oṁkāra*); *iti* — zo; *eka-akṣaram* — de ene lettergreep; *brahma* — absoluut; *vyāharan* — chantend; *mām* — Mij (Kṛṣṇa); *anusmaran* — herinnerend; *yaḥ* — iedereen die; *prayāti* — verlaat; *tyajan* — opgevend; *deham* — dit lichaam; *saḥ* — hij; *yāti* — bereikt; *paramām* — de allerhoogste; *gatim* — bestemming.

Wie standvastig is in yoga en de heilige lettergreep oṁ, de allerhoogste lettercombinatie, heeft gechant, zal beslist de spirituele planeten bereiken wanneer hij op het moment dat hij zijn lichaam verlaat, aan de Allerhoogste Persoonlijkheid Gods denkt.

COMMENTAAR: Hier wordt duidelijk verklaard dat *oṁ*, Brahman en Heer Kṛṣṇa niet-verschillend zijn. *Oṁ* is het onpersoonlijke geluid van Kṛṣṇa, maar het geluid Hare Kṛṣṇa bevat *oṁ*. Voor het huidige tijdperk wordt onmiskenbaar het chanten van de Hare Kṛṣṇa-mantra aangeraden. Als iemand tijdens het verlaten van zijn lichaam dus Hare Kṛṣṇa, Hare Kṛṣṇa, Kṛṣṇa Kṛṣṇa, Hare Hare/ Hare Rāma, Hare Rāma, Rāma Rāma, Hare Hare chant, zal hij, overeenkomstig zijn manier van vereren, zeker een van de spirituele planeten bereiken. De toegewijden van Kṛṣṇa gaan naar de planeet van Kṛṣṇa, Goloka Vṛndāvana. Voor personalisten zijn er in de spirituele hemel nog ontelbare andere planeten, die bekendstaan als de Vaikuṇṭha-planeten, maar de impersonalisten blijven in de *brahmajyoti*.

TEKST 14 अनन्यचेताः सततं यो मां स्मरति नित्यशः ।
तस्याहं सुलभः पार्थ नित्ययुक्तस्य योगिनः ॥ १४ ॥

ananya-cetāḥ satataṁ. yo māṁ smarati nityaśaḥ
tasyāhaṁ sulabhaḥ pārtha, nitya-yuktasya yoginaḥ

ananya-cetāḥ — zonder dat de geest afdwaalt; *satatam* — altijd; *yaḥ* — iedereen die; *mām* — Mij (Kṛṣṇa); *smarati* — herinnert; *nityaśaḥ* — voortdurend; *tasya* — voor hem; *aham* — Ik ben; *su-labhaḥ* — heel makkelijk te bereiken; *pārtha* — o zoon van Pṛthā; *nitya* — voortdurend; *yuktasya* — verbonden; *yoginaḥ* — voor de toegewijde.

Voor wie altijd en zonder af te dwalen aan Me denkt, ben ik gemakkelijk te bereiken, o zoon van Pṛthā, omdat zo iemand voortdurend bezig is met devotionele dienst.

COMMENTAAR: Dit vers beschrijft in het bijzonder de uiteindelijke bestemming van de zuivere toegewijden, die de Allerhoogste Persoonlijkheid Gods dienen in *bhakti-yoga*. Eerdere verzen beschreven de vier verschillende soorten toegewijden: degenen in nood, de nieuwsgierigen, zij die naar materieel gewin zoeken en de speculerende filosofen. Verder werden er ook verschillende methoden van bevrijding beschreven, namelijk *karma-yoga, jñāna-yoga* en *haṭha-yoga*. De principes van deze yogastelsels hebben allemaal een element van *bhakti* in zich, maar in dit vers gaat het specifiek over zuivere *bhakti-yoga*, die niet vermengd is met *jñāna, karma* of *haṭha*.

Zoals aangegeven door het woord *'ananya-cetāḥ'*, verlangt de toegewijde die op het niveau van zuivere *bhakti-yoga* is naar niets anders dan Kṛṣṇa. Een zuivere toegewijde verlangt niet naar bevordering naar de hemelse planeten; evenmin zoekt hij naar eenwording met de *brahmajyoti* of naar verlossing of bevrijding van de verstrikking in materie. Een zuivere toegewijde verlangt nergens naar. In het *Caitanya-caritāmṛta* wordt de toegewijde aangeduid met *niṣkāma*, wat betekent dat hij geen eigenbelang heeft; alleen hij is volmaakt vredig, maar zij die persoonlijk gewin najagen niet. De *jñāna-yogī*, de *karma-yogī* en de *haṭha-yogī* hebben hun eigen, zelfzuchtige belangen, maar de volmaakte toegewijde heeft geen ander verlangen dan het tevredenstellen van de Allerhoogste Persoonlijkheid Gods. En de Heer zegt dat Hij gemakkelijk te bereiken is voor iemand die Hem vastberaden is toegewijd.

Een zuivere toegewijde is altijd bezig met devotionele dienst aan Kṛṣṇa in een van Zijn verschillende persoonlijke gedaanten. Kṛṣṇa heeft verschillende volkomen expansies en incarnaties, zoals Rāma en Nṛsiṁha, en uit deze expansies en incarnaties kan een toegewijde elke transcendentale gedaante van de Allerhoogste Heer kiezen om zijn geest in liefdedienst op te concentreren. Zo'n toegewijde krijgt niet te maken met de problemen die de beoefenaars van andere yoga's verstoren. *Bhakti-yoga* is heel eenvoudig en zuiver en gemakkelijk te beoefenen; men kan gewoon beginnen met het chanten van Hare Kṛṣṇa.

De Heer is iedereen genadig, maar zoals we al eerder hebben uitgelegd, heeft Hij een speciale genegenheid voor hen die Hem altijd en zonder afwijken dienen. De Heer helpt zulke toegewijden op allerlei manieren. In de Veda's wordt in dit verband het volgende gezegd: *yam evaiṣa vṛṇute tena labhyas/ tasyaiṣa ātmā vivṛṇute tanuṁ svām* (*Kaṭha Upaniṣad* 1.2.23) — wie zich volledig overgeeft en devotionele dienst aan de Allerhoogste Heer verricht, kan Hem begrijpen zoals Hij is. En zoals gezegd wordt in de *Bhagavad-gītā* (10.10): *dadāmi buddhi-yogaṁ tam* — de Heer geeft zo'n toegewijde voldoende intelligentie, zodat de toegewijde Hem uiteindelijk kan bereiken in Zijn spirituele koninkrijk.

De speciale kwalificatie van de zuivere toegewijde is dat hij altijd, zonder af te wijken en zonder plaats of tijd in overweging te nemen, aan Kṛṣṇa denkt. Er zijn geen belemmeringen. Hij zou zijn devotionele dienst altijd en overal moeten kunnen uitvoeren. Sommigen zeggen dat een toegewijde in heilige plaatsen moet verblijven zoals Vṛndāvana of een heilige stad waar de Heer geleefd heeft, maar een zuivere toegewijde kan overal wonen en de sfeer van Vṛndāvana creëren door zijn devotionele dienst. Śrī Advaita zei eens tegen Heer Caitanya: 'Waar U ook bent mijn Heer — *daar* is Vṛndāvana.'

Zoals werd aangegeven met de woorden *'satatam'* en *'nityaśaḥ'*, die 'altijd', 'regelmatig' of 'elke dag' betekenen, denkt een zuivere toegewijde voortdurend aan Kṛṣṇa en mediteert hij op Hem. Dit zijn de kwalificaties van de zuivere toegewijde voor wie het heel gemakkelijk is de Heer te bereiken.

Boven alle andere systemen raadt de *Gītā* het systeem van *bhakti-yoga* aan. Over het algemeen zijn *bhakti-yogī's* op vijf verschillende manieren actief: (1) *śānta-bhakta*, verricht devotionele dienst in neutraliteit; (2) *dāsya-bhakta*, verricht devotionele dienst als dienaar; (3) *sakhya-bhakta*, is actief als vriend; (4) *vātsalya-bhakta*, is actief als ouder; (5) *mādhurya-bhakta*, verricht devotionele dienst aan de Allerhoogste Heer in amoureuze liefde. Op een van deze manieren is de toegewijde voortdurend bezig met transcendentale liefdedienst aan de Allerhoogste Heer en kan hij Hem niet vergeten; voor de toegewijde is de Heer daarom gemakkelijk te bereiken. Net zoals een zuivere toegewijde de Allerhoogste Heer geen moment kan vergeten, zo kan ook de Allerhoogste Heer Zijn zuivere toegewijde geen moment vergeten. Dat is de grote zegen die men ontvangt wanneer men het proces van het Kṛṣṇa-bewustzijn volgt en de *mahā-mantra* chant — Hare Kṛṣṇa, Hare Kṛṣṇa, Kṛṣṇa Kṛṣṇa, Hare Hare/ Hare Rāma, Hare Rāma, Rāma Rāma, Hare Hare.

TEKST 15

मामुपेत्य पुनर्जन्म दुःखालयमशाश्वतम् ।
नाप्नुवन्ति महात्मानः संसिद्धिं परमां गताः ॥ १५ ॥

mām upetya punar janma, duḥkhālayam aśāśvatam
nāpnuvanti mahātmānaḥ, saṁsiddhiṁ paramāṁ gatāḥ

mām — Mij; *upetya* — bereikend; *punaḥ* — opnieuw; *janma* — geboorte; *duḥkha-ālayam* — oord van ellende; *aśāśvatam* — tijdelijk; *na* — nooit; *āpnuvanti* — bereiken; *mahā-ātmānaḥ* — de grote zielen; *saṁsiddhim* — perfectie; *paramām* — ultieme; *gatāḥ* — bereikt hebbend.

Nadat ze Mij bereikt hebben, keren de grote zielen, die toegewijde yogī's zijn, nooit meer terug naar deze tijdelijke wereld, die vol ellende is, want ze hebben de hoogste volmaaktheid bereikt.

COMMENTAAR: Omdat de tijdelijke materiële wereld vol is van de ellende van geboorte, ouderdom, ziekte en dood, zal degene die de hoogste perfectie behaald heeft en de allerhoogste planeet, Kṛṣṇaloka, Goloka Vṛndāvana, heeft bereikt, natuurlijk niet willen terugkeren. De allerhoogste planeet wordt in de Vedische literatuur beschreven als *avyakta*, *akṣara* en *paramā gati;* met andere woorden, die planeet gaat ons materiële waarnemingsvermogen te boven en is onvoorstelbaar, maar ze is het hoogste doel, de bestemming van de *mahātmā's* (grote zielen). De *mahātmā's* ontvangen transcendentale boodschappen van zelfgerealiseerde toegewijden en ontwikkelen op die manier geleidelijk hun devotionele dienst in

Kṛṣṇa-bewustzijn en raken zo verdiept in die transcendentale dienst, dat ze er niet langer naar verlangen om naar welke materiële planeet dan ook te worden verheven — ze willen zelfs niet naar een van de spirituele planeten verheven worden. Het enige wat ze willen is Kṛṣṇa en Kṛṣṇa's gezelschap en niets anders. Dat is de hoogste volmaaktheid van het leven.

Dit vers spreekt in het bijzonder over de personalistische toegewijden van de Allerhoogste Heer, Kṛṣṇa. Deze Kṛṣṇa-bewuste toegewijden bereiken de hoogste volmaaktheid van het leven. Met andere woorden, zij zijn de meest verheven zielen.

TEKST 16 आब्रह्मभुवनाल्लोकाः पुनरावर्तिनोऽर्जुन ।
मामुपेत्य तु कौन्तेय पुनर्जन्म न विद्यते ॥ १६ ॥

ā-brahma-bhuvanāl lokāḥ, punar āvartino 'rjuna
mām upetya tu kaunteya, punar janma na vidyate

ā-brahma-bhuvanāt — tot en met de Brahmaloka planeet; *lokāḥ* — de planetenstelsels; *punaḥ* — opnieuw; *āvartinaḥ* — terugkerend; *arjuna* — o Arjuna; *mām* — tot Mij; *upetya* — komend; *tu* — maar; *kaunteya* — o zoon van Kuntī; *punaḥ janma* — wedergeboorte; *na* — nooit; *vidyate* — vindt plaats.

Alle planeten in de materiële wereld, van de hoogste tot de laagste, zijn oorden van ellende waar geboorte en dood zich voortdurend herhalen. Maar wie Mijn woning bereikt, o zoon van Kuntī, wordt nooit meer geboren.

COMMENTAAR: Alle soorten *yogī's* — *karma-yogī's, jñāna-yogī's, haṭha-yogī's* enz. — zullen uiteindelijk tot het niveau van volmaakte devotie in *bhakti-yoga* of Kṛṣṇa-bewustzijn moeten komen voordat ze naar de transcendentale woning van Kṛṣṇa kunnen gaan, zonder terug te hoeven keren. Zij die de hoogste planeten in de materiële wereld, de planeten van de halfgoden, bereiken, blijven onderhevig aan geboorte en dood. Terwijl personen van de aarde verheven worden naar de hogere planeten, vallen de bewoners van de hogere planeten, zoals Brahmaloka, Candraloka en Indraloka, terug naar de aarde.

Het *pañcāgni-vidyā*-offer dat in de *Chāndogya Upaniṣad* wordt aangeraden, stelt iemand in staat om Brahmaloka te bereiken, maar als hij op Brahmaloka geen Kṛṣṇa-bewustzijn cultiveert, moet hij terugkomen naar de aarde. Zij die op de hogere planeten vooruitgang maken in Kṛṣṇa-bewustzijn, worden geleidelijk aan verheven naar steeds hogere planeten, en bij de vernietiging van het universum worden ze naar het eeuwige, spirituele koninkrijk overgebracht.

Śrīla Baladeva Vidyābhūṣaṇa citeert het volgende vers in zijn commentaar op de *Bhagavad-gītā*:

brahmaṇā saha te sarve, samprāpte pratisañcare
parasyānte kṛtātmānaḥ, praviśanti paraṁ padam

'Bij de vernietiging van dit materiële universum worden Brahmā en zijn toegewijden, die voortdurend met Kṛṣṇa-bewustzijn bezig zijn, allemaal naar het spirituele universum overgebracht en overeenkomstig hun verlangen bereiken ze bepaalde spirituele planeten.'

TEKST 17

सहस्रयुगपर्यन्तमहर्यद्ब्रह्मणो विदुः ।
रात्रिं युगसहस्रान्तां तेऽहोरात्रविदो जनाः ॥ १७ ॥

sahasra-yuga-paryantam, ahar yad brahmaṇo viduḥ
rātriṁ yuga-sahasrāntām̐, te 'ho-rātra-vido janāḥ

sahasra — duizend; *yuga* — tijdperken; *paryantam* — bevattend; *ahaḥ* — dag; *yat* — dat wat; *brahmaṇaḥ* — van Brahmā; *viduḥ* — zij weten; *rātrim* — nacht; *yuga* — tijdperken; *sahasra-antām* — op dezelfde wijze, eindigend na duizend; *te* — zij; *ahaḥ-rātra* — dag en nacht; *vidaḥ* — die begrijpen; *janāḥ* — mensen.

Naar menselijke berekening vormen duizend tijdperken samen de tijdsduur van één dag van Brahmā en zijn nacht duurt even lang.

COMMENTAAR: De tijdsduur van het materiële universum is beperkt. Deze tijdsduur wordt onderverdeeld in cycli van *kalpa's*. Een *kalpa* is een dag van Brahmā en één dag van Brahmā bestaat uit duizend cycli van vier *yuga's* of tijdperken: Satya, Tretā, Dvāpara en Kali. Het tijdperk van Satya wordt gekenmerkt door deugdzaamheid, wijsheid en religie, terwijl onwetendheid en immoraliteit nagenoeg niet bestaan; dit *yuga* duurt 1.728.000 jaar. In het Tretā-yuga doet immoraliteit haar intrede en dit *yuga* duurt 1.296.000 jaar. In het Dvāpara-yuga raken deugd en religie nog meer in verval en immoraliteit neemt verder toe; dit *yuga* duurt 864.000 jaar. En uiteindelijk is er in het Kali-yuga (het tijdperk waarin we ons de laatste vijfduizend jaar bevinden) een overvloed aan strijd, onwetendheid, immoraliteit en gebrek aan spiritualiteit, en werkelijke deugdzaamheid bestaat praktisch niet meer; dit *yuga* duurt 432.000 jaar. In het Kali-yuga neemt het kwaad zozeer toe dat de Allerhoogste Heer aan het eind van het *yuga* Zelf verschijnt als de *avatāra* Kalki. Als Kalki vernietigt Hij de demonen, redt Hij Zijn toegewijden en laat Hij een nieuw Satya-yuga beginnen, waarmee de cyclus opnieuw begint.

Duizend cycli van deze vier *yuga's* vormen één dag van Brahmā en zijn nacht is net zo lang. Brahmā heeft een levensduur van honderd zulke 'jaren' en sterft dan. Deze honderd 'jaar' komt overeen met 311 biljoen 40 miljard jaar op aarde. Door deze berekening lijkt de levensduur van Brahmā fantastisch en eindeloos, maar vanuit het standpunt van de eeuwigheid is het net zo kort als een bliksemflits. In de Oceaan van Oorzaken zijn er oneindig veel Brahmā's die verschijnen en verdwijnen als luchtbellen in de Atlantische Oceaan. Brahmā en zijn schepping maken deel uit van de materiële wereld en veranderen daarom voortdurend.

In het materiële universum is zelfs Brahmā niet vrij van het proces van geboorte, ouderdom, ziekte en dood. Hij doet echter rechtstreeks dienst aan de Allerhoogste Heer door dit universum te besturen en bereikt daarom onmiddellijk bevrijding. Verheven *sannyāsī's* worden bevorderd naar de planeet van Brahmā,

Brahmaloka, die de hoogste planeet in het materiële universum is en die langer blijft bestaan dan alle andere hogere planeten in de bovenste lagen van het planetenstelsel. Maar uiteindelijk zijn Brahmā en alle inwoners van Brahmaloka volgens de wetten van de materiële natuur onderworpen aan de dood.

TEKST 18 अव्यक्ताद्व्यक्तयः सर्वाः प्रभवन्त्यहरागमे ।
रात्र्यागमे प्रलीयन्ते तत्रैवाव्यक्तसंज्ञके ॥ १८ ॥

avyaktād vyaktayaḥ sarvāḥ, prabhavanty ahar-āgame
rātry-āgame pralīyante, tatraivāvyakta-saṁjñake

avyaktāt — van het ongemanifesteerde; *vyaktayaḥ* — levende wezens; *sarvāḥ* — alle; *prabhavanti* — komen tevoorschijn; *ahaḥ-āgame* — bij het aanbreken van de dag; *rātri-āgame* — bij het vallen van de nacht; *pralīyante* — worden vernietigd; *tatra* — daarin; *eva* — zeker; *avyakta* — het ongemanifesteerde; *saṁjñake* — wat genoemd wordt.

Bij het aanbreken van een dag van Brahmā komen alle levende wezens uit de ongemanifesteerde toestand tevoorschijn en bij het vallen van de nacht gaan ze weer op in het ongemanifesteerde.

TEKST 19 भूतग्रामः स एवायं भूत्वा भूत्वा प्रलीयते ।
रात्र्यागमेऽवशः पार्थ प्रभवत्यहरागमे ॥ १९ ॥

bhūta-grāmaḥ sa evāyaṁ, bhūtvā bhūtvā pralīyate
rātry-āgame 'vaśaḥ pārtha, prabhavaty ahar-āgame

bhūta-grāmaḥ — alle levende wezens tezamen; *saḥ* — deze; *eva* — zeker; *ayam* — die; *bhūtvā bhūtvā* — herhaaldelijk geboren worden; *pralīyate* — wordt vernietigd; *rātri* — van de nacht; *āgame* — aan het begin; *avaśaḥ* — vanzelf; *pārtha* — o zoon van Pṛthā; *prabhavati* — komt tevoorschijn; *ahaḥ* — overdag; *āgame* — met de komst.

Wanneer voor Brahmā de dag aanbreekt, komen alle levende wezens keer op keer tevoorschijn, o zoon van Pṛthā, en wanneer voor hem de nacht valt, worden ze hulpeloos vernietigd.

COMMENTAAR: Minder intelligente personen, die in de materiële wereld proberen te blijven, kunnen naar de hogere planeten verheven worden, maar moeten opnieuw terugkomen naar de planeet aarde. Tijdens de dag van Brahmā kunnen ze op hogere en lagere planeten in de materiële wereld hun activiteiten ontplooien, maar als de nacht van Brahmā aanbreekt, worden ze allemaal vernietigd. Gedurende de dag krijgen ze verschillende lichamen voor materiële activiteiten en gedurende de nacht hebben ze niet langer lichamen, maar verblijven ze dicht opeengepakt in het lichaam van Viṣṇu. Aan het begin van de dag van Brahmā komen ze opnieuw tevoorschijn. *Bhūtvā bhūtvā pralīyate:* overdag komen ze tevoorschijn en 's nachts worden ze weer vernietigd. Wanneer het leven van Brahmā uiteindelijk afgelopen is, worden ze allemaal vernietigd en blijven ze voor miljoenen en miljoenen jaren in een ongemanifesteerde toestand. En wanneer Brahmā in een ander tijdperk opnieuw geboren wordt, dan worden ze opnieuw gemanifesteerd. Op deze manier zijn ze in de ban van de materiële wereld.

Maar intelligente personen die zich op het Kṛṣṇa-bewustzijn toeleggen, gebruiken het menselijk leven volledig in devotionele dienst aan de Heer en chanten Hare Kṛṣṇa, Hare Kṛṣṇa, Kṛṣṇa Kṛṣṇa, Hare Hare/ Hare Rāma, Hare Rāma, Rāma Rāma, Hare Hare. Op die manier brengen ze zichzelf zelfs nog in dit leven over naar de spirituele planeet van Kṛṣṇa en worden daar eeuwig gelukkig zonder nog langer onderhevig te zijn aan zulke wedergeboorten.

TEKST 20 परस्तस्मात्तु भावोऽन्योऽव्यक्तोऽव्यक्तात्सनातनः ।
यः स सर्वेषु भूतेषु नश्यत्सु न विनश्यति ॥ २० ॥

paras tasmāt tu bhāvo 'nyo, 'vyakto 'vyaktāt sanātanaḥ
yaḥ sa sarveṣu bhūteṣu, naśyatsu na vinaśyati

paraḥ — transcendentaal; *tasmāt* — daaraan; *tu* — maar; *bhāvaḥ* — natuur; *anyaḥ* — een andere; *avyaktaḥ* — ongemanifesteerd; *avyaktāt* — aan het ongemanifesteerde; *sanātanaḥ* — eeuwig; *yaḥ saḥ* — dat wat; *sarveṣu* — alles; *bhūteṣu* — manifestatie; *naśyatsu* — vernietigd wordend; *na* — nooit; *vinaśyati* — wordt vernietigd.

Maar er is een andere, ongemanifesteerde natuur, die eeuwig is en ontstegen aan deze gemanifesteerde en ongemanifesteerde materie. Die natuur is de allerhoogste en wordt nooit vernietigd. Wanneer alles in deze wereld vernietigd wordt, blijft dat deel zoals het is.

COMMENTAAR: De hogere, spirituele energie van Kṛṣṇa is transcendentaal en eeuwig. Ze is ontstegen aan alle veranderingen van de materiële natuur, die gemanifesteerd en vernietigd wordt tijdens de dagen en nachten van Brahmā. De hogere energie van Kṛṣṇa is van een kwaliteit die volkomen tegengesteld is aan de materiële natuur. De hogere en de lagere natuur werden in hoofdstuk zeven uitgelegd.

TEKST 21 अव्यक्तोऽक्षर इत्युक्तस्तमाहुः परमां गतिम् ।
यं प्राप्य न निवर्तन्ते तद्धाम परमं मम ॥ २१ ॥

avyakto 'kṣara ity uktas, tam āhuḥ paramāṁ gatim
yaṁ prāpya na nivartante, tad dhāma paramaṁ mama

avyaktaḥ — ongemanifesteerd; *akṣaraḥ* — onvernietigbaar; *iti* — aldus; *uktaḥ* — wordt gezegd; *tam* — dat; *āhuḥ* — staat bekend; *paramām* — het ultieme; *gatim* — bestemming; *yam* — die; *prāpya* — bereikend; *na* — nooit; *nivartante* — komen terug; *tat* — dat; *dhāma* — verblijfplaats; *paramam* — allerhoogste; *mama* — Mijn.

Wat vedāntisten beschrijven als ongemanifesteerd en onvernietigbaar, wat bekendstaat als de allerhoogste bestemming, de plaats waarvan men, na haar bereikt te hebben, nooit meer terugkeert, dat is Mijn allerhoogste woning.

COMMENTAAR: In de *Brahma-saṁhitā* wordt de allerhoogste woning van de Persoonlijkheid Gods, Kṛṣṇa, beschreven als *cintāmaṇi-dhāma*, een plaats waar alle verlangens vervuld worden. Deze allerhoogste woning van Heer Kṛṣṇa, die bekendstaat als Goloka Vṛndāvana, staat vol met paleizen gemaakt van *cintāmaṇi*-steen. Er zijn ook bomen die 'wensbomen' worden genoemd en die op verzoek alle mogelijke voedselsoorten geven; ook zijn er koeien, die bekendstaan als *surabhi*-koeien en die een oneindige hoeveelheid melk kunnen geven. In deze woning wordt de Heer door honderdduizenden geluksgodinnen (Lakṣmī's) gediend. Hij wordt Govinda genoemd en Hij is de oorspronkelijke Heer en de oorzaak van alle oorzaken. De Heer speelt gewoonlijk op Zijn fluit (*veṇuṁ kvaṇantam*). Zijn transcendentale gedaante is de aantrekkelijkste van alle werelden; Zijn ogen zijn als de bloembladen van een lotus en de kleur van Zijn lichaam is als de kleur van wolken. Hij is zo aantrekkelijk dat Zijn schoonheid die van duizenden Cupido's overtreft. Hij draagt saffraangele kleren, Hij heeft een bloemenkrans om Zijn nek en een pauwenveer in Zijn haar.

In de *Bhagavad-gītā* geeft Heer Kṛṣṇa enkel een kleine indicatie van Zijn persoonlijke woning, Goloka Vṛndāvana, de hoogste planeet in het spirituele koninkrijk; de *Brahma-saṁhitā* geeft een levendige beschrijving. In de Vedische literatuur wordt gesteld dat er niets hogers is dan de woning van de Allerhoogste Godheid en dat die woning de uiteindelijke bestemming is (*puruṣān na paraṁ kiñcit sā kāṣṭhā paramā gatiḥ* — *Kaṭha Upaniṣad* 1.3.11). Wanneer iemand die bereikt, keert hij nooit meer terug naar de materiële wereld.

De allerhoogste woning van Kṛṣṇa en Kṛṣṇa Zelf verschillen niet van elkaar, omdat ze kwalitatief één zijn. Het Vṛndāvana op deze aarde, dat 145 kilometer ten zuidoosten van Delhi ligt, is een replica van dat allerhoogste Goloka Vṛndāvana in de spirituele hemel. Toen Kṛṣṇa op deze aarde neerdaalde, vermaakte Hij zich in dat specifieke gebied dat bekendstaat als Vṛndāvana en dat zo'n 220 vierkante kilometer van het Indiase district Mathurā beslaat.

TEKST 22 पुरुषः स परः पार्थ भक्त्या लभ्यस्त्वनन्यया ।
यस्यान्तःस्थानि भूतानि येन सर्वमिदं ततम् ॥ २२ ॥

puruṣaḥ sa paraḥ pārtha, bhaktyā labhyas tv ananyayā
yasyāntaḥ-sthāni bhūtāni, yena sarvam idaṁ tatam

puruṣaḥ — de Allerhoogste Persoonlijkheid; *saḥ* — Hij; *paraḥ* — de Allerhoogste, niemand is groter dan Hem; *pārtha* — o zoon van Pṛthā; *bhaktyā* — door devotionele dienst; *labhyaḥ* — kan bereikt worden; *tu* — maar; *ananyayā* — onvermengd, zonder afwijking; *yasya* — wie; *antaḥ-sthāni* — in; *bhūtāni* — deze hele materiële manifestatie; *yena* — door wie; *sarvam* — alles; *idam* — wat we maar kunnen zien; *tatam* — is doordrongen.

De Allerhoogste Persoonlijkheid Gods, die groter is dan iedereen, kan door onvermengde devotie bereikt worden, o zoon van Pṛthā. Hoewel Hij Zich in Zijn woning bevindt, is Hij alomtegenwoordig en bevindt alles zich in Hem.

COMMENTAAR: Hier wordt duidelijk gesteld dat de woning van de Allerhoogste Persoon, Kṛṣṇa, de allerhoogste bestemming is, vanwaar niemand hoeft terug te keren. De *Brahma-saṁhitā* beschrijft deze allerhoogste woning als *ānanda-cinmaya-rasa*, een plaats waar alles vervuld is van spirituele gelukzaligheid. Alle verscheidenheid die daar aanwezig is, wordt gekenmerkt door spirituele gelukzaligheid — niets is er materieel. Die verscheidenheid is een spirituele expansie die voortvloeit uit de Allerhoogste Godheid Zelf, want alles wat daar gemanifesteerd is, bestaat volledig uit spirituele energie, zoals in hoofdstuk zeven is uitgelegd. Hoewel de Heer voortdurend aanwezig is in Zijn allerhoogste woning, is Hij toch alomtegenwoordig in de materiële wereld door Zijn materiële energie. Door Zijn spirituele en materiële energieën is Hij dus overal aanwezig, zowel in de materiële als in de spirituele wereld. *Yasyāntaḥ-sthāni* betekent dat alles in Hem in stand wordt gehouden, ofwel in Zijn spirituele energie ofwel in Zijn materiële energie. Door deze twee energieën is de Heer alomtegenwoordig.

Alleen door *bhakti*, devotionele dienst, kan men de eeuwige verblijfplaats van Kṛṣṇa of de ontelbare Vaikuṇṭha-planeten bereiken, wat hier duidelijk wordt aangegeven door het woord *'bhaktyā'*. Geen enkel ander proces kan iemand helpen die allerhoogste woning te bereiken. De Veda's geven ook een beschrijving van de allerhoogste woning en de Allerhoogste Persoonlijkheid Gods. *Eko vaṣī sarva-gaḥ kṛṣṇaḥ* (*Gopāla-tāpanī Upaniṣad*, Pūrva 21). In die woning is er maar één Allerhoogste Persoonlijkheid Gods en Zijn naam is Kṛṣṇa; Hij is de allergenadigste, allerhoogste Godheid, en hoewel Hij daar één is, heeft Hij Zichzelf in miljoenen en miljoenen volkomen expansies geëxpandeerd. De Veda's vergelijken de Heer met een stilstaande boom, die toch een verscheidenheid aan vruchten, bloemen en wisselende bladeren draagt. De volkomen expansies van de Heer die over de Vaikuṇṭha-planeten regeren, hebben vier armen en staan bekend onder verschillende namen, zoals Puruṣottama, Trivikrama, Keśava, Mādhava, Aniruddha, Hṛṣīkeśa, Saṅkarṣaṇa, Pradyumna, Śrīdhara, Vāsudeva, Dāmodara, Janārdana, Nārāyaṇa, Vāmana, Padmanābha enz.

De *Brahma-saṁhitā* (5.37) bevestigt dat, hoewel de Heer altijd aanwezig is in de allerhoogste woning, Goloka Vṛndāvana, Hij tegelijkertijd alomtegenwoordig is, zodat alles goed verloopt (*goloka eva nivasaty akhilātma-bhūtaḥ*). Zo verklaren de Veda's het volgende: *parāsya śaktir vividhaiva śrūyate/ svābhāvikī jñāna-bala-kriyā ca* (*Śvetāśvatara Upaniṣad* 6.8) — Zijn energieën zijn zo alomvattend dat ze alles in de kosmos systematisch en feilloos besturen, hoewel de Allerhoogste Heer Zelf ver, ver weg is.

TEKST 23 यत्र काले त्वनावृत्तिमावृत्तिं चैव योगिनः ।
प्रयाता यान्ति तं कालं वक्ष्यामि भरतर्षभ ॥ २३ ॥

yatra kāle tv anāvṛttim, āvṛttiṁ caiva yoginaḥ
prayātā yānti taṁ kālaṁ, vakṣyāmi bharatarṣabha

yatra — op welke; *kāle* — tijd; *tu* — en; *anāvṛttim* — geen terugkeer; *āvṛttim* — terugkeer; *ca* — ook; *eva* — zeker; *yoginaḥ* — verschillende soorten mystici; *prayātāḥ* — heengegaan zijnd; *yānti* — bereiken; *tam* — die; *kālam* — tijd; *vakṣyāmi* — Ik zal beschrijven; *bharata-ṛṣabha* — o beste onder de Bhārata's.

O beste onder de Bhārata's, Ik zal je nu de verschillende tijden beschrijven die bepalen of de yogī bij het verlaten van deze wereld al dan niet terugkomt.

COMMENTAAR: Het maakt zuivere toegewijden van de Allerhoogste Heer, die zich volledig aan Hem hebben overgegeven, niet uit wanneer of hoe ze hun lichaam verlaten. Ze laten alles aan Kṛṣṇa over en gaan zo gelukkig en gemakkelijk terug naar God. Maar zij die geen zuivere toegewijden zijn en zich in plaats daarvan afhankelijk stellen van methoden van zelfrealisatie als *karma-yoga, jñāna-yoga* en *haṭha-yoga,* moeten het lichaam op een geschikte tijd verlaten om er zeker van te zijn dat ze niet naar deze wereld van geboorte en dood zullen terugkeren.

Wanneer de *yogī* de perfectie heeft bereikt, kan hij zelf de tijd en de situatie waarop hij de materiële wereld verlaat uitkiezen. Maar als hij niet zo perfect is, hangt zijn succes af van het toevallig heengaan op een bepaald gunstig tijdstip. De gunstige momenten waarop iemand heengaat en niet opnieuw terugkomt, worden in de volgende tekst door de Heer uitgelegd. Volgens Ācārya Baladeva Vidyābhūṣaṇa verwijst het sanskrietwoord *'kāla',* dat in dit vers gebruikt wordt, naar de halfgoden die de tijd regeren.

TEKST 24 अग्निर्ज्योतिरहः शुक्लः षण्मासा उत्तरायणम् ।
तत्र प्रयाता गच्छन्ति ब्रह्म ब्रह्मविदो जनाः ॥ २४ ॥

agnir jyotir ahaḥ śuklaḥ, ṣaṇ-māsā uttarāyaṇam
tatra prayātā gacchanti, brahma brahma-vido janāḥ

agniḥ — vuur; *jyotiḥ* — licht; *ahaḥ* — dag; *śuklaḥ* — de veertien dagen van de wassende maan; *ṣaṭ-māsāḥ* — de zes maanden; *uttara-ayanam* — wanneer de zon door het noorden reist; *tatra* — daar; *prayātāḥ* — zij die heengaan; *gacchanti* — gaan; *brahma* — naar het Absolute; *brahma-vidaḥ* — die het Absolute kennen; *janāḥ* — personen.

Zij die het Allerhoogste Brahman kennen, bereiken dat Allerhoogste door deze wereld te verlaten tijdens de invloed van de vuurgod, in het licht, op een gunstig moment van de dag, tijdens de veertien dagen van de wassende maan en tijdens de zes maanden wanneer de zon door het noorden trekt.

COMMENTAAR: Wanneer er gesproken wordt over vuur, licht, dag en de veertien dagen van de wassende maan, dan moeten we begrijpen dat deze allemaal worden geregeerd door verschillende halfgoden, die regelingen treffen voor de doortocht van de ziel. Op het moment van de dood draagt de geest de ziel naar een nieuw leven. Als men zijn lichaam op het hierboven aangegeven tijdstip verlaat, ofwel bij toeval ofwel volgens een regeling, dan kan men de onpersoonlijke *brahmajyoti* bereiken. Mystici die gevorderd zijn in yoga kunnen de tijd en plaats waarop ze het lichaam verlaten zelf bepalen. Anderen hebben hierover geen controle; wanneer ze bij toeval op een gunstig moment heengaan, zullen ze niet terugkeren naar de cyclus van geboorte en dood, maar anders bestaat er alle kans dat ze moeten terugkomen. Voor de zuivere, Kṛṣṇa-bewuste toegewijde bestaat het gevaar dat hij zal moeten terugkomen echter niet, of hij zijn lichaam nu op een gunstig of een ongunstig moment, per toeval of volgens regeling verlaat.

TEKST 25 धूमो रात्रिस्तथा कृष्णः षण्मासा दक्षिणायनम् ।
तत्र चान्द्रमसं ज्योतिर्योगी प्राप्य निवर्तते ॥ २५ ॥

dhūmo rātris tathā kṛṣṇaḥ, ṣaṇ-māsā dakṣiṇāyanam
tatra cāndramasaṁ jyotir, yogī prāpya nivartate

dhūmaḥ — rook; *rātriḥ* — nacht; *tathā* — ook; *kṛṣṇaḥ* — de veertien dagen van de afnemende maan; *ṣaṭ-māsāḥ* — de zes maanden; *dakṣiṇa-ayanam* — wanneer de zon door het zuiden reist; *tatra* — daar; *cāndra-masam* — de maanplaneet; *jyotiḥ* — het licht; *yogī* — de mysticus; *prāpya* — bereikend; *nivartate* — komt terug.

De mysticus die deze wereld verlaat tijdens de rook, de nacht, de veertien dagen van de afnemende maan of tijdens de zes maanden wanneer de zon door het zuiden trekt, bereikt de maanplaneet, maar komt weer terug.

COMMENTAAR: In het derde canto van het *Śrīmad-Bhāgavatam* legt Kapila Muni uit dat degenen op aarde die bedreven zijn in resultaatgerichte activiteiten en het brengen van offers, op het moment van de dood de maan bereiken. Deze verheven zielen leven (naar menselijke maatstaven) zo'n 10.000 jaar op de maan en genieten daar van het leven door *soma-rasa* te drinken. Uiteindelijk keren ze terug naar de aarde. Dit betekent dat er op de maan hogere soorten levende wezens bestaan, hoewel die door de grove zintuigen niet kunnen worden waargenomen.

TEKST 26 शुक्लकृष्णे गती ह्येते जगतः शाश्वते मते ।
एकया यात्यनावृत्तिमन्ययावर्तते पुनः ॥ २६ ॥

śukla-kṛṣṇe gatī hy ete, jagataḥ śāśvate mate
ekayā yāty anāvṛttim, anyayāvartate punaḥ

śukla — licht; *kṛṣṇe* — en duisternis; *gatī* — manieren van heengaan; *hi* — zeker; *ete* — deze twee; *jagataḥ* — van de materiële wereld; *śāśvate* — van de Veda's;

mate — naar de mening; *ekayā* — door één; *yāti* — gaat; *anāvṛttim* — naar geen terugkeer; *anyayā* — door de andere; *āvartate* — komt terug; *punaḥ* — opnieuw.

Volgens de Veda's zijn er twee manieren waarop men deze wereld kan verlaten: een in het licht en een in de duisternis. Wie heengaat in het licht, komt niet terug, maar wie heengaat in duisternis, zal terugkomen.

COMMENTAAR: Ācārya Baladeva Vidyābhūṣaṇa citeert in zijn commentaar een passage uit de *Chāndogya Upaniṣad* (5.10.3-5) waarin dezelfde beschrijving van heengaan en terugkomen wordt gegeven. Zij die zich al sinds onheuglijke tijden bezighouden met resultaatgerichte activiteiten en filosofisch speculeren komen en gaan voortdurend. Zij bereiken niet de uiteindelijke verlossing, omdat ze zich niet aan Kṛṣṇa overgeven.

TEKST 27 नैते सृती पार्थ जानन्योगी मुह्यति कश्चन ।
तस्मात्सर्वेषु कालेषु योगयुक्तो भवार्जुन ॥ २७ ॥

naite sṛtī pārtha jānan, yogī muhyati kaścana
tasmāt sarveṣu kāleṣu, yoga-yukto bhavārjuna

na — nooit; *ete* — deze twee; *sṛtī* — verschillende paden; *pārtha* — o zoon van Pṛthā; *jānan* — zelfs als hij weet; *yogī* — de toegewijde van de Heer; *muhyati* — is verward; *kaścana* — elke; *tasmāt* — daarom; *sarveṣu kāleṣu* — altijd; *yoga-yuktaḥ* — verbonden in Kṛṣṇa-bewustzijn; *bhava* — wees; *arjuna* — o Arjuna.

Hoewel de toegewijden zich bewust zijn van deze twee paden, o Arjuna, raken ze nooit verward. Wees daarom altijd standvastig in devotie.

COMMENTAAR: Kṛṣṇa raadt Arjuna hier aan om zich niet in verwarring te laten brengen door de verschillende paden die de ziel kan begaan wanneer ze de materiële wereld verlaat. Een toegewijde van de Allerhoogste Heer moet zich er niet druk over maken of hij heengaat door een regeling of door toeval. Een toegewijde moet verankerd zijn in Kṛṣṇa-bewustzijn en Hare Kṛṣṇa chanten. Hij moet beseffen dat hij moeilijkheden kan verwachten als hij zich bezighoudt met welke van deze twee paden dan ook. Men kan het best altijd verdiept zijn in Kṛṣṇa-bewustzijn door Kṛṣṇa altijd te dienen; dat zal het pad naar het spirituele koninkrijk veilig, zeker en direct maken.

In dit vers is vooral het woord *'yoga-yukta'* belangrijk. Wie vastberaden is in yoga, is tijdens al zijn activiteiten voortdurend bezig in Kṛṣṇa-bewustzijn. Śrīla Rūpa Gosvāmī raadt daarom het volgende aan: *anāsaktasya viṣayān yathārham upayuñjataḥ* — men zou niet gehecht moeten zijn aan materiële aangelegenheden en zou alles Kṛṣṇa-bewust moeten doen. Door deze methode, die *yukta-vairāgya* genoemd wordt, bereikt men perfectie. Een toegewijde raakt daarom niet verontrust door deze beschrijvingen, omdat hij weet dat zijn doorgang naar de allerhoogste woning is gewaarborgd door zijn devotionele dienst.

TEKST 28 वेदेषु यज्ञेषु तपःसु चैव दानेषु यत्पुण्यफलं प्रदिष्टम् ।
अत्येति तत्सर्वमिदं विदित्वा योगी परं स्थानमुपैति चाद्यम् ॥ २८ ॥

vedeṣu yajñeṣu tapaḥsu caiva, dāneṣu yat puṇya-phalaṁ pradiṣṭam
atyeti tat sarvam idaṁ viditvā, yogī paraṁ sthānam upaiti cādyam

vedeṣu — in het bestuderen van de Veda's; *yajñeṣu* — in het brengen van *yajña's*, offers; *tapaḥsu* — in het ondergaan van verschillende soorten van ascese; *ca* — ook; *eva* — zeker; *dāneṣu* — in geven van schenkingen; *yat* — dat wat; *puṇya-phalam* — resultaat van vrome activiteit; *pradiṣṭam* — aangegeven; *atyeti* — overtreft; *tat sarvam* — al die; *idam* — dit; *viditvā* — wetend; *yogī* — de toegewijde; *param* — allerhoogste; *sthānam* — verblijfplaats; *upaiti* — bereikt; *ca* — ook; *ādyam* — oorspronkelijke.

Wie het pad van devotionele dienst kiest, behoudt de resultaten verkregen door het bestuderen van de Veda's, het brengen van offers, het beoefenen van ascese, het doen van schenkingen of het verrichten van filosofische en resultaatgerichte activiteiten. Door eenvoudig devotionele dienst te verrichten krijgt hij al deze resultaten en bereikt hij uiteindelijk de allerhoogste eeuwige verblijfplaats.

COMMENTAAR: Dit vers is de samenvatting van hoofdstuk zeven en acht, die vooral over Kṛṣṇa-bewustzijn en devotionele dienst gaan. De veda's moeten onder begeleiding van een spiritueel leraar worden bestudeerd, en terwijl men onder zijn toezicht leeft, moet men veel ascese beoefenen. Een *brahmacārī* hoort als een dienaar in het huis van een spiritueel leraar te leven en moet van deur tot deur gaan om aalmoezen te bedelen en deze naar de spiritueel leraar brengen. Hij eet alleen wanneer de meester hem dat opdraagt, en mocht de meester vergeten de leerling voor de maaltijd te roepen, dan vast de leerling die dag. Dit zijn enkele vedische principes van *brahmacarya*. Nadat de leerling de veda's voor een bepaalde tijd — in ieder geval van zijn vijfde tot zijn twintigste jaar — onder begeleiding van de meester heeft bestudeerd, kan men verwachten dat hij een man met een perfect karakter wordt.

De studie van de Veda's is niet bedoeld als vrijetijdsbesteding voor fauteuilfilosofen, maar voor karaktervorming. Na zijn opleiding mag de *brahmacārī* trouwen en het leven van een getrouwd persoon leiden. Als getrouwd persoon moet hij veel offers brengen, zodat hij meer en meer verlicht kan worden. Ook moet hij schenkingen doen, daarbij rekening houdend met het land, de tijd en de kandidaat en onderscheid makend tussen vrijgevigheid in goedheid, hartstocht en onwetendheid, zoals in de *Bhagavad-gītā* beschreven wordt. Later, wanneer hij zich teruggetrokken heeft uit het gezinsleven en hij de orde van *vānaprastha* heeft aanvaard, ondergaat hij strenge ascese door in de bossen te leven, zich te kleden met boomschors, zich niet te scheren enz.

Door de vier orden te doorlopen, namelijk *brahmacarya*, het leven als getrouwd persoon, *vānaprastha* en uiteindelijk *sannyāsa*, bereikt men de perfectie van zijn leven. Sommigen worden naar de hemelse koninkrijken bevorderd en anderen, die verder gevorderd zijn, bereiken bevrijding en gaan naar de spirituele hemel; ze gaan dan óf naar de onpersoonlijke *brahma-jyoti* óf naar de Vaikuṇṭha-planeten óf naar Kṛṣṇaloka. Dit is het pad dat door de Vedische literatuur uiteengezet wordt. Maar de schoonheid van het Kṛṣṇa-bewustzijn is dat iemand in een keer voorbij kan gaan aan alle rituelen van de verschillende orden binnen het leven door devotionele dienst te verrichten.

De woorden *'idaṁ viditvā'* geven aan dat men moet proberen om de instructies die Kṛṣṇa in dit achtste en in het zevende hoofdstuk van de *Bhagavad-gītā* geeft, te begrijpen. Men moet niet proberen deze hoofdstukken te begrijpen met behulp van academische geleerdheid of mentale speculatie, maar door ze te horen in het gezelschap van toegewijden. De hoofdstukken zeven tot en met twaalf zijn de essentie van de *Bhagavad-gītā*. De eerste zes en de laatste zes hoofdstukken zijn als een beschutting voor de middelste zes hoofdstukken, die in het bijzonder door de Heer worden beschermd. Wanneer iemand het geluk heeft de *Bhagavad-gītā* — en dan vooral de middelste zes hoofdstukken — te leren begrijpen in het gezelschap van toegewijden, dan wordt zijn leven onmiddellijk glorieus en wordt het verheven boven alle ascese, offers, schenkingen, speculaties enz., want eenvoudig door Kṛṣṇa-bewustzijn kan men alle resultaten van deze activiteiten krijgen.

Wie enigszins geloof hecht aan de *Bhagavad-gītā*, moet deze van een toegewijde vernemen, omdat in het begin van het vierde hoofdstuk duidelijk gezegd wordt dat de *Bhagavad-gītā* alleen door toegewijden begrepen kan worden; niemand anders kan de boodschap van de *Bhagavad-gītā* volmaakt begrijpen. Men moet de *Bhagavad-gītā* daarom van een toegewijde van Kṛṣṇa vernemen en niet van iemand die speculeert. Dat is een teken van geloof. Iemand begint de *Bhagavad-gītā* pas werkelijk te bestuderen en te begrijpen wanneer hij naar een toegewijde zoekt en het geluk heeft in zijn gezelschap te komen. Door vooruitgang te maken in de omgang met die toegewijde, komt hij tot het niveau van devotionele dienst, en deze dienst verdrijft alle twijfels die iemand heeft over Kṛṣṇa, God, en de activiteiten, gedaante, vermaak, naam en andere kenmerken van Kṛṣṇa. Nadat alle twijfels volkomen zijn weggenomen, raakt iemand niet meer afgeleid van zijn studie. Hij beleeft dan plezier aan het bestuderen van de *Bhagavad-gītā* en bereikt het niveau waarop hij altijd Kṛṣṇa-bewust is. In het gevorderde stadium raakt hij volledig vervuld van liefde voor Kṛṣṇa. Dit allerhoogste niveau van perfectie van het leven stelt de toegewijde in staat om overgebracht te worden naar de woning van Kṛṣṇa in de spirituele hemel, Goloka Vṛdāvana, waar de toegewijde eeuwig geluk bereikt.

Zo eindigen de commentaren van Śrī Śrīmad A.C. Bhaktivedanta Swami Prabhupāda bij het achtste hoofdstuk van Śrīmad Bhagavad-gītā, *getiteld 'Het bereiken van de Allerhoogste'.*

9

DE MEEST VERTROUWELIJKE KENNIS

TEKST 1

श्रीभगवानुवाच
इदं तु ते गुह्यतमं प्रवक्ष्याम्यनसूयवे ।
ज्ञानं विज्ञानसहितं यज्ज्ञात्वा मोक्ष्यसेऽशुभात् ॥ १ ॥

śrī-bhagavān uvāca
idaṁ tu te guhyatamaṁ, pravakṣyāmy anasūyave
jñānaṁ vijñāna-sahitaṁ, yaj jñātvā mokṣyase 'śubhāt

śrī-bhagavān uvāca — de Allerhoogste Persoonlijkheid Gods zei; *idam* — deze; *tu* — maar; *te* — aan jou; *guhya-tamam* — de meest vertrouwelijke; *pravakṣyāmi* — Ik zal spreken; *anasūyave* — aan hen die niet afgunstig zijn; *jñānam* — kennis; *vijñāna* — gerealiseerde kennis; *sahitam* — met; *yat* — die; *jñātvā* — kennend; *mokṣyase* — je zult bevrijd worden; *aśubhāt* — van dit ellendige materiële bestaan.

De Allerhoogste Persoonlijkheid Gods zei: Beste Arjuna, omdat je nooit afgunstig op Me bent, zal Ik je dit inzicht geven en je deze meest vertrouwelijke kennis uitleggen; door dit begrip zul je worden bevrijd van de ellende van het materiële bestaan.

COMMENTAAR: Naarmate een toegewijde meer en meer over de Allerhoogste Heer hoort, raakt hij verlicht. Deze methode van horen wordt aangeraden in het *Śrīmad-Bhāgavatam:* 'De boodschappen van de Allerhoogste Persoonlijkheid Gods hebben vele vermogens en deze vermogens kunnen gerealiseerd worden wanneer onderwerpen die verband houden met de Allerhoogste Heer, worden besproken onder toegewijden.' Dit kan echter niet bereikt worden door met theoretiserende filosofen of academische geleerden om te gaan, omdat het gerealiseerde kennis is.

Toegewijden houden zich voortdurend bezig met dienst aan de Allerhoogste Heer. De Heer begrijpt de mentaliteit en oprechtheid van een individueel levend wezen dat bezig is met Kṛṣṇa-bewustzijn en geeft het de intelligentie om in het gezelschap van toegewijden de wetenschap van Kṛṣṇa te begrijpen. Gesprekken over Kṛṣṇa hebben grote kracht en wanneer een fortuinlijk persoon zulk gezelschap heeft en de kennis in zich probeert op te nemen, zal hij zeker spirituele vooruitgang maken. Om Arjuna aan te moedigen zich meer en meer te verheffen in de zeer krachtige dienst aan Hem, beschrijft Heer Kṛṣṇa in dit negende hoofdstuk onderwerpen die vertrouwelijker zijn dan alle andere die Hij eerder heeft onthuld.

Het begin van de *Bhagavad-gītā,* het eerste hoofdstuk, is min of meereen inleiding tot de rest van het boek. De spirituele kennis die in het tweede en derde hoofdstuk beschreven wordt, wordt vertrouwelijk genoemd. De onderwerpen die in het zevende en achtste hoofdstuk werden besproken, hebben in het bijzonder betrekking op devotionele dienst en omdat ze tot verlichting leiden in het Kṛṣṇa-bewustzijn, worden ze als nog vertrouwelijker beschouwd. Maar de onderwerpen die in het negende hoofdstuk besproken worden, gaan over onvermengde, zuivere devotie; daarom wordt dit hoofdstuk 'De meest vertrouwelijke kennis' genoemd. Wie gegrond is in de meest vertrouwelijke kennis over Kṛṣṇa, is van nature transcendentaal; daarom ervaart hij geen materiële ellende, ook al bevindt hij zich in de materiële wereld. In de *Bhakti-rasāmṛta-sindhu* wordt gezegd dat wie zich in de geconditioneerde toestand van het materiële bestaan bevindt met een oprecht verlangen om de Allerhoogste Heer met liefde te dienen, toch als bevrijd moet worden gezien. In het tiende hoofdstuk van de *Bhagavad-gītā* zullen we ook zien dat iedereen die zo bezig is, een bevrijd persoon is.

Deze eerste tekst van het negende hoofdstuk heeft een specifieke betekenis. De woorden *'idaṁ jñānam'* ('deze kennis') verwijzen naar zuivere devotionele dienst, die uit negen verschillende activiteiten bestaat: horen, chanten, zich herinneren, dienen, vereren, bidden, gehoorzamen, het onderhouden van vriendschap en volledige overgave. Door deze negen onderdelen van devotionele dienst te beoefenen, wordt iemand verheven tot spiritueel bewustzijn, Kṛṣṇa-bewustzijn. Wanneer iemands hart op die manier vrij is geraakt van materiële onzuiverheden, kan hij de wetenschap van Kṛṣṇa begrijpen. Het besef dat het levend wezen niet materieel is, is op zichzelf niet genoeg; het mag dan het begin van spirituele bewustwording zijn, maar men moet het verschil inzien tussen de activiteiten van het lichaam en de spirituele activiteiten van iemand die begrijpt dat hij het lichaam niet is.

In het zevende hoofdstuk hebben we het immense vermogen van de Allerhoogste Persoonlijkheid Gods, Zijn verschillende energieën, de lagere en de hogere naturen en deze hele materiële wereld al besproken. In hoofdstuk negen zal de roem van de Heer worden beschreven.

In dit vers is het sanskrietwoord *'anasūyave'* zeer belangrijk. In het algemeen zijn commentatoren, zelfs al zijn ze uiterst geleerd, allemaal afgunstig op Kṛṣṇa, de Allerhoogste Persoonlijkheid Gods. Zelfs de meest erudiete geleerden schrijven uiterst onzorgvuldig over de *Bhagavad-gītā*. Omdat ze afgunstig zijn op de Heer, zijn hun commentaren waardeloos. Alleen de commentaren door de toegewijden van de Heer zijn bonafide; wie afgunstig is kan de *Bhagavad-gītā* niet uitleggen en kan geen perfecte kennis over Kṛṣṇa geven. Wie het karakter van Kṛṣṇa bekritiseert zonder Hem te kennen, is een dwaas. Zulke commentaren moeten dus zeer zorgvuldig worden vermeden. Voor iemand die begrijpt dat Kṛṣṇa de Allerhoogste Persoonlijkheid Gods is, de zuivere en transcendentale Persoonlijkheid, zullen deze hoofdstukken bijzonder gunstig zijn.

TEKST 2 राजविद्या राजगुह्यं पवित्रमिदमुत्तमम् ।
प्रत्यक्षावगमं धर्म्यं सुसुखं कर्तुमव्ययम् ॥ २ ॥

rāja-vidyā rāja-guhyaṁ, pavitram idam uttamam
pratyakṣāvagamaṁ dharmyaṁ, su-sukhaṁ kartum avyayam

rāja-vidyā — de koning van alle onderricht; *rāja-guhyam* — de koning van vertrouwelijke kennis; *pavitram* — de zuiverste; *idam* — deze; *uttamam* — transcendentaal; *pratyakṣa* — door rechtstreekse ervaring; *avagamam* — begrepen; *dharmyam* — het grondbeginsel van religie; *su-sukham* — heel gelukkig; *kartum* — uitvoeren; *avyayam* — onvergankelijk.

Deze kennis is de koning van alle onderricht, het geheimste van alle geheimen. Ze is de zuiverste kennis en omdat ze door bewustwording rechtstreeks inzicht geeft in het zelf, is ze de vervolmaking van religie. Ze is onvergankelijk en wordt met plezier beoefend.

COMMENTAAR: Dit hoofdstuk van de *Bhagavad-gītā* wordt de koning van alle onderricht genoemd, omdat het de essentie is van alle doctrines en filosofieën die eerder zijn uitgelegd. De belangrijkste filosofen van India zijn Gautama, Kaṇāda, Kapila, Yājñavalkya, Śāṇḍilya, Vaiśvānara en tenslotte Vyāsadeva, de auteur van het *Vedānta-sūtra*. Er bestaat dus geen gebrek aan kennis op het gebied van filosofie of transcendentale kennis.De Heer zegt hier dat dit negende hoofdstuk de koning is van al zulke kennis en de essentie van alle kennis die verkregen kan worden door studie van de Veda's en verschillende filosofieën. Het is de meest vertrouwelijke kennis, omdat vertrouwelijke of transcendentale kennis betrekking heeft op het begrijpen van het verschil tussen de ziel en het lichaam. En de koning of het summum van alle vertrouwelijke kennis is devotionele dienst.

Over het algemeen krijgen mensen geen onderwijs in deze vertrouwelijke kennis, maar wordt hen externe kennis onderwezen. In het gewone onderwijs houden mensen zich bezig met zoveel studierichtingen: politiekewetenschappen, sociologie, natuurkunde, scheikunde, wiskunde, sterrenkunde, techniek enz. Over de hele wereld zijn er vele takken van kennis en vele grote universiteiten, maar jammer genoeg is er geen universiteit of onderwijsinstelling waar de wetenschap van de ziel wordt onderwezen. Toch is de ziel het belangrijkste deel van het lichaam — zonder de aanwezigheid van de ziel is het lichaam waardeloos. Ondanks dat leggen mensen veel nadruk op lichamelijke levensbehoeften en geven ze niets om de onmisbare ziel.

Vooral vanaf het tweede hoofdstuk benadrukt de *Bhagavad-gītā* het belang van de ziel. Vanaf het begin zegt de Heer dat het lichaam vergankelijk is en dat de ziel onvergankelijk is (*antavanta ime dehā nityasyoktāḥ śarīriṇaḥ*). Dat is vertrouwelijke kennis: eenvoudig weten dat de ziel van het lichaam verschilt en dat ze van nature onveranderlijk, onvernietigbaar en eeuwig is. Maar dit geeft geen positieve informatie over de ziel. Soms denken mensen dat de ziel van het lichaam verschilt en dat als het lichaam aan zijn eind komt of als men bevrijd is van het lichaam, de ziel in een leegte verblijft en onpersoonlijk wordt. Maar die visie is onjuist. Hoe kan de ziel, die zo actief is in dit lichaam, inactief zijn na haar bevrijding uit het lichaam? Ze is altijd actief. Als ze eeuwig is, dan is ze eeuwig actief en haar activiteiten in het spirituele koninkrijk vormen het meest vertrouwelijke deel van spirituele kennis. Daarom worden deze activiteiten van de ziel hier aangeduid als de koning van alle kennis, het meest vertrouwelijke deel van alle kennis.

In de Vedische literatuur wordt uitgelegd dat deze kennis de zuiverste vorm van alle activiteiten is. In de *Padma Purāṇa* worden de zondige activiteiten van de mens geanalyseerd en wordt uiteengezet dat deze het resultaat zijn van zonde op zonde. Zij die zich bezighouden met resultaatgerichte activiteiten, zijn verstrikt in verschillende vormen en stadia van karmische reacties op zonden. Bijvoorbeeld, wanneer een zaadje van een bepaalde boom wordt geplant, ziet men niet onmiddellijk de boom groeien, dat vergt tijd. Eerst is het een kiemplantje, daarna neemt het de vorm aan van een boom en vervolgens komt het tot bloei en draagt het vruchten. En wanneer het volgroeid is, genieten personen die het zaadje geplant hebben van de bloemen en de vruchten van de boom. Op dezelfde manier begaat men een zondige daad en net als een zaadje vergt het tijd voordat ze vruchten draagt. Er zijn verschillende stadia. Een bepaald individu mag dan al gestopt zijn met zijn zondige activiteit, maar hij zal het resultaat of de vrucht van die zondige activiteit nog steeds moeten ondergaan. Er zijn zonden die nog in de vorm van zaden bestaan, en er zijn andere die al vruchten dragen en die we ervaren als ellende en pijn.

In de achtentwintigste tekst van het zevende hoofdstuk is uitgelegd dat een persoon in devotionele dienst aan de Allerhoogste Persoonlijkheid Gods, Kṛṣṇa, betrokken raakt wanneer hij alle karmische reacties op zijn zonden volledig beeindigd heeft en alleen vrome activiteiten verricht en bevrijd is van de dualiteit van de materiële wereld. Met andere woorden,zij die werkelijk devotionele dienst aan de Allerhoogste Heer verrichten, zijn al bevrijd van alle karma. Deze uitspraak wordt in de *Padma Purāṇa* bevestigd:

aprārabdha-phalaṁ pāpaṁ, kūṭaṁ bījaṁ phalonmukham
krameṇaiva pralīyeta, viṣṇu-bhakti-ratātmanām

Voor hen die devotionele dienst aan de Allerhoogste Persoonlijkheid Godsverrichten, zullen alle karmische reacties op zonden geleidelijk aan verdwijnen, of die nu vruchten dragen, opgeslagen liggen of in zaadvorm aanwezig zijn. De zuiverende kracht van devotionele dienst is daarom heel sterk en ze wordt *pavitram uttamam* genoemd, de zuiverste. *Uttama* betekent 'transcendentaal'. *Tamas* duidt op de materiële wereld of op duisternis en*uttama* duidt op dat wat verheven is boven materiële activiteiten. Devotionele activiteiten moeten nooit worden gezien als materieel, hoewel het soms lijkt alsof toegewijden op dezelfde manier bezig zijn als wereldse mensen. Wie vertrouwd is met devotionele dienst en de juiste visie heeft, weet dat de activiteiten van een toegewijde geen materiële activiteiten zijn. Ze zijn allemaal spiritueel en devotioneel en vrij van de onzuiverheden van de materiële hoedanigheden.

Er wordt gezegd dat devotionele dienst zo'n volmaakte bezigheid is, dat de resultaten ervan direct waarneembaar zijn. Dit directe resultaat wordt daadwerkelijk waargenomen en zelf hebben we de ervaring dat iedereen die de heilige namen van Kṛṣṇa chant (Hare Kṛṣṇa, Hare Kṛṣṇa, Kṛṣṇa Kṛṣṇa, Hare Hare/ Hare Rāma, Hare Rāma, Rāma Rāma, Hare Hare) een transcendentaal geluk ervaart na enige tijd zonder overtredingen gechant te hebben en dat iedereen zo heel snel gezuiverd raakt van materiële onzuiverheden. Dit wordt daadwerkelijk waargenomen. En als iemand niet alleen bezig is met horen, maar bovendien ook de boodschap van devotionele dienst probeert te verspreiden of als hij de missionaire activiteiten van het Kṛṣṇa-bewustzijn ondersteunt, dan voelt hij geleidelijk aan dat hij spirituele vooruitgang maakt. Deze vooruitgang in iemands spirituele leven is niet afhankelijk van welke vorm van voorafgaand onderwijs of voorafgaande kwalificatie dan ook. De methode zelf is zo zuiver, dat iemand zuiver wordt door deze eenvoudig toe te passen.

In het *Vedānta-sūtra* (3.2.26) wordt ditzelfde in de volgende woorden beschreven: *prakāśaś ca karmaṇy abhyāsāt.* 'Devotionele dienst is zo krachtig, dat men ongetwijfeld verlicht wordt door eenvoudig het proces van devotionele dienst te beoefenen.' Een praktisch voorbeeld hiervan is het vorige leven van Nārada Muni, die in dat leven de zoon van een werkster was. Hij had geen opleiding en was evenmin geboren in een voorname familie. Maar toen zijn moeder bezig was met het dienen van grote toegewijden, raakte Nārada daar ook bij betrokken en soms, als zijn moeder er niet was, diende hij hen zelf. Nārada zegt zelf:

ucchiṣṭa-lepān anumodito dvijaiḥ
sakṛt sma bhuñje tad-apāsta-kilbiṣaḥ

evaṁ pravṛttasya viśuddha-cetasas
tad-dharma evātma-rucih prajāyate

In dit vers uit het *Śrīmad-Bhāgavatam* (1.5.25) beschrijft Nārada zijn vorige leven aan Vyāsadeva, zijn discipel. Hij zegt dat hij veel direct contact had met deze gezuiverde toegewijden, toen hij als jongen bezig was hen te dienen tijdens de vier maanden van hun verblijf. Soms lieten deze wijzen overblijfselen van voedsel op hun borden achter en de jongen, die hun borden waste, wilde van deze restanten proeven. Hij vroeg de toegewijden daarom om hun toestemming en toen ze hem die gaven, at Nārada van deze overblijfselen en als gevolg daarvan werd hij bevrijd van alle karmische reacties op zijn zonden. Hij ging door met het eten van de overblijfselen en werd geleidelijk aan net zo zuiver van hart als de wijzen. De grote toegewijden beleefden veel plezier aan en hadden veel smaak voor ononderbroken devotionele dienst aan de Heer door te horen en te chanten en Nārada ontwikkelde geleidelijk aan dezelfde smaak. Nārada zegt verder:

tatrānvahaṁ kṛṣṇa-kathāḥ pragāyatām
anugraheṇāśṛṇavaṁ manoharāḥ
tāḥ śraddhayā me 'nupadaṁ viśṛṇvataḥ
priyaśravasy aṅga mamābhavad ruciḥ

Door zijn omgang met de wijzen kreeg Nārada smaak voor het horen over en het chanten van de roem van de Heer en ontwikkelde hij een groot verlangen naar devotionele dienst. Daarom wordt er in het *Vedānta-sūtra* gezegd: *prakāśaś ca karmaṇy abhyāsāt* — wanneer iemand eenvoudig devotionele dienst verricht, zal alles vanzelf aan hem geopenbaard worden en zal hij werkelijk inzicht krijgen. Dit wordt *pratyakṣa* genoemd, 'rechtstreeks waargenomen'.

Het woord *'dharmyam'* betekent 'het pad van religie'. Nārada was eigenlijk maar de zoon van een werkster. Hij was niet in de gelegenheid om naar school te gaan. Hij hielp eenvoudigweg zijn moeder en gelukkig diende zijn moeder de toegewijden. Het kind Nārada kreeg deze gelegenheid ook en bereikte eenvoudig door hun gezelschap het hoogste doel van religie.

Zoals in het *Śrīmad-Bhāgavatam* gesteld wordt, is devotionele dienst het hoogste doel van alle religie (*sa vai puṁsāṁ paro dharmo yato bhaktir adhokṣaje*). Over het algemeen weten religieuze mensen niet dat het bereiken van devotionele dienst de hoogste perfectie van religie is. Zoals we al eerder hebben besproken met betrekking tot de laatste tekst van hoofdstuk acht (*vedeṣu yajñeṣu tapaḥsu caiva*), is voor zelfrealisatie normaal gezien Vedische kennis vereist. Maar Nārada bereikte de hoogste resultaten van het bestuderen van de Veda's, hoewel hij nooit naar de school van een spiritueel leraar was geweest en geen opleiding in Vedische principes had gehad. Dit proces is zo krachtig dat iemand zelfs zonder de gebruikelijke religieuze handelingen tot de hoogste perfectie verheven kan worden. Hoe is dat mogelijk? Dit wordt in de Vedische literatuur uitgelegd: *ācāryavān puruṣo veda*. Wie zich in het gezelschap van grote *ācārya's* bevindt, kan vertrouwd raken met alle kennis die nodig is voor zelfrealisatie, zelfs al is hij ongeschoold en heeft hij nooit de Veda's bestudeerd.

Devotionele dienst verrichten is heel plezierig (*su-sukham*). Waarom? Devotionele dienst bestaat uit *śravaṇaṁ kīrtanaṁ viṣṇoḥ* en zo kan iedereen eenvoudig luisteren naar het bezingen van de roem van de Heer offilosofische lezingen bijwonen over transcendentale kennis, die door geautoriseerde *ācārya's* gegeven worden. Men kan leren door er eenvoudig bij te gaan zitten. Daarnaast kan men de overblijfselen eten van het aangename en smakelijke voedsel dat aan God geofferd is. In alle omstandigheden is devotionele dienst plezierig.

Men kan devotionele dienst zelfs in de meest armzalige toestand verrichten. De Heer zegt: *patraṁ puṣpaṁ phalaṁ toyam* — Hij is bereid om alles te aanvaarden wat de toegewijde Hem aanbiedt, het maakt niet uit wat. Zelfs een blad, een bloem, een stukje fruit of een beetje water, allemaal verkrijgbaar in elk deel van de wereld, kunnen door *iedereen* geofferd worden, ongeacht iemands sociale positie, en de Heer zal het aanvaarden als het met liefde geofferd wordt. Hiervan bestaan tal van historische voorbeelden. Grote wijzen als Sanatkumāra werden grote toegewijden door eenvoudig de *tulasī*-blaadjes te proeven die aan de lotusvoeten van de Heer waren geofferd. Devotionele dienst is dus heel plezierig en kan verricht worden in een vrolijke stemming. God aanvaardt alleen de liefde waarmee dingen aan Hem worden geofferd.

In dit vers wordt gezegd dat devotionele dienst eeuwig is. Dat is het tegenovergestelde van wat de *māyāvādī*-filosofen beweren. Hoewel *māyāvādī's* zich soms toeleggen op zogenaamde devotionele dienst, is het hun bedoeling om met hun devotionele dienst door te gaan zolang ze nog niet bevrijd zijn, maar wanneer ze ten slotte bevrijd zijn, zullen ze 'één worden met God'. Zulke tijdelijke, opportunistische devotionele dienst wordt niet aanvaard als zuivere devotionele dienst. Werkelijke devotionele dienst gaat zelfs door ná bevrijding. Wanneer de toegewijde de spirituele planeet in het koninkrijk van God bereikt, zal hij daar ook de Allerhoogste Heer dienen. Hij probeert niet één te worden met de Allerhoogste Heer.

Zoals nog duidelijk zal worden uit de *Bhagavad-gītā* begint werkelijke devotionele dienst ná bevrijding. Devotionele dienst begint nadat men bevrijd is (*samaḥ sarveṣu bhūteṣu mad-bhaktiṁ labhate parām*), wanneer men zich op het niveau van Brahman bevindt (*brahma-bhūta*). Niemand kan de Allerhoogste Persoonlijkheid Gods begrijpen door afzonderlijk *karma-yoga*, *jñāna-yoga* en *aṣṭāṅga-yoga* of welke andere yoga dan ook te beoefenen. Door deze yogamethoden kan iemand een beetje vooruitgang maken in de richting van *bhakti-yoga*, maar zonder tot het niveau van devotionele dienst te komen kan niemand de Allerhoogste Persoonlijkheid Gods begrijpen. In het *Śrīmad-Bhāgavatam* wordt ook bevestigd dat men de wetenschap van Kṛṣṇa of de wetenschap van God kan begrijpen wanneer men gezuiverd raakt door devotionele dienst, in het bijzonder door het *Śrīmad-Bhāgavatam* en de *Bhagavad-gītā* van zelfgerealiseerde zielen te horen. *Evaṁ prasanna-manaso bhagavad-bhakti yogataḥ.* Wanneer het hart gezuiverd is van alle onzin, kan men begrijpen wat God is. Op die manier is het proces van devotionele dienst of Kṛṣṇa-bewustzijn de koning van alle onderricht en de koning van alle vertrouwelijke kennis. Het is de zuiverste vorm van religie en het kan met plezier en zonder moeite verricht worden. Daarom moet men zich erop toeleggen.

TEKST 3 अश्रद्दधानाः पुरुषा धर्मस्यास्य परन्तप ।
अप्राप्य मां निवर्तन्ते मृत्युसंसारवर्त्मनि ॥ ३ ॥

aśraddadhānāḥ puruṣā, dharmasyāsya parantapa
aprāpya māṁ nivartante, mṛtyu-saṁsāra-vartmani

aśraddadhānāḥ — zij die geen geloof hebben; *puruṣāḥ* — zulke personen; *dharmasya* — in het religieuze proces; *asya* — dit; *parantapa* — o doder van de vijand; *aprāpya* — zonder te verwerven; *mām* — Mij; *nivartante* — terugkomen; *mṛtyu* — van de dood; *saṁsāra* — in het materiële bestaan; *vartmani* — op het pad.

Zij die geen geloof hebben in deze devotionele dienst kunnen Me niet bereiken, o overwinnaar van de vijand, en keren daarom terugnaar het pad van geboorte en dood in deze materiële wereld.

COMMENTAAR: Degenen zonder geloof kunnen dit proces van devotionele dienst niet succesvol beoefenen; dat is de betekenis van dit vers.Geloof ontstaat door omgang met toegewijden. Ook al hebben onfortuinlijke mensen al het bewijsmateriaal uit de Vedische literatuur van grote persoonlijkheden gehoord, dan nog hebben ze geen geloof in God. Ze zijn weifelachtig en kunnen niet standvastig blijven in devotionele dienst aan de Heer. Geloof is daarom een zeer belangrijke factor om vooruitgang te maken in Kṛṣṇa-bewustzijn.

Volgens het *Caitanya-caritāmṛta* is geloof de vaste overtuiging dat men alle perfectie kan bereiken door eenvoudig de Allerhoogste Heer, Śrī Kṛṣṇa, te dienen. Dat wordt waar geloof genoemd. Het *Śrīmad-Bhāga-vatam* (4.31.14) legt uit dat

yathā taror mūla-niṣecanena, tṛpyanti tat-skandha-bhujopaśākhāḥ
prāṇopahārāc ca yathendriyāṇāṁ, tathaiva sarvārhaṇam acyutejyā

'Door water te geven aan de wortel van een boom, stelt men de takken, twijgen en bladeren tevreden, en door de maag van voedsel te voorzien stelt men alle zintuigen tevreden. Op dezelfde manier kan iemand door transcendentale dienst aan de Allerhoogste vanzelf alle halfgoden en alle andere levende wezens tevredenstellen.' Men moet daarom na het lezen van de *Bhagavad-gītā* prompt tot haar conclusie komen: alle andere bezigheden opgeven en zich toeleggen op de dienst aan de Allerhoogste Heer, Kṛṣṇa, de Persoonlijkheid Gods. Wanneer iemand overtuigd is van deze levensfilosofie, dan is dat geloof.

Het ontwikkelen van dat geloof is het proces van Kṛṣṇa-bewustzijn. Er bestaan drie categorieën van Kṛṣṇa-bewuste personen. Zij die geen geloof hebben, horen bij de derde categorie. Ook al zijn ze officieel met devotionele dienst bezig, ze kunnen het hoogste niveau van perfectie niet bereiken. Hoogstwaarschijnlijk zullen ze na enige tijd een misstap begaan. Ze kunnen met devotionele dienst beginnen, maar omdat hun overtuiging en geloof niet volledig zijn, is het voor hen zeer moeilijk om door te gaan in Kṛṣṇa-bewustzijn. Tijdens het uitvoeren van onze missionaire activiteiten hebben we ervaren dat sommige mensen naar voren komen en zich met een verborgen motivatie op het Kṛṣṇa-bewustzijn toeleggen. Maar zodra ze er economisch gezien een beetje goed voor staan, geven ze het proces op en gaan ze zich weer bezighouden met hun vroegere activiteiten. Alleen door geloof kan men vooruitgang maken in Kṛṣṇa-bewustzijn.

Wie goed bekend is met de literatuur over devotionele dienst en het niveau van vast geloof bereikt heeft, wordt tot de eerste categorie van het Kṛṣṇa-bewustzijn gerekend wat betreft de ontwikkeling van geloof. En in de tweede categorie bevinden zich degenen die niet zo ver gevorderd zijn in hun begrip van de literatuur over devotionele dienst, maar die van nature een vast geloof hebben dat *kṛṣṇa-bhakti* of dienst aan Kṛṣṇa het beste pad is en er daarom in goed vertrouwen mee begonnen zijn. Zij staan hoger dan personen uit de derde categorie, die geen perfecte kennis hebben van de heilige teksten en evenmin een vast geloof hebben, maar die door goed gezelschap en uit eenvoud proberen te volgen.

Een derdeklastoegewijde kan terugvallen, maar iemand die tot de tweede categorie behoort, valt niet terug, en voor de eersteklastoegewijde is het uitgesloten dat hij terugvalt. Iemand in de eerste categorie zal zeker vooruitgang maken en uiteindelijk het resultaat bereiken. Hoewel iemand in de derde categorie van Kṛṣṇa-bewuste personen gelooft dat devotionele dienst aan Kṛṣṇa iets goeds is, heeft hij door studie van heilige teksten, zoals het *Śrīmad-Bhāgavatam* en de *Bhagavad-gītā*, toch niet voldoende kennis over Kṛṣṇa ontwikkeld. Soms zijn deze derdeklastoegewijden enigszins geneigd tot *karma-yoga* of *jñāna-yoga* en soms zijn ze verward, maar zodra de onzuiverheden van *karma-yoga* of *jñāna-yoga* vernietigd zijn, horen ze bij de tweede of eerste categorie van Kṛṣṇa-bewuste personen.

Geloof in Kṛṣṇa wordt ook in het *Śrīmad-Bhāgavatam* beschreven en wordt in drie niveaus onderverdeeld. Eersteklas-, tweedeklas- en derdeklasgehechtheid worden ook in het *Śrīmad-Bhāgavatam* beschreven, namelijk in het elfde canto. Zij die geen geloof hebben, zelfs nadat ze over Kṛṣṇa en de voortreffelijkheid van devotionele dienst gehoord hebben, en die denken dat het allemaal maar loftuitingen zijn, vinden het pad heel moeilijk, zelfs wanneer ze zogenaamd met devotionele dienst bezig zijn. Voor hen bestaat er heel weinig hoop op het bereiken van perfectie. Geloof is dus zeer belangrijk in devotionele dienst.

TEKST 4

मया ततमिदं सर्वं जगदव्यक्तमूर्तिना ।
मत्स्थानि सर्वभूतानि न चाहं तेष्ववस्थितः ॥ ४ ॥

mayā tatam idaṁ sarvaṁ, jagad avyakta-mūrtinā
mat-sthāni sarva-bhūtāni, na cāhaṁ teṣv avasthitaḥ

mayā — door Mij; *tatam* — doordrongen; *idam* — dit; *sarvam* — alles; *jagat* — kosmische manifestatie; *avyakta-mūrtinā* — door de ongemanifesteerde vorm; *mat-sthāni* — in Mij; *sarva-bhūtāni* — alle levende wezens; *na* — niet; *ca* — ook; *aham* — Ik; *teṣu* — in hen; *avasthitaḥ* — bevind me.

In Mijn ongemanifesteerde vorm doordring Ik dit hele universum. Alle wezens bevinden zich in Mij, maar Ik ben niet in hen.

COMMENTAAR: De Allerhoogste Persoonlijkheid Gods kan niet worden waargenomen met de grofstoffelijke zintuigen. In de *Bhakti-rasāmṛta-sindhu* 1.2.234 wordt gezegd:

ataḥ śrī-kṛṣṇa-nāmādi, na bhaved grāhyam indriyaiḥ
sevonmukhe hi jihvādau, svayam eva sphuraty adaḥ

De naam, gedaante, roem, het vermaak enz. van Heer Kṛṣṇa kunnen niet begrepen worden met behulp van de materiële zintuigen. Hij wordt alleen geopenbaard aan iemand die onder de juiste begeleiding zuivere devotionele dienst verricht. In de *Brahma-saṁhitā* (5.38) staat: *premāñjana-cchurita-bhakti-vilocanena santaḥ sadaiva hṛdayeṣu vilokayanti* — men kan de Allerhoogste Persoonlijkheid Gods, Govinda, altijd binnen en buiten zichzelf zien als men een transcendentale liefdevolle houding tegenover Hem ontwikkelt. Voor de gewone mensen is Hij dus onzichtbaar.

In dit vers wordt gezegd dat, hoewel Hij alomtegenwoordig is, men zich Hem niet met behulp van de materiële zintuigen kan voorstellen. Dit wordt hier aangeduid met het woord *'avyakta-mūrtinā'*. Maar hoewel we Hem niet kunnen zien, rust alles in Hem. Zoals we al in het zevende hoofdstuk besproken hebben, is de hele materiële kosmos enkel een combinatie van Zijn twee verschillende energieën, namelijk de hogere, spirituele energie en de lagere, materiële energie. Net zoals de zonneschijn over het hele universum is verspreid, zo is de energie van de Heer over de hele schepping verspreid en rust alles in die energie.

Toch moet men uit het feit dat Hij overal verspreid is niet concluderen dat Hij Zijn persoonlijk bestaan verloren heeft. Om een dergelijk argument te weerleggen, zegt de Heer: 'Ik ben overal en alles is in Mij, maar niettemin hou Ik Mij afzijdig.' Een koning staat bijvoorbeeld aan het hoofd van een regering, die niet meer is dan een uiting van zijn energie; de verschillende ministeries zijn niets anders dan de energieën van de koning en ieder ministerie berust op de macht van de koning. Toch kan niemand verwachten dat de koning persoonlijk aanwezig is in ieder afzonderlijk ministerie. Dit is een globaal voorbeeld, maar op een soortgelijke manier rusten alle verschijnselen die we zien en alles wat bestaat, zowel in de materiële als in de spirituele wereld, op de energie van de Allerhoogste Persoonlijkheid Gods. De schepping vindt plaats door de verspreiding vanZijn verschillende energieën, en zoals in de *Bhagavad-gītā* wordt gezegd: *viṣṭabhyāham idaṁ kṛtsnam* — Hij is overal aanwezig door Zijn persoonlijke expansie, de Superziel, en door de verspreiding van Zijn verschillende energieën.

TEKST 5 न च मत्स्थानि भूतानि पश्य मे योगमैश्वरम् ।
भूतभृन्न च भूतस्थो ममात्मा भूतभावनः ॥ ५ ॥

na ca mat-sthāni bhūtāni, paśya me yogam aiśvaram
bhūta-bhṛn na ca bhūta-stho, mamātmā bhūta-bhāvanaḥ

na — nooit; *ca* — ook; *mat-sthāni* — bevindt zich in Mij; *bhūtāni* — de hele schepping; *paśya* — aanschouw; *me* — Mijn; *yogam aiśvaram* — onvoorstelbare mystieke vermogen; *bhūta-bhṛt* — de instandhouder van alle levende wezens; *na* — nooit; *ca* — ook; *bhūta-sthaḥ* — in de kosmische manifestatie; *mama* — Mijn; *ātmā* — Zelf; *bhūta-bhāvanaḥ* — de bron van alle wezens.

En toch bevindt alles wat geschapen is zich niet in Mij. Aanschouw Mijn mystieke volheid! Hoewel Ik de instandhouder ben van alle levende wezens en hoewel Ik overal aanwezig ben, maak Ik geen deel uit van deze kosmische manifestatie, omdat Mijn eigen Zelf de bron is van de schepping.

COMMENTAAR: De Heer zegt dat alles op Hem rust (*mat-sthāni sarva-bhūtāni*). Dit moet niet verkeerd worden begrepen. De Heer zorgt niet rechtstreeks voor de voorzieningen en de instandhouding van de materiële wereld. Soms zien we een illustratie van Atlas met een wereldbol op zijn schouders en hij ziet er heel moe uit terwijl hij de grote planeet aarde torst. Een dergelijk beeld moeten we niet voor ogen hebben wanneer weaan Kṛṣṇa denken als de instandhouder van het universum. Kṛṣṇa zegt dat hoewel alles op Hem rust, Hij Zich afzijdig houdt van alles. De planetaire stelsels zweven in de ruimte en deze ruimte is de energie van de Allerhoogste Heer. Maar Hij is verschillend van de ruimte. Hij bevindt Zich in een andere situatie. Daarom zegt de Heer: 'Hoewel ze zich binnen Mijn onvoorstelbare energie bevinden, hou Ik Mij, als de Allerhoogste Persoonlijkheid Gods, afzijdig van hen.' Dat is de onvoorstelbare volheid van de Heer.

In de *Nirukti*, een Vedisch woordenboek staat: *yujyate 'nena durghaṭeṣu kāryeṣu:* 'De Allerhoogste Heer houdt Zich bezig met onvoorstelbaar wonderbaarlijke activiteiten, waarbij Hij Zijn energie tentoonspreidt.' Hij, de Persoonlijkheid Gods, bezit oneindig veel verschillende krachtige energieën en Zijn wil zelf maakt iets al een vaststaand feit. Op die manier moet de Persoonlijkheid Gods begrepen worden. Wij mogen dan misschien het idee hebben om iets te gaan doen, maar er zijn zoveel obstakels, en soms is het niet mogelijk om datgene te doen wat we zelf willen. Maar wanneer Kṛṣṇa iets wil doen, dan wordt alles enkel door Zijn wil op zo'n volmaakte manier uitgevoerd, dat niemand zich er een voorstelling van kan maken hoe het gedaan wordt. De Heer legt dit uit: hoewel Hij voor de materiële wereld degene is die in alles voorziet en die er de instandhouder van is, staat Hij niet in contact met de materiële wereld. Eenvoudig door Zijn allerhoogste wil wordt alles geschapen, wordt in alles voorzien, wordt alles instandgehouden en wordt alles vernietigd. Er bestaat geen verschil tussen Zijn geest en Hemzelf (zoals er wel een verschil bestaat tussen onszelf en onze huidige materiële geest), want

Hij is volledig spiritueel. Tegelijkertijd is de Heer in alles aanwezig, maar de gemiddelde mens kan niet begrijpen hoe Hij ook persoonlijk aanwezig is. Hij is verschillend van de materiële wereld en toch rust alles op Hem. Dit wordt hier uitgelegd als *yogam aiśvaram*, het mystieke vermogen van de Allerhoogste Persoonlijkheid Gods.

TEKST 6 यथाकाशस्थितो नित्यं वायुः सर्वत्रगो महान् ।
तथा सर्वाणि भूतानि मत्स्थानीत्युपधारय ॥ ६ ॥

yathākāśa-sthito nityaṁ, vāyuḥ sarvatra-go mahān
tathā sarvāṇi bhūtāni, mat-sthānīty upadhāraya

yathā — net zoals; *ākāśa-sthitaḥ* — zich in het luchtruim bevindend; *nityam* — altijd; *vāyuḥ* — de wind; *sarvatra-gaḥ* — overal waaiend; *mahān* — grote; *tathā* — op dezelfde manier; *sarvāṇi bhūtān* — alle geschapen wezens; *mat-sthāni* — zich in Mij bevindend; *iti* — zo; *upadhāraya* — probeer te begrijpen.

Probeer te begrijpen dat, zoals de machtige wind, die overal waait, zich altijd in het luchtruim bevindt, alle geschapen wezens zich op dezelfde manier in Mij bevinden.

COMMENTAAR: Voor de meeste mensen is het nagenoeg onvoorstelbaar hoe de immense schepping in Kṛṣṇa rust. Maar de Heer geeft ons een voorbeeld dat ons kan helpen het te begrijpen. De ruimte is het grootste verschijnsel dat we ons kunnen voorstellen en in die ruimte is de wind of de lucht, het grootste verschijnsel in de kosmos. Het bewegen van de lucht beïnvloedt de beweging van alles. Maar hoewel de wind gigantisch is, bevindt hij zich toch binnen de ruimte en niet erbuiten. Op dezelfde manier bestaan alle verschijnselen in het universum door de allerhoogste wil van God en zijn ze allemaal ondergeschikt aan die allerhoogste wil. Zoals wij meestal zeggen: geen grasspriet beweegt buiten de wil van de Allerhoogste Persoonlijkheid Gods om. Alles beweegt zich dus door Zijn wil: door Zijn wil wordt alles geschapen, wordt alles instandgehouden en wordt alles vernietigd. Maar tegelijkertijd houdt Hij Zich afzijdig van alles; net zoals de ruimte altijd losstaat van de activiteiten van de wind.

In de *upaniṣads* wordt het volgende gesteld: *yad-bhīṣā vātaḥ pava-te* — 'De wind waait uit angst voor de Allerhoogste Heer' (*Taittirīya Upaniṣad* 2.8.1). En de *Bṛhad-āraṇyaka Upaniṣad* (3.8.9) stelt het volgende: *etasya vā akṣarasya praśāsane gārgi sūrya-candramasau vidhṛtau tiṣṭhata etasya vā akṣarasya praśāsane gārgi dyāv-āpṛthivyau vidhṛtau tiṣṭhataḥ* — 'Onder het allerhoogste gezag, onder de supervisie van de Allerhoogste Persoonlijkheid Gods, bewegen de maan, de zon en de andere grote planeten.' Ook staat in de *Brahma-saṁhitā* (5.52):

yac-cakṣur eṣa savitā sakala-grahāṇāṁ
rājā samasta-sura-mūrtir aśeṣa-tejāḥ

yasyājñayā bhramati sambhṛta-kāla-cakro
govindam ādi-puruṣaṁ tam ahaṁ bhajāmi

Dit is een beschrijving van de beweging van de zon. De zon wordt beschouwd als één van de ogen van de Allerhoogste Heer en heeft een geweldig vermogen om hitte en licht te verspreiden. Toch beweegt de zon zich in haar voorgeschreven baan volgens de wil en onder het gezag van Govinda. In de Vedische literatuur vinden we dus bewijzen voor het feit dat de materiële wereld, die ons heel wonderbaarlijk en groots voorkomt, volledig onder het bestuur van de Allerhoogste Persoonlijkheid Gods staat. Dit zal in latere verzen van dit hoofdstuk verder worden uitgelegd.

TEKST 7 सर्वभूतानि कौन्तेय प्रकृतिं यान्ति मामिकाम् ।
कल्पक्षये पुनस्तानि कल्पादौ विसृजाम्यहम् ॥ ७ ॥

sarva-bhūtāni kaunteya, prakṛtiṁ yānti māmikām
kalpa-kṣaye punas tāni, kalpādau visṛjāmy aham

sarva-bhūtāni — alle geschapen wezens; *kaunteya* — o zoon van Kuntī; *prakṛtim* — natuur; *yānti* — gaan binnen; *māmikām* — Mijn; *kalpa-kṣaye* — aan het einde van het *kalpa*; *punaḥ* — opnieuw; *tāni* — al die; *kalpa-ādau* — aan het begin van het *kalpa*; *visṛjāmi* — schep; *aham* — Ik.

O zoon van Kuntī, aan het einde van een kalpa gaan alle materiële manifestaties binnen in Mijn natuur en aan het begin van een volgend kalpa schep Ik ze door Mijn almacht opnieuw.

COMMENTAAR: De schepping, instandhouding en vernietiging van deze materiële kosmos zijn volledig afhankelijk van de allerhoogste wil van de Persoonlijkheid Gods. 'Aan het einde van een *kalpa*' betekent op het moment van de dood van Brahmā. Brahmā leeft honderd jaar en één van zijn dagen staat gelijk aan 4.300.000.000 van onze aardse jaren. Zijn nacht duurt even lang. Zijn maand bestaat uit dertig van zulke dagen en nachten en zijn jaar bestaat uit twaalf maanden. Wanneer Brahmā na honderd van zulke jaren sterft, vindt de verwoesting of vernietiging plaats; dit betekent dat de energie die door de Allerhoogste Heer gemanifesteerd was, weer in Hemzelf wordt opgenomen. Wanneer het opnieuw nodig is de kosmos te laten ontstaan, dan wordt dit door Zijn wil gedaan. *Bahu syām:* 'Hoewel Ik één ben, zal Ik vele worden.' Dit is een Vedisch aforisme (*Chāndogya Upaniṣad* 6.2.3). Hij expandeert Zichzelf in de materiële energie en daardoor ontstaat de hele materiële kosmos opnieuw.

TEKST 8 प्रकृतिं स्वामवष्टभ्य विसृजामि पुनः पुनः ।
भूतग्राममिमं कृत्स्नमवशं प्रकृतेर्वशात् ॥ ८ ॥

prakṛtiṁ svām avaṣṭabhya, visṛjāmi punaḥ punaḥ
bhūta-grāmam imaṁ kṛtsnam, avaśaṁ prakṛter vaśāt

prakṛtim — de materiële natuur; *svām* — van Mijn eigen Zelf; *avaṣṭabhya* — binnengaand; *visṛjāmi* — Ik schep; *punaḥ punaḥ* — steeds opnieuw; *bhūta-grāmam* — al de kosmische manifestaties; *imam* — deze; *kṛtsnam* — in totaal; *avaśam* — vanzelf; *prakṛteḥ* — van Mijn natuur; *vaśāt* — onder dwang.

De hele kosmos staat onder Mijn toezicht. Door Mijn wil wordt hij vanzelf keer op keer gemanifesteerd en door Mijn wil wordt hij aan het einde vernietigd.

COMMENTAAR: De materiële wereld is de manifestatie van de lagere energie van de Allerhoogste Persoonlijkheid Gods. Dit is al vaker uitgelegd. Op het moment van de schepping wordt de materiële energie losgelaten als het *mahat-tattva*, waar de Heer als Zijn eerste *puruṣa*-incarnatie, Mahā-Viṣṇu, in binnengaat. Hij ligt in de Oceaan van Oorzaken en ademt ontelbare universa uit en in ieder afzonderlijk universum gaat de Heer opnieuw binnen als Garbhodaka-śāyī Viṣṇu. Alle universa worden op die manier geschapen. Vervolgens verschijnt Hij als Kṣīrodaka-śāyī Viṣṇu en die Viṣṇu gaat binnen in alles — zelfs in het nietige atoom. Het feit dat Hij in alles binnengaat, wordt in dit vers uitgelegd.

De levende wezens worden vervolgens in deze materiële natuur gebracht en door hun vroegere daden nemen ze verschillende posities in. Op die manier beginnen de activiteiten van de materiële wereld. De verschillende levenssoorten worden tegelijk met het universum geschapen en beginnen daarna onmiddellijk met hun activiteiten. Het is niet zo dat ze geleidelijk aan zijn geëvolueerd. Mensen, dieren, vogels — ze worden allemaal gelijktijdig geschapen, omdat de verlangens die het levend wezen had op het moment van de laatste vernietiging, weer tot uiting worden gebracht. Met het woord *'avaśam'* wordt hier duidelijk aangegeven dat de levende wezens niets te maken hebben met dit proces. De levenstoestand in het vorige leven in een vorige schepping komt gewoon weer tot uiting en dit gebeurt allemaal eenvoudig door de wil van de Heer. Dat is het onvoorstelbare vermogen van de Allerhoogste Persoonlijkheid Gods. En nadat de Heer de verschillende levenssoorten geschapen heeft, is Hij niet meer bij hen betrokken. De schepping vindt plaats om tegemoet te komen aan de neigingen van de verschillende levende wezens en daarom raakt de Heer er niet in verwikkeld.

TEKST 9

न च मां तानि कर्माणि निबध्नन्ति धनञ्जय ।
उदासीनवदासीनमसक्तं तेषु कर्मसु ॥ ९ ॥

na ca māṁ tāni karmāṇi, nibadhnanti dhanañjaya
udāsīna-vad āsīnam, asaktaṁ teṣu karmasu

na — nooit; *ca* — ook; *mām* — Mij; *tāni* — al die; *karmāṇi* — activiteiten; *nibadhnanti* — binden; *dhanañjaya* — o overwinnaar van rijkdom; *udāsīna-vat* — als neutraal; *āsīnam* — bevindend; *asaktam* — zonder aantrekking; *teṣu* — voor die; *karmasu* — activiteiten.

O Dhanañjaya, Ik raak door al deze activiteiten niet gebonden. Ik ben altijd onthecht van al deze materiële activiteiten en blijf neutraal.

COMMENTAAR: Men moet hierdoor niet denken dat de Persoonlijkheid Gods geen bezigheden heeft. In Zijn spirituele wereld is Hij altijd actief. In de *Brahma-saṁhitā* (5.6) wordt gezegd: *ātmārāmasya tasyāsti prakṛtyā na samāgamaḥ* — 'Hij is altijd verwikkeld in Zijn eeuwige, gelukzalige, spirituele activiteiten, maar Hij heeft niets te maken met de activiteiten van de materiële wereld.' Materiële activiteiten worden door Zijn verschillende vermogens uitgevoerd. De Heer staat altijd neutraal tegenover de materiële activiteiten binnen de schepping. In dit vers wordt naar deze neutraliteit verwezen met het woord *'udāsīna-vat'*. Hoewel Hij ieder miniem detail van de materiële activiteiten bestuurt, blijft Hij neutraal.

Ter verduidelijking kan hier het voorbeeld van de rechter op zijn zetel worden aangehaald. Op zijn bevel gebeuren zoveel dingen: de een wordt opgehangen, de ander gevangengezet, iemand anders krijgt een grote som geld toegewezen, maar toch blijft de rechter neutraal. Hij heeft niets te maken met alle winst en verlies. Op dezelfde manier is de Heer altijd neutraal, hoewel Zijn invloed zich uitstrekt tot elke sfeer van activiteit.

In het *Vedānta-sūtra* (2.1.34) wordt gesteld: *vaiṣamya-nairghṛṇye na* — Hij is niet onderhevig aan de dualiteiten van de materiële wereld; Hijis boven deze dualiteiten verheven. Hij is evenmin gehecht aan de schepping en de vernietiging van de materiële wereld. De levende wezens nemen hun verschillende vormen aan in de verschillende levenssoorten in overeenstemming met hun vroegere daden en de Heer komt niet tussenbeide.

TEKST 10 मयाध्यक्षेण प्रकृतिः सूयते सचराचरम् ।
हेतुनानेन कौन्तेय जगद्विपरिवर्तते ॥ १० ॥

mayādhyakṣeṇa prakṛtiḥ, sūyate sa-carācaram
hetunānena kaunteya, jagad viparivartate

mayā — door Mij; *adhyakṣeṇa* — onder supervisie; *prakṛtiḥ* — materiële natuur; *sūyate* — manifesteert; *sa* — allebei; *cara-acaram* — de bewegende en de niet-bewegende; *hetunā* — om de reden; *anena* — deze; *kaunteya* — o zoon van Kuntī; *jagat* — de kosmische manifestatie; *viparivartate* — werkt.

O zoon van Kuntī, deze materiële natuur, die één van Mijn energieën is, werkt onder Mijn leiding en brengt alle bewegende en niet-bewegende wezens voort. Onder haar bestuur wordt deze manifestatie steeds weer opnieuw geschapen en vernietigd.

COMMENTAAR: Hier wordt duidelijk gezegd dat de Allerhoogste Heer de allerhoogste bestuurder blijft, hoewel Hij Zich afzijdig houdt van alle activiteiten van de materiële wereld. De Allerhoogste Heer is de allerhoogste wil en de achtergrond van deze materiële kosmos, maar het management wordt door de materiële natuur uitgevoerd. Kṛṣṇa verklaart in de *Bhagavad-gītā* dat Hij de vader is van alle levende wezens in de verschillende vormen en soorten. De vader brengt het zaad in de schoot van de moeder voor een kind en de Allerhoogste Heer injecteert enkel door Zijn blik alle levende wezens in de baarmoeder van de materiële natuur, die daarna overeenkomstig hun laatste activiteiten en de verlangens die ze hadden, tevoorschijn komen in verschillende vormen en soorten.

Hoewel al deze levende wezens door de blik van de Allerhoogste Heer geboren worden, aanvaarden ze hun verschillende lichamen overeenkomstig hun vroegere daden en verlangens. De Heer is dus niet rechtstreeks verbonden met deze materiële schepping. Hij laat eenvoudig Zijnblik over de materiële natuur gaan. Op die manier wordt de materiële natuur geactiveerd en wordt alles onmiddellijk geschapen. Omdat de Allerhoogste Heer Zijn blik over de materiële natuur laat gaan, is er ongetwijfeld sprake van activiteit van Zijn kant, maar Hij heeft niet rechtstreeks iets te maken met het tevoorschijn komen van de materiële wereld.

Om dit te verduidelijken wordt in de *smṛti* het volgende voorbeeld gegeven: wanneer iemand een geurige bloem voor zich heeft, wordt de geur door het reukvermogen van die persoon waargenomen, maar toch blijven het ruiken en de bloem los van elkaar staan. Tussen de materiële wereld en de Allerhoogste Persoonlijkheid Gods bestaat een soortgelijke relatie; in feite heeft Hij niets te maken met de materiële wereld, maar Hij schept door middel van Zijn blik en alles gebeurt onder Zijn leiding. Om het samen te vatten: zonder de supervisie van de Allerhoogste Persoonlijkheid Gods kan de materiële natuur niets doen. Toch is de Allerhoogste Persoonlijkheid onthecht van alle materiële activiteiten.

TEKST 11 अवजानन्ति मां मूढा मानुषीं तनुमाश्रितम् ।
परं भावमजानन्तो मम भूतमहेश्वरम् ॥ ११ ॥

avajānanti māṁ mūḍhā, mānuṣīṁ tanum āśritam
paraṁ bhāvam ajānanto, mama bhūta-maheśvaram

avajānanti — bespotten; *mām* — Mij; *mūḍhāḥ* — dwaze mensen; *mānuṣīm* — in een menselijke gedaante; *tanum* — een lichaam; *āśritam* — aannemend; *param* — transcendentale; *bhāvam* — aard; *ajānantaḥ* — niet kennend; *mama* — Mijn; *bhūta* — van alles wat bestaat; *mahā-īśvaram* — de allerhoogste bezitter.

Dwazen bespotten Me wanneer Ik neerdaal in een menselijke gedaante. Ze kennen Mijn transcendentale aard niet als de Allerhoogste Heer van al wat bestaat.

COMMENTAAR: Uit de verklaringen van de voorgaande verzen in dit hoofdstuk is duidelijk geworden dat de Allerhoogste Persoonlijkheid Gods geen gewoon mens is, ook al verschijnt Hij als een menselijk wezen. De Persoonlijkheid Gods, die de schepping, instandhouding en de vernietiging van de complete kosmos bestuurt, kan geen menselijk wezen zijn. Toch zijn er veel dwaze personen die Kṛṣṇa alleen maar als een machtige man beschouwen en meer niet. In werkelijkheid is Hij de oorspronkelijke Allerhoogste Persoonlijkheid en dit wordt in de *Brahma-saṁhitā* bevestigd (*īśvaraḥ paramaḥ kṛṣṇaḥ*); Hij is de Allerhoogste Heer.

Er zijn vele *īśvara's*, bestuurders, en de een is groter dan de ander. In het gewone management in de materiële wereld zien we dat boven een ambtenaar of een manager een staatssecretaris staat, en boven hem een minister, en boven hem een minister-president. Ze zijn allemaal bestuurders, maar de een wordt bestuurd door de ander. In de *Brahma-saṁhitā* wordt gezegd dat Kṛṣṇa de allerhoogste bestuurder is. Zowel in de materiële als in de spirituele wereld zijn er ongetwijfeld vele bestuurders, maar Kṛṣṇa is de allerhoogste bestuurder (*īśvaraḥ paramaḥ kṛṣṇaḥ*) en Zijn lichaam is *sac-cid-ānanda*, niet-materieel.

Materiële lichamen kunnen de wonderlijke activiteiten die in voorgaande verzen beschreven zijn, niet uitvoeren. Het lichaam van Heer Kṛṣṇa is eeuwig, gelukzalig en vol kennis. Hoewel Hij geen gewoon mens is, bespotten dwazen Hem en beschouwen ze Hem als een gewoon mens. Zijn lichaam wordt hier met *mānuṣīm* aangeduid, omdat Hij Zich net als een mens gedraagt, als een vriend van Arjuna en als een politicus, die bij de Slag van Kurukṣetra betrokken is. In veel opzichten gedraagt Hij Zich net als een gewoon mens, maar in werkelijkheid is Zijn lichaam *sac-cid-ānanda-vigraha* — eeuwig en vol gelukzaligheid en absolute kennis. Dit wordt bevestigd in de Vedische literatuur: *sac-cid-ānanda-rūpāya kṛṣṇāya* — 'Ik breng mijn eerbetuigingen aan de Allerhoogste Persoonlijkheid Gods, Kṛṣṇa, die de eeuwige gedaante van gelukzaligheid en kennis is.' (*Gopāla-tāpanī Upaniṣad*, Pūrva 1) In de Vedische literatuur zijn ook nog andere beschrijvingen te vinden. *Tam ekaṁ govindam:* 'Jij bent Govinda, de vreugde van de zintuigen en de koeien.' *Sac-cid-ānanda-vigraham:* 'En Je gedaante is transcendentaal, vol kennis, gelukzaligheid en eeuwigheid.' (*Gopāla-tāpanī Upaniṣad*, Pūrva 35)

Ondanks de transcendentale eigenschappen van het lichaam van Heer Kṛṣṇa, met zijn volledige gelukzaligheid en kennis, zijn er zoveel zogenaamde geleerden en commentatoren op de *Bhagavad-gītā*, die Kṛṣṇa bespotten door Hem een gewone man te noemen. Zo'n geleerde mag dan door zijn goede daden in het verleden als een buitengewoon man geboren zijn, maar een dergelijk concept van Śrī Kṛṣṇa geeft blijk van armzalige kennis. Daarom wordt zo iemand een *mūḍha* genoemd, omdat alleen dwaze personen Kṛṣṇa als een gewoon menselijk wezen beschouwen. Deze dwazen hebben geen kennis van de vertrouwelijke activiteiten van de Allerhoogste Heer en Zijn verschillende energieën en beschouwen Hem daarom als een gewoon menselijk wezen. Ze weten niet dat het lichaam van Kṛṣṇa het symbool van volledige kennis en gelukzaligheid is, dat Hij de eigenaar is van alles wat bestaat en dat Hij iedereen bevrijding kan toekennen. Omdat ze niet weten dat Kṛṣṇa zoveel transcendentale eigenschappen heeft, bespotten ze Hem.

Ze weten evenmin dat de verschijning van de Allerhoogste Persoonlijkheid Gods in de materiële wereld een manifestatie van Zijn interne energie is. Hij is de meester van de materiële energie. Zoals al op verscheidene plaatsen is uitgelegd, verklaart Hij dat de materiële energie, hoe machtig ze ook is, zich onder Zijn macht bevindt (*mama māyā duratyayā*), en al wie zich aan Hem overgeeft, kan aan de invloed van de materiële energie ontkomen. Als een ziel die zich aan Kṛṣṇa heeft overgegeven kan ontkomen aan de invloed van de materiële energie, hoe kan de Allerhoogste Heer, die de schepping, instandhouding en vernietiging van de hele kosmische natuur bestuurt, dan een materieel lichaam als wij hebben? Een dergelijke opvatting van Kṛṣṇa is duidelijk volslagen dwaas. Dwaze personen kunnen niet begrijpen dat de Persoonlijkheid Gods, Kṛṣṇa, die net als een gewoon mens verschijnt, de bestuurder van zowel alle atomen als van de kosmische gedaante kan zijn. Zowel het grootste als het kleinste gaat hun bevattingsvermogen te boven en ze kunnen zich dus niet voorstellen dat een vorm als die van een menselijk wezen gelijktijdig het oneindige en het minieme kan besturen. In werkelijkheid is het zo dat hoewel Hij het eindige en het oneindige bestuurt, Hij losstaat van al wat gemanifesteerd is. In verband met Zijn *yogam aiśvaram*, Zijn onvoorstelbare transcendentale energie, is duidelijk gezegd dat Hij gelijktijdig het eindige en het oneindige kan besturen en dat Hij van beide afzijdig kan blijven. Hoewel de dwazen zich niet kunnen voorstellen hoe Kṛṣṇa, die als een menselijk wezen verschijnt, het eindige en het oneindige kan besturen, aanvaarden de zuivere toegewijden dit zonder meer, omdat ze weten dat Kṛṣṇa de Allerhoogste Persoonlijkheid Gods is. Ze geven zich daarom volledig aan Hem over en leggen zich toe op Kṛṣṇa-bewustzijn, op de devotionele dienst aan de Heer.

Er bestaan veel meningsverschillen tussen de impersonalisten en de personalisten over het verschijnen van de Heer als een menselijk wezen. Maar als we de *Bhagavad-gītā* en het *Śrīmad-Bhāgavatam* — de gezaghebbende teksten voor het begrijpen van de wetenschap van Kṛṣṇa — raadplegen, dan kunnen we inzien dat Kṛṣṇa de Allerhoogste Persoonlijkheid Gods is. Hij is geen gewone man, ook al verscheen Hij op aarde als een gewoon mens. In het eerste hoofdstuk van het eerste canto van het *Śrīmad-Bhāgavatam* zeggen de wijzen onder leiding van Śaunaka het volgende wanneer ze vragen naar de activiteiten van Kṛṣṇa:

kṛtavān kila karmāṇi, saha rāmeṇa keśavaḥ
ati-martyāni bhagavān, gūḍhaḥ kapaṭa-māṇuṣaḥ

'Heer Śrī Kṛṣṇa, de Allerhoogste Persoonlijkheid Gods, speelde samen met Balarāma als een menselijk wezen en op die manier vermomd, verrichtte Hij vele bovenmenselijke daden.' (*Bhāg.* 1.1.20)

De verschijning van de Heer als mens verwart de dwazen. Geen enkel menselijk wezen had de wonderbaarlijke activiteiten kunnen uitvoeren die Kṛṣṇa uitvoerde toen Hij op deze aarde aanwezig was. Toen Kṛṣṇa voor Vasudeva en Devakī, Zijn vader en moeder, verscheen, verscheen Hij met vier armen, maar na hun gebeden veranderde Hij Zich in een gewoon kind. Het *Bhāgavatam* (10.3.46) zegt: *babhūva prākṛtaḥ śiśuḥ* — Hij werd net als een gewoon kind, een gewoon menselijk wezen. Hier wordt opnieuw aangegeven dat het verschijnen van de Heer als een gewoon menselijk wezen een van de kenmerken van Zijn transcendentale lichaam is. In het elfde hoofdstuk van de *Bhagavad-gītā* wordt ook beschreven dat Arjuna bad om de gedaante van Kṛṣṇa met vier armen te zien (*tenaiva rūpeṇa catur-bhujena*). Nadat Hij deze gedaante onthuld had, nam Kṛṣṇa op verzoek van Arjuna weer Zijn oorspronkelijke, menselijke gedaante aan (*mānuṣaṁ rūpam*). Deze verschillende kenmerken van de Allerhoogste Heer zijn zeker niet de kenmerken van een gewoon menselijk wezen.

Sommige van degenen die Kṛṣṇa bespotten en die aangetast zijn door de filosofie van de *māyāvādī's*, citeren het volgende vers uit het *Śrīmad-Bhāgavatam* (3.29.21) om te bewijzen dat Kṛṣṇa maar een gewone man is: *ahaṁ sarveṣu bhūteṣu bhūtātmāvasthitaḥ sadā* — 'De Allerhoogste is aanwezig in ieder levend wezen.' Voor een goed begrip van dit bepaalde vers is het beter als we ons tot *vaiṣṇava-ācārya's* als Jīva Gosvāmī en Viśvanātha Cakravartī Ṭhākura wenden, in plaats van de interpretatie te volgen van personen zonder autoriteit die Kṛṣṇa bespotten. In zijn commentaar op dit vers zegt Jīva Gosvāmī dat Kṛṣṇa Zich in Zijn volledige expansie als Paramātmā, de Superziel, in de bewegende en niet-bewegende wezens bevindt; iedere beginnende toegewijde, die zijn aandacht alleen op de *arcā-mūrti* richt, de vorm van de Allerhoogste Heer in de tempel, maar die andere levende wezens niet respecteert, vereert de gedaante van de Heer in de tempel vergeefs.

Er zijn drie soorten toegewijden van de Heer en de beginneling bevindt zich op het laagste niveau. De beginnende toegewijde besteedt meer aandacht aan de Beeldgedaante in de tempel dan aan de andere toegewijden. Viśvanātha Cakravartī Ṭhākura waarschuwt ervoor dat deze mentaliteit gecorrigeerd moet worden. Omdat Kṛṣṇa als Paramātmā aanwezig is in ieders hart, moet een toegewijde ieder lichaam als de belichaming of als de tempel van de Allerhoogste Heer zien; dus net zoals iemand zijn respect betuigt aan de tempel van de Heer, zo moet hij ook ieder lichaam, waarin de Paramātmā verblijft, op de juiste wijze respecteren. Iedereen moet daarom op gepaste manier gerespecteerd worden en niemand mag worden genegeerd.

Er zijn ook veel impersonalisten die de spot drijven met de verering in de tempel. Ze zeggen dat als God overal is, waarom moet iemand zich dan beperken tot het vereren in de tempel? Maar als God overal is, is Hij dan niet aanwezig in de tempel of in de Beeldgedaante? De personalist en de impersonalist zullen tot in de eeuwigheid met elkaar blijven vechten, maar een perfect Kṛṣṇa-bewuste toegewijde weet dat hoewel Kṛṣṇa de Allerhoogste Persoonlijkheid Gods is, Hij alomtegenwoordig is, zoals in de *Brahma-saṁhitā* wordt bevestigd. Hoewel Goloka Vṛndāvana Zijn persoonlijke woning is en Hij daar altijd verblijft, is Hij overal en in alle delen van de materiële en spirituele schepping aanwezig door Zijn verschillende energieën en door Zijn volledige expansie.

TEKST 12

मोघाशा मोघकर्माणो मोघज्ञाना विचेतसः ।
राक्षसीमासुरीं चैव प्रकृतिं मोहिनीं श्रिताः ॥ १२ ॥

moghāśā mogha-karmāṇo, mogha-jñānā vicetasaḥ
rākṣasīṁ āsurīṁ caiva, prakṛtiṁ mohinīṁ śritāḥ

mogha-āśāḥ — hun hoop verijdeld; *mogha-karmāṇaḥ* — hun resultaatgerichte activiteiten verijdeld; *mogha-jñānāḥ* — hun kennis waardeloos; *vicetasaḥ* — verward; *rākṣasīm* — demonisch; *āsurīm* — atheïstisch; *ca* — en; *eva* — zeker; *prakṛtim* — natuur; *mohinīm* — verwarrend; *śritāḥ* — toevlucht nemen tot.

Zij die op zo'n manier verward zijn, raken aangetrokken tot demonische en atheïstische opvattingen. In die verwarde toestand is hun hoop op bevrijding ijdel, zijn hun resultaatgerichte activiteiten gedoemd te mislukken en is de kennis die ze verwerven waardeloos.

COMMENTAAR: Er zijn veel toegewijden die denken dat ze Kṛṣṇa-bewust zijn en dat ze devotionele dienst verrichten maar die in hun hart de Allerhoogste Persoonlijkheid Gods, Kṛṣṇa, niet aanvaarden als de Absolute Waarheid. Zij zullen de vrucht van devotionele dienst — teruggaan naar God — nooit proeven. Hetzelfde geldt voor degenen die zich bezighouden met resultaatgerichte vrome activiteiten en die uiteindelijk uit de materiële verstrengeling bevrijd hopen te worden; ook zij zullen nooit succesvol zijn, omdat ze de spot drijven met de Allerhoogste Persoonlijkheid Gods, Kṛṣṇa. Met andere woorden, personen die Kṛṣṇa bespotten, moeten als demonisch of atheïstisch worden gezien.

In het zevende hoofdstuk van de *Bhagavad-gītā* werd beschreven dat zulke demonische, kwaadaardige personen zich nooit aan Kṛṣṇa overgeven. Hun mentale speculaties om tot de Absolute Waarheid te komen, leiden hen daarom tot de onjuiste conclusie dat het gewone levend wezen en Kṛṣṇa één en dezelfde zijn. Door die onjuiste overtuiging denken ze dat het lichaam van welk menselijk wezen dan ook nu alleen bedekt is door de materiële natuur en dat zodra iemand bevrijd is van dit materiële lichaam er geen verschil meer bestaat tussen God en hemzelf. Deze poging om één te worden met Kṛṣṇa zal door verblinding worden verijdeld. Zulke atheïstische en demonische cultivering van spirituele kennis is altijd zinloos. Dat wordt met dit vers aangegeven. Voor zulke personen wordt het cultiveren van de kennis in de Vedische literatuur, zoals het *Vedānta-sūtra* en de *upaniṣads*, altijd verhinderd.

Het is daarom een grote overtreding om Kṛṣṇa, de Allerhoogste Persoonlijkheid Gods, als een gewoon mens te beschouwen. Zij die dat wel doen zijn beslist misleid, omdat ze de eeuwige gedaante van Kṛṣṇa niet kunnen begrijpen. De *Bṛhad-viṣṇu-smṛti* zegt duidelijk:

yo vetti bhautikaṁ dehaṁ, kṛṣṇasya paramātmanaḥ
sa sarvasmād bahiṣ-kāryaḥ, śrauta-smārta-vidhānataḥ
mukhaṁ tasyāvalokyāpi, sa-celaṁ snānam ācaret

'Wie het lichaam van Kṛṣṇa als materieel beschouwt, moet worden geweerd bij alle rituelen en activiteiten van de *śruti* en *smṛti*. En mocht men per ongeluk zijn gezicht zien, dan moet men onmiddellijk een bad in de Ganges nemen om zichzelf te zuiveren van besmetting.' Mensen drijven de spot met Kṛṣṇa omdat ze afgunstig zijn op de Allerhoogste Persoonlijkheid Gods. Het is ongetwijfeld hun lot om leven na leven geboren te worden in atheïstische en demonische levenssoorten. Hun werkelijke kennis zal voortdurend verward blijven en geleidelijk aan zullen ze afglijden naar de duisterste regionen van de schepping.

TEKST 13 महात्मानस्तु मां पार्थ दैवीं प्रकृतिमाश्रिताः ।
भजन्त्यनन्यमनसो ज्ञात्वा भूतादिमव्ययम् ॥ १३ ॥

mahātmānas tu māṁ pārtha, daivīṁ prakṛtim āśritāḥ
bhajanty ananya-manaso, jñātvā bhūtādim avyayam

mahā-ātmānaḥ — de grote zielen; *tu* — maar; *mām* — tot Mij; *pārtha* — o zoon van Pṛthā; *daivīm* — goddelijke; *prakṛtim* — natuur; *āśritāḥ* — toevlucht genomen tot; *bhajanti* — bewijzen dienst; *ananya-manasaḥ* — zonder dat de geest afdwaalt; *jñātvā* — kennend; *bhūta* — van de schepping; *ādim* — de oorsprong; *avyayam* — onuitputtelijk.

O zoon van Pṛthā, zij die niet misleid zijn, de grote zielen, wordendoor de goddelijke natuur beschermd. Ze zijn voortdurend en uitsluitend bezig met devotionele dienst, omdat ze Me kennen alsde Allerhoogste Persoonlijkheid Gods, die oorspronkelijk en onuitputtelijk is.

COMMENTAAR: In dit vers wordt een duidelijke beschrijving van de *mahātmā* gegeven. Het eerste teken van een *mahātmā* is dat hij zich altijd in de goddelijke natuur bevindt; hij wordt niet bestuurd door de materiële natuur. Hoe gaat dit in zijn werk? Dat wordt in het zevende hoofdstuk uitgelegd: wie zich aan de Allerhoogste Persoonlijkheid Gods, Śrī Kṛṣṇa, overgeeft, raakt onmiddellijk bevrijd uit de greep van de materiële natuur. Dat is de kwalificatie. Iemand kan uit de greep van de materiële natuur bevrijd worden, zodra hij zijn ziel aan de Allerhoogste Persoonlijkheid Gods overgeeft. Dat is een eerste beschrijving van de betekenis van *mahātmā*. Omdat het levend wezen tot de tussenenergie behoort, zal het, zodra het uit de greep van de tussenenergie bevrijd is, onder de leiding van de spirituele natuur komen. De leiding van de spirituele natuur wordt *daivī prakṛti*, de goddelijke natuur, genoemd. Wanneer iemand op die manier — door zich over te geven aan de Allerhoogste Persoonlijkheid Gods — verheven wordt, bereikt hij het niveau van een grote ziel, een *mahātmā*.

De *mahātmā* laat zich niet afleiden door dingen die niets met Kṛṣṇa te maken hebben, omdat hij heel goed weet dat Kṛṣṇa de oorspronkelijke Allerhoogste Persoon is en de oorzaak van alle oorzaken. Daarover bestaat geen twijfel. Zo'n *mahātmā* of grote ziel ontwikkelt zich door omgang met andere *mahātmā's* of zuivere toegewijden. Zuivere toegewijden voelen zich niet eens aangetrokken tot andere gedaanten van Kṛṣṇa, zoals de vierarmige Mahā-Viṣṇu. Ze voelen zich alleen aangetrokken tot de twee-armige gedaante van Kṛṣṇa. Ze voelen zich niet aangetrokken tot andere gedaanten van Kṛṣṇa en interesseren zich evenmin voor welke vorm van halfgod of menselijk wezen dan ook. Ze mediteren enkel en alleen op Kṛṣṇa in Kṛṣṇa-bewustzijn. Ze zijn altijd onwankelbaar in het dienen van de Heer in Kṛṣṇa-bewustzijn.

TEKST 14

सततं कीर्तयन्तो मां यतन्तश्च दृढव्रताः ।
नमस्यन्तश्च मां भक्त्या नित्ययुक्ता उपासते ॥ १४ ॥

satataṁ kīrtayanto māṁ, yatantaś ca dṛḍha-vratāḥ
namasyantaś ca māṁ bhaktyā, nitya-yuktā upāsate

satatam — altijd; *kīrtayantaḥ* — chantend; *mām* — over Mij; *yatantaḥ* — met inzet strevend; *ca* — ook; *dṛḍha-vratāḥ* — met vastberadenheid; *namasyantaḥ* — eerbetuigingen brengend; *ca* — en; *mām* — Mij; *bhaktyā* — met devotie; *nitya-yuktāḥ* — voortdurend verbonden; *upāsate* — vereren.

Deze grote zielen vereren Me onophoudelijk met devotie door Me altijd te verheerlijken, door zich met grote vastberadenheid in te spannen en door voor Me neer te buigen.

COMMENTAAR: Een *mahātmā* kan niet worden gemaakt door een gewoon persoon als zodanig te bestempelen. De kenmerken van een *mahātmā* worden in dit vers beschreven: hij is altijd bezig met het chanten van de glorie van Kṛṣṇa, de Allerhoogste Heer, de Persoonlijkheid Gods. Hij heeft geen andere bezigheid. Hij is altijd bezig met het verheerlijken van de Heer. Met ander woorden, hij is geen impersonalist. Wanneer er sprake is van verheerlijking, moet men de Allerhoogste Heer verheerlijken en Zijn heilige naam, Zijn eeuwige gedaante, Zijn transcendentale eigenschappen en Zijn buitengewone activiteiten van vermaak prijzen. Dat zijn de dingen die men moet verheerlijken; om die reden is een *mahātmā* gehecht aan de Allerhoogste Persoonlijkheid Gods.

In de *Bhagavad-gītā* wordt degene die gehecht is aan het onpersoonlijke aspect van de Allerhoogste Heer, de *brahmajyoti*, niet als een *mahātmā* omschreven; hij wordt in het volgende vers op een andere manier beschreven. De *mahātmā* is altijd bezig met verschillende activiteiten in devotionele dienst die in het *Śrīmad-Bhāgavatam* beschreven worden, namelijk horen en chanten over Viṣṇu en niet over een halfgod of een menselijk wezen. Dat is devotie: *śravaṇaṁ kīrtanaṁ viṣṇoḥ* en *smaraṇam*, aan Hem denken. Zo'n *mahātmā* bezit een sterke vastberadenheid om uiteindelijk met de Allerhoogste Heer om te gaan in een van de vijf transcendentale *rasa's*. Om dat succes te bereiken, betrekt hij alle activiteiten — de mentale, lichamelijke en vocale, allemaal — in dienst aan de Allerhoogste Heer, Śrī Kṛṣṇa. Dat is compleet Kṛṣṇa-bewustzijn.

In devotionele dienst zijn er enkele voorgeschreven activiteiten, zoals vasten op bepaalde dagen, bijvoorbeeld op de elfde dag van de maan, Ekādaśī, en op de verschijningsdag van de Heer. Al deze regels en bepalingen worden door de grote *ācārya's* gegeven voor hen die er werkelijk in geïnteresseerd zijn om toegang te krijgen tot het gezelschap vande Allerhoogste Persoonlijkheid Gods in de transcendentale wereld. De *mahātmā's*, de grote zielen, leven al deze regels en bepalingen strikt na en zijn er daarom zeker van dat ze het verlangde resultaat zullen behalen.

In het tweede vers van dit hoofdstuk is beschreven dat deze devotionele dienst niet alleen gemakkelijk is, maar ook dat ze met plezier verricht kan worden. Het is niet nodig om strenge ascese te ondergaan. Onder leiding van een deskundig spiritueel leraar kan iemand in elke positie een leven van devotionele dienst leiden, hetzij als een getrouwd persoon, als een *sannyāsī* of als een *brahmacārī*; in elke positie en overal ter wereld kan men deze devotionele dienst aan de Allerhoogste Persoonlijkheid Gods verrichten en op die manier werkelijk een *mahātmā*, een grote ziel worden.

TEKST 15 ज्ञानयज्ञेन चाप्यन्ये यजन्तो मामुपासते ।
एकत्वेन पृथक्त्वेन बहुधा विश्वतोमुखम् ॥ १५ ॥

jñāna-yajñena cāpy anye, yajanto mām upāsate
ekatvena pṛthaktvena, bahudhā viśvato-mukham

jñāna-yajñena — door het cultiveren van kennis; *ca* — ook; *api* — zeker; *anye* — anderen; *yajantaḥ* — offerend; *mām* — Mij; *upāsate* — vereren; *ekatvena* — in eenheid; *pṛthaktvena* — in dualiteit; *bahudhā* — in verscheidenheid; *viśvataḥ-mukham* — en in de kosmische gedaante.

Anderen, die offeren door kennis te cultiveren, vereren de Allerhoogste Heer als degene die één is en geen gelijke heeft, als degene die verdeeld is in vele en als de kosmische gedaante.

COMMENTAAR: Dit vers is de samenvatting van de voorgaande verzen. De Heer zegt tegen Arjuna dat zij die zuiver Kṛṣṇa-bewust zijn en niets anders dan Kṛṣṇa kennen, *mahātmā's* worden genoemd. Maar er zijn andere personen die zich niet helemaal in de positie van een *mahātmā* bevinden, maar die Kṛṣṇa ook op verschillende manieren vereren. Sommigen van hen werden al beschreven als degene in nood, degene met gebrek aan geld, de nieuwsgierige en degene die bezig is met het cultiveren van kennis. Maar er zijn anderen die zich nog lager bevinden en die in drie categorieën worden onderverdeeld: (1) degene die zichzelf vereert als één met de Allerhoogste Heer; (2) degene die een vorm van de Allerhoogste Heer verzint en die aanbidt; (3) degene die de universele gedaante, de *viśva-rūpa* van de Allerhoogste Persoonlijkheid Gods, aanvaardt en die vereert.

Van deze drie zijn de laagsten, namelijk zij die zichzelf als de Allerhoogste Heer vereren en die zichzelf als monisten beschouwen, in de meerderheid. Zulke mensen denken dat ze de Allerhoogste Heer zijn, en met deze mentaliteit vereren ze zichzelf. Dit is ook een soort godsverering, omdat ze in ieder geval begrijpen dat ze niet het materiële lichaam maar in werkelijkheid een spirituele ziel zijn, althans zo'n besef is prominent. Over het algemeen vereren de impersonalisten de Allerhoogste Heer op die manier.De tweede categorie omvat de vereerders van de halfgoden, zij die door hun verbeelding elke willekeurige gedaante als die van de Allerhoogste Heer beschouwen. En de derde categorie omvat degenen die zich geen voorstelling kunnen maken van iets wat buiten dit materiële universum bestaat. Ze beschouwen het universum als het allerhoogste organisme of wezen en vereren dat. Het universum is ook een vorm van de Heer.

TEKST 16 अहं क्रतुरहं यज्ञः स्वधाहमहमौषधम् ।
मन्त्रोऽहमहमेवाज्यमहमग्निरहं हुतम् ॥ १६ ॥

ahaṁ kratur ahaṁ yajñaḥ, svadhāham aham auṣadham
mantro 'ham aham evājyam, aham agnir ahaṁ hutam

aham — Ik; *kratuḥ* — Vedisch ritueel; *aham* — Ik; *yajñaḥ* — *smṛti*-offer; *svadhā* — offerande; *aham* — Ik; *aham* — Ik; *auṣadham* — geneeskrachtig kruid; *mantraḥ* — transcendentale gebedsformule; *aham* — Ik; *aham* — Ik; *eva* — zeker; *ājyam* — gesmolten boter; *aham* — Ik; *agniḥ* — vuur; *aham* — Ik; *hutam* — offergave.

Maar Ik ben het ritueel en Ik ben het offer, evenals de offergave aan de voorouders, het geneeskrachtige kruid en de transcendentale mantra. Ik ben de boter, het vuur en de offergave.

COMMENTAAR: Het Vedische offer dat bekendstaat als Jyotiṣṭoma is ook Kṛṣṇa en Hij is ook het Mahā-yajña dat in de *smṛti* wordt genoemd. De offergaven aan de bewoners van Pitṛloka of de offers die gebracht worden om de bewoners van Pitṛloka tevreden te stellen en die beschouwd worden als een soort medicijn in de vorm van geklaarde boter, is ook Kṛṣṇa. De mantra's die hierbij gereciteerd worden zijn ook Kṛṣṇa. En de vele andere producten die van melkproducten worden gemaakt en die tijdens de ceremonie worden geofferd, zijn ook Kṛṣṇa. Het vuur is ook Kṛṣṇa, want vuur is een van de vijf materiële elementen en wordt daarom als een afgescheiden energie van Kṛṣṇa gezien. Met andere woorden, de Vedische offers die in het *karma-kāṇḍa*-gedeelte van de Veda's worden aanbevolen, zijn samen ook Kṛṣṇa. Of met andere woorden, men moet begrijpen dat zij die devotionele dienst aan Kṛṣṇa verrichten, alle offers hebben uitgevoerd die in de Veda's worden aanbevolen.

TEKST 17 पिताहमस्य जगतो माता धाता पितामहः ।
वेद्यं पवित्रम् ओंकार ऋक् साम यजुरेव च ॥ १७ ॥

pitāham asya jagato, mātā dhātā pitāmahaḥ
vedyaṁ pavitram oṁkāra, ṛk sāma yajur eva ca

pitā — vader; *aham* — Ik; *asya* — van dit; *jagataḥ* — universum; *mātā* — moeder; *dhātā* — onderhouder; *pitāmahaḥ* — grootvader; *vedyam* — wat gekend moet worden; *pavitram* — dat wat zuivert; *oṁ-kāraḥ* — de lettergreep *oṁ*; *ṛk* — de *Ṛg-veda*; *sāma* — de *Sāma-veda*; *yajuḥ* — de *Yajur-veda*; *eva* — zeker; *ca* — en.

Ik ben de vader van dit universum, de moeder, de instandhouder en de grootvader. Ik ben het object van kennis, de zuiveraar en de lettergreep oṁ. Ook ben Ik de Ṛg-, de Sāma- en de Yajur-veda.

COMMENTAAR: Het geheel van kosmische verschijnselen, zowel de bewegende als de niet-bewegende, wordt gemanifesteerd door verschillende activiteiten van de energie van Kṛṣṇa. In het materiële bestaan ontwikkelen we verschillende relaties met verschillende levende wezens, die nietsanders zijn dan de tussenenergie van Kṛṣṇa. In de schepping van *prakṛti* doen sommigen van hen zich voor als onze vader, moeder, grootvader, schepper enz., maar eigenlijk zijn ze integrerende deeltjes van Kṛṣṇa. Op die manier zijn de levende wezens die onze vader, moeder enz. lijken te zijn, niets anders dan Kṛṣṇa.

Het woord *'dhātā'* dat in dit vers voorkomt, betekent 'schepper'. Niet alleen zijn onze vader en moeder integrerende deeltjes van Kṛṣṇa, maar de schepper, de grootmoeder en de grootvader enz. zijn ook Kṛṣṇa. In werkelijkheid is ieder levend wezen Kṛṣṇa, want ze zijn allemaal integrerende deeltjes van Kṛṣṇa. Alle Veda's hebben daarom alleen Kṛṣṇa als doel. Wat we ook willen weten uit de Veda's, is een stap vooruit in het begrijpen van Kṛṣṇa. Maar dat onderwerp dat ons helpt gezuiverd te worden en verankerd te raken in onze wezenlijke positie, is in het bijzonder Kṛṣṇa. Op die manier is een nieuwsgierig levend wezen dat alle Vedische principes wil begrijpen ook een integrerend deeltje van Kṛṣṇa en is zo ook Kṛṣṇa.

In alle Vedische mantra's is het woord *'oṁ'*, dat *praṇava* wordt genoemd, een transcendentale geluidsvibratie en is ook Kṛṣṇa. En omdat de *praṇava* of *oṁkāra* zeer prominent is in de hymnen van de vier Veda's — *Sāma, Yajur, Ṛg* en *Atharva* — worden de Veda's ook beschouwd als Kṛṣṇa.

TEKST 18 गतिर्भर्ता प्रभुः साक्षी निवासः शरणं सुहृत् ।
प्रभवः प्रलयः स्थानं निधानं बीजमव्ययम् ॥ १८ ॥

gatir bhartā prabhuḥ sākṣī, nivāsaḥ śaraṇaṁ suhṛt
prabhavaḥ pralayaḥ sthānaṁ, nidhānaṁ bījam avyayam

gatiḥ — doel; *bhartā* — instandhouder; *prabhuḥ* — Heer; *sākṣī* — getuige; *nivāsaḥ* — verblijfplaats; *śaraṇam* — toevlucht; *su-hṛt* — innigste vriend; *prabhavaḥ* — schepping; *pralayaḥ* — vernietiging; *sthānam* — grond; *nidhānam* — rustplaats; *bījam* — zaad; *avyayam* — onvergankelijke.

Ik ben het doel, de instandhouder, de meester, de getuige, de verblijfplaats, de toevlucht en de allerbeste vriend. Ik ben de schepping en de vernietiging, de grond van alles, de rustplaats en het eeuwige zaad.

COMMENTAAR: *Gati* heeft betrekking op de bestemming die we willen bereiken. Maar het uiteindelijke doel is Kṛṣṇa, ook al weten de mensen dat niet. Wie Kṛṣṇa niet kent, is misleid en zijn zogenaamde vooruitgang is of gedeeltelijk of iets wat op hallucinaties berust. Er zijn veel mensen die de verschillende halfgoden tot hun doel maken en door de bepaalde methoden van verering strikt na te leven, bereiken ze de verschillende planeten zoals Candraloka, Sūryaloka, Indraloka, Maharloka enz. Maar al deze *loka's* of planeten zijn scheppingen van Kṛṣṇa en zijn daarom tegelijkertijd zowel Kṛṣṇa als niet-Kṛṣṇa. Omdat zulke planeten manifestaties zijn van de energie van Kṛṣṇa, zijn ze ook Kṛṣṇa, maar eigenlijk dienen ze alleen om een stap vooruit te komen in het zich bewust worden van Kṛṣṇa.

Het benaderen van de verschillende energieën van Kṛṣṇa is Hem indirect benaderen. Men moet Kṛṣṇa rechtstreeks benaderen, want dat bespaart tijd en energie. Bijvoorbeeld, als er een mogelijkheid bestaat om met een lift naar de hoogste verdieping van een gebouw te gaan, waarom zou iemand dan, tree na tree, met de trap gaan? Alles berust op de energie van Kṛṣṇa, daarom kan er zonder de bescherming van Kṛṣṇa niets bestaan. Kṛṣṇa is de allerhoogste bestuurder, omdat alles Zijn eigendom is en alles door Zijn energie bestaat. Omdat Kṛṣṇa in het hart van iedereen aanwezig is, is Hij de allerhoogste getuige. De woningen en landen waarin of de planeten waarop we wonen zijn ook Kṛṣṇa. Kṛṣṇa is het uiteindelijke toevluchtsoord en daarom moet men zijn toevlucht bij Kṛṣṇa zoeken, zowel voor bescherming als voor het beëindigen van ellende. En wanneer we bescherming nodig hebben, moeten we ons er altijd van bewust zijn dat onze bescherming van een levenskracht moet komen. Kṛṣṇa is het allerhoogste levend wezen. En omdat Kṛṣṇa de bron van ons ontstaan of onze allerhoogste vader is, kan niemand een betere vriend zijn dan Kṛṣṇa, en evenmin kan iemand het beter met ons voor hebben dan Hij. Kṛṣṇa is de oorspronkelijke bron van de schepping en de uiteindelijke rustplaats na de vernietiging. Kṛṣṇa is daarom de eeuwige oorzaak van alle oorzaken.

TEKST 19

तपाम्यहमहं वर्षं निगृह्णाम्युत्सृजामि च ।
अमृतं चैव मृत्युश्च सदसच्चाहमर्जुन ॥ १९ ॥

tapāmy aham ahaṁ varṣaṁ, nigṛhṇāmy utsṛjāmi ca
amṛtaṁ caiva mṛtyuś ca, sad asac cāham arjuna

tapāmi — geef warmte; *aham* — Ik; *aham* — Ik; *varṣam* — regen; *nigṛhṇāmi* — weerhoud; *utsṛjāmi* — laat gaan; *ca* — en; *amṛtam* — onsterfelijkheid; *ca* — en; *eva* — zeker; *mṛtyuḥ* — de dood; *ca* — en; *sat* — het spirituele; *asat* — materie; *ca* — en; *aham* — Ik; *arjuna* — o Arjuna.

O Arjuna, Ik geef warmte en Ik houd de regen tegen en laat die neerstromen. Ik ben onsterfelijkheid en ook de dood. Alles wat spiritueel en materieel is, bevindt zich in Mij.

COMMENTAAR: Door Zijn verschillende energieën verspreidt Kṛṣṇa warmte en licht via de kracht van elektriciteit en de zon. Tijdens de zomer is het Kṛṣṇa die voorkomt dat de regen uit de lucht neervalt en daarna, tijdens het regenseizoen, is Hij het die de regen onophoudelijk laat neerstromen. De energie die ons gaande houdt door onze levensduur te verlengen is Kṛṣṇa, en aan het einde komt Kṛṣṇa tot ons in de vorm van de dood.

Door al deze energieën van Kṛṣṇa te analyseren kan men vaststellen dat er voor Kṛṣṇa geen verschil bestaat tussen materie en het spirituele; met andere woorden, Hij is zowel het materiële als het spirituele. Iemand in een gevorderd stadium van Kṛṣṇa-bewustzijn maakt zulk onderscheid dan ook niet meer. In alles ziet hij alleen Kṛṣṇa.

Omdat Kṛṣṇa zowel het materiële als het spirituele is, is de gigantische universele gedaante, die alle materiële verschijnselen omvat, ook Kṛṣṇa en zijn Zijn activiteiten van vermaak als de tweearmige Śyāmasundara in Vṛndāvana, die op Zijn fluit speelt, de activiteiten van de Allerhoogste Persoonlijkheid Gods.

TEKST 20 त्रैविद्या मां सोमपाः पूतपापा यज्ञैरिष्ट्वा स्वर्गतिं प्रार्थयन्ते ।
ते पुण्यमासाद्य सुरेन्द्रलोकमश्नन्ति दिव्यान्दिवि देवभोगान् ॥ २० ॥

trai-vidyā māṁ soma-pāḥ pūta-pāpā
yajñair iṣṭvā svar-gatiṁ prārthayante
te puṇyam āsādya surendra-lokam
aśnanti divyān divi deva-bhogān

trai-vidyāḥ — zij die de drie Veda's kennen; *mām* — Mij; *soma-pāḥ* — drinkers van het *soma*-sap; *pūta* — gezuiverd; *pāpāḥ* — van zonden; *yajñaiḥ* — met offers; *iṣṭvā* — vererend; *svaḥ-gatim* — doortocht naar de hemel; *prārthayante* — bidden om; *te* — zij; *puṇyam* — vrome; *āsādya* — bereikt; *sura-indra* — van Indra; *lokam* — de wereld; *aśnanti* — genieten; *divyān* — hemelse; *divi* — in de hemel; *deva-bhogān* — goddelijke genietingen.

Zij die de Veda's bestuderen en het soma-sap drinken met het verlangen de hemelse planeten te bereiken, vereren Me indirect. Eenmaal gezuiverd van de karmische reacties op hun zonden, worden ze op de vrome, hemelse planeet van Indra geboren, waar ze goddelijk zullen genieten.

COMMENTAAR: Het woord *'trai-vidyāḥ'* verwijst naar de drie Veda's: *Sāma*, *Yajur* en *Ṛg*. Een *brāhmaṇa* die deze drie Veda's bestudeerd heeft, wordt een *tri-vedī* genoemd. Eenieder die zeer vertrouwd is met de kennis indeze drie Veda's, wordt in de samenleving gerespecteerd. Jammer genoeg zijn er veel grote geleerden die de Veda's bestuderen, maar die de uiteindelijke betekenis van een dergelijke studie niet kennen. In dit vers verklaart Kṛṣṇa Zichzelf daarom als het uiteindelijke doel van de *tri-vedī's.*Echte *tri-vedī's* nemen hun toevlucht tot de lotusvoeten van Kṛṣṇa en verrichten zuivere devotionele dienst om de Heer tevreden te stellen.

Devotionele dienst begint met het chanten van de Hare Kṛṣṇa-mantra en tegelijkertijd met het proberen te begrijpen van Kṛṣṇa zoals Hij werkelijk is. Jammer genoeg raken degenen die alleen formeel studenten van de Veda's zijn, meer geïnteresseerd in het brengen van offers aan de verschillende halfgoden zoals Indra en Candra. Door deze inspanningen worden de aanbidders van verschillende halfgoden zeker gezuiverd van aantasting door de lagere hoedanigheden van de natuur en worden ze zo verheven tot de hogere planetenstelsels, de hemelse planeten die bekendstaan als Maharloka, Janoloka, Tapoloka enz. Wanneer iemand zich eenmaal een plaats heeft verworven op die planeten, kan hij zijn zintuigen honderdduizenden keren beter bevredigen dan op deze planeet.

TEKST 21 ते तं भुक्त्वा स्वर्गलोकं विशालं क्षीणे पुण्ये मर्त्यलोकं विशन्ति ।
एवं त्रयीधर्ममनुप्रपन्ना गतागतं कामकामा लभन्ते ॥ २१ ॥

te taṁ bhuktvā svarga-lokaṁ viśālaṁ
kṣīṇe puṇye martya-lokaṁ viśanti
evaṁ trayī-dharmam anuprapannā
gatāgataṁ kāma-kāmā labhante

te — zij; *tam* — dat; *bhuktvā* — genietend; *svarga-lokam* — hemel; *viśālam* — heel veel; *kṣīṇe* — uitgeput zijn; *puṇye* — de resultaten van hun vrome activiteiten; *martya-lokam* — naar de vergankelijke aarde; *viśanti* — terugvallen; *evam* — zo; *trayī* — van de drie Veda's; *dharmam* — leerstellingen; *anuprapannāḥ* — volgend; *gata-āgatam* — dood en geboorte; *kāma-kāmāḥ* — verlangend naar zinnelijk genot; *labhante* — bereiken.

Nadat ze zo van veel hemelse zinsbevrediging genoten hebben en de resultaten van hun vrome activiteiten hebben uitgeput, keren ze terug naar deze planeet van stervelingen. Zij die op zoek zijn naar zinnelijk genot door zich aan de principes van de drie Veda's te houden, bereiken op die manier enkel herhaaldelijk geboorte en dood.

COMMENTAAR: Wie tot de hogere planetenstelsels verheven wordt, geniet een langere levensduur en betere faciliteiten voor zinsbevrediging, maar niemand wordt toegestaan er voor altijd te blijven. Men wordt opnieuw naar deze aarde teruggestuurd wanneer de resultaten of vruchten van zijn vrome daden opgebruikt zijn. Wie de perfectie van kennis, zoals die in het *Vedānta-sūtra* wordt aangegeven (*janmādy asya yataḥ*), niet bereikt heeft, zal verward zijn over het bereiken van het uiteindelijke doel van het leven. Met andere woorden, wie niet in staat is om Kṛṣṇa, de oorzaak van alle oorzaken, te begrijpen, zal het doel van het leven niet kennen en zal zo onderhevig zijn aan vaste regels, waardoor hij verheven wordt naar de hogere planeten om vervolgens weer naar beneden te komen, alsof hij in een reuzenrad zit dat soms omhoog en soms naar beneden gaat. Dit betekent dat men in plaats van verheven te worden naar de spirituele wereld, vanwaar men nooit meer naar beneden hoeft te komen, eenvoudig zal blijven ronddraaien in de cyclus van geboorte en dood op hogere en lagere planeten. Men kan zich beter toeleggen op het proces van devotionele dienst om zo onmiddellijk verheven te worden naar de spirituele wereld en daar te genieten van een eeuwig leven vol geluk en kennis en om nooit meer terug te keren naar dit ellendige, materiële bestaan.

TEKST 22 अनन्याश्चिन्तयन्तो मां ये जनाः पर्युपासते
तेषां नित्याभियुक्तानां योगक्षेमं वहाम्यहम् ॥ २२ ॥

ananyāś cintayanto māṁ, ye janāḥ paryupāsate
teṣāṁ nityābhiyuktānāṁ, yoga-kṣemaṁ vahāmy aham

ananyāḥ — met geen ander object; *cintayantaḥ* — concentrerend; *mām* — op Mij; *ye* — zij die; *janāḥ* — personen; *paryupāsate* — op de juiste wijze vereren; *teṣām* — van hen; *nitya* — voortdurend; *abhiyuktānām* — verankerd in devotie; *yoga* — benodigdheden; *kṣemam* — bescherming; *vahāmi* — draag; *aham* — Ik.

Maar zij die Mij voortdurend met onverdeelde devotie vereren en op Mijn transcendentale gedaante mediteren, die breng Ik wat ze missen en laat Ik behouden wat ze hebben.

COMMENTAAR: Wie geen moment zonder Kṛṣṇa-bewustzijn kan leven, kan niet anders dan vierentwintig uur per dag aan Kṛṣṇa denken door devotionele dienst te verrichten in de vorm van horen, chanten, zich herinneren, bidden, vereren, de lotusvoeten van de Heer dienen, op andere manieren dienen, het cultiveren van vriendschap en zich volledig overgeven aan de Heer. Deze activiteiten zijn allemaal heilzaam en hebben vele spirituele vermogens, die de toegewijde volmaakt maken in zelfrealisatie, zodat het zijn enige verlangen is om in het gezelschap van de Allerhoogste Persoonlijkheid Gods te komen. Zo'n toegewijde komt ongetwijfeld zonder moeilijkheden tot de Heer. Dat wordt yoga genoemd. Door de genade van de Heer komt zo'n toegewijde nooit meer terug naar deze materiële levenstoestand.

Kṣema verwijst naar de genadige bescherming van de Heer. De Heer helpt de toegewijde Kṛṣṇa-bewust te worden door yoga en wanneer deze volledig Kṛṣṇa-bewust wordt, behoedt de Heer hem voor een val naar een ellendig, geconditioneerd leven.

TEKST 23 येऽप्यन्यदेवताभक्ता यजन्ते श्रद्धयान्विताः ।
तेऽपि मामेव कौन्तेय यजन्त्यविधिपूर्वकम् ॥ २३ ॥

ye 'py anya-devatā-bhaktā, yajante śraddhayānvitāḥ
te 'pi mām eva kaunteya, yajanty avidhi-pūrvakam

ye — zij die; *api* — ook; *anya* — van andere; *devatā* — goden; *bhaktāḥ* — toegewijden; *yajante* — vereren; *śraddhayā anvitāḥ* — met vertrouwen; *te* — zij; *api* — ook; *mām* — Mij; *eva* — alleen; *kaunteya* — o zoon van Kuntī; *yajanti* — zij vereren; *avidhi-pūrvakam* — op een verkeerde manier.

Zij die toegewijden van andere goden zijn en hen vol geloof vereren, vereren eigenlijk alleen Mij, o zoon van Kuntī, maar doen dat op een verkeerde manier.

COMMENTAAR: Kṛṣṇa zegt: 'Personen die zich bezighouden met het vereren van halfgoden zijn niet erg intelligent, ook al is die verering indirect op Mij gericht.' Wanneer iemand bijvoorbeeld water op de bladeren en takken van een boom giet zonder water op de wortels te gieten, dan handelt hij met onvoldoende kennis of zonder de regulerende principes te volgen. Op dezelfde manier betekent het dienen van de verschillende lichaamsdelen dat men de maag van voedsel voorziet.

De halfgoden zijn als het ware verschillende officiers en managers in de regering van de Allerhoogste Heer. Men moet de wetten die door de regering zijn gemaakt volgen en niet de wetten die door de officiers en managers gemaakt zijn. Op dezelfde manier moet iedereen alleen de Allerhoogste Heer vereren. Hierdoor zullen de verschillende ambtenaren en managers van de Heer vanzelf tevredengesteld worden. De ambtenaren en managers functioneren als vertegenwoordigers van de regering en het is illegaal om hen om te kopen. Dit wordt hier aangeduid met de woorden *'avidhi-pūrvakam'*. Met andere woorden, Kṛṣṇa keurt de onnodige verering van halfgoden niet goed.

TEKST 24 अहं हि सर्वयज्ञानां भोक्ता च प्रभुरेव च ।
न तु मामभिजानन्ति तत्त्वेनातश्च्यवन्ति ते ॥ २४ ॥

ahaṁ hi sarva-yajñānāṁ, bhoktā ca prabhur eva ca
na tu mām abhijānanti, tattvenātaś cyavanti te

aham — Ik; *hi* — zeker; *sarva* — van alle; *yajñānām* — offers; *bhoktā* — de genieter; *ca* — en; *prabhuḥ* — de Heer; *eva* — ook; *ca* — en; *na* — niet; *tu* — maar; *mām* — Mij; *abhijānanti* — zij kennen; *tattvena* — in werkelijkheid; *ataḥ* — daarom; *cyavanti* — vallen terug; *te* — zij.

Ik ben de enige genieter en meester van alle offers. Zij die Mijn ware transcendentale aard niet kennen vallen daarom terug.

COMMENTAAR: Hier wordt duidelijk gezegd dat er in de Vedische literatuur vele vormen van *yajña's* worden aanbevolen, maar uiteindelijk zijn ze allemaal bedoeld om de Allerhoogste Heer tevreden te stellen. *Yajña* betekent Viṣṇu. In het derde hoofdstuk van de *Bhagavad-gītā* wordt duidelijk verklaard dat men alleen moet werken om Yajña, Viṣṇu, tevreden te stellen. De perfecte vorm van menselijke beschaving, bekend als *varṇāśrama-dharma*, is speciaal bedoeld om Viṣṇu tevreden te stellen. Kṛṣṇa zegt daarom in dit vers: 'Ik ben de genieter van alle offers, omdat Ik de allerhoogste meester ben.' Maar minder intelligente personen die dit niet weten, vereren de halfgoden voor tijdelijk voordeel. Ze komen daarom ten val en komen terecht in het materiële bestaan en bereiken niet het verlangde doel van het leven. Maar als iemand een materieel verlangen heeft dat hij wil vervullen, wat het ook is, dan kan hij daarvoor het beste tot de Allerhoogste Heer bidden (ook al is dat geen zuivere devotie); op die manier zal hij het verlangde resultaat bereiken.

TEKST 25 यान्ति देवव्रता देवान्पितॄन्यान्ति पितृव्रताः ।
भूतानि यान्ति भूतेज्या यान्ति मद्याजिनोऽपि माम् ॥ २५ ॥

yānti deva-vratā devān, pitṝn yānti pitṛ-vratāḥ
bhūtāni yānti bhūtejyā, yānti mad-yājino 'pi mām

yānti — gaan; *deva-vratāḥ* — vereerders van halfgoden; *devān* — naar de halfgoden; *pitṝn* — naar de voorouders; *yānti* — gaan; *pitṛ-vratāḥ* — vereerders van voorouders; *bhūtāni* — naar de geesten; *yānti* — gaan; *bhūta-ijyāḥ* — vereerders van geesten; *yānti* — gaan; *mat* — Mijn; *yājinaḥ* — toegewijden; *api* — maar; *mām* — naar Mij.

De vereerders van de halfgoden zullen onder de halfgoden geboren worden; de vereerders van de voorouders gaan naar de voorouders; de vereerders van geesten zullen onder zulke wezens geboren worden; maar zij die Mij vereren, zullen samen met Mij leven.

COMMENTAAR: Wanneer iemand enig verlangen heeft om naar de maan, de zon of een andere planeet te gaan, dan kan hij die verlangde bestemming bereiken door specifieke Vedische principes te volgen die worden aanbevolen voor dat doeleinde, zoals het proces dat technisch gezien *darśa-paurṇamāsī* wordt genoemd. Deze principes worden helder beschreven in het gedeelte van de Veda's dat de resultaatgerichte activiteiten behandelt en ook wordt in dat gedeelte aangeraden om de halfgoden, die zich op verschillende hemelse planeten bevinden, op een specifieke manier te vereren. Op dezelfde manier kan iemand de Pitā-planeten bereiken door een bepaald *yajña* te verrichten. Zo kan iemand ook naar de planeten van geesten gaan en een Yakṣa, Rakṣa of Piśāca worden. Het aanbidden van Piśāca's wordt 'zwarte kunst' of 'zwarte magie' genoemd. Er zijn veel mensen die deze zwarte kunst beoefenen en die denken dat het spiritueel is, maar zulke activiteiten zijn volkomen materialistisch.

Een toegewijde die alleen de Allerhoogste Persoonlijkheid Gods aanbidt, bereikt ongetwijfeld de Vaikuṇṭha-planeten en Kṛṣṇaloka. Dit is gemakkelijk te begrijpen door dit belangrijke vers. Als iemand de hemelse planeten kan bereiken door eenvoudigweg de halfgoden te vereren of de Pitā-planeten door het vereren van Pitā's of de planeten van de geesten door het beoefenen van de zwarte kunst, waarom zou de zuivere toegewijde dan niet de planeet van Kṛṣṇa of van Viṣṇu kunnen bereiken? Jammer genoeg hebben veel mensen geen informatie over deze verheven planeten waar Kṛṣṇa en Viṣṇu leven en omdat deze mensen hierover geen kennis hebben, komen ze ten val. Zelfs de impersonalisten komen ten val uit de *brahmajyoti*. De beweging voor Kṛṣṇa-bewustzijn verspreidt daarom onder de gehele menselijke samenleving verheven informatie, die erop neerkomt dat iemand door gewoon de Hare Kṛṣṇa-mantra te chanten in dit leven perfect kan worden en terug kan gaan naar huis, terugnaar God.

TEKST 26 पत्रं पुष्पं फलं तोयं यो मे भक्त्या प्रयच्छति ।
तदहं भक्त्युपहृतमश्नामि प्रयतात्मनः ॥ २६ ॥

patraṁ puṣpaṁ phalaṁ toyaṁ, yo me bhaktyā prayacchati
tad ahaṁ bhakty-upahṛtam, aśnāmi prayatātmanaḥ

patram — een blad; *puṣpam* — een bloem; *phalam* — een vrucht; *toyam* — water; *yaḥ* — wie dan ook; *me* — aan Mij; *bhaktyā* — met devotie; *prayacchati* — offert; *tat* — dat; *aham* — Ik; *bhakti-upahṛtam* — met devotie geofferd; *aśnāmi* — aanvaard; *prayata-ātmanaḥ* — van iemand met een zuiver bewustzijn.

Wanneer iemand Me met liefde en devotie een blad, een bloem, een vrucht of wat water offert, dan zal Ik het aanvaarden.

COMMENTAAR: Een intelligent persoon weet dat het essentieel is om Kṛṣṇa-bewust te zijn en bezig te zijn met devotionele dienst aan de Heer om zo een permanente plaats te bereiken waar eeuwig geluk heerst. Het proces om zo'n fantastisch resultaat te bereiken is heel gemakkelijk en zelfs de armste van alle armen kan ermee beginnen, zonder enige kwalificaties te bezitten. De enige kwalificatie die in dit verband vereist is, is om een zuivere toegewijde van de Heer te zijn. Het maakt niet uit wat iemand is of wat zijn situatie is. Het proces is zo gemakkelijk dat zelfs een blad of een beetje water of een vrucht met oprechte liefde aan de Allerhoogste Heer kan worden geofferd en de Heer zal het met plezier aanvaarden. Niemand kan daarom van het Kṛṣṇa-bewustzijn worden uitgesloten, omdat het zo gemakkelijk en universeel is. Wie is er zo dwaas dat hij niet door deze simpele methode Kṛṣṇa-bewust wil zijn om op die manier het hoogste niveau van volmaakt leven van eeuwigheid, gelukzaligheid en kennis te bereiken? Kṛṣṇa wil alleen dienst die met liefde wordt verricht en niets anders. Kṛṣṇa aanvaardt zelfs een kleine bloem van Zijn zuivere toegewijde. Hij verlangt naar geen enkele offergave van een niet-toegewijde. Omdat Hij onafhankelijk is, heeft Hij niets nodig van wie dan ook, maar toch aanvaardt Hij wat Zijn toegewijde Hem in een uitwisseling van genegenheid en liefde aanbiedt.

Het ontwikkelen van Kṛṣṇa-bewustzijn is de hoogste perfectie vanhet leven. In dit vers wordt tweemaal naar *bhakti* verwezen om te benadrukken dat *bhakti* of devotionele dienst de enige manier is om Kṛṣṇa te benaderen. Geen enkele andere voorwaarde, zoals een *brāhmaṇa* worden of een erudiet geleerde of een heel rijk persoon of een groot filosoof, kan Kṛṣṇa ertoe aanzetten een offergave te aanvaarden. Zonder het fundamentele principe van *bhakti* zal niets de Heer ertoe kunnen aanzetten om van wie dan ook iets te aanvaarden. *Bhakti* is nooit afhankelijk van externe oorzaken. Het proces is eeuwig. Het is rechtstreekse activiteit in dienst van het absolute geheel.

Na duidelijk te hebben gesteld dat Hij de enige genieter, de oorspronkelijke Heer en het werkelijke object van alle offers is, maakt Heer Kṛṣṇa duidelijk welke typen van offergaven Hij verlangt. Wanneer iemand ernaar verlangt devotionele dienst aan de Allerhoogste te verrichten om zo gezuiverd te worden en het doel van het leven te bereiken — namelijk transcendentale liefdedienst aan God — dan moet hij proberen te ontdekken wat de Heer van hem wil. Wie van Kṛṣṇa houdt, zal Kṛṣṇa alles geven wat Hij wil en zal vermijden Hem iets aan te bieden wat ongewenst is of iets waar Hij niet om gevraagd heeft. Vlees, vis en eieren moeten dus niet aan Kṛṣṇa geofferd worden. Als Hij deze dingen als offergaven had verlangd, dan zou Hij dat wel hebben gezegd. In plaats daarvan vraagt Hij duidelijk dat we Hem een blad, fruit, bloemen en water geven en Hij zegt van zo'n offergave: 'Ik zal het aanvaarden.' We moeten daarom begrijpen dat Hij vlees, vis en eieren niet zal aanvaarden. Groenten, granen, fruit, melk en water zijn geschikt als voeding voor de mens en worden door Heer Kṛṣṇa Zelf voorgeschreven. Al het voedsel dat we daarbuiten eten, kan niet aan Hem worden geofferd, omdat Hij het niet zal aanvaarden. Als we Hem toch zulk voedsel aanbieden, bevinden we ons dus niet op het niveau van liefdevolle devotie.

In het derde hoofdstuk, tekst dertien, legt Śrī Kṛṣṇa uit dat alleen de overblijfselen van een offer gezuiverd zijn en geschikt voor consumptie voor degenen die vooruitgang willen maken in het leven en die bevrijd willen worden uit de greep van de materiële verstrikking. In dezelfde tekst zegt Hij dat zij die van hun voedsel geen offer maken, enkel zonde eten. Met andere woorden, elke mondvol verwikkelt hen dieper in de complexiteiten van de materiële natuur. Maar smakelijke, eenvoudige groentegerechten bereiden, deze voor een afbeelding of Beeldgedaante van Heer Kṛṣṇa offeren en neerbuigen en bidden of Hij zo'n nederige offergave wil aanvaarden, stelt iemand in staat om geleidelijk aan vooruitgang te maken in het leven, het lichaam te zuiveren en de subtiele hersenweefsels te ontwikkelen die tot helder denken leiden. Maar bovenal moet de offergave met liefde gebracht worden. Kṛṣṇa heeft geen behoefte aan voedsel, omdat alles wat bestaat al Zijn bezit is. Toch zal Hij de offergave van iemand die Hem op die manier probeert te plezieren, aanvaarden. Het belangrijkste element tijdens het bereiden, serveren en offeren van een gerecht is dat men het uit liefde voor Kṛṣṇa doet.

De impersonalistische filosofen, die blijven vasthouden aan de opvatting dat de Absolute Waarheid geen zintuigen heeft, kunnen dit vers van de *Bhagavad-gītā* niet begrijpen. Volgens hen is het ofwel een metafoor ofwel een bewijs van het wereldse karakter van Kṛṣṇa, de spreker van de *Bhagavad-gītā*. Maar in werkelijkheid heeft Kṛṣṇa, de Allerhoogste Persoonlijkheid Gods, zintuigen en er staat geschreven dat Zijn zintuigen onderling verwisselbaar zijn; met andere woorden, een bepaald zintuig kan de functie van elk ander zintuig uitvoeren. Dat wordt bedoeld als gezegd wordt dat Kṛṣṇa absoluut is. Als Hij geen zintuigen zou hebben, zou Hij nauwelijks als volledig in alle volheden beschouwd kunnen worden. In het zevende hoofdstuk heeft Kṛṣṇa uitgelegd dat Hij de levende wezens in de materiële natuur brengt. Hij doet dit door Zijn blik op de materiële natuur te werpen. En in het bovenstaande geval is het zo dat wanneer Kṛṣṇa de liefderijke woorden van de toegewijde tijdens het offeren van voedsel hoort, dit *volkomen* gelijk is aan Zijn eten en daadwerkelijk proeven. Dit punt moet benadrukt worden: door Zijn absolute positie is Zijn horen volledig gelijk aan Zijn eten en proeven. Alleen de toegewijde die Kṛṣṇa zonder interpretatie aanvaardt zoals Hij Zichzelf beschrijft, kan begrijpen dat de Allerhoogste Absolute Waarheid voedsel kan eten en ervan kan genieten.

TEKST 27 यत्करोषि यदश्नासि यज्जुहोषि ददासि यत् ।
यत्तपस्यसि कौन्तेय तत्कुरुष्व मदर्पणम् ॥ २७ ॥

yat karoṣi yad aśnāsi, yaj juhoṣi dadāsi yat
yat tapasyasi kaunteya, tat kuruṣva mad-arpaṇam

yat — wat dan ook; *karoṣi* — je doet; *yat* — wat dan ook; *aśnāsi* — je eet; *yat* — wat dan ook; *juhoṣi* — je offert; *dadāsi* — je geeft weg; *yat* — wat dan ook; *yat* — wat dan ook; *tapasyasi* — ascese die je verricht; *kaunteya* — o zoon van Kuntī; *tat* — dat; *kuruṣva* — doe; *mat* — voor Mij; *arpaṇam* — als een offer.

Wat je ook doet, wat je ook eet, wat je ook offert of weggeeft en wat voor ascese je ook verricht, doe dat, o zoon van Kuntī, als een offer aan Mij.

COMMENTAAR: Het is ieders plicht om zijn leven zo in te richten, dat hij Kṛṣṇa in geen enkele omstandigheid zal vergeten. Iedereen moet werken om lichaam en ziel bij elkaar te houden, en wat Kṛṣṇa hier aanbeveelt, is dat men voor Hem werkt. Iedereen moet iets eten om in leven te blijven; men moet daarom de overblijfselen van het voedsel aanvaarden dat aan Kṛṣṇa geofferd is. Elk beschaafd persoon moet een of andere religieuze, ritualistische ceremonie verrichten en daarom raadt Kṛṣṇa aan het voor Hem te doen; dit wordt *arcana* genoemd. Iedereen heeft de neiging om uit vrijgevigheid iets weg te geven; Kṛṣṇa zegt: 'Geef het aan Mij,' wat betekent dat alle financiële overschotten die iemand verzamelt,

Śrī Śrīmad A.C. Bhaktivedanta Swami Prabhupāda
Stichter-*ācārya* van de Internationale Gemeenschap voor Kṛṣṇa-bewustzijn

Śrīla Bhaktisiddhānta Sarasvatī Gosvāmī Mahārāja (1874–1937), spiritueel leraar van Śrī Śrīmad A.C. Bhaktivedanta Swami Prabhupāda (1896–1977)

Śrīla Gaurakiśora Dāsa Bābājī Mahārāja (? –1915), spiritueel leraar van Śrīla Bhaktisiddhānta Sarasvatī Gosvāmī Mahārāja

Śrīla Bhaktivinoda Ṭhākura (1838–1914), spiritueel leraar van Śrīla Gaurakiśora Dāsa Bābājī Mahārāja en vader van Śrīla Bhaktisiddhānta Sarasvatī Gosvāmī Mahārāja

Śrīla Rūpa Gosvāmī en Śrīla Sanātana Gosvāmī (16e eeuw), de vertrouwelijkste leerlingen van Śrī Caitanya Mahāprabhu

Śrī Pañca-tattva

(15^e^-16^e^ eeuw) Śrī Caitanya Mahāprabhu omringt door Zijn eeuwige metgezellen Śrī Advaita, Śrī Nityānanda, Śrī Gadādhara, Śrī Śrīvāsa. 'In dit Tijdperk van Kali, het tijdperk van strijd en hypocrisie, zullen mensen met voldoende intelligentie de Heer, die in het gezelschap is van Zijn metgezellen, vereren met het verrichten van het *saṅkīrtana-yajña* (gezamenlijke verheerlijking van God)' (pagina 138).

Dhṛtarāṣṭra, de blinde vader van de Kuru's, hoorde over de situatie op het Slagveld van Kurukṣetra van zijn secretaris, Sañjaya, die in staat was het zich voor de geest te halen, ook al bevond hij zich in de kamer van Dhṛtarāṣṭra (pagina 29-30).

Aan de andere kant van het slagveld stonden Heer Kṛṣṇa en Arjuna in een grote, met witte paarden bespannen strijdwagen, en ze lieten hun transcendentale hoornschelpen weerklinken (pagina 37).

Ook al droeg Arjuna nog zoveel argumenten aan die gebaseerd waren op kennis van religieuze principes en morele voorschriften, toch bleek dat hij niet in staat was zijn werkelijke probleem op te lossen zonder de hulp van de spiritueel leraar, Heer Śrī Kṛṣṇa (pagina 67).

Het lichaam wordt geboren en is gedoemd om vroeg of laat ten onder te gaan en is daarom niet net zo belangrijk als de ziel. Wie dit weet, is werkelijk geleerd en voor hem bestaat er geen reden tot treuren, ongeacht de toestand waarin het lichaam zich bevindt (pagina 70-1).

'Het individu is de passagier in het voertuig van het materiële lichaam en de intelligentie is de bestuurder. De geest is de teugel en de zintuigen zijn de paarden. Het zelf is dus degene die geniet of lijdt in het gezelschap van de geest en de zintuigen' (pagina 271-2).

'Zoals de belichaamde ziel in dit lichaam voortdurend overgaat van kinderjaren naar jeugd en van jeugd naar ouderdom, zo gaat ze op het moment van de dood over naar een ander lichaam. Een wijs persoon raakt door zo'n verandering niet verward' (pagina 73).

De materiële natuur bestaat uit drie hoedanigheden: goedheid, hartstocht en onwetendheid (hier afgebeeld als marionettenspelers). Deze hoedanigheden worden uiteindelijk bestuurd door Śrī Kṛṣṇa en ze conditioneren het eeuwig levend wezen dat in aanraking komt met de materiële natuur (pagina 537).

Ook al worstelt iemand die in de oceaan is gevallen nog zo hard en al kan hij nog zo goed zwemmen, hij kan zichzelf niet redden. Men hoeft alleen dit gemakkelijke proces van Kṛṣṇa-bewustzijn te beoefenen en zich volledig in te zetten voor devotionele dienst. Uit Zijn grote genade komt de Allerhoogste Heer, zittend op Zijn gevleugelde drager Garuḍa, dan om de toegewijde onmiddellijk uit de oceaan van het materiële bestaan te bevrijden (pagina 483).

Een wijze beschouwt door zijn werkelijke kennis een geleerde, eerbiedwaardige *brāhmaṇa*, een koe, een olifant, een hond en een hondeneter [paria] als gelijk. Lichamelijke verschillen zijn betekenisloos vanuit het oogpunt van een geleerde transcendentalist, omdat alle zielen in relatie staan met de Allerhoogste, die aanwezig is in ieders hart (pagina 231).

Een *yogī* die zich oefent in meditatie op de Superziel, ziet in zichzelf de volkomen expansie van Kṛṣṇa als Viṣṇu, met vier handen, die een hoornschelp, een discus, een knots en een lotusbloem vasthouden. Heer Viṣṇu is aanwezig in ieders hart (pagina 268).

Alle rijke, prachtige en luisterrijke scheppingen komen voort uit slechts een sprank van Śrī Kṛṣṇa's schitterende grootsheid. Ieder indrukwekkend verschijnsel in de spirituele of materiële wereld is slechts een fragment van Zijn volheid (pagina 431).

'Arjuna zag in die kosmische gedaante ontelbare monden, ontelbare ogen en ontelbare verbazingwekkende verschijningen. De gedaante droeg vele hemelse sieraden en vele opgeheven goddelijke wapens. Hij droeg hemelse bloemenslingers en gewaden en Zijn lichaam was met vele goddelijke balsems gezalfd. Alles was wonderbaarlijk, schitterend, onbegrensd en breidde zich overal voortdurend uit' (pagina 440).

Nadat Kṛṣṇa Zijn volheden aan Arjuna had uitgelegd, bewees Hij Zijn woorden door Zijn kosmische gedaante te tonen. Vervolgens liet Hij Zijn vierarmige gedaante zien en uiteindelijk Zijn oorspronkelijke, tweearmige gedaante. Śrī Kṛṣṇa is daarom de oorsprong van al deze manifestaties en van alle gedaanten. De gedaante van Kṛṣṇa is de allerhoogste en meest essentiële (pagina 466, 476).

gebruikt moeten worden om de ontwikkeling van de beweging voor Kṛṣṇa-bewustzijn te bevorderen.

Tegenwoordig zijn mensen zeer geïnteresseerd in het proces van meditatie, dat in dit tijdperk niet praktisch is. Maar als iemand zich erin oefent om vierentwintig uur per dag op Kṛṣṇa te mediteren door de Hare Kṛṣṇa-mantra op zijn meditatiekralen te chanten, dan is hij beslist de grootste beoefenaar van meditatie en de grootste *yogī*, zoals in het zesde hoofdstuk van de *Bhagavad-gītā* werd bevestigd.

TEKST 28 शुभाशुभफलैरेवं मोक्ष्यसे कर्मबन्धनैः ।
संन्यासयोगयुक्तात्मा विमुक्तो मामुपैष्यसि ॥ २८ ॥

śubhāśubha-phalair evaṁ, mokṣyase karma-bandhanaiḥ
sannyāsa-yoga-yuktātmā, vimukto mām upaiṣyasi

śubha — van gunstige; *aśubha* — en ongunstige; *phalaiḥ* — gevolgen; *evam* — zo; *mokṣyase* — je zult bevrijd raken; *karma* — van activiteiten; *bandhanaiḥ* — van de gebondenheid; *sannyāsa* — van onthechting; *yoga* — de yoga; *yukta-ātmā* — met de geest standvastig gericht op; *vimuktaḥ* — bevrijd; *mām* — tot Mij; *upaiṣyasi* — je zult komen.

Op die manier zul je bevrijd worden van gebondenheid aan activiteit en de gunstige en ongunstige gevolgen daarvan. Wanneer je geest volgens dit principe van onthechting op Mij geconcentreerd is, zul je bevrijd worden en tot Me komen.

COMMENTAAR: Wie onder hogere leiding Kṛṣṇa-bewust handelt, wordt *yukta* genoemd. De technische term is *yukta-vairāgya.* Dit wordt door Rūpa Gosvāmī als volgt uitgelegd (*Bhakti-rasāmṛta-sindhu* 1.2.255):

anāsaktasya viṣayān, yathārham upayuñjataḥ
nirbandhaḥ kṛṣṇa-sambandhe, yuktaṁ vairāgyam ucyate

Rūpa Gosvāmī zegt dat we, zolang we in de materiële wereld leven, actief moeten zijn; we kunnen niet ophouden met actief zijn. Wanneer activiteiten verricht worden en de vruchten ervan aan Kṛṣṇa worden gegeven, dan wordt dat *yukta-vairāgya* genoemd. Omdat zulke activiteiten werkelijk in onthechting gedaan worden, zuiveren ze de spiegel van degeest, en naarmate degene die actief is geleidelijk aan vooruitgang maaktin spirituele bewustwording, raakt hij volledig overgegeven aan de Allerhoogste Persoonlijkheid Gods. Aan het eind bereikt hij daarom bevrijding en die bevrijding wordt ook nader omschreven. Door deze bevrijding wordt hij niet één met de *brahmajyoti,* maar gaat hij juist naar de planeet van de Allerhoogste Heer. Hier wordt duidelijk gezegd: *mām upaiṣyasi* — 'hij komt tot Mij', terug naar huis, terug naar God. Er bestaan vijf verschillende stadia van bevrijding en hier wordt specifiek beschreven dat de toegewijde die, zoals werd aangegeven, gedurende zijn hele leven onder leiding van de Allerhoogste Heer geleefd heeft, tot het punt is geëvolueerd waarop hij, na zijn lichaam te hebben opgegeven, terug naar God kan gaan en rechtstreeks in het gezelschap van de Allerhoogste Heer kan komen.

Iedereen die in niets anders geïnteresseerd is dan een leven gewijd aan het dienen van de Heer, is werkelijk een *sannyāsī.* Zo'n persoon ziet zichzelf altijd als een eeuwige dienaar die afhankelijk is van de allerhoogste wil van de Heer. Wat hij doet, doet hij dus als een dienst aan de Heer. Hij besteedt geen serieuze aandacht aan de resultaatgerichte activiteiten of de voorgeschreven plichten die in de Veda's worden vermeld.

Gewone mensen zijn verplicht om zich aan de voorgeschreven plichten te houden die in de Veda's vermeld staan, maar hoewel het soms lijkt alsof een zuivere toegewijde die helemaal opgaat in dienst aan de Heer,tegen de voorgeschreven Vedische plichten ingaat, is dit in werkelijkheid niet het geval. Daarom zeggen gezaghebbende personen onder de *vaiṣṇava's* dat zelfs de meest intelligente persoon de plannen en activiteiten van een zuivere toegewijde niet kan begrijpen. De precieze bewoordingen zijn: *tāṅra vākya, kriyā, mudrā vijñeha nā bujhaya* (*Caitanya-caritāmṛta, Madhya* 23.39). Wie dus altijd devotionele dienst aan de Heer verricht of altijd nadenkt en plannen maakt over hoe hij de Heer kan dienen, wordt in zijn huidige leven als compleet bevrijd beschouwd en voor de toekomst is zijn terugkeer naar huis, terug naar God gegarandeerd. Hij is verheven boven alle materialistische kritiek, net zoals Kṛṣṇa boven alle kritiek staat.

TEKST 29 समोऽहं सर्वभूतेषु न मे द्वेष्योऽस्ति न प्रियः ।
ये भजन्ति तु मां भक्त्या मयि ते तेषु चाप्यहम् ॥ २९ ॥

samo 'haṁ sarva-bhūteṣu, na me dveṣyo 'sti na priyaḥ
ye bhajanti tu māṁ bhaktyā, mayi te teṣu cāpy aham

samaḥ — onpartijdig; *aham* — Ik; *sarva-bhūteṣu* — tegenover alle levende wezens; *na* — niemand; *me* — aan Mij; *dveṣyaḥ* — haatdragend; *asti* — is; *na* — evenmin; *priyaḥ* — geliefd; *ye* — zij die; *bhajanti* — transcendentale dienst bewijzen; *tu* — maar; *mām* — aan Mij; *bhaktyā* — met devotie; *mayi* — zijn in Mij; *te* — zulke personen; *teṣu* — in hen; *ca* — ook; *api* — zeker; *aham* — Ik.

Ik heb van niemand een afkeer en evenmin bevoorrecht Ik wie dan ook. Ik ben onpartijdig. Maar wie Mij met devotie dient, is een vriend, bevindt zich in Mij, en Ik ben ook een vriend voor hem.

COMMENTAAR: Iemand zou hier nu kunnen tegenwerpen dat als Kṛṣṇa onpartijdig is en niemand in het bijzonder Zijn vriend is, waarom Hij dan een speciale interesse toont voor de toegewijden, die altijd transcendentale dienst aan Hem verrichten. Maar dit is geen discriminatie — het is natuurlijk. In de materiële wereld kan iemand heel vrijgevig zijn, maar toch toont hij een speciale interesse voor zijn eigen kinderen. De Heer verklaart dat ieder levend wezen — in welke vorm dan ook — Zijn zoon is en om die reden voorziet Hij iedereen royaal van alle levensbehoeften. Hij is net als een wolk die overal regen laat neervallen, ongeacht of deze op de rotsen, op het land of in het water valt. Maar aan Zijn toegewijden schenkt Hij speciale aandacht.

Over zulke toegewijden wordt hier gesproken: ze zijn altijd Kṛṣṇa-bewust en bevinden zich daarom altijd op een transcendentale manier in Kṛṣṇa. De uitdrukking 'Kṛṣṇa-bewustzijn' zelf geeft aan dat zij die zo'n bewustzijn hebben, levende transcendentalisten zijn en zich in Hem bevinden. De Heer zegt hier duidelijk: *mayi te* — 'Ze bevinden zich in Mij.' Als gevolg daarvan is de Heer vanzelfsprekend ook in hen. Het is iets wat van twee kanten komt. Dit is ook de uitleg voor de woorden *'ye yathā māṁ prapadyante tāṁs tathaiva bhajāmy aham'*: 'Ik zorg voor iedereen al naargelang ze zich aan Mij overgeven.' Deze transcendentale uitwisseling bestaat, omdat zowel de Heer als de toegewijde bewust is. Wanneer een diamant in een gouden ring wordt gezet, ziet hij er heel mooi uit. Het goud wordt er mooier door en tegelijkertijd wordt ook de diamant mooier. De Heer en het levend wezen schitteren eeuwig en wanneer een levend wezen zich tot devotionele dienst aan de Allerhoogste Heer aangetrokken voelt, lijkt het op goud. De Heer is een diamant en deze combinatie is bijzonder mooi.

In hun zuivere toestand worden de levende wezens toegewijden genoemd. De Allerhoogste Heer wordt de toegewijde van Zijn toegewijden. Wanneer er geen wederzijdse relatie tussen de toegewijde en de Heer bestaat, is er geen sprake van een personalistische filosofie. In de impersonalistische filosofie bestaat er geen uitwisseling tussen het Allerhoogste en het levend wezen, maar in de personalistische filosofie is dat wel het geval.

Een vaak aangehaald voorbeeld is dat de Heer als een wensboom is en dat alles wat men van deze wensboom verlangt, door de Heer wordt gegeven. Maar de uitleg die hier gegeven wordt, is vollediger. Van de Heer wordt hier gezegd dat hij partijdig is tegenover Zijn toegewijden. Dit is een uiting van de speciale genade die de Heer aan Zijn toegewijden geeft. Men moet niet denken dat de wederdiensten van de Heer onderhevig zijn aan de wet van karma; ze horen bij de transcendentale situatie waarin de Heer en Zijn toegewijden functioneren. Devotionele dienst aan de Heer is geen activiteit van de materiële wereld, maar maakt deel uit van de spirituele wereld, waar eeuwigheid, gelukzaligheid en kennis overheersen.

TEKST 30

अपि चेत्सुदुराचारो भजते मामनन्यभाक् ।
साधुरेव स मन्तव्यः सम्यग्व्यवसितो हि सः ॥ ३० ॥

api cet su-durācāro, bhajate mām ananya-bhāk
sādhur eva sa mantavyaḥ, samyag vyavasito hi saḥ

api — zelfs; *cet* — als; *su-durācāraḥ* — iemand die de meest afschuwelijke dingen doet; *bhajate* — is bezig met devotionele dienst; *mām* — aan Mij; *ananya-bhāk* — zonder af te wijken; *sādhuḥ* — een heilige; *eva* — zeker; *saḥ* — hij; *mantavyaḥ* — moet beschouwd worden als; *samyak* — volkomen; *vyavasitaḥ* — verankerd in vastberadenheid; *hi* — zeker; *saḥ* — hij.

Wie devotionele dienst verricht, moet, ook al begaat hij de verfoeilijkste daad, als heilig worden beschouwd, omdat hij vastberaden het juiste doel nastreeft.

COMMENTAAR: Het woord *'su-durācāraḥ'* dat in dit vers gebruikt wordt, is zeer belangrijk en moet op de juiste manier worden begrepen. Wanneer een levend wezen geconditioneerd is, heeft het twee soorten activiteiten: de ene is conditioneel en de andere constitutioneel. Wat betreft het beschermen van het lichaam of het naleven van de regels van de samenleving en de staat moeten er, zelfs door toegewijden, beslist verschillende activiteiten worden verricht in verband met het conditionele leven en zulke activiteiten worden conditioneel genoemd. Daarnaast heeft het levend wezen dat zich volledig bewust is van zijn spirituele natuur en dat bezig is met Kṛṣṇa-bewustzijn of devotionele dienst aan de Heer activiteiten dietranscendentaal worden genoemd. Zulke activiteiten worden verricht in zijn constitutionele positie en worden technisch gezien devotionele dienst genoemd.

Nu is het zo dat devotionele dienst en conditionele dienst met betrekking tot het lichaam in de geconditioneerde toestand soms parallel aan elkaar lopen. Maar op andere tijden komen deze activiteiten recht tegenover elkaar te staan. Een toegewijde is er, zo goed en zo kwaad als het gaat, steeds op bedacht niets te doen wat zijn gezonde toestand zou kunnen verstoren. Hij weet dat de perfectie van zijn activiteiten afhangt van zijn toenemend begrip van Kṛṣṇa-bewustzijn.

Maar soms komt het voor dat een Kṛṣṇa-bewust persoon iets doet wat sociaal of politiek gezien werkelijk afschuwelijk is. Zo'n tijdelijke terugval diskwalificeert hem echter niet. In het *Śrīmad-Bhāgavatam* wordt gesteld dat als een persoon terugvalt, maar met heel zijn hart actief is inde transcendentale devotionele dienst aan de Allerhoogste Heer, de Heer,die in zijn hart aanwezig is, hem zuivert en hem zijn afschuwelijke daad vergeeft.

Materiële onzuiverheid is zo sterk dat zelfs een *yogī* die volledig opgaat in dienst aan de Heer soms verstrikt raakt. Maar het Kṛṣṇa-bewustzijn is zo sterk dat zo'n incidentele terugval onmiddellijk wordt rechtgezet. Het proces van devotionele dienst is daarom altijd een succes. Niemand moet een toegewijde bespotten voor een onvoorziene terugval van het ideale pad, want zoals in het volgende vers beschreven wordt, zullen zulke incidentele terugvallen na verloop van tijd stoppen, zodra een toegewijde zich volledig in Kṛṣṇa-bewustzijn bevindt. Wie verankerd is in Kṛṣṇa-bewustzijn en zich vastberaden heeft toegelegd op het proces van het chanten van Hare Kṛṣṇa, Hare Kṛṣṇa, Kṛṣṇa Kṛṣṇa, Hare Hare/ Hare Rāma, Hare Rāma, Rāma Rāma, Hare Hare moet daarom worden beschouwd als iemand die zich in een transcendentale positie bevindt, zelfs al blijkt dat hij toevallig of per ongeluk is gevallen.

De woorden *'sādhur eva'*, 'Hij is een heilige', worden met veel nadruk gebruikt. Ze zijn een waarschuwing voor niet-toegewijden dat een toegewijde niet bespot moet worden voor een onvoorziene terugval; hij moet nog steeds als een heilige worden gezien, ook al is hij per ongeluk teruggevallen. En het woord *'mantavyaḥ'* is nog nadrukkelijker. Als iemand deze regel niet volgt en een toegewijde voor zijn onvoorziene terugval bespot, dan negeert hij het bevel van de Allerhoogste Heer. De enige kwalificatie van een toegewijde is dat hij uitsluitend en vastberaden bezig is met devotionele dienst.

In de *Nṛsiṁha Purāṇa* wordt het volgende vers gegeven:

bhagavati ca harāv ananya-cetā, bhṛśa-malino 'pi virājate manuṣyaḥ
na hi śaśa-kaluṣa-cchabiḥ kadācit, timira-parābhavatām upaiti candraḥ

De betekenis is, dat zelfs wanneer blijkt dat iemand die volledig opgaat in devotionele dienst zich bezighoudt met weerzinwekkende activiteiten, deze activiteiten gezien moeten worden als de vlekken op de maan die op een konijn lijken. Zulke vlekken zijn geen belemmering voor het verspreiden van het maanlicht. Op dezelfde manier maakt een onvoorziene terugval van het pad van heilig gedrag een toegewijde niet weerzinwekkend.

Aan de andere kant moet iemand hieruit niet de onjuiste conclusie trekken dat een toegewijde die bezig is met transcendentale devotionele dienst, op alle mogelijke weerzinwekkende manieren kan handelen; dit vers heeft alleen betrekking op een ongeluk als gevolg van de sterke invloed van materiële banden. Devotionele dienst is min of meer een oorlogsverklaring aan de illusionerende energie. Zolang iemand niet sterk genoeg is om met de illusionerende energie te vechten, kunnen er onvoorziene terugvallen voorkomen. Maar wanneer iemand sterk genoeg is,is hij, zoals eerder uitgelegd, niet langer meer onderhevig aan zulke terugvallen. Niemand moet misbruik maken van dit vers en allerlei onzin begaan en denken dat hij nog steeds een toegewijde is. Wanneer hij doordevotionele dienst zijn karakter niet verbetert, is hij geen bijzonder verheven toegewijde.

TEKST 31 क्षिप्रं भवति धर्मात्मा शश्वच्छान्तिं निगच्छति ।
कौन्तेय प्रतिजानीहि न मे भक्तः प्रणश्यति ॥ ३१ ॥

kṣipraṁ bhavati dharmātmā, śaśvac-chāntiṁ nigacchati
kaunteya pratijānīhi, na me bhaktaḥ praṇaśyati

kṣipram — spoedig; *bhavati* — wordt; *dharma-ātmā* — deugdzaam; *śaśvat-śāntim* — duurzame vrede; *nigacchati* — bereikt; *kaunteya* — o zoon van Kuntī; *pratijānīhi* — verkondig; *na* — nooit; *me* — Mijn; *bhaktaḥ* — toegewijde; *praṇaśyati* — vergaat.

Hij zal spoedig deugdzaam worden en duurzame vrede bereiken. O zoon van Kuntī, maak het alom bekend dat Mijn toegewijde nooit zal vergaan.

COMMENTAAR: Dit moet niet verkeerd worden begrepen. In het zevende hoofdstuk zegt de Heer dat wie zich met kwaadaardige activiteiten bezighoudt, geen toegewijde van de Heer kan worden. Wie geen toegewijde van de Heer is, heeft in het geheel geen goede eigenschappen. De vraag blijft dan hoe een persoon die zich met weerzinwekkende activiteiten bezighoudt — hetzij per ongeluk, hetzij opzettelijk — een zuivere toegewijde kan zijn. Dit is een terechte vraag.

De kwaadaardige personen die volgens hoofdstuk zeven van de *Bhagavad-gītā* nooit tot devotionele dienst aan de Heer komen, hebben, volgens het *Śrīmad-Bhāgavatam*, geen goede eigenschappen. Over het algemeen is het zo dat een toegewijde die met de negen verschillende soorten van toegewijde activiteiten bezig is, zijn hart van alle materiële onzuiverheden zuivert. Hij plaatst de Allerhoogste Persoonlijkheid Gods in zijn hart en alle zondige onzuiverheden worden vanzelf weggewassen. Door voortdurend aan de Allerhoogste Heer te denken, raakt hij door en door zuiver. Volgens de Veda's is er een bepaald voorschrift, dat stelt dat wanneer iemand ten val is gekomen van zijn verheven positie, hij een bepaald ritualistisch proces moet ondergaan om zichzelf te zuiveren. Maar hier wordt een dergelijke voorwaarde niet gesteld, omdat het zuiverende proces al aanwezig is in het hart van de toegewijde, doordat deze zich voortdurend de Allerhoogste Persoonlijkheid Gods herinnert. Men moet daarom onophoudelijk doorgaan met het chanten van Hare Kṛṣṇa, Hare Kṛṣṇa, Kṛṣṇa Kṛṣṇa, Hare Hare/ Hare Rāma, Hare Rāma, Rāma Rāma, Hare Hare. Dat zal een toegewijde tegen alle onvoorziene terugvallen beschermen. Op die manier zal hij voor altijd vrij zijn van alle materiële onzuiverheden.

TEKST 32 मां हि पार्थ व्यपाश्रित्य येऽपि स्युः पापयोनयः ।
स्त्रियो वैश्यास्तथा शूद्रास्तेऽपि यान्ति परां गतिम् ॥ ३२ ॥

māṁ hi pārtha vyapāśritya, ye 'pi syuḥ pāpa-yonayaḥ
striyo vaiśyās tathā śūdrās, te 'pi yānti parāṁ gatim

mām — bij Mij; *hi* — zeker; *pārtha* — o zoon van Pṛthā; *vyapāśritya* — in het bijzonder toevlucht zoekend; *ye* — zij die; *api* — ook; *syuḥ* — zijn; *pāpa-yonayaḥ* — geboren in een lagere familie; *striyaḥ* — vrouwen; *vaiśyāḥ* — handelaars; *tathā* — ook; *śūdrāḥ* — mensen van de lagere klasse; *te api* — zelfs zij; *yānti* — gaan; *parām* — naar de allerhoogste; *gatim* — bestemming.

O zoon van Pṛthā, zij die hun toevlucht bij Mij zoeken, kunnen de allerhoogste bestemming bereiken, ook al zijn ze van lagere afkomst — vrouwen, vaiśya's [handelaars] of śūdra's [arbeiders].

COMMENTAAR: Hier zegt de Allerhoogste Heer duidelijk dat er in devotionele dienst geen onderscheid bestaat tussen de hogere en lagere klassen van mensen. Deze onderscheidingen bestaan wel in een materialistische levensopvatting, maar voor een persoon die bezig is met devotionele dienst aan de Heer, bestaan ze niet. Iedereen komt in aanmerking om het allerhoogste doel te bereiken.

In het *Śrīmad-Bhāgavatam* (2.4.18) wordt gezegd dat zelfs de laagsten, zij die *caṇḍāla's* (hondeneters) worden genoemd, gezuiverd kunnenworden door omgang met een zuivere toegewijde. Devotionele dienst en de begeleiding van een zuivere toegewijde zijn zo krachtig, dat er geen onderscheid bestaat tussen hogere en lagere klassen van mensen; iedereen kan zich erop toeleggen. De simpelste persoon die zijn toevlucht bij een zuivere toegewijde zoekt, kan door de juiste begeleiding worden gezuiverd.

Overeenkomstig de verschillende hoedanigheden van de materiële natuur horen mensen bij de hoedanigheid goedheid (*brāhmaṇa's*), de hoedanigheid hartstocht (*kṣatriya's* of bestuurders), de gemengde hoedanigheden hartstocht en onwetendheid (*vaiśya's* of handelaars) en de hoedanigheid onwetendheid (*śūdra's* of arbeiders). Zij die lager zijn dan deze klassen worden *caṇḍāla's* genoemd en worden in zondige families geboren. Over het algemeen is het gezelschap van degenen die in zondige families geboren zijn onaanvaardbaar voor de hogere klassen. Maar het proces van devotionele dienst is zo krachtig, dat de zuivere toegewijde van de Allerhoogste Heer mensen van alle lagere klassen in staat kan stellen om de hoogste perfectie van het leven te bereiken. Dit is alleen mogelijk wanneer men zijn toevlucht bij Kṛṣṇa zoekt. Zoals hier door het woord *'vyapāśritya'* wordt aangegeven, moet iemand volledig zijn toevlucht zoeken bij Kṛṣṇa. Dan kan iemand veel verhevener worden dan grote *jñāni's*of *yogī's*.

TEKST 33 किं पुनर्ब्राह्मणाः पुण्या भक्ता राजर्षयस्तथा ।
अनित्यमसुखं लोकमिमं प्राप्य भजस्व माम् ॥ ३३ ॥

kiṁ punar brāhmaṇāḥ puṇyā, bhaktā rājarṣayas tathā
anityam asukhaṁ lokam, imaṁ prāpya bhajasva mām

kim — hoeveel; *punaḥ* — opnieuw; *brāhmaṇāḥ* — *brāhmaṇa's*; *puṇyāḥ* — vrome; *bhaktāḥ* — toegewijden; *rāja-ṛṣayaḥ* — heilige koningen; *tathā* — ook; *anityam* — tijdelijk; *asukham* — vol ellende; *lokam* — planeet; *imam* — deze; *prāpya* — bereikend; *bhajasva* — verricht liefdevolle dienst; *mām* — voor Mij.

Hoeveel te meer dan de vrome brāhmaṇa's, de toegewijden en de heilige koningen. Daarom moet je jezelf, nu je naar deze tijdelijke, ellendige wereld gekomen bent, aan liefdevolle dienst aan Mij wijden.

COMMENTAAR: In de materiële wereld zijn er verscheidene categorieën van mensen, maar uiteindelijk maakt deze wereld niemand gelukkig. Hier wordt duidelijk gesteld: *anityam asukhaṁ lokam* — deze wereld is tijdelijk, vol van ellende en is onbewoonbaar voor iedere verstandige gentleman. De Allerhoogste Persoonlijkheid Gods maakt duidelijk dat deze wereld tijdelijk en vol ellende is. Sommige filosofen, in het bijzonder de *māyāvādī*-filosofen, beweren dat deze wereld onecht is, maar uit de *Bhagavad-gītā* kunnen we leren dat de wereld niet onecht is — ze is tijdelijk. Er bestaat een verschil tussen tijdelijk en onecht. Deze wereld is tijdelijk, maar er bestaat een andere wereld die eeuwig is. Deze wereld is ellendig, maar die andere wereld is eeuwig en vol geluk.

Arjuna werd in een vrome koninklijke familie geboren. Ook tegen hem zegt de Heer: 'Leg je toe op devotionele dienst en kom snel terug naar God, terug naar huis.' Niemand zou in deze tijdelijke wereld moeten blijven, die zo vol is van ellende. Iedereen zou zich aan de boezem van de Allerhoogste Persoonlijkheid Gods moeten hechten, zodat we eeuwig gelukkig kunnen zijn. Devotionele dienst aan de Allerhoogste Heer is het enige proces waardoor alle problemen van alle klassen van mensen kunnen worden opgelost. Daarom moet iedereen zich toeleggen op Kṛṣṇa-bewustzijn en zijn leven perfect maken.

TEKST 34
मन्मना भव मद्भक्तो मद्याजी मां नमस्कुरु ।
मामेवैष्यसि युक्त्वैवमात्मानं मत्परायणः ॥ ३४ ॥

man-manā bhava mad-bhakto, mad-yājī māṁ namaskuru
mām evaiṣyasi yuktvaivam, ātmānaṁ mat-parāyaṇaḥ

mat-manāḥ — altijd aan Mij denkend; *bhava* — word; *mat* — Mijn; *bhaktaḥ* — toegewijde; *mat* — Mijn; *yājī* — vereerder; *mām* — aan Mij; *namaskuru* — betuig eer; *mām* — tot Mij; *eva* — volledig; *eṣyasi* — je zult komen; *yuktvā* — vervuld; *evam* — zo; *ātmānam* — je ziel; *mat-parāyaṇaḥ* — toegewijd aan Mij.

Zorg dat je geest altijd aan Mij denkt, word Mijn toegewijde, breng Me eerbetuigingen en vereer Me. Wanneer je op die manier volledig van Mij vervuld bent, zul je zeker tot Me komen.

COMMENTAAR: In dit vers wordt duidelijk aangegeven dat Kṛṣṇa-bewustzijn de enige manier is om bevrijd te raken uit de greep van deze onzuivere, materiële wereld. Soms verdraaien gewetenloze commentatoren de betekenis van wat hier duidelijk wordt gesteld: alle devotionele dienst moet aan de Allerhoogste Persoonlijkheid Gods, Kṛṣṇa, worden opgedragen. Jammer genoeg leiden gewetenloze commentatoren de gedachten van de lezer af naar iets volkomen onuitvoerbaars. Zulke commentatoren weten niet dat er geen verschil bestaat tussen Kṛṣṇa en Zijn geest. Kṛṣṇa is geen gewoon menselijk wezen, Hij is de Absolute Waarheid. Zijn lichaam, Zijn geest en Hijzelf zijn één en absoluut.

In de *Kūrma Purāṇa*, die Bhaktisiddhānta Sarasvatī Gosvāmī citeert in zijn *Anubhāṣya*-commentaren op het *Caitanya-caritāmṛta* (*Ādi* 5.41-48), staat: *dehadehi-vibhedo 'yaṁ neśvare vidyate kvacit*. Dit betekent dat er in Kṛṣṇa, de Allerhoogste Heer, geen verschil bestaat tussen Hemzelf en Zijn lichaam. Maar omdat de commentatoren deze wetenschap van Kṛṣṇa niet kennen, verbergen ze Hem en scheiden ze Zijn persoonlijkheid van Zijn geest of van Zijn lichaam. Hoewel dit volslagen onwetendheid is in het licht van de wetenschap van Kṛṣṇa, halen sommige personen winst uit het misleiden van mensen.

Sommige van die personen zijn demonisch; ze denken ook aan Kṛṣṇa, maar dan op een vijandige manier, net als koning Kaṁsa, de oom van Kṛṣṇa. Hij dacht ook altijd aan Kṛṣṇa, maar hij dacht aan Hem als zijn vijand. Hij leefde altijd in angst, zich afvragend wanneer Kṛṣṇa zou komen om hem te doden. Op zo'n manier aan Kṛṣṇa denken zal ons niet helpen; we moeten aan Hem denken met devotionele liefde, dat is *bhakti.*

Men moet voortdurend kennis over Kṛṣṇa cultiveren. Wat vergemakkelijkt die cultivering? Het horen van een bonafide leraar. Kṛṣṇa is de Allerhoogste Persoonlijkheid Gods en we hebben al vaker uitgelegd dat Zijn lichaam niet materieel is, maar dat het eeuwig, vol kennis en gelukzalig is. Zulke gesprekken over Kṛṣṇa zullen ons helpen een toegewijde te worden. Wanneer we Kṛṣṇa op een andere manier proberen te begrijpen, van een verkeerde bron, dan zal dat vruchteloos zijn.

Men moet zijn geest daarom in de eeuwige gedaante, de oorspronkelijke gedaante van Kṛṣṇa, verdiepen; met de overtuiging in het hart dat Kṛṣṇa de Allerhoogste is, moet men Hem aanbidden. In India zijn er honderden en duizenden tempels waar Kṛṣṇa aanbeden wordt en waar devotionele dienst wordt verricht. Wanneer zulke dienst verricht wordt, moet men zijn eerbetuigingen aan Kṛṣṇa brengen. Men moet voor de Beeldgedaante neerbuigen en hierbij zijn geest, zijn lichaam, zijn activiteiten — alles — betrekken. Hierdoor zal men zonder afleiding volledig door Kṛṣṇa in beslag worden genomen. Dat zal ons helpen om naar Kṛṣṇaloka te worden overgebracht. Men moet zich niet laten afleiden door gewetenloze commentatoren. Men moet de negen verschillende processen van devotionele dienst verrichten, beginnend met horen en chanten over Kṛṣṇa. Zuivere devotionele dienst is het hoogste dat de menselijke samenleving kan bereiken.

In het zevende en achtste hoofdstuk van de *Bhagavad-gītā* is een uiteenzetting gegeven over zuivere devotionele dienst aan de Heer, die vrij is van speculatieve kennis, mystieke yoga en resultaatgerichte activiteiten. Zij die niet volledig gezuiverd zijn, mogen dan misschien aangetrokken zijn tot verschillende aspecten van de Heer, zoals de onpersoonlijke *brahma-jyoti* en de gelokaliseerde Paramātmā, maar een zuivere toegewijde legt zich rechtstreeks toe op dienst aan de Allerhoogste Heer.

Er bestaat een prachtig gedicht over Kṛṣṇa waarin duidelijk staat dat iedereen die gehecht is aan het aanbidden van de halfgoden, zeer onintelligent is en dat hem nooit ofte nimmer het allerhoogste zal worden toegekend: Kṛṣṇa. In het begin kan de toegewijde soms terugvallen naar een lagere standaard, maar toch moet hij als hoger worden beschouwd dan alle filosofen en *yogī's.* Wie altijd bezig is in Kṛṣṇa-bewustzijn moet worden gezien als een perfect heilig persoon. Zijn onvoorziene niet-devotionele activiteiten zullen afnemen en hij zal zich ongetwijfeld spoedig op het niveau van complete volmaaktheid bevinden. De zuivere toegewijde loopt niet werkelijk de kans om terug te vallen, omdat de Allerhoogste Heer persoonlijk voor Zijn zuivere toegewijde zorgt. Een intelligent persoon zou zich daarom rechtstreeks op het proces van Kṛṣṇa-bewustzijn moeten toeleggen en een gelukkig leven moeten leiden in de materiële wereld. Uiteindelijk zal hem het allerhoogste worden toegekend: Kṛṣṇa.

Zo eindigen de commentaren van Śrī Śrīmad A.C. Bhaktivedanta Swami Prabhupāda bij het negende hoofdstuk van Śrīmad Bhagavad-gītā, *getiteld 'De meest vertrouwelijke kennis'.*

10

DE VOLHEID *van de* ABSOLUTE

TEKST 1 श्रीभगवानुवाच
भूय एव महाबाहो शृणु मे परमं वचः ।
यत्तेऽहं प्रीयमाणाय वक्ष्यामि हितकाम्यया ॥ १ ॥

śrī-bhagavān uvāca
bhūya eva mahā-bāho, śṛṇu me paramaṁ vacaḥ
yat te 'haṁ prīyamāṇāya, vakṣyāmi hita-kāmyayā

śrī-bhagavān uvāca — de Allerhoogste Persoonlijkheid Gods zei; *bhūyaḥ* — opnieuw; *eva* — zeker; *mahā-bāho* — o sterkgearmde; *śṛṇu* — hoor; *me* — Mijn; *paramam* — allerhoogste; *vacaḥ* — onderricht; *yat* — dat wat; *te* — aan jou; *aham* — Ik; *prīyamāṇāya* — omdat Je Mij dierbaar bent; *vakṣyāmi* — zeg; *hita-kāmyayā* — voor jouw bestwil.

De Allerhoogste Persoonlijkheid Gods zei: O sterkgearmde Arjuna, luister opnieuw. Omdat je Mijn dierbare vriend bent, zal Ik voor jouw bestwil verder spreken en je kennis geven die beter is dan wat Ik tot dusver aan je heb uitgelegd.

COMMENTAAR: Volgens Parāśara Muni duidt het woord *'bhagavān'* op iemand die zes volheden volledig in zijn bezit heeft, namelijk: alle kracht, roem, rijkdom, kennis, schoonheid en onthechting. Zo'n persoon wordt Bhagavān of de Allerhoogste Persoonlijkheid Gods genoemd. Toen Kṛṣṇa op deze aarde aanwezig was, vertoonde Hij al deze zes volheden. Daarom werd Kṛṣṇa door alle grote wijzen zoals Parāśara Muni aanvaard als de Allerhoogste Persoonlijkheid Gods.

Kṛṣṇa geeft Arjuna nu onderricht in vertrouwelijkere kennis over Zijn volheden en Zijn activiteiten. De Heer heeft eerder al, namelijk vanaf het zevende hoofdstuk, Zijn verschillende energieën en hun werking beschreven. In dit hoofdstuk spreekt Hij met Arjuna over Zijn specifieke volheden. In het vorige hoofdstuk gaf Hij een duidelijke uiteenzetting over Zijn verschillende energieën om Arjuna tot vastberaden devotie te brengen; in dit hoofdstuk zal Hij met Arjuna opnieuw over Zijn manifestaties en verschillende volheden spreken.

Hoe meer iemand over de Allerhoogste God hoort, des te standvastiger hij wordt in devotionele dienst. Men moet altijd horen over de Heer in het gezelschap van toegewijden; hierdoor zal men sterker worden in devotionele dienst. Gesprekken in het gezelschap van toegewijden kunnen alleen plaatsvinden tussen degenen die er zeer sterk naar verlangen Kṛṣṇa-bewust te worden. Anderen kunnen niet aan zulke gesprekken deelnemen. De Heer zegt hier duidelijk dat Hij zal spreken voor Arjuna's bestwil, omdat Arjuna Hem zeer dierbaar is.

TEKST 2

न मे विदुः सुरगणाः प्रभवं न महर्षयः ।
अहमादिर्हि देवानां महर्षीणां च सर्वशः ॥ २ ॥

na me viduḥ sura-gaṇāḥ, prabhavaṁ na maharṣayaḥ
aham ādir hi devānāṁ, maharṣīṇāṁ ca sarvaśaḥ

na — nooit; *me* — Mijn; *viduḥ* — kennen; *sura-gaṇāḥ* — de halfgoden; *prabhavam* — oorsprong, volheden; *na* — nooit; *mahā-ṛṣayaḥ* — grote wijzen; *aham* — Ik ben; *ādiḥ* — de oorsprong; *hi* — zeker; *devānām* — van de halfgoden; *mahā-ṛṣīṇām* — van de grote wijzen; *ca* — ook; *sarvaśaḥ* — in alle opzichten.

De schare halfgoden en ook de grote wijzen kennen Mijn oorsprong en volheden niet, omdat Ik in alle opzichten de oorsprong van de halfgoden en de wijzen ben.

COMMENTAAR: In de *Brahma-saṁhitā* wordt gezegd dat Kṛṣṇa de Allerhoogste Heer is. Niemand is groter dan Hij; Hij is de oorzaak van alle oorzaken. De Heer verklaart hier ook persoonlijk dat Hij de oorzaak van alle halfgoden en wijzen is. Zelfs de halfgoden en de grote wijzen kunnen Kṛṣṇa niet begrijpen; ze kunnen zowel Zijn naam als Zijn persoonlijkheid niet bevatten, dus wat zullen de zogenaamde geleerden van deze nietige planeet er dan van begrijpen? Niemand begrijpt waarom deze Allerhoogste God als een gewoon menselijk wezen naar de aarde komt en zulke wonderbaarlijke en buitengewone activiteiten verricht. Men moet daarom beseffen dat geleerdheid niet de vereiste kwalificatie is om Kṛṣṇa te begrijpen. Zelfs de halfgoden en de grote wijzen hebben geprobeerd om Kṛṣṇa met behulp van hun mentale speculaties te begrijpen, maar ze zijn daar niet in geslaagd. Ook in het *Śrīmad-Bhāgavatam* wordt duidelijk gezegd dat zelfs de grote halfgoden niet in staat zijn om de Allerhoogste Persoonlijkheid Gods te begrijpen. Ze kunnen binnen het bereik van hun onvolmaakte zintuigen speculeren en tot de conclusie van het impersonalisme komen, namelijk tot het concept van iets wat tegenovergesteld is aan materie, iets wat niet gemanifesteerd is door de drie kwaliteiten van de materiële wereld. Ze zouden zich door mentale speculatie ook iets anders kunnen inbeelden, maar het is onmogelijk om Kṛṣṇa te begrijpen door zulke dwaze speculaties.

Indirect zegt de Heer hier: 'Als iemand de Absolute Waarheid wil kennen, hier ben Ik, de Allerhoogste Persoonlijkheid Gods. Ik ben de Allerhoogste.' Mensen moeten dit weten. Ook al kan iemand de onvoorstelbare Heer, die persoonlijk aanwezig is, niet begrijpen, toch bestaat Hij. We kunnen Kṛṣṇa, die eeuwig, vol gelukzaligheid en kennis is, werkelijk begrijpen door eenvoudig Zijn woorden in de *Bhagavad-gītā* en het *Śrīmad-Bhāgavatam* te bestuderen. Zij die zich in de lagere energie van de Heer bevinden, kunnen tot het concept komen van God als een besturende kracht of als het onpersoonlijk Brahman, maar de Persoonlijkheid Gods kan men niet bevatten, tenzij men zich op een transcendentaal niveau bevindt.

Omdat de meeste mensen de feitelijke positie van Kṛṣṇa niet kunnen begrijpen, daalt Hij uit Zijn grondeloze genade neer om zulke theoretici een gunst te bewijzen. Omdat ze aangetast zijn door de materiële energie, denken deze theoretici, ondanks de buitengewone activiteiten van de Heer, nog dat het onpersoonlijk Brahman het Allerhoogste is. Alleen de toegewijden die zich volledig aan de Allerhoogste Heer hebben overgegeven, kunnen door de genade van de Allerhoogste Persoonlijkheid begrijpen dat Hij Kṛṣṇa is. De toegewijden van de Heer maken zich niet druk om het concept van God als het onpersoonlijk Brahman; hun geloof en devotie brengt hen tot onmiddellijke overgave aan de Allerhoogste Heer, en door de grondeloze genade van Kṛṣṇa kunnen ze Hem begrijpen. Niemand anders kan Kṛṣṇa begrijpen. Zelfs de grote wijzen zijn het erover eens: wat is *ātmā*, wie is de Allerhoogste? Hij is degene die we moeten aanbidden.

TEKST 3

यो मामजमनादिं च वेत्ति लोकमहेश्वरम् ।
असम्मूढः स मर्त्येषु सर्वपापैः प्रमुच्यते ॥ ३ ॥

yo māṁ ajam anādiṁ ca, vetti loka-maheśvaram
asammūḍhaḥ sa martyeṣu, sarva-pāpaiḥ pramucyate

yaḥ — iedereen die; *mām* — Mij; *ajam* — ongeboren; *anādim* — zonder begin; *ca* — en; *vetti* — kent; *loka* — van de planeten; *mahā-īśvaram*— de allerhoogste meester; *asammūḍhaḥ* — niet misleid; *saḥ* — hij; *martyeṣu* — te midden van hen die onderhevig zijn aan de dood; *sarva-pāpaiḥ* — van alle karmische reacties op zonden; *pramucyate* — wordt bevrijd.

Alleen degene die Mij kent als ongeboren, beginloos en de Allerhoogste Heer van alle werelden en die niet misleid is onder de mensen, wordt bevrijd van alle zonden.

COMMENTAAR: In de derde tekst van het zevende hoofdstuk werd het volgende gezegd: *manuṣyāṇāṁ sahasreṣu kaścid yatati siddhaye* — zij die zich proberen te verheffen tot het niveau van spirituele bewustwording zijn geen gewone mensen; ze zijn verheven boven miljoenen en miljoenen gewone mensen die geen kennis hebben van spirituele bewustwording. Maar van degenen die werkelijk hun spirituele identiteit proberen te begrijpen, is degene die tot het begrip komt dat Kṛṣṇa, de Allerhoogste Persoonlijkheid Gods, de eigenaar is van alles en dat Hij ongeboren is, het succesvolst in spirituele bewustwording. Alleen degene die de allerhoogste positie van Kṛṣṇa volledig begrepen heeft, kan volkomen vrij zijn van alle karmische reacties op zonden.

De Heer wordt hier beschreven met het woord *'aja'*, dat 'ongeboren' betekent. Maar de Heer is verschillend van de levende wezens, die in hoofdstuk twee als *aja* werden beschreven. De Heer verschilt van de levende wezens die door materiële gehechtheid geboren worden en sterven. De geconditioneerde zielen verwisselen van lichaam, maar Zijn lichaam is onveranderlijk. Zelfs als Hij naar de materiële wereld komt, komt Hij als dezelfde ongeborene. Daarom wordt in het vierde hoofdstuk gezegd dat de Heer, door Zijn interne vermogen, niet onderhevig is aan de lagere, materiële energie, maar dat Hij Zich altijd in de hogere energie bevindt.

In dit vers geven de woorden *'vetti loka-maheśvaram'* aan dat men moet beseffen dat Heer Kṛṣṇa de allerhoogste eigenaar is van alle planetenstelsels binnen het universum. Hij bestond vóór de schepping en Hij verschilt van Zijn schepping. Alle halfgoden werden binnen de materiële wereld geschapen, maar Kṛṣṇa is niet geschapen; daarom verschilt Kṛṣṇa zelfs van grote halfgoden als Brahmā en Śiva. En omdat Hij de schepper van Brahmā, Śiva en alle andere halfgoden is, is Hij de Allerhoogste Persoon van alle planeten. Śrī Kṛṣṇa verschilt dus van alles wat geschapen is en iedereen die Hem als zodanig kent, raakt onmiddellijk bevrijd van alle karmische reacties op zonden. Men moet bevrijd zijn van alle zondige activiteiten om de Allerhoogste Heer te kennen. Zo verklaart de *Bhagavad-gītā* dat Hij alleen door devotionele dienst en op geen andere manier kan worden gekend. Men moet Kṛṣṇa niet als een menselijk wezen beschouwen. Eerder werd al gesteld dat alleen dwazen denken dat Kṛṣṇa een menselijk wezen is. Ditzelfde wordt hier op een andere manier uitgedrukt: wie geen dwaas is, maar intelligent genoeg om de wezenlijke positie van God te begrijpen, is altijd bevrijd van alle karmische reacties op zonden.

Als Kṛṣṇa bekendstaat als de zoon van Devakī, hoe kan Hij dan ongeboren zijn? Dat wordt in het *Śrīmad-Bhāgavatam* uitgelegd: toen Hij voor Devakī en Vasudeva verscheen, werd Hij niet als een gewoon kind geboren; Hij verscheen in Zijn oorspronkelijke vorm en veranderde Zichzelf vervolgens in de gedaante van een gewoon kind.

Alles wat onder leiding van Kṛṣṇa wordt gedaan, is transcendentaal. Het kan niet worden aangetast door de gunstige of ongunstige reacties die op materiële activiteiten volgen. Het idee dat er in de materiële wereld gunstige en ongunstige dingen bestaan is min of meer een gedachtespinsel, omdat er niets gunstigs bestaat in de materiële wereld. Alles is ongunstig, want de materiële natuur zelf is ongunstig; we denken alleen maar dat ze gunstig is. Wat werkelijk gunstig is, hangt af van activiteiten die in Kṛṣṇa-bewustzijn en in volkomen devotie en dienstbaarheid worden verricht. Als we überhaupt willen dat onze activiteiten gunstig zijn, dan moeten we onder leiding van de Allerhoogste Heer te werk gaan. Zulke leiding wordt in gezaghebbende heilige teksten als het *Śrīmad-Bhāgavatam* en de *Bhagavad-gītā* gegeven of het komt van een bonafide spiritueel leraar.

Omdat de spiritueel leraar de vertegenwoordiger is van de Allerhoogste Heer, is de leiding die hij geeft identiek aan de leiding van de Allerhoogste Heer. De spiritueel leraar, de heilige personen en de heilige teksten geven allemaal dezelfde richtlijnen; deze drie bronnen spreken elkaar niet tegen. Alle activiteiten die onder zulke leiding worden verricht, zijn vrij van de karmische reacties op vrome en zondige daden die men in de materiële wereld ondergaat. De transcendentale mentaliteit van de toegewijde tijdens het doen van activiteiten is er een van onthechting. Dat wordt *sannyāsa* genoemd. Zo wordt in *Bhagavad-gītā* 6.1 gezegd dat iemand die uit plichtsbesef handelt omdat hem dat door de Allerhoogste Heer is opgedragen en die niet zijn toevlucht zoekt in de resultaten van zijn activiteiten (*anāśritaḥ karma-phalam*), werkelijk onthecht is. Iedereen die zijn activiteiten onder leiding van de Allerhoogste Heer verricht, is een echte *sannyāsī* en een *yogī*. Maar dat geldt niet voor iemand die alleen maar de kleren van een *sannyāsī* heeft aangetrokken of voor degene die zich voordoet als een *yogī*.

TEKST 4–5

बुद्धिर्ज्ञानमसम्मोहः क्षमा सत्यं दमः शमः ।
सुखं दुःखं भवोऽभावो भयं चाभयमेव च ॥ ४ ॥
अहिंसा समता तुष्टिस्तपो दानं यशोऽयशः ।
भवन्ति भावा भूतानां मत्त एव पृथग्विधाः ॥ ५ ॥

buddhir jñānam asammohaḥ, kṣamā satyaṁ damaḥ śamaḥ
sukhaṁ duḥkhaṁ bhavo 'bhāvo, bhayaṁ cābhayam eva ca

ahiṁsā samatā tuṣṭis, tapo dānaṁ yaśo 'yaśaḥ
bhavanti bhāvā bhūtānāṁ, matta eva pṛthag-vidhāḥ

buddhiḥ — intelligentie; *jñānam* — kennis; *asammohaḥ* — vrijheid van twijfel; *kṣamā* — vergevensgezindheid; *satyam* — waarheidlievendheid; *damaḥ* — beheersing van de zintuigen; *śamaḥ* — beheersing van de geest; *sukham* — geluk; *duḥkham* — verdriet; *bhavaḥ* — geboorte; *abhāvaḥ* — dood; *bhayam* — vrees; *ca* — ook; *abhayam* — onbevreesdheid; *eva* — ook; *ca* — en; *ahiṁsā* — geweldloosheid; *samatā* — gelijkmoedigheid; *tuṣṭiḥ* — tevredenheid; *tapaḥ* — ascese; *dānam* — vrijgevigheid; *yaśaḥ* — roem; *ayaśaḥ* — schande; *bhavanti* — ontstaan; *bhāvāḥ* — kenmerken; *bhūtānām* — van levende wezens; *mattaḥ* — van Mij; *eva* — zeker; *pṛthak-vidhāḥ* — verschillende onderverdelingen.

Intelligentie; kennis; vrij zijn van twijfel en verwarring; vergevensgezindheid; waarheidlievendheid; beheersing van de zintuigen; beheersing van de geest; vreugde en verdriet; geboorte; dood; angst; onbevreesdheid; geweldloosheid; gelijkmoedigheid; tevredenheid; ascese; vrijgevigheid; roem en schande — al deze verschillende kwaliteiten van levende wezens zijn geschapen door Mij alleen.

COMMENTAAR: De verschillende kwaliteiten van de levende wezens, of die nu goed of slecht zijn, zijn allemaal door Kṛṣṇa geschapen en worden hier beschreven.

Intelligentie (*buddhi*) verwijst naar het vermogen om dingen vanuit het juiste gezichtspunt te analyseren, en kennis (*jñānam*) verwijst naar het begrijpen van wat spiritueel en wat materieel is. Gewone kennis, die men door een universitaire opleiding opdoet, houdt alleen verband met materie en wordt hier niet aanvaard als kennis. Kennis betekent dat men een onderscheid weet te maken tussen materie en het spirituele. In het moderne onderwijs is er geen kennis over het spirituele; men houdt zich alleen maar bezig met materiële elementen en lichamelijke behoeften. Academische kennis is daarom niet volledig.

Asammoha, vrij zijn van twijfel en verwarring, wordt bereikt wanneer men niet aarzelt en de transcendentale filosofie begrijpt. Langzaam maar zeker zal de verwarring verdwijnen. Niets moet blindelings aanvaard worden, maar alles moet zorgvuldig en met veel aandacht worden aanvaard.

Men moet *kṣamā* of verdraagzaamheid en vergevensgezindheid beoefenen; men moet verdraagzaam zijn en de kleine overtredingen van anderen vergeven.

Satyam, waarheidlievendheid, betekent dat feiten moeten worden gepresenteerd zoals ze zijn, zodat iedereen er voordeel bij heeft; feiten moeten niet worden verdraaid. Volgens sociale omgangsvormen is het zo dat de waarheid alleen gesproken mag worden wanneer deze aangenaam is voor anderen. Maar dat is geen waarheidlievendheid. De waarheid moet onverbloemd worden gesproken, zodat anderen zullen begrijpen wat werkelijk de feiten zijn. Als iemand een dief is en de mensen worden gewaarschuwd dat hij een dief is, dan is dat de waarheid. Hoewel de waarheid soms onaangenaam is, moet men niet nalaten deze toch uit te spreken. Waarheidlievendheid vereist dat iemand de feiten presenteert zoals ze zijn, zodat iedereen er voordeel bij heeft. Dat is de definitie van waarheid.

Damaḥ, het beheersen van de zintuigen, betekent dat de zintuigen niet voor onnodig persoonlijk genot moeten worden gebruikt. Het is niet verboden om aan de basisbehoeften van de zintuigen te voldoen, maar onnodig zintuiglijk genot is schadelijk voor spirituele vooruitgang. De zintuigen moeten daarom worden weerhouden van onnodig gebruik.

Op dezelfde manier moet men de geest weerhouden van onnodige gedachten; dat wordt *śama* genoemd. Men moet geen tijd verspillen met overpeinzingen hoe men geld kan verdienen. Dat is misbruik maken van het denkvermogen. De geest moet worden gebruikt om van de juiste gezaghebbende personen te weten te komen wat de hoogste noodzaak is voor de mens. Het denkvermogen moet ontwikkeld worden in het gezelschap van personen die gezag hebben op het gebied van de heilige teksten, van heilige personen, van spiritueel leraren en van personen die een hoogontwikkeld denkvermogen hebben.

Sukham, plezier of geluk, moet altijd worden gezocht in dat wat bevorderlijk is voor het cultiveren van de spirituele kennis van het Kṛṣṇa-bewustzijn. Andersom is het ook zo dat men dat wat ongunstig is voor het Kṛṣṇa-bewustzijn moet zien als pijnlijk en als de oorzaak van ellende (*duḥkham*). Alles wat gunstig is voor het cultiveren van Kṛṣṇa-bewustzijn moet worden aanvaard, maar alles wat ongunstig is moet worden verworpen.

Bhava, geboorte, moet opgevat worden als iets dat betrekking heeft op het lichaam. Zoals we in het begin van de *Bhagavad-gītā* hebben besproken, kent de ziel geen geboorte en geen dood (*abhāva*). Geboorte en dood hebben betrekking op iemands belichaming in de materiële wereld.

Angst (*bhayam*) wordt veroorzaakt door zich zorgen te maken over de toekomst. Een Kṛṣṇa-bewust persoon heeft geen angst, omdat hij er zeker van is dat hij door zijn activiteiten terug zal gaan naar de spirituele wereld, terug naar huis, terug naar God. Zijn toekomst is daarom heel rooskleurig. Maar anderen weten niet wat hun toekomst zal zijn; ze hebben geen kennis over wat hun volgend leven voor hen in petto heeft en daarom zijn ze voortdurend bezorgd. Als we van deze bezorgdheid bevrijd willen worden, kunnen we het best Kṛṣṇa proberen te begrijpen en altijd Kṛṣṇa-bewust blijven. Op die manier zullen we bevrijd worden van alle angst. In het *Śrīmad-Bhāgavatam* (11.2.37) wordt gezegd: *bhayaṁ dvitīyābhiniveśataḥ syāt* — angst wordt veroorzaakt doordat we volledig opgaan in de illusionerende energie. Maar zij die vrij zijn van de illusionerende energie, die ervan overtuigd zijn dat ze niet het mariële lichaam zijn, maar spirituele deeltjes van de Allerhoogste Persoonlijkheid Gods en die daarom devotionele dienst aan Hem verrichten, hebben niets te vrezen. Hun toekomst is zeer rooskleurig. Angst is dus een kenmerk van personen die niet Kṛṣṇa-bewust zijn. *Abhayam*, onbevreesdheid, is alleen mogelijk voor iemand die Kṛṣṇa-bewust is.

Ahiṁsā, geweldloosheid, betekent dat men niets moet doen wat bij anderen ellende of verwarring veroorzaakt. De materiële plannen die door zoveel politici, sociologen, filantropen enz. worden voorgespiegeld, leveren geen goede resultaten op, omdat politici en filantropen geen transcendentale visie hebben; ze weten niet wat werkelijk bevorderlijk is voor de menselijke samenleving. *Ahiṁsā* betekent dat mensen zo opgeleid moeten worden, dat ze de gelegenheid die het menselijk lichaam biedt volledig kunnen benutten. Het menselijk lichaam is bedoeld voor spirituele bewustwording; iedere beweging of commissie die dat niet stimuleert, pleegt geweld ten opzichte van het menselijk lichaam. Dat wat het toekomstige geluk van de mensen in het algemeen stimuleert, wordt geweldloosheid genoemd.

Samatā, gelijkmoedigheid, verwijst naar vrijheid van gehechtheid en afkeer. Zeer sterk gehecht zijn of erg onthecht zijn is niet goed. De materiële wereld moet zonder gehechtheid of afkeer aanvaard worden. Alles wat gunstig is voor de beoefening van Kṛṣṇa-bewustzijn moet aanvaard worden en alles wat ongunstig is, moet worden verworpen. Dat is *samatā*, gelijkmoedigheid. Voor een Kṛṣṇa-bewust persoon is er niets te verwerpen of te aanvaarden, tenzij het bruikbaar is in het beoefenen van Kṛṣṇa-bewustzijn.

Tuṣṭi, tevredenheid, betekent dat iemand niet gretig moet zijn om meer en meer materiële bezittingen te vergaren door onnodige activiteiten. Men moet tevreden zijn met alles wat men door de genade van de Allerhoogste Heer krijgt — dat is tevredenheid.

Tapas betekent soberheid of ascese. Er staan in de Veda's vele regels en bepalingen die hierbij van toepassing zijn, zoals 's ochtends vroeg opstaan en een bad nemen. Soms is het erg moeilijk om vroeg op te staan, maar ieder ongemak dat men op die manier vrijwillig ondergaat, wordt ascese genoemd. Ook zijn er voorschriften om op bepaalde dagen van de maand te vasten. Misschien dat iemand niet geneigd is te vasten, maar als hij vastberaden is om vooruitgang te maken in de wetenschap van het Kṛṣṇa-bewustzijn, dan moet hij zulke lichamelijke ongemakken die aanbevolen worden, accepteren. Men moet echter niet onnodig of tegen de Vedische voorschriften in vasten. Men moet niet vasten om een bepaald politiek doeleinde te bereiken; dat wordt in de *Bhagavad-gītā* beschreven als vasten in onwetendheid, en alles wat in onwetendheid of hartstocht wordt gedaan, leidt niet tot spirituele vooruitgang. Vooruitgang komt echter wanneer alles in de hoedanigheid goedheid wordt gedaan. Daarnaast verrijkt vasten in overeenstemming met de Vedische voorschriften iemand met spirituele kennis.

Wat betreft vrijgevigheid (*dānam*): men moet vijftig procent van zijn inkomen aan een goed doel geven. Maar wat is dat goede doel? Het is een doel dat verband houdt met Kṛṣṇa-bewustzijn. Dat is niet alleen een goed doel, maar het beste doel; omdat Kṛṣṇa goed is, is Zijn doel ook goed. Men moet dus vrijgevig zijn tegenover een Kṛṣṇa-bewust persoon.

Volgens de Vedische literatuur moet men vrijgevig zijn voor *brāhmaṇa's*. Dit gebruik bestaat nog steeds, ook al houdt men zich niet meer precies aan de Vedische voorschriften. Maar toch blijft het voorschriftstaan dat men de *brāhmaṇa's* giften moet schenken. Waarom? Omdat zij hogere, spirituele kennis cultiveren. Een *brāhmaṇa* wordt verondersteld zijn hele leven te wijden aan het doorgronden van Brahman. *Brahma jānātīti brāhmaṇaḥ*: iemand wordt een *brāhmaṇa* genoemd als hij Brahman kent. Schenkingen worden dus gedaan aan *brāhmaṇa's*, omdat ze altijd bezig zijn met hogere spirituele dienst en daarom geen tijd hebben om in hun levensonderhoud te voorzien.

Volgens de Vedische literatuur moet men ook vrijgevig zijn tegenover iemand in de onthechte levensorde, een *sannyāsī*. De *sannyāsī's* gaan bedelend van deur tot deur — niet voor geld, maar voor missionaire doeleinden. Het systeem is dat ze van deur tot deur gaan om getrouwde personen uit hun sluimer van onwetendheid te halen. Omdat getrouwde personen bezig zijn met familieaangelegenheden en het werkelijke doel van het leven — het opwekken van Kṛṣṇa-bewustzijn — zijn vergeten, is het de taak van de *sannyāsī's* om als bedelaars naar getrouwde personen te gaan en hen aan te moedigen Kṛṣṇa-bewust te leven. In de Veda's wordt gesteld dat iemand datgene moet zien op te wekken en datgene moet zien te bereiken wat hem in deze menselijke levensvorm toekomt. De *sannyāsī's* verspreiden deze kennis en deze methode en daarom moet men vrijgevig zijn tegenover hen en ook tegenover de *brāhmaṇa's* en soortgelijke goede doelen, maar niet tegenover om het even welk doel.

Yaśas, roem, moet worden opgevat in overeenstemming met Heer Caitanya's woorden, namelijk dat iemand beroemd is wanneer hij bekendstaat als een groot toegewijde; dat is ware roem. Wanneer iemand een grootheid is geworden in het Kṛṣṇa-bewustzijn en wanneer dat bekend is, dan is hij werkelijk beroemd. Wie niet zulke roem heeft, is roemloos (*ayaśas*).

Al deze kwaliteiten zijn overal in het universum aanwezig, zowel in de menselijke samenleving als in die van de halfgoden. Er bestaan vele menselijke levensvormen op andere planeten en ook daar zijn de genoemde kwaliteiten aanwezig. Kṛṣṇa is degene die deze kwaliteiten geschapen heeft, maar wie vooruitgang wil maken in Kṛṣṇa-bewustzijn, zal zelf deze kwaliteiten in zich ontwikkelen. Volgens het plan van de Allerhoogste Heer ontwikkelen degenen die devotionele dienst aan Hem verrichten alle goede kwaliteiten van de halfgoden.

Kṛṣṇa is de oorsprong van alles wat we aantreffen, of het nu goed is of slecht. Niets in de materiële wereld kan zich manifesteren zonder al aanwezig te zijn in Kṛṣṇa. Dat is kennis. Hoewel we weten dat dingen zo van elkaar verschillen, moeten we ons realiseren dat alles voortkomt uit Kṛṣṇa.

TEKST 6

महर्षयः सप्त पूर्वे चत्वारो मनवस्तथा ।
मद्भावा मानसा जाता येषां लोक इमाः प्रजाः ॥ ६ ॥

maharṣayaḥ sapta pūrve, catvāro manavas tathā
mad-bhāvā mānasā jātā, yeṣāṁ loka imāḥ prajāḥ

mahā-ṛṣayaḥ — de grote wijzen; *sapta* — zeven; *pūrve* — vroeger; *catvāraḥ* — vier; *manavaḥ* — de Manu's; *tathā* — ook; *mat-bhāvāḥ* — uit Mij geboren; *mānasāḥ* — uit de geest; *jātāḥ* — geboren; *yeṣām* — van hen; *loke* — in de wereld; *imāḥ* — al dit; *prajāḥ* — bevolking.

De zeven grote wijzen en de vier andere grote wijzen voor hen, evenals de Manu's [de voorouders van de mensheid], komen uit Mij voort door geboorte uit Mijn geest, en alle levende wezens, die de verschillende planeten bevolken, stammen van hen af.

COMMENTAAR: De Heer geeft hier een genealogisch overzicht van de bevolking van het universum. Brahmā is het eerste schepsel, dat geboren wordt uit de energie van de Allerhoogste Heer, die bekendstaat als Hiraṇyagarbha. En van

Brahmā komen de zeven grote wijzen en vóór hen waren de andere vier grote wijzen al aanwezig, namelijk Sanaka, Sananda, Sanātana en Sanatkumāra en ook de veertien Manu's. Deze vijfentwintig grote wijzen staan samen over het hele universum bekend als de aartsvaders van de levende wezens. Er bestaan in dit universum ontelbare planeten en iedere afzonderlijke planeet wordt door een grote verscheidenheid aan levende wezens bevolkt. Al deze levende wezens stammen af van deze vijfentwintig aartsvaders.

Voordat Brahmā door de genade van Kṛṣṇa zag hoe hij moest scheppen, beoefende hij gedurende duizend jaren van de halfgoden ascese. Van Brahmā kwamen toen Sanaka, Sanandana, Sanātana en Sanatkumāra; daarna kwam Rudra en vervolgens de zeven wijzen. Op die manier werden alle *brāhmaṇa's* en *kṣatriya's* uit de energie van de Allerhoogste Persoonlijkheid Gods geboren. Brahmā staat bekend als Pitāmaha, de grootvader, maar Kṛṣṇa wordt Prapitāmaha genoemd, de vader van de grootvader. Dit wordt vermeld in *Bhagavad-gītā* 11.39.

TEKST 7 एतां विभूतिं योगं च मम यो वेत्ति तत्त्वतः ।
सोऽविकल्पेन योगेन युज्यते नात्र संशयः ॥ ७ ॥

etāṁ vibhūtiṁ yogaṁ ca, mama yo vetti tattvataḥ
so 'vikalpena yogena, yujyate nātra saṁśayaḥ

etām — al deze; *vibhūtim* — volheid; *yogam* — mystieke kracht; *ca* — ook; *mama* — van Mij; *yaḥ* — iedereen die; *vetti* — kent; *tattvataḥ* — feitelijk; *saḥ* — hij; *avikalpena* — zonder af te dwalen; *yogena* — in devotionele dienst; *yujyate* — is bezig; *na* — nooit; *atra* — hier; *saṁśayaḥ* — twijfel.

Wie werkelijk overtuigd is van Mijn volheid en mystieke kracht, zal onvermengde devotionele dienst verrichten; daarover bestaat geen twijfel.

COMMENTAAR: Het summum van spirituele perfectie is kennis over de Allerhoogste Persoonlijkheid Gods. Tenzij iemand vast overtuigd is van de verschillende volheden van de Allerhoogste Heer, kan hij geen devotionele dienst verrichten. Over het algemeen weten mensen dat God groot is, maar ze hebben geen gedetailleerde kennis van Zijn grootheid. Hier zijn de details. Wanneer iemand de volheden van de Allerhoogste feitelijk kent, blijft er geen ander alternatief meer over dan zich aan Hem over te geven. Deze feitelijke kennis kan men vinden in de beschrijvingen in het *Śrīmad-Bhāgavatam*, de *Bhagavad-gītā* en soortgelijke teksten.

Voor het bestuur van dit universum zijn er over de planetenstelsels talloze halfgoden verspreid; de belangrijkste onder hen zijn Brahmā, Heer Śiva, de vier grote Kumāra's en de andere aartsvaders. De bevolking van het universum heeft vele voorouders, maar ze komen allemaal voort uit de Allerhoogste Persoonlijkheid Gods, Kṛṣṇa. De Heer is de oorspronkelijke voorvader van alle voorvaders.

Dit zijn enkele van de volheden van de Allerhoogste Heer. Wie hier volledig van doordrongen is, aanvaardt Kṛṣṇa vol vertrouwen en zonder enige twijfel en begint devotionele dienst te verrichten. Al deze gedetailleerde kennis is nodig om de interesse in de liefdevolle devotionele dienst aan de Heer te vergroten. Het volledig beseffen van de grootheid van Kṛṣṇa is daarom iets dat men niet moet veronachtzamen, want door de grootheid van Kṛṣṇa te beseffen, zal men in staat zijn om oprecht en standvastig te zijn in devotionele dienst aan Hem.

TEKST 8 अहं सर्वस्य प्रभवो मत्तः सर्वं प्रवर्तते ।
इति मत्वा भजन्ते मां बुधा भावसमन्विताः ॥ ८ ॥

ahaṁ sarvasya prabhavo, mattaḥ sarvaṁ pravartate
iti matvā bhajante māṁ, budhā bhāva-samanvitāḥ

aham — Ik; *sarvasya* — van alles; *prabhavaḥ* — de oorsprong; *mattaḥ* uit Mij; *sarvam* — alles; *pravartate* — komt voort; *iti* — zo; *matvā* — wetend; *bhajante* — worden toegewijd; *mām* — aan Mij; *budhāḥ* — de geleerden; *bhāva-samanvitāḥ* — met volle aandacht.

Ik ben de oorsprong van alle spirituele en materiële werelden. Alles komt voort uit Mij. De wijzen die hiervan volkomen doordrongen zijn, bewijzen Me devotionele dienst en vereren Me met heel hun hart.

COMMENTAAR: Een erudiet geleerde die de Veda's perfect heeft bestudeerd, die informatie heeft ontvangen van gezaghebbende personen als Heer Caitanya en die weet hoe hij die kennis moet toepassen, begrijpt dat Kṛṣṇa de oorsprong is van alles wat bestaat, zowel in de spirituele als in de materiële werelden. Omdat zo iemand hierover perfecte kennis heeft, wordt hij standvastig in devotionele dienst aan de Allerhoogste Heer. Hij kan door geen enkele dwaas of door welke hoeveelheid dwaze commentaren dan ook op andere gedachten worden gebracht.

Alle Vedische teksten zijn het erover eens dat Kṛṣṇa de oorsprong is van Brahmā, Śiva en alle andere halfgoden. In de *Atharva-veda* (*Gopāla-tāpanī Upaniṣad*, Pūrva 24) staat: *yo brahmāṇaṁ vidadhāti pūrvaṁ yo vai vedāṁś ca gāpayati sma kṛṣṇaḥ* — 'Het was Kṛṣṇa die in het begin de Vedische kennis aan Brahmā onderwees en die haar in het verleden verspreid heeft.' En ook de *Nārāyaṇa Upaniṣad* (1) zegt: *atha puruṣo ha vai nārāyaṇo 'kāmayata prajāḥ sṛjeyeti* — 'Toen verlangde de Allerhoogste Persoonlijkheid Nārāyaṇa levende wezens te scheppen.' De *upaniṣad* vervolgt: *nārāyaṇād brahmā jāyate, nārāyaṇād prajāpatiḥ prajāyate, nārāyaṇād indro jāyate, nārāyaṇād aṣṭau vasavo jāyante, nārāyaṇād ekādaśa rudrā jāyante, nārāyaṇād dvādaśādityāḥ* — 'Uit Nārāyaṇa komt Brahmā voort en uit Nārāyaṇa komen ook de aartsvaders voort. Uit Nārāyaṇa komt Indra voort, uit Nārāyaṇa komen de acht Vasu's voort, uit Nārāyaṇa komen de elf Rudra's voort, uit Nārāyaṇa komen de twaalf Āditya's voort.' Deze Nārāyaṇa is een expansie van Kṛṣṇa.

In dezelfde veda wordt het volgende gezegd: *brahmaṇyo devakī-putraḥ* — 'De zoon van Devakī, Kṛṣṇa, is de Allerhoogste Persoonlijkheid.' (*Nārāyaṇa Upaniṣad* 4) Vervolgens wordt gezegd: *eko vai nārāyaṇa āsīn na brahmā na īśāno nāpo nāgni-samau neme dyāv-āpṛthivī na nakṣatrāṇi na sūryaḥ* — 'In het begin van de schepping was er alleen de Allerhoogste Persoonlijkheid Nārāyaṇa. Er was geen Brahmā, geen Śiva, geen water, geen vuur, geen maan, geen sterrenhemel, geen zon.' (*Mahā Upaniṣad* 1) In de *Mahā Upaniṣad* wordt ook gezegd dat Heer Śiva uit het voorhoofd van de Allerhoogste Heer geboren werd. De Veda's zeggen daarom dat de Allerhoogste Heer, de schepper van Brahmā en Śiva, aanbeden moet worden.

In het *Mokṣa-dharma*-gedeelte van het *Mahābhārata* zegt Kṛṣṇa:

prajāpatiṁ ca rudraṁ cāpy, aham eva sṛjāmi vai
tau hi māṁ na vijānīto, mama māyā-vimohitau

'De aartsvaders, Śiva en anderen werden door Mij geschapen, ook al weten ze dat niet omdat ze verward zijn door Mijn illusionerende energie.'

In de *Varāha Purāṇa* wordt ook gezegd:

nārāyaṇaḥ paro devas, tasmāj jātaś caturmukhaḥ
tasmād rudro 'bhavad devaḥ, sa ca sarva-jñatāṁ gataḥ

'Nārāyaṇa is de Allerhoogste Persoonlijkheid Gods en uit Hem kwam Brahmā voort, uit wie Śiva voortkwam.'

Heer Kṛṣṇa is de oorsprong van alle scheppingen en Hij wordt de meest directe oorzaak van alles genoemd. Hij zegt: 'Omdat alles uit Mij voortkomt, ben Ik de oorspronkelijke bron van alles. Alles is ondergeschikt aan Mij; niemand staat boven Mij.' Buiten Kṛṣṇa bestaat er geen andere allerhoogste bestuurder. Wie Kṛṣṇa als zodanig begrijpt door van een bonafide spiritueel leraar te horen, met verwijzingen naar de Vedische literatuur, wendt al zijn energie aan voor het Kṛṣṇa-bewustzijn en wordt een werkelijk geleerd persoon. Vergeleken met hem zijn alle anderen die Kṛṣṇa niet werkelijk kennen, maar dwazen. Alleen een dwaas zal Kṛṣṇa als een gewoon man beschouwen. Een Kṛṣṇa-bewust persoon moet zich niet door dwazen in verwarring laten brengen; hij moet alle ongeautoriseerde commentaren op en interpretaties van de *Bhagavad-gītā* vermijden en vastbesloten en vastberaden doorgaan met Kṛṣṇa-bewustzijn.

TEKST 9 मच्चित्ता मद्गतप्राणा बोधयन्तः परस्परम् ।
कथयन्तश्च मां नित्यं तुष्यन्ति च रमन्ति च ॥ ९ ॥

mac-cittā mad-gata-prāṇā, bodhayantaḥ parasparam
kathayantaś ca māṁ nityaṁ, tuṣyanti ca ramanti ca

mat-cittāḥ — hun gedachten volledig van Mij vervuld; *mat-gata-prāṇāḥ* — hun leven aan Mij toegewijd; *bodhayantaḥ* — predikend; *parasparam*— onder elkaar; *kathayantaḥ* — pratend; *ca* — ook; *mām* — over Mij; *nityam* — voortdurend; *tuṣyanti* — raken tevreden; *ca* — ook; *ramanti* — ervaren transcendentale vreugde; *ca* — ook.

De gedachten van Mijn zuivere toegewijden zijn voortdurend van Mij vervuld, hun leven is volledig aan Mijn dienst gewijd en door elkaar te verlichten en voortdurend over Mij te spreken, ervaren ze grote tevredenheid en geluk.

COMMENTAAR: Zuivere toegewijden, van wie de kenmerken hier worden genoemd, zijn voortdurend bezig met transcendentale liefdedienst aan de Heer. Hun geest kan niet worden afgeleid van de lotusvoeten van Kṛṣṇa en hun gesprekken gaan uitsluitend over transcendentale onderwerpen. De kenmerken van een zuivere toegewijde worden vooral in dit vers besproken. De toegewijden van de Allerhoogste Heer zijn vierentwintig uur per dag bezig met het verheerlijken van Zijn eigenschappen en Zijn activiteiten van vermaak. Hun hart en ziel gaan voortdurend op in Kṛṣṇa en ze beleven er plezier aan om met andere toegewijden over Hem te spreken.

In het beginstadium van devotionele dienst beleven toegewijden transcendentaal plezier aan deze dienst zelf en in het gevorderde stadium ervaren ze werkelijk liefde voor God. Wanneer ze zich eenmaal in die transcendentale positie bevinden, genieten ze van de hoogste perfectie die de Heer in Zijn woning tentoonspreidt.

Heer Caitanya vergelijkt transcendentale devotionele dienst met het planten van een zaadje in het hart van het levend wezen. Er zijn ontelbare levende wezens die over alle verschillende planeten van het hele universum rondzwerven, maar onder hen zijn er maar enkele die zo fortuinlijk zijn dat ze een zuivere toegewijde ontmoeten en de kans krijgen om te begrijpen wat devotionele dienst is. Deze devotionele dienst is dus net als een zaadje en wanneer het in het hart van een levend wezen gezaaid wordt en deze blijft doorgaan met het horen en chanten van Hare Kṛṣṇa, Hare Kṛṣṇa, Kṛṣṇa Kṛṣṇa, Hare Hare/ Hare Rāma, Hare Rāma, Rāma Rāma, Hare Hare, dan zal dat zaadje ontkiemen, net zoals het zaadje van een boom ontkiemt wanneer het regelmatig water krijgt. De spirituele plant van devotionele dienst groeit geleidelijk aan steeds verder, totdat ze door het omhulsel van het materiële universum dringt en binnengaat in de gloed van de *brahmajyoti* in de spirituele hemel. Daar groeit de plant verder totdat ze Goloka Vṛndāvana bereikt, de allerhoogste planeet van Kṛṣṇa. Ten slotte zoekt ze haar toevlucht onder de lotusvoeten van Kṛṣṇa en blijft daar. Vervolgens groeien er net als bij een gewone plant geleidelijk aan vruchten en bloemen aan de plant van devotionele dienst en het geven van water in de vorm van horen en chanten gaat door.

Deze plant van devotionele dienst wordt volledig beschreven in het *Caitanya-caritāmṛta* (*Madhya-līlā*, hoofdstuk 19). Daarin wordt uitgelegd dat wanneer de hele plant zijn toevlucht zoekt onder de lotusvoeten van de Allerhoogste Heer, men volledig opgaat in liefde voor God. Op dat moment kan men zelfs niet voor een moment meer blijven leven zonder in contact te staan met de Allerhoogste

Heer, net zoals een vis niet kan leven zonder water. In die toestand van contact met de Allerhoogste Heer verwerft de toegewijde transcendentale kwaliteiten.

Het *Śrīmad-Bhāgavatam* staat vol verhalen over de relatie tussen de Allerhoogste Heer en Zijn toegewijden; het is daarom zeer dierbaar aan de toegewijden. Dit wordt in het *Bhāgavatam* zelf gezegd (12.13.18): *śrīmad-bhāgavataṁ purāṇam amalaṁ yad vaiṣṇavānāṁ priyam.* In die verhalen staat niets over materiële activiteiten, economische ontwikkeling, zinsbevrediging of bevrijding. Het *Śrīmad-Bhāgavatam* is de enige tekst die de transcendentale natuur van de Allerhoogste Heer en Zijn toegewijden volledig beschrijft. De zelfgerealiseerde, Kṛṣṇa-bewuste zielen beleven voortdurend plezier aan het horen van zulke transcendentale literatuur, net zoals een jongen en een meisje plezier beleven wanneer ze samen zijn.

TEKST 10 तेषां सततयुक्तानां भजतां प्रीतिपूर्वकम् ।
ददामि बुद्धियोगं तं येन मामुपयान्ति ते ॥ १० ॥

teṣāṁ satata-yuktānāṁ, bhajatāṁ prīti-pūrvakam
dadāmi buddhi-yogaṁ taṁ, yena mām upayānti te

teṣām — aan hen; *satata-yuktānām* — voortdurend verbonden; *bhajatām* — in devotionele dienst; *prīti-pūrvakam* — in liefdevolle extase; *dadāmi* — Ik geef; *buddhi-yogam* — werkelijke intelligentie; *tam* — dat; *yena* — waardoor; *mām* — tot Mij; *upayānti* — komen; *te* — zij.

Aan hen die Mij voortdurend met liefde en devotie dienen, geef Ik het verstand waarmee ze tot Mij kunnen komen.

COMMENTAAR: In dit vers is het woord *'buddhi-yogam'* heel belangrijk. Uit het tweede hoofdstuk kunnen we ons herinneren dat de Heer tijdens Zijn onderricht aan Arjuna zei dat Hij over vele dingen met Arjuna gesproken had en dat Hij hem instructies zou geven over *buddhi-yoga.* Die *buddhi-yoga* wordt nu uitgelegd. *Buddhi-yoga* is activiteit in Kṛṣṇa-bewustzijn; dat is de hoogste vorm van intelligentie. *Buddhi* betekent 'intelligentie' en *yoga* betekent 'mystieke activiteiten' of 'mystieke verheffing'. De activiteit van iemand die terug probeert te gaan naar huis, terug naar God, en die zich volledig op het Kṛṣṇa-bewustzijn toelegt door devotionele dienst, wordt *buddhi-yoga* genoemd. Met andere woorden, *buddhi-yoga* is de methode waardoor men uit de verstrikking van de materiële wereld komt. Uiteindelijk is Kṛṣṇa het doel van vooruitgang, maar mensen weten dit niet. Daarom is omgang met toegewijden en een bonafide spiritueel leraar zo belangrijk. Men moet weten dat Kṛṣṇa het doel is, en wanneer dit doel eenmaal gesteld is, zal het pad langzaam maar zeker worden afgelegd en zal het uiteindelijke doel bereikt worden.

Wanneer iemand weet wat het doel van het leven is, maar verslaafd is aan de vruchten van zijn activiteiten, dan is hij bezig met *karma-yoga.* Wanneer iemand weet dat Kṛṣṇa het doel is, maar plezier beleeft aan mentale speculatie om Kṛṣṇa te begrijpen, dan is hij bezig met *jñāna-yoga*. En wanneer iemand het doel kent en Kṛṣṇa alleen in Kṛṣṇa-bewustzijn en devotionele dienst zoekt, dan is hij bezig met *bhakti-yoga* of *buddhi-yoga*, die op zichzelf als yoga volkomen is. Deze complete yoga is het hoogste en volmaakte niveau van het leven.

Iemand mag dan een bonafide spiritueel leraar hebben en zich bij een spirituele organisatie hebben aangesloten, maar als hij zelfs dan niet intelligent genoeg is om vooruitgang te maken, geeft Kṛṣṇa van binnenuit instructies, zodat hij uiteindelijk zonder moeilijkheden tot Hem kan komen. De voorwaarde is dat zo iemand altijd bezig is met Kṛṣṇa-bewustzijn en dat hij met liefde en devotie allerlei soorten diensten bewijst. Hij moet een of andere activiteit verrichten voor Kṛṣṇa en die activiteit moet met liefde worden gedaan. Als een toegewijde niet intelligent genoeg is om vooruitgang te maken op het pad van zelfrealisatie, maar wel oprecht en toegewijd is aan zijn activiteiten in devotionele dienst, dan geeft de Heer hem een kans om vooruitgang te maken en uiteindelijk tot Hem te komen.

TEKST 11 तेषामेवानुकम्पार्थमहमज्ञानजं तमः ।
नाशयाम्यात्मभावस्थो ज्ञानदीपेन भास्वता ॥ ११ ॥

teṣām evānukampārtham, aham ajñāna-jaṁ tamaḥ
nāśayāmy ātma-bhāva-stho, jñāna-dīpena bhāsvatā

teṣām — voor hen; *eva* — zeker; *anukampā-artham* — om bijzondere genade te tonen; *aham* — Ik; *ajñāna-jam* — door onwetendheid; *tamaḥ* — duisternis; *nāśayāmi* — verdrijf; *ātma-bhāva* — in hun hart; *sthaḥ* — bevindend; *jñāna* — van kennis; *dīpena* — met de lamp; *bhāsvatā* — stralende.

Om hun bijzondere genade te tonen, verdrijf Ik, die aanwezig ben in hun hart, met de stralende lamp van kennis de duisternis die voortkomt uit onwetendheid.

COMMENTAAR: Toen Heer Caitanya in Benares was en het chanten van Hare Kṛṣṇa, Hare Kṛṣṇa, Kṛṣṇa Kṛṣṇa, Hare Hare/ Hare Rāma, Hare Rāma, Rāma Rāma, Hare Hare verspreidde, werd Hij door duizenden mensen gevolgd. Prakāśānanda Sarasvatī, die in die tijd een zeer invloedrijk en erudiet geleerde uit Benares was, bespotte Heer Caitanya omdat hij Hem een sentimentalist vond. Soms bekritiseren *māyāvādī*-filosofen de toegewijden, omdat ze denken dat de meesten van hen in de duisternis van onwetendheid verkeren en filosofisch gezien naïeve sentimentalisten zijn. Maar in werkelijkheid is dat niet zo. Er zijn uiterst erudiete geleerden die de filosofie van devotionele dienst hebben vertegenwoordigd. Maar zelfs als een toegewijde niet zijn voordeel doet met wat deze geleerden hebben geschreven of met zijn spiritueel leraar, dan zal hij, als hij oprecht is in zijn devotionele dienst, door Kṛṣṇa Zelf geholpen worden, die Zich in zijn hart bevindt. Het is dus uitgesloten dat een oprechte toegewijde die bezig is met Kṛṣṇa-bewustzijn, geen kennis heeft. Het enige wat vereist is, is dat men zijn devotionele dienst volledig Kṛṣṇa-bewust verricht.

De *māyāvādī*-filosofen denken dat iemand zonder zijn onderscheidingsvermogen te gebruiken geen zuivere kennis kan bezitten. De Heer antwoordt hen als volgt: zij die bezig zijn met zuivere devotionele dienst worden, zoals dit vers zegt, toch door de Allerhoogste God geholpen, ook al hebben ze geen goed onderwijs gehad of zelfs al hebben ze niet voldoende kennis van de Vedische principes.

De Heer vertelt Arjuna hier dat het in wezen onmogelijk is om alleen door theoretisch denken de Allerhoogste Waarheid, de Absolute Waarheid, de Allerhoogste Persoonlijkheid Gods, te begrijpen, want de Allerhoogste Waarheid is zo groot, dat het onmogelijk is Hem enkel door een mentale inspanning te begrijpen of te bereiken. De mens kan miljoenen jaren doorgaan met theoretiseren, maar als hij geen devotie heeft, als hij geen liefde heeft voor de Absolute Waarheid, dan zal hij Kṛṣṇa, de Allerhoogste Waarheid, nooit begrijpen. De Allerhoogste Waarheid, Kṛṣṇa, kan alleen maar door devotionele dienst worden tevredengesteld en door Zijn onvoorstelbare energie kan Hij Zichzelf aan het hart van de zuivere toegewijde onthullen. De zuivere toegewijde draagt Kṛṣṇa altijd in zijn hart; door de aanwezigheid van Kṛṣṇa, die als de zon is, wordt de duisternis van onwetendheid onmiddellijk verdreven. Dat is de speciale genade die Kṛṣṇa Zijn zuivere toegewijde geeft.

In de loop van vele, vele miljoenen levens raakte het levend wezen onzuiver door het contact met de materiële energie en als gevolg daarvan is zijn hart altijd bedekt met het stof van het materialisme. Maar als het devotionele dienst begint te verrichten en voortdurend Hare Kṛṣṇa chant, dan zal dat stof snel verdwijnen en zal het verheven worden naar het niveau van zuivere kennis. Het uiteindelijke doel, Viṣṇu, kan alleen worden bereikt door dit chanten en door devotionele dienst, maar niet door mentale speculaties of filosofische debatten.

De zuivere toegewijde hoeft zich niet druk te maken over materiële levensbehoeften; hij hoeft niet bezorgd te zijn, want als hij de duisternis uit zijn hart verdrijft, wordt hij vanzelf in alles voorzien door de Allerhoogste Heer, die tevreden is over zijn liefdevolle devotionele dienst. Dit is de essentie van wat de *Bhagavad-gītā* ons leert. Door het bestuderen van de *Bhagavad-gītā* kan men een ziel worden die volkomen aan de Allerhoogste Heer is overgegeven en kan men zich toeleggen op zuivere devotionele dienst. Zodra de Heer de leiding neemt, raakt men volledig verlost van allerlei materialistische inspanningen.

TEKST 12 – 13

अर्जुन उवाच
परं ब्रह्म परं धाम पवित्रं परमं भवान् ।
पुरुषं शाश्वतं दिव्यमादिदेवमजं विभुम् ॥ १२ ॥
आहुस्त्वामृषयः सर्वे देवर्षिर्नारदस्तथा ।
असितो देवलो व्यासः स्वयं चैव ब्रवीषि मे ॥ १३ ॥

arjuna uvāca
paraṁ brahma paraṁ dhāma, pavitraṁ paramaṁ bhavān,
puruṣaṁ śāśvataṁ divyam, ādi-devam ajaṁ vibhum

āhus tvām ṛṣayaḥ sarve, devarṣir nāradas tathā
asito devalo vyāsaḥ, svayaṁ caiva bravīṣi me

arjunaḥ uvāca — Arjuna zei; *param* — allerhoogste; *brahma* — waarheid; *param* — allerhoogste; *dhāma* — steun, onderhoud; *pavitram* — zuiver; *paramam* — allerhoogste; *bhavān* — Jij; *puruṣam* — persoon; *śāśvatam* — eeuwige; *divyam* — transcendentale; *ādi-devam* — de oorspronkelijke Heer; *ajam* — ongeboren; *vibhum* — grootste; *āhuḥ* — zeggen; *tvām* — over Jou; *ṛṣayaḥ* — wijzen; *sarve* — alle; *deva-ṛṣiḥ* — de wijze onder de halfgoden; *nāradaḥ* — Nārada; *tathā* — ook; *asitaḥ* — Asita; *devalaḥ* — Devala; *vyāsaḥ* — Vyāsa; *svayam* — zelf; *ca* — ook; *eva* — zeker; *bravīṣi* — Je legt uit; *me* — aan Mij.

Arjuna zei: Jij bent de Allerhoogste Persoonlijkheid Gods, de allerhoogste verblijfplaats, de zuiverste, de Absolute Waarheid. Jij bent de eeuwige, transcendentale en oorspronkelijke persoon, de ongeborene, de grootste. Alle grote wijzen zoals Nārada, Asita, Devala en Vyāsa bevestigen deze waarheid over Jou en nu verklaar Je het me Zelf.

COMMENTAAR: In deze twee verzen geeft de Allerhoogste Heer de *māyāvādī*-filosoof de kans om in te zien dat de Allerhoogste van de individuele ziel verschilt, iets wat hier duidelijk wordt gesteld. Nadat Arjuna de vier essentiële verzen van de *Bhagavad-gītā* in dit hoofdstuk gehoord had, verdwenen al zijn twijfels en aanvaardde hij Kṛṣṇa als de Allerhoogste Persoonlijkheid Gods. Meteen verklaarde hij nadrukkelijk: 'Jij bent *paraṁ brahma*, de Allerhoogste Persoonlijkheid Gods.'

Eerder had Kṛṣṇa al gezegd dat Hij degene is die alles en iedereen heeft voortgebracht. Iedere halfgod en ieder levend wezen is van Hem afhankelijk. Uit onwetendheid denken mensen en halfgoden dat ze absoluut zijn en onafhankelijk van de Allerhoogste Persoonlijkheid Gods. Die onwetendheid wordt volledig weggenomen door devotionele dienst; dit heeft de Heer al in het vorige vers uitgelegd. Door Zijn genade aanvaardt Arjuna Hem nu, in overeenstemming met de Vedische voorschriften, als de Allerhoogste Waarheid. Arjuna noemt Kṛṣṇa niet de Allerhoogste Persoonlijkheid Gods, de Allerhoogste Waarheid, omdat hij Kṛṣṇa wil vleien of omdat Kṛṣṇa zijn innige vriend is. Alles wat Arjuna in deze twee verzen zegt, wordt door de Veda's bevestigd. De Veda's bevestigen het feit dat alleen iemand die zich op devotionele dienst aan de Heer toelegt, Hem kan begrijpen maar anderen niet. Elk afzonderlijk woord dat in dit vers door Arjuna wordt gesproken, wordt door de Veda's bevestigd.

In de *Kena Upaniṣad* wordt verklaard dat het Allerhoogste Brahman de basis van alles is, en Kṛṣṇa heeft al uitgelegd dat alles op Hem berust. De *Muṇḍaka Upaniṣad* bevestigt dat de Allerhoogste Heer, op wie alles berust, alleen doorgrond kan worden door iemand die voortdurend aan Hem denkt. Dit voortdurend aan Kṛṣṇa denken is *smaraṇam*, een van de methoden van devotionele dienst. Alleen door devotionele dienst aan Kṛṣṇa kan iemand zijn eigen positie begrijpen en zich ontdoen van dit materiële lichaam.

De Allerhoogste Heer wordt in de Veda's aanvaard als de zuiverste van het zuivere. Wie beseft dat Kṛṣṇa de zuiverste van het zuivere is, kan worden bevrijd van alle zondige activiteiten; men kan niet ontsmet worden van zondige activiteiten zonder zich over te geven aan de Allerhoogste Heer. Dat Arjuna Kṛṣṇa als de allerzuiverste aanvaardt, strookt met de aanwijzingen in de Vedische literatuur. Daarnaast wordt dit ook door grote persoonlijkheden bevestigd, waarvan Nārada de belangrijkste is.

Kṛṣṇa is de Allerhoogste Persoonlijkheid Gods en men moet altijd op Hem mediteren en plezier beleven aan de transcendentale relatie die men met Hem heeft. Hij is het allerhoogste bestaan. Hij is vrij van lichamelijke behoeften en van geboorte en dood. Niet alleen Arjuna bevestigt dit, maar ook de hele Vedische literatuur, zoals de *puraṇa's* en de historiën. In alle Vedische teksten wordt Kṛṣṇa op die manier beschreven en Zelf zegt de Allerhoogste Heer in het vierde hoofdstuk van de *Bhagavad-gītā:* 'Hoewel Ik ongeboren ben, verschijn Ik op deze aarde om religieuze principes in te stellen.' Hij is de allerhoogste oorsprong; Hij heeft geen oorzaak, want Hij is de oorzaak van alle oorzaken en alles komt voort uit Hem. Deze perfecte kennis kan men ontvangen door de genade van de Allerhoogste Heer.

Arjuna spreekt hier door de genade van Kṛṣṇa. Als we de *Bhagavad-gītā* willen begrijpen, dan moeten we de uitspraken in deze twee verzen accepteren. Dat is het *paramparā*-systeem, het accepteren van de opeenvolging van discipelen. Wie geen deel uitmaakt van de opeenvolging van discipelen, kan de *Bhagavad-gītā* niet begrijpen. Het is onmogelijk haar te begrijpen door zogenaamd academisch onderwijs. Ondanks zoveel bewijs in de Vedische literatuur, blijven zij die trots zijn op hun academisch onderwijs jammer genoeg vasthouden aan hun halsstarrige overtuiging dat Kṛṣṇa een gewoon persoon is.

TEKST 14
सर्वमेतदृतं मन्ये यन्मां वदसि केशव ।
न हि ते भगवन्व्यक्तिं विदुर्देवा न दानवाः ॥ १४ ॥

sarvam etad ṛtaṁ manye, yan māṁ vadasi keśava
na hi te bhagavan vyaktiṁ, vidur devā na dānavāḥ

sarvam — alles; *etat* — dit; *ṛtam* — waarheid; *manye* — ik aanvaard; *yat* — welke; *mām* — aan mij; *vadasi* — Je vertelt; *keśava* — o Kṛṣṇa; *na* — nooit; *hi* — zeker; *te* — Jouw; *bhagavan* — o Persoonlijkheid Gods; *vyaktim* — openbaring; *viduḥ* — kunnen begrijpen; *devāḥ* — de halfgoden; *na* — evenmin; *dānavāḥ* — de demonen.

O Kṛṣṇa, alles wat Je me hebt gezegd aanvaard ik volkomen als de waarheid. Zowel de halfgoden als de demonen, o Heer, kunnen Je gedaante en Je transcendentale eigenschappen niet begrijpen.

COMMENTAAR: Arjuna bevestigt hier dat personen met een goddeloze en demonische aard Kṛṣṇa niet kunnen begrijpen. Hij wordt zelfs door de halfgoden niet begrepen, laat staan door de zogenaamde geleerden van deze moderne wereld. Door de genade van de Allerhoogste Heer heeft Arjuna begrepen dat Kṛṣṇa de Allerhoogste Waarheid is en dat Hij volmaakt is. Men moet daarom het voorbeeld van Arjuna volgen, die tot een autoriteit op het gebied van de *Bhagavad-gītā* werd gemaakt.

In het vierde hoofdstuk werd beschreven dat het *paramparā*-systeem of de opeenvolging van discipelen voor het begrijpen van de *Bhagavad-gītā* verloren was gegaan. Via Arjuna herstelde Kṛṣṇa daarom die opeenvolging, omdat Hij Arjuna beschouwde als Zijn innige vriend en als een groot toegewijde. Zoals we in onze inleiding tot de *Gītopaniṣad* hebben verklaard, moet de *Bhagavad-gītā* daarom binnen het *paramparā*-systeem worden begrepen. Toen het *paramparā*-systeem verloren was gegaan, werd Arjuna uitgekozen om het in ere te herstellen. De houding van Arjuna dat hij alles wat Kṛṣṇa zegt aanvaardt, moet worden nagestreefd. Alleen dan kunnen we de essentie van de *Bhagavad-gītā* begrijpen en alleen dan kunnen we begrijpen dat Kṛṣṇa de Allerhoogste Persoonlijkheid Gods is.

TEKST 15 स्वयमेवात्मनात्मानं वेत्थ त्वं पुरुषोत्तम ।
भूतभावन भूतेश देवदेव जगत्पते ॥ १५ ॥

svayam evātmanātmānaṁ, vettha tvaṁ puruṣottama
bhūta-bhāvana bhūteśa, deva-deva jagat-pate

svayam — zelf; *eva* — zeker; *ātmanā* — door Jezelf; *ātmānam* — Jezelf; *vettha* — kent; *tvam* — Jij; *puruṣa-uttama* — o grootste van alle personen; *bhūta-bhāvana* — o oorsprong van alles; *bhūta-īśa* — o Heer van alles; *deva-deva* — o Heer van alle halfgoden; *jagat-pate* — o Heer van het hele universum.

Sterker nog, alleen Jij kent Jezelf door Je eigen interne vermogen, o Allerhoogste Persoon, oorsprong van alles, Heer van alle wezens, God der goden, Heer van het universum!

COMMENTAAR: De Allerhoogste Heer, Kṛṣṇa, kan gekend worden door personen die een relatie met Hem hebben, doordat ze net als Arjuna en zijn volgelingen devotionele dienst verrichten. Personen met een demonische of atheïstische mentaliteit kunnen Kṛṣṇa niet kennen. Mentale speculatie, die iemand van de Allerhoogste Heer wegvoert, is een ernstige zonde en iemand die Kṛṣṇa niet kent, moet niet proberen de *Bhagavad-gītā* uit te leggen. De *Bhagavad-gītā* wordt door Kṛṣṇa gesproken en omdat ze over de wetenschap van Kṛṣṇa gaat, moet ze van Hem worden vernomen, zoals Arjuna haar vernam. Ze moet niet van atheïstische personen worden vernomen.

In het *Śrīmad-Bhāgavatam* (1.2.11) staat:

vadanti tat tattva-vidas, tattvaṁ yaj jñānam advayam
brahmeti paramātmeti, bhagavān iti śabdyate

Men kan zich bewust worden van de drie aspecten van de Allerhoogste Waarheid: als het onpersoonlijk Brahman, als de gelokaliseerde Paramātmā en uiteindelijk als de Allerhoogste Persoonlijkheid Gods. In het laatste stadium van het begrijpen van de Absolute Waarheid komt men dus tot de Allerhoogste Persoonlijkheid Gods. De doorsnee mens of zelfs een bevrijd persoon, die zich bewust is van het onpersoonlijk Brahman of de gelokaliseerde Paramātmā, begrijpt niet noodzakelijk Gods persoonlijkheid. Zulke personen kunnen daarom proberen de Allerhoogste Persoon te begrijpen met behulp van de verzen die door deze persoon, Kṛṣṇa, in de *Bhagavad-gītā* worden gesproken.

Soms accepteren impersonalisten Kṛṣṇa als Bhagavān of aanvaarden ze Zijn gezag. Toch kunnen vele bevrijde personen niet begrijpen dat Kṛṣṇa Puruṣottama is, de Allerhoogste Persoon. Daarom spreekt Arjuna Hem aan met Puruṣottama. Maar dit wil nog niet zeggen dat iemand begrijpt dat Kṛṣṇa de vader van alle levende wezens is; daarom spreekt Arjuna Hem aan met Bhūtabhāvana. En wanneer iemand begint te begrijpen dat Kṛṣṇa de vader van alle levende wezens is, dan zou het kunnen zijn dat hij niet begrijpt dat Kṛṣṇa de allerhoogste bestuurder is; daarom wordt Hij hier aangesproken met Bhūteśa, de allerhoogste bestuurder van alle levende wezens. Maar zelfs als iemand begrijpt dat Kṛṣṇa de allerhoogste bestuurder van alle levende wezens is, dan kan het nog zijn dat hij niet weet dat Hij de oorsprong van alle halfgoden is; daarom wordt Hij aangesproken met Devadeva, de vererenswaardige God voor alle halfgoden. En zelfs als iemand weet dat Kṛṣṇa de vererenswaardige God van alle halfgoden is, dan kan het zijn dat hij niet weet dat Hij de allerhoogste eigenaar van alles is; daarom wordt Hij Jagatpati genoemd. Zo wordt in dit vers door de bewustwording van Arjuna de waarheid over Kṛṣṇa gevestigd, en we moeten in Arjuna's voetsporen treden om Kṛṣṇa te begrijpen zoals Hij is.

TEKST 16 वक्तुमर्हस्यशेषेण दिव्या ह्यात्मविभूतयः ।
याभिर्विभूतिभिर्लोकानिमांस्त्वं व्याप्य तिष्ठसि ॥ १६ ॥

vaktum arhasy aśeṣeṇa, divyā hy ātma-vibhūtayaḥ
yābhir vibhūtibhir lokān, imāṁs tvaṁ vyāpya tiṣṭhasi

vaktum — zeggen; *arhasi* — Je wordt verzocht; *aśeṣeṇa* — uitvoerig; *divyāḥ* — goddelijk; *hi* — zeker; *ātma* — Je eigen; *vibhūtayaḥ* — volheden; *yābhiḥ* — waardoor; *vibhūtibhiḥ* — volheden; *lokān* — alle planeten; *imān* — deze; *tvam* — Jij; *vyāpya* — doordringend; *tiṣṭhasi* — verblijft.

Vertel me alsjeblieft uitvoerig over Je goddelijke volheden waarmee Je al deze werelden doordringt.

COMMENTAAR: Uit dit vers blijkt dat Arjuna al tevreden is met het begrip dat hij van de Allerhoogste Persoonlijkheid Gods, Kṛṣṇa, heeft. Door de genade van Kṛṣṇa bezit Arjuna persoonlijke ervaring, intelligentie, kennis en al wat iemand hieraan ook maar kan ontlenen, en met behulp van dit alles heeft hij begrepen dat Kṛṣṇa de Allerhoogste Persoonlijkheid Gods is. Hij heeft geen twijfels, maar toch vraagt hij Kṛṣṇa om Zijn alomtegenwoordige aspect te beschrijven. De mensen in het algemeen en de impersonalisten in het bijzonder houden zich voornamelijk bezig met het alomtegenwoordige aspect van de Allerhoogste; Arjuna vraagt Kṛṣṇa daarom naar Zijn bestaan in Zijn alomtegenwoordige aspect door Zijn verschillende energieën. Men moet begrijpen dat Arjuna dit vraagt in het belang van de mensen in het algemeen.

TEKST 17 कथं विद्यामहं योगिंस्त्वां सदा परिचिन्तयन् ।
केषु केषु च भावेषु चिन्त्योऽसि भगवन्मया ॥ १७ ॥

kathaṁ vidyām ahaṁ yogiṁs, tvāṁ sadā paricintayan
keṣu keṣu ca bhāveṣu, cintyo 'si bhagavan mayā

katham — hoe; *vidyām aham* — zal ik kennen; *yogin* — o allerhoogste mysticus; *tvām* — Jij; *sadā* — altijd; *paricintayan* — denkend aan; *keṣu* — in welke; *keṣu* — in welke; *ca* — ook; *bhāveṣu* — vormen; *cintyaḥ asi* — moet er aan Je gedacht worden; *bhagavan* — o Allerhoogste; *mayā* — door mij.

O Kṛṣṇa, o allerhoogste mysticus, hoe zal Ik voortdurend aan Je denken en hoe zal ik Je kennen? In welke verschillende verschijningsvormen moet ik Je in gedachten houden, o Allerhoogste Persoonlijkheid Gods?

COMMENTAAR: Zoals in een vorig hoofdstuk werd verklaard, is de Allerhoogste Persoonlijkheid Gods verhuld door Zijn *yoga-māyā* [*Bg*. 7.25]. Alleen overgegeven zielen — toegewijden — kunnen Hem zien. Arjuna is er nu van overtuigd dat zijn vriend, Kṛṣṇa, de Allerhoogste God is, maar hij wil weten wat het gebruikelijke proces is waardoor de mens in het algemeen de alomtegenwoordige Heer kan begrijpen.

Gewone mensen, met inbegrip van de demonen en atheïsten, kunnen Kṛṣṇa niet begrijpen, omdat Hij door Zijn *yoga-māyā*-energie bewaakt wordt. Nogmaals, Arjuna stelt deze vragen in hun belang. Een vergevorderde toegewijde is er niet alleen in geïnteresseerd om zelf inzicht te hebben in de alomtegenwoordigheid van de Allerhoogste Heer, maar wil dat de hele mensheid dit inzicht heeft. Omdat Arjuna een *vaiṣṇava* is, een toegewijde, maakt hij dit inzicht uit zijn goedheid toegankelijk voor de mens in het algemeen.

Arjuna spreekt Kṛṣṇa hier aan met Yogi, omdat Śrī Kṛṣṇa de meester is van de *yoga-māyā*-energie, waardoor Hij verhuld is voor gewone mensen en waardoor Hij ook onverhuld kan zijn. Doorsnee mensen, die geen liefde voor Kṛṣṇa hebben, kunnen niet voortdurend aan Hem denken; ze moeten daarom wel op een materiële manier denken. Arjuna houdt rekening met de manier waarop de materialistische mensen van deze wereld denken. De woorden *'keṣu keṣu ca bhāveṣu'* hebben betrekking op de materiële natuur (het woord *'bhāva'* betekent 'materiële dingen'). Omdat materialisten niet kunnen begrijpen dat Kṛṣṇa spiritueel is, wordt hen aangeraden hun geest op materiële dingen te richten en te proberen te zien hoe Kṛṣṇa Zich daarin manifesteert.

TEKST 18 विस्तरेणात्मनो योगं विभूतिं च जनार्दन ।
भूयः कथय तृप्तिर्हि शृण्वतो नास्ति मेऽमृतम् ॥ १८ ॥

vistareṇātmano yogaṁ, vibhūtiṁ ca janārdana
bhūyaḥ kathaya tṛptir hi, śṛṇvato nāsti me 'mṛtam

vistareṇa — in detail; *ātmanaḥ* — Jouw; *yogam* — mystieke vermogen; *vibhūtim* — volheden; *ca* — ook; *jana-ardana* — o doder van de atheïsten; *bhūyaḥ* — nogmaals; *kathaya* — beschrijf; *tṛptiḥ* — tevredenheid; *hi* — zeker; *śṛṇvataḥ* — horend; *na asti* — er is geen; *me* — mijn; *am-ṛtam* — nectar.

O Janārdana, beschrijf alsjeblieft nogmaals uitvoerig Je mystieke volheden. Ik krijg er nooit genoeg van over Jou te horen, want hoe meer ik hoor, hoe meer ik de nectar van Je woorden wil proeven.

COMMENTAAR: Iets soortgelijks werd tegen Sūta Gosvāmī gezegd door de *ṛṣi's* van Naimiṣāraṇya die door Śaunaka geleid werden.

vayaṁ tu na vitṛpyāma, uttama-śloka-vikrame
yac chṛṇvatāṁ rasa-jñānāṁ, svādu svādu pade pade

'Ook al hoort men voortdurend over de transcendentale activiteiten van vermaak van Kṛṣṇa, die verheerlijkt wordt met prachtige gebeden, men kan er nooit genoeg van krijgen. Zij die een transcendentale relatie met Kṛṣṇa zijn aangegaan, genieten van elke stap wanneer de activiteiten van vermaak van de Heer worden beschreven.' (*Śrīmad-Bhāgavatam* 1.1.19) Arjuna is er dus in geïnteresseerd om over Kṛṣṇa te horen, in het bijzonder over hoe Hij als de Allerhoogste Heer alomtegenwoordig is.

Wat betreft het woord *'amṛtam'* of nectar: ieder verhaal en iedere uitspraak over Kṛṣṇa is net als nectar, en deze nectar kan daadwerkelijk geproefd worden. Er bestaat een verschil tussen wereldse verhalen — moderne verhalen, fictie en geschiedverhalen — en de transcendentale activiteiten van vermaak van de Heer. Het verschil is dat men uiteindelijk genoeg krijgt van het luisteren naar wereldse verhalen, terwijl men er nooit genoeg van zal krijgen over Kṛṣṇa te horen. Het is enkel om deze reden dat de geschiedenis van het hele universum vol is van verwijzingen naar de activiteiten van de incarnaties van God. De *purāṇa's* zijn bijvoorbeeld historiën over vervlogen tijden, die over de activiteiten van vermaak van de verschillende incarnaties van de Heer vertellen. Zo blijft de leesstof altijd boeien, hoe vaak men haar ook leest.

TEKST 19 श्रीभगवानुवाच
हन्त ते कथयिष्यामि दिव्या ह्यात्मविभूतयः ।
प्राधान्यतः कुरुश्रेष्ठ नास्त्यन्तो विस्तरस्य मे ॥ १९ ॥

śrī-bhagavān uvāca
hanta te kathayiṣyāmi, divyā hy ātma-vibhūtayaḥ
prādhānyataḥ kuru-śreṣṭha, nāsty anto vistarasya me

śrī-bhagavān uvāca — de Allerhoogste Persoonlijkheid Gods zei; *hanta* — ja; *te* — tot jou; *kathayiṣyāmi* — Ik zal spreken; *divyāḥ* — goddelijk; *hi* — zeker; *ātma-vibhūtayaḥ* — persoonlijke volheden; *prādhānyataḥ* — de belangrijkste; *kuru-śreṣtha* — o beste van de Kuru's; *na asti* — er is geen; *antaḥ* — einde; *vistarasya* — in hoeverre; *me* — Mijn.

De Allerhoogste Persoonlijkheid Gods zei: Ja, Ik zal je over Mijn luisterrijke manifestaties vertellen, maar dan alleen over de voornaamste, o Arjuna, want Mijn volheid is onbegrensd.

COMMENTAAR: Het is onmogelijk de grootheid en de volheden van Kṛṣṇa te bevatten. De zintuigen van de individuele ziel zijn beperkt en staan haar niet toe om het geheel van de activiteiten van Kṛṣṇa te begrijpen. Toch proberen toegewijden Kṛṣṇa te begrijpen, maar niet met de gedachte dat ze Hem op een bepaald tijdstip of in een bepaalde levenstoestand volledig zullen begrijpen. Het is eerder zo dat de verhalen over Kṛṣṇa zo plezierig zijn, dat toegewijden ze als nectar beschouwen, vandaar dat ze ervan genieten. De zuivere toegewijden beleven transcendentaal plezier aan het spreken over de volheden van Kṛṣṇa en Zijn verschillende energieën, en daarom willen ze daarover horen en spreken.

Kṛṣṇa weet dat de levende wezens de omvang van Zijn volheden niet begrijpen en Hij stemt er daarom mee in alleen de voornaamste manifestaties van Zijn energieën te noemen. Het woord *'prādhānyataḥ'* ('voornaamṣte') is zeer belangrijk, want we kunnen slechts enkele van de voornaamste kenmerken van de Allerhoogste Heer kennen, omdat hun aantal oneindig is. Men kan ze onmogelijk allemaal kennen. Daarnaast verwijst het woord *'vibhūti'* dat in dit vers gebruikt wordt, naar de volheden waarmee Kṛṣṇa de hele materiële schepping bestuurt. Het *Amara-kośa*-woordenboek vermeldt dat het woord *'vibhūti'* op een buitengewone volheid duidt.

De impersonalist of pantheïst is niet in staat de buitengewone volheden van de Allerhoogste Heer te begrijpen en evenmin begrijpt hij de manifestaties van Zijn goddelijke energieën. Zowel in de materiële als in de spirituele wereld zijn Zijn energieën overal in alle mogelijke verschijningsvormen aanwezig. Kṛṣṇa zal nu dat deel van Zijn gevarieerde energie beschrijven, dat direct door gewone mensen kan worden waargenomen.

TEKST 20 अहमात्मा गुडाकेश सर्वभूताशयस्थितः ।
अहमादिश्च मध्यं च भूतानामन्त एव च ॥ २० ॥

aham ātmā guḍākeśa, sarva-bhūtāśaya-sthitaḥ
aham ādiś ca madhyaṁ ca, bhūtānām anta eva ca

aham — Ik; *ātmā* — de ziel; *guḍākeśa* — o Arjuna; *sarva-bhūta* — van alle levende wezens; *āśaya-sthitaḥ* — aanwezig in het hart; *aham* — Ik ben; *ādiḥ* — het begin; *ca* — ook; *madhyam* — midden; *ca* — ook; *bhūtānām* — van alle levende wezens; *antaḥ* — einde; *eva* — zeker; *ca* — en.

Ik ben de Superziel, o Arjuna, die zich in het hart van alle levende wezens bevindt. Ik ben het begin, het midden en het einde van alle wezens.

COMMENTAAR: In dit vers wordt Arjuna aangesproken met Guḍākeśa, wat 'hij die het duister van de slaap heeft overwonnen' bettekent. Voor hen die in het duister van onwetendheid slapen, is het onmogelijk te begrijpen hoe de Allerhoogste Persoonlijkheid Gods op verschillende manieren in de materiële en spirituele werelden verschijnt. Dat Kṛṣṇa Arjuna op deze manier aanspreekt is dus belangrijk. Omdat Arjuna boven zulke duisternis staat, stemt de Persoonlijkheid Gods ermee in om hem Zijn verschillende volheden te beschrijven.

Kṛṣṇa vertelt Arjuna allereerst dat Hij, door middel van Zijn eerste expansie, de ziel van de hele kosmos is. Vóór de materiële schepping incarneert de Allerhoogste Heer door Zijn volkomen expansie als de *puruṣa*-incarnaties en bij Hem begint alles. Hij wordt daarom de *ātmā* (de ziel) van het *mahat-tattva* (de elementen van het universum) genoemd. Dit *mahat-tattva*, de totale materiële energie, is niet de oorzaak van de schepping; de eigenlijke oorzaak is Mahā-Viṣṇu, die binnengaat in het *mahat-tattva;* Hij is de ziel. Wanneer Mahā-Viṣṇu binnengaat in de gemanifesteerde universa, expandeert Hij Zich als de Superziel in iedere entiteit.

We weten dat het individuele lichaam van het levend wezen door de aanwezigheid van de spirituele vonk bestaat; zonder het bestaan van deze spirituele vonk kan het lichaam zich niet ontwikkelen. Op dezelfde manier kan de materiële schepping zich niet ontwikkelen zonder dat de Allerhoogste ziel, Kṛṣṇa, erin binnengaat. Zo wordt in de *Subāla Upaniṣad* gezegd: *prakṛty-ādi-sarva-bhūtāntar-yāmī sarva-śeṣī ca nārāyaṇaḥ* — De Allerhoogste Persoonlijkheid Gods is de Superziel van alle gemanifesteerde universa.'

De drie *puruṣa-avatāra's* worden beschreven in het *Śrīmad-Bhāgavatam.* Ze worden ook beschreven in het *Nārada-pañcarātra,* een van de *Sātvata-tantra's: viṣṇos tu trīṇi rūpāṇi puruṣākhyāny atho viduḥ* — de Allerhoogste Persoonlijkheid Gods gaat in drie gedaanten de materiële schepping binnen, namelijk als Kāraṇodaka-śāyī Viṣṇu, als Garbhodaka-śāyī Viṣṇu en als Kṣīrodaka-śāyī Viṣṇu. Kāraṇodaka-śāyī Viṣṇu of Mahā-Viṣṇu wordt in de *Brahma-saṁhitā* (5.47) beschreven: *yaḥ kāraṇārṇava-jale bhajati sma yoga-nidrām* — de Allerhoogste Heer, Kṛṣṇa, de oorzaak van alle oorzaken, legt Zich als Mahā-Viṣṇu neer in de kosmische oceaan. Daarom is de Allerhoogste Persoonlijkheid Gods het begin van het universum, de instandhouder van alles wat in het universum gemanifesteerd is en ook het eind van al die gemanifesteerde energieën.

TEKST 21 आदित्यानामहं विष्णुर्ज्योतिषां रविरंशुमान् ।
मरीचिर्मरुतामस्मि नक्षत्राणामहं शशी ॥ २१ ॥

ādityānām ahaṁ viṣṇur, jyotiṣāṁ ravir aṁśumān
marīcir marutām asmi, nakṣatrāṇām ahaṁ śaśī

ādityānām — van de Āditya's; *aham* — Ik ben; *viṣṇuḥ* — de Allerhoogste Heer; *jyotiṣām* — van alle lichtgevende hemellichamen; *raviḥ* — de zon; *aṁśu-mān* — stralende; *marīciḥ* — Marīci; *marutām* — van de Marut's; *asmi* — Ik ben; *nakṣatrāṇām* — van de sterren; *aham* — Ik ben; *śaśī* — de maan.

Onder de Āditya's ben Ik Viṣṇu, van de lichtgevende hemellichamen ben Ik de stralende zon, onder de Maruts ben Ik Marīci en van de sterren ben Ik de maan.

COMMENTAAR: Er zijn twaalf Āditya's, en onder hen is Kṛṣṇa de belangrijkste. Onder alle lichtgevende hemellichamen die aan de hemel schijnen, is de zon de belangrijkste en in de *Brahma-saṁhitā* wordt ze aanvaard als het stralende oog van de Allerhoogste Heer. Er bestaan negenenveertig verschillende winden die in de ruimte waaien en de besturende halfgod van deze winden is Marīci en hij vertegenwoordigt Kṛṣṇa.

Onder de nachtelijke sterren is de maan het prominentst en daarom vertegenwoordigt de maan Kṛṣṇa. Uit dit vers blijkt dat de maan een van de sterren is; de sterren die aan het firmament fonkelen, weerkaatsen daarom ook het licht van de zon. De theorie dat er binnen het universum verscheidene zonnen bestaan, wordt in de Vedische literatuur niet aanvaard. Er is één zon en zoals de maan schijnt door het weerkaatsen van het zonlicht, zo is het ook met de sterren. Omdat de *Bhagavad-gītā* hier aangeeft dat de maan een van de sterren is, kunnen de fonkelende sterren geen zonnen zijn, maar zijn ze te vergelijken met de maan.

TEKST 22 वेदानां सामवेदोऽस्मि देवानामस्मि वासवः ।
इन्द्रियाणां मनश्चास्मि भूतानामस्मि चेतना ॥ २२ ॥

vedānāṁ sāma-vedo 'smi, devānām asmi vāsavaḥ
indriyāṇāṁ manaś cāsmi, bhūtānām asmi cetanā

vedānām — van al de Veda's; *sāma-vedaḥ* — de *Sāma-veda*; *asmi* — Ik ben; *devānām* — van al de halfgoden; *asmi* — Ik ben; *vāsavaḥ* — de hemelkoning; *indriyāṇām* — van alle zintuigen; *manaḥ* — de geest; *ca* — ook; *asmi* — Ik ben; *bhūtānām* — van alle levende wezens; *asmi* — Ik ben; *cetanā* — de levenskracht.

Van de Veda's ben Ik de Sāma-veda; onder de halfgoden ben Ik Indra, de hemelkoning; van de zintuigen ben Ik de geest, en in de levende wezens ben Ik de levenskracht [het bewustzijn].

COMMENTAAR: Het verschil tussen materie en de spirituele energie is dat materie geen bewustzijn heeft zoals het levend wezen; dit bewustzijn is daarom het allerhoogste en het is eeuwig. Bewustzijn kan niet geproduceerd worden uit materiële verbindingen.

TEKST 23 रुद्राणां शङ्करश्चास्मि वित्तेशो यक्षरक्षसाम् ।
वसूनां पावकश्चास्मि मेरुः शिखरिणामहम् ॥ २३ ॥

rudrāṇāṁ śaṅkaraś cāsmi, vitteśo yakṣa-rakṣasām
vasūnāṁ pāvakaś cāsmi, meruḥ śikhariṇām aham

rudrāṇām — van al de Rudra's; *śaṅkaraḥ* — Heer Śiva; *ca* — ook; *asmi* — Ik ben; *vitta-īśaḥ* — de schatbewaarder van de halfgoden; *yakṣa-rakṣasām* — van de Yakṣa's en Rākṣasa's; *vasūnām* — van de Vasu's; *pāvakaḥ* — vuur; *ca* — en; *asmi* — Ik ben; *meruḥ* — Meru; *śikhariṇām* — van alle bergen; *aham* — Ik ben.

Onder alle Rudra's ben ik Heer Śiva; onder de Yakṣa's en Rākṣasa's ben Ik de heer van de rijkdom [Kuvera]; onder de Vasu's ben Ik vuur [Agni] en van de bergen ben Ik Meru.

COMMENTAAR: Er zijn elf Rudra's, waarvan Śaṅkara, Heer Śiva, de belangrijkste is. Hij is de incarnatie van de Allerhoogste Heer die in dit universum verantwoordelijk is voor de hoedanigheid onwetendheid. Kuvera, de hoofdschatmeester van de halfgoden, is de leider van de Yakṣa's en Rākṣasa's en is een vertegenwoordiger van de Allerhoogste Heer. Meru is een berg die beroemd is om zijn overvloed aan natuurlijke rijkdommen.

TEKST 24 पुरोधसां च मुख्यं मां विद्धि पार्थ बृहस्पतिम् ।
सेनानीनामहं स्कन्दः सरसामस्मि सागरः ॥ २४ ॥

purodhasāṁ ca mukhyaṁ māṁ, viddhi pārtha bṛhaspatim
senānīnām ahaṁ skandaḥ, sarasām asmi sāgaraḥ

purodhasām — van alle priesters; *ca* — ook; *mukhyam* — de belangrijkste; *mām* — Mij; *viddhi* — begrijp; *pārtha* — o zoon van Pṛthā; *bṛhaspa-tim* — Bṛhaspati; *senānīnām* — van alle bevelhebbers; *aham* — Ik ben; *skandaḥ* — Kārtikeya; *sarasām* — van alle watervlakten; *asmi* — Ik ben; *sāgaraḥ* — de oceaan.

Weet, o Arjuna, dat Ik van alle priesters de voornaamste, Bṛhaspati, ben. Onder de bevelhebbers ben Ik Kārtikeya en van watervlakten ben Ik de oceaan.

COMMENTAAR: Indra is de belangrijkste halfgod van de hemelse planeten en hij staat bekend als de hemelkoning. De planeet van waaruit hij regeert, wordt Indraloka genoemd. Bṛhaspati is Indra's priester en omdat Indra de belangrijkste koning onder alle koningen is, is Bṛhaspati de belangrijkste onder alle priesters. En zoals Indra de belangrijkste koning is, zo is Skanda of Kārtikeya, de zoon van Pārvatī en Heer Śiva, de belangrijkste onder alle legeraanvoerders. En van alle watervlakten is de oceaan het grootst. Al deze dingen die Kṛṣṇa vertegenwoordigen, geven enkel een idee van Zijn grootheid.

TEKST 25 महर्षीणां भृगुरहं गिरामस्म्येकमक्षरम् ।
यज्ञानां जपयज्ञोऽस्मि स्थावराणां हिमालयः ॥ २५ ॥

maharṣīṇāṁ bhṛgur ahaṁ, girām asmy ekam akṣaram
yajñānāṁ japa-yajño 'smi, sthāvarāṇāṁ himālayaḥ

mahā-ṛṣīṇām — onder de grote wijzen; *bhṛguḥ* — Bhṛgu; *aham* — Ik ben; *girām* — van geluidsvibraties; *asmi* — Ik ben; *ekam akṣaram* — *praṇava*; *yajñānām* — van offers; *japa-yajñaḥ* — het chanten; *asmi* — Ik ben; *sthāvarāṇām* — van onbeweegbare dingen; *himālayaḥ* — het Himālaya-gebergte.

Onder de grote wijzen ben Ik Bhṛgu; van alle geluidsvibraties ben Ik het transcendentale oṁ; van alle offers ben Ik het chanten van de heilige namen [japa], en van onverplaatsbare dingen ben Ik het Himālaya-gebergte.

COMMENTAAR: Brahmā, het eerste levend wezen in het universum, schiep een aantal zonen om verschillende levenssoorten voort te brengen. Onder deze zonen is Bṛghu de machtigste wijze. Van alle transcendentale geluidsvibraties wordt Kṛṣṇa vertegenwoordigd door *oṁ* (*oṁkāra*). Van alle offers wordt Kṛṣṇa het zuiverst vertegenwoordigd door het chanten van Hare Kṛṣṇa, Hare Kṛṣṇa, Kṛṣṇa Kṛṣṇa, Hare Hare/ Hare Rāma, Hare Rāma, Rāma Rāma, Hare Hare. Soms wordt het offeren van dieren aangeraden, maar in het offer van Hare Kṛṣṇa, Hare Kṛṣṇa is er geen sprake van geweld. Het is het eenvoudigste en het zuiverste offer.

Alles wat in de werelden verheven is, vertegenwoordigt Kṛṣṇa. Het Himālaya-gebergte, het grootste gebergte ter wereld, vertegenwoordigt daarom ook Kṛṣṇa. De berg Meru, die in een vorig vers genoemd werd, beweegt soms, terwijl de Himālaya's nooit bewegen. De Himālaya's zijn daarom grootser dan Meru.

TEKST 26 अश्वत्थः सर्ववृक्षाणां देवर्षीणां च नारदः ।
गन्धर्वाणां चित्ररथः सिद्धानां कपिलो मुनिः ॥ २६ ॥

aśvatthaḥ sarva-vṛkṣāṇāṁ, devarṣīṇāṁ ca nāradaḥ
gandharvāṇāṁ citrarathaḥ, siddhānāṁ kapilo muniḥ

aśvatthaḥ — de banyan-boom; *sarva-vṛkṣāṇām* — van alle bomen; *deva-ṛṣīṇām* — van alle wijzen onder de halfgoden; *ca* — en; *nāradaḥ* — Nārada; *gandharvāṇām* — van de bewoners van de Gandharva planeet; *citrarathaḥ* — Citraratha; *siddhānām* — van al degenen die volmaakt zijn; *kapilaḥ muniḥ* — Kapila Muni.

Van alle bomen ben Ik de banyan-boom en van de wijzen onder de halfgoden ben Ik Nārada. Onder de Gandharva's ben Ik Citraratha en onder de volmaakte wezens ben Ik de wijze Kapila.

COMMENTAAR: De banyan-boom (*aśvattha*) is een van de hoogste en mooiste bomen en in India aanbidden de mensen deze boom vaak als onderdeel van hun dagelijkse ochtendrituelen. Onder de halfgoden aanbidden ze ook Nārada, die beschouwd wordt als de grootste toegewijde in het universum. Als toegewijde vertegenwoordigt hij daarom Kṛṣṇa.

De planeet van de Gandharva's wordt door wezens bewoond die prachtig kunnen zingen en onder hen is Citraratha de beste zanger. Onder alle volmaakte levende wezens is Kapila, de zoon van Devahūti, een vertegenwoordiger van Kṛṣṇa. Hij wordt beschouwd als een incarnatie van Kṛṣṇa en Zijn filosofie staat vermeld in het *Śrīmad-Bhāgavatam*. In latere tijden werd een andere Kapila beroemd, maar zijn filosofie was atheïstisch. Tussen deze twee Kapila's bestaat dus een immens verschil.

TEKST 27 उच्चैःश्रवसमश्वानां विद्धि माममृतोद्भवम् ।
ऐरावतं गजेन्द्राणां नराणां च नराधिपम् ॥ २७ ॥

uccaiḥśravasam aśvānāṁ, viddhi mām amṛtodbhavam
airāvataṁ gajendrāṇāṁ, narāṇāṁ ca narādhipam

uccaiḥśravasam — Uccaiḥśravā; *aśvānām* — van alle paarden; *viddhi* — weet; *mām* — Mij; *amṛta-udbhavam* — voortgekomen uit het karnen van de oceaan; *airāvatam* — Airāvata; *gaja-indrāṇām* — van voorname olifanten; *narāṇām* — onder alle mensen; *ca* — en; *nara-adhipam* — de koning.

Weet dat Ik onder paarden Uccaiḥśravā ben, die voortgebracht werd tijdens het karnen van de oceaan voor nectar. Onder voorname olifanten ben Ik Airāvata en onder de mensen ben Ik de koning.

COMMENTAAR: De toegewijde halfgoden en de demonen (*asura's*) hielden zich eens bezig met het karnen van de zee. Dit karnen produceerde nectar en vergif en Heer Śiva dronk het vergif. Uit de nectar kwamen vele wezens voort, waaronder een paard dat Uccaiḥśravā werd genoemd. Een ander dier dat uit de nectar werd voortgebracht was een olifant genaamd Airāvata. Omdat deze twee dieren werden voortgebracht uit de nectar, hebben ze een speciale betekenis en vertegenwoordigen ze Kṛṣṇa.

Onder de mensen wordt Kṛṣṇa vertegenwoordigd door de koning, omdat Kṛṣṇa de instandhouder van het universum is, en de koningen, die op grond van hun goddelijke kwaliteiten zijn aangesteld, zijn de instandhouders van hun koninkrijken. Koningen als Mahārāja Yudhiṣṭhira, Mahārāja Parīkṣit en Heer Rāma waren allemaal zeer rechtvaardige koningen, die altijd aan het welzijn van de bevolking dachten. In de Vedische literatuur wordt de koning gezien als de vertegenwoordiger van God, maar in dit tijdperk is de monarchie met de verloedering van religieuze principes in verval geraakt en is ze tegenwoordig afgeschaft. In het verleden waren de mensen echter gelukkiger onder rechtvaardige koningen.

TEKST 28 आयुधानामहं वज्रं धेनूनामस्मि कामधुक् ।
प्रजनश्चास्मि कन्दर्पः सर्पाणामस्मि वासुकिः ॥ २८ ॥

āyudhānām ahaṁ vajraṁ, dhenūnām asmi kāmadhuk
prajanaś cāsmi kandarpaḥ, sarpāṇām asmi vāsukiḥ

āyudhānām — van alle wapens; *aham* — Ik ben; *vajram* — de bliksemschicht; *dhenūnām* — van alle koeien; *asmi* — Ik ben; *kāma-dhuk* — de *surabhi*-koe; *prajanaḥ* — de oorzaak van voortplanting; *ca* — en; *asmi* — Ik ben; *kandarpaḥ* — Cupido; *sarpāṇām* — van alle slangen; *asmi* — Ik ben; *vāsukiḥ* — Vāsuki.

Van alle wapens ben Ik de bliksemschicht en onder de koeien ben Ik de surabhi. Van alle oorzaken van voortplanting ben Ik Kandarpa, de god van de liefde, en onder de slangen ben Ik Vāsuki.

COMMENTAAR: De bliksemschicht, die zeer zeker een machtig wapen is, vertegenwoordigt de kracht van Kṛṣṇa. In de spirituele hemel, op Kṛṣṇaloka, zijn er koeien die op ieder tijdstip gemolken kunnen worden en die zoveel melk geven als men maar wil. In de materiële wereld bestaan zulke koeien natuurlijk niet, maar wel op Kṛṣṇaloka. Kṛṣṇa heeft vele van die koeien, die *surabhi* worden genoemd. Er staat vermeld dat Kṛṣṇa bezig is met het hoeden van de *surabhi*-koeien.

Kandarpa is het seksuele verlangen voor het verwekken van goede zonen; Kandarpa vertegenwoordigt daarom Kṛṣṇa. Soms vindt seksuele omgang alleen maar plaats voor zinsbevrediging, maar door zulke seksuele omgang wordt Kṛṣṇa niet vertegenwoordigd. Seksuele omgang om goede kinderen te verwekken wordt Kandarpa genoemd en vertegenwoordigt Kṛṣṇa.

TEKST 29 अनन्तश्चास्मि नागानां वरुणो यादसामहम् ।
पितॄणामर्यमा चास्मि यमः संयमतामहम् ॥ २९ ॥

anantaś cāsmi nāgānāṁ, varuṇo yādasām aham
pitṝṇām aryamā cāsmi, yamaḥ saṁyamatām aham

anantaḥ — Ananta; *ca* — en; *asmi* — Ik ben; *nāgānām* — van alle slangen met vele schilden; *varuṇaḥ* — de halfgod die over het water heerst; *yādasām* — van alle waterwezens; *aham* — Ik ben; *pitṝṇām* — van de voorouders; *aryamā* — Aryamā; *ca* — ook; *asmi* — Ik ben; *yamaḥ* — de heer des doods; *saṁyamatām* — van alle bestuurders die orde en wet handhaven; *aham* — Ik ben.

Onder de Nāga's met vele schilden ben Ik Ananta en onder de waterwezens ben Ik de halfgod Varuṇa. Onder de overleden voorouders ben Ik Aryamā en onder hen die orde en wet handhaven ben Ik Yama, de heer van de dood.

COMMENTAAR: Onder de Nāga's met vele schilden is Ananta de grootste, zoals de halfgod Varuṇa de grootste onder de waterdieren is. Beide vertegenwoordigen Kṛṣṇa. Er bestaat ook een planeet van Pitā's, voorouders, die geregeerd wordt door Aryamā, die Kṛṣṇa vertegenwoordigt. Er zijn vele levende wezens die kwaadaardige personen bestraffen en onder hen is Yama de belangrijkste. Yama bevindt zich op een planeet dicht bij deze aarde. Levende wezens die zeer zondig zijn, worden daar na hun dood naartoe gebracht en Yama zorgt dan dat ze hun verschillende straffen krijgen.

TEKST 30 प्रह्लादश्चास्मि दैत्यानां कालः कलयतामहम् ।
मृगाणां च मृगेन्द्रोऽहं वैनतेयश्च पक्षिणाम् ॥ ३० ॥

prahlādaś cāsmi daityānāṁ, kālaḥ kalayatām aham
mṛgāṇāṁ ca mṛgendro 'haṁ, vainateyaś ca pakṣiṇām

prahlādaḥ — Prahlāda; *ca* — en; *asmi* — Ik ben; *daityānām* — van de demonen; *kālaḥ* — de tijd; *kalayatām* — van alle onderwerpers; *aham* — Ik ben; *mṛgāṇām* — van alle dieren; *ca* — en; *mṛga-indraḥ* — de leeuw; *aham* — Ik ben; *vainateyaḥ* — Garuḍa; *ca* — en; *pakṣiṇām* — van alle vogels.

Onder de Daitya's [demonen] ben Ik de toegewijde Prahlāda; van alle overheersers ben Ik de tijd; van alle dieren ben Ik de leeuw en onder de vogels ben Ik Garuḍa.

COMMENTAAR: Diti en Aditi zijn twee zussen. De zonen van Aditi worden de Āditya's genoemd en de zonen van Diti de Daitya's. Alle Āditya's zijn toegewijden van de Heer, maar alle Daitya's zijn atheïstisch. Hoewel Prahlāda geboren werd in de familie van de Daitya's, was hij vanaf zijn kindertijd een groot toegewijde. Door zijn devotionele dienst en zijn goddelijke karakter wordt hij als een vertegenwoordiger van Kṛṣṇa beschouwd.

Er zijn veel dingen die overheersend zijn, maar de tijd laat alles in het materiele universum tenietgaan en vertegenwoordigt daarom Kṛṣṇa. Van de vele dieren is de leeuw het machtigst en het wildst, en van de miljoenen soorten vogels is Garuḍa, de drager van Heer Viṣṇu, de grootste.

TEKST 31 पवनः पवतामस्मि रामः शस्त्रभृतामहम् ।
झषाणां मकरश्चास्मि स्रोतसामस्मि जाह्नवी ॥ ३१ ॥

pavanaḥ pavatām asmi, rāmaḥ śastra-bhṛtām aham
jhaṣāṇāṁ makaraś cāsmi, srotasām asmi jāhnavī

pavanaḥ — de wind; *pavatām* — van alles wat zuivert; *asmi* — Ik ben; *rāmaḥ* — Rāma; *śastra-bhṛtām* — van hen die wapens dragen; *aham* — Ik ben; *jhaṣāṇām* — van alle vissen; *makaraḥ* — de haai; *ca* — ook; *asmi* — Ik ben; *srotasām* — van alle stromende rivieren; *asmi* — Ik ben; *jāhnavī* — de Ganges.

Van alles wat zuivert ben Ik de wind; onder degenen die wapens hanteren ben Ik Rāma; van de vissen ben Ik de haai en van de rivieren ben Ik de Ganges.

COMMENTAAR: Van alle waterdieren is de haai een van de grootste en zeker het gevaarlijkst voor de mens. De haai vertegenwoordigt daarom Kṛṣṇa.

TEKST 32 सर्गाणामादिरन्तश्च मध्यं चैवाहमर्जुन ।
अध्यात्मविद्या विद्यानां वादः प्रवदतामहम् ॥ ३२ ॥

sargāṇām ādir antaś ca, madhyaṁ caivāham arjuna
adhyātma-vidyā vidyānāṁ, vādaḥ pravadatām aham

sargāṇām — van alle scheppingen; *ādiḥ* — het begin; *antaḥ* — einde; *ca* — en; *madhyam* — midden; *ca* — ook; *eva* — zeker; *aham* — Ik ben; *arjuna* — o Arjuna; *adhyātma-vidyā* — spirituele kennis; *vidyānām* — van alle onderricht; *vādaḥ* — de ware conclusie; *pravadatām* — van redeneringen; *aham* — Ik ben.

Van alle scheppingen ben Ik het begin, het einde en ook het midden, o Arjuna. Van alle wetenschappen ben Ik de spirituele wetenschap van het zelf en onder beoefenaars van de logica ben Ik de uiteindelijke waarheid.

COMMENTAAR: Van alle dingen die geschapen zijn, is de eerste de schepping van alle materiële elementen. Zoals eerder is uitgelegd, wordt de kosmos geschapen en bestuurd door Mahā-Viṣṇu, Garbhodaka-śāyī Viṣṇu en Kṣīrodaka-śāyī Viṣṇu, waarna hij vervolgens door Heer Śiva weer vernietigd wordt. Brahmā is een secundaire schepper. Al deze tussenpersonen van de schepping, instandhouding en vernietiging zijn incarnaties van de materiële kwaliteiten die van de Allerhoogste Heer komen. Hij is daarom het begin, het midden en het einde van de hele schepping.

Voor hoger onderwijs zijn er verschillende soorten boeken met kennis, zoals de vier *Veda's*, hun zes aanvullingen, het *Vedānta-sūtra*, boeken over logica, boeken over godsdienstigheid en de *purāṇa's*. Alles bij elkaar zijn er veertien soorten educatieve boeken. Van deze boeken wordt Kṛṣṇa vertegenwoordigd door het boek dat over *adhyātma-vidyā* handelt, in het bijzonder het *Vedānta-sūtra*.

Onder logici bestaan er verschillende soorten argumenten. Wanneer iemand zijn argument onderbouwt met bewijzen die ook het argument van de tegenstander ondersteunen, dan wordt dat *jalpa* genoemd. Alleen maar proberen de tegenstander te verslaan wordt *vitaṇḍa* genoemd. Maar de uiteindelijke conclusie wordt *vāda* genoemd. Deze beslissende waarheid vertegenwoordigt Kṛṣṇa.

TEKST 33 अक्षराणामकारोऽस्मि द्वन्द्वः सामासिकस्य च ।
अहमेवाक्षयः कालो धाताहं विश्वतोमुखः ॥ ३३ ॥

akṣarāṇām a-kāro 'smi, dvandvaḥ sāmāsikasya ca
aham evākṣayaḥ kālo, dhātāhaṁ viśvato-mukhaḥ

akṣarāṇām — van alle letters; *a-kāraḥ* — de eerste letter; *asmi* — Ik ben; *dvandvaḥ* — de tweevoudige; *sāmāsikasya* — van alle samenstellingen; *ca* —

en; *aham* — Ik ben; *eva* — zeker; *akṣayaḥ* — eeuwige; *kālaḥ* — tijd; *dhātā* — de schepper; *aham* — Ik ben; *viśvataḥ-mukhaḥ* — Brahmā.

Van de letters ben Ik de letter A en van samengestelde woorden ben Ik het tweeledige woord. Ook ben Ik de eeuwige tijd, en onder de scheppers ben Ik Brahmā.

COMMENTAAR: *A-kāra*, de eerste letter van het Sanskriet alfabet, is het begin van de Vedische literatuur. Zonder *a-kāra* kan niets worden uitgesproken; daarom wordt het als het begin van alle geluid beschouwd. In het Sanskriet bestaan er veel samengestelde woorden, waarvan het tweeledige woord, zoals *rāma-kṛṣṇa*, *dvandva* wordt genoemd. In deze samenstelling hebben de woorden *'rāma'* en *'kṛṣṇa'* dezelfde vorm en daarom wordt deze samenstelling tweeledig genoemd.

Van alle soorten doders is de tijd de uiteindelijke, want de tijd doodt alles. De tijd vertegenwoordigt Kṛṣṇa, omdat er na verloop van tijd een groot vuur zal zijn, waardoor alles zal worden vernietigd. Onder alle levende wezens die scheppers zijn, is Brahmā, die vier hoofden heeft, het voornaamste. Hij vertegenwoordigt daarom Kṛṣṇa, de Allerhoogste Heer.

TEKST 34 मृत्युः सर्वहरश्चाहमुद्भवश्च भविष्यताम् ।
कीर्तिः श्रीर्वाक्च नारीणां स्मृतिर्मेधा धृतिः क्षमा ॥ ३४ ॥

mṛtyuḥ sarva-haraś cāham, udbhavaś ca bhaviṣyatām
kīrtiḥ śrīr vāk ca nārīṇāṁ, smṛtir medhā dhṛtiḥ kṣamā

mṛtyuḥ — dood; *sarva-haraḥ* — allesverslindende; *ca* — ook; *aham* — Ik ben; *udbhavaḥ* — ontstaan; *ca* — en; *bhaviṣyatām* — van toekomstige manifestaties; *kīrtiḥ* — roem; *śrīḥ* — rijkdom of schoonheid; *vāk* — welsprekendheid; *ca* — en; *nārīṇām* — onder de vrouwen; *smṛtiḥ* — geheugen; *medhā* — intelligentie; *dhṛtiḥ* — standvastigheid; *kṣamā* — geduld.

Ik ben de allesverslindende dood en de voortbrenger van al wat komen zal. Onder vrouwen ben Ik Kīrti (roem), Śrī (geluk), Vāk (welsprekendheid), Smṛti (geheugen), Medhā (intelligentie), Dhṛti (standvastigheid) en Kṣamā (geduld).

COMMENTAAR: Vanaf het moment dat we geboren worden, sterven we ieder ogenblik. De dood verslindt ieder levend wezen op ieder moment, maar de genadeslag is de dood zelf. Die dood is Kṛṣṇa. Tijdens hun ontwikkelingsgang ondergaan levende wezens zes primaire veranderingen: ze worden geboren, ze groeien, ze houden zich in stand, ze planten zich voort, ze verzwakken en uiteindelijk verdwijnen ze. Van deze veranderingen is de eerste de verlossing uit de baarmoeder en dat is Kṛṣṇa. De eerste verandering — de geboorte — is het begin van alle toekomstige activiteiten.

De zeven opgesomde talenten — roem, geluk, welsprekendheid, geheugen, intelligentie, standvastigheid en geduld — zijn grammaticaal vrouwelijk. Als men al deze talenten, of enkele van hen, bezit, wordt men roemrijk. Wanneer iemand bekendstaat als rechtvaardig, dan maakt hem dat roemrijk. Het Sanskriet is een perfecte taal en daarom heel roemrijk. Wanneer iemand een bepaald onderwerp kan onthouden na het bestudeerd te hebben, dan heeft hij een goed geheugen of *smṛti.* En het vermogen niet alleen veel boeken over verschillende onderwerpen te lezen, maar ze ook te begrijpen en ze toe te passen wanneer dat nodig is, is een ander talent, namelijk intelligentie (*medhā*). Het vermogen om onevenwichtigheid te overwinnen wordt vastberadenheid of standvastigheid genoemd (*dhṛti*). En wanneer iemand volledig gekwalificeerd is, maar toch nederig en zachtmoedig blijft en in staat is om zowel tijdens verdriet als tijdens de extase van geluk evenwichtig te blijven, dan heeft hij het talent dat geduld wordt genoemd (*kṣamā*).

TEKST 35 बृहत्साम तथा साम्नां गायत्री छन्दसामहम् ।
मासानां मार्गशीर्षोऽहमृतूनां कुसुमाकरः ॥ ३५ ॥

bṛhat-sāma tathā sāmnāṁ, gāyatrī chandasām aham
māsānāṁ mārga-śīrṣo 'ham, ṛtūnāṁ kusumākaraḥ

bṛhat-sāma — de *Bṛhat-sāma*; *tathā* — ook; *sāmnām* — van de gezangen in de *Sāma-veda*; *gāyatrī* — de Gāyatrī-mantra's; *chandasām* — van alle poëzie; *aham* — Ik ben; *māsānām* — van de maanden; *mārga-śīrṣah* — de maand november/december; *aham* — Ik ben; *ṛtūnām* — van alle seizoenen; *kusuma-ākaraḥ* — lente.

Van de hymnen in de Sāma-veda ben Ik de Bṛhat-sāma en van alle poëzie ben Ik de Gāyatrī. Van alle maanden ben Ik Mārgaśīrṣa [november-december] en van de jaargetijden ben Ik de bloeiende lente.

COMMENTAAR: De Heer heeft al uitgelegd dat Hij van alle Veda's de *Sāma-veda* is. De *Sāma-veda* is rijk aan prachtige liederen die door de halfgoden gespeeld worden. Een van deze liederen is de *Bṛhat-sāma*, die een verfijnde melodie heeft en rond middernacht wordt gezongen.

In het Sanskriet bestaan er vaste regels voor het maken van poëzie; rijm en metrum worden niet op een eigenzinnige manier gebruikt zoals in veel moderne poëzie. Van alle regelgebonden poëzie is de Gāyatrī-mantra, die door gekwalificeerde *brāhmaṇa's* gechant wordt, het voornaamst. De Gāyatrī-mantra wordt in het *Śrīmad-Bhāgavatam* genoemd. Omdat de Gāyatrī-mantra speciaal bedoeld is voor godsrealisatie, vertegenwoordigt hij Kṛṣṇa. Deze mantra is bedoeld voor mensen die spiritueel gevorderd zijn en wanneer iemand succesvol is in het chanten ervan, kan hij een transcendentale positie als die van de Heer innemen.

Men moet eerst de kwaliteiten van een perfect persoon verwerven, namelijk de kwaliteiten van de hoedanigheid goedheid in overeenstemming met de wetten van de materiële natuur, voordat men de Gāyatrī-mantra kan chanten. In de Vedische beschaving is de Gāyatrī-mantra zeer belangrijk en wordt hij als de geluidsincarnatie van Brahman beschouwd. Brahmā was degene die de mantra voor het eerst hoorde en herhaalde, waarna de mantra via de opeenvolging van discipelen verder werd doorgegeven.

De maanden november en december worden als de beste van allemaal gezien, omdat rond die tijd in India het graan van de velden wordt gehaald en de mensen heel gelukkig worden. De lente is natuurlijk het seizoen dat overal geliefd is, omdat het dan niet te heet en niet te koud is en omdat de bloemen dan opengaan en de bomen bloeien. In de lente zijn er ook vele festiviteiten waarmee de activiteiten van vermaak van Kṛṣṇa worden herdacht; het wordt daarom als het vrolijkste van alle seizoenen beschouwd en vertegenwoordigt zo Kṛṣṇa, de Allerhoogste Heer.

TEKST 36 द्यूतं छलयतामस्मि तेजस्तेजस्विनामहम् ।
जयोऽस्मि व्यवसायोऽस्मि सत्त्वं सत्त्ववतामहम् ॥ ३६ ॥

dyūtaṁ chalayatām asmi, tejas tejasvinām aham
jayo 'smi vyavasāyo 'smi, sattvaṁ sattvavatām aham

dyūtam — gokken; *chalayatām* — van alle valsspelers; *asmi* — Ik ben; *tejaḥ* — de schittering; *tejasvinām* — van alles dat schittert; *aham* — Ik ben; *jayaḥ* — overwinning; *asmi* — Ik ben; *vyavasāyaḥ* — onderneming of avontuur; *asmi* — Ik ben; *sattvam* — de kracht; *sattva-vatām* — van de sterken; *aham* — Ik ben.

Ik ben ook het gokken van valsspelers en van al wat schittert ben Ik de schittering. Ik ben overwinning, Ik ben avontuur en Ik ben de kracht van de sterken.

COMMENTAAR: Over het hele universum zijn er verschillende soorten bedriegers. Van alle soorten van bedriegen is gokken de voornaamste en vertegenwoordigt daarom Kṛṣṇa. Omdat Hij de Allerhoogste is, kan Kṛṣṇa bedrieglijker zijn dan wie dan ook. Als Kṛṣṇa iemand wil bedriegen, dan kan niemand Hem overtreffen in Zijn bedrog. Zijn grootheid is niet alleen maar eenzijdig — ze is alzijdig.

Hij is de overwinning van de overwinnaars. Hij is de schittering van hen die schitteren. Onder degenen die ondernemend zijn en hard werken, is Hij het ondernemendst en degene die het hardst werkt. Onder avonturiers is Hij het avontuurlijkst en onder de sterken is Hij de sterkste. Toen Kṛṣṇa aanwezig was op aarde overtrof niemand Hem in kracht. Zelfs in Zijn jeugd tilde Hij de heuvel Govardhana op. Niemand kan Hem overtreffen in bedrog, niemand kan Hem overtreffen in schittering, niemand kan Hem overtreffen in het overwinnen, niemand kan Hem overtreffen in ondernemingslust en niemand kan Hem overtreffen in kracht.

TEKST 37 वृष्णीनां वासुदेवोऽस्मि पाण्डवानां धनञ्जयः ।
मुनीनामप्यहं व्यासः कवीनामुशना कविः ॥ ३७ ॥

vṛṣṇīnāṁ vāsudevo 'smi, pāṇḍavānāṁ dhanañjayaḥ
munīnām apy ahaṁ vyāsaḥ, kavīnām uśanā kaviḥ

vṛṣṇīnām — van de afstammelingen van Vṛṣṇi; *vāsudevaḥ* — Kṛṣṇa in Dvārakā; *asmi* — Ik ben; *pāṇḍavānām* — van de Pāṇḍava's; *dhanañjayaḥ* — Arjuna; *munīnām* — van de wijzen; *api* — ook; *aham* — Ik ben; *vyāsaḥ* — Vyāsa, de samensteller van alle Vedische literatuur; *kavīnām* — van alle grote denkers; *uśanā* — Uśanā; *kaviḥ* — de denker.

Onder de afstammelingen van Vṛṣṇi ben Ik Vāsudeva en onder de Pāṇḍava's ben Ik Arjuna. Onder de wijzen ben Ik Vyāsa en onder grote denkers ben Ik Uśanā.

COMMENTAAR: Kṛṣṇa is de oorspronkelijke Allerhoogste Persoonlijkheid Gods en Baladeva is de directe expansie van Kṛṣṇa. Zowel Heer Kṛṣṇa als Baladeva verscheen als zoons van Vasudeva en kunnen daarom allebei Vāsudeva genoemd worden. Vanuit een ander gezichtspunt bekeken is het zo dat alle vormen van Kṛṣṇa die ergens anders dan in Vṛndāvana verschijnen, Zijn expansies zijn, omdat Kṛṣṇa Vṛndāvana nooit verlaat. Vāsudeva is de directe expansie van Kṛṣṇa en Vāsudeva is dus niet-verschillend van Hem. De Vāsudeva waarnaar dit vers van de *Bhagavad-gītā* verwijst, is Baladeva of Balarāma, omdat Hij de oorspronkelijke bron van alle incarnaties is en dus Vāsudeva, de enige bron. De directe expansies van de Heer worden *svāṁśa* (persoonlijke expansies) genoemd; er zijn ook expansies die *vibhinnāṁśa* (afgescheiden expansies) worden genoemd.

Onder de zonen van Pāṇḍu is Arjuna beroemd als Dhanañjaya. Hij is de beste onder de mensen en vertegenwoordigt daarom Kṛṣṇa. Onder de *muni's*, de geleerden die vertrouwd zijn met de Vedische kennis, is Vyāsa de grootste, omdat hij deze kennis op verschillende manieren heeft uitgelegd, zodat de gewone mensen in dit Tijdperk van Kali haar kunnen begrijpen. Daarnaast staat Vyāsa ook bekend als een incarnatie van Kṛṣṇa; Vyāsa vertegenwoordigt daarom ook Kṛṣṇa.

Kavi's zijn personen die in staat zijn om over ieder onderwerp zeer diep na te denken. De *kavi* Uśanā (Śukrācārya) was de spiritueel leraar van de demonen en was uitermate intelligent en een vooruitziend politicus. Zo is ook Śukrācārya een vertegenwoordiger van de volheid van Kṛṣṇa.

TEKST 38 दण्डो दमयतामस्मि नीतिरस्मि जिगीषताम् ।
मौनं चैवास्मि गुह्यानां ज्ञानं ज्ञानवतामहम् ॥ ३८ ॥

daṇḍo damayatām asmi, nītir asmi jigīṣatām
maunaṁ caivāsmi guhyānāṁ, jñānaṁ jñānavatām aham

daṇḍaḥ — bestraffing; *damayatām* — van alle manieren van onderdrukking; *asmi* — Ik ben; *nītiḥ* — moraliteit; *asmi* — Ik ben; *jigīṣatām* — van hen die overwinning verlangen; *maunam* — stilzwijgen; *ca* — en; *eva* — ook; *asmi* — Ik ben;

guhyānām — van geheimen; *jñānam* — kennis; *jñāna-vatām* — van de wijzen; *aham* — Ik ben.

Van alle middelen om wetteloosheid tegen te gaan ben Ik de straf, en onder degenen die overwinning nastreven, ben Ik moraliteit. Van geheime dingen ben Ik de stilte en Ik ben de wijsheid van de wijzen.

COMMENTAAR: Er bestaan veel maatregelen van onderdrukking en de belangrijkste daarvan zijn maatregelen die kwaadaardige personen inperken. Wanneer kwaadaardige personen gestraft worden, vertegenwoordigt de strafmaatregel Kṛṣṇa. Voor hen die op een of ander gebied de overwinning proberen te behalen, is moraliteit het element dat het meest leidt tot het behalen van die overwinning. Voor vertrouwelijke activiteiten zoals horen, denken en mediteren is stilte het belangrijkst, omdat iemand door stil te zijn zeer snel vooruitgang kan maken. Een wijze is iemand die onderscheid kan maken tussen materie en het spirituele, tussen Gods hogere en lagere natuur. Zulke kennis is Kṛṣṇa Zelf.

TEKST 39 यच्चापि सर्वभूतानां बीजं तदहमर्जुन ।
न तदस्ति विना यत्स्यान्मया भूतं चराचरम् ॥ ३९ ॥

yac cāpi sarva-bhūtānāṁ, bījaṁ tad aham arjuna
na tad asti vinā yat syān, mayā bhūtaṁ carācaram

yat — wat dan ook; *ca api* — verder; *sarva-bhūtānām* — van alle scheppingen; *bījam* — zaad; *tat* — dat; *aham* — Ik ben; *arjuna* — o Arjuna; *na* — niet; *tat* — dat; *asti* — er is; *vinā* — zonder; *yat* — welke; *syāt* — bestaat; *mayā* — Mij; *bhūtam* — geschapen wezen; *cara-acaram* — bewegend en niet-bewegend.

Verder ben Ik het zaad dat alle vormen van bestaan verwekt, o Arjuna. Er is geen wezen — of het nu in staat is te bewegen of niet — dat zonder Mij kan bestaan.

COMMENTAAR: Alles heeft een oorzaak en die oorzaak of dat zaad waardoor iets zich manifesteert, is Kṛṣṇa. Zonder de energie van Kṛṣṇa kan niets bestaan; daarom wordt Hij alvermogend genoemd. Zonder Zijn vermogen kan zowel dat wat beweegt als het onbeweeglijke niet bestaan. Al het bestaande dat niet op de energie van Kṛṣṇa is gebaseerd, wordt *māyā* genoemd, 'dat wat niet is'.

TEKST 40 नान्तोऽस्ति मम दिव्यानां विभूतीनां परन्तप ।
एष तूद्देशतः प्रोक्तो विभूतेर्विस्तरो मया ॥ ४० ॥

nānto 'sti mama divyānāṁ, vibhūtīnāṁ parantapa
eṣa tūddeśataḥ prokto, vibhūter vistaro mayā

na — evenmin; *antaḥ* — een einde; *asti* — er is; *mama* — Mijn; *divyānām* — van de goddelijke; *vibhūtīnām* — volheden; *parantapa* — o overwinnaar van de vijand; *eṣaḥ* — dit alles; *tu* — maar; *uddeśataḥ* — als voorbeelden; *proktaḥ* — gesproken; *vibhūteḥ* — van volheden; *vistaraḥ* — de omvang; *mayā* — door Mij.

O machtige overwinnaar van vijanden, Mijn goddelijke manifestaties zijn oneindig. Wat Ik je verteld heb is slechts een summiere aanduiding van Mijn ontelbare volheden.

COMMENTAAR: In de Vedische literatuur wordt gesteld dat hoewel de volheden en energieën van de Allerhoogste op verschillende manieren begrepen worden, er geen einde komt aan zulke volheden en energieën; ze kunnen daarom niet allemaal worden uitgelegd. Om zijn nieuwsgierigheid te bevredigen, worden er slechts enkele aan Arjuna beschreven.

TEKST 41 यद्यद्विभूतिमत्सत्त्वं श्रीमदूर्जितमेव वा ।
तत्तदेवावगच्छ त्वं मम तेजोऽंशसम्भवम् ॥ ४१ ॥

yad yad vibhūtimat sattvaṁ, śrīmad ūrjitam eva vā
tat tad evāvagaccha tvaṁ, mama tejo-'ṁśa-sambhavam

yat yat — welke dan ook; *vibhūti* — volheden; *mat* — hebbend; *sattvam* — entiteit; *śrī-mat* — prachtig; *ūrjitam* — roemrijke; *eva* — zeker; *vā* — of; *tat tat* — al die; *eva* — zeker; *avagaccha* — moet weten; *tvam* — jij; *mama* — Mijn; *tejaḥ* — van de schittering; *aṁśa* — een deel; *sambhavam* — voortgekomen uit.

Weet dat alle rijke, prachtige en luisterrijke scheppingen slechts voortkomen uit een sprank van Mijn schitterende grootsheid.

COMMENTAAR: Elk glorieus of prachtig verschijnsel moet gezien worden als een gedeeltelijke manifestatie van de volheid van Kṛṣṇa, of dat nu in de materiële of de spirituele wereld is. Alles wat een buitengewone volheid vertoont, moet men zien als iets wat de volheid van Kṛṣṇa vertegenwoordigt.

TEKST 42 अथवा बहुनैतेन किं ज्ञातेन तवार्जुन ।
विष्टभ्याहमिदं कृत्स्नमेकांशेन स्थितो जगत् ॥ ४२ ॥

atha vā bahunaitena, kiṁ jñātena tavārjuna
viṣṭabhyāham idaṁ kṛtsnam, ekāṁśena sthito jagat

atha vā — of; *bahunā* — veel; *etena* — door deze soort; *kim* — wat; *jñātena* — door te kennen; *tava* — jouw; *arjuna* — o Arjuna; *viṣṭabhya* — doordringend; *aham* — Ik; *idam* — dit; *kṛtsnam* — hele; *eka* — door één; *aṁśena* — deeltje; *sthitaḥ* — bevind Me; *jagat* — universum.

Maar waar is al deze gedetailleerde kennis voor nodig, Arjuna? Met één enkel deeltje van Mijzelf doordring en draag Ik dit hele universum.

COMMENTAAR: De Allerhoogste Heer wordt overal in alle materiële universa vertegenwoordigd, doordat Hij in alle dingen binnengaat als de Superziel. De Heer zegt hier tegen Arjuna dat het geen zin heeft te begrijpen hoe de dingen in hun afzonderlijke volheid en grootheid bestaan. Hij zou moeten beseffen dat alle dingen bestaan doordat Kṛṣṇa er als de Superziel in binnengaat. Alle wezens, van Brahmā, het reusachtigste wezen, tot de kleinste mier, bestaan omdat de Heer als de Superziel in ieder van hen afzonderlijk is binnengegaan en hen instandhoudt.

Er bestaat een Missie die regelmatig verkondigt dat het aanbidden van ongeacht welke halfgod iemand tot de Allerhoogste Persoonlijkheid Gods of tot het allerhoogste doel zal leiden. Maar hier wordt het aanbidden van halfgoden sterk afgeraden, want zelfs de grootste halfgoden, zoals Brahmā en Śiva, vertegenwoordigen maar een deel van de volheid van de Allerhoogste Heer. Hij is de oorsprong van iedereen die geboren is en niemand is groter dan Hij. Hij is *asamaurdhva*, wat betekent dat niemand hoger is dan Hij en dat niemand gelijk is aan Hem.

In de *Padma Purāṇa* wordt gesteld dat degene die denkt dat Kṛṣṇa, de Allerhoogste Heer, tot dezelfde categorie behoort als de halfgoden — zelfs in het geval van Brahmā of Śiva — meteen een atheïst wordt. Maar wie de verschillende beschrijvingen van de volheden en expansies van de energie van Kṛṣṇa grondig bestudeert, kan zonder enige twijfel de positie van Heer Śrī Kṛṣṇa begrijpen en kan zijn geest richten op het aanbidden van Hem, zonder te worden afgeleid. De Heer is alomtegenwoordig door de expansie van Zijn deelaspect de Superziel, die binnengaat in alles wat bestaat. Zuivere toegewijden richten hun geest op het Kṛṣṇa-bewustzijn door volledige devotionele dienst; zo bevinden ze zich altijd in een transcendentale positie.

In dit hoofdstuk is in teksten acht tot en met elf het pad van devotionele dienst en aanbidding van Kṛṣṇa heel duidelijk aangegeven. Dat is het pad van zuivere devotionele dienst. Hoe iemand het hoogste niveau van devotionele perfectie kan bereiken, namelijk omgang met de Allerhoogste Persoonlijkheid Gods, is in dit hoofdstuk grondig uitgelegd. Śrīla Baladeva Vidhyābhūṣaṇa, een groot *ācārya* in de opeenvolging van discipelen vanaf Kṛṣṇa, concludeert zijn commentaar op dit hoofdstuk als volgt:

yac-chakti-leśāt suryādyā, bhavanty aty-ugra-tejasaḥ
yad-aṁśena dhṛtaṁ viśvaṁ, sa kṛṣṇo daśame 'rcyate

'Van de krachtige energie van Heer Kṛṣṇa krijgt zelfs de geweldige zon haar kracht, en door de deelexpansie van Kṛṣṇa wordt de hele wereld instandgehouden. Heer Kṛṣṇa is daarom vererenswaardig.'

Zo eindigen de commentaren van Śrī Śrīmad A.C. Bhaktivedanta Swami Prabhupāda bij het tiende hoofdstuk van Śrīmad Bhagavad-gītā, *getiteld 'De volheid van de Absolute'.*

II

DE KOSMISCHE GEDAANTE

TEKST 1

अर्जुन उवाच
मदनुग्रहाय परमं गुह्यमध्यात्मसंज्ञितम् ।
यत्त्वयोक्तं वचस्तेन मोहोऽयं विगतो मम ॥ १ ॥

arjuna uvāca
mad-anugrahāya paramaṁ, guhyam adhyātma-saṁjñitam
yat tvayoktaṁ vacas tena, moho 'yaṁ vigato mama

arjunaḥ uvāca — Arjuna zei; *mat-anugrahāya* — enkel om mij een gunst te bewijzen; *paramam* — allerhoogste; *guhyam* — vertrouwelijk onderwerp; *adhyātma* — spirituele; *saṁjñitam* — over; *yat* — wat; *tvayā* — door Jou; *uktam* — gesproken; *vacaḥ* — woorden; *tena* — daardoor; *mohaḥ* — illusie; *ayam* — deze; *vigataḥ* — is verwijderd; *mama* — mijn.

Arjuna zei: Door te luisteren naar het onderricht dat Je me zo welwillend gegeven hebt over deze meest vertrouwelijke spirituele onderwerpen, is mijn illusie nu verdreven.

COMMENTAAR: Uit dit hoofdstuk zal blijken dat Kṛṣṇa de oorzaak van alle oorzaken is. Hij is zelfs de oorzaak van Mahā-Viṣṇu, uit wie de materiële universa voortkomen. Kṛṣṇa is geen incarnatie; Hij is de oorsprong van alle incarnaties. Dit werd in het vorige hoofdstuk volledig uiteengezet.

Wat Arjuna betreft, hij zegt dat zijn illusie voorbij is. Dit betekent dat Arjuna Kṛṣṇa niet langer alleen maar als een menselijk wezen ziet of als zijn vriend, maar als de oorsprong van alles. Arjuna is zeer verlicht en is blij dat hij zo'n grootse vriend als Kṛṣṇa heeft, maar hoewel hijzelf Kṛṣṇa als de oorsprong van alles aanvaardt, bedenkt hij nu dat anderen Hem misschien niet als zodanig aanvaarden. Om de goddelijkheid van Kṛṣṇa voor iedereen vast te stellen, verzoekt hij Kṛṣṇa in dit hoofdstuk om Zijn kosmische gedaante te tonen. Eigenlijk is het zo dat als men de kosmische gedaante van Kṛṣṇa ziet, men net als Arjuna zeer angstig wordt. Maar Kṛṣṇa is zo vriendelijk, dat Hij na het laten zien van Zijn kosmische gedaante, Zijn oorspronkelijke gedaante weer aanneemt.

Arjuna is het eens met wat Kṛṣṇa al verscheidene malen heeft gezegd: Kṛṣṇa spreekt alleen met hem voor zijn bestwil. Arjuna erkent dat dit alles hem overkomt door de genade van Kṛṣṇa. Hij is er nu van overtuigd dat Kṛṣṇa de oorzaak is van alle oorzaken en dat Hij als de Superziel in ieders hart aanwezig is.

TEKST 2

भवाप्ययौ हि भूतानां श्रुतौ विस्तरशो मया ।
त्वत्तः कमलपत्राक्ष माहात्म्यमपि चाव्ययम् ॥ २ ॥

bhavāpyayau hi bhūtānāṁ, śrutau vistaraśo mayā
tvattaḥ kamala-patrākṣa, māhātmyam api cāvyayam

bhava — verschijning; *apyayau* — verdwijning; *hi* — zeker; *bhūtānām* — van alle levende wezens; *śrutau* — zijn gehoord; *vistaraśaḥ* — in detail; *mayā* — door mij; *tvattaḥ* — van Jou; *kamala-patra-akṣa* — o lotus-ogige; *māhātmyam* — roem; *api* — ook; *ca* — en; *avyayam* — onvergankelijke.

O lotus-ogige, ik heb uitvoerig van Je gehoord over het verschijnen en verdwijnen van alle levende wezens en ik ben me bewust geworden van Je onvergankelijke glorie.

COMMENTAAR: Uit vreugde spreekt Arjuna Heer Kṛṣṇa hier aan met 'lotus-ogige' (de ogen van Kṛṣṇa lijken op de bloembladen van een lotusbloem), want in een vorig hoofdstuk verzekerde Kṛṣṇa hem het volgende: *ahaṁ kṛtsnasya jagataḥ prabhavaḥ pralayas tathā* — 'Ik ben de oorzaak van het verschijnen en verdwijnen van deze hele materiële manifestatie.' Arjuna heeft hierover uitvoerig van de Heer gehoord. Arjuna is zich er verder van bewust dat hoewel Kṛṣṇa de oorzaak is van alles wat verschijnt en verdwijnt, Hij er afzijdig van blijft. Zijn persoonlijkheid gaat niet verloren. Zo heeft de Heer in het negende hoofdstuk gezegd dat Hij alomtegenwoordig is; toch is Hij niet overal persoonlijk aanwezig. Dat is de onvoorstelbare volheid van Kṛṣṇa, en Arjuna geeft aan die grondig te hebben begrepen.

TEKST 3
एवमेतद्यथात्थ त्वमात्मानं परमेश्वर ।
द्रष्टुमिच्छामि ते रूपमैश्वरं पुरुषोत्तम ॥ ३ ॥

evam etad yathāttha tvam, ātmānaṁ parameśvara
draṣṭum icchāmi te rūpam, aiśvaraṁ puruṣottama

evam — zo; *etat* — dit; *yathā* — zoals het is; *āttha* — hebt gesproken; *tvam* — Jij; *ātmānam* — Zelf; *parama-īśvara* — o Allerhoogste Heer; *draṣṭum* — zien; *icchāmi* — Ik verlang; *te* — Jouw; *rūpam* — gedaante; *aiśvaram* — goddelijke; *puruṣa-uttama* — o beste van alle persoonlijkheden.

O grootste van alle persoonlijkheden, o allerhoogste gedaante, hoewel ik Je hier voor me zie zoals Je werkelijk bent, zoals Je Jezelf hebt beschreven, zou ik willen zien hoe Je deze kosmos bent binnengegaan. Die gedaante van Je wil ik zien.

COMMENTAAR: De Heer heeft gezegd dat de kosmische manifestatie mogelijk is gemaakt en blijft functioneren, omdat Hij het materiële universum is binnengegaan als Zijn persoonlijke expansie. Wat Arjuna betreft, hij is geïnspireerd geraakt door de oorspronkelijke, menselijke gedaante van Kṛṣṇa, maar om anderen te overtuigen, die in de toekomst zouden kunnen denken dat Kṛṣṇa een gewoon persoon is, verlangt hij ernaar Zijn kosmische gedaante te zien, om te zien hoe Hij werkzaam is binnen het universum, hoewel Hij er los van staat.

Dat Arjuna de Heer met *puruṣottama* aanspreekt is ook belangrijk. Omdat de Heer de Allerhoogste Persoonlijkheid Gods is, is Hij aanwezig in Arjuna zelf. Daarom kent Hij Arjuna's verlangen en begrijpt Hij dat Arjuna er niet speciaal naar verlangt om Hem in Zijn kosmische gedaante te zien, want Arjuna is volledig tevreden door Hem in Zijn persoonlijke gedaante als Kṛṣṇa te zien. Maar de Heer begrijpt ook dat Arjuna de kosmische gedaante wil zien om anderen te overtuigen. Persoonlijk verlangde Arjuna niet naar een bevestiging. De Heer begrijpt ook dat Arjuna de kosmische gedaante wil zien om een criterium te stellen, want in de toekomst zouden er zoveel bedriegers zijn die zich voor incarnaties van God zouden uitgeven. Mensen moeten daarom voorzichtig zijn; wie beweert dat hij Kṛṣṇa is, moet bereid zijn om zijn kosmische gedaante te laten zien om zo zijn uitspraak aan de mensen te bewijzen.

TEKST 4
मन्यसे यदि तच्छक्यं मया द्रष्टुमिति प्रभो ।
योगेश्वर ततो मे त्वं दर्शयात्मानमव्ययम् ॥ ४ ॥

manyase yadi tac chakyaṁ, mayā draṣṭum iti prabho
yogeśvara tato me tvaṁ, darśayātmānam avyayam

manyase — Jij denkt; *yadi* — als; *tat* — dat; *śakyam* — is in staat; *mayā* — door mij; *draṣṭum* — zien; *iti* — zo; *prabho* — o Heer; *yoga-īśvara* — o Heer van alle mystieke kracht; *tataḥ* — dan; *me* — aan mij; *tvam* — Jij; *darśaya* — toon; *ātmānam* — Je Zelf; *avyayam* — eeuwige.

Als Je denkt dat ik in staat ben om Je kosmische gedaante te aanschouwen, o Heer, o meester van alle mystieke kracht, toon me dan alsjeblieft dat oneindige, universele Zelf.

COMMENTAAR: Er wordt gezegd dat men de Allerhoogste Heer, Kṛṣṇa, niet kan zien, horen, begrijpen of waarnemen met behulp van de materiële zintuigen. Maar wie vanaf het begin liefdevolle devotionele dienst verricht voor de Heer, kan Hem zien door openbaring. Ieder levend wezen is enkel een spirituele vonk en daarom is het niet mogelijk de Allerhoogste Heer te zien of te begrijpen. Omdat Arjuna een toegewijde is, vertrouwt hij niet op zijn vermogen tot speculeren; hij geeft eerder zijn tekortkomingen als levend wezen toe en erkent de onschatbare positie van Kṛṣṇa. Arjuna zag in dat een levend wezen onmogelijk de onbegrensde oneindigheid kan begrijpen. Pas wanneer de oneindige Zichzelf openbaart, wordt het mogelijk de aard van de oneindige door de genade van de oneindige te begrijpen.

Ook het woord *'yogeśvara'* is hier zeer belangrijk, want de Heer heeft onvoorstelbare vermogens. Als Hij wil, kan Hij Zich door Zijn genade openbaren, ook al is Hij onbegrensd. Daarom smeekt Arjuṇa om de onvoorstelbare genade van Kṛṣṇa. Hij geeft Kṛṣṇa geen bevelen. Kṛṣṇa is niet verplicht om Zich te openbaren, tenzij iemand zich volledig overgeeft in Kṛṣṇa-bewustzijn en devotionele dienst verricht. Personen die op de kracht van hun eigen mentale speculatie vertrouwen, kunnen dus onmogelijk Kṛṣṇa zien.

TEKST 5

श्रीभगवानुवाच
पश्य मे पार्थ रूपाणि शतशोऽथ सहस्रशः ।
नानाविधानि दिव्यानि नानावर्णाकृतीनि च ॥ ५ ॥

śrī-bhagavān uvāca
paśya me pārtha rūpāṇi, śataśo 'tha sahasraśaḥ
nānā-vidhāni divyāni, nānā-varṇākṛtīni ca

śrī-bhagavān uvāca — de Allerhoogste Persoonlijkheid Gods zei; *paśya* — zie; *me* — Mijn; *pārtha* — o zoon van Pṛthā; *rūpāṇi* — gedaanten; *śataśaḥ* — honderden; *atha* — ook; *sahasraśaḥ* — duizenden; *nānā-vidhāni* — verschillende; *divyāni* — goddelijke; *nānā* — verschillende; *varṇa* — kleuren; *ākṛtīni* — vormen; *ca* — ook.

De Allerhoogste Persoonlijkheid Gods zei: Mijn beste Arjuna, o zoon van Pṛthā, aanschouw nu Mijn volheden, honderdduizenden verschillende goddelijke en veelkleurige gedaanten.

COMMENTAAR: Arjuna wilde Kṛṣṇa in Zijn kosmische gedaante zien, die, hoewel ze transcendentaal is, enkel gemanifesteerd is in relatie tot de kosmos en daardoor onderhevig aan de materiële tijd en dus tijdelijk. Zoals de materiële natuur gemanifesteerd en niet-gemanifesteerd is, zo is ook deze kosmische gedaante van Kṛṣṇa gemanifesteerd en niet-gemanifesteerd; ze is niet eeuwig, in tegenstelling tot de andere gedaanten van Kṛṣṇa in de spirituele hemel. Een toegewijde verlangt er niet naar om de kosmische gedaante te zien, maar omdat Arjuna Kṛṣṇa zo wilde zien, openbaarde Kṛṣṇa hem deze gedaante. Een gewoon persoon kan deze kosmische gedaante niet zien; Kṛṣṇa moet iemand het vermogen geven deze te zien.

TEKST 6

पश्यादित्यान्वसून्रुद्रानश्विनौ मरुतस्तथा ।
बहून्यदृष्टपूर्वाणि पश्याश्चर्याणि भारत ॥ ६ ॥

paśyādityān vasūn rudrān, aśvinau marutas tathā
bahūny adṛṣṭa-pūrvāṇi, paśyāścaryāṇi bhārata

paśya — zie; *ādityān* — de twaalf zonen van Aditi; *vasūn* — de acht Vasu's; *rudrān* — de elf vormen van Rudra; *aśvinau* — de twee Aśvinī's; *marutaḥ* — de negenenveertig Maruts (halfgoden van de wind); *tathā* — ook; *bahūni* — vele; *adṛṣṭa* — die je nog niet gezien hebt; *pūrvāṇi* — eerder; *paśya* — zie; *āścaryāṇi* — alle wonderen; *bhārata* — o beste onder de Bhārata's.

O beste onder de Bhārata's, zie hier de verschillende gedaanten van Āditya's, Vasu's, Rudra's, Aśvinī-kumāra's en alle andere halfgoden. Aanschouw de vele wonderbaarlijke dingen die niemand ooit eerder gezien of gehoord heeft.

COMMENTAAR: Hoewel Arjuna een persoonlijke vriend van Kṛṣṇa was en de meest gevorderde onder alle geleerden, kon hij toch onmogelijk alles over Kṛṣṇa weten. Hier wordt gezegd dat de mensen al deze gedaanten en manifestaties niet kenden en er nog nooit over gehoord hadden. Kṛṣṇa zal deze wonderbaarlijke gedaanten nu openbaren.

TEKST 7

इहैकस्थं जगत्कृत्स्नं पश्याद्य सचराचरम् ।
मम देहे गुडाकेश यच्चान्यद्द्रष्टुमिच्छसि ॥ ७ ॥

ihaika-sthaṁ jagat kṛtsnaṁ, paśyādya sa-carācaram
mama dehe guḍākeśa, yac cānyad draṣṭum icchasi

iha — in dit; *eka-stham* — op één plaats; *jagat* — het universum; *kṛtsnam* — volledig; *paśya* — zie; *adya* — onmiddellijk; *sa* — met; *cara* — de bewegende; *acaram* — en niet-bewegende; *mama* — Mijn; *dehe* — in dit lichaam; *guḍākeśa* — o Arjuna; *yat* — dat wat; *ca* — en; *anyat* — andere; *draṣṭum* — zien; *icchasi* — je verlangt.

O Arjuna, aanschouw in één oogopslag alles wat je wilt zien in dit lichaam van Mij! Deze kosmische gedaante kan je alles laten zien wat je nu en in de toekomst ook maar verlangt te zien. Alles — zowel het bewegende als het niet-bewegende — is hier volledig aanwezig, op één plaats.

COMMENTAAR: Niemand kan zittend op één plaats het hele universum zien. Zelfs de meest gevorderde wetenschapper kan niet zien wat er in andere delen van het universum gebeurt. Maar een toegewijde als Arjuna kan alles zien wat er in elk deel van het universum bestaat. Kṛṣṇa geeft hem het vermogen alles te zien wat hij wil, verleden, heden en toekomst. Op die manier is Arjuna, door de genade van Kṛṣṇa, in staat alles te zien.

TEKST 8

न तु मां शक्यसे द्रष्टुमनेनैव स्वचक्षुषा ।
दिव्यं ददामि ते चक्षुः पश्य मे योगमैश्वरम् ॥ ८ ॥

na tu māṁ śakyase draṣṭum, anenaiva sva-cakṣuṣā
divyaṁ dadāmi te cakṣuḥ, paśya me yogam aiśvaram

na — nooit; *tu* — maar; *mām* — Mij; *śakyase* — bent in staat; *draṣṭum* — zien; *anena* — met deze; *eva* — zeker; *sva-cakṣuṣā* — je eigen ogen; *divyam* — goddelijke; *dadāmi* — Ik geef; *te* — aan jou; *cakṣuḥ* — ogen; *paśya* — zie; *me* — Mijn; *yogam aiśvaram* — onvoorstelbaar mystiek vermogen.

Maar met de ogen die je nu hebt, kun je Me niet zien. Daarom geef Ik je goddelijke ogen. Aanschouw Mijn mystieke volheid!

COMMENTAAR: Een zuivere toegewijde ziet Kṛṣṇa niet graag in een andere gedaante dan Zijn gedaante met twee armen; een toegewijde moet de kosmische gedaante door Zijn genade zien, en niet door de geest, maar met spirituele ogen. Om de kosmische gedaante van Kṛṣṇa te kunnen zien, wordt Arjuna gezegd niet zijn geest, maar zijn manier van waarnemen te veranderen. De kosmische gedaante van Kṛṣṇa is niet zo belangrijk, wat duidelijk zal worden in latere verzen. Maar omdat Arjuna deze gedaante wil zien, geeft de Heer hem het bijzondere gezichtsvermogen dat daarvoor nodig is.

Toegewijden die een hechte, transcendentale relatie met Kṛṣṇa hebben, worden aangetrokken tot tedere eigenschappen en niet door een goddeloos vertoon van volheden. De speelkameraden van Kṛṣṇa, de vrienden van Kṛṣṇa en de ouders van Kṛṣṇa willen nooit dat Kṛṣṇa zijn volheden laat zien. Ze gaan zo op in zuivere liefde dat ze niet eens weten dat Kṛṣṇa de Allerhoogste Persoonlijkheid Gods is; tijdens hun liefdevolle uitwisselingen vergeten ze dat Kṛṣṇa de Allerhoogste Heer is. In het *Śrīmad-Bhāgavatam* wordt gezegd dat de jongens die met Kṛṣṇa spelen allemaal zeer vrome zielen zijn en dat ze na vele, vele levens in staat waren om met Kṛṣṇa te spelen. Die jongens weten niet dat Kṛṣṇa de Allerhoogste Persoonlijkheid Gods is. Ze zien Hem als een persoonlijke vriend. Daarom reciteert Śukadeva Gosvāmī dit vers:

itthaṁ satāṁ brahma-sukhānubhūtyā,
dāsyaṁ gatānāṁ para-daivatena
māyāśritānāṁ nara-dārakeṇa
sākaṁ vijahruḥ kṛta-puṇya-puñjāḥ

'Hier is de Allerhoogste Persoon, die door de grote wijzen gezien wordt als het onpersoonlijk Brahman, door de toegewijden als de Allerhoogste Persoonlijkheid Gods en door gewone mensen als een product van de materiële natuur. Nu spelen die jongens, die in hun vorige levens vele, vele vrome activiteiten hebben verricht, met die Allerhoogste Persoonlijkheid Gods.' (*Śrīmad-Bhāgavatam* 10.12.11)

Het is een feit dat een toegewijde er niet in geïnteresseerd is de *viśva-rūpa*, de kosmische gedaante, te zien. Maar Arjuna wilde deze gedaante zien om de uitspraken van Kṛṣṇa te onderbouwen, zodat mensen in de toekomst zouden begrijpen dat Kṛṣṇa Zich niet alleen theoretisch of filosofisch als de Allerhoogste presenteerde, maar dat Hij Zich ook daadwerkelijk als zodanig aan Arjuna toonde. Arjuna moet dit bevestigen, omdat hij aan het begin van het *paramparā*-systeem staat. Zij die werkelijk de Allerhoogste Persoonlijkheid Gods, Kṛṣṇa, willen begrijpen en die in de voetsporen van Arjuna volgen, moeten inzien dat Kṛṣṇa Zich niet alleen theoretisch als de Allerhoogste presenteerde, maar dat Hij daadwerkelijk liet zien dat Hij de Allerhoogste is. De Heer gaf Arjuna het benodigde vermogen om Zijn kosmische gedaante te zien, omdat Hij wist dat Arjuna deze niet echt wilde zien, zoals we al hebben uitgelegd.

TEKST 9

सञ्जय उवाच
एवमुक्त्वा ततो राजन्महायोगेश्वरो हरिः ।
दर्शयामास पार्थाय परमं रूपमैश्वरम् ॥ ९ ॥

sañjaya uvāca
evam uktvā tato rājan, mahā-yogeśvaro hariḥ
darśayām āsa pārthāya, paramaṁ rūpam aiśvaram

sañjayaḥ uvāca — Sañjaya zei; *evam* — zo; *uktvā* — sprekend; *tataḥ* — daarna; *rājan* — o koning; *mahā-yoga-īśvaraḥ* — de machtigste mysticus; *hariḥ* — de Allerhoogste Persoonlijkheid Gods, Kṛṣṇa; *darśayām āsa* — toonde; *pārthāya* — aan Arjuna; *paramam* — de goddelijke; *rūpam aiśvaram* — kosmische gedaante.

Sañjaya zei: O koning, nadat Hij deze woorden gesproken had, toonde de Allerhoogste Heer van alle mystieke kracht, de Persoonlijkheid Gods, Zijn kosmische gedaante aan Arjuna.

TEKST 10 – 11

अनेकवक्त्रनयनमनेकाद्भुतदर्शनम् ।
अनेकदिव्याभरणं दिव्यानेकोद्यतायुधम् ॥ १० ॥
दिव्यमाल्याम्बरधरं दिव्यगन्धानुलेपनम् ।
सर्वाश्चर्यमयं देवमनन्तं विश्वतोमुखम् ॥ ११ ॥

aneka-vaktra-nayanam, anekādbhuta-darśanam
aneka-divyābharaṇaṁ, divyānekodyatāyudham

divya-mālyāmbara-dharaṁ, divya-gandhānulepanam
sarvāścarya-mayaṁ devam, anantaṁ viśvato-mukham

aneka — vele; *vaktra* — monden; *nayanam* — ogen; *aneka* — vele; *adbhuta* — wonderlijke; *darśanam* — vertoningen; *aneka* — vele; *divya* — goddelijke; *ābharaṇam* — sieraden; *divya* — goddelijke; *aneka* — vele; *udyata* — opgeheven; *āyudham* — wapens; *divya* — goddelijke; *mālya* — bloemenslingers; *ambara* — gewaden; *dharam* — dragend; *divya* — goddelijke; *gandha* — balsems; *anulepanam* — gezalfd met; *sarva* — alles; *āścarya-mayam* — wonderbaarlijk; *devam* — stralend; *anantam* — onbegrensd; *viśvataḥ-mukham* — alomtegenwoordig.

Arjuna zag in die kosmische gedaante ontelbare monden, ontelbare ogen en ontelbare verbazingwekkende verschijningen. De gedaante droeg vele hemelse sieraden en vele opgeheven goddelijke wapens. Hij droeg hemelse bloemenslingers en gewaden en Zijn lichaam was met vele goddelijke balsems gezalfd. Alles was wonderbaarlijk, schitterend, onbegrensd en breidde zich overal voortdurend uit.

COMMENTAAR: In deze twee verzen geeft het herhaaldelijk gebruik van het woord 'vele' aan dat het aantal handen, monden, benen en andere manifestaties dat Arjuna zag, onbegrensd was. Deze manifestaties waren over het hele universum verspreid, maar door de genade van de Heer kon Arjuna ze zien terwijl hij op één plaats zat. Dat kwam door het onvoorstelbare vermogen van Kṛṣṇa.

TEKST 12 दिवि सूर्यसहस्रस्य भवेद्युगपदुत्थिता ।
यदि भाः सदृशी सा स्याद्भासस्तस्य महात्मनः ॥ १२ ॥

divi sūrya-sahasrasya, bhaved yugapad utthitā
yadi bhāḥ sadṛśī sā syād, bhāsas tasya mahātmanaḥ

divi — aan de hemel; *sūrya* — van zonnen; *sahasrasya* — van vele duizenden; *bhavet* — er waren; *yugapat* — tegelijkertijd; *utthitā* — aanwezig; *yadi* — als; *bhāḥ* — licht; *sadṛśī* — zo; *sā* — dat; *syāt* — kan zijn; *bhāsaḥ* — stralengloed; *tasya* — van Hem; *mahā-ātmanaḥ* — de grote Heer.

Wanneer vele duizenden zonnen tegelijkertijd aan de hemel zouden verschijnen, zou hun straling misschien te vergelijken zijn met de stralengloed van de Allerhoogste Persoon in die kosmische gedaante.

COMMENTAAR: Wat Arjuna zag, was onbeschrijfelijk, maar toch probeert Sañjaya Dhṛtarāṣṭra een voorstelling te geven van die grote openbaring. Sañjaya en Dhṛtarāṣṭra waren geen van beide aanwezig, maar door de genade van Vyāsa kon Sañjaya alles zien wat er gebeurde. Daarom vergelijkt hij de situatie, voor zover deze begrepen kan worden, met verschijnselen die we ons wel kunnen voorstellen (zoals 'duizenden zonnen').

TEKST 13 तत्रैकस्थं जगत्कृत्स्नं प्रविभक्तमनेकधा ।
अपश्यद्देवदेवस्य शरीरे पाण्डवस्तदा ॥ १३ ॥

tatraika-sthaṁ jagat kṛtsnaṁ, pravibhaktam anekadhā
apaśyad deva-devasya, śarīre pāṇḍavas tadā

tatra — daar; *eka-stham* — op één plaats; *jagat* — het universum; *kṛtsnam* — volledige; *pravibhaktam* — verdeeld; *anekadhā* — in vele; *apaśyat* — kon zien; *deva-devasya* — van de Allerhoogste Persoonlijkheid Gods; *śarīre* — in de kosmische gedaante; *pāṇḍavaḥ* — Arjuna; *tadā* — op dat moment.

Op dat moment kon Arjuna in de kosmische gedaante van de Heer de oneindige expansies van het universum op één plaats bij elkaar zien, ook al waren deze in vele, vele duizenden verdeeld.

COMMENTAAR: Het woord *'tatra'* ('daar') is zeer belangrijk. Het geeft aan dat zowel Arjuna als Kṛṣṇa op de strijdwagen zat toen Arjuna de kosmische gedaante zag. De anderen op het slagveld konden deze gedaante niet zien, omdat Kṛṣṇa alleen Arjuna het vermogen had gegeven haar te zien. Arjuna kon in het lichaam van Kṛṣṇa vele duizenden planeten zien. Zo leren we uit de Vedische teksten dat er vele universa en vele planeten zijn. Sommige zijn gemaakt van aarde, sommige van goud en sommige van juwelen, sommige zijn heel groot, sommige zijn niet zo groot enz. Zittend op zijn strijdwagen, kon Arjuna ze allemaal zien. Maar niemand begreep wat er zich tussen Arjuna en Kṛṣṇa afspeelde.

TEKST 14 ततः स विस्मयाविष्टो हृष्टरोमा धनञ्जयः ।
प्रणम्य शिरसा देवं कृताञ्जलिरभाषत ॥ १४ ॥

tataḥ sa vismayāviṣṭo, hṛṣṭa-romā dhanañjayaḥ
praṇamya śirasā devaṁ, kṛtāñjalir abhāṣata

tataḥ — daarna; *saḥ* — hij; *vismaya-āviṣṭaḥ* — overweldigd door bewondering; *hṛṣṭa-romā* — met zijn lichaamshaar overeind door zijn grote extase; *dhanañjayaḥ* — Arjuna; *praṇamya* — eerbetuigingen brengend; *śirasā* — met het hoofd; *devam* — tot de Allerhoogste Persoonlijkheid Gods; *kṛta-añjaliḥ* — met gevouwen handen; *abhāṣata* — begon te spreken.

Daarop boog Arjuna, overweldigd door verwondering en verbazing en met zijn haar recht overeind, het hoofd om zijn eerbetuigingen te brengen en hij begon met gevouwen handen te bidden tot de Allerhoogste Heer.

COMMENTAAR: Op het moment dat het goddelijk visioen werd geopenbaard, veranderde de relatie tussen Arjuna en Kṛṣṇa. Vóór deze openbaring hadden Arjuna en Kṛṣṇa een relatie gebaseerd op vriendschap, maar nu, na de openbaring, brengt Arjuna met veel respect zijn eerbetuigingen en bidt hij met gevouwen handen tot Kṛṣṇa. Hij verheerlijkt de kosmische gedaante. Zo verandert de vriendschappelijke relatie in een relatie die eerder gebaseerd is op bewonderende verbazing.

Grote toegewijden zien Kṛṣṇa als de onuitputtelijke bron van alle relaties. In de heilige teksten worden twaalf fundamentele relaties vermeld en ze zijn allemaal in Kṛṣṇa aanwezig. Er wordt gezegd dat Hij de oceaan van alle relaties is die er tussen twee levende wezens, tussen de halfgoden of tussen de Allerhoogste Heer en Zijn toegewijden kunnen bestaan.

Bij Arjuna werd hier de relatie van bewonderende verbazing opgewekt, en hoewel hij van nature zeer ernstig, kalm en zwijgzaam was, werd hij tijdens die verbazing extatisch; zijn haar stond overeind en hij begon met gevouwen handen zijn eerbetuigingen aan de Allerhoogste Heer te brengen. Hij was natuurlijk niet bang; hij werd overweldigd door de wonderen van de Allerhoogste Heer. Het onmiddellijke effect was een bewonderende verbazing; zijn natuurlijke gevoelens van liefdevolle vriendschap werden overweldigd door deze bewonderende verbazing en daarom reageerde hij op deze manier.

TEKST 15

अर्जुन उवाच
पश्यामि देवांस्तव देव देहे सर्वांस्तथा भूतविशेषसङ्घान् ।
ब्रह्माणमीशं कमलासनस्थम् ऋषींश्च सर्वानुरगांश्च दिव्यान् ॥ १५ ॥

arjuna uvāca
paśyāmi devāṁs tava deva dehe
sarvāṁs tathā bhūta-viśeṣa-saṅghān
brahmāṇam īśaṁ kamalāsana-stham
ṛṣīṁś ca sarvān uragāṁś ca divyān

arjunaḥ uvāca — Arjuna zei; *paśyāmi* — ik zie; *devān* — alle halfgoden; *tava* — Jouw; *deva* — o Heer; *dehe* — in het lichaam; *sarvān* — alle; *tathā* — ook; *bhūta-viśeṣa-saṅghān* — samenkomst van allerlei soorten levende wezens; *brahmāṇam* — Heer Brahmā; *īśam* — Heer Śiva; *kamala-āsana-stham* — zittend op de lotusbloem; *ṛṣīn* — grote wijzen; *ca* — ook; *sarvān* — alle; *uragān* — slangen; *ca* — ook; *divyān* — goddelijke.

Arjuna zei: Mijn dierbare Heer Kṛṣṇa, in Je lichaam zie ik alle halfgoden en verschillende andere soorten levende wezens bij elkaar. Ik zie Brahmā, die op de lotusbloem zit, en ook Heer Śiva, alle wijzen en goddelijke slangen.

COMMENTAAR: Arjuna ziet alles in het universum, daarom ziet hij Brahmā, het eerste levend wezen in het universum, en de goddelijke slang waarop Garbhodaka-śāyī Viṣṇu ligt in de lagere regionen van het universum. Dit slangenbed wordt Vāsuki genoemd. Er bestaan ook andere slangen die bekendstaan als Vāsuki. Arjuna kan alles zien, van Garbhodaka-śāyī Viṣṇu tot het hoogste punt van het universum, de planeet in de vorm van een lotusbloem waar Brahmā, het eerste levend wezen van het universum, verblijft. Dat betekent dat Arjuna alles van het begin tot het eind kon zien, terwijl hij op één plaats op zijn strijdwagen zat. Dit alles was mogelijk door de genade van Kṛṣṇa, de Allerhoogste Heer.

TEKST 16 अनेकबाहूदरवक्त्रनेत्रं पश्यामि त्वां सर्वतोऽनन्तरूपम् ।
नान्तं न मध्यं न पुनस्तवादिं पश्यामि विश्वेश्वर विश्वरूप ॥ १६ ॥

aneka-bāhūdara-vaktra-netraṁ
paśyāmi tvāṁ sarvato 'nanta-rūpam
nāntaṁ na madhyaṁ na punas tavādiṁ
paśyāmi viśveśvara viśva-rūpa

aneka — veel; *bāhu* — armen; *udara* — buiken; *vaktra* — monden; *netram* — ogen; *paśyāmi* — ik zie; *tvām* — Jou; *sarvataḥ* — in alle richtingen; *ananta-rūpam* — onbegrensde gedaante; *na antam* — geen einde; *na madhyam* — geen midden; *na punaḥ* — niet weer; *tava* — Jouw; *ādim* — begin; *paśyāmi* — ik zie; *viśva-īśvara* — o Heer van het universum; *viśva-rūpa* — in de gedaante van het universum.

O Heer van het universum, o kosmische gedaante, in Je lichaam zie ik overal, zonder einde, ontelbare armen, buiken, monden en ogen verspreid. Ik zie in Jou geen einde, geen midden en geen begin.

COMMENTAAR: Kṛṣṇa is de Allerhoogste Persoonlijkheid Gods en Hij is onbegrensd; door Hem kon alles dus worden gezien.

TEKST 17 किरीटिनं गदिनं चक्रिणं च तेजोराशिं सर्वतो दीप्तिमन्तम् ।
पश्यामि त्वां दुर्निरीक्ष्यं समन्ताद् दीप्तानलार्कद्युतिमप्रमेयम् ॥ १७ ॥

kirīṭinaṁ gadinaṁ cakriṇaṁ ca
tejo-rāśiṁ sarvato dīptimantam
paśyāmi tvāṁ durnirīkṣyaṁ samantād
dīptānalārka-dyutim aprameyam

kirīṭinam — met helmen; *gadinam* — met knotsen; *cakriṇam* — met werpschijven; *ca* — en; *tejaḥ-rāśim* — uitstraling; *sarvataḥ* — in alle richtingen; *dīptimantam* — schijnende; *paśyāmi* — ik zie; *tvām* — Jou; *durnirīkṣyam* — moeilijk te aanschouwen; *samantāt* — overal; *dīpta-anala* — laaiend vuur; *arka* — van de zon; *dyutim* — de zonneschijn; *aprameyam* — onmetelijke.

Je gedaante is moeilijk te zien door de verblindende gloed die ze als een laaiend vuur of als de onmetelijke zonneschijn aan alle kanten uitstraalt. En toch kan ik deze stralende gedaante overal zien, gesierd met verschillende kronen, knotsen en discussen.

TEKST 18 त्वमक्षरं परमं वेदितव्यं त्वमस्य विश्वस्य परं निधानम् ।
त्वमव्ययः शाश्वतधर्मगोप्ता सनातनस्त्वं पुरुषो मतो मे ॥ १८ ॥

tvam akṣaraṁ paramaṁ veditavyaṁ
tvam asya viśvasya paraṁ nidhānam
tvam avyayaḥ śāśvata-dharma-goptā
sanātanas tvaṁ puruṣo mato me

tvam — Jij; *akṣaram* — de onvergankelijke; *paramam* — allerhoogste; *veditavyam* — moet begrepen worden; *tvam* — Jij; *asya* — van dit; *viśvasya* — universum; *param* — allerhoogste; *nidhānam* — basis; *tvam* — Jij; *avyayaḥ* — onuitputtelijk; *śāśvata-dharma-goptā* — instandhouder van de eeuwige religie; *sanātanaḥ* — eeuwige; *tvam* — Jij; *puruṣaḥ* — de Allerhoogste Persoonlijkheid; *mataḥ me* — dit is mijn mening.

Jij bent het hoogste en voornaamste doel. Je bent de uiteindelijke rustplaats van dit hele universum. Je bent onuitputtelijk, de oudste, de instandhouder van de eeuwige religie en de Persoonlijkheid Gods. Dit is mijn mening.

TEKST 19 अनादिमध्यान्तमनन्तवीर्यम् अनन्तबाहुं शशिसूर्यनेत्रम् ।
पश्यामि त्वां दीप्तहुताशवक्त्रं स्वतेजसा विश्वमिदं तपन्तम् ॥ १९ ॥

anādi-madhyāntam ananta-vīryam
ananta-bāhuṁ śaśi-sūrya-netram
paśyāmi tvāṁ dīpta-hutāśa-vaktraṁ
sva-tejasā viśvam idaṁ tapantam

anādi — zonder begin; *madhya* — midden; *antam* — of einde; *ananta* — oneindig; *vīryam* — roem; *ananta* — oneindig; *bāhum* — armen; *śaśi* — de maan; *sūrya* — en zon; *netram* — ogen; *paśyāmi* — ik zie; *tvām* — Jou; *dīpta* — laaiend; *hutāśa-vaktram* — vuur dat uit Je mond komt; *sva-tejasā* — met Je uitstraling; *viśvam* — universum; *idam* — dit; *tapantam* — verzengend.

Je hebt begin, midden noch einde. Je glorie is onbegrensd. Je hebt talloze armen en de zon en maan zijn Je ogen. Ik zie laaiend vuur uit Je mond komen en met Je eigen uitstraling verzeng Je dit hele universum.

COMMENTAAR: De maat van de zes volheden van de Allerhoogste Persoonlijkheid Gods is onbegrensd. Hier en ook op veel andere plaatsen worden dingen herhaald, maar volgens de heilige teksten is het herhalen van de glorie van Kṛṣṇa geen literaire onvolkomenheid. Er wordt gezegd dat tijdens een toestand van verwarring of verbazing of tijdens grote extase uitspraken keer op keer herhaald worden. Dat is geen tekortkoming.

TEKST 20 द्यावापृथिव्योरिदमन्तरं हि व्याप्तं त्वयैकेन दिशश्च सर्वाः ।
दृष्ट्वाद्भुतं रूपमुग्रं तवेदं लोकत्रयं प्रव्यथितं महात्मन् ॥ २० ॥

dyāv ā-pṛthivyor idam antaraṁ hi
vyāptaṁ tvayaikena diśaś ca sarvāḥ

dṛṣṭvādbhutaṁ rūpam ugraṁ tavedaṁ
loka-trayaṁ pravyathitaṁ mahātman

dyau — van de kosmische ruimte; *ā-pṛthivyoḥ* — tot de aarde; *idam* — dit; *antaram* — tussen; *hi* — zeker; *vyāptam* — doordrongen; *tvayā* — door Jou; *ekena* — alleen; *diśaḥ* — richtingen; *ca* — en; *sarvāḥ* — alle; *dṛṣṭvā* — door te zien; *adbhutam* — wonderbaarlijke; *rūpam* — gedaante; *ugram* — angstaanjagend; *tava* — Jouw; *idam* — deze; *loka* — de planetenstelsels; *trayam* — drie; *pravyathitam* — angstig; *mahā-ātman* — o verhevene.

Hoewel Je één bent, doordring Je de hemel, de planeten en alle ruimte ertussen. O verhevene, het zien van deze wonderbaarlijke en angstaanjagende gedaante vervult alle planetenstelsels met angst.

COMMENTAAR: *Dyāv ā-pṛthivyoḥ* ('de ruimte tussen hemel en aarde') en *'loka-trayam'* ('de drie werelden') zijn belangrijke woorden in dit vers, omdat blijkt dat niet alleen Arjuna de kosmische gedaante van de Heer ziet, maar dat ook anderen op andere planetenstelsels haar zien. Dat Arjuna de kosmische gedaante ziet is geen droom. Iedereen die door de Heer met goddelijke ogen begiftigd werd, kon die kosmische gedaante op het slagveld zien.

TEKST 21 अमी हि त्वां सुरसङ्घा विशन्ति केचिद्भीताः प्राञ्जलयो गृणन्ति ।
स्वस्तीत्युक्त्वा महर्षिसिद्धसङ्घाः स्तुवन्ति त्वां स्तुतिभिः पुष्कलाभिः ॥ २१ ॥

amī hi tvāṁ sura-saṅghā viśanti
kecid bhītāḥ prāñjalayo gṛṇanti
svastīty uktvā maharṣi-siddha-saṅghāḥ
stuvanti tvāṁ stutibhiḥ puṣkalābhiḥ

amī — al die; *hi* — zeker; *tvām* — Jou; *sura-saṅghāḥ* — groepen halfgoden; *viśanti* — gaan binnen; *kecit* — sommigen onder hen; *bhītāḥ* — uit angst; *prāñjalayaḥ* — met gevouwen handen; *gṛṇanti* — heffen gebeden op; *svasti* — vrede!; *iti* — zo; *uktvā* — sprekend; *mahā-ṛṣi* — grote wijzen; *siddha-saṅghāḥ* — vervolmaakte wezens; *stuvanti* — zingen hymnen; *tvām* — tot Jou; *stutibhiḥ* — met gebeden; *puṣkalābhiḥ* — Vedische hymnen.

Alle halfgoden geven zich aan Je over en gaan in Je binnen. Sommigen onder hen, die zeer bevreesd zijn, bidden tot Je met gevouwen handen. Veel grote wijzen en volmaakte wezens roepen: 'Vrede!' en bidden tot Je door de Vedische hymnen te zingen.

COMMENTAAR: De halfgoden in alle planetenstelsels vreesden de angstaanjagende manifestatie van de kosmische gedaante en haar verblindende gloed en baden daarom om bescherming.

TEKST 22 रुद्रादित्या वसवो ये च साध्या विश्वेऽश्विनौ मरुतश्चोष्मपाश्च ।
गन्धर्वयक्षासुरसिद्धसङ्घा वीक्षन्ते त्वां विस्मिताश्चैव सर्वे ॥ २२ ॥

rudrādityā vasavo ye ca sādhyā
viśve 'śvinau marutaś coṣmapāś ca
gandharva-yakṣāsura-siddha-saṅghā
vīkṣante tvāṁ vismitāś caiva sarve

rudra — de manifestaties van Heer Śiva; *ādityāḥ* — de Āditya's; *vasavaḥ* — de Vasu's; *ye* — al die; *ca* — en; *sādhyāḥ* — de Sādhya's; *viśve* — de Viśvedeva's; *aśvinau* — de Aśvinī-kumāra's; *marutaḥ* — de Maruts; *ca* — en; *uṣma-pāḥ* — de voorouders; *ca* — en; *gandharva* — van de Gandharva's; *yakṣa* — de Yakṣa's; *asura* — de demonen; *siddha* — en de volmaakte halfgoden; *saṅghāḥ* — de groepen; *vīkṣante* — aanschouwen; *tvām* — Jou; *vismitāḥ* — in verbijstering; *ca* — en; *eva* — zeker; *sarve* — allemaal.

Alle verschillende verschijningen van Heer Śiva, de Āditya's, de Vasu's, de Sādhya's, de Viśvedeva's, de twee Aśvī's, de Maruts, de voorouders, de Gandharva's, de Yakṣa's, de Asura's en de volmaakte halfgoden aanschouwen Je in verbijstering.

TEKST 23 रूपं महत्ते बहुवक्त्रनेत्रं महाबाहो बहुबाहूरुपादम् ।
बहूदरं बहुदंष्ट्राकरालं दृष्ट्वा लोकाः प्रव्यथितास्तथाहम् ॥ २३ ॥

rūpaṁ mahat te bahu-vaktra-netraṁ
mahā-bāho bahu-bāhūru-pādam
bahūdaraṁ bahu-daṁṣṭrā-karālaṁ
dṛṣṭvā lokāḥ pravyathitās tathāham

rūpam — de gedaante; *mahat* — heel groot; *te* — van Jou; *bahu* — vele; *vaktra* — gezichten; *netram* — en ogen; *mahā-bāho* — o sterkgearmde; *bahu* — vele; *bāhu* — armen; *ūru* — dijen; *pādam* — en benen; *bahu-udaram* — vele buiken; *bahu-daṁṣṭrā* — vele tanden; *karālam* — verschrikkelijke; *dṛṣṭvā* — ziend; *lokāḥ* — alle planeten; *pravyathitāḥ* — angstig; *tathā* — op dezelfde manier; *aham* — ik.

O sterkgearmde, alle planeten met hun halfgoden sidderen bij het zien van Je grote gedaante met haar vele gezichten, ogen, armen, dijen, benen, buiken en met Je vele schrikwekkende tanden. En ze zijn vol angst, net als ik.

TEKST 24 नभःस्पृशं दीप्तमनेकवर्णं व्यात्ताननं दीप्तविशालनेत्रम् ।
दृष्ट्वा हि त्वां प्रव्यथितान्तरात्मा धृतिं न विन्दामि शमं च विष्णो ॥ २४ ॥

nabhaḥ-spṛśaṁ dīptam aneka-varṇaṁ
vyāttānanaṁ dīpta-viśāla-netram

dṛṣṭvā hi tvāṁ pravyathitāntar-ātmā
dhṛtiṁ na vindāmi śamaṁ ca viṣṇo

nabhaḥ-spṛśam — de hemel rakend; *dīptam* — schijnende; *aneka* — vele; *varṇam* — kleuren; *vyātta* — open; *ānanam* — monden; *dīpta* — schijnende; *viśāla* — heel grote; *netram* — ogen; *dṛṣṭvā* — ziend; *hi* — zeker; *tvām* — Jou; *pravyathita* — angstig; *antaḥ* — vanbinnen; *ātmā* — ziel; *dhṛtim* — evenwichtigheid; *na* — niet; *vindāmi* — ik heb; *śa-mam* — gemoedsrust; *ca* — en; *viṣṇo* — o Heer Viṣṇu.

O alomtegenwoordige Viṣṇu, nu ik Je met Je vele stralende kleuren tot aan de hemel zie reiken en ik Je opengesperde monden en Je grote gloeiende ogen zie, word ik door angst overmand. Ik ben niet meer in staat om kalm te blijven en kan mijn gemoedsrust niet langer bewaren.

TEKST 25 दंष्ट्राकरालानि च ते मुखानि दृष्ट्वैव कालानलसन्निभानि ।
दिशो न जाने न लभे च शर्म प्रसीद देवेश जगन्निवास ॥ २५ ॥

daṁṣṭrā-karālāni ca te mukhāni
dṛṣṭvaiva kālānala-sannibhāni
diśo na jāne na labhe ca śarma
prasīda deveśa jagan-nivāsa

daṁṣṭrā — tanden; *karālāni* — verschrikkelijke; *ca* — ook; *te* — Jouw; *mukhāni* — gezichten; *dṛṣṭvā* — ziend; *eva* — zo; *kāla-anala* — het vuur des doods; *sannibhāni* — zoals; *diśaḥ* — de richtingen; *na* — niet; *jāne* — ik weet; *na* — niet; *labhe* — ik verkrijg; *ca* — en; *śarma* — genade; *prasīda* — wees gunstig gestemd; *deva-īśa* — o Heer van alle heren; *jagat-nivāsa* — o toevlucht van de werelden.

O Heer der goden, o toevlucht van alle werelden, wees me alsjeblieft genadig. Nu ik Je fel brandende gezichten des doods en Je afschuwelijke tanden zie, raak ik van streek. In welke richting ik ook kijk, overal raak ik verward.

TEKST 26 – 27 अमी च त्वां धृतराष्ट्रस्य पुत्राः सर्वे सहैवावनिपालसङ्घैः ।
भीष्मो द्रोणः सूतपुत्रस्तथासौ सहास्मदीयैरपि योधमुख्यैः ॥ २६ ॥
वक्त्राणि ते त्वरमाणा विशन्ति दंष्ट्राकरालानि भयानकानि ।
केचिद्विलग्ना दशनान्तरेषु सन्दृश्यन्ते चूर्णितैरुत्तमाङ्गैः ॥ २७ ॥

amī ca tvāṁ dhṛtarāṣṭrasya putrāḥ
sarve sahaivāvani-pāla-saṅghaiḥ
bhīṣmo droṇaḥ sūta-putras tathāsau
sahāsmadīyair api yodha-mukhyaiḥ

vaktrāṇi te tvaramāṇā viśanti
daṁṣṭrā-karālāni bhayānakāni
kecid vilagnā daśanāntareṣu
sandṛśyante cūrṇitair uttamāṅgaiḥ

amī — deze; *ca* — ook; *tvām* — Jij; *dhṛtarāṣṭrasya* — van Dhṛtarāṣṭra; *putrāḥ* — de zonen; *sarve* — allemaal; *saha* — met; *eva* — zeker; *avani-pāla* — van strijdende koningen; *saṅghaiḥ* — de groepen; *bhīṣmaḥ* — Bhīṣmadeva; *droṇaḥ* — Droṇācārya; *sūta-putraḥ* — Karṇa; *tathā* — ook; *asau* — dat; *saha* — met; *asmadīyaiḥ* — onze; *api* — ook; *yodha-mukhyaiḥ* — belangrijkste strijders; *vaktrāṇi* — monden; *te* — Jouw; *tvaramāṇāḥ* — stormend; *viśanti* — gaan binnen; *daṁṣṭrā* — tanden; *karālāni* — verschrikkelijke; *bhayānakāni* — afgrijselijke; *kecit* — sommigen van hen; *vilagnāḥ* — blijven vastzitten; *daśana-antareṣu* — tussen de tanden; *sandṛśyante* — worden gezien; *cūrṇitaiḥ* — met verbrijzelde; *uttama-aṅgaiḥ* — hoofden.

Alle zonen van Dhṛtarāṣṭra, samen met de koningen met wie ze bondgenootschappen hebben gesloten, en Bhīṣma, Droṇa en Karṇa — evenals onze voornaamste strijders — stormen Je angstaanjagende monden binnen. Sommigen van hen zie ik met verbrijzelde hoofden vastzitten tussen Je tanden.

COMMENTAAR: In een vorig vers beloofde de Heer om Arjuna dingen te laten zien die zeer interessant voor hem zouden zijn. Arjuna ziet nu dat de leiders van de tegenpartij (Bhīṣma, Droṇa, Karṇa en alle zonen van Dhṛtarāṣṭra) en hun soldaten en Arjuna's eigen soldaten allemaal vernietigd worden. Dit is een aanwijzing dat Arjuna, na de dood van nagenoeg alle personen die zich op Kurukṣetra verzameld hadden, zegevierend uit de strijd tevoorschijn zal komen. Hier wordt ook gezegd dat Bhīṣma, die verondersteld wordt onoverwinnelijk te zijn, eveneens verpletterd zal worden, net als Karṇa. Niet alleen zullen de grote strijders van de tegenpartij, zoals Bhīṣma, vernietigd worden, maar ook enkele van de grote strijders aan de zijde van Arjuna's.

TEKST 28 यथा नदीनां बहवोऽम्बुवेगाः समुद्रमेवाभिमुखा द्रवन्ति ।
तथा तवामी नरलोकवीरा विशन्ति वक्त्राण्यभिविज्वलन्ति ॥ २८ ॥

yathā nadīnāṁ bahavo 'mbu-vegāḥ
samudram evābhimukhā dravanti
tathā tavāmī nara-loka-vīrā
viśanti vaktrāṇy abhivijvalanti

yathā — zoals; *nadīnām* — van de rivieren; *bahavaḥ* — de vele; *ambu-vegāḥ* — watergolven; *samudram* — de oceaan; *eva* — zeker; *abhimukhāḥ* — naar; *dravanti* — stromen; *tathā* — op dezelfde manier; *tava* — Jouw; *amī* — al deze; *nara-loka-vīrāḥ* — koningen van de menselijke samenleving; *viśanti* — ze gaan binnen; *vaktrāṇi* — de monden; *abhivijvalanti* — in de laaiende.

Zoals de vele golven van rivieren de oceaan binnenstromen, zo gaan al deze grote strijders Je fel brandende monden binnen.

TEKST 29 यथा प्रदीप्तं ज्वलनं पतङ्गा विशन्ति नाशाय समृद्धवेगाः ।
तथैव नाशाय विशन्ति लोकास्तवापि वक्त्राणि समृद्धवेगाः ॥ २९ ॥

yathā pradīptaṁ jvalanaṁ pataṅgā
viśanti nāśāya samṛddha-vegāḥ
tathaiva nāśāya viśanti lokās
tavāpi vaktrāṇi samṛddha-vegāḥ

yathā — zoals; *pradīptam* — laaiend; *jvalanam* — een vuur; *pataṅgāḥ* — motten; *viśanti* — gaan binnen; *nāśāya* — om vernietigd te worden; *samṛddha* — met volle; *vegāḥ* — snelheid; *tathā eva* — op dezelfde manier; *nāśāya* — om vernietigd te worden; *viśanti* — gaan binnen; *lokāḥ* — alle mensen; *tava* — Jouw; *api* — ook; *vaktrāṇi* — monden; *samṛddha-vegāḥ* — in volle vaart.

Ik zie alle mensen in volle vaart Je monden binnenstormen zoals motten zich ijlings in het verderf storten in een laaiend vuur.

TEKST 30 लेलिह्यसे ग्रसमानः समन्ताल्लोकान्समग्रान्वदनैर्ज्वलद्भिः ।
तेजोभिरापूर्य जगत्समग्रं भासस्तवोग्राः प्रतपन्ति विष्णो ॥ ३० ॥

lelihyase grasamānaḥ samantāl
lokān samagrān vadanair jvaladbhiḥ
tejobhir āpūrya jagat samagraṁ
bhāsas tavogrāḥ pratapanti viṣṇo

lelihyase — Je likt; *grasamānaḥ* — verzwelgend; *samantāt* — vanuit alle richtingen; *lokān* — mensen; *samagrān* — alle; *vadanaiḥ* — door de monden; *jvaladbhiḥ* — laaiende; *tejobhiḥ* — door de gloed; *āpūrya* — vullend; *jagat* — het universum; *samagram* — hele; *bhāsaḥ* — stralen; *tava* — Jouw; *ugrāḥ* — verschrikkelijke; *pratapanti* — ze verschroeien; *viṣṇo* — o alomtegenwoordige Heer.

O Viṣṇu, ik zie Je alle mensen rondom Je verzwelgen met Je vlammende monden. Door Je uitstraling, die zich uitstrekt over het hele universum, ben Je overal zichtbaar met verschrikkelijke en verzengende stralen.

TEKST 31 आख्याहि मे को भवानुग्ररूपो नमोऽस्तु ते देववर प्रसीद ।
विज्ञातुमिच्छामि भवन्तमाद्यं न हि प्रजानामि तव प्रवृत्तिम् ॥ ३१ ॥

ākhyāhi me ko bhavān ugra-rūpo
namo 'stu te deva-vara prasīda
vijñātum icchāmi bhavantam ādyaṁ
na hi prajānāmi tava pravṛttim

ākhyāhi — leg alsjeblieft uit; *me* — aan mij; *kaḥ* — wie; *bhavān* — Jij; *ugra-rūpaḥ* — woeste gedaante; *namaḥ astu* — eerbetuigingen; *te* — aan Jou; *deva-*

vara — o grote onder de halfgoden; *prasīda* — wees genadig; *vijñātum* — kennen; *icchāmi* — ik verlang; *bhavantam* — Jou; *ādyam* — de oorspronkelijke; *na* — niet; *hi* — zeker; *prajānāmi* — ik weet; *tava* — Jouw; *pravṛttim* — missie.

O Heer der goden, zo woest van gedaante, vertel me alsjeblieft wie Je bent. Ik breng Je mijn eerbetuigingen; wees me alsjeblieft genadig. Jij bent de oorspronkelijke Heer. Ik wil meer over Je weten, want ik weet niet wat Je missie is.

TEKST 32 श्रीभगवानुवाच ।
कालोऽस्मि लोकक्षयकृत्प्रवृद्धो लोकान्समाहर्तुमिह प्रवृत्तः ।
ऋतेऽपि त्वां न भविष्यन्ति सर्वे येऽवस्थिताः प्रत्यनीकेषु योधाः ॥ ३२ ॥

śrī-bhagavān uvāca
kālo 'smi loka-kṣaya-kṛt pravṛddho
lokān samāhartum iha pravṛttaḥ
ṛte 'pi tvāṁ na bhaviṣyanti sarve
ye 'vasthitāḥ pratyanīkeṣu yodhāḥ

śrī-bhagavān uvāca — de Persoonlijkheid Gods zei; *kālaḥ* — tijd; *asmi* — Ik ben; *loka* — van de werelden; *kṣaya-kṛt* — de vernietiger; *pravṛddhaḥ* — grote; *lokān* — alle mensen; *samāhartum* — met het vernietigen; *iha* — in deze wereld; *pravṛttaḥ* — bezig; *ṛte* — zonder, behalve; *api* — zelfs; *tvām* — jou; *na* — nooit; *bhaviṣyanti* — zullen zijn; *sarve* — allemaal; *ye* — die; *avasthitāḥ* — zich bevinden; *prati-anīkeṣu* — aan de andere zijden; *yodhāḥ* — de soldaten.

De Allerhoogste Persoonlijkheid Gods zei: Ik ben de tijd, de grote vernietiger van alle werelden en Ik ben hier gekomen om alle mensen te vernietigen. Met uitzondering van jullie [de Pāṇḍava's], zullen alle strijders hier aan beide zijden worden gedood.

COMMENTAAR: Hoewel Arjuna wist dat Kṛṣṇa zijn vriend en de Allerhoogste Persoonlijkheid Gods was, was hij verbaasd over de verschillende gedaanten die Kṛṣṇa tentoonspreidde. Hij vroeg daarom verder naar de eigenlijke missie van deze verwoestende kracht.

In de Veda's staat geschreven dat de Allerhoogste Waarheid alles vernietigt, zelfs de *brāhmaṇa's*. Zo verklaart de *Kaṭha Upaniṣad* (1.2.25) het volgende:

yasya brahma ca kṣatraṁ ca, ubhe bhavata odanaḥ
mṛtyur yasyopasecanaṁ, ka itthā veda yatra saḥ

Uiteindelijk zullen alle *brāhmaṇa's*, *kṣatriya's* en alle anderen door de Allerhoogste als een maaltijd verslonden worden. Deze gedaante van de Allerhoogste Heer is de allesverslindende reus en Kṛṣṇa toont Zichzelf hier in die gedaante van de allesverslindende tijd. Met uitzondering van enkele Pāṇḍava's zou iedereen die op dat slagveld aanwezig was, door Hem worden verslonden.

Arjuna was geen voorstander van de strijd en hij dacht dat het beter was om niet te vechten; op die manier zou er geen frustratie zijn. De Heer geeft als antwoord dat zelfs al zou Arjuna niet vechten, iedereen dan alsnog zou worden vernietigd, omdat dat Zijn plan was. Als Arjuna zou stoppen met vechten, dan zouden ze op een andere manier sterven. De dood was onafwendbaar, zelfs al zou hij niet vechten. In feite waren ze al dood. De tijd verwoest alles, en alle manifestaties worden door het verlangen van de Allerhoogste Heer vernietigd. Dat is de wet van de natuur.

TEKST 33 तस्मात्त्वमुत्तिष्ठ यशो लभस्व जित्वा शत्रून्भुंक्ष्व राज्यं समृद्धम् ।
मयैवैते निहताः पूर्वमेव निमित्तमात्रं भव सव्यसाचिन् ॥ ३३ ॥

tasmāt tvam uttiṣṭha yaśo labhasva
jitvā śatrūn bhuṅkṣva rājyaṁ samṛddham
mayaivaite nihatāḥ pūrvam eva
nimitta-mātraṁ bhava savya-sācin

tasmāt — daarom; *tvam* — jij; *uttiṣṭha* — sta op; *yaśaḥ* — roem; *labhasva* — verwerf; *jitvā* — verslaand; *śatrūn* — vijanden; *bhuṅkṣva* — geniet; *rājyam* — koninkrijk; *samṛddham* — bloeiend; *mayā* — door Mij; *eva* — zeker; *ete* — al deze; *nihatāḥ* — gedood; *pūrvam eva* — door voorafgaande regeling; *nimitta-mātram* — enkel de oorzaak; *bhava* — word; *savya-sācin* — o Savyasācī.

Sta daarom op. Bereid je voor op de strijd en verwerf jezelf roem. Versla je vijanden en geniet van een voorspoedig koninkrijk. Door Mijn regeling zijn ze al gedood en jij, o Savyasācī, kunt enkel een instrument zijn in de strijd.

COMMENTAAR: *Savya-sāci* verwijst naar iemand die zeer bedreven is in het afschieten van pijlen op het slagveld; Arjuna wordt hier dus aangesproken als een bekwaam strijder, die bedreven is in het afschieten van pijlen om zijn vijanden te doden.

Nimitta-mātram: 'Word eenvoudig een instrument.' Dit woord is ook zeer belangrijk. De hele wereld werkt in overeenstemming met het plan van de Allerhoogste Persoonlijkheid Gods. Dwaze personen met onvoldoende kennis denken dat de natuur zonder plan werkt en dat alle verschijnselen niet meer dan toevallige formaties zijn. Er zijn veel zogenaamde wetenschappers die suggereren dat het misschien zo en zo gebeurd is of mogelijkerwijs zo en zo, maar het is geen kwestie van 'mogelijkerwijs' of 'misschien'. In de materiële wereld wordt een bepaald plan uitgevoerd. Wat is dat plan? Deze materiële kosmos biedt de geconditioneerde zielen een kans om terug naar God te gaan, terug naar huis. Zolang ze een heerszuchtige mentaliteit hebben waardoor ze de baas proberen te spelen over de materiële natuur, zijn ze geconditioneerd. Maar iedereen die in staat is het plan van de Allerhoogste Heer te begrijpen en Kṛṣṇa-bewustzijn cultiveert, is zeer intelligent.

De schepping en vernietiging van de materiële kosmos staan onder de hogere leiding van God. De Slag van Kurukṣetra werd dus gestreden volgens het plan van God. Arjuna weigerde te vechten, maar hem werd gezegd te vechten in overeenstemming met het verlangen van de Allerhoogste Heer. Dat zou hem gelukkig maken. Wie volledig Kṛṣṇa-bewust is en zijn leven aan transcendentale dienst aan de Heer wijdt, is volmaakt.

TEKST 34 द्रोणं च भीष्मं च जयद्रथं च कर्णं तथान्यानपि योधवीरान् ।
मया हतांस्त्वं जहि माव्यथिष्ठा युध्यस्व जेतासि रणे सपत्नान् ॥ ३४ ॥

droṇaṁ ca bhīṣmaṁ ca jayadrathaṁ ca
karṇaṁ tathānyān api yodha-vīrān
mayā hatāṁs tvaṁ jahi mā vyathiṣṭhā
yudhyasva jetāsi raṇe sapatnān

droṇam ca — ook Droṇa; *bhīṣmam ca* — ook Bhīṣma; *jayadratham ca* — ook Jayadratha; *karṇam* — Karṇa; *tathā* — ook; *anyān* — anderen; *api* — zeker; *yodha-vīrān* — grote strijders; *mayā* — door Mij; *hatān* — al gedood; *tvam* — jij; *jahi* — dood; *mā* — niet; *vyathiṣṭhāḥ* — wees bevreesd; *yudhyasva* — strijd; *jetā asi* — je zult verslaan; *raṇe* — in de strijd; *sapatnān* — vijanden.

Droṇa, Bhīṣma, Jayadratha, Karṇa en de andere grote strijders zijn al door Mij vernietigd. Dood ze daarom en wees niet bevreesd. Vecht en je zult je vijanden verslaan in de strijd.

COMMENTAAR: Ieder plan wordt gemaakt door de Allerhoogste Persoonlijkheid Gods, maar Hij is zo vriendelijk en genadig voor Zijn toegewijden, dat Hij hun de eer wil geven voor het uitvoeren van Zijn plan volgens Zijn verlangen. Men moet zijn leven daarom op zo'n manier leiden, dat iedereen Kṛṣṇa-bewust handelt en de Allerhoogste Persoonlijkheid Gods leert begrijpen met behulp van een spiritueel leraar. Door de genade van de Allerhoogste Persoonlijkheid Gods kan men Zijn plannen begrijpen en de plannen van Zijn toegewijden zijn net zo goed als Zijn plannen. Zulke plannen moet men volgen om te zegevieren in de strijd om het bestaan.

TEKST 35 सञ्जय उवाच ।
एतच्छ्रुत्वा वचनं केशवस्य कृताञ्जलिर्वेपमानः किरीती ।
नमस्कृत्वा भूय एवाह कृष्णं सगद्गदं भीतभीतः प्रणम्य ॥ ३५ ॥

sañjaya uvāca
etac chrutvā vacanaṁ keśavasya
kṛtāñjalir vepamānaḥ kirīṭī
namaskṛtvā bhūya evāha kṛṣṇaṁ
sa-gadgadaṁ bhīta-bhītaḥ praṇamya

sañjayaḥ uvāca — Sañjaya zei; *etat* — zo; *śrutvā* — horend; *vacanam* — de rede; *keśavasya* — van Kṛṣṇa; *kṛta-añjaliḥ* — met gevouwen handen; *vepamānaḥ* — bevend; *kirīṭī* — Arjuna; *namaskṛtvā* — eerbetuigingen brengend; *bhūyaḥ* — opnieuw; *eva* — ook; *āha* — sprak; *kṛṣṇam* — tot Kṛṣṇa; *sa-gadgadam* — stamelend; *bhīta-bhītaḥ* — bevreesd; *praṇamya* — eerbetuigingen brengend.

Sañjaya zei tot Dhṛtarāṣṭra: O koning, nadat hij deze woorden van de Allerhoogste Persoonlijkheid Gods had gehoord, bracht de bevende Arjuna met gevouwen handen keer op keer zijn eerbetuigingen en sprak stamelend en vol angst de volgende woorden tot Heer Kṛṣṇa.

COMMENTAAR: Zoals we al eerder hebben uitgelegd raakte Arjuna verbijsterd en verward door de situatie die was teweeggebracht door de kosmische gedaante van de Allerhoogste Persoonlijkheid Gods. Arjuna begon daarom keer op keer zijn respectvolle eerbetuigingen aan Kṛṣṇa te brengen en al stamelend begon hij gebeden op te zeggen, niet als vriend, maar als een verbaasde en bewonderende toegewijde.

TEKST 36

अर्जुन उवाच ।
स्थाने हृषीकेश तव प्रकीर्त्या जगत्प्रहृष्यत्यनुरज्यते च ।
रक्षांसि भीतानि दिशो द्रवन्ति सर्वे नमस्यन्ति च सिद्धसङ्घाः ॥ ३६ ॥

arjuna uvāca
sthāne hṛṣīkeśa tava prakīrtyā
jagat prahṛṣyaty anurajyate ca
rakṣāṁsi bhītāni diśo dravanti
sarve namasyanti ca siddha-saṅghāḥ

arjunaḥ uvāca — Arjuna zei; *sthāne* — juist; *hṛṣīka-īśa* — o meester van alle zintuigen; *tava* — Jouw; *prakīrtyā* — door de roem; *jagat* — de hele wereld; *prahṛṣyati* — verheugt zich; *anurajyate* — raakt gehecht; *ca* — en; *rakṣāṁsi* — de demonen; *bhītāni* — uit angst; *diśaḥ* — in alle richtingen; *dravanti* — vluchten; *sarve* — allemaal; *namasyanti* — brengen eerbetuigingen; *ca* — ook; *siddha-saṅghāḥ* — de volmaakte mensen.

Arjuna zei: O meester van de zintuigen, de wereld verheugt zich in het horen van Je naam en daardoor raakt iedereen aan Je gehecht. De volmaakte wezens brengen Je hun respectvolle eerbetuigingen, maar de demonen zijn bang en vluchten alle kanten uit. En dit alles is zoals het moet zijn.

COMMENTAAR: Nadat Arjuna van Kṛṣṇa over de uitkomst van de Slag van Kurukṣetra gehoord had, werd hij verlicht en als een groot toegewijde en vriend van de Allerhoogste Persoonlijkheid Gods zei hij dat alles wat Kṛṣṇa doet, volkomen juist is. Arjuna bevestigde dat Kṛṣṇa de instandhouder is en het object van aanbidding voor de toegewijden en dat Hij de vernietiger van ongewenste elementen is. Zijn activiteiten zijn voor iedereen even goed.

In dit vers begrijpt Arjuna ook dat er aan het einde van de Slag van Kurukṣetra verschillende halfgoden, *siddha's* en intellectuelen van de hogere planeten in de ruimte aanwezig waren en dat ze de strijd gade sloegen omdat Kṛṣṇa daar aanwezig was. Toen Arjuna de kosmische gedaante van de Heer zag, beleefden de halfgoden er veel plezier aan, maar anderen, de demonen en atheïsten, konden het niet verdragen dat de Heer verheerlijkt werd. Door hun natuurlijke angst voor de verwoestende gedaante van de Allerhoogste Persoonlijkheid Gods vluchtten ze weg. Arjuna prijst de manier waarop Kṛṣṇa de toegewijden en de demonen behandelt. De toegewijde verheerlijkt de Heer in alle gevallen, omdat hij weet dat wat de Heer ook doet, goed is voor iedereen.

TEKST 37 कस्माच्च ते न नमेरन्महात्मन् गरीयसे ब्रह्मणोऽप्यादिकर्त्रे ।
अनन्त देवेश जगन्निवास त्वमक्षरं सदसत्तत्परं यत् ॥ ३७ ॥

kasmāc ca te na nameran mahātman
garīyase brahmaṇo 'py ādi-kartre
ananta deveśa jagan-nivāsa
tvam akṣaraṁ sad-asat tat paraṁ yat

kasmāt — waarom; *ca* — en; *te* — aan Jou; *na* — niet; *nameran* — zij zouden gepaste eerbetuigingen moeten brengen; *mahā-ātman* — o verhevene; *garīyase* — die beter is; *brahmaṇaḥ* — dan Brahmā; *api* — hoewel; *ādi-kartre* — aan de allerhoogste Schepper; *ananta* — o oneindige; *deva-īśa* — o God der goden; *jagat-nivāsa* — o toevlucht van het universum; *tvam* — Jij bent; *akṣaram* — onvergankelijk; *sat-asat* — aan oorzaak en gevolg; *tat param* — transcendentaal; *yat* — omdat.

O verhevene, groter zelfs dan Brahmā, Jij bent de oorspronkelijke Schepper. Waarom zouden ze Je dan niet hun respectvolle eerbetuigingen brengen? O onbegrensde, God der goden, toevlucht van het universum! Je bent de onoverwinnelijke oorsprong, de oorzaak van alle oorzaken en Je bent ontstegen aan de materiële wereld.

COMMENTAAR: Door zijn eerbetuigingen te brengen laat Arjuna hier zien dat Kṛṣṇa vererenswaardig is voor iedereen. Kṛṣṇa is alomtegenwoordig en Hij is de ziel van iedere ziel. Arjuna spreekt Kṛṣṇa aan met *mahātmā*, wat betekent dat Hij het grootmoedigst is en onbegrensd. *Ananta* betekent dat er niets is wat niet beïnvloed of bedekt wordt door de energie van de Allerhoogste Heer, en *deveśa* betekent dat Hij de bestuurder van alle halfgoden is en boven hen allemaal staat. Hij is de toevlucht van het hele universum. Arjuna vond het gepast dat alle perfecte levende wezens en machtige halfgoden hun respectvolle eerbetuigingen aan Kṛṣṇa brachten, omdat niemand groter is dan Hij. Arjuna zegt met nadruk dat Kṛṣṇa groter is dan Brahmā, omdat Brahmā door Hem geschapen is. Brahmā werd geboren uit de lotusstengel die uit de navel van Garbhodaka-śāyī Viṣṇu, de volkomen expansie van Kṛṣṇa, groeide; daarom moeten Brahmā en Heer Śiva, die uit Brahmā voortkwam, en alle andere halfgoden hun respectvolle eerbetuigingen aan Kṛṣṇa brengen. In het *Śrīmad-Bhāgavatam* wordt verklaard dat de Heer door Heer Śiva, Brahmā en de andere halfgoden gerespecteerd wordt.

Het woord *'akṣaram'* is zeer belangrijk, omdat deze materiële schepping onderhevig is aan vernietiging, maar de Heer staat boven deze materiële schepping. Hij is de oorzaak van alle oorzaken en als zodanig staat Hij niet alleen boven alle geconditioneerde zielen in deze materiële natuur, maar ook boven de materiële kosmos zelf. Hij is daarom de algrote Allerhoogste.

TEKST 38 त्वमादिदेवः पुरुषः पुराणस् त्वमस्य विश्वस्य परं निधानम् ।
वेत्तासि वेद्यं च परं च धाम त्वया ततं विश्वमनन्तरूप ॥ ३८ ॥

tvam ādi-devaḥ puruṣaḥ purāṇas
tvam asya viśvasya paraṁ nidhānam
vettāsi vedyaṁ ca paraṁ ca dhāma
tvayā tataṁ viśvam ananta-rūpa

tvam — Jij; *ādi-devaḥ* — de oorspronkelijke Allerhoogste God; *puruṣaḥ* — persoonlijkheid; *purāṇaḥ* — oud; *tvam* — Jij; *asya* — van dit; *viśvasya* — universum; *param* — transcendentale; *nidhānam* — toevlucht; *vettā* — de kenner; *asi* — Jij bent; *vedyam* — het kenbare; *ca* — en; *param* — transcendentale; *ca* — en; *dhāma* — toevlucht; *tvayā* — door Jou; *tatam* — doordrongen; *viśvam* — het universum; *ananta-rūpa* — o oneindige gedaante.

Je bent de oorspronkelijke Persoonlijkheid Gods, de oudste, de uiteindelijke rustplaats van deze gemanifesteerde kosmos. Je bent degene die alles kent en Je bent al wat kenbaar is. Je bent de hoogste toevlucht en Je bent ontstegen aan de materiële hoedanigheden. O oneindige gedaante! Deze hele kosmos is doordrongen van Jou!

COMMENTAAR: Alles rust op de Allerhoogste Persoonlijkheid Gods, daarom is Hij de uiteindelijke rustplaats. *Nidhānam* betekent dat alles, zelfs de Brahman-gloed, op de Allerhoogste Persoonlijkheid Gods, Kṛṣṇa, rust. Hij is de kenner van alles wat er in deze wereld gebeurt, en als kennis een eindpunt heeft, dan is Hij het eindpunt van alle kennis; daarom is Hij het gekende en de kenbare. Hij is het doel van kennis, omdat Hij alomtegenwoordig is. Omdat Hij de oorzaak is in de spirituele wereld, is Hij transcendentaal. Hij is ook de voornaamste persoon in de transcendentale wereld.

TEKST 39 वायुर्यमोऽग्निर्वरुणः शशाङ्कः प्रजापतिस्त्वं प्रपितामहश्च ।
नमो नमस्तेऽस्तु सहस्रकृत्वः पुनश्च भूयोऽपि नमो नमस्ते ॥ ३९ ॥

vāyur yamo 'gnir varuṇaḥ śaśāṅkaḥ
prajāpatis tvaṁ prapitāmahaś ca

namo namas te 'stu sahasra-kṛtvaḥ
punaś ca bhūyo 'pi namo namas te

vāyuḥ — lucht; *yamaḥ* — de bestuurder; *agniḥ* — vuur; *varuṇaḥ* — water; *śaśa-aṅkaḥ* — de maan; *prajāpatiḥ* — Brahmā; *tvam* — Jij; *prapitā-mahaḥ* — de overgrootvader; *ca* — en; *namaḥ* — mijn eerbetuigingen; *namaḥ* — opnieuw mijn eerbetuigingen; *te* — aan Jou; *astu* — laat er zijn; *sahasra-kṛtvaḥ* — duizendmaal; *punaḥ ca* — en opnieuw; *bhūyaḥ* — nogmaals; *api* — ook; *namaḥ* — mijn eerbetuigingen brengend; *namaḥ te* — mijn eerbetuigingen brengend aan Jou.

Je bent lucht en Je bent de allerhoogste bestuurder! Je bent vuur, Je bent water en Je bent de maan! Je bent Brahmā, het eerste levend wezen, en Je bent de overgrootvader. Ik breng Je daarom duizendmaal mijn respectvolle eerbetuigingen, steeds weer opnieuw!

COMMENTAAR: De Heer wordt hier aangeduid als lucht, want lucht is de belangrijkste vertegenwoordiger van alle halfgoden, omdat ze alomtegenwoordig is. Arjuna spreekt Kṛṣṇa ook aan als de overgrootvader, omdat Hij de vader van Brahmā is, het eerste levend wezen in het universum.

TEKST 40 नमः पुरस्तादथ पृष्ठतस्ते नमोऽस्तु ते सर्वत एव सर्व ।
अनन्तवीर्यामितविक्रमस्त्वं सर्वं समाप्नोषि ततोऽसि सर्वः ॥ ४० ॥

namaḥ purastād atha pṛṣṭhatas te
namo 'stu te sarvata eva sarva
ananta-vīryāmita-vikramas tvaṁ
sarvaṁ samāpnoṣi tato 'si sarvaḥ

namaḥ — eerbetuigingen brengend; *purastāt* — aan de voorkant; *atha* — ook; *pṛṣṭhataḥ* — aan de achterkant; *te* — aan Jou; *namaḥ astu* — ik betuig mijn respect; *te* — aan Jou; *sarvataḥ* — van alle kanten; *eva* — zeker; *sarva* — omdat Je alles bent; *ananta-vīrya* — onbegrensd vermogen; *amita-vikramaḥ* — en onbegrensde kracht; *tvam* — Jou; *sarvam* — alles; *samāpnoṣi* — Jij doordringt; *tataḥ* — daarom; *asi* — Jij bent; *sarvaḥ* — alles.

Ik breng mijn eerbetuigingen vóór Je, achter Je en van alle kanten! O grenzeloos vermogen, Je bent de meester van onbegrensde kracht! Je bent alomtegenwoordig en daarom ben Je alles!

COMMENTAAR: Uit liefdevolle extase voor Kṛṣṇa brengt Zijn vriend Arjuna zijn eerbetuigingen aan alle zijden. Hij aanvaardt dat Kṛṣṇa de meester van alle vermogens en vaardigheden is en dat Hij ver verheven is boven alle grote strijders die op het slagveld verzameld zijn. In de *Viṣṇu Purāṇa* (1.9.69) staat:

yo 'yaṁ tavāgato deva, samīpaṁ devatā-gaṇaḥ
sa tvam eva jagat-sraṣṭā, yataḥ sarva-gato bhavān

'O Allerhoogste Persoonlijkheid Gods, iedereen die voor Jou verschijnt, ook al is hij een halfgod, is door Jou geschapen.'

TEKST 41 – 42

सखेति मत्वा प्रसभं यदुक्तं हे कृष्ण हे यादव हे सखेति ।
अजानता महिमानं तवेदं मया प्रमादात्प्रणयेन वापि ॥ ४१ ॥
यच्चावहासार्थमसत्कृतोऽसि विहारशय्यासनभोजनेषु ।
एकोऽथवाप्यच्युत तत्समक्षं तत्क्षामये त्वामहमप्रमेयम् ॥ ४२ ॥

sakheti matvā prasabhaṁ yad uktaṁ
he kṛṣṇa he yādava he sakheti
ajānatā mahimānaṁ tavedaṁ
mayā pramādāt praṇayena vāpi

yac cāvahāsārtham asat-kṛto 'si
vihāra-śayyāsana-bhojaneṣu
eko 'tha vāpy acyuta tat-samakṣaṁ
tat kṣāmaye tvām aham aprameyam

sakhā — vriend; *iti* — zo; *matvā* — denkend; *prasabham* — onbezonnen; *yat* — wat ook maar; *uktam* — gezegd; *he kṛṣṇa* — o Kṛṣṇa; *he yādava* — o Yādava; *he sakhe* — o mijn dierbare vriend; *iti* — zo; *ajānatā* — zonder te kennen; *mahimānam* — grootheid; *tava* — Jouw; *idam* — deze; *mayā* — door mij; *pramādāt* — uit dwaasheid; *praṇayena* — uit liefde; *vā api* — hetzij; *yat* — wat dan ook; *ca* — ook; *avahāsa-artham* — voor de grap; *asat-kṛtaḥ* — oneerbiedig behandeld; *asi* — Je bent geweest; *vihāra* — terwijl we ontspanden; *śayyā* — terwijl we lagen; *āsana* — terwijl we zaten; *bhojaneṣu* — of terwijl we samen aten; *ekaḥ* — alleen; *atha vā* — of; *api* — ook; *acyuta* — o onfeilbare; *tat-samakṣam* — in het bijzijn van vrienden; *tat* — al die; *kṣāmaye* — vraag om vergiffenis; *tvām* — Jou; *aham* — Ik; *aprameyam* — onmetelijke.

Omdat ik Je als mijn vriend beschouwde, heb ik Je in mijn onbezonnenheid aangesproken met 'O Kṛṣṇa', 'O Yādava', 'O mijn vriend', zonder me van Je grootheid bewust te zijn. Vergeef alsjeblieft al wat ik uit dwaasheid of uit liefde gedaan mag hebben. Ik heb Je vaak zonder eerbied behandeld, terwijl we ons al grappen makend ontspanden, terwijl we op hetzelfde bed lagen of samen ergens zaten of aten, soms alleen en soms in het bijzijn van vele vrienden. O onfeilbare, vergeef me alsjeblieft al die beledigingen.

COMMENTAAR: Hoewel Kṛṣṇa in Zijn kosmische gedaante voor Arjuna verschenen is, herinnert Arjuna zich zijn relatie met Hem als vriend en vraagt daarom vergiffenis en verzoekt Kṛṣṇa om hem de vele vrijmoedigheden die uit vriendschap voortkomen te vergeven. Hij geeft toe dat hij eerder niet wist dat Kṛṣṇa zo'n kosmische gedaante kon aannemen, hoewel Kṛṣṇa hem dit als een innige vriend had uitgelegd. Arjuna wist niet hoe vaak hij Kṛṣṇa zonder eerbied behandeld had, door Hem aan te spreken als 'o mijn vriend', 'o Kṛṣṇa', 'o Yādava', enz. zonder zijn volheden te erkennen. Maar Kṛṣṇa is zo vriendelijk en genadig, dat Hij ondanks die volheden met Arjuna omging als vriend. Dat is het kenmerk van de transcendentale, wederzijdse uitwisseling van liefde tussen de toegewijde en de Heer. De relatie tussen het levend wezen en Kṛṣṇa staat voor eeuwig vast; ze kan niet vergeten worden, wat we aan Arjuna's gedrag kunnen zien. Ook al heeft Arjuna de volheden in de kosmische gedaante gezien, toch kan hij de relatie die hij met Kṛṣṇa had als vriend niet vergeten.

TEKST 43 पितासि लोकस्य चराचरस्य त्वमस्य पूज्यश्च गुरुर्गरीयान् ।
न त्वत्समोऽस्त्यभ्यधिकः कुतोऽन्यो लोकत्रयेऽप्यप्रतिमप्रभाव ॥ ४३ ॥

pitāsi lokasya carācarasya
tvam asya pūjyaś ca gurur garīyān
na tvat-samo 'sty abhyadhikaḥ kuto 'nyo
loka-traye 'py apratima-prabhāva

pitā — de vader; *asi* — Jij bent; *lokasya* — van de hele wereld; *cara* — bewegende; *acarasya* — en niet-bewegende; *tvam* — Jij bent; *asya* — van dit; *pūjyaḥ* — vereerbare; *ca* — ook; *guruḥ* — leraar; *garīyān* — roemrijke; *na* — nooit; *tvat-samaḥ* — gelijk aan Jou; *asti* — er is; *abhyadhikaḥ* — groter; *kutaḥ* — hoe is het mogelijk; *anyaḥ* — ander; *loka-traye* — in de drie planetenstelsels; *api* — ook; *apratima-prabhāva* — o onmetelijke macht.

Je bent de vader van deze hele kosmische manifestatie, van alles wat beweegt en niet beweegt. Je bent er de eerbiedwaardige meester van en de allerhoogste spiritueel leraar. Niemand is groter dan Jij en evenmin kan iemand één met Je zijn. O Heer van onmetelijke macht, hoe zou er in de drie werelden dan iemand groter kunnen zijn dan Jij?

COMMENTAAR: De Allerhoogste Persoonlijkheid Gods, Kṛṣṇa, is vererenswaardig zoals een vader vererenswaardig is voor zijn zoon. Hij is de spiritueel leraar, want Hij gaf oorspronkelijk de Vedische instructies aan Brahmā en nu spreekt Hij de *Bhagavad-gītā* tot Arjuna. Daarom is Hij de oorspronkelijke spiritueel leraar, en iedere bonafide spiritueel leraar van deze tijd moet tot de opeenvolging van discipelen behoren die teruggaat op Kṛṣṇa. Zonder een vertegenwoordiger van Kṛṣṇa te zijn, kan niemand een meester of een spiritueel leraar van transcendentale onderwerpen worden.

De Heer is in alle opzichten vererenswaardig. Zijn grootheid is onmetelijk. Niemand kan groter zijn dan de Allerhoogste Persoonlijkheid Gods, Kṛṣṇa, omdat niemand gelijk is aan of hoger staat dan Kṛṣṇa, in welke materiële of spirituele manifestatie dan ook. Iedereen staat onder Hem. Niemand kan Hem overtreffen. In de *Śvetāśvatara Upaniṣad* (6.8) wordt het volgende gesteld:

na tasya kāryaṁ karaṇaṁ ca vidyate
na tat-samaś cābhyadhikaś ca dṛśyate

De Allerhoogste Heer, Kṛṣṇa, heeft zintuigen en een lichaam zoals een gewoon mens, maar voor Hem bestaat er geen verschil tussen Zijn zintuigen, Zijn lichaam, Zijn geest en Hemzelf. Dwaze personen, die Hem niet perfect kennen, zeggen dat Kṛṣṇa van Zijn ziel, geest, hart en al het andere verschilt. Kṛṣṇa is absoluut; daarom zijn Zijn activiteiten en vermogens het meest verheven. Ook wordt verklaard dat hoewel Hij niet dezelfde zintuigen als wij heeft, Hij alle zintuiglijke activiteiten kan verrichten; Zijn zintuigen zijn niet onvolmaakt en evenmin beperkt. Niemand kan groter zijn dan Hij, niemand kan gelijk zijn aan Hem en iedereen staat onder Hem. De kennis, kracht en activiteiten van de Allerhoogste Persoonlijkheid zijn allemaal transcendentaal. Zo wordt in de *Bhagavad-gītā* gezegd (4.9):

janma karma ca me divyam, evaṁ yo vetti tattvataḥ
tyaktvā dehaṁ punar janma, naiti mām eti so 'rjuna

Iedereen die het transcendentale lichaam, de transcendentale activiteiten en de transcendentale volmaaktheid van Kṛṣṇa kent, zal, nadat hij zijn lichaam verlaten heeft, teruggaan naar Kṛṣṇa en niet naar deze ellendige wereld terugkeren. Men moet daarom beseffen dat de activiteiten van Kṛṣṇa verschillen van die van anderen. Het is het beste om de principes van Kṛṣṇa te volgen; daardoor zal men perfect worden.

Er wordt ook gesteld dat niemand de meester van Kṛṣṇa is. Iedereen is Zijn dienaar. Het *Caitanya-caritāmṛta* (*Ādi* 5.142) bevestigt dit: *ekale īśvara kṛṣṇa, āra saba bhṛtya* — alleen Kṛṣṇa is God en voor de rest is iedereen Zijn dienaar. Iedereen schikt zich naar Zijn bevel; er is niemand die zich aan Zijn bevel kan onttrekken. Iedereen staat onder Zijn supervisie en handelt daarom volgens Zijn leiding. Zo wordt in de *Brahma-saṁhitā* gezegd dat Hij de oorzaak van alle oorzaken is.

TEKST 44 तस्मात्प्रणम्य प्रणिधाय कायं प्रसादये त्वामहमीशमीड्यम् ।
पितेव पुत्रस्य सखेव सख्युः प्रियः प्रियायार्हसि देव सोढुम् ॥ ४४ ॥

tasmāt praṇamya praṇidhāya kāyaṁ
prasādaye tvām aham īśam īḍyam
piteva putrasya sakheva sakhyuḥ
priyaḥ priyāyārhasi deva soḍhum

tasmāt — daarom; *praṇamya* — eerbetuigingen brengend; *praṇidhāya* — neerleggend; *kāyam* — het lichaam; *prasādaye* — om genade smeken; *tvām* — Jou; *aham* — ik; *īśam* — de Allerhoogste Heer; *īḍyam* — vereerbare; *pitā iva* — zoals een vader; *putrasya* — met een zoon; *sakhā iva* — als een vriend; *sakhyuḥ* — met een vriend; *priyaḥ* — een minnaar; *priyāyāḥ* — met de beminde; *arhasi* — Je moet; *deva* — mijn Heer; *soḍhum* — tolereren.

Jij bent de Allerhoogste Heer die het waard is door ieder levend wezen vereerd te worden. Daarom val ik neer om Je mijn respectvolle eerbetuigingen te brengen en Je om genade te smeken. Zoals een vader de brutaliteit van zijn zoon tolereert, zoals een vriend zich niet aan de vrijmoedigheid van een vriend stoort of zoals een echtgenoot de vertrouwelijkheid van zijn vrouw toelaat, vergeef zo ook alsjeblieft al die keren dat ik Je zonder eerbied heb behandeld.

COMMENTAAR: De toegewijden van Kṛṣṇa kunnen verschillende relaties met Hem hebben: men kan Kṛṣṇa als een zoon behandelen, men kan Kṛṣṇa als echtgenoot behandelen of als vriend of als meester. Kṛṣṇa en Arjuna hebben een vriendschappelijke relatie. Zoals een vader verdraagzaam is of zoals de echtgenoot of de meester verdraagzaam zijn, zo is ook Kṛṣṇa verdraagzaam.

TEKST 45 अदृष्टपूर्वं हृषितोऽस्मि दृष्ट्वा भयेन च प्रव्यथितं मनो मे ।
तदेव मे दर्शय देव रूपं प्रसीद देवेश जगन्निवास ॥ ४५ ॥

adṛṣṭa-pūrvaṁ hṛṣito 'smi dṛṣṭvā
bhayena ca pravyathitaṁ mano me
tad eva me darśaya deva rūpaṁ
prasīda deveśa jagan-nivāsa

adṛṣṭa-pūrvam — nooit eerder gezien; *hṛṣitaḥ* — verheugd; *asmi* — ik ben; *dṛṣṭvā* — door te zien; *bhayena* — uit angst; *ca* — en; *pravyathitam* — angstig; *manaḥ* — geest; *me* — mijn; *tat* — dat; *eva* — zeker; *me* — aan mij; *darśaya* — toon; *deva* — o Heer; *rūpam* — de gedaante; *prasīda* — wees genadig; *deva-īśa* — o Heer der heren; *jagat-nivāsa* — o toevlucht van het universum.

Nu ik deze kosmische gedaante, die ik nooit eerder aanschouwde, gezien heb, ben ik verheugd, maar tegelijkertijd is mijn geest vervuld van angst. Wees me daarom alsjeblieft genadig en toon me opnieuw Je gedaante als de Persoonlijkheid Gods, o Heer der heren, o toevlucht van het universum.

COMMENTAAR: Arjuna's omgang met Kṛṣṇa is altijd vertrouwelijk, omdat hij een zeer dierbare vriend is. En zoals een dierbare vriend zich verheugt over de rijkdom van zijn vriend, zo is Arjuna ook verheugd te zien dat zijn vriend Kṛṣṇa de Allerhoogste Persoonlijkheid Gods is en zo'n wonderbaarlijke kosmische gedaante kan tonen. Tegelijkertijd is hij na het zien van die kosmische gedaante bang dat hij door zijn zuivere vriendschap zoveel overtredingen tegenover Kṛṣṇa heeft begaan. Op die manier is zijn geest verstoord door angst, hoewel hij geen reden had om angstig te zijn. Arjuna vraagt daarom aan Kṛṣṇa om Zijn gedaante als Nārāyaṇa te tonen, want Hij kan alle gedaanten aannemen.

De kosmische gedaante is materieel en tijdelijk, net zoals de materiële wereld ook tijdelijk is. Maar in de Vaikuṇṭha-planeten heeft Kṛṣṇa een transcendentale gedaante met vier armen als Nārāyaṇa. Er bestaan ontelbare planeten in de spirituele hemel en Kṛṣṇa is op al deze planeten aanwezig door Zijn volkomen manifestaties, die verschillende namen hebben. Arjuna verlangde er dus naar een van de gedaanten te zien die op de Vaikuṇṭha-planeten te zien zijn. Natuurlijk heeft de gedaante van Nārāyaṇa op iedere Vaikuṇṭha-planeet vier armen, maar de vier handen houden verschillende combinaties van symbolen vast, namelijk de hoornschelp, de knots, de lotus en de discus. Naargelang de verschillende handen waardoor deze voorwerpen worden vastgehouden, hebben de Nārāyaṇa's verschillende namen. Al deze gedaanten zijn één met Kṛṣṇa; daarom vraagt Arjuna om Zijn vierarmige gedaante te mogen zien.

TEKST 46 किरीटिनं गदिनं चक्रहस्तम् इच्छामि त्वां द्रष्टुमहं तथैव ।
तेनैव रूपेण चतुर्भुजेन सहस्रबाहो भव विश्वमूर्ते ॥ ४६ ॥

kirīṭinaṁ gadinaṁ cakra-hastam
icchāmi tvāṁ draṣṭum ahaṁ tathaiva
tenaiva rūpeṇa catur-bhujena
sahasra-bāho bhava viśva-mūrte

kirīṭinam — met kroon; *gadinam* — met knots; *cakra-hastam* — met een discus in Je hand; *icchāmi* — ik verlang; *tvām* — Jou; *draṣṭum* — zien; *aham* — ik; *tathā eva* — in die positie; *tena eva* — in die; *rūpeṇa* — gedaante; *catuḥ-bhujena* — vierhandige; *sahasra-bāho* — o duizendhandige; *bhava* — wordt; *viśva-mūrte* — o kosmische gedaante.

O kosmische gedaante, o duizendarmige Heer, ik wil Je graag in Je vierarmige gedaante zien, met een gekroond hoofd en met knots, discus, hoornschelp en lotusbloem in Je handen. Ik verlang ernaar Je in die gedaante te zien.

COMMENTAAR: In de *Brahma-saṁhitā* (5.39) staat het volgende: *rāmādi-mūrtiṣu kalā-niyamena tiṣṭhan* — de Heer bevindt Zich eeuwig in honderden en duizenden gedaanten en de belangrijkste daarvan zijn Rāma, Nṛsiṁha, Nārāyaṇa enz. Er bestaan ontelbare gedaanten. Maar Arjuna wist dat Kṛṣṇa de oorspronkelijke Persoonlijkheid Gods is, die Zijn tijdelijke, kosmische gedaante aannam. Hij vraagt nu om de gedaante van Nārāyaṇa te zien, die een spirituele gedaante is.

Dit vers bewijst zonder enige twijfel de uitspraak in het *Śrīmad-Bhāgavatam* dat Kṛṣṇa de oorspronkelijke Persoonlijkheid Gods is en dat alle andere aspecten hun oorsprong in Hem hebben. Hij is niet-verschillend van Zijn volkomen expansies en Hij is God in al Zijn ontelbare gedaanten. In al die gedaanten is Hij vitaal als een jonge man. Dat is het voortdurende kenmerk van de Allerhoogste Persoonlijkheid Gods. Wie Kṛṣṇa kent, raakt onmiddellijk bevrijd van alle onzuiverheden van de materiële wereld.

TEKST 47 श्रीभगवानुवाच ।
मया प्रसन्नेन तवार्जुनेदं रूपं परं दर्शितमात्मयोगात् ।
तेजोमयं विश्वमनन्तमाद्यं यन्मे त्वदन्येन न दृष्टपूर्वम् ॥ ४७ ॥

śrī-bhagavān uvāca
mayā prasannena tavārjunedaṁ
rūpaṁ paraṁ darśitam ātma-yogāt
tejo-mayaṁ viśvam anantam ādyaṁ
yan me tvad anyena na dṛṣṭa-pūrvam

śrī-bhagavān uvāca — de Allerhoogste Persoonlijkheid Gods zei; *mayā* — door Mij; *prasannena* — met genoegen; *tava* — aan jou; *arjuna* — o Arjuna; *idam* — deze; *rūpam* — gedaante; *param* — transcendentale; *darśitam* — getoond; *ātma-yogāt* — door Mijn interne vermogen; *tejaḥ-mayam* — vol schittering; *viśvam* — het hele universum; *anantam* — oneindig; *ādyam* — oorspronkelijk; *yat* — dat wat; *me* — Mijn; *tvat anyena* — iemand anders dan jij; *na dṛṣṭa-pūrvam* — niemand heeft ooit eerder gezien.

De Allerhoogste Persoonlijkheid Gods zei: Mijn dierbare Arjuna, met genoegen heb Ik je door Mijn interne vermogen deze allerhoogste kosmische gedaante in de materiële wereld laten zien. Vóór jou heeft niemand deze oorspronkelijke gedaante, die onbegrensd is en verblindend fel schijnt, ooit gezien.

COMMENTAAR: Arjuna wilde de kosmische gedaante van de Allerhoogste Heer zien en uit genade voor Zijn toegewijde, Arjuna, toonde Heer Kṛṣṇa deze gedaante, die vol rijkdommen was en fel scheen. Deze gedaante scheen oogverblindend als de zon en haar vele gezichten veranderden snel. Kṛṣṇa toonde deze gedaante enkel om aan het verlangen van Zijn vriend Arjuna te voldoen. Kṛṣṇa manifesteerde deze gedaante door Zijn interne vermogen, dat het menselijk voorstellingsvermogen te boven gaat.

Vóór Arjuna had niemand deze kosmische gedaante van de Heer gezien, maar omdat ze aan Arjuna werd getoond, konden andere toegewijden op de hemelse planeten en op andere planeten in de ruimte deze gedaante ook zien. Ze hadden deze gedaante niet eerder gezien, maar dankzij Arjuna konden ze dat nu wel. Met andere woorden, alle toegewijden van de Heer in de opeenvolging van discipelen konden de kosmische gedaante, die door de genade van Kṛṣṇa aan Arjuna werd getoond, zien. Iemand heeft uitgelegd dat deze gedaante ook aan Duryodhana werd getoond toen Kṛṣṇa hem benaderde voor vredesonderhandelingen. Jammer genoeg wees Duryodhana het vredesaanbod af; daarop toonde Kṛṣṇa enkele van Zijn kosmische gedaanten. Maar die gedaanten verschillen van de gedaante die aan Arjuna werd getoond. Er wordt duidelijk gezegd dat niemand deze gedaante ooit eerder had gezien.

TEKST 48 न वेदयज्ञाध्ययनैर्न दानैर् न च क्रियाभिर्न तपोभिरुग्रैः ।
एवंरूपः शक्य अहं नृलोके द्रष्टुं त्वदन्येन कुरुप्रवीर ॥ ४८ ॥

na veda-yajñādhyayanair na dānair
na ca kriyābhir na tapobhir ugraiḥ
evaṁ-rūpaḥ śakya ahaṁ nṛ-loke
draṣṭuṁ tvad anyena kuru-pravīra

na — nooit; *veda-yajña* — door offers; *adhyayanaiḥ* — of het bestuderen van de Veda's; *na* — nooit; *dānaiḥ* — door schenking; *na* — nooit; *ca* — ook; *kriyābhiḥ* — door vrome activiteiten; *na* — nooit; *tapobhiḥ* — door zware ascese; *ugraiḥ* — strenge; *evam-rūpaḥ* — in deze gedaante; *śakyaḥ* — kan; *aham* — Ik; *nṛ-loke* — in de materiële wereld; *draṣṭum* — gezien worden; *tvat* — dan jij; *anyena* — door iemand anders; *kuru-pravīra* — o beste van de Kuru-strijders.

O beste van de Kuru-strijders, vóór jou heeft niemand ooit deze kosmische gedaante van Mij gezien, want in de materiële wereld kan Ik niet in deze gedaante worden waargenomen door de Veda's te bestuderen, door offers te brengen, door vrijgevigheid, door vrome activiteiten of door zware ascese te beoefenen.

COMMENTAAR: We moeten in dit verband goed begrijpen wat met een goddelijk gezichtsvermogen wordt bedoeld. Wie kan een goddelijk gezichtsvermogen bezitten? 'Goddelijk' betekent 'van een godheid'. Tenzij men de status van goddelijkheid bereikt als die van een halfgod, kan men dit goddelijk gezichtsvermogen niet bezitten. Maar wat is een halfgod? In de Vedische teksten wordt verklaard dat zij die toegewijden zijn van Heer Viṣṇu, halfgoden zijn (*viṣṇu-bhaktaḥ smṛto daiva*). Zij die atheïstisch zijn, dat wil zeggen, zij die niet in Viṣṇu geloven of die alleen het onpersoonlijke aspect van Kṛṣṇa als het Allerhoogste erkennen, kunnen dit goddelijk gezichtsvermogen niet bezitten. Men kan onmogelijk Kṛṣṇa minachten en tegelijkertijd een goddelijk gezichtsvermogen hebben. Men kan geen goddelijk gezichtsvermogen hebben zonder eerst goddelijk te worden. Met andere woorden, zij die een goddelijk gezichtsvermogen hebben, zijn in staat net zo te zien als Arjuna.

De *Bhagavad-gītā* geeft de beschrijving van de kosmische gedaante. Hoewel deze beschrijving onbekend was aan iedereen vóór Arjuna, kan men nu, na dit voorval, enigszins een idee krijgen van de *viśva-rūpa*. Zij die werkelijk goddelijk zijn kunnen de kosmische gedaante van de Heer zien. Niemand kan echter goddelijk zijn zonder een zuivere toegewijde van Kṛṣṇa te zijn. Maar toegewijden, die zich werkelijk op het goddelijk vlak bevinden en een goddelijk gezichtsvermogen hebben, zijn er niet erg in geïnteresseerd om de kosmische gedaante van de Heer te zien. Zo werd in het vorige vers beschreven dat Arjuna de vierarmige gedaante van Heer Kṛṣṇa als Viṣṇu verlangde te zien en dat hij eigenlijk bang was voor de kosmische gedaante.

In dit vers staan enkele belangrijke woorden, zoals *'veda-yajñādhya-yanaiḥ'*, wat betrekking heeft op het bestuderen van de Vedische literatuur en op het onderwerp van de regels van offerrituelen. Het woord *'veda'* verwijst naar alle soorten Vedische teksten, zoals de vier Veda's (*Ṛg, Yajur, Sāma* en *Atharva*) en de achttien *purāṇa's*, de *upaniṣads* en het *Vedānta-sūtra*. Men kan deze thuis of waar dan ook bestuderen. Op dezelfde manier zijn er voor het bestuderen van de methoden van offeren verschillende *sūtra's*, zoals de *Kalpa-sūtra's* en *Mīmāṁsā-sūtra's*. Het woord *'dānaiḥ'* heeft betrekking op vrijgevigheid tegenover een geschikte groep personen, zoals zij die liefdevolle transcendentale dienst aan de Heer verrichten — de *brāhmaṇa's* en de *vaiṣṇava's*. Zo verwijst 'vrome activiteiten' naar vuuroffers (*agni-hotra*) en de voorgeschreven plichten van de verschillende kasten. En het vrijwillig aanvaarden van wat lichamelijke pijn wordt *tapasya* genoemd.

Men kan van alles doen — lichamelijke ascese, vrijgevig zijn, de Veda's bestuderen enz. — maar zonder een toegewijde als Arjuna te zijn, is het niet mogelijk om die kosmische gedaante te zien. Impersonalisten denken ook dat ze de kosmische gedaante van de Heer zien, maar de *Bhagavad-gītā* maakt ons duidelijk dat impersonalisten geen toegewijden zijn. Ze zijn daarom niet in staat de kosmische gedaante van de Heer te zien.

Er zijn veel personen die incarnaties in het leven roepen. Ten onrechte beweren ze dat een of ander gewoon mens een incarnatie is, maar dat is volslagen dwaasheid. We moeten de principes van de *Bhagavad-gītā* volgen, anders is het onmogelijk om perfecte spirituele kennis te krijgen. Hoewel de *Bhagavad-gītā* als de voorbereidende studie van de wetenschap van God wordt beschouwd, is ze toch zo perfect, dat ze iemand in staat stelt onderscheid te maken en te weten wat wát is.

De volgelingen van een pseudo-incarnatie mogen dan beweren dat ze de transcendentale incarnatie van God, de kosmische gedaante, ook hebben gezien, maar dat is onaanvaardbaar, want hier wordt duidelijk gezegd dat tenzij men een toegewijde van Kṛṣṇa wordt, men de kosmische gedaante van God niet kan zien. Allereerst moet men een zuivere toegewijde van Kṛṣṇa worden en pas daarna kan men beweren dat zijn vererenswaardige Heer de kosmische gedaante kan laten zien en dat hij deze heeft gezien. Een toegewijde van Kṛṣṇa zal geen valse incarnaties aanvaarden en ook geen volgelingen van valse incarnaties.

TEKST 49 मा ते व्यथा मा च विमूढभावो दृष्ट्वा रूपं घोरमीदृङ्ममेदम् ।
व्यपेतभीः प्रीतमनाः पुनस्त्वं तदेव मे रूपमिदं प्रपश्य ॥ ४९ ॥

mā te vyathā mā ca vimūḍha-bhāvo
dṛṣṭvā rūpaṁ ghoram īdṛṅ mamedam
vyapeta-bhīḥ prīta-manāḥ punas tvaṁ
tad eva me rūpam idaṁ prapaśya

mā — laat het niet zijn; *te* — voor jou; *vyathā* — onrust; *mā* — laat het niet zijn; *ca* — ook; *vimūḍha-bhāvaḥ* — verwarring; *dṛṣṭvā* — door te zien; *rūpam* —

gedaante; *ghoram* — verschrikkelijke; *īdṛk* — zoals ze is; *mama* — Mijn; *idam* — deze; *vyapeta-bhīḥ* — vrij van alle angst; *prīta-manāḥ* — met een tevreden geest; *punaḥ* — weer; *tvam* — jij; *tat* — deze; *eva* — zo; *me* — van Mij; *rūpam* — gedaante; *idam* — deze; *prapaśya* — zie.

Je bent angstig geworden en verward geraakt door deze verschrikkelijke verschijning van Mij te zien. Laat dat nu voorbij zijn. Mijn toegewijde, wees weer vrij van alle angst. Je kunt nu met een rustige geest de gedaante aanschouwen die je verlangt te zien.

COMMENTAAR: In het begin van de *Bhagavad-gītā* maakte Arjuna zich zorgen over het doden van Bhīṣma en Droṇa, die zijn vererenswaardige grootvader en meester waren. Maar Kṛṣṇa zei dat hij geen reden had om bezorgd te zijn over het doden van zijn grootvader. Toen de zonen van Dhṛtarāṣṭra te midden van de verzamelde Kuru's Draupadī probeerden uit te kleden, hadden Bhīṣma en Droṇa gezwegen, en voor deze plichtsverzaking moesten ze worden gedood. Kṛṣṇa toonde Arjuna Zijn kosmische gedaante om hem te laten zien dat deze mensen al voor hun onwettelijke activiteit waren gedood. Dat tafereel werd aan Arjuna getoond omdat toegewijden altijd vreedzaam zijn en niet zulke afschuwelijke daden kunnen begaan. Het doel van het tonen van de kosmische gedaante was volbracht; Arjuna wilde nu de vierarmige gedaante zien en Kṛṣṇa liet hem die zien.

Een toegewijde is niet erg geïnteresseerd in de kosmische gedaante, want die maakt het uitwisselen van gevoelens van liefde onmogelijk. Een toegewijde wil óf zijn gevoelens van respect en aanbidding uiten óf de tweearmige Kṛṣṇa-gedaante zien, zodat hij met liefdevolle dienst de genegenheid van de Allerhoogste Persoonlijkheid Gods kan beantwoorden.

TEKST 50 सञ्जय उवाच ।
इत्यर्जुनं वासुदेवस्तथोक्त्वा स्वकं रूपं दर्शयामास भूयः ।
आश्वासयामास च भीतमेनं भूत्वा पुनः सौम्यवपुर्महात्मा ॥ ५० ॥

sañjaya uvāca
ity arjunaṁ vāsudevas tathoktvā
svakaṁ rūpaṁ darśayām āsa bhūyaḥ
āśvāsayām āsa ca bhītam enaṁ
bhūtvā punaḥ saumya-vapur mahātmā

sañjayaḥ uvāca — Sañjaya zei; *iti* — zo; *arjunam* — tot Arjuna; *vāsudevaḥ* — Kṛṣṇa; *tathā* — op die manier; *uktvā* — sprekend; *svakam* — Zijn eigen; *rūpam* — gedaante; *darśayām āsa* — toonde; *bhūyaḥ* — opnieuw; *āśvāsayām āsa* — bemoedigde; *ca* — ook; *bhītam* — de bevreesde; *enam* — hem; *bhūtvā* — wordend; *punaḥ* — opnieuw; *saumya-vapuḥ* — de prachtige gedaante; *mahā-ātmā* — de grote.

Sañjaya zei tot Dhṛtarāṣṭra: Nadat de Allerhoogste Persoonlijkheid Gods, Kṛṣṇa, zo tot Arjuna gesproken had, toonde Hij Zijn werkelijke, vierarmige gedaante en ten slotte Zijn gedaante met twee armen, waarmee Hij de angstige Arjuna bemoedigde.

COMMENTAAR: Toen Kṛṣṇa verscheen als de zoon van Vasudeva en Devakī, toonde Hij Zich allereerst als de vierarmige Nārāyaṇa, maar Hij veranderde Zichzelf in de gedaante van een gewoon kind toen Zijn ouders Hem daarom verzochten. Kṛṣṇa wist dat Arjuna er ook niet in geïnteresseerd was een vierarmige gedaante te zien, maar omdat Arjuna naar deze vierarmige gedaante had gevraagd, toonde Kṛṣṇa deze gedaante opnieuw en daarna Zijn tweearmige gedaante.

Het woord *'saumya-vapuḥ'* is zeer belangrijk. *Saumya-vapuḥ* is een buitengewoon mooie gedaante; ze wordt gezien als de allermooiste gedaante. Toen Kṛṣṇa op aarde was, voelde iedereen zich, eenvoudig door Zijn gedaante, tot Hem aangetrokken en omdat Kṛṣṇa de bestuurder van het universum is, verjoeg Hij alle angst uit Arjuna, Zijn toegewijde, en liet hem opnieuw Zijn prachtige gedaante als Kṛṣṇa zien. In de *Brahma-saṁhitā* (5.38) staat: *premāñjana-cchurita-bhakti-vilocanena* — alleen degene die ogen heeft die ingesmeerd zijn met de balsem van liefde, kan de prachtige gedaante van Śrī Kṛṣṇa zien.

TEKST 51

अर्जुन उवाच ।
दृष्ट्वेदं मानुषं रूपं तव सौम्यं जनार्दन ।
इदानीमस्मि संवृत्तः सचेताः प्रकृतिं गतः ॥ ५१ ॥

arjuna uvāca
dṛṣṭvedaṁ mānuṣaṁ rūpaṁ, tava saumyaṁ janārdana
idānīm asmi saṁvṛttaḥ, sa-cetāḥ prakṛtiṁ gataḥ

arjunaḥ uvāca — Arjuna zei; *dṛṣṭvā* — terwijl ik zie; *idam* — deze; *mānuṣam* — menselijke; *rūpam* — gedaante; *tava* — Jouw; *saumyam* — heel mooie; *janārdana* — o bestraffer van de vijand; *idānīm* — nu; *asmi* — ik ben; *saṁvṛttaḥ* — kalm; *sa-cetāḥ* — in mijn bewustzijn; *prakṛtim* — tot mijn eigen aard; *gataḥ* — teruggekeerd.

Toen Arjuna Kṛṣṇa in Zijn oorspronkelijke gedaante zag, zei hij: O Janārdana, nu ik deze menselijke gedaante zie, die zo bijzonder aantrekkelijk is, is mijn geest rustig en kom ik weer tot mezelf.

COMMENTAAR: In dit vers geven de woorden *'mānuṣaṁ rūpam'* duidelijk aan dat de gedaante van de Allerhoogste Persoonlijkheid Gods oorspronkelijk tweearmig is. Dit laat zien dat degenen die Kṛṣṇa bespotten alsof Hij een gewoon persoon is, duidelijk onwetend zijn over de goddelijke natuur van Kṛṣṇa. Als Kṛṣṇa net als een gewoon menselijk wezen is, hoe kan Hij dan Zijn kosmische gedaante laten zien en vervolgens weer Zijn gedaante als de vierarmige Nārāyaṇa tonen? In de *Bhagavad-gītā* wordt duidelijk gezegd dat hij die denkt dat Kṛṣṇa een gewoon persoon is en die de lezer misleidt door te beweren dat het het onpersoonlijk Brahman in Kṛṣṇa is dat spreekt, daarmee een groot onrecht doet. Kṛṣṇa heeft daadwerkelijk Zijn kosmische gedaante en Zijn vierarmige Viṣṇu-gedaante getoond, dus hoe kan Hij dan een gewoon menselijk wezen zijn? Een zuivere toegewijde raakt niet verward door misleidende commentaren op de *Bhagavad-gītā*, omdat hij weet wat wát is. De oorspronkelijke verzen in de *Bhagavad-gītā* zijn zo duidelijk als de zon en hebben het lamplicht van dwaze commentatoren niet nodig.

TEKST 52 श्रीभगवानुवाच ।
सुदुर्दर्शमिदं रूपं दृष्टवानसि यन्मम ।
देवा अप्यस्य रूपस्य नित्यं दर्शनकाङ्क्षिणः ॥ ५२ ॥

śrī-bhagavān uvāca
su-durdarśam idaṁ rūpaṁ, dṛṣṭavān asi yan mama
devā apy asya rūpasya, nityaṁ darśana-kāṅkṣiṇaḥ

śrī-bhagavān uvāca — de Allerhoogste Persoonlijkheid Gods zei; *su-durdarśam* — erg moeilijk te zien; *idam* — deze; *rūpam* — gedaante; *dṛṣṭavān asi* — zoals jij gezien hebt; *yat* — welke; *mama* — van Mij; *devāḥ* — de halfgoden; *api* — ook; *asya* — deze; *rūpasya* — gedaante; *nityam* — eeuwig; *darśana-kāṅkṣinaḥ* — verlangen ernaar te zien.

De Allerhoogste Persoonlijkheid Gods zei: Mijn beste Arjuna, deze gedaante van Mij, die je nu ziet, is zeer moeilijk te aanschouwen. Zelfs de halfgoden zoeken altijd naar een gelegenheid om deze gedaante, die zo geliefd is, te zien.

COMMENTAAR: In tekst achtenveertig van dit hoofdstuk beëindigde Heer Kṛṣṇa het vertonen van Zijn kosmische gedaante en vertelde Arjuna dat deze gedaante niet kan worden waargenomen door veel vrome activiteiten, offers enz. te verrichten. Nu wordt hier het woord *'su-durdarśam'* gebruikt, wat aangeeft dat de tweearmige gedaante van Kṛṣṇa nog vertrouwelijker is. Iemand zou in staat kunnen zijn de kosmische gedaante van Kṛṣṇa te zien door een zweem van devotionele dienst toe te voegen aan verschillende activiteiten, zoals het beoefenen van ascese, het bestuderen van de Veda's en door filosofische speculatie. Het zou daardoor mogelijk kunnen zijn, maar zoals al eerder uitgelegd is, niemand kan de kosmische gedaante zien zonder een zweem van *bhakti*.

Toch is de gedaante van Kṛṣṇa met twee armen zelfs voor halfgoden als Brahmā en Heer Śiva nog moeilijker te zien dan de kosmische gedaante. Ze verlangen ernaar om Hem te zien en in het *Śrīmad-Bhāgavatam* vinden we het bewijs dat toen gezegd werd dat Hij Zich in de baarmoeder van Zijn moeder Devakī bevond, ze allemaal van de hemelse planeten kwamen om het wonder van Kṛṣṇa te zien en dat ze mooie gebeden voor de Heer reciteerden, ook al was

Hij voor hen op dat moment nog niet zichtbaar. Ze hadden erop gewacht Hem te aanschouwen. Een dwaas mag Kṛṣṇa dan bespotten en denken dat Hij een gewoon persoon is, en zo'n dwaas mag zijn respect dan misschien niet aan Hem betuigen, maar aan het onpersoonlijke 'iets' in Hem, maar zulke standpunten zijn allemaal onzinnig. Halfgoden als Śiva en Brahmā verlangen er juist naar de tweearmige gedaante van Kṛṣṇa te zien. In de *Bhagavad-gītā* (9.11) wordt ook gezegd: *avajānanti māṁ mūḍhā mānuṣīṁ tanum āśritaḥ* — Hij is niet zichtbaar voor dwaze personen die Hem bespotten.

In de *Brahma-saṁhitā* en ook door Heer Kṛṣṇa Zelf in de *Bhagavad-gītā* wordt bevestigd dat het lichaam van Kṛṣṇa volkomen spiritueel en vol gelukzaligheid en eeuwigheid is. Zijn lichaam is nooit als een materieel lichaam. Maar voor sommigen die Kṛṣṇa bestuderen door de *Bhagavad-gītā* of soortgelijke Vedische literatuur te lezen, is Kṛṣṇa een probleem. Wie een materiële methode gebruikt, beschouwt Kṛṣṇa als een grote historische persoonlijkheid en een zeer geleerd filosoof, maar Hij is een gewoon man en ook al was Hij nog zo machtig, Hij moest een materieel lichaam aannemen. Uiteindelijk denken ze dat de Absolute Waarheid onpersoonlijk is en daarom denken ze dat Hij vanuit Zijn onpersoonlijke aspect een persoonlijk aspect heeft aangenomen dat in direct verband staat met de materiële natuur. Dit is een materialistische opvatting van de Allerhoogste Heer.

Degenen die op zoek zijn naar kennis hebben nog een andere speculatieve opvatting: ze denken dat Kṛṣṇa minder belangrijk is dan de kosmische gedaante van de Allerhoogste. Op die manier denken sommigen dat de kosmische gedaante van Kṛṣṇa die aan Arjuna getoond werd, belangrijker is dan Zijn persoonlijke gedaante. Volgens hen is de persoonlijke gedaante van de Allerhoogste iets denkbeeldigs; ze geloven dat de Absolute Waarheid uiteindelijk geen persoon is. Maar de transcendentale methode wordt in het vierde hoofdstuk van de *Bhagavad-gītā* uitgelegd: horen over Kṛṣṇa van gezaghebbende personen. Dat is feitelijk de Vedische methode en zij die werkelijk de Vedische traditie volgen, horen over Kṛṣṇa van een autoriteit. En door regelmatig over Hem te horen, wordt Kṛṣṇa dierbaar aan hen.

Zoals we al verscheidene keren besproken hebben, wordt Kṛṣṇa bedekt door Zijn *yoga-māyā*-energie. Hij is niet zichtbaar voor of wordt niet geopenbaard aan alles en iedereen. Hij kan alleen worden gezien door degenen aan wie Hij Zichzelf openbaart. Dit wordt bevestigd in de Vedische literatuur. Een ziel die zich heeft overgegeven, kan de Absolute Waarheid werkelijk begrijpen. Als een transcendentalist voortdurend Kṛṣṇa-bewust is door devotionele dienst aan Kṛṣṇa te verrichten, kunnen zijn spirituele ogen geopend worden en kan hij Kṛṣṇa door openbaring zien. Zo'n openbaring is zelfs voor de halfgoden niet mogelijk; zelfs voor de halfgoden is Kṛṣṇa moeilijk te begrijpen en de gevorderde halfgoden hopen altijd Kṛṣṇa in Zijn tweearmige gedaante te zien. Hoewel het zeer, zeer moeilijk is de kosmische gedaante van Kṛṣṇa te aanschouwen en het niet mogelijk is voor alles en iedereen, is de conclusie dat het nog moeilijker is om Zijn persoonlijke gedaante van Śyāmasundara te begrijpen.

TEKST 53 नाहं वेदैर्न तपसा न दानेन न चेज्यया ।
शक्य एवंविधो द्रष्टुं दृष्टवानसि मां यथा ॥ ५३ ॥

nāhaṁ vedair na tapasā, na dānena na cejyayā
śakya evaṁ-vidho draṣṭuṁ, dṛṣṭavān asi māṁ yathā

na — nooit; *aham* — Ik; *vedaiḥ* — door het bestuderen van de Veda's; *na* — nooit; *tapasā* — door zware ascese; *na* — nooit; *dānena* — door vrijgevigheid; *na* — nooit; *ca* — ook; *ijyayā* — door vereren; *śakyaḥ* — het is mogelijk; *evam-vidhaḥ* — zo; *draṣṭum* — zien; *dṛṣṭavān* — ziend; *asi* — je bent; *mām* — Mij; *yathā* — zoals.

De gedaante die je nu met je transcendentale ogen ziet, kan niet worden begrepen door de Veda's te bestuderen, door zware ascese te beoefenen, door vrijgevig te zijn of door offers te brengen. Het is niet door deze methoden dat men Mij kan zien zoals Ik ben.

COMMENTAAR: Kṛṣṇa verscheen eerst in een vierarmige gedaante aan Zijn ouders Vasudeva en Devakī; daarna veranderde Hij Zichzelf in de tweearmige gedaante. Dit mysterie is bijzonder moeilijk te begrijpen voor atheïsten en voor degenen die geen devotionele dienst verrichten. Geleerden die de Vedische literatuur alleen maar met behulp van grammaticale kennis of academische kwalificaties hebben bestudeerd, kunnen Kṛṣṇa onmogelijk begrijpen. Personen die officiële tempelbezoeken afleggen om Hem te aanbidden, kunnen Hem evenmin begrijpen. Ze leggen hun bezoek af, maar kunnen Kṛṣṇa niet begrijpen zoals Hij is. Kṛṣṇa kan alleen begrepen worden door het pad van devotionele dienst, zoals in het volgende vers door Kṛṣṇa Zelf zal worden uitgelegd.

TEKST 54 भक्त्या त्वनन्यया शक्य अहमेवंविधोऽर्जुन ।
ज्ञातुं द्रष्टुं च तत्त्वेन प्रवेष्टुं च परन्तप ॥ ५४ ॥

bhaktyā tv ananyayā śakya, aham evaṁ-vidho 'rjuna
jñātuṁ draṣṭuṁ ca tattvena, praveṣṭuṁ ca parantapa

bhaktyā — door devotionele dienst; *tu* — maar; *ananyayā* — zonder vermengd te zijn met resultaatgerichte activiteiten of speculatieve kennis; *śakyaḥ* — mogelijk; *aham* — Ik; *evam-vidhaḥ* — zo; *arjuna* — o Arjuna; *jñātum* — kennen; *draṣṭum* — zien; *ca* — en; *tattvena* — werkelijk; *praveṣṭum* — binnen gaan in; *ca* — ook; *parantapa* — o bedwinger van de vijand.

Mijn dierbare Arjuna, alleen door onverdeelde devotionele dienst kan Ik worden gekend zoals Ik ben, zoals Ik hier voor je sta, en kan Ik rechtstreeks worden gezien. Alleen op deze manier kun je doordringen in de mysteries van het begrijpen van Mij.

COMMENTAAR: Kṛṣṇa kan alleen begrepen worden door het proces van onverdeelde devotionele dienst. Hij legt dat in dit vers uitdrukkelijk uit, zodat ongeautoriseerde commentatoren die de *Bhagavad-gītā* proberen te begrijpen door middel van het proces van speculatie, zullen inzien dat ze gewoon hun tijd verspillen. Niemand kan Kṛṣṇa begrijpen of bevatten hoe Hij in een vierarmige gedaante uit ouders voortkwam en Zich onmiddellijk in een tweearmige gedaante veranderde. Al deze dingen zijn zeer moeilijk te begrijpen door de Veda's te bestuderen of door filosofische speculatie. Daarom wordt hier duidelijk gesteld dat niemand Hem kan zien of kan doordringen in het begrijpen van deze zaken. Maar zeer gevorderde studenten van de Vedische literatuur kunnen daaruit op zoveel manieren over Hem leren. Er zijn zoveel regels en bepalingen en als iemand Kṛṣṇa werkelijk wil begrijpen, dan moet hij de regulerende principes volgen die in de gezaghebbende heilige teksten worden beschreven. Men kan volgens die principes ascese beoefenen. Bijvoorbeeld, om strenge ascese te beoefenen zou men kunnen vasten op Janmāṣṭamī, de dag waarop Kṛṣṇa verscheen, en op de twee dagen van Ekādaśī (de elfde dag na nieuwemaan en de elfde dag na vollemaan).

Wat vrijgevigheid betreft, het is duidelijk dat men vrijgevig moet zijn tegenover toegewijden van Kṛṣṇa, die devotionele dienst aan Hem verrichten om de filosofie van Kṛṣṇa of Kṛṣṇa-bewustzijn over de hele wereld te verspreiden. Kṛṣṇa-bewustzijn is een zegen voor de mensheid. Heer Caitanya werd door Rūpa Gosvāmī bewonderd als de meest vrijgevige en meest liefdadige persoon, omdat Hij liefde voor Kṛṣṇa — die zo moeilijk te krijgen is — op zo'n openlijke en overvloedige manier verspreidde. Als iemand dus een bepaald gedeelte van zijn geld afstaat aan personen die bezig zijn het Kṛṣṇa-bewustzijn te verspreiden, dan is die liefdadigheid, die gegeven wordt om het Kṛṣṇa-bewustzijn te verspreiden, de grootste liefdadigheid ter wereld.

Wie de Heer volgens de regels in de tempel aanbidt (in de tempels in India is er altijd wel een beeldgedaante, normaal gezien van Viṣṇu of Kṛṣṇa), dan is dat een kans om vooruitgang te maken door het aanbidden van en respect betuigen aan de Allerhoogste Persoonlijkheid Gods. Voor beginners in devotionele dienst aan de Heer is tempelverering essentieel; dit wordt bevestigd in de Vedische literatuur (*Śvetāśvatara Upaniṣad* 6.23):

yasya deve parā bhaktir, yathā deve tathā gurau
tasyaite kathitā hy arthāḥ, prakāśante mahātmanaḥ

Wie onwankelbare devotie heeft voor de Allerhoogste Heer en begeleid wordt door de spiritueel leraar in wie zijn vertrouwen net zo vast is, kan de Allerhoogste Persoonlijkheid Gods door openbaring zien. Kṛṣṇa kan niet gekend worden door mentale speculatie. Voor wie zich niet persoonlijk laat trainen onder begeleiding van een bonafide spiritueel leraar, is het onmogelijk om zelfs maar een begin te maken met het begrijpen van Kṛṣṇa. Het woord *'tu'* wordt hier voornamelijk gebruikt om aan te geven dat er geen enkel ander proces is dat kan worden gevolgd, dat kan worden aangeraden of dat succesvol kan zijn om tot een begrip van Kṛṣṇa te komen.

De persoonlijke gedaanten van Kṛṣṇa, de tweearmige en de vierarmige gedaante, zijn volkomen verschillend van de tijdelijke kosmische gedaante die aan Arjuna getoond werd. De vierarmige Nārāyaṇa-gedaante en de tweearmige gedaante van Kṛṣṇa zijn eeuwig en transcendentaal, terwijl de kosmische gedaante die Arjuna zag, tijdelijk is. Het woord *'su-durdarśam'*, dat 'moeilijk te zien' betekent, suggereert juist dat niemand die kosmische gedaante eerder had gezien. Het suggereert ook dat er geen noodzaak bestond om haar aan de toegewijden te tonen. Kṛṣṇa toonde deze gedaante op verzoek van Arjuna, zodat mensen in de toekomst, op een moment waarop iemand zou beweren een incarnatie van God te zijn, zouden kunnen vragen of ze de kosmische gedaante mogen zien.

Het woord *'na'*, dat in het vorige vers herhaaldelijk werd gebruikt, geeft aan dat men niet al te trots moet zijn op prestaties als een academische opleiding in Vedische literatuur. Men moet zich toeleggen op devotionele dienst aan Kṛṣṇa; alleen dan kan men proberen commentaren op de *Bhagavad-gītā* te schrijven.

Kṛṣṇa verandert van de kosmische gedaante naar de vierarmige Nārāyaṇa-gedaante en vervolgens naar Zijn eigen natuurlijke gedaante met twee armen. Dit geeft aan dat de vierarmige gedaante en de andere gedaanten die in de Vedische literatuur vermeld staan, allemaal emanaties zijn van de oorspronkelijke tweearmige Kṛṣṇa; Hij is de oorsprong van alle emanaties. Kṛṣṇa onderscheidt Zich zelfs van deze gedaanten, om maar te zwijgen van het onpersoonlijke godsbeeld. Wat betreft de vierarmige gedaanten van Kṛṣṇa wordt duidelijk verklaard dat zelfs de evenwaardigste vierarmige gedaante van Kṛṣṇa (bekend als Mahā-Viṣṇu, die op de kosmische oceaan ligt en uit wie ontelbare universa voortkomen wanneer Hij uitademt) een expansie van de Allerhoogste Heer is. Zo wordt in de *Brahma-saṁhitā* (5.48) gezegd:

yasyaika-niśvasita-kālam athāvalambya
jīvanti loma-vila-jā jagad-aṇḍa-nāthāḥ
viṣṇur mahān sa iha yasya kalā-viśeṣo
govindam ādi-puruṣaṁ tam ahaṁ bhajāmi

'Mahā-Viṣṇu, in wie alle ontelbare universa binnengaan en uit wie ze eenvoudigweg door Zijn uitademing weer tevoorschijn komen, is een volkomen expansie van Kṛṣṇa. Ik vereer daarom Govinda, Kṛṣṇa, de oorzaak van alle oorzaken.' De conclusie is dat men de persoonlijke gedaante van Kṛṣṇa moet vereren als de Allerhoogste Persoonlijkheid Gods, die eeuwig vol gelukzaligheid en kennis is. Hij is de oorsprong van alle gedaanten van Viṣṇu, Hij is de oorsprong van alle soorten incarnaties en Hij is de oorspronkelijke Allerhoogste Persoonlijkheid; dit wordt bevestigd in de *Bhagavad-gītā*.

In de Vedische literatuur (*Gopāla-tāpanī Upaniṣad*, Pūrva 1) is de volgende uitspraak te vinden:

sac-cid-ānanda-rūpāya, kṛṣṇāyākliṣṭa-kāriṇe
namo vedānta-vedyāya, gurave buddhi-sākṣiṇe

'Ik breng mijn eerbiedige eerbetuigingen aan Kṛṣṇa, die een transcendentale gedaante van gelukzaligheid, eeuwigheid en kennis heeft. Ik breng mijn eerbetuigingen aan Hem, want Hem begrijpen betekent de Veda's begrijpen; Hij is daarom de Allerhoogste spiritueel leraar.' Dan wordt er gezegd: *kṛṣṇo vai paramaṁ daivatam* — 'Kṛṣṇa is de Allerhoogste Persoonlijkheid Gods.' (*Gopāla-tāpanī Upaniṣad*, Pūrva 3) *Eko vaśī sarva-gaḥ kṛṣṇa īḍyaḥ:* 'Die ene Kṛṣṇa is de Allerhoogste Persoonlijkheid Gods en Hij is vererenswaardig.' *Eko 'pi san bahudhā yo 'vabhāti:* 'Kṛṣṇa is één, maar Hij is gemanifesteerd in oneindig veel gedaanten en geëxpandeerde incarnaties.' (*Gopāla-tāpanī Upaniṣad*, Pūrva 21)

In de *Brahma-saṁhitā* (5.1) staat:

īśvaraḥ paramaḥ kṛṣṇaḥ, sac-cid-ānanda-vigrahaḥ
anādir ādir govindaḥ, sarva-kāraṇa-kāraṇam

'De Allerhoogste Persoonlijkheid Gods is Kṛṣṇa, die een lichaam van eeuwigheid, kennis en gelukzaligheid heeft. Hij heeft geen begin, want Hij is het begin van alles. Hij is de oorzaak van alle oorzaken.'

En ergens anders wordt gezegd: *yatrāvatīrṇaṁ kṛṣṇākhyaṁ paraṁ brahma narākṛti* — 'De Allerhoogste Absolute Waarheid is een persoon, Zijn naam is Kṛṣṇa en soms daalt Hij neer op deze aarde.' Zo vinden we in het *Śrīmad-Bhāgavatam* ook een beschrijving van allerlei soorten incarnaties van de Allerhoogste Persoonlijkheid Gods en in deze lijst komt de naam Kṛṣṇa ook voor. Maar vervolgens wordt gezegd dat deze Kṛṣṇa geen incarnatie van God is, maar dat Hij de oorspronkelijke Allerhoogste Persoonlijkheid Gods Zelf is (*ete cāṁśa-kalāḥ puṁsaḥ kṛṣṇas tu bhagavān svayam*).

Zo zegt de Heer in de *Bhagavad-gītā* ook: *mattaḥ parataraṁ nānyat* — 'Er bestaat niets wat hoger is dan Mijn gedaante als de Persoonlijkheid Gods, Kṛṣṇa.' Ergens anders in de *Bhagavad-gītā* zegt Hij ook: *aham ādir hi devānām* — 'Ik ben de oorsprong van alle halfgoden.' En nadat Arjuna de *Bhagavad-gītā* van Kṛṣṇa begrepen heeft, bevestigt Arjuna dit met de volgende woorden: *paraṁ brahma paraṁ dhāma pavitram-paramaṁ bhavān* — 'Ik begrijp nu volledig dat Jij de Allerhoogste Persoonlijkheid Gods, de Absolute Waarheid, bent en dat Jij de toevlucht bent van alles.' De kosmische gedaante die Kṛṣṇa aan Arjuna toonde, is daarom niet de oorspronkelijke gedaante van God; de oorspronkelijke gedaante is die van Kṛṣṇa. De kosmische gedaante met haar duizenden en nog eens duizenden hoofden en handen is alleen gemanifesteerd om de aandacht te trekken van degenen die geen liefde voor God hebben; het is niet de oorspronkelijke gedaante van God.

Voor zuivere toegewijden, die de Heer liefhebben in verschillende transcendentale relaties, is de kosmische gedaante niet aantrekkelijk. In Zijn oorspronkelijke gedaante als Kṛṣṇa heeft de Allerhoogste God uitwisselingen van liefde met Zijn toegewijden. Voor Arjuna, die een hechte relatie met Kṛṣṇa had als vriend, was deze gedaante van de kosmische manifestatie daarom niet aangenaam; integendeel, de gedaante was angstaanjagend. Arjuna, die een voortdurende metgezel van Kṛṣṇa was, moet wel transcendentale ogen hebben gehad; hij was geen gewoon mens en werd daarom niet betoverd door de kosmische gedaante. Die kosmische gedaante mag dan wonderbaarlijk zijn voor personen die zich bezighouden met zichzelf te verheffen door middel van resultaatgerichte activiteiten, maar voor personen die devotionele dienst verrichten is de tweearmige gedaante van Kṛṣṇa het meest geliefd.

TEKST 55 मत्कर्मकृन्मत्परमो मद्भक्तः सङ्गवर्जितः ।
निर्वैरः सर्वभूतेषु यः स मामेति पाण्डव ॥ ५५ ॥

mat-karma-kṛn mat-paramo, mad-bhaktaḥ saṅga-varjitaḥ
nirvairaḥ sarva-bhūteṣu, yaḥ sa mām eti pāṇḍava

mat-karma-kṛt — Mijn werk verrichtend; *mat-paramaḥ* — Mij als de Allerhoogste beschouwend; *mat-bhaktaḥ* — bezig met Mijn devotionele dienst; *saṅga-varjitaḥ* — bevrijd van alle onzuiverheden van resultaatgerichte activiteiten en speculatieve kennis; *nirvairaḥ* — zonder vijanden; *sarva-bhūteṣu* — onder alle levende wezens; *yaḥ* — iemand die; *saḥ* — hij; *mām* — tot Mij; *eti* — komt; *pāṇḍava* — o zoon van Pāṇḍu.

Beste Arjuna, degene die Mij zuivere devotionele dienst bewijst, die vrij is van de onzuiverheden van resultaatgerichte activiteiten en speculatieve kennis, die voor Mij werkt, die Mij het hoogste doel van zijn leven maakt en die vriendelijk is voor alle levende wezens, die zal zeker tot Mij komen.

COMMENTAAR: Iedereen die de allerhoogste van alle Persoonlijkheden Gods wil benaderen op de Kṛṣṇaloka-planeet in de spirituele hemel en die op een vertrouwelijke manier verbonden wil zijn met de Allerhoogste Persoonlijkheid, Kṛṣṇa, moet zich aan deze formule houden, die door de Allerhoogste Zelf gegeven is. Dit vers wordt daarom als de essentie van de *Bhagavad-gītā* beschouwd. De *Bhagavad-gītā* is een boek dat gericht is tot geconditioneerde zielen, die binnen de materiële wereld actief zijn met als doel de baas te spelen over de natuur en die het werkelijke, spirituele leven niet begrijpen. De *Bhagavad-gītā* is ervoor bedoeld om te laten zien hoe men zijn spirituele bestaan en zijn relatie met de allerhoogste spirituele persoonlijkheid kan begrijpen en om onderricht te geven over hoe men terug kan gaan naar huis, terug naar God. Dit is het vers dat duidelijk uitleg geeft over het proces waardoor men succes kan behalen in zijn spirituele activiteit, namelijk devotionele dienst.

Wat werk betreft, men moet zijn energie volledig op Kṛṣṇa-bewuste activiteiten richten. Zo wordt in de *Bhakti-rasāmṛta-sindhu* (1.2.255) gezegd:

anāsaktasya viṣayān, yathārham upayuñjataḥ
nirbandhaḥ kṛṣṇa-sambandhe, yuktaṁ vairāgyam ucyate

Niemand zou ander werk moeten doen dan dat wat in verband staat met Kṛṣṇa; dat wordt *kṛṣṇa-karma* genoemd. Iemand mag dan bezig zijn met verschillende activiteiten, maar hij moet niet gehecht zijn aan het resultaat van dat werk; het resultaat moet volledig aan Kṛṣṇa worden gewijd. Iemand kan bijvoorbeeld zakendoen, maar om die activiteit om te zetten in Kṛṣṇa-bewustzijn, moet hij zakendoen voor Kṛṣṇa. Als Kṛṣṇa de eigenaar is van de zaak, dan moet Kṛṣṇa van de winst genieten. Wanneer een zakenman duizenden en duizenden euro's heeft en hij het aan Kṛṣṇa hoort te offeren, dan kan hij dat doen. Dat is werken voor Kṛṣṇa.

In plaats van grote gebouwen neer te zetten voor eigen zinsbevrediging, kan men een mooie tempel voor Kṛṣṇa bouwen en kan men er een Beeldgedaante van Kṛṣṇa op het altaar plaatsen en ervoor zorgen dat de Beeldgedaante verzorgd wordt volgens gezaghebbende boeken over devotionele dienst. Dat is ook *kṛṣṇa-karma*. Men moet niet gehecht zijn aan het resultaat van zijn werk, maar het resultaat moet aan Kṛṣṇa geofferd worden en men moet de overblijfselen van de offergaven aan Kṛṣṇa als *prasāda* aanvaarden. Wanneer men een zeer groot gebouw voor Kṛṣṇa bouwt en er Beeldgedaanten van Kṛṣṇa op het altaar plaatst, is het niet verboden om ook in dat gebouw te wonen, maar het moet duidelijk zijn dat Kṛṣṇa de eigenaar van het gebouw is. Dat wordt Kṛṣṇa-bewustzijn genoemd. Maar wie niet in staat is een tempel te bouwen voor Kṛṣṇa, kan zich nuttig maken door de tempel van Kṛṣṇa schoon te houden; dat is ook *kṛṣṇa-karma*.

Men kan een tuin aanleggen en cultiveren. Iedereen die land heeft — in India heeft iedere arme man ten minste een bepaalde oppervlakte land — kan dat gebruiken om bloemen te kweken om die aan Hem te offeren. Men kan *tulasī*-planten zaaien, omdat *tulasī*-blaadjes zeer belangrijk zijn en omdat Kṛṣṇa dit in de *Bhagavad-gītā* heeft aangeraden. *Patraṁ puṣpaṁ phalaṁ toyam*. Kṛṣṇa verlangt dat men Hem een blad of een bloem of fruit of een beetje water offert — door zulke offergaven is Hij tevreden. Met een blad wordt speciaal een *tulasī*-blad bedoeld. Men kan dus *tulasī* zaaien en de planten water geven. Op die manier kan zelfs de armste persoon Kṛṣṇa dienen. Dit zijn enkele voorbeelden van hoe men voor Kṛṣṇa kan werken.

Het woord *'mat-paramaḥ'* heeft betrekking op iemand die het gezelschap van Kṛṣṇa in Zijn allerhoogste verblijfplaats als de hoogste perfectie van het leven beschouwt. Zo iemand verlangt er niet naar om verheven te worden naar de hogere, hemelse planeten zoals de maan, de zon of zelfs Brahmāloka, de hoogste planeet van dit universum. Hij voelt zich daardoor niet aangetrokken; hij voelt zich alleen aangetrokken tot de spirituele hemel en wil alleen daar naar worden overgebracht. En in de spirituele hemel is hij zelfs niet tevreden met het opgaan in de stralende gloed van de *brahmajyoti*, want hij wil binnengaan in de hoogste spirituele planeet, namelijk Kṛṣṇaloka, Goloka Vṛndāvana. Hij heeft alle kennis over die planeet en daarom is hij niet meer geïnteresseerd in welke andere planeet dan ook.

Met het woord *'mad-bhaktaḥ'* wordt aangegeven dat zo iemand volledig opgaat in devotionele dienst, vooral in de negen devotionele activiteiten: horen, chanten, zich herinneren, vereren, het dienen van de lotusvoeten van de Heer, gebeden opzeggen, de opdrachten van de Heer uitvoeren, vriendschap met Hem sluiten en alles aan Hem overgeven. Men kan met alle negen methoden bezig zijn of met acht of zeven of zelfs maar met één, en dat zal iemand ongetwijfeld perfect maken.

De term *saṅga-varjitaḥ* is zeer belangrijk. Men moet zich losmaken van personen die tegen Kṛṣṇa zijn. Niet alleen de atheïsten zijn tegen Kṛṣṇa, maar ook degenen die aangetrokken worden door resultaatgerichte activiteiten en mentale speculatie. In de *Bhakti-rasāmṛta-sindhu* (1.1.11) wordt de zuivere vorm van devotionele dienst als volgt beschreven:

anyābhilāṣitā-śūnyaṁ, jñāna-karmādy-anāvṛtam
ānukūlyena kṛṣṇānu-, śīlanaṁ bhaktir uttamā

In dit vers verklaart Rūpa Gosvāmī duidelijk dat wie onvermengde devotionele dienst wil verrichten, vrij moet zijn van alle vormen van materiële onzuiverheid. Hij moet vrij zijn van het gezelschap van personen die verslaafd zijn aan resultaatgerichte activiteiten en mentale speculatie. Wie vrij is van zulk ongewenst gezelschap en van de onzuiverheid van materiële verlangens, cultiveert op een gunstige manier kennis over Kṛṣṇa; dat wordt zuivere devotionele dienst genoemd.

Ānukūlyasya saṅkalpaḥ prātikūlyasya varjanam (*Hari-bhakti-vilāsa* 11.676). Men moet op een positieve manier aan Kṛṣṇa denken en actief voor Hem zijn, niet op een negatieve manier. Kaṁsa was een vijand van Kṛṣṇa. Vanaf de geboorte van Kṛṣṇa had Kaṁsa zoveel plannen gesmeed om Hem te doden en omdat Kaṁsa nooit succes had, dacht hij altijd aan Kṛṣṇa. Terwijl hij aan het werk was, tijdens het eten en slapen was hij dus in ieder opzicht voortdurend Kṛṣṇa-bewust, maar dat Kṛṣṇa-bewustzijn was geen positief Kṛṣṇa-bewustzijn en daarom werd hij, hoewel hij vierentwintig uur per dag voortdurend aan Kṛṣṇa dacht, toch als een demon gezien en werd hij uiteindelijk door Kṛṣṇa gedood. Natuurlijk krijgt iedereen die door Kṛṣṇa gedood wordt onmiddellijk verlossing, maar dat is niet het doel van een zuivere toegewijde. De zuivere toegewijde wil niet eens verlossing. Hij wil zelfs niet overgebracht worden naar de hoogste planeet, Goloka Vṛndāvana. Kṛṣṇa dienen is zijn enige doel, waar hij ook is.

Een toegewijde van Kṛṣṇa is vriendelijk voor iedereen. Daarom wordt hier gezegd dat hij geen vijanden heeft (*nirvairaḥ*). Hoe komt dat? Een toegewijde die verankerd is in Kṛṣṇa-bewustzijn weet dat alleen devotionele dienst aan Kṛṣṇa voor iedereen de oplossing is voor de problemen van het leven. Hij heeft dit zelf ervaren en daarom wil hij dit stelsel — Kṛṣṇa-bewustzijn — in de menselijke samenleving invoeren.

Er zijn in de geschiedenis veel voorbeelden te vinden van toegewijden van de Heer die hun leven hebben gewaagd om godsbewustzijn te verspreiden. Het bekende voorbeeld is Heer Jezus Christus. Hij werd door niet-toegewijden gekruisigd, maar offerde zijn leven op om het godsbewustzijn te verspreiden. Maar het zou natuurlijk oppervlakkig zijn te denken dat hij gedood werd.

Ook in India zijn er vele voorbeelden, zoals Ṭhākura Haridāsa en Prahlāda Mahārāja. Waarom namen ze dit risico? Omdat ze het Kṛṣṇa-bewustzijn wilden verspreiden, en dat is moeilijk. Een Kṛṣṇa-bewust persoon weet dat de oorzaak van iemands lijden het vergeten van zijn eeuwige relatie met Kṛṣṇa is. De grootste weldaad die men de menselijke samenleving daarom kan bewijzen, is zijn medemens bevrijden van alle materiële problemen door hem te onderwijzen over Kṛṣṇa. Op die manier is een zuivere toegewijde bezig met devotionele dienst aan de Heer en zo is de Heer, via de zuivere toegewijde, zelfs voor gewone mensen zeer genadig. We kunnen ons nu voorstellen hoe genadig Kṛṣṇa is voor degenen die dienst aan Hem verrichten en alles voor Hem riskeren. Het staat daarom vast dat zulke personen na het verlaten van hun lichaam de allerhoogste planeet zullen bereiken.

Om dit hoofdstuk samen te vatten: Kṛṣṇa toonde Zijn kosmische gedaante, die een tijdelijke manifestatie is, en ook de gedaante van de tijd, die alles verslindt, en Hij toonde zelfs de vierarmige gedaante van Viṣṇu. Kṛṣṇa is dus de oorsprong van al deze gedaanten. Kṛṣṇa is niet een gedaante van de oorspronkelijke *viśva-rūpa* of van Viṣṇu. Kṛṣṇa is de oorsprong van alle gedaanten. Er zijn honderden en duizenden Viṣṇu's, maar voor een toegewijde is geen enkele gedaante van Kṛṣṇa zo belangrijk als de oorspronkelijke gedaante van de tweearmige Śyāmasundara. In de *Brahma-saṁhitā* staat dat zij die met liefde en devotie gehecht zijn aan de gedaante van Kṛṣṇa als Śyāmasundara, Hem altijd kunnen zien in het hart en dat ze niets anders kunnen zien. De betekenis van dit elfde hoofdstuk is daarom dat men moet begrijpen dat de gedaante van Kṛṣṇa de allerhoogste en meest essentiële is.

Zo eindigen de commentaren van Śrī Śrīmad A.C. Bhaktivedanta Swami Prabhupāda bij het elfde hoofdstuk van Śrīmad Bhagavad-gītā, *getiteld 'De kosmische gedaante'.*

12

DEVOTIONELE DIENST

TEKST 1

अर्जुन उवाच ।
एवं सततयुक्ता ये भक्तास्त्वां पर्युपासते ।
ये चाप्यक्षरमव्यक्तं तेषां के योगवित्तमाः ॥ १ ॥

arjuna uvāca
evaṁ satata-yuktā ye, bhaktās tvāṁ paryupāsate
ye cāpy akṣaram avyaktaṁ, teṣāṁ ke yoga-vittamāḥ

arjunaḥ uvāca — Arjuna zei; *evam* — zo; *satata* — altijd; *yuktāḥ* — bezig met; *ye* — zij die; *bhaktāḥ* — toegewijden; *tvām* — Jou; *paryupāsate* — op de juiste manier vereren; *ye* — zij die; *ca* — ook; *api* — weer; *akṣaram* — transcendentaal; *avyaktam* — het ongemanifesteerde; *teṣām* — van hen; *ke* — wie; *yoga-vit-tamāḥ* — het volmaaktst in kennis van yoga.

Arjuna vroeg: Wie worden er als volmaakter beschouwd, zij die Jou altijd op de juiste manier toegewijd dienen of zij die het onpersoonlijk Brahman, het ongemanifesteerde, vereren?

COMMENTAAR: Kṛṣṇa heeft al uitleg gegeven over het persoonlijke, het onpersoonlijke en het kosmische en heeft een beschrijving gegeven van allerlei soorten toegewijden en *yogī's*. Over het algemeen kunnen transcendentalisten worden onderverdeeld in twee categorieën. De ene categorie is die van de impersonalisten en de andere die van de personalisten. De personalistische toegewijde verricht met al zijn energie dienst aan de Allerhoogste Heer. De impersonalist is ook bezig, niet zozeer rechtstreeks met dienst aan Kṛṣṇa, maar met meditatie op het onpersoonlijk Brahman, het ongemanifesteerde. In dit hoofdstuk zullen we zien dat *bhakti-yoga*, devotionele dienst, de hoogste is onder de verschillende methoden van bewustwording van de Absolute Waarheid. Wie werkelijk met de Allerhoogste Persoonlijkheid Gods wil omgaan, moet zich toeleggen op devotionele dienst.

Zij die de Allerhoogste Heer direct vereren door devotionele dienst worden personalisten genoemd. Zij die op het onpersoonlijk Brahman mediteren, worden impersonalisten genoemd. Arjuna vraagt hier welke positie de beste is. Er bestaan verschillende wegen om zich bewust te worden van de Absolute Waarheid, maar Kṛṣṇa geeft in dit hoofdstuk aan dat *bhakti-yoga*, devotionele dienst aan Hem, de hoogste van allemaal is. Het is de meest directe en makkelijkste manier om met God om te gaan.

In het tweede hoofdstuk van de *Bhagavad-gītā* legde de Allerhoogste Heer uit dat een levend wezen niet het materiële lichaam is — het is een spirituele vonk. En de Absolute Waarheid is het spirituele geheel. In het zevende hoofdstuk sprak Hij over het levend wezen als een integrerend deeltje van het allerhoogste geheel en raadde Hij het aan zijn aandacht volledig op het geheel te richten. Daarna werd in het achtste hoofdstuk gezegd dat iedereen die op het moment waarop hij zijn lichaam verlaat aan Kṛṣṇa denkt, onmiddellijk naar de spirituele hemel, naar de woning van Kṛṣṇa, wordt overgebracht. En aan het eind van hoofdstuk zes zei de Heer duidelijk dat van alle *yogī's* degene die altijd in zichzelf aan Kṛṣṇa denkt, als de volmaaktste wordt beschouwd. In praktisch ieder hoofdstuk was de conclusie dus dat men gehecht moet zijn aan de persoonlijke gedaante van Kṛṣṇa, omdat dat de hoogste spirituele bewustwording is.

Toch zijn er personen die niet gehecht zijn aan de persoonlijke gedaante van Kṛṣṇa. Ze zijn zo volkomen onthecht, dat ze, zelfs wanneer ze hun commentaren op de *Bhagavad-gītā* geven, andere mensen van Kṛṣṇa willen afleiden en alle devotie op de onpersoonlijke *brahmajyoti* willen richten. Ze geven de voorkeur aan meditatie op de onpersoonlijke gedaante van de Absolute Waarheid, die zich buiten het bereik van de zintuigen bevindt en ongemanifesteerd is.

Op die manier zijn er dus twee categorieën van transcendentalisten. Arjuna probeert hier een definitief antwoord te krijgen op de vraag welke methode gemakkelijker is en welke van de twee categorieën het volmaaktst is. Met andere woorden, hij probeert zijn eigen positie duidelijk te krijgen, omdat hij gehecht is aan de persoonlijke gedaante van Kṛṣṇa. Hij is niet gehecht aan het onpersoonlijk Brahman. Hij wil weten of zijn positie zeker is. De onpersoonlijke manifestatie van de Allerhoogste Heer, zowel in de materiële als in de spirituele wereld, vormt een probleem voor meditatie. Eigenlijk kan men zich het onpersoonlijk aspect van de

Absolute Waarheid niet voorstellen. Arjuna wil daarom zeggen: 'Wat is het nut van zulke tijdverspilling?'

In het elfde hoofdstuk ondervond Arjuna dat gehechtheid aan de persoonlijke gedaante van Kṛṣṇa het beste is, want op die manier kon hij tegelijkertijd alle andere gedaanten begrijpen en werd zijn liefde voor Kṛṣṇa niet verstoord. Deze belangrijke vraag van Arjuna aan Kṛṣṇa zal het onderscheid tussen de persoonlijke en onpersoonlijke opvattingen van de Absolute Waarheid duidelijk maken.

TEKST 2

श्रीभगवानुवाच ।
मय्यावेश्य मनो ये मां नित्ययुक्ता उपासते ।
श्रद्धया परयोपेतास्ते मे युक्ततमा मताः ॥ २ ॥

śrī-bhagavān uvāca
mayy āveśya mano ye māṁ, nitya-yuktā upāsate
śraddhayā parayopetās, te me yuktatamā matāḥ

śrī-bhagavān uvāca — de Allerhoogste Persoonlijkheid Gods zei; *mayi* — op Mij; *āveśya* — vestigend; *manaḥ* — de geest; *ye* — zij die; *mām* — Mij; *nitya* — altijd; *yuktāḥ* — bezig met; *upāsate* — vereren; *śraddhayā* — met geloof of vertrouwen; *parayā* — transcendentaal; *upetāḥ* — begiftigd; *te* — zij; *me* — door Mij; *yuktatamāḥ* — volmaaktst in yoga; *matāḥ* — worden beschouwd.

De Allerhoogste Persoonlijkheid Gods zei: Zij die hun geest op Mijn persoonlijke gedaante concentreren en Me altijd vol transcendentaal vertrouwen vereren, beschouw Ik als het volmaaktst.

COMMENTAAR: Als antwoord op de vraag van Arjuna zegt Kṛṣṇa duidelijk dat degene die zich op Zijn persoonlijke gedaante concentreert en Hem met vertrouwen en devotie vereert, beschouwd moet worden als het volmaaktst in yoga. Voor zo'n Kṛṣṇa-bewust persoon bestaan er geen materiële activiteiten, omdat hij alles voor Kṛṣṇa doet.

Een zuivere toegewijde is altijd bezig. Soms chant hij, soms luistert hij of leest hij boeken over Kṛṣṇa, soms kookt hij *prasāda* of gaat hij naar de markt om iets voor Kṛṣṇa te kopen, en soms maakt hij de tempel schoon of doet hij de afwas; wat hij ook doet, hij laat geen moment voorbijgaan zonder zijn activiteiten aan Kṛṣṇa te wijden. Zulke activiteiten worden in volledige *samādhi* gedaan.

TEKST 3 – 4

ये त्वक्षरमनिर्देश्यमव्यक्तं पर्युपासते ।
सर्वत्रगमचिन्त्यं च कूटस्थमचलं ध्रुवम् ॥ ३ ॥
सन्नियम्येन्द्रियग्रामं सर्वत्र समबुद्धयः ।
ते प्राप्नुवन्ति मामेव सर्वभूतहिते रताः ॥ ४ ॥

ye tv akṣaram anirdeśyam, avyaktaṁ paryupāsate
sarvatra-gam acintyaṁ ca, kūṭa-stham acalaṁ dhruvam

sanniyamyendriya-grāmaṁ, sarvatra sama-buddhayaḥ
te prāpnuvanti mām eva, sarva-bhūta-hite ratāḥ

ye — zij die; *tu* — maar; *akṣaram* — dat wat niet door de zintuigen kan worden waargenomen; *anirdeśyam* — het onbestemde; *avyaktam* — het ongemanifesteerde; *paryupāsate* — wijden zich volledig aan verering; *sarvatra-gam* — het aldoordringende; *acintyam* — het ondenkbare; *ca* — en; *kūṭa-stham* — onveranderlijke; *acalam* — vaststaande; *dhruvam* — onbeweeglijke; *sanniyamya* — beheersend; *indriya-grāmam* — alle zintuigen; *sarvatra* — overal; *sama-buddhayaḥ* — gelijkmoedig; *te* — zij; *prāpnuvanti* — bereiken; *mām* — Mij; *eva* — zeker; *sarva-bhūta-hite* — aan het welzijn van alle levende wezens; *ratāḥ* — gewijd.

Maar zij die zich uitsluitend bezighouden met het vereren van het ongemanifesteerde, het onbestemde, dat wat zich buiten het bereik van de zintuiglijke waarneming bevindt, het alomtegenwoordige, ondenkbare, onveranderlijke, onbeweeglijke en vaststaande — het onpersoonlijke begrip van de Absolute Waarheid — door de verschillende zintuigen te beheersen, door neutraal te zijn tegenover iedereen en door zich in te zetten voor ieders geluk, zulke personen zullen Mij uiteindelijk bereiken.

COMMENTAAR: Zij die de Allerhoogste God, Kṛṣṇa, niet rechtstreeks vereren, maar die hetzelfde doel proberen te bereiken door een indirect proces, zullen uiteindelijk ook hetzelfde doel bereiken, namelijk Śrī Kṛṣṇa. Kṛṣṇa zegt: 'Na vele levens zoekt de wijze zijn toevlucht bij Mij, wetend dat Vāsudeva alles is.' Wie na vele levens tot complete kennis komt, geeft zich over aan Heer Kṛṣṇa. Wie de Allerhoogste God benadert volgens de methode die in dit vers weergegeven wordt, moet zijn zintuigen beheersen, iedereen dienen en zich inspannen voor het welzijn van alle wezens. Hieruit kunnen we afleiden dat we Heer Kṛṣṇa moeten benaderen, omdat er anders geen sprake is van perfecte bewustwording. Aan iemands volledige overgave aan Hem gaat vaak veel ascese vooraf.

Om de Superziel in de individuele ziel waar te nemen, moet men alle zintuiglijke activiteiten van zien, horen, proeven, aanraken, werken enz. stoppen. Dan kan men begrijpen dat de Allerhoogste Ziel overal aanwezig is. Wie zich hier eenmaal van bewust is, is geen enkel levend wezen vijandig gezind; hij ziet geen verschil tussen mens en dier, want hij ziet alleen de ziel en niet het uitwendig omhulsel. Maar voor een gewoon mens is deze methode van onpersoonlijke bewustwording heel moeilijk.

TEKST 5

क्लेशोऽधिकतरस्तेषामव्यक्तासक्तचेतसाम् ।
अव्यक्ता हि गतिर्दुःखं देहवद्भिरवाप्यते ॥ ५ ॥

kleśo 'dhikataras teṣām, avyaktāsakta-cetasām
avyaktā hi gatir duḥkhaṁ, dehavadbhir avāpyate

kleśaḥ — moeilijkheid; *adhika-taraḥ* — heel erg; *teṣām* — van hen; *avyakta* — aan het ongemanifesteerde; *āsakta* — gehecht; *cetasām* — zij van wie de geest; *avyaktā* — naar het ongemanifesteerde; *hi* — zeker; *gatiḥ* — vooruitgang; *duḥkham* — met moeite; *deha-vadbhiḥ* — door de belichaamde; *avāpyate* — wordt bereikt.

Voor personen van wie de geest gehecht is aan het ongemanifesteerde, onpersoonlijke aspect van de Allerhoogste, is het zeer moeizaam om vooruitgang te maken. Vorderingen maken langs die weg is altijd moeilijk voor hen die belichaamd zijn.

COMMENTAAR: De groep van transcendentalisten die het pad van het ondenkbare, ongemanifesteerde, onpersoonlijke aspect van de Allerhoogste Heer volgen, worden *jñāna-yogī's* genoemd, en personen die volledig Kṛṣṇa-bewust zijn en devotionele dienst aan de Heer verrichten, worden *bhakti-yogī's* genoemd. Het verschil tussen *jñāna-yoga* en *bhakti-yoga* wordt hier exact beschreven. Het proces van *jñāna-yoga* is heel moeilijk, ook al leidt het uiteindelijk tot hetzelfde doel, terwijl het pad van *bhakti-yoga*, het proces waarbij men direct de Allerhoogste Persoonlijkheid Gods dient, voor de belichaamde ziel gemakkelijker en natuurlijker is.

De individuele ziel is sinds onheuglijke tijden belichaamd. Het is erg moeilijk voor haar om enkel theoretisch te begrijpen dat ze niet het lichaam is. De *bhakti-yogī* aanvaardt daarom de Beeldgedaante van Kṛṣṇa als vererenswaardig, omdat er in de geest een lichamelijke opvatting verankerd ligt, die zo haar toepassing vindt. Het vereren van de Allerhoogste Persoonlijkheid Gods in Zijn gedaante in de tempel is natuurlijk geen afgodsverering. In de Vedische literatuur zijn er bewijzen te vinden dat verering *saguṇa* of *nirguṇa* kan zijn; dat wil zeggen dat de Allerhoogste respectievelijk wel en geen kenmerken heeft. Het vereren van de Beeldgedaante in de tempel is *saguṇa*-verering, want de Heer wordt er vertegenwoordigd door materiële elementen. Maar hoewel de gedaante van de Heer vertegenwoordigd wordt door materiële elementen, zoals steen, hout of olieverf, is deze in werkelijkheid niet materieel. Dat is de absolute aard van de Allerhoogste Heer.

Een globaal voorbeeld kan dit verduidelijken. Op straat komen we verscheidene brievenbussen tegen en wanneer we onze brieven in die bussen doen, zullen ze zonder problemen naar hun bestemming worden gebracht. Maar deze functie zal niet worden vervuld door zomaar een oude doos of een namaakbrievenbus die niet door het postkantoor erkend wordt. Op dezelfde manier heeft God een erkende vertegenwoordiger in de vorm van Zijn Beeldgedaante, die *arcā-vigraha* wordt genoemd. Deze *arcā-vigraha* is een incarnatie van de Allerhoogste Heer en God aanvaardt door deze gedaante diensten. De Heer is almachtig. Daarom kan Hij door deze incarnatie als *arcā-vigraha* de diensten van de toegewijde aanvaarden om het de geconditioneerde zielen gemakkelijk te maken.

Het is voor een toegewijde dus niet moeilijk om de Allerhoogste onmiddellijk en rechtstreeks te benaderen, maar voor hen die de onpersoonlijke methode van spirituele bewustwording volgen, is het pad uiterst moeilijk. Ze moeten de ongemanifesteerde vertegenwoordiging van de Allerhoogste door Vedische teksten als de *upaniṣads* begrijpen, de taal leren, gevoelens begrijpen die niet op waarneming gebaseerd zijn en ze moeten al deze processen verwezenlijken. Dit is voor een gewoon mens niet zo gemakkelijk.

Een Kṛṣṇa-bewust persoon die devotionele dienst verricht, kan zich heel gemakkelijk bewust worden van de Allerhoogste Persoonlijkheid Gods, eenvoudig door begeleiding van de bonafide spiritueel leraar, eenvoudig door de Beeldgedaante op de voorgeschreven manier eerbetuigingen te brengen, eenvoudig door over de roem van de Heer te horen en eenvoudig door de overblijfselen van het voedsel dat aan de Heer geofferd is te eten. Het is ongetwijfeld zo dat impersonalisten onnodig een zeer moeilijk pad volgen, met als risico dat ze uiteindelijk niet tot bewustwording van de Absolute Waarheid komen. Maar de personalist benadert de Allerhoogste Persoonlijkheid rechtstreeks zonder risico, problemen of moeilijkheden. In het *Śrīmad-Bhāgavatam* staat iets soortgelijks. Er wordt daarin gezegd dat als men zich uiteindelijk aan de Allerhoogste Persoonlijkheid Gods moet overgeven (dit proces van overgave wordt *bhakti* genoemd), maar zich in plaats daarvan inspant om te begrijpen wat wel en wat niet Brahman is en zijn hele leven op die manier doorbrengt, dat het resultaat dan zonder meer problemen geeft. Daarom wordt hier aangeraden zich niet op dit problematische pad van zelfrealisatie toe te leggen, omdat het uiteindelijke resultaat onzeker is.

Een levend wezen is eeuwig een individuele ziel en wanneer het wil opgaan in het spirituele geheel, dan zou het tot een besef van het eeuwigheids- en kennisaspect van zijn oorspronkelijke aard kunnen komen, maar niet tot een besef van het gelukzaligheidaspect. Door de genade van een toegewijde kan zo'n transcendentalist, die heel geleerd is in het proces van *jñāna-yoga*, tot *bhakti-yoga*, devotionele dienst, komen. Op dat moment wordt zijn langdurige beoefening van het impersonalisme ook problematisch, want hij is niet in staat om het idee op te geven. Een belichaamde ziel heeft het daarom altijd moeilijk met het ongemanifesteerde, zowel tijdens die beoefening als op het moment van bewustwording.

Iedere levende ziel is gedeeltelijk onafhankelijk en men moet ervan doordrongen zijn dat bewustwording van het ongemanifesteerde tegen de natuur van zijn spirituele, gelukzalige zelf ingaat. Men moet zich niet toeleggen op dit proces. Het proces van Kṛṣṇa-bewustzijn, dat wil zeggen volledig opgaan in devotionele dienst, is daarentegen het beste pad voor ieder individueel levend wezen. Wie deze devotionele dienst negeert, loopt gevaar een atheïst te worden. Het proces waarbij de aandacht alleen wordt gericht op het ongemanifesteerde, het ondenkbare, op dat wat zich buiten het bereik van de zintuigen bevindt, moet, zoals in dit vers al werd aangegeven, nooit worden aangemoedigd, zeker niet in deze tijd. Heer Kṛṣṇa raadt het niet aan.

TEKST 6 – 7

ये तु सर्वाणि कर्माणि मयि संन्यस्य मत्पराः ।
अनन्येनैव योगेन मां ध्यायन्त उपासते ॥ ६ ॥

तेषामहं समुद्धर्ता मृत्युसंसारसागरात् ।
भवामि न चिरात्पार्थ मय्यावेशितचेतसाम् ॥ ७ ॥

ye tu sarvāṇi karmāṇi, mayi sannyasya mat-parāḥ
ananyenaiva yogena, māṁ dhyāyanta upāsate

teṣām ahaṁ samuddhartā, mṛtyu-saṁsāra-sāgarāt
bhavāmi na cirāt pārtha, mayy āveśita-cetasām

ye — zij die; *tu* — maar; *sarvāṇi* — alle; *karmāṇi* — activiteiten; *mayi* — aan Mij; *sannyasya* — opgevend; *mat-parāḥ* — gehecht aan Mij; *ananyena* — met onverdeelde aandacht; *eva* — zeker; *yogena* — door beoefening van zulke *bhakti-yoga*; *mām* — op Mij; *dhyāyantaḥ* — mediterend; *upāsate* — vereren; *teṣām* — van hen; *aham* — Ik; *samuddhartā* — de bevrijder; *mṛtyu* — van dood; *saṁsāra* — in het materiële bestaan; *sāgarāt* — uit de oceaan; *bhavāmi* — Ik word; *na* — niet; *cirāt* — na een lange tijd; *pārtha* — o zoon van Pṛthā; *mayi* — op Mij; *āveśita* — geconcentreerd; *cetasām* — zij van wie de geest.

Maar voor hen die Mij vereren, die al hun activiteiten aan Mij wijden, die Mij met onverdeelde aandacht toegewijd zijn, die devotionele dienst aan Mij verrichten en voortdurend op Mij mediteren door hun geest op Mij te richten, voor hen, o zoon van Pṛthā, ben Ik degene die hen zeer snel uit de oceaan van geboorte en dood bevrijd.

COMMENTAAR: Hier wordt expliciet gezegd dat toegewijden heel fortuinlijk zijn, omdat de Heer hen al snel uit het materiële bestaan bevrijdt. In zuivere devotionele dienst komt men tot het besef dat God groot is en dat de individuele ziel ondergeschikt is aan Hem. Het is haar plicht om dienst te verrichten voor de Heer — doet ze dat niet, dan zal ze dienst aan *māyā* verrichten.

Eerder werd al gezegd dat de Allerhoogste Heer alleen door devotionele dienst kan worden begrepen. Men moet Hem daarom volledig toegewijd zijn. Om Kṛṣṇa te bereiken moet men zijn geest volledig op Hem concentreren. Men moet alleen voor Kṛṣṇa werken. Het maakt niet uit wat voor werk iemand verricht, als hij het maar alleen voor Kṛṣṇa doet; dat is het gewenste niveau van devotionele dienst. De toegewijde verlangt naar niets anders dan het tevredenstellen van de Allerhoogste Persoonlijkheid Gods. Het is zijn levensmissie om Kṛṣṇa tevreden te stellen en hij kan alles opofferen voor de voldoening van Kṛṣṇa, net zoals Arjuna deed in de Slag van Kurukṣetra. Het proces is heel eenvoudig: men kan zich aan zijn bepaalde voorgeschreven activiteiten wijden en tegelijkertijd Hare Kṛṣṇa, Hare Kṛṣṇa, Kṛṣṇa Kṛṣṇa, Hare Hare/ Hare Rāma, Hare Rāma, Rāma Rāma, Hare Hare chanten. Dit transcendentale chanten zorgt ervoor dat de toegewijde aangetrokken raakt tot de Persoonlijkheid Gods. De Allerhoogste Heer belooft hier dat Hij een zuivere toegewijde die zo bezig is, zonder uitstel uit de oceaan van het materiële bestaan zal bevrijden.

Zij die gevorderd zijn in yoga kunnen door middel van de yogamethode de ziel naar eigen wens overbrengen naar willekeurig welke planeet. Anderen maken op verschillende manieren van deze gelegenheid gebruik, maar over de toegewijde wordt hier duidelijk gezegd dat de Heer hem Zelf tot Zich brengt. De toegewijde hoeft niet te wachten tot hij zeer gevorderd raakt om zichzelf naar de spirituele hemel over te brengen.

In de *Varāha Purāṇa* staat het volgende vers:

nayāmi paramaṁ sthānam, arcir-ādi-gatiṁ vinā
garuḍa-skandham āropya, yatheccham anivāritaḥ

De betekenis van dit vers is dat een toegewijde geen *aṣṭāṅga-yoga* hoeft te beoefenen om zijn ziel naar de spirituele planeten over te brengen. De Allerhoogste Heer neemt hiervoor Zelf de verantwoordelijkheid. Hij zegt hier duidelijk dat Hijzelf de bevrijder is. Een kind wordt volledig door zijn ouders verzorgd en daardoor bevindt het zich in een veilige situatie. Op dezelfde manier hoeft de toegewijde geen moeite te doen om zichzelf door het beoefenen van yoga naar andere planeten over te brengen. Integendeel, uit Zijn grote genade komt de Allerhoogste Heer, zittend op Zijn gevleugelde drager Garuḍa, en bevrijdt de toegewijde onmiddellijk van het materiële bestaan. Ook al worstelt iemand die in de oceaan is gevallen nog zo hard en al kan hij nog zo goed zwemmen, hij kan zichzelf niet redden. Maar als iemand hem uit het water oppikt, dan is hij gemakkelijk gered. Op dezelfde manier pikt de Heer de toegewijde op uit dit materiële bestaan. Men hoeft alleen dit gemakkelijke proces van Kṛṣṇa-bewustzijn te beoefenen en zich volledig in te zetten voor devotionele dienst. Ieder intelligent mens zou het proces van devotionele dienst altijd boven alle andere wegen moeten verkiezen. In het *Nārāyaṇīya* wordt dit als volgt bevestigd:

yā vai sādhana-sampattiḥ, puruṣārtha-catuṣṭaye
tayā vinā tad āpnoti, naro nārāyaṇāśrayaḥ

De betekenis van dit vers is dat men zich niet moet bezighouden met de verschillende methoden van resultaatgerichte activiteiten of het cultiveren van kennis door de methode van mentale speculatie. Wie toegewijd is aan de Allerhoogste Persoonlijkheid, kan alle voordelen behalen van andere yogamethoden, van speculatie, rituelen, offers, vrijgevigheid enz. Dat is de bijzondere zegening van devotionele dienst. Door eenvoudig de heilige naam van Kṛṣṇa te chanten — Hare Kṛṣṇa, Hare Kṛṣṇa, Kṛṣṇa Kṛṣṇa, Hare Hare/ Hare Rāma, Hare Rāma, Rāma Rāma, Hare Hare — kan een toegewijde de allerhoogste bestemming gemakkelijk en opgewekt naderen, maar deze bestemming kan door geen enkel ander religieus proces worden bereikt.

De conclusie van de *Bhagavad-gītā* staat in het achttiende hoofdstuk:

sarva-dharmān parityajya, mām ekaṁ śaraṇaṁ vraja
ahaṁ tvāṁ sarva-pāpebhyo, mokṣayiṣyāmi mā śucaḥ

Men moet alle andere methoden van zelfrealisatie opgeven en alleen in Kṛṣṇa-bewustzijn devotionele dienst verrichten. Dat zal iemand in staat stellen om de hoogste perfectie van het leven te bereiken. Zo iemand hoeft geen rekening te houden met de zondige activiteiten van zijn vorige leven, omdat de Allerhoogste Heer hem volledig onder Zijn hoede neemt. Men moet daarom niet tevergeefs proberen zichzelf te bevrijden door spirituele bewustwording. Iedereen zou zijn toevlucht moeten nemen tot de allerhoogste, almachtige God, Kṛṣṇa. Dat is de hoogste volmaaktheid van het leven.

TEKST 8

मय्येव मन आधत्स्व मयि बुद्धिं निवेशय ।
निवसिष्यसि मय्येव अत ऊर्ध्वं न संशयः ॥ ८ ॥

mayy eva mana ādhatsva, mayi buddhiṁ niveśaya
nivasiṣyasi mayy eva, ata ūrdhvaṁ na saṁśayaḥ

mayi — op Mij; *eva* — zeker; *manaḥ* — de geest; *ādhatsva* — hou gericht; *mayi* — op Mij; *buddhim* — intelligentie; *niveśaya* — betrek; *nivasiṣyasi* — je zult verblijven; *mayi* — in Mij; *eva* — zeker; *ataḥ ūrdhvam* — daarna; *na* — nooit; *saṁśayaḥ* — twijfel.

Richt je geest alleen op Mij, de Allerhoogste Persoonlijkheid Gods, en gebruik al je intelligentie in Mijn dienst. Op die manier zul je ongetwijfeld altijd in Mij leven.

COMMENTAAR: Iemand die devotionele dienst aan Heer Kṛṣṇa verricht, heeft een directe relatie met de Allerhoogste Heer; er bestaat dus geen twijfel over dat zijn positie van het begin af aan transcendentaal is. Een toegewijde leeft niet op het materiële vlak — hij leeft in Kṛṣṇa. De heilige naam van de Heer en de Heer verschillen niet van elkaar; wanneer een toegewijde Hare Kṛṣṇa chant, dan dansen Kṛṣṇa en Zijn interne energie op zijn tong. Wanneer hij voedsel aan Kṛṣṇa offert, aanvaardt Kṛṣṇa dit voedsel direct en de toegewijde raakt 'ge-kṛṣṇa-iseerd' door de overblijfselen te eten. Wie geen devotionele dienst verricht, kan niet begrijpen hoe dit alles werkt, hoewel het een proces is dat in de *Bhagavad-gītā* en in andere Vedische teksten wordt aangeraden.

TEKST 9

अथ चित्तं समाधातुं न शक्नोषि मयि स्थिरम् ।
अभ्यासयोगेन ततो मामिच्छाप्तुं धनञ्जय ॥ ९ ॥

atha cittaṁ samādhātuṁ, na śaknoṣi mayi sthiram
abhyāsa-yogena tato, mām icchāptuṁ dhanañjaya

atha — als, daarom; *cittam* — de geest; *samādhātum* — vestigen; *na* — niet; *śaknoṣi* — je bent in staat; *mayi* — op Mij; *sthiram* — onwankelbaar; *abhyāsa-yogena* — door de beoefening van devotionele dienst; *tataḥ* — dan; *mām* — Mij; *icchā* — een verlangen; *āptum* — krijgen; *dhanam-jaya* — o overwinnaar van rijkdom, Arjuna.

Beste Arjuna, o overwinnaar van rijkdom, als je niet in staat bent je geest met onverdeelde aandacht op Mij te concentreren, volg dan de regels en bepalingen van bhakti-yoga. Ontwikkel zo het verlangen om Me te bereiken.

COMMENTAAR: In dit vers worden twee verschillende methoden van *bhakti-yoga* aangegeven. De eerste heeft betrekking op iemand die door transcendentale liefde werkelijk aantrekking voor de Allerhoogste Persoonlijkheid Gods, Kṛṣṇa, heeft ontwikkeld. De tweede methode is voor iemand die geen aantrekking voor de Allerhoogste Heer heeft ontwikkeld door transcendentale liefde. Voor deze tweede groep bestaan er verschillende voorgeschreven regels en bepalingen, die men kan volgen om uiteindelijk verheven te worden tot het niveau waarop men aangetrokken zal zijn tot Kṛṣṇa.

Bhakti-yoga houdt in dat men de zintuigen zuivert. Nu zijn de zintuigen in het materiële bestaan altijd onzuiver, omdat ze worden gebruikt voor zinsbevrediging. Maar door het beoefenen van *bhakti-yoga* kunnen deze zintuigen gezuiverd worden en in een gezuiverde staat komen ze direct in contact met de Allerhoogste Heer. In dit materiële bestaan mag ik dan op een bepaalde manier in dienst zijn bij een baas, maar ik dien die baas niet uit liefde. Ik dien hem uitsluitend om wat geld te verdienen. En de baas is ook niet vol liefde; hij betaalt me voor mijn diensten. Op die manier is er geen sprake van liefde. Maar in het spirituele leven moet men naar het zuivere niveau van liefde worden verheven. Dat niveau van liefde kan worden bereikt door devotionele dienst te beoefenen met de huidige zintuigen.

Deze liefde voor God is nu in een sluimerende toestand aanwezig in het hart van iedereen. En liefde voor God is daar op verschillende manieren aanwezig, maar ze is onzuiver door het contact met de materiële energie. Het hart moet gezuiverd worden van dit contact met de materiële energie en de sluimerende, natuurlijk liefde voor Kṛṣṇa moet worden opgewekt. Dat is het hele proces.

Om de regulerende principes van *bhakti-yoga* te beoefenen, moet men onder begeleiding van een deskundige spiritueel leraar bepaalde principes volgen: men moet 's ochtends vroeg opstaan, een bad nemen, de tempel binnengaan en gebeden opzeggen en Hare Kṛṣṇa chanten, daarna bloemen plukken om aan de Beeldgedaante te offeren, eten koken om aan de Beeldgedaante te offeren, *prasāda* nemen enz. Er bestaan verschillende regels en bepalingen die men moet volgen. En men moet voortdurend van zuivere toegewijden de *Bhagavad-gītā* en het *Śrīmad-Bhāgavatam* horen. Het beoefenen hiervan kan iedereen helpen om het niveau van liefde voor God te bereiken; zo is men er zeker van dat men het koninkrijk van God zal bereiken. Het beoefenen van *bhakti-yoga* volgens de regels en bepalingen en onder begeleiding van een spiritueel leraar, zal iemand zeker tot het niveau van liefde voor God brengen.

TEKST 10 अभ्यासेऽप्यसमर्थोऽसि मत्कर्मपरमो भव ।
मदर्थमपि कर्माणि कुर्वन्सिद्धिमवाप्स्यसि ॥ १० ॥

abhyāse 'py asamartho 'si, mat-karma-paramo bhava
mad-artham api karmāṇi, kurvan siddhim avāpsyasi

abhyāse — in de beoefening van; *api* — zelfs als; *asamarthaḥ* — niet in staat; *asi* — jij bent; *mat-karma* — Mijn werk; *paramaḥ* — gewijd aan; *bhava* — word; *mat-artham* — in Mijn voordeel; *api* — zelfs; *karmāṇi* — werk; *kurvan* — verrichtend; *siddhim* — volmaaktheid; *avāpsyasi* — je zult bereiken.

Als je de regels van bhakti-yoga niet kunt volgen, probeer dan voor Mij te werken, want door voor Mij te werken zul je tot het niveau van volmaaktheid komen.

COMMENTAAR: Wie zelfs niet in staat is om onder begeleiding van een spiritueel leraar de regulerende principes van *bhakti-yoga* te beoefenen, kan toch tot dit perfecte niveau worden gebracht door te werken voor de Allerhoogste Heer. Hoe iemand op die manier moet werken is al in de vijfenvijftigste tekst van het elfde hoofdstuk uitgelegd.

Men zou positief moeten staan tegenover het verspreiden van het Kṛṣṇa-bewustzijn. Veel toegewijden zijn bezig met het verspreiden van het Kṛṣṇa-bewustzijn en ze hebben hulp nodig. Dus zelfs iemand die de regulerende principes van *bhakti-yoga* niet rechtstreeks kan beoefenen, kan proberen zulk werk te ondersteunen. Elke inspanning vergt land, geld, organisatie en arbeid. Net zoals men voor een bedrijf een vestigingsplaats, een bepaalde hoeveelheid beschikbaar kapitaal, arbeid en een organisatie voor uitbreiding nodig heeft, zo is dit alles ook nodig voor dienst aan Kṛṣṇa. Het enige verschil is dat iemand die door materialisme beïnvloed wordt, voor zinsbevrediging werkt. Maar datzelfde werk kan ook gedaan worden om Kṛṣṇa tevreden te stellen — dat is spirituele activiteit. Wie voldoende geld heeft, kan helpen met het bouwen van een kantoor of een tempel om het Kṛṣṇa-bewustzijn te verspreiden. Of hij kan helpen met het bekostigen van publicaties. Er zijn verschillende soorten activiteiten en men zou belangstelling moeten hebben voor die activiteiten. Wie de resultaten van zijn activiteiten niet kan offeren, zou er toch zeker een bepaald percentage van kunnen afstaan voor het verspreiden van het Kṛṣṇa-bewustzijn. Dit vrijwillig dienen van het doel van het Kṛṣṇa-bewustzijn helpt om een hoger niveau van liefde voor God te bereiken, waarna men volmaakt wordt.

TEKST 11 अथैतदप्यशक्तोऽसि कर्तुं मद्योगमाश्रितः ।
सर्वकर्मफलत्यागं ततः कुरु यतात्मवान् ॥ ११ ॥

athaitad apy aśakto 'si, kartuṁ mad-yogam āśritaḥ
sarva-karma-phala-tyāgaṁ, tataḥ kuru yatātmavān

atha — zelfs als; *etat* — dit; *api* — ook; *aśaktaḥ* — niet in staat; *asi* — je bent; *kartum* — te verrichten; *mat* — aan Mij; *yogam* — in devotionele dienst; *āśritaḥ*

— toevlucht nemend; *sarva-karma* — van alle activiteiten; *phala* — van de resultaten; *tyāgam* — onthechting; *tataḥ* — dan; *kuru* — doe; *yata-ātma-vān* — met zelfbeheersing.

Maar ben je niet in staat om in dat bewustzijn voor Me te werken, probeer dan afstand te doen van alle resultaten van je werk en probeer zelfbeheerst te zijn.

COMMENTAAR: Het kan zijn dat iemand zelfs niet in staat is om sympathie op te brengen voor de activiteiten van het Kṛṣṇa-bewustzijn door sociale of religieuze overwegingen of door familieaangelegenheden of door andere belemmeringen. Wanneer iemand zich rechtstreeks met de activiteiten van het Kṛṣṇa-bewustzijn bezighoudt, kunnen familieleden bezwaren hebben of er kunnen tal van andere moeilijkheden zijn. Wie een dergelijk probleem heeft, wordt aangeraden om het gezamenlijke resultaat van zijn activiteiten aan een goed doel te schenken. Zulke handelingen worden in de Vedische teksten beschreven; er zijn veel beschrijvingen van offers en bepaalde handelingen van *puṇya* of speciale activiteiten waardoor het resultaat van iemands vorige activiteit gebruikt kan worden. Op die manier kan men geleidelijk aan verheven worden tot een toestand van kennis.

We zien ook dat iemand die zelfs niet geïnteresseerd is in Kṛṣṇa-bewuste activiteiten, uit liefdadigheid schenkingen doet aan ziekenhuizen of een andere sociale instelling en zo de zuurverdiende resultaten van zijn activiteiten opgeeft. Dat is hetzelfde wat ook in dit vers wordt aangeraden, want door de resultaten van zijn activiteiten af te staan, zal men geleidelijk aan zeker zijn geest zuiveren en in die zuivere geestestoestand in staat zijn het Kṛṣṇa-bewustzijn te begrijpen. Het Kṛṣṇa-bewustzijn is natuurlijk van geen enkele andere ervaring afhankelijk, want het proces van Kṛṣṇa-bewustzijn op zichzelf kan iemands geest zuiveren, maar als er belemmeringen zijn wat betreft het aanvaarden van het Kṛṣṇa-bewustzijn, dan kan men proberen de resultaten van zijn activiteiten af te staan. Op die manier zou men actief kunnen zijn op het gebied van sociale dienstverlening, maatschappelijk werk, zich opofferen voor zijn land of zich ervoor nuttig maken enz. om zo op een dag tot het niveau van zuivere devotionele dienst aan de Allerhoogste Heer te komen.

In de *Bhagavad-gītā* (18.46) vinden we de uitspraak: *yataḥ pravṛttir bhūtānām* — wanneer iemand besluit om offers te brengen voor het allerhoogste doel, zelfs al weet hij niet dat het allerhoogste doel Kṛṣṇa is, dan zal hij door deze methode van offeren geleidelijk aan begrijpen dat Kṛṣṇa dat allerhoogste doel is.

TEKST 12 श्रेयो हि ज्ञानमभ्यासाज्ज्ञानाद्ध्यानं विशिष्यते ।
ध्यानात्कर्मफलत्यागस्त्यागाच्छान्तिरनन्तरम् ॥ १२ ॥

śreyo hi jñānam abhyāsāj, jñānād dhyānaṁ viśiṣyate
dhyānāt karma-phala-tyāgas, tyāgāc chāntir anantaram

śreyaḥ — beter; *hi* — zeker; *jñānam* — kennis; *abhyāsāt* — dan beoefening; *jñānāt* — dan kennis; *dhyānam* — meditatie; *viśiṣyate* — wordt beter geacht; *dhyānāt* — dan meditatie; *karma-phala-tyāgaḥ* — onthechting van de resultaten van resultaatgerichte activiteit; *tyāgāt* — door zulke onthechting; *śāntiḥ* — vrede; *anantaram* — daarna.

Wanneer je dat niet in praktijk kunt brengen, houd je dan bezig met het cultiveren van kennis. Maar beter dan kennis is meditatie en beter dan meditatie is onthechting van de vruchten van je activiteiten, want door zulke onthechting kun je tot gemoedsrust komen.

COMMENTAAR: In vorige verzen werd gezegd dat er twee verschillende soorten devotionele dienst zijn, namelijk het pad van regulerende principes en het pad van volledige gehechtheid in liefde voor de Allerhoogste Persoonlijkheid Gods. Voor hen die eigenlijk niet in staat zijn de principes van het Kṛṣṇa-bewustzijn te volgen, is het beter om kennis te cultiveren, want door kennis kan men zijn werkelijke positie begrijpen. Geleidelijk aan zal deze kennis zich ontwikkelen tot meditatie. Door middel van meditatie is het mogelijk de Allerhoogste Persoonlijkheid Gods via een geleidelijk proces te leren begrijpen.

Er bestaan methoden waardoor men leert inzien dat men zelf de allerhoogste is en dat type meditatie heeft de voorkeur als men niet in staat is devotionele dienst te verrichten. Voor wie niet in staat is om zo te mediteren, zijn er voorgeschreven plichten, zoals de plichten die de Vedische literatuur aan *brāhmaṇa's*, *kṣatriya's*, *vaiśya's* en *śūdra's* oplegt en die we in het laatste hoofdstuk van de *Bhagavad-gītā* zullen vinden. Maar wat iemands voorgeschreven plicht ook is, men moet het resultaat of de vruchten van zijn arbeid afstaan; dit betekent dat men het resultaat van karma voor een goed doel moet gebruiken.

Samenvattend kunnen we zeggen dat er twee methoden zijn om de Allerhoogste Persoonlijkheid Gods, het hoogste doel, te bereiken: de methode van geleidelijke ontwikkeling en de rechtstreekse methode. Devotionele dienst in Kṛṣṇa-bewustzijn is de rechtstreekse methode en de andere methode houdt in dat men de vruchten van zijn activiteiten afstaat. Vervolgens kan men tot het niveau van kennis komen, daarna tot het niveau van meditatie, daarna tot het niveau waarop men de Superziel begrijpt, en daarna tot het niveau van de Allerhoogste Persoonlijkheid Gods. Men kan het geleidelijke pad of het rechtstreekse pad volgen. Niet iedereen kan het rechtstreekse pad volgen en daarom is de indirecte methode ook goed. Maar men moet wel begrijpen dat de indirecte methode niet aan te raden was voor Arjuna, omdat hij zich al op het niveau van liefdevolle devotionele dienst aan de Allerhoogste Heer bevond. Het is bedoeld voor anderen, die niet op dat niveau zijn; zij moeten de geleidelijke methode volgen van onthechting, kennis, meditatie en het zich bewust worden van Brahman en de Superziel. Maar de *Bhagavad-gītā* legt de nadruk op de rechtstreekse methode. Iedereen wordt aangeraden zich toe te leggen op de rechtstreekse methode en zich over te geven aan de Allerhoogste Persoonlijkheid Gods, Kṛṣṇa.

TEKST 13 – 14

अद्वेष्टा सर्वभूतानां मैत्रः करुण एव च ।
निर्ममो निरहङ्कारः समदुःखसुखः क्षमी ॥ १३ ॥
सन्तुष्टः सततं योगी यतात्मा दृढनिश्चयः ।
मय्यर्पितमनोबुद्धिर्यो मद्भक्तः स मे प्रियः ॥ १४ ॥

adveṣṭā sarva-bhūtānāṁ, maitraḥ karuṇa eva ca
nirmamo nirahaṅkāraḥ, sama-duḥkha-sukhaḥ kṣamī

santuṣṭaḥ satataṁ yogī, yatātmā dṛḍha-niścayaḥ
mayy arpita-mano-buddhir, yo mad-bhaktaḥ sa me priyaḥ

adveṣṭā — niet vijandig; *sarva-bhūtānām* — naar alle levende wezens; *maitraḥ* — vriendelijk; *karuṇaḥ* — goedaardig; *eva* — zeker; *ca* — en; *nirmamaḥ* — zonder gevoelens van eigenaarschap; *nirahaṅkāraḥ* — zonder vals ego; *sama* — gelijkmoedig; *duḥkha* — in ellende; *sukhaḥ* — en geluk; *kṣamī* — vergevensgezind; *santuṣṭaḥ* — tevreden; *satatam* — altijd; *yogī* — iemand die devotionele dienst verricht; *yata-ātmā* — zelfbeheerst; *dṛḍha-niścayaḥ* — met vastberadenheid; *mayi* — op Mij; *arpita* — bezig met; *manaḥ* — geest; *buddhiḥ* — en intelligentie; *yaḥ* — iemand die; *mat-bhaktaḥ* — Mijn toegewijde; *saḥ* — hij; *me* — Mij; *priyaḥ* — dierbaar.

Hij die niet vijandig is, maar een goede vriend is van alle levende wezens, die zichzelf niet als een eigenaar beschouwt en vrij is van vals ego, die zowel in geluk als ellende gelijkmoedig blijft, die verdraagzaam, altijd tevreden en beheerst is, die met vastberadenheid en met zijn geest en intelligentie op Mij gericht devotionele dienst verricht — zo'n toegewijde van Mij is Me zeer dierbaar.

COMMENTAAR: Terugkomend op het punt van zuivere devotionele dienst beschrijft de Heer in deze twee verzen de transcendentale eigenschappen van een zuivere toegewijde. Een zuivere toegewijde is onder geen enkele omstandigheid verstoord. Hij is evenmin iemand anders vijandig gezind. En evenmin wordt de toegewijde de vijand van zijn vijand. Hij denkt: 'Deze persoon gedraagt zich als mijn vijand door mijn eigen wandaden in het verleden. Het is daarom beter te lijden dan te protesteren.' In het *Śrīmad-Bhāgavatam* (10.14.8) wordt gezegd: *tat te 'nukampāṁ susamī-kṣamāṇo bhuñjāna evātma-kṛtaṁ vipākam.* Telkens wanneer een toegewijde lijdt of in moeilijkheden raakt, ziet hij dat als de genade van de Heer. Hij denkt: 'Door mijn vroegere wandaden zou ik veel, veel meer moeten lijden dan ik nu doe. Het is dus door de genade van de Allerhoogste Heer dat ik niet alle straf krijg die ik verdien. Door de genade van de Allerhoogste Persoonlijkheid Gods krijg ik alleen maar een beetje.' Hij is daarom altijd kalm, zwijgzaam en geduldig, ondanks veel moeilijke of pijnlijke omstandigheden. Een toegewijde is verder altijd vriendelijk voor iedereen, zelfs voor zijn vijand.

Nirmama betekent dat een toegewijde niet veel belang hecht aan de pijn en problemen die te maken hebben met het lichaam, omdat hij heel goed weet dat hij dit materiële lichaam niet is. Hij identificeert zich niet met dit lichaam; daarom is hij vrij van vals ego en gelijkmoedig in geluk en verdriet. Hij is verdraagzaam en tevreden met alles wat door de genade van de Allerhoogste Heer op zijn pad komt. Hij is er nooit op uit om iets door grote inspanningen te bereiken; daarom is hij altijd vrolijk. Hij is de perfecte mysticus, want hij is verankerd in de instructies die hij van de spiritueel leraar gekregen heeft, en omdat hij zijn zintuigen onder controle heeft, is hij vastberaden. Hij wordt niet door ongeldige argumenten op andere gedachten gebracht, omdat niemand hem van zijn sterke vastberadenheid om devotionele dienst te verrichten kan afbrengen. Hij is er volledig van doordrongen dat Kṛṣṇa de eeuwige Heer is en daarom kan niemand hem verstoren. Al deze eigenschappen stellen hem in staat zijn geest en intelligentie volkomen op de Allerhoogste Heer te concentreren. Zo'n niveau van devotionele dienst is ongetwijfeld heel zeldzaam, maar een toegewijde komt tot dat niveau door de regulerende principes van devotionele dienst te volgen. Bovendien zegt de Heer dat zo'n toegewijde Hem zeer dierbaar is, want de Heer is altijd tevreden met al zijn activiteiten in volledig Kṛṣṇa-bewustzijn.

TEKST 15 यस्मान्नोद्विजते लोको लोकान्नोद्विजते च यः ।
हर्षामर्षभयोद्वेगैर्मुक्तो यः स च मे प्रियः ॥ १५ ॥

yasmān nodvijate loko, lokān nodvijate ca yaḥ
harṣāmarṣa-bhayodvegair, mukto yaḥ sa ca me priyaḥ

yasmāt — van wie; *na* — nooit; *udvijate* — worden verontrust; *lokaḥ* — mensen; *lokāt* — van mensen; *na* — nooit; *udvijate* — wordt verstoord; *ca* — ook; *yaḥ* — iedereen die; *harṣa* — van vreugde; *amarṣa* — verdriet; *bhaya* — angst; *udvegaiḥ* — en ongerustheid; *muktaḥ* — bevrijd; *yaḥ* — wie; *saḥ* — hij; *ca* — en; *me* — Mij; *priyaḥ* — zeer dierbaar.

Hij die niemand in moeilijkheden brengt, door niemand verstoord kan worden en evenwichtig blijft in geluk, verdriet, angst en ongerustheid, is Me zeer dierbaar.

COMMENTAAR: Hier worden enkele van de eigenschappen van een toegewijde verder beschreven. Niemand wordt in moeilijkheden gebracht door zo'n toegewijde of ervaart door zijn toedoen zorgen, angst of ontevredenheid. Omdat een toegewijde vriendelijk is voor iedereen, handelt hij niet op een manier die anderen in moeilijkheden brengt. Aan de andere kant is het ook zo dat een toegewijde niet verstoord is wanneer anderen hem in moeilijkheden proberen te brengen. Door de genade van de Heer is hij zo geoefend, dat hij onverstoord blijft tijdens alle onrust om hem heen. Omdat een toegewijde werkelijk opgaat in Kṛṣṇa-bewustzijn en devotionele dienst, kunnen zulke materiële omstandigheden hem niet deren. Over het algemeen is een materialistisch persoon zeer gelukkig wanneer er iets is voor zijn zinsbevrediging en zijn lichaam, maar wanneer hij ziet dat anderen iets voor hun zinsbevrediging hebben en hij niet, dan voelt hij zich somber en is hij jaloers. Wanneer hij de wraak van een vijand verwacht, is hij angstig en wanneer hij iets niet met succes kan volbrengen, wordt hij neerslachtig. Een toegewijde, die altijd boven al deze verstoringen staat, is Kṛṣṇa zeer dierbaar.

TEKST 16 अनपेक्षः शुचिर्दक्ष उदासीनो गतव्यथः ।
सर्वारम्भपरित्यागी यो मद्भक्तः स मे प्रियः ॥ १६ ॥

anapekṣaḥ śucir dakṣa, udāsīno gata-vyathaḥ
sarvārambha-parityāgī, yo mad-bhaktaḥ sa me priyaḥ

anapekṣaḥ — neutraal; *śuciḥ* — zuiver; *dakṣaḥ* — bekwaam; *udāsīnaḥ* — vrij van zorgen; *gata-vyathaḥ* — van alle pijn bevrijd; *sarva-āram-bha* — van alle ondernemingen; *parityāgī* — iemand die zich onthecht; *yaḥ*— wie; *mat-bhaktaḥ* — Mijn toegewijde; *saḥ* — hij; *me* — Mij; *priyaḥ* — zeer dierbaar.

Die toegewijde van Mij die niet afhankelijk is van de geijkte gang van zaken, die zuiver en bekwaam is, die geen zorgen heeft, die vrij is van alle pijn en geen resultaten meer nastreeft, is Mij zeer dierbaar.

COMMENTAAR: Een toegewijde kan soms geld aangeboden krijgen, maar hij moet er niet teveel moeite voor doen het te krijgen. Wanneer er door de genade van de Allerhoogste vanzelf geld naar hem toekomt, dan raakt hij daardoor niet opgewonden. Vanzelfsprekend neemt een toegewijde minstens twee keer per dag een bad en staat hij 's ochtends vroeg op voor devotionele dienst. Op die manier is hij van nature zowel vanbinnen als vanbuiten zuiver. Een toegewijde is altijd bekwaam, omdat hij volledig begrijpt wat de essentie van alle activiteiten van het leven is en omdat hij overtuigd is van de gezaghebbende heilige teksten. Een toegewijde is nooit partijdig en is daarom onbezorgd. Hij is vrij van alle pijn, want hij is vrij van alle benamingen; hij weet dat dit lichaam een benaming is, dus als er lichamelijke pijn is, is hij er vrij van. De zuivere toegewijde doet geen moeite voor iets wat tegen de principes van devotionele dienst ingaat. Bijvoorbeeld, het vergt veel energie om een groot gebouw te bouwen en een toegewijde houdt zich er niet mee bezig als hij er geen vooruitgang mee maakt in devotionele dienst. Hij kan een tempel bouwen voor de Heer en hij kan daarvoor allerlei soorten zorgen op zich nemen, maar hij zal geen groot huis bouwen voor zijn persoonlijke relaties.

TEKST 17 यो न हृष्यति न द्वेष्टि न शोचति न काङ्क्षति ।
शुभाशुभपरित्यागी भक्तिमान्यः स मे प्रियः ॥ १७ ॥

yo na hṛṣyati na dveṣṭi, na śocati na kāṅkṣati
śubhāśubha-parityāgī, bhaktimān yaḥ sa me priyaḥ

yaḥ — iemand die; *na* — nooit; *hṛṣyati* — zich verheugt; *na* — nooit; *dveṣṭi* — verdriet heeft; *na* — nooit; *śocati* — treurt; *na* — nooit; *kāṅkṣati* — verlangt; *śubha* — van het gunstige; *aśubha* — en het ongunstige; *parityāgī* — iemand die zich onthecht; *bhakti-mān* — toegewijde; *yaḥ* — iemand die; *saḥ* — hij is; *me* — Mij; *priyaḥ* — dierbaar.

Hij die zich niet verheugt en evenmin verdriet heeft, die niet treurt en niets verlangt en zich zowel van gunstige als ongunstige dingen onthecht — zo'n toegewijde is Mij zeer dierbaar.

COMMENTAAR: Een zuivere toegewijde is niet gelukkig of bedroefd door materiële winst of verlies. Hij is evenmin gelukkig wanneer hij een zoon of een discipel krijgt en hij is ook niet bedroefd wanneer hij deze niet krijgt. Wanneer hij iets verliest wat hem zeer dierbaar is, dan treurt hij niet. Hij is ook niet bedroefd wanneer hij niet krijgt wat hij verlangt. Hij blijft in zijn transcendentale positie wanneer hij geconfronteerd wordt met allerlei soorten gunstige, ongunstige en zondige activiteiten. Hij is bereid allerlei soorten risico's te nemen om de Allerhoogste Heer tevreden te stellen. Niets vormt een belemmering in het vervullen van zijn devotionele dienst. Zo'n toegewijde is Kṛṣṇa zeer dierbaar.

TEKST 18 – 19

समः शत्रौ च मित्रे च तथा मानापमानयोः ।
शीतोष्णसुखदुःखेषु समः सङ्गविवर्जितः ॥ १८ ॥
तुल्यनिन्दास्तुतिर्मौनी सन्तुष्टो येन केनचित् ।
अनिकेतः स्थिरमतिर्भक्तिमान्मे प्रियो नरः ॥ १९ ॥

samaḥ śatrau ca mitre ca, tathā mānāpamānayoḥ
śītoṣṇa-sukha-duḥkheṣu, samaḥ saṅga-vivarjitaḥ

tulya-nindā-stutir maunī, santuṣṭo yena kenacit
aniketaḥ sthira-matir, bhaktimān me priyo naraḥ

samaḥ — gelijk; *śatrau* — tegenover een vijand; *ca* — ook; *mitre* — tegenover een vriend; *ca* — ook; *tathā* — zo; *māna* — in eer; *apamānayoḥ* — en schande; *śīta* — in kou; *uṣṇa* — hitte; *sukha* — geluk; *duḥkheṣu* — en ellende; *samaḥ* — gelijkmoedig; *saṅga-vivarjitaḥ* — vrij van alle omgang; *tulya* — gelijk; *nindā* — belastering; *stutiḥ* — en verheerlijking; *maunī* — zwijgzaam; *santuṣṭaḥ* — tevreden; *yena kenacit* — met alles; *aniketaḥ* — geen verblijfplaats hebbend; *sthira* — gegrond; *matiḥ* — vastberadenheid; *bhakti-mān* — vol devotie bezig; *me* — Mij; *priyaḥ* — dierbaar; *naraḥ* — een mens.

Hij die onpartijdig is ten opzichte van vriend en vijand, die onaangedaan is door eer en schande, hitte en kou, geluk en ellende, roem en beruchtheid, die altijd vrij is van slecht gezelschap, die altijd zwijgzaam is en tevreden met alles, die geen vaste verblijfplaats heeft, die gegrond is in kennis en bezig is met devotionele dienst aan Mij — zo iemand is Me zeer dierbaar.

COMMENTAAR: Een toegewijde is altijd vrij van verkeerd gezelschap. Soms wordt iemand geprezen en soms wordt iemand honend bespot; dat is de aard van de menselijke samenleving. Maar een toegewijde is altijd onaangedaan door onnatuurlijke eer en schande, verdriet of geluk. Hij is heel geduldig. Hij spreekt over niets anders dan onderwerpen die met Kṛṣṇa te maken hebben; daarom wordt hij zwijgzaam genoemd. Zwijgzaam zijn betekent niet dat men niet mag spreken. Zwijgzaam betekent dat men geen onzin moet spreken. Men moet alleen over essentiële dingen spreken en een toegewijde spreekt op de wezenlijkste manier wanneer hij in het belang van de Allerhoogste Heer spreekt. Een toegewijde is in alle omstandigheden gelukkig; soms krijgt hij heel smakelijk voedsel en soms ook niet, maar hij is tevreden. Hij geeft ook niets om faciliteiten voor zijn verblijf. Soms kan het zijn dat hij onder een boom leeft en soms gebeurt het dat hij in een vorstelijk gebouw woont; hij voelt zich door geen van beide aangetrokken. Hij wordt standvastig genoemd, omdat hij gegrond is in zijn vastberadenheid en kennis.

In de beschrijvingen van de eigenschappen van een toegewijde komen we soms herhalingen tegen, maar dit is alleen om te benadrukken dat een toegewijde al deze eigenschappen moet verwerven. Zonder goede eigenschappen kan men geen zuivere toegewijde zijn. *Harāv abhaktasya kuto mahad-guṇāḥ:* wie geen toegewijde is, heeft geen goede eigenschappen. Wie erkend wil worden als een goede toegewijde, moet de juiste eigenschappen ontwikkelen. Natuurlijk hoeft hij geen grote inspanningen te verrichten om deze eigenschappen op andere manieren te verwerven, want zijn Kṛṣṇa-bewuste bezigheden en devotionele dienst helpen hem deze vanzelf te ontwikkelen.

TEKST 20 ये तु धर्मामृतमिदं यथोक्तं पर्युपासते ।
श्रद्दधाना मत्परमा भक्तास्तेऽतीव मे प्रियाः ॥ २० ॥

ye tu dharmāmṛtam idaṁ, yathoktaṁ paryupāsate
śraddadhānā mat-paramā, bhaktās te 'tīva me priyāḥ

ye — zij die; *tu* — maar; *dharma* — van religie; *amṛtam* — nectar; *idam* — deze; *yathā* — zoals; *uktam* — gesproken; *paryupāsate* — zich volledig toeleggen op; *śraddadhānāḥ* — met geloof, vertrouwen; *mat-paramāḥ* — Mij, de Allerhoogste Heer, als alles beschouwend; *bhaktāḥ* — toegewijden; *te* — zij; *atīva* — heel erg; *me* — Mij; *priyāḥ* — dierbaar.

Zij die dit onvergankelijke pad van devotionele dienst volgen, die zich er vol vertrouwen volledig op toeleggen en Mij tot het hoogste doel maken, zijn Me zeer, zeer dierbaar.

COMMENTAAR: In dit hoofdstuk, vanaf tekst twee tot het eind — van *mayy āveśya mano ye mām* ('het concentreren van de geest op Mij') tot *ye tu dharmāmṛtam idam* ('deze religie van eeuwige bezigheid') — heeft de Allerhoogste

Heer de methoden van transcendentale dienst uitgelegd om dichter bij Hem te komen. Zulke methoden zijn de Heer zeer dierbaar en Hij aanvaardt de persoon die deze methoden volgt.

Op de vraag van Arjuna wie beter is — hij die het pad van het onpersoonlijk Brahman volgt of hij die persoonlijke dienst aan de Allerhoogste Persoonlijkheid Gods verricht — gaf de Heer hem zo'n duidelijk antwoord, dat er geen twijfel over kan bestaan dat devotionele dienst aan de Persoonlijkheid Gods de beste van alle methoden van spirituele bewustwording is. Met andere woorden, in dit hoofdstuk werd vastgesteld dat men door goed gezelschap gehechtheid aan zuivere devotionele dienst ontwikkelt; men aanvaardt daardoor een bonafide spiritueel leraar en begint met geloof, gehechtheid en devotie van hem te horen. Men begint te chanten en de regulerende principes van devotionele dienst te volgen, waardoor men betrokken raakt in transcendentale devotionele dienst aan de Heer. Dat is het pad dat in dit hoofdstuk wordt aangeraden. Er bestaat daarom geen twijfel over dat devotionele dienst het enige absolute pad is voor zelfrealisatie, voor het bereiken van de Allerhoogste Persoonlijkheid Gods.

Het concept van de onpersoonlijke Allerhoogste Absolute Waarheid, dat in dit hoofdstuk is beschreven, wordt aangeraden tot het moment dat men zich overgeeft aan zelfrealisatie. Met andere woorden, zolang men niet de kans heeft om met een zuivere toegewijde om te gaan, kan het onpersoonlijke concept nuttig zijn. Met het concept van een onpersoonlijke Absolute Waarheid zal men actief zijn zonder zelfzuchtige resultaten en zal men mediteren en kennis cultiveren om het spirituele en het materiële te begrijpen. Dit is noodzakelijk zolang men niet in het gezelschap van een zuivere toegewijde is. Maar als een fortuinlijk persoon direct een verlangen ontwikkelt om Kṛṣṇa-bewust te leven door zuivere devotionele dienst, dan hoeft hij geen stapsgewijze vorderingen in spirituele bewustwording te maken. Devotionele dienst, die in de middelste zes hoofdstukken van de *Bhagavad-gītā* beschreven is, is aangenamer. Men hoeft zich niet druk te maken over het veiligstellen van dingen om zijn lichaam en ziel bij elkaar te houden, omdat alles door de genade van de Heer vanzelf in orde komt.

Zo eindigen de commentaren van Śrī Śrīmad A.C. Bhaktivedanta Swami Prabhupāda bij het twaalfde hoofdstuk van Śrīmad Bhagavad-gītā, *getiteld 'Devotionele dienst'.*

13

NATUUR, GENIETER *en* BEWUSTZIJN

TEKST 1 – 2

अर्जुन उवाच
प्रकृतिं पुरुषं चैव क्षेत्रं क्षेत्रज्ञमेव च ।
एतद्वेदितुमिच्छामि ज्ञानं ज्ञेयं च केशव ॥ १ ॥
श्रीभगवानुवाच
इदं शरीरं कौन्तेय क्षेत्रमित्यभिधीयते ।
एतद्यो वेत्ति तं प्राहुः क्षेत्रज्ञ इति तद्विदः ॥ २ ॥

arjuna uvāca
prakṛtiṁ puruṣaṁ caiva, kṣetraṁ kṣetra-jñam eva ca
etad veditum icchāmi, jñānaṁ jñeyaṁ ca keśava

śrī-bhagavān uvāca
idaṁ śarīraṁ kaunteya, kṣetram ity abhidhīyate
etad yo vetti taṁ prāhuḥ, kṣetra-jña iti tad-vidaḥ

arjunaḥ uvāca — Arjuna zei; *prakṛtim* — de materiële natuur; *puruṣam* — de genieter; *ca* — ook; *eva* — zeker; *kṣetram* — het veld; *kṣetra-jñam* — degene die het veld kent; *eva* — zeker; *ca* — en; *etat* — dit alles; *veditum* — begrijpen; *icchāmi* — ik verlang; *jñānam* — kennis; *jñeyam* — het kenbare; *ca* — en; *keśava* — o Kṛṣṇa; *śrī-bhagavān uvāca* — de Persoonlijkheid Gods zei; *idam*

— dit; *śarīram* — lichaam; *kaunteya* — o zoon van Kuntī; *kṣetram* — het veld; *iti* — zo; *abhidhīyate* — wordt genoemd; *etat* — dit; *yaḥ* — wie; *vetti* — weet; *tam* — hij; *prāhuḥ* — wordt genoemd; *kṣetra-jñaḥ* — degene die het veld kent; *iti* — zo; *tat-vidaḥ* — door hen die dit weten.

Arjuna zei: O dierbare Kṛṣṇa, ik verlang ernaar te horen over prakṛti [de materiële natuur] en puruṣa [de genieter], over het veld en de kenner van het veld, en over kennis en het kenbare.

De Allerhoogste Persoonlijkheid Gods zei: Dit lichaam, o zoon van Kuntī, wordt het veld genoemd en degene die dit lichaam kent wordt de kenner van het veld genoemd.

COMMENTAAR: Arjuna was nieuwsgierig naar *prakṛti* (de materiële natuur), *puruṣa* (de genieter), *kṣetra* (het veld), *kṣetra-jña* (de kenner van het veld), kennis en het object van kennis. Toen Arjuna hier allemaal naar vroeg, zei Kṛṣṇa dat dit lichaam het veld wordt genoemd en dat iemand die dit lichaam kent, de kenner van het veld genoemd wordt. Voor de geconditioneerde ziel is het lichaam het veld van activiteiten. De geconditioneerde ziel is verstrikt in het materiële bestaan en probeert de baas te spelen over de materiële natuur. Zo krijgt ze overeenkomstig haar vermogen om over de materiële natuur te heersen een veld van activiteit. Dat veld van activiteit is het lichaam.

Maar wat is het lichaam? Het lichaam bestaat uit zintuigen. De geconditioneerde ziel wil van zinsbevrediging genieten en overeenkomstig haar vermogen daarvan te genieten, krijgt ze een bepaald lichaam of een veld van activiteit. Daarom wordt het lichaam *kṣetra* genoemd, het veld van activiteit voor de geconditioneerde ziel.

De persoon, die zich niet met het lichaam zou moeten identificeren, wordt de *kṣetra-jña* genoemd, de kenner van het veld. Het is niet zo moeilijk om het verschil te begrijpen tussen het veld en de kenner ervan of tussen het lichaam en de kenner van het lichaam. Iedereen kan nagaan dat men van jeugd naar ouderdom zoveel lichaamsveranderingen ondergaat, terwijl men toch een en dezelfde persoon blijft. Op die manier bestaat er dus een verschil tussen de kenner van het veld en het veld van activiteit op zich. Een levende, geconditioneerde ziel kan op die manier begrijpen dat ze van het lichaam verschilt. In het begin van de *Bhagavad-gītā* wordt beschreven dat — *dehino 'smin* — het levend wezen zich in het lichaam bevindt en dat dat lichaam verandert van kinderjaren naar jeugd en van jeugd naar ouderdom. Maar de persoon die het lichaam bezit, weet dat het lichaam verandert. Met andere woorden, de eigenaar is onmiskenbaar de *kṣetra-jña*.

Soms denken we: 'Ik ben gelukkig', 'ik ben een man', 'ik ben een vrouw', 'ik ben een hond', 'ik ben een kat'. Dit zijn de lichamelijke benamingen van de kenner. Maar de kenner verschilt van het lichaam. Hoewel we verschillende voorwerpen gebruiken (onze kleren enz.), weten we dat we van deze gebruiksvoorwerpen verschillen. Op dezelfde manier kunnen we na enig nadenken begrijpen dat we van het lichaam verschillen. Ik, jij of wie dan ook die een lichaam bezit, wordt een *kṣetra-jña* genoemd, de kenner van het veld van activiteiten, en het lichaam wordt *kṣetra* genoemd, het veld van activiteiten zelf.

In de eerste zes hoofdstukken van de *Bhagavad-gītā* wordt een beschrijving gegeven van de kenner van het lichaam (het levend wezen) en de positie waarin het de Allerhoogste Heer kan begrijpen. De middelste zes hoofdstukken van de *Bhagavad-gītā* beschrijven de Allerhoogste Persoonlijkheid Gods en de relatie tussen de individuele ziel en de Superziel met betrekking tot devotionele dienst. In deze hoofdstukken worden de superieure positie van de Allerhoogste Persoonlijkheid Gods en de ondergeschikte positie van de individuele ziel op ondubbelzinnige wijze gedefinieerd. In alle omstandigheden zijn de levende wezens ondergeschikt, maar door hun vergeetachtigheid lijden ze. Wanneer ze door vrome activiteiten verstandig worden, komen ze met verschillende motivaties naar de Allerhoogste Heer als degenen in nood, degenen die geld nodig hebben, de nieuwsgierigen en degenen die op zoek zijn naar kennis. Ook dat werd beschreven. Nu, beginnend met het dertiende hoofdstuk, wordt uitgelegd hoe het levend wezen met de materiële natuur in aanraking komt en hoe het door de Allerhoogste Heer verlost wordt door de verschillende methoden van resultaatgerichte activiteiten, het cultiveren van kennis en devotionele dienst. Hoewel het levend wezen volkomen verschillend is van het materiële lichaam, komt het er op een of andere manier mee in verband te staan. Ook dat wordt uitgelegd.

TEKST 3 क्षेत्रज्ञं चापि मां विद्धि सर्वक्षेत्रेषु भारत ।
क्षेत्रक्षेत्रज्ञयोर्ज्ञानं यत्तज्ज्ञानं मतं मम ॥ ३ ॥

kṣetra-jñaṁ cāpi māṁ viddhi, sarva-kṣetreṣu bhārata
kṣetra-kṣetrajñayor jñānaṁ, yat taj jñānaṁ mataṁ mama

kṣetra-jñam — degene die het veld kent; *ca* — en; *api* — zeker; *mām* — Mij; *viddhi* — weet; *sarva* — alle; *kṣetreṣu* — in lichaamsvelden; *bhārata* — o afstammeling van Bharata; *kṣetra* — het veld van activiteiten (het lichaam); *kṣetra-jñayoḥ* — en degene die het veld kent; *jñānaṁ* — kennis van; *yat* — dat wat; *tat* — dat; *jñānam* — kennis; *matam* — mening; *mama* — Mijn.

O afstammeling van Bharata, weet dat ook Ik de kenner ben, maar dan van alle lichamen, en dat het begrijpen van dit lichaam en de kenner ervan kennis wordt genoemd. Dat is Mijn mening.

COMMENTAAR: In de discussie over het lichaam en de kenner van het lichaam en over de ziel en de Superziel, zullen we drie studieobjecten tegenkomen: de Heer, het levend wezen en materie. In ieder veld van activiteiten, in ieder lichaam, zijn twee zielen aanwezig: de individuele ziel en de Superziel. Omdat de Superziel de volkomen expansie is van de Allerhoogste Persoonlijkheid Gods, Kṛṣṇa, zegt Hij: 'Ook Ik ben de kenner, maar ik ben niet de individuele kenner van het lichaam. Ik ben de superkenner. Ik ben aanwezig in ieder lichaam als de Paramātmā, de Superziel.'

Wie het onderwerp van het veld van activiteiten en de kenner van het veld heel nauwkeurig bestudeert aan de hand van deze *Bhagavad-gītā*, kan tot kennis komen.

De Heer zegt: 'Ik ben de kenner van het veld van activiteiten in ieder afzonderlijk lichaam.' Het individu mag dan de kenner zijn van zijn eigen lichaam, maar over andere lichamen heeft het geen kennis. De Allerhoogste Persoonlijkheid Gods, die in alle lichamen aanwezig is als de Superziel, weet alles over alle lichamen. Hij kent alle verschillende lichamen binnen alle verschillende levenssoorten. Een staatsburger mag dan misschien alles over zijn stukje grond weten, maar de koning kent niet alleen zijn paleis, maar ook alle eigendommen die de afzonderlijke burgers bezitten. Zo kan iemand de eigenaar van een afzonderlijk lichaam zijn, maar de Allerhoogste Heer is de eigenaar van alle lichamen. De koning is de oorspronkelijke eigenaar van het koninkrijk en de burger is de secundaire eigenaar. Op dezelfde manier is de Allerhoogste Heer de allerhoogste eigenaar van alle lichamen.

Het lichaam bestaat uit zintuigen. De Allerhoogste Heer is Hṛṣīkeśa, wat 'de bestuurder van de zintuigen' betekent. Hij is de oorspronkelijke bestuurder van de zintuigen, net zoals de koning de oorspronkelijke bestuurder is van alle activiteiten binnen een land; de burgers zijn secundaire bestuurders. De Heer zegt: 'Ook Ik ben de kenner.' Dit betekent dat Hij de superkenner is; de individuele ziel kent alleen zijn afzonderlijk lichaam. In de Vedische literatuur wordt dit als volgt uitgedrukt:

kṣetrāṇi hi śarīrāṇi, bījaṁ cāpi śubhāśubhe
tāni vetti sa yogātmā, tataḥ kṣetra-jña ucyate

Dit lichaam wordt *kṣetra* genoemd en daarbinnen verblijven de eigenaar van het lichaam en de Allerhoogste Heer, die zowel het lichaam als de eigenaar van het lichaam kent. De Heer wordt daarom de kenner van alle velden genoemd.

Kennis van het onderscheid tussen het veld van activiteiten, de kenner van het veld en de allerhoogste kenner van het veld wordt als volgt beschreven. De volmaakte kennis van het wezen van het lichaam, het wezen van de individuele ziel en het wezen van de Superziel wordt in de Vedische literatuur aangeduid met *jñāna*. Dat is de mening van Kṛṣṇa. Kennis is begrijpen dat de ziel en de Superziel één en toch verschillend zijn. Wie het veld van activiteit en de kenner van activiteit niet begrijpt, heeft geen perfecte kennis. Men moet het verschil kennen tussen *prakṛti* (de materiële natuur), *puruṣa* (de genieter van de materiële natuur) en *īśvara* (de kenner die de materiële natuur en de individuele ziel beheerst of bestuurt). Men moet de functies van deze drie niet met elkaar verwarren. Men moet de schilder, het schilderij en de schildersezel niet met elkaar verwarren.

De materiële wereld, die het veld van activiteiten is, is de materiële natuur en de genieter van de natuur is het levend wezen, maar boven beide staat de allerhoogste bestuurder, de Persoonlijkheid Gods. In de Vedische teksten (*Śvetāśvatara Upaniṣad* 1.12) staat: *bhoktā bhogyaṁ pre-ritāraṁ ca matvā/ sarvaṁ proktaṁ trividhaṁ-brahmam etat.* Er bestaan drie opvattingen van Brahman: *prakṛti* is Brahman als het veld van activiteiten; de *jīva* (de individuele ziel) is ook Brahman en deze probeert de materiële natuur te beheersen; de bestuurder van beide is ook Brahman, maar Hij is de werkelijke bestuurder.

In dit hoofdstuk zal ook worden uitgelegd dat van de twee kenners de ene feilbaar is en de andere onfeilbaar. De ene is superieur en de andere ondergeschikt. Wie denkt dat de twee kenners van het veld een en dezelfde zijn, spreekt de Allerhoogste Persoonlijkheid Gods tegen, die hier duidelijk zegt: 'Ook Ik ben de kenner van het veld van activiteit.' Wie een stuk touw voor een slang aanziet, heeft geen kennis.

Er bestaan verschillende soorten lichamen en er zijn verschillende eigenaren van die lichamen. Omdat iedere individuele ziel zijn individuele vermogen heeft om de baas te spelen over de materiële natuur, zijn er verschillende lichamen. Maar de Allerhoogste is ook in hen aanwezig als de bestuurder. Het woord *'ca'* is belangrijk, want het duidt op het totale aantal lichamen. Dat is de mening van Śrīla Baladeva Vidyābhūṣaṇa. Kṛṣṇa is de Superziel, die aanwezig is in ieder lichaam, los van de individuele ziel. En Kṛṣṇa zegt hier expliciet dat de kennis dat de Superziel zowel de bestuurder is van het veld van activiteiten als van de begrensde genieter, ware kennis is.

TEKST 4 तत्क्षेत्रं यच्च यादृक्च यद्विकारि यतश्च यत् ।
स च यो यत्प्रभावश्च तत्समासेन मे शृणु ॥ ४ ॥

tat kṣetraṁ yac ca yādṛk ca, yad-vikāri yataś ca yat
sa ca yo yat-prabhāvaś ca, tat samāsena me śṛṇu

tat — dat; *kṣetram* — veld van activiteiten; *yat* — wat; *ca* — ook; *yādṛk* — zoals het is; *ca* — ook; *yat* — wat hebbend; *vikāri* — veranderingen; *yataḥ* — waarvandaan; *ca* — en; *yat* — wat; *saḥ* — hij; *ca* — en; *yaḥ* — wie; *yat* — wat hebbend; *prabhāvaḥ* — invloed; *ca* — ook; *tat* — dat; *samāsena* — in het kort; *me* — van Mij; *śṛṇu* — begrijp.

Luister nu alsjeblieft naar Mijn korte beschrijving van dit veld van activiteit en hoe het is samengesteld, welke veranderingen het ondergaat, waar het vandaan komt, wie die kenner van het veld van activiteiten is en welke invloed hij erop uitoefent.

COMMENTAAR: De Heer beschrijft het veld van activiteiten en de kenner van het veld van activiteiten in hun constitutionele toestand. Men moet weten hoe dit lichaam is samengesteld, van wat voor materiaal het is gemaakt, wie de leiding over de werking van het lichaam heeft, hoe de veranderingen plaatsvinden, waar de veranderingen vandaan komen, wat de oorzaken en de redenen voor die veranderingen zijn, wat het uiteindelijke doel van de individuele ziel is en wat haar werkelijke vorm is. Ook moet men het onderscheid tussen de individuele ziel en de Superziel kennen en weten hoe zij het veld van activiteiten beïnvloeden, wat hun vermogens zijn enz.

Men hoeft de *Bhagavad-gītā* alleen maar rechtstreeks te begrijpen uit de beschrijving die de Allerhoogste Persoonlijkheid Gods geeft en op die manier zal alles duidelijk worden. Maar men moet zich ervoor hoeden de Allerhoogste Persoonlijkheid Gods, die in ieder lichaam aanwezig is, te vereenzelvigen met de individuele ziel, de *jīva*. Dat zou hetzelfde zijn als de machtige gelijkstellen aan de machteloze.

TEKST 5

ऋषिभिर्बहुधा गीतं छन्दोभिर्विविधैः पृथक् ।
ब्रह्मसूत्रपदैश्चैव हेतुमद्भिर्विनिश्चितैः ॥ ५ ॥

ṛṣibhir bahudhā gītaṁ, chandobhir vividhaiḥ pṛthak
brahma-sūtra-padaiś caiva, hetumadbhir viniścitaiḥ

ṛṣibhiḥ — door de wijzen; *bahudhā* — op veel manieren; *gītam* — beschreven; *chandobhiḥ* — door Vedische hymnen; *vividhaiḥ* — verschillende; *pṛthak* — op verschillende manieren; *brahma-sūtra* — van de *Vedānta*; *padaiḥ* — door de aforismen; *ca* — ook; *eva* — zeker; *hetu-madbhiḥ* — met oorzaak en gevolg; *viniścitaiḥ* — bepaald.

Die kennis van het veld van activiteiten en de kenner van activiteiten is door verschillende wijzen in verschillende Vedische teksten beschreven. Ze wordt vooral in het Vedānta-sūtra volmaakt beargumenteerd in termen van oorzaak en gevolg.

COMMENTAAR: De Allerhoogste Persoonlijkheid Gods, Kṛṣṇa, is de hoogste autoriteit die deze kennis kan uitleggen. Maar vanzelfsprekend bewijzen erudiete geleerden en gevestigde gezaghebbende personen hun stellingen altijd door naar voorgaande gezaghebbende personen te verwijzen. Kṛṣṇa geeft uitleg over het meest controversiële punt van de dualiteit en nondualiteit van de ziel en de Superziel door naar een bepaald geschrift te verwijzen, namelijk het *Vedānta-sūtra*, dat als gezaghebbend wordt aanvaard. Hij begint met de uitspraak: 'Zo is het volgens de verschillende wijzen.'

Wat betreft de wijzen, Vyāsadeva (de schrijver van het *Vedānta-sūtra*) is, naast Kṛṣṇa Zelf, een grote wijze en in het *Vedānta-sūtra* wordt een perfecte uitleg gegeven over dualiteit. De vader van Vyāsadeva, Parāśara, was ook een grote wijze en in zijn boek over religie schrijft hij: *ahaṁ tvaṁ ca tathānye...* 'Wij — jij, ik en de verschillende andere levende wezens — zijn allemaal transcendentaal, hoewel we ons in materiële lichamen bevinden. We zijn nu in de golven van de drie hoedanigheden van de materiële natuur gevallen door ons verschillende karma. Sommigen bevinden zich op hogere niveaus en sommigen bevinden zich in een lagere natuur. De hogere en lagere naturen bestaan door onwetendheid en worden gemanifesteerd in een oneindig aantal levende wezens. Maar de Superziel, die onfeilbaar is, blijft onaangetast door de drie kwaliteiten van de natuur en is transcendentaal.' Op dezelfde manier wordt er in de oorspronkelijke Veda's, vooral in de *Kaṭha Upaniṣad*, een onderscheid gemaakt tussen de ziel, de Superziel en het lichaam. Er zijn veel grote wijzen die dit hebben uitgelegd en onder hen wordt Parāśara als de belangrijkste gezien.

Het woord '*chandobhiḥ*' verwijst naar de verschillende Vedische teksten. De *Taittirīya Upaniṣad*, die deel uitmaakt van de *Yajur-veda*, beschrijft bijvoorbeeld de materiële natuur, het levend wezen en de Allerhoogste Persoonlijkheid Gods.

Eerder is gezegd dat *kṣetra* het veld van activiteiten is en dat er twee soorten van *kṣetra-jña* zijn, namelijk het individuele levend wezen en het allerhoogste levend wezen. Zo stelt de *Taittirīya Upaniṣad* (2.5.1): *brahma puccham pratiṣṭhā*. Er bestaat een manifestatie van de energie van de Allerhoogste Heer die bekendstaat als *anna-maya* of het afhankelijk zijn van voedsel voor het bestaan. Dit is een materieel besef van de Allerhoogste. Na het besef van de Allerhoogste Absolute Waarheid in voedsel, kan iemand in *prāṇa-maya* een besef krijgen van de Absolute Waarheid in de levenskenmerken van levenssoorten. In *jñāna-maya* reikt het besef verder dan de levenskenmerken tot het punt van denken, voelen en willen. Daarna komt Brahman-realisatie, die *vijñāna-maya* wordt genoemd en waarin de geest van het levend wezen en zijn levenskenmerken onderscheiden zijn van het levend wezen zelf. Het volgende en hoogste stadium is *ānanda-maya*, het besef van de algelukzalige natuur.

Op die manier zijn er vijf stadia van Brahman-realisatie die *brahma puccham* worden genoemd. Van deze vijf hebben de eerste drie — *anna-maya*, *prāṇa-maya* en *jñāna-maya* — betrekking op de velden van activiteit van de levende wezens. De Heer is ontstegen aan al deze velden van activiteiten en wordt *ānanda-maya* genoemd. Het *Vedānta-sūtra* beschrijft de Allerhoogste ook met de uitspraak *ānanda mayo 'bhyāsāt:* de Allerhoogste Persoonlijkheid Gods is van nature vol vreugde. Om van Zijn transcendentale gelukzaligheid te genieten expandeert Hij Zich als *vijñāna-maya*, *jñāna-maya*, *prāṇa-maya* en *anna-maya*.

In het veld van activiteiten wordt het levend wezen als de genieter beschouwd, maar het verschilt van de *ānanda-maya*. Dat betekent dat het levend wezen volmaakt wordt als het besluit te genieten door zich te verbinden met de *ānanda-maya*. Dit is het werkelijke beeld van de Allerhoogste Heer als de allerhoogste kenner van het veld, het levend wezen als de ondergeschikte kenner en het wezen van het veld van activiteiten. Deze waarheid moet men in het *Vedānta-sūtra* of het *Brahma-sūtra* zoeken.

In dit vers wordt gezegd dat de aforismen van het *Brahma-sūtra* uiteengezet zijn volgens oorzaak en gevolg. Enkele van de *sūtra's* of aforismen zijn bijvoorbeeld *na viyad aśruteḥ* (2.3.1), *nātmā śruteḥ* (2.3.16) en *parāt tu tac-chruteḥ* (2.3.39). Het eerste aforisme heeft betrekking op het veld van activiteiten, het tweede op het levend wezen en het derde op de Allerhoogste Heer, het *summum bonum* van alle manifestaties van de verschillende entiteiten.

TEKST 6–7

महाभूतान्यहङ्कारो बुद्धिरव्यक्तमेव च ।
इन्द्रियाणि दशैकं च पञ्च चेन्द्रियगोचराः ॥ ६ ॥

इच्छा द्वेषः सुखं दुःखं सङ्घातश्चेतना धृतिः ।
एतत्क्षेत्रं समासेन सविकारमुदाहृतम् ॥ ७ ॥

mahā-bhūtāny ahaṅkāro, buddhir avyaktam eva ca
indriyāṇi daśaikaṁ ca, pañca cendriya-gocarāḥ

icchā dveṣaḥ sukhaṁ duḥkhaṁ, saṅghātaś cetanā dhṛtiḥ
etat kṣetraṁ samāsena, sa-vikāram udāhṛtam

mahā-bhūtāni — de grote elementen; *ahaṅkāraḥ* — vals ego; *buddhiḥ* — intelligentie; *avyaktam* — het ongemanifesteerde; *eva* — zeker; *ca* — ook; *indriyāṇi* — de zintuigen; *daśa-ekam* — elf; *ca* — ook; *pañca* — vijf; *ca* — en; *indriya-gocarāḥ* — de zinsobjecten; *icchā* — begeerte; *dveṣaḥ* — haat; *sukham* — geluk; *duḥkham* — ellende; *saṅghātaḥ* — het samenstel [het lichaam]; *cetanā* — levensverschijnselen; *dhṛtiḥ* — overtuiging; *etat* — dit alles; *kṣetram* — het veld van activiteiten; *samāsena* — in het kort; *sa-vikāram* — met wisselwerkingen; *udāhṛtam* — uitgelegd.

De vijf grofstoffelijke elementen; het vals ego; de intelligentie; het ongemanifesteerde; de tien zintuigen en de geest; de vijf zinsobjecten; begeerte; haat; geluk; ellende; het samenstel [het lichaam]; de levensverschijnselen en overtuigingen — samengevat wordt dit alles beschouwd als het veld van activiteiten en de wisselwerkingen ervan.

COMMENTAAR: Uit alle gezaghebbende uitspraken van de grote wijzen, de Vedische hymnen en de aforismen van het *Vedānta-sūtra* kunnen de componenten van de wereld als volgt worden beschreven. Allereerst zijn er aarde, water, vuur, lucht en ether. Dit zijn de grofstoffelijke elementen (*mahā-bhūta*). Vervolgens zijn er vals ego, intelligentie en de ongemanifesteerde toestand van de drie hoedanigheden van de natuur. Vervolgens zijn er de vijf kennisvergarende zintuigen: de ogen, oren, neus, tong en huid. Dan vijf uitvoerende zintuigen: de stem, benen, handen, anus en geslachtsdelen. Dan is er de geest, die hoger staat dan de zintuigen; deze geest is inwendig en kan daarom het inwendige zintuig worden genoemd. Inclusief de geest zijn er dus in totaal elf zintuigen. Vervolgens zijn er vijf zinsobjecten: reuk, smaak, vorm, gevoel en geluid. Het samenstel van deze vierentwintig elementen wordt het veld van activiteit genoemd. Wanneer iemand deze vierentwintig onderwerpen analytisch bestudeert, kan hij tot een goed begrip van het veld van activiteit komen. Vervolgens zijn er verlangen, haat, geluk en ellende, die allemaal wisselwerkingen of producten zijn van de vijf grofstoffelijke elementen in het grofstoffelijke lichaam en die deze vertegenwoordigen. De levenskenmerken, vertegenwoordigd door het bewustzijn, en de overtuigingen zijn de manifestaties van het fijnstoffelijk lichaam, dat uit geest, ego en intelligentie bestaat. Deze fijnstoffelijke elementen maken deel uit van het veld van activiteiten.

De vijf grofstoffelijke elementen zijn een grove vertegenwoordiging van het vals ego, dat op haar beurt de oorspronkelijke toestand van het vals ego vertegenwoordigt, dat technisch gesproken *tāmasa-buddhi* wordt genoemd, 'de materialistische opvatting', oftewel intelligentie in onwetendheid. Deze laatste vertegenwoordigt daarop de ongemanifesteerde toestand van de drie hoedanigheden van de materiële natuur. De ongemanifesteerde hoedanigheden van de materiële natuur worden *pradhāna* genoemd.

Wie de vierentwintig elementen en hun onderlinge wisselwerkingen tot in de details wil begrijpen, moet de filosofie uitgebreider bestuderen. In de *Bhagavad-gītā* wordt alleen een samenvatting gegeven.

Het lichaam is de vertegenwoordiging van al deze factoren en gaat door zes verschillende veranderingen: het wordt geboren, het groeit, het houdt zich in stand, het produceert bijproducten, vervolgens begint het te vervallen en in het laatste stadium verdwijnt het. Het veld is daarom een vergankelijk, materieel ding. Maar de *kṣetra-jña*, de kenner en de eigenaar van het veld, verschilt ervan.

TEKST 8 – 12

अमानित्वमदम्भित्वमहिंसा क्षान्तिरार्जवम् ।
आचार्योपासनं शौचं स्थैर्यमात्मविनिग्रहः ॥ ८ ॥
इन्द्रियार्थेषु वैराग्यमनहङ्कार एव च ।
जन्ममृत्युजराव्याधिदुःखदोषानुदर्शनम् ॥ ९ ॥
असक्तिरनभिष्वङ्गः पुत्रदारगृहादिषु ।
नित्यं च समचित्तत्वमिष्टानिष्टोपपत्तिषु ॥ १० ॥
मयि चानन्ययोगेन भक्तिरव्यभिचारिणी ।
विविक्तदेशसेवित्वमरतिर्जनसंसदि ॥ ११ ॥
अध्यात्मज्ञाननित्यत्वं तत्त्वज्ञानार्थदर्शनम् ।
एतज्ज्ञानमिति प्रोक्तमज्ञानं यदतोऽन्यथा ॥ १२ ॥

amānitvam adambhitvam, ahiṁsā kṣāntir ārjavam
ācāryopāsanaṁ śaucaṁ, sthairyam ātma-vinigrahaḥ

indriyārtheṣu vairāgyam, anahaṅkāra eva ca
janma-mṛtyu-jarā-vyādhi-, duḥkha-doṣānudarśanam

asaktir anabhiṣvaṅgaḥputra-dāra-gṛhādiṣu
nityaṁ ca sama-cittatvam, iṣṭāniṣṭopapattiṣu

mayi cānanya-yogena, bhaktir avyabhicāriṇī
vivikta-deśa-sevitvam, aratir jana-saṁsadi

adhyātma-jñāna-nityatvaṁ, tattva-jñānārtha-darśanam
etaj jñānam iti proktam, ajñānaṁ yad ato 'nyathā

amānitvam — nederigheid; *adambhitvam* — bescheidenheid; *ahiṁsā* — geweldloosheid; *kṣāntiḥ* — verdraagzaamheid; *ārjavam* — eenvoud; *ācārya-upāsanam* — een bonafide spiritueel leraar benaderen; *śaucam* — reinheid; *sthairyam* — standvastigheid; *ātma-vinigrahaḥ* — zelfbeheersing; *indriya-artheṣu* — wat betreft de zintuigen; *vairāgyam* — onthechting; *anahaṅkāraḥ* — zonder vals egoïsme zijn; *eva* — zeker; *ca* — en; *janma* — van geboorte; *mṛtyu* — dood; *jarā* —

ouderdom; *vyādhi* — en ziekte; *duḥkha* — van de ellende; *doṣa* — de onvolkomenheid; *anudarśanam* — waarneming; *asaktiḥ* — zonder gehechtheid zijn; *anabhiṣvaṅgaḥ* — zonder omgang te hebben; *putra* — voor zoon; *dāra* — vrouw; *gṛha-ādiṣu* — huis enz.; *nityam* — voortdurend; *ca* — en; *sama-cittatvam* — evenwichtigheid van geest; *iṣṭa* — het wenselijke; *aniṣṭa* — het onwenselijke; *upapattiṣu* — omstandigheden; *mayi* — voor Mij; *ca* — en; *ananya-yogena* — door onvermengde devotionele dienst; *bhaktiḥ* — devotie; *avyabhicāriṇī* — zonder onderbreking; *vivikta* — naar afgezonderde; *deśa* — plaatsen; *sevitvam* — strevend; *aratiḥ* — zonder gehechtheid zijn; *jana-saṁsadi* — aan de mensenmassa; *adhyātma* — met betrekking tot het zelf; *jñāna* — van kennis; *nityatvam* — standvastigheid; *tattva-jñāna* — van kennis over de waarheid; *artha* — van het doel; *darśanam* — filosofie; *etat* — dit alles; *jñānam* — kennis; *iti* — zo; *proktam* — genoemd; *ajñānam* — onwetendheid; *yat* — dat wat; *ataḥ* — dan dit; *anyathā* — andere.

Nederigheid; bescheidenheid; geweldloosheid; verdraagzaamheid; eenvoud; het benaderen van een bonafide spiritueel leraar; reinheid; standvastigheid; zelfbeheersing; onthechting van objecten van zinsbevrediging; afwezigheid van vals ego; het inzicht dat geboorte, dood, ouderdom en ziekte bronnen van ellende zijn; onthechting; vrijheid van verstrikking met kinderen, vrouw, huis en de rest; gelijkmoedigheid zowel tijdens aangename als onaangename gebeurtenissen; voortdurende en onvermengde devotie voor Mij; ernaar streven om in een afgezonderde plaats te wonen; terughoudendheid ten opzichte van gewone mensen; het aanvaarden van het belang van zelfrealisatie, en filosofisch zoeken naar de Absolute Waarheid — dit alles noem Ik kennis en alles daarbuiten is onwetendheid.

COMMENTAAR: Dit kennissysteem wordt door minder intelligente personen verkeerd begrepen als de interactie van het veld van activiteit. Maar in werkelijkheid is dit het ware kennissysteem. Wie dit systeem aanvaardt, kan dichter bij de Absolute Waarheid komen. Dit is niet de interactie van de hiervoor beschreven vierentwintig elementen. Dit is werkelijk het middel om uit de verstrikking van die elementen te komen. De belichaamde ziel zit vast in het lichaam, dat een omhulsel is, gemaakt van vierentwintig elementen. Het kennissysteem dat hier beschreven wordt, is een middel om daar uit te komen.

Van alle onderdelen van het kennissysteem wordt het belangrijkste in de eerste regel van het elfde vers beschreven: *mayi cānanya-yogena bhaktir avyabhicāriṇī* — het kennissysteem eindigt in onvermengde devotionele dienst aan de Heer. Als iemand dus niet tot transcendentale dienst aan de Heer komt, of niet in staat is daartoe te komen, dan hebben de andere negentien onderdelen weinig waarde. Maar wanneer iemand zich in volledig Kṛṣṇa-bewustzijn op devotionele dienst toelegt, dan ontwikkelen de overige negentien onderdelen zich vanzelf in hem. Zo wordt in het *Śrīmad-Bhāgavatam* (5.18.12) gezegd: *yasyāsti bhaktir bha-*

gavaty akiñcanā sarvair guṇais tatra samāsate surāḥ. Alle goede eigenschappen die voortkomen uit kennis, ontwikkelen zich in iemand die tot het niveau van devotionele dienst is gekomen.

Het principe van het aanvaarden van een spiritueel leraar, waarover in het achtste vers gesproken wordt, is essentieel. Zelfs voor iemand die zich toelegt op devotionele dienst, is het heel belangrijk. Het transcendentale leven begint wanneer men een bonafide spiritueel leraar aanvaardt. De Allerhoogste Persoonlijkheid Gods, Śrī Kṛṣṇa, verklaart hier duidelijk dat dit kennissysteem het werkelijke pad is. Alle speculatie die daaraan voorbijgaat is onzin.

De verschillende onderdelen van de kennis die hier uiteengezet is, kunnen als volgt worden geanalyseerd. Nederigheid betekent dat men niet moet verlangen naar de voldoening die voortkomt uit verering door anderen. De materialistische levensopvatting doet ons ernaar hunkeren door anderen geëerd te worden, maar vanuit het gezichtspunt van iemand met perfecte kennis — iemand die weet dat hij dit lichaam niet is — is alles met betrekking tot het lichaam, of het nu eer is of schande, waardeloos. Men moet niet naar dit materiële bedrog verlangen. Mensen willen heel graag beroemd zijn op grond van hun religie en als gevolg daarvan zien we soms dat iemand zich aansluit bij een groep die eigenlijk geen religieuze principes volgt, zonder de principes van religie te begrijpen en dat hij zich vervolgens wil laten gelden als een religieus leider. Om te zien in hoeverre men werkelijk vooruitgang maakt in de spirituele wetenschap, heeft men iets nodig waaraan men die vooruitgang kan toetsen. Men kan zich hierover een oordeel vormen aan de hand van deze onderdelen.

Geweldloosheid wordt meestal gezien als het niet doden of vernietigen van het lichaam, maar eigenlijk betekent geweldloosheid dat men anderen geen leed berokkent. In het algemeen zitten mensen door onwetendheid gevangen in de materialistische levensopvatting en ondergaan ze voortdurend materieel leed. Wanneer iemand de mensen niet tot spirituele kennis verheft, begaat hij dus geweld. Men moet zijn best doen om echte kennis aan de mensen te verspreiden, zodat ze verlicht kunnen worden en deze materiële verstrikking kunnen verlaten. Dat is geweldloosheid.

Verdraagzaamheid betekent dat iemand geoefend moet zijn in het verdragen van beledigingen en hoon van anderen. Wanneer iemand bezig is vooruitgang te maken in spirituele kennis, zullen er zoveel beledigingen zijn en zal er zo veel hoon van anderen komen. Dit is te verwachten, want zo zit de materiële natuur nu eenmaal in elkaar. Zelfs Prahlāda, een jongen die al op zijn vijfde bezig was met het cultiveren van spirituele kennis, verkeerde in gevaar omdat zijn vader vijandig stond tegenover zijn devotie. De vader van Prahlāda probeerde hem op alle mogelijke manieren te doden, maar Prahlāda tolereerde het gedrag van zijn vader. Er mogen dan veel belemmeringen zijn om vooruitgang te maken in spirituele kennis, maar we moeten verdraagzaam zijn en vastberaden met onze ontwikkeling doorgaan.

Eenvoud betekent dat iemand zonder sluwe diplomatie zo eerlijk en open moet zijn, dat hij zelfs aan een vijand de waarheid kan onthullen.

Wat het benaderen van een spiritueel leraar betreft, dat is essentieel, want zonder de instructies van een bonafide spiritueel leraar kan niemand vooruitgang maken in de spirituele wetenschap. Men moet de spiritueel leraar in alle nederigheid benaderen en hem allerlei diensten verlenen, zodat hij tevreden zal zijn en de discipel zijn zegeningen zal geven. Omdat de bonafide spiritueel leraar een vertegenwoordiger van Kṛṣṇa is, zal de discipel door de zegeningen van de spiritueel leraar onmiddellijk vorderingen maken, zelfs zonder dat deze alle regels en bepalingen volgt. Of met andere woorden, iemand die de spiritueel leraar zonder terughoudendheid heeft gediend, zal de regulerende principes gemakkelijker kunnen volgen.

Reinheid is essentieel om vooruitgang te maken in het spirituele leven. Er zijn twee soorten reinheid: externe en interne. Externe reinheid betekent een bad nemen, maar voor interne reinheid moet men altijd aan Kṛṣṇa denken en Hare Kṛṣṇa, Hare Kṛṣṇa, Kṛṣṇa Kṛṣṇa, Hare Hare/ Hare Rāma, Hare Rāma, Rāma Rāma, Hare Hare chanten. Deze methode reinigt de geest van het opgehoopte stof van vroeger karma.

Standvastigheid betekent dat iemand zeer vastberaden moet zijn om vooruitgang te maken in het spirituele leven. Zonder deze vastberadenheid kan niemand tastbare vooruitgang maken.

Zelfbeheersing betekent dat men niets moet aanvaarden wat schadelijk is voor spirituele vooruitgang. Men moet hier een gewoonte van maken en alles wat tegen het pad van spirituele vooruitgang ingaat, verwerpen. Dat is ware onthechting.

De zintuigen zijn zo sterk dat ze altijd naar zinsbevrediging verlangen. Men moet niet toegeven aan die onnodige verlangens. De zintuigen moeten alleen bevredigd worden om het lichaam fit te houden, zodat men zijn plicht kan vervullen om vooruitgang te maken in het spirituele leven. Het belangrijkste en moeilijkst te bedwingen zintuig is de tong. Voor wie er in slaagt de tong te beheersen, bestaat er alle mogelijkheid om ook de andere zintuigen te beheersen. De functie van de tong is proeven en geluid voortbrengen. Door systematische regulering moet de tong altijd worden beziggehouden met het proeven van de overblijfselen van het voedsel dat aan Kṛṣṇa geofferd is en met het chanten van Hare Kṛṣṇa. Wat de ogen betreft, men moet ze niet toestaan iets anders te zien dan de mooie gedaante van Kṛṣṇa. Dat zal de ogen in bedwang houden. Op dezelfde manier moeten de oren worden beziggehouden met horen over Kṛṣṇa en de neus met het ruiken van de bloemen die aan Kṛṣṇa geofferd zijn. Dat is het proces van devotionele dienst en het is hier duidelijk dat de *Bhagavad-gītā* alleen een uiteenzetting geeft over de wetenschap van devotionele dienst. Devotionele dienst is het belangrijkste en enige doel. De *Bhagavad-gītā* heeft geen ander onderwerp dan devotionele dienst, maar onintelligente commentatoren proberen de aandacht van de lezer af te leiden naar andere onderwerpen.

Vals ego betekent dat men zich vereenzelvigt met het lichaam. Wanneer iemand inziet dat hij zijn lichaam niet is maar een ziel, komt hij tot zijn werkelijke ego. Het ego bestaat. Vals ego wordt afgewezen, maar het werkelijke ego niet. In de Vedische literatuur staat: *ahaṁ brahmāsmi* — ik ben Brahman, ik ben spiritueel (*Bṛhad-āraṇyaka Upaniṣad* 1.4.10). Dit 'ik ben', het besef van het zelf, bestaat ook in de bevrijde toestand van zelfrealisatie. Dit besef van 'ik ben' is ego, maar wanneer het besef van 'ik ben' op het valse lichaam gericht wordt, wordt het vals ego. Wanneer het besef van het zelf zich op de werkelijkheid richt, is het werkelijk ego. Er bestaan filosofen die zeggen dat we ons ego moeten opgeven, maar we kunnen ons ego niet opgeven, want ego betekent identiteit. We moeten natuurlijk wel onze valse identificatie met het lichaam opgeven.

Men moet leren inzien dat het ondergaan van geboorte, dood, ouderdom en ziekte ellendig is. In verschillende Vedische teksten zijn beschrijvingen te vinden over geboorte. In het *Śrīmad-Bhāgavatam* wordt de wereld van de ongeborene, het verblijf van het kind in de baarmoeder, hoe het lijdt enz. levendig beschreven. Men moet ervan doordrongen zijn dat geboorte iets ellendigs is. Omdat we vergeten zijn hoeveel ellende we in de baarmoeder hebben geleden, zorgen we niet voor een oplossing voor de herhaling van geboorte en dood. Op dezelfde manier zijn er op het moment van de dood allerlei soorten leed en ook deze worden in de gezaghebbende heilige teksten vermeld. Dat is waarover gesproken zou moeten worden. En wat ziekte en ouderdom betreft, iedereen zal daarvan zelf de nodige ervaring opdoen. Niemand wil ziek zijn en niemand wil oud worden, maar deze dingen zijn onmogelijk te vermijden. Als we geen pessimistische kijk op het materiële leven hebben en de ellende van geboorte, dood, ouderdom en ziekte niet inzien, zal er geen stimulans zijn om vooruitgang te maken in het spirituele leven.

Onthecht zijn van kinderen, vrouw en huis betekent niet dat men geen gevoelens voor hen mag hebben. De genegenheid die we voor hen koesteren is natuurlijk, maar wanneer ze ongunstig zijn voor spirituele vooruitgang, zouden we niet gehecht aan ze moeten zijn. De beste methode om het thuis plezierig te maken is Kṛṣṇa-bewustzijn. Wanneer iemand volledig Kṛṣṇa-bewust is, kan hij zijn huis heel gelukkig maken, omdat de methode van het Kṛṣṇa-bewustzijn heel gemakkelijk is. Men hoeft alleen maar Hare Kṛṣṇa, Hare Kṛṣṇa, Kṛṣṇa Kṛṣṇa, Hare Hare/ Hare Rāma, Hare Rāma, Rāma Rāma, Hare Hare te chanten, de overblijfselen van het voedsel dat aan Kṛṣṇa geofferd is aan te nemen, met elkaar te spreken over boeken als de *Bhagavad-gītā* en het *Śrīmad-Bhāgavatam* en bezig te zijn met het vereren van de Beeldgedaante. Door deze vier activiteiten zal men gelukkig worden. Men moet de leden van het gezin op die manier trainen. De gezinsleden kunnen 's morgens en 's avonds bij elkaar komen en samen Hare Kṛṣṇa, Hare Kṛṣṇa, Kṛṣṇa Kṛṣṇa, Hare Hare/ Hare Rāma, Hare Rāma, Rāma Rāma, Hare Hare chanten. Als iemand zijn gezinsleven op die manier, door het volgen van deze vier principes, vorm kan geven om zo Kṛṣṇa-bewustzijn te ontwikkelen, dan is het niet nodig het gezinsleven te verwisselen voor een onthecht leven. Maar als het niet bevorderlijk is, als het niet gunstig is voor spirituele ontwikkeling, dan moet het gezinsleven opgegeven worden. Men moet alles opgeven om Kṛṣṇa-bewust te worden en Kṛṣṇa te dienen, net zoals Arjuna deed. Arjuna wilde zijn familieleden sparen, maar toen hij eenmaal begrepen had dat deze familieleden zijn Kṛṣṇa-bewustzijn in de weg stonden, aanvaardde hij de instructie van Kṛṣṇa en ging hij het gevecht aan en doodde hij hen. Men moet onder alle omstandigheden onthecht zijn van het geluk en het verdriet van het gezinsleven, omdat men in deze wereld nooit volledig gelukkig of volledig ongelukkig kan zijn.

Geluk en verdriet zijn factoren die samengaan met het materiële leven. Men moet verdraagzaam leren zijn. Dat wordt aangeraden in de *Bhagavad-gītā*. Niemand kan ooit het komen en gaan van geluk en verdriet beperken en daarom moet men onthecht zijn van het geluk en het verdriet van de materialistische manier van leven om onder beide omstandigheden vanzelf gelijkmoedig te zijn. Over het algemeen zijn we heel gelukkig wanneer we iets krijgen wat gewenst is en zijn we verdrietig wanneer we iets krijgen wat ongewenst is. Maar als we ons werkelijk op een spiritueel niveau bevinden, dan zullen deze dingen ons onbewogen laten. Om dat niveau te bereiken moeten we ononderbroken devotionele dienst verrichten. Ononderbroken devotionele dienst aan Kṛṣṇa betekent dat men zich met de negen onderdelen van devotionele dienst bezighoudt: chanten, horen, vereren, eerbetuigingen brengen enz. zoals in de laatste tekst van het negende hoofdstuk beschreven is. Dat is de methode die we moeten volgen.

Wanneer iemand zich eenmaal heeft aangepast aan een spirituele manier van leven, zal hij vanzelfsprekend niet met materialistische mensen willen omgaan. Dat zou hem tegen de borst stuiten. Iemand kan zichzelf testen door te zien in hoeverre hij geneigd is om op een afgezonderde plaats te wonen, zonder ongewenst gezelschap. Een toegewijde heeft natuurlijk geen enkele behoefte aan onnodig sporten of het bezoeken van een bioscoop of andere sociale bezigheden, omdat hij inziet dat die activiteiten gewoon tijdverspilling zijn.

Er zijn veel wetenschappelijk onderzoekers en filosofen die een studie maken van seksualiteit of van een ander onderwerp, maar volgens de *Bhagavad-gītā* hebben zulk wetenschappelijk onderzoek en zulke filosofische speculatie geen enkele waarde. Ze zijn min of meer onzinnig. Volgens de *Bhagavad-gītā* moet men met behulp van filosofische analyse wetenschappelijk onderzoek doen naar het wezen van de ziel. Men moet onderzoek doen om tot een begrip van het zelf te komen. Dat wordt hier aangeraden.

Over zelfrealisatie wordt hier duidelijk gezegd dat vooral *bhakti-yoga* heel praktisch is. Zodra er sprake is van devotie moeten we bedenken dat het over de relatie tussen de Superziel en de individuele ziel gaat. De individuele ziel en de Superziel kunnen niet één zijn, tenminste niet wanneer we het vanuit het oogpunt van *bhakti*, de devotionele levensopvatting, bekijken. Deze dienst van de individuele ziel aan de Allerhoogste Ziel is, zoals al eerder gezegd werd, eeuwig, *nityam*. *Bhakti*, devotionele dienst, is dus eeuwig; van deze filosofie moet men vast overtuigd zijn.

In het *Śrīmad-Bhāgavatam* (1.2.11) wordt uitgelegd: *vadanti tat tattva-vidas tattvaṁ yaj jñānam advayam* — 'Zij die de Absolute Waarheid werkelijk kennen, weten dat het Zelf begrepen kan worden in drie verschillende aspecten: Brahman, Paramātmā en Bhagavān.' In de bewustwording van de Absolute Waarheid is Bhagavān het hoogste aspect; daarom moet men tot dat begripsniveau van de Allerhoogste Persoonlijkheid Gods komen en devotionele dienst aan de Heer verrichten. Dat is de vervolmaking van kennis.

Dit systeem, dat begint met het beoefenen van nederigheid en tot het punt gaat van bewustwording van de Allerhoogste Waarheid, de Absolute Persoonlijkheid Gods, is te vergelijken met een trap die op de begane grond begint en omhoog gaat tot de hoogste verdieping. Op deze trap bevinden zich zoveel mensen die de eerste verdieping hebben bereikt of de tweede, de derde enz., maar zolang iemand de hoogste verdieping, namelijk het begrijpen van Kṛṣṇa, nog niet heeft bereikt, bevindt hij zich op een lager niveau van kennis.

Wie zich met God wil meten en tegelijkertijd vooruitgang wil maken in spirituele kennis, zal gefrustreerd raken. Er wordt duidelijk gezegd dat het zonder nederigheid niet mogelijk is om tot begrip te komen. Denken dat men God is, is wel bijzonder arrogant. Hoewel het levend wezen voortdurend wordt geteisterd door de strenge wetten van de materiële natuur, blijft het uit onwetendheid toch denken: 'Ik ben God.' Kennis begint daarom met *amānitva*, nederigheid. Men moet nederig zijn en weten dat men ondergeschikt is aan de Allerhoogste Heer. Door opstandigheid tegenover de Allerhoogste Heer raakt men ondergeschikt aan de materiële natuur. Men moet deze waarheid kennen en ervan overtuigd zijn.

TEKST 13 ज्ञेयं यत्तत्प्रवक्ष्यामि यज्ज्ञात्वामृतमश्नुते ।
अनादिमत्परं ब्रह्म न सत्तन्नासदुच्यते ॥ १३ ॥

jñeyaṁ yat tat pravakṣyāmi, yaj jñātvāmṛtam aśnute
anādi mat-paraṁ brahma, na sat tan nāsad ucyate

jñeyam — het kenbare; *yat* — wat; *tat* — dat; *pravakṣyāmi* — Ik zal nu uitleggen; *yat* — welke; *jñātvā* — kennend; *amṛtam* — nectar; *aśnute* — men proeft; *anādi* — beginloos; *mat-param* — ondergeschikt aan Mij; *brahma* — het spirituele; *na* — evenmin; *sat* — oorzaak; *tat* — dat; *na* — evenmin; *asat* — gevolg; *ucyate* — wordt genoemd.

Ik zal je nu het kenbare uitleggen en wanneer je dat eenmaal kent, zul je het eeuwige ervaren. Brahman, dat spiritueel is, zonder begin en ondergeschikt aan Mij, is ontstegen aan de oorzaak en gevolg van de materiële wereld.

COMMENTAAR: De Heer heeft uitleg gegeven over het veld van activiteiten en de kenner van het veld. Hij heeft ook het systeem uitgelegd waardoor de kenner van het veld van activiteiten kenbaar wordt. Nu begint Hij het kenbare uit te leggen, beginnend met de ziel en dan de Superziel.

Door kennis over de kenner te bezitten, dus zowel over de ziel als over de Superziel, kan men de nectar van het leven proeven. In het tweede hoofdstuk werd uitgelegd dat het levend wezen eeuwig is; dit wordt ook hier bevestigd. De *jīva* is niet op een bepaalde datum geboren. Men kan evenmin de geschiedenis van de verschijning van de *jīvātmā* uit de Allerhoogste Heer natrekken. Daarom is ze zonder begin. De Vedische literatuur bevestigt dit: *na jāyate mriyate vā vipaścit* (*Kaṭha Upaniṣad* 1.2.18). De kenner van het lichaam wordt nooit geboren, sterft nooit en is vol kennis.

Over de Allerhoogste Heer in Zijn vorm als de Superziel zegt de Vedische literatuur dat Hij *pradhāna-kṣetrajña-patir guṇeśaḥ* is (*Śvetāśvatara Upaniṣad* 6.16), de voornaamste kenner van het lichaam en de meester van de drie hoedanigheden van de materiële natuur. In de *smṛti* wordt gezegd: *dāsa-bhūto harer eva nānyasyaiva kadācana.* De levende wezens staan eeuwig in dienst van de Allerhoogste Heer. Heer Caitanya bevestigt dit in Zijn filosofie. De beschrijving van Brahman waarvan in dit vers sprake is, heeft daarom betrekking op de individuele ziel. Wanneer het woord 'Brahman' betrekking heeft op het levend wezen, dan betekent dit dat het *vijñāna-brahma* is en dat het onderscheiden is van *ānanda-brahma. Ānanda-brahma* is het Allerhoogste Brahman, de Persoonlijkheid Gods.

TEKST 14

सर्वतः पाणिपादं तत्सर्वतोऽक्षिशिरोमुखम् ।
सर्वतः श्रुतिमल्लोके सर्वमावृत्य तिष्ठति ॥ १४ ॥

sarvataḥ pāṇi-pādaṁ tat, sarvato 'kṣi-śiro-mukham
sarvataḥ śrutimal loke, sarvam āvṛtya tiṣṭhati

sarvataḥ — overal; *pāṇi* — handen; *pādam* — benen; *tat* — dat; *sarvataḥ* — overal; *akṣi* — ogen; *śiraḥ* — hoofden; *mukham* — gezichten; *sarvataḥ* — overal; *śrutimat* — oren hebbend; *loke* — in de wereld; *sarvam* — alles; *āvṛtya* — omvatten; *tiṣṭhati* — bestaat.

Overal heeft Hij handen en benen; Zijn ogen, hoofden en gezichten bevinden zich overal en overal heeft Hij oren. Zo is de Superziel alomtegenwoordig.

COMMENTAAR: Zoals de zon haar ontelbare stralen verspreidt, zo bestaat de Superziel of de Allerhoogste Persoonlijkheid Gods. Hij bestaat in Zijn alomtegenwoordige vorm en vanaf de eerste grote leraar Brahmā tot de kleine mieren bevinden alle individuele levende wezens zich in Hem.

Er zijn oneindig veel hoofden, benen, handen en ogen en ook oneindig veel levende wezens. Ze bestaan allemaal in en zijn afhankelijk van de Superziel; daarom is de Superziel alomtegenwoordig. Maar de individuele ziel kan niet van zichzelf volhouden dat ze overal handen, benen en ogen heeft. Dat is onmogelijk. Wanneer ze denkt dat ze er zich door onwetendheid niet meer van bewust is dat haar handen en benen overal verspreid zijn en dat ze tot dat niveau zal komen wanneer ze de juiste kennis krijgt, dan zijn haar gedachten tegenstrijdig; dit betekent namelijk dat de individuele ziel niet de allerhoogste is, omdat ze geconditioneerd is geraakt door de materiële natuur. De Allerhoogste is verschillend van de individuele ziel.

De Allerhoogste Heer kan Zijn hand zonder beperking uitstrekken; de individuele ziel kan dat niet. In de *Bhagavad-gītā* zegt de Heer dat als iemand Hem een bloem, een vrucht of een beetje water offert, Hij het zal aanvaarden. Als de Heer Zich op grote afstand bevindt, hoe kan Hij dan dingen aanvaarden? Dit is de almacht van de Heer: ook al bevindt Hij Zich in Zijn eigen woning ver, ver weg van de aarde, toch kan Hij Zijn hand uitstrekken en aanvaarden wat iemand Hem aanbiedt. Dat is Zijn vermogen.

In de *Brahma-saṁhitā* (5.37) staat: *goloka eva nivasaty akhilātma-bhūtaḥ* — hoewel Hij altijd opgaat in Zijn eigen activiteiten van vermaak op Zijn transcendentale planeet, is Hij alomtegenwoordig. De individuele ziel kan niet volhouden dat ze alomtegenwoordig is. Dit vers beschrijft dan ook de Allerhoogste Ziel, de Allerhoogste Persoonlijkheid Gods, en niet de individuele ziel.

TEKST 15

सर्वेन्द्रियगुणाभासं सर्वेन्द्रियविवर्जितम् ।
असक्तं सर्वभृच्चैव निर्गुणं गुणभोक्तृ च ॥ १५ ॥

sarvendriya-guṇābhāsaṁ, sarvendriya-vivarjitam
asaktaṁ sarva-bhṛc caiva, nirguṇaṁ guṇa-bhoktṛ ca

sarva — van alle; *indriya* — zintuigen; *guṇa* — van de hoedanigheden; *ābhāsam* — de oorsprong; *sarva* — alle; *indriya* — zintuigen; *vivarjitam* — verstoken van; *asaktam* — zonder gehechtheid; *sarva-bhṛt* — die iedereen instandhoudt; *ca* — ook; *eva* — zeker; *nirguṇam* — zonder materiële hoedanigheden; *guṇa-bhoktṛ* — de meester van de *guṇa's*; *ca* — ook.

De Superziel is de oorsprong van alle zintuigen, maar toch heeft Hij Zelf geen zintuigen. Hij is onthecht, ook al is Hij de instandhouder van alle levende wezens. Hij is ontstegen aan de drie hoedanigheden van de materiële natuur, maar tegelijkertijd is Hij de meester van alle hoedanigheden van de materiële natuur.

COMMENTAAR: Hoewel de Allerhoogste Heer de oorsprong van alle zintuigen van de levende wezens is, heeft Hij zelf geen materiële zintuigen zoals zij. Eigenlijk hebben de individuele zielen spirituele zintuigen, maar in het geconditioneerde leven zijn deze bedekt met materiële elementen en daarom worden de zintuiglijke activiteiten uitgevoerd via materie. De zintuigen van de Allerhoogste Heer zijn niet op die manier bedekt. Zijn zintuigen zijn spiritueel en worden daarom *nirguṇa* genoemd. *Guṇa* verwijst naar de materiële hoedanigheden, maar Zijn zintuigen worden niet door materie bedekt. Zijn zintuigen zijn niet als de onze. Hoewel Hij de oorsprong van al onze zintuiglijke activiteiten is, heeft Hij Zijn eigen spirituele zintuigen, die niet besmet zijn door de materiële hoedanigheden. Dit wordt in de *Śvetāśvatara Upaniṣad* (3.19) mooi uitgelegd in het vers *apāṇi-pādo javano grahītā.* De Allerhoogste Persoonlijkheid Gods heeft geen handen die besmet zijn door materie, maar Hij heeft handen en aanvaardt ieder offer dat Hem gebracht wordt.

Dat is het verschil tussen de geconditioneerde ziel en de Superziel. Hij heeft geen materiële ogen, maar Hij heeft ogen — hoe kan Hij anders zien? Hij ziet alles: heden, verleden en toekomst. Hij leeft in het hart van het levend wezen en Hij weet wat we in het verleden gedaan hebben, wat we nu doen en wat ons in de toekomst te wachten staat. Dit wordt in de *Bhagavad-gītā* bevestigd: Hij weet alles, maar niemand kent Hem.

Er wordt gezegd dat de Allerhoogste Heer geen benen heeft als de onze, maar Hij kan door heel de ruimte reizen, omdat Hij spirituele benen heeft. Met andere woorden, de Heer is niet onpersoonlijk; Hij heeft ogen, benen, handen en al het andere, en omdat wij integrerende deeltjes van de Allerhoogste Heer zijn, hebben wij deze dingen ook. Maar Zijn handen, benen, ogen en zintuigen zijn niet besmet door de materiële natuur.

De *Bhagavad-gītā* bevestigt ook dat als de Heer verschijnt, Hij verschijnt zoals Hij is door Zijn interne vermogen. Hij is niet besmet door de materiële energie, want Hij is de Heer van de materiële energie. In de Vedische literatuur vinden we dat Zijn hele lichaam spiritueel is. Hij heeft Zijn eeuwige gedaante, die *sac-cid-ānanda-vigraha* wordt genoemd. Hij is vervuld van alle volheden. Hij is de eigenaar van alle rijkdom en de eigenaar van alle energie. Hij is de intelligentste en bezit volledige kennis. Dit zijn enkele van de kenmerken van de Allerhoogste Persoonlijkheid Gods. Hij is de instandhouder van alle levende wezens en de getuige van alle activiteiten. Wat we uit de Vedische literatuur kunnen opmaken, is dat de Allerhoogste Heer altijd transcendentaal is. Ook al zien we Zijn hoofd, gezicht, handen of benen niet, toch heeft Hij ze, en als we naar het transcendentale niveau verheven worden, kunnen we de gedaante van de Heer zien. Omdat onze zintuigen door de materiële energie besmet zijn, kunnen we Zijn gedaante niet zien. Daarom kunnen de impersonalisten, die nog door de materiële energie beïnvloed worden, de Allerhoogste Persoonlijkheid Gods niet begrijpen.

TEKST 16 बहिरन्तश्च भूतानामचरं चरमेव च ।
सूक्ष्मत्वात्तदविज्ञेयं दूरस्थं चान्तिके च तत् ॥ १६ ॥

bahir antaś ca bhūtānāṁ, acaraṁ caram eva ca
sūkṣmatvāt tad avijñeyaṁ, dūra-sthaṁ cāntike ca tat

bahiḥ — buiten; *antaḥ* — binnen; *ca* — ook; *bhūtānām* — van alle levende wezens; *acaram* — niet bewegend; *caram* — bewegend; *eva* — ook; *ca* — en; *sūkṣmatvāt* — omdat Hij subtiel is; *tat* — dat; *avijñeyam* — onkenbaar; *dūra-stham* — ver weg; *ca* — en; *antike* — dichtbij; *ca* — ook; *tat* — deze.

De Allerhoogste Waarheid bestaat binnen en buiten alle levende wezens, zowel de bewegende als de niet-bewegende. Omdat Hij subtiel is, kan Hij niet worden gekend of worden waargenomen door de materiële zintuigen. En hoewel Hij ver, ver weg is, is Hij ook dicht bij iedereen.

COMMENTAAR: Uit de Vedische literatuur begrijpen we dat Nārāyaṇa, de Allerhoogste Persoon, zowel buiten als binnen ieder levend wezen aanwezig is. Hij is aanwezig in zowel de spirituele als de materiële wereld. Hoewel Hij ver, ver weg is, is Hij toch dicht bij ons. Dit zijn uitspraken uit de Vedische literatuur. *Āsīno dūraṁ vrajati śayāno yāti sarvataḥ* (*Kaṭha Upaniṣad* 1.2.21). Hij is altijd transcendentaal gelukzalig, genietend van Zijn complete volheid, maar met onze materiële zintuigen en geest kunnen we niet begrijpen hoe Hij dat doet. Dat is wat in de Vedische literatuur gezegd wordt. Maar wie zijn geest en zintuigen gezuiverd heeft door in devotionele dienst Kṛṣṇa-bewustzijn te beoefenen, kan Hem voortdurend zien. In de *Brahma-saṁhitā* wordt bevestigd dat de toegewijde die liefde heeft ontwikkeld voor de Allerhoogste God, Hem altijd, zonder onderbreking, kan zien. En in de *Bhagavad-gītā* (11.54) wordt verklaard dat Hij alleen gezien en begrepen kan worden door devotionele dienst. *Bhaktyā tv ananyayā śakyaḥ*.

TEKST 17 अविभक्तं च भूतेषु विभक्तमिव च स्थितम् ।
भूतभर्तृ च तज्ज्ञेयं ग्रसिष्णु प्रभविष्णु च ॥ १७ ॥

avibhaktaṁ ca bhūteṣu, vibhaktam iva ca sthitam
bhūta-bhartṛ ca taj jñeyaṁ, grasiṣṇu prabhaviṣṇu ca

avibhaktam — onverdeeld; *ca* — ook; *bhūteṣu* — in alle levende wezens; *vibhaktam* — verdeeld; *iva* — alsof; *ca* — en; *sthitam* — gevestigd; *bhūta-bhartṛ* — die alle levende wezens instandhoudt; *ca* — en; *tat* — dat; *jñeyam* — kan begrepen worden; *grasiṣṇu* — verslindende; *prabhaviṣṇu* — ontwikkelende; *ca* — ook.

Hoewel de Superziel verdeeld lijkt te zijn over alle levende wezens, is Hij nooit verdeeld. Hij blijft één en dezelfde. Hoewel Hij de instandhouder van alle levende wezens is, verslindt Hij ze en doet ze ook allemaal ontstaan.

COMMENTAAR: De Heer is in ieders hart aanwezig als de Superziel. Betekent dit dat Hij daardoor verdeeld is? Nee. In feite is Hij één. Om dit te kunnen begrijpen, wordt het voorbeeld van de zon gegeven: wanneer de zon op haar hoogste punt staat, bevindt ze zich op één plaats. Maar als iemand vijfduizend kilometer in alle richtingen gaat en vraagt 'Waar is de zon?', dan zal iedereen hem zeggen dat die boven zijn hoofd brandt. De Vedische literatuur geeft dit voorbeeld om te laten zien dat hoewel de Heer onverdeeld is, het alleen lijkt alsof Hij op een verdeelde manier aanwezig is. De Vedische literatuur stelt ook dat er één Viṣṇu is die door Zijn almacht overal aanwezig is, net zoals de zon aan zoveel personen op zoveel plaatsen tegelijk verschijnt.

Hoewel de Heer de instandhouder van ieder levend wezen is, verslindt Hij op het moment van de vernietiging alles. Dit werd in het elfde hoofdstuk verklaard toen de Heer zei dat Hij gekomen was om alle strijders die op het slagveld van Kurukṣetra waren samengekomen, te verslinden. Hij zei ook dat Hij in de vorm van de tijd alles verslindt. Hij is de vernietiger, de doder van alles en iedereen. Op het moment van de schepping laat Hij iedereen vanuit zijn oorspronkelijke toestand tot ontwikkeling komen en op het moment van de vernietiging verslindt Hij hen. De Vedische hymnen bevestigen dat Hij de oorsprong van alle levende wezens is en de basis van alles. Na de schepping rust alles op Zijn almacht en na de vernietiging keert alles weer in Hem terug en komt daar tot rust. Dit zijn de verklaringen van de Vedische hymnen. *Yato vā imāni bhūtāni jāyante yena jātāni jīvanti yat prayanty abhisaṁ-viśanti tad brahma tad vijijñāsasva* (*Taittirīya Upaniṣad* 3.1).

TEKST 18 ज्योतिषामपि तज्ज्योतिस्तमसः परमुच्यते ।
ज्ञानं ज्ञेयं ज्ञानगम्यं हृदि सर्वस्य विष्ठितम् ॥ १८ ॥

jyotiṣām api taj jyotis, tamasaḥ param ucyate
jñānaṁ jñeyaṁ jñāna-gamyaṁ, hṛdi sarvasya viṣṭhitam

jyotiṣām — in alle lichtgevende voorwerpen; *api* — en; *tat* — dat; *jyotiḥ* — de bron van licht; *tamasaḥ* — de duisternis; *param* — ontstegen aan; *ucyate* — wordt gezegd; *jñānam* — kennis; *jñeyam* — moet begrepen worden; *jñāna-gamyam* — die door kennis benaderd moet worden; *hṛdi* — in het hart; *sarvasya* — van iedereen; *viṣṭhitam* — gevestigd.

Hij is de bron van licht in alle lichtgevende voorwerpen. Hij is ontstegen aan de duisternis van de materie en is onzichtbaar. Hij is kennis, het kenbare en het doel van kennis. Hij bevindt Zich in het hart van iedereen.

COMMENTAAR: De Superziel, de Allerhoogste Persoonlijkheid Gods, is de bron van licht in alle lichtgevende objecten, zoals de zon, maan en sterren. In de Vedische literatuur zien we dat er in het spirituele koninkrijk geen behoefte is aan een zon of een maan, omdat de gloed van de Allerhoogste Heer daar aanwezig is. In de materiële wereld is die *brahmajyoti*, de spirituele gloed van de Heer, bedekt door het *mahat-tattva*, de materiële elementen; voor licht in de materiële wereld hebben we daarom hulp nodig van de zon, de maan, elektriciteit enz. Maar in de spirituele wereld is er geen behoefte aan zulke dingen. In de Vedische literatuur wordt duidelijk gezegd dat alles er door Zijn lichtgloed verlicht wordt. Het is daarom duidelijk dat Hij Zich niet in de materiële wereld bevindt. Hij bevindt Zich in de spirituele wereld, ver, ver weg in de spirituele hemel. Dat wordt in de Vedische literatuur bevestigd. *Āditya-varṇaṁ tamasaḥ parastāt* (*Śvetāśvatara Upaniṣad* 3.8). Hij is te vergelijken met de zon, die eeuwig licht geeft, maar Hij is ver, ver verheven boven de duisternis van de materiële wereld.

Zijn kennis is transcendentaal. De Vedische literatuur verklaart dat Brahman geconcentreerde transcendentale kennis is. Wie ernaar verlangt naar die spirituele wereld overgebracht te worden, krijgt kennis van de Allerhoogste Heer, die in ieders hart aanwezig is. Er bestaat een Vedische mantra (*Śvetāśvatara Upaniṣad* 6.18) waarin staat: *taṁ ha devam ātma-buddhi-prakāśaṁ mumukṣur vai śaraṇam ahaṁ prapadye.* Als men werkelijk bevrijding wil, moet men zich overgeven aan de Allerhoogste Persoonlijkheid Gods. Over het doel van de hoogste kennis zegt de Vedische literatuur: *tam eva viditvāti mṛtyum eti* — 'Alleen door Hem te kennen kan iemand de grens van geboorte en dood overschrijden.' (*Śvetāśvatara Upaniṣad* 3.8)

De Heer is in ieders hart aanwezig als de allerhoogste bestuurder. De Allerhoogste heeft overal benen en handen, wat niet gezegd kan worden van de individuele ziel. We moeten daarom erkennen dat er twee kenners van het veld van activiteit zijn, namelijk de individuele ziel en de Superziel. Onze handen en benen bevinden zich op één plaats, maar de handen en benen van Kṛṣṇa bevinden zich overal. In de *Śvetāśvatara Upaniṣad* (3.17) staat: *sarvasya prabhum īśānaṁ sarvasya śaraṇaṁ bṛhat*, wat betekent dat de Allerhoogste Persoonlijkheid Gods, de Superziel, de *prabhu* of meester van alle levende wezens is en dat Hij daarom hun uiteindelijke toevlucht is. Het kan dus niet ontkend worden dat de Superziel en de individuele ziel altijd van elkaar verschillen.

TEKST 19 इति क्षेत्रं तथा ज्ञानं ज्ञेयं चोक्तं समासतः ।
मद्भक्त एतद्विज्ञाय मद्भावायोपपद्यते ॥ १९ ॥

iti kṣetraṁ tathā jñānaṁ, jñeyaṁ coktaṁ samāsataḥ
mad-bhakta etad vijñāya, mad-bhāvāyopapadyate

iti — zo; *kṣetram* — het veld van activiteiten (het lichaam); *tathā* — ook; *jñānam* — kennis; *jñeyam* — het kenbare; *ca* — ook; *uktam* — beschreven; *samāsataḥ* — in het kort; *mat-bhaktaḥ* — Mijn toegewijde; *etat* — dit alles; *vijñāya* — na begrepen te hebben; *mat-bhāvāya* — Mijn zijnstoestand; *upapadyate* — bereikt.

Zo heb Ik dan een korte beschrijving gegeven van het veld van activiteiten [het lichaam], van kennis en van het kenbare. Alleen Mijn toegewijden kunnen dit volledig begrijpen en bereiken zo Mijn zijnstoestand.

COMMENTAAR: De Heer heeft een beknopte beschrijving gegeven van het lichaam, van kennis en van het kenbare. Deze kennis bestaat uit drie onderdelen: de kenner, het kenbare en het proces van kennen. Samen worden deze drie *vijñāna* genoemd of de wetenschap van kennis. De zuivere toegewijden van de Heer kunnen perfecte kennis rechtstreeks begrijpen; anderen zijn niet in staat haar te begrijpen. De monisten zeggen dat deze drie onderdelen uiteindelijk één worden, maar toegewijden aanvaarden dat niet.

Kennis en het ontwikkelen van kennis betekent dat men zichzelf doorgrondt in Kṛṣṇa-bewustzijn. We worden geleid door een materieel bewustzijn, maar zodra we al ons bewustzijn aanwenden voor de activiteiten van Kṛṣṇa en ons realiseren dat Kṛṣṇa alles is, krijgen we ware kennis. Met andere woorden, kennis is niets anders dan het voorbereidende stadium voor volmaakt begrip van devotionele dienst. In het vijftiende hoofdstuk zal dit heel duidelijk worden uitgelegd.

Samenvattend kan gezegd worden dat vers zes en zeven, beginnend met *mahā-bhūtāni* tot en met *cetanā dhṛtiḥ*, de materiële elementen en bepaalde manifestaties van levenskenmerken analyseren. Deze vormen samen het lichaam of het veld van activiteiten. Verzen acht tot en met twaalf, van *amānitvam* tot en met *tattva-jñānārtha-darśanam*, beschrijven vervolgens het kennissysteem om de twee typen kenners van het veld van activiteiten te begrijpen, namelijk de ziel en de Superziel. Verzen dertien tot en met achttien, beginnend met *anādi mat-param* tot en met *hṛdi sarvasya viṣṭhitam*, beschrijven vervolgens de ziel en de Allerhoogste Heer, de Superziel.

Zo werden dus drie onderdelen beschreven: het veld van activiteit (het lichaam), het kennissysteem en zowel de ziel als de Superziel. Er wordt hier in het bijzonder aangegeven dat alleen de zuivere toegewijden van de Heer deze drie onderdelen duidelijk kunnen begrijpen. Voor deze toegewijden is de *Bhagavad-gītā* zeer bruikbaar; zij zijn het die het allerhoogste doel kunnen bereiken, de zijnstoestand van de Allerhoogste Heer, Kṛṣṇa. Met andere woorden, alleen toegewijden, en niemand anders, kunnen de *Bhagavad-gītā* begrijpen en het gewenste resultaat behalen.

TEKST 20 प्रकृतिं पुरुषं चैव विद्ध्यनादी उभावपि ।
विकारांश्च गुणांश्चैव विद्धि प्रकृतिसम्भवान् ॥ २० ॥

prakṛtiṁ puruṣaṁ caiva, viddhy anādī ubhāv api
vikārāṁś ca guṇāṁś caiva, viddhi prakṛti-sambhavān

prakṛtim — de materiële natuur; *puruṣam* — de levende wezens; *ca* — ook; *eva* — zeker; *viddhi* — je moet weten; *anādī* — zonder begin; *ubhau* allebei; *api* — ook; *vikārān* — transformaties; *ca* — en; *guṇān* — de drie hoedanigheden van de materiële natuur; *ca* — ook; *eva* — zeker; *viddhi* — weet; *prakṛti* — de materiële natuur; *sambhavān* — voortgebracht door.

Weet dat de materiële natuur en de levende wezens geen begin hebben. Hun transformaties en de hoedanigheden van de materie zijn voortbrengselen van de materiële natuur.

COMMENTAAR: Met de kennis die in dit hoofdstuk gegeven is, kan men het lichaam (het veld van activiteiten) en de kenners van het lichaam (zowel de individuele ziel als de Superziel) begrijpen. Het lichaam is het veld van activiteit en is samengesteld uit de materiële natuur. De individuele ziel die belichaamd is en die van de activiteiten van het lichaam geniet, is de *puruṣa*, het levend wezen. Het is een van de kenners; de andere kenner is de Superziel. Natuurlijk zijn zowel de Superziel als het individuele levend wezen verschillende manifestaties van de Allerhoogste Persoonlijkheid Gods. Het levend wezen behoort tot de categorie van Zijn energieën en de Superziel behoort tot de categorie van Zijn persoonlijke expansies.

Zowel de materiële natuur als het levend wezen is eeuwig. Dat wil zeggen dat ze vóór de schepping al bestonden. De materiële wereld bestaat uit de energie van de Allerhoogste Heer en de levende wezens ook, maar de levende wezens behoren tot de hogere energie. Zowel de levende wezens als de materiële natuur bestonden al voordat deze kosmos gemanifesteerd werd. De materiële natuur was geabsorbeerd in de Allerhoogste Persoonlijkheid Gods, Mahā-Viṣṇu, en werd door toedoen van het *mahat-tattva* gemanifesteerd toen dat nodig was. Op dezelfde manier bestaan de levende wezens ook in Hem, maar omdat ze geconditioneerd zijn, hebben ze er een afkeer van om de Allerhoogste Heer te dienen. Dat is de reden waarom ze niet in de spirituele wereld worden toegelaten. Maar met het tevoorschijn komen van de materiële natuur krijgen deze levende wezens opnieuw een kans om in de materiële wereld actief te zijn en zichzelf voor te bereiden om binnen te gaan in de spirituele wereld. Dat is het mysterie van deze materiële schepping.

Oorspronkelijk is het levend wezen eigenlijk een integrerend, spiritueel deeltje van de Allerhoogste Heer, maar door zijn opstandige aard raakt het geconditioneerd in de materiële natuur. Het maakt werkelijk niet uit hoe deze levende wezens of hogere entiteiten van de Allerhoogste Heer met de materiële natuur in contact zijn gekomen. De Allerhoogste Persoonlijkheid Gods weet echter hoe en waarom dit werkelijk gebeurde.

In de heilige teksten zegt de Heer dat zij die zich tot de materiële natuur aangetrokken voelen een harde strijd om het bestaan leveren. Door de beschrijvingen in deze paar verzen moeten we ervan doordrongen raken dat alle transformaties en invloeden van de materiële natuur, die door de drie hoedanigheden worden teweeggebracht, ook voortbrengselen van de materiële natuur zijn. Alle transformaties en verscheidenheid met betrekking tot de levende wezens zijn toe te schrijven aan het lichaam. Wat betreft hun ziel zijn alle levende wezens gelijk.

TEKST 21 कार्यकारणकर्तृत्वे हेतुः प्रकृतिरुच्यते ।
पुरुषः सुखदुःखानां भोक्तृत्वे हेतुरुच्यते ॥ २१ ॥

kārya-kāraṇa-kartṛtve, hetuḥ prakṛtir ucyate
puruṣaḥ sukha-duḥkhānāṁ, bhoktṛtve hetur ucyate

kārya — van gevolg; *kāraṇa* — en oorzaak; *kartṛtve* — wat betreft de schepping; *hetuḥ* — het instrument; *prakṛtiḥ* — de materiële natuur; *ucyate* — wordt genoemd; *puruṣaḥ* — het levend wezen; *sukha* — van geluk; *duḥkhānām* — en ellende; *bhoktṛtve* — in het genieten; *hetuḥ* — de veroorzaker; *ucyate* — wordt genoemd.

De materiële natuur wordt de oorzaak van alle materiële oorzaken en gevolgen genoemd, terwijl het levend wezen de oorzaak is van verschillende vormen van leed en genot in deze wereld.

COMMENTAAR: De verschillende manifestaties van lichamen en zintuigen van de levende wezens worden veroorzaakt door de materiële natuur. Er zijn 8.400.000 verschillende levenssoorten en deze verscheidenheid is geschapen door de materiële natuur. Ze komen voort uit de verschillende vormen van zinnelijk genot van het levend wezen, dat zo in een bepaald lichaam wil verblijven, nu eens in het ene, dan weer in een ander.

Vanaf het moment dat het levend wezen in verschillende lichamen wordt geplaatst, ervaart het verschillende soorten geluk en verdriet. Dit geluk en verdriet is te wijten aan het lichaam van het levend wezen en niet aan wat het werkelijk is. In zijn oorspronkelijke staat kent het levend wezen alleen maar geluk; dat is zijn wezensstaat. Maar door zijn verlangen de baas te spelen over de materiële natuur, bevindt het zich in de materiële wereld. In de spirituele wereld komt dat niet voor. De spirituele wereld is zuiver, maar in de materiële wereld zwoegt iedereen hard voor verschillende soorten lichamelijk plezier. Misschien is het duidelijker om te zeggen dat het lichaam het effect is van de zintuigen. De zintuigen zijn instrumenten om een verlangen te bevredigen. Het geheel — het lichaam en de instrumentele zintuigen — wordt door de materiële natuur aangeboden en zoals duidelijk zal worden in het volgende vers, wordt het levend wezen met bepaalde omstandigheden gezegend of wordt het tot andere gedoemd overeenkomstig zijn vroegere verlangens en activiteiten.

In overeenstemming met iemands verlangens en activiteiten plaatst de materiële natuur iemand in verschillende onderkomens. Het levend wezen is zelf de oorzaak van het krijgen van zulke onderkomens en het plezier en leed dat daarmee gepaard gaat. Wanneer het eenmaal in een bepaald lichaam geplaatst is, komt het onder de besturende invloed van de natuur, want het lichaam, dat per slot van rekening uit materie bestaat, gedraagt zich volgens de wetten van de natuur. Op dat moment heeft het levend wezen niet het vermogen die wetten te veranderen.

Stel dat een levend wezen in het lichaam van een hond geplaatst wordt. Vanaf het moment dat het daarin geplaatst is, moet het zich als een hond gedragen. Het kan zich niet op een andere manier gedragen. En als het levend wezen in het lichaam van een varken wordt geplaatst, is het gedwongen uitwerpselen te eten en zich als een varken te gedragen. Op dezelfde manier moet een levend wezen dat in het lichaam van een halfgod wordt geplaatst zich overeenkomstig zijn lichaam gedragen. Dat is de wet van de natuur. Maar in alle omstandigheden vergezelt de Superziel de individuele ziel. Dat wordt in de Veda's als volgt uitgelegd: *dvā suparṇā sayujā sakhāyaḥ* (*Muṇḍaka Upaniṣad* 3.1.1). De Allerhoogste Heer is zo vriendelijk voor het levend wezen, dat Hij de individuele ziel altijd vergezelt en in alle omstandigheden aanwezig is als de Superziel of Paramātmā.

TEKST 22 पुरुषः प्रकृतिस्थो हि भुङ्क्ते प्रकृतिजान्गुणान् ।
कारणं गुणसङ्गोऽस्य सदसद्योनिजन्मसु ॥ २२ ॥

puruṣaḥ prakṛti-stho hi, bhuṅkte prakṛti-jān guṇān
kāraṇaṁ guṇa-saṅgo 'sya, sad-asad-yoni-janmasu

puruṣaḥ — het levend wezen; *prakṛti-sthaḥ* — verblijvend in de materiële energie; *hi* — zeker; *bhuṅkte* — geniet; *prakṛti-jān* — voortgebracht door de materiële natuur; *guṇān* — de hoedanigheden van de materiële natuur; *kāraṇam* — de oorzaak; *guṇa-saṅgaḥ* — het contact met de hoedanigheden van de materiële natuur; *asya* — van het levend wezen; *sat-asat* — in goed en kwaad; *yoni* — levensvormen; *janmasu* — in geboorten.

Zo gaat het levend wezen in de materiële wereld door het leven, genietend van de drie hoedanigheden van de materiële natuur. En door zijn contact met die materiële natuur ervaart het goed en kwaad in verschillende levensvormen.

COMMENTAAR: Dit vers is zeer belangrijk om een begrip te krijgen over hoe het levend wezen van het ene lichaam naar het andere verhuist. In het tweede hoofdstuk werd uitgelegd dat het levend wezen van het ene lichaam naar het andere verhuist net zoals iemand van kleren verwisselt. Dit verwisselen van kleren is te wijten aan zijn gehechtheid aan het materiële bestaan. Zolang het nog bekoord wordt door deze valse manifestatie, blijft het gedwongen van het ene lichaam naar het andere te verhuizen. Door zijn verlangen de baas te spelen over de materiële natuur, wordt het levend wezen in zulke onaangename omstandigheden geplaatst. Onder invloed van materiële verlangens wordt het levend wezen soms geboren als een halfgod, soms als een mens, soms als een viervoeter, als een vogel, als een worm, als een waterdier, als een heilige, als een insect. Zo gaat dat. En in al deze gevallen denkt het levend wezen dat het meester is over zijn omstandigheden, terwijl het in werkelijkheid onder de invloed van de materiële natuur staat.

Hoe het levend wezen in zulke uiteenlopende lichamen geplaatst wordt, wordt hier uitgelegd. Het komt door het contact met de verschillende hoedanigheden van de materiële natuur. Men moet daarom boven de drie hoedanigheden van de materiële natuur uitstijgen en op een transcendentaal niveau komen. Dat wordt Kṛṣṇa-bewustzijn genoemd. Wie niet Kṛṣṇa-bewust is, zal door zijn materieel bewustzijn gedwongen worden van het ene naar het andere lichaam te verhuizen, omdat hij sinds onheuglijke tijden materiële verlangens heeft. Maar hij moet deze mentaliteit veranderen en die verandering kan alleen tot stand komen door van gezaghebbende bronnen te horen. Het beste voorbeeld daarvan wordt hier gegeven: Arjuna hoort van Kṛṣṇa over de wetenschap van God. Wanneer het levend wezen zich aan deze methode van horen overgeeft, zal het zijn lang gekoesterde verlangen om over de materiële natuur te heersen verliezen en zal het geleidelijk aan, naarmate het afziet van het verlangen om te overheersen, spiritueel geluk ervaren. In een van de Vedische mantra's wordt gezegd dat het levend wezen zijn eeuwige gelukzalige leven zal genieten naarmate het wijs wordt door zijn omgang met de Allerhoogste Persoonlijkheid Gods.

TEKST 23 उपद्रष्टानुमन्ता च भर्ता भोक्ता महेश्वरः ।
परमात्मेति चाप्युक्तो देहेऽस्मिन्पुरुषः परः ॥ २३ ॥

upadraṣṭānumantā ca, bhartā bhoktā maheśvaraḥ
paramātmeti cāpy ukto, dehe 'smin puruṣaḥ paraḥ

upadraṣṭā — getuige; *anumantā* — degene die toestaat; *ca* — en; *bhartā* — meester; *bhoktā* — allerhoogste genieter; *mahā-īśvaraḥ* — de Allerhoogste Heer; *parama-ātmā* — de Superziel; *iti* — ook; *ca* — en; *api* — zeker; *uktaḥ* — wordt gezegd; *dehe* — in het lichaam; *asmin* — dit; *puruṣaḥ* — genieter; *paraḥ* — transcendentale.

Maar in dit lichaam is ook een andere, een transcendentale genieter aanwezig, namelijk de Heer, die de allerhoogste eigenaar is, de getuige en degene die toestemming geeft en die bekendstaat als de Superziel.

COMMENTAAR: Hier wordt verklaard dat de Superziel, die de individuele ziel altijd vergezelt, een expansie is van de Allerhoogste Heer. Hij is geen gewoon levend wezen. Omdat de monistische filosofen denken dat het lichaam één kenner heeft, menen ze dat er geen verschil bestaat tussen de Superziel en de individuele ziel. Ter opheldering zegt de Heer dat Hij Zich in ieder lichaam geëxpandeerd heeft als de Paramātmā. Hij verschilt van de individuele ziel; Hij is *para*, transcendentaal. De individuele ziel geniet van de activiteiten van een bepaald veld, maar de Superziel is niet aanwezig als de beperkte genieter en evenmin als de degene die betrokken is bij lichamelijke activiteiten. Hij is echter wel aanwezig als de getuige, degene die alles overziet, die toestemming geeft en die de allerhoogste genieter is. Hij heet Paramātmā, niet *ātmā*, en Hij is transcendentaal. Dat de Paramātmā en de *ātmā* van elkaar verschillen is dus heel duidelijk.

De Superziel, de Paramātmā, heeft overal handen en benen, maar de individuele ziel niet. En omdat de Paramātmā de Allerhoogste Heer is, is Hij innerlijk aanwezig om Zijn toestemming te geven voor het in vervulling gaan van de materiële verlangens van de individuele ziel. Zonder de toestemming van de Allerhoogste Ziel kan de individuele ziel niets doen. Het individu is *bhukta* of degene die instandgehouden wordt, en de Heer is *bhoktā*, de instandhouder. Er bestaan oneindig veel levende wezens en Hij verblijft in hen allemaal als een vriend.

Het is een feit dat ieder individueel levend wezen eeuwig een integrerend deeltje van de Allerhoogste Heer is en allebei hebben ze een zeer innige relatie met elkaar als vrienden. Maar het levend wezen heeft de neiging de macht van de Allerhoogste Heer te verwerpen en onafhankelijk te handelen in een poging de natuur te overheersen. Omdat het deze neiging heeft, wordt het de tussenenergie van de Allerhoogste Heer genoemd.

Het levend wezen kan zich ofwel in de materiële energie ofwel in de spirituele energie bevinden. Zolang het geconditioneerd is door de materiële energie, blijft de Allerhoogste Heer bij hem als zijn vriend, de Superziel, alleen om het zover te krijgen dat het terugkeert naar de spirituele energie. De Heer verlangt er sterk naar om het levend wezen naar de spirituele energie terug te brengen, maar door de minieme hoeveelheid onafhankelijkheid die het heeft, verzet het zich voortdurend tegen het contact met het spirituele licht. Dit misbruik van onafhankelijkheid is de oorzaak van zijn materiële strijd in de conditionerende natuur. De Heer geeft daarom altijd instructies van binnenin en van buitenaf. Van buitenaf geeft Hij instructies zoals die in de *Bhagavad-gītā* staan en van binnenin probeert Hij het levend wezen ervan te overtuigen dat zijn activiteiten in het materiële veld niet bevorderlijk zijn voor werkelijk geluk. 'Geef ze gewoon op en richt je geloof op Mij. Op die manier zul je gelukkig worden', zegt Hij. Een intelligent persoon die zijn geloof hecht aan de Paramātmā of de Allerhoogste Persoonlijkheid Gods, begint dus vooruitgang te maken naar een gelukzalig, eeuwig leven van kennis.

TEKST 24 य एवं वेत्ति पुरुषं प्रकृतिं च गुणैः सह ।
सर्वथा वर्तमानोऽपि न स भूयोऽभिजायते ॥ २४ ॥

ya evaṁ vetti puruṣaṁ, prakṛtiṁ ca guṇaiḥ saha
sarvathā vartamāno 'pi, na sa bhūyo 'bhijāyate

yaḥ — iedereen die; *evam* — zo; *vetti* — begrijpt; *puruṣam* — het levend wezen; *prakṛtim* — de materiële natuur; *ca* — en; *guṇaiḥ* — de hoedanigheden van de materiële natuur; *saha* — met; *sarvathā* — op alle manieren; *vartamānaḥ* — bestaand; *api* — ondanks; *na* — nooit; *saḥ* — hij; *bhūyaḥ* — weer; *abhijāyate* — wordt geboren.

Degene die deze filosofie over de materiële natuur, het levend wezen en de wisselwerkingen van de hoedanigheden van de materiële natuur begrijpt, zal zeker worden bevrijd. Ongeacht zijn huidige situatie zal hij hier niet opnieuw worden geboren.

COMMENTAAR: Een helder begrip van de materiële natuur, de Superziel, de individuele ziel en hun onderlinge verhoudingen maakt iemand gekwalificeerd om bevrijd te worden en naar de spirituele sfeer te gaan zonder gedwongen te zijn naar deze materiële natuur terug te keren. Dat is het resultaat van kennis. Het doel van kennis is om duidelijk te begrijpen dat het levend wezen om de een of andere reden in dit materiële bestaan is gevallen. Door zijn persoonlijke inspanning in het gezelschap van gezaghebbende personen, heiligen en de spiritueel leraar, moet hij tot een besef komen van zijn positie en dan terugkeren naar een spiritueel bewustzijn of Kṛṣṇa-bewustzijn door de *Bhagavad-gītā* te begrijpen zoals die door de Persoonlijkheid Gods wordt uitgelegd. Het staat dan vast dat hij nooit meer een materieel bestaan zal hoeven leiden, want hij zal worden overgebracht naar de spirituele wereld voor een gelukzalig, eeuwig leven van kennis.

TEKST 25 ध्यानेनात्मनि पश्यन्ति केचिदात्मानमात्मना ।
अन्ये सांख्येन योगेन कर्मयोगेन चापरे ॥ २५ ॥

dhyānenātmani paśyanti, kecid ātmānam ātmanā
anye sāṅkhyena yogena, karma-yogena cāpare

dhyānena — door meditatie; *ātmani* — in het zelf; *paśyanti* — zien; *kecit* — sommigen; *ātmānam* — de Superziel; *ātmanā* — met de geest; *anye* — anderen; *sāṅkhyena* — door filosofische discussie; *yogena* — door middel van het yogastelsel; *karma-yogena* — door activiteiten die niet resultaatgericht zijn; *ca* — en; *apare* — anderen.

Sommigen zien de Superziel in hun hart door middel van meditatie, anderen door het cultiveren van kennis en weer anderen door te handelen zonder zelfzuchtige verlangens.

COMMENTAAR: De Heer laat Arjuna weten dat de geconditioneerde zielen in twee categorieën kunnen worden onderverdeeld in verband met de zoektocht van de mens naar zelfrealisatie. Zij die atheïsten, agnostici en sceptici zijn, hebben geen besef van spiritualiteit. Maar er zijn anderen die wel een begrip van het spirituele leven hebben en die vol vertrouwen zijn; zij zijn de introspectieve toegewijden, de filosofen en de werkers die zich van de resultaten van resultaatgerichte activiteiten onthecht hebben. Zij die altijd proberen de theorie van het monisme te vestigen, worden ook tot de atheïsten en agnostici gerekend.

De toegewijden van de Allerhoogste Persoonlijkheid Gods hebben het diepste spirituele begrip, omdat ze begrijpen dat er voorbij deze materiële natuur een spirituele wereld is met de Allerhoogste Persoonlijkheid Gods, die Zich geëxpandeerd heeft als Paramātmā, de Superziel, de alomtegenwoordige God, die aanwezig is in iedereen. Natuurlijk zijn er personen die de Absolute Waarheid proberen te begrijpen door het cultiveren van kennis en zij kunnen gerekend worden tot de categorie van degenen die vertrouwen hebben.

De *sāṅkhya*-filosofen analyseren de materiële wereld en delen haar op in vierentwintig elementen; de individuele ziel beschouwen ze als het vijfentwintigste element. Wanneer ze inzien dat het wezen van de individuele ziel ontstegen is aan de materiële elementen, zullen ze in staat zijn te begrijpen dat de Allerhoogste Persoonlijkheid Gods boven de individuele ziel staat. Hij is het zesentwintigste element. Op die manier komen ze geleidelijk aan tot het niveau van Kṛṣṇa-bewustzijn. De mentaliteit van degenen die werken zonder gehechtheid aan de resultaten van hun activiteiten, is ook volmaakt; ze krijgen de kans om vooruitgang te maken en tot het niveau van devotionele dienst in Kṛṣṇa-bewustzijn te komen.

In dit vers wordt gesteld dat bepaalde mensen een zuiver bewustzijn hebben en door meditatie de Superziel in zichzelf proberen te ontdekken; wanneer zij de Superziel ontdekken, komen ze ook op een transcendentaal niveau. En dan zijn er nog anderen die de Allerhoogste Ziel proberen te begrijpen door kennis te cultiveren, en weer anderen wijden zich aan het *haṭha-yoga*-systeem en proberen de Allerhoogste Persoonlijkheid Gods tevreden te stellen met kinderachtige activiteiten.

TEKST 26 अन्ये त्वेवमजानन्तः श्रुत्वान्येभ्य उपासते ।
तेऽपि चातितरन्त्येव मृत्युं श्रुतिपरायणाः ॥ २६ ॥

anye tv evam ajānantaḥ, śrutvānyebhya upāsate
te 'pi cātitaranty eva, mṛtyuṁ śruti-parāyaṇāḥ

anye — anderen; *tu* — maar; *evam* — zo; *ajānantaḥ* — zonder spirituele kennis; *śrutvā* — door te horen; *anyebhyaḥ* — van anderen; *upāsate* — beginnen te vereren; *te* — zij; *api* — ook; *ca* — en; *atitaranti* — transcenderen; *eva* — zeker; *mṛtyum* — het pad van de dood; *śruti-parāyaṇāḥ* — aangetrokken tot het proces van horen.

En dan zijn er nog degenen die, hoewel ze geen spirituele kennis hebben, de Allerhoogste Persoon beginnen te vereren wanneer ze over Hem horen van anderen. Door hun neiging om naar gezaghebbende personen te luisteren, ontstijgen ook zij aan het pad van geboorte en dood.

COMMENTAAR: Dit vers is in het bijzonder van toepassing op de moderne samenleving, omdat er in de moderne samenleving nagenoeg geen onderwijs is in spirituele zaken. Sommige mensen lijken atheïstisch of agnostisch of filosofisch te zijn, maar in werkelijkheid hebben ze geen kennis van filosofie. Wat de gewone mensen betreft, als ze goede zielen zijn, hebben ze een kans om vooruitgang te maken door te horen. Deze methode van horen is heel belangrijk. Heer Caitanya, die het Kṛṣṇa-bewustzijn in de moderne wereld predikte, legde een grote nadruk op horen, omdat als de gewone mensen eenvoudig naar gezaghebbende bronnen luisteren, ze vooruitgang kunnen maken. En volgens Heer Caitanya kunnen ze dat vooral wanneer ze het transcendentale geluid Hare Kṛṣṇa, Hare Kṛṣṇa, Kṛṣṇa Kṛṣṇa, Hare Hare/ Hare Rāma, Hare Rāma, Rāma Rāma, Hare Hare horen. Er wordt daarom gezegd dat alle mensen hun voordeel moeten doen met het horen van zelfgerealiseerde zielen, waardoor ze geleidelijk aan in staat zullen zijn om alles te begrijpen. Dan zal ongetwijfeld de Allerhoogste Heer worden vereerd.

Heer Caitanya heeft gezegd dat niemand in dit tijdperk zijn positie hoeft te veranderen, maar dat men enkel zijn pogingen om de Absolute Waarheid te begrijpen door speculatief denken moet opgeven. Men moet leren een dienaar te worden van degenen die kennis over de Allerhoogste Heer hebben. Wie het geluk heeft zijn toevlucht te vinden bij een zuivere toegewijde, van hem over zelfrealisatie te horen en in zijn voetspoor te volgen, zal geleidelijk aan verheven worden tot de positie van een zuivere toegewijde. Vooral in dit vers wordt de methode van horen sterk aangeraden, en zeer terecht. Hoewel gewone mensen in het algemeen niet zo bekwaam zijn als zogenaamde filosofen, zal vol geloof luisteren naar gezaghebbende personen hen helpen om aan dit materiële bestaan te ontstijgen en terug naar God, terug naar huis te gaan.

TEKST 27 यावत्सञ्जायते किञ्चित्सत्त्वं स्थावरजङ्गमम् ।
क्षेत्रक्षेत्रज्ञसंयोगात्तद्विद्धि भरतर्षभ ॥ २७ ॥

yāvat sañjāyate kiñcit, sattvaṁ sthāvara-jaṅgamam
kṣetra-kṣetrajña-saṁyogāt, tad viddhi bharatarṣabha

yāvat — wat dan ook; *sañjāyate* — ontstaat; *kiñcit* — wat dan ook; *sattvam* — bestaan; *sthāvara* — niet bewegend; *jaṅgamam* — bewegend; *kṣetra* — van het lichaam; *kṣetra-jña* — en hij die het lichaam kent; *saṁyogāt* — door de vereniging van; *tat viddhi* — je moet het weten; *bharata-ṛṣabha* — o beste onder de Bhārata's.

O beste onder de Bhārata's, alles wat om je heen bestaat, zowel het beweeglijke als het onbeweeglijke, is niet meer dan een combinatie van het veld van activiteiten en de kenner van het veld.

COMMENTAAR: Zowel de materiële natuur als het levend wezen, die allebei al vóór de schepping van de kosmos bestonden, wordt in dit vers uitgelegd. Alles wat geschapen is, is enkel een combinatie van het levend wezen en de materiële natuur. Er bestaan veel dingen die geschapen zijn, waaronder bomen, bergen en heuvels die niet bewegen, en er zijn veel schepselen die wel bewegen, maar allemaal zijn het niet meer dan combinaties van de materiële natuur en de hogere natuur, namelijk het levend wezen.

Zonder contact met de hogere natuur, het levend wezen, kan niets groeien. De relatie tussen de materiële natuur en de spirituele natuur gaat eeuwig door en deze verbinding wordt tot stand gebracht door de Allerhoogste Heer; Hij is daarom de bestuurder van zowel de hogere als de lagere natuur. De materiële natuur wordt door Hem geschapen en de hogere natuur wordt in deze materiële natuur geplaatst; op die manier vinden al deze activiteiten plaats en komen de schepselen tevoorschijn.

TEKST 28 समं सर्वेषु भूतेषु तिष्ठन्तं परमेश्वरम् ।
विनश्यत्स्वविनश्यन्तं यः पश्यति स पश्यति ॥ २८ ॥

samaṁ sarveṣu bhūteṣu, tiṣṭhantaṁ parameśvaram
vinaśyatsv avinaśyantaṁ, yaḥ paśyati sa paśyati

samam — gelijk; *sarveṣu* — in alle; *bhūteṣu* — levende wezens; *tiṣṭhantam* — verblijvend; *parama-īśvaram* — de Superziel; *vinaśyatsu* — in het vernietigbare; *avinaśyantam* — niet vernietigd; *yaḥ* — wie; *paśyati* — ziet; *saḥ* — hij; *paśyati* — ziet werkelijk.

Wie ziet dat de Superziel de individuele ziel in ieder lichaam vergezelt en begrijpt dat zowel de ziel als de Superziel nooit vernietigd wordt in het vernietigbare lichaam, ziet de dingen zoals ze zijn.

COMMENTAAR: Wie door goed gezelschap de onderlinge verhouding kan zien tussen drie dingen — het lichaam, de eigenaar van het lichaam (de individuele ziel) en de vriend van de individuele ziel — bezit werkelijke kennis. Tenzij iemand in het gezelschap is van een werkelijke kenner van spirituele onderwerpen, kan hij deze drie dingen niet zien. Zij die zulk gezelschap niet hebben, zijn in onwetendheid; ze zien alleen het lichaam en denken dat wanneer het lichaam gestorven is, alles voorbij is. Maar in werkelijkheid is dat niet zo. Na het vergaan van het lichaam, blijven zowel de ziel als de Superziel voortbestaan en gaan ze samen voor eeuwig door veel verschillende bewegende en niet-bewegende levensvormen.

Het sanskrietwoord *'parameśvara'* wordt soms vertaald met 'de individuele ziel', want de ziel is meester over het lichaam en na de dood van het lichaam gaat ze over naar een ander lichaam. In die zin is ze meester. Maar anderen interpreteren het woord *'parameśvara'* als de Superziel. In beide gevallen blijven de Superziel en de individuele ziel voortbestaan. Ze worden niet vernietigd. Wie alles zo ziet, ziet werkelijk wat er gebeurt.

TEKST 29 समं पश्यन्हि सर्वत्र समवस्थितमीश्वरम् ।
न हिनस्त्यात्मनात्मानं ततो याति परां गतिम् ॥ २९ ॥

amaṁ paśyan hi sarvatra, samavasthitam īśvaram
na hinasty ātmanātmānaṁ, tato yāti parāṁ gatim

samam — gelijk; *paśyan* — ziend; *hi* — zeker; *sarvatra* — overal; *samavasthitam* — gelijk bevindend; *īśvaram* — de Superziel; *na* — niet; *hinasti* — verlaagt; *ātmanā* — met de geest; *ātmānam* — de ziel; *tataḥ* — dan; *yāti* — bereikt; *parām* — de transcendentale; *gatim* — bestemming.

Wie ziet dat de Superziel overal, in ieder levend wezen, aanwezig is, zal zichzelf niet verlagen door zijn geest. Op die manier nadert hij de transcendentale bestemming.

COMMENTAAR: Door het aanvaarden van een materieel bestaan, is het levend wezen in een andere situatie terechtgekomen dan tijdens zijn spirituele bestaan. Maar wie begrijpt dat de Allerhoogste in Zijn expansie als Paramātmā overal aanwezig is, dat wil zeggen wanneer hij de aanwezigheid van de Allerhoogste Persoonlijkheid Gods kan zien in al wat leeft, zal hij zich niet verlagen door een negatieve mentaliteit. Zo maakt hij geleidelijk aan vooruitgang op weg naar de spirituele wereld. Over het algemeen is de geest verslaafd aan zinsbevrediging, maar wanneer de geest zich tot de Superziel keert, raakt men gevorderd in zijn begrip van het spirituele.

TEKST 30 प्रकृत्यैव च कर्माणि क्रियमाणानि सर्वशः ।
यः पश्यति तथात्मानमकर्तारं स पश्यति ॥ ३० ॥

prakṛtyaiva ca karmāṇi, kriyamāṇāni sarvaśaḥ
yaḥ paśyati tathātmānam, akartāraṁ sa paśyati

prakṛtyā — door de materiële natuur; *eva* — zeker; *ca* — ook; *karmāṇi* — activiteiten; *kriyamāṇāni* — worden verricht; *sarvaśaḥ* — in alle opzichten; *yaḥ* — iedereen die; *paśyati* — ziet; *tathā* — ook; *ātmānam* — zichzelf; *akartāram* — de niet-handelende; *saḥ* — hij; *paśyati* — ziet volmaakt.

Wie ziet dat alle activiteiten verricht worden door het lichaam, dat geschapen is door de materiële natuur, en ziet dat de ziel zelf niets doet, ziet de dingen zoals ze zijn.

COMMENTAAR: Dit lichaam is gemaakt door de materiële natuur onder leiding van de Superziel, en welke activiteiten er ook plaatsvinden met betrekking tot iemands lichaam, ze worden niet door hem verricht. Waar iemand ook mee bezig is, zowel voor geluk als voor ellende, is iets waartoe hij gedwongen wordt door de constitutie van het lichaam. Maar al deze lichamelijke activiteiten gaan buiten het zelf om. Men krijgt een lichaam overeenkomstig zijn vroegere verlangens. Om deze verlangens te vervullen, krijgt men een lichaam toegewezen waarmee men vervolgens actief is. Praktisch gesproken is het lichaam een machine die door de Allerhoogste Heer ontworpen is om verlangens te vervullen. Door verlangens wordt men in verschillende omstandigheden geplaatst om te lijden of te genieten. Deze transcendentale visie van het levend wezen kan ons, als ze ontwikkeld wordt, vrijmaken van lichamelijke activiteiten. Iemand met zo'n visie ziet de dingen zoals ze zijn.

TEKST 31 यदा भूतपृथग्भावमेकस्थमनुपश्यति ।
तत एव च विस्तारं ब्रह्म सम्पद्यते तदा ॥ ३१ ॥

yadā bhūta-pṛthag-bhāvam, eka-stham anupaśyati
tata eva ca vistāraṁ, brahma sampadyate tadā

yadā — wanneer; *bhūta* — van de levende wezens; *pṛthak-bhāvam* — de afzonderlijke identiteiten; *eka-stham* — in één verblijvend; *anupaśyati* — men probeert te zien met behulp van een autoriteit; *tataḥ eva* — daarna; *ca* — ook; *vistāram* — de expansie; *brahma* — het Absolute; *sampadyate* — hij bereikt; *tadā* — op dat moment.

Wanneer een verstandig persoon niet langer verschillende identiteiten ziet op grond van verschillende materiële lichamen en hij ziet hoe levende wezens overal verspreid zijn, dan komt hij tot Brahman-realisatie.

COMMENTAAR: Wie ziet dat de verschillende lichamen van levende wezens ontstaan door de verschillende verlangens van de individuele ziel en dat ze in werkelijkheid niet tot de ziel zelf behoren, ziet de dingen zoals ze zijn. In de materialistische levensopvatting zien we de een als een halfgod, de ander als mens, hond, kat enz. Dat is een materiële visie, maar niet een die reëel is. Zo'n materieel onderscheid komt voort uit een materialistische levensopvatting. Na het vergaan van het materiële lichaam is de ziel één. De ziel krijgt verschillende soorten lichamen door het contact met de materiële natuur en wanneer iemand dit kan zien, komt hij tot spiritueel inzicht. Wanneer iemand op die manier vrij is van de neiging een onderscheid te maken tussen mensen, dieren, groot, laag enz., dan wordt zijn bewustzijn gezuiverd en zal hij in staat zijn om Kṛṣṇa-bewustzijn te ontwikkelen in zijn spirituele identiteit. Hoe hij de dingen dan ziet, wordt in het volgende vers uitgelegd.

TEKST 32 अनादित्वान्निर्गुणत्वात्परमात्मायमव्ययः ।
शरीरस्थोऽपि कौन्तेय न करोति न लिप्यते ॥ ३२ ॥

anāditvān nirguṇatvāt, paramātmāyam avyayaḥ
śarīra-stho 'pi kaunteya, na karoti na lipyate

anāditvāt — door eeuwigheid; *nirguṇatvāt* — omdat ze transcendentaal is; *parama* — ontstegen aan de materiële natuur; *ātmā* — ziel; *ayam* — deze; *avyayaḥ* — onvergankelijke; *śarīra-sthaḥ* — verblijvend in het lichaam; *api* — hoewel; *kaunteya* — o zoon van Kuntī; *na karoti* — doet nooit iets; *na lipyate* — evenmin raakt ze verstrikt.

Degenen met de visie der eeuwigheid, kunnen zien dat de onvergankelijke ziel transcendentaal is en eeuwig en dat ze ontstegen is aan de hoedanigheden van de materiële natuur. Ondanks haar contact met het materiële lichaam, o Arjuna, doet de ziel niets en raakt ze nooit verstrikt.

COMMENTAAR: Omdat het materiële lichaam geboren wordt, lijkt het alsof het levend wezen ook geboren wordt, maar eigenlijk is het levend wezen eeuwig — het wordt niet geboren. Hoewel het zich in een materieel lichaam bevindt, is het transcendentaal en eeuwig en kan het dus niet vernietigd worden. Van nature is het levend wezen vol geluk. Het verricht geen materiële activiteiten en daardoor raakt het niet verstrikt door de activiteiten die plaatsvinden door zijn contact met materiële lichamen.

TEKST 33 यथा सर्वगतं सौक्ष्म्यादाकाशं नोपलिप्यते ।
सर्वत्रावस्थितो देहे तथात्मा नोपलिप्यते ॥ ३३ ॥

yathā sarva-gataṁ saukṣmyād, ākāśaṁ nopalipyate
sarvatrāvasthito dehe, tathātmā nopalipyate

yathā — zoals; *sarva-gatam* — alomtegenwoordig; *saukṣmyāt* — omdat hij zo fijnstoffelijk is; *ākāśam* — de ether; *na* — nooit; *upalipyate* — mengt zich; *sarvatra* — overal; *avasthitaḥ* — aanwezig; *dehe* — in het lichaam; *tathā* — zo; *ātmā* — het zelf; *na* — nooit; *upalipyate* — mengt zich.

Omdat de ether zo subtiel van aard is, mengt hij zich nergens mee, hoewel hij overal aanwezig is. Op dezelfde manier mengt een ziel die alles vanuit

het oogpunt van Brahman bekijkt, zich niet met het lichaam, hoewel ze in dat lichaam aanwezig is.

COMMENTAAR: Ether dringt door in water, modder, drek en al het andere wat bestaat; toch mengt het zich nergens mee. Op dezelfde manier is het levend wezen door zijn subtiele aard verheven boven alle verschillende lichamen, ook al is het in hen aanwezig. Het is daarom onmogelijk om met materiële ogen te zien hoe het levend wezen in verbinding staat met zijn lichaam en hoe het dit na de dood van het lichaam verlaat. Geen enkele wetenschapper kan dit nagaan.

TEKST 34 यथा प्रकाशयत्येकः कृत्स्नं लोकमिमं रविः ।
क्षेत्रं क्षेत्री तथा कृत्स्नं प्रकाशयति भारत ॥ ३४ ॥

yathā prakāśayaty ekaḥ, kṛtsnaṁ lokam imaṁ raviḥ
kṣetraṁ kṣetrī tathā kṛtsnaṁ, prakāśayati bhārata

yathā — zoals; *prakāśayati* — verlicht; *ekaḥ* — één; *kṛtsnam* — het hele; *lokam* — universum; *imam* — deze; *raviḥ* — zon; *kṣetram* — dit lichaam; *kṣetrī* — de ziel; *tathā* — op dezelfde manier; *kṛtsnam* — alles; *prakāśa-yati* — verlicht; *bhārata* — o afstammeling van Bharata.

O afstammeling van Bharata, zoals één zon dit hele universum verlicht, zo verlicht het ene levend wezen het hele lichaam met bewustzijn.

COMMENTAAR: Er bestaan verschillende theorieën over bewustzijn. In de *Bhagavad-gītā* wordt hier het voorbeeld van de zon en de zonneschijn gegeven. Zoals de zon zich op één plaats bevindt, maar het hele universum verlicht, zo verlicht een kleine spirituele vonk, de ziel, het hele lichaam met bewustzijn, hoewel het zich in het hart van het lichaam bevindt. Zo is bewustzijn dus het bewijs van de aanwezigheid van de ziel, zoals de zonneschijn of licht het bewijs is van de aanwezigheid van de zon. Wanneer de ziel aanwezig is in het lichaam, is het bewustzijn over het hele lichaam verspreid, maar zodra de ziel het lichaam heeft verlaten, is er ook geen bewustzijn meer. Ieder intelligent mens kan dit gemakkelijk begrijpen. Bewustzijn is daarom geen product van materiële of chemische verbindingen — het is het kenmerk van het levend wezen.

Hoewel het bewustzijn van het levend wezen kwalitatief gezien een is met het allerhoogste bewustzijn, is het niet het allerhoogste, omdat het bewustzijn van een bepaald lichaam zich niet bewust is van een ander lichaam. Maar de Superziel, die in alle lichamen aanwezig is als de vriend van de individuele ziel, is Zich bewust van alle lichamen. Dat is het verschil tussen het allerhoogste bewustzijn en het individuele bewustzijn.

TEKST 35 क्षेत्रक्षेत्रज्ञयोरेवमन्तरं ज्ञानचक्षुषा ।
भूतप्रकृतिमोक्षं च ये विदुर्यान्ति ते परम् ॥ ३५ ॥

kṣetra-kṣetrajñayor evam, antaraṁ jñāna-cakṣuṣā
bhūta-prakṛti-mokṣaṁ ca, ye vidur yānti te param

kṣetra — van het lichaam; *kṣetra-jñayoḥ* — van de bezitter van het lichaam; *evam* — zo; *antaram* — het verschil; *jñāna-cakṣuṣā* — met de blik van kennis; *bhūta* — van het levend wezen; *prakṛti* — van de materiële natuur; *mokṣam* — de bevrijding; *ca* — ook; *ye* — zij die; *viduḥ* — weten; *yānti* — benaderen; *te* — zij; *param* — het Allerhoogste.

Zij die met ogen van kennis het verschil zien tussen het lichaam en de kenner van het lichaam, en die ook het proces van bevrijding uit de gebondenheid in de materiële natuur kunnen begrijpen, bereiken de allerhoogste bestemming.

COMMENTAAR: De betekenis van dit dertiende hoofdstuk is dat men het verschil tussen het lichaam, de eigenaar van het lichaam en de Superziel moet kennen. Men moet het proces van bevrijding begrijpen, zoals in vers acht tot en met twaalf beschreven wordt. Dan kan men verder gaan naar de allerhoogste bestemming.

Een gelovig persoon moet in het begin goed gezelschap hebben om over God te horen om zo geleidelijk aan verlicht te worden. Wie een spiritueel leraar aanvaardt, kan een onderscheid leren maken tussen materie en het spirituele, en dat wordt het hulpmiddel voor verdere spirituele bewustwording. Een spiritueel leraar onderwijst zijn leerlingen door verschillende instructies hoe ze bevrijd kunnen raken van de materialistische levensopvatting. In de *Bhagavad-gītā* geeft Kṛṣṇa bijvoorbeeld instructies aan Arjuna om hem te bevrijden van zijn materialistische overwegingen.

Zonder veel moeite kan men begrijpen dat dit lichaam uit materie bestaat; het kan worden geanalyseerd in vierentwintig elementen. Het lichaam is de grofstoffelijke manifestatie en de fijnstoffelijke manifestatie bestaat uit de geest en psychologische verschijnselen; de levenskenmerken zijn de interacties tussen deze factoren. Maar boven alles staat de ziel en ook de Superziel. De ziel en de Superziel zijn twee verschillende entiteiten. De materiële wereld werkt door het samengaan van de ziel en de vierentwintig materiële elementen. Wie de structuur van de hele materiële manifestatie ziet als deze combinatie van de ziel en de materiële elementen en ook de positie van de Allerhoogste Ziel kan zien, komt ervoor in aanmerking om naar de spirituele wereld te worden overgebracht. Deze dingen zijn ervoor bedoeld om goed over na te denken en om ze zich te realiseren, en met behulp van een spiritueel leraar moet men dit hoofdstuk grondig leren begrijpen.

Zo eindigen de commentaren van Śrī Śrīmad A.C. Bhaktivedanta Swami Prabhupāda bij het dertiende hoofdstuk van de Śrīmad Bhagavad-gītā, *getiteld 'Natuur, genieter en bewustzijn'.*

14

DE DRIE HOEDANIGHEDEN

van de MATERIËLE NATUUR

TEKST 1

श्रीभगवानुवाच ।
परं भूयः प्रवक्ष्यामि ज्ञानानां ज्ञानमुत्तमम् ।
यज्ज्ञात्वा मुनयः सर्वे परां सिद्धिमितो गताः ॥ १ ॥

śrī-bhagavān uvāca
paraṁ bhūyaḥ pravakṣyāmi, jñānānāṁ jñānam uttamam
yaj jñātvā munayaḥ sarve, parāṁ siddhim ito gatāḥ

śrī-bhagavān uvāca — de Allerhoogste Persoonlijkheid Gods zei; *param* — transcendentale; *bhūyaḥ* — opnieuw; *pravakṣyāmi* — Ik zal spreken; *jñānānām* — van alle kennis; *jñānam* — kennis; *uttamam* — de allerhoogste; *yat* — welke; *jñātvā* — kennend; *munayaḥ* — de wijzen; *sarve* — alle; *parām* — transcendentale; *siddhim* — volmaaktheid; *itaḥ* — van deze wereld; *gatāḥ* — bereikt.

De Allerhoogste Persoonlijkheid Gods zei: Opnieuw zal Ik voor jou deze allerhoogste wijsheid uiteenzetten, de beste van alle kennis, waardoor alle wijzen die haar bevatten, de allerhoogste volmaaktheid hebben bereikt.

COMMENTAAR: Vanaf het zevende hoofdstuk tot het einde van hoofdstuk twaalf onthult Śrī Kṛṣṇa in detail de Absolute Waarheid, de Allerhoogste Persoonlijkheid

Gods. Nu zal de Heer Arjuna verder verlichten. Wie dit hoofdstuk door het proces van filosofische speculatie leert begrijpen, zal een begrip van devotionele dienst ontwikkelen. In het dertiende hoofdstuk werd duidelijk uitgelegd dat men door nederig kennis te ontwikkelen uit de materiële verstrikking bevrijd kan raken. Ook is uitgelegd dat het levend wezen verstrikt is geraakt in de materiële wereld door zijn contact met de hoedanigheden van de materiële natuur. In dit hoofdstuk legt de Allerhoogste Persoonlijkheid uit wat die hoedanigheden van de materiële natuur zijn, hoe ze werken, hoe ze ons binden en hoe ze bevrijding geven.

De Allerhoogste Heer verklaart dat de kennis die in dit hoofdstuk wordt uitgelegd superieur is aan de kennis die tot dusver in andere hoofdstukken gegeven is. Talrijke grote wijzen hebben de perfectie bereikt door deze kennis te begrijpen en werden naar de spirituele wereld overgebracht. De Heer zal nu dezelfde kennis op een betere manier uitleggen. Deze kennis is verreweg superieur aan alle andere kennissystemen die tot dusver beschreven zijn en door deze kennis hebben velen de perfectie bereikt. Daarom valt te verwachten dat iemand die dit veertiende hoofdstuk begrijpt, de perfectie zal bereiken.

TEKST 2 इदं ज्ञानमुपाश्रित्य मम साधर्म्यमागताः ।
सर्गेऽपि नोपजायन्ते प्रलये न व्यथन्ति च ॥ २ ॥

idaṁ jñānam upāśritya, mama sādharmyam āgatāḥ
sarge 'pi nopajāyante, pralaye na vyathanti ca

idam — deze; *jñānam* — kennis; *upāśritya* — toevlucht nemend tot; *mama* — Mijn; *sādharmyam* — zelfde natuur; *āgatāḥ* — bereikt; *sarge api* — zelfs tijdens de schepping; *na* — nooit; *upajāyante* — worden geboren; *pralaye* — tijdens de vernietiging; *na* — evenmin; *vyathanti* — zijn in beroering gebracht; *ca* — en.

Door gegrond te raken in deze kennis, kan men dezelfde transcendentale zijnstoestand bereiken als die van Mij. Wie daarin gevestigd raakt, wordt niet geboren op het moment van de schepping en raakt niet verstoord wanneer alles wordt vernietigd.

COMMENTAAR: Wie zich perfecte transcendentale kennis heeft eigen gemaakt, verwerft kwalitatieve gelijkheid met de Allerhoogste Persoonlijkheid Gods, waardoor hij vrijkomt uit de herhaling van geboorte en dood. Maar hij verliest niet zijn identiteit als individuele ziel. Uit de Vedische literatuur blijkt duidelijk dat de bevrijde zielen die de transcendentale planeten in de spirituele hemel hebben bereikt, altijd naar de lotusvoeten van de Allerhoogste Heer kijken, omdat ze bezig zijn met transcendentale, liefdevolle dienst aan Hem. Dus zelfs ná hun bevrijding verliezen de toegewijden hun individuele identiteiten niet.

Over het algemeen is het in de materiële wereld zo dat alle kennis die we krijgen, aangetast is door de drie hoedanigheden van de materiële natuur. Kennis die niet door de drie hoedanigheden van de natuur is aangetast, wordt transcendentale kennis genoemd. Zodra iemand gegrond is in die kennis, bevindt hij zich op hetzelfde niveau als de Allerhoogste Persoon. Zij die geen kennis hebben van de spirituele hemel, beweren dat de spirituele identiteit, na bevrijding van de materiële activiteiten van de materiële gedaante, vormloos wordt en geen verscheidenheid meer kent. Maar net zoals er in de materiële wereld verscheidenheid bestaat, bestaat er in de spirituele wereld ook verscheidenheid. Zij die dit niet weten, denken dat het spirituele bestaan tegengesteld is aan materiële variëteit. Maar in werkelijkheid krijgt men in de spirituele hemel een spirituele gedaante. In die spirituele hemel vinden spirituele activiteiten plaats en die activiteiten maken samen het devotionele leven uit. Van die sfeer wordt gezegd dat ze onaangetast is en dat men er kwalitatief gelijk is aan de Allerhoogste Heer. Om deze kennis te krijgen, moet men alle spirituele kwaliteiten ontwikkelen. Wie deze kwaliteiten ontwikkelt, is niet verstoord door de schepping en evenmin door de vernietiging van de materiële wereld.

TEKST 3 मम योनिर्महद्ब्रह्म तस्मिन्गर्भं दधाम्यहम् ।
सम्भवः सर्वभूतानां ततो भवति भारत ॥ ३ ॥

mama yonir mahad brahma, tasmin garbhaṁ dadhāmy aham
sambhavaḥ sarva-bhūtānāṁ, tato bhavati bhārata

mama — Mijn; *yoniḥ* — oorsprong van de geboorte; *mahat* — de totale materiële substantie; *brahma* — het allerhoogste; *tasmin* — daarin; *garbham* — bevruchting; *dadhāmi* — schep; *aham* — Ik; *sambhavaḥ* — de mogelijkheid; *sarva-bhūtānām* — van alle levende wezens; *tataḥ* — daarna; *bhavati* — wordt; *bhārata* — o afstammeling van Bharata.

De totale materiële substantie, die Brahman genoemd wordt, is de oorsprong van alle geboorte, o afstammeling van Bharata, en het is dat Brahman dat Ik bevrucht en dat de geboorten van alle levende wezens mogelijk maakt.

COMMENTAAR: Dit is een beschrijving van de wereld: alles wat plaatsvindt is het gevolg van het samengaan van *kṣetra* en *kṣetra-jña*, het lichaam en de ziel. Dit samengaan van de materiële natuur en het levend wezen wordt mogelijk gemaakt door de Allerhoogste God Zelf. Het *mahat-tattva* is de totale oorzaak van de totale kosmische manifestatie en die totale materiële oorzaak of substantie, waarin de drie hoedanigheden van de materiële natuur zich bevinden, wordt soms Brahman genoemd. De Allerhoogste Persoonlijkheid bevrucht die totale substantie en op die manier kunnen er ontelbare universa ontstaan. Deze totale materiële substantie, het *mahat-tattva*, wordt in de Vedische literatuur beschreven als Brahman: *tasmād etad brahma nāma rūpam annaṁ ca jāyate* (*Muṇḍaka Upaniṣad* 1.1.19). De Allerhoogste Persoon bevrucht dat Brahman met de levende wezens, die als zaden zijn. De vierentwintig elementen, beginnend met aarde, water, vuur en lucht, zijn allemaal materiële energie en vormen samen wat het *mahad brahma* wordt genoemd, het grote Brahman of de materiële natuur.

In het zevende hoofdstuk werd uitgelegd dat er een andere, hogere natuur bestaat, namelijk het levend wezen. Door de wil van de Allerhoogste Persoonlijkheid Gods is de hogere natuur vermengd met de materiële natuur en komen alle levende wezens vervolgens uit deze materiële natuur voort.

De schorpioen legt haar eieren in een hoop rijst en soms wordt gezegd dat de schorpioen uit rijst wordt geboren. Maar de rijst is niet de oorzaak van de schorpioen; in werkelijkheid werden de eieren door de moederschorpioen gelegd. Zo is ook de materiële natuur niet de oorzaak van de geboorte van de levende wezens. Het zaad komt van de Allerhoogste Persoonlijkheid Gods en het lijkt alleen maar zo dat de levende wezens uit de materiële natuur voortkomen. Op die manier heeft ieder levend wezen, overeenkomstig zijn vroegere activiteiten, een ander lichaam, dat door de materiële natuur geschapen is, zodat het kan genieten of lijden overeenkomstig die vroegere activiteiten. De Heer is de oorzaak van alle verschijningsvormen van de levende wezens in de materiële wereld.

TEKST 4 सर्वयोनिषु कौन्तेय मूर्तयः सम्भवन्ति याः ।
तासां ब्रह्म महद्योनिरहं बीजप्रदः पिता ॥ ४ ॥

sarva-yoniṣu kaunteya, mūrtayaḥ sambhavanti yāḥ
tāsāṁ brahma mahad yonir, ahaṁ bīja-pradaḥ pitā

sarva-yoniṣu — in alle levenssoorten; *kaunteya* — o zoon van Kuntī; *mūrtayaḥ* — gedaanten; *sambhavanti* — zij verschijnen; *yāḥ* — welke; *tāsām* — van allemaal; *brahma* — het allerhoogste; *mahat yoniḥ* — bron van geboorte in de materiële substantie; *aham* — Ik; *bīja-pradaḥ* — de zaadgevende; *pitā* — vader.

Weet, o zoon van Kuntī, dat alle levensvormen kunnen bestaan door hun geboorte in de materiële natuur en dat Ik de vader ben die het zaad geeft.

COMMENTAAR: In dit vers wordt duidelijk uitgelegd dat de Allerhoogste Persoonlijkheid Gods, Kṛṣṇa, de oorspronkelijke vader van alle levende wezens is. De levende wezens zijn combinaties van de materiële natuur en de spirituele natuur. Zulke levende wezens treft men niet alleen aan op deze planeet, maar op iedere planeet, zelfs op de hoogste, waar Brahmā verblijft. Levende wezens zijn overal aanwezig; in de aarde bestaan levende wezens en zelfs in het water en in het vuur. Al deze verschijningen komen voort uit de moeder (de materiële natuur) en uit Kṛṣṇa, die het zaad geeft. Dit betekent dat de materiële wereld bevrucht wordt met levende wezens, die tijdens de schepping in verschillende gedaanten tevoorschijn komen overeenkomstig hun vroegere activiteiten.

TEKST 5 सत्त्वं रजस्तम इति गुणाः प्रकृतिसम्भवाः ।
निबध्नन्ति महाबाहो देहे देहिनमव्ययम् ॥ ५ ॥

sattvaṁ rajas tama iti, guṇāḥ prakṛti-sambhavāḥ
nibadhnanti mahā-bāho, dehe dehinam avyayam

sattvam — de hoedanigheid goedheid; *rajaḥ* — de hoedanigheid hartstocht; *tamaḥ* — de hoedanigheid onwetendheid; *iti* — zo; *guṇāḥ* — de hoedanigheden; *prakṛti* — de materiële natuur; *sambhavāḥ* — voortgebracht uit; *nibadhnanti* — binden; *mahā-bāho* — o sterkgearmde; *dehe* — in dit lichaam; *dehinam* — het levend wezen; *avyayam* — eeuwige.

De materiële natuur bestaat uit drie hoedanigheden: goedheid, hartstocht en onwetendheid. Wanneer het eeuwig levend wezen in aanraking komt met de materiële natuur, o sterkgearmde Arjuna, raakt het door deze hoedanigheden geconditioneerd.

COMMENTAAR: Omdat het levend wezen transcendentaal is, heeft het niets met deze materiële natuur te maken. Toch is het in de ban van de drie hoedanigheden van de materiële natuur en is het onder hun invloed actief, omdat het door de materiële wereld geconditioneerd is geraakt. Onder invloed van de drie hoedanigheden verwerven de levende wezens verschillende lichamen en worden ze gedwongen overeenkomstig te handelen. Dit is de oorzaak van de verschillende vormen van geluk en verdriet.

TEKST 6 तत्र सत्त्वं निर्मलत्वात्प्रकाशकमनामयम् ।
सुखसङ्गेन बध्नाति ज्ञानसङ्गेन चानघ ॥ ६ ॥

tatra sattvaṁ nirmalatvāt, prakāśakam anāmayam
sukha-saṅgena badhnāti, jñāna-saṅgena cānagha

tatra — daar; *sattvam* — de hoedanigheid goedheid; *nirmalatvāt* — het zuiverst in de materiële wereld zijnd; *prakāśakam* — verlichtend; *anāmayam* — zonder karmische reacties op zonden; *sukha* — aan geluk; *saṅgena* — door contact met; *badhnāti* — bindt; *jñāna* — aan kennis; *saṅgena* — door contact met; *ca* — ook; *anagha* — o zondeloze.

O zondeloze, de hoedanigheid goedheid, die zuiverder is dan de andere twee, is verlichtend en bevrijdt iemand van de karmische reacties op zijn zonden. Zij die zich in deze hoedanigheid bevinden, raken geconditioneerd door een gevoel van geluk en kennis.

COMMENTAAR: De levende wezens die door de materiële natuur geconditioneerd zijn, kunnen in verschillende typen worden onderverdeeld. De een is gelukkig, een ander is zeer actief en weer een ander is hulpeloos. Al deze typen van psychologische kenmerken zijn oorzaken van de geconditioneerde toestand van de levende wezens in de materiële natuur. Hoe ze verschillend geconditioneerd zijn, wordt in dit deel van de *Bhagavad-gītā* uitgelegd. De hoedanigheid goedheid wordt het eerst behandeld.

Het effect van het ontwikkelen van de hoedanigheid goedheid in de materiële wereld is dat iemand wijzer wordt dan personen die anders geconditioneerd zijn. Iemand in de hoedanigheid goedheid wordt niet zo erg beïnvloed door materiële ellende en hij ervaart vooruitgang in materiële kennis. Het typische voorbeeld van iemand in de hoedanigheid goedheid is de *brāhmaṇa*.

Het geluksgevoel waarover dit vers spreekt, komt voort uit het begrip dat iemand die in de hoedanigheid goedheid is, min of meer bevrijd is van de karmische reacties op zijn zonden. De Vedische literatuur zegt in feite dat de hoedanigheid goedheid duidt op meer kennis en een groter gevoel van geluk. Maar het probleem is dat wanneer een levend wezen in de hoedanigheid goedheid is, het geconditioneerd raakt door het gevoel geleerder en beter te zijn dan anderen. Op die manier raakt het geconditioneerd.

De beste voorbeelden hiervan zijn de filosoof en de wetenschapper. Beiden zijn heel trots op hun kennis en omdat ze over het algemeen hun levensstandaard verbeteren, ervaren ze een soort materieel geluk. Dit gevoel van toegenomen geluk in het geconditioneerde leven zorgt ervoor dat ze gebonden raken door de hoedanigheid goedheid van de materiële natuur. Zo voelen ze zich aangetrokken tot activiteiten in de hoedanigheid goedheid en zolang ze deze aantrekking hebben, moeten ze een bepaald type lichaam aanvaarden in de hoedanigheden van de materiële natuur. Op die manier maken ze geen kans op bevrijding of op een overgang naar de spirituele wereld. Iemand kan herhaaldelijk een filosoof, een wetenschapper of een dichter worden en herhaaldelijk verstrikt raken in dezelfde ongunstige situaties van geboorte en dood. Maar onder invloed van de illusie van de materiële energie denkt iemand dat zo'n manier van leven prettig is.

TEKST 7 रजो रागात्मकं विद्धि तृष्णासङ्गसमुद्भवम् ।
तन्निबध्नाति कौन्तेय कर्मसङ्गेन देहिनम् ॥ ७ ॥

rajo rāgātmakaṁ viddhi, tṛṣṇā-saṅga-samudbhavam
tan nibadhnāti kaunteya, karma-saṅgena dehinam

rajaḥ — de hoedanigheid hartstocht; *rāga-ātmakam* — voortkomend uit verlangen en lust; *viddhi* — weet; *tṛṣṇā* — met hunkering; *saṅga* — contact; *samudbhavam* — voortkomend uit; *tat* — deze; *nibadhnāti* — bindt; *kaunteya* — o zoon van Kuntī; *karma-saṅgena* — door contact met resultaatgerichte activiteiten; *dehinam* — de belichaamde.

De hoedanigheid hartstocht komt voort uit ontelbare verlangens en begeerten, o zoon van Kuntī, en zo raakt het belichaamde levend wezen gebonden door materiële, resultaatgerichte activiteiten.

COMMENTAAR: De hoedanigheid hartstocht wordt gekenmerkt door de aantrekking tussen man en vrouw. De vrouw is aangetrokken tot de man en de man is aangetrokken tot de vrouw. Dat wordt de hoedanigheid hartstocht genoemd.

En wanneer de hoedanigheid hartstocht toeneemt, ontwikkelt men het verlangen naar materieel genot; men zoekt naar zinsbevrediging. Iemand in de hoedanigheid hartstocht wil als zinsbevrediging aanzien in de samenleving, een gelukkig gezin met goede kinderen, een mooie vrouw en een eigen huis. Dat zijn de producten van de hoedanigheid hartstocht. Zolang iemand naar deze dingen blijft verlangen, moet hij heel hard werken. Hier wordt daarom duidelijk gezegd dat hij gehecht raakt aan de vruchten van zijn activiteiten en dat hij als gevolg daarvan gebonden raakt.

Om zijn vrouw, kinderen en samenleving tevreden te stellen en om zijn prestige op te houden, moet zo iemand werken. De hele materiële wereld is daarom min of meer in de hoedanigheid hartstocht. Onze moderne samenleving wordt als hoogontwikkeld gezien, omdat de hoedanigheid hartstocht de standaard voor vooruitgang is; vroeger was de hoedanigheid goedheid de standaard. Maar als er voor degenen in goedheid geen bevrijding is, wat zijn dan de kansen voor degenen die verstrikt zijn in de hoedanigheid hartstocht?

TEKST 8 तमस्त्वज्ञानजं विद्धि मोहनं सर्वदेहिनाम् ।
प्रमादालस्यनिद्राभिस्तन्निबध्नाति भारत ॥ ८ ॥

tamas tv ajñāna-jaṁ viddhi, mohanaṁ sarva-dehinām
pramādālasya-nidrābhis, tan nibadhnāti bhārata

tamaḥ — de hoedanigheid onwetendheid; *tu* — maar; *ajñāna-jam* — voortkomend uit onwetendheid; *viddhi* — weet; *mohanam* — de waan; *sarva-dehinām* — van alle belichaamde wezens; *pramāda* — met waanzin; *ālasya* — luiheid; *nidrābhiḥ* — en slaap; *tat* — deze; *nibadhnāti* — bindt; *bhārata* — o afstammeling van Bharata.

O afstammeling van Bharata, weet dat de hoedanigheid duisternis, die voortkomt uit onwetendheid, de waan is waarin alle belichaamde levende wezens leven. De resultaten van deze hoedanigheid, die de geconditioneerde ziel gebonden houden, zijn waanzin, luiheid en slaap.

COMMENTAAR: In dit vers is het specifieke gebruik van het woord *'tu'* heel belangrijk. Het geeft aan dat de hoedanigheid onwetendheid een zeer typisch kenmerk van de belichaamde ziel is. De hoedanigheid onwetendheid is precies het tegenovergestelde van de hoedanigheid goedheid. Door de hoedanigheid goedheid, door het ontwikkelen van kennis, kan men begrijpen hoe alles in elkaar zit, maar de hoedanigheid onwetendheid is precies het tegenovergestelde. Iedereen die in de greep van de hoedanigheid onwetendheid is, wordt gek en een gek kan niet begrijpen hoe alles in elkaar zit. In plaats van vooruitgang te maken, gaat zo iemand achteruit.

De Vedische literatuur definieert de hoedanigheid onwetendheid als volgt: *vastu-yāthātmya-jñānāvarakaṁ viparyaya-jñāna-janakaṁ tamaḥ* — in de greep van onwetendheid kan men een ding niet begrijpen zoals het is. Iedereen kan bijvoorbeeld begrijpen dat omdat zijn grootvader gestorven is, hijzelf ook zal sterven; de mens is sterfelijk. De kinderen die hij verwekt, zullen ook sterven. De dood is dus iets dat vaststaat. Toch houden mensen zich als bezetenen bezig met het binnenhalen van geld en werken ze dag en nacht hard zonder ook maar iets om de eeuwige ziel te geven. Dit is waanzin. In hun waanzin zijn deze mensen erg onwillig om hun spiritueel bewustzijn te ontwikkelen. Zulke mensen zijn heel lui. Wanneer ze worden uitgenodigd om deel te nemen aan bijeenkomsten voor spirituele ontwikkeling, zijn ze niet erg geïnteresseerd. Ze zijn niet eens actief zoals iemand die door de hoedanigheid hartstocht beheerst wordt.

Een andere kenmerk van iemand die ingebed ligt in de hoedanigheid onwetendheid, is dat hij meer slaapt dan nodig is. Zes uur slaap is voldoende, maar iemand in de hoedanigheid onwetendheid slaapt op zijn minst tien tot twaalf uur per dag. Zo iemand maakt altijd een neerslachtige indruk en is verslaafd aan bedwelmende middelen en slaap. Dit zijn de kenmerken van iemand die geconditioneerd is door de hoedanigheid onwetendheid.

TEKST 9 सत्त्वं सुखे सञ्जयति रजः कर्मणि भारत ।
ज्ञानमावृत्य तु तमः प्रमादे सञ्जयत्युत ॥ ९ ॥

sattvaṁ sukhe sañjayati, rajaḥ karmaṇi bhārata
jñānam āvṛtya tu tamaḥ, pramāde sañjayaty uta

sattvam — de hoedanigheid goedheid; *sukhe* — aan geluk; *sañjayati* — bindt; *rajaḥ* — de hoedanigheid hartstocht; *karmaṇi* — aan resultaatgerichte activiteiten; *bhārata* — o afstammeling van Bharata; *jñānam* — kennis; *āvṛtya* — versluierend; *tu* — maar; *tamaḥ* — de hoedanigheid onwetendheid; *pramāde* — aan waanzin; *sañjayati* — bindt; *uta* — zo wordt gezegd.

O afstammeling van Bharata, door de hoedanigheid goedheid raakt men geconditioneerd door geluk; door de hoedanigheid hartstocht raakt men geconditioneerd door resultaatgericht werk, en de hoedanigheid onwetendheid, die iemands kennis versluiert, bindt iemand aan waanzin.

COMMENTAAR: Iemand in de hoedanigheid goedheid vindt voldoening in zijn activiteiten of in zijn intellectuele bezigheden. Voorbeelden hiervan zijn filosofen, wetenschappers of leraren, die werkzaam zijn binnen een bepaald kennisgebied en daarmee tevreden kunnen zijn. Iemand in de hoedanigheid hartstocht zal zich, als er ook sprake is van vermenging met de hoedanigheid goedheid, bezighouden met resultaatgerichte activiteiten; hij zal zoveel mogelijk in zijn bezit proberen te krijgen en zal geld uitgeven aan goede doelen. Soms probeert hij ziekenhuizen te openen, schenkingen aan liefdadigheidsinstellingen te doen enz. Dat zijn kenmerken van iemand in de hoedanigheid hartstocht. En de hoedanigheid onwetendheid versluiert kennis. Wat men ook doet onder haar invloed, het zal niet goed zijn voor hemzelf en evenmin voor anderen.

TEKST 10 रजस्तमश्चाभिभूय सत्त्वं भवति भारत ।
रजः सत्त्वं तमश्चैव तमः सत्त्वं रजस्तथा ॥ १० ॥

rajas tamaś cābhibhūya, sattvaṁ bhavati bhārata
rajaḥ sattvaṁ tamaś caiva, tamaḥ sattvaṁ rajas tathā

rajaḥ — de hoedanigheid hartstocht; *tamaḥ* — de hoedanigheid onwetendheid; *ca* — en; *abhibhūya* — de overhand gekregen hebbend; *sattvam* — de hoedanigheid goedheid; *bhavati* — wordt prominent; *bhārata* — o afstammeling van Bharata; *rajaḥ* — de hoedanigheid hartstocht; *sattvam* — de hoedanigheid goedheid; *tamaḥ* — de hoedanigheid onwetendheid; *ca* — en; *eva* — op die manier; *tamaḥ* — de hoedanigheid onwetendheid; *sattvam* — de hoedanigheid goedheid; *rajaḥ* — de hoedanigheid hartstocht; *tathā* — zo.

Soms heeft de hoedanigheid goedheid de overhand en verdrijft ze de hoedanigheden hartstocht en onwetendheid, o afstammeling van Bharata. Soms verdrijft de hoedanigheid hartstocht goedheid en onwetendheid en dan weer verdrijft onwetendheid goedheid en hartstocht. Op die manier is er altijd strijd om de overmacht.

COMMENTAAR: Wanneer de hoedanigheid hartstocht de overhand heeft, zijn de hoedanigheden goedheid en onwetendheid verslagen. Wanneer de hoedanigheid goedheid de overhand heeft, zijn hartstocht en onwetendheid verslagen. En wanneer de hoedanigheid onwetendheid de overhand heeft, zijn hartstocht en goedheid verslagen. Deze competitie is voortdurend aan de gang. Wie werkelijk vooruitgang wil maken in Kṛṣṇa-bewustzijn, moet daarom aan deze hoedanigheden ontstijgen.

Aan iemands gedrag, activiteiten, eetgewoonten enz. kan men zien welke bepaalde hoedanigheid bij iemand de overhand heeft; in latere hoofdstukken zal dit allemaal worden uitgelegd. Maar wie wil, kan, door oefening, de hoedanigheid goedheid ontwikkelen en op die manier de hoedanigheden onwetendheid en hartstocht verslaan. Op dezelfde manier kan iemand ook de hoedanigheid hartstocht ontwikkelen en de hoedanigheden goedheid en onwetendheid verslaan. Of men kan de hoedanigheid onwetendheid ontwikkelen en de hoedanigheden goedheid en hartstocht verslaan. Ook al bestaan er drie hoedanigheden van de materiële natuur, wie vastberaden is, kan gezegend worden met de hoedanigheid goedheid. En door de hoedanigheid goedheid te overstijgen, kan men tot het niveau van zuivere goedheid komen, wat de *vasudeva*-toestand wordt genoemd, een toestand waarin men de wetenschap van God kan begrijpen. Aan de hand van de bepaalde activiteiten die een persoon verricht, kan men begrijpen in welke hoedanigheid van de natuur hij zich bevindt.

TEKST 11 सर्वद्वारेषु देहेऽस्मिन्प्रकाश उपजायते ।
ज्ञानं यदा तदा विद्याद्विवृद्धं सत्त्वमित्युत ॥ ११ ॥

sarva-dvāreṣu dehe 'smin, prakāśa upajāyate
jñānaṁ yadā tadā vidyād, vivṛddhaṁ sattvam ity uta

sarva-dvāreṣu — in alle poorten; *dehe asmin* — in dit lichaam; *prakāśaḥ* — de eigenschap van verlichting; *upajāyate* — ontwikkelt; *jñānam* — kennis; *yadā* — wanneer; *tadā* — dan; *vidyāt* — weet; *vivṛddham* — toegenomen; *sattvam* — de hoedanigheid goedheid; *iti uta* — zo wordt gezegd.

De aanwezigheid van de hoedanigheid goedheid kan worden ervaren wanneer alle poorten van het lichaam door kennis worden verlicht.

COMMENTAAR: Er zijn negen poorten in het lichaam: twee ogen, twee oren, twee neusgaten, de mond, de geslachtsdelen en de anus. Wanneer elke poort verlicht wordt door de kenmerken van goedheid, dan betekent dat dat die persoon de hoedanigheid goedheid ontwikkeld heeft. In de hoedanigheid goedheid ziet, hoort en voelt men de dingen op de juiste manier. Zo iemand wordt vanbinnen en vanbuiten gezuiverd. In elke poort ontwikkelen zich de kenmerken van geluk en dat duidt op goedheid.

TEKST 12 लोभः प्रवृत्तिरारम्भः कर्मणामशमः स्पृहा ।
रजस्येतानि जायन्ते विवृद्धे भरतर्षभ ॥ १२ ॥

lobhaḥ pravṛttir ārambhaḥ, karmaṇām aśamaḥ spṛhā
rajasy etāni jāyante, vivṛddhe bharatarṣabha

lobhaḥ — hebzucht; *pravṛttiḥ* — activiteit; *ārambhaḥ* — streven; *karma-ṇām* — in activiteiten; *aśamaḥ* — onbedwingbare; *spṛhā* — begeerte; *rajasi* — van de hoedanigheid hartstocht; *etāni* — al deze; *jāyante* — ontwikkelen; *vivṛddhe* — wanneer er een overmaat is; *bharata-ṛṣabha* — o beste van de afstammelingen van Bharata.

O beste onder de Bhārata's, wanneer de hoedanigheid hartstocht toeneemt, beginnen zich de kenmerken van grote gehechtheid, resultaatgerichte activiteit, zeer grote inspanning, onbedwingbare begeerte en vurig verlangen te ontwikkelen.

COMMENTAAR: Iemand in de hoedanigheid hartstocht is nooit tevreden met de positie die hij tot dusver verworven heeft; hij hunkert ernaar deze te verbeteren. Wanneer hij een woning voor zichzelf wil bouwen, dan doet hij zijn best om er een paleis van te maken, alsof hij er eeuwig in zal kunnen wonen. Daarnaast ontwikkelt hij een sterk verlangen naar zinsbevrediging. Er komt geen einde aan zulke verlangens. Hij wil altijd bij zijn gezin en in zijn huis blijven en doorgaan met het bevredigen van zijn zintuigen. Hieraan komt geen eind. Al deze kenmerken zijn karakteristiek voor de hoedanigheid hartstocht.

TEKST 13 अप्रकाशोऽप्रवृत्तिश्च प्रमादो मोह एव च ।
तमस्येतानि जायन्ते विवृद्धे कुरुनन्दन ॥ १३ ॥

aprakāśo 'pravṛttiś ca, pramādo moha eva ca
tamasy etāni jāyante, vivṛddhe kuru-nandana

aprakāśaḥ — duisternis; *apravṛttiḥ* — inactiviteit; *ca* — en; *pramādaḥ* — waanzin; *mohaḥ* — illusie; *eva* — zeker; *ca* — ook; *tamasi* — van de hoedanigheid onwetendheid; *etāni* — deze; *jāyante* — worden gemanifesteerd; *vivṛddhe* — wanneer ontwikkeld; *kuru-nandana* — o zoon van Kuru.

Wanneer de hoedanigheid onwetendheid toeneemt, o zoon van Kuru, worden duisternis, passiviteit, waanzin en illusie zichtbaar.

COMMENTAAR: Waar verlichting afwezig is, is geen kennis. Iemand in de hoedanigheid onwetendheid is niet actief volgens een regulerend principe; hij wil alleen doen wat hij zelf wil, zonder bepaald doel. Ook al heeft hij het vermogen iets te doen, toch doet hij geen moeite. Dat wordt illusie genoemd. Hoewel bewustzijn aanwezig is, leidt hij een passief leven. Dat zijn de kenmerken van iemand in de hoedanigheid onwetendheid.

TEKST 14 यदा सत्त्वे प्रवृद्धे तु प्रलयं याति देहभृत् ।
तदोत्तमविदां लोकानमलान्प्रतिपद्यते ॥ १४ ॥

yadā sattve pravṛddhe tu, pralayaṁ yāti deha-bhṛt
tadottama-vidāṁ lokān, amalān pratipadyate

yadā — wanneer; *sattve* — de hoedanigheid goedheid; *pravṛddhe* — ontwikkeld; *tu* — maar; *pralayam* — ontbinding; *yāti* — gaat; *deha-bhṛt* — de belichaamde; *tadā* — dan; *uttama-vidām* — van de grote wijzen; *lokān* — de planeten; *amalān* — zuivere; *pratipadyate* — bereikt.

Wie sterft in de hoedanigheid goedheid, bereikt de zuivere, hogere planeten van de grote wijzen.

COMMENTAAR: Iemand in de hoedanigheid goedheid bereikt de hogere planetenstelsels zoals Brahmaloka of Janoloka en ervaart daar goddelijk geluk. Het woord *'amalān'*, dat 'vrij van de hoedanigheden hartstocht en onwetendheid' betekent, is belangrijk. Er zijn veel onzuiverheden in de materiële wereld, maar daarbinnen is de hoedanigheid goedheid de zuiverste bestaansvorm. Er bestaan verschillende soorten planeten voor verschillende soorten levende wezens. Zij die in de hoedanigheid goedheid sterven, worden verheven naar de planeten waar grote wijzen en grote toegewijden leven.

TEKST 15

रजसि प्रलयं गत्वा कर्मसङ्गिषु जायते ।
तथा प्रलीनस्तमसि मूढयोनिषु जायते ॥ १५ ॥

rajasi pralayaṁ gatvā, karma-saṅgiṣu jāyate
tathā pralīnas tamasi, mūḍha-yoniṣu jāyate

rajasi — in hartstocht; *pralayam* — ontbinding; *gatvā* — bereikt hebbend; *karma-saṅgiṣu* — in de omgang met hen die resultaatgerichte activiteiten verrichten; *jāyate* — wordt geboren; *tathā* — op dezelfde manier; *pralīnaḥ* — ontbonden; *tamasi* — in onwetendheid; *mūḍha-yoniṣu* — in diersoorten; *jāyate* — wordt geboren.

Wie sterft in de hoedanigheid hartstocht, wordt geboren onder degenen die zich bezighouden met resultaatgerichte activiteiten. En wie sterft in de hoedanigheid onwetendheid, wordt in het dierenrijk geboren.

COMMENTAAR: Sommige mensen hebben het idee dat als de ziel het niveau van het menselijk leven bereikt, ze nooit weer kan afdalen. Dat is onjuist. Volgens dit vers zal iemand die de hoedanigheid onwetendheid heeft ontwikkeld, na zijn dood gedegradeerd worden naar een dierlijke levensvorm. Vanuit die positie moet men zich door een evolutionair proces opnieuw verheffen om weer tot een menselijke levensvorm te komen. Zij die het menselijk leven werkelijk serieus nemen, moeten zich daarom toeleggen op het ontwikkelen van de hoedanigheid goedheid en in goed gezelschap de hoedanigheden overstijgen en Kṛṣṇa-bewust worden. Dit is het doel van het menselijk leven. Anders is het niet zeker of het menselijk wezen opnieuw de menselijke status zal krijgen.

TEKST 16

कर्मणः सुकृतस्याहुः सात्त्विकं निर्मलं फलम् ।
रजसस्तु फलं दुःखमज्ञानं तमसः फलम् ॥ १६ ॥

karmaṇaḥ sukṛtasyāhuḥ, sāttvikaṁ nirmalaṁ phalam
rajasas tu phalaṁ duḥkham, ajñānaṁ tamasaḥ phalam

karmaṇaḥ — van activiteiten; *su-kṛtasya* — vroom; *āhuḥ* — wordt gezegd; *sāttvikam* — in de hoedanigheid goedheid; *nirmalam* — gezuiverd; *phalam* — het resultaat; *rajasaḥ* — van de hoedanigheid hartstocht; *tu* — maar; *phalam* — het resultaat; *duḥkham* — ellende; *ajñānam* — dwaasheid; *tamasaḥ* — van de hoedanigheid onwetendheid; *phalam* — het resultaat.

Het resultaat van vrome activiteiten is zuiver en is in de hoedanigheid goedheid. Maar activiteiten die in de hoedanigheid hartstocht worden gedaan, leiden tot ellende en activiteiten in de hoedanigheid onwetendheid leiden tot dwaasheid.

COMMENTAAR: Het resultaat van vrome activiteiten in de hoedanigheid goedheid is zuiver. De wijzen, die vrij zijn van alle illusie, zijn daarom vol geluk. Maar activiteiten in de hoedanigheid hartstocht zijn alleen maar ellendig. Iedere activiteit voor materieel geluk is gedoemd te mislukken. Wanneer iemand bijvoorbeeld een wolkenkrabber wil hebben, dan zal daarvoor zoveel menselijke ellende doorstaan moeten worden voordat hij gebouwd kan worden. De financier moet veel moeite doen om een groot vermogen bij elkaar te brengen en zij die zwoegen om het gebouw neer te zetten moeten een grote fysieke inspanning leveren. Er komt altijd ellende bij kijken. De *Bhagavad-gītā* zegt daarom dat iedere activiteit die onder invloed van de hoedanigheid hartstocht plaatsvindt, beslist met veel ellende gepaard gaat. Misschien dat het een beetje zogenaamd mentaal geluk oplevert — 'Ik heb dit huis', 'Al dit geld is van mij' — maar dit is geen werkelijk geluk.

Van iemand in de hoedanigheid onwetendheid kan worden gezegd dat hij geen kennis heeft; daarom leiden al zijn activiteiten tot ellende, die hij in dit leven al ondergaat en waarna hij naar een dierlijke levensvorm gaat. Het dierlijk leven is altijd ellendig, ook al kunnen de dieren dit onder invloed van de illusionerende energie, *māyā*, niet begrijpen.

Het slachten van arme dieren komt ook voort uit de hoedanigheid onwetendheid. Dierenslachters weten niet dat het dier in een toekomstig leven een geschikt lichaam zal hebben om hen te doden. Dat is de wet van de natuur. In de menselijke samenleving is het zo dat als iemand een ander vermoordt, hij ter dood gebracht moet worden. Dat is de wet van de staat. Door onwetendheid zien mensen niet dat er een universele staat is die door de Allerhoogste Heer wordt bestuurd.

Ieder levend wezen is een zoon van de Allerhoogste Heer en Hij staat niet toe dat er zelfs maar een mier wordt gedood. Dat zal men moeten vergelden. Het overmatig doden van dieren voor het bevredigen van de tong is de grofste vorm van onwetendheid. Voor een menselijk wezen is het onnodig dieren te doden, omdat God zoveel aangename dingen heeft gegeven. Wie toch toegeeft aan vleeseten, handelt uit onwetendheid en gaat een zeer duistere toekomst tegemoet.

Van al het doden van dieren is het doden van koeien het wreedst, omdat de koe zo goed is ons melk te geven. Het slachten van koeien is een daad van de allerdiepste onwetendheid. In de Vedische literatuur wordt met de woorden *'gobhiḥ śrīṇīta matsaram'* (*Ṛg-veda* 9.46.4) aangegeven dat iemand die ernaar verlangt een koe te doden nadat hij zich te goed heeft gedaan aan haar melk, in de allerdiepste onwetendheid verkeert. In de Vedische literatuur is er ook een gebed dat zegt:

namo brahmaṇya-devāya, go-brāhmaṇa-hitāya ca
jagad-dhitāya kṛṣṇāya, govindāya namo namaḥ

'Mijn Heer, U hebt het beste voor met de koeien en de *brāhmaṇa's* alsook met de gehele menselijke samenleving en de wereld.' (*Viṣṇu Purāṇa* 1.19.65) Dit gebed geeft speciaal aandacht aan het beschermen van de koeien en de *brāhmaṇa's*. De *brāhmaṇa's* zijn het symbool van spiritueel onderwijs en koeien zijn het symbool van het waardevolste voedsel; deze twee levende wezens, de *brāhmaṇa's* en de koeien, moeten dus alle bescherming krijgen — dat is werkelijke vooruitgang van de samenleving.

In de moderne menselijke samenleving wordt spirituele kennis verwaarloosd en wordt het doden van koeien aangemoedigd. Hieruit kan worden opgemaakt dat de menselijke samenleving de verkeerde kant opgaat en dat ze zichzelf naar de ondergang voert. Een beschaving die haar burgers op zo'n manier leiding geeft dat ze in hun volgende levens dieren worden, is beslist geen menselijke beschaving. De huidige menselijke samenleving wordt dus in hoge mate misleid door de hoedanigheden hartstocht en onwetendheid. Het is een zeer gevaarlijk tijdperk en alle naties moeten ervoor zorgen dat ze voorzien in de gemakkelijkste methode — Kṛṣṇa-bewustzijn — om de mensheid van het grootste gevaar te redden.

TEKST 17 सत्त्वात्सञ्जायते ज्ञानं रजसो लोभ एव च ।
प्रमादमोहौ तमसो भवतोऽज्ञानमेव च ॥ १७ ॥

sattvāt sañjāyate jñānaṁ, rajaso lobha eva ca
pramāda-mohau tamaso, bhavato 'jñānam eva ca

sattvāt — van de hoedanigheid goedheid; *sañjāyate* — ontwikkelt; *jñānam* — kennis; *rajasaḥ* — van de hoedanigheid hartstocht; *lobhaḥ* — hebzucht; *eva* — zeker; *ca* — en; *pramāda* — waanzin; *mohau* — en illusie; *tamasaḥ* — van de hoedanigheid onwetendheid; *bhavataḥ* — ontwikkelen; *ajñānam* — dwaasheid; *eva* — zeker; *ca* — en.

Uit de hoedanigheid goedheid komt werkelijke kennis voort; uit de hoedanigheid hartstocht komt hebzucht voort, en uit de hoedanigheid onwetendheid komen dwaasheid, waanzin en illusie voort.

COMMENTAAR: Omdat de huidige beschaving niet bepaald ideaal is voor de levende wezens, wordt Kṛṣṇa-bewustzijn aangeraden. Door Kṛṣṇa-bewustzijn zal de samenleving de hoedanigheid goedheid ontwikkelen. Wanneer de hoedanigheid goedheid wordt ontwikkeld, zullen mensen de dingen kunnen zien zoals ze zijn. In de hoedanigheid onwetendheid zijn mensen net als dieren en kunnen ze de dingen niet helder zien. Ze zien bijvoorbeeld niet in dat ze door een dier te doden de kans lopen in het volgend leven door datzelfde dier gedood te worden. Omdat mensen niet onderwezen worden in werkelijke kennis, worden ze onverantwoordelijk.

Om deze onverantwoordelijkheid te stoppen moet er onderwijs zijn, zodat de mensen in het algemeen de hoedanigheid goedheid kunnen ontwikkelen. Wanneer ze werkelijk onderwijs in de hoedanigheid goedheid hebben gehad, zullen ze ernstig worden en volledige kennis hebben van de dingen zoals ze zijn. Mensen zullen dan gelukkig en voorspoedig zijn. Zelfs als de meerderheid van de mensen niet gelukkig en voorspoedig is, kan een bepaald percentage van de bevolking dat Kṛṣṇa-bewustzijn ontwikkelt en daardoor in de hoedanigheid goedheid komt, het mogelijk maken dat er over de hele wereld vrede en voorspoed heerst. Maar dat zal niet het geval zijn wanneer de wereld zich aan de hoedanigheden hartstocht en onwetendheid overgeeft.

Mensen in de hoedanigheid hartstocht worden hebzuchtig en hun verlangen naar zinsbevrediging kent geen grenzen. Men kan zien dat, zelfs al heeft iemand genoeg geld en voldoende voorzieningen voor zinsbevrediging, hij geen geluk en gemoedsrust heeft. Dat is onmogelijk omdat zo iemand wordt beïnvloed door de hoedanigheid hartstocht. Wie werkelijk gelukkig wil worden, zal niet veel aan zijn geld hebben; hij moet zich verheffen tot de hoedanigheid goedheid door Kṛṣṇa-bewustzijn te beoefenen. Wie bezig is in de hoedanigheid hartstocht, zal niet alleen mentaal gezien ongelukkig zijn, maar zijn beroep en zijn werk zullen hem ook tot last zijn. Hij moet veel plannen maken en van alles verzinnen om genoeg geld bijeen te krijgen om zijn maatschappelijk aanzien in stand te houden. Dit is allemaal ellendig.

In de hoedanigheid onwetendheid worden mensen gek. Omdat ze overspannen zijn door de omstandigheden zoeken ze hun toevlucht in drugs, waardoor ze verder in onwetendheid zinken. Hun toekomst in het leven ziet er heel donker uit.

TEKST 18 ऊर्ध्वं गच्छन्ति सत्त्वस्था मध्ये तिष्ठन्ति राजसाः ।
जघन्यगुणवृत्तिस्था अधो गच्छन्ति तामसाः ॥ १८ ॥

ūrdhvaṁ gacchanti sattva-sthā, madhye tiṣṭhanti rājasāḥ
jaghanya-guṇa-vṛtti-sthā, adho gacchanti tāmasāḥ

ūrdhvam — omhoog; *gacchanti* — gaan; *sattva-sthāḥ* — zij die zich in de hoedanigheid goedheid bevinden; *madhye* — in het midden; *tiṣṭhanti* — verblijven; *rājasāḥ* — zij die zich in hartstocht bevinden; *jaghanya* — van de afschuwelijke; *guṇa* — hoedanigheid; *vṛtti-sthāḥ* — wiens bezigheid; *adhaḥ* — omlaag; *gacchanti* — gaan; *tāmasāḥ* — personen in de hoedanigheid onwetendheid.

Zij die zich in de hoedanigheid goedheid bevinden gaan geleidelijk aan omhoog naar de hogere planeten; degenen in de hoedanigheid hartstocht leven op de aardse planeten, en personen in de weerzinwekkende hoedanigheid onwetendheid dalen af naar de helse werelden.

COMMENTAAR: In dit vers worden de resultaten van activiteiten in de drie hoedanigheden van de materiële natuur nog duidelijker uiteengezet. Er is een hoger planetenstelsel, dat uit de hemelse planeten bestaat en waar iedereen zeer verheven is. Naargelang de mate van ontwikkeling van de hoedanigheid goedheid kan het levend wezen naar verschillende planeten in dit systeem worden overgebracht. De hoogste planeet is Satyaloka of Brahmaloka, de plaats waar de eerste persoon in dit universum, heer Brahmā, verblijft. We hebben al gezien dat we ons nauwelijks de wonderlijke levensomstandigheden op Brahmaloka kunnen voorstellen, maar de hoogste levensomstandigheid, de hoedanigheid goedheid, kan ons daarnaar toe brengen.

De hoedanigheid hartstocht is gemengd. Ze bevindt zich in het midden, tussen de hoedanigheden goedheid en onwetendheid in. Het komt zelden voor dat een persoon zuiver in de hoedanigheid hartstocht is, maar zelfs al zou hij dat zijn, dan zou hij op deze aarde blijven als een koning of een rijk man. Maar omdat er mengelingen van de hoedanigheden zijn, kan men ook afdalen. Mensen op aarde, die in de hoedanigheden hartstocht en onwetendheid zijn, kunnen de toegang tot hogere planeten niet afdwingen door gebruik te maken van een machine. In de hoedanigheid hartstocht bestaat ook de kans dat men in zijn volgend leven waanzinnig wordt.

De laagste kwaliteit, de hoedanigheid onwetendheid, wordt hier beschreven als weerzinwekkend. Het ontwikkelen van onwetendheid is zeer, zeer riskant. Het is de laagste kwaliteit in de materiële natuur. Beneden het menselijk niveau zijn er acht miljoen levenssoorten — vogels, viervoeters, reptielen, bomen enz. — en naargelang de ontwikkeling van de hoedanigheid onwetendheid worden mensen naar deze lagere, weerzinwekkende toestanden gebracht. Het woord *'tāmasāḥ'* is hier zeer belangrijk en verwijst naar degenen die voortdurend in de hoedanigheid onwetendheid blijven, zonder naar een hogere hoedanigheid te komen. Hun toekomst ziet er heel donker uit.

Voor mensen in de hoedanigheden hartstocht en onwetendheid bestaat er een mogelijkheid om verheven te worden naar de hoedanigheid goedheid, namelijk het systeem dat Kṛṣṇa-bewustzijn wordt genoemd. Maar wie geen gebruik maakt van deze mogelijkheid, zal zeker in de lagere hoedanigheden blijven.

TEKST 19 नान्यं गुणेभ्यः कर्तारं यदा द्रष्टानुपश्यति ।
गुणेभ्यश्च परं वेत्ति मद्भावं सोऽधिगच्छति ॥ १९ ॥

nānyaṁ guṇebhyaḥ kartāraṁ, yadā draṣṭānupaśyati
guṇebhyaś ca paraṁ vetti, mad-bhāvaṁ so 'dhigacchati

na — geen; *anyam* — andere; *guṇebhyaḥ* — dan de hoedanigheden; *kartāram* — degene die verricht; *yadā* — wanneer; *draṣṭā* — iemand die ziet; *anupaśyati* — ziet juist; *guṇebhyaḥ* — aan de drie hoedanigheden van de materiële natuur; *ca* — en; *param* — ontstegen; *vetti* — weet; *mat-bhāvam* — tot Mijn spirituele zijnstoestand; *saḥ* — hij; *adhigacchati* — wordt bevorderd.

Wie goed beseft dat tijdens alle activiteiten niets anders dan deze drie hoedanigheden van de materiële natuur werkzaam zijn, en wie de Allerhoogste Heer kent, die aan al deze hoedanigheden ontstegen is, bereikt Mijn spirituele natuur.

COMMENTAAR: Men kan alle activiteiten van de hoedanigheden van de materiele natuur op een eenvoudige manier overstijgen, door ze op de juiste manier van de juiste personen te leren begrijpen. De werkelijke spiritueel leraar is Kṛṣṇa en Hij brengt deze spirituele kennis over op Arjuna. Op dezelfde manier moet men de wetenschap van activiteiten in termen van de hoedanigheden van de materiële natuur leren begrijpen van hen die volledig Kṛṣṇa-bewust zijn. Wie dat niet doet, zal zijn leven een verkeerde richting geven. Door de instructie van een bonafide spiritueel leraar kan een levend wezen zijn spirituele positie, zijn materiële lichaam en zijn zintuigen begrijpen en kan het ook begrijpen hoe het verstrikt is en zich in de greep van de hoedanigheden van de materiële natuur bevindt. Het is hulpeloos in de greep van die hoedanigheden. Maar wanneer het inziet wat zijn werkelijke positie is, kan het op het transcendentale niveau komen, omdat het de gelegenheid heeft een spiritueel leven te leiden. Het levend wezen is in werkelijkheid niet degene die verschillende activiteiten verricht. Het is gedwongen tot activiteit, omdat het zich in een bepaald type lichaam bevindt, dat door een bepaalde hoedanigheid van de materiële natuur wordt bestuurd.

Tenzij men de hulp van een spirituele autoriteit heeft, kan men niet begrijpen in welke positie men zich eigenlijk bevindt. In het gezelschap van een bonafide spiritueel leraar kan men inzien wat zijn werkelijke positie is en met dat inzicht kan men verankerd raken in Kṛṣṇa-bewustzijn. Een Kṛṣṇa-bewust persoon is niet meer in de greep van de hoedanigheden van de materiële natuur. In het zevende hoofdstuk werd al gezegd dat wie zich aan Kṛṣṇa heeft overgegeven, verlost wordt van de activiteiten van de materiële natuur. Voor wie in staat is de dingen te zien zoals ze zijn, zal de invloed van de materiële natuur geleidelijk aan afnemen.

TEKST 20 गुणानेतानतीत्य त्रीन्देही देहसमुद्भवान् ।
जन्ममृत्युजरादुःखैर्विमुक्तोऽमृतमश्नुते ॥ २० ॥

guṇān etān atītya trīn, dehī deha-samudbhavān
janma-mṛtyu-jarā-duḥkhair, vimukto 'mṛtam aśnute

guṇān — hoedanigheden; *etān* — al deze; *atītya* — transcenderend; *trīn* — drie; *dehī* — de belichaamde; *deha* — het lichaam; *samudbhavān* — voortkomend uit; *janma* — van geboorte; *mṛtyu* — dood; *jarā* — en ouderdom; *duḥkhaiḥ* — de ellende; *vimuktaḥ* — bevrijd van; *amṛtam* — nectar; *aśnute* — hij geniet.

Wanneer het belichaamde levend wezen in staat is te ontstijgen aan deze drie hoedanigheden die in verband staan met het materiële lichaam, dan kan het bevrijd raken van geboorte, dood, ouderdom en de ellende daarvan en kan het zelfs in dit leven al van nectar genieten.

COMMENTAAR: In dit vers wordt uitgelegd hoe men transcendentaal en volledig Kṛṣṇa-bewust kan blijven, zelfs al bevindt men zich in het lichaam. Het sanskrietwoord *'dehī'* betekent 'belichaamd'. Ook al bevindt men zich in een materieel lichaam, men kan door zijn vooruitgang in spirituele kennis vrijkomen van de invloed van de hoedanigheden van de materiële natuur. Zelfs in dit lichaam kan men het geluk van het spirituele leven al ervaren en na het verlaten van zijn lichaam gaat men zeker naar de spirituele hemel. Maar men kan zelfs in dit lichaam al reëel spiritueel geluk ervaren. Met andere woorden, devotionele dienst in Kṛṣṇabewustzijn is het teken van bevrijding van materiële gebondenheid. Dit zal in het achttiende hoofdstuk worden uitgelegd. Wie bevrijd is van de invloed van de hoedanigheden van de materiële natuur, kan met devotionele dienst beginnen.

TEKST 21 अर्जुन उवाच ।
कैर्लिङ्गैस्त्रीन्गुणानेतानतीतो भवति प्रभो ।
किमाचारः कथं चैतांस्त्रीन्गुणानतिवर्तते ॥ २१ ॥

arjuna uvāca
kair liṅgais trīn guṇān etān, atīto bhavati prabho
kim ācāraḥ kathaṁ caitāṁs, trīn guṇān ativartate

arjunaḥ uvāca — Arjuna zei; *kaiḥ* — door welke; *liṅgaiḥ* — symptomen; *trīn* — drie; *guṇān* — hoedanigheden; *etān* — al deze; *atītaḥ* — ontstegen zijnd; *bhavati* — is; *prabho* — o mijn Heer; *kim* — wat; *ācāraḥ* — gedrag; *katham* — hoe; *ca* — ook; *etān* — deze; *trīn* — drie; *guṇān* — hoedanigheden; *ativartate* — transcendeert.

Arjuna vroeg: O Heer, waaraan kan men iemand herkennen die aan deze drie hoedanigheden ontstegen is? Hoe gedraagt hij zich? En hoe ontstijgt hij aan de drie hoedanigheden van de materiële natuur?

COMMENTAAR: In dit vers stelt Arjuna zeer goede vragen. Hij wil weten wat de kenmerken zijn van een persoon die al ontstegen is aan de materiële hoedanigheden. Allereerst vraagt hij naar de kenmerken van zo'n transcendentaal persoon. Hoe kan iemand zien dat hij al aan de invloed van de hoedanigheden van de materiële natuur ontstegen is? Ten tweede vraagt hij hoe zo'n transcendentalist leeft en wat zijn activiteiten zijn. Zijn die gereguleerd of niet gereguleerd? En ten slotte vraagt Arjuna naar de methode waardoor hij de transcendentale natuur kan bereiken. Dat is heel belangrijk. Tenzij iemand de rechtstreekse methode kent waardoor hij altijd transcendentaal kan blijven, kan hij onmogelijk blijk geven van de kenmerken die daarbij horen. Al deze vragen die Arjuna stelt, zijn zeer belangrijk en de Heer zal ze beantwoorden.

TEKST 22 – 25 श्रीभगवानुवाच ।
प्रकाशं च प्रवृत्तिं च मोहमेव च पाण्डव ।
न द्वेष्टि सम्प्रवृत्तानि न निवृत्तानि काङ्क्षति ॥ २२ ॥
उदासीनवदासीनो गुणैर्यो न विचाल्यते ।
गुणा वर्तन्त इत्येवं योऽवतिष्ठति नेङ्गते ॥ २३ ॥
समदुःखसुखः स्वस्थः समलोष्टाश्मकाञ्चनः ।
तुल्यप्रियाप्रियो धीरस्तुल्यनिन्दात्मसंस्तुतिः ॥ २४ ॥
मानापमानयोस्तुल्यस्तुल्यो मित्रारिपक्षयोः ।
सर्वारम्भपरित्यागी गुणातीतः स उच्यते ॥ २५ ॥

śrī-bhagavān uvāca
prakāśaṁ ca pravṛttiṁ ca, moham eva ca pāṇḍava
na dveṣṭi sampravṛttāni, na nivṛttāni kāṅkṣati

udāsīna-vad āsīno, guṇair yo na vicālyate
guṇā vartanta ity evaṁ, yo 'vatiṣṭhati neṅgate

sama-duḥkha-sukhaḥ sva-sthaḥ, sama-loṣṭāśma-kāñcanaḥ
tulya-priyāpriyo dhīras, tulya-nindātma-saṁstutiḥ

mānāpamānayos tulyas, tulyo mitrāri-pakṣayoḥ
sarvārambha-parityāgī, guṇātītaḥ sa ucyate

śrī-bhagavān uvāca — de Allerhoogste Persoonlijkheid Gods zei; *prakāśam* — verlichting; *ca* — en; *pravṛttim* — gehechtheid; *ca* — en; *moham* — illusie; *eva ca* — ook; *pāṇḍava* — o zoon van Pāṇḍu; *na dveṣṭi* — haat niet; *sampravṛttāni* — hoewel ontwikkeld; *na nivṛttāni* — noch het stoppen van ontwikkeling; *kāṅkṣati* — verlangt; *udāsīna-vat* — als neutraal; *āsīnaḥ* — gebleven; *guṇaiḥ* — door de hoedanigheden; *yaḥ* — iemand die; *na* — nooit; *vicālyate* — raakt verstoord; *guṇāḥ* — de hoedanigheden; *vartante* — zijn actief; *iti evam* — dit wetend; *yaḥ* — iemand die; *avatiṣṭhati* — blijft; *na* — nooit; *iṅgate* — beroert; *sama* — gelijk; *duḥkha* — in ellende; *sukhaḥ* — in geluk; *sva-sthaḥ* — in zijn wezenlijke positie bevindend; *sama* — gelijk; *loṣṭa* — een kluit aarde; *aśma* — steen; *kāñcanaḥ* — goud; *tulya* — gelijkmoedig; *priya* — tegenover het dierbare; *apriyaḥ* — en dat wat niet dierbaar is; *dhīraḥ* — standvastig; *tulya* — gelijk; *nindā* — tijdens belastering; *ātma-saṁstutiḥ* — en verheerlijking van zichzelf; *māna* — in eer; *apamānayoḥ* — en schande; *tulyaḥ* — gelijk; *tulyaḥ* — gelijk; *mitra* — van vrienden; *ari* — en vijanden; *pakṣayoḥ* — tegenover de partijen; *sarva* — van alle; *ārambha* — inspanningen; *parityāgī* — iemand die zich onthecht; *guṇa-atītaḥ* — ontstegen aan de drie hoedanigheden van de materiële natuur; *saḥ* — hij; *ucyate* — wordt genoemd.

De Allerhoogste Persoonlijkheid Gods zei: O zoon van Pāṇḍu, wie geen hekel heeft aan verlichting, gehechtheid en illusie wanneer deze zich voordoen, maar er evenmin naar verlangt wanneer ze verdwijnen; wie onbewogen en onverstoorbaar is tijdens al deze wisselwerkingen van de materiële hoedanigheden en neutraal en transcendentaal blijft, omdat hij weet dat alleen de hoedanigheden werkzaam zijn; wie verankerd is in het zelf en geluk en ellende als hetzelfde beschouwt; wie dezelfde waarde hecht aan een kluit aarde, een steen en een brok goud; wie neutraal is ten opzichte van alles wat wenselijk en niet wenselijk is; wie standvastig is en gelijkmoedig blijft tijdens eer en schande of wanneer hij geprezen wordt of bespot; wie vriend en vijand op dezelfde manier behandelt en zich van alle materiële activiteiten onthecht heeft — van zo'n persoon wordt gezegd dat hij aan de drie hoedanigheden van de materiële natuur is ontstegen.

COMMENTAAR: Arjuna stelde drie verschillende vragen en de Heer beantwoordde ze een voor een. In deze verzen geeft Kṛṣṇa allereerst aan dat een persoon die zich op een transcendentaal niveau bevindt, niet haatdragend is en nergens naar hunkert. Zolang het levend wezen in de materiële wereld verblijft en belichaamd is in een materieel lichaam, wordt het beheerst door een van de drie hoedanigheden van de materiële natuur. Wanneer het werkelijk uit het lichaam is, is het niet meer in de greep van de hoedanigheden van de materiële natuur. Maar zolang het levend wezen nog niet verlost is van het materiële lichaam, moet het neutraal blijven. Het moet devotionele dienst aan de Heer verrichten, zodat het vanzelf zijn identificatie met het materiële lichaam zal vergeten. Wie met zijn bewustzijn in het materiële lichaam opgaat, is alleen bezig voor zinsbevrediging, maar wanneer hij zijn bewustzijn op Kṛṣṇa richt, zal aan die zinsbevrediging vanzelf een einde komen.

Men heeft dit materiële lichaam niet nodig en men hoeft de bevelen van dit lichaam niet op te volgen. De kwaliteiten van de materiële hoedanigheden zullen werkzaam zijn in het lichaam, maar omdat het zelf de ziel is en spiritueel, is het verheven boven hun activiteiten. Hoe bereikt het die verheven positie? Het moet er niet naar verlangen van het lichaam te genieten of eruit te ontsnappen. Wanneer een toegewijde zich op die manier op een transcendentaal niveau bevindt, wordt hij vanzelf vrij. Hij hoeft geen moeite te doen om zich vrij te maken van de invloed van de hoedanigheden van de materiële natuur.

De volgende vraag gaat over het gedrag van een transcendentalist. De materialist wordt beïnvloed door zogenaamde eer en schande met betrekking tot het lichaam, maar een transcendentalist wordt niet beïnvloed door zulke valse eer en schande. Hij vervult zijn plicht in Kṛṣṇa-bewustzijn en schenkt er niet veel aandacht aan of men hem nu eert of bespot. Hij aanvaardt dingen die gunstig zijn voor zijn plicht in Kṛṣṇa-bewustzijn en voor de rest heeft hij geen behoefte aan iets materieels, of dat nu een steen is of goud. Hij ziet iedereen die hem helpt in het beoefenen van devotionele dienst als zijn dierbare vriend en hij haat zijn zogenaamde vijand niet. Hij is onpartijdig en ziet alles op een gelijk niveau, omdat hij heel goed weet dat hij niets te maken heeft met het materiële bestaan. Sociale en politieke kwesties hebben geen invloed op hem, omdat hij de aard van tijdelijke opschuddingen en beroeringen kent. Voor zichzelf zal hij niets ondernemen. Voor Kṛṣṇa kan hij van alles ondernemen, maar voor zichzelf onderneemt hij niets. Door zulk gedrag wordt iemand werkelijk transcendentaal.

TEKST 26 मां च योऽव्यभिचारेण भक्तियोगेन सेवते ।
स गुणान्समतीत्यैतान्ब्रह्मभूयाय कल्पते ॥ २६ ॥

māṁ ca yo 'vyabhicāreṇa, bhakti-yogena sevate
sa guṇān samatītyaitān, brahma-bhūyāya kalpate

mām — Mij; *ca* — ook; *yaḥ* — wie; *avyabhicāreṇa* — zonder onderbreking; *bhakti-yogena* — door devotionele dienst; *sevate* — dient; *saḥ* — hij; *guṇān* — de hoedanigheden van de materiële natuur; *samatītya* — ontstijgend; *etān* — al deze; *brahma-bhūyāya* — verheven tot het niveau van Brahman; *kalpate* — wordt.

Wie in alle omstandigheden volledig en onfeilbaar opgaat in devotionele dienst, ontstijgt onmiddellijk aan de hoedanigheden van de materiële natuur en komt zo tot het niveau van Brahman.

COMMENTAAR: Dit vers is een antwoord op Arjuna's derde vraag: op welke manier komt men tot het transcendentale niveau? Zoals al eerder is uitgelegd, functioneert de materiële wereld onder invloed van de hoedanigheden van de materiële natuur. Men moet zich niet van streek laten brengen door de activiteiten van de hoedanigheden van de materiële natuur; in plaats van zijn bewustzijn in die activiteiten te verdiepen, moet men zijn bewustzijn op activiteiten voor Kṛṣṇa richten. Activiteiten voor Kṛṣṇa worden *bhakti-yoga* genoemd: altijd bezig zijn voor Kṛṣṇa. Dit omvat niet alleen Kṛṣṇa, maar ook Zijn verschillende volkomen expansies zoals Rāma en Nārāyaṇa. Hij heeft ontelbare expansies. Wie dienst verricht aan een van de gedaanten van Kṛṣṇa of aan Zijn volkomen expansies, wordt als transcendentaal beschouwd.

Men moet ook begrijpen dat alle gedaanten van Kṛṣṇa volledig transcendentaal, gelukzalig, vol van kennis en eeuwig zijn. Zulke persoonlijkheden Gods zijn almachtig en alwetend en bezitten alle transcendentale eigenschappen. Wie op die manier met onfeilbare vastberadenheid Kṛṣṇa of Zijn volkomen expansies dient, kan de hoedanigheden van de materiële natuur heel gemakkelijk te boven komen, hoewel deze zeer moeilijk te overwinnen zijn. Dit werd al eerder in het zevende hoofdstuk uitgelegd. Wie zich aan Kṛṣṇa overgeeft, kan onmiddellijk de invloed van de hoedanigheden van de materiële natuur overwinnen. Kṛṣṇa-bewust zijn of devotionele dienst verrichten betekent dat men zich gelijkheid met Kṛṣṇa verwerft. De Allerhoogste Heer zegt dat Zijn natuur eeuwig, gelukzalig en vol kennis is en dat de levende wezens integrerende deeltjes van Hem zijn zoals gouddeeltjes deel uitmaken van een goudmijn. In zijn spirituele positie is het levend wezen net zo goed als goud, dus wat kwaliteit betreft zo goed als Kṛṣṇa. Het verschil in individualiteit blijft bestaan, anders zou er geen sprake zijn van *bhakti-yoga. Bhakti-yoga* houdt in dat de Heer er is, dat de toegewijde er is en dat er een uitwisseling van liefde bestaat tussen de Heer en de toegewijde. Beide personen, zowel de Allerhoogste Persoonlijkheid Gods als de individuele persoon, behouden dus hun individualiteit, anders zou *bhakti-yoga* geen betekenis hebben. Wie zich niet op hetzelfde transcendentale niveau bevindt als de Allerhoogste Heer, kan Hem niet dienen. Om een persoonlijke dienaar van de koning te zijn, moet iemand de juiste kwalificaties bezitten. Het is dus een vereiste om Brahman te worden, dat wil zeggen: vrij te zijn van alle materiële onzuiverheid.

In de Vedische literatuur staat het volgende: *brahmaiva san brahmāpy eti.* Men kan het Allerhoogste Brahman bereiken door Brahman te worden. Dit betekent dat men kwalitatief één moet worden met Brahman. Door het Brahman te bereiken, verliest men niet zijn eeuwige Brahman-identiteit als individuele ziel.

TEKST 27 ब्रह्मणो हि प्रतिष्ठाहममृतस्याव्ययस्य च ।
शाश्वतस्य च धर्मस्य सुखस्यैकान्तिकस्य च ॥ २७ ॥

brahmaṇo hi pratiṣṭhāham, amṛtasyāvyayasya ca
śāśvatasya ca dharmasya, sukhasyaikāntikasya ca

brahmaṇaḥ — van de onpersoonlijke *brahmajyoti*; *hi* — zeker; *pratiṣṭhā* — de basis; *aham* — Ik ben; *amṛtasya* — van het onsterfelijke; *avyayasya* — van het onvergankelijke; *ca* — ook; *śāśvatasya* — van het eeuwige; *ca* — en; *dharmasya* — van de wezensstaat; *sukhasya* — van geluk; *aikāntikasya* — allerhoogste; *ca* — ook.

En Ik ben de basis van het onpersoonlijk Brahman, dat onsterfelijk, onvergankelijk en eeuwig is en dat de wezensstaat is van de allerhoogste vreugde.

COMMENTAAR: Het wezen van Brahman is onsterfelijkheid, onvergankelijkheid, eeuwigheid en geluk. Brahman-realisatie is het begin van transcendentale bewustwording. Paramātmā-realisatie, het zich bewust worden van de Superziel, is het middelste of het tweede stadium in transcendentale bewustwording. En het zich bewust worden van de Allerhoogste Persoonlijkheid Gods is het uiteindelijke stadium van bewustwording van de Absolute Waarheid. Zowel Paramātmā als het onpersoonlijk Brahman bevindt zich daarom in de Allerhoogste Persoon.

In het zevende hoofdstuk werd uitgelegd dat de materiële natuur een manifestatie is van de lagere energie van de Allerhoogste Heer. De Heer bevrucht de lagere, materiële natuur met deeltjes van de hogere natuur en dat is de spirituele impuls in de materiële natuur. Wanneer een levend wezen dat door deze materiële natuur geconditioneerd is, spirituele kennis begint te cultiveren, dan verheft het zich uit zijn materiële bestaan en komt het geleidelijk aan tot een begrip van de Allerhoogste als Brahman. Het bereiken van de Brahman-opvatting van het leven is het eerste niveau van zelfrealisatie. Op dit niveau is de Brahman-gerealiseerde persoon ontstegen aan het materiële bestaan, maar zijn Brahman-realisatie is niet perfect. Wanneer hij wil kan hij op dat niveau van Brahman blijven en dan geleidelijk aan verder gaan naar Paramātmā-realisatie en daarna naar bewustwording van de Allerhoogste Persoonlijkheid Gods. In de Vedische literatuur bestaan hiervan vele voorbeelden. De vier Kumāra's bevonden zich eerst op een niveau waarop ze dachten dat het onpersoonlijk Brahman de waarheid was, maar vervolgens kwamen ze geleidelijk aan tot het niveau van devotionele dienst.

Wie niet in staat is zich te verheffen boven de onpersoonlijke opvatting van Brahman, loopt het risico terug te vallen. In het *Śrīmad-Bhāgavatam* wordt gezegd dat de intelligentie van degenen die tot het niveau van het onpersoonlijk Brahman zijn gekomen, niet volkomen helder is als ze niet verder gaan en geen informatie hebben over de Allerhoogste Persoon. Dus ook al heeft iemand het niveau van Brahman bereikt, dan loopt hij nog kans om terug te vallen als hij geen devotionele dienst aan de Heer verricht. In de Vedische literatuur wordt het volgende gezegd: *raso vai saḥ, rasaṁ hy evāyaṁ labdhvānandī bhavati* — 'Wie de Allerhoogste Persoonlijkheid Gods, de onuitputtelijke bron van plezier, Kṛṣṇa, begrijpt, zal werkelijk transcendentaal gelukzalig worden' (*Taittirīya Upaniṣad* 2.7.1).

De Allerhoogste Heer bezit zes volheden volledig en wanneer een toegewijde Hem benadert, is er een uitwisseling van die zes volheden. De dienaar van de koning geniet op nagenoeg hetzelfde niveau als de koning. Op die manier gaat devotionele dienst vergezeld van eeuwig, onvergankelijk geluk en eeuwig leven. Brahman-realisatie of eeuwigheid of onvergankelijkheid, ligt daarom besloten in devotionele dienst. Wie devotionele dienst verricht, heeft dit alles al in zijn bezit.

Hoewel de aard van het levend wezen Brahman is, heeft het het verlangen baas te spelen over de materiële wereld en daardoor komt het ten val. In zijn wezenstoestand staat het levend wezen boven de drie hoedanigheden van de materiële natuur, maar door het contact met de materiële natuur raakt het verstrikt in haar verschillende hoedanigheden: goedheid, hartstocht en onwetendheid. Door het contact met die drie hoedanigheden neemt het verlangen om over de materiële wereld te heersen toe. Maar door devotionele dienst in zuiver Kṛṣṇa-bewustzijn komt het levend wezen onmiddellijk tot het transcendentale niveau en zal zijn onwettige verlangen om de materiële wereld te besturen verdwijnen; daarom moet men het proces van devotionele dienst, beginnend met horen, chanten, zich herinneren — de voorgeschreven negen methoden van devotionele dienst — in het gezelschap van toegewijden beoefenen. Door zulk gezelschap, door de invloed van de spiritueel leraar, kan men zijn materiële verlangen om te heersen geleidelijk aan laten varen en zal men zeer standvastig worden in transcendentale liefdedienst aan de Heer. Deze methode wordt vanaf de tweeëntwintigste tekst tot aan de laatste tekst van dit hoofdstuk voorgeschreven.

Devotionele dienst is heel eenvoudig: men moet altijd devotionele dienst verrichten voor de Heer; men moet de overblijfselen van het voedsel dat aan de Beeldgedaante is geofferd eten; de bloemen ruiken die aan de lotusvoeten van de Heer zijn geofferd; de plaatsen bekijken waar de Heer Zijn transcendentale activiteiten van vermaak heeft beleefd; lezen over de verschillende activiteiten van de Heer en over de uitwisselingen van liefde tussen de Heer en Zijn toegewijden; altijd de transcendentale mantra Hare Kṛṣṇa, Hare Kṛṣṇa, Kṛṣṇa Kṛṣṇa, Hare Hare/ Hare Rāma, Hare Rāma, Rāma Rāma, Hare Hare chanten, en zich aan de verscheidene vastendagen houden waarop de verschijningen en verdwijningen van de Heer en Zijn toegewijden worden herdacht. Door deze methode te volgen raakt men volkomen onthecht van alle materiële activiteiten. Wie op die manier de *brahmajyoti* of de niveaus van de verschillende andere opvattingen van Brahman bereikt, is kwalitatief gezien gelijk aan de Allerhoogste Persoonlijkheid Gods.

Zo eindigen de commentaren van Śrī Śrīmad A.C. Bhaktivedanta Swami Prabhupāda bij het veertiende hoofdstuk van Śrīmad Bhagavad-gītā, *getiteld 'De drie hoedanigheden van de materiële natuur'.*

15

DE ALLERHOOGSTE PERSOON

TEKST 1 श्रीभगवानुवाच ।
ऊर्ध्वमूलमधःशाखमश्वत्थं प्राहुरव्ययम् ।
छन्दांसि यस्य पर्णानि यस्तं वेद स वेदवित् ॥ १ ॥

śrī-bhagavān uvāca
ūrdhva-mūlam adhaḥ-śākham, aśvatthaṁ prāhur avyayam
chandāṁsi yasya parṇāni, yas taṁ veda sa veda-vit

śrī-bhagavān uvāca — de Allerhoogste Persoonlijkheid Gods zei; *ūrdhva-mūlam* — met wortels boven; *adhaḥ* — naar beneden; *śākham* — takken; *aśvattham* — een banyan-boom; *prāhuḥ* — wordt gezegd; *avyayam* — eeuwige; *chandāṁsi* — de Vedische hymnen; *yasya* — waarvan; *parṇāni* — de bladeren; *yaḥ* — wie; *tam* — die; *veda* — kent; *saḥ* — hij; *veda-vit* — de kenner van de Veda's.

De Allerhoogste Persoonlijkheid Gods zei: Er wordt gesproken over een onvergankelijke banyan-boom, waarvan de wortels omhoog gaan en de takken naar beneden en waarvan de bladeren de Vedische hymnen zijn. Wie deze boom kent, kent de Veda's.

COMMENTAAR: Na de discussie over het belang van *bhakti-yoga* zou iemand zich kunnen afvragen wat de rol van de Veda's is. In dit hoofdstuk wordt uitgelegd dat het begrijpen van Kṛṣṇa het doel van de Veda's is. Wie Kṛṣṇa-bewust is, wie devotionele dienst verricht, is daardoor al een kenner van de Veda's.

Het complexe geheel van de materiële wereld wordt hier met een banyanboom vergeleken. Voor wie zich bezighoudt met resultaatgerichte activiteiten, komt er geen eind aan de banyan-boom. Hij gaat van de ene tak naar de andere en naar nog een andere en naar weer een andere. Aan de boom van de materiële wereld komt geen einde en voor wie eraan gehecht is, bestaat er geen mogelijkheid om bevrijd te worden. De Vedische hymnen, die bedoeld zijn voor zelfverheffing, worden de bladeren van deze boom genoemd. De wortels van deze boom groeien omhoog, omdat ze hun oorsprong in Brahmaloka hebben, de allerhoogste planeet in dit universum, waar Brahmā verblijft. Wie in staat is deze onvergankelijke boom van illusie te begrijpen, kan zich eruit bevrijden.

Deze methode om zich los te maken moet goed worden begrepen. In vorige hoofdstukken werd uitgelegd dat er veel methoden zijn om uit de materiële verstrikking los te komen en tot aan het dertiende hoofdstuk hebben we gezien dat devotionele dienst aan de Allerhoogste Heer de beste methode is. Het grondbeginsel van devotionele dienst is dat men zich onthecht van materiële activiteiten en zich hecht aan transcendentale dienst aan de Heer. De methode om de gehechtheid aan de materiële wereld te verbreken wordt aan het begin van dit hoofdstuk besproken.

De wortels van dit materiële bestaan gaan omhoog. Dit betekent dat het zijn oorsprong vindt in de totale materiële substantie en verder gaat vanaf de allerhoogste planeet in het universum. Van daaruit ontvouwt het hele universum zich met zoveel takken, die voor de verschillende planetenstelsels staan. De vruchten staan voor de resultaten van de activiteiten van de levende wezens, namelijk religie, economische ontwikkeling, zinsbevrediging en bevrijding.

In deze wereld kennen we geen boom die zijn takken naar beneden en zijn wortels omhoog heeft, maar zoiets bestaat wel. Zo'n boom kan men vinden aan de rand van het water. We kunnen zien dat de bomen op de oever op zo'n manier in het water weerspiegeld worden, dat hun takken naar beneden gaan en hun wortels omhoog. Met andere woorden, de boom van de materiële wereld is eenvoudig een weerspiegeling van de werkelijke boom van de spirituele wereld. Deze weerspiegeling van de spirituele wereld rust op verlangen, net zoals de weerspiegeling van een boom op water rust. De oorzaak van het feit dat dingen zich in het weerspiegelde, materiële licht bevinden, is verlangen. Wie uit dit materiële bestaan wil loskomen, moet deze boom grondig leren kennen door er een analytische studie van te maken. Vervolgens kan hij zijn relatie ermee verbreken.

Deze boom, die de weerspiegeling is van de werkelijke boom, is een exacte kopie. Alles is ook aanwezig in de spirituele wereld. De impersonalisten beschouwen het Brahman als de wortel van deze materiële boom en volgens de *sāṅkhya*-filosofie komen uit deze wortel *prakṛti, puruṣa*, de drie *guṇa's*, de vijf grove elementen (*pañca-mahā-bhūta*), de zintuigen (*daśendriya*), geest enz. voort. Op die manier verdelen ze de hele materiële wereld onder in vierentwintig elementen.

Als Brahman het centrum is van alle verschijnselen, dan is de materiële wereld een manifestatie van 180 graden van dat centrum en de spirituele wereld bestrijkt de andere 180 graden. De materiële wereld is een verwrongen weerspiegeling en daarom moet dezelfde verscheidenheid ook in de spirituele wereld bestaan, maar dan in werkelijkheid.

De *prakṛti* is de externe energie van de Allerhoogste Heer en de *puruṣa* is de Allerhoogste Heer Zelf. Dit wordt uitgelegd in de *Bhagavad-gītā.* Omdat deze manifestatie materieel is, is ze tijdelijk. Een weerspiegeling is tijdelijk, omdat ze soms zichtbaar is en soms niet. Maar de oorsprong van de weerspiegeling is eeuwig. De materiële weerspiegeling van de werkelijke boom moet afgekapt worden. Wanneer van iemand gezegd wordt dat hij de Veda's kent, dan betekent dat dat hij weet hoe de gehechtheid aan de materiële wereld afgekapt moet worden. Wie weet hoe dat gedaan moet worden, is werkelijk een kenner van de Veda's.

Wie is aangetrokken tot de Vedische rituelen, is aangetrokken tot de mooie groene bladeren van de boom. Hij weet niet precies wat het doel is van de Veda's. Zoals de Allerhoogste Persoonlijkheid Gods Zelf onthult, is het doel van de Veda's dat men deze weerspiegelde boom omhakt en de werkelijke boom van de spirituele wereld bereikt.

TEKST 2 अधश्चोर्ध्वं प्रसृतास्तस्य शाखा गुणप्रवृद्धा विषयप्रवालाः ।
अधश्च मूलान्यनुसन्ततानि कर्मानुबन्धीनि मनुष्यलोके ॥ २ ॥

adhaś cordhvaṁ prasṛtās tasya śākhā
guṇa-pravṛddhā viṣaya-pravālāḥ
adhaś ca mūlāny anusantatāni
karmānubandhīni manuṣya-loke

adhaḥ — omlaag; *ca* — en; *ūrdhvam* — omhoog; *prasṛtāḥ* — reiken; *tasya* — zijn; *śākhāḥ* — takken; *guṇa* — door de hoedanigheden van de materiële natuur; *pravṛddhāḥ* — ontwikkeld; *viṣaya* — zinsobjecten; *pravālāḥ* — twijgen; *adhaḥ* — naar beneden; *ca* — en; *mūlāni* — wortels; *anusantatāni* — uitgestrekt; *karma* — aan activiteiten; *anubandhīni* — gebonden; *manuṣya-loke* — in de menselijke samenleving.

De takken van deze boom breiden zich zowel naar boven als naar beneden uit, gevoed door de drie hoedanigheden van de materiële natuur. De twijgen zijn de zinsobjecten. Deze boom heeft ook wortels die zich naar beneden uitstrekken en deze zijn verbonden met de resultaatgerichte activiteiten van de menselijke samenleving.

COMMENTAAR: De beschrijving van de banyanboom wordt hier verder uitgewerkt. Zijn takken spreiden zich in alle richtingen uit. In de lagere delen bevinden zich verschillende soorten levende wezens, zowel menselijke als dierlijke, zoals paarden, koeien, honden, katten enz. Deze wezens bevinden zich op de lagere delen van de takken, terwijl de hogere levende wezens, zoals halfgoden, Gandharva's en vele andere hogere levenssoorten, zich in de hoger gelegen delen bevinden.

Zoals een boom gevoed wordt door water, zo wordt deze banyan-boom gevoed door de drie hoedanigheden van de materiële natuur. Soms zien we dat een bepaald gebied onvruchtbaar is wegens gebrek aan water, terwijl een ander gebied met groen bedekt is; zo zien we ook dat waar de hoedanigheden van de materiële natuur verhoudingsgewijs een grotere invloed hebben, er overeenkomstig verschillende levenssoorten ontstaan.

De twijgen van de boom worden beschouwd als de zinsobjecten. Door het ontwikkelen van de verschillende hoedanigheden van de materiële natuur ontwikkelen we verschillende zintuigen om van verschillende zinsobjecten te genieten. De toppen van de takken zijn de zintuigen: oren, neus, ogen enz. die gehecht zijn aan het genieten van verschillende soorten zinsobjecten. De twijgen zijn de zinsobjecten: geluid, vorm, gevoel enz. De bijwortels zijn de verschillende voor- en afkeuren, die bijproducten zijn van verschillende soorten leed en zinnelijk genot. De neiging tot vroomheid en zonde ontwikkelt zich uit deze secundaire wortels, die zich in alle richtingen uitspreiden. De werkelijke wortel ontspruit in Brahmaloka en de andere wortels bevinden zich in de menselijke planetenstelsels. Nadat iemand op de hogere planetenstelsels van de resultaten van deugdzame daden heeft genoten, komt hij omlaag naar de aarde en hernieuwt hij zijn karma of resultaatgerichte activiteiten voor promotie. Deze planeet van de menselijke wezens wordt gezien als het veld van activiteiten.

TEKST 3 – 4

न रूपमस्येह तथोपलभ्यते नान्तो न चादिर्न च सम्प्रतिष्ठा ।
अश्वत्थमेनं सुविरूढमूलम् असङ्गशस्त्रेण दृढेन छित्त्वा ॥ ३ ॥
ततः पदं तत्परिमार्गितव्यं यस्मिन्गता न निवर्तन्ति भूयः ।
तमेव चाद्यं पुरुषं प्रपद्ये यतः प्रवृत्तिः प्रसृता पुराणी ॥ ४ ॥

na rūpam asyeha tathopalabhyate
nānto na cādir na ca sampratiṣṭhā
aśvattham enaṁ su-virūḍha-mūlam
asaṅga-śastreṇa dṛḍhena chittvā

tataḥ padaṁ tat parimārgitavyaṁ
yasmin gatā na nivartanti bhūyaḥ
tam eva cādyaṁ puruṣaṁ prapadye
yataḥ pravṛttiḥ prasṛtā purāṇī

na — niet; *rūpam* — de vorm; *asya* — van deze boom; *iha* — in deze wereld; *tathā* — ook; *upalabhyate* — kan waargenomen worden; *na* — nooit; *antaḥ* — einde; *na* — nooit; *ca* — en; *ādiḥ* — begin; *na* — nooit; *ca* — en; *sampratiṣṭhā* — de basis; *aśvattham* — banyan-boom; *enam* — deze; *su-virūḍha* — sterk; *mūlam* — gewortelde; *asaṅga-śastreṇa* — met het wapen van onthechting; *dṛḍhena* — sterke; *chittvā* — geveld hebbend; *tataḥ* — daarna; *padam* — plaats; *tat* — die;

parimārgitavyam — moet gezocht worden; *yasmin* — waar; *gatāḥ* — bereikt; *na* — nooit; *nivartanti* — ze komen terug; *bhūyaḥ* — weer; *tam* — aan Hem; *eva* — zeker; *ca* — ook; *ādyam* — oorspronkelijke; *puruṣam* — de Persoonlijkheid Gods; *prapadye* — geven zich over; *yataḥ* — van wie; *pravṛttiḥ* — het begin; *prasṛtā* — uitgestrekt; *purāṇi* — heel oud.

De werkelijke vorm van deze boom kan in deze wereld niet worden waargenomen. Niemand kan begrijpen waar hij eindigt, waar hij begint of waar zijn basis is. Maar met het wapen van onthechting moet men deze diepgewortelde boom vastberaden vellen. Daarna moet men die plaats zien te vinden vanwaar niemand terugkeert wanneer ze eenmaal bereikt is, en daar moet men zich overgeven aan die Allerhoogste Persoonlijkheid Gods, bij wie alles begon en uit wie alles sinds onheuglijke tijden is voortgekomen.

COMMENTAAR: Hier wordt duidelijk gezegd dat de werkelijke vorm van deze banyan-boom in de materiële wereld niet begrepen kan worden. Omdat de wortel zich bovenin bevindt, breidt de werkelijke boom zich uit aan de andere kant. Wie verstrikt is in de materiële expansies van de boom, kan niet zien tot waar deze zich uitstrekt en evenmin kan hij er het begin van zien. Toch moet men de oorsprong ervan zien te vinden. 'Ik ben de zoon van mijn vader, mijn vader is de zoon van die en die enz.' Door op die manier te zoeken komt men uit bij Brahmā, die voortkomt uit Garbhodaka-śāyī Viṣṇu. Wie op die manier uiteindelijk de Allerhoogste Persoonlijkheid Gods bereikt, zal zijn onderzoek daar eindigen.

Men moet de oorsprong van deze boom, de Allerhoogste Persoonlijkheid Gods, proberen te vinden door middel van het gezelschap van personen die kennis hebben van die Allerhoogste Persoonlijkheid Gods. Vervolgens raakt men door inzicht geleidelijk aan onthecht van deze valse weerspiegeling van de werkelijkheid en kan men, door de kennis die men heeft, de verbinding verbreken en zijn positie in de werkelijke boom innemen.

Het woord *'asaṅga'* is in dit verband zeer belangrijk, want de gehechtheid aan zinsbevrediging en aan de baas spelen over de materiële natuur is bijzonder sterk. Men moet daarom onthecht leren zijn door de spirituele wetenschap te bespreken op basis van de gezaghebbende heilige teksten en men moet horen van personen die werkelijke kennis hebben. Het resultaat van zulke discussies in het gezelschap van toegewijden is dat men de Allerhoogste Persoonlijkheid Gods bereikt. Het eerste wat men dan moet doen, is zich aan Hem overgeven.

In dit vers wordt een beschrijving gegeven van die plaats vanwaar men na haar bereikt te hebben, niet naar deze valse, weerspiegelde boom terugkeert. De Allerhoogste Persoonlijkheid Gods, Kṛṣṇa, is de oorspronkelijke wortel waaruit alles is voortgekomen. Om de gunst van die Persoonlijkheid Gods te krijgen, hoeft men zich alleen maar over te geven, wat het resultaat is van devotionele dienst, zoals horen, chanten enz. Hij is de oorzaak van de uitbreiding van de materiële wereld. Dit werd eerder al door de Heer Zelf uitgelegd. *Ahaṁ sarvasya prabhavaḥ:* 'Ik ben de oorsprong van alles.' De conclusie is dat als men uit de verstrikking van deze sterke banyan-boom van het materiële leven wil komen, men zich moet overgeven aan Kṛṣṇa. Zodra iemand zich aan Kṛṣṇa overgeeft, raakt hij vanzelf onthecht van de materiële wereld, die een expansie is van Zijn energie.

TEKST 5 निर्मानमोहा जितसङ्गदोषा अध्यात्मनित्या विनिवृत्तकामाः ।
द्वन्द्वैर्विमुक्ताः सुखदुःखसंज्ञैर्गच्छन्त्यमूढाः पदमव्ययं तत् ॥ ५ ॥

nirmāna-mohā jita-saṅga-doṣā
adhyātma-nityā vinivṛtta-kāmāḥ
dvandvair vimuktāḥ sukha-duḥkha-saṁjñair
gacchanty amūḍhāḥ padam avyayaṁ tat

niḥ — zonder; *māna* — hoogmoed; *mohāḥ* — en illusie; *jita* — overwonnen hebbend; *saṅga* — door omgang; *doṣāḥ* — de fouten; *adhyātma* — in spirituele kennis; *nityāḥ* — in eeuwigheid; *vinivṛtta* — afstand genomen; *kāmāḥ* — van lust; *dvandvaiḥ* — van de dualiteiten; *vimuktāḥ* — bevrijd; *sukha-duḥkha* — geluk en ellende; *saṁjñaiḥ* — genaamd; *gacchanti* — bereiken; *amūḍhāḥ* — onverward; *padam* — plaats; *avyayam* — eeuwige; *tat* — die.

Zij die vrij zijn van hoogmoed, illusie en verkeerd gezelschap, die het eeuwige begrijpen, die niets meer te maken willen hebben met materiële lust, die bevrijd zijn van de dualiteiten van geluk en ellende en die, omdat ze niet verward zijn, weten hoe ze zich aan de Allerhoogste Persoon moeten overgeven, bereiken dat eeuwige koninkrijk.

COMMENTAAR: Hier wordt het proces van overgave goed beschreven. De eerste kwalificatie is zich niet te laten misleiden door trots. Omdat de geconditioneerde ziel verwaand is en denkt dat ze over de materiële natuur heerst, kan ze zich heel moeilijk aan de Allerhoogste Persoonlijkheid Gods overgeven. Door werkelijke kennis te cultiveren moet de ziel tot het besef komen dat ze niet de heer van de materiële natuur is; de Allerhoogste Persoonlijkheid Gods is de Heer.

Wie vrij is van de waan die door trots veroorzaakt wordt, kan met het proces van overgave beginnen. Wie in de materiële wereld voortdurend op eer uit is, kan zich onmogelijk aan de Allerhoogste Persoon overgeven. Trots komt voort uit illusie, want hoewel men hier komt, even blijft en vervolgens weer weggaat, heeft men het dwaze idee dat men de heer van de wereld is. Op die manier maakt men alles ingewikkeld en heeft men altijd problemen.

De hele wereld verkeert in die waan. Mensen beschouwen dit land, deze aarde, als het bezit van de menselijke samenleving en hebben het opgedeeld in de valse veronderstelling dat zij er de eigenaar van zijn. Dit onjuiste idee, dat de menselijke samenleving de eigenaar van deze wereld is, moet worden opgegeven. Wie niet langer dit verkeerde idee heeft, raakt ook vrij van illusoire relaties, die voortkomen uit familiale, sociale en nationale genegenheid. Door deze illusoire relaties raakt men gebonden aan de materiële wereld.

Na dit stadium moet men spirituele kennis ontwikkelen. Men moet kennis cultiveren over wat werkelijk zijn eigendom is en wat niet. Wie de dingen vervolgens begrijpt zoals ze zijn, raakt vrij van denken in tegenstellingen als geluk en verdriet, genot en pijn. Zo raakt men vervuld van kennis en wordt het mogelijk zich aan de Allerhoogste Persoonlijkheid Gods over te geven.

TEKST 6 न तद्भासयते सूर्यो न शशाङ्को न पावकः ।
यद्गत्वा न निवर्तन्ते तद्धाम परमं मम ॥ ६ ॥

na tad bhāsayate sūryo, na śaśāṅko na pāvakaḥ
yad gatvā na nivartante, tad dhāma paramaṁ mama

na — niet; *tat* — die; *bhāsayate* — verlicht; *sūryaḥ* — de zon; *na* — evenmin; *śaśāṅkaḥ* — de maan; *na* — evenmin; *pāvakaḥ* — vuur, elektriciteit; *yat* — waarnaar; *gatvā* — gegaan zijnd; *na* — nooit; *nivartante* — zij komen terug; *tat dhāma* — die woning; *paramam* — allerhoogste; *mama* — van Mij.

Die allerhoogste woning van Mij wordt niet verlicht door de zon of de maan en evenmin door vuur of elektriciteit. Zij die haar bereiken, komen nooit meer terug naar de materiële wereld.

COMMENTAAR: Dit vers beschrijft de spirituele woning van de Allerhoogste Persoonlijkheid Gods, Kṛṣṇa, die bekendstaat als Kṛṣṇaloka of Goloka Vṛndāvana. In de spirituele hemel bestaat er geen behoefte aan zonneschijn, maneschijn, vuur of elektriciteit, omdat alle planeten er zelf licht geven. In dit universum hebben we maar één planeet die zelf licht geeft, namelijk de zon, maar in de spirituele hemel geven alle planeten uit zichzelf licht. De lichtgloed van al deze planeten (Vaikuṇṭha's genaamd) vormt de stralende hemel die de *brahmajyoti* wordt genoemd. Eigenlijk komt deze gloed van de planeet van Kṛṣṇa, Goloka Vṛndāvana. Een deel van die lichtgloed wordt bedekt door het *mahat-tattva*, de materiële wereld, maar het grootste gedeelte van die stralende hemel is gevuld met spirituele planeten, die Vaikuṇṭha's worden genoemd en waarvan de belangrijkste Goloka Vṛndāvana is.

Zolang het levend wezen in deze donkere materiële wereld is, leidt het een geconditioneerd bestaan. Maar zodra het door het wegkappen van de valse, verwrongen boom van de materiële wereld de spirituele hemel bereikt, raakt het bevrijd. De kans dat het terug moet komen bestaat dan niet meer. In dit geconditioneerde leven ziet het levend wezen zichzelf als de heer van de materiële wereld, maar in zijn bevrijde toestand gaat het binnen in het spirituele koninkrijk en wordt het een metgezel van de Allerhoogste Heer. Daar ervaart het dan eeuwige gelukzaligheid, eeuwig leven en volledige kennis.

Men zou door deze informatie gefascineerd moeten zijn. Men zou ernaar moeten verlangen om zichzelf naar die eeuwige wereld over te brengen en zich los te maken uit deze valse weerspiegeling van de werkelijkheid. Voor wie te gehecht is aan de materiële wereld, is het heel moeilijk om deze gehechtheid te verbreken, maar wanneer men zich op het Kṛṣṇa-bewustzijn toelegt, bestaat er een kans dat men geleidelijk aan onthecht raakt. Met moet het gezelschap van toegewijden opzoeken, van degenen die Kṛṣṇa-bewust zijn. Men moet een gemeenschap zoeken die gewijd is aan het Kṛṣṇa-bewustzijn en leren hoe men devotionele dienst kan verrichten. Op die manier kan men zijn gehechtheid aan de materiële wereld verbreken. Men zal zijn aantrekking tot de materiële wereld niet verliezen door alleen maar saffraangele kleren aan te trekken. Men moet gehecht raken aan devotionele dienst aan de Heer. Zoals in het twaalfde hoofdstuk beschreven is, is die devotionele dienst de enige manier om uit deze valse verschijningsvorm van de werkelijke boom te komen en daarom moet ze serieus genomen worden. In het veertiende hoofdstuk werden de onzuivere effecten van de hoedanigheden van de materiële natuur beschreven. Alleen devotionele dienst werd beschreven als zuiver transcendentaal.

De woorden *'paramaṁ mama'* zijn hier heel belangrijk. Feitelijk is alles, elke uithoek, het eigendom van de Allerhoogste Heer, maar de spirituele wereld is *paramam*, vervuld van de zes volheden. De *Kaṭha Upaniṣad* (2.2.15) bevestigt dat er in de spirituele wereld geen behoefte is aan zonlicht, maanlicht of sterren (*na tatra sūryo bhāti na candratārakam*), want het interne vermogen van de Allerhoogste Heer verlicht de hele spirituele hemel. Die allerhoogste woning kan alleen bereikt worden door overgave en op geen andere manier.

TEKST 7 ममैवांशो जीवलोके जीवभूतः सनातनः ।
मनःषष्ठानीन्द्रियाणि प्रकृतिस्थानि कर्षति ॥ ७ ॥

mamaivāṁśo jīva-loke, jīva-bhūtaḥ sanātanaḥ
manaḥ-ṣaṣṭhānīndriyāṇi, prakṛti-sthāni karṣati

mama — Mijn; *eva* — zeker; *aṁśaḥ* — afzonderlijk deeltje; *jīva-loke* — in de wereld van gebonden leven; *jīva-bhūtaḥ* — het geconditioneerde levend wezen; *sanātanaḥ* — eeuwig; *manaḥ* — met de geest; *ṣaṣṭhāni* — de zes; *indriyāṇi* — zintuigen; *prakṛti* — in de materiële natuur; *sthāni* — bevindend; *karṣati* — worstelt.

De levende wezens in deze wereld van gebondenheid zijn Mijn eeuwige, afzonderlijke deeltjes. Door hun geconditioneerde bestaan zijn ze verwikkeld in een hevige worsteling met de zes zintuigen, waarvan de geest er één is.

COMMENTAAR: In dit vers wordt de identiteit van het levend wezen duidelijk aangegeven. Het levend wezen is eeuwig een afzonderlijk integrerend deeltje van de Allerhoogste Heer. Het is niet zo dat het een individualiteit aanneemt in zijn geconditioneerde bestaan en dat het in zijn bevrijde toestand één wordt met de Allerhoogste Heer. Als deeltje is het eeuwig afzonderlijk. Dat wordt hier duidelijk gezegd, *sanātanaḥ*. Volgens de Vedische teksten manifesteert en expandeert de

Allerhoogste Heer Zichzelf in ontelbare expansies, waarvan de primaire expansies *viṣṇu-tattva* worden genoemd en de secundaire expansies de levende wezens. Met andere woorden, het *viṣṇu-tattva* is de persoonlijke expansie en de levende wezens zijn afgescheiden expansies.

De Allerhoogste Heer in Zijn persoonlijke expansie verschijnt in verschillende gedaanten, zoals Heer Rāma, Nṛsiṁhadeva, Viṣṇumūrti en alle heersende Godheden op de Vaikuṇṭha-planeten. De afgescheiden expansies — de levende wezens — zijn eeuwige dienaren. De persoonlijke expansies van de Allerhoogste Persoonlijkheid Gods, de individuele identiteiten van God, bestaan eeuwig. Op dezelfde manier hebben de afgescheiden expansies, de levende wezens, ook hun identiteit. Als afzonderlijke integrerende deeltjes van de Allerhoogste Heer hebben de levende wezens ook minieme hoeveelheden van Zijn kwaliteiten, waarvan onafhankelijkheid er een is. Als individuele ziel heeft ieder levend wezen zijn persoonlijke identiteit en een minieme onafhankelijkheid. Door misbruik te maken van die onafhankelijkheid, wordt men een geconditioneerde ziel, maar door deze onafhankelijkheid op de juiste manier te gebruiken, is men altijd bevrijd. In beide gevallen is het levend wezen, net als de Allerhoogste Heer, kwalitatief eeuwig. In zijn bevrijde toestand is het vrij van materiële omstandigheden en verricht het transcendentale dienst aan de Heer. Maar in zijn geconditioneerde bestaan wordt het overheerst door de hoedanigheden van de materiële natuur en vergeet het zijn transcendentale liefdedienst aan Hem, met als resultaat dat het in een zware worsteling verwikkeld is om zich in de materiële wereld in stand te houden. Niet alleen alle gewone levende wezens zoals menselijke wezens, katten en honden zijn integrerende deeltjes van de Allerhoogste Heer, maar ook de grotere bestuurders van de materiële wereld: Brahmā, Heer Śiva en zelfs Viṣṇu. Ze zijn allemaal eeuwig en geen tijdelijke schepselen.

Het woord *'karṣati'* ('vechten' of 'worstelen') is heel belangrijk. De geconditioneerde ziel is door het vals ego gebonden, als met ijzeren kettingen geketend, en de geest is het voornaamste instrument dat haar in dit materiële bestaan voortdrijft. Wanneer de geest in de hoedanigheid goedheid is, zijn zijn activiteiten goed; wanneer hij in de hoedanigheid hartstocht is, leiden zijn activiteiten tot moeilijkheden, en wanneer de geest in de hoedanigheid onwetendheid is, dan reist hij door de lagere levenssoorten. Uit dit vers blijkt duidelijk dat de geconditioneerde ziel bedekt is door het materiële lichaam met een geest en zintuigen. Wanneer ze eenmaal bevrijd is, zal deze materiële bedekking verdwijnen en zal haar spirituele lichaam zich in zijn individuele gesteldheid manifesteren. In de *Mādhyandināyana-śruti* vinden we de volgende informatie: *sa vā eṣa brahma-niṣṭha idaṁ śarīraṁ martyam atisṛjya brahmābhisampadya brahmaṇā paśyati brahmaṇā śṛṇoti brahmaṇaivedaṁ sarvam anubhavati.* Hier wordt gezegd dat wanneer een levend wezen zijn materiële belichaming opgeeft en de spirituele wereld binnengaat, het opnieuw zijn spirituele lichaam opwekt en in dat lichaam de Allerhoogste Persoonlijkheid Gods persoonlijk kan ontmoeten. Het levend wezen kan dan persoonlijk met Hem spreken en van Hem horen en kan de Allerhoogste Persoonlijkheid begrijpen zoals Hij is. Uit de *smṛti* blijkt ook: *vasanti yatra puruṣāḥ sarve vaikuṇṭha-mūrtayaḥ* — op de spirituele planeten heeft iedereen een lichaam dat dezelfde kenmerken heeft als dat van de Allerhoogste Persoonlijkheid Gods. Wat betreft lichaamsbouw bestaat er geen verschil tussen de levende wezens als integrerende deeltjes en de expansies van *viṣṇu-mūrti*. Met andere woorden, op het moment van de bevrijding krijgt het levend wezen door de genade van de Allerhoogste Persoonlijkheid Gods een spiritueel lichaam.

De uitdrukking *mamaivāṁśaḥ* ('afzonderlijke integrerende deeltjes van de Allerhoogste Heer') is ook heel belangrijk. Het afzonderlijke deeltje van de Allerhoogste Heer is niet zoiets als een gebroken materieel onderdeel. In het tweede hoofdstuk hebben we al gezien dat de ziel niet in stukken gesneden kan worden. We moeten dit afzonderlijke deeltje niet materieel opvatten. Het is niet zoals met materie, die in stukken kan worden gesneden en weer kan worden samengevoegd. Zo'n opvatting is hier niet van toepassing, omdat hier het sanskrietwoord *'sanātana'* ('eeuwig') wordt gebruikt. Het afzonderlijke deeltje is eeuwig. In het begin van hoofdstuk twee werd ook gesteld dat het afzonderlijke deeltje van de Allerhoogste Heer aanwezig is in ieder lichaam (*dehino 'smin yathā dehe*). Wanneer dat afzonderlijke deeltje bevrijd is uit de lichamelijke verstrikking, wekt het op een spirituele planeet in de spirituele hemel opnieuw zijn oorspronkelijke spirituele lichaam op en kan het genieten van persoonlijke omgang met de Allerhoogste Heer. Het is hier duidelijk dat het levend wezen kwalitatief gezien een is met de Heer, net zoals gouddeeltjes ook goud zijn, omdat het een afzonderlijk integrerend deeltje van de Allerhoogste Heer is.

TEKST 8 शरीरं यदवाप्नोति यच्चाप्युत्क्रामतीश्वरः ।
गृहीत्वैतानि संयाति वायुर्गन्धानिवाशयात् ॥ ८ ॥

śarīraṁ yad avāpnoti, yac cāpy utkrāmatīśvaraḥ
gṛhītvaitāni saṁyāti, vāyur gandhān ivāśayāt

śarīram — het lichaam; *yat* — als; *avāpnoti* — verkrijgt; *yat* — als; *ca api* — ook; *utkrāmati* — verlaat; *īśvaraḥ* — de meester van het lichaam; *gṛhītvā* — meegenomen hebbend; *etāni* — al deze; *saṁyāti* — gaat weg; *vāyuḥ* — de lucht; *gandhān* — geuren; *iva* — zoals; *āśayāt* — van hun bron.

In de materiële wereld draagt het levend wezen zijn verschillende levensopvattingen mee van het ene lichaam naar het andere zoals de lucht aroma's meevoert. Op die manier neemt het een bepaald soort lichaam aan en verlaat het ook dat weer om een andere aan te nemen.

COMMENTAAR: Het levend wezen wordt hier beschreven als *īśvara*, de bestuurder van zijn eigen lichaam. Als het wil kan het zijn lichaam veranderen en naar een hoger type lichaam verhuizen of, als het dat wil, naar een lager type. Het heeft een minieme onafhankelijkheid. De verandering die zijn lichaam ondergaat is afhankelijk van hemzelf. Op het moment van de dood zal het bewustzijn dat het levend wezen ontwikkeld heeft het naar een volgend type lichaam dragen. Wanneer het het bewustzijn van een kat of een hond ontwikkeld heeft, zal het zeker naar het lichaam van een kat of een hond verhuizen. En wanneer het levend wezen zijn bewustzijn op goddelijke kwaliteiten gericht heeft, zal het naar het lichaam van een halfgod verhuizen. Maar wanneer het Kṛṣṇa-bewust is, zal het naar Kṛṣṇaloka in de spirituele wereld worden overgebracht en daar met Kṛṣṇa omgaan.

De bewering dat alles voorbij is na de vernietiging van het lichaam, is onjuist. De individuele ziel verhuist van het ene lichaam naar het andere en zijn huidige lichaam en activiteiten vormen de basis voor zijn volgende lichaam. Overeenkomstig zijn karma krijgt men een ander lichaam, dat men na verloop van tijd moet verlaten.

In dit vers wordt gezegd dat het fijnstoffelijk lichaam, dat de levensopvattingen voor een volgend lichaam meedraagt, in het volgend leven een ander lichaam ontwikkelt. Dit proces van reïncarnatie van het ene lichaam naar het ander en de worsteling terwijl men in een lichaam is, wordt *karṣati* genoemd of de strijd om het bestaan.

TEKST 9 श्रोत्रं चक्षुः स्पर्शनं च रसनं घ्राणमेव च ।
अधिष्ठाय मनश्चायं विषयानुपसेवते ॥ ९ ॥

śrotraṁ cakṣuḥ sparśanaṁ ca, rasanaṁ ghrāṇam eva ca
adhiṣṭhāya manaś cāyaṁ, viṣayān upasevate

śrotram — oren; *cakṣuḥ* — ogen; *sparśanam* — tastzin; *ca* — ook; *rasanam* — tong; *ghrāṇam* — reukvermogen; *eva* — ook; *ca* — en; *adhiṣṭhāya* — zich bevindend in; *manaḥ* — de geest; *ca* — ook; *ayam* — hij; *viṣayān* — zinsobjecten; *upasevate* — geniet.

Door zo een ander grofstoffelijk lichaam aan te nemen, krijgt het levend wezen een bepaald type oor, oog, tong, neus en tastzin, die zich rondom de geest bevinden. Op die manier geniet het van een bepaalde set zinsobjecten.

COMMENTAAR: Met andere woorden, wanneer het levend wezen zijn bewustzijn vermengt met de kwaliteiten van katten en honden en het daardoor verlaagt, krijgt het in zijn volgend leven het lichaam van een kat of een hond. Het bewustzijn kan vergeleken worden met water. Water is van oorsprong zuiver, maar wanneer we het met een bepaalde kleur mengen, verandert het. Op dezelfde manier is het bewustzijn zuiver omdat de ziel zuiver is, maar het bewustzijn verandert door de mate waarin het in contact staat met de materiële kwaliteiten.

Echt bewustzijn is Kṛṣṇa-bewustzijn. Wie Kṛṣṇa-bewust is, leidt dus een zuiver leven. Maar als iemands bewustzijn verlaagd wordt door of vermengd wordt met een bepaalde materiële mentaliteit, krijgt men in het volgend leven een overeenkomstig lichaam. Het is niet noodzakelijk het geval dat men een menselijk lichaam krijgt; men kan het lichaam krijgen van een kat, een hond, een varken, een halfgod of een van de vele andere vormen, want er zijn 8.400.000 levenssoorten.

TEKST 10
उत्क्रामन्तं स्थितं वापि भुञ्जानं वा गुणान्वितम् ।
विमूढा नानुपश्यन्ति पश्यन्ति ज्ञानचक्षुषः ॥ १० ॥

utkrāmantaṁ sthitaṁ vāpi, bhuñjānaṁ vā guṇānvitam
vimūḍhā nānupaśyanti, paśyanti jñāna-cakṣuṣaḥ

utkrāmantam — het lichaam verlatend; *sthitam* — in het lichaam verblijvend; *vā api* — hetzij; *bhuñjānam* — genietend; *vā* — of; *guṇa-anvitam* — in de ban van de hoedanigheden van de materiële natuur; *vimūḍhāḥ* — dwaze personen; *na* — nooit; *anupaśyanti* — kunnen zien; *paśyanti* — kunnen zien; *jñāna-cakṣusaḥ* — zij die de ogen van kennis hebben.

Dwazen kunnen niet begrijpen hoe een levend wezen zijn lichaam kan verlaten en evenmin van wat voor soort lichaam het geniet wanneer het in de ban is van de hoedanigheden van de materiële natuur. Maar iemand met ogen die getraind zijn door kennis, kan dit allemaal duidelijk zien.

COMMENTAAR: Het woord *'jñāna-cakṣuṣaḥ'* is heel belangrijk. Zonder kennis kan iemand niet begrijpen hoe het levend wezen zijn huidige lichaam verlaat en evenmin welk soort lichaam het in het volgend leven zal aannemen en zelfs niet waarom het nu in een bepaald type lichaam leeft. Hiervoor is veel kennis nodig uit de *Bhagavad-gītā* en soortgelijke literatuur die van een bonafide spiritueel leraar gehoord wordt. Wie getraind is in het zien van dat alles, is fortuinlijk.

Ieder levend wezen dat in de ban van de materiële natuur is, verlaat zijn lichaam onder bepaalde omstandigheden, leeft onder bepaalde omstandigheden en geniet van het leven onder bepaalde omstandigheden. Als gevolg daarvan ervaart het verschillende soorten geluk en ellende onder invloed van de illusie van zinsbevrediging. Personen die zich onophoudelijk door lust en verlangen voor de gek laten houden, verliezen al hun vermogen om hun lichaamsverandering en hun verblijf in een bepaald lichaam te begrijpen. Ze kunnen het gewoon niet begrijpen. Maar zij die spirituele kennis ontwikkeld hebben, kunnen zien dat de ziel verschillend is van het lichaam en dat ze van lichaam verandert en op verschillende manieren geniet. Iemand met zulke kennis begrijpt ook hoe het geconditioneerde levend wezen in dit materiële bestaan lijdt. Zij die een hoogontwikkeld Kṛṣṇa-bewustzijn hebben, doen daarom hun best om deze kennis aan de mensen in het algemeen te geven, omdat het geconditioneerde leven van deze mensen heel moeizaam is. Ze zouden het achter zich moeten laten en Kṛṣṇa-bewust moeten worden en zichzelf bevrijden om naar de spirituele wereld overgebracht te worden.

TEKST 11
यतन्तो योगिनश्चैनं पश्यन्त्यात्मन्यवस्थितम् ।
यतन्तोऽप्यकृतात्मानो नैनं पश्यन्त्यचेतसः ॥ ११ ॥

yatanto yoginaś cainaṁ, paśyanty ātmany avasthitam
yatanto 'py akṛtātmāno, nainaṁ paśyanty acetasaḥ

yatantaḥ — strevend; *yoginaḥ* — transcendentalisten; *ca* — ook; *enam* — dit; *paśyanti* — kunnen zien; *ātmani* — in het zelf; *avasthitam* — vaststaan; *yatantaḥ* — strevend; *api* — hoewel; *akṛta-ātmānaḥ* — zij die niet zelfgerealiseerd zijn; *na* — kunnen niet; *enam* — dit; *paśyanti* — zien; *acetasaḥ* — met hun onontwikkelde geest.

De strevende transcendentalisten die zelfgerealiseerd zijn, kunnen dit allemaal duidelijk zien. Maar zij die geen ontwikkelde geest hebben en niet zelfgerealiseerd zijn, kunnen, ondanks al hun inspanningen, niet zien wat er plaatsvindt.

COMMENTAAR: Er zijn veel transcendentalisten op het pad naar spirituele zelfrealisatie, maar zonder zelfgerealiseerd te zijn, kan iemand niet zien hoe de dingen in het lichaam van het levend wezen veranderen. In dit verband is het woord *'yoginaḥ'* belangrijk. Tegenwoordig zijn er zoveel zogenaamde *yogī's* en zoveel zogenaamde yogaclubs, maar in feite zijn ze blind wat betreft zelfrealisatie. Ze zijn alleen maar verslaafd aan bepaalde gymnastiekoefeningen en zijn tevreden wanneer hun lichaam goed en gezond is. Andere informatie hebben ze niet. Ze worden *yatanto 'py akṛtātmānaḥ* genoemd. Ook al verrichten ze inspanningen binnen een zogenaamde yogamethode, toch zijn ze niet zelfgerealiseerd. Zulke mensen kunnen het proces van reïncarnatie niet begrijpen. Hoe de dingen werkelijk plaatsvinden, begrijpen alleen zij die daadwerkelijk yoga beoefenen en die inzicht hebben gekregen in het zelf, de wereld en de Allerhoogste Heer, namelijk de *bhakti-yogī's*, zij die het Kṛṣṇa-bewustzijn beoefenen door zuivere devotionele dienst te verrichten.

TEKST 12 यदादित्यगतं तेजो जगद्भासयतेऽखिलम् ।
यच्चन्द्रमसि यच्चाग्नौ तत्तेजो विद्धि मामकम् ॥ १२ ॥

yad āditya-gataṁ tejo, jagad bhāsayate 'khilam
yac candramasi yac cāgnau, tat tejo viddhi māmakam

yat — dat wat; *āditya-gatam* — in de zonneschijn; *tejaḥ* — schittering; *jagat* — de hele wereld; *bhāsayate* — verlicht; *akhilam* — volledig; *yat* — dat wat; *candramasi* — in de maan; *yat* — dat wat; *ca* — ook; *agnau* — in vuur; *tat* — die; *tejaḥ* — schittering; *viddhi* — begrijp; *māmakam* — van Mij.

Het stralende licht van de zon, dat de duisternis van deze hele wereld verdrijft, komt van Mij. En de maneschijn en de gloed van vuur komen ook van Mij.

COMMENTAAR: Zij die geen intelligentie hebben, kunnen niet begrijpen hoe dingen plaatsvinden. Maar men kan een begin maken met het ontwikkelen van kennis door te begrijpen wat de Heer hier uitlegt. Iedereen ziet de zon, maan, vuur en elektriciteit. Men moet eenvoudig proberen te begrijpen dat het stralende licht van zon, maan en elektriciteit of vuur afkomstig zijn van de Allerhoogste Persoonlijkheid Gods. Wanneer iemand zo'n levensopvatting heeft, die het begin van Kṛṣṇa-bewustzijn is, dan is dat voor de geconditioneerde ziel in de materiële wereld een grote vooruitgang. In essentie zijn de levende wezens de integrerende deeltjes van de Allerhoogste Heer en Hij geeft hier een aanwijzing hoe ze terug kunnen gaan naar de Allerhoogste God, terug naar huis.

Uit dit vers kunnen we begrijpen dat de zon het hele universum verlicht. Er bestaan verschillende universa en verschillende zonnen en manen, maar uit dit vers wordt duidelijk dat er in ieder universum maar één zon is. Zo zegt de *Bhagavad-gītā* (10.21) dat de maan een van de sterren is (*nakṣatrāṇām ahaṁ śaśī*). Het zonlicht is te danken aan de spirituele gloed van de Allerhoogste Heer in de spirituele hemel.

Met het opkomen van de zon worden de activiteiten van de levende wezens in gang gezet. Ze ontsteken vuur om te koken, ze ontsteken vuur om de fabrieken te laten draaien enz. Zoveel dingen worden gedaan met behulp van vuur. En door maanlicht worden alle gewassen gevoed. Daarom zijn de levende wezens zo gelukkig met de zonsopkomst, het vuur en het maanlicht. Zonder hun hulp kan geen enkel levend wezen in leven blijven. Wie dus begrijpt dat het licht en de gloed van de zon, de maan en het vuur voortkomen uit de Allerhoogste Persoonlijkheid Gods, Kṛṣṇa, begint daarmee zijn Kṛṣṇa-bewustzijn. Mensen kunnen daardoor begrijpen dat ze leven door de genade van de Allerhoogste Persoonlijkheid Gods, Kṛṣṇa, omdat er zonder Zijn genade geen zon zou zijn en omdat er zonder Zijn genade geen maan zou zijn en omdat er zonder Zijn genade geen vuur zou zijn, en zonder de hulp van zon, maan en vuur kan niemand leven. Dit zijn enkele gedachten om bij de geconditioneerde ziel Kṛṣṇa-bewustzijn op te wekken.

TEKST 13

गामाविश्य च भूतानि धारयाम्यहमोजसा ।
पुष्णामि चौषधीः सर्वाः सोमो भूत्वा रसात्मकः ॥ १३ ॥

gām āviśya ca bhūtāni, dhārayāmy aham ojasā
puṣṇāmi cauṣadhīḥ sarvāḥ, somo bhūtvā rasātmakaḥ

gām — de planeten; *āviśya* — binnengegaan zijnd; *ca* — en; *bhūtāni* — de levende wezens; *dhārayāmi* — hou in stand; *aham* — Ik; *ojasā* — met behulp van Mijn energie; *puṣṇāmi* — voed; *ca* — en; *auṣadhīḥ* — gewassen; *sarvāḥ* — alle; *somaḥ* — de maan; *bhūtvā* — wordend; *rasa-ātmakaḥ* — het sap schenken.

Ik ga binnen in alle planeten en door Mijn energie blijven ze in hun baan. Ik word de maan en voorzie daardoor alle gewassen van levenssap.

COMMENTAAR: Uit dit vers blijkt dat alle planeten uitsluitend door de energie van de Heer in de lucht zweven. De Heer gaat binnen in ieder atoom, iedere planeet en ieder levend wezen. Dit wordt in de *Brahma-saṁhitā* besproken. Daarin wordt gezegd dat Paramātmā, een volkomen expansie van de Allerhoogste Persoonlijkheid Gods, binnengaat in de planeten, het universum, het levend wezen en zelfs in het atoom. Doordat Hij hierin binnengaat, manifesteert alles zich op de juiste manier.

Een levend persoon kan op het water drijven omdat de ziel aanwezig is, maar wanneer de levensvonk het lichaam verlaten heeft, zinkt het dode lichaam. Wanneer het lichaam in staat van ontbinding is, drijft het natuurlijk, net als stro en andere dingen, maar het lichaam van iemand die net dood is, zinkt onmiddellijk weg in het water. Op dezelfde manier zweven alle planeten in de ruimte en dat komt doordat de allerhoogste energie van de Allerhoogste Persoonlijkheid Gods in hen is binnengegaan. Het is Zijn energie die alle planeten als een handvol stof ondersteunt. Wanneer iemand een handvol stof omhooghoudt, kan het stof onmogelijk vallen, maar als hij het in de lucht gooit, zal het naar beneden komen. Op dezelfde manier worden de planeten, die in de lucht zweven, in feite vastgehouden in de vuist van de kosmische gedaante van de Allerhoogste Heer. Door Zijn kracht en energie blijven alle dingen, zowel de bewegende als de niet-bewegende, op hun plaats. In de Vedische hymnen wordt gezegd dat de zon schijnt en dat de planeten zich in hun vaste baan voortbewegen dankzij de Allerhoogste Persoonlijkheid Gods. Als Hij er niet zou zijn, zouden alle planeten als stof in de wind verspreid worden en vergaan.

Zo is het ook dankzij de Allerhoogste Persoonlijkheid Gods dat de maan alle gewassen voedt; door de invloed van de maan hebben ze een heerlijke smaak. Zonder de maneschijn kunnen gewassen niet groeien en evenmin sappig smaken. De menselijke samenleving werkt, leeft comfortabel en geniet van voedsel dankzij de bevoorrading van de Allerhoogste Heer. De mensheid zou hierzonder niet kunnen overleven. Het woord *'rasātmakaḥ'* is dus heel belangrijk. Alles wordt smakelijk door toedoen van de Allerhoogste Heer via de invloed van de maan.

TEKST 14 अहं वैश्वानरो भूत्वा प्राणिनां देहमाश्रितः ।
प्राणापानसमायुक्तः पचाम्यन्नं चतुर्विधम् ॥ १४ ॥

ahaṁ vaiśvānaro bhūtvā, prāṇināṁ deham āśritaḥ
prāṇāpāna-samāyuktaḥ, pacāmy annaṁ catur-vidham

aham — Ik; *vaiśvānaraḥ* — Mijn volkomen expansie als het spijsverteringsvuur; *bhūtvā* — wordend; *prāṇinām* — van alle levende wezens; *deham* — in de lichamen; *āśritaḥ* — bevinden; *prāṇa* — de uitgaande lucht; *apāna* — de neergaande lucht; *samāyuktaḥ* — in balans houdend; *pacāmi* — Ik verteer; *annam* — voedsel; *catuḥ-vidham* — de vier soorten.

Ik ben het vuur van de spijsvertering in de lichamen van alle levende wezens en Ik verenig Me tijdens het in- en uitademen met de levensadem om de vier soorten voedsel te verteren.

COMMENTAAR: Uit de *ĀyurVedische śāstra* kunnen we leren dat er in de maag een vuur aanwezig is dat al het voedsel dat het binnenkrijgt, verteert. Wanneer het vuur niet laait, hebben we geen honger, maar wanneer het goed brandt, dan krijgen we honger. Soms, als het vuur niet goed brandt, is een behandeling nodig. Hoe dan ook, dit vuur vertegenwoordigt de Allerhoogste Persoonlijkheid Gods.

Ook de Vedische mantra's (*Bṛhad-āraṇyaka Upaniṣad* 5.9.1) bevestigen dat de Allerhoogste Heer of Brahman in de maag aanwezig is in de vorm van vuur en alle voedselsoorten verteert (*ayam agnir vaiśvānaro yo 'yam antaḥ puruṣe yenedam annaṁ pacyate*). Omdat de Heer helpt met het verteren van alle voedselsoorten, is het levend wezen niet onafhankelijk wat betreft het voedingsproces. Sterker nog, zonder hulp van de Allerhoogste Heer bij de vertering is er geen sprake van eten. Zo produceert en verteert Hij voedsel en genieten wij door Zijn genade van het leven. Dit wordt bevestigd door het *Vedānta-sūtra* (1.2.27): *śabdādibhyo 'ntaḥ pratiṣṭhānāc ca* — de Heer is aanwezig in geluid, in het lichaam, in de lucht en zelfs in de maag als de kracht van de spijsvertering. Er zijn vier soorten voedsel — dat wat gedronken, dat wat gekauwd, dat wat opgelikt en dat wat opgezogen wordt — en voor al deze soorten voedsel is Hij de verteringskracht.

TEKST 15 सर्वस्य चाहं हृदि सन्निविष्टो मत्तः स्मृतिर्ज्ञानमपोहनं च ।
वेदैश्च सर्वैरहमेव वेद्यो वेदान्तकृद्वेदविदेव चाहम् ॥ १५ ॥

sarvasya cāhaṁ hṛdi sanniviṣṭo
mattaḥ smṛtir jñānam apohanaṁ ca
vedaiś ca sarvair aham eva vedyo
vedānta-kṛd veda-vid eva cāham

sarvasya — van alle levende wezens; *ca* — en; *aham* — Ik; *hṛdi* — in het hart; *sanniviṣṭaḥ* — bevind; *mattaḥ* — van Mij; *smṛtiḥ* — herinnering; *jñānam* — kennis; *apohanam* — vergetelheid; *ca* — en; *vedaiḥ* — door de Veda's; *ca* — ook; *sarvaiḥ* — alle; *aham* — Ik ben; *eva* — zeker; *vedyaḥ* — kenbaar; *vedānta-kṛt* — de samensteller van de *Vedānta*; *veda-vit* — degene die de Veda's kent; *eva* — zeker; *ca* — en; *aham* — Ik.

Ik ben aanwezig in ieders hart en van Mij komen herinnering, kennis en vergetelheid. Het doel van alle Veda's is om Mij te leren kennen. Ík ben de samensteller van de Vedānta en de kenner van de Veda's.

COMMENTAAR: De Allerhoogste Heer is als Paramātmā in ieders hart aanwezig en bij Hem beginnen alle activiteiten. Het levend wezen vergeet alles wat in zijn vorige leven gebeurd is, maar overeenkomstig zijn vorige handelingen is het in staat activiteiten te verrichten, omdat de Heer, die getuige is van al zijn activiteiten, hem aanwijzingen geeft. Het levend wezen krijgt alle benodigde kennis en herinneringen en vergeet ook zijn vorige leven. Op die manier is de Heer niet alleen alomtegenwoordig, Hij is ook gelokaliseerd in ieder afzonderlijk hart. Hij kent de resultaten van verschillende resultaatgerichte activiteiten toe. Hij is niet alleen vererenswaardig als het onpersoonlijk Brahman, de Allerhoogste Persoonlijkheid Gods en de gelokaliseerde Paramātmā, maar ook in Zijn vorm als de incarnatie van de Veda's.

De Veda's geven de mensen de juiste aanwijzingen, zodat ze hun leven op de juiste manier kunnen inrichten en terug kunnen gaan naar God, terug naar huis. Ze geven kennis over de Allerhoogste Persoonlijkheid Gods, Kṛṣṇa, en in Zijn incarnatie als Vyāsadeva is Kṛṣṇa de samensteller van het *Vedānta-sūtra*. Het *Śrīmad-Bhāgavatam*, de commentaar van Vyāsadeva op het *Vedānta-sūtra*, geeft de werkelijke betekenis van het *Vedānta-sūtra*. De Allerhoogste Heer is zo volledig, dat Hij voor de verlossing van de geconditioneerde ziel voedsel geeft en het verteert, dat Hij de getuige is van zijn activiteiten en dat Hij kennis geeft in de vorm van de Veda's en als de Allerhoogste Persoonlijkheid Gods, Śrī Kṛṣṇa, de spreker van de *Bhagavad-gītā*. Hij is vererenswaardig voor de geconditioneerde ziel. Op die manier is God algoed; God is algenadig.

Antaḥ-praviṣṭaḥ śāstā janānām. Zodra het levend wezen zijn huidig lichaam verlaat, vergeet het alles over zijn vorige leven, maar het begint opnieuw met zijn activiteiten door de aanzet van de Allerhoogste Heer. Hoewel het levend wezen alles vergeet, geeft de Heer het de intelligentie om zijn activiteiten te hervatten waar het deze in zijn vorige leven heeft beëindigd. Maar de Allerhoogste Heer, die gelokaliseerd is in het hart, geeft het levend wezen niet alleen bevelen zodat het kan genieten en lijden in deze wereld, Hij geeft het ook de kans om de Veda's van Hem te leren begrijpen.

Aan iemand die de Vedische kennis serieus wil begrijpen, geeft Kṛṣṇa de benodigde intelligentie. Waarom presenteert Hij de Vedische kennis? Omdat ieder levend wezen Kṛṣṇa voor zich moet leren begrijpen. De Vedische literatuur bevestigt dit: *yo 'sau sarvair vedair gīyate*. In alle Vedische teksten, beginnend met de vier Veda's, het *Vedānta-sūtra*, de *upaniṣads* en de *purāṇa's*, wordt de glorie van de Allerhoogste Heer bezongen. Door Vedische rituelen te verrichten, de Vedische filosofie te bespreken en de Heer door devotionele dienst te vereren, kan men Hem bereiken. Het doel van de Veda's is dus om Kṛṣṇa te leren kennen.

De Veda's geven ons de aanwijzingen waardoor we Hem kunnen begrijpen en ook het proces waardoor we ons van Hem bewust kunnen worden. Het uiteindelijk doel is de Allerhoogste Persoonlijkheid Gods. Dit wordt in *Vedānta-sūtra* 1.1.4 met de volgende woorden bevestigd: *'tat tu samanvayāt'*. Men kan de perfectie in drie stadia bereiken: men kan zijn relatie met de Allerhoogste Persoonlijkheid Gods begrijpen door de Vedische literatuur te doorgronden, men kan Hem benaderen door de verschillende methoden te volgen, en uiteindelijk kan men het allerhoogste doel bereiken, namelijk niemand anders dan de Allerhoogste Persoonlijkheid Gods. In dit vers worden de bedoeling van de Veda's, het doorgronden van de Veda's en het doel van de Veda's duidelijk gedefinieerd.

TEKST 16 द्वाविमौ पुरुषौ लोके क्षरश्चाक्षर एव च ।
क्षरः सर्वाणि भूतानि कूटस्थोऽक्षर उच्यते ॥ १६ ॥

dvāv imau puruṣau loke, kṣaraś cākṣara eva ca
kṣaraḥ sarvāṇi bhūtāni, kūṭa-stho 'kṣara ucyate

dvau — twee; *imau* — deze; *puruṣau* — levende wezens; *loke* — in de wereld; *kṣaraḥ* — veranderlijke; *ca* — en; *akṣaraḥ* — onveranderlijke; *eva* — zeker; *ca* — en; *kṣaraḥ* — veranderlijk; *sarvāṇi* — alle; *bhūtāni* — levende wezens; *kūṭa-sthaḥ* — in eenheid; *akṣaraḥ* — onveranderlijk; *ucyate* — wordt genoemd.

Er zijn twee categorieën van wezens: de veranderlijke en de onveranderlijke. In de materiële wereld is ieder levend wezen veranderlijk, maar alle levende wezens in de spirituele wereld worden onveranderlijk genoemd.

COMMENTAAR: Zoals al eerder is uitgelegd, heeft de Heer in Zijn incarnatie als Vyāsadeva het *Vedānta-sūtra* samengesteld. De Heer vat hier beknopt de inhoud van het *Vedānta-sūtra* samen. Hij zegt dat de ontelbare levende wezens in twee categorieën kunnen worden onderverdeeld: de veranderlijken en de onveranderlijken.

De levende wezens zijn eeuwig afzonderlijke integrerende deeltjes van de Allerhoogste Persoonlijkheid Gods. Wanneer ze in contact zijn met de materiële wereld worden ze *jīva-bhūta* genoemd en de sanskrietwoorden die hier gegeven worden — *'kṣaraḥ sarvāṇi bhūtāni'* — betekenen dat ze veranderlijk zijn. Maar zij die in eenheid met de Allerhoogste Persoonlijkheid Gods leven, worden onveranderlijk genoemd. Eenheid betekent niet dat ze geen individualiteit hebben, maar dat er geen onenigheid bestaat. Ze zijn allemaal bereid het doel van de schepping te aanvaarden. In de spirituele wereld is er natuurlijk niet zoiets als een schepping, maar die uitdrukking wordt gebruikt omdat de Allerhoogste Persoonlijkheid Gods, zoals het *Vedānta-sūtra* zegt, de oorsprong van alle emanaties is.

Volgens de Allerhoogste Persoonlijkheid Gods, Heer Kṛṣṇa, zijn er twee categorieën van levende wezens. De Veda's voeren hiervoor bewijzen aan, dus er kan geen twijfel over bestaan. De levende wezens die in deze wereld met de geest en de vijf zintuigen worstelen, hebben materiële lichamen, die aan verandering onderhevig zijn. Zolang een levend wezen geconditioneerd is door het contact met de materie, heeft het een materieel lichaam en omdat materie verandert, lijkt het levend wezen ook te veranderen. Maar in de spirituele wereld is het lichaam niet van materie gemaakt en daarom is er geen verandering.

In de materiële wereld ondergaat het levend wezen zes veranderingen: geboorte, groei, behoud, voortplanting, aftakeling en dood. Dat zijn de veranderingen van het materiële lichaam. Maar in de spirituele wereld verandert het lichaam niet; er is daar geen ouderdom, geen geboorte en geen dood. Alles bestaat er in eenheid. *Kṣaraḥ sarvāṇi bhūtāni:* ieder levend wezen dat in contact is gekomen met materie, beginnend met het eerstgeschapen wezen, Brahmā, tot aan de kleine mier, verandert zijn lichaam; daarom zijn ze allemaal veranderlijk. Maar in de spirituele wereld zijn ze altijd bevrijd in eenheid.

TEKST 17 उत्तमः पुरुषस्त्वन्यः परमात्मेत्युदाहृतः ।
यो लोकत्रयमाविश्य बिभर्त्यव्यय ईश्वरः ॥ १७ ॥

uttamaḥ puruṣas tv anyaḥ, paramātmety udāhṛtaḥ
yo loka-trayam āviśya, bibharty avyaya īśvaraḥ

uttamaḥ — de beste; *purusaḥ* — persoonlijkheid; *tu* — maar; *anyaḥ* — een andere; *parama* — de allerhoogste; *ātmā* — zelf; *iti* — zo; *udāhṛtaḥ* — wordt genoemd; *yaḥ* — wie; *loka* — van het universum; *trayam* — de drie onderverdelingen; *āviśya* — binnengegaan zijnd; *bibharti* — houdt in stand; *avyayaḥ* — onvergankelijke; *īśvaraḥ* — de Heer.

Naast deze twee categorieën is er de grootste levende persoonlijkheid, de Allerhoogste Ziel, de onvergankelijke Heer Zelf, die de drie werelden is binnengegaan en deze in stand houdt.

COMMENTAAR: De strekking van dit vers wordt mooi tot uitdrukking gebracht in de *Kaṭha Upaniṣad* (2.2.13) en de *Śvetāśvatara Upaniṣad* (6.13). Daarin wordt duidelijk gesteld dat de Allerhoogste Persoonlijkheid, de Paramātmā, boven de ontelbare levende wezens staat, waarvan sommige geconditioneerd zijn en andere bevrijd. Het vers in die *upaniṣads* luidt: *nityo nityānāṁ cetanaś cetanānām.* De betekenis is dat er onder alle levende wezens, zowel onder de geconditioneerde als onder de bevrijde, één allerhoogste levende persoonlijkheid is, namelijk de Allerhoogste Persoonlijkheid Gods, die hen in stand houdt en hun allemaal de gelegenheid geeft om te genieten in overeenstemming met verschillende activiteiten. Die Allerhoogste Persoonlijkheid Gods bevindt Zich in ieders hart als Paramātmā. Een wijs persoon die Hem kan begrijpen komt ervoor in aanmerking om perfecte vrede te bereiken, maar anderen niet.

TEKST 18 यस्मात्क्षरमतीतोऽहमक्षरादपि चोत्तमः ।
अतोऽस्मि लोके वेदे च प्रथितः पुरुषोत्तमः ॥ १८ ॥

yasmāt kṣaram atīto 'ham, akṣarād api cottamaḥ
ato 'smi loke vede ca, prathitaḥ puruṣottamaḥ

yasmāt — omdat; *kṣaram* — aan het veranderlijke; *atītaḥ* — transcendentaal; *aham* — Ik ben; *akṣarāt* — ontstegen aan het onveranderlijke; *api* — ook; *ca* — en; *uttamaḥ* — de beste; *ataḥ* — daarom; *asmi* — Ik ben; *loke* — in de wereld; *vede* — in de Vedische literatuur; *ca* — en; *prathitaḥ* — gehuldigd; *puruṣa-uttamaḥ* — als de Allerhoogste Persoonlijkheid.

Omdat Ik transcendentaal ben, ontstegen aan zowel de veranderlijken als de onveranderlijken, en omdat Ik de grootste ben, word Ik in de wereld, evenals in de Veda's, geprezen als die Allerhoogste Persoon.

COMMENTAAR: Niemand kan de Allerhoogste Persoonlijkheid Gods, Kṛṣṇa, overtreffen; de geconditioneerde ziel kan dat niet en evenmin de bevrijde ziel.

Hij is daarom de grootste onder alle persoonlijkheden. Het is hier nu duidelijk dat de levende wezens en de Allerhoogste Persoonlijkheid Gods individuen zijn. Het verschil is dat de levende wezens, of ze nu geconditioneerd of bevrijd zijn, de onvoorstelbare vermogens van de Allerhoogste Persoonlijkheid Gods niet in kwantiteit kunnen overtreffen. Het is onjuist te denken dat de Allerhoogste Heer en de levende wezens op hetzelfde niveau staan of in alle opzichten gelijk aan elkaar zijn. Wat hun persoonlijkheden betreft, is er altijd sprake van superioriteit en inferioriteit. Het woord *'uttama'* is heel belangrijk. Niemand kan de Allerhoogste Persoonlijkheid Gods overtreffen.

Het woord *'loke'* betekent 'in de *pauruṣa āgama* (de *smṛti*-teksten)' Het *Nirukti*-woordenboek stelt: *lokyate vedārtho 'nena* — 'Het doel van de Veda's wordt uitgelegd in de *smṛti*-teksten.'

In Zijn gelokaliseerde aspect als Paramātmā wordt de Allerhoogste Heer ook in de Veda's zelf beschreven. Daarin is het volgende vers te vinden: *tāvad eṣa samprasādo 'smāc charīrāt samutthāya paraṁ jyoti-rūpaṁ sampadya svena rūpeṇābhiniṣpadyate sa uttamaḥ puruṣaḥ* (*Chāndogya Upaniṣad* 8.12.3). 'De Superziel, die uit het lichaam komt, gaat binnen in de onpersoonlijke *brahmajyoti;* in Zijn gedaante behoudt Hij vervolgens Zijn spirituele identiteit. Die Allerhoogste wordt de Allerhoogste Persoonlijkheid genoemd.' Dit betekent dat de Allerhoogste Persoonlijkheid Zijn spirituele gloed, het uiteindelijke licht, toont en verspreidt. Hij heeft ook een gelokaliseerd aspect, Paramātmā genaamd. Door te incarneren als de zoon van Satyavatī en Parāśara, legt Hij als Vyāsadeva de Vedische kennis uit.

TEKST 19

यो मामेवमसम्मूढो जानाति पुरुषोत्तमम् ।
स सर्वविद्भजति मां सर्वभावेन भारत ॥ १९ ॥

yo mām evam asammūḍho, jānāti puruṣottamam
sa sarva-vid bhajati māṁ, sarva-bhāvena bhārata

yaḥ — iedereen die; *mām* — Mij; *evam* — zo; *asammūḍhaḥ* — zonder twijfel; *jānāti* — kent; *puruṣa-uttamam* — de Allerhoogste Persoonlijkheid Gods; *saḥ* — hij; *sarva-vit* — degene die alles weet; *bhajati* — bewijst devotionele dienst; *mām* — aan Mij; *sarva-bhāvena* — in alle opzichten; *bhārata* — o afstammeling van Bharata.

Iedereen die Me zonder te twijfelen kent als de Allerhoogste Persoonlijkheid Gods, weet alles. Zo iemand, o afstammeling van Bharata, gaat volledig op in devotionele dienst aan Mij.

COMMENTAAR: Er bestaan veel filosofische speculaties over de wezenlijke positie van de levende wezens en de Allerhoogste Absolute Waarheid. In dit vers legt de Allerhoogste Persoonlijkheid Gods duidelijk uit dat iedereen die Heer Kṛṣṇa als de Allerhoogste Persoon kent, de werkelijke kenner van alles is. Degene die onvolmaakte kennis heeft, gaat gewoon door met speculeren over de Absolute Waarheid, maar degene met perfecte kennis houdt zich direct en zonder tijd te verspillen bezig met Kṛṣṇa-bewustzijn, devotionele dienst aan de Allerhoogste Heer. Dit punt wordt in de hele *Bhagavad-gītā* bij iedere stap benadrukt. Toch zijn er nog heel veel koppige commentatoren op de *Bhagavad-gītā* die denken dat de Allerhoogste Absolute Waarheid en de levende wezens een en dezelfde zijn.

De Vedische kennis wordt *śruti* genoemd of kennis die geleerd wordt door ernaar te luisteren. Men moet de Vedische boodschap ontvangen van gezaghebbende personen als Kṛṣṇa en Zijn vertegenwoordigers. Kṛṣṇa onderscheidt alles hier op een juiste manier van elkaar en men moet van deze bron horen. Gewoon horen als varkens is niet voldoende, men moet in staat zijn om van gezaghebbende personen te horen, zonder alleen maar op een academische manier te speculeren. Men moet nederig uit de *Bhagavad-gītā* begrijpen dat de levende wezens altijd ondergeschikt zijn aan de Allerhoogste Persoonlijkheid Gods. Volgens de Allerhoogste Persoonlijkheid Gods, Śrī Kṛṣṇa, weet iedereen die in staat is dat te begrijpen, wat het doel van de Veda's is; niemand anders kent dit doel.

Het woord *'bhajati'* is heel belangrijk. Op veel plaatsen wordt het woord *'bhajati'* in verband met dienst aan de Allerhoogste Heer gebruikt. Wanneer iemand volledig Kṛṣṇa-bewust devotionele dienst aan de Heer verricht, dan geeft dat aan dat hij alle Vedische kennis begrepen heeft. In de *vaiṣṇava-paramparā* wordt gezegd dat als iemand devotionele dienst aan Kṛṣṇa verricht, er geen behoefte bestaat aan welke andere methode dan ook om de Absolute Waarheid te begrijpen. Hij is al tot de essentie gekomen: devotionele dienst aan de Heer. Hij heeft al een eind gemaakt aan alle voorbereidende kennismethoden. Maar wie na honderden en duizenden levens van speculeren niet tot het punt komt dat Kṛṣṇa de Allerhoogste Persoonlijkheid Gods is en dat men zich aan Hem moet overgeven, heeft met al zijn getheoretiseer gedurende zoveel jaren en levens gewoon nutteloos zijn tijd verspild.

TEKST 20 इति गुह्यतमं शास्त्रमिदमुक्तं मयानघ ।
एतद्बुद्ध्वा बुद्धिमान्स्यात्कृतकृत्यश्च भारत ॥ २० ॥

iti guhyatamaṁ śāstram, idam uktaṁ mayānagha
etad buddhvā buddhimān syāt, kṛta-kṛtyaś ca bhārata

iti — zo; *guhya-tamam* — het meest vertrouwelijke; *śāstram* — geopenbaard geschrift; *idam* — dit; *uktam* — onthuld; *mayā* — door Mij; *anagha* — o zondeloze; *etat* — dit; *buddhvā* — begrepen hebbend; *buddhi-mān* — intelligent; *syāt* — men wordt; *kṛta-kṛtyaḥ* — iemand wiens streven zeer succesvol is; *ca* — en; *bhārata* — o afstammeling van Bharata.

Dit is het meest vertrouwelijke deel van de Vedische geschriften, o zondeloze, en het is nu door Mij onthuld. Iedereen die dit begrijpt, zal wijs worden en zal door zijn inspanningen volmaakt worden.

COMMENTAAR: De Heer legt hier duidelijk uit dat dit de essentie van alle geopenbaarde teksten is en men moet deze leren begrijpen zoals ze door de Allerhoogste Persoonlijkheid Gods gegeven wordt. Op die manier zal men intelligent en perfect worden door transcendentale kennis. Met andere woorden, door deze filosofie van de Allerhoogste Persoonlijkheid Gods te begrijpen en door transcendentale dienst aan Hem te verrichten, kan iedereen bevrijd worden van alle onzuiverheden van de hoedanigheden van de materiële natuur.

Devotionele dienst is een methode waardoor men tot spiritueel inzicht komt. Materiële onzuiverheid en devotionele dienst kunnen niet naast elkaar bestaan. Devotionele dienst aan de Heer en de Heer Zelf zijn een en dezelfde omdat ze spiritueel zijn; devotionele dienst vindt plaats in de interne energie van de Allerhoogste Heer. Van de Heer wordt gezegd dat Hij de zon is en onwetendheid wordt gezien als duisternis. Waar de zon aanwezig is, daar kan geen sprake zijn van duisternis. Waar onder begeleiding van een bonafide spiritueel leraar devotionele dienst plaatsvindt, is daarom geen sprake van onwetendheid.

Iedereen moet zich toeleggen op dit Kṛṣṇa-bewustzijn en devotionele dienst verrichten om intelligent en zuiver te worden. Wie niet tot het niveau komt waarop hij Kṛṣṇa begrijpt en geen devotionele dienst verricht, heeft geen volmaakte intelligentie, hoe intelligent hij ook is naar de maatstaven van de gemiddelde mens.

Het woord *'anagha'*, waarmee Arjuna wordt aangesproken, is belangrijk. *Anagha* betekent 'o zondeloze' en geeft aan dat zonder vrij te zijn van alle karmische reacties op zonden, het heel moeilijk is om Kṛṣṇa te begrijpen. Men moet vrijkomen van alle onzuiverheid, van alle zondige activiteiten; pas dan kan men tot inzicht komen. Maar devotionele dienst is zo zuiver en krachtig, dat als iemand devotionele dienst verricht, hij vanzelf tot het niveau van zondeloosheid komt.

Er zijn bepaalde dingen die volkomen moeten verdwijnen wanneer men volledig Kṛṣṇa-bewust devotionele dienst verricht in het gezelschap van zuivere toegewijden. Het belangrijkste wat men moet overwinnen is de zwakheid van het hart. De eerste val wordt veroorzaakt door het verlangen om de baas te spelen over de materiële natuur, waardoor men de transcendentale liefdedienst aan de Allerhoogste Heer opgeeft. De tweede zwakheid van het hart is dat zodra iemands neiging om de baas te spelen over de materiële natuur toeneemt, hij gehecht raakt aan materie en aan het bezit daarvan. De problemen van het materiële bestaan zijn te wijten aan deze zwakheden van het hart. In dit hoofdstuk beschrijven de eerste vijf verzen de methode waardoor men kan loskomen van deze zwakheden van het hart, en de rest van het hoofdstuk, tekst zes tot het eind, bespreekt *puruṣottama-yoga.*

Zo eindigen de commentaren van Śrī Śrīmad A.C. Bhaktivedanta Swami Prabhupāda bij het vijftiende hoofdstuk van Śrīmad Bhagavad-gītā, *getiteld 'De Allerhoogste Persoon' over* puruṣottama-yoga.

16

DE GODDELIJKE *en de* DEMONISCHE EIGENSCHAPPEN

TEKST 1–3

श्रीभगवानुवाच ।
अभयं सत्त्वसंशुद्धिर्ज्ञानयोगव्यवस्थितिः ।
दानं दमश्च यज्ञश्च स्वाध्यायस्तप आर्जवम् ॥ १ ॥
अहिंसा सत्यमक्रोधस्त्यागः शान्तिरपैशुनम् ।
दया भूतेष्वलोलुप्त्वं मार्दवं ह्रीरचापलम् ॥ २ ॥
तेजः क्षमा धृतिः शौचमद्रोहो नातिमानिता ।
भवन्ति सम्पदं दैवीमभिजातस्य भारत ॥ ३ ॥

śrī-bhagavān uvāca
abhayaṁ sattva-saṁśuddhir, jñāna-yoga-vyavasthitiḥ
dānaṁ damaś ca yajñaś ca, svādhyāyas tapa ārjavam

ahiṁsā satyam akrodhas, tyāgaḥ śāntir apaiśunam
dayā bhūteṣv aloluptvaṁ, mārdavaṁ hrīr acāpalam

tejaḥ kṣamā dhṛtiḥ śaucam, adroho nāti-mānitā
bhavanti sampadaṁ daivīm, abhijātasya bhārata

śrī-bhagavān uvāca — De Allerhoogste Persoonlijkheid Gods zei; *abhayam* — onbevreesdheid; *sattva-saṁśuddhiḥ* — het zuiveren van je bestaan; *jñāna* — met kennis; *yoga* — verbinden; *vyavasthitiḥ* — de situatie; *dānam* — vrijgevigheid; *damaḥ* — beheersing van de geest; *ca* — en; *yajñaḥ* — het brengen van offers; *ca* — en; *svādhyāyaḥ* — het bestuderen van de Vedische literatuur; *tapaḥ* — het beoefenen van ascese; *ārjavam* — eenvoud; *ahiṁsā* — geweldloosheid; *satyam* — waarheidlievendheid; *akrodhaḥ* — vrij zijn van woede; *tyāgaḥ* — onthechting; *śāntiḥ* — kalmte; *apaiśunam* — afkeer van onnodig kritiseren; *dayā* — mededogen; *bhū-teṣu* — voor alle levende wezens; *aloluptvam* — afwezigheid van hebzucht; *mārdavam* — vriendelijkheid; *hrīḥ* — bescheidenheid; *acāpalam* — vastberadenheid; *tejaḥ* — vitaliteit; *kṣamā* — vergevensgezindheid; *dhṛtiḥ* — standvastigheid; *śaucam* — reinheid; *adrohaḥ* — vrij zijn vanvijandigheid; *na* — niet; *ati-mānitā* — eerzucht; *bhavanti* — zijn; *sampadam* — de eigenschappen; *daivīm* — de transcendentale aard; *abhijātasya* — van iemand die is geboren met; *bhārata* — o afstammeling van Bharata.

De Allerhoogste Persoonlijkheid Gods zei: Onbevreesdheid; het zuiveren van je bestaan; het cultiveren van spirituele kennis; vrijgevigheid; zelfbeheersing; het brengen van offers; het bestuderen van de Veda's; het beoefenen van ascese; eenvoud; geweldloosheid; waarheidlievendheid; vrij zijn van woede; onthechting; kalmte; afkeer van onnodig kritiseren; mededogen voor alle levende wezens; vrij zijn van hebzucht; vriendelijkheid; bescheidenheid; vastberadenheid; vitaliteit; vergevensgezindheid; standvastigheid; reinheid en vrij zijn van vijandigheid en eerzucht — deze transcendentale eigenschappen, o afstammeling van Bharata, treft men aan bij goddelijke mensen die begiftigd zijn met een spirituele aard.

COMMENTAAR: In het begin van het vijftiende hoofdstuk werd uitleg gegeven over de banyan-boom van de materiële wereld. De extra wortels die eruit tevoorschijn komen, werden vergeleken met de activiteiten vande levende wezens, waarvan sommige gunstig zijn en sommige ongunstig. In het negende hoofdstuk werden de *deva's* of goddelijke personen, en de *asura's*, de goddeloze personen of demonen, gekarakteriseerd. Activiteiten in de hoedanigheid goedheid, die volgens de Vedische riten worden verricht, worden gezien als gunstig om vooruitgang te maken op het pad van bevrijding en zulke activiteiten staan bekend als *daivī prakṛti*, transcendentaal van aard. Zij die zich in de transcendentale natuur bevinden, maken vooruitgang op het pad van bevrijding. Aan de andere kant bestaat er geen kans op bevrijding voor hen die in de hoedanigheden hartstocht en onwetendheid handelen. Ze zullen of als menselijke wezens in de materiële wereld moeten blijven of ze zullen afdalen naar dierlijke soorten of zelfs lagere levensvormen. In dit zestiende hoofdstuk geeft de Heer uitleg over zowel de transcendentale natuur en de daarmee samengaande eigenschappen als de demonische natuur en haar eigenschappen. Ook legt Hij de voor- en nadelen van deze eigenschappen uit.

Het woord *'abhijātasya'* is zeer belangrijk en heeft betrekking op iemand die geboren is met transcendentale eigenschappen of goddelijke neigingen. Het verwekken van een kind in een goddelijke sfeer wordt in de Vedische teksten *garbhādhāna-saṁskāra* genoemd. Wanneer ouders een kind willen hebben met goddelijke eigenschappen, moeten ze de tien zuiverende processen volgen die voor het sociale leven van het menselijk wezen worden aangeraden. Eerder in de *Bhagavad-gītā* hebben we al gezien dat seksualiteit om een goed kind te krijgen Kṛṣṇa Zelf is. Seksualiteit wordt niet veroordeeld, op voorwaarde dat ze gebruikt wordt in Kṛṣṇa-bewustzijn. Op zijn minst zouden Kṛṣṇa-bewuste personen niet zoals honden en katten kinderen moeten krijgen; ze zouden echter op zo'n manier kinderen moeten krijgen, dat die kinderen na hun geboorte Kṛṣṇa-bewust kunnen worden. Dat is het voordeel dat kinderen van volledig Kṛṣṇa-bewuste ouders zouden moeten krijgen.

Het sociale stelsel dat bekendstaat als *varṇāśrama-dharma* — het stelsel waardoor de samenleving wordt onderverdeeld in vier categorieën van sociaal leven en vier van voorgeschreven bezigheden of kasten —heeft niet de bedoeling de menselijke samenleving onder te verdelen opbasis van geboorte. De onderverdelingen worden gemaakt op basis van kwalificaties op het vlak van onderwijs en zijn ervoor bedoeld om in desamenleving vrede en voorspoed te handhaven. De kwaliteiten die in ditvers worden genoemd, worden beschouwd als transcendentale kwaliteiten, die ervoor bedoeld zijn om iemand vooruitgang te laten maken in spiritueel inzicht, zodat hij uit de materiële wereld kan worden bevrijd.

In het *varṇāśrama*-stelsel wordt de *sannyāsī*, degene die zich in de onthechte levensorde bevindt, als het hoofd of als de spiritueel leraar van alle andere sociale posities en orden gezien. Een *brāhmaṇa* wordt gezien als de spiritueel leraar van de drie andere groepen binnen de maatschappij: de *kṣatriya's*, de *vaiśya's* en de *śūdra's*. Maar een *sannyāsī*, die aan het hoofd van het stelsel staat, wordt ook gezien als de spiritueel leraar van de *brāhmaṇa's*.

De eerste kwalificatie van een *sannyāsī* is dat hij onbevreesd moet zijn. Omdat een *sannyāsī* op zichzelf leeft, zonder enige ondersteuning of zekerheid, moet hij simpelweg vertrouwen op de genade van de Allerhoogste Persoonlijkheid Gods. Als hij denkt: 'Wie zal me beschermen nadat ik mijn relaties achter me heb gelaten?', moet hij niet de onthechte levensorde aanvaarden. Men moet er volledig van overtuigd zijn dat Kṛṣṇa of de Allerhoogste Persoonlijkheid Gods in Zijn gelokaliseerde aspect als Paramātmā altijd in het hart aanwezig is, dat Hij alles ziet en dat Hij altijd weet wat iemand van plan is. Op die manier moet men het vaste vertrouwen hebben dat Kṛṣṇa als de Paramātmā voor een ziel zal zorgen die zich aan Hem heeft overgegeven. 'Ik zal niet alleen zijn', en 'Zelfs al leef ik in het donkerste gedeelte van het woud, Kṛṣṇa zal me vergezellen en Hij zal me beschermen'. dit zijn de gedachten die men zou moeten hebben. Zo'n overtuiging wordt *abhayam* benoemd, onbevreesdheid. Zo'n mentaliteit is noodzakelijk voor een persoon in de onthechte levensorde.

Vervolgens moet hij zijn bestaan zuiveren. Er zijn zoveel regels en bepalingen die in de onthechte levensorde gevolgd moeten worden. De belangrijkste van allemaal is dat het voor een *sannyāsī* strikt verboden is om intieme omgang te hebben met een vrouw. Het is voor hem zelfs verboden om in afzondering met een vrouw te spreken. Heer Caitanya was een ideale *sannyāsī* en toen Hij in Purī was, konden Zijn vrouwelijke toegewijden niet dichtbij Hem komen om hun eerbetuigingen aan Hem te brengen. Hen werd aangeraden om van een afstand neer te buigen. Dit is geen teken van haat tegenover vrouwen als groep, maar het is een beperking die aan de *sannyāsī* wordt opgelegd dat hij geen innige relaties met vrouwen mag hebben.

Men moet de regels en bepalingen van een bepaalde positie in het leven volgen om zijn leven te zuiveren. Voor een *sannyāsī* zijn intieme relaties met vrouwen en het bezit van rijkdom voor zinsbevrediging strikt verboden. Heer Caitanya was Zelf de ideale *sannyāsī* en we kunnen zien dat Hij in Zijn leven heel strikt was wat betreft vrouwen. Hoewel Hij als de meest vrijgevige incarnatie wordt beschouwd en de meest gevallen geconditioneerde zielen aanvaardt, volgde Hij de regels en bepalingen van de levensorde van *sannyāsa* wat betreft de omgang met vrouwen strikt op. Een van Zijn persoonlijke metgezellen, Choṭa Haridāsa, bevond zich in het gezelschap van Heer Caitanya samen met Zijn andere vertrouwelijke persoonlijke metgezellen, maar om de een of andere reden keek deze Choṭa Haridāsa met een blik vol lust naar een jonge vrouw en Heer Caitanya was zo strikt, dat Hij hem onmiddellijk uit het gezelschap van Zijn persoonlijke metgezellen bande. Heer Caitanya zei: 'Voor een *sannyāsī* of voor iedereen die ernaar streeft om uit de greep van de materiële natuur te komen en zichzelf probeert te verheffen tot de spirituele werelden terug te gaan naar huis, terug naar God, is het kijken naar materiële bezittingen en vrouwen voor zinsbevrediging — niet eens van hen genieten, maar alleen al naar hen kijken met zo'n mentaliteit — zo verwerpelijk, dat hij er beter aan zou doen zelfmoord te plegen voordat hij aan zulke ongeoorloofde verlangens toegeeft.' Dit zijn de methoden om het bestaan te zuiveren.

Het volgende onderdeel is *jñāna-yoga-vyavasthiti:* het cultiveren van kennis. Het leven van een *sannyāsī* is bedoeld om kennis te verspreiden aan getrouwde personen en aan anderen die vergeten zijn dat hun leven in werkelijkheid bedoeld is om spirituele vooruitgang te maken. Een *sannyāsī* hoort van deur tot deur te gaan om te bedelen voor zijn levensonderhoud, maar dat betekent niet dat hij een bedelaar is. Nederigheid is ook een van de kwalificaties van een persoon die zich op het transcendentale niveau bevindt en uit zuivere nederigheid gaat de *sannyāsī* van deur tot deur; niet echt om te bedelen, maar om getrouwde personen te bezoeken en Kṛṣṇa-bewustzijn bij hen op te wekken. Dat is de plicht van de *sannyāsī*. Als hij werkelijk ver gevorderd is en daarvoor de opdracht van zijn spiritueel leraar heeft gekregen, moet hij met logica en inzicht het Kṛṣṇa-bewustzijn prediken; als hij echter niet zo gevorderd is, moet hij de onthechte levensorde niet aanvaarden. En ook al heeft hij de onthechte levensorde zonder voldoende kennis aanvaard, dan moet hij zich serieus toeleggen op het luisteren naar een bonafide spiritueel leraar om kennis te cultiveren. Een *sannyāsī* of iemand in de onthechte levensorde moet vaststaan in onbevreesdheid, zuiverheid (*sattva-saṁśuddhi*) en kennis (*jñāna-yoga*).

Het volgende onderdeel is vrijgevigheid. Vrijgevigheid is bedoeld voor getrouwde personen. Zij moeten op een eerlijke manier in hun levensonderhoud voorzien en vijftig procent van hun inkomen gebruiken om het Kṛṣṇa-bewustzijn over de hele wereld te verspreiden; op die manier moet een getrouwd persoon vrijgevig zijn tegenover gemeenschappen die daarmee bezig zijn. Men moet vrijgevig zijn tegenover de juiste ontvanger. Zoals later uitgelegd zal worden, zijn er verschillende soorten vrijgevigheid: vrijgevigheid in de hoedanigheden goedheid, hartstocht en onwetendheid. In de heilige teksten wordt vrijgevigheid in de hoedanigheid goedheid aangeraden, terwijl vrijgevigheid in de hoedanigheden hartstocht en onwetendheid niet worden aangeraden, omdat dat gewoon geldverspilling is. Men moet alleen vrijgevig zijn om het Kṛṣṇa-bewustzijn over de hele wereld te verspreiden. Dat is vrijgevigheid in de hoedanigheid goedheid.

Wat betreft *dama* (zelfbeheersing), dit is bedoeld voor alle orden van de religieuze samenleving, maar vooral voor een getrouwd persoon. Hoewel hij een vrouw heeft, moet een getrouwd persoon zijn zintuigen niet gebruiken voor onnodige seks. Voor een getrouwd persoon zijn er zelfs op het vlak van seksualiteit beperkingen; hij moet zich hier alleen mee bezighouden om kinderen te verwekken. Wie geen kinderen wil, moet geen seksueel contact hebben met zijn vrouw. In de moderne samenleving genieten mensen van seks met behulp van voorbehoedsmiddelen of nog afschuwelijkere methoden om te ontkomen aan de verantwoordelijkheid van het opvoeden van kinderen. Dit hoort niet bij de transcendentale kwaliteiten, maar bij de demonische. Wie vooruitgang wil maken in het spirituele leven moet, zelfs al is men getrouwd, zijn seksualiteit bedwingen en geen kind verwekken zonder daarmee Kṛṣṇa te willen dienen. Wanneer men in staat is om Kṛṣṇa-bewuste kinderen te verwekken, mag men honderden kinderen voortbrengen, maar wie hiertoe niet in staat is, moet niet toegeven aan zinnelijk genot.

Offers brengen is een ander onderdeel dat getrouwde personen moeten verrichten, omdat er voor offers grote hoeveelheden geld nodig zijn. Degenen in de andere levensorden, namelijk *brahmacarya, vānaprastha* en *sannyāsa*, hebben geen geld en onderhouden zich door te bedelen. Het brengen van verschillende typen offers is dus bedoeld voor getrouwdepersonen. Zij moeten *agni-hotra*-offers verrichten, zoals die in de Vedische literatuur worden voorgeschreven, maar zulke offers zijn in deze tijd heel duur en niet ieder getrouwd persoon is in staat ze te verrichten. Het beste offer dat voor dit tijdperk wordt aangeraden, is het *saṅkīrtana-yajña*. Dit *saṅkīrtana-yajña*, het chanten van Hare Kṛṣṇa, Hare Kṛṣṇa, Kṛṣṇa Kṛṣṇa, Hare Hare/ Hare Rāma, Hare Rāma, Rāma Rāma, Hare Hare, is het beste en het goedkoopste offer; iedereen kan het uitvoeren en er zijn voordeel mee doen. Dus vrijgevigheid, het beheersen van de zintuigen en het brengen van offers zijn bedoeld voor getrouwde personen.

Dan is er *svādhyāya*, het bestuderen van de Veda's, dat speciaal bedoeld is voor *brahmacarya*, het studentenleven. *Brahmacārī's* mogen geen contact hebben met vrouwen; ze moeten een celibatair leven leiden en hun geest verdiepen in het bestuderen van de Vedische literatuur om kennis te cultiveren. Dit wordt *svādhyāya* genoemd.

Tapas of ascese is in het bijzonder bedoeld voor het teruggetrokken leven. Men moet niet zijn hele leven getrouwd blijven, maar altijd bedenken dat er vier levensstadia zijn: *brahmacarya*, *gṛhastha*, *vānaprastha* en *sannyāsa*. Na een *gṛhastha* of getrouwd persoon te zijn geweest, moet men teruggetrokken gaan leven. Als men honderd jaar leeft, moet men vijfentwintig jaar doorbrengen als student, vijfentwintig jaar als getrouwd persoon, vijfentwintig jaar in de teruggetrokken levensorde en vijfentwintig jaar in de onthechte levensorde. Dat zijn de bepalingen van het Vedische religieuze leven. Wie zich heeft teruggetrokken uit het gezinsleven, moet ascese van lichaam, geest en tong beoefenen. Dat is *tapasya*. Het hele *varṇāśrama*-stelsel is bedoeld voor *tapasya*, ascese. Zonder dat kan geen enkel menselijk wezen bevrijding krijgen.

De theorie dat er in het leven geen behoefte is aan ascese, dat men maar door kan gaan met speculeren en dat alles zo goed zal komen, wordtnoch in de Vedische literatuur noch in de *Bhagavad-gītā* aangeraden. Zulketheorieën worden door pseudospiritualisten verzonnen, die meer volgelingen proberen te krijgen. Wanneer er beperkingen, regels en bepalingen zijn, zullen mensen zich niet aangetrokken voelen. Zij die volgelingen willen in de naam van religie alleen maar om een show op te voeren, leggen geen beperkingen op aan het leven van hun studenten en evenmin aan hun eigen levens. Maar die methode wordt niet goedgekeurd door de Veda's.

De brahmaanse kwaliteit van eenvoud is niet een principe dat alleen door een bepaalde levensorde gevolgd moet worden, maar een die voor alle levensorden geldt — de *brahmacārī āśrama*, de *gṛhastha āśrama*, de *vānaprastha āśrama* en de *sannyāsa āśrama*. Men moet heel eenvoudig en eerlijk zijn.

Ahiṁsā betekent dat men de levensontwikkeling van welk levend wezen dan ook niet verhindert. Men moet niet denken dat omdat de spirituele vonk toch nooit gedood kan worden, zelfs niet na het doden van het lichaam, het geen kwaad kan dieren te doden voor zinsbevrediging. Mensen zijn tegenwoordig verslaafd aan het eten van dieren, hoewel ze voldoende granen, vruchten en melk hebben. Het doden van dieren is niet noodzakelijk. Dit voorschrift geldt voor iedereen. Als er geen andere mogelijkheid is, mag men een dier doden, maar het moet dan geofferd worden. In ieder geval moeten personen die ernaar verlangen vooruitgang te maken in spirituele bewustwording, dieren geen geweld aandoen wanneer de mensheid voldoende voedselvoorraad heeft.

Werkelijke *ahiṁsā* betekent dat men de levensontwikkeling van iemand anders niet hindert. Dieren maken ook een ontwikkeling door in hun evolutionaire leven door van de ene categorie van dierlijk leven naar de andere te verhuizen. Als een bepaald dier gedood wordt, dan hindert dat zijn ontwikkeling. Als een dier voor een bepaald aantal dagen of jaren in een bepaald lichaam verblijft en dan voortijdig gedood wordt, moet het opnieuw in die levensvorm terugkomen om de resterende dagen vol te maken en vervolgens te promoveren naar een andere levenssoort. Hun ontwikkeling mag dus niet gehinderd worden alleen maar om de eetlust te bevredigen. Dat is wat onder *ahiṁsā* wordt verstaan.

Satyam. Dit woord betekent dat men de waarheid niet in zijn eigen voordeel moet verdraaien. In de Vedische literatuur staan enkele moeilijke passages, maar de betekenis of de bedoeling daarvan moet van een bonafide spiritueel leraar worden geleerd. Dat is de methode waarmee we deVeda's moeten begrijpen. *Śruti* betekent dat men van een autoriteit moet horen. Men moet geen eigen interpretaties maken voor eigen voordeel. Erbestaan zoveel commentaren op de *Bhagavad-gītā* die de oorspronkelijke tekst verkeerd interpreteren. Men moet de werkelijke betekenis van een bepaald woord geven en die betekenis moet van een bonafide spiritueel leraar worden geleerd.

Akrodha betekent het bedwingen van woede. Zelfs al wordt deze woede uitgelokt, toch moet men verdraagzaam zijn, want wanneer iemandkwaad wordt, raakt zijn hele lichaam verontreinigd. Woede is het gevolg van de hoedanigheid hartstocht en lust; wie zich op het transcendentale niveau bevindt, moet deze woede dus bedwingen.

Apaiśunam betekent dat men niet naar de fouten in een ander moet zoeken of anderen niet onnodig moet corrigeren. Een dief een dief noemen is natuurlijk niet onnodig kritiseren, maar een eerlijk mens een dief noemen is zeer kwetsend en zal een belemmering vormen voor iemands vooruitgang in het spirituele leven.

Hrī betekent dat iemand heel bescheiden moet zijn en geen weerzinwekkende activiteit moet begaan.

Acāpalam, vastberadenheid, betekent dat men niet opgewonden ofgefrustreerd moet raken wanneer men faalt in zijn streven. Men moet daarniet om treuren, maar met geduld en vastberadenheid vooruitgang blijven maken.

Het woord *'tejas'* dat hier wordt gebruikt, is bedoeld voor de *kṣatriya's*. De *kṣatriya's* moeten altijd heel krachtig zijn om bescherming te kunnen bieden aan de zwakkeren. Ze moeten zichzelf niet als geweldloos voordoen. Wanneer geweld noodzakelijk is, moeten ze het gebruiken. Maar iemand die in staat is zijn vijand te bedwingen, kan onder bepaalde voorwaarden vergevensgezind zijn; hij kan kleinere overtredingen vergeven.

Śaucam betekent 'reinheid', niet alleen van geest en lichaam, maar ook wat betreft gedrag in de omgang met anderen. Dit is in het bijzonder bedoeld voor handelslieden, die geen zaken horen te doen op de zwarte markt.

Nāti-mānitā betekent dat men geen eer moet verwachten. Dit heeft vooral betrekking op de *śūdra's*, de arbeidersklasse, die volgens de Vedische voorschriften de laagste van de vier klassen zijn. Ze moeten in hun eigen positie blijven en niet verwaand zijn, want voor hen zijn prestige en eer onnodig. Het is de plicht van *śūdra's* de hogere klassen respect te betuigen om de sociale orde in stand te houden.

Al deze zesentwintig kwaliteiten zijn transcendentale eigenschappen. Ze moeten worden gecultiveerd volgens de verschillende posities in de sociale orden en de orden van voorgeschreven bezigheden. De strekking is dat, ook al zijn materiële omstandigheden ellendig, wanneer deze eigenschappen door alle klassen van mensen door oefening ontwikkeld worden, het geleidelijk aan mogelijk zal worden om tot het hoogste niveau van transcendentale bewustwording te komen.

TEKST 4 दम्भो दर्पोऽभिमानश्च क्रोधः पारुष्यमेव च ।
अज्ञानं चाभिजातस्य पार्थ सम्पदमासुरीम् ॥ ४ ॥

dambho darpo 'bhimānaś ca, krodhaḥ pāruṣyam eva ca
ajñānaṁ cābhijātasya, pārtha sampadam āsurīm

dambhaḥ — trots; *darpaḥ* — arrogantie; *abhimānaḥ* — eigenwaan; *ca*— en; *krodhaḥ* — woede; *pāruṣyam* — ruwheid; *eva* — zeker; *ca* — en; *ajñānam* — onwetendheid; *ca* — en; *abhijātasya* — van iemand die geboren is met; *pārtha* — o zoon van Pṛthā; *sampadam* — de eigenschappen; *āsurīm* — van de demonische aard.

Trots, arrogantie, eigenwaan, woede, ruwheid en onwetendheid — dit zijn de eigenschappen van degenen met een demonische aard, o zoon van Pṛthā.

COMMENTAAR: In dit vers wordt de koninklijke weg naar de hel beschreven. Zij die demonisch zijn willen een show maken van religie en vooruitgang in de spirituele wetenschap, ook al volgen ze de principes niet. Ze zijn altijd arrogant of trots op hun bepaald soort onderwijs of op hun grote rijkdom. Ze verlangen ernaar door anderen vereerd te worden en eisen respect, hoewel ze geen respect afdwingen. Ze worden ontzettend kwaad over kleinigheden en hun taal is ruw en niet kalm of vriendelijk. Ze weten niet wat wel en wat juist niet gedaan moet worden. Ze doen alles volgens hun eigen inzicht, volgens hun eigen verlangen, en aanvaarden geen enkel gezag. Deze demonische eigenschappen nemen ze aan vanaf het moment dat hun lichaam zich in de baarmoeder bevindt; terwijl ze opgroeien, manifesteren ze al deze ongunstige eigenschappen.

TEKST 5 दैवी सम्पद्विमोक्षाय निबन्धायासुरी मता ।
मा शुचः सम्पदं दैवीमभिजातोऽसि पाण्डव ॥ ५ ॥

daivī sampad vimokṣāya, nibandhāyāsurī matā
mā śucaḥ sampadaṁ daivīm, abhijāto 'si pāṇḍava

daivī — transcendentale; *sampat* — kwaliteiten; *vimokṣāya* — leidend totbevrijding; *nibandhāya* — tot gebondenheid; *āsurī* — demonische eigenschappen; *matā* — worden beschouwd; *mā śucaḥ* — maak je geen zorgen; *sampadam* — eigenschappen; *daivīm* — transcendentale; *abhijātaḥ* —geboren met; *asi* — jij bent; *pāṇḍava* — o zoon van Pāṇḍu.

De transcendentale eigenschappen zijn bevorderlijk voor bevrijding, terwijl de demonische eigenschappen tot gebondenheid leiden. Maak je geenzorgen, o zoon van Pāṇḍu, want jij bent geboren met de goddelijke eigenschappen.

COMMENTAAR: Heer Kṛṣṇa moedigde Arjuna aan door hem te zeggen dat hij niet geboren was met demonische eigenschappen. Zijn betrokkenheid in de strijd was niet demonisch, omdat hij de voor- en nadelen tegen elkaarafwoog. Hij overwoog of respectabele personen als Bhīṣma en Droṇa wel of niet gedood moesten worden en handelde dus niet onder invloed van woede, valse trots of wreedheid. Arjuna was dus niet demonisch van aard.

Voor een *kṣatriya*, een militair, wordt het afschieten van pijlen naar de vijand als transcendentaal beschouwd, maar het verzaken van deze plicht is demonisch. Er was voor Arjuna daarom geen reden tot klagen. Iedereen die de regulerende principes van de verschillende levensorden navolgt, bevindt zich op een transcendentaal niveau.

TEKST 6 द्वौ भूतसर्गौ लोकेऽस्मिन्दैव आसुर एव च ।
दैवो विस्तरशः प्रोक्त आसुरं पार्थ मे शृणु ॥ ६ ॥

dvau bhūta-sargau loke 'smin, daiva āsura eva ca
daivo vistaraśaḥ prokta, āsuraṁ pārtha me śṛṇu

dvau — twee; *bhūta-sargau* — geschapen levende wezens; *loke* — in de wereld; *asmin* — deze; *daivaḥ* — goddelijke; *āsuraḥ* — demonische; *eva* — zeker; *ca* — en; *daivaḥ* — de goddelijke; *vistaraśaḥ* — uitvoerig; *proktaḥ* — gesproken; *āsuram* — de demonische; *pārtha* — o zoon van Pṛthā; *me* — van Mij; *śṛṇu* — hoor.

O zoon van Pṛthā, in deze wereld zijn er twee soorten geschapen wezens. De ene soort wordt goddelijk genoemd en de andere demonisch. Ik heb je al uitvoerig uitgelegd wat de goddelijke eigenschappen zijn. Hoor nu van Mij over de demonische.

COMMENTAAR: Na Arjuna verzekerd te hebben dat hij geboren is met de goddelijke eigenschappen, zal Heer Kṛṣṇa nu de demonische manier van handelen beschrijven. De geconditioneerde levende wezens in deze wereld worden in twee klassen onderverdeeld. Zij die geboren zijn met goddelijke eigenschappen leiden een gereguleerd leven, dat wil zeggen: ze houden zich aan de voorschriften van de heilige teksten en die van gezaghebbende personen. Men moet zijn plicht vervullen in overeenstemming met de gezaghebbende heilige teksten. Die mentaliteit wordt goddelijk genoemd. Wie de regulerende principes die vastgelegd zijn in de heilige teksten, niet navolgt en handelt zoals hij zelf wil, wordt demonisch of asurisch genoemd. Er bestaat geen ander criterium dan gehoorzaamheid aan de regulerende principes van de heilige teksten. In de Vedische literatuur staat vermeld dat zowel de halfgoden als de demonen geboren worden uit de Prajāpati; het enige verschil is dat de ene klasse de Vedische voorschriften gehoorzaamt en de andere klasse niet.

TEKST 7 प्रवृत्तिं च निवृत्तिं च जना न विदुरासुराः ।
न शौचं नापि चाचारो न सत्यं तेषु विद्यते ॥ ७ ॥

pravṛttiṁ ca nivṛttiṁ ca, janā na vidur āsurāḥ
na śaucaṁ nāpi cācāro, na satyaṁ teṣu vidyate

pravṛttim — juist handelen; *ca* — en; *nivṛttim* — niet onjuist handelen; *ca* — en; *janāḥ* — personen; *na* — nooit; *viduḥ* — weten; *āsurāḥ* — demonische; *na* — nooit; *śaucam* — reinheid; *na* — evenmin; *api* — ook; *ca* — en; *ācāraḥ* — gedrag; *na* — nooit; *satyam* — waarheid; *teṣu* — in hen; *vidyate* — er is.

Zij die demonisch zijn, weten niet wat wel en wat niet gedaan moet worden. Ze zijn onrein en goed gedrag of waarheidlievendheid zijn in hen niet aan te treffen.

COMMENTAAR: Iedere beschaafde menselijke samenleving heeft een verzameling van schriftuurlijke regels en bepalingen, die vanaf het begin van die samenleving werd nageleefd. De Ārya's, zij die de Vedische beschaving aanvaarden en bekendstaan als de ontwikkeldste en beschaafdste mensen, beschouwen degenen die de voorschriften van de heilige teksten niet volgen als demonen. Er wordt daarom gezegd dat de demonen de regels van de heilige teksten niet kennen en dat ze evenmin de neiging hebben ze te volgen. De meesten van hen kennen deze regels niet en ook al kennen sommige ze wel, dan zijn ze nog niet geneigd ze te volgen. Ze hebben geen geloof of vertrouwen en evenmin zijn ze bereid om in overeenstemming met de Vedische voorschriften te handelen.

De demonen zijn onrein, zowel intern als extern. Men moet altijd zorgvuldig zijn lichaam schoonhouden door een bad te nemen, zijn tanden te poetsen, zich te scheren, schone kleren aan te doen enz. Wat betreft interne reinheid moet men zich altijd de heilige namen van God herinneren en Hare Kṛṣṇa, Hare Kṛṣṇa, Kṛṣṇa Kṛṣṇa, Hare Hare/ Hare Rāma, Hare Rāma, Rāma Rāma, Hare Hare chanten. De demonen houden niet van al deze regels voor externe en interne reinheid en voelen er al net zo min iets voor ze na te leven.

Voor het gedrag van de mens zijn er veel regels en bepalingen, zoals die in de *Manu-saṁhitā*, de wet voor het menselijk ras. De hindoes volgen tot op de dag van vandaag de *Manu-saṁhitā*. Aan dit boek worden wetten van erfrecht en andere wettelijke aangelegenheden ontleend. In de *Manu-saṁhitā* staat duidelijk dat men een vrouw geen vrijheid moet geven. Dat betekent niet dat vrouwen als slaven moeten worden gehouden. Ze zijn net als kinderen. Aan kinderen wordt geen vrijheid gegeven, maar dat betekent niet dat ze als slaven worden gehouden. Tegenwoordig veronachtzamen de demonen zulke voorschriften en denken ze dat vrouwen net zoveel vrijheid moeten krijgen als mannen. Maar dit heeft de sociale situatie van de wereld niet verbeterd. Eigenlijk moet een vrouw in ieder levensstadium beschermd worden. De vader moet haar bescherming bieden gedurende haar kinderjaren, de echtgenoot wanneer ze een jonge vrouw is en gedurende haar ouderdom moeten haar opgegroeide zonen haar beschermen. Volgens de *Manu-saṁhitā* is dit het juiste sociale gedrag. Maar het moderne onderwijs heeft een kunstmatig en opgeblazen concept van het vrouwzijn verzonnen, waardoor het huwelijk in de menselijke samenleving tegenwoordig praktisch iets denkbeeldigs is geworden. En ook de morele gesteldheid van vrouwen is tegenwoordig niet erg goed. De demonen aanvaarden geen enkele instructie die goed is voor de samenleving, en omdat ze geen acht slaan op de ervaring van grote wijzen en de regels en bepalingen die door hen zijn vastgelegd, is de sociale toestand door de aanwezigheid van demonische mensen zeer ellendig.

TEKST 8 असत्यमप्रतिष्ठं ते जगदाहुरनीश्वरम् ।
अपरस्परसम्भूतं किमन्यत्कामहैतुकम् ॥ ८ ॥

asatyam apratiṣṭhaṁ te, jagad āhur anīśvaram
aparaspara-sambhūtaṁ, kim anyat kāma-haitukam

asatyam — onwerkelijk; *apratiṣṭham* — zonder fundament; *te* — zij; *jagat* — de kosmos; *āhuḥ* — zeggen; *anīśvaram* — zonder bestuurder; *aparaspara* — zonder oorzaak; *sambhūtam* — teweeggebracht; *kim anyat* — er is geen andere oorzaak; *kāma-haitukam* — het is enkel door lust veroorzaakt.

Ze zeggen dat deze wereld onwerkelijk is, geen fundament heeft en dat er geen God is die hem bestuurt. Ze zeggen dat de wereld voortkomt uit seksueel verlangen en geen andere oorzaak heeft dan lust.

COMMENTAAR: Zij die demonisch zijn concluderen dat de wereld een hersenschim is. Oorzaak en gevolg bestaan niet, er is geen bestuurder en ook geen doel — alles is onwerkelijk. Ze zeggen dat deze kosmos voortkomt uit toevallige acties en reacties van materie. Ze denken niet dat de wereld met een bepaald doel door God werd geschapen. Ze hebben hun eigen theorie: de wereld is vanzelf ontstaan en er is geen reden om aan te nemen dat God achter alles zit. Voor hen bestaat er geen verschil tussen materie en het spirituele en ze aanvaarden de Allerhoogste Ziel niet. Alles is enkel materie en de hele kosmos wordt gezien als een massa onwetendheid. Volgens hen is alles leegte en alles wat gemanifesteerd is, is enkel het gevolg van de onwetendheid die onze waarneming beheerst. Voor hen is het vanzelfsprekend dat alle bestaande verscheidenheid een vertoning van onwetendheid is, net zoals we in een droom zoveel dingen creëren die in werkelijkheid niet bestaan; wanneer we wakker zijn, zullen we zien dat alles gewoon een droom was.

Maar in werkelijkheid is het zo dat hoewel de demonen zeggen dat het leven een droom is, ze heel bedreven zijn in het genieten van die droom. Op die manier raken ze meer en meer verstrikt in dromenland in plaats van dat ze kennis verwerven. Net zoals ze denken dat een kind alleen maar het gevolg is van seksueel contact tussen een man en een vrouw, zo concluderen ze ook dat de wereld geboren is zonder ziel. Volgens hen komen alle levende wezens alleen maar voort uit combinaties van materie en is er geen sprake van het bestaan van de ziel. Net zoals veel levende wezens zonder enige oorzaak voortkomen uit zweet en uit een dood lichaam, zo is de hele levende wereld voortgekomen uit materiële combinaties binnen de kosmos; de materiële natuur is er daarom deoorzaak van en er bestaat geen andere oorzaak. Ze geloven niet in de woorden van Kṛṣṇa in de *Bhagavad-gītā: mayādhyakṣeṇa prakṛtiḥ sūyate sa-carācaram* — 'De hele materiële wereld functioneert onder Mijn leiding.'

Met andere woorden: de demonen hebben geen perfecte kennis overde schepping van de wereld; ieder van hen houdt er zijn eigen theorie op na. Volgens hen is de ene interpretatie van de heilige teksten net zo goed als een andere, want ze geloven niet in een standaardbegrip van de voorschriften in de heilige teksten.

TEKST 9 एतां दृष्टिमवष्टभ्य नष्टात्मानोऽल्पबुद्धयः ।
प्रभवन्त्युग्रकर्माणः क्षयाय जगतोऽहिताः ॥ ९ ॥

etāṁ dṛṣṭim avaṣṭabhya, naṣṭātmāno 'lpa-buddhayaḥ
prabhavanty ugra-karmāṇaḥ, kṣayāya jagato 'hitāḥ

etām — deze; *dṛṣṭim* — zienswijze; *avaṣṭabhya* — aanvaardend; *naṣṭa* — verloren hebbend; *ātmānaḥ* — zijzelf; *alpa-buddhayaḥ* — zij die minder intelligent zijn; *prabhavanti* — gedijen; *ugra-karmāṇaḥ* — gewijd aan wrede activiteiten; *kṣayāya* — voor vernietiging; *jagataḥ* — van de wereld; *ahitāḥ* — rampzalig.

Overtuigd van zulke opvattingen wijden de demonen, die zichzelfhebben verloren en geen intelligentie bezitten, zich aan rampzalige, gruwelijke werken die bedoeld zijn om de wereld te vernietigen.

COMMENTAAR: Demonische personen houden zich bezig met activiteiten die de wereld zullen vernietigen. De Heer zegt hier dat ze minder intelligent zijn. De materialisten, die geen idee hebben van God, denken dat ze vooruitgang maken, maar volgens de *Bhagavad-gītā* zijn ze niet intelligent en ontbreekt het hen volledig aan inzicht. Ze proberen tot het uiterste van de materiële wereld te genieten en zijn daarom altijd bezig iets uit te vinden voor zinsbevrediging. Zulke materialistische uitvindingen worden gezien als de vooruitgang van de menselijke beschaving, maar het resultaat is dat mensen steeds gewelddadiger en wreder worden — zowel ten opzichte van dieren als van andere mensen. Ze hebben er geen idee van hoe ze zich ten opzichte van elkaar moeten gedragen.

Het doden van dieren is iets dat zeer veel voorkomt onder demonische mensen. Zulke mensen worden beschouwd als de vijanden van de wereld, omdat ze uiteindelijk iets zullen uitvinden of creëren dat de oorzaak zal zijn van de vernietiging van alles en iedereen. Op een indirecte manier loopt dit vers vooruit op de uitvinding van de nucleaire wapens waar de hele wereld tegenwoordig zo trots op is. Op elk moment kan er een oorlog uitbreken en dan kunnen die atoomwapens een ravage aanrichten. Die dingen zijn alleen gemaakt om de wereld te vernietigen en dat is waar in dit vers naar verwezen wordt. Door goddeloosheid worden er in de menselijke samenleving zulke wapens uitgevonden; ze zijn er niet voor bedoeld vrede en voorspoed in de wereld te brengen.

TEKST 10 कामम्आश्रित्य दुष्पूरं दम्भमानमदान्विताः ।
मोहाद्गृहीत्वासद्ग्राहान्प्रवर्तन्तेऽशुचिव्रताः ॥ १० ॥

kāmam āśritya duṣpūraṁ, dambha-māna-madānvitāḥ
mohād gṛhītvāsad-grāhān, pravartante 'śuci-vratāḥ

kāmam — lust; *āśritya* — toevlucht nemend tot; *duṣpūram* — onverzadigbare; *dambha* — van trots; *māna* — en hoogmoed; *mada-anvitāḥ* — vervuld van eigenwaan; *mohāt* — door illusie; *gṛhītvā* — aannemend; *asat* — tijdelijke; *grāhān* — dingen; *pravartante* — ze gedijen; *aśuci-vratāḥ* — zij die onzuivere geloften afleggen.

Door hun toevlucht te nemen tot onverzadigbare lust en vervuld te zijn van verwaandheid, trots en hoogmoed, houden de demonen, die op die manier in illusie zijn, zich altijd bezig met onzuivere activiteiten, omdat ze aangetrokken zijn tot het tijdelijke.

COMMENTAAR: In dit vers wordt de demonische mentaliteit beschreven. De lust van de demonen kent geen bevrediging. Ze zullen hun onbevredigbare verlangens naar materieel genot meer en meer laten toenemen. Hoewel ze door het aanvaarden van tijdelijke dingen altijd vol zorgen zijn, gaan ze in hun illusie toch door met zulke activiteiten. Ze hebben geen kennis en beseffen niet dat ze de verkeerde kant opgaan. Doordat ze tijdelijke dingen aanvaarden, creëren zulke demonische mensen hun eigen god en hun eigen hymnen, die ze vervolgens zingen. Het resultaat is dat ze meer en meer aangetrokken raken tot twee dingen: seksueel genoten het vergaren van materiële rijkdom.

Het woord *'aśuci-vratāḥ'*, 'onzuivere geloften', is in dit verband heelbelangrijk. Zulke demonische mensen zijn alleen aangetrokken tot wijn,vrouwen, gokken en vleeseten; dat zijn hun *aśuci*, hun onzuivere gewoonten. Gedreven door trots en hoogmoed, verzinnen ze religieuze principes, die niet overeenstemmen met de Vedische voorschriften. Hoewel zulke demonen de meest weerzinwekkende mensen op aarde zijn, bewijst de wereld hun kunstmatig valse eer. Ook al glijden ze af naar de hel, toch zien ze zichzelf als zeer ontwikkeld.

TEKST 11 – 12
चिन्तामपरिमेयां च प्रलयान्तामुपाश्रिताः ।
कामोपभोगपरमा एतावदिति निश्चिताः ॥ ११ ॥
आशापाशशतैर्बद्धाः कामक्रोधपरायणाः ।
ईहन्ते कामभोगार्थमन्यायेनार्थसञ्चयान् ॥ १२ ॥

cintām aparimeyāṁ ca, pralayāntām upāśritāḥ
kāmopabhoga-paramā, etāvad iti niścitāḥ

āśā-pāśa-śatair baddhāḥ, kāma-krodha-parāyaṇāḥ
īhante kāma-bhogārtham, anyāyenārtha-sañcayān

cintām — angsten en zorgen; *aparimeyām* — onmetelijke; *ca* — en; *pralaya-antām* — tot aan hun dood; *upāśritāḥ* — hun toevlucht genomen tot; *kāma-upabhoga* — zinsbevrediging; *paramāḥ* — het hoogste doel van het leven; *etāvat* — zo; *iti* — op deze manier; *niścitāḥ* — zich verzekerd hebben van; *āśā-pāśa* — verstrikkingen in een netwerk van hoop; *śataiḥ* — door honderden; *baddhāḥ* — vastgebonden zijn; *kāma* — van lust; *krodha* — en woede; *parāyaṇāḥ* — altijd de mentaliteit hebben van; *īhante* — ze verlangen; *kāma* — lust; *bhoga* — zinnelijk genot; *artham* — voor dat doel; *anyāyena* — onwettig; *artha* — van rijkdom; *sañcayān* — vermeerdering.

Ze zijn ervan overtuigd dat het bevredigen van de zintuigen het voornaamste doel van de menselijke beschaving is. Zo ervaren ze tot aan het einde van hun leven enorme angst en bezorgdheid. Verstrikt in een net van honderdduizenden verlangens en vervuld van lust en woede, proberen ze op onwettige wijze rijkdom te bemachtigen voor hun zinsbevrediging.

COMMENTAAR: Demonische personen zien zinsbevrediging als het uiteindelijke doel van het leven en tot aan hun dood houden ze vast aan dit idee. Ze geloven niet in een leven na de dood en geloven ook niet dat iemand overeenkomstig zijn karma of zijn activiteiten in deze wereld verschillende lichamen aanneemt. De plannen die ze voor hun leven maken, worden nooit gerealiseerd en ze gaan altijd door met het maken van plannen, die allemaal ongerealiseerd blijven. We hebben zelf iemand meegemaakt met zo'n demonische mentaliteit die, zelfs op het punt van sterven, de dokter vroeg om zijn leven met nog vier jaren te verlengen, omdat zijn plannen nog niet waren volbracht. Zulke dwaze mensen weten niet dat een dokter het leven zelfs niet voor maar een moment kan verlengen. Wanneer het moment gekomen is, wordt er geen rekening gehouden met iemands verlangen. De wetten van de natuur staan niemand toe een seconde langer te genieten dan hem is toegemeten.

De demonische persoon, die niet in God of in de Superziel in zijn hart gelooft, begaat allerlei zondige activiteiten enkel en alleen voor zinsbevrediging. Hij weet niet dat er in zijn hart een getuige aanwezig is. De Superziel observeert alle activiteiten van de individuele ziel. Zo wordt in de *upaniṣads* gezegd dat er twee vogels zijn die in één boom zitten; de ene vogel is actief en geniet van of lijdt door de vruchten aan de takken en de andere is daar getuige van. Maar een demonisch persoon heeft geen kennis van de Vedische teksten en evenmin heeft hij enig geloof; daarom voelt hij zich vrij om alles te doen voor zinsbevrediging, zonder stil te staan bij de gevolgen.

TEKST 13 – 15

इदमद्य मया लब्धमिमं प्राप्स्ये मनोरथम् ।
इदमस्तीदमपि मे भविष्यति पुनर्धनम् ॥ १३ ॥
असौ मया हतः शत्रुर्हनिष्ये चापरानपि ।
ईश्वरोऽहमहं भोगी सिद्धोऽहं बलवान् सुखी ॥ १४ ॥

आढ्योऽभिजनवानस्मि कोऽन्योऽस्ति सदृशो मया ।
यक्ष्ये दास्यामि मोदिष्य इत्यज्ञानविमोहिताः ॥ १५ ॥

idam adya mayā labdham, imaṁ prāpsye manoratham
idam astīdam api me, bhaviṣyati punar dhanam

asau mayā hataḥ śatrur, haniṣye cāparān api
īśvaro 'ham ahaṁ bhogī, siddho 'haṁ balavān sukhī

āḍhyo 'bhijanavān asmi, ko 'nyo 'sti sadṛśo mayā
yakṣye dāsyāmi modiṣya, ity ajñāna-vimohitāḥ

idam — dit; *adya* — vandaag; *mayā* — door mij; *labdham* — verworven; *imam* — dit; *prāpsye* — ik zal krijgen; *manaḥ-ratham* — overeenkomstig mijn verlangens; *idam* — dit; *asti* — er is; *idam* — dit; *api* — ook; *me* — van mij; *bhaviṣyati* — in de toekomst zal het toenemen; *punaḥ* — opnieuw; *dhanam* — rijkdom; *asau* — die; *mayā* — door mij; *hataḥ* — is gedood; *śatruḥ* — vijand; *haniṣye* — ik zal doden; *ca* — ook; *aparān* — anderen; *api* — zeker; *īśvaraḥ* — de heer; *aham* — ik ben; *aham* — ik ben; *bhogī* — de genieter; *siddhaḥ* — volmaakt; *aham* — ik ben; *bala-vān* — machtig; *sukhī* — gelukkig; *āḍhyaḥ* — rijk; *abhijana-vān* — omringd door aristocratische familieleden; *asmi* — ik ben; *kaḥ* — wie; *anyaḥ* — andere; *asti* — er is; *sadṛśaḥ* — zoals; *mayā* — ik; *yakṣye* — ik zal offers brengen; *dāsyāmi* — ik zal schenkingen doen; *modiṣye* — ik zal genieten; *iti* — zo; *ajñāna* — door onwetendheid; *vimohitāḥ* — misleid.

Een demonisch persoon denkt: 'Vandaag is dit mijn rijkdom, maar door mijn sluwe plannen zal ik meer bemachtigen. Zoveel heb ik nu, maar dat zal in de toekomst meer worden, en meer. Hij is mijn vijand, maar ik heb hem gedood en al mijn andere vijanden zullen ook worden gedood. Ik ben de heer van alles. Ik ben de genieter. Ik ben volmaakt, machtig en gelukkig. Ik ben de rijkste man, omringd door aristocratische familieleden. Niemand is zo machtig en gelukkig als ik. Ik zal offers brengen, ik zal schenkingen doen en op die manier zal ik genieten.' Zo worden zulke personen misleid door onwetendheid.

TEKST 16 अनेकचित्तविभ्रान्ता मोहजालसमावृताः ।
प्रसक्ताः कामभोगेषु पतन्ति नरकेऽशुचौ ॥ १६ ॥

aneka-citta-vibhrāntā, moha-jāla-samāvṛtāḥ
prasaktāḥ kāma-bhogeṣu, patanti narake 'śucau

aneka — talloze; *citta* — door zorgen; *vibhrāntāḥ* — verbijsterd; *moha* — van illusies; *jāla* — door een netwerk; *samāvṛtāḥ* — omgeven; *prasaktāḥ* — gehecht; *kāma-bhogeṣu* — aan zinsbevrediging; *patanti* — ze zakken omlaag; *narake* — naar de hel; *aśucau* — onzuivere.

Zo door talloze angsten verbijsterd en verstrikt in een netwerk van illusies, raken ze te sterk gehecht aan zinsbevrediging en glijden ze af naar de hel.

COMMENTAAR: Het verlangen van een demonisch persoon om geld te vergaren is onbegrensd. Het enige waaraan hij denkt is wat zijn bezit nu waard is en hoe hij die rijkdom meer en meer kan laten toenemen. Om dat te bereiken deinst hij voor geen enkele zondige activiteit terug en handelt hij op de zwarte markt om op een illegale manier voldoening te krijgen. Hij wordt helemaal in beslag genomen door de bezittingen diehij al heeft, zoals landgoed, gezin, huis en banksaldo, en hij maakt voortdurend plannen om dat alles te verbeteren. Hij vertrouwt op zijn eigen kracht, maar weet niet dat alle winst die hij maakt het gevolg is van zijn goede daden in het verleden. Hij krijgt de gelegenheid zulke dingen te verzamelen, maar hij heeft er geen idee van welke vroegere oorzaken eraan ten grondslag liggen. Hij denkt simpelweg dat hij zijn hele rijkdom door zijn eigen inspanningen heeft verdiend.

Een demonisch persoon vertrouwt dus op de kracht van zijn eigen werk en niet op de wet van karma. Volgens de wet van karma wordt men door goede activiteiten in het verleden in een voorname familie geboren of men wordt rijk of heel geleerd of heel mooi. Zij die demonisch zijn, denken dat al deze dingen toeval zijn of het gevolg van persoonlijk vermogen en persoonlijke vaardigheid. Ze hebben geen enkel besef van de organisatie achter alle verscheidenheid in mensen, schoonheid en geleerdheid.

Iedereen die wedijvert met een demonisch persoon, is zijn vijand. Er zijn veel demonische mensen en ze zijn allemaal vijanden van elkaar. Deze vijandigheid neemt voortdurend toe; eerst tussen personen, dan tussen families, vervolgens tussen gemeenschappen en uiteindelijk tussen landen. Daarom heerst er altijd strijd, oorlog en vijandigheid over de hele wereld.

Ieder demonisch persoon denkt dat hij kan leven ten koste van anderen. Over het algemeen denkt hij dat hij de Allerhoogste God Zelf is en een demonische prediker zal zijn volgelingen het volgende zeggen: 'Waarom zoek je God ergens anders? Jullie zijn zelf God! Jullie kunnen alles doen wat jullie maar willen. Geloof niet in God. Verwerp God. God is dood.' Dat zijn de predikingen van demonen.

Hoewel een demonisch persoon anderen ziet die net zo rijk en machtig zijn of zelfs rijker en machtiger, toch denkt hij dat niemand rijker en invloedrijker is dan hij. Hij gelooft niet in het verrichten van *yajña's* of offers voor promotie naar een hoger planetenstelsel. Demonen denken dat ze hun eigen methode van *yajña* kunnen verzinnen en een machine kunnen construeren waardoor ze in staat zullen zijn om welke hogere planeet dan ook te bereiken. Het beste voorbeeld van zo'n demonisch persoon is Rāvaṇa. Hij legde de mensen het plan voor om een trap te maken, waardoor iedereen de hemelse planeten kon bereiken zonder de offers te verrichten die in de Veda's worden beschreven. Op dezelfde manier zijn er tegenwoordig net zulke demonische mensen die de hogere planetenstelsels proberen te bereiken door mechanische middelen. Dit zijn voorbeelden van verwarring. Het resultaat is dat ze afglijden naar de hel zonder dat ze het zelf in de gaten hebben. Het sanskrietwoord *'moha-jāla'* is hier heel belangrijk. *Jāla* betekent 'net'; er bestaat voor hen geen uitweg, ze zijn als vissen gevangen in een net.

TEKST 17 आत्मसम्भाविताः स्तब्धा धनमानमदान्विताः ।
यजन्ते नामयज्ञैस्ते दम्भेनाविधिपूर्वकम् ॥ १७ ॥

ātma-sambhāvitāḥ stabdhā, dhana-māna-madānvitāḥ
yajante nāma-yajñais te, dambhenāvidhi-pūrvakam

ātma-sambhāvitāḥ — zelfingenomen; *stabdhāḥ* — onbeschaamd; *dhana-māna* — van rijkdom en hoogmoed; *mada* — in de waan; *anvitāḥ* — verzonken; *yajante* — ze brengen offers; *nāma* — in naam alleen; *yajñaiḥ* — met offers; *te* — zij; *dambhena* — uit trots; *avidhi-pūrvakam* — zonder enige regels of bepalingen te volgen.

Zelfingenomen als ze zijn en altijd onbeschaamd, misleid door rijkdom en hoogmoed, brengen ze soms vol trots offers. Maar die offers zijn alleen iets in naam, omdat ze worden gebracht zonder de regels en bepalingen te volgen.

COMMENTAAR: De demonische personen, die denken dat ze boven alles en iedereen staan en niets geven om welk gezag of geschrift dan ook, verrichten soms zogenaamde religieuze rituelen of offerceremonies. Maar omdat ze in geen enkel gezag geloven, zijn ze volkomen schaamteloos. Dat is het gevolg van de illusie veroorzaakt door het vergaren van wat rijkdom en valse prestige.

Soms spelen zulke demonen de rol van predikers en misleiden ze de mensen en komen ze bekend te staan als religieuze hervormers of incarnaties van God. Ze maken een show van het verrichten van offers of ze vereren de halfgoden of verzinnen hun eigen God. Het gewone volk roept hen uit tot God en vereert hen, en dwazen zien hen als gevorderd in religieuze principes of in principes van spirituele kennis. Ze hullen zich in de kleren van de onthechte levensorde en gaan zich daarin te buiten aan allerlei onzin. In werkelijkheid zijn er heel veel beperkingen voor iemand die zich van deze wereld onthecht heeft, maar demonen trekken zich daar niets van aan. Ze denken dat elk pad dat wie dan ook verzint, zijn eigen pad is; er is niet zoiets als een standaardpad dat men moet volgen. Het woord *'avidhi-pūrvakam'*, dat 'veronachtzaming van de regels en bepalingen' betekent, wordt hier in het bijzonder benadrukt. Zulke dingen komen altijd voort uit onwetendheid en illusie.

TEKST 18 अहङ्कारं बलं दर्पं कामं क्रोधं च संश्रिताः ।
मामात्मपरदेहेषु प्रद्विषन्तोऽभ्यसूयकाः ॥ १८ ॥

ahaṅkāraṁ balaṁ darpaṁ, kāmaṁ krodhaṁ ca saṁśritāḥ
māṁ ātma-para-deheṣu, pradviṣanto 'bhyasūyakāḥ

ahaṅkāram — vals ego; *balam* — kracht; *darpam* — trots; *kāmam* — lust; *krodham* — woede; *ca* — ook; *saṁśritāḥ* — toevlucht genomen tot; *mām* — Mij; *ātma* — in hun eigen; *para* — en in andere; *deheṣu* — lichamen; *pradviṣantaḥ* — belasterend; *abhyasūyakāḥ* — haatdragend.

Verward als ze zijn door hun vals ego, kracht, trots, lust en woede, staan de demonen vijandig tegenover de Allerhoogste Persoonlijkheid Gods, die Zich zowel in hun eigen lichaam als in dat van anderen bevindt, en belasteren ze de ware religie.

COMMENTAAR: Een demonisch persoon verzet zich altijd tegen Gods oppermacht en weigert te geloven in de heilige teksten. Hij staat vijandig tegenover zowel de heilige teksten als het bestaan van de Allerhoogste Persoonlijkheid Gods. Dit wordt veroorzaakt door zijn zogenaamd prestige en de rijkdom en macht die hij vergaard heeft. Hij weet niet dat zijn huidige leven een voorbereiding is op het volgende. Omdat hij zich hier niet van bewust is, gedraagt hij zich eigenlijk vijandig ten opzichte van zichzelf en ook tegenover anderen. Hij is gewelddadig tegen andere lichamen en tegen dat van hemzelf. Omdat hij geen kennis heeft, geeft Hij niets om de allerhoogste macht van de Persoonlijkheid Gods. Door zijn vijandigheid ten opzichte van de heilige teksten en het bestaan van de Allerhoogste Persoonlijkheid Gods brengt hij valse argumenten naar voren tegen het bestaan van God en ontkent hij het gezag van de heilige teksten. Hij ziet zichzelf als onafhankelijk en denkt dat hij alles zelf in de hand heeft. Hij denkt dat, omdat niemand hem in kracht, macht of rijkdom overtreft, hij kan doen en laten wat hij wil zonder dat iemand hem kan stoppen. En heeft hij een vijand die hem zou kunnen dwarsbomen in zijn activiteiten voor zinnelijk genot, dan maakt hij plannen om uit eigen macht die vijand te gronde te richten.

TEKST 19 तानहं द्विषतः क्रूरान्संसारेषु नराधमान् ।
क्षिपाम्यजस्रमशुभानासुरीष्वेव योनिषु ॥ १९ ॥

tān ahaṁ dviṣataḥ krūrān, saṁsāreṣu narādhamān
kṣipāmy ajasram aśubhān, āsurīṣv eva yoniṣu

tān — die; *aham* — Ik; *dviṣataḥ* — haatdragend; *krūrān* — wreed; *saṁsāreṣu* — in de oceaan van het materiële bestaan; *nara-adhamān* — de laagsten onder de mensen; *kṣipāmi* — Ik werp; *ajasram* — voor altijd; *aśubhān* — ongunstige; *āsurīṣu* — demonische; *eva* — zeker; *yoniṣu* — in de baarmoeders.

Zij die haatdragend en wreed zijn, de laagsten onder de mensen, werp Ik onophoudelijk in de oceaan van het materiële bestaan, in allerlei demonische levensvormen.

COMMENTAAR: In dit vers wordt duidelijk aangegeven dat de allerhoogste wil het voorrecht heeft om een bepaalde individuele ziel in een bepaaldlichaam te plaatsen. Ook al weigert de demonische persoon de oppermacht van de Heer te erkennen en ook al is het een feit dat hij tot op zekere hoogte volgens zijn eigen wil kan handelen, toch is zijn volgende geboorte afhankelijk van het besluit van de Allerhoogste Persoonlijkheid Gods en niet van hemzelf. In het derde canto van het *Śrīmad-Bhāgavatam* wordt gezegd dat een individuele ziel na haar dood in de baarmoeder van een vrouw geplaatst wordt, waar ze onder toezicht van een hogere macht een bepaald lichaam krijgt. Dat is de reden waarom we in de materiële wereld zoveel levenssoorten aantreffen: dieren, insecten, mensen enz. Allemaal bestaan ze door toedoen van een hogere macht; ze ontstaan niet toevallig.

Over degenen die demonisch zijn wordt hier duidelijk gezegd dat ze onophoudelijk in de baarmoeders van demonen worden geplaatst; op die manier blijven ze kwaadaardig, de laagsten onder de mensen. Deze demonische mensensoorten worden gezien als altijd vol lust, gewelddadig, haatdragend en onrein. De vele soorten jagers in de wildernis worden tot de demonische levenssoorten gerekend.

TEKST 20 आसुरीं योनिमापन्ना मूढा जन्मनिजन्मनि ।
मामप्राप्यैव कौन्तेय ततो यान्त्यधमां गतिम् ॥ २० ॥

āsurīṁ yonim āpannā, mūḍhā janmani janmani
mām aprāpyaiva kaunteya, tato yānty adhamāṁ gatim

āsurīm — demonische; *yonim* — levenssoorten; *āpannāḥ* — verworven; *mūḍhāḥ* — de dwazen; *janmani janmani* — geboorte na geboorte; *mām* — Mij; *aprāpya* — zonder te bereiken; *eva* — zeker; *kaunteya* — o zoon van Kuntī; *tataḥ* — daarna; *yānti* — gaan; *adhamām* — verachtelijke; *gatim* — bestemming.

Omdat ze herhaaldelijk in demonische levensvormen worden geboren, o zoon van Kuntī, kunnen zulke personen Me nooit benaderen. Geleidelijk aan dalen ze af tot het meest verachtelijke bestaan.

COMMENTAAR: Het is bekend dat God algenadig is, maar hier zien we dat God nooit genadig is voor hen die demonisch zijn. Er wordt hier duidelijk gezegd dat demonische mensen leven na leven in de baarmoeders van soortgelijke demonen worden geplaatst en omdat ze de genade van de Allerhoogste Heer niet krijgen, vallen ze dieper en dieper, totdat ze uiteindelijk een lichaam krijgen zoals dat van katten, honden of varkens. Zulke demonen hebben praktisch geen kans om in een later leven de genade van God te krijgen. In de Veda's wordt ook gezegd dat zulke personen geleidelijk aan afdalen om honden en varkens te worden.

Iemand zou nu kunnen tegenwerpen dat God niet algenadig genoemd moet worden als Hij niet genadig is voor deze demonen. Als antwoord hierop kunnen we in het *Vedānta-sūtra* lezen dat de Allerhoogste Heer niemand haat. Dat Hij de *asura's*, de demonen, in de laagste levenssoorten plaatst, is niets anders dan een andere vorm van Zijn genade. Soms worden de demonen door de Allerhoogste Heer gedood, maar ook dat is goed voor hen, want uit de Vedische literatuur leren we dat iedereen die door de Allerhoogste Heer gedood wordt, bevrijding krijgt. In de geschiedenis zijn er voorbeelden aan te wijzen van vele *asura's* — Rāvaṇa, Kaṁsa, Hiraṇyakaśipu — aan wie de Heer in verschillende incarnaties verscheen om hen te doden. De genade van God is er dus ook voor de *asura's* als ze fortuinlijk genoeg zijn door Hem te worden gedood.

TEKST 21

त्रिविधं नरकस्येदं द्वारं नाशनमात्मनः ।
कामः क्रोधस्तथा लोभस्तस्मादेतत्त्रयं त्यजेत् ॥ २१ ॥

tri-vidhaṁ narakasyedaṁ, dvāraṁ nāśanam ātmanaḥ
kāmaḥ krodhas tathā lobhas, tasmād etat trayaṁ tyajet

tri-vidham — van drie soorten; *narakasya* — van de hel; *idam* — deze; *dvāram* — poort; *nāśanam* — vernietigend; *ātmanaḥ* — van het zelf; *kāmaḥ* — lust; *krodhaḥ* — woede; *tathā* — en ook; *lobhaḥ* — hebzucht; *tasmāt* — daarom; *etat* — deze; *trayam* — drie; *tyajet* — men moet opgeven.

Er zijn drie poorten die tot deze hel leiden: lust, woede en hebzucht. Ieder verstandig mens moet deze drie opgeven, omdat ze tot de degradatie van de ziel leiden.

COMMENTAAR: In dit vers wordt het begin van het demonische leven beschreven. Als men probeert zijn lust te bevredigen maar daar niet in slaagt, ontstaan woede en hebzucht. Een verstandig persoon die niet naar demonische levenssoorten wil afglijden, moet proberen deze drie vijanden op te geven, die zo fataal kunnen zijn voor het zelf, dat ze bevrijding uit deze materiële verstrikking onmogelijk maken.

TEKST 22

एतैर्विमुक्तः कौन्तेय तमोद्वारैस्त्रिभिर्नरः ।
आचरत्यात्मनः श्रेयस्ततो याति परां गतिम् ॥ २२ ॥

etair vimuktaḥ kaunteya, tamo-dvārais tribhir naraḥ
ācaraty ātmanaḥ śreyas, tato yāti parāṁ gatim

etaiḥ — van deze; *vimuktaḥ* — bevrijd zijnd; *kaunteya* — o zoon van Kuntī; *tamaḥ-dvāraiḥ* — van de poorten van onwetendheid; *tribhiḥ* — van drie soorten; *naraḥ* — een persoon; *ācarati* — verricht; *ātmanaḥ* — voor het zelf; *śreyaḥ* — zegening; *tataḥ* — daarna; *yāti* — hij gaat; *parām* — naar de allerhoogste; *gatim* — bestemming.

Wie aan deze drie poorten van de hel ontkomen is, o zoon van Kuntī, verricht activiteiten die bevorderlijk zijn voor zelfrealisatie; zo bereikt hij geleidelijk aan de allerhoogste bestemming.

COMMENTAAR: Men moet heel goed oppassen voor deze drie vijanden van het menselijk leven: lust, woede en hebzucht. Hoe meer men bevrijd is van lust, woede en hebzucht, des te zuiverder wordt zijn bestaan. Men kan dan de regels en bepalingen volgen die in de Vedische literatuur worden voorgeschreven. Door de regulerende principes van het menselijk leven te volgen, kan men geleidelijk aan tot het niveau van spirituele bewustwording komen. Wie zo fortuinlijk is dat hij door zulke oefening tot het niveau van Kṛṣṇa-bewustzijn komt, is verzekerd van alle succes.

In de Vedische literatuur wordt het systeem van acties en reacties voorgeschreven, waardoor men in staat zal zijn gezuiverd te worden. De hele methode is gebaseerd op het opgeven van lust, hebzucht en woede. Door kennis over deze methode te cultiveren, kan men tot het hoogste niveau van zelfrealisatie verheven worden; deze zelfrealisatie vindt haar bekroning in devotionele dienst. In die devotionele dienst is de bevrijding van de geconditioneerde ziel gewaarborgd. Volgens het Vedische systeem zijn er daarom vier orden en vier sociale klassen ingesteld, die het systeem van de vier spirituele levensorden en de vier sociale klassen of kasten wordt genoemd. Voor deze verschillende kasten of geledingen van de samenleving bestaan verschillende regels en bepalingen en iemand die in staat is deze te volgen, zal vanzelf tot het hoogste niveau van zelfrealisatie komen, waarna hij ongetwijfeld bevrijding zal bereiken.

TEKST 23 यः शास्त्रविधिमुत्सृज्य वर्तते कामकारतः ।
न स सिद्धिमवाप्नोति न सुखं न परां गतिम् ॥ २३ ॥

yaḥ śāstra-vidhim utsṛjya, vartate kāma-kārataḥ
na sa siddhim avāpnoti, na sukhaṁ na parāṁ gatim

yaḥ — iedereen die; *śāstra-vidhim* — de bepalingen van de geschriften; *utsṛjya* — opgevend; *vartate* — blijft; *kāma-kārataḥ* — willekeurig handelend onder invloed van lust; *na* — nooit; *saḥ* — hij; *siddhim* — volmaaktheid; *avāpnoti* — bereikt; *na* — nooit; *sukham* — geluk; *na* — nooit; *parām* — het hoogste; *gatim* — niveau van volmaaktheid.

Hij die de bepalingen van de geschriften verwerpt en vanuit zijn eigen verlangens handelt, wordt niet gelukkig en bereikt noch volmaaktheid, noch de allerhoogste bestemming.

COMMENTAAR: Zoals al eerder werd beschreven, worden *śāstra-vidhi* of de aanwijzingen van de *śāstra* aan verschillende kasten en orden van de menselijke samenleving gegeven en iedereen wordt geacht deze regels en bepalingen te volgen. Wie ze niet volgt en onder invloed van zijn lust, woede en hebzucht doet wat hij zelf wil, zal in zijn leven nooit volmaaktheid bereiken. Met andere woorden, men kan deze zaken misschien theoretisch wel begrijpen, maar als men ze niet in zijn eigen leven toepast, dan moet men worden gezien als de laagste onder de mensen. In de menselijke levensvorm wordt het levend wezen verondersteld verstandig te zijn en de gegeven regels te volgen, zodat het zijn leven op het hoogste niveau kan brengen; volgt het deze regels echter niet, dan verlaagt het zich. Maar ook al volgt het de regels en bepalingen en de morele principes, als het uiteindelijk de Allerhoogste Heer niet begrijpt, dan is al zijn kennis vergeefs. En zelfs als het levend wezen het bestaan van God aanvaardt, maar geen devotionele dienst aan de Heer verricht, dan blijven zijn inspanningen zonder succes. Men moet daarom geleidelijk aan tot het niveau van Kṛṣṇa-bewustzijn en devotionele dienst komen; alleen daardoor kan men het hoogste niveau van perfectie bereiken en op geen andere manier.

Het woord *'kāma-kārataḥ'* is heel belangrijk. Wie willens en wetens de regels breekt, handelt uit lust. Hij weet dat iets verboden is, maar toch doet hij het. Zulk gedrag wordt eigenzinnig genoemd. Ook al weet hij dat iets gedaan moet worden, toch doet hij het niet; daarom wordt hij eigenzinnig genoemd. Zulke personen zijn gedoemd om door de Allerhoogste Heer te worden verworpen. Ze kunnen niet de perfectie bereiken waarvoor het menselijk leven is bedoeld. Het menselijk leven is speciaal bedoeld om het bestaan te zuiveren, maar wie de regels en bepalingen niet volgt, kan zichzelf niet zuiveren en kan evenmin werkelijk gelukkig worden.

TEKST 24 तस्माच्छास्त्रं प्रमाणं ते कार्याकार्यव्यवस्थितौ ।
ज्ञात्वा शास्त्रविधानोक्तं कर्म कर्तुमिहार्हसि ॥ २४ ॥

tasmāc chāstraṁ pramāṇaṁ te, kāryākārya-vyavasthitau
jñātvā śāstra-vidhānoktaṁ, karma kartum ihārhasi

tasmāt — daarom; *śāstram* — de geschriften; *pramāṇam* — bewijs; *te* — jouw; *kārya* — plicht; *akārya* — en verboden activiteiten; *vyavasthitau* — in het bepalen; *jñātvā* — kennend; *śāstra* — van de geschriften; *vidhāna* — de bepalingen; *uktam* — zoals uiteengezet; *karma* — activiteiten; *kartum* — doen; *iha* — in deze wereld; *arhasi* — je moet.

Men moet daarom begrijpen wat volgens de regels in de geschriften wel en wat niet iemands plicht is. Wanneer men deze regels en bepalingen kent, moet men op zo'n manier handelen dat men geleidelijk aan wordt verheven.

COMMENTAAR: In het vijftiende hoofdstuk werd verklaard dat alle regels en bepalingen van de Veda's ervoor bedoeld zijn om Kṛṣṇa te begrijpen. Wanneer iemand Kṛṣṇa door de *Bhagavad-gītā* begrijpt en Kṛṣṇa-bewust wordt en devotionele dienst verricht, dan heeft hij de hoogste volmaaktheid van kennis bereikt die door de Vedische literatuur geboden wordt. Heer Caitanya Mahāprabhu heeft dit proces heel gemakkelijk gemaakt: Hij vroeg mensen om eenvoudig Hare Kṛṣṇa, Hare Kṛṣṇa, Kṛṣṇa Kṛṣṇa, Hare Hare/ Hare Rāma, Hare Rāma, Rāma Rāma, Hare Hare te chanten, om devotionele dienst aan de Heer te verrichten en om de overblijfselen te eten vanhet voedsel dat aan de Beeldgedaante is geofferd. Wie rechtstreeks deze devotionele activiteiten verricht, moet beschouwd worden als iemand die alle Vedische literatuur bestudeerd heeft en de conclusie ervan perfect begrepen heeft. Voor gewone mensen die niet Kṛṣṇa-bewust zijn of die geen devotionele dienst verrichten, moeten de Vedische voorschriften natuurlijk bepalen wat wel en wat niet gedaan moet worden. Men moet in overeenstemming daarmee handelen, zonder zich te verzetten. Dat wordt gezien als het volgen van de principes van de *śāstra*, de heilige teksten.

De *śāstra* is vrij van de vier voornaamste gebreken die in een geconditioneerde ziel aanwezig zijn: onvolmaakte zintuigen, de neiging tot bedriegen, de zekerheid dat men fouten maakt en de zekerheid dat men in illusie is. Deze vier voornaamste gebreken van het geconditioneerde leven maken iemand ongekwalificeerd om regels en bepalingen vast te stellen. Omdat de regels en bepalingen die in de *śāstra* beschreven worden boven de vier gebreken staan, worden ze onveranderlijk aanvaard door alle grote heiligen, *ācārya's* en grote zielen.

In India bestaan er vele groeperingen met verschillende spirituele opvattingen. Over het algemeen worden ze in twee groepen onderverdeeld: de impersonalistische en de personalistische. Niettemin leiden beide groepen hun leven volgens de Veda's. Zonder de principes van de heilige teksten te volgen, kan niemand zich verheffen tot het niveau van volmaaktheid. Wie de werkelijke betekenis van de *śāstra's* begrijpt, wordt daarom als zeer fortuinlijk gezien.

In de menselijke samenleving is afkeer van de principes om de Allerhoogste Persoonlijkheid Gods te begrijpen de oorzaak van iedere terugval. Die afkeer is de grootste overtreding van het menselijk leven. *Māyā*, de materiële energie van de Allerhoogste Persoonlijkheid Gods, geeft ons daarom altijd problemen in de vorm van de drie soorten ellende. De materiële energie bestaat uit de drie hoedanigheden. Men moet op zijn minst tot de hoedanigheid goedheid komen voordat het pad tot het begrip van de Allerhoogste Heer toegankelijk is. Zonder zichzelf tot de standaard van de hoedanigheid goedheid te brengen, blijft men in onwetendheid en hartstocht, die de oorzaken zijn van een demonisch leven.

Degenen in de hoedanigheden hartstocht en onwetendheid bespotten de heilige teksten, de heiligen en het juiste begrip van de Allerhoogste Persoonlijkheid Gods. Ze gehoorzamen de instructies van de spiritueel leraar niet en geven niets om de regels in de heilige teksten. Ondanks dat ze de glorie van devotionele dienst horen, zijn ze niet geïnteresseerd. Daarom verzinnen ze hun eigen methode om zich te verheffen. Dit zijn enkele gebreken van de menselijke samenleving die tot een demonisch leven leiden. Maar als iemand door een echte, bonafide spiritueel leraar begeleid kan worden, die hem leiding kan geven op het pad van verheffing naar het hoogste niveau, dan wordt zijn leven succesvol.

Zo eindigen de commentaren van Śrī Śrīmad A.C. Bhaktivedanta Swami Prabhupāda bij het zestiende hoofdstuk van Śrīmad Bhagavad-gītā, *getiteld 'De goddelijke en de demonische eigenschappen'.*

17

DE VORMEN *van* GELOOF

TEKST 1 अर्जुन उवाच ।
ये शास्त्रविधिमुत्सृज्य यजन्ते श्रद्धयान्विताः ।
तेषां निष्ठा तु का कृष्ण सत्त्वमाहो रजस्तमः ॥ १ ॥

arjuna uvāca
ye śāstra-vidhim utsṛjya, yajante śraddhayānvitāḥ
teṣāṁ niṣṭhā tu kā kṛṣṇa, sattvam āho rajas tamaḥ

arjunaḥ uvāca — Arjuna zei; *ye* — zij die; *śāstra-vidhim* — de voorschriften in de geschriften; *utsṛjya* — opgevend; *yajante* — vereren; *śraddhayā* — vol geloof; *anvitāḥ* — in het bezit van; *teṣām* — van hen; *niṣṭhā* — het geloof; *tu* — maar; *kā* — wat; *kṛṣṇa* — o Kṛṣṇa; *sattvam* — in goedheid; *āho* — of anders; *rajaḥ* — in hartstocht; *tamaḥ* — in onwetendheid.

Arjuna vroeg: O Kṛṣṇa, wat is de positie van hen die zich niet aan de beginselen van de geschriften houden, maar die volgens hun eigen verbeelding iets of iemand vereren? Zijn zij in goedheid, hartstocht of onwetendheid?

COMMENTAAR: In de negenendertigste tekst van het vierde hoofdstuk wordt gezegd dat een persoon die zich met geloof aan een bepaald type verering wijdt, geleidelijk aan verheven wordt naar het niveau van kennis en dat hij volmaakte vrede en voorspoed bereikt. Het zestiende hoofdstuk concludeert dat iemand die de principes die zijn vastgelegd in de heilige teksten niet volgt, een *asura* of een demon wordt genoemd en dat iemand die de regels van de heilige teksten wel met geloof volgt, een *deva* of halfgod wordt genoemd. Wanneer iemand nu met geloof enkele regels volgt die niet vermeld staan in de voorschriften van de heilige teksten, wat is dan zijn positie? Dit is de twijfel van Arjuna die Kṛṣṇa zal moeten wegnemen. Behoort de verering van degenen die een soort God creëren door een menselijk wezen uit te kiezen en vervolgens daarop hun geloof richten, tot de hoedanigheid goedheid, hartstocht of onwetendheid? Zullen deze personen de perfectie van het leven bereiken? Is het voor hen mogelijk om werkelijk kennis te hebben en zichzelf te verheffen tot het hoogste niveau van perfectie? Zullen de inspanningen van degenen die niet de regels en bepalingen van de heilige teksten volgen, maar die toch ergens in geloven en goden, halfgoden en mensen vereren, tot succes leiden? Dit zijn de vragen die Arjuna aan Kṛṣṇa voorlegt.

TEKST 2

श्रीभगवानुवाच ।
त्रिविधा भवति श्रद्धा देहिनां सा स्वभावजा ।
सात्त्विकी राजसी चैव तामसी चेति तां शृणु ॥ २ ॥

śrī-bhagavān uvāca
tri-vidhā bhavati śraddhā, dehināṁ sā svabhāva-jā
sāttvikī rājasī caiva, tāmasī ceti tāṁ śṛṇu

śrī-bhagavān uvāca — de Allerhoogste Persoonlijkheid Gods zei; *tri-vidhā* — in drie soorten; *bhavati* — wordt; *śraddhā* — het geloof; *dehinām* — van de belichaamde; *sā* — dat; *sva-bhāva-jā* — overeenkomstig de hoedanigheid van de materiële natuur waar hij zich in bevindt; *sāttvikī* — in de hoedanigheid goedheid; *rājasī* — in de hoedanigheid hartstocht; *ca* — en; *eva* — zeker; *tāmasī* — in de hoedanigheid onwetendheid; *ca* — en; *iti* — zo; *tām* — dat; *śṛṇu* — hoor van Mij.

De Allerhoogste Persoonlijkheid Gods zei: Naargelang de hoedanigheden van de materiële natuur die de belichaamde ziel verworven heeft, kan iemands geloof drievoudig zijn: in goedheid, in hartstocht of in onwetendheid. Luister nu naar wat Ik hierover te zeggen heb.

COMMENTAAR: Zij die de regels en bepalingen van de heilige teksten kennen, maar ze uit luiheid of lusteloosheid niet meer volgen, worden door de hoedanigheden van de materiële natuur beheerst. Overeenkomstig hun vroegere activiteiten in de hoedanigheden goedheid, hartstocht of onwetendheid, verwerven ze zich een aard die bij een bepaalde kwaliteit hoort. Het contact tussen het levend wezen en de verschillende hoedanigheden van de materiële natuur is al een eeuwigheid aan de gang; vanaf het moment dat het levend wezen in aanraking kwam met de materiële natuur, heeft het verschillende mentaliteiten aangenomen overeenkomstig het contact dat het met de materiële hoedanigheden had. Maar deze aard kan men veranderen door met een bonafide spiritueel leraar om te gaan en zich neer te leggen bij zijn regels en die van de heilige teksten. Geleidelijk aan kan iemand zijn positie veranderen, van onwetendheid naar goedheid of van hartstocht naar goedheid.

De conclusie is dat een blind geloof volgens een bepaalde hoedanigheid van de materiële natuur iemand niet kan helpen het niveau van perfectie te bereiken. Men moet de dingen met behulp van zijn intelligentie en in het gezelschap van een bonafide spiritueel leraar zorgvuldig overwegen. Op die manier kan men van positie veranderen en naar een hogere hoedanigheid van de materiële natuur overgaan.

TEKST 3 सत्त्वानुरूपा सर्वस्य श्रद्धा भवति भारत ।
श्रद्धामयोऽयं पुरुषो यो यच्छ्रद्धः स एव सः ॥ ३ ॥

sattvānurūpā sarvasya, śraddhā bhavati bhārata
śraddhā-mayo 'yaṁ puruṣo, yo yac-chraddhaḥ sa eva saḥ

sattva-anurūpā — overeenkomstig het bestaan; *sarvasya* — van iedereen; *śraddhā* — geloof; *bhavati* — wordt; *bhārata* — o afstammeling van Bharata; *śraddhā* — geloof; *mayaḥ* — vol van; *ayam* — dit; *puruṣaḥ* — levend wezen; *yaḥ* — wie; *yat* — dat hebbend; *śraddhaḥ* — geloof; *saḥ* — zo; *eva* — zeker; *saḥ* — hij.

O afstammeling van Bharata, overeenkomstig zijn bestaan in de verschillende hoedanigheden van de materiële natuur, ontwikkelt men een bepaald soort geloof. Het levend wezen heeft een bepaald soort geloof overeenkomstig de hoedanigheden die het verworven heeft.

COMMENTAAR: Iedereen heeft een bepaald geloof, los van wie of wat men is. Maar het geloof dat iemand heeft, wordt als goed, hartstochtelijk of onwetend gezien overeenkomstig de aard die hij verworven heeft. Op grond van zijn bepaald soort geloof gaat hij met bepaalde personen om. In het vijftiende hoofdstuk is gezegd dat ieder levend wezen in feite oorspronkelijk een integrerend deeltje van de Allerhoogste Heer is; daarom is het levend wezen van oorsprong ontstegen aan alle hoedanigheden van de materiële natuur. Maar wanneer men zijn relatie met de Allerhoogste Persoonlijkheid Gods vergeet en in het geconditioneerde leven in aanraking komt met de materiële natuur, veroorzaakt men zijn eigen positie door het contact met alle verscheidenheid binnen de materiële natuur. Het kunstmatige geloof en bestaan die daaruit voortkomen, zijn enkel materieel. Hoewel iemand door een bepaald idee of een zekere levensopvatting geleid wordt, is hij van oorsprong *nirguṇa* of transcendentaal. Om zijn relatie met de Allerhoogste Heer te herstellen, moet iemand daarom worden gezuiverd van de materiële onzuiverheid die hij heeft opgelopen. Dat is het enige pad terug dat vrij is van angst: Kṛṣṇa-bewustzijn. Wanneer men Kṛṣṇa-bewust is, garandeert dat pad zijn verheffing naar het niveau van perfectie. Wie zich niet toelegt op dit pad van zelfrealisatie, zal zeker door de invloeden van de hoedanigheden van de materiële natuur worden geleid.

Het woord *'śraddhā'* of 'geloof', dat in dit vers voorkomt, is heel belangrijk. *Śraddhā* of geloof komt oorspronkelijk voort uit de hoedanigheid goedheid. Iemands geloof kan gericht zijn op een halfgod of op een verzonnen God of op een ander verzinsel. Het vaste geloof dat iemand heeft, moet leiden tot activiteiten in de hoedanigheid goedheid. Maar in het materiële, geconditioneerde leven zijn alle activiteiten onzuiver; ze zijn gemengd en niet in zuivere goedheid. Zuivere goedheid is transcendentaal. In zuivere goedheid kan men de werkelijke natuur van de Allerhoogste Persoonlijkheid Gods begrijpen.

Zolang iemands geloof niet volledig in zuivere goedheid is, is zijn geloof aangetast door een van de drie hoedanigheden van de materiële natuur. De aantasting door de hoedanigheden van de materiële natuur breidt zich uit tot het hart; daarom raakt iemands geloof gevestigd in overeenstemming met de gesteldheid van het hart, dat in aanraking is met een bepaalde hoedanigheid van de materiële natuur. Men moet begrijpen dat wanneer iemands hart in de hoedanigheid goedheid is, zijn geloof ook in goedheid is. Wanneer zijn hart in de hoedanigheid hartstocht is, is zijn geloof ook in de hoedanigheid hartstocht. En als zijn hart in de hoedanigheid duisternis of illusie is, is zijn geloof daar ook door aangetast. Op die manier vinden we in de wereld verschillende soorten geloof en doordat er verschillende soorten geloof zijn, zijn er verschillende soorten religie. Het werkelijke principe van religieus geloof is gebaseerd op de hoedanigheid zuivere goedheid, maar omdat het hart is aangetast, treffen we verschillende soorten religieuze principes aan. Zo zijn er verschillende soorten van verering overeenkomstig de verschillende soorten van geloof.

TEKST 4 यजन्ते सात्त्विका देवान्यक्षरक्षांसि राजसाः ।
प्रेतान्भूतगणांश्चान्ये यजन्ते तामसा जनाः ॥ ४ ॥

yajante sāttvikā devān, yakṣa-rakṣāṁsi rājasāḥ
pretān bhūta-gaṇāṁś cānye, yajante tāmasā janāḥ

yajante — vereren; *sāttvikāḥ* — zij die zich in de hoedanigheid goedheid bevinden; *devān* — halfgoden; *yakṣa-rakṣāṁsi* — demonen; *rājasāḥ* — zij die zich in de hoedanigheid hartstocht bevinden; *pretān* — geesten van de overledenen; *bhūta-gaṇān* — geesten; *ca* — en; *anye* — anderen; *yajante* — vereren; *tāmasāḥ* — in de hoedanigheid onwetendheid; *janāḥ* — mensen.

Mensen in de hoedanigheid goedheid vereren de halfgoden; degenen in de hoedanigheid hartstocht vereren de demonen en degenen in de hoedanigheid onwetendheid vereren geestverschijningen en de geesten van overledenen.

COMMENTAAR: In dit vers beschrijft de Allerhoogste Persoonlijkheid Gods verschillende soorten vereerders op basis van hun externe activiteiten. Volgens de regels in de heilige teksten is alleen de Allerhoogste Persoonlijkheid Gods vereenswaardig, maar zij die niet zo vertrouwd zijn met die voorschriften of er niet zoveel geloof aan hechten, vereren verschillende objecten overeenkomstig hun specifieke situaties in de hoedanigheden van de materiële natuur. Degenen in de hoedanigheid goedheid vereren over het algemeen de halfgoden. Deze halfgoden zijn Brahmā, Śiva en anderen zoals Indra, Candra en de zonnegod. Er bestaan verschillende halfgoden. Degenen in de hoedanigheid goedheid vereren een bepaalde halfgod voor een bepaald doel. Om dezelfde reden vereren degenen in de hoedanigheid hartstocht de demonen. We herinneren ons in dit verband dat er tijdens de Tweede Wereldoorlog in Calcutta een man was die Hitler vereerde, omdat hij dankzij de oorlog een grote rijkdom had bemachtigd door zijn handel op de zwarte markt. Degenen in de hoedanigheid hartstocht en onwetendheid kiezen over het algemeen een invloedrijk mens als God. Ze denken dat iedereen als God vereerd kan worden en dat daardoor dezelfde resultaten worden verkregen.

In dit vers wordt duidelijk beschreven dat degenen in de hoedanigheid hartstocht zulke goden vereren en creëren en dat degenen in de hoedanigheid onwetendheid, in duisternis, geesten vereren. Soms houden mensen vereringsceremonies bij het grafmonument van een dode. Seksuele dienst wordt ook tot de hoedanigheid onwetendheid gerekend. Op dezelfde manier leven er in afgelegen dorpen in India vereerders van geesten. We hebben persoonlijk gezien dat de lagere klassen daar soms naar het woud gaan en wanneer ze eenmaal weten dat er in een bepaalde boom een geest leeft, dan vereren ze die boom en brengen ze er offers. Deze verschillende soorten van verering zijn niet werkelijk verering van God. Het vereren van God is voor personen die zich op het transcendentale niveau van zuivere goedheid bevinden. In het *Śrīmad-Bhāgavatam* (4.3.23) wordt gezegd: *sattvaṁ viśuddhaṁ vasudeva-śabditam* — 'Wie zich in zuivere goedheid bevindt, vereert Vāsudeva.' Dit betekent dat zij die volledig gezuiverd zijn van de hoedanigheden van de materiële natuur en die zich op een transcendentaal niveau bevinden, de Allerhoogste Persoonlijkheid Gods kunnen vereren.

De impersonalisten worden geacht in de hoedanigheid goedheid te zijn en ze vereren vijf verschillende halfgoden. Ze vereren de onpersoonlijke Viṣṇu-gedaante in de materiële wereld, die bekendstaat als de gefilosofeerde Viṣṇu. Viṣṇu is de expansie van de Allerhoogste Persoonlijkheid Gods, maar omdat de impersonalisten uiteindelijk niet in Hem geloven, denken ze dat de Viṣṇu-gedaante alleen maar een ander aspect van het onpersoonlijk Brahman is. Op dezelfde manier denken ze dat Heer Brahmā de onpersoonlijke vorm van de materiële hoedanigheid hartstocht is. Zo geven ze soms beschrijvingen van vijf halfgoden die vererenswaardig zijn, maar omdat ze denken dat het onpersoonlijk Brahman de uiteindelijke waarheid is, ontdoen ze zich in laatste instantie van alle objecten van verering. Samenvattend kunnen we stellen dat men gezuiverd kan worden van de hoedanigheden van de materiële natuur door om te gaan met personen die zich op een transcendentaal niveau bevinden.

TEKST 5–6

अशास्त्रविहितं घोरं तप्यन्ते ये तपो जनाः ।
दम्भाहङ्कारसंयुक्ताः कामरागबलान्विताः ॥ ५ ॥

कर्षयन्तः शरीरस्थं भूतग्राममचेतसः ।
मां चैवान्तः शरीरस्थं तान्विद्ध्यासुरनिश्चयान् ॥ ६ ॥

aśāstra-vihitaṁ ghoraṁ, tapyante ye tapo janāḥ
dambhāhaṅkāra-saṁyuktāḥ, kāma-rāga-balānvitāḥ

karṣayantaḥ śarīra-sthaṁ, bhūta-grāmam acetasaḥ
māṁ caivāntaḥ śarīra-sthaṁ, tān viddhy āsura-niścayān

aśāstra — niet in de geschriften; *vihitam* — voorgeschreven; *ghoram* — schadelijk voor anderen; *tapyante* — ondergaan; *ye* — zij die; *tapaḥ* — ascese; *janāḥ* — personen; *dambha* — met trots; *ahaṅkāra* — en egoïsme; *saṁyuktāḥ* — bezig; *kāma* — van lust; *rāga* — en gehechtheid; *bala* — door de kracht; *anvitāḥ* — gedreven; *karṣayantaḥ* — folterend; *śarīra-stham* — zich in het lichaam bevindend; *bhūta-grāmam* — de combinatie van materiële elementen; *acetasaḥ* — een misleide mentaliteit hebbend; *mām* — Mij; *ca* — ook; *eva* — zeker; *antaḥ* — vanbinnen; *śarī-rastham* — zich in het lichaam bevindend; *tān* — zij; *viddhi* — begrijp; *āsura-niścayān* — demonen.

Zij die zware ascese en verstervingen ondergaan die niet in de geschriften worden aanbevolen en deze uit trots en egoïsme verrichten, die door lust en gehechtheid gedreven worden, die dwaas zijn en zowel de materiële elementen van het lichaam als de Superziel vanbinnen folteren, staan bekend als demonen.

COMMENTAAR: Er zijn personen die vormen van ascese of versterving verzinnen die niet vermeld worden in de voorschriften van de heilige teksten. Bijvoorbeeld, vasten met een bijbedoeling, zoals het bereiken van een zuiver politiek doel, wordt niet vermeld in de aanwijzingen in de heilige teksten. De heilige teksten raden aan om te vasten voor spirituele vooruitgang, niet voor politieke of sociale doelen. Personen die zich wel op zulke ascese toeleggen zijn volgens de *Bhagavad-gītā* zeker demonisch. Hun activiteiten gaan tegen de regels van de heilige teksten in en zijn niet bevorderlijk voor mensen in het algemeen. In feite handelen ze uit trots, vals ego, lust en gehechtheid aan materieel genot. Zulke activiteiten verstoren niet alleen de samenstelling van materiële elementen waaruit het lichaam is opgebouwd, maar ook de Allerhoogste Persoonlijkheid Gods Zelf die in het lichaam verblijft. Voor anderen is zulk ongeautoriseerd vasten of zulke ascese voor een politiek doel beslist zeer storend. De Vedische literatuur maakt geen melding van zulke activiteiten. Een demonisch persoon mag dan denken dat hij door deze methode zijn vijand of andere partijen kan dwingen met zijn verlangens in te stemmen, maar soms sterft men door dit vasten. De Allerhoogste Persoonlijkheid Gods keurt zulke activiteiten niet goed en Hij noemt degenen die zich ermee bezighouden demonen. Zulke demonstraties zijn een belediging tegenover de Allerhoogste Persoonlijkheid Gods, omdat ze worden verricht uit ongehoorzaamheid aan de regels in de heilige teksten.

Het woord *'acetasaḥ'* is in dit verband van belang. Personen met een normale mentale gesteldheid moeten de regels in de heilige teksten volgen. Zij die zich niet in zo'n toestand bevinden, negeren de heilige teksten en gehoorzamen ze niet, maar verzinnen hun eigen manier van ascese. Men moet altijd bedenken wat de uiteindelijke bestemming van demonische mensen is; dit werd in het vorige hoofdstuk beschreven. De Heer dwingt ze om geboren te worden in baarmoeders van demonische personen. Als gevolg daarvan zullen ze leven na leven door demonische principes geleid worden, zonder hun relatie met de Allerhoogste Persoonlijkheid Gods te kennen. Maar wanneer zulke personen fortuinlijk genoeg zijn om begeleiding te krijgen van een spiritueel leraar, die hun het pad van de Vedische wijsheid kan wijzen, dan kunnen ze loskomen uit deze verstrikking en uiteindelijk het hoogste doel bereiken.

TEKST 7 आहारस्त्वपि सर्वस्य त्रिविधो भवति प्रियः ।
यज्ञस्तपस्तथा दानं तेषां भेदमिमं शृणु ॥ ७ ॥

āhāras tv api sarvasya, tri-vidho bhavati priyaḥ
yajñas tapas tathā dānaṁ, teṣāṁ bhedam imaṁ śṛṇu

āhāraḥ — voedsel; *tu* — zeker; *api* — ook; *sarvasya* — van iedereen; *tri-vidhaḥ* — van drie soorten; *bhavati* — er is; *priyaḥ* — geliefd; *yajñaḥ* — offer; *tapaḥ* — ascese; *tathā* — ook; *dānam* — vrijgevigheid; *teṣām* — van hen; *bhedam* — de verschillen; *imam* — dit; *śṛṇu* — hoor.

Zelfs het voedsel waaraan een persoon de voorkeur geeft, kan in drie soorten worden onderscheiden, overeenkomstig de drie hoedanigheden van de materiële natuur. Hetzelfde geldt voor het brengen van offers, het beoefenen van ascese en vrijgevigheid; hoor nu over het onderscheid tussen deze.

COMMENTAAR: In verband met de verschillende situaties in de hoedanigheden van de materiële natuur zijn er verschillen in eetgewoonten, het verrichten van offers, ascese en vrijgevigheid. Deze vinden niet allemaal op hetzelfde niveau plaats. Zij die een onderscheid kunnen maken en die kunnen zien welke soort handeling in welke hoedanigheid van de materiële natuur wordt gedaan, zijn werkelijk wijs; zij die alle soorten van offers of voedsel of vrijgevigheid als hetzelfde zien, kunnen geen onderscheid maken en zijn dwaas. Er zijn religieuze personen die rondgaan en verkondigen dat men kan doen wat men wil en toch de volmaaktheid kan bereiken. Maar zulke dwaze leiders handelen niet volgens de aanwijzingen van de heilige teksten. Ze verzinnen hun eigen wegen en misleiden de mensen op die manier.

TEKST 8 आयुःसत्त्वबलारोग्यसुखप्रीतिविवर्धनाः ।
रस्याः स्निग्धाः स्थिरा हृद्या आहाराः सात्त्विकप्रियाः ॥ ८ ॥

āyuḥ-sattva-balārogya-, sukha-prīti-vivardhanāḥ
rasyāḥ snigdhāḥ sthirā hṛdyā, āhārāḥ sāttvika-priyāḥ

āyuḥ — levensduur; *sattva* — bestaan; *bala* — kracht; *ārogya* — gezondheid; *sukha* — geluk; *prīti* — en voldoening; *vivardhanāḥ* — laten toenemen; *rasyāḥ* — sappig; *snigdhāḥ* — vettig; *sthirāḥ* — voedzaam; *hṛdyāḥ* — aangenaam voor het hart; *āhārāḥ* — voedsel; *sāttvika* — voor iemand in de hoedanigheid goedheid; *priyāḥ* — smakelijk.

Voedsel dat geliefd is bij mensen in de hoedanigheid goedheid verlengt de levensduur, zuivert het bestaan en schenkt kracht, gezondheid, geluk en voldoening. Zulk voedsel is sappig, vettig, gezond en smakelijk.

TEKST 9 कट्वम्ललवणात्युष्णतीक्ष्णरूक्षविदाहिनः ।
आहारा राजसस्येष्टा दुःखशोकामयप्रदाः ॥ ९ ॥

kaṭv-amla-lavaṇāty-uṣṇa-, tīkṣṇa-rūkṣa-vidāhinaḥ
āhārā rājasasyeṣṭā, duḥkha-śokāmaya-pradāḥ

kaṭu — bitter; *amla* — zuur; *lavaṇa* — zout; *ati-uṣṇa* — heel scherp; *tīkṣṇa* — pikant; *rūkṣa* — droog; *vidāhinaḥ* — brandend; *āhārāḥ* — voedsel; *rājasasya* — voor iemand in de hoedanigheid hartstocht; *iṣṭāḥ* — smakelijk; *duḥkha* — ellende; *śoka* — leed; *āmaya* — ziekte; *pradāḥ* — veroorzakend.

Voedsel dat te bitter, te zuur, zout, scherp gekruid, pikant, droog en heet is, is geliefd bij personen in de hoedanigheid hartstocht. Zulk voedsel veroorzaakt ellende, leed en ziekte.

TEKST 10 यातयामं गतरसं पूति पर्युषितं च यत् ।
उच्छिष्टमपि चामेध्यं भोजनं तामसप्रियम् ॥ १० ॥

yāta-yāmaṁ gata-rasaṁ, pūti paryuṣitaṁ ca yat
ucchiṣṭam api cāmedhyaṁ, bhojanaṁ tāmasa-priyam

yāta-yāmam — voedsel dat drie uur voordat het gegeten wordt gekookt is; *gata-rasam* — smaakloos; *pūti* — stinkend; *paryuṣitam* — bedorven; *ca* — ook; *yat* — dat wat; *ucchiṣṭam* — etensresten van anderen; *api* — ook; *ca* — en; *amedhyam* — onaanraakbaar; *bhojanam* — voedsel; *tāmasa* — door iemand in de hoedanigheid duisternis; *priyam* — geliefd.

Voedsel dat langer dan drie uur voordat het gegeten wordt gekookt is, voedsel dat smaakloos, rot en bedorven is en voedsel dat uit etensresten en onaanraakbare dingen bestaat, is geliefd bij mensen in de hoedanigheid onwetendheid.

COMMENTAAR: Voedsel heeft tot doel de levensduur te verlengen, de geest te zuiveren en de lichaamskracht te vergroten. Dat is het enige waarvoor het bedoeld is. In het verleden hebben grote gezaghebbende personen de voedselsoorten geselecteerd die de gezondheid het meest bevorderen en die de levensduur verlengen, zoals melkproducten, suiker, rijst, tarwe, vruchten en groenten. Deze voedselsoorten zijn zeer geliefd bij degenen in de hoedanigheid goedheid. Sommige andere voedselsoorten, zoals gebakken maïs en melasse, die op zichzelf niet zo smakelijk zijn, kunnen op smaak worden gebracht door ze te mengen met melk of andere voedingsmiddelen. Ze zijn dan in de hoedanigheid goedheid.

Al deze voedingsmiddelen zijn van nature zuiver en zijn volkomen verschillend van onaanraakbare dingen als vlees en sterkedrank. Vettige voedselsoorten, die in tekst acht genoemd werden, hebben niets te maken met dierlijk vet dat verkregen wordt door slachting. Dierlijk vet is beschikbaar in de vorm van melk, dat de meest wonderbaarlijke van alle voedselsoorten is. Melk, boter, kaas en soortgelijke producten geven dierlijk vet in een vorm die elk doden van onschuldige dieren overbodig maakt. Zulk doden vindt alleen plaats als gevolg van een brute mentaliteit. De beschaafde methode om aan het noodzakelijke vet te komen is via melk. Slachten is beneden alle menselijk peil. Eiwitten zijn ruimschoots aanwezig in spliterwten, *dāl*, tarwemeel enz.

Voedingsmiddelen in de hoedanigheid hartstocht, die bitter, te zout of te heet zijn of te veel gekruid met rode peper, veroorzaken ellende doordat ze het slijm in de maag verminderen, wat tot ziekte leidt. Voedsel in de hoedanigheid onwetendheid of duisternis is voornamelijk voedsel dat niet vers is. Al het voedsel dat meer dan drie uur voordat het gegeten wordt, gekookt is (behalve *prasāda*, het voedsel dat aan de Heer geofferd is), wordt tot de hoedanigheid duisternis gerekend. Deze voedselsoorten stinken, omdat ze al aan het bederven zijn, en dat is iets dat mensen in deze hoedanigheid aantrekt, maar voor degenen in de hoedanigheid goedheid is het afstotelijk.

Voedselresten mogen alleen gegeten worden wanneer ze deel hebben uitgemaakt van een maaltijd die eerst aan de Allerhoogste Heer is geofferd of die eerst door heilige personen gegeten is, in het bijzonder de spiritueel leraar. Anders horen etensresten bij de hoedanigheid duisternis en zorgen ze voor een toename van infecties of ziekte. Hoewel personen in de hoedanigheid duisternis zulk voedsel heel smakelijk vinden, is het niet geliefd bij degenen in de hoedanigheid goedheid en wordt het door hen dan ook niet aangeraakt.

Het beste voedsel bestaat uit de overblijfselen van wat aan de Allerhoogste Persoonlijkheid Gods geofferd is. In de *Bhagavad-gītā* zegt de Heer dat Hij gerechten aanvaardt die gemaakt zijn van groenten, meel en melk wanneer deze met liefde en devotie geofferd worden. *Patraṁ puṣpaṁ phalaṁ toyam* (*Bg.* 9.26). Natuurlijk zijn liefde en devotie de belangrijkste dingen die de Allerhoogste Persoonlijkheid Gods aanvaardt. Maar er wordt ook gezegd dat de *prasāda* op een bepaalde manier moet worden klaargemaakt. Men kan elk soort voedsel eten dat volgens de voorschriften van de heilige teksten voor de Allerhoogste Persoonlijkheid Gods bereid is en aan Hem is geofferd, ook al is het ver, ver van tevoren klaargemaakt. Dit is omdat het transcendentaal is. Om voedsel voor iedereen antiseptisch, eetbaar en smakelijk te maken, moet men het daarom aan de Allerhoogste Persoonlijkheid Gods aanbieden.

TEKST 11 अफलाकाङ्क्षिभिर्यज्ञो विधिदृष्टो य इज्यते ।
यष्टव्यमेवेति मनः समाधाय स सात्त्विकः ॥ ११ ॥

aphalākāṅkṣibhir yajño, vidhi-diṣṭo ya ijyate
yaṣṭavyam eveti manaḥ, samādhāya sa sāttvikaḥ

aphala-ākāṅkṣibhiḥ — door zij die niet naar de resultaten verlangen; *yajñaḥ* — offer; *vidhi-diṣṭaḥ* — volgens de aanwijzingen in de geschriften; *yaḥ* — welke; *ijyate* — wordt gebracht; *yaṣṭavyam* — moet gedaan worden; *eva* — zeker; *iti* — zo; *manaḥ* — de geest; *samādhāya* — geconcentreerd; *saḥ* — het; *sāttvikaḥ* — in de hoedanigheid goedheid.

Van alle offers is het offer dat uit plichtsbesef en volgens de aanwijzingen van de geschriften wordt gebracht door iemand die geen beloning verlangt, in de hoedanigheid goedheid.

COMMENTAAR: Over het algemeen hebben mensen de neiging om met bepaalde bijbedoelingen offers te brengen, maar hier wordt gesteld dat offers zonder zo'n verlangen en uit plichtsbesef gebracht moeten worden. Neem bijvoorbeeld de rituelen in tempels of kerken. Over het algemeen worden die verricht om iemands materiële situatie te verbeteren. Maar dat is niet in de hoedanigheid goedheid. Men moet uit plichtsbesef naar de kerk of de tempel gaan, zijn eerbetuigingen aan de Allerhoogste Persoonlijkheid Gods brengen en bloemen en etenswaar offeren zonder uit te zijn op een verbetering van zijn materiële situatie. Iedereen denkt dat het geen zin heeft om naar de tempel te gaan alleen om God te vereren, maar in de heilige teksten wordt verering voor economisch voordeel niet aangeraden. Men moet enkel naar de tempel gaan om zijn respect te betuigen aan de Beeldgedaante. Hierdoor zal men in de hoedanigheid goedheid komen. Het is de plicht van ieder beschaafd mens om de regels van de heilige teksten te gehoorzamen en zijn respect te betuigen aan de Allerhoogste Persoonlijkheid Gods.

TEKST 12 अभिसन्धाय तु फलं दम्भार्थमपि चैव यत् ।
इज्यते भरतश्रेष्ठ तं यज्ञं विद्धि राजसम् ॥ १२ ॥

abhisandhāya tu phalaṁ, dambhārtham api caiva yat
ijyate bharata-śreṣṭha, taṁ yajñaṁ viddhi rājasam

abhisandhāya — verlangend; *tu* — maar; *phalam* — het resultaat; *dambha* — trots; *artham* — in het belang van; *api* — ook; *ca* — en; *eva* — zeker; *yat* — dat wat; *ijyate* — wordt gebracht; *bharata-śreṣṭha* — o beste onder de Bhārata's; *tam* — dat; *yajñam* — offer; *viddhi* — weet; *rājasam* — in de hoedanigheid hartstocht.

Maar weet dat het offer dat gebracht wordt voor materieel gewin of uit trots, in de hoedanigheid hartstocht is, o beste onder de Bhārata's.

COMMENTAAR: Soms worden offers en rituelen verricht om naar de hemelse planeten bevorderd te worden of om in deze wereld wat materieel profijt te behalen. Zulke offers of ritualistische handelingen worden tot de hoedanigheid hartstocht gerekend.

TEKST 13 विधिहीनमसृष्टान्नं मन्त्रहीनमदक्षिणम् ।
श्रद्धाविरहितं यज्ञं तामसं परिचक्षते ॥ १३ ॥

vidhi-hīnam asṛṣṭānnaṁ, mantra-hīnam adakṣiṇam
śraddhā-virahitaṁ yajñaṁ, tāmasaṁ paricakṣate

vidhi-hīnam — zonder de geschriften te volgen; *asṛṣṭa-annam* — zonder dat er *prasāda* wordt uitgedeeld; *mantra-hīnam* — zonder dat er Vedische hymnen gezongen worden; *adakṣīṇam* — zonder de priesters te belonen; *śraddhā* — geloof; *virahitam* — zonder; *yajñam* — offer; *tāmasam* — in de hoedanigheid onwetendheid; *paricakṣate* — moet beschouwd worden als.

Ieder offer dat gebracht wordt zonder rekening te houden met de aanwijzingen van de geschriften, zonder dat er prasāda [spiritueel voedsel] wordt uitgedeeld, zonder dat er Vedische hymnen gezongen worden, zonder beloningen voor de priesters en zonder geloof, moet worden beschouwd als een offer in de hoedanigheid onwetendheid.

COMMENTAAR: Geloof in de hoedanigheid duisternis of onwetendheid is feitelijk ongeloof. Soms vereren mensen een bepaalde halfgod alleen maar om aan geld te komen, dat ze vervolgens uitgeven aan hun tijdverdrijf, waarbij ze de regels van de heilige teksten in de wind slaan. Zulke ritualistische shows van godsdienstigheid worden niet als zuiver en oprecht aanvaard. Ze horen allemaal bij de hoedanigheid duisternis; ze zijn de oorzaak van een demonische mentaliteit en komen de menselijke samenleving niet ten goede.

TEKST 14 देवद्विजगुरुप्राज्ञपूजनं शौचमार्जवम् ।
ब्रह्मचर्यमहिंसा च शारीरं तप उच्यते ॥ १४ ॥

deva-dvija-guru-prājña-, pūjanaṁ śaucam ārjavam
brahmacaryam ahiṁsā ca, śārīraṁ tapa ucyate

deva — van de Allerhoogste Heer; *dvija* — de *brāhmaṇa's*; *guru* — de spiritueel leraar; *prājña* — en eerbiedwaardige persoonlijkheden; *pūjanam* — verering; *śaucam* — reinheid; *ārjavam* — eenvoud; *brahmacaryam* — seksuele onthouding; *ahiṁsā* — geweldloosheid; *ca* — ook; *śārīram* — wat het lichaam betreft; *tapaḥ* — ascese; *ucyate* — wordt genoemd.

Ascese van het lichaam bestaat uit het vereren van de Allerhoogste Heer, de brāhmaṇa's, de spiritueel leraar en meerderen zoals de vader en de

moeder, en verder uit reinheid, eenvoud, seksuele onthouding en geweldloosheid.

COMMENTAAR: De Allerhoogste Godheid geeft hier uitleg over de verschillende soorten ascese en soberheid. Allereerst legt Hij de ascese uit die met het lichaam beoefend wordt. Men moet zijn eerbetuigingen brengen of leren brengen aan God of aan de halfgoden, aan de volmaakte, gekwalificeerde *brāhmaṇa's*, de spiritueel leraar, aan meerderen zoals de vader, de moeder of ongeacht welk persoon die vertrouwd is met de Vedische kennis. Deze personen moeten altijd met gepast respect worden behandeld.

Men moet er een gewoonte van maken zichzelf zowel intern als extern schoon te houden en men moet leren zich als een eenvoudig mens te gedragen. Men moet nalaten wat niet door de heilige teksten wordt goedgekeurd. En men moet niet toegeven aan seks buiten het huwelijk, want de heilige teksten keuren seks alleen goed binnen het huwelijk en anders niet. Dat wordt seksuele onthouding genoemd. Dit is ascese van het lichaam.

TEKST 15

अनुद्वेगकरं वाक्यं सत्यं प्रियहितं च यत् ।
स्वाध्यायाभ्यसनं चैव वाङ्मयं तप उच्यते ॥ १५ ॥

anudvega-karaṁ vākyaṁ, satyaṁ priya-hitaṁ ca yat
svādhyāyābhyasanaṁ caiva, vāṅ-mayaṁ tapa ucyate

anudvega-karam — geen opwinding veroorzakend; *vākyam* — woorden; *satyam* — waarheidsgetrouw; *priya* — aangenaam; *hitam* — gunstig; *ca* — en; *yat* — welke; *svādhyāya* — van het bestuderen van de Veda's; *abhyasanam* — beoefening; *ca* — en; *eva* — zeker; *vāk-mayam* — van de spraak; *tapaḥ* — ascese; *ucyate* — wordt genoemd.

Ascese van de spraak bestaat uit het spreken van de waarheid en van woorden die aangenaam en goed voor anderen zijn en die geen onrust opwekken, en verder uit het regelmatig reciteren van de Vedische literatuur.

COMMENTAAR: Men moet door zijn manier van spreken de geest van anderen niet verstoren. Wanneer een leraar spreekt, kan hij natuurlijk de waarheid spreken om zijn studenten te onderrichten, maar tegen personen die niet zijn studenten zijn, moet hij niet spreken als hij daarmee hun geesten verstoort. Dit is ascese van spraak. Daarnaast moet men geen onzin spreken. In spirituele gezelschappen is het gebruikelijk om uitspraken te doen die worden bevestigd door de heilige teksten. Men moet onmiddellijk een citaat uit een gezaghebbend geschrift geven om zijn bewering te onderbouwen. Tegelijkertijd moeten zijn woorden aangenaam zijn voor het oor. Door zulke discussies kan men het grootste voordeel behalen en de menselijke samenleving verheffen. Er is een onuitputtelijke voorraad Vedische literatuur en men zou die moeten bestuderen. Dat wordt ascese van de spraak genoemd.

TEKST 16 मनःप्रसादः सौम्यत्वं मौनमात्मविनिग्रहः ।
भावसंशुद्धिरित्येतत्तपो मानसमुच्यते ॥ १६ ॥

manaḥ-prasādaḥ saumyatvaṁ, maunam ātma-vinigrahaḥ
bhāva-saṁśuddhir ity etat, tapo mānasam ucyate

manaḥ-prasādaḥ — tevredenheid van de geest; *saumyatvam* — anderen zonder hypocrisie behandelen; *maunam* — ernst; *ātma* — van het zelf; *vinigrahaḥ* — beheersing; *bhāva* — van iemands natuur; *saṁśuddhiḥ* — het zuiveren; *iti* — zo; *etat* — dit; *tapaḥ* — ascese; *mānasam* — van de geest; *ucyate* — wordt genoemd.

En tevredenheid, eenvoud, ernst, zelfbeheersing en het zuiveren van het bestaan vormen de ascese van de geest.

COMMENTAAR: Om met de geest ascese te oefenen moet men hem onthechten van zinsbevrediging. De geest moet op zo'n manier getraind worden, dat hij er altijd aan denkt hoe hij goed kan doen voor anderen. De beste training voor de geest is ernstig nadenken. Men moet nooit afwijken van het Kṛṣṇa-bewustzijn en zinsbevrediging altijd vermijden. Door Kṛṣṇa-bewust te worden, zuivert men zijn bestaan. Tevredenheid van geest kan alleen worden bereikt door de geest te weerhouden van gedachten aan zinsbevrediging. Hoe meer we aan zinsbevrediging denken, des te ontevredener de geest wordt.

Tegenwoordig gebruiken we de geest onnodig op zoveel verschillende manieren voor zinsbevrediging en daarom is het voor de geest onmogelijk tevreden te worden. Het beste wat men kan doen is de aandacht van de geest richten op de Vedische literatuur zoals de *purāṇa's* en het *Mahābhārata*, die vol staan met verhalen die voldoening geven. Met deze kennis kan men zijn voordeel doen en op die manier gezuiverd raken. De geest moet vrij zijn van hypocrisie en men moet aan het welzijn van iedereen denken.

Zwijgzaamheid betekent dat men altijd aan zelfrealisatie denkt. Een Kṛṣṇa-bewust persoon bewaart op die manier de volmaakte stilte. Het bedwingen van de geest houdt in dat men ervoor zorgt dat deze onthecht raakt van zinsbevrediging. Men moet open en eerlijk zijn in zijn gedrag en zo zijn bestaan zuiveren. Al deze kwaliteiten vormen samen de ascese van mentale activiteiten.

TEKST 17 श्रद्धया परया तप्तं तपस्तत्त्रिविधं नरैः ।
अफलाकाङ्क्षिभिर्युक्तैः सात्त्विकं परिचक्षते ॥ १७ ॥

śraddhayā parayā taptaṁ, tapas tat tri-vidhaṁ naraiḥ
aphalākāṅkṣibhir yuktaiḥ, sāttvikaṁ paricakṣate

śraddhayā — met geloof; *parayā* — transcendentaal; *taptam* — beoefend; *tapaḥ* — ascese; *tat* — die; *tri-vidham* — van drie soorten; *naraiḥ* — door mensen; *aphala-ākāṅkṣibhiḥ* — die niet naar de resultaten verlangen; *yuktaiḥ* — bezig zijn; *sāttvikam* — in de hoedanigheid goedheid; *paricakṣate* — wordt genoemd.

Deze drievoudige ascese, die vol transcendentaal geloof beoefend wordt door hen die geen materiële voordelen verlangen, maar die alleen bezig zijn voor het plezier van de Allerhoogste, wordt ascese in de hoedanigheid goedheid genoemd.

TEKST 18 सत्कारमानपूजार्थं तपो दम्भेन चैव यत् ।
क्रियते तदिह प्रोक्तं राजसं चलमध्रुवम् ॥ १८ ॥

satkāra-māna-pūjārthaṁ, tapo dambhena caiva yat
kriyate tad iha proktaṁ, rājasaṁ calam adhruvam

sat-kāra — respect; *māna* — aanzien; *pūjā* — en verering; *artham* — in het belang van; *tapaḥ* — ascese; *dambhena* — met trots; *ca* — ook; *eva* — zeker; *yat* — welke; *kriyate* — wordt verricht; *tat* — dat; *iha* — in deze wereld; *proktam* — wordt genoemd; *rājasam* — in de hoedanigheid hartstocht; *calam* — onbestendig; *adhruvam* — tijdelijk.

Ascese die verricht wordt uit trots en om respect, aanzien en verering te verwerven, wordt ascese in de hoedanigheid hartstocht genoemd. Zulke ascese is wankel en vergankelijk.

COMMENTAAR: Soms wordt ascese verricht om mensen aan te trekken en om eer, ontzag en verering van anderen te krijgen. Personen in de hoedanigheid hartstocht zorgen ervoor dat ze door hun ondergeschikten worden vereerd, dat hun voeten door hen gewassen worden en dat ze rijkdommen van hen aangeboden krijgen. Zo'n show van ascese wordt tot de hoedanigheid hartstocht gerekend. De resultaten zijn tijdelijk; ze kunnen voor een bepaalde tijd volgehouden worden, maar zijn niet duurzaam.

TEKST 19 मूढग्राहेणात्मनो यत्पीडया क्रियते तपः ।
परस्योत्सादनार्थं वा तत्तामसमुदाहृतम् ॥ १९ ॥

mūḍha-grāheṇātmano yat, pīḍayā kriyate tapaḥ
parasyotsādanārthaṁ vā, tat tāmasam udāhṛtam

mūḍha — dwaas; *grāheṇa* — met inspanning; *ātmanaḥ* — van iemands eigen zelf; *yat* — welke; *pīḍayā* — door foltering; *kriyate* — wordt verricht; *tapaḥ* — ascese; *parasya* — van anderen; *utsādana-artham* — om vernietiging teweeg te brengen; *vā* — of; *tat* — dat; *tāmasam* — in de hoedanigheid duisternis; *udāhṛtam* — wordt genoemd.

Ascese verricht uit dwaasheid, met zelffoltering of bedoeld om anderen te vernietigen of te verwonden, wordt ascese in de hoedanigheid onwetendheid genoemd.

COMMENTAAR: Er zijn voorvallen bekend van dwaze ascese zoals de zware ascese die verricht werd door demonen als Hiraṇyakaśipu, die onsterfelijk wilde worden en de halfgoden wilde doden. Hiraṇyakaśipu bad tot Heer Brahmā voor zulke gunsten, maar uiteindelijk werd hij door de Allerhoogste Persoonlijkheid Gods gedood. Ascese ondergaan voor iets wat onmogelijk is, hoort zeker bij de hoedanigheid onwetendheid.

TEKST 20 दातव्यमिति यद्दानं दीयतेऽनुपकारिणे ।
देशे काले च पात्रे च तद्दानं सात्त्विकं स्मृतम् ॥ २० ॥

dātavyam iti yad dānaṁ, dīyate 'nupakāriṇe
deśe kāle ca pātre ca, tad dānaṁ sāttvikaṁ smṛtam

dātavyam — het geven waard; *iti* — zo; *yat* — dat wat; *dānam* — vrijgevigheid; *dīyate* — wordt gegeven; *anupakāriṇe* — zonder iets terug te verwachten; *deśe* — op de juiste plaats; *kāle* — op een juist tijdstip; *ca* — ook; *pātre* — aan een geschikt persoon; *ca* — en; *tat* — die; *dānam* — vrijgevigheid; *sāttvikam* — in de hoedanigheid goedheid; *smṛtam* — wordt beschouwd als.

Vrijgevigheid uit plichtsbesef, waarvoor niets wordt terugverwacht en die plaatsvindt op het juiste moment, op de juiste plaats en aan een waardig persoon, wordt beschouwd als vrijgevigheid in de hoedanigheid goedheid.

COMMENTAAR: In de Vedische literatuur wordt aangeraden om vrijgevig te zijn tegenover iemand die zich bezighoudt met spirituele activiteiten. Het wordt niet aangeraden om vrijgevig te zijn zonder onderscheid te maken; spirituele volmaaktheid moet altijd een punt van overweging zijn. Daarom wordt aangeraden om vrijgevig te zijn in pelgrimsoorden en op een maans of zonsverduistering of aan het eind van de maand of aan een gekwalificeerde *brāhmaṇa* of *vaiṣṇava* (toegewijde) of in tempels. Zulke vrijgevigheid moet vrij zijn van het verlangen naar beloning. Liefdadigheid voor de armen komt soms voort uit medelijden, maar wanneer een arme geen waardig persoon is om barmhartig voor te zijn, dan is er geen sprake van spirituele vooruitgang. Met andere woorden, vrijgevigheid zonder onderscheid te maken tussen personen, wordt in de Vedische literatuur niet aangeraden.

TEKST 21 यत्तु प्रत्युपकारार्थं फलमुद्दिश्य वा पुनः ।
दीयते च परिक्लिष्टं तद्दानं राजसं स्मृतम् ॥ २१ ॥

yat tu pratyupakārārthaṁ, phalam uddiśya vā punaḥ
dīyate ca parikliṣṭaṁ, tad dānaṁ rājasaṁ smṛtam

yat — dat wat; *tu* — maar; *prati-upakāra-artham* — om er iets voor terug te krijgen; *phalam* — een resultaat; *uddiśya* — verlangend; *vā* — of; *punaḥ* — opnieuw; *dīyate* — wordt gegeven; *ca* — ook; *parikliṣṭam* — met tegenzin; *tat* — die; *dānam* — vrijgevigheid; *rājasam* — in de hoedanigheid hartstocht; *smṛtam* — wordt beschouwd als.

Maar vrijgevigheid waarvoor men iets terugverwacht, met een verlangen naar de vruchten ervan of die gepaard gaat met tegenzin, wordt beschouwd als vrijgevigheid in de hoedanigheid hartstocht.

COMMENTAAR: Soms komt vrijgevigheid voort uit het verlangen om naar de hemelse planeten bevorderd te worden en soms geven mensen iets met veel moeite en hebben ze achteraf berouw: 'Waarom heb ik daar nu zo veel geld aan uitgegeven?' Soms zijn mensen vrijgevig vanuit een bepaalde verplichting of op verzoek van een meerdere. Zulke soorten van vrijgevigheid worden tot de hoedanigheid hartstocht gerekend.

Er bestaan tal van liefdadigheidsinstellingen die schenkingen doen aan instanties die zich met zinsbevrediging inlaten. Zulke schenkingen worden in de Vedische teksten niet aangeraden. Alleen vrijgevigheid in de hoedanigheid goedheid wordt aangeraden.

TEKST 22 अदेशकाले यद्दानमपात्रेभ्यश्च दीयते ।
असत्कृतमवज्ञातं तत्तामसमुदाहृतम् ॥ २२ ॥

adeśa-kāle yad dānam, apātrebhyaś ca dīyate
asat-kṛtam avajñātaṁ, tat tāmasam udāhṛtam

adeśa — op een onzuivere plaats; *kāle* — en onzuivere tijd; *yat* — dat wat; *dānam* — vrijgevigheid; *apātrebhyaḥ* — aan personen die het niet waard zijn; *ca* — ook; *dīyate* — wordt gegeven; *asat-kṛtam* — zonder respect; *avajñātam* — zonder de juiste aandacht; *tat* — die; *tāmasam* — in de hoedanigheid duisternis; *udāhṛtam* — wordt genoemd.

En vrijgevigheid die plaatsvindt op een onzuivere plaats, op een onjuist moment, aan onwaardige personen of zonder respect en aandacht, wordt vrijgevigheid in de hoedanigheid onwetendheid genoemd.

COMMENTAAR: Schenkingen aan personen die zich overgeven aan drugsgebruik en gokken, worden hier niet aangemoedigd. Dat soort schenkingen is in de hoedanigheid onwetendheid. Zulke vrijgevigheid is niet gunstig. Integendeel, zondige personen worden er alleen maar door aangemoedigd. En wanneer men iets aan een waardig persoon schenkt, maar dat zonder respect of aandacht doet, dan wordt ook dat vrijgevigheid in de hoedanigheid duisternis genoemd.

TEKST 23 ॐ तत्सदिति निर्देशो ब्रह्मणस्त्रिविधः स्मृतः ।
ब्राह्मणास्तेन वेदाश्च यज्ञाश्च विहिताः पुरा ॥ २३ ॥

oṁ tat sad iti nirdeśo, brahmaṇas tri-vidhaḥ smṛtaḥ
brāhmaṇās tena vedāś ca, yajñāś ca vihitāḥ purā

oṁ — aanduiding van de Allerhoogste; *tat* — die; *sat* — eeuwige; *iti* — zo; *nirdeśaḥ* — aanduiding; *brahmaṇaḥ* — van de Allerhoogste; *tri-vidhaḥ* — drievoudige; *smṛtaḥ* — wordt beschouwd; *brāhmaṇāḥ* — de *brāhmaṇa's*; *tena* — met deze; *vedāḥ* — de Vedische literatuur; *ca* — en; *yajñāḥ* — offers; *ca* — en; *vihitāḥ* — gebruikt; *purā* — vroeger.

Vanaf het begin van de schepping werden de drie woorden 'oṁ tat sat' gebruikt om de Allerhoogste Absolute Waarheid aan te duiden. Deze drie symbolische aanduidingen werden door brāhmaṇa's gebruikt tijdens het zingen van de Vedische hymnen en tijdens de offers die werden gebracht om de Allerhoogste tevreden te stellen.

COMMENTAAR: Eerder is al uitgelegd dat ascese, offers, vrijgevigheid en voedsel onderverdeeld worden in drie categorieën: de hoedanigheden goedheid, hartstocht en onwetendheid. Maar of ze nu tot de eerste, tweede of derde categorie behoren, ze zijn allemaal geconditioneerd en onzuiver door deze hoedanigheden van de materiële natuur. Wanneer ze gericht worden op de Allerhoogste — *oṁ tat sat*, de Allerhoogste Persoonlijkheid Gods, het eeuwige — worden ze middelen voor spirituele verheffing. In de heilige teksten wordt dit als doel aangegeven. Deze drie woorden, *'oṁ tat sat'*, duiden in het bijzonder op de Absolute Waarheid, de Allerhoogste Persoonlijkheid Gods. In de Vedische hymnen komt men altijd het woord *'oṁ'* tegen.

Wie de regels van de heilige teksten niet navolgt, zal de Absolute Waarheid niet bereiken. Hij zal een tijdelijk resultaat behalen, maar niet het uiteindelijke doel van het leven. De conclusie is dat vrijgevigheid, offers en ascese verricht moeten worden in de hoedanigheid goedheid; als ze worden verricht in de hoedanigheid hartstocht of onwetendheid, zijn ze beslist van lagere kwaliteit.

De drie woorden *'oṁ tat sat'* worden samen met de heilige naam van de Allerhoogste Heer uitgesproken, zoals bijvoorbeeld in *oṁ tad viṣṇoḥ*. Wanneer een Vedische hymne of de heilige naam van de Allerhoogste Heer wordt uitgesproken, wordt *oṁ* toegevoegd; dat is de aanwijzing in de Vedische literatuur. Deze drie woorden zijn ontleend aan de Vedische hymnen. *Oṁ ity etad brahmaṇo nediṣṭhaṁ nāma* (*Ṛg-veda*) geeft het eerste doel aan. Vervolgens geeft *tat tvam asi* (*Chāndogya Upaniṣad* 6.8.7) het tweede doel aan. En *sad eva saumya* (*Chāndogya Upaniṣad* 6.2.1) geeft het derde doel aan. Samen worden ze *oṁ tat sat*.

Toen Brahmā, het eerstgeschapen wezen, voorheen offers verrichtte, duidde hij met deze drie woorden op de Allerhoogste Persoonlijkheid Gods. Datzelfde principe wordt daarom altijd gevolgd volgens de opeenvolging van discipelen. Deze hymne is dus van groot belang. De *Bhagavad-gītā* raadt daarom aan dat alle activiteiten gedaan moeten worden voor *oṁ tat sat*, voor de Allerhoogste Persoonlijkheid Gods. Wanneer iemand met deze drie woorden ascese en offers verricht of vrijgevig is, dan handelt hij Kṛṣṇa-bewust. Kṛṣṇa-bewustzijn is het wetenschappelijk verrichten van transcendentale activiteiten en het stelt iemand in staat om terug te gaan naar huis, terug naar God. Wanneer men op zo'n transcendentale manier handelt, is er geen sprake van energieverlies.

TEKST 24 तस्माद् ॐ इत्युदाहृत्य यज्ञदानतपःक्रियाः ।
प्रवर्तन्ते विधानोक्ताः सततं ब्रह्मवादिनाम् ॥ २४ ॥

tasmād oṁ ity udāhṛtya, yajña-dāna-tapaḥ-kriyāḥ
pravartante vidhānoktāḥ, satataṁ brahma-vādinām

tasmāt — daarom; *oṁ* — beginnend met *oṁ*; *iti* — zo; *udāhṛtya* — aanduidend; *yajña* — van offers; *dāna* — vrijgevigheid; *tapaḥ* — en ascese; *kriyāḥ* — verrichtingen; *pravartante* — beginnen; *vidhāna-uktāḥ* — volgens de bepalingen van de geschriften; *satatam* — altijd; *brahma-vādinām* — van de transcendentalisten.

Daarom beginnen transcendentalisten die de Allerhoogste willen bereiken, altijd met 'oṁ' wanneer ze in overeenstemming met de regels in de geschriften offers brengen, uit vrijgevigheid schenkingen doen en ascese beoefenen.

COMMENTAAR: *Oṁ tad viṣṇoḥ paramaṁ padam* (*Ṛg-veda* 1.22.20). De lotusvoeten van Viṣṇu zijn het allerhoogste doel van devotie. Alles doen voor de Allerhoogste Persoonlijkheid Gods is de waarborg voor de perfectie van elke activiteit.

TEKST 25 तदित्यनभिसन्धाय फलं यज्ञतपःक्रियाः ।
दानक्रियाश्च विविधाः क्रियन्ते मोक्षकाङ्क्षिभिः ॥ २५ ॥

tad ity anabhisandhāya, phalaṁ yajña-tapaḥ-kriyāḥ
dāna-kriyāś ca vividhāḥ, kriyante mokṣa-kāṅkṣibhiḥ

tat — dat; *iti* — zo; *anabhisandhāya* — zonder te verlangen; *phalam* — het resultaat; *yajña* — van offers; *tapaḥ* — en ascese; *kriyāḥ* — activiteiten; *dāna* — vrijgevigheid; *kriyāḥ* — activiteiten; *ca* — ook; *vividhāḥ* — verschillende; *kriyante* — worden gedaan; *mokṣa-kāṅkṣibhiḥ* — door hen die werkelijk bevrijding verlangen.

Zonder te verlangen naar de vruchten, moet men verschillende soorten offers brengen, ascese beoefenen en vrijgevig schenkingen doen met het woord 'tat'. Het doel van zulke transcendentale activiteiten is bevrijd te raken van materiële verstrikking.

COMMENTAAR: Om naar het spirituele niveau verheven te worden, moet men handelen zonder te verlangen naar materieel gewin. Activiteiten moeten verricht worden voor de allerhoogste winst, namelijk dat men wordt overgebracht naar het spirituele koninkrijk, terug naar huis, terug naar God.

TEKST 26 – 27 सद्भावे साधुभावे च सदित्येतत्प्रयुज्यते ।
प्रशस्ते कर्मणि तथा सच्छब्दः पार्थ युज्यते ॥ २६ ॥
यज्ञे तपसि दाने च स्थितिः सदिति चोच्यते ।
कर्म चैव तदर्थीयं सदित्येवाभिधीयते ॥ २७ ॥

sad-bhāve sādhu-bhāve ca, sad ity etat prayujyate
praśaste karmaṇi tathā, sac-chabdaḥ pārtha yujyate

yajñe tapasi dāne ca, sthitiḥ sad iti cocyate
karma caiva tad-arthīyaṁ, sad ity evābhidhīyate

sat-bhāve — de aard van de Allerhoogste; *sādhu-bhāve* — de aard van de toegewijde; *ca* — ook; *sat* — het woord *'sat'*; *iti* — zo; *etat* — dit; *prayujyate* — wordt gebruikt; *praśaste* — in bonafide; *karmaṇi* — activiteiten; *tathā* — ook; *sat-śabdaḥ* — het geluid *sat*; *pārtha* — o zoon van Pṛthā; *yujyate* — wordt gebruikt; *yajñe* — in offers; *tapasi* — in ascese; *dāne* — in vrijgevigheid; *ca* — en; *sthitiḥ* — de situatie; *sat* — de Allerhoogste; *iti* — zo; *ca* — en; *ucyate* — wordt uitgesproken; *karma* — activiteit; *ca* — ook; *eva* — zeker; *tat* — daarvoor; *arthīyam* — bedoeld; *sat* — de Allerhoogste; *iti* — zo; *eva* — zeker; *abhidhīyate* — wordt aangeduid.

De Absolute Waarheid is het doel van devotionele offers en wordt aangeduid met het woord 'sat'. Degene die zulke offers brengt wordt ook 'sat' genoemd, evenals alle offers, ascese en vrijgevige schenkingen die in overeenstemming met hun absolute aard worden gedaan om de Allerhoogste Persoon voldoening te schenken, o zoon van Pṛthā.

COMMENTAAR: De woorden *'praśaste karmaṇi'* of 'voorgeschreven plichten' geven aan dat er in de Vedische literatuur veel activiteiten worden voorgeschreven die processen van zuivering zijn en die beginnen van het moment van verwekking tot aan het einde van iemands leven. Deze processen worden toegepast voor de uiteindelijke bevrijding van het levend wezen. Het wordt aangeraden om tijdens al deze activiteiten *oṁ tat sat* uit te spreken.

De woorden *'sad-bhāve'* en *'sādhu-bhāve'* duiden op de transcendentale situatie. Handelen in Kṛṣṇa-bewustzijn wordt *sattva* genoemd en wie zich volkomen bewust is van Kṛṣṇa-bewuste activiteiten wordt een *sādhu* genoemd. In het *Śrīmad-Bhāgavatam* (3.25.25) wordt gezegd dat transcendentale onderwerpen duidelijk worden in het gezelschap van toegewijden. De woorden die in dat vers gebruikt worden zijn *'satāṁ prasaṅgāt'*. Zonder goed gezelschap kan niemand transcendentale kennis verwerven.

Wanneer men een discipel initieert of de heilige draad geeft, zegt men *oṁ tat sat*. Op dezelfde manier is het doel van alle soorten van *yajña* de Allerhoogste, *oṁ tat sat*. De woorden *'tad-arthīyam'* duiden verder op dienst aan alles wat de Allerhoogste vertegenwoordigt, inclusief diensten als koken en het helpen bij verschillende activiteiten in de tempel van de Heer of elke andere activiteit voor het verspreiden van Zijn roem. Deze allerhoogste woorden *'oṁ tat sat'* worden zo op verschillende manieren gebruikt om alle activiteiten te perfectioneren en alles compleet te maken.

TEKST 28 अश्रद्धया हुतं दत्तं तपस्तप्तं कृतं च यत् ।
असदित्युच्यते पार्थ न च तत्प्रेत्य नो इह ॥ २८ ॥

aśraddhayā hutaṁ dattaṁ, tapas taptaṁ kṛtaṁ ca yat
asad ity ucyate pārtha, na ca tat pretya no iha

aśraddhayā — zonder geloof; *hutam* — gebracht als offer; *dattam* — geschonken; *tapaḥ* — ascese; *taptam* — verricht; *kṛtam* — gedaan; *ca* — en; *yat* — dat wat; *asat* — vals; *iti* — zo; *ucyate* — wordt genoemd; *pārtha* — o zoon van Pṛthā; *na* — nooit; *ca* — en; *tat* — dat; *pretya* — na de dood; *na u* — evenmin; *iha* — in dit leven.

Alles wat zonder geloof in de Allerhoogste wordt gedaan als offer, als ascese of uit vrijgevigheid, o zoon van Pṛthā, is tijdelijk. Het wordt 'asat' genoemd en is waardeloos, zowel in dit leven als in het volgende.

COMMENTAAR: Alles wat wordt gedaan zonder op het transcendentale doel gericht te zijn — ook al is dat het verrichten van offers, ascese of vrijgevigheid — is waardeloos. In dit vers worden zulke activiteiten daarom als verfoeilijk afgedaan. Alles zou in Kṛṣṇa-bewustzijn voor de Allerhoogste moeten worden gedaan. Zonder dit geloof en zonder de juiste begeleiding kan men geen enkel resultaat behalen. In alle Vedische teksten wordt aangeraden om op de Allerhoogste te vertrouwen en in Hem te geloven. Bij het volgen van de Vedische instructies is het uiteindelijke doel Kṛṣṇa te begrijpen. Zonder dit principe te volgen kan niemand succesvol zijn. Het is daarom het beste om vanaf het begin te handelen in Kṛṣṇa-bewustzijn onder begeleiding van een bonafide spiritueel leraar. Dat is de manier om alles succesvol te maken.

In de geconditioneerde toestand zijn mensen aangetrokken tot het vereren van halfgoden, geesten of Yakṣa's zoals Kuvera. De hoedanigheid goedheid is beter dan de hoedanigheden hartstocht en onwetendheid, maar wie zich direct op het Kṛṣṇa-bewustzijn toelegt, staat boven deze drie hoedanigheden van de materiële natuur. Hoewel er een proces is van geleidelijke verheffing, is het het beste zich door omgang met zuivere toegewijden direct op het Kṛṣṇa-bewustzijn toe te leggen, zoals in dit hoofdstuk werd aangeraden. Om succesvol te zijn, moet men eerst de juiste spiritueel leraar vinden en onder zijn begeleiding getraind worden. Hierdoor krijgt men vertrouwen in de Allerhoogste. Wanneer dat vertrouwen na verloop van tijd rijpt, wordt het liefde voor God genoemd. Deze liefde is het uiteindelijke doel van de levende wezens. Men moet zich daarom direct toeleggen op het Kṛṣṇa-bewustzijn. Dat is de boodschap van dit zeventiende hoofdstuk.

Zo eindigen de commentaren van Śrī Śrīmad A.C. Bhaktivedanta Swami Prabhupāda bij het zeventiende hoofdstuk van Śrīmad Bhagavad-gītā, *getiteld 'De vormen van geloof'.*

18

CONCLUSIE:

DE VOLMAAKTHEID *van* ONTHECHTING

TEKST 1

अर्जुन उवाच
संन्यासस्य महाबाहो तत्त्वमिच्छामि वेदितुम् ।
त्यागस्य च हृषीकेश पृथक्केशिनिषूदन ॥ १ ॥

arjuna uvāca
sannyāsasya mahā-bāho, tattvam icchāmi veditum
tyāgasya ca hṛṣīkeśa, pṛthak keśī-niṣūdana

arjunaḥ uvāca — Arjuna zei; *sannyāsasya* — van onthechting; *mahā-bāho* — o sterkgearmde; *tattvam* — de waarheid; *icchāmi* — ik verlang; *veditum* — begrijpen; *tyāgasya* — van onthechting; *ca* — en; *hṛṣīkeśa* — o meester van de zintuigen; *pṛthak* — afzonderlijk; *keśi-niṣūdana* — o doder van de demon genaamd Keśī.

Arjuna zei: O sterkgearmde, ik wil graag weten wat het doel is van onthechting [tyāga] en van de onthechte levensorde [sannyāsa], o doder van de demon Keśī en meester van de zintuigen.

COMMENTAAR: Eigenlijk bestaat de *Bhagavad-gītā* uit zeventien hoofdstukken. Het achttiende hoofdstuk is een aanvullende samenvatting van de onderwerpen die eerder besproken zijn. In ieder hoofdstuk van de *Bhagavad-gītā* benadrukt

Heer Kṛṣṇa dat devotionele dienst aan de Allerhoogste Persoonlijkheid Gods het uiteindelijke doel van het leven is. Ditzelfde punt wordt in het achttiende hoofdstuk samengevat als het meest vertrouwelijke pad van kennis.

In de eerste zes hoofdstukken werd de nadruk gelegd op devotionele dienst: *yoginām api sarveṣāṁ*... 'Van alle *yogī's* of transcendentalisten is degene die altijd in zichzelf aan Mij denkt de beste.' In de daaropvolgende zes hoofdstukken werd zuivere devotionele dienst en zijn aard en activiteit besproken. In de derde groep van zes hoofdstukken werden kennis, onthechting, de activiteiten van de materiële en de transcendentale natuur en devotionele dienst beschreven. De conclusie was dat alle activiteiten gedaan moeten worden in verbinding met de Allerhoogste Heer, de Allerhoogste Persoon, Viṣṇu, die vertegenwoordigd wordt door de woorden *'oṁ tat sat'*. Het derde deel van de *Bhagavad-gītā* liet zien dat devotionele dienst en niets anders het uiteindelijke doel van het leven is. Dit werd bevestigd door citaten van de voorgaande *ācārya's* en citaten uit het *Brahma-sūtra* of het *Vedānta-sūtra*. Sommige impersonalisten denken dat ze het monopolie hebben op de kennis in het *Vedānta-sūtra*, maar het *Vedānta-sūtra* is eigenlijk bedoeld om devotionele dienst te begrijpen, want de Heer is er immers Zelf de samensteller en de kenner van. Dit werd in het vijftiende hoofdstuk beschreven. In iedere heilige tekst, in elke *Veda*, is devotionele dienst het doel. Dat wordt in de *Bhagavad-gītā* uitgelegd.

Net zoals er in het tweede hoofdstuk een overzicht van de hele stof is gegeven, zo wordt ook in het achttiende hoofdstuk een samenvatting van alle instructies gegeven. Onthechting en het bereiken van een transcendentale positie boven de drie hoedanigheden van de materiële natuur worden aangeduid als het doel van het leven. Arjuna wil graag opheldering over twee duidelijk onderscheiden onderwerpen van de *Bhagavad-gītā*, namelijk onthechting (*tyāga*) en de onthechte levensorde (*sannyāsa*). Hij vraagt daarom naar de betekenis van deze twee woorden.

De twee woorden waarmee de Allerhoogste Heer in dit vers wordt aangesproken — Hṛṣīkeśa en Keśiniṣūdana — zijn veelzeggend. Hṛṣīkeśa is Kṛṣṇa, de meester van alle zintuigen, die ons altijd kan helpen om mentale sereniteit te krijgen. Arjuna vraagt Hem alles zo samen te vatten, dat hij evenwichtig kan blijven. Maar hij twijfelt en twijfels worden altijd vergeleken met demonen. Hij spreekt Kṛṣṇa daarom aan als Keśi-niṣūdana. Keśī was een angstaanjagende demon die door de Heer gedood werd; Arjuna verwacht nu dat Kṛṣṇa de demon van de twijfel zal doden.

TEKST 2 श्रीभगवानुवाच
काम्यानां कर्मणां न्यासं संन्यासं कवयो विदुः ।
सर्वकर्मफलत्यागं प्राहुस्त्यागं विचक्षणाः ॥ २ ॥

śrī-bhagavān uvāca
kāmyānāṁ karmaṇāṁ nyāsaṁ, sannyāsaṁ kavayo viduḥ
sarva-karma-phala-tyāgaṁ, prāhus tyāgaṁ vicakṣaṇāḥ

śrī-bhagavān uvāca — de Allerhoogste Persoonlijkheid Gods zei; *kāmyānām* — met verlangens; *karmaṇām* — van activiteiten; *nyāsam* — onthechting; *sannyāsam* — de onthechte levensorde; *kavayaḥ* — de geleerden; *viduḥ* — kennen; *sarva* — van alle; *karma* — activiteiten; *phala* — van resultaten; *tyāgam* — onthechting; *prāhuḥ* — noemen; *tyāgam* — onthechting; *vicakṣaṇāḥ* — degenen met ervaring.

De Allerhoogste Persoonlijkheid Gods zei: Het afstand doen van activiteiten die gebaseerd zijn op materiële verlangens, wordt door grote geleerden de onthechte levensorde [sannyāsa] genoemd. En afstand doen van de vruchten van alle activiteiten wordt door de wijzen onthechting [tyāga] genoemd.

COMMENTAAR: Activiteiten verrichten voor resultaten moet worden opgegeven. Dat is de instructie van de *Bhagavad-gītā.* Maar activiteiten die tot gevorderde spirituele kennis leiden, moeten niet opgegeven worden. Dit zal in de volgende verzen duidelijk worden gemaakt. In de Vedische literatuur worden veel methoden voorgeschreven voor het verrichten van offers om een bepaald doel te bereiken. Zo bestaan er bepaalde offers om een goede zoon te krijgen of om naar de hogere planeten te worden bevorderd. Maar offers die voortkomen uit verlangens moeten worden gestopt. Offers om het hart te zuiveren of om vooruitgang te maken in de spirituele wetenschap moeten daarentegen niet worden opgegeven.

TEKST 3 त्याज्यं दोषवदित्येके कर्म प्राहुर्मनीषिणः ।
यज्ञदानतपःकर्म न त्याज्यमिति चापरे ॥ ३ ॥

tyājyaṁ doṣa-vad ity eke, karma prāhur manīṣiṇaḥ
yajña-dāna-tapaḥ-karma, na tyājyam iti cāpare

tyājyam — moet opgegeven worden; *doṣa-vat* — als iets slechts; *iti* — zo; *eke* — één groep; *karma* — activiteit; *prāhuḥ* — zij zeggen; *manīṣinaḥ* — grote denkers; *yajña* — van offers; *dāna* — vrijgevigheid; *tapaḥ* — en ascese; *karma* — activiteiten; *na* — nooit; *tyājyam* — moeten worden opgegeven; *iti* — zo; *ca* — en; *apare* — anderen.

Sommige geleerden beweren dat alle vormen van resultaatgerichte activiteit moeten worden opgegeven omdat ze verkeerd zijn, maar andere wijzen verdedigen de mening dat het brengen van offers, vrijgevigheid en het beoefenen van ascese nooit moet worden opgegeven.

COMMENTAAR: In de Vedische literatuur worden veel activiteiten beschreven die aanleiding geven tot meningsverschillen. Zo wordt bijvoorbeeld gezegd dat een dier tijdens een offer gedood kan worden, terwijl anderen beweren dat het doden van een dier volkomen weerzinwekkend is. Hoewel in de Vedische literatuur wordt aangeraden om dieren te doden als offer, worden ze in werkelijkheid niet gedood. Het offer is ervoor bedoeld het dier een nieuw leven te geven. Soms wordt het dier, na het offer waarbij het gedood is, een nieuwe dierlijke levensvorm gegeven en soms krijgt het onmiddellijk promotie naar de menselijke levensvorm. Maar onder de wijzen zijn de meningen verdeeld. Sommige beweren dat het doden van dieren altijd moet worden vermeden, terwijl anderen zeggen dat het voor een bepaald offer juist goed is. Al deze uiteenlopende meningen over offeractiviteiten zullen nu door de Heer Zelf worden verduidelijkt.

TEKST 4 निश्चयं शृणु मे तत्र त्यागे भरतसत्तम ।
त्यागो हि पुरुषव्याघ्र त्रिविधः सम्प्रकीर्तितः ॥ ४ ॥

niścayaṁ śṛṇu me tatra, tyāge bharata-sattama
tyāgo hi puruṣa-vyāghra, tri-vidhaḥ samprakīrtitaḥ

niścayam — zekerheid; *śṛṇu* — hoor; *me* — van Mij; *tatra* — daarin; *tyāge* — wat betreft onthechting; *bharata-sat-tama* — o beste onder de Bhārata's; *tyāgaḥ* — onthechting; *hi* — zeker; *puruṣa-vyāghra* — o tijger onder de mensen; *tri-vidhaḥ* — van drie soorten; *samprakīrtitaḥ* — wordt verkondigd.

O beste onder de Bhārata's, hoor nu Mijn oordeel over onthechting. O tijger onder de mensen, in de geschriften wordt gezegd dat er drie soorten onthechting bestaan.

COMMENTAAR: Hoewel er meningsverschillen bestaan over onthechting, geeft de Allerhoogste Persoonlijkheid Gods, Śrī Kṛṣṇa, hier Zijn oordeel, dat als doorslaggevend moet worden beschouwd. De Veda's zijn tenslotte de verschillende wetten die door de Heer gegeven zijn. De Heer is hier persoonlijk aanwezig en Zijn woord moet als definitief worden gezien. Hij zegt dat het proces van onthechting gezien moet worden in relatie tot de hoedanigheden van de materiële natuur waarin het wordt uitgevoerd.

TEKST 5 यज्ञदानतपःकर्म न त्याज्यं कार्यमेव तत् ।
यज्ञो दानं तपश्चैव पावनानि मनीषिणाम् ॥ ५ ॥

yajña-dāna-tapaḥ-karma, na tyājyaṁ kāryam eva tat
yajño dānaṁ tapaś caiva, pāvanāni manīṣiṇām

yajña — van offers; *dāna* — vrijgevigheid; *tapaḥ* — en ascese; *karma* — activiteit; *na* — nooit; *tyājyam* — moet opgegeven worden; *kāryam* — moet verricht worden; *eva* — zeker; *tat* — dat; *yajñaḥ* — het offer; *dānam* — vrijgevigheid; *tapaḥ* — ascese; *ca* — ook; *eva* — zeker; *pāva-nāni* — zuiverend; *manīṣiṇām* — zelfs voor de grote zielen.

Offers, vrijgevigheid en ascese moeten niet worden opgegeven; ze moeten worden verricht. Sterker nog, offers, vrijgevigheid en ascese zuiveren zelfs de grote zielen.

COMMENTAAR: *Yogī's* moeten zich bezighouden met activiteiten voor de vooruitgang van de menselijke samenleving. Er bestaan veel zuiverende processen om een mens tot spiritueel leven te brengen. De huwelijksceremonie wordt bijvoorbeeld gezien als een van die offers en wordt *vivāha-yajña* genoemd. Moet een *sannyāsī*, die in de onthechte levensorde is en die de relaties met zijn familie heeft opgegeven, de huwelijksceremonie aanmoedigen? De Heer zegt hier dat ieder offer dat bedoeld is voor het welzijn van de mens, nooit moet worden opgegeven. Het *vivāha-yajña*, de huwelijksceremonie, is ervoor bedoeld de menselijke geest te reguleren, zodat hij tot rust kan komen om spirituele vooruitgang te maken.

Voor de meeste mensen moet dit *vivāha-yajña* worden aangemoedigd, zelfs door personen in de onthechte levensorde. *Sannyāsī's* mogen nooit met vrouwen omgaan, maar dat betekent niet dat iemand die zich in lagere levensfasen bevindt, een jonge man, geen vrouw mag aanvaarden tijdens de huwelijksceremonie. Alle voorgeschreven offers zijn ervoor bedoeld de Allerhoogste Heer te bereiken. In lagere fasen moeten ze daarom niet worden opgegeven. Op dezelfde manier is vrijgevigheid bedoeld om het hart te zuiveren. Zoals al eerder beschreven is, maakt men vooruitgang in het spirituele leven wanneer men vrijgevig is tegenover de juiste persoon.

TEKST 6 एतान्यपि तु कर्माणि सङ्गं त्यक्त्वा फलानि च ।
कर्तव्यानीति मे पार्थ निश्चितं मतमुत्तमम् ॥ ६ ॥

etāny api tu karmāṇi, saṅgaṁ tyaktvā phalāni ca
kartavyānīti me pārtha, niścitaṁ matam uttamam

etāni — al deze; *api* — zeker; *tu* — maar; *karmāṇi* — activiteiten; *saṅgam* — omgang; *tyaktvā* — onthechtend; *phalāni* — resultaten; *ca* — en; *kartavyāni* — moeten uit plicht worden gedaan; *iti* — zo; *me* — Mijn; *pārtha* — o zoon van Pṛthā; *niścitam* — beslist; *matam* — mening; *uttamam* — de beste.

Al deze activiteiten moeten zonder gehechtheid en zonder enige verwachting van resultaten worden verricht. Ze moeten uit plichtsbesef verricht worden, o zoon van Pṛthā. Dat is mijn definitieve mening.

COMMENTAAR: Ook al zijn alle offers zuiverend, men moet ze niet verrichten met het oog op het resultaat ervan. Met andere woorden, alle offers die bedoeld zijn voor materiële vooruitgang in het leven, moeten worden opgegeven, maar offers die het bestaan zuiveren en iemand tot het spirituele niveau verheffen, moeten niet worden gestopt. Alles wat tot Kṛṣṇa-bewustzijn leidt, moet worden aangemoedigd. In het *Śrīmad-Bhāgavatam* wordt ook gezegd dat iedere activiteit die tot devotionele dienst aan de Heer leidt, aanvaard moet worden. Dat is het hoogste criterium voor religie. Een toegewijde van de Heer moet alle soorten activiteiten, offers of vrijgevigheid aanvaarden die hem zullen helpen in zijn devotionele dienst aan de Heer.

TEKST 7

नियतस्य तु संन्यासः कर्मणो नोपपद्यते ।
मोहात्तस्य परित्यागस्तामसः परिकीर्तितः ॥ ७ ॥

niyatasya tu sannyāsaḥ, karmaṇo nopapadyate
mohāt tasya parityāgas, tāmasaḥ parikīrtitaḥ

niyatasya — voorgeschreven; *tu* — maar; *sannyāsaḥ* — onthechting; *karmaṇaḥ* — van activiteiten; *na* — nooit; *upapadyate* — is passend; *mohāt* — door illusie; *tasya* — van hen; *parityāgaḥ* — onthechting; *tāmasaḥ* — in de hoedanigheid onwetendheid; *parikīrtitaḥ* — wordt verkondigd.

Voorgeschreven plichten moeten nooit worden opgegeven. Wanneer iemand deze plichten uit illusie opgeeft, wordt zulke onthechting tot de hoedanigheid onwetendheid gerekend.

COMMENTAAR: Activiteiten voor materiële bevrediging moeten worden opgegeven, maar handelingen die iemand zullen bevorderen naar spirituele activiteit, zoals koken voor de Allerhoogste Heer, Hem het voedsel aanbieden en het daarna nuttigen, worden juist aangeraden. Over een persoon in de onthechte levensorde wordt gezegd dat hij niet voor zichzelf moet koken. Alleen voor zichzelf koken wordt verboden, maar koken voor de Allerhoogste Heer wordt niet verboden. Op dezelfde manier mag een *sannyāsī* een huwelijksceremonie verrichten om zijn discipel vooruitgang te helpen maken in het Kṛṣṇa-bewustzijn. Wie zich van zulke activiteiten onthecht, handelt in de hoedanigheid duisternis.

TEKST 8

दुःखमित्येव यत्कर्म कायक्लेशभयात्त्यजेत् ।
स कृत्वा राजसं त्यागं नैव त्यागफलं लभेत् ॥ ८ ॥

duḥkham ity eva yat karma, kāya-kleśa-bhayāt tyajet
sa kṛtvā rājasaṁ tyāgaṁ, naiva tyāga-phalaṁ labhet

duḥkham — onaangenaam; *iti* — zo; *eva* — zeker; *yat* — welk; *karma* — activiteit; *kāya* — voor het lichaam; *kleśa* — ongemak; *bhayāt* — uit angst; *tyajet* — geeft op; *saḥ* — hij; *kṛtvā* — na te hebben gedaan; *rājasam* — in de hoedanigheid hartstocht; *tyāgam* — onthechting; *na* — niet; *eva* — zeker; *tyāga* — van onthechting; *phalam* — de resultaten; *labhet* — krijgt.

Wanneer iemand zijn voorgeschreven plichten opgeeft omdat ze lastig zijn of uit angst voor lichamelijk ongemak, dan wordt gezegd dat hij zich heeft onthecht onder invloed van de hoedanigheid hartstocht. Deze vorm van handelen leidt nooit tot de verhevenheid die voortkomt uit onthechting.

COMMENTAAR: Een Kṛṣṇa-bewust persoon moet niet ophouden met geld verdienen uit angst resultaatgerichte activiteiten te verrichten. Wie door te werken zijn geld kan gebruiken voor het Kṛṣṇa-bewustzijn of wie door 's ochtends vroeg op te staan vooruitgang kan maken in zijn transcendentale Kṛṣṇa-bewustzijn, moet dat niet nalaten uit angst of omdat hij zulke activiteiten lastig vindt. Zulke onthechting valt onder de hoedanigheid hartstocht. Het resultaat van hartstochtelijke activiteiten is altijd ellendig. Wie zich met zo'n mentaliteit onthecht van activiteiten, zal nooit het resultaat van onthechting krijgen.

TEKST 9

कार्यमित्येव यत्कर्म नियतं क्रियतेऽर्जुन ।
सङ्गं त्यक्त्वा फलं चैव स त्यागः सात्त्विको मतः ॥ ९ ॥

kāryam ity eva yat karma, niyataṁ kriyate 'rjuna
saṅgaṁ tyaktvā phalaṁ caiva, sa tyāgaḥ sāttviko mataḥ

kāryam — het moet gedaan worden; *iti* — zo; *eva* — zeker; *yat* — welk; *karma* — activiteit; *niyatam* — voorgeschreven; *kriyate* — wordt verricht; *arjuna* — o Arjuna; *saṅgam* — omgang; *tyaktvā* — onthechtend; *phalam* — het resultaat; *ca* — ook; *eva* — zeker; *saḥ* — die; *tyāgaḥ* — onthechting; *sāttvikaḥ* — in de hoedanigheid goedheid; *mataḥ* — naar Mijn mening.

O Arjuna, wanneer men enkel uit plichtsbesef zijn voorgeschreven plicht vervult en zijn materiële banden en alle gehechtheid aan de vruchten van zijn activiteiten opgeeft, dan wordt dat onthechting in de hoedanigheid goedheid genoemd.

COMMENTAAR: Dit is de mentaliteit waarmee men voorgeschreven plichten moet vervullen. Men moet actief zijn zonder gehecht te zijn aan het resultaat en men moet zich onthechten van alle activiteiten die onder invloed van de hoedanigheden van de materiële natuur gedaan worden. Een Kṛṣṇa-bewuste arbeider in een fabriek identificeert zich niet met het werk in de fabriek en evenmin met de andere arbeiders van de fabriek. Hij werkt alleen voor Kṛṣṇa. En wanneer hij het resultaat aan Kṛṣṇa geeft, verricht hij zijn werk op een transcendentale manier.

TEKST 10

न द्वेष्ट्यकुशलं कर्म कुशले नानुषज्जते ।
त्यागी सत्त्वसमाविष्टो मेधावी छिन्नसंशयः ॥ १० ॥

na dveṣṭy akuśalaṁ karma, kuśale nānuṣajjate
tyāgī sattva-samāviṣṭo, medhāvī chinna-saṁśayaḥ

na — nooit; *dveṣṭi* — haat; *akuśalam* — ongunstig; *karma* — activiteit; *kuśale* — in gunstige; *na* — evenmin; *anuṣajjate* — raakt gehecht; *tyāgī* — degene die zich onthecht; *sattva* — in goedheid; *samāviṣṭaḥ* — verzonken; *medhāvī* — intelligente; *chinna* — afgesneden hebbend; *saṁśayaḥ* — alle twijfels.

Een intelligent en onthecht persoon in de hoedanigheid goedheid die geen hekel heeft aan onaangename activiteiten, maar die evenmin gehecht is aan aangename activiteiten, heeft geen twijfels over activiteit.

COMMENTAAR: Iemand in Kṛṣṇa-bewustzijn of iemand in de hoedanigheid goedheid koestert geen haat jegens wie of wat dan ook waarvan zijn lichaam last ondervindt. Hij verricht zijn activiteiten op de juiste plaats en op de juiste tijd, zonder bang te zijn voor de nare gevolgen van zijn plicht. Zo'n persoon die verankerd is in het transcendentale, moet worden gezien als het intelligentst en als verheven boven alle twijfels over zijn activiteiten.

TEKST 11

न हि देहभृता शक्यं त्यक्तुं कर्माण्यशेषतः ।
यस्तु कर्मफलत्यागी स त्यागीत्यभिधीयते ॥ ११ ॥

na hi deha-bhṛtā śakyaṁ, tyaktuṁ karmāṇy aśeṣataḥ
yas tu karma-phala-tyāgī, sa tyāgīty abhidhīyate

na — nooit; *hi* — zeker; *deha-bhṛtā* — door de belichaamde; *śakyam* — is mogelijk; *tyaktum* — onthecht zijn; *karmāṇi* — activiteiten; *aśeṣataḥ* — volledig; *yaḥ* — iemand die; *tu* — maar; *karma* — van activiteit; *phala* — van het resultaat; *tyāgī* — degene die zich onthecht; *saḥ* — hij; *tyāgī* — degene die zich onthecht; *iti* — zo; *abhidhīyate* — wordt genoemd.

Het is een feit dat belichaamde wezens onmogelijk alle activiteiten kunnen opgeven. Maar hij die zich van de vruchten van zijn activiteiten onthecht, wordt als werkelijk onthecht beschouwd.

COMMENTAAR: In de *Bhagavad-gītā* wordt gezegd dat men activiteiten nooit ofte nimmer kan opgeven. Wie actief is voor Kṛṣṇa, alles aan Kṛṣṇa offert en niet van de resultaten geniet, is daarom werkelijk onthecht. Er zijn veel leden van de Internationale Gemeenschap voor Kṛṣṇa-bewustzijn die zeer hard werken in hun kantoor of in een fabriek of ergens anders en die alles wat ze verdienen aan de Gemeenschap schenken. Zulke verheven zielen zijn in feite *sannyāsī's* en bevinden zich in de onthechte levensorde. Hier wordt duidelijk aangegeven hoe men zich van de vruchten van zijn werk kan onthechten en ook voor welk doel men zich daarvan moet onthechten.

TEKST 12

अनिष्टमिष्टं मिश्रं च त्रिविधं कर्मणः फलम् ।
भवत्यत्यागिनां प्रेत्य न तु संन्यासिनां क्वचित् ॥ १२ ॥

aniṣṭam iṣṭaṁ miśraṁ ca, tri-vidhaṁ karmaṇaḥ phalam
bhavaty atyāgināṁ pretya, na tu sannyāsināṁ kvacit

aniṣṭam — naar de hel leidend; *iṣṭam* — naar de hemel leidend; *miśram* — gemengd; *ca* — en; *tri-vidham* — in drie soorten; *karmaṇaḥ* — van activiteiten; *phalam* — het resultaat; *bhavati* — komt; *atyāginām* — voor zij die niet onthecht zijn; *pretya* — na hun dood; *na* — niet; *tu* — maar; *sannyāsinām* — voor de onthechte levensorde; *kvacit* — wanneer dan ook.

Wie niet onthecht is, zal na zijn dood worden opgewacht door de drie soorten resultaten van zijn activiteiten — gewenste, ongewenste en ge-

mengde. Maar zij die zich in de onthechte levensorde bevinden, ontkomen aan zulke resultaten die genot en leed veroorzaken.

COMMENTAAR: Een Kṛṣṇa-bewust persoon die zijn activiteiten verricht met kennis van zijn relatie met Kṛṣṇa, is altijd bevrijd. Na zijn dood hoeft hij daarom niet te genieten van de resultaten van zijn daden en hoeft er ook niet door te lijden.

TEKST 13 पञ्चैतानि महाबाहो कारणानि निबोध मे ।
सांख्ये कृतान्ते प्रोक्तानि सिद्धये सर्वकर्मणाम् ॥ १३ ॥

pañcaitāni mahā-bāho, kāraṇāni nibodha me
sāṅkhye kṛtānte proktāni, siddhaye sarva-karmaṇām

pañca — vijf; *etāni* — deze; *mahā-bāho* — o sterkgearmde; *kāraṇāni* — oorzaken; *nibodha* — begrijp; *me* — van Mij; *sāṅkhye* — in de *Vedānta*; *kṛta-ante* — in de conclusie; *proktāni* — gezegd; *siddhaye* — voor het volbrengen; *sarva* — van alle; *karmaṇām* — activiteiten.

O sterkgearmde Arjuna, volgens de Vedānta zijn er vijf oorzaken voor het volbrengen van elke activiteit. Hoor nu van Mij welke dat zijn.

COMMENTAAR: Men zou hier de volgende vraag kunnen stellen: hoe is het mogelijk dat een Kṛṣṇa-bewust persoon niet geniet van of lijdt door de karmische reacties op zijn activiteiten, als op iedere actie een bepaalde reactie moet volgen? De Heer haalt hier de *vedānta*-filosofie aan om te laten zien hoe dat mogelijk is. Hij zegt dat er voor alle activiteiten vijf oorzaken zijn en om succesvol te zijn in alle activiteiten, moet men rekening houden met deze oorzaken. *Sāṅkhya* betekent 'verhandeling over kennis' en omdat de *Vedānta* de definitieve verhandeling over kennis is, wordt ze aanvaard door alle meest vooraanstaande *ācārya's*. Zelfs Śaṅkara aanvaardt dat *sāṅkhya* in dit vers naar het *Vedānta-sūtra* verwijst. Zo'n gezaghebbend werk moet dus worden geraadpleegd.

Het uiteindelijke gezag berust bij de Superziel. In de *Bhagavad-gītā* wordt gezegd: *sarvasya cāhaṁ hṛdi sanniviṣṭaḥ*. Hij betrekt iedereen in bepaalde activiteiten door hen te herinneren aan hun vorige activiteiten. En Kṛṣṇa-bewuste activiteiten die verricht worden onder de innerlijke aanwijzingen van de Superziel, leiden niet tot karma, niet in dit leven en niet in het leven na de dood.

TEKST 14 अधिष्ठानं तथा कर्ता करणं च पृथग्विधम् ।
विविधाश्च पृथक्चेष्टा दैवं चैवात्र पञ्चमम् ॥ १४ ॥

adhiṣṭhānaṁ tathā kartā, karaṇaṁ ca pṛthag-vidham
vividhāś ca pṛthak ceṣṭā, daivaṁ caivātra pañcamam

adhiṣṭhānam — de plaats; *tathā* — ook; *kartā* — de handelende persoon; *karaṇam* — instrumenten; *ca* — en; *pṛthak-vidham* — van verschillende soorten; *vividhāḥ* — verschillende; *ca* — en; *pṛthak* — afzonderlijke; *ceṣṭāḥ* — de inspanningen; *daivam* — de Allerhoogste; *ca* — ook; *eva* — zeker; *atra* — hier; *pañcamam* — de vijfde.

De vijf factoren van activiteit zijn: de plaats van handeling [het lichaam], de handelende persoon, de verschillende zintuigen, de verschillende soorten inspanning en uiteindelijk de Superziel.

COMMENTAAR: Het woord *'adhiṣṭhānam'* verwijst naar het lichaam. De ziel in het lichaam is actief en streeft naar de resultaten van activiteiten en wordt daarom de *kartā* genoemd, 'de verrichter'. In de *śruti* wordt gesteld dat de ziel de kenner en de verrichter is: *eṣa hi draṣṭā spraṣṭā* (*Praśna Upaniṣad* 4.9). Ook in het *Vedānta-sūtra* wordt dit bevestigd in de aforismen *jño 'ta eva* (2.3.17) en *kartā śāstrārthavattvāt* (2.3.31).

De zintuigen zijn de instrumenten voor activiteit en met behulp van de zintuigen is de ziel op verschillende manieren actief. Voor iedere activiteit is een andere inspanning vereist. Maar al iemands activiteiten zijn afhankelijk van de wil van de Superziel, die aanwezig is in het hart als een vriend. De Allerhoogste Heer is de superoorzaak. Wie onder leiding van de Superziel in het hart Kṛṣṇa-bewust handelt, raakt natuurlijk niet gebonden door enige activiteit. Zij die volledig Kṛṣṇa-bewust zijn, zijn uiteindelijk niet verantwoordelijk voor hun daden. Alles hangt af van de allerhoogste wil, de Superziel, de Allerhoogste Persoonlijkheid Gods.

TEKST 15 शरीरवाङ्मनोभिर्यत्कर्म प्रारभते नरः ।
न्याय्यं वा विपरीतं वा पञ्चैते तस्य हेतवः ॥ १५ ॥

śarīra-vāṅ-manobhir yat, karma prārabhate naraḥ
nyāyyaṁ vā viparītaṁ vā, pañcaite tasya hetavaḥ

śarīra — door het lichaam; *vāk* — de spraak; *manobhiḥ* — en de geest; *yat* — welke; *karma* — activiteiten; *prārabhate* — begint; *naraḥ* — een persoon; *nyāyyam* — juist; *vā* — of; *viparītam* — het tegenovergestelde; *vā* — of; *pañca* — vijf; *ete* — al deze; *tasya* — ervan; *hetavaḥ* — oorzaken.

Welke goede of slechte activiteit een mens ook verricht met zijn lichaam, geest of spraak, wordt door deze vijf factoren veroorzaakt.

COMMENTAAR: De woorden 'goed' en 'slecht' zijn zeer belangrijk in dit vers. Goede activiteiten zijn activiteiten die in overeenstemming zijn met de aanwijzingen in de heilige teksten en slechte activiteiten zijn activiteiten die tegen die aanwijzingen ingaan. Maar voor de volledige voltooiing van welke activiteit dan ook zijn deze vijf factoren noodzakelijk.

TEKST 16 तत्रैवं सति कर्तारमात्मानं केवलं तु यः ।
पश्यत्यकृतबुद्धित्वान्न स पश्यति दुर्मतिः ॥ १६ ॥

tatraivaṁ sati kartāram, ātmānaṁ kevalaṁ tu yaḥ
paśyaty akṛta-buddhitvān, na sa paśyati durmatiḥ

tatra — daar; *evam* — zo; *sati* — zijnd; *kartāram* — de handelende persoon; *ātmānam* — zichzelf; *kevalam* — enkel; *tu* — maar; *yaḥ* — iemand die; *paśyati* — ziet; *akṛta-buddhitvāt* — omdat hij niet intelligent is; *na* — nooit; *saḥ* — hij; *paśyati* — ziet; *durmatiḥ* — dwaas.

Wie zich niet bewust is van deze vijf factoren, maar denkt dat alleen hij het is die handelt, is daarom allerminst intelligent en kan de dingen niet zien zoals ze zijn.

COMMENTAAR: Een dwaas persoon kan niet begrijpen dat de Superziel vanbinnen aanwezig is als een vriend die zijn activiteiten bestuurt. Ook al zijn de plaats, de handelende persoon, de inspanning en de zintuigen de materiële oorzaken, de uiteindelijke oorzaak is de Allerhoogste, de Persoonlijkheid Gods. Men moet daarom niet alleen de vier materiële oorzaken zien, maar ook de allerhoogste werkende oorzaak. Wie de Allerhoogste niet ziet, denkt dat hij het zelf is die handelt.

TEKST 17 यस्य नाहंकृतो भावो बुद्धिर्यस्य न लिप्यते ।
हत्वापि स इमाँल्लोकान्न हन्ति न निबध्यते ॥ १७ ॥

yasya nāhaṅkṛto bhāvo, buddhir yasya na lipyate
hatvāpi sa imāl̐ lokān, na hanti na nibadhyate

yasya — iemand van wie; *na* — nooit; *ahaṅkṛtaḥ* — van vals ego; *bhāvaḥ* — aard; *buddhiḥ* — intelligentie; *yasya* — iemand van wie; *na* — nooit; *lipyate* — is gehecht; *hatvā* — gedood hebbend; *api* — zelfs; *saḥ* — hij; *imān* — deze; *lokān* — wereld; *na* — nooit; *hanti* — doodt; *na* — nooit; *nibadhyate* — raakt verstrikt.

Wie niet gedreven wordt door vals ego en een intelligentie heeft die niet verward is, is niet degene die doodt, ook al doodt hij mensen in deze wereld. En evenmin raakt hij gebonden door zijn daden.

COMMENTAAR: In dit vers laat de Heer Arjuna weten dat het verlangen om niet te vechten voortkomt uit vals ego. Arjuna dacht dat hij zelf de verrichter van activiteiten was, maar hij hield geen rekening met de Allerhoogste, die zowel van binnenin als van buitenaf toestemming geeft voor iedere handeling. Als iemand zich niet realiseert dat er een hogere leiding bestaat die toestemming moet geven, waarom zou hij dan handelen? Wie echter de factoren van activiteit kent — de instrumenten van activiteit [lichaam, zintuigen en geest], de handelende persoon zelf en de Allerhoogste Heer als de verlener van de hoogste toestemming — doet alles op een perfecte manier. Zo iemand verkeert nooit in illusie.

Zelfstandige activiteit en verantwoordelijkheid komen voort uit vals ego en goddeloosheid of een gebrek aan Kṛṣṇa-bewustzijn. Iedereen die onder leiding van de Superziel of de Allerhoogste Persoonlijkheid Gods Kṛṣṇa-bewust handelt, doodt niet, zelfs al is hij bezig met doden. Ook zal hij nooit de karmische reacties op zulk doden hoeven te verduren. Wanneer een soldaat iemand op commando van zijn meerdere doodt, zal hij niet veroordeeld worden. Maar wanneer hij iemand uit eigen beweging doodt, zal de rechtbank hem daar zeker voor veroordelen.

TEKST 18 ज्ञानं ज्ञेयं परिज्ञाता त्रिविधा कर्मचोदना ।
करणं कर्म कर्तेति त्रिविधः कर्मसङ्ग्रहः ॥ १८ ॥

jñānaṁ jñeyaṁ parijñātā, tri-vidhā karma-codanā
karaṇaṁ karma karteti, tri-vidhaḥ karma-saṅgrahaḥ

jñānam — kennis; *jñeyam* — het doel van kennis; *parijñātā* — de kenner; *tri-vidhā* — in drie soorten; *karma* — van activiteit; *codanā* — de stimulans; *karaṇam* — de zintuigen; *karma* — de activiteit; *kartā* — de handelende persoon; *iti* — zo; *tri-vidhaḥ* — in drie soorten; *karma* — van activiteiten; *saṅgrahaḥ* — het samenstel.

Kennis, het object van kennis en de kenner zijn de drie factoren die tot activiteit leiden. De zintuigen, de handeling zelf en de handelende persoon zijn de drie onderdelen waaruit een activiteit is samengesteld.

COMMENTAAR: Er zijn drie drijvende krachten voor dagelijkse activiteiten: kennis, het object van kennis en de kenner. De instrumenten van activiteit, de activiteit zelf en de handelende persoon worden de onderdelen van activiteit genoemd. Elke activiteit van ieder menselijk wezen bestaat uit deze elementen. Voordat iemand handelt, is er een bepaalde drijvende kracht, die inspiratie wordt genoemd. Elk stadium dat aan de daadwerkelijke uitvoering van een activiteit voorafgaat, is een subtiele vorm van activiteit. Daarna vindt de activiteit daadwerkelijk plaats. Eerst moet men de psychologische processen van denken, voelen en willen ondergaan en dat wordt de drijvende kracht genoemd.

De inspiratie om actief te zijn is dezelfde wanneer deze voortkomt uit de heilige teksten of uit de instructie van de spiritueel leraar. Wanneer er sprake is van inspiratie en van een handelende persoon, kan een activiteit daadwerkelijk plaatsvinden met behulp van de zintuigen, waaronder de geest, die het centrum van alle zintuigen is. Het geheel van alle onderdelen van een activiteit wordt de complete handeling genoemd.

TEKST 19 ज्ञानं कर्म च कर्ता च त्रिधैव गुणभेदतः ।
प्रोच्यते गुणसंख्याने यथावच्छृणु तान्यपि ॥ १९ ॥

jñānaṁ karma ca kartā ca, tridhaiva guṇa-bhedataḥ
procyate guṇa-saṅkhyāne, yathāvac chṛṇu tāny api

jñānam — kennis; *karma* — activiteit; *ca* — ook; *kartā* — handelende persoon; *ca* — ook; *tridhā* — in drie soorten; *eva* — zeker; *guṇa-bhedataḥ* — overeenkomstig de verschillende hoedanigheden van de materiële natuur; *procyate* — worden beschreven; *guṇa-saṅkhyāne* — overeenkomstig de verschillende hoedanigheden; *yathā-vat* — zoals ze zijn; *śṛṇu* — hoor; *tāni* — al deze; *api* — ook.

Overeenkomstig de drie hoedanigheden van de materiële natuur zijn er drie soorten kennis, activiteit en handelende personen. Luister nu naar wat Ik hierover te zeggen heb.

COMMENTAAR: In het veertiende hoofdstuk werden de drie onderverdelingen van de hoedanigheden van de materiële natuur uitvoerig beschreven. In dat hoofdstuk werd gesteld dat de hoedanigheid goedheid licht brengt, dat de hoedanigheid hartstocht materialistisch is en dat de hoedanigheid onwetendheid luiheid en lusteloosheid in de hand werkt. Alle hoedanigheden van de materiële natuur zorgen voor gebondenheid; ze zijn geen bronnen van bevrijding. Zelfs in de hoedanigheid goedheid is men geconditioneerd.

In het zeventiende hoofdstuk werd een beschrijving gegeven van de verschillende typen van verering door verschillende typen mensen. In dit vers zegt de Heer Zelf dat Hij over de verschillende typen kennis, handelende personen en activiteiten wil spreken in relatie tot de hoedanigheden van de materiële natuur.

TEKST 20 सर्वभूतेषु येनैकं भावमव्ययमीक्षते ।
अविभक्तं विभक्तेषु तज्ज्ञानं विद्धि सात्त्विकम् ॥ २० ॥

sarva-bhūteṣu yenaikaṁ bhāvam avyayam īkṣate
avibhaktaṁ vibhakteṣu, taj jñānaṁ viddhi sāttvikam

sarva-bhūteṣu — in alle levende wezens; *yena* — waardoor; *ekam* — één; *bhāvam* — gesteldheid; *avyayam* — onvergankelijke; *īkṣate* — men ziet; *avibhaktam* — onverdeeld; *vibhakteṣu* — in de ontelbare verdeelden; *tat* — die; *jñānam* — kennis; *viddhi* — weet; *sāttvikam* — in de hoedanigheid goedheid.

Weet dat de kennis waardoor men één onverdeelde spirituele natuur ziet in alle levende wezens, ook al zijn ze verdeeld over ontelbare vormen, kennis in de hoedanigheid goedheid is.

COMMENTAAR: Een persoon die één ziel in ieder levend wezen ziet, of het nu een halfgod, mens, dier, vogel, waterdier of plant is, heeft kennis in de hoedanigheid goedheid. In alle levende wezens is één ziel aanwezig, hoewel ze verschillende lichamen hebben overeenkomstig hun vroegere activiteiten. Zoals al in het zevende hoofdstuk werd beschreven, wordt het verschijnen van de levenskracht in ieder lichaam veroorzaakt door de hogere natuur van de Allerhoogste Heer. Wanneer iemand die ene hogere natuur, die levenskracht, in ieder lichaam ziet, dan betekent dat dat zijn waarneming in de hoedanigheid goedheid is. Die levende energie is onvergankelijk, ook al zijn lichamen vergankelijk. Verschillen worden waargenomen op grond van het lichaam; omdat er veel vormen van geconditioneerd leven zijn, lijkt de levenskracht verdeeld te zijn. Zulke onpersoonlijke kennis is een aspect van zelfrealisatie.

TEKST 21
पृथक्त्वेन तु यज्ज्ञानं नानाभावान्पृथग्विधान् ।
वेत्ति सर्वेषु भूतेषु तज्ज्ञानं विद्धि राजसम् ॥ २१ ॥

pṛthaktvena tu yaj jñānaṁ, nānā-bhāvān pṛthag-vidhān
vetti sarveṣu bhūteṣu, taj jñānaṁ viddhi rājasam

pṛthaktvena — door verdeling; *tu* — maar; *yat* — welke; *jñānam* — kennis; *nānā-bhāvān* — uiteenlopende gesteldheden; *pṛthak-vidhān* — verschillende; *vetti* — weet; *sarveṣu* — in alle; *bhūteṣu* — levende wezens; *tat* — die; *jñānam* — kennis; *viddhi* — moet begrepen worden; *rājasam* — als zijnde in hartstocht.

Weet dat de kennis waardoor men in alle verschillende lichamen de aanwezigheid van een verschillend soort levend wezen ziet, kennis in de hoedanigheid hartstocht is.

COMMENTAAR: De idee dat het materiële lichaam het levend wezen is en dat met de vernietiging van het lichaam ook het bewustzijn vernietigd wordt, wordt kennis in de hoedanigheid hartstocht genoemd. Volgens die kennis verschillen lichamen van elkaar door de ontwikkeling van verschillende soorten bewustzijn en is er verder geen sprake van een afzonderlijke ziel waaruit bewustzijn voortkomt. Het lichaam zelf is de ziel en er bestaat geen afzonderlijke ziel los van dit lichaam. Volgens deze kennis is het bewustzijn iets tijdelijks. Of een andere idee is dat er geen individuele zielen zijn, maar dat er een alomtegenwoordige ziel is vol kennis en dat dit lichaam een verschijning van tijdelijke onwetendheid is. Of weer een andere idee is dat er buiten dit lichaam geen speciale individuele of allerhoogste ziel bestaat. Al deze ideeën worden beschouwd als voortbrengselen van de hoedanigheid hartstocht.

TEKST 22
यत्तु कृत्स्नवदेकस्मिन्कार्ये सक्तमहैतुकम् ।
अतत्त्वार्थवदल्पं च तत्तामसमुदाहृतम् ॥ २२ ॥

yat tu kṛtsna-vad ekasmin, kārye saktam ahaitukam
atattvārtha-vad alpaṁ ca, tat tāmasam udāhṛtam

yat — dat wat; *tu* — maar; *kṛtsna-vat* — alsof het alles is; *ekasmin* — in één; *kārye* — activiteit; *saktam* — gehecht; *ahaitukam* — zonder oorzaak; *atattva-artha-vat* — zonder kennis van de realiteit; *alpam* — heel onbeduidend; *ca* — en; *tat* — die; *tāmasam* — in de hoedanigheid duisternis; *udāhṛtam* — wordt genoemd.

En die kennis waardoor men aangetrokken is tot één soort activiteit alsof het alles is, zonder kennis van de waarheid, en die erg onbeduidend is, wordt kennis in de hoedanigheid duisternis genoemd.

COMMENTAAR: De 'kennis' van een gewoon mens is altijd in de hoedanigheid duisternis of onwetendheid, omdat ieder levend wezen in het geconditioneerde leven geboren is in die hoedanigheid. Wie geen kennis ontwikkelt volgens de gezaghebbende personen of de aanwijzingen in de heilige teksten, heeft kennis die beperkt blijft tot het lichaam. Iemand met dergelijke kennis is er niet in geïnteresseerd te handelen volgens de richtlijnen van de heilige teksten. Voor hem betekent God geld en kennis het bevredigen van lichamelijke behoeften. Zulke kennis staat los van de Absolute Waarheid; het is min of meer als de kennis van gewone dieren: de kennis van eten, slapen, verdedigen en paren. Zulke kennis wordt hier beschreven als een voortbrengsel van de hoedanigheid duisternis.

Met andere woorden, kennis over de ziel die los van dit lichaam bestaat, wordt kennis in de hoedanigheid goedheid genoemd; kennis die door middel van wereldse logica en mentale speculatie veel theorieën en doctrines voortbrengt, komt voort uit de hoedanigheid hartstocht, en kennis die alleen maar betrekking heeft op het comfortabel houden van het lichaam, wordt tot de hoedanigheid onwetendheid gerekend.

TEKST 23 नियतं सङ्गरहितमरागद्वेषतः कृतम् ।
अफलप्रेप्सुना कर्म यत्तत्सात्त्विकमुच्यते ॥ २३ ॥

niyataṁ saṅga-rahitam, arāga-dveṣataḥ kṛtam
aphala-prepsunā karma, yat tat sāttvikam ucyate

niyatam — gereguleerd; *saṅga-rahitam* — zonder gehechtheid; *arāga-dveṣataḥ* — zonder liefde of afkeer; *kṛtam* — gedaan; *aphala-prepsunā* — door iemand die niet verlangt naar resultaten; *karma* — activiteit; *yat* — welk; *tat* — dat; *sāttvikam* — in de hoedanigheid goedheid; *ucyate* — wordt genoemd.

Die activiteit die gereguleerd is en die verricht wordt zonder gehechtheid, zonder liefde of afkeer en zonder verlangens naar de resultaten ervan, wordt activiteit in de hoedanigheid goedheid genoemd.

COMMENTAAR: Gereguleerde plichten die in de heilige teksten worden voorgeschreven met betrekking tot de verschillende orden en geledingen van de samenleving, die verricht worden zonder gehechtheid en besef van eigendom en daardoor zonder liefde of haat en die Kṛṣṇa-bewust verricht worden om de Allerhoogste tevreden te stellen en niet om zichzelf te plezieren of tevreden te stellen, worden activiteiten in de hoedanigheid goedheid genoemd.

TEKST 24 यत्तु कामेप्सुना कर्म साहङ्कारेण वा पुनः ।
क्रियते बहुलायासं तद्राजसमुदाहृतम् ॥ २४ ॥

yat tu kāmepsunā karma, sāhaṅkāreṇa vā punaḥ
kriyate bahulāyāsaṁ, tad rājasam udāhṛtam

yat — dat wat; *tu* — maar; *kāma-īpsunā* — door iemand die verlangt naar de resultaten; *karma* — activiteit; *sa-ahaṅkāreṇa* — met ego; *vā* — of; *punaḥ* — opnieuw; *kriyate* — wordt verricht; *bahula-āyāsam* — met veel inspanning; *tat* — dat; *rājasam* — in de hoedanigheid hartstocht; *udāhṛtam* — wordt genoemd.

Maar die activiteit die met veel inspanning verricht wordt door iemand die zijn verlangens wil bevredigen en die wordt bepaald door vals ego, wordt activiteit in de hoedanigheid hartstocht genoemd.

TEKST 25 अनुबन्धं क्षयं हिंसामनपेक्ष्य च पौरुषम् ।
मोहादारभ्यते कर्म यत्तत्तामसमुच्यते ॥ २५ ॥

anubandhaṁ kṣayaṁ hiṁsām, anapekṣya ca pauruṣam
mohād ārabhyate karma, yat tat tāmasam ucyate

anubandham — van toekomstige gebondenheid; *kṣayam* — vernietiging; *hiṁsām* — en anderen pijn doen; *anapekṣya* — zonder acht te slaan op de gevolgen; *ca* — en; *pauruṣam* — niet op een andere manier goedgekeurd; *mohāt* — door illusie; *ārabhyate* — is begonnen; *karma* — activiteit; *yat* — wat; *tat* — dat; *tāmasam* — in de hoedanigheid onwetendheid; *ucyate* — wordt genoemd.

En die activiteit die verricht wordt in illusie, zonder acht te slaan op de voorschriften in de geschriften en zonder dat men zich erom bekommert dat men in de toekomst gebonden zal raken of dat anderen pijn wordt aangedaan of ellende overkomt, wordt activiteit in de hoedanigheid onwetendheid genoemd.

COMMENTAAR: Men moet verantwoording afleggen voor zijn daden tegenover de staat of de agenten van de Allerhoogste Heer, die de Yamadūta's worden genoemd. Onverantwoordelijke activiteit is destructief, omdat ze de regulerende principes van de heilige teksten vernietigt. Ze is meestal gebaseerd op geweld en is een bron van ellende voor andere levende wezens. Zulke onverantwoordelijke activiteiten worden verricht in het licht van iemands persoonlijke ervaring. Dit wordt illusie genoemd. Al zulke illusoire activiteiten komen voort uit de hoedanigheid onwetendheid.

TEKST 26 मुक्तसङ्गोऽनहंवादी धृत्युत्साहसमन्वितः ।
सिद्ध्यसिद्ध्योर्निर्विकारः कर्ता सात्त्विक उच्यते ॥ २६ ॥

mukta-saṅgo 'nahaṁ-vādī, dhṛty-utsāha-samanvitaḥ
siddhy-asiddhyor nirvikāraḥ, kartā sāttvika ucyate

mukta-saṅgaḥ — bevrijd van elk materieel contact; *anaham-vādī* — zonder vals ego; *dhṛti* — met vastberadenheid; *utsāha* — en met veel enthousiasme; *samanvitaḥ* — gekwalificeerd; *siddhi* — tijdens succes; *asiddhyoḥ* — en falen;

nirvikāraḥ — zonder verandering; *kartā* — een handelend persoon; *sāttvikaḥ* — in de hoedanigheid goedheid; *ucyate* — wordt genoemd.

Hij die zonder contact met de hoedanigheden van de materiële natuur, zonder vals ego, vol vastberadenheid en enthousiasme zijn plicht vervult en zowel tijdens succes als falen standvastig blijft, wordt gezien als een persoon die handelt in de hoedanigheid goedheid.

COMMENTAAR: Een Kṛṣṇa-bewust persoon is altijd verheven boven de hoedanigheden van de materiële natuur. Hij heeft geen verwachtingen wat betreft de resultaten van het werk dat aan hem is toevertrouwd, omdat hij boven vals ego en trots staat. Toch blijft hij voortdurend enthousiast totdat zijn werk volbracht is. Hij maakt zich niet druk over de moeite die het gekost heeft; hij blijft altijd enthousiast. Hij geeft niets om succes of falen en blijft evenwichtig in zowel geluk als verdriet. Een persoon die op die manier handelt, bevindt zich in de hoedanigheid goedheid.

TEKST 27 रागी कर्मफलप्रेप्सुर्लुब्धो हिंसात्मकोऽशुचिः ।
हर्षशोकान्वितः कर्ता राजसः परिकीर्तितः ॥ २७ ॥

rāgī karma-phala-prepsur, lubdho hiṁsātmako 'śuciḥ
harṣa-śokānvitaḥ kartā, rājasaḥ parikīrtitaḥ

rāgī — heel erg gehecht; *karma-phala* — de vruchten van de activiteiten; *prepsuḥ* — verlangend; *lubdhaḥ* — hebzuchtig; *hiṁsā-ātmakaḥ* — altijd vijandig; *aśuciḥ* — onzuiver; *harṣa-śoka-anvitaḥ* — onderhevig aan vreugde en verdriet; *kartā* — zo'n handelend persoon; *rājasaḥ* — in de hoedanigheid hartstocht; *parikīrtitaḥ* — wordt verkondigd.

De handelende persoon die gehecht is aan zijn activiteiten en aan de vruchten daarvan en die van die vruchten wil genieten, die hebzuchtig, onzuiver en altijd vijandig is en zich laat beïnvloeden door geluk en verdriet, wordt gezien als iemand in de hoedanigheid hartstocht.

COMMENTAAR: Een persoon is te gehecht aan een bepaald type activiteit of aan het resultaat daarvan, omdat hij te gehecht is aan materialisme of aan huis en haard, vrouw en kinderen. Zo iemand verlangt er niet naar om in het leven tot iets hogers verheven te worden. Zijn bezigheden zijn er uitsluitend op gericht de wereld er materieel gezien zo aangenaam mogelijk op te maken. Over het algemeen is hij erg hebzuchtig en denkt hij dat alles wat hij bereikt heeft permanent is en nooit verloren zal gaan. Zo iemand is afgunstig op anderen en is bereid allerlei kwade dingen te doen voor zinsbevrediging. Hij is daarom niet rein en het kan hem niet schelen of zijn inkomsten zuiver of onzuiver zijn. Hij is heel gelukkig wanneer zijn werk succesvol is en diepbedroefd wanneer dat niet het geval is. Zo is de persoon die actief is in de hoedanigheid hartstocht.

TEKST 28 अयुक्तः प्राकृतः स्तब्धः शठो नैष्कृतिकोऽलसः ।
विषादी दीर्घसूत्री च कर्ता तामस उच्यते ॥ २८ ॥

ayuktaḥ prākṛtaḥ stabdhaḥ, śaṭho naiṣkṛtiko 'lasaḥ
viṣādī dīrgha-sūtrī ca, kartāt tāmasa ucyate

ayuktaḥ — zonder te verwijzen naar de bepalingen in de geschriften; *prākṛtaḥ* — materialistisch; *stabdhaḥ* — koppig; *śaṭhaḥ* — onbetrouwbaar; *naiṣkṛtikaḥ* — bedreven in het beledigen van anderen; *alasaḥ* — lui; *viṣādī* — neerslachtig; *dīrgha-sūtrī* — uitstellend; *ca* — ook; *kartā* — handelende persoon; *tāmasaḥ* — in de hoedanigheid onwetendheid; *ucyate* — wordt genoemd.

De handelende persoon die altijd bezig is met activiteiten die tegen de bepalingen van de geschriften indruisen, die materialistisch, eigenzinnig, onbetrouwbaar, lui en voortdurend neerslachtig is, die bedreven is in het beledigen van andere mensen en dingen altijd uitstelt, wordt gezien als een persoon die handelt in de hoedanigheid onwetendheid.

COMMENTAAR: Uit de aanwijzingen in de heilige teksten kunnen we opmaken welke activiteiten verricht moeten worden en welke niet. Zij die niets om zulke aanwijzingen geven, houden zich bezig met activiteiten die nagelaten zouden moeten worden en meestal zijn zulke personen materialistisch. Ze zijn actief onder invloed van de hoedanigheden van de materiële natuur en gaan niet te werk volgens de aanwijzingen in de heilige teksten. Zulke personen zijn niet bijzonder zachtmoedig, maar meestal listig en bedreven in het beledigen van anderen. Ze zijn zeer lui. Ook al hebben ze een bepaalde plicht, ze zullen die niet op de juiste manier vervullen, maar eerder aan de kant zetten om deze later nog wel eens te doen. Ze zien er daarom altijd chagrijnig en somber uit. Ze stellen alles uit. Iets wat binnen een uur gedaan kan worden, laten ze jarenlang aanslepen. Zulke personen bevinden zich in de hoedanigheid onwetendheid.

TEKST 29 बुद्धेर्भेदं धृतेश्चैव गुणतस्त्रिविधं शृणु ।
प्रोच्यमानमशेषेण पृथक्त्वेन धनञ्जय ॥ २९ ॥

buddher bhedaṁ dhṛteś caiva, guṇatas tri-vidhaṁ śṛṇu
procyamānam aśeṣeṇa, pṛthaktvena dhanañjaya

buddheḥ — van intelligentie; *bhedam* — de onderscheidingen; *dhṛteḥ* — van standvastigheid; *ca* — en; *eva* — zeker; *guṇataḥ* — door de hoedanigheden van de materiële natuur; *tri-vidham* — in drie soorten; *śṛṇu* — hoor; *procyamānam* — zoals door Mij beschreven; *aśeṣeṇa* — uitvoerig; *pṛthaktvena* — afzonderlijk; *dhanañjaya* — o overwinnaar van rijkdom.

O overwinnaar van rijkdom, luister nu goed naar Mijn uitvoerige beschrijving van de verschillende soorten intelligentie en vastberadenheid die er overeenkomstig de drie hoedanigheden van de materiële natuur bestaan.

COMMENTAAR: Nadat de Heer Zijn uitleg heeft gegeven over kennis, het object van kennis en de kenner in drie verschillende categorieën overeenkomstig de hoedanigheden van de materiële natuur, zal Hij nu op dezelfde manier uitleg geven over de intelligentie en de vastberadenheid van de handelende persoon.

TEKST 30 प्रवृत्तिं च निवृत्तिं च कार्याकार्ये भयाभये ।
बन्धं मोक्षं च या वेत्ति बुद्धिः सा पार्थ सात्त्विकी ॥ ३० ॥

pravṛttiṁ ca nivṛttiṁ ca, kāryākārye bhayābhaye
bandhaṁ mokṣaṁ ca yā vetti, buddhiḥ sā pārtha sāttvikī

pravṛttim — doen; *ca* — ook; *nivṛttim* — niet doen; *ca* — en; *kārya* — wat gedaan zou moeten worden; *akārye* — en wat niet gedaan zou moeten worden; *bhaya* — angst; *abhaye* — en onbevreesdheid; *bandham* — gebondenheid; *mokṣam* — bevrijding; *ca* — en; *yā* — welke; *vetti* — weet; *buddhiḥ* — intelligentie; *sā* — dat; *pārtha* — o zoon van Pṛthā; *sāttvikī* — in de hoedanigheid goedheid.

O zoon van Pṛthā, die intelligentie waardoor men onderscheid kan maken tussen wat wel en wat niet gedaan moet worden, wat men wel en wat men niet moet vrezen, wat gebondenheid veroorzaakt en wat bevrijding geeft, is in de hoedanigheid goedheid.

COMMENTAAR: Handelen volgens de aanwijzingen van de heilige teksten wordt *pravṛtti* genoemd of het verrichten van die activiteiten die verricht zouden moeten worden. En activiteiten die daar niet mee in overeenstemming zijn, moeten worden nagelaten. Wie de aanwijzingen van de heilige teksten niet kent, raakt verstrikt in de acties en reacties van activiteiten. Inzicht dat onderscheid maakt met behulp van de intelligentie, is in de hoedanigheid goedheid.

TEKST 31 यया धर्ममधर्मं च कार्यं चाकार्यमेव च ।
अयथावत्प्रजानाति बुद्धिः सा पार्थ राजसी ॥ ३१ ॥

yayā dharmam adharmaṁ ca, kāryaṁ cākāryam eva ca
ayathāvat prajānāti, buddhiḥ sā pārtha rājasī

yayā — waarmee; *dharmam* — de beginselen van religie; *adharmam* — ongodsdienstigheid; *ca* — en; *kāryam* — wat gedaan zou moeten worden; *ca* — en; *akāryam* — wat niet gedaan zou moeten worden; *eva* — zeker; *ca* — ook; *ayathā-vat* — onvolmaakt; *prajānāti* — weet; *buddhiḥ* — intelligentie; *sā* — die; *pārtha* — o zoon van Pṛthā; *rājasī* — in de hoedanigheid hartstocht.

O zoon van Pṛthā, die intelligentie waardoor men geen onderscheid weet te maken tussen godsdienst en ongodsdienstigheid en evenmin tussen activiteiten die wel en niet verricht moeten worden, is in de hoedanigheid hartstocht.

TEKST 32 अधर्मं धर्ममिति या मन्यते तमसावृता ।
सर्वार्थान्विपरीतांश्च बुद्धिः सा पार्थ तामसी ॥ ३२ ॥

adharmaṁ dharmam iti yā, manyate tamasāvṛtā
sarvārthān viparītāṁś ca, buddhiḥ sā pārtha tāmasī

adharmam — ongodsdienstigheid; *dharmam* — godsdienst; *iti* — zo; *yā* — welke; *manyate* — denkt; *tamasā* — door illusie; *āvṛtā* — bedekt; *sarva-arthān* — alle dingen; *viparītān* — in de verkeerde richting; *ca* — ook; *buddhiḥ* — intelligentie; *sā* — die; *pārtha* — o zoon van Pṛthā; *tāmasī* — in de hoedanigheid onwetendheid.

Die intelligentie die in de ban is van illusie en duisternis en die daardoor ongodsdienstigheid als godsdienst beschouwt en godsdienst als ongodsdienstigheid en die altijd in de verkeerde richting werkt, o Pārtha, is in de hoedanigheid onwetendheid.

COMMENTAAR: Intelligentie in de hoedanigheid onwetendheid werkt altijd in de tegengestelde richting van die waarin ze zou moeten werken. Ze aanvaardt godsdiensten die in werkelijkheid geen godsdiensten zijn en verwerpt ware religie. Mensen in de hoedanigheid onwetendheid zien een grote ziel als een gewoon mens en aanvaarden een gewoon mens als een grote ziel. Ze denken dat de waarheid onwaarheid is en aanvaarden onwaarheid als de waarheid. Bij alle activiteiten nemen ze uitsluitend het verkeerde pad; daarom is hun intelligentie in de hoedanigheid onwetendheid.

TEKST 33 धृत्या यया धारयते मनःप्राणेन्द्रियक्रियाः ।
योगेनाव्यभिचारिण्या धृतिः सा पार्थ सात्त्विकी ॥ ३३ ॥

dhṛtyā yayā dhārayate, manaḥ-prāṇendriya-kriyāḥ
yogenāvyabhicāriṇyā, dhṛtiḥ sā pārtha sāttvikī

dhṛtyā — vastberadenheid; *yayā* — waarmee; *dhārayate* — men onderhoudt; *manaḥ* — van de geest; *prāṇa* — de levenskracht; *indriya* — en de zintuigen; *kriyāḥ* — de activiteiten; *yogena* — door de beoefening van yoga; *avyabhicāriṇyā* — zonder enige onderbreking; *dhṛtiḥ* — vastberadenheid; *sā* — die; *pārtha* — o zoon van Pṛthā; *sāttvikī* — in de hoedanigheid goedheid.

O zoon van Pṛthā, die onwrikbare vastberadenheid, die in stand wordt gehouden door voortdurende beoefening van yoga en die daardoor de activiteiten van de geest, de levenskracht en de zintuigen beheerst, is vastberadenheid in de hoedanigheid goedheid.

COMMENTAAR: Yoga is een middel om de Allerhoogste Ziel te begrijpen. Hij die vastberaden verankerd is in de Allerhoogste Ziel, die zijn geest, levenskracht en zintuiglijke activiteiten op de Allerhoogste richt, is volledig vervuld van Kṛṣṇa-bewustzijn. Die vastberadenheid is in de hoedanigheid goedheid. Het woord *'avyabhicāriṇyā'* is heel belangrijk, want het geeft aan dat personen die bezig zijn met Kṛṣṇa-bewustzijn, nooit door andere activiteiten worden afgeleid.

TEKST 34 यया तु धर्मकामार्थान्धृत्या धारयतेऽर्जुन ।
प्रसङ्गेन फलाकाङ्क्षी धृतिः सा पार्थ राजसी ॥ ३४ ॥

yayā tu dharma-kāmārthān, dhṛtyā dhārayate 'rjuna
prasaṅgena phalākāṅkṣī, dhṛtiḥ sā pārtha rājasī

yayā — waarmee; *tu* — maar; *dharma* — religiositeit; *kāma* — zinsbevrediging; *arthān* — en economische vooruitgang; *dhṛtyā* — door vastberadenheid; *dhārayate* — men onderhoudt; *arjuna* — o Arjuna; *prasaṅgena* — vanwege gehechtheid; *phala-ākāṅkṣī* — verlangend naar de resultaten; *dhṛtiḥ* — vastberadenheid; *sā* — die; *pārtha* — o zoon van Pṛthā; *rājasī* — in de hoedanigheid hartstocht.

Maar die vastberadenheid waarmee men vasthoudt aan de resultaten van religie, economische ontwikkeling en zinsbevrediging, is vastberadenheid in de hoedanigheid hartstocht, o Arjuna.

COMMENTAAR: Wie altijd naar de resultaten van religieuze of economische activiteiten verlangt, voor wie zinsbevrediging het enige verlangen is en van wie de geest, levenskracht en zintuigen zich altijd daarvoor inspannen, bevindt zich in de hoedanigheid hartstocht.

TEKST 35 यया स्वप्नं भयं शोकं विषादं मदमेव च ।
न विमुञ्चति दुर्मेधा धृतिः सा पार्थ तामसी ॥ ३५ ॥

yayā svapnaṁ bhayaṁ śokaṁ, viṣādaṁ madam eva ca
na vimuñcati durmedhā, dhṛtiḥ sā pārtha tāmasī

yayā — waarmee; *svapnam* — dromen; *bhayam* — angst; *śokam* — geklaag; *viṣādam* — neerslachtigheid; *madam* — illusie; *eva* — zeker; *ca* — en; *na* — nooit; *vimuñcati* — men geeft op; *durmedhā* — onintelligente; *dhṛtiḥ* — vastberadenheid; *sā* — die; *pārtha* — o zoon van Pṛthā; *tāmasī* — in de hoedanigheid onwetendheid.

En die vastberadenheid die niet verder gaat dan gedroom, angst, geklaag, neerslachtigheid en illusie, zulke onintelligente vastberadenheid, o zoon van Pṛthā, is in de hoedanigheid duisternis.

COMMENTAAR: Hieruit moet niet worden afgeleid dat iemand in de hoedanigheid goedheid nooit droomt. 'Dromen' duidt hier op te veel slaap. Dromen is iets dat altijd aanwezig is; zowel in de hoedanigheid goedheid als in de hoedanigheden hartstocht en onwetendheid is dromen een natuurlijk verschijnsel. Maar zij die niet kunnen afzien van langslapen en die niet kunnen vermijden zich de trotse genieter van materiële objecten te voelen, die er altijd van dromen de baas te spelen over de materiële wereld en van wie de levenskracht, geest en zintuigen zich daarvoor inspannen, worden beschouwd als personen met een vastberadenheid in de hoedanigheid onwetendheid.

TEKST 36 सुखं त्विदानीं त्रिविधं शृणु मे भरतर्षभ ।
अभ्यासाद्रमते यत्र दुःखान्तं च निगच्छति ॥ ३६ ॥

sukhaṁ tv idānīṁ tri-vidhaṁ, śṛṇu me bharatarṣabha
abhyāsād ramate yatra, duḥkhāntaṁ ca nigacchati

sukham — geluk; *tu* — maar; *idānīm* — nu; *tri-vidham* — in drie soorten; *śṛṇu* — hoor; *me* — van Mij; *bharata-ṛṣabha* — o beste onder de Bhārata's; *abhyāsāt* — door beoefening; *ramate* — men geniet; *yatra* — waar; *duḥkha* — van ellende; *antam* — het einde; *ca* — ook; *nigacchati* — krijgt.

O beste onder de Bhārata's, hoor nu van Mij over de drie soorten geluk waardoor de geconditioneerde ziel geniet en waardoor soms al haar ellende beëindigd wordt.

COMMENTAAR: Een geconditioneerde ziel probeert keer op keer materieel geluk te genieten. Op die manier kauwt ze dat wat al gekauwd is. Maar soms raakt ze tijdens zulk geluk bevrijd van materiële verstrikking door met een grote ziel om te gaan. Met andere woorden, een geconditioneerde ziel houdt zich altijd bezig met een bepaalde vorm van zinsbevrediging, maar wanneer ze door omgang met goede personen inziet dat wat ze aan het doen is eigenlijk een voortdurende herhaling is van hetzelfde en ze bewust wordt gemaakt van haar ware Kṛṣṇa-bewustzijn, raakt ze soms bevrijd van zulk zogenaamd geluk dat zich voortdurend herhaalt.

TEKST 37 यत्तदग्रे विषमिव परिणामेऽमृतोपमम् ।
तत्सुखं सात्त्विकं प्रोक्तमात्मबुद्धिप्रसादजम् ॥ ३७ ॥

yat tad agre viṣam iva, pariṇāme 'mṛtopamam
tat sukhaṁ sāttvikaṁ proktam, ātma-buddhi-prasāda-jam

yat — wat; *tat* — dat; *agre* — in het begin; *viṣam iva* — als vergif; *pariṇāme* — uiteindelijk; *amṛta* — nectar; *upamam* — vergeleken met; *tat* — dat; *sukham* — geluk; *sāttvikam* — in de hoedanigheid goedheid; *proktam* — wordt gezegd; *ātma* — in het zelf; *buddhi* — van intelligentie; *prasāda-jam* — voortkomend uit de voldoening.

Dat wat in het begin vergif lijkt, maar uiteindelijk net als nectar is en waardoor men zich bewust wordt van zelfrealisatie, wordt geluk in de hoedanigheid goedheid genoemd.

COMMENTAAR: In het streven naar zelfrealisatie moet men veel regels en bepalingen naleven om de geest en de zintuigen te beheersen en om de geest op het zelf te concentreren. Al deze procedures zijn heel moeilijk, bitter als vergif, maar als men erin slaagt zich aan de regels te houden en het transcendentale niveau te bereiken, dan begint men de ware nectar te proeven en van het leven te genieten.

TEKST 38 विषयेन्द्रियसंयोगाद्यत्तदग्रेऽमृतोपमम् ।
परिणामे विषमिव तत्सुखं राजसं स्मृतम् ॥ ३८ ॥

viṣayendriya-saṁyogād, yat tad agre 'mṛtopamam
pariṇāme viṣam iva, tat sukhaṁ rājasaṁ smṛtam

viṣaya — van de zinsobjecten; *indriya* — en de zintuigen; *saṁyogāt* — uit de combinatie; *yat* — wat; *tat* — dat; *agre* — in het begin; *amṛta-upamam* — als nectar; *pariṇāme* — uiteindelijk; *viṣam iva* — als vergif; *tat* — dat; *sukham* — geluk; *rājasam* — in de hoedanigheid hartstocht; *smṛtam* — wordt beschouwd.

Het geluk dat voortkomt uit het contact tussen de zintuigen en de zinsobjecten en dat in het begin net nectar lijkt, maar uiteindelijk vergif is, wordt geluk in de hoedanigheid hartstocht genoemd.

COMMENTAAR: Een jonge man en een jonge vrouw ontmoeten elkaar en de zintuigen brengen de jonge man ertoe naar haar te kijken, haar aan te raken en seksueel contact met haar te hebben. In het begin zal dit heel prettig zijn voor de zintuigen, maar uiteindelijk of na enige tijd is het net als vergif. Ze gaan uit elkaar of ze scheiden, er is verdriet, droefenis enz. Zulk geluk is altijd in de hoedanigheid hartstocht. Het geluk dat het gevolg is van de combinatie van de zintuigen en de zinsobjecten is altijd de oorzaak van ellende en moet op alle mogelijke manieren worden vermeden.

TEKST 39 यदग्रे चानुबन्धे च सुखं मोहनमात्मनः ।
निद्रालस्यप्रमादोत्थं तत्तामसमुदाहृतम् ॥ ३९ ॥

yad agre cānubandhe ca, sukhaṁ mohanam ātmanaḥ
nidrālasya-pramādotthaṁ, tat tāmasam udāhṛtam

yat — dat wat; *agre* — in het begin; *ca* — ook; *anubandhe* — uiteindelijk; *ca* — ook; *sukham* — geluk; *mohanam* — illusoir; *ātmanaḥ* — van het zelf; *nidrā* — slaap; *ālasya* — luiheid; *pramāda* — en illusie; *uttham* — voortkomend uit; *tat* — dat; *tāmasam* — in de hoedanigheid onwetendheid; *udāhṛtam* — wordt genoemd.

En het geluk dat blind is voor zelfrealisatie, dat van begin tot eind denkbeeldig is en dat voortkomt uit slaap, luiheid en illusie, wordt geluk in de hoedanigheid onwetendheid genoemd.

COMMENTAAR: Wie zijn geluk uit luiheid en slaap haalt, bevindt zich beslist in de hoedanigheid duisternis of onwetendheid, en wie er geen idee van heeft hoe hij wel en niet moet handelen, bevindt zich ook in de hoedanigheid onwetendheid. Voor een persoon in de hoedanigheid onwetendheid is alles illusie. Zowel in het begin als aan het eind is er voor hem geen sprake van geluk. Voor iemand in de hoedanigheid hartstocht mag er in het begin misschien een soort kortstondig geluk zijn en aan het eind ellende, maar voor iemand in de hoedanigheid onwetendheid is er alleen maar ellende, zowel in het begin als aan het eind.

TEKST 40 न तदस्ति पृथिव्यां वा दिवि देवेषु वा पुनः ।
सत्त्वं प्रकृतिजैर्मुक्तं यदेभिः स्यात्त्रिभिर्गुणैः ॥ ४० ॥

na tad asti pṛthivyāṁ vā, divi deveṣu vā punaḥ
sattvaṁ prakṛti-jair muktaṁ, yad ebhiḥ syāt tribhir guṇaiḥ

na — niet; *tat* — dat; *asti* — er is; *pṛthivyām* — op de aarde; *vā* — of; *divi* — in het hogere planetenstelsel; *deveṣu* — onder de halfgoden; *vā* — of; *punaḥ* — opnieuw; *sattvam* — bestaan; *prakṛti-jaiḥ* — geboren uit de materiële natuur; *muktam* — bevrijd; *yat* — dat; *ebhiḥ* — van de invloed van deze; *syāt* — is; *tribhiḥ* — drie; *guṇaiḥ* — hoedanigheden van de materiële natuur.

Er bestaat geen levend wezen, noch hier, noch onder de halfgoden in de hogere planetenstelsels, dat vrij is van deze drie hoedanigheden, die voortkomen uit de materiële natuur.

COMMENTAAR: De Heer geeft hier een samenvatting van de totale invloed van de drie hoedanigheden van de materiële natuur over het hele universum.

TEKST 41 ब्राह्मणक्षत्रियविशां शूद्राणां च परन्तप ।
कर्माणि प्रविभक्तानि स्वभावप्रभवैर्गुणैः ॥ ४१ ॥

brāhmaṇa-kṣatriya-viśāṁ, śūdrāṇāṁ ca parantapa
karmāṇi pravibhaktāni, svabhāva-prabhavair guṇaiḥ

brāhmaṇa — van de *brāhmaṇa's*; *kṣatriya* — de *kṣatriya's*; *viśām* — en de *vaiśya's*; *śūdrāṇām* — van de *śūdra*'s; *ca* — en; *parantapa* — o overwinnaar van de vijand; *karmāṇi* — de activiteiten; *pravibhaktāni* — worden verdeeld; *svabhāva* — hun eigen aard; *prabhavaiḥ* — voortkomend uit; *guṇaiḥ* — door de hoedanigheden van de materiële natuur.

O bestraffer van de vijand, de brāhmaṇa's, de kṣatriya's, de vaiśya's en de śūdra's worden onderscheiden door de kwaliteiten die voortkomen uit hun eigen aard overeenkomstig de materiële hoedanigheden.

TEKST 42 शमो दमस्तपः शौचं क्षान्तिरार्जवमेव च ।
ज्ञानं विज्ञानमास्तिक्यं ब्रह्मकर्म स्वभावजम् ॥ ४२ ॥

śamo damas tapaḥ śaucaṁ, kṣāntir ārjavam eva ca
jñānaṁ vijñānam āstikyaṁ, brahma-karma svabhāva-jam

śamaḥ — vreedzaamheid; *damaḥ* — zelfbeheersing; *tapaḥ* — ascese; *śaucam* — reinheid; *kṣāntiḥ* — verdraagzaamheid; *ārjavam* — eerlijkheid; *eva* — zeker; *ca* — en; *jñānam* — kennis; *vijñānam* — wijsheid; *āstikyam* — godsdienstigheid; *brahma* — van een *brāhmaṇa*; *karma* — activiteit; *svabhāva-jam* — voortkomend uit zijn eigen aard.

Vreedzaamheid, zelfbeheersing, ascese, reinheid, verdraagzaamheid, eerlijkheid, kennis, wijsheid en godsdienstigheid — dit zijn de natuurlijke eigenschappen waarmee de brāhmaṇa's werken.

TEKST 43 शौर्यं तेजो धृतिर्दाक्ष्यं युद्धे चाप्यपलायनम् ।
दानमीश्वरभावश्च क्षात्रं कर्म स्वभावजम् ॥ ४३ ॥

śauryaṁ tejo dhṛtir dākṣyaṁ, yuddhe cāpy apalāyanam
dānam īśvara-bhāvaś ca, kṣātraṁ karma svabhāva-jam

śauryam — heldhaftigheid; *tejaḥ* — kracht; *dhṛtiḥ* — vastberadenheid; *dākṣyam* — bekwaamheid; *yuddhe* — in de strijd; *ca* — en; *api* — ook; *apalāyanam* — niet vluchtend; *dānam* — vrijgevigheid; *īśvara* — van leiderschap; *bhāvaḥ* — de aard; *ca* — en; *kṣātram* — van een *kṣatriya*; *karma* — plicht; *svabhāva-jam* — voortkomend uit zijn eigen aard.

Heldhaftigheid, kracht, vastberadenheid, bekwaamheid, strijdvaardigheid, vrijgevigheid en leiderschap zijn de natuurlijke eigenschappen van activiteiten voor kṣatriya's.

TEKST 44 कृषिगोरक्ष्यवाणिज्यं वैश्यकर्म स्वभावजम् ।
परिचर्यात्मकं कर्म शूद्रस्यापि स्वभावजम् ॥ ४४ ॥

kṛṣi-go-rakṣya-vāṇijyaṁ, vaiśya-karma svabhāva-jam
paricaryātmakaṁ karma, śūdrasyāpi svabhāva-jam

kṛṣi — ploegen; *go* — van koeien; *rakṣya* — bescherming; *vāṇijyam* — handel; *vaiśya* — van een *vaiśya*; *karma* — activiteit; *svabhāva-jam* — voortkomend uit zijn eigen aard; *paricaryā* — dienst; *ātmakam* — bestaande uit; *karma* — plicht; *śūdrasya* — van de *śūdra*; *api* — ook; *svabhāva-jam* — voortkomend uit zijn eigen aard.

Het bedrijven van landbouw, het beschermen van koeien en handeldrijven zijn de natuurlijke activiteiten van de vaiśya's. En voor de śūdra's zijn dat arbeid en dienstbaarheid aan de anderen.

TEKST 45 स्वे स्वे कर्मण्यभिरतः संसिद्धिं लभते नरः ।
स्वकर्मनिरतः सिद्धिं यथा विन्दति तच्छृणु ॥ ४५ ॥

sve sve karmaṇy abhirataḥ, saṁsiddhiṁ labhate naraḥ
sva-karma-nirataḥ siddhiṁ, yathā vindati tac chṛṇu

sve sve — ieder zijn eigen; *karmaṇi* — activiteit; *abhirataḥ* — volgend; *saṁsiddhim* — volmaaktheid; *labhate* — bereikt; *naraḥ* — een mens; *sva-karma* — met zijn eigen activiteiten; *nirataḥ* — bezig; *siddhim* — volmaaktheid; *yathā* — zoals; *vindati* — bereikt; *tat* — dat; *śṛṇu* — hoor.

Iedereen kan volmaakt worden door te handelen volgens de eigenschappen die bij zijn activiteiten horen. Hoor nu alsjeblieft van Mij hoe dit mogenlijk is.

TEKST 46 यतः प्रवृत्तिर्भूतानां येन सर्वमिदं ततम् ।
स्वकर्मणा तमभ्यर्च्य सिद्धिं विन्दति मानवः ॥ ४६ ॥

yataḥ pravṛttir bhūtānāṁ, yena sarvam idaṁ tatam
sva-karmaṇā tam abhyarcya, siddhiṁ vindati mānavaḥ

yataḥ — van wie; *pravṛttiḥ* — het ontstaan; *bhūtānām* — van alle levende wezens; *yena* — door wie; *sarvam* — alles; *idam* — dit; *tatam* — is doordrongen; *sva-karmaṇā* — door zijn eigen plichten; *tam* — Hem; *abhyarcya* — door te vereren; *siddhim* — volmaaktheid; *vindati* — bereikt; *mānavaḥ* — een mens.

Wanneer men de alomtegenwoordige Heer, de oorsprong van alle wezens, aanbidt, kan men door het verrichten van zijn eigen voorgeschreven activiteiten volmaakt worden.

COMMENTAAR: In het vijftiende hoofdstuk werd gezegd dat alle levende wezens afzonderlijke integrerende deeltjes van de Allerhoogste Heer zijn. De Allerhoogste Heer is dus de oorsprong van alle levende wezens. Dit wordt bevestigd in het *Vedānta-sūtra* — *janmādy asya yataḥ*. De Allerhoogste Heer is dus ook de oorsprong van het leven van ieder levend wezen. En zoals in het zevende hoofdstuk van de *Bhagavad-gītā* gezegd werd, is de Allerhoogste Heer alomtegenwoordig door Zijn twee energieën, namelijk de externe en de interne energie. Men moet Hem daarom met Zijn energieën vereren.

Over het algemeen vereren de *vaiṣṇava*-toegewijden de Heer samen met Zijn interne energie. Zijn externe energie is een verwrongen weerspiegeling van de interne energie. De externe energie is een achtergrond, maar de Allerhoogste Heer is door de expansie van Zijn volkomen deelaspect als Paramātmā overal aanwezig. Hij is de Superziel van alle halfgoden, alle menselijke wezens en van alle dieren waar dan ook. Men moet daarom begrijpen dat men als integrerend deeltje van de Allerhoogste Heer de plicht heeft om de Allerhoogste dienstbaar te zijn. Iedereen moet volledig Kṛṣṇa-bewust devotionele dienst verrichten voor de Heer; dat is wat in dit vers wordt aangeraden.

Iedereen zou ervan moeten uitgaan dat hij een bepaald soort bezigheid heeft gekregen van Hṛṣīkeśa, de meester van de zintuigen. De Allerhoogste Persoonlijkheid Gods, Śrī Kṛṣṇa, moet vervolgens worden vereerd met de resultaten van de activiteiten die men verricht. Wie voortdurend zo denkt en daarbij volkomen Kṛṣṇa-bewust is, kan zich door de genade van de Heer volledig van alles bewust worden. Dat is de perfectie van het leven. De Heer zegt in de *Bhagavad-gītā* (12.7): *teṣām ahaṁ samuddhartā*. De Allerhoogste Heer neemt Zelf de verantwoordelijkheid voor de verlossing van zo'n toegewijde op Zich. Dat is de hoogste perfectie van het leven. Wie de Allerhoogste Heer dient, zal de hoogste perfectie bereiken, welke voorgeschreven activiteit hij ook verricht.

TEKST 47 श्रेयान्स्वधर्मो विगुणः परधर्मात्स्वनुष्ठितात् ।
स्वभावनियतं कर्म कुर्वन्नाप्नोति किल्बिषम् ॥ ४७ ॥

śreyān sva-dharmo viguṇaḥ, para-dharmāt sv-anuṣṭhitāt
svabhāva-niyataṁ karma, kurvan nāpnoti kilbiṣam

śreyān — beter; *sva-dharmaḥ* — zijn eigen bezigheid; *viguṇaḥ* — gebrekkig verricht; *para-dharmāt* — dan de bezigheid van anderen; *su-anuṣṭhitāt* — volmaakt gedaan; *svabhāva-niyatam* — voorgeschreven overeenkomstig zijn eigen aard; *karma* — activiteit; *kurvan* — verrichtend; *na* — nooit; *āpnoti* — verkrijgt; *kilbiṣam* — karmische reacties op zonden.

Het is beter om je eigen plicht te doen, ook al vervul je die onvolmaakt, dan om de plicht van iemand anders op je te nemen en die volmaakt te vervullen. Plichten die zijn voorgeschreven op grond van iemands aard, leiden nooit tot karmische reacties op zonden.

COMMENTAAR: De *Bhagavad-gītā* beschrijft de specifieke voorgeschreven plichten voor de mens. In voorgaande verzen werd al uitgelegd dat de plichten van een *brāhmaṇa, kṣatriya, vaiśya* en *śūdra* worden voorgeschreven op grond van hun verschillende hoedanigheden van de materiële natuur. Men moet de plichten van een ander niet imiteren. Wie van nature aangetrokken is tot het werk van *śūdra's*, moet zich niet kunstmatig als een *brāhmaṇa* voordoen, ook al is hij geboren in een familie van *brāhmaṇa's*. Op die manier moet iedereen overeenkomstig zijn eigen natuur handelen; geen enkele activiteit is weerzinwekkend, zolang deze maar in dienst van de Allerhoogste Heer wordt gedaan.

De voorgeschreven plicht van de *brāhmaṇa* is in de hoedanigheid goedheid, maar wie niet van nature in de hoedanigheid goedheid is, moet niet de voorgeschreven activiteiten van een *brāhmaṇa* imiteren. Een *kṣatriya* of bestuurder heeft zoveel weerzinwekkende dingen te doen: hij moet geweld uitoefenen om zijn vijanden te doden en soms moet hij om diplomatieke redenen liegen. Zulk geweld en zulke leugenachtigheid horen bij het politieke leven, maar een *kṣatriya* wordt niet geacht zijn voorgeschreven plicht op te geven om vervolgens te proberen de plichten van een *brāhmaṇa* te vervullen.

Men moet op zo'n manier handelen dat de Allerhoogste Heer erdoor tevreden wordt gesteld. Arjuna was bijvoorbeeld een *kṣatriya*, maar hij aarzelde om de strijd met de tegenpartij aan te binden. Wie echter strijdt voor Kṛṣṇa, de Allerhoogste Persoonlijkheid Gods, hoeft niet bang te zijn voor degradatie. In de handel geldt hetzelfde: soms moet een handelaar een boel leugens vertellen om winst te maken. Doet hij dat niet, dan is er geen winst. Soms zegt een handelaar: 'O beste klant, omdat u het bent, zal ik op u geen winst maken', maar men moet dan bedenken dat de handelaar zonder winst niet kan bestaan. Wanneer een handelaar zegt dat hij geen winst maakt, dan moet men inzien dat dat een leugen is. Maar een handelaar moet niet denken dat hij zijn beroep moet opgeven en de taken van een *brāhmaṇa* op zich moet nemen, omdat hij gedwongen is leugens te vertellen. Dat wordt niet aanbevolen.

Als iemand met zijn activiteiten de Allerhoogste Persoonlijkheid Gods dient, maakt het niet uit of hij een *kṣatriya*, een *vaiśya* of een *śūdra* is. Zelfs de *brāhmaṇa's*, die verschillende soorten offers uitvoeren, moeten soms dieren doden, omdat die tijdens zulke ceremonies soms worden geofferd. Op dezelfde manier begaat een *kṣatriya* geen zonde als hij tijdens zijn voorgeschreven plicht een vijand doodt. Deze zaken werden in het derde hoofdstuk allemaal duidelijk en uitgebreid uitgelegd; iedereen moet actief zijn voor Yajña, Viṣṇu, de Allerhoogste Persoonlijkheid Gods. Alles wat men voor persoonlijke zinsbevrediging doet, wordt een oorzaak van gebondenheid.

De conclusie is dat iedereen moet handelen overeenkomstig de bepaalde hoedanigheid van de materiële natuur die hij verworven heeft, en dat hij vastbesloten moet zijn alleen de allerhoogste zaak van de Allerhoogste Heer te dienen.

TEKST 48

सहजं कर्म कौन्तेय सदोषमपि न त्यजेत् ।
सर्वारम्भा हि दोषेण धूमेनाग्निरिवावृताः ॥ ४८ ॥

saha-jaṁ karma kaunteya, sa-doṣam api na tyajet
sarvārambhā hi doṣeṇa, dhūmenāgnir ivāvṛtāḥ

saha-jam — tegelijkertijd geboren; *karma* — activiteit; *kaunteya* — o zoon van Kuntī; *sa-doṣam* — met gebreken; *api* — hoewel; *na* — nooit; *tyajet* — men moet opgeven; *sarva-ārambhāḥ* — alle ondernemingen; *hi* — zeker; *doṣeṇa* — met gebreken; *dhūmena* — met rook; *agniḥ* — vuur; *iva* — zoals; *āvṛtāḥ* — bedekt.

Iedere inspanning gaat gepaard met fouten, zoals vuur gepaard gaat met rook. Men moet daarom zijn aangeboren activiteit niet opgeven, o zoon van Kuntī, zelfs al is zulke activiteit vol onvolkomenheden.

COMMENTAAR: In het geconditioneerde leven zijn alle activiteiten besmet door de hoedanigheden van de materiële natuur. Zelfs als iemand een *brāhmaṇa* is, moet hij offers verrichten waarbij het doden van dieren noodzakelijk is. Op dezelfde manier moet een *kṣatriya*, hoe vroom hij ook is, vechten met zijn vijand; hij kan zich daar niet aan onttrekken. En om handel te kunnen blijven drijven zal een handelaar, hoe vroom hij ook is, soms zijn winst moeten verbergen of op de zwarte markt moeten handelen. Deze dingen zijn noodzakelijk en onvermijdelijk. Zelfs al is men een *śūdra* die een slechte meester dient, dan moet men toch zijn opdrachten uitvoeren, zelfs al gaat het om iets wat ongedaan zou moeten blijven. Ondanks deze onvolkomenheden moet iemand zijn voorgeschreven plichten blijven vervullen, want ze komen voort uit zijn eigen natuur.

In dit vers wordt een mooi voorbeeld gegeven. Hoewel vuur zuiver is, is er toch rook. Maar de rook maakt het vuur niet onzuiver. Hoewel er rook aanwezig is in het vuur, wordt vuur toch gezien als het zuiverste van alle elementen. Wie er de voorkeur aan geeft de activiteiten van een *kṣatriya* op te geven en de taken van een *brāhmaṇa* op zich te nemen, kan er niet van verzekerd zijn dat daar geen onplezierige plichten bij komen kijken. Men moet daarom tot de conclusie komen dat niemand in de materiële wereld volkomen vrij kan zijn van de onzuiverheden van de materiële natuur.

Het voorbeeld van het vuur en de rook is in dit verband heel toepasselijk. Wanneer iemand in de winter een steen uit het vuur haalt, zal de rook verstorend zijn voor de ogen en andere delen van het lichaam, maar ondanks die verstorende omstandigheden moet hij toch gebruik maken van het vuur. Op dezelfde manier moet men zijn natuurlijke bezigheid niet opgeven enkel omdat er enkele verstorende factoren zijn. Integendeel, men moet vastberaden zijn de Allerhoogste Heer te dienen door middel van zijn voorgeschreven plicht in Kṛṣṇa-bewustzijn. Dat is het punt van perfectie. Wanneer een bepaald type bezigheid wordt verricht om de Allerhoogste Heer tevreden te stellen, worden alle onvolkomenheden tijdens die bepaalde bezigheid gezuiverd. Wanneer de resultaten van activiteiten gezuiverd worden doordat ze verbonden zijn met devotionele dienst, raakt men volmaakt in het innerlijk zien van het zelf en dat is zelfrealisatie.

TEKST 49 असक्तबुद्धिः सर्वत्र जितात्मा विगतस्पृहः ।
नैष्कर्म्यसिद्धिं परमां संन्यासेनाधिगच्छति ॥ ४९ ॥

asakta-buddhiḥ sarvatra, jitātmā vigata-spṛhaḥ
naiṣkarmya-siddhiṁ paramāṁ, sannyāsenādhigacchati

asakta-buddhiḥ — een intelligentie hebbend die niet gehecht is; *sarvatra* — overal; *jita-ātmā* — beheersing over de geest hebbend; *vigata-spṛhaḥ* — zonder materiële verlangens; *naiṣkarmya-siddhim* — de volmaaktheid van vrijheid van reacties; *paramām* — allerhoogste; *sannyāsena* — door de onthechte levensorde; *adhigacchati* — men bereikt.

Wie beheerst en vrij van gehechtheid is en wie alle materiële genietingen veronachtzaamt, kan door onthechting het hoogste en volmaakte stadium van vrijheid van reacties bereiken.

COMMENTAAR: Ware onthechting houdt in dat men zichzelf altijd als een integrerend deeltje van de Allerhoogste Heer ziet en zich daarom realiseert dat men niet het recht heeft om van de resultaten van zijn activiteiten te genieten. Omdat de ziel een integrerend deeltje van de Allerhoogste Heer is, moeten de resultaten van haar activiteiten door de Allerhoogste Heer genoten worden. Dat is Kṛṣṇa-bewustzijn. Wie Kṛṣṇa-bewust handelt, is feitelijk een *sannyāsī*, een persoon in de onthechte levensorde. Met zo'n mentaliteit blijft men tevreden, omdat men werkelijk actief is voor de Allerhoogste. Op die manier is men niet gehecht aan materiële dingen; men raakt eraan gewend geen plezier te beleven aan iets anders dan het transcendentale geluk dat verkregen wordt door het dienen van de Heer.

Een *sannyāsī* wordt geacht vrij te zijn van de karmische reacties op zijn vroegere activiteiten, maar een Kṛṣṇa-bewust persoon krijgt deze volmaaktheid vanzelf, zelfs zonder dat hij de zogenaamde onthechte levensorde aanvaardt. Deze geestestoestand wordt *yogārūḍha* genoemd of het volmaakte niveau van yoga. Dit wordt bevestigd in het derde hoofdstuk: *yas tv ātma-ratir eva syāt* — wie innerlijke tevredenheid ervaart, hoeft niet bang te zijn voor enige vorm van karmische reactie op zijn activiteit.

TEKST 50

सिद्धिं प्राप्तो यथा ब्रह्म तथाप्नोति निबोध मे ।
समासेनैव कौन्तेय निष्ठा ज्ञानस्य या परा ॥ ५० ॥

siddhiṁ prāpto yathā brahma, tathāpnoti nibodha me
samāsenaiva kaunteya, niṣṭhā jñānasya yā parā

siddhim — volmaaktheid; *prāptaḥ* — bereikend; *yathā* — zoals; *brahma* — het Allerhoogste; *tathā* — zo; *āpnoti* — men bereikt; *nibodha* — probeer te begrijpen; *me* — van Mij; *samāsena* — in het kort; *eva* — zeker; *kaunteya* — o zoon van Kuntī; *niṣṭhā* — het niveau; *jñānasya* — van kennis; *yā* — welke; *parā* — transcendentale.

O zoon van Kuntī, hoor van Mij hoe degene die deze volmaaktheid bereikt heeft, tot het allerhoogste niveau, Brahman, het niveau van de meest verheven kennis, kan komen, door te handelen op de manier die Ik nu zal samenvatten.

COMMENTAAR: De Heer beschrijft voor Arjuna hoe hij het hoogste niveau van volmaaktheid kan bereiken door eenvoudig zijn voorgeschreven plicht te doen en die voor de Allerhoogste Persoonlijkheid Gods te vervullen. Men bereikt het allerhoogste niveau van Brahman, eenvoudig door zich van het resultaat van zijn activiteiten te onthechten om de Allerhoogste Heer tevreden te stellen. Dat is het proces van zelfrealisatie. Werkelijke vervolmaking van kennis betekent het bereiken van zuiver Kṛṣṇa-bewustzijn; dit wordt in de volgende verzen beschreven.

TEKST 51 – 53

बुद्ध्या विशुद्धया युक्तो धृत्यात्मानं नियम्य च ।
शब्दादीन्विषयांस्त्यक्त्वा रागद्वेषौ व्युदस्य च ॥ ५१ ॥

विविक्तसेवी लघ्वाशी यतवाक्कायमानसः ।
ध्यानयोगपरो नित्यं वैराग्यं समुपाश्रितः ॥ ५२ ॥
अहङ्कारं बलं दर्पं कामं क्रोधं परिग्रहम् ।
विमुच्य निर्ममः शान्तो ब्रह्मभूयाय कल्पते ॥ ५३ ॥

buddhyā viśuddhayā yukto, dhṛtyātmānaṁ niyamya ca
śabdādīn viṣayāṁs tyaktvā, rāga-dveṣau vyudasya ca

vivikta-sevī laghv-āśī, yata-vāk-kāya-mānasaḥ
dhyāna-yoga-paro nityaṁ, vairāgyaṁ samupāśritaḥ

ahaṅkāraṁ balaṁ darpaṁ, kāmaṁ krodhaṁ parigraham
vimucya nirmamaḥ śānto, brahma-bhūyāya kalpate

buddhyā — met de intelligentie; *viśuddhayā* — volledig gezuiverd; *yuktaḥ* — bezig; *dhṛtyā* — door vastberadenheid; *ātmānam* — het zelf; *niyamya* — regulerend; *ca* — ook; *śabda-ādīn* — zoals geluid; *viṣayān* — de zinsobjecten; *tyaktvā* — opgegeven hebbend; *rāga* — gehechtheid; *dveṣau* — en afkeer; *vyudasya* — opgevend; *ca* — ook; *vivikta-sevī* — op een afgezonderde plaats levend; *laghu-āśī* — een kleine hoeveelheid etend; *yata* — beteugeld hebbend; *vāk* — spraak; *kāya* — lichaam; *mānasaḥ* — en geest; *dhyāna-yoga-paraḥ* — verzonken in een toestand van diepe meditatie; *nityam* — vierentwintig uur per dag; *vairāgyam* — onthechting; *samupāśritaḥ* — toevlucht genomen hebbend tot; *ahaṅkāram* — vals ego; *balam* — krachtsvertoon; *darpam* — valse trots; *kāmam* — lust; *krodham* — woede; *parigraham* — en het vergaren van materiële dingen; *vimucya* — bevrijd zijn van; *nirmamaḥ* — zonder besef van eigendom; *śāntaḥ* — vreedzaam; *brahma-bhūyāya* — voor zelfrealisatie; *kalpate* — is gekwalificeerd.

Hij die door zijn intelligentie gezuiverd is en zijn geest met vastberadenheid beheerst; die zich onthecht van zinsobjecten en bevrijd is van aantrekking en afkeer; die in afzondering leeft, weinig eet en zijn lichaam, geest en taalgebruik bedwingt; die voortdurend in diepe meditatie is en onthecht; die vrij is van vals ego, krachtsvertoon, valse trots, lust, woede en het vergaren van materiële dingen; die vrij is van een vals besef van eigendom en vreedzaam is — zo iemand wordt zeker verheven tot het niveau van zelfrealisatie.

COMMENTAAR: Wanneer iemand door zijn intelligentie gezuiverd is, zorgt hij ervoor dat hij in de hoedanigheid goedheid blijft. Op die manier is hij in staat de geest te besturen en zal hij altijd in een staat van diepe meditatie zijn. Hij is niet gehecht aan de objecten van zinsbevrediging en is vrij van gehechtheid en haat ten opzichte van zijn activiteiten. Zo'n onthecht persoon geeft er van nature de voorkeur aan om in een afgezonderde plaats te leven; hij eet niet meer dan hij nodig heeft en beheerst de activiteiten van lichaam en geest. Hij heeft geen vals ego, want hij beschouwt het lichaam niet als het zelf. Hij heeft evenmin het verlangen om het lichaam vet en sterk te maken door zoveel materiële dingen te aanvaarden. Omdat hij geen lichamelijke levensopvatting heeft, is hij vrij van valse trots. Hij is tevreden met alles wat hem door de genade van de Heer geschonken wordt en hij is nooit kwaad in de afwezigheid van zinsbevrediging. Hij doet ook nooit veel moeite om zinsobjecten te krijgen. Wanneer hij op zo'n manier volkomen vrij is van vals ego, raakt hij onthecht van alle materiële zaken en dat is het niveau van zelfrealisatie of Brahman. Dat niveau wordt het *brahma-bhūta*-niveau genoemd. Wie vrij is van de materialistische levensopvatting, wordt vreedzaam en onverstoorbaar. Dit wordt beschreven in *Bhagavad-gītā* 2.70:

āpūryamāṇam acala-pratiṣṭhaṁ
samudram āpaḥ praviśanti yadvat
tadvat kāmā yaṁ praviśanti sarve
sa śāntim āpnoti na kāma-kāmī

'Alleen iemand die niet verstoord wordt door de onophoudelijke stroom van verlangens — die als rivieren in de oceaan stromen, die zelf voortdurend gevuld wordt, maar altijd rustig blijft — kan vrede vinden, maar degene die zulke verlangens probeert te vervullen niet.'

TEKST 54 ब्रह्मभूतः प्रसन्नात्मा न शोचति न काङ्क्षति ।
समः सर्वेषु भूतेषु मद्भक्तिं लभते पराम् ॥ ५४ ॥

brahma-bhūtaḥ prasannātmā, na śocati na kāṅkṣati
samaḥ sarveṣu bhūteṣu, mad-bhaktiṁ labhate parām

brahma-bhūtaḥ — één zijn met het Absolute; *prasanna-ātmā* — vol vreugde; *na* — nooit; *śocati* — treurt; *na* — nooit; *kāṅkṣati* — verlangt; *samaḥ* — neutraal staan tegenover; *sarveṣu* — alle; *bhūteṣu* — levende wezens; *mat-bhaktim* — devotionele dienst aan Mij; *labhate* — krijgt; *parām* — transcendentale.

Wie zich zo op een transcendentaal niveau bevindt, kent onmiddellijk het Allerhoogste Brahman en wordt volkomen vreugdevol. Hij treurt nooit en verlangt nergens naar. Hij beschouwt alle levende wezens als gelijk. In die toestand komt hij tot zuivere devotionele dienst aan Mij.

COMMENTAAR: Voor de impersonalist is het bereiken van het *brahma-bhūta*-niveau, het één worden met het Absolute, het hoogste. Maar de personalist of de zuivere toegewijde gaat verder dan dat om zuivere devotionele dienst te krijgen. Dit betekent dat iemand die zuivere devotionele dienst aan de Allerhoogste Heer verricht, al in een toestand van bevrijding is, die *brahma-bhūta* of eenheid met de Absolute wordt genoemd. Zonder eenheid met de Allerhoogste, de Absolute, kan iemand Hem niet dienen. In de absolute zin bestaat er geen verschil tussen degene die gediend wordt en de dienaar, maar toch bestaat dit onderscheid in een hogere, spirituele zin.

Wanneer men met een materialistische levensopvatting voor zinsbevrediging werkt, is er ellende, maar wanneer men in de absolute wereld zuivere devotionele dienst verricht, is er geen sprake van ellende. Voor een Kṛṣṇa-bewuste toegewijde valt er niets te klagen en is er niets om naar te verlangen. Omdat God volkomen is, wordt een levend wezen dat Kṛṣṇa-bewust devotionele dienst aan Hem verricht innerlijk ook volkomen. Het is net als een rivier die van al het vuile water is gezuiverd.

Omdat een toegewijde aan niets anders dan Kṛṣṇa denkt, is hij van nature altijd vol vreugde. Hij jammert niet om welk materieel verlies dan ook en streeft niet naar winst, omdat hij vervuld is van het dienen van de Heer. Hij verlangt niet naar materieel plezier, omdat hij weet dat ieder levend wezen een integrerend deeltje van de Allerhoogste Heer is en daarom eeuwig een dienaar. Hij ziet in de materiële wereld niemand als hoger of lager; hogere en lagere posities zijn van voorbijgaande aard en een toegewijde heeft niets te maken met voorbijgaande verschijnselen. Voor hem hebben steen en goud dezelfde waarde.

Dit alles is het *brahma-bhūta*-niveau en een zuivere toegewijde bereikt dit niveau heel gemakkelijk. In die bestaanstoestand doet het idee van eenwording met het Allerhoogste Brahman en het vernietigen van individualiteit hels aan, gedachten aan het behalen van het hemelse koninkrijk worden een fantasmagorie en de zintuigen zijn als slangen met afgebroken giftanden. Zoals een slang zonder giftanden niet angstwekkend is, zo is er ook niets te vrezen van de zintuigen wanneer deze vanzelf onder controle zijn.

Voor iemand die geïnfecteerd is geraakt door de materie, is de wereld een oord van ellende, maar voor een toegewijde is de hele wereld net zo goed als Vaikuṇṭha of de spirituele hemel. Voor een toegewijde is de hoogstgeplaatste persoonlijkheid in dit materiële universum niet belangrijker dan een mier. Dit niveau kan door de genade van Heer Caitanya worden bereikt, die in dit tijdperk zuivere devotionele dienst predikte.

TEKST 55 भक्त्या मामभिजानाति यावान्यश्चास्मि तत्त्वतः ।
ततो मां तत्त्वतो ज्ञात्वा विशते तदनन्तरम् ॥ ५५ ॥

bhaktyā mām abhijānāti, yāvān yaś cāsmi tattvataḥ
tato māṁ tattvato jñātvā, viśate tad-anantaram

bhaktyā — door zuivere devotionele dienst; *mām* — Mij; *abhijānāti* — men kan kennen; *yāvān* — zoveel als; *yaḥ ca asmi* — zoals Ik ben; *tattvataḥ* — werkelijk; *tataḥ* — daarna; *mām* — Mij; *tattvataḥ* — werkelijk; *jñātvā* — kennend; *viśate* — hij gaat binnen; *tat-anantaram* — daarop.

Alleen door devotionele dienst kan men Mij kennen zoals Ik ben, als de Allerhoogste Persoonlijkheid Gods. En wanneer men zich door zulke devotie volledig van Mij bewust is, kan men binnengaan in het koninkrijk van God.

COMMENTAAR: De Allerhoogste Persoonlijkheid Gods, Kṛṣṇa, en Zijn volkomen deelaspecten kunnen niet begrepen worden door mentale speculatie en evenmin door niet-toegewijden. Wie de Allerhoogste Persoonlijkheid Gods wil begrijpen, moet zich toeleggen op zuivere devotionele dienst onder begeleiding van een zuivere toegewijde. Zo niet, dan zal de waarheid over de Allerhoogste Persoonlijkheid Gods altijd verborgen blijven. Zo werd in *Bhagavad-gītā* 7.25 al gezegd: *nāhaṁ prakāśaḥ sarvasya* — Hij is niet voor iedereen zichtbaar. Niemand kan enkel door erudiete geleerdheid of mentale speculatie God begrijpen. Alleen iemand die in Kṛṣṇa-bewustzijn devotionele dienst verricht, kan begrijpen wie Kṛṣṇa is. Academische titels helpen niet.

Wie volledig vertrouwd is met de wetenschap van Kṛṣṇa, komt ervoor in aanmerking om binnen te gaan in het spirituele koninkrijk, de woning van Kṛṣṇa. Brahman worden betekent niet dat men zijn identiteit verliest. De devotionele dienst gaat door en zolang er sprake is van devotionele dienst, moet God er zijn en ook de toegewijde en het proces van devotionele dienst. Zulke kennis gaat nooit verloren, zelfs niet na bevrijd te zijn. Bevrijding betekent vrijkomen van de materialistische levensopvatting. In het spirituele leven bestaat hetzelfde onderscheid en dezelfde individualiteit, maar dan in volledig Kṛṣṇa-bewustzijn.

Men moet niet ten onrechte denken dat het woord *'viśate'*, 'gaat binnen in Mij', de monistische theorie ondersteunt dat men op een homogene manier één wordt met het onpersoonlijk Brahman. Nee. *Viśate* betekent dat men met zijn eigen individualiteit de woning van de Allerhoogste Heer kan binnengaan om met Hem om te gaan en Hem te dienen. Een groene vogel vliegt bijvoorbeeld niet in een groene boom om één te worden met die boom, maar om er de vruchten van te genieten. Impersonalisten geven meestal het voorbeeld van een rivier die in de zee stroomt en daarin opgaat. Voor een impersonalist mag dit dan een bron van geluk zijn, maar de personalist behoudt zijn persoonlijke individualiteit als een waterdier in de oceaan. Als we maar diep genoeg duiken treffen we in de oceaan zeer veel levende wezens aan. Oppervlakkige kennis over de oceaan is niet voldoende; men moet volledige kennis hebben van de waterdieren die in de diepten van de oceaan leven.

Door zijn zuivere devotionele dienst kan een toegewijde de transcendentale kwaliteiten en volheden van de Allerhoogste Heer begrijpen zoals ze zijn. Zoals in het elfde hoofdstuk werd gezegd, is dat alleen mogelijk door devotionele dienst. Datzelfde wordt ook hier bevestigd; men kan de Allerhoogste Persoonlijkheid Gods begrijpen en in Zijn koninkrijk binnengaan door devotionele dienst te verrichten.

Na het bereiken van het *brahma-bhūta*-niveau, waarop men vrij is van materiële opvattingen, begint iemands devotionele dienst met horen over de Heer. Wie over de Allerhoogste Heer hoort, ontwikkelt vanzelf het *brahma-bhūta*-niveau en materiële onzuiverheden zoals hebzucht en sterke verlangens naar zinsbevrediging verdwijnen. Hoe meer lust en verlangens uit het hart van een toegewijde verdwijnen, hoe meer hij gehecht raakt aan dienst aan de Heer. Op die manier raakt hij vrij van alle materiële onzuiverheid en in die levenstoestand kan hij de Allerhoogste Heer begrijpen. Dit wordt ook in het *Śrīmad-Bhāgavatam* gezegd.

Het proces van *bhakti* of transcendentale dienst gaat door na bevrijding. Het *Vedānta-sūtra* (4.1.12) bevestigt dit: *ā-prāyaṇāt tatrāpi hi dṛṣṭam*. Dit betekent dat het proces van devotionele dienst na de bevrijding doorgaat. In het *Śrīmad-Bhāgavatam* wordt ware, devotionele bevrijding gedefinieerd als het herstel van het levend wezen in zijn eigen identiteit, in zijn eigen wezenlijke positie. Wat die wezenlijke positie is, is al uitgelegd: ieder levend wezen is een afzonderlijk integrerend deeltje van de Allerhoogste Heer. Het is daarom zijn wezenlijke positie om te dienen. Na de bevrijding zal zijn dienst nooit stoppen. Ware bevrijding betekent vrijkomen van verkeerde levensopvattingen.

TEKST 56 सर्वकर्माण्यपि सदा कुर्वाणो मद्व्यपाश्रयः ।
मत्प्रसादादवाप्नोति शाश्वतं पदमव्ययम् ॥ ५६ ॥

sarva-karmāṇy api sadā, kurvāṇo mad-vyapāśrayaḥ
mat-prasādād avāpnoti, śāśvataṁ padam avyayam

sarva — alle; *karmāṇi* — activiteiten; *api* — hoewel; *sadā* — altijd; *kurvāṇaḥ* — verrichtend; *mat-vyapāśrayaḥ* — onder Mijn bescherming; *mat-prasādāt* — door Mijn genade; *avāpnoti* — men bereikt; *śāśvatam* — de eeuwige; *padam* — woning; *avyayam* — onvergankelijke.

Hoewel Mijn zuivere toegewijde met allerlei activiteiten bezig is, bereikt hij, onder Mijn bescherming en door Mijn genade, de eeuwige en onvergankelijke woning.

COMMENTAAR: Het woord *'mad-vyapāśrayaḥ'* betekent 'onder de bescherming van de Allerhoogste Heer'. Om vrij te blijven van materiële onzuiverheid, verricht een zuivere toegewijde activiteiten onder de leiding van de Allerhoogste Heer of Zijn vertegenwoordiger, de spiritueel leraar. Voor een zuivere toegewijde bestaat er geen tijdslimiet. Hij is altijd, vierentwintig uur per dag, voor honderd procent bezig met activiteiten onder leiding van de Allerhoogste Heer. De Heer is bijzonder vriendelijk voor een toegewijde die op die manier bezig is in Kṛṣṇa-bewustzijn. Ondanks alle moeilijkheden zal hij uiteindelijk een plaats krijgen in de transcendentale woning of Kṛṣṇaloka. Zijn toegang is verzekerd, daarover bestaat geen twijfel. In die allerhoogste woning is niets onderhevig aan verandering: alles is er eeuwig, onvergankelijk en vol kennis.

TEKST 57 चेतसा सर्वकर्माणि मयि संन्यस्य मत्परः ।
बुद्धियोगमुपाश्रित्य मच्चित्तः सततं भव ॥ ५७ ॥

cetasā sarva-karmāṇi, mayi sannyasya mat-paraḥ
buddhi-yogam upāśritya, mac-cittaḥ satataṁ bhava

cetasā — door intelligentie; *sarva-karmāṇi* — allerlei soorten activiteiten; *mayi* — aan Mij; *sannyasya* — opgevend; *mat-paraḥ* — onder Mijn bescherming; *buddhi-yogam* — toegewijde activiteiten; *upāśritya* — toevlucht nemend tot; *mat-cittaḥ* — van Mij bewust; *satatam* — vierentwintig uur per dag; *bhava* — wordt.

Stel je bij al je activiteiten volledig van Mij afhankelijk en werk altijd onder Mijn bescherming. Wees je in zulke devotionele dienst volkomen van Mij bewust.

COMMENTAAR: Wie Kṛṣṇa-bewust handelt, handelt niet als de meester van de wereld. Men moet net als een dienaar volledig onder leiding van de Allerhoogste Heer handelen. Een dienaar heeft geen individuele onafhankelijkheid, maar handelt alleen volgens de opdracht van zijn meester. Een dienaar die in opdracht van de allerhoogste meester handelt, is onaangedaan door winst of verlies. Hij vervult eenvoudig zijn plicht volgens de opdracht van de Heer. Men zou nu kunnen tegenwerpen dat Arjuna onder de persoonlijke leiding van Kṛṣṇa handelde, maar hoe moeten we handelen als Kṛṣṇa niet aanwezig is? Als men volgens de aanwijzingen van Kṛṣṇa in dit boek en onder begeleiding van een vertegenwoordiger van Kṛṣṇa handelt, dan zal het resultaat hetzelfde zijn.

Het sanskrietwoord *'mat-paraḥ'* is zeer belangrijk in dit vers. Het geeft aan dat men in het leven geen ander doel heeft dan Kṛṣṇa-bewust te handelen, alleen om Kṛṣṇa tevreden te stellen. En terwijl men op die manier actief is, moet men alleen aan Kṛṣṇa denken: 'Kṛṣṇa heeft mij aangesteld om deze bepaalde plicht te vervullen.' Wanneer iemand op die manier handelt, zal hij vanzelf aan Kṛṣṇa denken. Dat is perfect Kṛṣṇa-bewustzijn. Maar men moet er wel op letten dat het resultaat van eigenzinnige activiteiten naderhand niet aan de Allerhoogste Heer geofferd mag worden. Zulke activiteiten horen niet bij devotionele dienst in Kṛṣṇa-bewustzijn. Men moet handelen volgens de opdrachten van Kṛṣṇa. Dat is een zeer belangrijk punt. Die opdracht van Kṛṣṇa komt van de spiritueel leraar via de opeenvolging van discipelen. De opdracht van de spiritueel leraar moet dan ook worden gezien als de allerbelangrijkste levenstaak. Wie een bonafide spiritueel leraar krijgt en volgens zijn aanwijzingen handelt, is zeker van de vervolmaking van zijn leven in Kṛṣṇa-bewustzijn.

TEKST 58 मच्चित्तः सर्वदुर्गाणि मत्प्रसादात्तरिष्यसि ।
अथ चेत्त्वमहङ्कारान्न श्रोष्यसि विनङ्क्ष्यसि ॥ ५८ ॥

mac-cittaḥ sarva-durgāṇi, mat-prasādāt tariṣyasi
atha cet tvam ahaṅkārān, na śroṣyasi vinaṅkṣyasi

mat — van Mij; *cittaḥ* — bewust zijn van; *sarva* — alle; *durgāṇi* — hindernissen; *mat-prasādāt* — door Mijn genade; *tariṣyasi* — je zult te boven komen; *atha* — maar; *cet* — als; *tvam* — jij; *ahaṅkārāt* — door vals ego; *na śroṣyasi* — niet hoort; *vinaṅkṣyasi* — je zult verloren zijn.

Wanneer je je van Mij bewust wordt, zul je door Mijn genade alle hindernissen van het gebonden bestaan overwinnen. Maar als je je activiteiten niet in zo'n bewustzijn verricht maar handelt vanuit vals ego, zonder naar Mij te luisteren, zul je verloren zijn.

COMMENTAAR: Een volledig Kṛṣṇa-bewust persoon is niet overmatig bezorgd over het vervullen van de wereldse plichten van zijn bestaan. Dwazen kunnen deze grote vrijheid van alle bezorgdheid niet begrijpen. Voor wie Kṛṣṇa-bewust handelt, wordt Kṛṣṇa de innigste vriend. Hij zorgt altijd voor het comfort van Zijn vriend en Hij geeft Zichzelf aan Zijn vriend, die met zo veel devotie vierentwintig uur per dag bezig is om de Heer tevreden te stellen. Niemand moet zich daarom laten meeslepen door het vals ego van de lichamelijke levensopvatting.

Men moet niet de fout begaan te denken dat men onafhankelijk is van de wetten van de materiële natuur of dat men vrij is te handelen zoals men zelf wil. De ziel is al onderworpen aan strenge materiële wetten, maar zodra ze Kṛṣṇa-bewust handelt, is ze bevrijd, vrij van de verwarringen van het materiële leven. Men moet heel goed bedenken dat wie niet Kṛṣṇa-bewust handelt, zichzelf verliest in de maalstroom van het materiële leven, in de oceaan van geboorte en dood. Geen enkele geconditioneerde ziel weet wat eigenlijk wel en wat niet gedaan moet worden, maar wie Kṛṣṇa-bewust handelt, is helemaal vrij in zijn activiteiten, omdat alles hem innerlijk door Kṛṣṇa wordt ingegeven. Dit wordt dan vervolgens bevestigd door de spiritueel leraar.

TEKST 59 यदहङ्कारमाश्रित्य न योत्स्य इति मन्यसे ।
मिथ्यैष व्यवसायस्ते प्रकृतिस्त्वां नियोक्ष्यति ॥ ५९ ॥

yad ahaṅkāram āśritya, na yotsya iti manyase
mithyaiṣa vyavasāyas te, prakṛtis tvāṁ niyokṣyati

yat — als; *ahaṅkāram* — vals ego; *āśritya* — toevlucht nemen tot; *na yotsye* — ik zal niet strijden; *iti* — zo; *manyase* — je denkt; *mithyā eṣaḥ* — dit alles is onjuist; *vyavasāyaḥ* — vastberadenheid; *te* — van jou; *prakṛtiḥ* — materiële natuur; *tvām* — jou; *niyokṣyati* — zal aanzetten.

Wanneer je niet volgens Mijn aanwijzingen handelt en besluit niet te vechten, dan maak je een verkeerde beslissing. Door je eigen aard zul je hoe dan ook gedwongen worden oorlog te voeren.

COMMENTAAR: Arjuna was een militair en had de ingeboren natuur van een *kṣatriya*. Het was daarom zijn natuurlijke plicht om te strijden. Maar door vals ego vreesde hij dat hij door het doden van zijn leraar, grootvader en vrienden karmische reacties zou krijgen. In feite dacht hij dat hij zelf meester was over zijn activiteiten, alsof hij het was die de goede en slechte resultaten daarvan zou bepalen. Maar hij vergat dat de Allerhoogste Persoonlijkheid Gods, die hem de instructie gaf te strijden, aanwezig was. Dat is de vergeetachtigheid van de geconditioneerde ziel. De Allerhoogste Persoonlijkheid Gods geeft aanwijzingen over wat goed en slecht is en men moet eenvoudig Kṛṣṇa-bewust handelen om de perfectie van het leven te bereiken.

Niemand kan zo duidelijk vaststellen wat iemands lot is als de Allerhoogste Heer; daarom kan men het beste Zijn leiding aanvaarden en in overeenstemming daarmee handelen. Niemand moet de opdracht van de Allerhoogste Persoonlijkheid Gods of die van de spiritueel leraar, die Zijn vertegenwoordiger is, veronachtzamen. Zonder aarzelen moet men de opdracht van de Allerhoogste Persoonlijkheid Gods uitvoeren — zo zal men in alle omstandigheden veilig zijn.

TEKST 60 स्वभावजेन कौन्तेय निबद्धः स्वेन कर्मणा ।
कर्तुं नेच्छसि यन्मोहात्करिष्यस्यवशोऽपि तत् ॥ ६० ॥

svabhāva-jena kaunteya, nibaddhaḥ svena karmaṇā
kartuṁ necchasi yan mohāt, kariṣyasy avaśo 'pi tat

svabhāva-jena — voortkomend uit je eigen aard; *kaunteya* — o zoon van Kuntī; *nibaddhaḥ* — geconditioneerd; *svena* — door je eigen; *karmaṇā* — activiteiten; *kartum* — doen; *na* — niet; *icchasi* — je wilt; *yat* — dat wat; *mohāt* — uit illusie; *kariṣyasi* — je zult doen; *avaśaḥ* — onvrijwillig; *api* — zelfs; *tat* — dat.

Onder invloed van illusie weiger je nu volgens Mijn aanwijzingen te handelen. Maar gedwongen door de activiteiten die voortkomen uit je aard, zul je wel volgens die aard moeten handelen, o zoon van Kuntī.

COMMENTAAR: Wie weigert volgens de leiding van de Allerhoogste Heer te handelen, is gedwongen om overeenkomstig de hoedanigheden waarin hij zich bevindt te handelen. Iedereen is in de greep van een bepaalde combinatie van de hoedanigheden van de materiële natuur en verricht in overeenstemming daarmee activiteiten. Maar wie vrijwillig handelt volgens de aanwijzingen van de Allerhoogste Heer, wordt roemrijk.

TEKST 61 ईश्वरः सर्वभूतानां हृद्देशेऽर्जुन तिष्ठति ।
भ्रामयन्सर्वभूतानि यन्त्रारूढानि मायया ॥ ६१ ॥

īśvaraḥ sarva-bhūtānāṁ, hṛd-deśe 'rjuna tiṣṭhati
bhrāmayan sarva-bhūtāni, yantrārūḍhāni māyayā

īśvaraḥ — de Allerhoogste Heer; *sarva-bhūtānām* — van alle levende wezens; *hṛt-deśe* — op de plaats van het hart; *arjuna* — o Arjuna; *tiṣṭhati* — verblijft; *bhrāmayan* — laat rondreizen; *sarva-bhūtāni* — alle levende wezens; *yantra* — op een machine; *ārūḍhani* — geplaatst zijn; *māyayā* — in de ban van de materiële energie.

De Allerhoogste Heer bevindt Zich in ieders hart, o Arjuna, en bestuurt de omzwervingen van alle levende wezens, die zich als het ware op een machine bevinden die gemaakt is van de materiële energie.

COMMENTAAR: Arjuna was niet de allerhoogste kenner en zijn beslissing om wel of niet te vechten werd ingeperkt door zijn beperkte oordeelsvermogen. Heer Kṛṣṇa gaf de instructie dat het individu niet álles is. Hijzelf, Kṛṣṇa, de Allerhoogste Persoonlijkheid Gods, is aanwezig in het hart als de gelokaliseerde Superziel en geeft het levend wezen aanwijzingen. Na het verwisselen van lichaam vergeet het zijn vroegere daden, maar de Superziel, de kenner van verleden, heden en toekomst, blijft de getuige van al zijn activiteiten. Alle activiteiten van de levende wezens worden daarom geleid door deze Superziel.

Het levend wezen krijgt wat het verdient en wordt gedragen door het materiele lichaam, dat onder leiding van de Superziel in de materiële energie geschapen wordt. Zodra een levend wezen in een bepaald type lichaam geplaatst is, wordt het gedwongen te handelen onder invloed van die lichamelijke situatie. Een persoon in een sportwagen gaat sneller dan iemand in een langzamere auto, ook al zijn de levende wezens, de bestuurders, dezelfde. Op dezelfde manier vormt de materiële natuur in opdracht van de Allerhoogste Ziel een bepaald type lichaam voor een bepaald type levend wezen, zodat dit volgens zijn vroegere verlangens activiteiten kan ontplooien.

Het levend wezen is niet onafhankelijk. Niemand moet denken dat hij onafhankelijk is van de Allerhoogste Persoonlijkheid Gods. Het individu staat altijd onder Zijn leiding. Men heeft daarom de plicht zich over te geven en dat bevel wordt in het volgende vers gegeven.

TEKST 62 तमेव शरणं गच्छ सर्वभावेन भारत ।
तत्प्रसादात्परां शान्तिं स्थानं प्राप्स्यसि शाश्वतम् ॥ ६२ ॥

tam eva śaraṇaṁ gaccha, sarva-bhāvena bhārata
tat-prasādāt parāṁ śāntiṁ, sthānaṁ prāpsyasi śāśvatam

tam — aan Hem; *eva* — zeker; *śaraṇam gaccha* — geef je over; *sarva-bhāvena* — in alle opzichten; *bhārata* — o afstammeling van Bharata; *tat-prasādāt* — door Zijn genade; *parām* — transcendentale; *śāntim* — vrede; *sthānam* — de verblijfplaats; *prāpsyasi* — je zult bereiken; *śāśvatam* — eeuwige.

O afstammeling van Bharata, geef je volledig aan Hem over. Door Zijn genade zul je transcendentale vrede vinden en het allerhoogste, eeuwige koninkrijk bereiken.

COMMENTAAR: Een levend wezen moet zich dus overgeven aan de Allerhoogste Persoonlijkheid Gods, die in ieders hart aanwezig is, en daardoor zal het bevrijd worden van alle soorten ellende in het materiële bestaan. Door deze overgave zal men niet alleen bevrijd worden van alle ellende in dit leven, maar aan het eind zal men de Allerhoogste God bereiken.

In de Vedische literatuur (*Ṛg-veda* 1.22.20) wordt de transcendentale wereld beschreven als *tad viṣṇoḥ paramaṁ padam.* Omdat de hele schepping het koninkrijk van God is, is alles wat materieel is eigenlijk spiritueel, maar *paramaṁ padam* verwijst in het bijzonder naar de eeuwige verblijfplaats, die de spirituele hemel of Vaikuṇṭha wordt genoemd.

In het vijftiende hoofdstuk van de *Bhagavad-gītā* wordt gezegd: *sarvasya cāhaṁ hṛdi sanniviṣṭaḥ* — de Heer is aanwezig in ieders hart. De aanbeveling dat men zich moet overgeven aan de Superziel die binnenin aanwezig is, betekent dus dat men zich aan de Allerhoogste Persoonlijkheid Gods, Kṛṣṇa moet overgeven. Kṛṣṇa werd door Arjuna al aanvaard als de Allerhoogste; in het tiende hoofdstuk werd Hij aanvaard als *paraṁ brahma paraṁ dhāma*. Arjuna heeft Kṛṣṇa aanvaard als de Allerhoogste Persoonlijkheid Gods en de allerhoogste verblijfplaats van alle levende wezens. Hij deed dat niet alleen op grond van zijn persoonlijke ervaring, maar ook op basis van de verklaringen van grote gezaghebbende personen zoals Nārada, Asita, Devala en Vyāsa.

TEKST 63 इति ते ज्ञानमाख्यातं गुह्याद्गुह्यतरं मया ।
विमृश्यैतदशेषेण यथेच्छसि तथा कुरु ॥ ६३ ॥

iti te jñānam ākhyātaṁ, guhyād guhyataraṁ mayā
vimṛśyaitad aśeṣeṇa, yathecchasi tathā kuru

iti — zo; *te* — aan jou; *jñānam* — kennis; *ākhyātam* — beschreven; *guhyāt* — dan vertrouwelijk; *guhya-taram* — nog vertrouwelijker; *mayā* — door Mij; *vimṛśya* — overwegen; *etat* — dit; *aśeṣeṇa* — volledig; *yathā* — zoals; *icchasi* — je wilt; *tathā* — dat; *kuru* — doe.

Zo heb Ik je dan kennis gegeven die nog vertrouwelijker is. Overweeg dit alles grondig en doe dan wat je wilt.

COMMENTAAR: De Heer heeft de kennis over *brahma-bhūta* al aan Arjuna uitgelegd. Iemand in de toestand van *brahma-bhūta* is vol vreugde; hij klaagt nooit en verlangt evenmin naar iets. Dit is het gevolg van vertrouwelijke kennis. Kṛṣṇa onthult ook kennis over de Superziel. Dit is ook kennis over Brahman, maar dan van een hoger niveau.

De woorden *'yathecchasi tathā kuru'* — 'Je kunt doen wat je wilt' — verwijzen hier naar het feit dat God het beetje onafhankelijkheid van het levend wezen niet in de weg zal staan. In de *Bhagavad-gītā* heeft de Heer in alle opzichten uitgelegd hoe men zijn levenssituatie kan verbeteren. Het beste advies dat Arjuna kreeg, is om zich over te geven aan de Superziel, die in zijn hart aanwezig is. Wie zijn verstand goed gebruikt zou tot het punt moeten komen waarop hij ermee instemt te handelen volgens de aanwijzingen van de Superziel. Dat zal helpen om voortdurend Kṛṣṇa-bewust te zijn, wat het hoogste en perfecte niveau van het menselijk leven is.

Arjuna kreeg rechtstreeks van de Allerhoogste Persoonlijkheid Gods de opdracht om te strijden. Het is in het allerhoogste belang van de levende wezens om zich aan de Allerhoogste Persoonlijkheid Gods over te geven; het is niet in het belang van de Allerhoogste. Voordat men zich overgeeft, is men vrij om dit alles te overwegen voor zover zijn intelligentie reikt; dat is de beste manier om de instructie van de Allerhoogste Persoonlijkheid Gods te aanvaarden. Deze instructie wordt ook via de spiritueel leraar gegeven, die een bonafide vertegenwoordiger van Kṛṣṇa is.

TEKST 64 सर्वगुह्यतमं भूयः शृणु मे परमं वचः ।
इष्टोऽसि मे दृढमिति ततो वक्ष्यामि ते हितम् ॥ ६४ ॥

sarva-guhyatamaṁ bhūyaḥ, śṛṇu me paramaṁ vacaḥ
iṣṭo 'si me dṛḍham iti, tato vakṣyāmi te hitam

sarva-guhya-tamam — het allervertrouwelijkste; *bhūyaḥ* — opnieuw; *śṛṇu* — hoor; *me* — van Mij; *paramam* — het allerhoogste; *vacaḥ* — onderricht; *iṣṭaḥ asi* — je bent dierbaar; *me* — Mij; *dṛḍham* — heel; *iti* — zo; *tataḥ* — daarom; *vakṣyāmi* — Ik spreek; *te* — in jouw; *hitam* — voordeel.

Omdat je Mijn zeer dierbare vriend bent, zal Ik je Mijn allerhoogste instructie geven, de meest vertrouwelijke kennis die er bestaat. Hoor deze van Mij, want het is in je voordeel.

COMMENTAAR: De Heer heeft Arjuna kennis gegeven die vertrouwelijk is (kennis over Brahman) en kennis die nog vertrouwelijker is (kennis van de Superziel in ieders hart) en nu geeft Hij de meest vertrouwelijke kennis: geef je gewoon over aan de Allerhoogste Persoonlijkheid Gods. Aan het eind van het negende hoofdstuk zei Hij: *man-manāḥ* — 'Denk gewoon altijd aan Mij.' Diezelfde instructie zal hier worden herhaald om de essentie van de leringen van de *Bhagavad-gītā* te benadrukken. Gewone mensen kunnen deze essentie niet begrijpen, maar wel iemand die Kṛṣṇa heel dierbaar is, namelijk Zijn zuivere toegewijde. Dit is de allerbelangrijkste instructie in de hele Vedische literatuur. Wat Kṛṣṇa in dit verband zegt, is de meest essentiële kennis, en niet alleen Arjuna moet deze kennis in praktijk brengen, maar alle levende wezens.

TEKST 65 मन्मना भव मद्भक्तो मद्याजी मां नमस्कुरु ।
मामेवैष्यसि सत्यं ते प्रतिजाने प्रियोऽसि मे ॥ ६५ ॥

man-manā bhava mad-bhakto, mad-yājī māṁ namaskuru
mām evaiṣyasi satyaṁ te, pratijāne priyo 'si me

mat-manāḥ — denkend aan Mij; *bhava* — word; *mat-bhaktaḥ* — Mijn toegewijde; *mat-yājī* — Mijn aanbidder; *mām* — aan Mij; *namaskuru* — breng je eerbetuigingen; *mām* — aan Mij; *eva* — zeker; *eṣyasi* — je zult komen; *satyam* — werkelijk; *te* — aan jou; *pratijāne* — Ik beloof; *priyaḥ* — dierbaar; *asi* — je bent; *me* — Mij.

Denk onafgebroken aan Me, word Mijn toegewijde, aanbid Me en breng je eerbetuigingen aan Mij. Op die manier zul je zeker tot Me komen. Dat beloof Ik je omdat je Mijn zeer dierbare vriend bent.

COMMENTAAR: De meest vertrouwelijke kennis houdt in dat men een zuivere toegewijde van Kṛṣṇa moet worden, altijd aan Hem moet denken en actief voor Hem moet zijn. Men moet niet alleen maar voor de vorm mediteren. Het leven moet zo worden ingericht dat men altijd in staat is om aan Kṛṣṇa te denken en men moet altijd op zo'n manier handelen dat al zijn dagelijkse activiteiten met Kṛṣṇa verbonden zijn. Men moet zijn leven op zo'n manier vormgeven, dat men vierentwintig uur per dag aan niets anders kan denken dan aan Kṛṣṇa. De Heer belooft dat iedereen die op zo'n manier zuiver Kṛṣṇa-bewust is, gegarandeerd terug zal keren naar de verblijfplaats van Kṛṣṇa, waar hij persoonlijk met Kṛṣṇa zal kunnen omgaan. Kṛṣṇa onthult deze meest vertrouwelijke kennis aan Arjuna, omdat hij Zijn dierbare vriend is. Iedereen die het pad van Arjuna volgt, kan een dierbare vriend van Kṛṣṇa worden en dezelfde perfectie als Arjuna bereiken.

Deze woorden benadrukken het feit dat men zijn geest op Kṛṣṇa moet concentreren, op de tweearmige gedaante met een fluit in Zijn handen, de blauwachtige jongen met het mooie gezicht en met pauwenveren in Zijn haar. In de *Brahma-saṁhitā* en andere teksten zijn beschrijvingen van Kṛṣṇa te vinden. Men moet zijn geest op de oorspronkelijke gedaante van God, van Kṛṣṇa, concentreren. Men moet zijn aandacht zelfs niet laten afleiden door andere gedaanten van de Heer. De Heer heeft vele gedaanten, zoals Viṣṇu, Nārāyaṇa, Rāma, Varāha enz., maar een toegewijde moet zijn geest op de gedaante concentreren die voor Arjuna aanwezig was. De geest concentreren op de gedaante van Kṛṣṇa vormt de meest vertrouwelijke kennis en het is deze kennis die Kṛṣṇa aan Arjuna onthult, omdat hij Zijn dierbaarste vriend is.

TEKST 66 सर्वधर्मान्परित्यज्य मामेकं शरणं व्रज ।
अहं त्वां सर्वपापेभ्यो मोक्षयिष्यामि मा शुचः ॥ ६६ ॥

sarva-dharmān parityajya, mām ekaṁ śaraṇaṁ vraja
ahaṁ tvāṁ sarva-pāpebhyo, mokṣayiṣyāmi mā śucaḥ

sarva-dharmān — alle vormen van religie; *parityajya* — achterlatend; *mām* — naar Mij; *ekam* — alleen; *śaraṇam* — voor overgave; *vraja* — ga; *aham* — Ik; *tvām* — jou; *sarva* — alle; *pāpebhyaḥ* — van de karmische reacties op je zonden; *mokṣayiṣyāmi* — zal bevrijden; *mā śucaḥ* — maak je geen zorgen.

Laat alle vormen van religie achter je en geef je alleen over aan Mij. Ik zal je verlossen van alle reacties op je zonden. Vrees niet.

COMMENTAAR: De Heer heeft verschillende soorten kennis en vormen van religie beschreven: kennis over het Allerhoogste Brahman, over de Superziel, over de verschillende orden en posities binnen het sociale leven, over de onthechte levensorde, over onthechting, over het beheersen van de zintuigen en de geest, over meditatie enz. Op vele manieren heeft Hij verschillende typen van religie beschreven. Nu Hij de *Bhagavad-gītā* samenvat, zegt de Heer dat Arjuna alle methoden die aan hem zijn uitgelegd moet opgeven; hij moet zich eenvoudig aan Kṛṣṇa overgeven. Die overgave zal hem behoeden voor allerlei karmische reacties op zijn zonden, want de Heer belooft hem persoonlijk te zullen beschermen.

In het zevende hoofdstuk werd gezegd dat alleen iemand die van alle karmische reacties op zijn zonden gezuiverd is, zich op het vereren van Heer Kṛṣṇa kan toeleggen. Men zou daarom kunnen denken dat men zich niet op het proces van overgave kan toeleggen zonder zich eerst bevrijd te hebben van de karmische reacties op zijn zonden. In antwoord op zulke twijfels wordt hier gezegd dat, ook al is men niet vrij van alle karmische reacties op zonden, men daar eenvoudig door het proces van overgave aan Śrī Kṛṣṇa vanzelf van bevrijd zal worden. Het is niet nodig zware inspanningen te doen om zichzelf te bevrijden van karmische reacties op zonden. Men moet Kṛṣṇa zonder aarzelen als de allerhoogste verlosser van alle levende wezens aanvaarden en zich met vertrouwen en liefde aan Hem overgeven.

Het proces van overgave aan Kṛṣṇa wordt in de *Hari-bhakti-vilāsa* (11.676) beschreven:

> *ānukūlyasya saṅkalpaḥ, prātikūlyasya varjanam*
> *rakṣiṣyatīti viśvāso, goptṛtve varaṇaṁ tathā*
> *ātma-nikṣepa-kārpaṇye, ṣaḍ-vidhā śaraṇāgatiḥ*

Volgens het proces van devotie moet men alleen die religieuze principes aanvaarden, die uiteindelijk tot devotionele dienst aan de Heer leiden. Iemand kan de specifieke voorgeschreven plicht vervullen die bij zijn sociale positie hoort, maar als hij door het vervullen daarvan niet Kṛṣṇa-bewust wordt, dan zijn al zijn activiteiten tevergeefs. Alles wat niet tot het perfecte niveau van Kṛṣṇa-bewustzijn leidt, moet worden vermeden. Men moet ervan overtuigd zijn dat men in alle omstandigheden door Kṛṣṇa beschermd zal worden tegen alle moeilijkheden. Het is onnodig zich af te vragen hoe men lichaam en ziel bij elkaar moet houden. Kṛṣṇa zal daar voor zorgen. Men moet zichzelf altijd als hulpeloos zien en men moet Kṛṣṇa beschouwen als de enige basis om vooruitgang te maken in het leven. Zodra men zich serieus toelegt op devotionele dienst aan de Heer in volledig Kṛṣṇa-bewustzijn, raakt men onmiddellijk bevrijd van alle materiële onzuiverheid.

Er bestaan verschillende vormen van religie en processen van zuivering door het cultiveren van kennis, meditatie volgens de methode van mystieke yoga enz., maar wie zich aan Kṛṣṇa overgeeft, hoeft al die methoden niet te volgen. Die eenvoudige overgave aan Kṛṣṇa zal hem behoeden voor onnodige tijdverspilling. Op die manier kan men dus in een keer alle vooruitgang maken en vrij zijn van alle karmische reacties op zonden.

Men zou zich tot de prachtige gedaante van Kṛṣṇa aangetrokken moeten voelen. Zijn naam is Kṛṣṇa omdat Hij alaantrekkelijk is. Iemand is fortuinlijk wanneer hij aangetrokken raakt tot de mooie, almachtige, alvermogende gedaante van

Kṛṣṇa. Er zijn verschillende soorten transcendentalisten — sommige van hen voelen zich aangetrokken tot het beschouwen van het onpersoonlijk Brahman, anderen voelen zich aangetrokken tot het Superziel-aspect enz. — maar wie zich aangetrokken voelt tot het persoonlijke aspect van de Allerhoogste Persoonlijkheid Gods en zich bovenal aangetrokken voelt tot de Allerhoogste Persoonlijkheid Gods als Kṛṣṇa Zelf, is de volmaaktste transcendentalist. Met andere woorden, devotionele dienst aan Kṛṣṇa die volledig Kṛṣṇa-bewust wordt verricht, is de meest vertrouwelijke kennis; dit is de essentie van de hele *Bhagavad-gītā*. *Karma-yogī's*, empirische filosofen, mystici en toegewijden worden allemaal transcendentalisten genoemd, maar een zuivere toegewijde is de beste van allemaal.

De specifieke woorden die hier worden gebruikt, namelijk *mā śucaḥ* — 'Vrees niet, aarzel niet, maak je geen zorgen' — zijn heel belangrijk. Het kan verwarrend en moeilijk te begrijpen zijn hoe men alle soorten van religie kan opgeven en zich gewoon aan Kṛṣṇa kan overgeven, maar het is zinloos om zich hierover zorgen te maken.

TEKST 67 इदं ते नातपस्काय नाभक्ताय कदाचन ।
न चाशुश्रूषवे वाच्यं न च मां योऽभ्यसूयति ॥ ६७ ॥

idaṁ te nātapaskāya, nābhaktāya kadācana
na cāśuśrūṣave vācyaṁ, na ca māṁ yo 'bhyasūyati

idam — dit; *te* — door jou; *na* — nooit; *atapaskāya* — aan iemand die niet ascetisch is; *na* — nooit; *abhaktāya* — aan iemand die niet een toegewijde is; *kadācana* — wanneer dan ook; *na* — nooit; *ca* — ook; *aśuśrūṣave* — aan iemand die geen devotionele dienst verricht; *vācyam* — te worden gesproken; *na* — nooit; *ca* — ook; *mām* — Mij; *yaḥ* — iemand die; *abhyasūyati* — is vijandig gezind.

Deze vertrouwelijke kennis mag nooit uiteengezet worden aan personen die niet sober en niet toegewijd zijn, die geen devotionele dienst verrichten en evenmin aan iemand die Me vijandig gezind is.

COMMENTAAR: Over deze meest vertrouwelijke kennis mag niet worden geproken met personen die niet de ascese van het religieuze proces hebben ondergaan, die nooit hebben geprobeerd devotionele dienst te verrichten om Kṛṣṇa-bewustzijn te ontwikkelen, die nooit een zuivere toegewijde hebben gediend en in het bijzonder niet aan hen die Kṛṣṇa alleen als een historische persoonlijkheid zien of die afgunstig zijn op Zijn grootheid. Het komt echter soms voor dat zelfs demonische personen, die Kṛṣṇa vijandig gezind zijn en Hem op een andere manier vereren, de *Bhagavad-gītā* beroepsmatig op een andere manier uitleggen om er munt uit te slaan. Maar iedereen die er werkelijk naar verlangt Kṛṣṇa te begrijpen, moet zulke commentaren op de *Bhagavad-gītā* vermijden. Zij die zich door hun zintuigen laten leiden kunnen het doel van de *Bhagavad-gītā* eigenlijk niet begrijpen. Zelfs wie zich niet door zijn zintuigen laat leiden, maar strikt de voorschriften van de Vedische teksten naleeft, zal Kṛṣṇa niet kunnen begrijpen als hij geen toegewijde is. En zelfs al doet hij zich voor als een toegewijde van Kṛṣṇa, maar verricht hij ondertussen geen Kṛṣṇa-bewuste activiteiten, ook dan kan hij Kṛṣṇa niet begrijpen.

Veel personen zijn afgunstig op Kṛṣṇa, omdat Hij in de *Bhagavad-gītā* heeft uitgelegd dat Hij de Allerhoogste is en dat er niets is dat hoger dan of gelijk aan Hem is. Veel personen zijn Kṛṣṇa vijandig gezind. Aan zulke personen moet men niets over de *Bhagavad-gītā* vertellen, want ze kunnen haar niet begrijpen. Personen zonder geloof kunnen onmogelijk de *Bhagavad-gītā* en Kṛṣṇa begrijpen. Zonder Kṛṣṇa te hebben begrepen van een zuivere toegewijde met gezag, moet men niet proberen een commentaar op de *Bhagavad-gītā* te schrijven.

TEKST 68 य इदं परमं गुह्यं मद्भक्तेष्वभिधास्यति ।
भक्तिं मयि परां कृत्वा मामेवैष्यत्यसंशयः ॥ ६८ ॥

ya idaṁ paramaṁ guhyaṁ, mad-bhakteṣv abhidhāsyati
bhaktiṁ mayi parāṁ kṛtvā, mām evaiṣyaty asaṁśayaḥ

yaḥ — iemand die; *idam* — dit; *paramam* — meest; *guhyam* — vertrouwelijk geheim; *mat* — van Mij; *bhakteṣu* — onder toegewijden; *abhidhāsyati* — uitlegt; *bhaktim* — devotionele dienst; *mayi* — aan Mij; *parām* — transcendentale; *kṛtvā* — verrichtend; *mām* — tot Mij; *eva* — zeker; *eṣyati* — komt; *asaṁśayaḥ* — zonder twijfel.

Wie dit allerhoogste geheim aan de toegewijden uitlegt, zal zeker tot zuivere devotionele dienst komen en zal uiteindelijk bij Mij terugkeren.

COMMENTAAR: Over het algemeen wordt aangeraden om de *Bhagavad-gītā* alleen onder toegewijden te bespreken, want niet-toegewijden zullen noch van Kṛṣṇa noch van de *Bhagavad-gītā* iets begrijpen. Zij die Kṛṣṇa niet aanvaarden zoals Hij is en evenmin de *Bhagavad-gītā* zoals ze is, moeten de *Bhagavad-gītā* niet op een eigenzinnige manier proberen uit te leggen en zo overtreders te worden. De *Bhagavad-gītā* moet worden uitgelegd aan personen die bereid zijn om Kṛṣṇa te aanvaarden als de Allerhoogste Persoonlijkheid Gods. Het is een onderwerp dat alleen voor toegewijden bedoeld is en niet voor filosofische theoretici. Maar iedereen die oprecht probeert de *Bhagavad-gītā* te presenteren zoals ze is, zal vooruitgang maken in devotionele activiteiten en de zuiver devotionele levenstoestand bereiken. Door zulke zuivere devotie, is zo'n persoon ervan verzekerd dat hij terug zal keren naar huis, terug naar God.

TEKST 69 न च तस्मान्मनुष्येषु कश्चिन्मे प्रियकृत्तमः ।
भविता न च मे तस्मादन्यः प्रियतरो भुवि ॥ ६९ ॥

na ca tasmān manuṣyeṣu, kaścin me priya-kṛttamaḥ
bhavitā na ca me tasmād, anyaḥ priyataro bhuvi

na — nooit; *ca* — en; *tasmāt* — dan hem; *manuṣyeṣu* — onder de mensen; *kaścit* — iemand; *me* — Mij; *priya-kṛt-tamaḥ* — dierbaarder; *bhavitā* — zal worden; *na*

— evenmin; *ca* — en; *me* — Mij; *tasmāt* — dan hem; *anyaḥ* — een ander; *priya-taraḥ* — dierbaarder; *bhuvi* — in deze wereld.

In deze wereld is geen dienaar Me dierbaarder dan hij en nooit zal iemand Me ooit dierbaarder zijn.

TEKST 70 अध्येष्यते च य इमं धर्म्यं संवादमावयोः ।
ज्ञानयज्ञेन तेनाहमिष्टः स्यामिति मे मतिः ॥ ७० ॥

adhyeṣyate ca ya imaṁ, dharmyaṁ saṁvādam āvayoḥ
jñāna-yajñena tenāham, iṣṭaḥ syām iti me matiḥ

adhyeṣyate — zal bestuderen; *ca* — ook; *yaḥ* — hij die; *imam* — dit; *dharmyam* — heilige; *saṁvādam* — gesprek; *āvayoḥ* — van ons; *jñāna* — van kennis; *yajñena* — door het offer; *tena* — door hem; *aham* — Ik; *iṣṭaḥ* — vereerd; *syām* — zal zijn; *iti* — zo; *me* — Mijn; *matiḥ* — mening.

En Ik verklaar dat degene die dit heilige gesprek van ons bestudeert, Me met zijn intelligentie vereert.

TEKST 71 श्रद्धावाननसूयश्च शृणुयादपि यो नरः ।
सोऽपि मुक्तः शुभाल्ँल्लोकान्प्राप्नुयात्पुण्यकर्मणाम् ॥ ७१ ॥

śraddhāvān anasūyaś ca, śṛṇuyād api yo naraḥ
so 'pi muktaḥ śubhāl̐ lokān, prāpnuyāt puṇya-karmaṇām

śraddhāvān — vol vertrouwen; *anasūyaḥ* — niet kwaadaardig; *ca* — en; *śṛṇuyāt* — zal horen; *api* — zeker; *yaḥ* — wie; *naraḥ* — een mens; *saḥ* — hij; *api* — ook; *muktaḥ* — bevrijd zijn; *śubhān* — de gunstige; *lokān* — planeten; *prāpnuyāt* — hij bereikt; *puṇya-karmaṇām* — van de vromen.

En wie vol vertrouwen en zonder kwaadaardigheid luistert, zal worden bevrijd van de karmische reacties op zijn zonden en zal de planeten bereiken die gunstig zijn en waar de vromen verblijven.

COMMENTAAR: In tekst 67 van dit hoofdstuk heeft de Heer expliciet verboden over de *Gītā* te spreken met personen die de Heer vijandig gezind zijn. Met andere woorden, de *Bhagavad-gītā* is alleen bedoeld voor toegewijden. Maar het komt soms voor dat een toegewijde van de Heer een publieke lezing geeft, hoewel niet verwacht kan worden dat iedere student een toegewijde is. Waarom houden deze mensen publieke lezingen? Hier wordt uitgelegd dat, hoewel niet iedereen een toegewijde is, er toch veel mensen zijn die Kṛṣṇa niet vijandig gezind zijn. Ze hebben vertrouwen in Hem als de Allerhoogste Persoonlijkheid Gods. Wanneer zulke mensen van een bonafide toegewijde over de Heer horen, zullen ze als gevolg daarvan onmiddellijk bevrijd raken van alle karmische reacties op hun zonden en zullen ze na verloop van tijd het planetenstelsel bereiken waar alle deugdzame personen verblijven. Eenvoudig door de *Bhagavad-gītā* te horen, kan zelfs iemand die niet probeert een zuivere toegewijde te worden, het resultaat van deugdzame activiteiten krijgen. Op die manier geeft de zuivere toegewijde van de Heer iedereen de kans bevrijd te worden van alle karmische reacties op zonden en een toegewijde van de Heer te worden.

Over het algemeen kunnen zij die vrij zijn van karmische reacties op zonden, degenen die deugdzaam zijn, zich heel gemakkelijk op het Kṛṣṇa-bewustzijn toeleggen. Het woord *'puṇya-karmaṇām'* is hier heel belangrijk. Het verwijst naar het verrichten van grote offers, zoals het *aśvamedha-yajña*, dat in de Vedische literatuur wordt vermeld. Zij die rechtschapen zijn in devotionele dienst, maar niet zuiver zijn, kunnen het planetenstelsel van de Poolster of Dhruvaloka bereiken, waar Dhruva Mahārāja verblijft. Dhruva Mahārāja is een groot toegewijde van de Heer en hij heeft een speciale planeet, die de Poolster wordt genoemd.

TEKST 72 कच्चिदेतच्छ्रुतं पार्थ त्वयैकाग्रेण चेतसा ।
कच्चिदज्ञानसम्मोहः प्रणष्टस्ते धनञ्जय ॥ ७२ ॥

kaccid etac chrutaṁ pārtha, tvayaikāgreṇa cetasā
kaccid ajñāna-sammohaḥ, praṇaṣṭas te dhanañjaya

kaccit — of; *etat* — dit; *śrutam* — gehoord; *pārtha* — o zoon van Pṛthā; *tvayā* — door jou; *eka-agreṇa* — met onverdeelde aandacht; *cetasā* — door de geest; *kaccit* — of; *ajñāna* — van onwetendheid; *sammohaḥ* — de illusie; *praṇaṣṭaḥ* — verdreven; *te* — van jou; *dhanañjaya* — o overwinnaar van rijkdom (Arjuna).

O zoon van Pṛthā, o overwinnaar van rijkdom, heb je dit alles met een aandachtige geest gehoord? En zijn je onwetendheid en illusies nu verdreven?

COMMENTAAR: De Heer trad op als de spiritueel leraar van Arjuna. Het was daarom Zijn plicht om Arjuna te vragen of hij de hele *Bhagavad-gītā* in het juiste perspectief had begrepen. Zo niet, dan was de Heer bereid om welk punt dan ook nog eens uit te leggen of, als dat nodig was, zelfs de hele *Bhagavad-gītā*. Feitelijk is het zo dat iedereen die de *Bhagavad-gītā* van een bonafide spiritueel leraar als Kṛṣṇa of Zijn vertegenwoordiger hoort, zal ervaren dat al zijn onwetendheid verdreven wordt. De *Bhagavad-gītā* is geen gewoon boek van de hand van een dichter of een romanschrijver; ze werd gesproken door de Allerhoogste Persoonlijkheid Gods. Iedereen die fortuinlijk genoeg is om dit onderricht van Kṛṣṇa of van Zijn vertegenwoordiger te horen, wordt beslist een bevrijd persoon en zal uit de duisternis van onwetendheid komen.

TEKST 73 अर्जुन उवाच
नष्टो मोहः स्मृतिर्लब्धा त्वत्प्रसादान्मयाच्युत ।
स्थितोऽस्मि गतसन्देहः करिष्ये वचनं तव ॥ ७३ ॥

arjuna uvāca
naṣṭo mohaḥ smṛtir labdhā, tvat-prasādān mayācyuta
sthito 'smi gata-sandehaḥ, kariṣye vacanaṁ tava

arjunaḥ uvāca — Arjuna zei; *naṣṭaḥ* — verdreven; *mohaḥ* — illusie; *smṛtiḥ* — geheugen; *labdhā* — herwonnen; *tvat-prasādāt* — door Jouw genade; *mayā* — door Mij; *acyuta* — o onfeilbare Kṛṣṇa; *sthitaḥ* — zich bevinden; *asmi* — ik ben; *gata* — verwijderd; *sandehaḥ* — alle twijfels; *kariṣye* — ik zal uitvoeren; *vacanam* — bevel; *tava* — Jouw.

Arjuna zei: Mijn dierbare Kṛṣṇa, o onfeilbare, mijn illusie is nu geweken. Door Jouw genade heb ik mijn geheugen herwonnen. Ik ben nu overtuigd, vrij van twijfels en bereid te doen wat Je me opdraagt.

COMMENTAAR: De wezenlijke positie van het levend wezen, dat hier vertegenwoordigd wordt door Arjuna, is dat het volgens de opdracht van de Allerhoogste Heer moet handelen; het is bestemd voor zelfdiscipline. Śrī Caitanya Mahāprabhu zegt dat de werkelijke positie van het levend wezen die van een eeuwige dienaar van de Allerhoogste Heer is. Wanneer het dit principe vergeet, raakt het levend wezen geconditioneerd door de materiële natuur, maar wanneer het de Allerhoogste Heer dient, wordt het de bevrijde dienaar van God.

Het is de wezenlijke positie van het levend wezen om een dienaar te zijn; het moet óf de illusionerende *māyā* óf de Allerhoogste Heer dienen. Als het de Allerhoogste Heer dient, bevindt het zich in zijn normale positie, maar als het er de voorkeur aan geeft de illusionerende, externe energie te dienen, dan zal het zeker verstrikt raken. Wanneer het levend wezen in illusie is, dient het in de materiële wereld. Het is gebonden door zijn lust en verlangens, maar toch denkt het dat het de heer van de wereld is. Dat wordt illusie genoemd. Wie bevrijd is, is vrij van illusie en geeft zich vrijwillig over aan de Allerhoogste om in overeenstemming met Zijn verlangens te handelen.

De laatste illusie, de laatste valstrik van *māyā* om het levend wezen te vangen, is de suggestie dat het God is. Het levend wezen denkt dan dat het niet langer een geconditioneerde ziel is, maar God. Het is zo onintelligent, dat het zich niet afvraagt hoe het als God tóch in twijfel kon verkeren. Dat is iets wat niet bij zo'n levend wezen opkomt en dat is dus de laatste valstrik van de illusie. Eigenlijk betekent bevrijd raken van de illusionerende energie dat men Kṛṣṇa, de Allerhoogste Persoonlijkheid Gods, begrijpt en ermee instemt om in overeenstemming met Zijn wil te handelen.

Het woord *'moha'* is zeer belangrijk in dit vers. *Moha* heeft betrekking op dat wat het tegenovergestelde is van kennis. In feite is werkelijke kennis het besef dat ieder levend wezen een eeuwige dienaar is van de Heer. Maar in plaats van te denken dat dat zijn positie is, denkt het levend wezen dat het niet een dienaar is, maar dat het de meester van de materiële wereld is, omdat het de baas wil spelen over de materiële natuur. Dat is de illusie waarin het verkeert. Deze illusie kan door de genade van de Heer of door de genade van een zuivere toegewijde teniet worden gedaan. Wanneer die illusie voorbij is, stemt men ermee in om Kṛṣṇa-bewust te handelen.

Kṛṣṇa-bewustzijn betekent handelen in overeenstemming met de wil van Kṛṣṇa. Een geconditioneerde ziel, verward door materie, de externe energie, weet niet dat de Allerhoogste Heer de meester is, die vol kennis is en de eigenaar van alles. Hij kan alles wat Hij wil aan Zijn toegewijden geven; Hij is ieders vriend, maar Hij besteedt speciale aandacht aan Zijn toegewijde. Hij is de bestuurder van deze materiële natuur en van alle levende wezens. Hij is ook de bestuurder van de onvermoeibare tijd en Hij is vervuld van alle volheden en vermogens. De Allerhoogste Persoonlijkheid Gods kan zelfs Zichzelf aan de toegewijde geven. Wie Hem niet kent is in de greep van de illusie; zo iemand wordt geen toegewijde, maar een dienaar van *māyā*.

Maar Arjuna raakte bevrijd van alle illusie nadat hij de *Bhagavad-gītā* van de Allerhoogste Persoonlijkheid Gods had gehoord. Hij zag in dat Kṛṣṇa niet alleen zijn vriend was, maar ook de Allerhoogste Persoonlijkheid Gods en hij begreep wie Kṛṣṇa werkelijk was. Het bestuderen van de *Bhagavad-gītā* betekent dus dat men begrijpt wie Kṛṣṇa werkelijk is. Wanneer iemand volledige kennis bezit, geeft hij zich vanzelf over aan Kṛṣṇa. Toen Arjuna begreep dat het het plan van Kṛṣṇa was om de onnodige bevolkingsgroei te verminderen, stemde hij ermee in te strijden volgens het verlangen van Kṛṣṇa. Hij nam opnieuw zijn wapens op — zijn pijlen en zijn boog — om te strijden in opdracht van de Allerhoogste Persoonlijkheid Gods.

TEKST 74 सञ्जय उवाच
इत्यहं वासुदेवस्य पार्थस्य च महात्मनः ।
संवादमिममश्रौषमद्भुतं रोमहर्षणम् ॥ ७४ ॥

sañjaya uvāca
ity ahaṁ vāsudevasya, pārthasya ca mahātmanaḥ
saṁvādam imam aśrauṣam, adbhutaṁ roma-harṣaṇam

sañjayaḥ uvāca — Sañjaya zei; *iti* — zo; *aham* — ik; *vāsudevasya* — van Kṛṣṇa; *pārthasya* — en Arjuna; *ca* — ook; *mahā-ātmanaḥ* — van de grote zielen; *saṁvādam* — gesprek; *imam* — dit; *aśrauṣam* — heb gehoord; *adbhutam* — wonderbaarlijk; *roma-harṣaṇam* — laat het haar overeind staan.

Sañjaya zei: Zo heb ik het gesprek gehoord tussen twee grote zielen, Kṛṣṇa en Arjuna. En deze boodschap is zo wonderbaarlijk dat mijn haar overeind staat.

COMMENTAAR: Aan het begin van de *Bhagavad-gītā* vroeg Dhṛtarāṣṭra aan zijn secretaris, Sañjaya: 'Wat gebeurde er op het Slagveld van Kurukṣetra?' Het hele werk werd in het hart van Sañjaya geopenbaard door de genade van Vyāsa, zijn spiritueel leraar. Zo kon hij uitleg geven over de gebeurtenissen op het slagveld.

Het gesprek was wonderbaarlijk, omdat het nog nooit eerder was voorgekomen dat zo'n belangrijk gesprek tussen twee grote zielen had plaatsgevonden en het zou ook niet meer plaatsvinden. Het was wonderbaarlijk omdat de Allerhoogste Persoonlijkheid Gods over Zichzelf en Zijn energieën sprak tot het levend wezen, Arjuna, een groot toegewijde van de Heer. Wanneer we in de voetsporen van Arjuna volgen om Kṛṣṇa te begrijpen, zal ons leven gelukkig en succesvol zijn. Sañjaya realiseerde zich dit en terwijl alles hem duidelijk werd, bracht hij het gesprek over aan Dhṛtarāṣṭra. Tot besluit zal worden gezegd dat overal waar Kṛṣṇa en Arjuna zijn, de overwinning is.

TEKST 75 व्यासप्रसादाच्छ्रुतवानेतद्गुह्यमहं परम् ।
योगं योगेश्वरात्कृष्णात्साक्षात्कथयतः स्वयम् ॥ ७५ ॥

vyāsa-prasādāc chrutavān, etad guhyam ahaṁ param
yogaṁ yogeśvarāt kṛṣṇāt, sākṣāt kathayataḥ svayam

vyāsa-prasādāt — door de genade van Vyāsadeva; *śrutavān* — heb gehoord; *etat* — dit; *guhyam* — vertrouwelijke; *aham* — ik; *param* — de allerhoogste; *yogam* — mystiek; *yoga-īśvarāt* — van de meester van alle mystiek; *kṛṣṇāt* — van Kṛṣṇa; *sākṣāt* — direct; *kathayataḥ* — sprekend; *svayam* — persoonlijk.

Door de genade van Vyāsa heb ik dit zeer vertrouwelijke gesprek rechtstreeks gehoord van de meester van alle mystiek, Kṛṣṇa, die persoonlijk tot Arjuna sprak.

COMMENTAAR: Vyāsa was de spiritueel leraar van Sañjaya, die erkent dat het door de genade van Vyāsa was dat hij de Allerhoogste Persoonlijkheid Gods kon begrijpen. Dit betekent dat men Kṛṣṇa niet rechtstreeks moet proberen te begrijpen, maar via een tussenpersoon, namelijk de spiritueel leraar. De spiritueel leraar is de transparante tussenpersoon, hoewel de ervaring niettemin rechtstreeks is. Dit is het mysterie van de opeenvolging van discipelen. Als de spiritueel leraar bonafide is, kan men de *Bhagavad-gītā* rechtstreeks horen zoals Arjuna deze hoorde.

Over de hele wereld zijn er veel mystici en *yogī's*, maar Kṛṣṇa is de meester van alle yogamethoden. In de *Bhagavad-gītā* wordt de instructie van Kṛṣṇa duidelijk vermeld: geef je over aan Kṛṣṇa. Wie dat doet, is de allerhoogste *yogī*. Dit wordt bevestigd in de laatste tekst van het zesde hoofdstuk: *yoginām api sarveṣām*.

Nārada is de directe discipel van Kṛṣṇa en de spiritueel leraar van Vyāsa. Vyāsa is daarom net zo bonafide als Arjuna, omdat hij deel uitmaakt van de opeenvolging van discipelen. Sañjaya is de directe discipel van Vyāsa en door de genade van Vyāsa werden zijn zintuigen gezuiverd, zodat hij Kṛṣṇa rechtstreeks kon zien en horen. Wie rechtstreeks van Kṛṣṇa hoort, kan deze vertrouwelijke kennis begrijpen. Wie niet in contact staat met de opeenvolging van discipelen, kan niet van Kṛṣṇa horen; daarom is de kennis van zo iemand altijd onvolmaakt, althans wat het begrijpen van de *Bhagavad-gītā* betreft.

In de *Bhagavad-gītā* worden alle yogamethoden — *karma-yoga, jñāna-yoga* en *bhakti-yoga* — uitgelegd. Kṛṣṇa is de meester van al deze mystieke stelsels. Maar net zoals Arjuna fortuinlijk genoeg was om Kṛṣṇa rechtstreeks te begrijpen, was Sañjaya, door de genade van Vyāsa, ook in staat om rechtstreeks van Kṛṣṇa te horen. In wezen bestaat er geen verschil tussen rechtstreeks van Kṛṣṇa horen en rechtstreeks van Kṛṣṇa horen via een bonafide spiritueel leraar als Vyāsa. De spiritueel leraar is ook de vertegenwoordiger van Vyāsadeva. Volgens het Vedische systeem wordt er daarom op de verjaardag van de spiritueel leraar door de discipelen een ceremonie georganiseerd die *Vyāsa-pūjā* wordt genoemd.

TEKST 76 राजन्संस्मृत्य संस्मृत्य संवादमिममद्भुतम् ।
केशवार्जुनयोः पुण्यं हृष्यामि च मुहुर्मुहुः ॥ ७६ ॥

rājan saṁsmṛtya saṁsmṛtya, saṁvādam imam adbhutam
keśavārjunayoḥ puṇyaṁ, hṛṣyāmi ca muhur muhuḥ

rājan — o koning; *saṁsmṛtya* — herinnerend; *saṁsmṛtya* — herinnerend; *saṁvādam* — boodschap; *imam* — deze; *adbhutam* — wonderbaarlijke; *keśava* — van Heer Kṛṣṇa; *arjunayoḥ* — en Arjuna; *puṇyam* — vrome; *hṛṣyāmi* — ik verheug me; *ca* — en; *muhuḥ muhuḥ* — herhaaldelijk.

O koning, nu ik me deze wonderbaarlijke en heilige dialoog tussen Kṛṣṇa en Arjuna herhaaldelijk herinner, verheug ik me en raak ik onophoudelijk in vervoering.

COMMENTAAR: Het doorgronden van de *Bhagavad-gītā* is zoiets transcendentaals, dat iedereen die vertrouwd raakt met de gesprekken van Arjuna en Kṛṣṇa, deugdzaam wordt en deze gesprekken niet meer kan vergeten. Dat is de transcendentale positie van het spirituele leven. Met andere woorden, wie de *Gītā* uit de juiste bron verneemt, rechtstreeks van Kṛṣṇa, wordt volledig Kṛṣṇa-bewust. Het gevolg van het Kṛṣṇa-bewustzijn is dat men steeds meer verlicht wordt en dat men in vervoering van het leven geniet, niet alleen voor een korte tijd, maar op ieder moment.

TEKST 77 तच्च संस्मृत्य संस्मृत्य रूपमत्यद्भुतं हरेः ।
विस्मयो मे महान्राजन्हृष्यामि च पुनः पुनः ॥ ७७ ॥

tac ca saṁsmṛtya saṁsmṛtya, rūpam aty-adbhutaṁ hareḥ
vismayo me mahān rājan, hṛṣyāmi ca punaḥ punaḥ

tat — die; *ca* — en; *saṁsmṛtya* — herinnerend; *saṁsmṛtya* — herinnerend; *rūpam* — gedaante; *ati* — buitengewoon; *adbhutam* — wonderbaarlijke; *hareḥ* — van Heer Kṛṣṇa; *vismayaḥ* — ontzag; *me* — mijn; *mahān* — groot; *rājan* — o koning; *hṛṣyāmi* — ik verheug me; *ca* — ook; *punaḥ punaḥ* — herhaaldelijk.

O koning, nu ik me die wonderbaarlijke gedaante van Heer Kṛṣṇa herhaaldelijk voor de geest haal, word ik bevangen door een steeds grotere verbazing en verheug ik me telkens weer.

COMMENTAAR: Door de genade van Vyāsa blijkt ook Sañjaya in staat te zijn geweest de kosmische gedaante van Kṛṣṇa te aanschouwen die aan Arjuna getoond werd. Er werd gezegd dat Heer Kṛṣṇa een dergelijke gedaante nooit eerder had vertoond. Ze werd alleen aan Arjuna getoond, maar toch konden ook sommige grote toegewijden de kosmische gedaante van Kṛṣṇa zien toen deze aan Arjuna werd getoond, en Vyāsa was een van hen. Hij is een van de grote toegewijden van de Heer en hij wordt beschouwd als een krachtige incarnatie van Kṛṣṇa. Vyāsa onthulde deze visie aan zijn discipel Sañjaya, die zich de wonderbaarlijke gedaante van Kṛṣṇa, die aan Arjuna werd getoond, herinnerde en er telkens weer vreugde aan beleefde.

TEKST 78 यत्र योगेश्वरः कृष्णो यत्र पार्थो धनुर्धरः ।
तत्र श्रीर्विजयो भूतिर्ध्रुवा नीतिर्मतिर्मम ॥ ७८ ॥

yatra yogeśvaraḥ kṛṣṇo, yatra pārtho dhanur-dharaḥ
tatra śrīr vijayo bhūtir, dhruvā nītir matir mama

yatra — waar; *yoga-īśvaraḥ* — de meester van de mystiek; *kṛṣṇaḥ* — Heer Kṛṣṇa; *yatra* — waar; *pārthaḥ* — de zoon van Pṛthā; *dhanuḥ-dharaḥ* — de drager van de pijl en boog; *tatra* — daar; *śrīḥ* — rijkdom; *vijayaḥ* — overwinning; *bhūtiḥ* — uitzonderlijk vermogen; *dhruvā* — zeker; *nītiḥ* — moraliteit; *matiḥ mama* — mijn mening.

Overal waar Kṛṣṇa is, de meester van alle mystici, en overal waar Arjuna is, de allerbeste boogschutter, daar zullen zeker ook rijkdom, overwinning, uitzonderlijk vermogen en moraliteit zijn. Dat is mijn mening.

COMMENTAAR: De *Bhagavad-gītā* begon met een vraag van Dhṛtarāṣṭra. Hij had de hoop dat zijn zonen, bijgestaan door grote strijders zoals Bhīṣma, Droṇa en Karṇa, de overwinning zouden behalen. Hij had de hoop dat de overwinning aan zijn kant zou zijn. Maar nadat Sañjaya de situatie op het slagveld beschreven had, zei hij tegen de koning: 'U denkt aan de overwinning, maar volgens mij is al het geluk te vinden daar waar Kṛṣṇa en Arjuna aanwezig zijn.' Hiermee bevestigde hij rechtstreeks dat Dhṛtarāṣṭra niet op een overwinning kon rekenen. Het stond vast dat de kant van Arjuna de overwinning zou behalen, omdat Kṛṣṇa daar aanwezig was.

Door de taak van Arjuna's wagenmenner te vervullen, gaf Kṛṣṇa blijk van nog een volheid. Kṛṣṇa bezit alle volheden en onthechting is daar een van. Er zijn veel voorbeelden van zulke onthechting, want Kṛṣṇa is de meester van onthechting.

In werkelijkheid speelde de strijd zich af tussen Duryodhana en Yudhiṣṭhira.

Arjuna streed voor zijn oudere broer Yudhiṣṭhira. Omdat Kṛṣṇa en Arjuna aan de kant van Yudhiṣṭhira stonden, stond zijn overwinning vast. De strijd zou beslissen wie over de wereld zou heersen en Sañjaya voorspelde dat de macht in handen van Yudhiṣṭhira zou komen. Hier wordt ook voorspeld dat Yudhiṣṭhira na het behalen van de overwinning meer en meer succes zou hebben; niet alleen omdat hij rechtschapen en vroom was, maar ook omdat hij een strikt moreel persoon was. In heel zijn leven sprak hij geen enkele leugen.

Er zijn veel personen met weinig intelligentie die de *Bhagavad-gītā* beschouwen als een gesprek over verschillende onderwerpen tussen twee vrienden op een slagveld. Maar zo'n boek kan geen heilig geschrift zijn. Sommigen zullen het bezwaar maken dat Kṛṣṇa Arjuna aanspoorde om te strijden, wat immoreel is. Maar de situatie wordt duidelijk verklaard: de *Bhagavad-gītā* is de allerhoogste instructie over moraliteit. De allerhoogste instructie over moraliteit wordt in het negende hoofdstuk, tekst vierendertig, gegeven: *man-manā bhava mad-bhaktaḥ*. Men moet een toegewijde van Kṛṣṇa worden en overgave aan Hem is de essentie van alle religie (*sarva-dharmān parityajya mām ekaṁ śaraṇaṁ vraja*). De instructies van de *Bhagavad-gītā* vormen het allerhoogste stelsel van religie en moraliteit. Alle andere stelsels kunnen weliswaar een zuiverende werking hebben en kunnen tot dit stelsel leiden, maar de laatste instructie van de *Gītā* is de eindconclusie wat betreft alle moraliteit en religie: overgave aan Kṛṣṇa. Dat is het oordeel van het achttiende hoofdstuk.

Uit de *Bhagavad-gītā* kunnen we leren dat zelfrealisatie door filosofische speculatie en meditatie een bepaald proces is, maar dat volledige overgave aan Kṛṣṇa de hoogste perfectie is. Dat is de essentie van het onderricht van de *Bhagavad-gītā*. Het pad van de regulerende principes overeenkomstig de verschillende sociale klassen en de verschillende religieuze stelsels is weliswaar een vertrouwelijk pad van kennis, maar hoewel de religieuze rituelen vertrouwelijk zijn, zijn meditatie en het cultiveren van kennis nog vertrouwelijker. En de meest vertrouwelijke instructie is dat men zich overgeeft aan Kṛṣṇa door volledig Kṛṣṇa-bewust devotionele dienst te verrichten. Dat is de essentie van het achttiende hoofdstuk.

Een ander aspect dat in de *Bhagavad-gītā* behandeld wordt, is dat Kṛṣṇa, de Allerhoogste Persoonlijkheid Gods, werkelijk de waarheid is. Men kan zich bewust worden van drie aspecten van de Absolute Waarheid: het onpersoonlijk Brahman, de gelokaliseerde Paramātmā en uiteindelijk de Allerhoogste Persoonlijkheid Gods, Kṛṣṇa. Perfecte kennis over de Absolute Waarheid betekent perfecte kennis over Kṛṣṇa. Wanneer men Kṛṣṇa begrijpt, maken alle kennisgebieden integraal deel uit van dat begrip.

Kṛṣṇa is transcendentaal, want Hij bevindt Zich altijd in Zijn eeuwige interne vermogen. De levende wezens komen voort uit Zijn energie en worden onderverdeeld in twee klassen: de eeuwig geconditioneerde en de eeuwig bevrijde levende wezens. Er bestaan ontelbare levende wezens en ze worden gezien als integrerende deeltjes van Kṛṣṇa. De materiële energie bestaat uit vierentwintig elementen. De schepping wordt geschapen en vernietigd door de externe energie, die voortgedreven wordt door de eeuwige tijd. Deze verschijning van de kosmos is afwisselend zichtbaar en onzichtbaar.

In de *Bhagavad-gītā* werden vijf hoofdonderwerpen besproken: de Allerhoogste Persoonlijkheid Gods, de materiële natuur, de levende wezens, de eeuwige tijd en alle soorten activiteiten. Alles is afhankelijk van de Allerhoogste Persoonlijkheid Gods, Kṛṣṇa. Alle opvattingen van de Absolute Waarheid — het onpersoonlijk Brahman, de gelokaliseerde Paramātmā en welke andere opvatting van het transcendentale dan ook — vallen binnen het bestek van het begrijpen van de Allerhoogste Persoonlijkheid Gods. Hoewel de Allerhoogste Persoonlijkheid Gods, het levend wezen, de materiële natuur en de tijd oppervlakkig gezien verschillend lijken te zijn, is er niets wat van de Allerhoogste verschilt. Maar de Allerhoogste is altijd verschillend van alles. Heer Caitanya's filosofie is die van 'onvoorstelbare eenheid en verscheidenheid'. Dit filosofische stelsel vormt de perfecte kennis van de Absolute Waarheid.

In zijn oorspronkelijke positie is het levend wezen zuiver spiritueel. Het is net als een atomisch deeltje van de Allerhoogste Ziel. Heer Kṛṣṇa kan op die manier vergeleken worden met de zon en de levende wezens met de zonneschijn. Omdat de levende wezens de tussenenergie van Kṛṣṇa zijn, hebben ze de neiging om of met de materiële energie of met de spirituele energie in contact te staan. Met andere woorden, de positie van het levend wezen is in het midden van de twee energieën van de Heer, en omdat het tot Zijn hogere energie behoort, heeft het een kleine hoeveelheid onafhankelijkheid. Door op de juiste manier van die onafhankelijkheid gebruik te maken, komt het rechtstreeks onder de leiding van Kṛṣṇa te staan. Zo bereikt het zijn normale toestand in de vreugdeschenkende energie.

Zo eindigen de commentaren van Śrī Śrīmad A.C. Bhaktivedanta Swami Prabhupāda bij het achttiende hoofdstuk van Śrīmad Bhagavad-gītā, *getiteld 'Conclusie: De volmaaktheid van onthechting'.*

APPENDICES

NOOT *bij de* TWEEDE EDITIE

VOOR LEZERS DIE vertrouwd zijn met de eerste editie van *Bhagavad-gītā zoals ze is* zijn enkele woorden over deze tweede editie op hun plaats.

Hoewel de twee edities in veel opzichten identiek zijn, zijn de editors van de Bhaktivedanta Book Trust teruggegaan naar de oudste manuscripten in hun archieven om deze tweede editie nog getrouwer te maken aan het oorspronkelijke werk van Śrīla Prabhupāda.

In 1967, twee jaar nadat hij vanuit India in Amerika aankwam, legde Śrīla Prabhupāda de laatste hand aan *Bhagavad-gītā As It Is.* De Macmillan Company publiceerde in 1968 een verkorte uitgave en in 1972 de eerste onverkorte uitgave.

De nieuwe Amerikaanse discipelen die Śrīla Prabhupāda hielpen bij het drukklaar maken van het manuscript, worstelden met verschillende moeilijkheden. Degenen die de opnames van zijn dictaten uittypten, hadden soms moeite om zijn Engels met zwaar accent te volgen en de citaten uit het Sanskriet klonken hen vreemd in de oren. De editors voor het Sanskriet waren nauwelijks meer dan beginnelingen in die taal. De editors voor het Engels moesten dus het beste maken van een manuscript vol hiaten en fonetische benaderingen. Maar hun inspanning om het werk van Śrīla Prabhupāda te publiceren was een succes en *Bhagavad-gītā As It Is* is voor geleerden en toegewijden over de hele wereld de standaardeditie geworden.

Maar voor deze tweede editie hadden de discipelen van Śrīla Prabhupāda het voordeel al gedurende vijftien jaar met zijn boeken te hebben gewerkt. De editors voor het Engels waren nu vertrouwd met zijn filosofie en taal en de editors voor het Sanskriet waren ondertussen volleerde experts geworden. Ze waren nu in staat hun weg te vinden door het complexe manuscript door dezelfde commentaren in het Sanskriet te raadplegen die Śrīla Prabhupāda ook gebruikt had toen hij *Bhagavad-gītā As It Is* schreef.

Het resultaat is een authentiekere en rijkere tekst. De woord-voor-woordvertalingen van de sanskrietteksten volgen nu nauwgezetter de standaard in andere boeken van Śrīla Prabhupāda en zijn daardoor duidelijker en exacter. In enkele gevallen zijn de vertalingen herzien, hoewel deze al correct waren, om ze dichter bij het oorspronkelijke Sanskriet en het oorspronkelijke dictaat van Śrīla Prabhupāda te brengen. In de Bhaktivedanta-commentaren zijn veel passages die in de eerste editie ontbraken, teruggeplaatst. Daarnaast worden van de sanskrietcitaten waarvan de bronnen in de eerste editie ongenoemd waren gebleven, nu de volledige verwijzing (hoofdstuk- en versnummer) gegeven.

OVER *de* SCHRIJVER

ŚRĪ ŚRĪMAD A.C. BHAKTIVEDANTA Swami Prabhupāda werd in 1896 geboren in Calcutta, India. Hij ontmoette zijn spiritueel leraar, Śrīla Bhaktisiddhānta Sarasvatī Gosvāmī Ṭhākura, voor het eerst in Calcutta in 1922. Śrīla Bhaktisiddhānta Sarasvatī, een vooraanstaand godsdienstgeleerde ende oprichter van vierenzestig *Gauḍīya Maṭha's* (vedische instituten), waardeerde deze goed opgeleide jonge man en overtuigde hem zijn leven te wijden aan het onderwijzen van vedische kennis. Śrīla Prabhupāda werd zijn volgeling en elf jaar later, in Allahabad, werd hij officieel ingewijd als zijn leerling.

Śrīla Bhaktisiddhānta Sarasvatī Ṭhākura verzocht Śrīla Prabhupāda bij hun eerste ontmoeting in 1922 om de vedische kennis in de Engelse taal te verspreiden. In de jaren daarna schreef Śrīla Prabhupāda een commentaar op de *Bhagavad-gītā* en hielp hij de *Gauḍīya Maṭha.* In 1944 begon hij het tweemaandelijkse Engelstalige tijdschrift *Back to Godhead* uit te geven. Śrīla Prabhupāda deed al het werk alleen: hij voerde de redactie, typte de manuscripten, controleerde de proefdrukken en verspreidde zelfs persoonlijk de afzonderlijke nummers. Het tijdschrift wordt nu voortgezet door zijn leerlingen.

In 1950 trok Śrīla Prabhupāda zich terug uit het gezinsleven en betrad de *vānaprastha*-orde om zich meer te wijden aan studie en aan het schrijven van boeken. Hij reisde af naar de heilige plaats Vṛndāvana en leefde daar zeer bescheiden in de historische Rādhā-Dāmodara-tempel. Daar hield hij zich een aantal jaren bezig met diepgaande studie en met schrijven. In 1959 aanvaardde hij de onthechte levensorde (*sannyāsa*). In de Rādhā-Dāmodara-tempel begon Śrīla Prabhupāda aan zijn meesterwerk: een meerdelige vertaling met commentaar van het 18.000 verzen tellende *Śrīmad-Bhāgavatam* (*Bhāgavata Purāṇa*). Hij schreef er ook *Easy Journey to Other Planets.*

Na de publicatie van drie delen van het *Śrīmad-Bhāgavatam,* reisde Śrīla Prabhupāda in 1965 naar de Verenigde Staten van Amerika om de opdracht van zijn spiritueel leraar te vervullen. In de jaren die volgden, vertaalde hij meer dan vijftig delen van de filosofische en religieuze Indiase klassieke werken en voorzag ze van gezaghebbend commentaar. Hij schreef ook verschillende samenvattende studies.

Toen Śrīla Prabhupāda met een vrachtschip in New York aankwam, had hij nauwelijks geld. Pas na een jaar van grote moeilijkheden, slaagde hij er in juli 1966 in de Internationale Gemeenschap voor Krishna-bewust zijn (ISKCON)[1] op te richten. Tot zijn heengaan op 14 november 1977 leidde hij de beweging en zag hij haar uitgroeien tot een wereldwijd verbond van meer dan honderd *āśrama's,* scholen, tempels, instellingen en landbouwgemeenschappen.

In 1972 introduceerde Śrīla Prabhupāda in het westen het vedische model van basis- en voortgezet onderwijs met de oprichting van de *gurukula* (school van de *guru)* in Dallas, Texas. Onder zijn leiding stichtten zijn leerlingen meer van dergelijke scholen in de Verenigde Staten en de rest van de wereld.

Śrīla Prabhupāda nam ook het initiatief voor de bouw van verschillende grote internationale culturele centra in India. Het centrum in Śrīdhāma Māyāpur in West-Bengalen is de locatie voor een geplande spirituele stad, een ambitieus bouwproject dat gespreid over vele jaren zal worden uitgevoerd. In Vṛndāvana bevinden zich de prachtige Kṛṣṇa-Balarāma-tempel, het Internationaal Gastenhuis en een *gurukula.* Daarnaast is er een prachtig monument voor Śrīla Prabhupāda en een museum. In Mumbai bevindt zich ook een belangrijk centrum voor cultuur en onderwijs. Verder bestaan er plannen voor nog een dozijn centra in belangrijke plaatsen op het Indiase subcontinent.

Maar de belangrijkste bijdrage van Śrīla Prabhupāda zijn zijn boeken. Ze worden door de academische wereld hoog aangeschreven om hun gezag, diepgang en helderheid en in veel hogere onderwijsinstellingen worden ze als studieboeken gebruikt. Zijn werken zijn in meer dan vijftig talen verschenen. De Bhaktivedanta Book Trust (BBT), die in 1972 werd opgericht om het werk van Śrīla Prabhupāda uit te geven, is zo uitgegroeid tot de grootste uitgever ter wereld op het gebied van Indiase filosofie en religie.

Ondanks zijn gevorderde leeftijd reisde Śrīla Prabhupāda in slechts twaalf jaar tijd veertien maal de wereld rond voor lezingtournees die hem naar zes continenten brachten. En ondanks zijn zeer drukbezette schema ging Śrīla Prabhupāda onverminderd door met schrijven. Zijn werken vormen een ware bibliotheek van vedische filosofie, religie, literatuur en cultuur.

[1] Letterwoord voor INTERNATIONAL SOCIETY FOR KRISHNA CONSCIOUSNESS.

REFERENTIES

DE COMMENTAREN IN de *Bhagavad-gītā zoals ze is* worden allemaal bevestigd door standaardautoriteiten. De volgende authentieke teksten worden aangehaald. Zie het register van geciteerde teksten (pagina 708) voor exacte referenties.

Amṛta-bindu Upaniṣad
Atharva-veda
Bhakti-rasāmṛta-sindhu
Bhāvārtha-dīpikā
Brahma-saṁhitā
Brahma-sūtra
Bṛhad-āraṇyaka Upaniṣad
Bṛhad-viṣṇu-smṛti
Bṛhan-nāradīya Purāṇa
Caitanya-caritāmṛta
Chāndogya Upaniṣad
Gītā-bhūṣaṇa-bhāṣya
Gītā-māhātmya
Gautamīya-tantra
Gopāla-tāpanī Upaniṣad
Gurvaṣṭaka
Hari-bhakti-vilāsa
Iśa Upaniṣad
Kaṭha Upaniṣad
Kali-santaraṇa Upaniṣad
Kauṣītakī Upaniṣad
Kurma Purāṇa
Mādhyandināyana-śruti
Mahābhārata
Mahā Upaniṣad
Mahā-nārāyaṇa Upaniṣad
Māṇḍūkya Upaniṣad
Manu-smṛti
Mokṣa-dharma
Muṇḍaka Upaniṣad
Nārada-pañcarātra
Nārāyaṇa Upaniṣad
Nārāyaṇīya
Nirukti (woordenboek)
Nṛsiṁha Purāṇa
Padma Purāṇa
Padyāvalī
Parāśara-smṛti
Praśna Upaniṣad
Puruṣa-bodhinī Upaniṣad
Ṛg-veda
Sātvata-tantra
Śikṣāṣṭaka
Śrīmad-Bhāgavatam
Stotra-ratna
Subāla Upaniṣad
Śvetāśvatara Upaniṣad
Taittirīya Āraṇyaka
Taittirīya Saṁhitā
Taittirīya Upaniṣad
Upadeśāmṛta
Varāha Purāṇa
Vedānta-sūtra
Viṣṇu Purāṇa
Yājñavalkya-smṛti
Yoga-sūtra

VERKLARENDE WOORDENLIJST

Ācārya — iemand die onderricht door het voorbeeld te geven; een spiritueel leraar.

Acintya-bhedābheda-tattva — Heer Caitanya's leer van de 'onvoorstelbare eenheid en verscheidenheid' van God en Zijn energieën.

Agni — de halfgod van vuur.

Agnihotra-yajña — het ceremoniële vuuroffer dat tijdens vedische rituelen wordt gehouden.

Ahaṅkāra — vals ego, waardoor de ziel zich misidentificeert met het materiële lichaam.

Ahiṁsā — geweldloosheid.

Akarma — 'inactiviteit'; devotionele activiteit, die geen karma veroorzaakt.

Ānanda — spirituele gelukzaligheid.

Aparā-prakṛti — materie, de lagere energie van de Heer.

Arcana — de procedures die gevolgd worden voor het vereren van de *arcā-vigraha. Zie: Arcā-vigraha.*

Arcā-vigraha — de gedaante van God die wordt gemanifesteerd door materiële elementen, zoals in een schilderij of een beeld van Kṛṣṇa dat in een huis of tempel vereerd wordt. De Heer is in deze gedaante aanwezig en aanvaardt zo persoonlijk de verering van Zijn toegewijden.

Ārya — een beschaafde volgeling van de vedische cultuur; iemand die spirituele vooruitgang als doel heeft.

Āśrama's — de vier spirituele orden volgens het vedisch sociaal systeem: *brahmacarya* (studentenleven), *gṛhastha* (gehuwd leven), *vānaprastha* (de teruggetrokken levensorde) en *sannyāsa* (de onthechte levensorde).

Aṣṭāṅga-yoga — het 'achtvoudige pad' dat uit de volgende onderdelen bestaat: *yama* en *niyama* (moreel gedrag), *āsana* (lichaamshoudingen), *prāṇāyāma* (beheersen van de ademhaling), *pratyāhāra* (het terugtrekken van de zintuigen), *dhāraṇā* (de geest in evenwicht brengen), *dhyāna* (meditatie) en *samādhi* (diepe meditatie op Viṣṇu in het hart).

Asura — iemand die gekant is tegen het dienen van de Heer.

Atharva-veda — een van de vier veda's, de oorspronkelijke heilige teksten die door de Heer Zelf gesproken werden. De *Atharva-veda* bestaat voornamelijk uit mantra's en gebeden, bedoeld om ziekte en onheil tegen te gaan.

Ātmā — het zelf. *Ātmā* kan verwijzen naar het lichaam, de geest, de intelligentie of het Allerhoogste Zelf. Maar meestal verwijst het naar de individuele ziel.

Avatāra — 'iemand die neerdaalt'; een volledig of gedeeltelijk bekrachtigde incarnatie van God die voor een speciale missie neerdaalt uit de spirituele hemel.

Avidyā — onwetendheid.

Bhagavān — Hij die alle volheden bezit'; de Allerhoogste Heer, de bron van alle schoonheid, kracht, roem, rijkdom, kennis en onthechting.

Bhakta — toegewijde.

Bhakti — devotionele dienst voor de Allerhoogste Heer.

Bhakti-rasāmṛta-sindhu — een zestiende-eeuws handboek over devotionele dienst geschreven in het Sanskriet door Śrīla Rūpa Gosvāmī.

Bhakti-yoga — zich verbinden met de Allerhoogste Heer door devotionele dienst.

Bharata — een koning van Bhārata-varṣa (dat eens de hele aarde omvatte) en een groot toegewijde van de Heer; de Pāṇḍava's stamden van hem af.

Bhārata-varṣa — een naam voor de aarde (nu voor India) afgeleid van Koning Bharata. *Zie: Bharata.*

Bhāva — extase; het stadium van *bhakti* net vóór zuivere liefde voor God.

Bhīṣma — de nobele generaal die gerespecteerd werd als de 'grootvader' van de Kuru-dynastie.

Brahmā — het eerstgeschapen wezen van het universum, dat aan de hand van de aanwijzingen van Heer Viṣṇu alle levensvormen in het universum schept en de hoedanigheid hartstocht bestuurt.

Brahmacārī — een celibatair student volgens het vedisch sociaal systeem. *Zie: Āśrama's; Brahmacarya.*

Brahmacarya — (1) celibatair studentenleven; (2) de eerste orde van het vedisch spiritueel leven; (3) de gelofte van strikte onthouding van seksualiteit.

Brahma-jijñāsā — onderzoek naar spirituele kennis.

Brahmajyoti — de spirituele gloed die het transcendentale lichaam van Heer Kṛṣṇa uitstraalt en die de spirituele wereld verlicht.

Brahmaloka — de verblijfplaats van Heer Brahmā, de hoogste planeet in deze wereld.

Brahman — (1) de individuele ziel; (2) het onpersoonlijke, alomtegen woordige aspect van de Allerhoogste; (3) de Allerhoogste Persoonlijkheid Gods; (4) de *mahat-tattva,* de totale materiële substantie.

Brāhmaṇa — iemand van de intelligentste klasse van mensen volgens de vier geledingen naar voorgeschreven plicht van de vedische samenleving.

Brahma-saṁhitā — een zeer oude tekst waarin gebeden van Heer Brahmā aan Heer Kṛṣṇa staan opgetekend; ontdekt in Zuid-India door Caitanya Mahāprabhu.

Buddhi-yoga — andere term voor *bhakti-yoga* (devotionele dienst aan Kṛṣṇa), die aangeeft dat daarin de intelligentie (*buddhi*) voor het hoogste doel wordt gebruikt.

Caitanya-caritāmṛta — biografie van Śrī Caitanya Mahāprabhu, geschreven in Bengali aan het eind van de zestiende eeuw door Śrīla Kṛṣṇadāsa Kavirāja.

Caitanya Mahāprabhu — de incarnatie van Heer Kṛṣṇa in het Tijdperk van Kali. Hij verscheen in 1486 in Navadvīpa, West-Bengalen, en voerde het *yuga-dharma* (het belangrijkste religieuze systeem voor dit tijdperk) in: het gezamenlijk zingen van de heilige namen van God.

Caṇḍāla — hondenvleeseter; kasteloze.

Candra — de heersende halfgod van de maan (Candraloka).

Cāturmāsya — de vier maanden van het regenseizoen in India, waarin toegewijden van Viṣṇu speciale ascese beoefenen.

Cintāmaṇi-steen — een spirituele edelsteen ('toetssteen') met een mystiek vermogen, die in de spirituele hemel te vinden is. Hij vervult alle verlangens van degene die hem in bezit heeft. Wanneer hij andere metalen aanraakt, veranderen deze in goud.

Deva — een halfgod of goddelijk persoon.

Dharma — (1) religieuze principes; (2) iemands eeuwige, natuurlijke bezigheid (namelijk devotionele dienst aan de Heer).

Dhyāna — meditatie.

Dvāpara-yuga — *Zie: Yuga's.*

Gandharva's — de hemelse zangers en muzikanten onder de halfgoden.

Garbhodaka-śāyī Viṣṇu — *Zie: Puruṣa-avatāra's.*

Garuḍa — de goddelijke vogel die Heer Viṣṇu draagt.

Goloka — Kṛṣṇaloka, de eeuwige verblijfplaats van Heer Kṛṣṇa.

Gosvāmī (goswami) — een *svāmī* (*swami*), iemand die in staat is zijn zintuigen volledig te beheersen.

Gṛhastha — een getrouwd persoon die volgens het vedisch sociaal systeem leeft. *Zie: Āśrama's.*

Guṇa's — de drie hoedanigheden, of kwaliteiten, van de materiële wereld: goedheid, hartstocht en onwetendheid.

Guru — een spiritueel leraar.

Indra — de koning van de hemelse planeten en de halfgod over de regen.

Jīva (Jīvātmā) — de eeuwige, individuele ziel.

Jñāna — transcendentale kennis.

Jñāna-yoga — het pad van spiritueel inzicht door op speculatief filosofische manier naar de waarheid te zoeken.

Jñānī — iemand die het pad van *jñāna-yoga* volgt.

Kāla — tijd.

Kali-yuga — het tijdperk van strijd en hypocrisie, dat vijfduizend jaar geleden begon en in totaal 432.000 jaar duurt. *Zie ook: Yuga's.*

Kalpa — tijdsduur van een dag van Brahmā; 4.320.000.000 jaar.

Kāraṇodaka-śāyī Viṣṇu (Mahā-Viṣṇu) — *Zie: Puruṣa-avatāra's.*

Karma — materiële activiteiten waardoor iemand zich blootstelt aan karmische reacties. Vaak wordt met 'karma' ook verwezen naar die karmische reacties zelf.

Karma-yoga — het pad van godsrealisatie waarbij de vruchten van activiteiten aan God worden opgedragen.

Karmī — iemand die *karma* (resultaatgerichte activiteiten) verricht; een materialist.
Kṛṣṇaloka — de allerhoogste verblijfplaats van Heer Kṛṣṇa.
Kṣatriya — iemand van de militaire of besturende klasse van mensen volgens de vier geledingen naar voorgeschreven plicht van de vedische samenleving.
Kṣīrodaka-śāyī Viṣṇu — *Zie: Puruṣa-avatāra's.*
Kuru's — de afstammelingen van Kuru, in het bijzonder de zonen van Dhṛtarāṣṭra, die zich verzetten tegen de Pāṇḍava's.

Līlā — een transcendentale 'activiteit van vermaak', verricht door de Allerhoogste Heer.
Loka — een planeet.

Mahā-mantra — de 'grote *mantra*': Hare Kṛṣṇa, Hare Kṛṣṇa, Kṛṣṇa Kṛṣṇa, Hare Hare/ Hare Rāma, Hare Rāma, Rāma Rāma, Hare Hare.
Mahātmā — een 'grote ziel'; een bevrijd persoon die volledig Kṛṣṇa-bewust is.
Mahat-tattva — de totale materiële energie.
Mantra — een transcendentale geluidstrilling of vedische hymne.
Manu — halfgod en vader van de mensheid.
Māyā — illusie; de energie van de Allerhoogste Heer die de levende wezens misleidt, zodat ze hun eigen spirituele natuur en die van God vergeten.
Māyāvādī — een impersonalist.
Mukti — bevrijding van het materiële bestaan.
Muni — een wijze.

Naiṣkarmya — andere term voor *akarma. Zie: Akarma.*
Nārāyaṇa — de vierarmige gedaante van Heer Kṛṣṇa die over de Vaikuṇṭha-planeten heerst; Heer Viṣṇu.
Nirguṇa — zonder kenmerken of kwaliteiten. Met betrekking tot de Allerhoogste Heer betekent de term dat Hij verheven is boven materiële kwaliteiten.
Nirvāṇa — bevrijding van het materiële bestaan.

Oṁ (Oṁkāra) — de heilige lettergreep die de Absolute Waarheid vertegenwoordigt.

Pāṇḍava's — de vijf zonen van koning Pāṇḍu: Yudhiṣṭhira, Bhīma, Arjuna, Nakula en Sahadeva.
Pāṇḍu — de broer van Dhṛtarāṣṭra en vader van de Pāṇḍava's.
Paramātmā — de Superziel; het gelokaliseerde aspect van de Allerhoogste Heer; de innerlijke getuige en gids die iedere geconditioneerde ziel vergezelt.
Paramparā — een opeenvolging van discipelen (zie pagina 28).
Prakṛti — energie of natuur.
Prāṇāyāma — beheersing van de ademhaling als middel om vooruitgang te maken in yoga.

Prasādam — gewijd voedsel; voedsel dat met devotie aan Heer Kṛṣṇa is geofferd.

Pratyāhāra — het terugtrekken van de zintuigen als methode om vooruitgang te maken in yoga.

Prema — zuivere, spontane devotionele liefde voor God.

Pṛthā — Kuntī, de vrouw van koning Pāṇḍu en de moeder van de Pāṇḍava's.

Purāṇa's — de historische supplementen bij de veda's.

Puruṣa — 'de genieter'; ofwel de individuele ziel, ofwel de Allerhoogste Heer.

Puruṣa-avatāra's — de eerste expansies van Heer Viṣṇu die de schepping, instandhouding en vernietiging van de materiële universa teweegbrengen. Kāraṇodaka-śāyī Viṣṇu (Mahā-Viṣṇu) ligt in de Oceaan van Oorzaken en ademt ontelbare universa uit; Garbhodaka-śāyī Viṣṇu gaat in elk universum binnen en schept er verscheidenheid (uit Zijn navel groeit een lotusbloem waarop Heer Brahmā verschijnt, die vervolgens de verschillende materiële verschijnselen schept); Kṣīrodaka-śāyī Viṣṇu (de Superziel) gaat binnen in het hart van ieder geschapen wezen en in ieder atoom.

Rajo-guṇa — de hoedanigheid hartstocht.

Rākṣasa's — een ras van mensetende demonen.

Rāma — (1) een van de namen van Heer Kṛṣṇa die 'de bron van alle geluk' betekent; (2) Heer Rāmacandra, een incarnatie van Kṛṣṇa als een volmaakt rechtvaardige koning.

Ṛg-veda — een van de vier veda's, de oorspronkelijke heilige teksten die door de Heer Zelf gesproken werden. De *Ṛg-veda* bestaat voornamelijk uit hymnen aan de halfgoden en aan Viṣṇu, de Allerhoogste Bestuurder van deze wereld en de Heer van de halfgoden.

Rūpa Gosvāmī — de leider van de zes Gosvāmī's van Vṛndāvana, de belangrijkste volgelingen van Śrī Caitanya Mahāprabhu.

Sac-cid-ānanda — eeuwig, gelukzalig en vol van kennis.

Sādhu — een heilig of Kṛṣṇa-bewust persoon.

Saguṇa — 'in het bezit van kenmerken of kwaliteiten.' Met betrekking tot de Allerhoogste Heer betekent de term dat Hij spirituele, transcendentale kwaliteiten bezit.

Samādhi — diepe meditatie; volkomen verdieping in godsbewustzijn.

Sāma-veda — een van de vier oorspronkelijke veda's, die uit muzikale composities van offerhymnen bestaat; het is rijk aan prachtige liederen, die door de verschillende halfgoden worden gespeeld.

Saṁsāra — de cyclus van geboorte en dood in de materiële wereld.

Sanātana-dharma — de eeuwige religie: devotionele dienst.

Śaṅkara (Śaṅkarācārya) — de grote filosoof die de leer van *advaita* (non-dualisme) grondvestte, waarin de nadruk ligt op de onpersoonlijke natuur van God en de identiteit van alle zielen met het homogene Brahman.

Sāṅkhya — (1) analytisch onderscheid tussen het spirituele en materie; (2) het pad van devotionele dienst, zoals beschreven door Heer Kapila, de zoon van Devahūti.

Saṅkīrtana — gezamenlijke verheerlijking van God, in het bijzonder door het chanten van Zijn heilige naam.

Sannyāsa — de onthechte levensorde voor het cultiveren van spiritualiteit. *Zie: Āśrama's.*

Sannyāsī — iemand in de onthechte levensorde. *Zie: Āśrama's.*

Śāstra — geopenbaarde heilige teksten; vedische literatuur.

Sattva-guṇa — de hoedanigheid goedheid.

Satya-yuga — *Zie: Yuga's.*

Śiva — de halfgod die de materiële hoedanigheid onwetendheid (*tamo-guṇa*) bestuurt en die de materiële kosmos vernietigt.

Smaraṇam — devotionele gedachtenis (aan Heer Kṛṣṇa); een van de negen fundamentele vormen van *bhakti-yoga,* devotionele dienst.

Smṛti — aanvullende geopenbaarde heilige teksten bij de veda's, zoals de *purāṇa's.*

Soma-rasa — een hemels brouwsel dat door de halfgoden wordt gedronken.

Śravaṇam — horen over de Heer; een van de negen fundamentele vormen van *bhakti-yoga,* devotionele dienst.

Śrīmad-Bhāgavatam — de *purāṇa* of historie speciaal geschreven door Vyāsadeva om Heer Śrī Kṛṣṇa volledig te begrijpen.

Śruti — de veda's.

Śūdra — iemand die tot de arbeidersklasse hoort volgens de vier geledingen naar voorgeschreven plicht van de vedische samenleving.

Svāmī (swami) — (1) iemand die in staat is zijn zintuigen volledig te beheersen; (2) een persoon in de onthechte levensorde.

Svargaloka — de hemelse materiële planeten, waar de halfgoden verblijven.

Svarūpa — de oorspronkelijke spirituele gedaante of wezenlijke positie van de ziel.

Tamo-guṇa — de hoedanigheid onwetendheid.

Tretā-yuga — *Zie: Yuga's.*

Upaniṣads — filosofische verhandelingen binnen de veda's.

Vaikuṇṭha's — de eeuwige planeten van de spirituele wereld.

Vaiṣṇava — een toegewijde van de Allerhoogste Heer (Kṛṣṇa of Viṣṇu).

Vaiśya — iemand die tot de klasse van handelaars en landheren hoort volgens de vier geledingen naar voorgeschreven plicht van de vedische samenleving .

Vānaprastha — iemand die zich volgens het vedisch sociaal systeem heeft teruggetrokken uit het huwelijksleven om onthechting te cultiveren. *Zie: Āśrama's.*

Varṇāśrama-dharma — het vedisch sociaal systeem dat de samenleving onderverdeelt in vier geledingen naar voorgeschreven plicht (*varṇa's*) en vier spirituele geledingen (*āśrama's*). *Zie: Āśrama's*

Vasudeva — de vader van Heer Kṛṣṇa.

Vāsudeva — de Allerhoogste Heer, Kṛṣṇa, zoon van Vasudeva en bezitter van alles, zowel materieel als spiritueel.

Vedānta-sūtra — de filosofische verhandeling van Vyāsadeva die uit zeer beknopte aforismen bestaat, die de essentiële betekenis van de *upaniṣads* uitmaken.

Veda's — de vier oorspronkelijke heilige teksten (*Ṛg, Sāma, Atharva* en *Yajur*).

Vidyā — kennis.

Vikarma — activiteit die indruist tegen de aanwijzingen van de heilige teksten; zondige activiteit; activiteit die niet Kṛṣṇa-bewust is.

Virāṭ-rūpa — de kosmische gedaante van de Allerhoogste Heer.

Viṣṇu — de Allerhoogste Persoonlijkheid Gods.

Viṣṇu-tattva — de status of categorie van Godheid.

Viśvarūpa — de kosmische gedaante van de Allerhoogste Heer.

Vṛndāvana — de transcendentale woning van Heer Kṛṣṇa, ook Goloka Vṛndāvana of Kṛṣṇaloka genoemd. Het dorp Vṛndāvana in het district Mathurā van Uttar Pradesh, India, waar Kṛṣṇa vijduizend jaar geleden Zijn activiteiten van vermaak in Zijn kindertijd beleefde, is een manifestatie op aarde van de woning van Kṛṣṇa in de spirituele wereld.

Vyāsadeva — de samensteller van de veda's en auteur van de *purāṇa's*, het *Mahābhārata* en het *Vedānta-sūtra*.

Yajña — offer.

Yajur-veda — een van de vier veda's, de oorspronkelijke heilige teksten die door de Heer Zelf gesproken werden. De *Yajur-veda* geeft verschillende voorschriften voor het verrichten van *yajña's* (offers) om de Allerhoogste Heer, Viṣṇu, tevreden te stellen.

Yakṣa's — de spookachtige volgelingen van de halfgod Kuvera.

Yamarāja — de halfgod die zondaars na hun dood straft.

Yoga — spirituele discipline die tot doel heeft zich te verbinden met de Allerhoogste.

Yoga-māyā — de interne, spirituele energie van de Heer.

Yuga — 'een 'tijdperk.' Er zijn vier *yuga's*, die zich eeuwig in een cyclus afwisselen: Satya-yuga, Tretā-yuga, Dvāpara-yuga en Kali-yuga. Naar gelang de tijdperken overgaan van Satya tot Kali, nemen religie, de levensduur en de goede eigenschappen van de mens geleidelijk af.

REGISTER *van* NAMEN

DIT REGISTER GEEFT een uitleg en de locaties van 237 namen die voorkomen in de teksten van *Bhagavad-gītā zoals ze is.*

Het register is onderverdeeld in de volgende categorieën: *Namen van Śrī Kṛṣṇa* (55), *Namen van Arjuna* (25), *Namen van andere personen* (105) en *Andere namen* (52). De categorie *Andere namen* is verder onderverdeeld in: *Allerlei* (5), *Groepen* (23), *Hoornschelpen* (6), *Natuurverschijnselen* (6), *Plaatsen* (5) en *Teksten* (7).

NAMEN VAN ŚRĪ KṚṢṆA

Acyuta — Hij die Zijn toegewijden nooit teleurstelt en nooit ten val komt. (1.21, 11.42, 18.73)

Adhiyajña — Heer van alle offers; de Superziel, de volkomen expansie van Heer Kṛṣṇa in het hart van ieder levend wezen. (8.2, 8.4)

Ādideva — oorspronkelijke Allerhoogste God. (11.38)

Ādikartā — allerhoogste schepper. (11.37)

Amitavikrama — Hij die onbeperkte kracht heeft. (11.40)

Ananta — Hij die oneindig is; Hij die geen beperking heeft. (11.37)

Anantarūpa — Hij van wie de gedaante oneindig is. (11.38) *Zie ook* Viśvamūrti, Viśvarūpa.

Anantavīrya — Hij die oneindige vermogens heeft. (11.19, 11.40)

Aprameya — Hij die onmetelijk is. (11.17, 11.42)

Apratimaprabhāva — Hij van wie de kracht onmetelijk is. (11.43)

Arisūdana — doder van vijanden. (2.4)

Bhagavān — Allerhoogste Persoonlijkheid Gods; 'Hij die alle volheden bezit'; de Allerhoogste Heer, de bron van alle schoonheid, kracht, roem, rijkdom, kennis en onthechting; de naam verwijst naar de persoonlijke gedaante van de Absolute Waarheid. (10.14, 10.17; *śrī-bhagavān uvāca*: 2.2, 2.11, 2.55, 3.3, 3.37, 4.1, 4.5, 5.2, 6.1, 6.35, 6.40, 7.1, 8.3, 9.1, 10.1, 10.19, 11.5, 11.32, 11.47, 11.52, 12.2, 13.2, 14.1, 14.22, 15.1, 16.1, 17.2, 18.2)

Bhūtabhāvana — bron van alle wezens; oorsprong van alles. (9.5, 10.15)

Bhūtabhṛt — instandhouder van alle levende wezens. (9.5)

Bhūteśa — Heer van alles; de allerhoogste bestuurder van iedereen. (10.15)

Deva — Allerhoogste Persoonlijkheid Gods; God. (11.14, 11.15, 11.44, 11.45)

Devadeva — Heer van alle halfgoden; God van goden. (10.15, 11.13)

Devavara — grootheid onder de halfgoden; beste van de goden. (11.31)

Deveśa — Heer van alle goden; God van de goden. (11.25, 11.37, 11.45)

Govinda — gever en object van geluk voor de koeien en voor de zintuigen. (1.32, 2.9)

Hari — 'Hij die alle ongunstige dingen wegneemt en de harten van Zijn toegewijden steelt.' (11.9, 18.77)

Hṛṣīkeśa — Kṛṣṇa, de Heer die de zintuigen van de toegewijden leidt; de meester van de zintuigen. (1.15, 1.20, 1.24, 2.9, 2.10, 11.36, 18.1)

Īśa — Allerhoogste Heer. (11.44)

Īśvara — Allerhoogste Heer; de Allerhoogste Bestuurder. (4.6, 15.17, 18.61)

Jagannivāsa — toevlucht van het universum. (11.25, 11.37, 11.45)

Jagatpati — Heer van het hele universum. (10.15)

Janārdana — instandhouder van alle levende wezens; straffer van vijanden; ook 'Hij die de onwetendheid van Zijn toegewijden wegneemt.' (1.35, 1.38, 1.43, 3.1, 10.18, 11.51)

Kāla — tijd (een andere vorm van Kṛṣṇa). (11.32)

Kamalapatrākṣa — Hij die ogen heeft als de bloembladen van een lotus. (11.2)

Keśava — de Allerhoogste Heer, Kṛṣṇa, die prachtig lang zwart haar heeft; doder van de demon Keśī. (1.30, 2.54, 3.1, 10.14, 11.35, 13.1, 18.76) *Zie ook* Keśiniṣūdana; (*Namen van andere personen*) Keśī.

Keśīniṣūdana — doder van de demon Keśī. (18.1) *Zie ook* Keśava; (*Namen van andere personen*) Keśī.

Kṛṣṇa — 'donkerblauw'; oorspronkelijke, tweearmige gedaante van de Allerhoogste Heer, die de oorsprong van alle expansies is; de Allerhoogste Persoonlijkheid Gods; de alaantrekkelijke persoon. (1.28, 1.31, 1.40, 5.1, 6.34, 6.37, 6.39, 11.35, 11.41, 17.1, 18.75, 18.78) *Zie ook* DE OPEENVOLGING VAN DISCIPELEN, pagina 28.

Mādhava — echtgenoot van de godin van het geluk; 'Hij die in de Madhu-dynastie verscheen.' (1.14, 1.36)

Madhusūdana — doder van de demon Madhu. (1.34, 2.1, 2.4, 6.33, 8.2) *Zie ook* (*Namen van andere personen*) Madhu.

Mahābāhu — Hij die machtige armen heeft. (6.38, 11.23, 18.1) *Zie ook* (*Namen van Arjuna*) Mahābāhu.

Mahātmā — grote Heer; de grote ziel. (11.12, 11.20, 11.37, 11.50, 18.74)

Mahayogeśvara — machtigste mysticus. (11.9)

Parameśvara — allerhoogste bestuurder. (11.3, 13.28)

Prabhu — Heer of Meester. (9.18, 9.24, 11.4, 14.21)

Prajāpati — Heer der schepselen (Viṣṇu). (3.10)

Prapitāmaha — de Heer wordt soms aangesproken als *prapitāmaha*, de overgrootvader, omdat Hij de schepper is van Brahmā, die bekendstaat als *pitāmaha*, de grootvader en schepper van één universum. (11.39) *Zie ook* (*Namen van andere personen*) Brahmā.

Puruṣottama — 'de meest verheven persoon'; Heer Kṛṣṇa, de Allerhoogste Persoon. (8.1, 10.15, 11.3, 15.18, 15.19)

Sahasrabāhu — duizendarmige. (11.46)
Sakha — dierbare vriend. (11.41)
Ugrarūpa — Hij die een woeste gedaante heeft. (11.31)
Vārṣṇeya — afstammeling van Vṛṣṇi. (1.40, 3.36)
Vāsudeva — de Allerhoogste Heer, Kṛṣṇa, zoon van Vasudeva en bezitter van alles, zowel het materiële als het spirituele. (7.19, 11.50, 18.74)
Viṣṇu — Persoonlijkheid Gods; 'Hij die het hele universum doordringt.' (10.21, 11.24, 11.30)
Viśvamūrti — personificatie van het universum. (11.46)
Viśvarūpa — Hij wiens gedaante het universum is. (11.16)
Viśveśvara — Heer van het universum; de uiteindelijke bestuurder. (11.16)
Yādava — Hij die in de Yadu-dynastie verschijnt. (11.41)
Yajña — 'de personificatie van offer'; het doel en de genieter van alle offers. (3.9, 4.23)
Yogeśvara — allerhoogste meester van alle mystieke krachten. (11.4, 18.75, 18.78)
Yogi — allerhoogste mysticus. (10.17)

NAMEN VAN ARJUNA

Anagha — zondeloze. (3.3, 14.6, 15.20)
Arjuna — 'de zilverwitte'; derde zoon van Pāṇḍu en innige vriend van Heer Kṛṣṇa. (1.46, 2.2, 2.45, 3.7, 4.5, 4.9, 4.37, 6.16, 6.32, 6.46, 7.16, 7.26, 8.16, 8.27, 9.19, 10.32, 10.39, 10.42, 11.47, 11.50, 11.54, 18.9, 18.34, 18.61, 18.76; *arjuna uvāca*: 1.4, 1.21, 1.28, 2.4, 2.54, 3.1, 3.36, 4.4, 5.1, 6.33, 6.37, 8.1, 10.12, 11.1, 11.15, 11.36, 11.51, 12.1, 13.1, 14.21, 17.1, 18.1, 18.73) *Zie ook* (*Namen van personen*) Pāṇḍu.
Bhārata — afstammeling van Bharata. (2.14, 2.18, 2.28, 2.30, 3.25, 4.7, 4.42, 7.27, 11.6, 13.3, 13.34, 14.3, 14.8, 14.9, 14.10, 15.19, 15.20, 16.3, 17.3, 18.62) *Zie ook* (*Namen van andere personen*) Bharata.
Bharatarṣabha — belangrijkste onder de afstammelingen van Bharata; beste onder de Bhārata's. (3.41, 7.11, 7.16, 8.23, 13.27, 14.12, 18.36) *Zie ook* (*Namen van andere personen*) Bharata.
Bharatasattama — beste onder de Bhārata's. (18.4) *Zie ook* (*Namen van andere personen*) Bharata.
Bharataśreṣṭha — belangrijkste onder de Bhārata's. (17.12) *Zie ook* (*Namen van andere personen*) Bharata.
Dehabhṛtāṁ vara — beste van de belichaamde wezens. (8.4)
Dhanañjaya — overwinnaar van rijkdom. (1.15, 2.48, 2.49, 4.41, 7.7, 9.9, 10.37, 11.14, 12.9, 18.29, 18.72)
Dhanurdhara — drager van pijl en boog; drager van de boog Gāṇḍīva, die nooit verslagen kan worden in de strijd. (18.78) *Zie ook* (*Allerlei*) Gāṇḍīva.
Guḍākeśa — meester in het bedwingen van onwetendheid; hij die de slaap overwonnen heeft. (1.24, 2.9, 10.20, 11.7)

Kapidhvaja — hij die een afbeelding van Hanumān in het vaandel draagt. (1.20) *Zie ook* (*Namen van andere personen*) Hanumān.

Kaunteya — zoon van Kuntī. (1.27, 2.14, 2.37, 2.60, 3.9, 3.39, 5.22, 6.35, 7.8, 8.6, 8.16, 9.7, 9.10, 9.23, 9.27, 9.31, 10.23, 10.27, 10.31, 13.2, 13.32, 14.4, 14.7, 16.20, 16.22, 18.48, 18.50, 18.60) *Zie ook* (*Namen van andere personen*) Kuntī, Pṛthā.

Kirīṭī — gekroonde; hij die een diadeem draagt. (11.35)

Kurunandana — geliefd kind van de Kuru's. (2.41, 6.43, 14.13) *Zie ook* (*Namen van andere personen*) Kuru.

Kurupravīra — beste onder de Kuru strijders. (11.48) *Zie ook* (*Namen van andere personen*) Kuru.

Kurusattama — beste onder de Kuru's. (4.31) *Zie ook* (*Namen van andere personen*) Kuru.

Kuruśreṣṭha — beste van de Kuru's. (10.19) *Zie ook* (*Namen van andere personen*) Kuru.

Mahābāhu — hij die machtige armen heeft. (2.26, 2.68, 3.28, 3.43, 5.3, 5.6, 6.35, 7.5, 10.1, 14.5, 18.13) *Zie ook* (*Namen van Śrī Kṛṣṇa*) Mahābāhu.

Pāṇḍava — zoon van Pāṇḍu. (1.14, 1.20, 4.35, 6.2, 10.37, 11.13, 11.55, 14.22, 16.5) *Zie ook* (*Namen van andere personen*) Pāṇḍu.

Parantapa — bestraffer, onderwerper, overwinnaar van de vijand. (2.3, 2.9, 4.2, 4.5, 4.33, 7.27, 9.3, 10.40, 11.54, 18.41)

Pārtha — zoon van Pṛthā (Kuntī). (1.25, 1.26, 2.3, 2.21, 2.32, 2.39, 2.42, 2.55, 2.72, 3.16, 3.22, 3.23, 4.11, 4.33, 6.40, 7.1, 7.10, 8.8, 8.14, 8.19, 8.22, 8.27, 9.13, 9.32, 10.24, 11.5, 11.9, 12.7, 16.4, 16.6, 17.26, 17.28, 18.6, 18.30, 18.31, 18.32, 18.33, 18.34, 18.35, 18.72, 18.74, 18.78) *Zie ook* Kaunteya, Pāṇḍava; (*Namen van andere personen*) Pṛthā, Kuntī.

Puruṣarṣabha — beste onder de mannen. (2.15)

Puruṣavyāghra — tijger onder mannen. (18.4)

Savyasācī — tweehandige boogschutter. (11.33)

Tāta — vriend (van Kṛṣṇa). (6.40)

NAMEN VAN ANDERE PERSONEN

Abhimanyu — 'in woede'; heroïsche zoon van Arjuna en diens tweede vrouw, Subhadrā. (1.18) *Zie ook* Saubhadra, Subhadrā; (*Namen van Arjuna*) Arjuna.

Agni — halfgod die over vuur heerst. (8.24, 10.23, 11.39)

Ahar — halfgod die over de dag heerst; de dag verpersoonlijkt als een van de acht Vasu's. (8.24) *Zie* (*Namen van groepen*) Vasu's.

Airāvata — olifant van koning Indra, die voortkwam uit het karnen van de melkoceaan door de halfgoden en demonen. (10.27) *Zie* Indra.

Ananta — een incarnatie van de Allerhoogste Heer in de gedaante van Zijn slang met duizenden hoofden waarop Heer Viṣṇu rust en die de planeten op Zijn schilden draagt. (10.29) *Zie ook* (*Namen van Śrī Kṛṣṇa*) Viṣṇu; (*Namen van groepen*) Nāga's.

Aryamā — halfgod die de leiding heeft over Pitṛloka, de planeet waar be paalde vrome voorouders verblijven die overleden zijn; een van de twaalf Āditya's die de post van Yamarāja waarnam toen die zichzelf incarneerde. (10.29) *Zie ook* Yama (Yamarāja); (*Namen van groepen*) Āditya's.

Asita — een grote en machtige wijze en gevestigde autoriteit op het gebied van de veda's. (10.13)

Aśvatthāmā — 'hij met de kracht van een paard'; zoon van Droṇa en Kṛpī (zuster van Kṛpa). (1.8) *Zie ook* Droṇa (Droṇācārya), Kṛpa.

Bharata — een koning van Bhārata-varṣa (dat eens de hele aarde omvatte) en groot toegewijde van de Heer van wie de Pāṇḍava's afstamden. (1.24, 2.10, 2.14, 2.18, 2.30, 4.7, 7.27, 13.3, 13.34, 14.3, 14.8, 14.9, 14.10, 15.19, 16.1-3, 17.3, 18.62) *Zie ook* Bhārata (andere naam van Dhṛtarāṣṭra); (*Namen van Arjuna*) Bhārata, Bharatarṣabha, Bharatasattama, Bharataśreṣta; (*Namen van groepen*) Pāṇḍava's.

Bhārata — een andere naam van Dhṛtarāṣṭra; afstammeling van Bharata. (1.24, 2.10) *Zie* Dhṛtarāṣṭra. *Zie ook* Bharata, Mahīpati.

Bhīma — 'de geweldige'; tweede zoon van Kuntī (van Vāyu); een van de vijf Pāṇḍava's. (1.4, 1.10, 1.15) *Zie ook* Bhīmakarma, Kuntī, Vāyu, Vṛkodara; (*Namen van groepen*) Pāṇḍava's.

Bhīmakarma — 'iemand die herculische daden verricht'; een andere naam van Bhīma. (1.15) *Zie* Bhīma. *Zie ook* Vṛkodara.

Bhīṣma (Bhīṣmadeva) — 'de verschrikkelijke'; grootvader van de Pāṇ ḍava's en de machtigste en eerbiedwaardigste strijder op het Slagveld van Kurukṣetra. (1.8, 1.10, 1.11, 1.12, 1.25, 2.4, 11.26, 11.34) *Zie ook:* Kuru-vṛddha; (*Namen van groepen*) Pāṇḍava's; (*Namen van plaatsen*) Kurukṣetra.

Bhūriśravā — 'hij die overvloedig geprezen wordt'; strijder van de Kaurava's en een van de drie zonen van Somadatta, een koning van de Kuru-dynastie. (1.8) *Zie ook* Kuru, Somadatta.

Brahmā — een van de twaalf *mahājana's*, de autoriteiten op het gebied van devotionele dienst aan de Heer, en een van de voornaamste halfgoden. Hij is het eerstgeschapen levend wezen en de secundaire schepper van het materiële universum. Onder leiding van Heer Viṣṇu schept hij alle levensvormen in het universum. Hij is ook de bestuurder van de hoedanigheid hartstocht. (8.17, 8.18, 8.19, 10.33, 11.15, 11.37, 11.39) *Zie ook* Viśvatomukha; (*Namen van Śrī Kṛṣṇa*) Prapitāmaha; OPEENVOLGING VAN DISCIPELEN, pagina 28.

Bṛghu — leider van vele wijzen in het universum. (10.25)

Bṛhaspati — spiritueel leraar van koning Indra en voornaamste priester van de halfgoden. (10.24) *Zie ook* Indra.

Cekitāna — 'intelligent'; een strijder van de Yadu-dynastie, die aan de zijde van de Pāṇḍava's vocht. (1.5) *Zie ook* Yadu; (*Namen van groepen*) Pāṇḍava's.

Citraratha — koning van en beste zanger onder de Gandharva's, de dansers, zangers en muzikanten van de hemelse planeten. (10.26) *Zie ook* (*Namen van groepen*) Gandharva's.

Devala — een gevestigde autoriteit op het gebied van de veda's. (10.13)

Dhṛṣṭadyumna — 'roemrijk door dapperheid'; eerstgeboren zoon van koning Drupada (*drupada-putra*) en broer van Draupadī. (1.3, 1.17) *Zie ook* Draupadī, Drupada.

Dhṛṣṭaketu — 'glansrijk door dapperheid'; zoon van Śiśupāla die tijdens de oorlog van Kurukṣetra de kant van de Pāṇḍava's koos; hij werd gedood door Droṇa. (1.5) *Zie ook* Droṇa (Droṇācārya); (*Namen van groepen*) Pāṇḍava's; (*Namen van plaatsen*) Kurukṣetra.

Dhṛtarāṣṭra — 'hij die zijn rijk handhaaft'; vader van de Kuru's en oom van de Pāṇḍava's; zijn poging om hun koninkrijk voor zijn eigen zonen te bemachtigen was de aanleiding tot de slag van Kurukṣetra. (1.1, 1.19, 1.20, 1.23, 1.24, 1.35, 1.36, 1.45, 2.6, 11.26, 11.35, 11.50) *Zie ook* Bhārata, Mahīpati; (*Namen van groepen*) Kuru's, Pāṇḍava's; (*Namen van plaatsen*) Kurukṣetra.

Dhṛti — personificatie van Standvastigheid; dochter van Prajāpati Dakṣa. (10.34)

Dhūma — halfgod die over rook heerst. (8.25)

Draupadī — dochter van koning Drupada, en echtgenote van alle vijf de Pāṇḍava's; ze was een groot toegewijde van Heer Kṛṣṇa. (1.6, 1.18) *Zie ook* Drupada; (*Namen van Śrī Kṛṣṇa*) Kṛṣṇa; (*Namen van groepen*) Draupadeyā's, Pāṇḍava's.

Droṇa (Droṇācārya) — leraar in de krijgskunst van zowel de Pāṇḍava's als de Kuru's; de opperbevelhebber van de Kuru's. (1.3, 1.7, 1.8, 1.25, 2.4, 11.26, 11.34) *Zie ook* Dvijottama; (*Namen van groepen*) Kuru's, Pāṇḍava's.

Drupada — 'snelle pas'; koning van Pāñcāla en de vader van Draupadī en Dhṛṣṭadyumna. (1.3, 1.4, 1.18) *Zie ook* Dhṛṣṭadyumna, Draupadī.

Duryodhana — 'harde tegenstander'; eerstgeboren en belangrijkste van de kwaadaardige honderd zonen van Dhṛtarāṣṭra en de grootste rivaal van de Pāṇḍava's. (1.2, 1.12, 1.23) *Zie ook* Dhṛtarāṣṭra; (*Namen van groepen*) Dhārtarāṣṭra's, Kuru's, Pāṇḍava's.

Dvijottama — 'beste onder de *brāhmaṇa's*'; een andere naam van Droṇa. *Zie* Droṇa (Droṇācārya).

Garuḍa — een groot toegewijde; de zoon van Aditi en Kaśyapa Muni die de gedaante van een adelaar aanneemt en eeuwig de drager van Heer Viṣṇu is. (10.30) *Zie ook* Vainateya; (*Namen van Śrī Kṛṣṇa*), Viṣṇu.

Hanumān — zoon van Vāyu; de beroemde aap en toegewijde van Heer Rāmacandra. (1.20) *Zie ook* Vāyu; (*Namen van Arjuna*) Kapidhvajaḥ.

Ikṣvāku — zoon van Vaivasvata Manu die aan het begin van de huidige *manvantara* (regeerperiode van een *manu*) koning van de aarde was en tot wie Manu de *Bhagavad-gītā* sprak. (4.1) *Zie ook* Manu.

Indra — belangrijkste heerser van de hemel en halfgod die over de regen heerst. (9.20, 10.22) *Zie ook* Vāsava.

Īśa — een andere naam van Śiva. (11.15) *Zie* Śiva.

Janaka — een van de twaalf *mahājana's*, de autoriteiten op het gebied van devotionele dienst aan de Heer. Hij is de grote zelfgerealiseerde koning van Mithilā en de vader van Sītā-devī, de echtgenote van Heer Rāmacandra. (3.20)

Jayadratha — koning van Sindhu die in de Slag van Kurukṣetra door Arjuna gedood werd. (11.34) *Zie ook* (*Namen van Arjuna*) Arjuna; (*Namen van plaatsen*) Kurukṣetra.

Jyotis — halfgod die over licht heerst. (8.24)

Kandarpa — Cupido, de god van de liefde. (10.28)

Kapila — een incarnatie van Kṛṣṇa, die in Satya-yuga verscheen als de zoon van Devahūti en Kardama Muni en die de *Sāṅkhya*-filosofie (de analyse van materie en het spirituele) verkondigde als methode om devo tionele dienst aan de Heer te cultiveren. (Er bestaat ook een atheïst met dezelfde naam, maar die Kapila is geen incarnatie van de Heer.) (10.26) *Zie ook* Kṛṣṇa.

Karṇa — oudste zoon van Kuntī vóór haar huwelijk met Pāṇḍu en daardoor de niet-erkende halfbroer van Arjuna en de andere Pāṇḍava's. (1.8, 11.26, 11.34) *Zie ook* Kuntī, Pāṇḍu, Sūtaputra; (*Namen van Arjuna*) Arjuna; (*Namen van groepen*) Pāṇḍava's.

Kārtikeya — zoon van Heer Śiva, de god van de oorlog en dus de voornaamste van alle bevelhebbers; ook bekend als Skanda en Subrahmaṇya. (10.24) *Zie ook* Śiva, Skanda.

Kāśirāja — koning van Kāśī; ook bekend als Kāśya. (1.5, 1.17) *Zie ook* Kāśya.

Kāśya — een andere naam van Kāśirāja (1.17) *Zie* Kāśirāja.

Keśī — zeer angstaanjagende demon die de vorm van een geweldig paard aannam en gedood werd door Heer Kṛṣṇa. (1.30, 18. 1) *Zie ook:* (*Namen van Śrī Kṛṣṇa*) Keśava, Keśiniṣūdana.

Kīrti — personificatie van Roem; dochter van Dakṣa en vrouw van Dharma; de halfgodin die de basis en oorzaak van reputatie en roem is. (10.34)

Kṛpa (Kṛpācārya) — 'medelijden'; een van de bevelhebbers van Duryodhana; zwager van Droṇa. (1.8) *Zie ook* Droṇa, Duryodhana.

Kṛṣṇa — halfgod die over de veertien dagen van de afnemende maan heerst; niet te verwarren met Śrī Kṛṣṇa, de Allerhoogste Persoonlijkheid Gods. (8.25)

Kṣamā — personificatie van Geduld of Vergevensgezindheid; dochter van Dakṣa en vrouw van Pulaha. (10.34)

Kuntī — moeder van de Pāṇḍava's en tante van Heer Kṛṣṇa. (1.16) *Zie ook* Pṛthā; (*Namen van Śrī Kṛṣṇa*) Kṛṣṇa; (*Namen van Arjuna*) Kaunteya, Pārtha; (*Namen van groepen*) Pāṇḍava's.

Kuntibhoja — een koning van de Yadu-dynastie en de pleegvader van Kuntī, die tijdens de oorlog van Kurukṣetra de kant van de Pāṇḍava's koos. (1.5) *Zie ook* Kuntī, Yadu; (*Namen van groepen*) Pāṇḍava's; (*Namen van plaatsen*) Kurukṣetra.

Kuru — stichter van de dynastie waarin zowel de Pāṇḍava's als hun aartsrivalen, de zonen van Dhṛtarāṣṭra, geboren werden. (1.12, 4.31, 6.43, 11.48, 14.13) *Zie ook* Dhṛtarāṣṭra; (*Namen van Arjuna*) Kurunandana, Kurupravīra, Kurusattama, Kuruśreṣṭha; (*Namen van groepen*) Dhārtarāṣṭra (zonen van Dhṛtarāṣṭra), Kuru's, Pāṇḍava's.

Kuruvṛddha — 'de grootvader van de Kuru-dynastie'; een andere naam van Bhīṣma. (1.12) *Zie* Bhīṣma. *Zie ook* Kuru.

Kuvera — 'Heer van rijkdom'; een van de belangrijke hemelse halfgoden en hun schatmeester; ook bekend als Vitteśa. (10.23) *Zie ook* Vitteśa.

Madhu — een demon die door Kṛṣṇa gedood werd. (2.4) (*Namen van Śrī Kṛṣṇa*) Madhusūdana.

Mahīpati — 'heer van de aarde'; een andere naam voor Dhṛtarāṣṭra. (1.20) *Zie* Dhṛtarāṣṭra. *Zie ook* Bhārata.

Manu — de halfgod Vaivasvata Manu, de vader van de mensheid; ook een algemene naam voor elk van de veertien bestuurders in het universum, die tijdens elke dag van Heer Brahmā verschijnen. (4.1) *Zie ook* (*Namen van personen*) Brahmā; (*Namen van groepen*) Manu's.

Marīci — halfgod die de negenenveertig verschillende soorten wind bestuurt, die in de ruimte waaien. (10.21)

Medhā — personificatie van Intelligentie; vrouw van Dharma en dochter van Dakṣa. (10.34)

Nakula — de tweelingbroer van Sahadeva; de vierde van de vijf Pāṇḍava's en de zoon van Mādrī, Pāṇḍu's tweede vrouw (door de Aśvinī-kumāra halfgoden). (1.16) *Zie ook* Pāṇḍu; (*Namen van groepen*) Aśvinī-kumāra's, Aśvī's, Pāṇḍava's.

Nārada — een van de zonen van Heer Brahmā; de directe discipel van Kṛṣṇa en de spiritueel leraar van Vyāsa en vele andere grote toegewijden. (10.13, 10.26) *Zie ook* Brahmā, Vyāsa; (*Namen van Śrī Kṛṣṇa*) Kṛṣṇa; *Zie ook* DE OPEENVOLGING VAN DISCIPELEN, pagina 28.

Pāṇḍu — 'de bleke'; grote koning van de Kuru-dynastie; vader van de Pāṇḍava's. (1.3) *Zie ook* Kuru; (*Namen van groepen*) Pāṇḍava's.

Pāvaka — een andere naam van Agni, een van de Vasu's. (10.23) *Zie ook* Agni; (*Namen van groepen*) Vasu's.

Prahlāda — een van de twaalf *mahājana's*, de autoriteiten op het gebied van devotionele dienst aan de Heer; een groot toegewijde van Heer Kṛṣṇa. (10.30). *Zie ook* (*Namen van Śrī Kṛṣṇa*) Kṛṣṇa; (*Namen van groepen*) Daitya's.

Pṛthā — een andere naam van Kuntī, de vrouw van koning Pāṇḍu; moeder van de Pāṇḍava's en tante van Heer Kṛṣṇa. *Zie ook* Kuntī, Pāṇḍu; (*Namen van Śrī Kṛṣṇa*) Kṛṣṇa; (*Namen van Arjuna*) Kaunteya, Pārtha; (*Namen van groepen*) Pāṇḍava's.

Purujit — een grote, heroïsche en machtige strijder; bondgenoot van de Pāṇḍava's. (1.5) *Zie ook* (*Namen van groepen*) Pāṇḍava's.

Rāma (Paraśurāma) — zoon van Maharṣi Jamadagni en Śrīmatī Reṇukā; de zesde incarnatie van Heer Kṛṣṇa, die in lang vervlogen tijden verscheen om de klasse van strijders ten gronde te richten nadat die ontaard waren geraakt. (10.31) *Zie ook* (*Namen van Śrī Kṛṣṇa*) Kṛṣṇa.

Rātri — halfgod die over de nacht heerst. (8.25)

Sahadeva — 'hij die vergezeld wordt door de goden'; tweelingbroer van Nakula en vijfde van de Pāṇḍava's; zoon van Mādrī, Pāṇḍu's tweede vrouw (door de Aśvinī-kumāra-halfgoden). (1.16) *Zie ook* Nakula; (*Namen van groepen*) Aśvinī-kumāra's, Aśvī's.

Śaibya — koning van de Śibi's; grote, heroïsche en machtige strijder en bondgenoot van de Pāṇḍava's. (1.5) *Zie ook* (*Namen van groepen*) Pāṇḍava's.

Sañjaya — wagenmenner en minister van koning Dhṛtarāṣṭra; verteller van de gebeurtenissen op Kurukṣetra. (1.1, (*sañjaya uvāca*: 1.2, 1.24, 1.46, 2.1, 2.9, 11.9, 11.35, 11.50, 18.74)) *Zie ook* Dhṛtarāṣṭra, (*Namen van plaatsen*) Kurukṣetra.

Śaṅkara — een andere naam van Śiva. (10.23) *Zie* Śiva. *Zie ook* Īśa.

Śaśāṅka — maangod. (11.39)

Sātyaki — 'zoon van Satyaka'; een vooraanstaand lid van de Yadu-dynastie; innige vriend van Heer Kṛṣṇa en leerling van Arjuna. (1.17) *Zie ook* Yadu; (*Namen van Śrī Kṛṣṇa*) Kṛṣṇa; (*Namen van Arjuna*) Arjuna.

Saubhadra — een andere naam van Abhimanyu, de zoon van Subhadrā (vrouw van Arjuna). (1.6, 1.18) *Zie ook* Abhimanyu, Subhadrā; (*Namen van Arjuna*) Arjuna.

Śikhaṇḍī — 'hij met de haarlok'; kind van Drupada; strijder van de Pāṇḍava's, die werd geboren om Bhīṣma te doden, die hij in zijn vorige leven al haatte. (1.17) *Zie ook* Bhīṣma, Drupada, (*Namen van groepen*) Pāṇḍava's.

Śiva — een van de twaalf *mahājana's*, de autoriteiten op het gebied van devotionele dienst aan de Heer, en een van de drie voornaamste halfgoden; de *guṇa-avatāra* die de leiding heeft over de hoedanigheid onwetendheid (*tamo-guṇa*) en die het universum verwoest op het moment van de vernietiging; hij wordt beschouwd als de grootste *vaiṣṇava* of toegewijde van Heer Kṛṣṇa. (10.23, 11.15, 11.22) *Zie ook* Īśa, Śaṅkara; (*Namen van Śrī Kṛṣṇa*) Kṛṣṇa; (*Namen van groepen*) Rudra's.

Skanda — andere naam van Kārtikeya. (10.24) *Zie* Kārtikeya.

Somadatta — zoon van koning Bāhlīka en kleinzoon van koning Pratīpa. (1.8)

Smṛti — personificatie van Geheugen; dochter van Dakṣa. (10.34)

Śrī — personificatie van Weelde of Schoonheid. (10.34)

Subhadrā — jongere zuster van Heer Śrī Kṛṣṇa, en een incarnatie van Yogamāyā, het interne vermogen van de Allerhoogste Heer; vrouw van Arjuna en moeder van Abhimanyu. (1.6, 1.18) *Zie ook* Abhimanyu, Saubhadra; (*Namen van Śrī Kṛṣṇa*) Kṛṣṇa; (*Namen van Arjuna*) Arjuna.

Śukla — halfgod die over de veertien dagen van de wassende maan heerst. (8.24)

Sūtaputra — 'zoon van de wagenmenner'; andere naam van Karṇa. (11.26) *Zie ook* Karṇa.

Uccaiḥśravā — het paard van Indra, dat voortkwam uit het karnen van de melkoceaan. (10.27) *Zie ook* Indra.

Uśanā — spiritueel leraar van de demonen en uitzonderlijk intelligent en vooruitziend politicus; ook bekend als Śukrācārya. (10.37) *Zie ook* (*Namen van groepen*) Asura's.

Uttamaujā — strijder en bondgenoot van de Pāṇḍava's. (1.6) *Zie ook* (*Namen van groepen*) Pāṇḍava's.

Vāk — personificatie van Spraak en de godin van spraak en studie; meestal bekend als Bhāratī of Sarasvatī. (10.34)

Varuṇa — halfgod die de oceanen bestuurt. (10.29, 11.39)

Vāsava — een andere naam van Indra als de belangrijkste onder de Vasu's. (10.22) *Zie* Indra. *Zie ook* (*Namen van groepen*) Vasu's.

Vāsudeva — Baladeva, or Balarāma, de broer van Śrī Kṛṣṇa. (In *Bg*. 10.37 verwijst deze naam niet naar Kṛṣṇa.) (10.37) *Zie ook* (*Namen van Śrī Kṛṣṇa*) Vāsudeva.

Vāsuki — koning van de slangen. (10.28) (*Namen van groepen*) Nāga's.

Vāyu — halfgod van de wind; vader van Bhīma en Hanumān. (11.39) *Zie ook* Bhīma, Hanumān.

Vikarṇa — broer van Duryodhana. (1.8) *Zie ook* Duryodhana.

Virāṭa — 'hij die over een groot gebied heerst'; koning van de Matsya's, die, zonder het te beseffen, onderdak gaf aan de Pāṇḍava's gedurende het laatste jaar van hun verbanning. (1.4, 1.17) *Zie ook* (*Namen van groepen*) Pāṇḍava's.

Viśvatomukha — 'met het gezicht in alle richtingen' of 'alle richtingen als gezichtsveld hebbend'; een andere naam van Brahmā; soms ook een naam van Kṛṣṇa (*zie Namen van Śrī Kṛṣṇa* Viśvarūpa, Viśvamūrti). (10.33) *Zie ook* Brahmā.

Vitteśa — andere naam van Kuvera. (10.23) *Zie* Kuvera.

Vivasvān — naam van de huidige zonnegod en de eerste discipel van Śrī Kṛṣṇa, die de wetenschap van de *Bhagavad-gītā* begreep. (4.1, 4.4) *Zie ook* (*Namen van Śrī Kṛṣṇa*) Kṛṣṇa.

Vṛkodara — 'gulzige eter'; een andere naam van Bhīma. (1.15) *Zie* Bhīma. *Zie ook* Bhīmakarma.

Vṛṣṇi — een beroemde koning van de Yadu-dynastie, waarin Heer Kṛṣṇa verscheen. (1.40, 3.36, 10.37) *Zie ook* Yadu, (*Namen van Śrī Kṛṣṇa*) Kṛṣṇa, Vārṣṇeya.

Vyāsa — zoon van Parāśara Muni en de literaire incarnatie van God; de grootste filosoof uit het verleden en de samensteller van de oorspronkelijke vedische teksten, inclusief de achttien *purāṇa's*, de *Vedānta-sūtra*, het *Mahābhārata* en de *upaniṣads*. (10.13, 10.37, 18.75) *Zie ook* DE OPEENVOLGING VAN DISCIPELEN, pagina 28.

Yama (Yamarāja) — halfgod die zondaars straft na hun dood. (10.29, 11.39) *Zie ook* Aryamā.

Yudhāmanyu — een prins van Pāñcāla die aan de zijde van de Pāṇḍava's vocht. (1.6) *Zie ook* (*Namen van groepen*) Pāṇḍava's.

Yudhiṣṭhira — 'de standvastige in het gevecht'; oudste van de vijf Pāṇḍava's en de zoon van Dharmarāja (Yamarāja). (1.16) *Zie ook* Yama (Yamarāja); (*Namen van groepen*) Pāṇḍava's.

Yuyudhāna — 'verlangend naar de strijd'; wagenmenner van Heer Kṛṣṇa en een bondgenoot van de Pāṇḍava's; ook bekend als Sātyaki, de zoon van Satyaka. (1.4) *Zie ook* Sātyaki; (*Namen van Śrī Kṛṣṇa*) Kṛṣṇa; (*Namen van groepen*) Pāṇḍava's.

ALLERLEI

Gāṇḍīva — de beroemde boog van Arjuna, die hem door Agni, de vuurgod, geschonken werd na het verbranden van het Khāṇḍava-woud. (1.29) *Zie ook* (*Namen van Arjuna*) Arjuna; (*Namen van personen*) Agni.

Mārgaśīrṣa — maand november-december; beschouwd als de beste van alle maanden, omdat rond die tijd in India het graan van de velden wordt gehaald en de mensen heel gelukkig worden; de maand waarin de maan het sterrenbeeld *mṛga śiras* ('hertenhoofd') binnengaat. (10.35)

Oṁkāra (*praṇava, akṣara*) — 'oṁ', de wortel van de vedische kennis; bekend als de *mahā-vākya*, het allerhoogste geluid; de transcendentale lettergreep, die Kṛṣṇa vertegenwoordigt en die door transcendentalisten wordt uitgesproken om de Allerhoogste te bereiken wanneer ze offers en ascese verrichten of geschenken geven. (7.8, 8.11, 8.13, 9.17, 10.25, 17.24) *Zie ook* Oṁ tat sat; (*Namen van Śrī Kṛṣṇa*) Kṛṣṇa.

Oṁ tat sat — drie transcendentale lettergrepen die *brāhmaṇa's* (priesters) gebruiken om de Allerhoogste tevreden te stellen wanneer ze vedische hymnen zingen of offers brengen. Ze verwijzen naar de Allerhoogste Absolute Waarheid, de Persoonlijkheid Gods. (17.23-27)

Kāmadhuk (Surabhī) — koeien in de spirituele wereld, die een oneindige hoeveelheid melk geven. (10.28)

GROEPEN

Āditya's — halfgoden die afstammen van de vrouw van Kaśyapa Muni, Aditi. (10.21, 11.6, 11.22)

Asura's — demonen of zij die de principes van de heilige teksten niet naleven; atheïsten, of materialisten. (11.22) *Zie ook* Daitya's, Dānava's.

Aśvinī-kumāra's — twee hemelse ruiters en halfgoden die altijd samen zijn, de dageraad aankondigen en bedreven zijn in de geneeskunst; zij verwekten Nakula en Sahadeva bij Mādrī, de vrouw van Pāṇḍu. (11.6, 11.22) *Zie ook* Aśvī's; (*Namen van personen*) Nakula, Pāṇḍu, Sahadeva.

Aśvī's (twee) — Aśvinī-kumāra's. (11.22) *Zie* Aśvinī-kumāra's.

Daitya's — een ras van demonen die van Kaśyapa Muni en Diti afstammen. (10.30) *Zie ook* Asura's, Dānava's; (*Namen van andere personen*) Prahlāda.

Dānava's — zonen van Kaśyapa Muni en zijn vrouw Danu; een ras van demonen. (10.14) *Zie ook* Asura's, Daitya's.

Dhārtarāṣṭra's — zonen van Dhṛtarāṣṭra. (1.19, 1.20, 1.35, 1.36, 1.45, 2.6) *Zie ook* (*Namen van personen*) Dhṛtarāṣṭra.

Draupadeya's — de vijf zonen van Draupadī. (1.6, 1.18).

Gandharva's — dansers, zangers en muzikanten van de hemelse planeten. (10.26, 11.22)

Kuru's — de afstammelingen van koning Kuru, in het bijzonder de honderd zonen van Dhṛtarāṣṭra; de vijanden van de Pāṇḍava's. (1.25) *Zie ook* Dhārtarāṣṭra's, Pāṇḍava's; (*Namen van personen*) Dhṛtarāṣṭra, Kuru.

Manu's — halfgoden en voorouders van de mensheid; algemene naam voor elk van de veertien bestuurders in het universum, die tijdens elke dag van Heer Brahmā verschijnen. (10.6) *Zie ook* (*Namen van personen*) Brahmā, Manu.

Maruts — negenenveertig halfgoden en metgezellen van koning Indra; de goden van de lucht en de zonen van Diti. (11.6, 11.22) *Zie ook* Daitya's; (*Namen van personen*) Indra.

Nāga's — een ras van slangen met vele schilden. (10.29)

Pāṇḍava's — zonen van Pāṇḍu; vijf vrome *kṣatriya*-broers: Yudhiṣṭhira, Bhīma, Arjuna, Nakula en Sahadeva, die innig bevriend waren met Heer Kṛṣṇa en het leiderschap van de wereld overnamen na hun overwinning op de Kuru's in de Slag van Kurukṣetra. (1.1, 10.37) *Zie ook* (*Namen van Śrī Kṛṣṇa*) Kṛṣṇa; (*Namen van Arjuna*) Arjuna; (*Namen van personen*) Bhīma, Nakula, Pāṇḍu, Sahadeva, Yudhiṣṭhira.

Rākṣasa's — een ras van mensenetende demonen. (10.23, 11.36)

Rudra's — expansies van Heer Śiva, die over de materiële hoedanigheid onwetendheid heersen. (10.23, 11.6, 11.22) *Zie ook* (*Namen van personen*) Śiva.

Sādhya's — klasse van secundaire halfgoden die de hemelse planeten bewonen. (11.22)

Siddha's — klasse van secundaire halfgoden; inwoners van Siddhaloka (hun planeet), de hemelse planeet waar alle inwoners alle mystieke krachten bezitten. (10.26, 11.21, 11.22)

Vasu's — klasse van halfgoden; ze zijn gewoonlijk acht in aantal en hun leider is Indra. (10.23, 11.6, 11.22) *Zie ook* (*Namen van personen*) Indra.

Vier wijzen (*catvāraḥ*) — de vier Kumāra's: Sanaka, Sananda, Sanātana en Sanatkumāra. (10.6)

Viśvedeva's — groep van twaalf secundaire halfgoden (11.22)

Yakṣa's — spookachtige, halfvrome geesten; volgelingen van de halfgod Kuvera. (10.23, 11.22) *Zie ook* (*Namen van personen*) Kuvera, Vitteśa.

Zeven wijzen (*mahā-ṛṣayaḥ sapta*) — zeven grote wijzen (*ṛṣi's*): Kaśyapa, Atri, Vasiṣṭha, Viśvāmitra, Gautama, Jamadagni en Bhāradvāja; ze verblijven op de *sapta-ṛṣi*-planeten, de zeven sterren van de Kleine Beer. (10.6)

HOORNSCHELPEN

Anantavijaya — 'oneindige overwinning'; hoornschelp van koning Yudhiṣṭhira. (1.16) (*Namen van personen*) Yudhiṣṭhira.

Devadatta — 'gegeven door een halfgod'; hoornschelp van Arjuna, die hij bemachtigde van Varuṇa via Maya Dānava. (1.15) *Zie ook* (*Namen van Arjuna*) Arjuna; (*Namen van personen*) Varuṇa.

Maṇipuṣpaka — 'juwelen armband'; hoornschelp van Sahadeva. (1.16) *Zie ook* (*Namen van personen*) Sahadeva.

Pāñcajanya — hoornschelp van Heer Śrī Kṛṣṇa, die Hij bemachtigde na het doden van de demon Pañcajana. (1.15) *Zie ook* (*Namen van Śrī Kṛṣṇa*) Kṛṣṇa.

Pauṇḍra — hoornschelp van Bhīma. (1.15) *Zie ook* (*Namen van personen*) Bhīma.

Sughoṣa — 'aangenaam geluid makend'; hoornschelp van Nakula. (1.16) *Zie ook* (*Namen van personen*) Nakula.

PLAATSEN

Brahmaloka — planeet van Heer Brahmā; hoogste planeet van het universum. (8.16) *Zie ook* (*Namen van personen*) Brahmā.

Candraloka — maanplaneet. (8.25) *Zie ook* (*Namen van personen*) Śaśāṅka.

Indraloka — planeet waar Heer Indra verblijft. (9.20) *Zie ook* (*Namen van personen*) Indra.

Kurukṣetra — heilige plaats op ongeveer 145 kilometer ten noorden van New Delhi; zo genoemd vanwege de ascese van koning Kuru. Heer Kṛṣṇa sprak hier vijfduizend jaar geleden de *Bhagavad-gītā* tot Arjuna. (1.1) *Zie ook* (*Namen van Śrī Kṛṣṇa*) Kṛṣṇa; (*Namen van Arjuna*) Arjuna; (*Namen van personen*) Kuru.

Martyaloka — wereld van stervelingen; de wereld waar alles sterft. (9.21)

NATUURVERSCHIJNSELEN

Aśvattha — banyanboom. (10.26, 15.1) *Zie* Banyan.

Banyan — een heilige boom van de vijgenfamilie, die steltwortels vormt. (*Ficus benghalensis*). (10.26, 15.1) *Zie ook* Aśvattha.

Ganges (Gaṅgā) — de beroemde en heilige Indiase rivier, die uit de spirituele wereld komt en daarna door het hele universum stroomt. (10.31)

Himālaya — 'Rijk der sneeuw'; grootste bergketen ter wereld. (10.25)

Jāhnavī — dochter van de wijze Jahnu; een andere naam van de Ganges. (10.31) *Zie* Ganges (Gaṅgā).

Meru — een gouden berg in het centrum van het universum die beroemd is om zijn natuurlijke rijkdommen; een van de verblijfplaatsen van de voornaamste onder de halfgoden, zoals Śiva (Īśāna), Brahmā, Indra, Agni, Yama, Niruti, Varuṇa, Vāyu en Kuvera; ook Mahameru genoemd. (10.23) *Zie ook* (*Namen van personen*) Agni, Brahmā, Indra, Kuvera, Śiva, Varuṇa, Vāyu, Yama.

TEKSTEN

Brahma-sūtra (*Vedānta-sūtra*) — *Zie* Vedānta. (13.5, 15.15, 18.13).

Bṛhat-sāma — een van de prachtige liederen in de *Sāma-veda*, die door de verscheiden halfgoden gespeeld wordt; de *Bṛhat-sāma* heeft een ver fijnde melodie en wordt rond middernacht gezongen. (10.35) *Zie ook* Sāma-veda.

Gāyatrī — een heilige mantra die een *brāhmaṇa* drie keer per dag (bij zonsopkomst en –ondergang en op het middaguur) in stilte chant om het transcendentale niveau te bereiken; de vedische mantra die iemand bevrijdt van verstrikking en zonde in de materiële wereld. (10.35)

Ṛg-veda — een van de vier veda's; de veda van hymnen; de oorspronkelijke heilige teksten die door de Heer Zelf gesproken werden. De *Ṛg-veda* bestaat voornamelijk uit hymnen aan de halfgoden en aan Viṣṇu, de Allerhoogste Bestuurder van deze wereld en de Heer van de halfgoden.(9.17)

Sāma-veda — een van de vier oorspronkelijke veda's, die uit muzikale composities van offerhymnen bestaat; hij is rijk aan prachtige liederen, die door de verscheidene halfgoden gespeeld worden. Een van deze liederen is de *Bṛhat-sāma*, die een verfijnde melodie heeft en die rond middernacht gezongen wordt. (9.17, 10.22, 10.35) *Zie ook* Bṛhat-sāma.

Vedānta (*Vedānta-sūtra, Brahma-sūtra*) — een filosofische verhandeling geschreven door Bādarāyaṇa (Vyāsadeva); deze tekst bestaat uit beknop te aforismen, die de essentiële betekenis van de *upaniṣads* weergeven. (13.5, 15.15, 18.13) *Zie ook* Brahma-sūtra; (*Namen van personen*) Vyāsa.

Yajur-veda — een van de vier veda's; de oorspronkelijke heilige teksten die door de Heer Zelf gesproken werden. De *Yajur-veda* geeft verschillende voorschriften voor het verrichten van *yajña's* (offers) om de Allerhoogste Heer, Viṣṇu, tevreden te stellen. (9.17) *Zie ook* (*Namen van Kṛṣṇa*) Viṣṇu.

STAMBOOM *van de* KURU-DYNASTIE

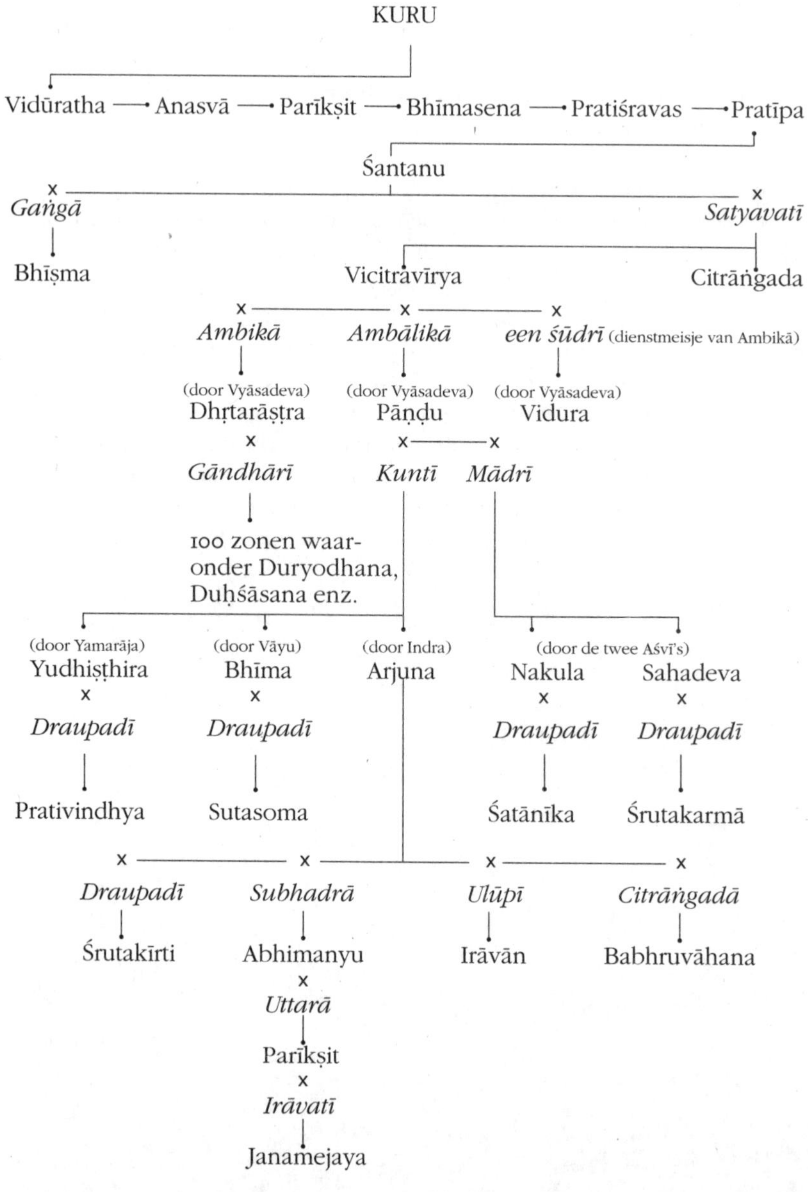

UITSPRAAK *van de* SANSKRIETTEKENS

DOOR DE EEUWEN heen is het Sanskriet in verschillende alfabetten geschreven. Het in heel India meest gangbare schrift is het *devanāgarī*, het schrift dat gebruikt wordt in 'de steden van de goden'. Het *devanāgarī*-alfabet bestaat uit achtenveertig lettertekens: dertien klinkers en vijfen-dertig medeklinkers. De oude grammatici van het Sanskriet hebben dit alfabet gerangschikt volgens praktische taalkundige principes en deze rangschikking is door alle westerse geleerden aanvaard. Dit boek maakt gebruik van het systeem van transliteratie dat geleerden de laatste vijftig jaar hebben gebruikt om de uitspraak van elke klank in het Sanskriet mee weer te geven.

KLINKERS

अ **a**	आ **ā**	इ **i**	ई **ī**	उ **u**	ऊ **ū**	ऋ **ṛ**
ॠ **ṝ**	ऌ **ḷ**	ए **e**	ऐ **ai**	ओ **o**	औ **au**	

MEDEKLINKERS

Gutturalen:	क **ka**	ख **kha**	ग **ga**	घ **gha**	ङ **ṅa**
Palatalen:	च **ca**	छ **cha**	ज **ja**	झ **jha**	ञ **ña**
Cerebralen:	ट **ṭa**	ठ **ṭha**	ड **ḍa**	ढ **ḍha**	ण **ṇa**
Dentalen:	त **ta**	थ **tha**	द **da**	ध **dha**	न **na**
Labialen:	प **pa**	फ **pha**	ब **ba**	भ **bha**	म **ma**
Halfklinkers:	य **ya**	र **ra**	ल **la**	व **va**	
Sibilanten:	श **śa**	ष **ṣa**	स **sa**		

Geaspireerde medeklinker: ह **ha** Anusvāra: ं **ṁ** Visarga: ः **ḥ**

Avagraha (apostrof): ऽ

CIJFERS

० – 0 १ – 1 २ – 2 ३ – 3 ४ – 4 ५ – 5 ६ – 6 ७ – 7 ८ – 8 ९ – 9

KLINKERTEKENS

Na medeklinkers worden de klinkers als volgt geschreven:

ा **ā** ि **i** ी **ī** ु **u** ू **ū** ृ **ṛ** ॄ **ṝ** े **e** ै **ai** ो **o** ौ **au**

Voorbeelden: क **ka** का **kā** कि **ki** की **kī** कु **ku** कू **kū** कृ **kṛ**

कॄ **kṝ** कॢ **kḷ** के **ke** कै **kai** को **ko** कौ **kau**

Veelal wordt een combinatie van twee of meer medeklinkers samen in een speciale vorm weergegeven, zoals bijvoorbeeld in: क्ष **kṣa** त्र **tra** ज्ञ **jña** De klinker '**a**' is impliciet na een medeklinker zonder klinkerteken. Het teken ् (*virāma*) onder een medeklinker geeft aan dat deze niet door een slotklinker wordt gevolgd: क् **k**

DE KLINKERS WORDEN ALS VOLGT UITGESPROKEN:

a — als in **a**kker
ā — als in v**a**der
i — als in **i**k
ī — als in p**ie**k
u — als in b**oe**k
ū — idem, maar tweemaal zo lang aangehouden
ṛ — als in **ri**vier
ṝ — idem, maar tweemaal zo lang aangehouden
ḷ — als in zade**lrie**m
e — als in m**ee**r
ai — als in p**ai**s
o — als in **o**gen
au — als in bl**au**w

DE MEDEKLINKERS WORDEN ALS VOLGT UITGESPROKEN:

Gutturalen
(*keelklanken*)

k — als in **k**eel
kh — als in E**ckh**art
g — als in het Engelse ***g****irl*
gh — als in het Engelse *bi****g h****orse*
ṅ — als in za**ng**

Palatalen (*uitgesproken met de tong tegen het harde verhemelte*)

c — als in **c**ello
ch — als in ki**tsch-h**andel
ja — als in het Engelse ***j****ungle*
jh — als in het Engelse *bri****dge-h****ead*
ñ — als in ora**nj**e

Cerebralen
(*uitgesproken met de tongpunt tegen het hoogste punt van het verhemelte*)

ṭ — als in **t**icket
ṭh — als in **th**ijm
ḍ — als in **d**iner
ḍh — als in het Engelse *re**d-h**ot*
ṇ — als in zi**ng**

Dentalen
(*uitgesproken als de cerebralen, maar dan met de tong tegen de tanden*)

t — als in **t**ube
th — als in **th**ijm
d — als in **d**iner
dh — als in het Engelse *re**d-h**ot*
n — als in **n**at

Labialen (*lipklanken*)

p — als in **p**ot
ph — als in o**ph**ef
b — als in **b**ad
bh — als in het Engelse *ca**b-h**orse*
m — als in **m**oeder

Halfklinkers

y — als in **j**ongen
r — als in het Engelse ***r**un*
l — als in **l**icht
v — als in **v**eel

Sibilanten (*sisklanken*)

ś — als in het Duitse ***s**prechen*
ṣ — als in **Ch**arlotte
s — als in **s**trijd

Geaspireerde medeklinker

h — als in **h**uis

Anusvāra

ṁ — een nasale klank als in het Franse *bo**n***

Visarga

ḥ — aan het eind van een regel wordt de *visarga* uitgesproken als een geaspireerde **h** die wordt gevolgd door een zwakke naklank van de voorgaande klinker (bijv.: **aḥ** als **aha**; **iḥ** als **ihi**).

In het Sanskriet bestaan er geen speciaal beklemtoonde lettergrepen of pauzes tussen woorden in een zin. Het ritme van de zinnen wordt bepaald door een stroom van korte en lange lettergrepen, waarbij de lange lettergrepen tweemaal zo lang worden aangehouden als de korte. Een lange lettergreep is een lettergreep waarvan de klinker lang is (**ā**, **ī**, **ū**, **ṝ**, **e**, **ai**, **o**, **au**) of waarvan de korte klinker gevolgd wordt door een of meer medeklinkers. De letters **ḥ** en **ṁ** gelden als medeklinkers. Geaspireerde medeklinkers (medeklinkers gevolgd door een **h**) gelden als enkelvoudige medeklinkers.

REGISTER *van* GECITEERDE TEKSTEN

DIT REGISTER GEEFT een alfabetische lijst van citaten die voorkomen in de commentaren van *Bhagavad-gītā zoals ze is.* Geciteerde verzen hebben een ingang voor elk stel van twee *pāda's* of versregels (gewoonlijk de helft van een tekst). Voor elke ingang wordt eerst een aantal beginwoorden gegeven. Daarna wordt de bron van het citaat vermeld. (Als we niet in staat waren een bepaald citaat te lokaliseren of een tekstnummer te achterhalen, hebben we deze plaats opengehouden.) Vervolgens wordt een hoofdstuk-tekst-referentie gegeven voor teksten in de *Bhagavad-gītā* met commentaren waarin de citaten voorkomen. Referenties in vette letter verwijzen naar volledig geciteerde teksten, referenties in romein naar gedeeltelijk geciteerde teksten en gecursiveerde referenties naar paginanummers.

Bg.	*Bhagavad-gītā*
Bhāg.	*Śrīmad-Bhāgavatam*
Brs.	*Bhakti-rasāmṛta-sindhu*
Bs.	*Brahma-saṁhitā*
Cc.	*Caitanya-caritāmṛta*
Gītā-bhūṣaṇa	*Gītā-bhūṣaṇa-bhāṣya*
MBh.	*Mahābhārata*
Pur.	*Purāṇa*
Up.	*Upaniṣad*
Vs.	*Vedānta-sūtra* of *Brahma-sūtra*

CITAAT	LOCATIE *in* BRON	COMMENTAAR
abhyāsa-yoga-yuktena	*Bg.* 8.8	***25***
ācāryavān puruṣo veda	*Chāndogya Up.* 6.14.2	9.2
ādau śraddhā tataḥ sādhu-	*Brs.* 1.4.15	**4.10**
āditya-varṇaṁ tamasaḥ parastāt	*Śvetāśvatara Up.* 3.8	13.18
advaitam acyutam anādim-	*Bs.* 5.33	**4.5**, 4.9
āgamāpāyino 'nityās	*Bg.* 2.14	6.20-23
aham ādir hi devānām	*Bg.* 10.2	11.54
ahaṁ bīja-pradaḥ pitā	*Bg.* 14.4	*14*
ahaṁ brahmāsmi	*Bṛhad-āraṇyaka Up.* 1.4.10	7.29, 13.8-12
ahaṁ kṛtsnasya jagataḥ	*Bg.* 7.6	11.2
ahaṁ sarvasya prabhavaḥ	*Bg.* 10.8	15.3-4
ahaṁ sarveṣu bhūteṣu	*Bhāg.* 3.29.21	9.11
aham tvaṁ ca tathānye	*Viṣṇu Pur.* 2.13.69	13.5
ahaṁ tvāṁ sarva-pāpebhyo	*Bg.* 18.66	***26***, **12.6-7**
āhāra-śuddhau sattva-śuddhiḥ	*Chāndogya Up.* 7.26.2	**3.11**
āhaveṣu mitho 'nyonyaṁ	*Manu-smṛti* 7.89	**2.31**
aho bata śva-paco 'to garīyān	*Bhāg.* 3.33.7	**2.46**, **6.44**
āhus tvām ṛṣayaḥ sarve	*Bg.* 10.13	***4***
aikāntikī harer bhaktir	*Brs.* 1.2.101	**7.3**
aiśvaryād rūpam ekaṁ ca	in *Gītā-bhūṣaṇa* 6.31	**6.31**
ajani ca yan-mayaṁ tad avimucya niyantṛ	*Bhāg.* 10.87.30	**7.5**
ajño jantur anīśo 'yam	in *Gītā-bhūṣaṇa* 5.15	**5.15**
ajo nityaḥ śāśvato 'yaṁ purāṇo	*Kaṭha Up.* 1.2.18	**2.20**
akāmaḥ sarva-kāmo vā	*Bhāg.* 2.3.10	**4.11**, **7.20**
akṣayyaṁ ha vai cāturmasya-	in *Gītā-bhūṣaṇa* 2.42	2.42-43
anādir ādir govindaḥ	*Bs.* 5.1	***11***, **2.2**, **7.3**, **11.54**
ānanda-mayo 'bhyāsāt	*Vs.* 1.1.12	***19***, **6.20-23**, **7.24**, **13.5**
anāsaktasya viṣayān	*Brs.* 1.2.255	**6.10**, 8.27, **9.28**, **11.55**

anityam asukhaṁ lokam	*Bg.* 9.33	***25***
aṇor aṇīyān mahato mahīyān	*Kaṭha Up.* 1.2.20	**2.20**
antaḥ-praviṣṭaḥ śāstā janānām	*Taittirīya Āraṇyaka* 3.11.1, 2	15.15
anta-kāle ca mām eva	*Bg.* 8.5	***20***
antavanta ime dehā	*Bg.* 2.18	2.28, 9.2
ānukūlyasya saṅkalpaḥ	*Hari-bhakti-vilāsa* 11.676	11.55, **18.66**
ānukūlyena kṛṣṇānu-	*Brs.* 1.1.11	**7.16, 11.55**
anyābhilāṣitā-śūnyaṁ	*Brs.* 1.1.11	**7.16, 11.55**
apāma somam amṛtā abhūma	*Taittirīya Saṁhitā* 3.2.5.4, *Ṛg-veda* 8.48.3	2.42-43
apāṇi-pādo javano grahītā	*Śvetāśvatara Up.* 3.19	13.15
apareyam itas tv anyāṁ	*Bg.* 7.5	***7***
aparimitā dhruvās tanu-bhṛto yadi sarva-gatās	*Bhāg.* 10.87.30	**7.5**
aprārabdha-phalaṁ pāpaṁ	*Padma Pur.*	**9.2**
ā-prāyaṇāt tatrāpi hi dṛṣṭam	*Vs.* 4.1.12	**18.55**
āpūryamāṇam acala-pratiṣṭhaṁ	*Bg.* 2.70	**18.51-53**
arcanaṁ vandanaṁ dāsyaṁ	*Bhāg.* 7.5.23	***25***
āścaryo vaktā kuśalo 'sya labdhā	*Kaṭha Up.* 1.2.7	**2.29**
āsīno dūraṁ vrajati	*Kaṭha Up.* 1.2.21	13.16
asito devalo vyāsaḥ	*Bg.* 10.13	***4***
asya mahato bhūtasya niśvasitam	*Bṛhad-āraṇyaka Up.* 4.5.11	**3.15**
ataḥ śrī-kṛṣṇa-nāmādi	*Brs.* 1.2.234	**6.8**, **7.3**, **9.4**
ātatatvāc ca mātṛtvād	*Bhāvārtha-dīpikā* 11.2.45	6.29
athāpi te deva padāmbuja-dvaya-	*Bhāg.* 10.14.29	**7.24**
atha puruṣo ha vai nārāyaṇo 'kāmayata	*Nārāyaṇa Up.* 1	**10.8**
athāsaktis tato bhāvas	*Brs.* 1.4.16	**4.10**
athāto brahma jijñāsā	*Vs.* 1.1.1	***6***, **3.37**
ati-martyāni bhagavān	*Bhāg.* 1.1.20	9.11
ātmānaṁ rathinaṁ viddhi	*Kaṭha Up.* 1.3.3	**6.34**
ātma-nikṣepa-kārpaṇye	*Hari-bhakti-vilāsa* 11.676	**18.66**
ātmārāmasya tasyāsti	*Bs.* 5.6	9.9
ātmendriya-mano-yuktaṁ	*Kaṭha Up.* 1.3.4	**6.34**
avaiṣṇavo gurur na syād	*Padma Pur.*	**2.8**
avajānanti māṁ mūḍhāḥ	*Bg.* 9.11	6.47, 7.24, 11.52
avidyā-karma-saṁjñānyā	*Viṣṇu Pur.* 6.7.61	***21***
avyakto 'kṣara ity uktas	*Bg.* 8.21	***20***
avyartha-kālatvam	*Brs.* 1.3.25	6.17
ayam agnir vaiśvānaro	*Bṛhad-āraṇyaka Up.* 5.9.1	15.14
babhūva prākṛtaḥ śiśuḥ	*Bhāg.* 10.3.46	9.11
bahūnāṁ janmanām ante	*Bg.* 7.19	5.16, 6.38
bahu syām	*Chāndogya Up.* 6.2.3	9.7
bālāgra-śata-bhāgasya	*Śvetāśvatara Up.* 5.9	**2.17**
bandhāya viṣayāsaṅgo	*Amṛta-bindu Up.* 2	**6.5**
bhagavati ca harāv ananya-cetā	*Nṛsiṁha Pur.*	**9.30**
bhagavat-tattva-vijñānaṁ	*Bhāg.* 1.2.20	**7.1**
bhagavaty uttama-śloke	*Bhāg.* 1.2.18	**7.1**
bhāgo jīvaḥ sa vijñeyaḥ	*Śvetāśvatara Up.* 5.9	**2.17**
bhaktir asya bhajanaṁ tad	*Gopāla-tāpanī Up. Pūrva* 15	**6.47**
bhakto 'si me sakhā ceti	*Bg.* 4.3	***3***
bhaktyā tv ananyayā śakyaḥ	*Bg.* 11.54	13.16
bhāratāmṛta-sarvasvaṁ	*Gītā-māhātmya* 5	***27***
bhava-mahā-dāvāgni-nirvāpaṇam	*Śikṣāṣṭaka* 1	6.20-23
bhavāmbudhir vatsa-padaṁ paraṁ padaṁ	*Bhāg.* 10.14.58	**2.51**
bhayaṁ dvitīyābhiniveśataḥ syāt	*Bhāg.* 11.2.37	1.30, 6.13-14, 10.4-5
bhidyate hṛdaya-granthiś	*Bhāg.* 1.2.21	**7.1**
bhoktā bhogyaṁ preritāraṁ ca matvā	*Śvetāśvatara Up.* 1.12	13.3
bhoktāraṁ yajña-tapasāṁ	*Bg.* 5.29	3.11
bhuñjate te tv aghaṁ pāpā	*Bg.* 3.13	6.16
brahmaiva san brahmāpy eti	*Bṛhad-āraṇyaka Up.* 4.4.6	14.26
brahma jānātīti brāhmaṇaḥ		10.4-5
brahmaṇā saha te sarve	in *Gītā-bhūṣaṇa*	8.16
brahmaṇo hi pratiṣṭhāham	*Bg.* 14.27	***11***, 5.17

brahmaṇyo devakī-putraḥ	*Nārāyaṇa Up.* 4	10.8
brahmeti paramātmeti	*Bhāg.* 1.2.11	**2.2**, **10.15**
buddhiṁ tu sārathiṁ viddhi	*Kaṭha Up.* 1.3.3	**6.34**
cakṣur unmīlitaṁ yena	*Gautamīya-tantra* 17.10-11	***1***
ceta etair anāviddhaṁ	*Bhāg.* 1.2.19	**7.1**
ceto-darpaṇa-mārjanam	*Śikṣāṣṭaka* 1	6.20-23
chandāṁsi yasya parṇāni	*Bg.* 15.1	***19***
dadāmi buddhi-yogaṁ tam	*Bg.* 10.10	8.14
darśana-dhyāna-saṁsparśair	*Padma Pur.*	**5.26**
dāsa-bhūto harer eva	in *Gītā-bhūṣaṇa* 13.12	13.13
deha-dehi-vibhedo 'yaṁ	*Kurma Pur.* 5.342	9.34
dehino 'smin yathā dehe	*Bg.* 2.13	13.1-2, 15.7
devān deva-yajo yānti	*Bg.* 7.23	7.24
devarṣi-bhūtāpta-nṛṇāṁ pitṝṇāṁ	*Bhāg.* 11.5.41	**1.41**, **2.38**
dharmaṁ tu sākṣād bhagavat-praṇītam	*Bhāg.* 6.3.19	4.7, 4.16, 4.34
dhyāyan stuvaṁs tasya yaśas tri-sandhyaṁ	*Gurvaṣṭaka* 8	**2.41**
dik-kālādy-anavacchinne	*Nārada-pañcarātra* 5.10.32	**6.31**
dvandvair vimuktāḥ sukha-duḥkha-saṁjñair	*Bg.* 15.5	***19***
dvā suparṇā sayujā sakhāyaḥ	*Muṇḍaka Up.* 3.1.1	13.21
eka eva paro viṣṇuḥ	in *Gītā-bhūṣaṇa* 6.31	**6.31**
ekale īśvara kṛṣṇa, āra saba bhṛtya	*Cc. Ādi* 5.142	7.20, 11.43
ekaṁ śāstraṁ devakī-putra-gītam	*Gītā-māhātmya* 7	***27***
ekāṁśena sthito jagat	*Bg.* 10.42	***21***
ekaṁ tu mahataḥ sraṣṭṛ	*Sātvata-tantra*	**7.4**
eko devo nitya-līlānurakto	*Puruṣa-bodhinī Up.* 4.3	4.9
eko mantras tasya nāmāni yāni	*Gītā-māhātmya* 7	***27***
eko 'pi san bahudhā yo 'vabhāti	*Gopāla-tāpanī Up. Pūrva* 21	6.31, 11.54
eko vai nārāyaṇa āsīn na brahmā	*Mahā Up.* 1	**10.8**
eko vaśī sarva-gaḥ kṛṣṇa īḍyaḥ	*Gopāla-tāpanī Up. Pūrva* 3	8.22, 11.54
eṣa hi draṣṭā sraṣṭā	*Praśna Up.* 4.9	18.14
eṣa u hy eva sādhu karma kārayati	*Kauṣītakī Up.* 3.8	**5.15**
eṣo 'ṇur ātmā cetasā veditavyo	*Muṇḍaka Up.* 3.1.9	**2.17**
etasyāhaṁ na paśyāmi	*Bg.* 6.33	***24***
etasya vā akṣarasya praśāsane gārgi	*Bṛhad-āraṇyaka Up.* 3.8.9	**9.6**
ete cāṁśa-kalāḥ puṁsaḥ	*Bhāg.* 1.3.28	**2.2**, 11.54
evaṁ manaḥ karma-vaśaṁ prayuṅkte	*Bhāg.* 5.5.6	**5.2**
evaṁ paramparā-prāptam	*Bg.* 4.2	***3, 28***
evaṁ prasanna-manaso	*Bhāg.* 1.2.20	**7.1**, 9.2
evaṁ pravṛttasya viśuddha-cetasas	*Bhāg.* 1.5.25	**9.2**
garuḍa-skandham āropya	*Varāha Pur.*	**12.6-7**
ghrāṇaṁ ca tat-pāda-saroja-saurabhe	*Bhāg.* 9.4.19	**2.61**, **6.18**
gītādhyāyana-śīlasya	*Gītā-māhātmya* 2	***26***
gītā-gaṅgodakaṁ pītvā	*Gītā-māhātmya* 5	***27***
gītā-śāstram idaṁ puṇyaṁ	*Gītā-māhātmya* 1	***26***
gītā su-gītā kartavyā	*Gītā-māhātmya* 4	***26***
gobhiḥ prīṇita-matsaram	*Ṛg-veda* 9.46.4	14.16
goloka eva nivasaty akhilātma-bhūtaḥ	*Bs.* 5.37	***17***, 6.15, 8.22,13.14
gopeśa gopikā-kānta		***1***
harāv abhaktasya kuto mahat-guṇāḥ	*Bhāg.* 5.18.12	**1.28**, 12.18-19
hare kṛṣṇa hare kṛṣṇa	*Kali-santaraṇa Up.* 2	***2, 27***, 4.26, **4.39**, **6.44**, **7.24**, **8.5**, **8.6**, **8.11**, **8.13**, **8.14**, **8.19**, **9.2**, **9.30**, **9.31**, **10.9**, **10.11**, **10.25**, **12.6-7**, **13.8-12**, **13.26**, **14.27**, **16.1-3**, **16.7**, **16.24**
harer nāma harer nāma	*Bṛhan-nāradīya Pur.* 3.8.126	**6.11-12**
he kṛṣṇa karuṇā-sindho		***1***
hiraṇmayena pātreṇa	*Īśa Up.* 15	**7.25**
hṛdy antaḥ-stho hy abhadrāṇi	*Bhāg.* 1.2.17	**7.1**

īhā yasya harer dāsye	*Brs.* 1.2.187	**5.11**
ikṣvākuṇā ca kathito	*MBh Śānti* 348.52	**4.1**
imaṁ vivasvate yogaṁ	*Bg.* 4.1	***3***
indrāri-vyākulaṁ lokaṁ	*Bhāg.* 1.3.28	**2.2**
indriyāṇi hayān āhur	*Kaṭha Up.* 1.3.4	**6.34**
īśāvāsyam idaṁ sarvam	*Īśa Up.* 1	2.71
īśvaraḥ paramaḥ kṛṣṇaḥ	*Bs.* 5.1	***11***, **2.2**, 4.12, **7.3**, 7.7, 9.11, **11.54**
īśvaraḥ sarva-bhūtānāṁ	*Bg.* 18.61	6.29
īśvarāṇāṁ vacaḥ satyaṁ	*Bhāg.* 10.33.31	**3.24**
īśvara-prerito gacchet	*Kauṣītakī Up.* 3.8	**5.15**
iti rāma-padenāsau	*Padma Pur.*	**5.22**
itthaṁ satāṁ brahma-sukhānubhūtyā	*Bhāg.* 10.12.11	**11.8**
jagad-dhitāya kṛṣṇāya	*Viṣṇu Pur.* 1.19.65	**14.16**
jānāti tattvaṁ bhagavan-mahimno	*Bhāg.* 10.14.29	**7.24**
janmādy asya yataḥ	*Vs.* 1.1.2	**9.21**, **18.46**
janmādy asya yato 'nvayād itarataś ca	*Bhāg.* 1.1.1	3.37
janma karma ca me divyam	*Bg.* 4.9	**11.43**
jayas tu pāṇḍu-putrāṇāṁ		1.14
jīvaḥ sūkṣma-svarūpo 'yaṁ	*Cc. Madhya* 19.140	**2.17**
jīvere kṛpāya kailā kṛṣṇa veda-purāṇa	*Cc. Madhya* 20.122	***22***
jñānāgniḥ sarva-karmāṇi	*Bg.* 4.37	5.16
jñānaṁ parama-guhyaṁ me	*Bhāg.* 2.9.31	**3.41**
jño 'ta eva	*Vs.* 2.3.17	**18.14**
juṣṭaṁ yadā paśyaty anyam īśam	*Muṇḍaka Up.* 3.1.2, *Śvetāśvatara Up.* 4.7	**2.22**
jyotīṁṣi viṣṇur bhuvanāni viṣṇuḥ	*Viṣṇu Pur.* 2.12.38	2.16
kaivalyaṁ svarūpa-pratiṣṭhā vā citi-śaktir iti	*Yoga-sūtra* 3.34	6.20-23
kalau nāsty eva nāsty eva	*Bṛhan-nāradīya Pur.* 3.8.126	**6.11-12**
kāmais tais tair hṛta-jñānāḥ	*Bg.* 7.20	***16***, 7.24
kāmaṁ ca dāsye na tu kāma-kāmyayā	*Bhāg.* 9.4.20	**2.61**, **6.18**
karau harer mandira-mārjanādiṣu	*Bhāg.* 9.4.18	**2.61**, **6.18**
kariṣye vacanaṁ tava	*Bg.* 18.73	***13***
karmaṇā manasā vācā	*Yājñavalkya-smṛti*	**6.13-14**
kartā śāstrārthavattvāt	*Vs.* 2.3.31	**18.14**
kasminn u bhagavo vijñāte sarvam	*Muṇḍaka Up.* 1.3	7.2
keśāgra-śata-bhāgasya	*Cc. Madhya* 19.140	**2.17**
kibā vipra, kibā nyāsī, śūdra kene naya	*Cc. Madhya* 8.128	**2.8**
kiṁ punar brāhmaṇāḥ puṇyā	*Bg.* 9.33	***25***
kīrtanīyaḥ sadā hariḥ	*Śikṣāṣṭaka* 3	***23***
krameṇaiva pralīyeta	*Padma Pur.*	**9.2**
kṛṣṇaḥ svayaṁ samabhavat paramaḥ pumān yo	*Bs.* 5.39	**4.5**
kṛṣṇas tu bhagavān svayam	*Bhāg.* 1.3.28	***3***
kṛṣṇa-varṇaṁ tviṣākṛṣṇaṁ	*Bhāg.* 11.5.32	**3.10**
kṛṣṇe bhakti kaile sarva-karma kṛta haya	*Cc. Madhya* 22.62	**2.41**
kṛṣṇo vai paramaṁ daivatam	*Gopāla-tāpanī Up. Pūrva* 3	11.54
kṛtavān kila karmāṇi	*Bhāg.* 1.120	**9.11**
kṣatriyo hi prajā rakṣan	*Parāśara-smṛti* 1.66	**2.32**
kṣetrāṇi hi śarīrāṇi	in *Gītā-bhūṣaṇa* 13.2	**13.3**
kṣīṇe puṇye martya-lokaṁ viśanti	*Bg.* 9.21	2.8
kṣīyante cāsya karmāṇi	*Bhāg.* 1.2.21	**7.1**
lokyate vedārtho 'nena	*Nirukti*	15.18
mad-anyat te na jānanti	*Bhāg.* 9.4.68	**7.18**
mad-bhaktiṁ labhate parām	*Bg.* 18.54	6.27
mad-bhakti-prabhāvena	in *Gītā-bhūṣaṇa* 2.61	2.61
mahat-sevāṁ dvāram āhur vimukteḥ	*Bhāg.* 5.5.2	7.28
mā hiṁsyāt sarvā bhūtāni	in *Gītā-bhūṣaṇa* 2.19	2.19
mala-nirmocanaṁ puṁsāṁ	*Gītā-māhātmya* 3	***26***
mama janmani janmanīśvare	*Śikṣāṣṭaka* 4	**6.1**
mama māyā duratyayā	*Bg.* 7.14	9.11
mama yonir mahad brahma	*Bg.* 14.3	5.10
māṁ ca yo 'vyabhicāreṇa	*Bg.* 14.26	**4.29**
māṁ hi pārtha vyapāśritya	*Bg.* 9.32	***25***
māṁ tu veda na kaścana	*Bg.* 7.26	7.3
mana eva manuṣyāṇāṁ	*Amṛtu-bindu Up.* 2	**6.5**
man-manā bhava mad-bhaktaḥ	*Bg.* 9.34	18.78
man-manā bhava mad-bhakto	*Bg.* 18.65	*xiv*
manuś ca loka-bhṛty-arthaṁ	*MBh Śānti* 348.51	**4.1**
manuṣyāṇāṁ sahasreṣu	*Bg.* 7.3	10.3
mattaḥ parataraṁ nānyat	*Bg.* 7.7	5.17, 11.54

mayādhyakṣeṇa prakṛtiḥ	*Bg.* 9.10	*7*, ***9***, 16.8
māyā-mugdha jīvera nāhi svataḥ kṛṣṇa-jñāna	*Cc. Madhya* 20.122	***22***
māyāśritānāṁ nara-dārakeṇa	*Bhāg.* 10.12.11	**11.8**
māyātīta paravyome sabāra avasthāna	*Cc. Madhya* 20.264	**4.8**
mayi sarvāṇi karmāṇi	*Bg.* 3.30	5.10
mayy arpita-mano-buddhir	*Bg.* 8.7	***23***
mṛtyur yasyopasecanaṁ	*Kaṭha Up.* 1.2.25	**11.32**
muhyanti yat sūrayaḥ	*Bhāg.* 1.1.1	7.3
mukhaṁ tasyāvalokyāpi	*Bṛhad-viṣṇu-smṛti*	**9.12**
mukti-pradātā sarveṣāṁ	in *Gītā-bhūṣaṇa* 7.14	7.14
muktir hitvānyathā-rūpaṁ	*Bhāg.* 2.10.6	***10***, 4.35
mukunda-liṅgālaya-darśane dṛśau	*Bhāg.* 9.4.19	**2.61**, **6.18**
mumukṣubhiḥ parityāgo	*Brs.* 1.2.258	**2.63**, **5.2**, **6.10**
na bhajanty avajānanti	*Bhāg.* 11.5.3	**6.47**
na ca tasmān manuṣyeṣu	*Bg.* 18.69	6.32
na dhanaṁ na janaṁ na sundarīṁ	*Śikṣāṣṭaka* 4	**6.1**
nāhaṁ prakāśaḥ sarvasya	*Bg.* 7.25	18.55
na hi jñānena sadṛśam	*Bg.* 4.38	5.16
na hi śaśa-kaluṣa-cchabiḥ kadācit	*Nṛsiṁha Pur.*	**9.30**
na hi te bhagavan vyaktiṁ	*Bg.* 10.14	***4***
naitat samācarej jātu	*Bhāg.* 10.33.30	**3.24**
naiva santi hi pāpāni	*Gītā-māhātmya* 2	***26***
na jāyate mriyate vā vipaścit	*Kaṭha Up.* 1.2.18	**2.20**, 13.13
nakṣatrāṇām ahaṁ śaśī	*Bg.* 10.21	15.12
namo brahmaṇya-devāya	*Viṣṇu Pur.* 1.19.65	**14.16**
namo vedānta-vedyāya	*Gopāla-tāpanī Up. Pūrva* 1	**11.54**
nārāyaṇaḥ paro devas	*Varāha Pur.*	**10.8**
na sādhu manye yata ātmano 'yam	*Bhāg.* 5.5.4	**5.2**
nāsāv ṛṣir yasya mataṁ na bhinnam	*MBh. Vana* 313.117	2.56
naṣṭa-prāyeṣv abhadreṣu	*Bhāg.* 1.2.18	**7.1**
na tad bhāsayate sūryo	*Bg.* 15.6	***17***, ***18***
na tasya kāryaṁ karaṇaṁ ca vidyate	*Śvetāśvatara Up.* 6.8	**3.22**, 11.43
na tatra sūryo bhāti na candra-tārakam	*Kaṭha Up.* 2.2.15, 15.6	
nātmā śruteḥ	*Vs.* 2.3.18	13.5
nava-dvāre pure dehī	*Śvetāśvatara Up.* 3.18	**5.13**
na vai vāco na cakṣūṁṣi	*Chāndogya Up.* 5.1.15	**7.19**
na viyad aśruteḥ	*Vs.* 2.3.1	**13.5**
nāyaṁ deho deha-bhājāṁ nṛ-loke	*Bhāg.* 5.5.1	**5.22**
nayāmi paramaṁ sthānam	*Varāha Pur.*	**12.6-7**
nikhilāsv apy avasthāsu	*Brs.* 1.2.187	**5.11**, 6.31
nimitta-mātram evāsau	in *Gītā-bhūṣaṇa* 4.14	**4.14**
nirbandhaḥ kṛṣṇa-sambandhe	*Brs.* 1.2.255	**6.10**, **9.28**, **11.55**
nirjitya para-sainyādi	*Parāśara-smṛti* 1.66	**2.32**
nirmāna-mohā jita-saṅga-doṣā	*Bg.* 15.5	***19***
nityasyoktāḥ śarīriṇaḥ	*Bg.* 2.18	2.28
nityo nityānāṁ cetanaś cetanānām	*Kaṭha Up.* 2.2.13	***12***, **2.12**, 4.12, 7.6, 7.10,15.17
nūnaṁ pramattaḥ kurute vikarma	*Bhāg.* 5.5.4	**5.2**
oṁ ajñāna-timirāndhasya	*Gautamīya-tantra* 7.10-11	***1***
oṁ ity etad brahmaṇo nediṣṭhaṁ nāma	*Ṛg-veda*	17.23
oṁ tad viṣṇoḥ paramaṁ padam	*Ṛg-veda* 1.22.20	17.24
pādau hareḥ kṣetra-padānusarpaṇe	*Bhāg.* 9.4.20	**2.61**, **6.18**
parābhavas tāvad abodha-jāto	*Bhāg.* 5.5.5	**5.2**
paramaṁ puruṣaṁ divyaṁ	*Bg.* 8.8	***25***
paraṁ brahma paraṁ dhāma	*Bg.* 10.12	***4***, 11.54, 18.62
paraṁ dṛṣṭvā nivartate	*Bg.* 2.59	3.42, **6.13-14**
parasyānte kṛtātmānaḥ	in *Gītā-bhūṣaṇa*	8.16
parāsya śaktir vividhaiva śrūyate	*Śvetāśvatara Up.* 6.8	***12***, **3.22**, 8.22
parāt tu tac-chruteḥ	*Vs.* 2.3.40	**13.5**
pārtho vatsaḥ su-dhīr bhoktā	*Gītā-māhātmya* 6	***27***
patiṁ patīnāṁ paramaṁ parastād	*Śvetāśvatara Up.* 6.7	**3.22**
patiṁ viśvasyātmeśvaram	*Mahā-nārāyaṇa Up.* 11.3, *Taittirīya Āraṇyaka* 10.11.1	3.10
patir gatiś cāndhaka-vṛṣṇi-sātvatāṁ	*Bhāg.* 2.4.20	**3.10**
patitānāṁ pāvanebhyo		***2***
patraṁ puṣpaṁ phalaṁ toyam	*Bg.* 9.26	9.2, 11.55, 17.10
pradhāna-kāraṇī-bhūtā	in *Gītā-bhūṣaṇa* 4.14	**4.14**
pradhāna-kṣetrajña-patir guṇeśaḥ	*Śvetāśvatara Up.* 6.16	13.13
prajāpatiṁ ca rudraṁ cāpy	*Mokṣa-dharma*	**10.8**
prakāśaś ca karmaṇy abhyāsāt	*Vs.* 3.2.26	**9.2**

prakhyāta-daiva-paramārtha-vidāṁ mataiś ca	*Stotra-ratna* 12	**7.24**
prakṛty-ādi-sarva-bhūtāntar-yāmī	*Subāla Up.*	10.20
prāṇaiś cittaṁ sarvam otaṁ prajānāṁ	*Muṇḍaka Up.* 3.1.9	**2.17**
prāṇopahārāc ca yathendriyāṇāṁ	*Bhāg.* 4.31.14	**9.3**
prāpañcikatayā buddhyā	*Brs.* 1.2.258	**2.63**, **5.2**, **6.10**
praśānta-niḥśeṣa-mano-rathāntara	*Stotra-ratna* 43	2.56
premāñjana-cchurita-bhakti-vilocanena	*Bs.* 5.38	3.13, **6.30**, 9.4, 11.50
prītir na yāvan mayi vāsudeve	*Bhāg.* 5.5.6	**5.2**
puruṣa evedaṁ sarvaṁ	*Śvetāśvatara Up.* 3.15	**7.19**
puruṣaṁ śāśvataṁ divyam	*Bg.* 10.12	***4***
puruṣān na paraṁ kiñcit	*Kaṭha Up.* 1.3.11	8.21
puruṣārtha-śūnyānāṁ guṇānāṁ	*Yoga-sūtra* 4.34	**6.20-23**
rakṣiṣyatīti viśvāso	*Hari-bhakti-vilāsa* 11.676	**18.66**
rāmādi-mūrtiṣu kalā-niyamena tiṣṭhan	*Bs.* 5.39	**4.5**, 11.46
ramante yogino 'nante	*Padma Pur.*	**5.22**
rasa-varjaṁ raso 'py asya	*Bg.* 2.59	**6.13-14**
raso vai saḥ, rasaṁ hy evāyaṁ labdhvānandī-	*Taittirīya Up.* 2.7.1	14.27
śabdādibhyo 'ntaḥ pratiṣṭhānāc ca	*Vs.* 1.2.27	15.14
sa bhūmiṁ viśvato vṛtvā	*Śvetāśvatara Up.* 3.14	**7.19**
sac-cid-ānanda-rūpāya kṛṣṇāya	*Gopāla-tāpanī Up. Pūrva* 1	9.11
sac-cid-ānanda-vigraham	*Gopāla-tāpanī Up. Pūrva* 35	9.11
sad eva saumya	*Chāndogya Up.* 6.2.1	17.23
sādhakānām ayaṁ premṇaḥ	*Brs.* 1.4.16	**4.10**
sādhavo hṛdayaṁ mahyaṁ	*Bhāg.* 9.4.68	**7.18**
sādvaitaṁ sāvadhūtaṁ	*Cc. Antya* 2.1	***1***
sa evāyaṁ mayā te 'dya	*Bg.* 4.3	***3***
sa guṇān samatītyaitān	*Bg.* 14.26	2.72, **4.29**
sahasra-śīrṣā puruṣaḥ	*Śvetāśvatara Up.* 3.14	**7.19**
sa kāleneha mahatā	*Bg.* 4.2	***3***
sakṛd gītāmṛta-snānaṁ	*Gītā-māhātmya* 3	***26***
sa mahātmā su-durlabhaḥ	*Bg.* 7.19	7.3
samaḥ sarveṣu bhūteṣu	*Bg.* 18.54	9.2
samāne vṛkṣe puruṣo nimagno	*Muṇḍaka Up.* 3.1.2, *Śvetāśvatara Up.* 4.7	**2.22**
samāṣritā ye pada-pallava-plavaṁ	*Bhāg.* 10.14.58	**2.51**
saṁskṛtāḥ kila mantraiś ca		**2.31**
samyag ādhīyate śminn ātma-tattva-yāthātmyam	*Nirukti*	2.44
sandhyā-vandana bhadram astu	*Padyāvalī* 7.9	**2.52**
saṅga-tyāgāt sato vṛtteḥ	*Upadeśāmṛta* 3	**6.24**
sāṅkhya-yogau pṛthag bālāḥ	*Bg.* 5.4	2.39
sa-rahasyaṁ tad-aṅgaṁ ca	*Bhāg.* 2.9.31	**3.41**
sarva-dharmān parityajya	*Bg.* 18.66	***26***, **12.6-7**, 18.78
sarvam etad ṛtaṁ manye	*Bg.* 10.14	***4***
sarvaṁ hy etad brahma	*Māṇḍūkya Up.* 2	5.10
sarvaṁ jñāna-plavena	*Bg.* 4.36	5.16
sarvasya cāhaṁ hṛdi sanniviṣṭaḥ	*Bg.* 15.15	18.13, 18.62
sarvasya prabhum īśānaṁ	*Śvetāśvatara Up.* 3.17	13.18
sarvātmanā yaḥ śaraṇaṁ śaraṇyaṁ	*Bhāg.* 11.5.41	**1.41**, **2.38**
sarvatra maithuna-tyāgo	*Yājñavalkya-smṛti*	**6.13-14**
sarvopaniṣado gāvo	*Gītā-māhātmya* 6	***27***
sa sarvasmād bahiṣ-kāryaḥ	*Bṛhad-viṣṇu-smṛti*	**9.12**
ṣaṭ-karma-nipuṇo vipro	*Padma Pur.*	**2.8**
sattvaṁ viśuddhaṁ vasudeva-śabditam	*Bhāg.* 4.3.23	17.4
sa tvam eva jagat-sraṣṭā	*Viṣṇu Pur.* 1.9.69	**11.40**
sa vā eṣa brahma-niṣṭha idaṁ śarīraṁ martyam	*Mādhyandināyana-śruti*	**15.7**
sa vai manaḥ kṛṣṇa-pādāravindayor	*Bhāg.* 9.4.18	2.60, **2.61**, 6.15, **6.18**, 6.27, 6.34
sa vai puṁsāṁ paro dharmo	*Bhāg.* 1.2.6	9.2
sevonmukhe hi jihvādau	*Brs.* 1.2.234	**6.8**, **7.3**, **9.4**
śiṣyas te 'haṁ śādhi māṁ tvāṁ prapannam	*Bg.* 2.7	2.39
śiva-viriñci-nutam	*Bhāg.* 11.5.33	4.12
śraddhā'-śabde - viśvāsa kahe sudṛḍha niścaya	*Cc. Madhya* 22.62	**2.41**
śraddhāvān bhajate yo māṁ	*Bg.* 6.47	***24***
śravaṇaṁ kīrtanaṁ viṣṇoḥ	*Bhāg.* 7.5.23	***25***, 9.2
śravaṇayāpi bahubhir yo na labhyaḥ	*Kaṭha Up.* 1.2.7	**2.29**
śrī-advaita gadādhara		***2***
śrī-caitanya-mano-'bhīṣṭaṁ		***1***
śrī-kṛṣṇa-caitanya		***2***
śrīmad-bhāgavataṁ purāṇam amalaṁ	*Bhāg.* 12.13.18	10.9
śriyaḥ patir yajña-patiḥ prajā-patir	*Bhāg.* 2.4.20	**3.10**
śṛṇvatāṁ sva-kathāḥ kṛṣṇaḥ	*Bhāg.* 1.2.17	**7.1**

sṛṣṭi-hetu yei mūrti prapañce avatare	*Cc. Madhya* 20.263	**4.8**
śruti-smṛti-purāṇādi	*Brs.* 1.2.101	**7.3**
striyo vaiśyās tathā śūdrās	*Bg.* 9.32	***25***
svābhāvikī jñāna-bala-kriyā ca	*Śvetāśvatara Up.* 6.8	**3.22**, 8.22
sv-alpam apy asya dharmasya	*Bg.* 2.40	3.4
svāny apatyāni puṣṇanti	*Padma Pur.*	**5.26**
svarūpeṇa vyavasthitiḥ	*Bhāg.* 2.10.6	6.20-23
svayaṁ rūpaḥ kadā mahyaṁ		***1***
tadā rajas-tamo-bhāvāḥ	*Bhāg.* 1.2.19	**7.1**
tad-avadhi bata nārī-saṅgame smaryamāne	*Brs.* 2.5.72	**2.60**, **5.21**
tadvan na rikta-matayo yatayo 'pi ruddha	*Bhāg.* 4.22.39	**5.26**
tadvat kāmā yaṁ praviśanti sarve	*Bg.* 2.70	**18.51-53**
tad vijñānārthaṁ sa gurum evābhigacchet	*Muṇḍaka Up.* 1.2.12	***25***
tad viṣṇoḥ paramaṁ padam	*Ṛg-veda* 1.22.20	18.62
tāḥ śraddhayā me 'nupadaṁ viśṛṇvataḥ	*Bhāg.* 1.5.26	**9.2**
tam akratuḥ paśyati vīta-śoko	*Kaṭha Up.* 1.2.20	**2.20**
tam ātma-sthaṁ ye 'nupaśyanti dhīrās	*Kaṭha Up.* 2.2.13	**2.12**
tam ekaṁ govindam	*Gopāla-tāpanī Up. Pūrva* 35	9.11
tam eva viditvāti mṛtyum eti	*Śvetāśvatara Up.* 3.8	4.9, 6.15, **7.7**, 13.18
tam īśvarāṇāṁ paramaṁ maheśvaraṁ	*Śvetāśvatara Up.* 6.7	**3.22**, 5.29
tamo-dvāraṁ yoṣitāṁ saṅgi-saṅgam	*Bhāg.* 5.5.2	7.28
taṁ tam evaiti kaunteya	*Bg.* 8.6	***21***
taṁ taṁ niyamam āsthāya	*Bg.* 7.20	***16***
tāni vetti sa yogātmā	in *Gītā-bhūṣaṇa* 13.2	**13.3**
tan-mayo bhavati kṣipraṁ	*Nārada-pañcarātra* 5.10.32	**6.31**
tāṅra vākya, kriyā, mudrā vijñeha nā bujhaya	*Cc. Madhya* 23.39	9.28
tapo divyaṁ putrakā yena sattvaṁ	*Bhāg.* 5.5.1	**5.22**
tapta-kāñcana-gaurāṅgi		***1***
taror iva sahiṣṇunā	*Śikṣāṣṭaka* 3	8.5
tasmād etad brahma nāma-rūpam	*Muṇḍaka Up.* 1.2.10	5.10, 14.3
tasmād rudro 'bhavad devaḥ	*Varāha Pur.*	**10.8**
tasmāt sarveṣu kāleṣu	*Bg.* 8.7	***23***
tasyaite kathitā hy arthāḥ	*Śvetāśvatara Up.* 6.23	**6.47**, **11.54**
tato 'nartha-nivṛttiḥ syāt	*Brs.* 1.4.15	**4.10**
tato yad uttarataraṁ	*Śvetāśvatara Up.* 3.10	**7.7**
tatrānvahaṁ kṛṣṇa-kathāḥ pragāyatām	*Bhāg.* 1.5.26	**9.2**
tat te 'nukampāṁ susamīkṣamāṇo	*Bhāg.* 10.14.8	12.13-14
tat tu samanvayāt	*Vs.* 1.1.4	**15.15**
tat tvam asi	*Chāndogya Up.* 6.8.7	4.9, 17.23
tat tvaṁ pūṣann apāvṛṇu	*Īśa Up.* 15	**7.25**
tau hi māṁ na vijānīto	*Mokṣa-dharma*	**10.8**
tāvad eṣa samprasādo 'smāc charīrāt	*Chāndogya Up.* 8.12.3	15.18
tayā vinā tad āpnoti	*Nārāyaṇīya*	**12.6-7**
te dvandva-moha-nirmuktā	*Bg.* 7.28	**6.45**
tenaiva rūpeṇa catur-bhujena	*Bg.* 11.46	9.11
tepus tapas te juhuvuḥ sasnur āryā	*Bhāg.* 3.33.7	**2.46**, **6.44**
teṣām ahaṁ samuddhartā	*Bg.* 12.7	18.46
teṣāṁ yat sva-vaco-yuktaṁ	*Bhāg.* 10.33.31	**3.24**
te santaḥ sarveśvarasya yajña-puruṣasya	in *Gītā-bhūṣaṇa* 3.13	3.14
tīvreṇa bhakti-yogena	*Bhāg.* 2.3.10	**4.11**, **7.20**
tretā-yugādau ca tato	*MBh Śānti* 348.51	**4.1**
tṛtīyaṁ sarva-bhūta-sthaṁ	*Sātvata-tantra*	**7.4**
tvāṁ śīla-rūpa-caritaiḥ parama-prakṛṣṭaiḥ	*Stotra-ratna* 12	**7.24**
tyaktvā dehaṁ punar janma	*Bg.* 4.9	**11.43**
tyaktvā sva-dharmaṁ caraṇāmbujaṁ harer	*Bhāg.* 1.5.17	**2.40**, **3.5**, **6.40**
ubhe uhaivaiṣa ete taraty amṛtaḥ sādhv-asādhūnī	*Bṛhad-āraṇyaka Up.* 4.4.22	4.37
ucchiṣṭa-lepān anumodito dvijaiḥ	*Bhāg.* 1.5.25	**9.2**
ūrdhva-mūlam adhaḥ-śākham	*Bg.* 15.1	***19***
utāmṛtatvasyeśāno	*Śvetāśvatara Up.* 3.15	**7.19**
utsāhān niścayād dhairyāt	*Upadeśāmṛta* 3	**6.24**
vadanti tat tattva-vidas	*Bhāg.* 1.2.11	**2.2**, **10.15**, 13.8-12
vaiṣamya-nairghṛṇye na sāpekṣatvāt	*Vs.* 2.1.34	4.14, **5.15**, 9.9
vāñchā-kalpatarubhyaś ca		***2***
vande 'haṁ śrī-guroḥ	*Cc. Antya* 2.1	***1***
varṇāśramācāravatā	*Viṣṇu Pur.* 3.8.9	3.9
vasanti yatra puruṣāḥ sarve vaikuṇṭha-mūrtayaḥ	*Bhāg.* 3.15.14	15.7
vaśī sarvasya lokasya	*Śvetāśvatara Up.* 3.18	**5.13**
vastu-yāthātmya-jñānāvarakaṁ	in *Gītā-bhūṣaṇa* 14.8	14.8
vāsudevaḥ sarvam iti	*Bg.* 7.19	2.41, 2.56
vayaṁ tu na vitṛpyāma	*Bhāg.* 1.1.19	**10.18**

vedāham etaṁ puruṣaṁ mahāntam	*Śvetāśvatara Up.* 3.8	**7.7**
vedaiś ca sarvair aham eva vedyaḥ	*Bg.* 15.15	3.10, 3.26
vedeṣu durlabham adurlabham ātma-bhaktau	*Bs.* 5.33	**4.5**
vedeṣu yajñeṣu tapaḥsu caiva	*Bg.* 8.28	9.2
vinaśyaty ācaran mauḍhyād	*Bhāg.* 10.33.30	**3.24**
viṣayā vinivartante	*Bg.* 2.59	**6.13-14**
viṣṇos tu trīṇi rūpāṇi	*Sātvata-tantra*	**7.4**, 10.20
viṣṇu-bhaktaḥ smṛto daiva	*Padma Pur.*	11.48
viṣṇur mahān sa iha yasya kalā-viśeṣo	*Bs.* 5.48	**11.54**
viṣṇu-śaktiḥ parā proktā	*Viṣṇu Pur.* 6.7.61	***21***
viṣṭabhyāham idaṁ kṛtsnam	*Bg.* 10.42	9.4
vivasvān manave prāha	*Bg.* 4.1	***3***
vṛkṣa iva stabdho divi tiṣṭhaty ekas	*Śvetāśvatara Up.* 3.9	**7.7**
vṛṣabhānu-sute devi		***1***
yac-cakṣur eṣa savitā sakala-grahāṇāṁ	*Bs.* 5.52	**4.1**, **9.6**
yac-chakti-leśāt suryādyā	in *Gītā-bhūṣaṇa* 10.42	**10.42**
yac chṛṇvatāṁ rasa-jñānāṁ	*Bhāg.* 1.1.19	**10.18**
yad-aṁśena dhṛtaṁ viśvaṁ	in *Gītā-bhūṣaṇa* 10.42	**10.42**
yad-avadhi mama cetaḥ kṛṣṇa-pādāravinde	*Brs.* 2.5.72	**2.60**, **5.21**
yad-bhīṣā vātaḥ pavate	*Taittirīya Up.* 2.8.1	9.6
yad gatvā na nivartante	*Bg.* 15.6	***14, 17, 18***
ya eṣāṁ puruṣaṁ sākṣād	*Bhāg.* 11.5.3	**6.47**
ya etad akṣaraṁ gārgi viditvāsmāl	*Bṛhad-āraṇyaka Up.* 3.8.10	**2.7**
yaḥ kāraṇārṇava-jale bhajati sma yoga-nidrām	*Bs.* 5.47	10.20
yaḥ prayāti sa mad-bhāvaṁ	*Bg.* 8.5	***20***
yajñaiḥ saṅkīrtana-prāyair	*Bhāg.* 11.5.32	**3.10**
yajñeṣu paśavo brahman		**2.31**
yajño vai viṣṇuḥ	*Taittirīya Saṁhitā* 1.7.4	3.9
yam evaiṣa vṛṇute tena labhyas	*Kaṭha Up.* 1.2.23	8.14
yaṁ prāpya na nivartante	*Bg.* 8.21	***20***
yaṁ śyāmasundaram acintya-guṇa-svarūpaṁ	*Bs.* 5.38	**6.30**
yaṁ yaṁ vāpi smaran bhāvaṁ	*Bg.* 8.6	***21, 22***
yānti deva-vratā devān	*Bg.* 9.25	***18***
yasmāt paraṁ nāparam asti kiñcid	*Śvetāśvatara Up.* 3.9	**7.7**
yas tv ātma-ratir eva syāt	*Bg.* 3.17	18.49
yā svayaṁ padmanābhasya	*Gītā-māhātmya* 4	***26***
yasya brahma ca kṣatraṁ ca	*Kaṭha Up.* 1.2.25	**11.32**
yasya deve parā bhaktir	*Śvetāśvatara Up.* 6.23	**6.47**, **11.54**
yasyaika-niśvasita-kālam athāvalambya	*Bs.* 5.48	**11.54**
yasyājñayā bhramati sambhṛta-kāla-cakro	*Bs.* 5.52	**4.1**, **9.6**
yasya prasādād bhagavat-prasādo	*Gurvaṣṭaka* 8	**2.41**
yasyāsti bhaktir bhagavaty akiñcanā	*Bhāg.* 5.18.12	**1.28**, 13.8-12
yasyātma-buddhiḥ kuṇape tri-dhātuke	*Bhāg.* 10.84.13	**3.40**
yataḥ pravṛttir bhūtānām	*Bg.* 18.46	12.11
yathā taror mūla-niṣecanena	*Bhāg.* 4.31.14	**9.3**
yato vā imāni bhūtāni jāyante	*Taittirīya Up.* 3.1	**13.17**
yat-pāda-paṅkaja-palāśa-vilāsa-bhaktyā	*Bhāg.* 4.22.39	**5.26**
yatra kvāpi niṣadya yādava-kulottamasya kaṁṣa-	*Padyāvalī* 79	**2.52**
yatra kva vābhadram abhūd amuṣya kiṁ	*Bhāg.* 1.5.17	**2.40**, **3.5**, **6.40**
yatrāvatīrṇaṁ kṛṣṇākhyaṁ	in *Gītā-bhūṣaṇa* 11.54	11.54
yat-tīrtha-buddhiḥ salile na karhicij	*Bhāg.* 10.84.13	**3.40**
yā vai sādhana-sampattiḥ	*Nārāyaṇīya*	**12.6-7**
yāvat kriyās tāvad idaṁ mano vai	*Bhāg.* 5.5.4	**5.2**
yei kṛṣṇa-tattva-vettā, sei 'guru' haya	*Cc. Madhya* 8.128	**2.8**
ye indrādy-aṅgatayāvasthitaṁ	in *Gītā-bhūṣaṇa* 3.13	3.14
yeṣāṁ tv anta-gataṁ pāpaṁ	*Bg.* 7.28	**6.47**
ye yathā māṁ prapadyante	*Bg.* 4.11	9.29
yoginām api sarveṣāṁ	*Bg.* 6.47	***24***, 18.1, 18.75
yo 'sau sarvair vedair gīyate	*Gopāla-tāpanī Up. uttara* 27	15.15
yo vā etad akṣaraṁ gārgy aviditvāsmāl	*Bṛhad-āraṇyaka Up.* 3.8.10	**2.7**
yo vetti bhautikaṁ dehaṁ	*Bṛhad-viṣṇu-smṛti*	**9.12**
yo 'yaṁ tavāgato deva	*Viṣṇu Pur.* 1.9.69	**11.40**
yo 'yaṁ yogas tvayā proktaḥ	*Bg.* 6.33	***24***
yuddhamānāḥ paraṁ śaktyā	*Manu-smṛti* 7.89	**2.31**
yujyate 'nena durghaṭeṣu kāryeṣu	*Nirukti*	9.5

REGISTER *van* SANSKRIETTEKSTEN

DIT REGISTER BESTAAT uit een complete lijst van eerste en derde regels van elke sanskriettekst in de *Bhagavad-gītā* en is gerangschikt volgens het westerse alfabet. De sanskriettransliteratie wordt gevolgd door het bijbehorende hoofdstuk- en tekst-nummer.

abhayaṁ sattva-saṁśuddhir 16.1
abhisandhāya tu phalaṁ 17.12
abhito brahma-nirvāṇaṁ 5.26
abhyāsād ramate yatra 18.36
abhyāsa-yoga-yuktena 8.8

abhyāsa-yogena tato 12.9
abhyāsena tu kaunteya 6.35
abhyāse 'py asamartho 'si 12.10
abhyutthānam adharmasya 4.7
ā-brahma-bhuvanāl lokāḥ 8.16

ācaraty ātmanaḥ śreyas 16.22
ācāryāḥ pitaraḥ putrās 1.33
ācāryam upasaṅgamya 1.2
ācāryān mātulān bhrātṝn 1.26
ācāryopāsanaṁ śaucaṁ 13.8

acchedyo 'yam adāhyo 'yam 2.24
adeśa-kāle yad dānam 17.22
adharmābhibhavāt kṛṣṇa 1.40
adharmaṁ dharmam iti yā 18.32
adhaś ca mūlāny anusantatāni 15.2

adhaś cordhvaṁ prasṛtās 15.2
adhibhūtaṁ ca kiṁ proktam 8.1
adhibhūtaṁ kṣaro bhāvaḥ 8.4
adhiṣṭhānaṁ tathā kartā 18.14
adhiṣṭhāya manaś cāyaṁ 15.9

adhiyajñaḥ kathaṁ ko 'tra 8.2
adhiyajño 'ham evātra 8.4
adhyātma-jñāna-nityatvaṁ 13.12
adhyātma-vidyā vidyānāṁ 10.32
adhyeṣyate ca ya imaṁ 18.70

āḍhyo 'bhijanavān asmi 16.15
ādityānām ahaṁ viṣṇur 10.21
adṛṣṭa-pūrvaṁ hṛṣito 'smi 11.45
adveṣṭā sarva-bhūtānāṁ 12.13
ādy-antavantaḥ kaunteya 5.22

āgamāpāyino 'nityās 2.14
aghāyur indriyārāmo 3.16
agnir jyotir ahaḥ śuklaḥ 8.24
aham ādir hi devānāṁ 10.2
aham ādiś ca madhyaṁ ca 10.20

aham ātmā guḍākeśa 10.20
aham evākṣayaḥ kālo 10.33
ahaṁ hi sarva-yajñānāṁ 9.24
ahaṁ kratur ahaṁ yajñaḥ 9.16
ahaṁ kṛtsnasya jagataḥ 7.6

ahaṁ sarvasya prabhavo 10.8
ahaṁ tvāṁ sarva-pāpebhyo 18.66
ahaṁ vaiśvānaro bhūtvā 15.14
ahaṅkāra itīyaṁ me 7.4
ahaṅkāraṁ balaṁ darpaṁ 16.18

ahaṅkāraṁ balaṁ darpaṁ 18.53
ahaṅkāra-vimūḍhātmā 3.27
āhārā rājasasyeṣṭā 17.9
āhāras tv api sarvasya 17.7
ahiṁsā samatā tuṣṭis 10.5

ahiṁsā satyam akrodhas 16.2
aho bata mahat pāpaṁ 1.44
āhus tvām ṛṣayaḥ sarve 10.13
airāvataṁ gajendrāṇāṁ 10.27
ajānatā mahimānaṁ tavedaṁ 11.41

ajñānaṁ cābhijātasya 16.4
ajñānenāvṛtaṁ jñānaṁ 5.15
ajñaś cāśraddadhānaś ca 4.40
ajo nityaḥ śāśvato 'yaṁ purāṇo 2.20
ajo 'pi sann avyayātmā 4.6

akarmaṇaś ca boddhavyaṁ 4.17
ākhyāhi me ko bhavān ugra- 11.31
akīrtiṁ cāpi bhūtāni 2.34
akṣaraṁ brahma paramaṁ 8.3
akṣarāṇām a-kāro 'smi 10.33

amānitvam adambhitvam 13.8
amī ca tvāṁ dhṛtarāṣṭrasya 11.26
amī hi tvāṁ sura-saṅghā 11.21
amṛtaṁ caiva mṛtyuś ca 9.19
anādi-madhyāntam ananta- 11.19

anādi mat-paraṁ brahma 13.13
anāditvān nirguṇatvāt 13.32
ananta deveśa jagan-nivāsa 11.37
anantaś cāsmi nāgānāṁ 10.29
anantavijayaṁ rājā 1.16

ananta-vīryāmita-vikramas 11.40
ananya-cetāḥ satataṁ 8.14
ananyāś cintayanto māṁ 9.22
ananyenaiva yogena 12.6
anapekṣaḥ śucir dakṣa 12.16

anārya-juṣṭam asvargyam 2.2
anāśino 'prameyasya 2.18
anāśritaḥ karma-phalaṁ 6.1
anātmanas tu śatrutve 6.6
aneka-bāhūdara-vaktra- 11.16

aneka-citta-vibhrāntā 16.16
aneka-divyābharaṇaṁ 11.10
aneka-janma-saṁsiddhas 6.45
aneka-vaktra-nayanam 11.10
anena prasaviṣyadhvam 3.10

anicchann api vārṣṇeya 3.36
aniketaḥ sthira-matir 12.19
aniṣṭam iṣṭaṁ miśraṁ ca 18.12
anityam asukhaṁ lokam 9.33
annād bhavanti bhūtāni 3.14

anta-kāle ca mām eva 8.5
antavanta ime dehā 2.18
antavat tu phalaṁ teṣāṁ 7.23
anubandhaṁ kṣayaṁ hiṁsām 18.25
anudvega-karaṁ vākyaṁ 17.15

anye ca bahavaḥ śūrā 1.9
anye sāṅkhyena yogena 13.25
anye tv evam ajānantaḥ 13.26
apāne juhvati prāṇaṁ 4.29
aparaṁ bhavato janma 4.4

aparaspara-sambhūtaṁ 16.8
apare niyatāhārāḥ 4.29
apareyam itas tv anyāṁ 7.5
aparyāptaṁ tad asmākaṁ 1.10
apaśyad deva-devasya 11.13

aphalākāṅkṣibhir yajño 17.11
aphalākāṅkṣibhir yuktaiḥ 17.17
aphala-prepsunā karma 18.23
api ced asi pāpebhyaḥ 4.36
api cet su-durācāro 9.30

api trailokya-rājyasya 1.35
aprakāśo 'pravṛttiś ca 14.13
aprāpya māṁ nivartante 9.3
aprāpya yoga-saṁsiddhiṁ 6.37
apratiṣṭho mahā-bāho 6.38

āpūryamāṇam acala- 2.70
ārto jijñāsur arthārthī 7.16
ārurukṣor muner yogaṁ 6.3
asad ity ucyate pārtha 17.28
asakta-buddhiḥ sarvatra 18.49

asaktaṁ sarva-bhṛc caiva 13.15
asaktir anabhiṣvaṅgaḥ 13.10
asakto hy ācaran karma 3.19
asammūḍhaḥ sa martyeṣu 10.3
asaṁśayaṁ mahā-bāho 6.35

asaṁśayaṁ samagraṁ māṁ 7.1
asaṁyatātmanā yogo 6.36
āśā-pāśa-śatair baddhāḥ 16.12
aśāstra-vihitaṁ ghoraṁ 17.5
asat-kṛtam avajñātaṁ 17.22

asatyam apratiṣṭhaṁ te 16.8
asau mayā hataḥ śatrur 16.14
āścarya-vac cainam anyaḥ 2.29
āścarya-vat paśyati kaścid 2.29
asito devalo vyāsaḥ 10.13

asmākaṁ tu viśiṣṭā ye 1.7
aśocyān anvaśocas tvaṁ 2.11
aśraddadhānāḥ puruṣā 9.3
aśraddhayā hutaṁ dattaṁ 17.28
āsthitaḥ sa hi yuktātmā 7.18

āsurīṁ yonim āpannā 16.20
āśvāsayām āsa ca bhītam 11.50
aśvatthaḥ sarva-vṛkṣāṇāṁ 10.26
aśvatthāmā vikarṇaś ca 1.8
aśvattham enaṁ su-virūḍha- 15.3

atattvārtha-vad alpaṁ ca 18.22
atha cainaṁ nitya-jātaṁ 2.26
atha cet tvam ahaṅkārān 18.58
atha cet tvam imaṁ dharmyaṁ 2.33
atha cittaṁ samādhātuṁ 12.9

athaitad apy aśakto 'si 12.11
atha kena prayukto 'yaṁ 3.36
atha vā bahunaitena 10.42
atha vā yoginām eva 6.42
atha vyavasthitān dṛṣṭvā 1.20

ātmaiva hy ātmano bandhur 6.5
ātmany eva ca santuṣṭas 3.17
ātmany evātmanā tuṣṭaḥ 2.55
ātma-sambhāvitāḥ stabdhā 16.17
ātma-saṁsthaṁ manaḥ kṛtvā 6.25

ātma-saṁyama-yogāgnau 4.27
ātmaupamyena sarvatra 6.32
ātmavantaṁ na karmāṇi 4.41
ātma-vaśyair vidheyātmā 2.64
ato 'smi loke vede ca 15.18

atra śūrā maheṣv-āsā 1.4
atyeti tat sarvam idaṁ viditvā 8.28
avācya-vādāṁś ca bahūn 2.36
avajānanti māṁ mūḍhā 9.11
avāpya bhūmāv asapatnam 2.8

avibhaktaṁ ca bhūteṣu 13.17
avibhaktaṁ vibhakteṣu 18.20
avināśi tu tad viddhi 2.17
āvṛtaṁ jñānam etena 3.39
avyaktādīni bhūtāni 2.28

avyaktād vyaktayaḥ sarvāḥ 8.18
avyaktā hi gatir duḥkhaṁ 12.5
avyaktaṁ vyaktim āpannaṁ 7.24
avyakta-nidhanāny eva 2.28
avyakto 'kṣara ity uktas 8.21

avyakto 'yam acintyo 'yam 2.25
ayaneṣu ca sarveṣu 1.11
ayathāvat prajānāti 18.31
ayatiḥ śraddhayopeto 6.37
āyudhānām ahaṁ vajraṁ 10.28

āyuḥ-sattva-balārogya- 17.8
ayuktaḥ kāma-kāreṇa 5.12
ayuktaḥ prākṛtaḥ stabdhaḥ 18.28
bahavo jñāna-tapasā 4.10
bahir antaś ca bhūtānām 13.16

bahūdaraṁ bahu-daṁṣṭrā- 11.23
bahūnāṁ janmanām ante 7.19
bahūni me vyatītāni 4.5
bahūny adṛṣṭa-pūrvāṇi 11.6
bahu-śākhā hy anantāś ca 2.41

bāhya-sparśeṣv asaktātmā 5.21
balaṁ balavatāṁ cāhaṁ 7.11
bandhaṁ mokṣaṁ ca yā vetti 18.30
bandhur ātmātmanas tasya 6.6
bhajanty ananya-manaso 9.13

bhaktiṁ mayi parāṁ kṛtvā 18.68
bhakto 'si me sakhā ceti 4.3
bhaktyā mām abhijānāti 18.55
bhaktyā tv ananyayā śakya 11.54
bhavāmi na cirāt pārtha 12.7

bhavān bhīṣmaś ca karṇaś ca 1.8
bhavanti bhāvā bhūtānāṁ 10.5
bhavanti sampadaṁ daivīm 16.3
bhavāpyayau hi bhūtānāṁ 11.2
bhāva-saṁśuddhir ity etat 17.16

bhavaty atyāgināṁ pretya 18.12
bhaviṣyāṇi ca bhūtāni 7.26
bhavitā na ca me tasmād 18.69
bhayād raṇād uparataṁ 2.35
bhīṣma-droṇa-pramukhataḥ 1.25

bhīṣmam evābhirakṣantu 1.11
bhīṣmo droṇaḥ sūta-putras 11.26
bhogaiśvarya-prasaktānāṁ 2.44
bhoktāraṁ yajña-tapasāṁ 5.29
bhrāmayan sarva-bhūtāni 18.61

bhruvor madhye prāṇam 8.10
bhūmir āpo 'nalo vāyuḥ 7.4
bhuñjate te tv aghaṁ pāpā 3.13
bhūta-bhartṛ ca taj jñeyaṁ 13.17
bhūta-bhāvana bhūteśa 10.15

bhūta-bhāvodbhava-karo 8.3
bhūta-bhṛn na ca bhūta-stho 9.5
bhūta-grāmaḥ sa evāyaṁ 8.19
bhūta-grāmam imaṁ kṛtsnam 9.8
bhūtāni yānti bhūtejyā 9.25

bhūta-prakṛti-mokṣaṁ ca 13.35
bhūya eva mahā-bāho 10.1
bhūyaḥ kathaya tṛptir hi 10.18
bījaṁ māṁ sarva-bhūtānāṁ 7.10
brahma-bhūtaḥ prasannātmā 18.54

brahmacaryam ahiṁsā ca 17.14
brahmāgnāv apare yajñaṁ 4.25
brahmaiva tena gantavyaṁ 4.24
brāhmaṇa-kṣatriya-viśāṁ 18.41
brahmāṇam īśaṁ kamalāsana- 11.15

brāhmaṇās tena vedāś ca 17.23
brahmaṇo hi pratiṣṭhāham 14.27
brahmaṇy ādhāya karmāṇi 5.10
brahmārpaṇaṁ brahma havir 4.24
brahma-sūtra-padaiś caiva 13.5

bṛhat-sāma tathā sāmnāṁ 10.35
buddhau śaraṇam anviccha 2.49
buddher bhedaṁ dhṛteś caiva 18.29
buddhir buddhimatām asmi 7.10
buddhir jñānam asammohaḥ 10.4

buddhi-yogam upāśritya 18.57
buddhi-yukto jahātīha 2.50
buddhyā viśuddhayā yukto 18.51
buddhyā yukto yayā pārtha 2.39
cañcalaṁ hi manaḥ kṛṣṇa 6.34

cātur-varṇyaṁ mayā sṛṣṭaṁ 4.13
catur-vidhā bhajante māṁ 7.16
cetasā sarva-karmāṇi 18.57
chandāṁsi yasya parṇāni 15.1
chinna-dvaidhā yatātmānaḥ 5.25

chittvainaṁ saṁśayaṁ yogam 4.42
cintām aparimeyāṁ ca 16.11
dadāmi buddhi-yogaṁ taṁ 10.10
daivam evāpare yajñaṁ 4.25
daivī hy eṣā guṇa-mayī 7.14

daivī sampad vimokṣāya 16.5
daivo vistaraśaḥ prokta 16.6
dambhāhaṅkāra-saṁyuktāḥ 17.5
dambho darpo 'bhimānaś ca 16.4
daṁṣṭrā-karālāni ca te 11.25

dāna-kriyāś ca vividhāḥ 17.25
dānaṁ damaś ca yajñaś ca 16.1
dānam īśvara-bhāvaś ca 18.43
daṇḍo damayatām asmi 10.38
darśayām āsa pārthāya 11.9

dātavyam iti yad dānaṁ 17.20
dayā bhūteṣv aloluptvaṁ 16.2
dehī nityam avadhyo 'yaṁ 2.30
dehino 'smin yathā dehe 2.13
deśe kāle ca pātre ca 17.20

devā apy asya rūpasya 11.52
deva-dvija-guru-prājña- 17.14
devān bhāvayatānena 3.11
devān deva-yajo yānti 7.23
dharma-kṣetre kuru-kṣetre 1.1

dharma-saṁsthāpanārthāya 4.8
dharmāviruddho bhūteṣu 7.11
dharme naṣṭe kulaṁ kṛtsnam 1.39
dharmyād dhi yuddhāc chreyo 2.31
dhārtarāṣṭrā raṇe hanyus 1.45

dhārtarāṣṭrasya durbuddher 1.23
dhṛṣṭadyumno virāṭaś ca 1.17
dhṛṣṭaketuś cekitānaḥ 1.5
dhṛtyā yayā dhārayate 18.33
dhūmenāvriyate vahnir 3.38

dhūmo rātris tathā kṛṣṇaḥ 8.25
dhyānāt karma-phala-tyāgas 12.12
dhyāna-yoga-paro nityaṁ 18.52
dhyānenātmani paśyanti 13.25
dhyāyato viṣayān puṁsaḥ 2.62

diśo na jāne na labhe ca 11.25
divi sūrya-sahasrasya 11.12
divya-mālyāmbara-dharaṁ 11.11
divyaṁ dadāmi te cakṣuḥ 11.8
dīyate ca parikliṣṭaṁ 17.21

doṣair etaiḥ kula-ghnānāṁ 1.42
draṣṭum icchāmi te rūpam 11.3
dravya-yajñās tapo-yajñā 4.28
droṇaṁ ca bhīṣmaṁ ca 11.34
dṛṣṭvādbhutaṁ rūpam ugraṁ 11.20

dṛṣṭvā hi tvāṁ pravyathitāntar- 11.24
dṛṣṭvā tu pāṇḍavānīkaṁ 1.2
dṛṣṭvedaṁ mānuṣaṁ rūpaṁ 11.51
dṛṣṭvemaṁ sva-janaṁ kṛṣṇa 1.28
drupado draupadeyāś ca 1.18

duḥkham ity eva yat karma 18.8
duḥkheṣv anudvigna-manāḥ 2.56
dūreṇa hy avaraṁ karma 2.49
dvandvair vimuktāḥ 15.5
dvau bhūta-sargau loke 'smin 16.6

dvāv imau puruṣau loke 15.16
dyāv ā-pṛthivyor idam antaraṁ 11.20
dyūtaṁ chalayatām asmi 10.36
ekākī yata-cittātmā 6.10
ekam apy āsthitaḥ samyag 5.4

ekaṁ sāṅkhyaṁ ca yogaṁ ca 5.5
ekatvena pṛthaktvena 9.15
ekayā yāty anāvṛttim 8.26
eko 'tha vāpy acyuta 11.42
eṣā brāhmī sthitiḥ pārtha 2.72

eṣā te 'bhihitā sāṅkhye 2.39
eṣa tūddeśataḥ prokto 10.40
etac chrutvā vacanaṁ 11.35
etad buddhvā buddhimān syāt 15.20
etad dhi durlabhataraṁ 6.42

etad veditum icchāmi 13.1
etad-yonīni bhūtāni 7.6
etad yo vetti taṁ prāhuḥ 13.2
etair vimohayaty eṣa 3.40
etair vimuktaḥ kaunteya 16.22

etaj jñānam iti proktam 13.12
etāṁ dṛṣṭim avaṣṭabhya 16.9
etāṁ vibhūtiṁ yogaṁ ca 10.7
etan me saṁśayaṁ kṛṣṇa 6.39
etān na hantum icchāmi 1.34

etāny api tu karmāṇi 18.6
etasyāhaṁ na paśyāmi 6.33
etat kṣetraṁ samāsena 13.7
evaṁ bahu-vidhā yajñā 4.32
evaṁ buddheḥ paraṁ buddhvā 3.43

evam etad yathāttha tvam 11.3
evaṁ jñātvā kṛtaṁ karma 4.15
evaṁ paramparā-prāptam 4.2
evaṁ pravartitaṁ cakraṁ 3.16
evaṁ satata-yuktā ye 12.1

evaṁ trayī-dharmam 9.21
evam ukto hṛṣīkeśo 1.24
evam uktvā hṛṣīkeśaṁ 2.9
evam uktvārjunaḥ saṅkhye 1.46
evam uktvā tato rājan 11.9

evaṁ-rūpaḥ śakya ahaṁ 11.48
gacchanty apunar-āvṛttiṁ 5.17
gām āviśya ca bhūtāni 15.13
gandharvāṇāṁ citrarathaḥ 10.26
gandharva-yakṣāsura-siddha- 11.22

gāṇḍīvaṁ sraṁsate hastāt 1.29
gata-saṅgasya muktasya 4.23
gatāsūn agatāsūṁś ca 2.11
gatir bhartā prabhuḥ sākṣī 9.18
gṛhītvaitāni saṁyāti 15.8

guṇā guṇeṣu vartanta 3.28
guṇān etān atītya trīn 14.20
guṇā vartanta ity evaṁ 14.23
guṇebhyaś ca paraṁ vetti 14.19
gurūn ahatvā hi mahānubhāvān 2.5

hanta te kathayiṣyāmi 10.19
harṣāmarṣa-bhayodvegair 12.15
harṣa-śokānvitaḥ kartā 18.27
hato vā prāpsyasi svargaṁ 2.37
hatvāpi sa imāl lokān 18.17

hatvārtha-kāmāṁs tu gurūn 2.5
hetunānena kaunteya 9.10
hṛṣīkeśaṁ tadā vākyam 1.20
icchā dveṣaḥ sukhaṁ duḥkhaṁ 13.7
icchā-dveṣa-samutthena 7.27

idam adya mayā labdham 16.13
idam astīdam api me 16.13
idaṁ jñānam upāśritya 14.2
idaṁ śarīraṁ kaunteya 13.2
idaṁ te nātapaskāya 18.67

idaṁ tu te guhyatamaṁ 9.1
idānīm asmi saṁvṛttaḥ 11.51
ihaika-sthaṁ jagat kṛtsnaṁ 11.7
ihaiva tair jitaḥ sargo 5.19
īhante kāma-bhogārtham 16.12

ijyate bharata-śreṣṭha 17.12
īkṣate yoga-yuktātmā 6.29
imaṁ vivasvate yogaṁ 4.1
ndriyāṇāṁ hi caratāṁ 2.67
indriyāṇāṁ manaś cāsmi 10.22

indriyāṇi daśaikaṁ ca 13.6
indriyāṇi mano buddhir 3.40
indriyāṇīndriyārthebhyas 2.58
indriyāṇīndriyārthebhyas 2.68
indriyāṇīndriyārtheṣu 5.9

indriyāṇi parāṇy āhur 3.42
indriyāṇi pramāthīni 2.60
indriyārthān vimūḍhātmā 3.6
indriyārtheṣu vairāgyam 13.9
indriyasyendriyasyārthe 3.34

iṣṭān bhogān hi vo devā 3.12
iṣṭo 'si me dṛḍham iti 18.64
iṣubhiḥ pratiyotsyāmi 2.4
īśvaraḥ sarva-bhūtānāṁ 18.61
īśvaro 'ham ahaṁ bhogī 16.14

iti guhyatamaṁ śāstram 15.20
iti kṣetraṁ tathā jñānaṁ 13.19
iti māṁ yo 'bhijānāti 4.14
iti matvā bhajante māṁ 10.8
iti te jñānam ākhyātaṁ 18.63

ity ahaṁ vāsudevasya 18.74
ity arjunaṁ vāsudevas 11.50
jaghanya-guṇa-vṛtti-sthā 14.18
jahi śatruṁ mahā-bāho 3.43
janma-bandha-vinirmuktāḥ 2.51

janma karma ca me divyam 4.9
janma-mṛtyu-jarā-duḥkhair 14.20
janma-mṛtyu-jarā-vyādhi- 13.9
jarā-maraṇa-mokṣāya 7.29
jātasya hi dhruvo mṛtyur 2.27

jayo 'smi vyavasāyo 'smi 10.36
jhaṣāṇāṁ makaraś cāsmi 10.31
jijñāsur api yogasya 6.44
jitātmanaḥ praśāntasya 6.7
jīva-bhūtāṁ mahā-bāho 7.5

jīvanaṁ sarva-bhūteṣu 7.9
jñānāgni-dagdha-karmāṇaṁ 4.19
jñānāgniḥ sarva-karmāṇi 4.37
jñānam āvṛtya tu tamaḥ 14.9
jñānaṁ jñeyaṁ jñāna- 13.18

jñānaṁ jñeyaṁ parijñātā 18.18
jñānaṁ karma ca kartā ca 18.19
jñānaṁ labdhvā parāṁ śāntim 4.39
jñānaṁ te 'haṁ sa-vijñānam 7.2
jñānaṁ vijñānam āstikyaṁ 18.42

jñānaṁ vijñāna-sahitaṁ 9.1
jñānaṁ yadā tadā vidyād 14.11
jñāna-vijñāna-tṛptātmā 6.8
jñāna-yajñena cāpy anye 9.15
jñāna-yajñena tenāham 18.70

jñāna-yogena sāṅkhyānāṁ 3.3
jñānena tu tad ajñānaṁ 5.16
jñātuṁ draṣṭuṁ ca tattvena 11.54
jñātvā śāstra-vidhānoktaṁ 16.24
jñeyaḥ sa nitya-sannyāsī 5.3

jñeyaṁ yat tat pravakṣyāmi 13.13
joṣayet sarva-karmāṇi 3.26
jyāyasī cet karmaṇas te 3.1
jyotiṣām api taj jyotis 13.18
kaccid ajñāna-sammohaḥ 18.72

kaccid etac chrutaṁ pārtha 18.72
kaccin nobhaya-vibhraṣṭaś 6.38
kair liṅgais trīn guṇān etān 14.21
kair mayā saha yoddhavyam 1.22
kālo 'smi loka-kṣaya-kṛt 11.32

kalpa-kṣaye punas tāni 9.7
kāma eṣa krodha eṣa 3.37
kāmaḥ krodhas tathā lobhas 16.21
kāmais tais tair hṛta-jñānāḥ 7.20
kāma-krodha-vimuktānāṁ 5.26

kāma-krodhodbhavaṁ vegaṁ 5.23
kāmam āśritya duṣpūraṁ 16.10
kāma-rūpeṇa kaunteya 3.39
kāmātmānaḥ svarga-parā 2.43
kāmopabhoga-paramā 16.11

kāmyānāṁ karmaṇāṁ 18.2
kāṅkṣantaḥ karmaṇāṁ 4.12
kāraṇaṁ guṇa-saṅgo 'sya 13.22
karaṇaṁ karma karteti 18.18
karma brahmodbhavaṁ viddhi 3.15

karma caiva tad-arthīyaṁ 17.27
karma-jaṁ buddhi-yuktā hi 2.51
karma-jān viddhi tān sarvān 4.32
karmaṇaḥ sukṛtasyāhuḥ 14.16
karmaṇaiva hi saṁsiddhim 3.20

karmāṇi pravibhaktāni 18.41
karmaṇo hy api boddhavyaṁ 4.17
karmaṇy abhipravṛtto 'pi 4.20
karmaṇy akarma yaḥ paśyed 4.18
karmaṇy evādhikāras te 2.47

karmendriyaiḥ karma-yogam 3.7
karmendriyāṇi saṁyamya 3.6
karmibhyaś cādhiko yogī 6.46
kārpaṇya-doṣopahata- 2.7
karṣayantaḥ śarīra-sthaṁ 17.6

kartavyānīti me pārtha 18.6
kartuṁ necchasi yan mohāt 18.60
kārya-kāraṇa-kartṛtve 13.21
kāryam ity eva yat karma 18.9
kāryate hy avaśaḥ karma 3.5

kasmāc ca te na nameran 11.37
kāśyaś ca parameṣv-āsaḥ 1.17
kathaṁ bhīṣmam ahaṁ saṅkhye 2.4
katham etad vijānīyāṁ 4.4
kathaṁ na jñeyam asmābhiḥ 1.38

kathaṁ sa puruṣaḥ pārtha 2.21
kathaṁ vidyām ahaṁ yogiṁs 10.17
kathayantaś ca māṁ nityaṁ 10.9
kaṭv-amla-lavaṇāty-uṣṇa- 17.9
kaunteya pratijānīhi 9.31

kaviṁ purāṇam anuśāsitāram 8.9
kāyena manasā buddhyā 5.11
kecid vilagnā daśanāntareṣu 11.27
keśavārjunayoḥ puṇyaṁ 18.76
keṣu keṣu ca bhāveṣu 10.17

kim ācāraḥ kathaṁ caitāṁs 14.21
kiṁ karma kim akarmeti 4.16
kiṁ no rājyena govinda 1.32
kiṁ punar brāhmaṇāḥ puṇyā 9.33
kiṁ tad brahma kim adhyātmaṁ 8.1

kirīṭinaṁ gadinaṁ cakra- 11.46
kirīṭinaṁ gadinaṁ cakriṇaṁ 11.17
kīrtiḥ śrīr vāk ca nārīṇāṁ 10.34
klaibyaṁ mā sma gamaḥ pārtha 2.3
kleśo 'dhikataras teṣām 12.5

kriyate bahulāyāsaṁ 18.24
kriyate tad iha proktaṁ 17.18
kriyā-viśeṣa-bahulāṁ 2.43
krodhād bhavati sammohaḥ 2.63
kṛpayā parayāviṣṭo 1.27

kṛṣi-go-rakṣya-vāṇijyaṁ 18.44
kṣaraḥ sarvāṇi bhūtāni 15.16
kṣetra-jñaṁ cāpi māṁ viddhi 13.3
kṣetra-kṣetrajña-saṁyogāt 13.27
kṣetra-kṣetrajñayor evam 13.35

kṣetra-kṣetrajñayor jñānaṁ 13.3
kṣetraṁ kṣetrī tathā kṛtsnaṁ 13.34
kṣipāmy ajasram aśubhān 16.19
kṣipraṁ bhavati dharmātmā 9.31
kṣipraṁ hi mānuṣe loke 4.12

kṣudraṁ hṛdaya-daurbalyaṁ 2.3
kula-kṣaya-kṛtaṁ doṣaṁ 1.37
kula-kṣaya-kṛtaṁ doṣaṁ 1.38
kula-kṣaye praṇaśyanti 1.39
kuru karmaiva tasmāt tvaṁ 4.15

kuryād vidvāṁs tathāsaktaś 3.25
kutas tvā kaśmalam idaṁ 2.2
labhante brahma-nirvāṇam 5.25
labhate ca tataḥ kāmān 7.22
lelihyase grasamānaḥ 11.30

lipyate na sa pāpena 5.10
lobhaḥ pravṛttir ārambhaḥ 14.12
loka-saṅgraham evāpi 3.20
loke 'smin dvi-vidhā niṣṭhā 3.3
mac-cittaḥ sarva-durgāṇi 18.58

mac-cittā mad-gata-prāṇā 10.9
mad-anugrahāya paramaṁ 11.1
mad-artham api karmāṇi 12.10
mad-bhakta etad vijñāya 13.19
mad-bhāvā mānasā jātā 10.6

mādhavaḥ pāṇḍavaś caiva 1.14
mahā-bhūtāny ahaṅkāro 13.6
maharṣayaḥ sapta pūrve 10.6
maharṣīṇāṁ bhṛgur ahaṁ 10.25
mahāśano mahā-pāpmā 3.37

mahātmānas tu māṁ pārtha 9.13
mā karma-phala-hetur bhūr 2.47
mama dehe guḍākeśa 11.7
mamaivāṁśo jīva-loke 15.7
māmakāḥ pāṇḍavāś caiva 1.1

mām aprāpyaiva kaunteya 16.20
mām ātma-para-deheṣu 16.18
mama vartmānuvartante 3.23
mama vartmānuvartante 4.11
mama yonir mahad brahma 14.3

māṁ caivāntaḥ śarīra-sthaṁ 17.6
māṁ ca yo 'vyabhicāreṇa 14.26
mām evaiṣyasi satyaṁ te 18.65
mām evaiṣyasi yuktvaivam 9.34
mām eva ye prapadyante 7.14

māṁ hi pārtha vyapāśritya 9.32
mām upetya punar janma 8.15
mām upetya tu kaunteya 8.16
manaḥ-prasādaḥ saumyatvaṁ 17.16
manaḥ saṁyamya mac-citto 6.14

manaḥ-ṣaṣṭhānīndriyāṇi 15.7
mānāpamānayos tulyas 14.25
manasaivendriya-grāmaṁ 6.24
manasas tu parā buddhir 3.42
man-manā bhava mad-bhakto 9.34

man-manā bhava mad-bhakto 18.65
mantro 'ham aham evājyam 9.16
manuṣyāṇāṁ sahasreṣu 7.3
manyase yadi tac chakyaṁ 11.4
marīcir marutām asmi 10.21

māsānāṁ mārga-śīrṣo 'ham 10.35
mā śucaḥ sampadaṁ daivīm 16.5
mā te vyathā mā ca 11.49
mat-karma-kṛn mat-paramo 11.55
mat-prasādād avāpnoti 18.56

mātrā-sparśās tu kaunteya 2.14
mat-sthāni sarva-bhūtāni 9.4
matta eveti tān viddhi 7.12
mattaḥ parataraṁ nānyat 7.7
mātulāḥ śvaśurāḥ pautrāḥ 1.34

maunaṁ caivāsmi guhyānāṁ 10.38
mayādhyakṣeṇa prakṛtiḥ 9.10
mayā hatāṁs tvaṁ jahi mā 11.34
mayaivaite nihatāḥ pūrvam 11.33
mayā prasannena 11.47

mayā tatam idaṁ sarvaṁ 9.4
māyayāpahṛta-jñānā 7.15
mayi cānanya-yogena 13.11
mayi sarvam idaṁ protaṁ 7.7
mayi sarvāṇi karmāṇi 3.30

mayy arpita-mano-buddhir 8.7
mayy arpita-mano-buddhir 12.14
mayy āsakta-manāḥ pārtha 7.1
mayy āveśya mano ye māṁ 12.2
mayy eva mana ādhatsva 12.8

mithyaiṣa vyavasāyas te 18.59
moghāśā mogha-karmāṇo 9.12
mohād ārabhyate karma 18.25
mohād gṛhītvāsad-grāhān 16.10
mohāt tasya parityāgas 18.7

mohitaṁ nābhijānāti 7.13
mṛgāṇāṁ ca mṛgendro 'haṁ 10.30
mṛtyuḥ sarva-haraś cāham 10.34
mūḍha-grāheṇātmano yat 17.19
mūḍho 'yaṁ nābhijānāti 7.25

mukta-saṅgo 'nahaṁ-vādī 18.26
munīnām apy ahaṁ vyāsaḥ 10.37
mūrdhny ādhāyātmanaḥ 8.12
nabhaḥ-spṛśaṁ dīptam 11.24
nabhaś ca pṛthivīṁ caiva 1.19

nābhinandati na dveṣṭi 2.57
na buddhi-bhedaṁ janayed 3.26
na cābhāvayataḥ śāntir 2.66
na cainaṁ kledayanty āpo 2.23
na caitad vidmaḥ kataran no 2.6

na caiva na bhaviṣyāmaḥ 2.12
na ca māṁ tāni karmāṇi 9.9
na ca mat-sthāni bhūtāni 9.5
na ca śaknomy avasthātuṁ 1.30
na ca sannyasanād eva 3.4

na ca śreyo 'nupaśyāmi 1.31
na cāśuśrūṣave vācyaṁ 18.67
na cāsya sarva-bhūteṣu 3.18
na ca tasmān manuṣyeṣu 18.69
na cāti-svapna-śīlasya 6.16

nādatte kasyacit pāpaṁ 5.15
na dveṣṭi sampravṛttāni 14.22
na dveṣṭy akuśalaṁ karma 18.10
nāhaṁ prakāśaḥ sarvasya 7.25
nāhaṁ vedair na tapasā 11.53

na hi deha-bhṛtā śakyaṁ 18.11
na hi jñānena sadṛśaṁ 4.38
na hi kalyāṇa-kṛt kaścid 6.40
na hi kaścit kṣaṇam api 3.5
na hinasty ātmanātmānaṁ 13.29

na hi prapaśyāmi 2.8
na hi te bhagavan vyaktiṁ 10.14
na hy asannyasta-saṅkalpo 6.2
nainaṁ chindanti śastrāṇi 2.23
naiṣkarmya-siddhiṁ 18.49

naite sṛtī pārtha jānan 8.27
naiva kiñcit karomīti 5.8
naiva tasya kṛtenārtho 3.18
na jāyate mriyate vā kadācin 2.20
na kāṅkṣe vijayaṁ kṛṣṇa 1.31

na karmaṇām anārambhān 3.4
na karma-phala-saṁyogaṁ 5.14
na kartṛtvaṁ na karmāṇi 5.14
nakulaḥ sahadevaś ca 1.16
namaḥ purastād atha pṛṣṭhatas 11.40

na māṁ duṣkṛtino mūḍhāḥ 7.15
na māṁ karmāṇi limpanti 4.14
namaskṛtvā bhūya evāha 11.35
namasyantaś ca māṁ bhaktyā 9.14
na me pārthāsti kartavyaṁ 3.22

na me viduḥ sura-gaṇāḥ 10.2
namo namas te 'stu 11.39
nānā-śastra-praharaṇāḥ 1.9
nānavāptam avāptavyaṁ 3.22
nānā-vidhāni divyāni 11.5

nāntaṁ na madhyaṁ na 11.16
nānto 'sti mama divyānāṁ 10.40
nānyaṁ guṇebhyaḥ kartāraṁ 14.19
nāpnuvanti mahātmānaḥ 8.15
na prahṛṣyet priyaṁ prāpya 5.20

narake niyataṁ vāso 1.43
na rūpam asyeha 15.3
na sa siddhim avāpnoti 16.23
nāsato vidyate bhāvo 2.16
na śaucaṁ nāpi cācāro 16.7

nāśayāmy ātma-bhāva-stho 10.11
nāsti buddhir ayuktasya 2.66
naṣṭo mohaḥ smṛtir labdhā 18.73
na tad asti pṛthivyāṁ vā 18.40
na tad asti vinā yat syān 10.39

na tad bhāsayate sūryo 15.6
na tu māṁ abhijānanti 9.24
na tu māṁ śakyase draṣṭum 11.8
na tv evāhaṁ jātu nāsaṁ 2.12
na tvat-samo 'sty abhyadhikaḥ 11.43

nāty-aśnatas tu yogo 'sti 6.16
nāty-ucchritaṁ nāti-nīcaṁ 6.11
nava-dvāre pure dehī 5.13
na veda-yajñādhyayanair na 11.48
na vimuñcati durmedhā 18.35

nāyakā mama sainyasya 1.7
nāyaṁ loko 'sti na paro 4.40
nāyaṁ loko 'sty ayajñasya 4.31
na yotsya iti govindam 2.9
nehābhikrama-nāśo 'sti 2.40

nibadhnanti mahā-bāho 14.5
nidrālasya-pramādotthaṁ 18.39
nihatya dhārtarāṣṭrān naḥ 1.35
nimittāni ca paśyāmi 1.30
nindantas tava sāmarthyaṁ 2.36

nirāśīr nirmamo bhūtvā 3.30
nirāśīr yata-cittātmā 4.21
nirdoṣaṁ hi samaṁ brahma 5.19
nirdvandvo hi mahā-bāho 5.3
nirdvandvo nitya-sattva-stho 2.45

nirmamo nirahaṅkāraḥ 2.71
nirmamo nirahaṅkāraḥ 12.13
nirmāna-mohā jita-saṅga-doṣā 15.5
nirvairaḥ sarva-bhūteṣu 11.55
niścayaṁ śṛṇu me tatra 18.4

nispṛhaḥ sarva-kāmebhyo 6.18
nityaḥ sarva-gataḥ sthāṇur 2.24
nityaṁ ca sama-cittatvam 13.10
nivasiṣyasi mayy eva 12.8
niyataṁ kuru karma tvaṁ 3.8

niyataṁ saṅga-rahitam 18.23
niyatasya tu sannyāsaḥ 18.7
nyāyyaṁ vā viparītaṁ vā 18.15
oṁ ity ekākṣaraṁ brahma 8.13
oṁ tat sad iti nirdeśo 17.23

pañcaitāni mahā-bāho 18.13
pāñcajanyaṁ hṛṣīkeśo 1.15
pāpam evāśrayed asmān 1.36
pāpmānaṁ prajahi hy enaṁ 3.41
paraṁ bhāvam ajānanto 9.11

paraṁ bhāvam ajānanto 7.24
paraṁ bhūyaḥ pravakṣyāmi 14.1
paraṁ brahma paraṁ dhāma 10.12
paramaṁ puruṣaṁ divyaṁ 8.8
paramātmeti cāpy ukto 13.23

parasparaṁ bhāvayantaḥ 3.11
paras tasmāt tu bhāvo 'nyo 8.20
parasyotsādanārthaṁ vā 17.19
paricaryātmakaṁ karma 18.44
pariṇāme viṣam iva 18.38

paritrāṇāya sādhūnāṁ 4.8
pārtha naiveha nāmutra 6.40
paryāptaṁ tv idam eteṣāṁ 1.10
paśyādityān vasūn rudrān 11.6
paśyaitāṁ pāṇḍu-putrāṇām 1.3

paśya me pārtha rūpāṇi 11.5
paśyāmi devāṁs tava deva dehe 11.15
paśyāmi tvāṁ dīpta-hutāśa- 11.19
paśyāmi tvāṁ durnirīkṣyaṁ 11.17
paśyañ śṛṇvan spṛśañ jighrann 5.8

paśyaty akṛta-buddhitvān 18.16
patanti pitaro hy eṣāṁ 1.41
patraṁ puṣpaṁ phalaṁ toyaṁ 9.26
pauṇḍraṁ dadhmau mahā- 1.15
pavanaḥ pavatām asmi 10.31

pitāham asya jagato 9.17
pitāsi lokasya carācarasya 11.43
piteva putrasya sakheva 11.44
pitṝṇām aryamā cāsmi 10.29
prabhavaḥ pralayaḥ sthānaṁ 9.18

prabhavanty ugra-karmāṇaḥ 16.9
prādhānyataḥ kuru-śreṣṭha 10.19
prahlādaś cāsmi daityānāṁ 10.30
prajahāti yadā kāmān 2.55
prajanaś cāsmi kandarpaḥ 10.28

prakāśaṁ ca pravṛttiṁ ca 14.22
prakṛteḥ kriyamāṇāni 3.27
prakṛter guṇa-sammūḍhāḥ 3.29
prakṛtiṁ puruṣaṁ caiva 13.1
prakṛtiṁ puruṣaṁ caiva 13.20

prakṛtiṁ svām adhiṣṭhāya 4.6
prakṛtiṁ svām avaṣṭabhya 9.8
prakṛtiṁ yānti bhūtāni 3.33
prakṛtyaiva ca karmāṇi 13.30
pralapan visṛjan gṛhṇann 5.9

pramādālasya-nidrābhis 14.8
pramāda-mohau tamaso 14.17
praṇamya śirasā devaṁ 11.14
prāṇāpāna-gatī ruddhvā 4.29
prāṇāpāna-samāyuktaḥ 15.14

prāṇāpānau samau kṛtvā 5.27
praṇavaḥ sarva-vedeṣu 7.8
prāpya puṇya-kṛtāṁ lokān 6.41
prasāde sarva-duḥkhānāṁ 2.65
prasaktāḥ kāma-bhogeṣu 16.16

prasaṅgena phalākāṅkṣī 18.34
prasanna-cetaso hy āśu 2.65
praśānta-manasaṁ hy enaṁ 6.27
praśāntātmā vigata-bhīr 6.14
praśaste karmaṇi tathā 17.26

pratyakṣāvagamaṁ dharmyaṁ 9.2
pravartante vidhānoktāḥ 17.24
pravṛtte śastra-sampāte 1.20
pravṛttiṁ ca nivṛttiṁ ca 16.7
pravṛttiṁ ca nivṛttiṁ ca 18.30

prayāṇa-kāle ca kathaṁ 8.2
prayāṇa-kāle manasācalena 8.10
prayāṇa-kāle 'pi ca māṁ 7.30
prayātā yānti taṁ kālaṁ 8.23
prayatnād yatamānas tu 6.45

pretān bhūta-gaṇāṁś cānye 17.4
priyo hi jñānino 'tyartham 7.17
procyamānam aśeṣeṇa 18.29
procyate guṇa-saṅkhyāne 18.19
pṛthaktvena tu yaj jñānaṁ 18.21

puṇyo gandhaḥ pṛthivyāṁ ca 7.9
purodhasāṁ ca mukhyaṁ 10.24
purujit kuntibhojaś ca 1.5
puruṣaḥ prakṛti-stho hi 13.22
puruṣaḥ sa paraḥ pārtha 8.22

puruṣaḥ sukha-duḥkhānāṁ 13.21
puruṣaṁ śāśvataṁ divyam 10.12
pūrvābhyāsena tenaiva 6.44
puṣṇāmi cauṣadhīḥ sarvāḥ 15.13
rāga-dveṣa-vimuktais tu 2.64

rāgī karma-phala-prepsur 18.27
rajaḥ sattvaṁ tamaś caiva 14.10
rājan saṁsmṛtya saṁsmṛtya 18.76
rajasas tu phalaṁ duḥkham 14.16
rajasi pralayaṁ gatvā 14.15

rajas tamaś cābhibhūya 14.10
rajasy etāni jāyante 14.12
rāja-vidyā rāja-guhyaṁ 9.2
rajo rāgātmakaṁ viddhi 14.7
rakṣāṁsi bhītāni diśo dravanti 11.36

rākṣasīm āsurīṁ caiva 9.12
rasa-varjaṁ raso 'py asya 2.59
raso 'ham apsu kaunteya 7.8
rasyāḥ snigdhāḥ sthirā hṛdyā 17.8
rātriṁ yuga-sahasrāntāṁ 8.17

rātry-āgame pralīyante 8.18
rātry-āgame 'vaśaḥ pārtha 8.19
ṛṣibhir bahudhā gītaṁ 13.5
ṛte 'pi tvāṁ na bhaviṣyanti 11.32
rudrādityā vasavo ye ca 11.22

rudrāṇāṁ śaṅkaraś cāsmi 10.23
rūpaṁ mahat te bahu-vaktra- 11.23
śabdādīn viṣayāṁs tyaktvā 18.51
śabdādīn viṣayān anya 4.26
sa brahma-yoga-yuktātmā 5.21

sa buddhimān manuṣyeṣu 4.18
sa ca yo yat-prabhāvaś ca 13.4
sad-bhāve sādhu-bhāve ca 17.26
sādhibhūtādhidaivaṁ māṁ 7.30
sādhur eva sa mantavyaḥ 9.30

sādhuṣv api ca pāpeṣu 6.9
sadṛśaṁ ceṣṭate svasyāḥ 3.33
sa evāyaṁ mayā te 'dya 4.3
sa ghoṣo dhārtarāṣṭrāṇāṁ 1.19
sa guṇān samatītyaitān 14.26

saha-jaṁ karma kaunteya 18.48
sahasaivābhyahanyanta 1.13
sahasra-yuga-paryantam 8.17
saha-yajñāḥ prajāḥ sṛṣṭvā 3.10
sa kāleneha mahatā 4.2

sakheti matvā prasabhaṁ yad 11.41
śaknotīhaiva yaḥ soḍhuṁ 5.23
sa kṛtvā rājasaṁ tyāgaṁ 18.8
saktāḥ karmaṇy avidvāṁso 3.25
śakya evaṁ-vidho draṣṭuṁ 11.53

samādhāv acalā buddhis 2.53
sama-duḥkha-sukhaḥ sva- 14.24
sama-duḥkha-sukhaṁ dhīraṁ 2.15
samaḥ sarveṣu bhūteṣu 18.54
samaḥ śatrau ca mitre ca 12.18

samaḥ siddhāv asiddhau ca 4.22
samaṁ kāya-śiro-grīvaṁ 6.13
samaṁ paśyan hi sarvatra 13.29
samaṁ sarveṣu bhūteṣu 13.28
samāsenaiva kaunteya 18.50

sambhavaḥ sarva-bhūtānāṁ 14.3
sambhāvitasya cākīrtir 2.34
śamo damas tapaḥ śaucaṁ 18.42
samo 'haṁ sarva-bhūteṣu 9.29
samprekṣya nāsikāgraṁ svaṁ 6.13

saṁvādam imam aśrauṣam 18.74
śanaiḥ śanair uparamed 6.25
saṅgaṁ tyaktvā phalaṁ caiva 18.9
saṅgāt sañjāyate kāmaḥ 2.62
sa niścayena yoktavyo 6.24

saṅkalpa-prabhavān kāmāṁs 6.24
saṅkarasya ca kartā syām 3.24
aṅkaro narakāyaiva 1.41
sāṅkhya-yogau pṛthag bālāḥ 5.4
ssāṅkhye kṛtānte proktāni 18.13

sanniyamyendriya-grāmaṁ 12.4
sannyāsaḥ karma-yogaś ca 5.2
sannyāsaṁ karmaṇāṁ kṛṣṇa 5.1
sannyāsas tu mahā-bāho 5.6
sannyāsasya mahā-bāho 18.1

sannyāsa-yoga-yuktātmā 9.28
śāntiṁ nirvāṇa-paramāṁ 6.15
santuṣṭaḥ satataṁ yogī 12.14
sargāṇām ādir antaś ca 10.32
sarge 'pi nopajāyante 14.2

śārīraṁ kevalaṁ karma 4.21
śarīraṁ yad avāpnoti 15.8
śarīra-stho 'pi kaunteya 13.32
śarīra-vāṅ-manobhir yat 18.15
śarīra-yātrāpi ca te 3.8

sarva-bhūtāni kaunteya 9.7
sarva-bhūtāni sammohaṁ 7.27
sarva-bhūta-stham ātmānaṁ 6.29
sarva-bhūta-sthitaṁ yo māṁ 6.31
sarva-bhūtātma-bhūtātmā 5.7

sarva-bhūteṣu yenaikaṁ 18.20
sarva-dharmān parityajya 18.66
sarva-dvārāṇi saṁyamya 8.12
sarva-dvāreṣu dehe 'smin 14.11
sarva-guhyatamaṁ bhūyaḥ 18.64

sarva-jñāna-vimūḍhāṁs tān 3.32
sarva-karmāṇi manasā 5.13
sarva-karmāṇy api sadā 18.56
sarva-karma-phala-tyāgaṁ 12.11
sarva-karma-phala-tyāgaṁ 18.2

sarvam etad ṛtaṁ manye 10.14
sarvaṁ jñāna-plavenaiva 4.36
sarvaṁ karmākhilaṁ pārtha 4.33
sarvāṇīndriya-karmāṇi 4.27
sarvārambhā hi doṣeṇa 18.48

sarvārambha-parityāgī 12.16
sarvārambha-parityāgī 14.25
sarvārthān viparītāṁś ca 18.32
sarva-saṅkalpa-sannyāsī 6.4
sarvāścarya-mayaṁ devam 11.11

sarvasya cāhaṁ hṛdi sanniviṣṭo 15.15
sarvasya dhātāram acintya- 8.9
sarvataḥ pāṇi-pādaṁ tat 13.14
sarvataḥ śrutimal loke 13.14
sarvathā vartamāno 'pi 6.31

sarvathā vartamāno 'pi 13.24
sarvatra-gam acintyaṁ ca 12.3
sarvatrāvasthito dehe 13.33
sarva-yoniṣu kaunteya 14.4
sarvendriya-guṇābhāsaṁ 13.15

sarve 'py ete yajña-vido 4.30
sa sannyāsī ca yogī ca 6.1
sa sarva-vid bhajati māṁ 15.19
śāśvatasya ca dharmasya 14.27
satataṁ kīrtayanto māṁ 9.14

sa tayā śraddhayā yuktas 7.22
satkāra-māna-pūjārthaṁ 17.18
sattvaṁ prakṛti-jair muktaṁ 18.40
sattvaṁ rajas tama iti 14.5
sattvaṁ sukhe sañjayati 14.9

sattvānurūpā sarvasya 17.3
sattvāt sañjāyate jñānaṁ 14.17
sāttvikī rājasī caiva 17.2
saubhadraś ca mahā-bāhuḥ 1.18
saubhadro draupadeyāś ca 1.6

śauryaṁ tejo dhṛtir dākṣyaṁ 18.43
sa yat pramāṇaṁ kurute 3.21
sa yogī brahma-nirvāṇaṁ 5.24
senānīnām ahaṁ skandaḥ 10.24
senayor ubhayor madhye 1.21

senayor ubhayor madhye 1.24
senayor ubhayor madhye 2.10
sīdanti mama gātrāṇi 1.28
siddhiṁ prāpto yathā brahma 18.50
siddhy-asiddhyoḥ samo bhūtvā 2.48

siddhy-asiddhyor nirvikāraḥ 18.26
siṁha-nādaṁ vinadyoccaiḥ 1.12
śītoṣṇa-sukha-duḥkheṣu 6.7
śītoṣṇa-sukha-duḥkheṣu 12.18
smṛti-bhraṁśād buddhi-nāśo 2.63

so 'pi muktaḥ śubhāl lokān 18.71
so 'vikalpena yogena 10.7
sparśān kṛtvā bahir bāhyāṁś 5.27
śraddadhānā mat-paramā 12.20
śraddhā-mayo 'yaṁ puruṣo 17.3

śraddhāvāl labhate jñānaṁ 4.39
śraddhāvān anasūyaś ca 18.71
śraddhāvān bhajate yo māṁ 6.47
śraddhāvanto 'nasūyanto 3.31
śraddhā-virahitaṁ yajñaṁ 17.13

śraddhayā parayā taptaṁ 17.17
śraddhayā parayopetās 12.2
śreyān dravya-mayād yajñāj 4.33
śreyān sva-dharmo viguṇaḥ 3.35
śreyān sva-dharmo viguṇaḥ 18.47

śreyo hi jñānam abhyāsāj 12.12
śrotrādīnīndriyāṇy anye 4.26
śrotraṁ cakṣuḥ sparśanaṁ ca 15.9
śruti-vipratipannā te 2.53
sthāne hṛṣīkeśa tava prakīrtyā 11.36

sthira-buddhir asammūḍho 5.20
sthita-dhīḥ kiṁ prabhāṣeta 2.54
sthita-prajñasya kā bhāṣā 2.54
sthito 'smi gata-sandehaḥ 18.73
sthitvāsyām anta-kāle 'pi 2.72

strīṣu duṣṭāsu vārṣṇeya 1.40
striyo vaiśyās tathā śūdrās 9.32
śubhāśubha-parityāgī 12.17
śubhāśubha-phalair evaṁ 9.28
śucau deśe pratiṣṭhāpya 6.11

śucīnāṁ śrīmatāṁ gehe 6.41
su-durdarśam idaṁ rūpaṁ 11.52
suhṛdaṁ sarva-bhūtānāṁ 5.29
suhṛn-mitrāry-udāsīna- 6.9
sukha-duḥkhe same kṛtvā 2.38

sukham ātyantikaṁ yat tad 6.21
sukhaṁ duḥkhaṁ bhavo 10.4
sukhaṁ tv idānīṁ tri-vidhaṁ 18.36
sukhaṁ vā yadi vā duḥkhaṁ 6.32
sukha-saṅgena badhnāti 14.6

sukhena brahma-saṁsparśam 6.28
sukhinaḥ kṣatriyāḥ pārtha 2.32
śukla-kṛṣṇe gatī hy ete 8.26
sūkṣmatvāt tad avijñeyaṁ 13.16
śuni caiva śva-pāke ca 5.18

svabhāva-jena kaunteya 18.60
svabhāva-niyataṁ karma 18.47
sva-dharmam api cāvekṣya 2.31
sa-dharme nidhanaṁ śreyaḥ 3.35
svādhyāyābhyasanaṁ caiva 17.15

svādhyāya-jñāna-yajñāś ca 4.28
sva-janaṁ hi kathaṁ hatvā 1.36
sva-karmaṇā tam abhyarcya 18.46
sva-karma-nirataḥ siddhiṁ 18.45
sv-alpam apy asya dharmasya 2.40

svastīty uktvā maharṣi-siddha- 11.21
śvaśurān suhṛdaś caiva 1.26
svayam evātmanātmānaṁ 10.15
sve sve karmaṇy abhirataḥ 18.45
tac ca saṁsmṛtya saṁsmṛtya 18.77

tadā gantāsi nirvedaṁ 2.52
tad ahaṁ bhakty-upahṛtam 9.26
tad-arthaṁ karma kaunteya 3.9
tad asya harati prajñāṁ 2.67
tad-buddhayas tad-ātmānas 5.17

tad ekaṁ vada niścitya 3.2
tad eva me darśaya deva 11.45
tad ity anabhisandhāya 17.25
tadottama-vidāṁ lokān 14.14
tadvat kāmā yaṁ praviśanti 2.70

tad viddhi praṇipātena 4.34
ta ime 'vasthitā yuddhe 1.33
tair dattān apradāyaibhyo 3.12
tamas tv ajñāna-jaṁ viddhi 14.8
tamasy etāni jāyante 14.13

tam eva cādyaṁ puruṣaṁ 15.4
tam eva śaraṇaṁ gaccha 18.62
taṁ tam evaiti kaunteya 8.6
taṁ taṁ niyamam āsthāya 7.20
taṁ tathā kṛpayāviṣṭam 2.1

tam uvāca hṛṣīkeśaḥ 2.10
taṁ vidyād duḥkha-saṁyoga- 6.23
tān ahaṁ dviṣataḥ krūrān 16.19
tān akṛtsna-vido mandān 3.29
tāni sarvāṇi saṁyamya 2.61

tan nibadhnāti kaunteya 14.7
tān samīkṣya sa kaunteyaḥ 1.27
tāny ahaṁ veda sarvāṇi 4.5
tapāmy aham ahaṁ varṣaṁ 9.19
tapasvibhyo 'dhiko yogī 6.46

tāsāṁ brahma mahad yonir 14.4
tasmāc chāstraṁ pramāṇaṁ 16.24
tasmād ajñāna-sambhūtaṁ 4.42
tasmād aparihārye 'rthe 2.27
tasmād asaktaḥ satataṁ 3.19

tasmād evaṁ viditvainaṁ 2.25
tasmād oṁ ity udāhṛtya 17.24
tasmād uttiṣṭha kaunteya 2.37
tasmād yasya mahā-bāho 2.68
tasmād yogāya yujyasva 2.50

tasmān nārhā vayaṁ hantuṁ 1.36
tasmāt praṇamya praṇidhāya 11.44
tasmāt sarva-gataṁ brahma 3.15
tasmāt sarvāṇi bhūtāni 2.30
tasmāt sarveṣu kāleṣu 8.7

tasmāt sarveṣu kāleṣu 8.27
tasmāt tvam indriyāṇy ādau 3.41
tasmāt tvam uttiṣṭha yaśo 11.33
tasyāhaṁ na praṇaśyāmi 6.30
tasyāhaṁ nigrahaṁ manye 6.34

tasyāhaṁ sulabhaḥ pārtha 8.14
tasya kartāram api māṁ 4.13
tasya sañjanayan harṣaṁ 1.12
tasya tasyācalāṁ śraddhāṁ 7.21
tata eva ca vistāraṁ 13.31

tataḥ padaṁ tat 15.4
tataḥ śaṅkhāś ca bheryaś ca 1.13
tataḥ sa vismayāviṣṭo 11.14
tataḥ sva-dharmaṁ kīrtiṁ ca 2.33
tataḥ śvetair hayair yukte 1.14

tatas tato niyamyaitad 6.26
tathā dehāntara-prāptir 2.13
tathaiva nāśāya viśanti lokās 11.29
tathāpi tvaṁ mahā-bāho 2.26
tathā pralīnas tamasi 14.15

tathā śarīrāṇi vihāya jīrṇāny 2.22
tathā sarvāṇi bhūtāni 9.6
tathā tavāmī nara-loka-vīrā 11.28
tat kiṁ karmaṇi ghore māṁ 3.1
tat kṣetraṁ yac ca yādṛk ca 13.4

tato māṁ tattvato jñātvā 18.55
tato yuddhāya yujyasva 2.38
tat-prasādāt parāṁ śāntiṁ 18.62
tatra cāndramasaṁ jyotir 8.25
tatraikāgraṁ manaḥ kṛtvā 6.12

tatraika-sthaṁ jagat kṛtsnaṁ 11.13
tatraivaṁ sati kartāram 18.16
tatrāpaśyat sthitān pārthaḥ 1.26
tatra prayātā gacchanti 8.24
tatra sattvaṁ nirmalatvāt 14.6

tatra śrīr vijayo bhūtir 18.78
tatra taṁ buddhi-saṁyogaṁ 6.43
tat sukhaṁ sāttvikaṁ proktam 18.37
tat svayaṁ yoga-saṁsiddhaḥ 4.38
tat tad evāvagaccha tvaṁ 10.41

tat te karma pravakṣyāmi 4.16
tattva-vit tu mahā-bāho 3.28
tāvān sarveṣu vedeṣu 2.46
tayor na vaśam āgacchet 3.34
tayos tu karma-sannyāsāt 5.2

te brahma tad viduḥ kṛtsnam 7.29
te dvandva-moha-nirmuktā 7.28
tejaḥ kṣamā dhṛtiḥ śaucam 16.3
tejobhir āpūrya jagat 11.30
tejo-mayaṁ viśvam anantam 11.47

tenaiva rūpeṇa catur-bhujena 11.46
te 'pi cātitaranty eva 13.26
te 'pi mām eva kaunteya 9.23
te prāpnuvanti mām eva 12.4
te puṇyam āsādya surendra- 9.20

teṣām āditya-vaj jñānaṁ 5.16
teṣām ahaṁ samuddhartā 12.7
teṣām evānukampārtham 10.11
teṣāṁ jñānī nitya-yukta 7.17
teṣāṁ niṣṭhā tu kā kṛṣṇa 17.1

teṣāṁ nityābhiyuktānāṁ 9.22
teṣāṁ satata-yuktānāṁ 10.10
te taṁ bhuktvā svarga-lokaṁ 9.21
trai-guṇya-viṣayā vedā 2.45
trai-vidyā māṁ soma-pāḥ- 9.20

tribhir guṇa-mayair bhāvair 7.13
tri-vidhā bhavati śraddhā 17.2
tri-vidhaṁ narakasyedaṁ 16.21
tulya-nindā-stutir maunī 12.19
tulya-priyāpriyo dhīras 14.24

tvad-anyaḥ saṁśayasyāsya 6.39
tvam ādi-devaḥ puruṣaḥ 11.38
tvam akṣaraṁ paramaṁ 11.18
tvam avyayaḥ śāśvata-dharma- 11.18
tvattaḥ kamala-patrākṣa 11.2

tyāgasya ca hṛṣīkeśa 18.1
tyāgī sattva-samāviṣṭo 18.10
tyāgo hi puruṣa-vyāghra 18.4
tyājyaṁ doṣa-vad ity eke 18.3
tyaktvā dehaṁ punar janma 4.9

tyaktvā karma-phalāsaṅgaṁ 4.20
ubhau tau na vijānīto 2.19
ubhayor api dṛṣṭo 'ntas 2.16
uccaiḥśravasam aśvānāṁ 10.27
ucchiṣṭam api cāmedhyaṁ 17.10

udārāḥ sarva evaite 7.18
udāsīna-vad āsīnam 9.9
udāsīna-vad āsīno 14.23
uddhared ātmanātmānaṁ 6.5
upadekṣyanti te jñānaṁ 4.34

upadraṣṭānumantā ca 13.23
upaiti śānta-rajasaṁ 6.27
upaviśyāsane yuñjyād 6.12
ūrdhvaṁ gacchanti sattva-sthā 14.18
ūrdhva-mūlam adhaḥ-śākham 15.1

utkrāmantaṁ sthitaṁ vāpi 15.10
utsādyante jāti-dharmāḥ 1.42
utsanna-kula-dharmāṇāṁ 1.43
utsīdeyur ime lokā 3.24
uttamaḥ puruṣas tv anyaḥ 15.17

uvāca pārtha paśyaitān 1.25
vaktrāṇi te tvaramāṇā viśanti 11.27
vaktum arhasy aśeṣeṇa 10.16
vāsāṁsi jīrṇāni yathā vihāya 2.22
vaśe hi yasyendriyāṇi 2.61

vāsudevaḥ sarvam iti 7.19
vasūnāṁ pāvakaś cāsmi 10.23
vaśyātmanā tu yatatā 6.36
vāyur yamo 'gnir varuṇaḥ 11.39
vedāhaṁ samatītāni 7.26

vedaiś ca sarvair aham eva 15.15
vedānāṁ sāma-vedo 'smi 10.22
veda-vāda-ratāḥ pārtha 2.42
vedāvināśinaṁ nityaṁ 2.21
vedeṣu yajñeṣu tapaḥsu caiva 8.28

vedyaṁ pavitram oṁkāra 9.17
vepathuś ca śarīre me 1.29
vettāsi vedyaṁ ca paraṁ ca 11.38
vetti sarveṣu bhūteṣu 18.21
vetti yatra na caivāyaṁ 6.21

vidhi-hīnam asṛṣṭānnaṁ 17.13
vidyā-vinaya-sampanne 5.18
vigatecchā-bhaya-krodho 5.28
vihāya kāmān yaḥ sarvān 2.71
vijñātum icchāmi bhavantam 11.31

vikārāṁś ca guṇāṁś caiva 13.20
vimṛśyaitad aśeṣeṇa 18.63
vimucya nirmamaḥ śānto 18.53
vimūḍhā nānupaśyanti 15.10
vināśam avyayasyāsya 2.17

vinaśyatsv avinaśyantaṁ 13.28
viṣādī dīrgha-sūtrī ca 18.28
viṣayā vinivartante 2.59
viṣayendriya-saṁyogād 18.38
viṣīdantam idaṁ vākyam 2.1

vismayo me mahān rājan 18.77
visṛjya sa-śaraṁ cāpaṁ 1.46
viṣṭabhyāham idaṁ kṛtsnam 10.42
vistareṇātmano yogaṁ 10.18
vīta-rāga-bhaya-krodhā 4.10

vīta-rāga-bhaya-krodhaḥ 2.56
vivasvān manave prāha 4.1
vividhāś ca pṛthak ceṣṭā 18.14
vivikta-deśa-sevitvam 13.11
vivikta-sevī laghv-āśī 18.52

vṛṣṇīnāṁ vāsudevo 'smi 10.37
vyāmiśreṇeva vākyena 3.2
vyapeta-bhīḥ prīta-manāḥ 11.49
vyāsa-prasādāc chrutavān 18.75
vyavasāyātmikā buddhiḥ 2.44

vyavasāyātmikā buddhir 2.41
vyūḍhāṁ drupada-putreṇa 1.3
yābhir vibhūtibhir lokān 10.16
yac candramasi yac cāgnau 15.12
yac cāpi sarva-bhūtānāṁ 10.39

yac cāvahāsārtham asat-kṛto 11.42
yac chreya etayor ekaṁ 5.1
yac chreyaḥ syān niścitaṁ brūhi 2.7
yadā bhūta-pṛthag-bhāvam 13.31
yad āditya-gataṁ tejo 15.12

yad agre cānubandhe ca 18.39
yad ahaṅkāram āśritya 18.59
yadā hi nendriyārtheṣu 6.4
yad akṣaraṁ veda-vido vadanti 8.11
yadā saṁharate cāyaṁ 2.58

yadā sattve pravṛddhe tu 14.14
yadā te moha-kalilaṁ 2.52
yadā viniyataṁ cittam 6.18
yadā yadā hi dharmasya 4.7
yad gatvā na nivartante 15.6

yadi bhāḥ sadṛśī sā syād 11.12
yad icchanto brahmacaryaṁ 8.11
yadi hy ahaṁ na varteyaṁ 3.23
yadi mām apratīkāram 1.45
yad rājya-sukha-lobhena 1.44

yadṛcchā-lābha-santuṣṭo 4.22
yadṛcchayā copapannaṁ 2.32
yad yad ācarati śreṣṭhas 3.21
yad yad vibhūtimat sattvaṁ 10.41
yady apy ete na paśyanti 1.37

ya enaṁ vetti hantāraṁ 2.19
ya evaṁ vetti puruṣaṁ 13.24

yaḥ paśyati tathātmānam 13.30
yaḥ prayāti sa mad-bhāvaṁ 8.5
yaḥ prayāti tyajan dehaṁ 8.13
yaḥ sarvatrānabhisnehas 2.57
yaḥ sa sarveṣu bhūteṣu 8.20

yaḥ śāstra-vidhim utsṛjya 16.23
ya idaṁ paramaṁ guhyaṁ 18.68
yajante nāma-yajñais te 16.17
yajante sāttvikā devān 17.4
yaj jñātvā munayaḥ sarve 14.1

yaj jñātvā na punar moham 4.35
yaj jñātvā neha bhūyo 'nyaj 7.2
yajña-dāna-tapaḥ-karma 18.3
yajña-dāna-tapaḥ-karma 18.5
yajñād bhavati parjanyo 3.14

yajñānāṁ japa-yajño 'smi 10.25
yajñārthāt karmaṇo 'nyatra 3.9
yajña-śiṣṭāmṛta-bhujo 4.30
yajña-śiṣṭāśinaḥ santo 3.13
yajñas tapas tathā dānaṁ 17.7

yajñāyācarataḥ karma 4.23
yajñe tapasi dāne ca 17.27
yajño dānaṁ tapaś caiva 18.5
yakṣye dāsyāmi modiṣya 16.15
yaṁ hi na vyathayanty ete 2.15

yām imāṁ puṣpitāṁ vācaṁ 2.42
yaṁ labdhvā cāparaṁ lābhaṁ 6.22
yaṁ prāpya na nivartante 8.21
yaṁ sannyāsam iti prāhur 6.2
yaṁ yaṁ vāpi smaran bhāvaṁ 8.6

yān eva hatvā na jijīviṣāmas 2.6
yā niśā sarva-bhūtānāṁ 2.69
yānti deva-vratā devān 9.25
yas tu karma-phala-tyāgī 18.11
yas tv ātma-ratir eva syād 3.17

yas tv indriyāṇi manasā 3.7
yasmān nodvijate loko 12.15
yasmāt kṣaram atīto 'ham 15.18
yasmin sthito na duḥkhena 6.22
yaṣṭavyam eveti manaḥ 17.11

yasyāṁ jāgrati bhūtāni 2.69
yasya nāhaṅkṛto bhāvo 18.17
yasyāntaḥ-sthāni bhūtāni 8.22
yasya sarve samārambhāḥ 4.19
yataḥ pravṛttir bhūtānāṁ 18.46

yatanto 'py akṛtātmāno 15.11
yatanto yoginaś cainaṁ 15.11
yatatām api siddhānāṁ 7.3
yatate ca tato bhūyaḥ 6.43
yatato hy api kaunteya 2.60

yāta-yāmaṁ gata-rasaṁ 17.10
yatendriya-mano-buddhir 5.28
yathā dīpo nivāta-stho 6.19
yathaidhāṁsi samiddho 'gnir 4.37
yathākāśa-sthito nityaṁ 9.6

yathā nadīnāṁ bahavo 'mbu- 11.28
yathā pradīptaṁ jvalanaṁ 11.29
yathā prakāśayaty ekaḥ 13.34
yathā sarva-gataṁ saukṣmyād 13.33
yatholbenāvṛto garbhas 3.38

yat karoṣi yad aśnāsi 9.27
yato yato niścalati 6.26

yatra caivātmanātmānaṁ 6.20
yatra kāle tv anāvṛttim 8.23
yatra yogeśvaraḥ kṛṣṇo 18.78
yatroparamate cittaṁ 6.20
yat sāṅkhyaiḥ prāpyate sthānaṁ 5.5

yat tad agre viṣam iva 18.37
yat tapasyasi kaunteya 9.27
yat te 'haṁ prīyamāṇāya 10.1
yat tu kāmepsunā karma 18.24
yat tu kṛtsna-vad ekasmin 18.22

yat tu pratyupakārārthaṁ 17.21
yat tvayoktaṁ vacas tena 11.1
yāvad etān nirīkṣe 'haṁ 1.21
yāvān artha udapāne 2.46
yāvat sañjāyate kiñcit 13.27

yayā dharmam adharmaṁ ca 18.31
yayā svapnaṁ bhayaṁ śokaṁ 18.35
yayā tu dharma-kāmārthān 18.34
ye bhajanti tu māṁ bhaktyā 9.29
ye caiva sāttvikā bhāvā 7.12

ye cāpy akṣaram avyaktaṁ 12.1
ye hi saṁsparśa-jā bhogā 5.22
ye me matam idaṁ nityam 3.31
yena bhūtāny aśeṣāṇi 4.35
ye 'py anya-devatā-bhaktā 9.23

yeṣām arthe kāṅkṣitaṁ no 1.32
yeṣāṁ ca tvaṁ bahu-mato 2.35
yeṣāṁ tv anta-gataṁ pāpaṁ 7.28
ye śāstra-vidhim utsṛjya 17.1
ye tu dharmāmṛtam idaṁ 12.20

ye tu sarvāṇi karmāṇi 12.6
ye tv akṣaram anirdeśyam 12.3
ye tv etad abhyasūyanto 3.32
ye yathā māṁ prapadyante 4.11
yogaṁ yogeśvarāt kṛṣṇāt 18.75

yogārūḍhasya tasyaiva 6.3
yoga-sannyasta-karmāṇaṁ 4.41
yoga-sthaḥ kuru karmāṇi 2.48
yoga-yukto munir brahma 5.6
yoga-yukto viśuddhātmā 5.7

yogenāvyabhicāriṇyā 18.33
yogeśvara tato me tvaṁ 11.4
yoginaḥ karma kurvanti 5.11
yoginām api sarveṣāṁ 6.47
yogino yata-cittasya 6.19

yogī yuñjīta satatam 6.10
yo loka-trayam āviśya 15.17
yo mām ajam anādiṁ ca 10.3
yo mām evam asammūḍho 15.19
yo māṁ paśyati sarvatra 6.30

yo na hṛṣyati na dveṣṭi 12.17
yo 'ntaḥ-sukho 'ntar-ārāmas 5.24
yotsyamānān avekṣe 'haṁ 1.23
yo 'yaṁ yogas tvayā proktaḥ 6.33
yo yo yāṁ yāṁ tanuṁ bhaktaḥ 7.21

yudhāmanyuś ca vikrānta 1.6
yuktāhāra-vihārasya 6.17
yuktaḥ karma-phalaṁ tyaktvā 5.12
yukta ity ucyate yogī 6.8
yukta-svapnāvabodhasya 6.17

yuñjann evaṁ sadātmānaṁ 6.15, 6.28
yuyudhāno virāṭaś ca 1.4

REGISTER

NUMMERS IN VETTE letter verwijzen naar de vertalingen van de teksten van de *Bhagavad-gītā* en nummers in romein naar de commentaren. Nummers in cursief verwijzen naar paginanummers.

A

Aanvallen, straf voor, 1.36
Aanvallers, zes soorten van, 1.36
Aarde, element. *Zie:* Element(en)
Aarde, planeet, *18*, 15.2
bereiken van, door hoedanigheid hartstocht, **14.18**
koningen van, 1.16-18, 4.1, 6.43
namen van, 6.43
strijd om heerschappij over, 18.78
val naar, **9.21**
Abhayam. Zie: Onbevreesdheid
Abhimanyu (zoon van Subhadrā), **1.6**, **1.16-18**
Absolute Waarheid
als *ānanda-mayo 'bhyāsāt*, 7.24
aspecten van, vergeleken met de zonneschijn, het zonneoppervlak en de zonneplaneet, 2.2
bereikt door overgave, 2.39
besef van. *Zie:* Godsrealisatie
als bron van alles, 7.10
als doel van offer, **17.26-27**
filosofisch zoeken naar, als kennis, **13.8-12**
Heer als, **7.7**-7
in Kṛṣṇa-bewustzijn, 3.3
kenner van, **3.28**-28
kennis over, **5.20**
Zie: Kennis, spirituele, over de Absolute Waarheid
Kṛṣṇa als, 2.2, 6.38, 7.4, 7.7, 9.34, 10.3, **10.12-13**, 11.54, 18.78
als *oṁ tat sat*, **17.23**-23
onderzoek doen naar, begin van het mens-zijn, *5*
onpersoonlijke opvatting van, 4.25, 7.7, 7.13, 11.52
opvattingen van, drie, 2.2, 5.17, 5.20, 7.1, 7.15, 7.24, 8.1, 13.8-12, 14.27, 18.78
als persoonlijk, *12*, 4.10, **7.7**
rekenkunde van de, 4.35
speculeren over, 15.19
studenten van, typen van, 2.2
Zie: Kṛṣṇa; Allerhoogste Heer
vergeleken met de zon en haar aspecten, 2.2
als volkomen geheel, *13*
vormen van, *13*, 4.10, 7.7
Ācārya('s), *2-3*, *14*, 6.42
definitie van, 3.21
Zie: Opeenvolging van discipelen; Spiritueel leraar (leraren); *specifieke ācārya's*
Acintya
definitie van, 8.9
Kṛṣṇa als, **8.9**-9
Acintya-bhedābheda-tattva, 7.8
Activiteit(en)
aanwijzingen, volgens & niet volgens, kennis over, **18.30**-30
als plicht, **3.19-20**
bepaald door lichaam, 13.21, **13.30**-30
devotionele. *Zie:* Devotionele dienst
in devotionele dienst, **3.26**-26, **4.19-23**, 5.1. *Zie:* Devotionele dienst
devotionele dienst zuivert, **5.11**
doel van, Heer als, 17.28, 18.65
eigenschappen van, voor *brāhmaṇa's*, *kṣatriya's*, *vaiśya's*, & *śūdra's*, **18.42-44**
factoren die leiden tot, drie, **18.18**
factoren van, vijf
lijst van, **18.14**, 18.16
onwetendheid over, **18.16**
met geest & intelligentie, *24*
met gehechtheid aan resultaten, **18.27**
geleid door veda's, **3.15**-15
gereguleerd, **6.17**
gereguleerd & zonder gehechtheid, **18.23**
gezuiverde door devotionele dienst, **5.11**
goede & slechte, **18.15**-15
goedheid, in de hoedanigheid, **18.23**
gunstige & ongunstige
devotionele dienst ontstegen aan, 10.3
onthechting van, **18.10-11**
gunstige en ongunstige, devotionele dienst &, 10.3
& hard werken, in de hoedanigheid hartstocht, 14.7, **14.12**-12
hartstocht, in de hoedanigheid, 14.7, **18.24**, **18.27**
Heer als doel van, 17.28
hoedanigheden &, **3.5**-5, **4.13**-13, 14.7, **14.16**-16, **18.22**, **18.25**-25
in de hoedanigheden goedheid, hartstocht, & onwetendheid, **14.16**-16, 16.1-3, 17.2, **18.23-25**
in de hoedanigheid goedheid, **18.23**
in de hoedanigheid hartstocht, 14.7, **18.24**, **18.27**
in de hoedanigheid onwetendheid, **18.22**, **18.25**-25
Activiteit(en) (*vervolg*)
& inactiviteit, **4.16-41**
in illusie & zonder acht te slaan op de voorschriften in de geschriften, zichzelf of anderen, **18.25**-25
in inactiviteit, **4.18**
in kennis, 5.1
van Kṛṣṇa, **4.14-15**
in Kṛṣṇa-bewustzijn, **4.14-42**, **5.1-29**, **6.1**-4, **6.17**, 6.20-23, **9.27-28**, 12.2, 18.13-14
als nodig, **4.15-16**
buddhi-yoga als, 10.10
vergeleken met onthechting van activiteit, **6.1**-1
Zie: Devotionele dienst
Kṛṣṇa de werkelijke oorzaak van, 4.21
Kṛṣṇa moet herinnerd worden door, 18.65
Kṛṣṇa niet gebonden door, **9.9**-9
onder Kṛṣṇa's leiding, 3.9
'kunst van,' 3.9
lichaam, natuur, &, 14.5
lichaam onderhouden door, **3.8**-8, 3.9
materialistische filosofie van, 3.16
materiële, als *karma*, **8.3**
Zie: Karma
als middel voor beginneling in yoga, **6.3**-3
nodig, **3.5-9**
als offer aan Kṛṣṇa, **9.27-28**
omwille van de Heer, 17.23-25, 18.1, 18.7-11
als onderdeel van activiteit, **18.18**
onderdelen van, 18.18
onderdelen van, drie, **18.18**
onjuiste
vergeleken met vuur bedekt door rook, **18.48**-48
verwerping van, afgeraden, **18.48**-48
in onthechting, **4.18-24**
Heer bereikt door, **3.19**
onthechting van, 3.43
als onjuist, **3.4-33**
vergeleken met devotionele dienst, **5.1-13**
onthechting van de resultaten van, **18.2**. *Zie:* Onthechting
onverantwoordelijke & destructieve, in de hoedanigheid onwetendheid, **18.25**-25
onwetendheid, in de hoedanigheid, **18.22**, **18.25**-25

Activiteit(en) (*vervolg*)
onzuivere, in de hoedanigheid hartstocht, **18.27**
oorzaken van, vijf, 5.8-9, **18.13-16**
overeenkomstig iemands natuur
omwille van Kṛṣṇa, 18.46-48
onthechting van, afgeraden, **18.47-48**
pravṛtti, 18.30
reacties voor
Heer ontstegen aan, **4.14**-14
Zie: Karma
opgebrand door vuur van kennis, **4.19**
toegewijde ontstegen aan, **5.7-14**
vrijheid van, 4.14, **4.18-24**
resultaatgericht. *Zie:* Resultaatgerichte activiteit
resultaten van, 18.12
gehechtheid aan, **5.12**, 6.40, 7.15, **18.27**
in Kṛṣṇa-bewustzijn, 3.25
omwille van Kṛṣṇa, **3.26**-26, 18.46, **5.10**-10
onthechting van, **3.30**, **4.20-23**, **5.3**, **5.12**, 6.40, 11.55, **17.25**, 18.7-11
onthechting van, door toegewijde, **5.12**
vrijheid van, door Kṛṣṇa-bewustzijn, **9.28**-28
sannyāsī's, voor, 5.6
soorten van, offers overeenkomstig elke, **4.32**
stimulans voor, 18.18
spirituele, vergeleken met materiële, *24*
subtiele vorm van, 18.18
Superziel uiteindelijke factor van, **18.14**-14
Zie: Karma; Materiële leven; Resultaatgerichte activiteit; Spiritueel leven; *specifieke activiteiten*
toegewijde ontstegen aan, **5.13**
toestemming van Superziel nodig voor, 13.23
universele, devotionele dienst als, *27*
vals ego &, **18.24**
veld van, **13.1-7**, **13.18**, **13.19**-20, **13.27**, **14.3** kenners van. *Zie:* Ziel(en), geconditioneerde; Allerhoogste Heer, als Superziel
op verantwoordelijkheid van de Heer, 18.14, 18.17
verantwoording afleggen voor, tegenover Yamadūta's, 18.25
met verering aan de Heer, **18.46**-46
Zie: Devotionele dienst; Karma; Resultaatgerichte activiteiten
vergeleken met vuur, **18.48**-48
verrichters van, 5.8-9, **18.14-19**
hoedanigheden van de natuur
als, **3.27**, **14.19**
voor Viṣṇu's tevredenheid, **3.9-10**
volmaaktheid door, **18.46**
volmaaktheid van, 3.19
voorgeschreven
chanten van Hare Kṛṣṇa &, 12.6-7

Activiteit(en) (*vervolg*)
dienst aan de Heer door, **18.46**-46
in de hoedanigheid hartstocht, 14.17
Kṛṣṇa-bewustzijn &, 18.8
omwille van Kṛṣṇa, 18.8-11
voordelen van het leven komen niet van, 16.16
voor Kṛṣṇa, **3.22-24**, 11.55, 12.6-7
belang van, **18.57-58**
Kṛṣṇa raadt aan, **12.10**
Zie: Devotionele dienst
vrijheid van reacties voor
door Kṛṣṇa-bewustzijn, **4.18-24**
Zie: Bevrijding
vroegere, lichaam naargelang, 13.21
vrome, 3.16
vrome, betekenis van, 11.48
welzijn. *Zie:* Welzijnswerk
wil, naar eigen, 14.13
voor zelfgerealiseerd mens, **3.17-19**
zondige, 3.15
Zie: Zondige activiteit(en)
Adembeheersing, **4.27**-27, **4.29**, **5.27-28**, 5.27-28. *Zie:* Levensadem(s)
Adhibhūta, **8.4**. *Zie:* Materiële natuur
Adhidaiva, **8.4**. *Zie:* Kosmische gedaante van de Heer
Adhiyajña, **8.4**
Adhyātma. *Zie:* Ziel
Ādi-devam definitie van, *5*
Aditi, zonen van. *Zie:* Āditya's
Āditya's (zonen van Aditi), 10.8, 10.30
Zie: Halfgod(en)
Advaita Ācārya, *28*
geciteerd m.b.t. Heer Caitanya, 8.14
Afgunstig jegens Kṛṣṇa. *Zie:* Vijandigheid tegenover Kṛṣṇa
Afgunst van demonen. *Zie:* Vijandigheid van demonen
Afstammelingen van Vṛṣṇi, Kṛṣṇa vertegenwoordigd onder, **10.37**-37
Afzondering voor zelfrealisatie, **18.51-53**
Agni, 1.14
Kṛṣṇa vertegenwoordigd door, **10.23**
Ahaṅkāra. *Zie:* Vals ego
Ahiṁsā, 10.4-5
Zie: Geweldloosheid
Airāvata, Kṛṣṇa vertegenwoordigd door, **10.27**-27
Ajam, definitie van, *5*
Ajāmila, 2.40
Akarma, 4.20
definitie van, 4.18
Akṣobhya, *28*
Allerhoogste bestemming
geschiktheid voor, **9.32**-32. *Zie:* God, terug naar; Spirituele wereld
Allerhoogste Brahman, *4*
Allerhoogste Heer
als absolute, 3.22
als Absolute Waarheid, **7.7**-7
als absoluut bewust, *8-9*
ācārya's gezonden door, *14*
als *acyuta*, 4.5
ademen van, veda's uit, 3.15
als *advaita*, 4.5
alleen te zien door devotionele dienst, 13.16

Allerhoogste Heer (*vervolg*)
alleen te zien door zuivere toegewijden, 11.48
als Allerhoogste, 3.22, 5.16, **15.17-18**
bestuurder, *7*, *8*, 3.22, 7.5, 7.14, 18.73
Brahman, *4*
eigenaar, 3.30
genieter, *4*, *11*, *16*
leider, 3.22
magiër, 7.14
oorzaak, 3.22, 4.14
rustpunt of verblijfplaats van alles, *4*
vader, 3.15
als alomtegenwoordig, 6.31
als alwetend, 2.20, 5.15
als almachtig, 3.15, 5.15
als *ānanda-maya*, 7.24, 13.5
Arjuna &. *Zie:* Arjuna, Kṛṣṇa & ...
aspecten van, drie, 3.28, 5.17, 6.15
als autoriteit voor religie, 4.7
Beeldgedaante(n) van.
Zie: Beeldgedaante(n) van Allerhoogste Heer
bereikt door activiteit met onthechting, **3.19**
als bestuurder
van alles, 3.22, 5.13, 7.5
van benodigdheden van het leven, 3.28
van *māyā*, 7.14
van natuur, *6-7*, 7.14
bewustworden van Hem. *Zie:* Godsrealisatie; Kennis, over Heer
bewustzijn van
als Allerhoogste, *8-9*
als transcendentaal, *9*
bereikt ieder levend wezen, *9*
vergeleken met levend wezen, *9*, 2.20
Bhagavad-gītā gesproken door, 4.1
brahmajyoti bedekt gedaante van, 7.25
Brahman-aspect van, 7.8
Zie: Brahman
Caitanya als. *Zie:* Caitanya
als complete geheel, *11-12*
devotionele dienst aan. *Zie:* Devotionele dienst
dienst aan. *Zie:* Devotionele dienst
als doel van veda's, samensteller, & kenner, **15.15**-15
'eenheid' met, 6.20-23
als eeuwig, *8*, *9*, *14*
als eeuwig, gelukzalig, & vol kennis, 14.26
als eigenaar van alles, *13*, 3.30
als energiebron, 2.16
energieën van. *Zie:* Energie
expansie(s) van
doel voor, 3.37
van Kṛṣṇa, 2.2, 14.26
levende wezens als, 3.37
puruṣa, 7.4
als Superziel, 7.4
volkomen, *21*
voor schepping, 7.4
in Vaikuṇṭha, *21*. *Zie:* Allerhoogste Heer, gedaante(n) van; Kṛṣṇa, incarnatie(s) van;

Allerhoogste Heer (*vervolg*)
Ganges voet van, *27*
Garuḍa &, 12.6-7
gebeden tot. *Zie:* Gebed(en)
gedaante(n) van
absolute natuur van, 3.15, 3.22
gemanifesteerd door de Heer, *17*
zich herinneren van, op moment van de dood, *20*
als Nārāyaṇa, 11.54
als onveranderlijk, 4.5
als *sac-cid-ānanda*, *20*, 4.5
tweearmig, oorspronkelijke, getoond aan Arjuna, **11.50-54**
universeel. *Zie* Kosmische gedaante van de Heer
vergeleken met materieel lichaam, *20*
vierarmig, 11.45, **11.50**, 11.54
als Zijn eigen zelf, 4.5
gehoorzaamheid aan
noodzaak van, **3.32**
onvoorwaardelijk, 3.30
geloof door te volgen, 4.41
geloof in. *Zie:* Geloof in Heer
gelukzalig aspect van, 13.5
geluk als genade van, 2.56
geluk door, 3.30
genade van, **2.64**
door *Bhagavad-gītā* te spreken, *6*
geluk beschouwd als, 2.56
iedereen is afhankelijk van, 4.11
leed beschouwd als, 2.56
toegewijde begrijpt, 3.28
vooral voor menselijke wezens, *6*
voor iedereen, *6*
als genieter, *11*
als getuige. *Zie:* Superziel
als gever van de benodigdheden van het leven, 3.12
grootheid van, 3.22
als grootste & kleinste, 7.7
als grootste persoonlijkheid, **15.17-18**
halfgoden
integrerende deeltjes van, 4.12
verering, 4.12
vergeleken met, 3.22, 4.12
handelingen door, als 'vanzelf en op een natuurlijke wijze plaatsvindend,' 3.22
in hart van iedereen, *9*, 2.12
Zie: Superziel
als Heer van iedereen, 3.22
Hiraṇyakaśipu gedood door, 17.19
als hogere energie, 6.29
illusionerende energie van. *Zie:* Energie; *Māyā*
imitators van, 11.48
voor impersonalisten, 3.19
incarnatie(s) van
Kṛṣṇa niet, 11.54
Kṛṣṇa oorsprong van alle, 2.2, 4.5, **4.7**-8, 11.1, 11.54
Zie: Kṛṣṇa, incarnatie(s) van
incarneert in gedaante van Beeldgedaante, 12.5
gekend door Kṛṣṇa-bewustzijn, 5.28
als kenner van alles, 5.15
kennis over. *Zie:* Kennis, spirituele, over Kṛṣṇa
kosmische gedaante van. *Zie:*

Allerhoogste Heer (*vervolg*)
Kosmische gedaante van de Heer
Kṛṣṇa als, *2-3*, *11*, 2.29, 4.3, 4.9, **4.35-36**, 5.17, 6.30, 6.47, 7.15, **7.30**-30, **9.11**-11, **9.13-14**, **9.15-20**, 10.1, 10.2, **10.3**-3, **10.12-17**, 11.1-4, 11.8, **11.18**, **11.31**, **11.32**, 11.37, 11.43-46, **15.18-19**
Arjuna verlangend te laten zien, 11.1, 11.3
bewijs voor, 2.1-2
Bhagavad-gītā geeft uitleg, 4.42
Zie: Kṛṣṇa
leiding van, vergeleken met aanwijzingen van de regering, 3.15
leraar, 2.41
levende wezens &. *Zie:* Levend wezen (levende wezens), Kṛṣṇa & ...
levenskracht vanwege, 18.20
lichaam van. *Zie:* Allerhoogste Heer, gedaante(n) van
liefde voor. *Zie:* Liefde voor de Heer
medelijden van. *Zie:* Allerhoogste Heer, genade van
naam (namen) van
als niet-verschillend van Hem, *23*
overeenkomstig Zijn activiteiten, voorbeelden van, 1.15
als verscheiden, *6*
Zie: specifieke namen van de Heer
als Nārāyaṇa, 11.54, 14.26
als binnenin & buiten, **13.16**-16
als dichtbij & veraf, **13.16**-16
in spirituele planeten, 8.22, 11.45. *Zie:* Nārāyaṇa
natuur
als Zijn, *8*
bevrucht door, 2.39
niet te zien door materiële zintuigen, **13.16**-16
als nooit vormloos, *12*
als Nṛsiṁhadeva, 15.7
omgang met
door zuivere toegewijden, 4.11
Zie: Allerhoogste Heer, relaties met
als *oṁ tat sat*, **17.23**-23, 18.1
onderhoudt iedereen, 2.12, 6.29, 10.42, **13.15**-15, **13.17**-17, **15.17**-17
als onderwerp van *Bhagavad-gītā*, *6*, *8*
als oneindig, 2.25
als onfeilbaar, 4.5
als ongeboren, *4*, *5*
als onpartijdig, 5.15
Zie: Beeldgedaante(n) van Allerhoogste Heer
onpersoonlijk aspect van, 7.8
onpersoonlijke filosofie over. *Zie:* Impersonalisme
oog van, zon als, 4.1, 9.6
als oorsprong
van halfgoden & voorvaders, 10.8
van iedereen, 2.16, 3.15, 3.37, **18.46**

Allerhoogste Heer (*vervolg*)
van veda's, **3.15**-15
oorspronkelijke gedaante van, 11.51
als oorzaak van alle oorzaken, 3.22, 4.14
opeenvolging van discipelen van. *Zie:* Opeenvolging van discipelen
opvatting van de demonen, 16.16
als overal aanwezig, 6.31
overgave aan. *Zie:* Overgave
overtredingen tegenover. *Zie:* Overtreding(en), tegenover Kṛṣṇa
als Paramātmā. *Zie:* Superziel
partijdigheid van, 5.15
als volmaakt, *13*, **5.19**
als persoon, 4.10, **7.7**-7
persoonlijkheid van, als moeilijk te begrijpen, *5*
als persoonlijk, vergeleken met onpersoonlijk, 4.35, 7.15, 9.11
als *pitāmaha*, *13*
planeten van, 6.15
plicht voor, **3.22-24**
Zie: Spirituele wereld
als *prapitāmaha*, *13*
als *pūrṇam*, *13*
als *puruṣa*, 2.39
als Rāma, reden voor bekendheid als, 5.22
Rāmacandra als, 14.26, 15.7, 18.65
relatie(s) met, *3-4*
religieuze principes verkondigd door, 4.16, 5.3
als Schepper, *11*
van alles, 11.40
als Mahā-Viṣṇu, 9.8
oorspronkelijke, *13*
schepping in, terwijl Hij erboven verheven is, **9.4-10**
als spreker van *Bhagavad-gītā*, *27*
als Superziel. *Zie:* Superziel
suprematie van, *2-5*
tevredenheid van
halfgoden tevredengesteld door, 3.14
door Kṛṣṇa-bewustzijn, 6.1
door tevredenstellen van spiritueel
toegewijden van. *Zie:* Toegewijde(n), Kṛṣṇa & ...
als transcendentaal, 4.12
aan activiteiten van levende wezens, 4.14, 6.29, **9.9-11**
aan materiële natuur, *9-10*, *13*, 4.14
aan reacties van levende wezens, **5.15**-15
aan reguleringen & plicht, 3.22
tussenpersonen van, halfgoden als, 3.11, **3.12**-12
uitstraling van, 13.18
zielen kunnen blijven in, 2.24
zon- en maanlicht van, 7.8
Zie: Brahmajyoti; Brahman
als vader die het zaad geeft, **14.3-4**
als vader van iedereen, 3.15
Varāha als, 18.65
varṇāśrama bedoelt om tevreden te stellen, 9.24
verering van. *Zie:* Verering, van de Heer

Allerhoogste Heer (*vervolg*)
vergeleken
met Arjuna, 2.13
met bestuurder, *7*
met bevrijde zielen, **5.19**
met boom, 7.7
met echtgenoot, *7*
met eigenaar van dier, 4.21
met eigenaar, 4.14
met goud, *7*
met koning, 4.14, 7.12
met leidinggevende persoon, 3.32
met lichaam, *16*, 3.14, 4.21, 6.1, 7.23
met luchtruim, 9.6
met maag, *10–11*, *16*
met maan, 2.13
met machine, complete, *10*
met meester, *11*
met menselijke wezens, 3.24
met oceaan, *7*
met vader, 2.25
met vuur, 2.23, 2.61
met wortel van boom, *11*
met ziel, 2.25
met zon, *11*, 2.2, 2.13, 2.17, 6.31, 7.8, 13.18
verlangde te scheppen, 10.8
verlangen vervuld door, 5.15
verschijning(en) van
doel van, *6*
als vriend van iedereen, 5.18
Kṛṣṇa legt uit, **4.5-9**
verslindt iedereen, 11.32
als *vibhu*, 5.15
Viṣṇu als, 15.7, 18.65
als doel van het leven, 1.42
gedaante van, vergeleken met spiritueel lichaam van levend wezen, 15.7
impersonalistische verering van, 17.4
als integrerend deeltje van Kṛṣṇa, 15.7
als Superziel. *Zie:* Allerhoogste Heer, als Superziel
als vol geluk, 13.5
volheden van
alwetend als, 2.20
kennis als, 5.15
Kṛṣṇa toont, 10.1
opgesomd, 5.15
vergeleken met levend wezen, 2.2
voorbeeld gegeven door, **3.23-24**
wil van, & vrije wil van levend wezen, 5.15
woning(en) van, 13.18
Zie: Kṛṣṇa, woning(en) van; Spirituele wereld
als *yajña-puruṣa*, 3.14
yoga-māyā bedekt, 7.25
Zie: Kṛṣṇa; Superziel; *specifieke incarnaties van de Heer*
zielen &. *Zie:* Ziel(en), Heer & ...
zien, kwalificaties voor, **11.48**-48
zintuigen van
absolute natuur van, 3.15, 3.22
toegewijden stellen tevreden, 1.32-35
zonen van, levende wezens als, *14*, 7.14, 14.16
Allerhoogste Heer (*vervolg*)
zoon van, 4.7
als zuiver, *4*
Allerhoogste Persoonlijkheid Gods. *Zie:* Kṛṣṇa; Allerhoogste Heer
Allerhoogste Wezen. *Zie:* Kṛṣṇa; Allerhoogste Heer
Amara-kośa woordenboek geciteerd m.b.t. *vibhūti*, 10.19
Ambarīṣa Mahārāja, 2.60, 2.67
Durvāsā Muni &, 2.60-61
Amṛta-bindu Upaniṣad geciteerd m.b.t. de geest, 6.5
Analogieën
antiseptische vaccines & *prasādam*, 3.14
auto & materieel lichaam, 18.61
baan & materieel leven, 12.9
banyan & materiële wereld, **15.1-4**, 16.1-3
banyan bladeren & vedische hymnen, **15.1**-1
banyan wortel & Brahman, 15.1
bergen & yogamethoden, 6.47
bestuurder & Heer, *6–7*
bestuurder & levend wezen, 18.61
bij aan de buitenkant van de honingpot & niet-toegewijde, 2.12
bliksemflits & Brahmā's levensduur, 8.17
bloem & materiële wereld, 9.10
boom & Heer, 7.7, 8.22, 9.3, 9.23
boom & lichaam, 2.22, 16.11-12
boom & reacties voor zonden, 9.2
boom & spirituele wereld, *19*
boom, delen van, & levende wezens, *10–11*, 5.7, 9.3
boom, omgekeerde, & materiële wereld, *19*
boom, wortel van, & Heer, *11*, 7.10
boot & intelligentie, **2.67**
boot & Kṛṣṇa's lotusvoeten, 2.51
boot & Kṛṣṇa-bewustzijn, **4.36**-36
boot & transcendentale kennis, **4.36**-36
bosbrand & complicaties van het leven, 2.7
bosbrand & materiële wereld, 4.36
brievenbus & Beeldgedaante, 12.5
business & devotionele dienst, 12.10
chirurgische ingreep & gerechtvaardigd geweld, 2.21
crimineel & materialist, 3.39
demonen & twijfels, 8.2
diamant & Heer, 9.29
dienaar & levend wezen, *11*
dier & vrekkig persoon, 2.7
dier, vastgehouden, & toegewijde, 4.21
dierenbezitter & Kṛṣṇa, 4.21
draad met parels & Kṛṣṇa, **7.7**
drenkeling & gevallen ziel, 2.1
droomlichaam & materieel lichaam, 2.28
echtgenoot & Heer, *7*
echtgenote & natuur, *7*
eigenaar & Heer, 4.14
eigendommen & lichamen, 13.3
embryo & levend wezen, **3.38**
eten & devotionele dienst, 2.60, 5.7, 9.3, 9.23
eten van vruchten & zinsbevrediging, 2.22
ether & Heer, **9.6**-6
ether (lucht) & ziel, **13.33**
ezel & *mūḍhas*, 7.15
Analogieën (*vervolg*)
ezel & resultaatgericht werker, 7.15
Ganges & *Bhagavad-gītā*, *26*, *27*
geliefde & Kṛṣṇa, *23*
getrouwde vrouw met minnaar & toegewijde, *23*
gif vervolgens nectar & geluk in de hoedanigheid goedheid, **18.37**
giftige bomen & zinsobjecten, 2.42-43
giftige slangen & zintuigen, 2.58
golven van rivieren & strijders, **11.28**
goud & Heer, *7*
gouddeeltje & levende wezens, *7*
gouden ring & levend wezen, 9.29
groei & zielenverhuizing, **2.13**, 2.22
groene vogel die een groene boom binnenvliegt & bevrijding, 18.55
hand & levend wezen, 4.21
honingpot & *Bhagavad-gītā*, 2.12
iemand die bloemen ruikt & Heer Kṛṣṇa, 9.10
infectie & geest, 6.34
jongen en meisje & toegewijde en transcendentale literatuur, 10.9
kalf & Arjuna, *27*
kassier & Kṛṣṇa-bewust persoon, 3.30
kauwen wat al gekauwd is & materieel geluk, 18.36
kind & onwetend persoon, *7*
kind & toegewijde, 12.7
kinderen & vrouwen, 1.40
kleding & lichaam, *9*, 2.1, 2.28
koeherdersjongen & Kṛṣṇa, *27*
kok & Arjuna, 1.31
koe & *Bhagavad-gītā*, *27*
koning & Heer, 4.14, 7.12, 9.4, 13.3, 14.26
koninklijke weg & reguleren van zinsbevrediging, 3.34
koorden & hoedanigheden van de natuur, 7.14
kracht, sterkere, & devotionele dienst, 2.68
ladder & yoga, 6.3
lamp & kennis, **10.11**
lamp op een windstille plaats & transcendentalist, **6.19**
ledematen & halfgoden, 3.14
leeuw & Bhīṣmadeva, **1.12**-12
leidinggevend persoon & Allerhoogste Heer, 3.32
lichaam & Heer, 3.14, 4.21, 6.1, 7.23
lichaam en lichaamsdelen & Heer en levende wezens, *16*
lichaamsdelen & levende wezens, *10–11*, 5.7, 6.1, 7.23
licht & bewustzijn, *9*, 2.20
lotus & Kṛṣṇa, 8.2
lotusblad & het lichaam van toegewijde, 5.10
lotusbloem & ogen van Kṛṣṇa, **11.2**
luchtbellen in oceaan & Brahmā's, 8.17
luchtbellen in oceaan & materialisten, 4.10
maag & Heer, *10–11*
maan & Heer, 2.13
maan & toegewijde, 9.30
machine & Heer, *10*
machine & materieel lichaam, **18.61**-61

Analogieën (*vervolg*)
machineonderdeel & levend wezen, *10*
materiële natuur & kosmische gedaante, 11.5
medicijn & intelligentie, 6.34
meester & Heer, *11*
melk & liefde voor God, 3.37
moeder & Kṛṣṇa, 6.29
moeder & veda's, 2.25
moederschoot & lust, **3.38**
motten & alle mensen, **11.29**
mus, vastberadenheid van, & vastberadenheid van toegewijde, 6.24
nectar vervolgens vergif & geluk in de hoedanigheid hartstocht, **18.38**
oceaan & Heer, *7*
oceaan & materiële wereld, **4.36**-36, **12.6-7**, 12.6-7
oceaan & transcendentalist, **2.70**-70, 18.51-53
oceaan, redding uit & bevrijding, 12.7
omkopen van de ambtenaren en managers van de regering & vereren van halfgoden, 9.23
onderhoud van machine & devotionele dienst, 4.21
ouder & Kṛṣṇa, 12.7
paarden & zintuigen, 6.34
passagier & levend wezen, 6.34
personeel & materialisten, 4.14
persoonlijke dienaar van de koning & toegewijde, 14.26
plant & devotionele dienst, 10.9
planten van zaad & zondige activiteit , 9.2
planten, overbodige, & Kuru's, 1.1
plantengroei & activiteiten van levende wezens, 4.14
post & verering, 12.5
regen & faciliteiten van de Heer, 4.14
regering, wetten van, & aanwijzingen van de Heer, 3.15
reuzenrad & reïncarnatie, 9.21
rijst & materiële natuur, 14.3
rijstveld & Kurukṣetra, 1.1
rivier & toegewijde, 18.54
rivier die de oceaan instroomt & bevrijding voor de impersonalist, 18.55
rivieren & materiële verlangens, **2.70**-70, 18.51-53
rook & lust, **3.38**
room & materieel leven, 2.28
rups & geconditioneerde ziel, 8.8
schilder, schilderij en ezel & het verwarren van natuur, levend wezen en Heer, 13.3
schildpad & toegewijde, 5.26
schildpad & zelfgerealiseerd persoon, **2.58**-58
schorpioen geboren in rijst & levend wezen geboren in de materiële natuur, 14.3
seizoenen & geluk en verdriet, **2.14**
seizoenen & manifestaties van de materiële natuur, *8*
slangen & zintuigen, 2.58
slangen & zintuigen, 2.58, 3.42, 18.54
slangenbezweerder & *yogī* van toegewijde, 2.58

Analogieën (*vervolg*)
spiegel & geest, 3.38
spiegel & levend wezen, **3.38**
staatsburgers & levende wezens, 13.3
stad & lichaam, **5.13-14**
stadspoorten & zintuigen, **5.13**
sterren & levende wezens, 2.13
stof & lust, **3.38**
teugel & geest, 6.34
tevredenheid door eten & door devotionele dienst, 2.60, 6.35
toppen van de takken van de banyan & zintuigen, 15.2
tralies & seks , 3.39
trap & niveaus van Godsrealisatie, 13.8-12
twijgen van de banyan & zinsobjecten, **15.2**
vader & Heer, 2.25, 11.43, **11.44**
varkens & resultaatgerichte werkers, 7.15
varkens, geluk van, & geluk door zinsbevrediging, 7.15
vastgebonden persoon & geconditioneerde ziel, 7.14
verlies van chemicaliën & dood, 2.26
verwaaide wolk & gevallen transcendentalist, **6.38**
verwisselen van kleren & verwisselen van lichaam, *9*, **2.22**, 13.22
vijanden & zintuigen, 2.68
vis & toegewijde, 5.26
vis in net & demonische personen, 16.16
vlekken op maan & van fouten van toegewijde, 9.30
vlinder & bevrijde ziel, 8.8
voeden van de maag & devotionele dienst, 5.7, 9.3, 9.23
vogel in de boom & Arjuna, 2.22
vogels & ziel en Superziel, 2.22, 16.11-12
vonk, uitgedoofd, & geconditioneerde ziel, 2.23
vonken & zielen, 2.23
vriend & Superziel, 2.22
vruchten, bloemen en bladeren & Kṛṣṇa's expansies, 8.22
vuur & activiteiten, **18.48**-48
vuur & Heer, 2.23, 2.61
vuur & levend wezen, **3.38**
vuur & lust, **3.39**
vuur & spirituele kennis, **4.19**, **4.37**
vuur & yoga, 6.36
vuur bedekt door rook & menselijk wezen, **3.38**
vuur met rook & inspanningen gepaard met fouten, **18.48**-48
wapen & kennis, **4.42**
water & zinsbevrediging, 6.36
water gieten op wortel & devotionele dienst, 2.41, 5.4, 5.7, 9.3, 9.23
water gieten op zaad & devotionele dienst, 10.9
water in hoefafdruk van kalf & materiële wereld, 2.51
water voor land & hoedanigheden van de natuur, 15.2
waterdier in de oceaan & personalist na bevrijding, 18.55
waterreservoir & veda's, **2.46**
wensboom & Heer, 9.29

Analogieën (*vervolg*)
wetten van koninkrijk & de hoedanigheden van de natuur, 7.12
wind & geest, **6.34**-34
winden & levende wezens, **9.6**-6
wiskunde & religie, 4.7
woestijn & materiële wereld, *19*
wolk & Heer, 9.29
wolk & *māyā*, 7.26
wolk & materiële natuur, *8*
wolk & transcendentalist, **6.38**
wortel van de banyan & Heer Kṛṣṇa, 15.3-4
yoghurt & devotionele activiteiten, 4.24
yoghurt & lust, 3.37
zaden & devotionele dienst, 10.9
zaden & zondige activiteiten, 9.2
zakendoen & devotionele dienst, 12.10
zelf & passagier, 6.34
zieke & materialist, 2.59
ziekte & materieel leven, 4.24
ziel & Heer als Superziel, 15.13
zon & Bhagavān-aspect, 2.2
zon & *Bhagavad-gītā* verzen, 11.51
zon & devotionele dienst, 15.20
zon & Heer, *11*, 2.2, 2.13, 2.17, 4.6, 6.31, 7.8, 7.26, 9.4, 13.17, 13.18, 18.78
zon & ziel, 2.18, 2.20, **13.34**-34
zon en haar aspecten & Absolute Waarheid, 2.2
zonlicht & energieën van de ziel, 2.18
zonlicht & kennis, **5.16**-16
zonnen & kosmische gedaante, 11.12
zonnestralen & Brahman, *11*
zonneschijn & energieën van de Heer, 9.4
zonneschijn & levende wezens, 18.78
zonneschijn & zielen, 2.17
zonsondergang & Kṛṣṇa's verschijning, 4.6
zonsopkomst & Kṛṣṇa's verschijning, 4.6
zonsopkomst & zelfrealisatie, **5.16**-16
zwaan & geest, 8.2
zwemmer in de oceaan & levend wezen, **4.36**-36
zwemmer in oceaan & toegewijde, 12.7
zwevende planeten & drijvend persoon, 15.13
Analytische studie. *Zie:* Sāṅkhya
Ānanda-maya, 7.24, 13.5
Heer als, 13.5
Ananta, Heer als, 11.37
Ananta-deva, Kṛṣṇa vertegenwoordigd door, **10.29**
Anantavijaya hoornschelp, **1.16-18**
Angst, 1.29, **2.56**, **10.4-5**, 10.4-5, **18.35**
oorsprong van, Kṛṣṇa als, **10.4-5**
voor overgave aan de Heer, **18.66**-66
Zie: Lijden (leed)
Aniruddha, 8.22
Anna-maya, 13.5
Anticonceptie, 16.1-3
Antropologie, 2.26
Aṇu-ātmā definitie van, 2.20
Anubhāṣya commentaar geciteerd m.b.t. Kṛṣṇa, 9.34
Apāna, 2.17

- *Apauruṣeya*, *13*, 4.1
- *Arcanam*
  - definitie van, 6.18
  - in Kṛṣṇa-bewustzijn. *Zie:* Beeldgedaante *Zie:* Beeldgedaanten van Allerhoogste Heer; Kṛṣṇa, gedaante(n) van
- *Arcāvatāra*. *Zie:* Beeldgedaanten van Allerhoogste Heer; Kṛṣṇa, gedaante(n) van
- *Arcā-vigraha*. *Zie:* Beeldgedaanten van Allerhoogste Heer; Kṛṣṇa, gedaante(n) van
- Arjuna, **1.4**, 12.6-7
  - aanblik van, als goddelijke, 11.54
  - aarzelt te vechten, 3.1, 11.33, 18.47
  - als 'afstammeling van Bharata,' **2.18**, **2.30**, **18.62**
  - als Ārya, 2.2
  - angsten van, 2.26, 2.27, 2.30, **11.23-25**, **11.35**, **11.45**-45, 11.48, 18.59
  - bekritiseerd door de Heer, **2.11**
  - beledigend, niet, 5.7
  - bezorgd over geluk, **1.31-36**, 1.36
  - *Bhagavad-gītā* gehoord door, *3-6*
  - als Bhārata, 2.14, **4.42**
  - & Bhīṣmadeva, 16.5
  - boog van, **1.29**
  - devotionele dienst voor, 12.12
  - deugden van, 1.28, 1.36, 1.45, 1.46, 2.6, **3.3**, 5.7, 10.17, **15.20**-20
  - als Dhanañjaya, 1.15, **2.49**, 10.37
  - doden &. *Zie:* Arjuna, vechten van
  - Droṇācārya &, 2.30, 11.49, 16.5
  - eerbetuigingen door. *Zie:* Arjuna, gebeden & eerbetuigingen door
  - erfdeel van, 2.14
  - familieleden &, *13*, 1.8, 1.25, **1.26-28**, **1.31-38**, **1.44-45**, **2.3**, **2.4**, 2.4-7, 2.9, **2.11**, 2.14, 2.22, 2.27, 2.39, 9.33, 13.8-12
  - gebeden & eerbetuigingen door, *4-5*, **10.12-18**, **11.14**, **11.24-25**, **11.31**, **11.35**, **11.36-46**, **18.73**
  - geciteerd. *Zie: relevante verzen van de Bhagavad-gītā*
  - gedaanten van de Heer getoond aan, **11.50-54**, 11.55 *Zie:* Arjuna, kosmische gedaante & ...
  - geen gewone man, 11.54
  - gehechtheid aan familie, geeft blijk van, **2.4-6**, 2.7, 2.9
  - geloof van, *13*, 2.6, 4.4
  - genade van, 10.17
  - als getrouwd persoon, 3.8
  - van goddelijke kwaliteit, **16.5**, 16.6
  - goddelijke ogen voor, **11.8**-8
  - goede eigenschappen van. *Zie:* Arjuna, deugden van
  - als groot strijder, **2.33**-33
  - grootvader van, 2.26, 2.30, 11.49
  - als Guḍākeśa, 2.10
    - reden voor bekendheid als, 1.24, 10.20
  - halfgoden &, 2.33
  - als 'heer van de Bhārata's,' **7.11**
  - als heilig, 1.36
  - hemelse planeten in het vooruitzicht, **2.37**
  - hoornschelp geblazen door, **1.14-15**
  - impersonalisme gezien als dwaasheid door, 12.1
  - incarneert met Kṛṣṇa, 4.5
  - Indra &, 2.33
  - in 'illusie,' 1.30, 2.1-3, 2.7-8, **2.11**-11, 2.13
- Arjuna (*vervolg*)
  - Karṇa &, 1.8
  - als Kaunteya, 2.14
  - koninkrijk van, 1.31
  - kosmische gedaante van de Heer &, 11.1, **11.3-32**, **11.35-49** *Zie:* Kosmische gedaante van de Heer, Arjuna & ...
  - Kṛṣṇa, 7.2, 9.11
    - aangesproken door, *4-5*, **1.28-45**, **10.12-18**, **18.73**
    - aanvaard als de Heer door, 4.3, 11.54, 18.62
    - bemoedigt, **9.1-1**, **16.5**, 16.6
    - berispt, **2.11**, 2.32
    - bewustzijn opgehelderd voor, 3.2
    - gediend, **1.21-22**, 1.21-22
    - gesmeekt om verdraagzaamheid door, **11.44**
    - gesmeekt om vergeving door, **11.41-42**
    - gevraagd om kosmische gedaante te laten zien door, 11.1, **11.3-4**
    - goed begrepen door, 10.13-16
    - herinnerd door, 11.41-42
    - instructeur van, *23*, 1.1, 1.15, 2.13, 2.22, 4.16
    - kende de geest van, 1.25, 11.3
    - kent vrijheid van karmische reacties toe aan, **2.38**
    - kiest partij voor, 1.1, **1.14-15**
    - leraar van, *3*, *10*, *12-13*, 2.20, 3.2
    - maakt klaar, om de kosmische gedaante te zien, **11.5-8**
    - meester van, 3.1
    - spiritueel leraar van, **2.7**-8, 2.9, 2.39
    - vertegenwoordigd door, **10.37**-37
    - voortdurende metgezel van, 4.5
    - wagenmenner voor, 7.3, 18.78
    - wilde, als instrument, **11.33-34**
  - Kṛṣṇa's
    - bestuur van, 1.15
    - gedaante aantrekkelijk voor, 12.1
    - genade voor, 11.4, 11.7
    - goddelijkheid &, **10.12-15**, 11.1, 11.3, **11.45-46**, 11.54
    - oordeel over, 2.34
    - relatie met, *3-5*, 1.20-22, 1.24-25, 2.3, 2.10, 2.22, 2.34, **4.3**, 4.25, 9.11, 10.13-14, 11.1, 11.6, 11.14, 11.36, 11.40, **11.41-42**, 11.45, 11.54, **18.64**, **18.65-66**
    - suprematie aanvaard door, 11.54
  - als Kṛṣṇa's
    - eeuwige toegewijde, 1.20
    - familielid, 2.3
  - Kṛṣṇa's gesprek met
    - doel van, *5*, 3.2, 4.4, 10.16-17
    - door iedereen gehoord, 2.10
    - als wonderbaarlijk, **18.74-76**
    - als *kṣatriya*, *24*, 2.2, 2.26, 2.30, 2.48, 3.8, 18.47, 18.59
  - kwalificaties van, *3-5*, 6.33, 11.6
  - leger van de Kuru's beoordeeld door, **1.20-26**
  - leraren van, 1.26, 2.4, 2.22, 2.26, 2.30, 2.33, 11.49, 16.5
- Arjuna (*vervolg*)
  - lichamelijke symptomen van verontrusting, **1.28-30**
  - lot van het leger van de Kuru's bekend gemaakt aan, **11.26-28**, **11.32-34**, 11.49
  - als *mahā-bāhu*, 2.26
  - medelijden van, **1.27-28**, 1.28, 1.32-35, 1.45, **2.1**-1, 2.2, 2.36
  - moeder van, 1.25, **2.3**
  - als 'natuurlijke toegewijde,' 1.32-35
  - onthechting van, 2.6
  - onthechting voorgesteld door, **2.5**, **2.6**-6, 2.9
  - 'onwetendheid' van, 2.32
  - onwil van, om te vechten, 2.2-3, 2.32, 2.39, 11.32, 13.8-12
    - Kṛṣṇa's oordeel over, 2.34, **11.32-34**, 11.49
  - opeenvolging van discipelen (*paramparā*), in de, 10.14, 11.8
  - overgave van
    - aan Kṛṣṇa, *13*, **2.7**-8, 2.9-10, 2.22
    - verzocht door Kṛṣṇa, **3.30**, **4.15**, **18.62**, **18.65-66**
  - overwinning door de aanwezigheid van, 18.74, **18.78**
  - als *parantapa*, 2.9
  - als Pārtha, **1.25**-25, **2.21**, **2.32**, **2.55**, **3.23**, **18.32**
  - plicht &, *23*, 2.7, 2.15, **2.27**-27, **2.31-33**, 2.39, **2.47-48**, 3.8
  - positie van de materialist ingenomen door, **4.4**-4
  - reacties voor zonden &, **1.36-44**, 2.26, **2.38**
  - reputatie van, **2.33-36**
  - rijkdom vergaard voor Yudhiṣṭhira door, 1.15
  - roem voor, **11.33**
  - Sañjaya prijst, **18.74-78**
  - als Savyasācī, reden voor bekendheid als, **11.33**-33
  - Śiva &, 2.33
  - slaap overwonnen door, 1.24, 10.20
  - spiritueel leraar van, Kṛṣṇa als, **2.7**-8, 2.9
  - als 'sterkarmige,' **6.35**, **10.1**
  - als strijder, bekwaam, 11.33
  - strijdwagen van, **1.14**, **1.20-22**, **1.24**, **1.46**, 11.13
    - vlag op, **1.20**-20
  - als student van Kṛṣṇa, *3*, *10*, *12-13*
  - tevreden door het zien van de kosmische gedaante van de Heer, **11.35-36**, **11.45**
  - tevredengesteld met voorbeelden, 10.40
  - als 'tijger onder de mensen,' **18.4**
  - als toegewijde, 1.45, 1.46, 2.6
  - twijfelde, **2.35-36**
  - twijfels van, **8.1-2**, 8.2, 18.1, **18.73**-73
  - uitdaging van de Kuru's verworpen door, **1.37-38**
  - vader van, 2.33, 10.37
  - vechten van
    - afzien van, 5.7
    - als gerechtvaardigd, 2.21
    - instemmen met, 2.71, **18.73**-73
    - Kṛṣṇa beveelt, **3.30**
    - Kṛṣṇa heeft nodig, 2.19, 2.21, 2.27, **2.31-38**, 2.39, 2.47, 2.48
    - Kṛṣṇa moedigt aan, **2.18**, 2.47-48, 3.37,**4.42**, 11.32, **11.33-34**, **18.59-60**

Arjuna (*vervolg*)
Kṛṣṇa verlangde, 2.71, 3.19
onthechting van de resultaten van, **2.38**
plicht van, **2.33-38**
weigerde, *13*, **1.31-44**, **2.4-6**, **2.9**
verdriet van, **1.27-45**, **2.4-9**, 2.22
vergeetachtigheid vertoond door, 2.20, 4.5, 18.59
vergeleken
met de Heer, 2.13
met kalf, *27*
met kok zonder honger, 1.31
met vogel in boom, 2.22
vergevensgezind tegenover de Kuru's, 1.32-36
verheerlijkt door Kṛṣṇa in aanspreektitel, **2.10**, **2.30**, **4.31**, **4.33**, **7.7**, **9.3**, **11.6**, **11.48**, **13.27**, **14.12**, **18.36**, **18.41**, **18.72**
vertegenwoordigt levende wezens, 18.73
verwarring van, **2.6-8**, **3.2**-2, **5.1**-1
niet vijandig tegenover de Heer, **9.1**
in de voetsporen volgen van, 18.65, 18.74
voorbeeld van, *4-6*, 1.1, **10.12-13**, 10.12-13, 10.15
vragen van
doel van, *6*, 3.2, 4.4, 10.16-17
over Brahman, **8.1**-1
over devotionele dienst tegenover impersonalisme, **12.1**
over 'dubbelzinnige instructies,' **3.2**
over geloof & verering overeenkomstig de hoedanigheden van de natuur, **17.1**-1
over halfgoden, **8.1**
over Heer van alle offers, **8.2**
over kenmerken van de transcendentalist, **2.54**
over kennen van de Heer op het moment van de dood, **8.2**-2
over kennis, object van kennis enz., **13.1**
over Kṛṣṇa's goddelijke volheden, **10.16-18**
over lot van de onsuccesvolle transcendentalist, **6.37-38**
over luisteren van Vivasvān naar de *Bhagavad-gītā* gesproken door Kṛṣṇa, **4.4**
over materiële manifestatie, **8.1**
over natuur, genieter, & bewustzijn, **13.1**
over ontstijgen aan de hoedanigheden van de natuur, **14.21**-21, 14.22-25
over onthechting & de onthechte levensorde, **18.1**-1
over onthechting tegenover activiteit in devotie, **5.1**-1
over oorzaak van zonde, **3.36**-36
Arjuna (*vervolg*)
over plicht, **2.7**
over *prakṛti, puruṣa* enz., **13.1**
over resultaatgerichte activiteit, **3.1-2**, **8.1**
over *tyāga & sannyāsa*, **18.1**-1
over waarde van de strijd, **1.32-36**, **3.1-2**
over zelf, **8.1**-1
in het voordeel van anderen, 3.2, 4.4, 10.16-17
vrienden van, 1.26
als vriend van Kṛṣṇa. *Zie:* Arjuna, Kṛṣṇa & ...
wapens van yoga & kennis van, **4.42**
als 'winnaar van rijkdom,' **12.9**
yoga als moeilijk beschouwd door, **6.33-34**
in *yoga-māyā*, *6*
yoga voor, *24*
Yudhiṣṭhira &, 1.15
als zachtmoedig, 1.45-46
zelfrealisatie voorbestemd voor, 2.9
als zondeloos, **3.3**, **15.20**-20
als 'zoon van'
Bharata, **14.8-10**, **16.1**-3, **17.3**
Kuntī, **2.14**, **2.37**, **6.35**, **7.8**, **9.23**, **9.27**, **13.1-2**, **16.20**, **16.22**, **18.48**, **18.50**, **18.60**
Kuru, **6.43**
Pāṇḍu, 1.20, 4.35, 6.2, 11.55, 14.22-25, 16.5
Pṛthā, **2.3**, **2.39**, **3.22**, **4.11**, **4.33**, **7.1**, **8.14**, **9.13**, **9.32**, **11.5**, **16.4**, **16.6**, **18.30**, **18.31**, **18.33**, **18.35**, **18.72**
Aryamā, Kṛṣṇa vertegenwoordigd door, **10.29**
Ārya definitie van, 2.2
Ārya's, 2.2, 2.46, 16.7
Asammoha, betekenis van, 10.4-5
Asamprajñāta-samādhi, 6.20-23
Asaṁśayaṁ samagram, 7.1
Asat, materiële leven als, *5*
Ascese, 2.29, 10.6, 11.48, **11.53**, 11.54, **16.1**-3, **17.25-28**
aanbevolen voor zuivering, 5.22
betekenis van, 10.4-5
brahmaanse activiteit, als, **18.42**
brahmaanse eigenschap, als, **18.42**
brahmacārī, door, **4.26**-26, 8.28
candrāyaṇa, 4.28
Cāturmāsya, voor, 4.28
definitie van, 10.4-5
devotionele dienst &, **8.28**-28
ernstige, ongeautoriseerde, **17.5-6**, 17.5-6
eten, in, 4.28
geest, van, **17.16**-16
gezinsleven, in, 4.26
godrealisatie, voor, 2.29
goedheid, in de hoedanigheid, **17.17**
hartstocht, in de hoedanigheid, **17.18**-18, 17.23
Hiraṇyakaśipu, door, 17.19
in de hoedanigheden goedheid, hartstocht, & onwetendheid, **17.7**, **17.17-19**, 17.23
horen, in, 4.26
koken &, 2.14
Kṛṣṇa als, **7.9**
Kṛṣṇa-bewustzijn &, 2.52, 6.40, **9.27-28**, 12.9
Ascese (*vervolg*)
Kṛṣṇa genieter van, 2.66, 17.23
Kṛṣṇa, voor, **17.17**
kwalificatie voor vertrouwelijke kennis, als, **18.67**
lichaam, van, onderdelen van, **17.14**-14
materiële tegenover spirituele, 17.23
nemen van een bad, in het, 2.14, 2.52, 10.4-5, 12.16, 13.8-12
nodig in het spirituele leven, 16.1-3
noodzaak van, 16.1-3
offer, als, 2.29, **4.28**-28
offering aan Kṛṣṇa, als, **9.27**-27
onderdelen van, **17.14**-14
onthechting, met, **17.25**
onthechting van, **18.3**, **18.5-6**
onwetendheid, in de hoedanigheid, 10.4-5, **17.19**, 17.19
oorsprong van, Kṛṣṇa als, **10.4-5**
soorten van, in detail, **17.14-19**
spraak, van, onderdelen van, **17.15**-15
teruggetrokken leven, in het, 16.1-3
het teruggetrokken leven, voor, 16.1-3
vānaprastha, van, 8.28
vasten als, 9.14, 10.4-5
vroeg opstaan als, 2.52, 10.4-5, 12.16, 18.8
zonder geloof, als tijdelijk & waardeloos, **17.28**-28
zuiverend voor iedereen, als, **18.5**-5
zware, ongeautoriseerd, **17.5-6**, 17.5-6
Zie: Boetedoening; *Brahmacarya*; Celibaat; Onthechting
Asita, 5-6, 7.15, **10.13**, 18.62
Aṣṭāṅga-yoga, 2.59, 5.28-29, 6.1, 6.47, 9.2, 12.7
Astrologie, **8.25**
Astronomie, vedische. *Zie:* Planeten, materiële; Universum
Asura's, **11.22**, 16.20. *Zie:* Demon(en)
Āsuraṁ bhāvam āśritāḥ, **7.15**-15
Aśvattha, 10.26
Aśvatthāmā, **1.8**, 1.26
Aśvinī-kumāra's, **11.6**, **11.22**
Atharva-veda, 9.17
geciteerd m.b.t. Kṛṣṇa & vedische kennis, 10.8
Atheïsme, 2.28, 7.4, **9.12**, 10.15, 10.26, 10.42, 16.8
Atheïst(en), 4.8, 4.12, **7.15**-15, 11.48, 11.55, 13.25. *Zie:* Demon(en)
Atlas, 9.5
Ātmā
definitie van, 6.5, 8.1
Zie: Ziel(en)
Ātma-nivedanam in Kṛṣṇa-bewustzijn. *Zie:* Overgave aan de Heer
Atoomwapens, 2.23, 16.9
Auteur. *Zie:* Prabhupāda
Autoriteiten. *Zie:* Mens(en), leiders van; Regering; Spiritueel leraar (leraren)
Avatāra's, 4.7-8. *Zie:* Allerhoogste Heer, incarnaties van; Kṛṣṇa, incarnaties van
Avonturiers, Kṛṣṇa vertegenwoordigd onder, 10.36
Avontuur, Kṛṣṇa vertegenwoordigd door, **10.36**
Avyakta definitie van, *20*

B

Baden, 2.52, 13.8-12
Bāhlīka's, koning van, 1.8
Baladeva, *28*
Baladeva Vidyābhūṣaṇa
  aangehaald
    m.b.t. de dood, 8.26
    m.b.t. *kāla*, 8.23
  geciteerd
    m.b.t. beheersing van zintuigen, 2.61
    m.b.t. Heer, 3.14, 10.42
Balarāma, Heer, **10.37**-37
Bali Mahārāja, 4.16, 7.15
Banyan boom, Kṛṣṇa vertegenwoordigd door, **10.26**
  analogie van, **15.1-4**, 16.1-3
Barmhartigheid,
  zonder spirituele vooruitgang, 17.20
Bedelen, 10.4-5, 16.1-3
Bedevaartplaats(en), 8.14
  Ambarīṣa Mahārāja bezocht, 2.61
  begrip van, onjuist, 3.40
  Kurukṣetra als, **1.1**-1
  voor yogabeoefening, **6.11-12**
  vrijgevigheid in, 17.20
  Zie: specifieke bedevaartplaatsen
Bedevaartstocht, 4.28, 6.18
Bedriegers & bedrogenen, 1.42
Bedriegers, Kṛṣṇa vertegenwoordigd onder, **10.36**
Bedrog, **18.28**. *Zie:* Hypocrisie
Bedwelmende en opwekkende middelen, gebruik van, 3.24, 4.10, 4.26, 14.8, 14.17, 17.22
Beeldgedaante(n) van de Allerhoogste Heer, 11.54
  vergeleken met brievenbus, 12.5
  Beeldgedaantenverering, 12.5, 12.9, 13.8-12, 14.27
  door beginnende toegewijde, 9.11
  eerbetuigingen aan, 9.34
  filosofie & logica achter, 9.11, 12.5
  impersonalisten bespotten, 9.11
  met motivatie voor bevrijding, 7.29
  rijkdom bedoeld voor, 11.55
  door voedsel te offeren, 9.26
  voordelen van, 6.18, 11.54, 12.5, 13.8-12
  zonder resultaatgericht te zijn, 17.11
Begeerte(n). *Zie:* Verlangen(s), materiële
Bekwaamheid, als eigenschap van de *kṣatriya*, **18.43**
Benares, Caitanya & Prakāśānanda Sarasvatī in, 10.11
Beoefenaars van logica
  argumenten, verschillende soorten onder, 10.32
  Kṛṣṇa vertegenwoordigd onder, **10.32**-32
Berg(en)
  beweeglijke & onbeweeglijke, 10.25
  Kṛṣṇa vertegenwoordigd onder, **10.23**-23
Beschaving. *Zie:* Samenleving
Bescheidenheid, **13.8-12**, **16.1-3**, 16.1-3
  Zie: Nederigheid
Bestaan, Kṛṣṇa als de oorzaak van het, **10.39**-39, **10.42**
Betrouwbaarheid, 1.40
Bevelhebbers, Kṛṣṇa vertegenwoordigd onder de, **10.24**
Bevrijde ziel(en), **4.15**-15, 18.78
Bevrijde ziel(en) (*vervolg*)
  als eeuwig een individu, **2.12**-12
  geluk voor, **5.24**
  kenmerken van, **5.16-28**
  Kṛṣṇa begrepen & gevolgd door, **4.15**-15
  Kṛṣṇa's metgezellen als, 4.5
  ondanks belichaming, **5.19-20**
  plezier voor, 5.22
  spirituele gedaante van. *Zie:* Spiritueel lichaam
  vergeleken
    met Allerhoogste Ziel, **5.19**
    met geconditioneerde ziel, **5.13-14**, 5.19
    met oceaan, 18.51-53
    met rivier opgaand in oceaan, voor impersonalist, 18.55
    met schildpad, **2.58**-58
    met vlinder, 8.8
    met vogel, groene, in groene boom, 18.55
    met waterdier in oceaan, 18.55
  Zie: Bevrijding
Bevrijding
  aanbevolen voor het beëindigen van moeilijk leven, 15.10
  door aanwijzing van veda's, 3.15
  activiteit in, **5.24-28**
  als Allerhoogste voor impersonalist, 3.19
  voor Arjuna, 2.6, 2.23
  in banyan-analogie, 15.1
  door beheersing van zintuigen, 4.30, **5.27-28**, 5.27-28
  in belichaamde toestand, 9.1
  boeddhist over, opvatting van, 2.72
  voor Brahmā, 8.17
  brahma-bhūta-stadium van, 6.27, 9.2, 18.55
  met *brahmajyoti*, 4.9, 8.13, 8.24
  Brahman, *21*, 2.24, **8.11**
  brahma-nirvāṇa, 2.72, 5.29
  door *buddhi-yoga*, 10.10
  door heilige namen te chanten, 6.12
  definitie van, *10*, 7.5
  door devotionele dienst, *20*, *22*, *26*, 2.39, **2.51**-51, 2.72, 4.35, **4.41**, 5.2, **5.26-28**, 7.14, **7.29**-29, 8.6, **8.8**, **8.10**, **8.13**, 8.27, 10.13, **14.26**, 26, 15.1
  devotionele dienst als, 2.72, 3.9, 5.11, 5.12
  devotionele dienst na, 9.2, 18.55
  door dienst met vertrouwen, **3.31**
  door dood op juiste moment, **8.23-26**
  van dualiteiten, **5.3**
  van ellende, **4.16**
  geest, in, rol van de, **5.27-28**, 5.27-28, **6.5**-5
  geleidelijke zuivering voor, **16.22**
  geluk in, **5.24**, 18.63
    door gezelschap van toegewijden, 7.28
  Heer of bevrijde ziel, alleen door, 7.14
  Heer, door herinnering van de, 5.26
  Heer verlangd, voor ons, 13.23
  als herstel van positie als dienaar van de Heer, 18.55
  van de hoedanigheid hartstocht, **6.27**
  van hoedanigheden van de natuur, **14.20-26**
  door horen van spirituele autoriteiten, **13.26**
Bevrijding (*vervolg*)
  voor impersonalisten, *21*, 2.24, 6.20-23, 9.2, 9.12
  vergeleken met bevrijding voor toegewijden, **4.9**-9
  individualiteit na, 2.13, 2.23, 2.24, 2.39, 5.16, 14.2, 15.7, 18.55
  kaivalyam, 6.20-23
  in Kali-yuga alleen door chanten heilige namen, 6.12
  van *karma*, 3.31
  door kennen van Kṛṣṇa, **4.9-10**, 4.14, 6.15, 7.4, 7.7, **10.3**-3
  kennis garandeert niet, 3.33
  kennis over, **13.35**-35
  & kennis over verleden, heden, & toekomst, 7.26
  door kennis, spirituele, 2.14, 2.23, 2.50, 4.14, 4.17, 4.36-39, **13.8-12**, 13.8-12, **13.24**-24, 13.35, **14.2**-2
  Kṛṣṇa-bewustzijn
    alleen voldoende voor, *21*, 6.15, **9.28**-28, **12.6-7**, 12.6-7, 18.46
    boven, 6.30
  door Kṛṣṇa-bewustzijn, 2.68, 2.72, **3.31**, **4.15**-15, **4.18-24**, 4.29, 4.35, **5.2**-2, 5.3, **5.17**-17, 6.15, **6.27**, 6.31, 7.14, 8.8, 8.19, **10.3**-3, 13.24, 18.12, **18.58**
  kwalificaties voor, 2.6, 2.14, 2.68, **5.24-29**
    Zie: Bevrijding, door ...
  leven bedoeld voor, 3.7
  van lichamelijke opvatting van het leven, *10*, 14.22-25
  lust, woede, & hebzucht vernietigen kansen op, 16.21
  materiële verlangens belemmeren, 16.1-3
  menselijk leven geeft gelegenheid voor, 3.38
  middelen voor. *Zie:* Bevrijding, door...
  nirvāṇa, 2.72, 6.20-23
  door offer, **3.10**, 3.11, **4.30**, **4.32**
  ondanks lichaam, **5.24-25**
  onpersoonlijk, 6.15, **8.11**, 8.13
    moeilijkheid van, 4.9
    onthechting van, 11.55
    opvatting van toegewijde over, 18.54
  door onthechting, **5.2**-2
  onthechting &, **2.15**, 2.47, **5.19-21**, **5.24-29**, 16.1-3
  onthechting van, 2.70, 8.14, 8.15
  door overgave aan de Heer, 2.50, **7.14**-14, 9.11, **12.6-7**, 12.6-7, 13.18
  door plicht met onthechting, 2.47
  proces van, **8.11-13**, 13.8-12, 13.35
  van reacties, **4.41**
  van reacties voor zonden, **10.3**-3
  voor *sādhaka*, 2.68
  sārūpya, 8.8
  snel, door devotionele dienst, **5.26**
  spiritueel leraar of Heer, alleen via, 7.14
  door spiritueel leven, 8.28
  spirituele lichaam, na, *20*, 15.7
  naar spirituele wereld
    gelijkheid (kwalitatieve) met de Heer in, **14.2**-2
    door spirituele kennis, **13.35**-35
    Zie: Bevrijding, naar woning van de Heer
  stadia van, 9.28

- Bevrijding (*vervolg*)
  - terug naar God &, **5.24-26**
  - voor toegewijden, 2.24, **9.28**-28, 18.12
    - vergeleken met bevrijding voor impersonalisten, **4.9**-9
  - toegewijden verlangen naar, **7.29**-29
    - door horen, 13.22
    - Kṛṣṇa geeft, **12.6-7**, 12.6-7
  - toekomst van ziel na, 2.23, 2.24
  - door transcendentale activiteiten, **17.24**
  - door transcendentale eigenschappen, **16.5**
  - door *varṇāśrama-dharma*, 1.42
  - vergeleken
    - met groene vogel die groene boom binnengaat, 18.55
    - met redding uit oceaan, 12.7
    - met rivier opgaand in oceaan, voor impersonalist, 18.55
    - met waterdier in oceaan, voor personalist, 18.55
  - verlangen naar, 2.70, **7.29**-29
  - door voorschriften in geschriften, volgen van, **16.23-24**
  - door water van Ganges, *27*
  - naar woning van de Heer, *17-21*, 4.29, 8.13, 8.19, **8.21**, 8.28, **9.25**, 9.28, **18.62**-62
    - door devotionele dienst, *19*, *21*, *25*, *27*, 2.39, **2.51**-51, **7.23**-23, 7.24, 7.29, **8.8**, **8.10**, **8.13**, **8.22**-22, **8.28**-28, **9.32**-32, 10.9, **11.55**-55, **18.55**-55
    - door devotionele yoga, **6.15**-15
    - gegarandeerd voor toegewijde, *21*, **9.28**-28
    - geschiktheid voor, *18-23*
    - door zich Kṛṣṇa te herinneren, *20*, *21*, *24*
    - onthechting van, 8.15
    - als permanent, *17*, *19*, **8.15**-15
    - proces voor, *19-21*
      - *Zie:* God, terug naar; Bevrijding, naar spirituele wereld
  - door yoga, **6.27-28**, 8.14
  - zelfrealisatie &, 5.19
  - naar zijnstoestand van de Heer, **14.2**-2
  - zuivere devotionele dienst als, 18.54
  - zuivere toegewijde &, 9.28
  - voor zuivere toegewijden, Kṛṣṇa beloften, **12.6-7**, 12.6-7
  - *Zie:* God, terug naar; Zelfrealisatie; Bevrijde ziel(en)
- Beweging voor Kṛṣṇa-bewustzijn, 9.25, 9.27. *Zie:* ISKCON
- Bewustwording. *Zie:* Godsrealisatie; Kṛṣṇa-bewustzijn; Zelfrealisatie
- Bewustzijn
  - bedekking van, **3.38-40**
  - beperkingen van, 2.17
  - definitie van, *10*
  - van dier, 2.20, 3.38, 15.8
  - geboorte volgens, **15.8-10**
  - gezuiverd, definitie van, *10*
  - goddelijk, 15.8
    - van de Heer vergeleken met dat van levende wezens, *8-9*, 2.20, 13.34
  - hoedanigheid hartstocht, in, kennis van, **18.21**-21
- Bewustzijn (*vervolg*)
  - individuele, vergeleken met Allerhoogste bewustzijn, 13.34
  - van kenner van Absolute Waarheid, **3.28-29**
  - Kṛṣṇa vertegenwoordigd door, **10.22**
  - als levenskenmerk, 13.7
  - in lichaam van ziel, 2.17, **13.34**-34
  - materiële, twee onderverdelingen van, *10*
  - *nirmama*, 3.30
  - onwankelbaar, **2.59**
  - oorspronkelijke natuur van, 15.9
  - van overgegeven ziel, 3.30
  - van planten, 3.38
  - als spiritueel & eeuwig, 10.22
  - spirituele. *Zie:* Kṛṣṇa-bewustzijn
  - stadia van onzuiverheid van, **2.62-63**
  - tevreden, **2.65**
  - vergeleken met licht, *9*, 2.20
  - vermengd, 15.9
  - waarneming van, in niveaus, 3.38
  - van ziel, 2.20, 2.25, 13.34
    - lust bedekt, **3.39**
    - als transcendentaal, **2.55-61**, **2.64-65**, **2.68-72**, 3.17
    - zuivere *Zie:* Kṛṣṇa-bewustzijn; Zuivere toegewijden
  - *Zie:* Kṛṣṇa-bewustzijn; Ziel
- Bezit,
  - zonder aanspraak op, **3.30**, **4.21-23**
    - voor zelfrealisatie, **18.51-53**
  - als illusie, 7.27
  - overgave belemmerd door, 15.5
- Bezitsdrang, **2.71**,
  - verheven boven, 6.10
  - *Zie:* Gehechtheid
- Bezorgdheid. *Zie:* Lijden (leed)
- *Bhagavad-gītā*
  - als de aanwijzingen van de Heer nu, 18.57
  - als Allerhoogste instructie over moraliteit, 18.78
  - als *apauruṣeya*, 4.1
  - Arjuna gekwalificeerd om te horen, *3-6*
  - autoriteit van, **4.1-5**
  - bedoeling van. *Zie: Bhagavad-gītā*, doel van
  - begrijpen van, 1.1, 2.7, 2.12, 3.2
  - bevrijding door te horen, *26*
  - centraal, wat staat, in, 5.17
  - commentaar op, 3.14, 3.31, 4.2-3, 7.3, 8.16, 9.1, 10.8, 10.15, 11.51, 11.54, 12.1, 16.1-3, 18.67, 18.78
  - dwaas, 2.7
  - als compleet & perfect, *12-13*
  - 'conclusie van,' 9.3
  - demonische mensen kunnen niet begrijpen, 4.5
  - devotionele dienst, gaat uitsluitend over, 18.1
  - direct begrip &, **4.1-5**, 4.42, 7.15, 10.13-14, 11.43, 13.4
  - doel van, *5-6*, *10*, *13*, *14*, 2.1, 3.30, 4.17, 4.35, 11.55, 13.8-12, 18.1, 18.67
  - als eindconclusie aangaande religie, 18.78
  - 'eindconclusie van,' 4.38
  - essentie van, *2*, *26*, 10.13, 11.55, 18.1, **18.64-66**, 18.66, 18.78
  - als essentie van alle heilige teksten, *27*, 1.1
- *Bhagavad-gītā* (*vervolg*)
  - voor geconditioneerde zielen' verlichting, 11.55
  - geheim van, *24*
  - geloof door te volgen, 4.41
  - geloof in, 4.40, 8.28
  - geschiedenis van, *3-5*, *28*, **4.1-5**
  - gesprek van, Sañjaya verheerlijkt, **18.74-76**
  - gesproken op Kurukṣetra, *3*
  - gesproken tot Arjuna, *3-5*, *13*
  - *Gītā-māhātmya* vat samen, 1.1
  - Heer te begrijpen door, 10.2
  - heilige tekst, als hoogste gezaghebbende, 4.40
  - hoofdstuk(ken) van
    - achttiende, 18.1, 18.78
    - achtste, 8.1
    - derde, 3.1, 3.43
    - dertiende, 13.19, **13.35**-35
    - elfde, 11.55
    - negende, **9.2**
    - onderwerpen van, 8.28, 9.1, 14.1, 18.1
    - organisatie van, 8.28, 9.1
    - tiende, 10.42
    - twaalfde, 12.20
    - tweede tot het vijfde, 5.1
    - tweede, 2.1, 2.72, 3.1-3
    - verdelingen van, 8.28
    - vierde, 4.42
    - vijfde, 5.29
    - vijftiende, 15.20
    - zevende & achtste, 9.34
    - zevende, 7.30
    - zevende, negende, & tiende, 10.1
    - zeventiende, 17.28
  - hoogste devotionele perfectie uitgelegd in, 10.42
  - horen
    - aanbevolen, 12.9
    - belang & voordelen van, *25-27*, 4.42, 8.76
    - bevrijding door, *26*
    - bonafide spiritueel leraar, van een,16.1-3
    - diskwalificaties voor, **18.67**, **18.71**-71
    - in het gezelschap van toegewijden, 8.28
    - kwalificaties voor, *3-6*, *12-13*, **18.71**-71
    - proces voor, 1.1
    - van toegewijden, 8.28
    - door verheven personen, 4.7
    - voorschrift voor, *2-5*
    - zorgvuldig, 1.1
  - voor iedereen, 2.10
  - Ikṣvāku hoort, van Manu, **4.1**-1
  - impersonalistisch begrip van, 2.7
  - interpretatie van, 1.1, 2.7, 4.1-3, 7.15, 10.8
  - juist begrip van, 4.42
  - karma, bevrijding van, door *9*
  - kennis van, 2.29, 3.2, 3.41, 4.42, 11.48, 13.2, 15.10
    - *Zie: specifieke typen kennis*
  - koningen, moeten horen, 4.2
  - korte samenvatting van, 13.2
  - Kṛṣṇa
    - getoond als de Allerhoogste in, 15.19
    - spreker van, *2*, *3*, *9*, *26*, 1.1, 2.1, 2.20, 4.1, 4.42, 10.15
  - Kṛṣṇa-bewustzijn door, 10.11
  - leidinggevende personen moeten begrijpen, 4.1

Bhagavad-gītā (*vervolg*)
levende wezens begrepen in overeenstemming met kenmerken in, 2.54
in *Mahābhārata*, *22*, *27*, 2.45
Manu hoort, van Vivasvān, **4.1-1**
materialisten kunnen niet begrijpen, 4.5
materiële, kans op, zeer gering, 6.10
meditatie op Kṛṣṇa onderwezen door, *25*
onderdelen van, onderwerpen van, 13.2, 18.1
Zie: Bhagavad-gītā, hoofdstuk(ken) van
onderwerpen & onderdelen van, *6*, *8*, 2.72, 3.2, 18.78
onwetendheid weggenomen door, 2.50
oorspronkelijk gesproken door, **4.1-1**, 4.5
als oplossing van de problemen van de mens, *5-6*
ouderdom van, 4.1
overgave aan de Heer als les van, 4.7
prediken van, **18.68**, 18.71
proces van perfectie uitgelegd in, *25*
profijt van, 8.28, 11.55
religie begrijpen door, 4.7
samenvatting van, 18.78
in tweede hoofdstuk & achttiende hoofdstuk, 18.1
Śaṅkarācārya's commentaar op, 7.3
'speciale positie' van, 1.1
speculatie over. *Zie: Bhagavad-gītā*, interpretatie van
spreker van, *2*, *3*, *9*, *26*, 1.1, 2.1, 2.20, 4.1, 4.42, 10.15
voor toegewijden, *3*, 2.12, 8.28, 13.19, 18.68, **18.71-71**
als transcendentaal, 2.12, 18.76
als universele tekst, *27*, 1.1
als vedische literatuur, 2.45, 4.1
vergeleken
met gangeswater, *27*
met honingpot, 2.12
met koe, *27*
met medicijn, *2*
met zon, 11.51
verlichting krijgen door, 2.20
verschillende edities van, *2*
vertrouwelijke kennis van, **18.67**
Vivasvān hoorde, van Kṛṣṇa, **4.1-1**, **4.4**, 4.5
volgen van, 4.42
wetenschap van, 2.8, **4.1-1**, **4.3**, 6.8
'verlies' van, **4.2**
yoga in, 2.72, 3.1
yoga van, *3*
zuivering door het volgen van, *14*
Zie: Bhagavad-gītā aangehaald; *Bhagavad-gītā* geciteerd
Bhagavad-gītā aangehaald
m.b.t. activiteiten voor Kṛṣṇa als ware onthechting, 10.3
m.b.t. begrijpen van *Bhagavad-gītā*, 2.12
m.b.t. bevrijding & *nirvāṇa*, 6.20-23
m.b.t. Brahman ondergeschikt aan Allerhoogste Persoon, *11*
Bhagavad-gītā aangehaald (*vervolg*)
m.b.t. *buddhi-yoga*, 2.39, 10.10
m.b.t. de Absolute Waarheid als het complete geheel, *11*
m.b.t. de gelijk blik van toegewijde, 7.15
m.b.t. doel van veda's, 2.46
m.b.t. God, bereiken van, als eeuwig, *17*
m.b.t. Heer & levende wezens, 2.46, 8.3
m.b.t. Heer als eeuwig, *14*
m.b.t. hoedanigheden van de natuur, *14*
m.b.t. hoogste besef als gehechtheid aan persoonlijke gedaante van Kṛṣṇa, 12.1
m.b.t. individualiteit, 5.16
m.b.t. *jīva* vergeleken met *īśvara*, *8-9*
m.b.t. Kṛṣṇa als Allerhoogste Persoonlijkheid Gods, *11*
m.b.t. Kṛṣṇa als overgrootvader, 10.6
m.b.t. Kṛṣṇa's woning, *19*
m.b.t. levend wezen als eeuwig, *14-15*
m.b.t. overgave aan de Heer, 7.15
m.b.t. *sādhu*, 4.8
m.b.t. *sanātana-dharma*, *14*
m.b.t. spirituele wereld, *17*, 6.15
m.b.t. succes in het spirituele leven, 6.37
m.b.t. vijf fundamentele waarheden, *6-10*
m.b.t. voedsel offerbaar aan Kṛṣṇa, 6.17
m.b.t. vrijheid van hoedanigheden door overgave aan de Heer, 3.33
m.b.t. yoga, 5.28
m.b.t. yoga & devotionele dienst, 3.3
m.b.t. zielsverhuizing, 2.22
Zie: Bhagavad-gītā geciteerd
Bhagavad-gītā geciteerd
m.b.t. activiteiten geofferd aan Kṛṣṇa, 5.10
m.b.t. Arjuna & yoga, *24*
m.b.t. bevrijding, 11.43
door devotionele dienst, 2.72
naar de woning van de Heer als permanent, *17*
m.b.t. *Bhagavad-gītā*, **4.1-2**
m.b.t. devotionele dienst, 6.27
bescherming door, 3.4
bevrijding door, 2.72, 4.29
Heer alleen te kennen door, 13.16
hogere smaak door, 6.14
na vele geboorten, 6.45
vergeleken met halfgodenverering, 7.24
m.b.t. doel van veda's, 3.10, 3.26
m.b.t. doodsmoment, gedachten op, *20-21*
m.b.t. halfgodenverering, *16-17*, *16-18*
vergeleken met devotionele dienst, 7.24
als onintelligent, 7.24
m.b.t. Heer in hart, 6.29
m.b.t. Heer te kennen door devotionele dienst, 8.14
m.b.t. herinneren van Kṛṣṇa, *20-22*
m.b.t. herinneren van Kṛṣṇa tijdens het vervullen van plicht, *23*
Bhagavad-gītā geciteerd (*vervolg*)
m.b.t. instructie om toegewijde van Heer te worden, 18.78
m.b.t. interplanetair reizen, *18*
m.b.t. kennis, 5.16
m.b.t. Kṛṣṇa
aanwezig door Zijn energieën, 9.4
als Allerhoogste Persoonlijkheid Gods, 11.54
bereiken, proces om, *33*, *25*, *25-26*
als bestuurder van materiële wereld, 16.8
als Brahman's basis, 5.17
als doel van veda's, 3.26
dwazen bespotten, 11.52
als hoogste waarheid, 5.17
in ieders hart, 18.62
instructie om zich Hem te herinneren, 18.64
als maan onder sterren, 15.12
& offer, 3.11
als oorsprong, *14*, 11.2, 11.54, 15.3-4
opvatting van dwazen over, 7.24, 11.52
uitwisselingen met toegewijden door, 9.29
als verlosser van Zijn toegewijde, 18.46
Viṣṇu-gedaante van, 9.11
zelden te kennen, 7.3
niet zichtbaar voor iedereen, 18.55
m.b.t. lichaam als tijdelijk, 9.2
m.b.t. lijden, verdragen van, 6.20-23
m.b.t. *mahātmā*, 2.56
m.b.t. materiële wereld, 11.43
als boom met wortels omhooggaand, *19*
m.b.t. *muni*, 2.56
m.b.t. offer, 3.11, 12.11
m.b.t. offerbaar voedsel aan de Heer, 17.10
m.b.t. offeringen aan de Heer, 9.2, 11.55
m.b.t. onthechting, 6.20-23
door hogere smaak, 6.14
vrede door, 18.51-53
m.b.t. overgave aan de Heer, *26*, 5.16, 12.7, 18.78
m.b.t. persoon met innerlijke tevredenheid, 18.49
m.b.t. *prakṛti*, *7*
m.b.t. *sāṅkhya-yoga* & devotionele dienst, 2.39
m.b.t. spiritueel leraar, overgave aan, 2.39
m.b.t. spirituele wereld, 11.43
verkrijgen van, kwalificaties voor, *19*
m.b.t. Superziel in hart, 18.13
m.b.t. toegewijde
als dierbaar aan Kṛṣṇa, 6.32
als hoogste *yogī*, 18.75
overgegeven, 9.29
als zeldzaam die Kṛṣṇa kent als wortel van alle gemanifesteerde oorzaken, 2.41
m.b.t. vedische kennis, 9.2
m.b.t. vrede door onthechting, 18.53
m.b.t. *yogī*, hoogste, *24*
m.b.t. zeldzaamheid van transcendentalisten & toegewijden, 10.3

Bhagavad-gītā geciteerd (*vervolg*)
m.b.t. ziel, 2.12, 15.7
vergeleken met lichaam, 2.28
Zie: Bhagavad-gītā aangehaald
Bhagavad-gītā zoals ze is, *2*
Bhagavān, *7*
definitie van, *2*, 10.1
Kṛṣṇa als, 2.2, 10.1
vergeleken
met Brahman & Paramātmā, 2.2
met zonneplaneet, 2.2
Zie: Kṛṣṇa; Allerhoogste Heer
Bhāgavatam. Zie: Śrīmad-Bhāgavatam
Bhāgavata Purāṇa, 3. *Zie: Śrīmad-Bhāgavatam*
Bhajate, definitie van, 6.47
Bhakta('s)
als transcendentalist, *3*
Zie: Toegewijde(n)
Bhakti-rasāmṛta-sindhu geciteerd
m.b.t. bevrijding door Kṛṣṇa-bewustzijn, 6.31
m.b.t. devotionele dienst, 7.16
als bevrijding, 5.11
Kṛṣṇa te kennen door, 7.3
ongeautoriseerd, 7.3
onthechting &, 11.55
vrij van slecht gezelschap, 11.55
m.b.t. kennis over Kṛṣṇa door devotionele dienst, 7.3, 9.4
m.b.t. Kṛṣṇa alleen te kennen door gezuiverde zielen, 6.8
m.b.t. Kṛṣṇa-bewustzijn
als bevrijding, 6.31
onthechting door, 2.63
stadia van, 4.10
m.b.t. onthechting
& devotionele dienst, 11.55
hoogste, 6.10
in Kṛṣṇa-bewustzijn, 9.28
door Kṛṣṇa-bewustzijn, 2.63
onvolledig, 5.2
m.b.t. werken voor Kṛṣṇa &, 11.55
m.b.t. toegewijde als bevrijd, 6.31
Bhaktisiddhānta Sarasvatī Ṭhākura
familie van, 6.42
geciteerd m.b.t. Kṛṣṇa's lichaam, 9.34
in de opeenvolging van discipelen, *28*
Bhaktivedanta Swami Prabhupāda, Śrī Śrīmad A.C. *Zie:* Prabhupāda
Bhaktivinoda Ṭhākura, *28*
aangehaald m.b.t. *Bhagavad-gītā*, 2.72
Bhakti-yoga, 5.29, 6.20-23
Zie: Devotionele dienst
Bharata Mahārāja, **1.24**, **2.30**, 6.43, 8.6
Bhārata-varṣa, 6.43
Zie: India
Bhāva definitie van, 4.10
Bhīma, **1.4**, **1.10**, **1.15**
Bhīṣmadeva, **1.8**, **1.25**-25, **2.4**, 4.16, 18.78
Arjuna &, 2.26, 2.30, 16.5
bestemming van, 2.13, 2.30, **11.26-27**, **11.34**
Draupadī &, 11.49
Duryodhana &, **1.10-12**, 1.10-12, 2.5
hoornschelp van, **1.12**, 1.14
in kosmische gedaante, **11.26-27**, 11.26-27
Kṛṣṇa &, 7.25
Kuru's &, **1.8**, **1.10-12**
vergeleken
met Bhīma, **1.10**
met leeuw, **1.12**-12
Bhṛgu Muni
Kṛṣṇa vertegenwoordigd door, **10.25**
vader van, 10.25
Bhūriśravā, **1.8**, 1.26
vader van, **1.8**
Bhūta-bhāvana, Kṛṣṇa als, **10.15**-15
Bhūteśa, Kṛṣṇa als, **10.15**-15
Bhutesa, Kṛṣṇa als,
Bijbel geciteerd m.b.t. materieel voordeel, 2.40
Bioscoop, 13.8-12
Bliksemschicht, Kṛṣṇa vertegenwoordigd door, **10.28**-28
Boeddha, Heer, missie van, 4.7
Boeddhisme, 2.26, 2.72
Boer(en), **18.44**
Zie: Vaiśya('s)
Boetedoening, 1.43. *Zie: Prāyaścitta* (boetedoening); Zuivering
Bomen, Kṛṣṇa vertegenwoordigd onder, **10.26**
Bommen. *Zie:* Wapens
Brahma puccham, 13.5
Brahma definitie van, 4.24
Brahmā, Heer, 2.2, 4.16, 8.2, 10.7, 10.42, 11.52, 14.4, 15.16, 17.4
als Allerhoogste onder levende wezens, 7.7
ascese door, 10.6
bevrijding niet gegeven door, 7.14
bevrijding voor, 8.17
dag & nacht van, **8.17-18**, 9.7
dood van, 8.17, 8.19, 9.7
als eerste levend wezen, 10.6, 10.8
gebeden van, 4.1, 4.5
Zie: Brahma-saṁhitā
geboorte van, 11.37
geciteerd. *Zie: Brahma-saṁhitā* geciteerd
genealogie van, 10.6, 10.25
& Hiraṇyakaśipu, 17.19
impersonalistische verering van, 17.4
als integrerend deeltje van de Heer, 15.7
in kosmische gedaante, **11.1-5**
Kṛṣṇa
als, **11.39**
groter dan, 10.42
als oorsprong van, *13*, 7.15, 10.3, 10.8, 11.37
vereerd door, 4.12
vertegenwoordigd door, **10.33**-33
leed treft ook, 8.17
levensduur van, 8.17, 9.7
lichaam van, 10.33
Nārāyaṇa als oorsprong van, 10.8
& *oṁ tat sat*, 17.23
als oorsprong van Gāyatrī-mantra's, 10.35
in de opeenvolging van discipelen, *13*, *28*, 2.29, 11.43
overgave aan Allerhoogste Heer door, 7.15
als Pitāmaha, 10.6
planeet van, *18*, 8.16, 14.14, 15.1-2
schepping door, 10.6, 10.32, 10.33
tijdschaal voor, **8.17**-17, 9.7
vader van, 7.15, 10.8, 11.39
vedische kennis &, *13*
vergeleken met luchtbel in oceaan, 8.17
zonen van, 10.25
Brahma-bhūta-niveau van bewustwording, 5.24, 6.27, 9.2, 18.51-55, 18.63
Brahmacārī('s), **4.26**-26, 6.13-14, 8.28, 16.1-3
Zie: Brahmacarya; Celibaat; *Varṇāśrama-dharma*, stelsel van
Brahmacarya, 6.13-14, 8.11, 8.28
Zie: Brahmacarya; Celibaat; *Varṇāśrama-dharma*, stelsel van
Brahma-jijñāsā, 2.45
Brahmajyoti, 9.14, 15.6
als bedekking van Heer's gedaante, 7.25
bevrijding naar, *21*, 4.9, 8.13, 8.24
Zie: Bevrijding; Brahman
bron van, *18*
als bron van licht, 7.8
in materiële wereld, als bedekt, 13.18
schepping binnen, 4.24
spiritueel & 'materieel,' 4.24
als spirituele gloed van de Heer, 4.24, 6.47
spirituele planeten binnen, *18*
val uit, 4.9, 9.25
Zie: Brahman
Brahmaloka, *18*, 8.16, 14.14, 15.1-2
Brahman, 7.15, 11.38, 18.78
bereiken van, *21*, **14.26**-26, **18.50**-50
bevruchting van, **14.3**
bewustwording van. *Zie:* Godsrealisatie
als centrum van spirituele & materiële werelden, 15.1
als eeuwig & beginloos, **13.13**
geluidsincarnatie van, 10.35
als de gloed van de Heer, 4.35
iedereen is, *4*
impersonalisten &, **4.25**-25, 10.2, 12.1, 17.4
individualiteit behouden op het niveau van, 14.26
als kennis, 13.18
Kṛṣṇa
basis van, 7.10, **14.27**-27
superieur aan, *11*, 2.12, 7.10, 7.15, **13.13**, **14.27**-27
levende wezens als, *4*, 8.1, **8.3**, 13.13
levensopvatting, 7.29
mahad brahma (de grote), 14.3
meditatie op, 12.1
natuur gemanifesteerd uit, 5.10
als niveau van zuivere toegewijden, 7.29
offer aan, **4.25**
oṁ identiek aan, 8.11, 8.13
als ondergeschikt aan de Heer, *11*, 7.10, 7.15, **13.13**, **14.27**-27
'tegenovergestelde van materie,' 2.72
val uit, 14.27
vereren van, vergeleken met devotionele dienst, **12.1-7**
vergeleken
met Allerhoogste Brahman, *4*
met lichtstralen, *11*
met Parabrahman, 7.10, 8.3
met Paramātmā & Bhagavān, 2.2
met wortel van banyan, 15.1
verheffing tot, 14.27
als *vijñāna-brahma* & *ānanda-brahma*, 13.13
wezenlijke kenmerken van, **14.27**-27

Brāhmaṇa('s)
belang van, 14.16
dierenoffer door, 2.31
Droṇācārya als, 1.3
eigenschappen & kwalificaties van, 2.7, 4.13, 9.20, 10.4-5, **18.42**
Gāyatrī-mantra &, 10.35
hemelse planeten verdiend door, 2.31
in de hoedanigheid goedheid, 4.13, 7.13, 9.32, 14.6, 18.47
Kṛṣṇa als welgezinde van, 14.16
levensonderhoud van, geen tijd voor, 10.4-5
oṁ tat sat &, **17.23**-23
onwaardig, 2.3
oorsprong van, 10.6
overtreding begaan tegenover. *Zie:* Overtreding(en)
priesters, Kṛṣṇa vertegenwoordigd onder, **10.24**
als spiritueel leraar, 16.1-3
toegewijden ontstegen aan, 4.13
tri-vedī, 9.20
vedische geleerden onder, 9.20
voorgeschreven plichten voor, 3.35, 18.47, 18.48
vrijgevigheid &, 10.4-5, 17.20
werkend als *kṣatriya's*, 3.35
Zie: Varṇāśrama-dharma, stelsel van
Brahmanen. *Zie: Brāhmaṇa('s)*
Brahma-nirvāṇa, 2.72, 5.26, 5.29
Brahman-realisatie. *Zie:* Godsrealisatie
Brahmaṇya Tīrtha, *28*
Brahma-saṁhitā, *3*, 4.5
Brahma-saṁhitā aangehaald
m.b.t. Kṛṣṇa
beschrijvingen van, 18.65
kennen, 7.24
onfeilbaarheid van, 4.5
woning van, 8.21-22
Zie: Brahma-saṁhitā geciteerd
Brahma-saṁhitā geciteerd
m.b.t. Goloka, *17*
m.b.t. Kāraṇodaka-śāyī Viṣṇu, 10.20
m.b.t. Kṛṣṇa, 7.7
activiteiten van, als transcendentaal, 9.9
als Allerhoogste Heer, *11*, 2.2, 4.5, 7.3, 7.7, 9.11
als alomtegenwoordig hoewel gelokaliseerd, 13.14
gedaanten & incarnaties van, 4.9
gedaante van, van eeuwigheid, kennis, & gelukzaligheid, 11.54
als gekend door devotionele liefde, 9.4
in Goloka, 6.15
Govinda gezien als Śyāmasundara door toegewijde, 6.30
als Heer, 9.11
incarnaties van, 4.5
liefde van toegewijden voor, 3.13
& Mahā-Viṣṇu, 11.54
als oorspronkelijke gedaante van de Heer, 4.5
als oorzaak van alle oorzaken, 7.3
schoonheid van, te zien door liefde, 11.50
suprematie van, 7.3
in talloze gedaanten, 11.46
Brahma-saṁhitā geciteerd (*vervolg*)
woning van, 8.22
& zon, 4.1
Zie: Brahma-saṁhitā aangehaald
Brahma-saṁsparśa, 6.28
Brahma-sūtra, 13.5
aangehaald
m.b.t. Brahman, *11*
m.b.t. onderzoek naar Absolute, *5-6*
geciteerd m.b.t. Heer, levend wezen, & veld van activiteiten, 13.5
Brandstichting, straf voor, 1.36
Bṛhad-āraṇyaka Upaniṣad geciteerd
m.b.t. Heer
als bestuurder, 9.6
als verteringsvuur, 15.14
m.b.t. karmische reacties overwinnen, 4.37
m.b.t. oorsprong van de veda's, 3.15
m.b.t. vrekkig persoon tegenover *brāhmaṇa*, 2.7
m.b.t. werkelijk ego, 13.8-12
Bṛhad-viṣṇu-smṛti geciteerd m.b.t. degenen die overtredingen begaan tegenover de Heer, 9.12
Bṛhan-nāradīya Purāṇa geciteerd
m.b.t. chanten, 6.12
Bṛhaspati, 10.24
Kṛṣṇa vertegenwoordigd door, **10.24**
Bṛhat-sāma, Kṛṣṇa vertegenwoordigd door, **10.35**-35
Buddhi definitie van, 10.10
Buddhi-yoga. *Zie:* Yoga, *buddhi-*

C

Caitanya aangehaald
m.b.t. bonafide spiritueel leraar, 2.8
m.b.t. chanten, *23*
m.b.t. commentaren van impersonalisten, 2.12
m.b.t. constitutionele positie van levend wezen, *15-16*
m.b.t. Godsrealisatie in dit tijdperk, 13.26
m.b.t. roem, 10.4-5
m.b.t. toegewijde, 10.4-5
Zie: Caitanya geciteerd
Caitanya geciteerd
m.b.t. bonafide spiritueel leraar, 2.8
m.b.t. onthechting & verlangen naar devotionele dienst, 6.1
m.b.t. verdraagzaamheid, 8.5
m.b.t. zuiveren van het hart, 6.20-23
Zie: Caitanya aangehaald
Caitanya, Heer
aangehaald. *Zie:* Caitanya aangehaald
als *ācārya*, *3*
als bevrijder van kwaadaardige personen, 4.8
chanten door, 2.46
chanten van Hare Kṛṣṇa verspreid door, 2.46, 8.11, 10.11, 16.24
Choṭa Haridāsa &, 16.1-3
devotionele dienst aangeraden door, 16.24, 18.54
extase van, 2.46
familie van, 2.15
filosofie van, 7.8, 18.78
Caitanya, Heer (*vervolg*)
gebed door, voor devotionele dienst, 6.1
geciteerd. *Zie:* Caitanya geciteerd
genade van, 11.54, 18.54
Haridāsa Ṭhākura &, 6.44
horen aangeraden door, 13.26
als incarnatie voor Kali-yuga, 4.8
onthechting van, 2.15
in de opeenvolging van discipelen *28*
Prakāśānanda Sarasvatī &, 10.11
prediken van, 7.15
in Purī, 16.1-3
saṅkīrtana-yajña &, 3.10, 3.12, 4.8
sannyāsa van, 2.15, 16.1-3
spiritueel leraar van, 2.46
verblijf van, '*daar* is Vṛndāvana', 8.14
voorspeld in geschriften, 4.8
voorbeeld van overgave, 7.15
als vrijgevigste en liefdadigste persoon, 11.54
vrouwen &, 16.1-3
Caitanya-caritāmṛta
aangehaald
m.b.t. bonafide spiritueel leraar, 2.8
m.b.t. devotionele dienst, 7.22, 10.9
m.b.t. geloof, 9.3
commentaar op, 9.34
geciteerd
m.b.t. Allerhoogste Heer, incarnaties van, 4.8
m.b.t. devotionele dienst, geloof in, 2.41
m.b.t. het geven van veda's aan vergeetachtige levende wezens, *22*
m.b.t. Kṛṣṇa als Allerhoogste, 7.20, 11.43
m.b.t. zuivere toegewijde, 9.28
Cāṇakya Pāṇḍita aangehaald m.b.t. vrouwen, 1.40
Caṇḍāla's, 9.32
Candra, Heer, 3.14, 17.4
candrāyaṇa-yajña, 4.28
planeet van, 8.16, 9.18
Cāturmāsya, 2.42-43, 4.28
Cekitāna, **1.5**
Celibaat, **8.11**, **17.14**-14
als ascese van lichaam, **17.14**-14
voor *brahmacārī*, 6.13-14
moeilijkheid van, 8.11
regels van, 6.13-14
voor volmaaktheid, **8.11**
Zie: Brahmacarya; Onthechting; *Sannyāsa*
Chāndogya Upaniṣad aangehaald
Zie: Chāndogya Upaniṣad geciteerd
m.b.t. dood, twee manieren van, 8.26
m.b.t. offer, 8.3, 8.16
Chāndogya Upaniṣad geciteerd
Zie: Chāndogya Upaniṣad aangehaald
m.b.t. Allerhoogste Heer
in drie aspecten, 15.18
schepping door, 9.7
m.b.t. levenskracht als centrum van vermogens & activiteiten, 7.19
m.b.t. *sat*, 17.23
m.b.t. *tat*, 17.23
Chanten in Kṛṣṇa-bewustzijn, 4.26,

Chanten in Kṛṣṇa-bewustzijn (*vervolg*) 4.39, 6.34,6.44, 7.24, 8.5- 8, 8.11-14, 9.20, 9.30, 13.8-12, 14.27
activiteiten vergezeld van, 12.6-7
op een afgezonderde plaats, 3.1
door Ambarīṣa Mahārāja, 2.61
door *brahmacārī*, 4.26
Caitanya onderwees, 2.46, 3.10, 3.12, 4.8, 10.11, 16.24
als doel van veda's, 2.46
als eenvoudig proces, 12.7
Gāyatrī-mantra *&*, 10.35
geest beheerst door, 6.34
geloof door, 4.39
grootheid van, 2.46, 9.27
'grote zegen van,' 8.14
door Haridāsa Ṭhākura, 6.17
& horen, 8.8, 9.2, 9.14, **10.9**-9, 10.19, 12.20, 13.8-12, 14.27
voor huidige tijdperk, 4.8, 6.12, 8.13, 9.27
Kṛṣṇa-bewustzijn door, *23*, 8.5, 8.11, 8.13-14, 12.8
Kṛṣṇa vertegenwoordigd door, **10.25**
mahā-mantra &, 4.39, 6.34, 7.24, 8.5-8, 8.11, 8.13-14
door *mahātmā's*, **9.14**
op meditatiekralen (*japa*), 9.27
op moment van de dood, 8.2, 8.13
als offer, beste, 10.25
overstijgt lage geboorte, 2.46, 6.44
in *saṅkīrtana*, 3.10, 4.8
spirituele status duidelijk door, 2.46, 6.44
terugkeer naar God door, 8.8
volbracht hebben van vedische praktijken duidelijk door, 2.46, 6.44
voordelen van, 6.34, 7.24, 8.8, 8.11, 8.14, 8.19, 9.2, 9.31, 10.11, 13.8-12, 16.7
voorspelling over, door Caitanya, 4.8
als water geven aan zaad van devotionele dienst, 10.9
zuivering door, 9.31, 10.11, 13.8-12
zuivering gaat vooraf, 6.44
Choṭa Haridāsa, 16.1-3
Citraratha, Kṛṣṇa vertegenwoordigd door, **10.26**
Citi-śakti definitie van, 6.20-23
Crematie voor tijgers, 2.31
Criminele activiteit, 1.36
Cupido, 8.21. *Zie:* Kandarpa (Cupido), Kṛṣṇa vertegenwoordigd door
Cyclus van geboorte en dood, geweld, onrechtvaardig, niet ondersteund door, 2.27
individualiteit niet verloren door, 2.39
& offer, 8.3
resultaatgerichte activiteiten gaat door, 2.49
wet van, **2.27**-27
Zie: Geboorte; Reïncarnatie

D

Daitya's. *Zie:* Demon(en)
Dama. *Zie:* Zelfbeheersing
Dāmodara, 8.22
Darśa-paurṇamāsī, 9.25
Dayānidhi, *28*
Debat, termen met betrekking tot, 10.32
Demon(en), 4.3, **16.4-22**, 16.24, 17.5-6
activiteiten van, **16.7-12**, 16.16, **16.17-18**, 16.24, **17.5-6**, 17.5-6
Demon(en) (*vervolg*)
bestemming van, 16.10, **16.13-15**, 16.13-15, **16.19-20**
Daitya, Kṛṣṇa vertegenwoordigd onder, **10.30**
Daitya's als, 10.30
eigenschappen van, **16.4-18**, 16.19, **16.21**-21, **16.23**, 16.24
geboorte in familie van, 16.19, 17.6
genade van de Heer voor, 16.20-21
Heer niet te bereiken door, **16.20**
kenmerken van, **17.5-6**, 17.5-6
Kṛṣṇa *&*, 4.4, **4.8**-8, **10.14**, 10.15, **11.36**-36
als onbegrip, 2.1
Prahlāda van familie van, **10.30**
Rāvaṇa als, 16.16
spiritueel leraar van, 10.37
tegenover
goddelijke personen, **16.5-6**
halfgoden, 17.1
toegewijden, 4.8
val naar soorten van, **16.19-20**
valse eer voor, 16.10
verering van, **17.4**-4
in de hoedanigheid hartstocht, **17.4**
vergeleken
met Āditya's, 10.30
met vissen in net, 16.16
vijanden van, **16.13-15**, 16.16
wereld in gevaar gebracht door, **16.9**-9
Zie: Materialist(en); *specifieke demonen*
Denken, aan Kṛṣṇa in Kṛṣṇa-bewustzijn. *Zie:* Herinneren, zich Kṛṣṇa.
Denkers, grote
Kṛṣṇa vertegenwoordigd onder, **10.37**-37. *Zie:* Wijze(n)
Deugd(en)
van aardigheid. *Zie:* Vriendelijkheid
afkeer van onnodig kritiseren als, **16.1-3**, 16.1-3
van Arjuna, 2.6
ascese as. *Zie:* Ascese
van bescheidenheid, **13.8-12**, **16.1-3**, 16.1-3
van betrouwbaarheid, 1.40
van *brāhmaṇa's*, **18.42**
van eenvoud. *Zie:* Eenvoud
van eerlijkheid als brahmaanse eigenschap, **18.42**
van eerlijkheid, eenvoudigheid en openheid, 13.8-12, 16.1-3
evenwichtigheid van geest als, **13.8-12**
van geduld. *Zie:* Geduld
van geheugen. *Zie:* Geheugen
van gelijkmoedigheid. *Zie:* Gelijkmoedigheid
van geloof. *Zie:* Geloof
van geweldloosheid. *Zie:* Geweldloosheid
van goddelijke mensen begiftigd met goddelijke natuur, **16.1-3**, 16.1-3
van intelligentie. *Zie:* Intelligentie
van kalmte, **16.1-3**
Kṛṣṇa-bewustzijn omvat alle, 2.55
Kṛṣṇa's vertegenwoordigingen onder, **10.34**-34
van kuisheid, **1.40-41**
van medelijden, **16.1-3**
Deugd(en) (*vervolg*)
van mentale discipline. *Zie:* Geest, beheersen van
van nederigheid. *Zie:* Nederigheid
nodig voor elk onderdeel van *varṇāśrama*, 16.1-3
van offer. *Zie:* Offer(s)
van onbevreesdheid. *Zie:* Onbevreesdheid
van onthechting. *Zie:* Onthechting
oorsprong van, Kṛṣṇa als, **10.4-5**
in proces van kennis verklaart door de Heer, **13.8-12**, 13.8-12
reinheid als, 2.14, **13.8-12**, **16.1-3**
Zie: Reinheid
van religiositeit. *Zie:* Religie
van respect, 9.11
van spirituele kennis, cultivering van, **16.1-3**, 16.1-3
van standvastigheid, **16.1-3**
van standvastigheid, Kṛṣṇa vertegenwoordigd door, **2.15**, **10.34**-34, **13.8-12**
tijdperken, prominent in , 8.17
toegewijde krijgt, vanzelf, 12.18-19
van tolerantie. *Zie:* Tolerantie
van vals ego, **13.8-12**
van vastberadenheid, 2.41
vastberadenheid als, **16.1-3**, 16.1-3
in devotionele dienst als, **12.13-14**, 12.13-14
van vedische studie. *Zie:* Veda's
van vergeving, **10.4-5**, **16.1-3**, 16.1-3
van vitaliteit, **16.1-3**, 16.1-3
van vreedzaamheid. *Zie:* Vreedzaamheid
van vriendelijkheid, **16.1-3** *Zie:* Vriendelijkheid
van vrijgevigheid. *Zie:* Vrijgevigheid
van vrijheid
van hebzucht, **16.1-3**
van vals ego **13.8-12**
van vijandigheid, **16.1-3**
van woede, **16.1-3**
vrouwelijke, **10.34**-34
van waarheidlievendheid. *Zie:* Waarheid
van welsprekendheid, Kṛṣṇa vertegenwoordigd door, **10.34**-34
van wijsheid. *Zie:* Wijsheid
yuga's verschillen in, 8.17
van zachtmoedigheid, 1.45, 1.46
van zelfbeheersing. *Zie:* Zelfbeheersing
van zuiverheid. *Zie:* Zuiverheid
van zwijgzaamheid. *Zie:* Stilte
Devadatta hoornschelp, **1.14-15**
Devadeva, Kṛṣṇa als, **10.15**-15
Devahūti, Heer Kapila *&*, 2.39, 10.26
Devakī, 4.8, 7.24, 10.8
broer van, 4.8
echtgenoot van, 4.8
Kṛṣṇa *&*, 1.15, 4.4, 4.8, 9.11, 10.3, 11.52, 11.53
vervolgd door Kaṁsa, 4.8
Devakī-nandana, Kṛṣṇa als, 1.15
Devala, *4*, 7.15, **10.13**, 18.62
Deveśa, Kṛṣṇa als, 11.37
Devotionele dienst aan de Allerhoogste Heer
aanwijzingen voor, bronnen van, 10.3.

Devotionele dienst aan de Allerhoogste Heer (*vervolg*)
Zie: Toegewijde(n); Heilige tekst(en); Spiritueel leraar (leraren); Veda's; Vedische literatuur
absolute natuur van, 2.72, **4.24**-24
Absolute Waarheid alleen gekend door, 11.52
activiteiten gezuiverd door, **5.11**
activiteiten van
genoemd, **4.24**-28, 9.1
Zie: Devotionele dienst, processen van
van activiteit in onthechting, 18.7-11
activiteiten verbinden in, 3.28, 4.21, 5.11, 8.27
activiteit in, 5.1, 12.6-7
allerhoogste bestemming voor iedereen in, **9.32**-32
alles gebruiken in, 2.63
door Ambarīṣa Mahārāja, 2.61, 6.18
van *arcanam*, 6.18, 9.27
Zie: BeeldGedaante-verering
door Arjuna, *23-24*
ascese in, voorbeelden van, 12.16
Zie: Ascese
van *ātma-nivedanam. Zie:* Overgave aan Allerhoogste Heer
Beeldgedaante aanvaardt, 12.5
in Beeldgedaante-verering. *Zie:* Beeldgedaante-verering
Beeldgedaante voor. *Zie:* Beeldgedaante(n) van Allerhoogste Heer
begin van, 9.20, 9.34, 18.55
vanaf begin van het leven, 6.42
als belangrijk, 7.1
voor belichaamde zielen, 5.29
betekenis van, 14.26
betekent Heer, toegewijde, & uitwisseling van liefde, 14.26
als bevrijde activiteit, 2.72, 3.9, 5.11-12
na bevrijding, 9.2, 18.55
bevrijding via. *Zie:* Bevrijding
bijstaan in, 12.10, **12.11**
bouwen van tempels, in de vorm van, 12.16
buddhi-yoga als, 2.39, 2.49, 2.51, 10.10
van chanten. *Zie:* Chanten in Kṛṣṇa-bewustzijn
als conclusie van de veda's, 16.24
als constant, **8.14**-14, **9.22**, **10.9**-9, 12.2, 13.8-12
dienaar & gediende nodig voor, 14.26
directe, vergeleken met indirecte, 12.20
discipline in, 3.30
als doel van activiteit, 11.55
als doel van religie, 9.2
eenheid in, 5.11, 15.20
eenvoudige beoefening van, 12.5-7, 14.27
als eeuwig, 9.2, 13.8-12
als eeuwige relatie van dienstbaarheid, 13.8-12
eigenzinnig, 18.57
aan het eind van het leven, *25*
als enige weg naar Kṛṣṇa, 9.26
ernst in, 15.6
van eten *prasādam. Zie: Prasādam*
fouten bij, 9.30, **9.31**-31
gebed voor, door Caitanya, 6.1
gebruik van rijkdom in, 11.55, 12.10

Devotionele dienst aan de Allerhoogste Heer (*vervolg*)
gedeeltelijk compleet, **2.40**-40
met geest, *24*, 3.42, 6.18, 6.34, 6.36
gehechtheid aan, noodzaak van, *19*
geleidelijke proces van, 4.10, 4.15, 4.24, 5.29, 10.10
geleidelijke verheffing door, door hogere planeten, 8.16
geloof door, 4.39, 7.30, 8.28
geloof in, **9.3**-3, 3.31
als gemakkelijk, 9.2, 9.14, 9.26, 12.5, 12.7
gereguleerd, **12.9**-9, 12.12
gevorderde stadia van, 8.28
Zie: Zuivere devotionele dienst
geweld in, 2.21
in gezelschap van toegewijden, 14.27. *Zie:* Toegewijden, omgang met
in gezinsleven, 13.8-12
als gezuiverde activiteiten, *9*
'grondbeginsel van,' 15.1
als gunstige activiteiten, 10.3
Heer helpt in, 6.24
heilige teksten als richtlijn voor, 10.3
van zich herinneren. *Zie:* Herinneren in Kṛṣṇa-bewustzijn
op hogere planeten, 8.16
als hogere smaak, 3.42, 6.4, 6.14
als hoogste
activiteit, **6.47**-47, 8.16
besef, 12.1, 14.27
spiritueel proces, 7.30, 15.19, 18.78
yoga, 6.46, 9.2, 10.10, 12.5
van horen. *Zie:* Horen in Kṛṣṇa-bewustzijn
voor iedereen, 9.14, 11.55
individualiteit &, 14.26
intelligentie in, *24*, **8.7**
jñāna-yoga tegenover, 12.5
in Kali-yuga, 9.27
karma-yoga als, 2.51
in kennis, **7.17-19**
kennis door, 15.11
kennis over Kṛṣṇa heeft als resultaat, **10.7-8**, 10.42, **15.19**-19
kennis in verband met. *Zie:* Kennis
van *kīrtana. Zie:* Chanten in Kṛṣṇa-bewustzijn
als koninkrijk van God, 2.72
kracht van, 3.41
Kṛṣṇa
alleen gekend door, 7.3, 7.24-25, 9.2, 10.2-3, 11.52-53, **11.54**-54, 13.16, **18.55**-55, 18.67
object van, **9.34**-34
vraagt van ons, **9.33-34**
als Kṛṣṇa-bewuste activiteit, *24*
in Kṛṣṇa-bewustzijn, **18.57-58**
met Kṛṣṇa's gedaante, 12.1, **12.2**
als Kṛṣṇa's gezelschap, **12.8**-8
voor Kṛṣṇa's plezier, 2.64
kwalificaties onnodig voor, 9.2
als kwalificatie voor toegewijde, **10.10**-10
als kwalificatie voor vertrouwelijke kennis, **18.67**
voor het leven, 8.10
als leven in Kṛṣṇa, **12.8**-8
in leven van getrouwd persoon, 6.14
Zie: Gezinsleven

Devotionele dienst aan de Allerhoogste Heer (*vervolg*)
levenstoestand, in iedere, 9.2, 9.14, 9.26, **9.32-33**, 11.55
met lichaam & zintuigen, in geconditioneerde toestand, 12.9
met lichaam, geest, & intelligentie in de eerste plaats, *24*
met liefde, 9.2, **9.26**-26, **10.10**-10, 11.49
materialisten aangemoedigd in, 3.29
niet materieel, 9.2
materie gespiritualiseerd door, **4.24**-24
met materieel verlangen, **7.16**-16, **7.20**-20, 7.22, 7.29, 9.2-3
materiële schijn kan verhullen, *9*
in materiële wereld, **9.30**-30
meditatie in, 7.28
van meditatie. *Zie:* Meditatie; Herinneren in Kṛṣṇa-bewustzijn
mentaliteit van overgave van, **5.10**-10, 9.28
met militaire discipline, 3.30
als moedig, 2.56
moeilijkheden in, 7.3, 9.3
motivaties voor, hoogste, **7.17-18**
door Nārada Muni, 9.2
als natuurlijk proces, *15-16*, 5.8-9, 12.5
van nemen van *prasādam*, 9.2
noodzaak van, 3.29, 3.41, 5.2, **15.20**-20. *Zie:* Devotionele dienst, voordelen van
als object van *Bhagavad-gītā*, 13.8-12
obstakels in, 8.5, 8.14
als offer, 4.23
offer in, 3.10, **3.13-14**, **9.26-27**, 12.6-7
van offeren
eerbetuigingen aan de Heer, **9.34**-34
voedsel aan de Heer, 9.2, **9.26-27**, 12.9, 17.10, 18.7
als onafhankelijk van levensomstandigheden, 9.2
als onderwerp van *Bhagavad-gītā*, 13.8-12, 18.1
onderwijs &, 9.2
ongeautoriseerd, 7.3
onthechting &, **2.47-51**, 3.28, 4.10, **5.1-13**, 6.14, 6.47, 10.3, 13.8-12, 14.27, 18.7-11
onthechting door, 7.1
onvermengd. *Zie:* Zuivere devotionele dienst
onvolledig, **2.40-41**, 3.4
als oorlogsverklaring aan illusionerende energie, 9.30
opeenvolging van discipelen &, 4.16
oprechte, 3.31
overgave in. *Zie:* Overgave
van *pāda-sevanam. Zie:* Allerhoogste Heer, lotusvoeten van; Devotionele dienst, van verering
in persoon, 4.11
plezier door, *16*, 7.30
plicht &, 1.41, 6.20-23, 6.47, **8.28**-28, 10.3, 18.46, 18.57
van prediken. *Zie:* Prediken van Kṛṣṇa-bewustzijn
principes van, in levensorden, 8.28
processen van, 7.1, 11.55, 12.5, 12.8, 12.12, 12.20, 18.55

Devotionele dienst aan de Allerhoogste Heer (*vervolg*)
Ambarīṣa Mahārāja &, 2.61, 6.18
Kṛṣṇa geeft uitleg, **12.2-19**
negen genoemd, 2.61, 9.1, 9.22, 11.55
twee, overeenkomstig de gehechtheid aan Kṛṣṇa, 12.9
Zie: specifieke processen
als proces vol geluk, 9.14, 12.7
profijt van. *Zie:* Devotionele dienst aan Allerhoogste Heer, voordelen van
rasa's in, 8.14
regels van, 9.14, **12.9**-9, 13.8-12
onvermogen tot volgen, **12.10**
relaties met de Heer in. *Zie:* Kṛṣṇa, relatie(s) met
resultaten van kunnen ervaren worden, 9.2
nooit verloren, **2.40**-40, 9.30
risico's in, 13.8-12
niet een riskant proces, 12.5
van *sakhyam*. *Zie:* Kṛṣṇa, relatie(s) met
Sāṅkhya &, 2.39, **5.5**
sāṅkhya-yoga als, 2.39
seksueel genot belemmert, 5.21
van *smaraṇam*. *Zie:* Herinneren; in Kṛṣṇa-bewustzijn; Meditatie
sociale klasse niet in aanmerking genomen in, **9.32-33**
soorten van, 3.13, 8.14, 12.2
vijf, 8.14
spiritueel leraar &. *Zie:* Spiritueel leraar (leraren)
als spirituele activiteit, 9.29
in spirituele wereld, 2.72, 14.2
spontane, 8.28
van *śravaṇam*. *Zie:* Horen in Kṛṣṇa-bewustzijn
stadia van, 4.10, 10.9, 18.55
stelt iedereen tevreden, 2.41, 9.3
stimulansen voor, **7.16-18**
succes in, 6.24
summum van, 6.47, 8.16
als summum van yoga, 8.16
als superieur aan onthechting, **5.2**-2
met Superziel, **6.31**
in de tempel, 11.55, 17.26-27
toegewijden, dienst aan, als, 7.28, 9.2
als transcendentaal
aan afkomst, **9.32**-32
aan gunstige & ongunstige activiteiten, 10.3
aan offer, 9.16
aan reacties voor zonden, 2.38
aan resultaatgerichte activiteiten, 2.52-53
aan vedische kennis, 9.2
aan vedische rituelen, 2.52
aan voorgeschreven plichten, **3.4**
als universele activiteit, *27*
val in of van, **9.3**-3, 9.22, **9.30**-30, 15.20
van *vandanam*. *Zie:* Gebeden
vanuit huidige positie, 3.33
variëteit binnen, 12.2
varṇāśrama's rituelen ontstegen door, **8.28**-28
vastberadenheid in, **2.41**-41, **2.44**, 6.20-23, **6.24-25**, **6.45**-45, 7.1, 7.30, 9.14, **9.30**-30, 18.33

Devotionele dienst aan de Allerhoogste Heer (*vervolg*)
verantwoordelijkheid voor karmische reacties, van de Heer, 18.14, 18.17
van het vereren van de Heer. *Zie:* Devotionele dienst, van chanten
van verering. *Zie:* Verering
vergeleken
met commerciële inspanningen, 12.10
met de wortel water geven, 2.41, 5.4, 5.7, 9.23
met eten, 2.60, 6.35
met impersonalisme, **12.1-7**, 12.20
met *jñāna-yoga*, 12.5
met machineonderhoud, 4.21
met plant, 10.9
met resultaatgerichte activiteiten, 2.38-40, **3.28**-28
met sterkere kracht, 2.68
met voeden van maag, 5.7, 9.3, 9.23
met yoga's, andere, **6.47**-47, 8.16, 9.2,10.10, **12.5**-5
met yoghurt, 4.24
met zaad, 10.9
met zon, 15.20
verheffing door, 9.1
met verlangen naar bevrijding, **7.29**-29. *Zie:* Onthechting
verlangen naar, oorzaken van, **7.16**-16
vertrouwen op Kṛṣṇa in, **18.57**
volledige, **9.13**-13, **14.26**-26, 18.58
Zie: Zuivere devotionele dienst
voorbeelden van, 12.9, 14.27
voordeel/voordelen van
angstloosheid als, **6.13-14**, 6.13-14
beheersen van de zintuigen, bereiken van, als, 2.68, 5.26, 8.8
alles, bereiken van, als, **8.28**-28
bescherming als, **2.40**-27, 3.4, 7.17
bevrijding als, *20*, *21*, *26*, **2.51**-51, 2.72, 4.35, 5.2, 5.26, 7.14, **7.29**-29, 8.6, **8.8**, **8.10**, **8.13**, 8.27, 10.13, **14.26**-26, 15.1
bevrijding naar woning van de Heer als, *19*, *21*, *25*, *26*, 2.39, **2.51**-51, **7.23**-23, 7.24, 7.29, **8.8**, **8.10**, **8.13**, **8.22**-22, **8.28**-28, **9.32**-32, 10.9, **11.55**-55, **18.55**-55
Brahman, bereiken van, als, **14.26**-26
alle doelen & alle goeds, bereiken van, als, 2.41, **8.28**-28, 9.3
doen herleven van oorspronkelijke relatie met de Heer als, *4*
gelijkheid (kwalitatief) met de Heer, bereiken van, als, 14.26
geloof als, 4.39, 8.28
geluk als, *16*, 2.39, 2.70, 4.18, 6.26, 6.35, 8.28, 9.2, 9.14, 12.7, **18.54**-54

Devotionele dienst aan de Allerhoogste Heer (*vervolg*)
genezing van materiële ziekte, als, 4.24, 6.35
goede eigenschappen, bereiken van, als, 10.4-5, 13.8-12
halfgoden, tevredenheid van, als, 9.23
hoedanigheden, overstijgen van, als, **14.26**-26
hogere smaak, bereiken van, als, 6.14
innig-zijn met de Heer als, 1.22
kennis over Kṛṣṇa als, 7.3, 7.24-25, 9.2, 9.4, 10.2-3, 11.52-53, **11.54**-54, 13.16, **15.19**-19, **18.55**-55, 18.67
kennis, spirituele, als, 2.39, **4.38**, **6.8**-8, 7.1, 7.3, 9.2, **10.10-11**, 15.11, **15.20**
Kṛṣṇa, begrijpen van, als, 9.2, 10.2, 11.52
Kṛṣṇa, bereiken van, als, *20*, *21*, *23*, *26*, 31, **8.5-8**, **8.14-15**, **8.22**-22, 9.26, **9.34**-34, **12.8**-8, **18.65**-65
altijd Kṛṣṇa herinneren als, 1.24
Kṛṣṇa, plezierig voor, als, **7.17-18**, 11.55
Kṛṣṇa-bewustzijn als, *24*, *25*, 8.5-8, 8.11-13, 8.14, 8.27, 8.28, 9.1, 12.8
liefde voor God als, 4.10, 10.9, 12.9
ondanks gebreken, 7.20, 9.30, **9.31**-31
onthechting als, **2.70**-70, 3.28, 4.10,6.14, 6.35-36, 14.27, 18.55
permanent, **2.40**, 3.4-5
plezier als, *16*, 7.30
spirituele lichaam, bereiken van, als, *25*
standvastigheid, bereiken van, als, **2.70**-70
teruggaan naar God als, *19*, *21*, *25*, *26*, 2.39, **2.51**-51, **8.8**, **8.28**-28, 10.9, **11.55**-55
tevredenheid van iedereen, als, 2.41,9.3
verlichting als, **9.1**-2
versus voordelen van alle andere processen, 12.7
voor voorouders, 1.41
vrede als, **2.71**, **9.31**
vrijheid van gebondenheid als, 2.49
vrijheid van karmische reacties als, 2.21, 2.38, **2.50**, 4.14, 4.18, **4.19-22**, **4.24**, **5.7-14**, 9.2
vrijheid van leed als, 5.26, 9.33
vrijheid van lichamelijke levensopvatting als, 14.22-25
vrijheid van schulden & verplichtingen als, 1.41, 2.38, 9.28
vrijheid van storende verlangens als, **2.70**-70
vrijheid van zielsverhuizing als, 5.2
zelfrealisatie, bereiken van, als, **3.3**-3,9.1-2, 13.8-12, 16.22

Devotionele dienst aan de Allerhoogste Heer (*vervolg*)
zondeloosheid, bereiken van, als, 15.20
zuivering als, 2.50, 3.9, 3.41, **4.24**-24,**5.11**, 7.1, 7.16, 7.20, 9.2, **9.28**-28, 9.30, 9.31, 10.11, 12.9, 13.8-12, 13.22, 14.27, 15.20, 18.55, 18.66, **18.71**-71
door voorgeschreven activiteiten, **18.46-49**
vrome activiteiten gaan vooraf aan, 6.45, **7.28**
van vrome & heilige personen, **7.28**
door vrome mensen, vier soorten van, **7.16**-16
als yoga, hoogste, *24*
zaken &, 11.55
Zie: Kṛṣṇa-bewustzijn; Liefde voor God
zelfrealisatie door, 13.8-12
ziel bezig met, gebruikt lichaam, 3.42
van ziel naar zintuigen, 3.42
zintuigen gebruikt in, *24*, 2.58, **2.64**, **5.8-11**, 6.18, 6.26, 8.8, 12.9, 13.8-12
zintuigen gezuiverd door, 12.9
zondeloosheid door, 15.20
zuivere. *Zie:* Zuivere devotionele dienst
in zuivere liefde, 10.9, 11.8
als zuiver & transcendentaal, 15.20
Dhanañjaya, Arjuna als, 1.15, **2.49**, **7.7**, 10.37
Dharma, *14-16*
definitie van, *15*
Zie: Plicht; *Sanātana-dharma*; *Varṇāśrama-dharma*; Voorgeschreven plicht(en)
Dharma-kṣetra definitie van, 1.1
Dharma-śālā, 4.28
Dhīra, kennis van de, 2.13
Dhṛṣṭadyumna, **1.3**-3, **1.16-18**
leraar van, 1.3
Dhṛṣṭaketu, **1.5**
Dhṛtarāṣṭra, 1.1-2, 1.16-18, 1.23, **1.36**,2.9, 11.12
Sañjaya
ondervraagd door, **1.1**-1, 18.74
ontmoedigt, **18.78**-78
verheerlijkt Kṛṣṇa & Arjuna voor, **18.74-78**
waarschuwt, 1.16-18, **18.78**-78
zonen van, **1.1**-1, 1.16-20, 2.39, **11.26**-26
Zie: Duryodhana; Kuru's; *specifieke zonen*
Dhruvaloka, 18.71
Dhruva Mahārāja, 18.71
Dhyāna-yoga, 6.14, 6.20-23, 6.47, 7.3
Diefstal, 1.36
Dienst aan anderen als de activiteit voor *śūdra's*, **18.44**
Dienst aan de Heer. *Zie:* Devotionele dienst
Diepe meditatie. *Zie: Samādhi*
Dier(en)
in analogie van banyanboom, 15.2
beheerst door lichaam, 13.21
bewustzijn van, 2.20, 3.38, 18.22
doden van, 4.21
Zie: Slachten van dieren; Vleeseten
geboorte als, 3.14, 8.3, 8.6, 13.21, 13.22, **14.15**, 14.16, 15.8, 15.9, 16.1-3, **16.19-20**
Dier(en) (*vervolg*)
Heer in het hart van, 5.18, 6.29
koeien. *Zie:* Koeien
Kṛṣṇa's vertegenwoordigingen onder, **10.30**, **10.27-31**
leven als, val naar. *Zie:* Dier(en), geboorte als
lijden (ellende) van, 14.16
mensen &, *13-14*, 14.17
neigingen van, 6.40, 7.3, 18.22
offeren van. *Zie:* Offer(s), van dieren
oogpunt, vanuit, van toegewijde, **5.18**-18
schepping van, 9.8
soorten van, aantal, 14.18
vergeleken met spiegel bedekt met stof, 3.38
voedsel voor, 3.14
Dieren slachten. *Zie:* Slachten van dieren
Diplomatie, 18.47
Zie: Politiek
Discipel(en), 2.41, **4.34**-34, 18.75
Zie: Opeenvolging(en) van discipelen; Spiritueel leraar (leraren); *specifieke discipelen*
Diti
Prahlāda Mahārāja &, 10.30
zonen van, 10.30
Divyam, definitie van, *5*
Doden
door Arjuna, 2.19, 2.21
van demonen door de Heer, 16.20
van dieren. *Zie:* Slachten van dieren
eeuwigheid van ziel geen excuus voor, 16.1-3
geautoriseerd, **18.17**
karmische reactie voor, 14.16
door *kṣatriya*, 2.31, 18.47
van mensen. *Zie:* Moord; Oorlog
moord als. *Zie:* Moord
noodzakelijk, soms, 2.21
oorlog, tijdens, 1.45
van ouderen verboden, 1.39
straf voor. *Zie:* Straf; Reacties voor zonden
van ziel onmogelijk, **2.17-21**, **2.23-24**
Doders, Kṛṣṇa vertegenwoordigd onder, 10.33
Doel van het leven, 3.7, 3.12, 3.26
Dokter, Kṛṣṇa vergeleken met een, *2*
Dood
bestemming op moment van, *21-22*, *23*
bevrijding van. *Zie:* Bevrijding
van Bharata Mahārāja, 8.6
van Bhīṣmadeva, 2.26, 2.30
boetedoening gaat vooraf aan, 1.43
van Brahmā, 9.7
cyclus van. *Zie:* Cyclus van geboorte en dood; Reïncarnatie
van Droṇācārya, 2.26, 2.30
voor Duryodhana, 1.10
in de familie, 6.20-23
van familieleden, onthechting van, 6.20-23
familieleden, van oudere, 1.39
gebed voor, 8.2
vanaf geboorte, 10.34
geboorte volgt op, 2.20, **2.27**-27
gedachten van transcendentalisten op het moment van, *21*
gehechtheden op moment van. *Zie:* Gehechtheid
Dood (*vervolg*)
herinneren, de Heer, op moment van, *21-22*, **7.30**, 8.2, **8.5-7**, **8.10**
de hoedanigheid van de natuur prominent op moment van, **14.14-15**
hogere planeten, ook op, **8.16**, 8.17
Kṛṣṇa als, **10.34**
Kṛṣṇa kennen op het moment van, **7.30**
voor *kṣatriya*, 2.22
als *kṣatriya's* lot op Kurukṣetra, 1.16-18
op Kurukṣetra voorbeschikt, 1.9, 1.16-18, 1.32-35
leed op het moment van, 8.2, 13.8-12
beheersing van, 8.23-24
onthechting van, **8.27**
alleen lichaam getroffen door, **2.18-21**
manieren van, twee, **8.26**
oorsprong van, Kṛṣṇa als, **10.4-5**
persoon, in, Kṛṣṇa als, **9.19**
reacties, wachten op na, **18.12**
straf door, 1.36, 2.21, 14.16
in strijd, 2.22
terug naar God na. *Zie:* God, terug naar
voor toegewijden, 8.23-24, **8.27**, 12.6-7
toekomst bepaald door gedachten op het moment van, *21-22*, **8.6-7**
tijd van
astrologische overwegingen voor, **8.24-26**
belang van, **8.23-26**, **8.27**
bewustzijn op het moment van, geboorte volgens, **2.72**, **15.8**-8 van, 8.6
chanten van Hare Kṛṣṇa op het moment van, 8.2, 8.13
uitstel van, 16.11-12
verstoringen op het moment van, 8.2
ziel op het moment van, 2.17, **2.20**, 2.39, 13.31
te transcenderen door devotionele dienst, **8.27**
als transformatie van het lichaam, 2.20
treuren onnodig op het moment van, **2.25-30**
vergeetachtigheid van de zekerheid van, 14.8
vergeleken met verlies van chemicaliën, 2.26
verheffing op moment van, 1.31, 2.8, 2.22, 2.31, 2.40, 6.41, **6.42-43**, **14.14**
voortijdig, resultaat van, 16.1-3
yogabeoefening op het moment van, **8.10**
voor *yogī's*, **8.23-25**
zielsverhuizing op het moment van. *Zie:* Reïncarnatie
zuivering door, 2.22
Zie: Slachten van dieren; Doden; Reïncarnatie
Doodstraf, 14.16
Draupadī, 1.11, 11.49
zonen van, **1.6**, **1.16-18**, 1.16-18
Dṛḍha-vrata, 7.30
Drie soorten leed. *Zie:* Lijden (leed)
Dromen, 6.16, **18.35**-35
Droṇācārya, 1.3, 1.8, 1.11, **1.25**, 1.26, **2.4**, 2.5, 2.13, 18.78

Droṇācārya (*vervolg*)
  Arjuna &, 2.26, 2.30, 16.5
  Draupadī &, 11.49
  Duryodhana spreekt toe, **1.2-10**
  familieleden van, 1.8
  in kosmische gedaante, **11.26-28**
  leerlingen van, 1.3
  lot van, tijdens Slag op Kurukṣetra, 2.30, **11.26-28**, **11.34**
Drupada, **1.4**, **1.16-18**, 1.6-18
Dualiteiten, 7.27
  Arjuna aangespoord te ontstijgen, **2.45**
  Kṛṣṇa-bewustzijn ontstegen aan, 2.41
  onthechting van, **12.17-19**
  toegewijde ontstegen aan, **12.18-19**, 12.18-19
  vrijheid van, **2.57**, **15.5**-5
Duisternis, hoedanigheid. *Zie:* Onwetendheid, hoedanigheid
Durvāsā Muni, 2.60-61
Duryodhana, 1.2-3, 1.12, 1.26, 2.35
  Bhīma tegenover, 1.10
  Bhīṣma &, 1.10, **1.12**, 2.5
  Dhṛtarāṣṭra &, **1.23**
  Droṇācārya geïnformeerd door, **1.2-11**
  geciteerd m.b.t. zijn leger van Kuru's, **1.3-11**
  gevechtskracht legers vergeleken door, **1.10**
  kosmische gedaante &, 11.47
  Kṛṣṇa &, 11.47
  'kwaadaardig,' **1.23**
  leger geïnstrueerd door, **1.11**-11
  strijders aan de kant van, **1.8-10**
  uitdaging van, 1.37-38
  vredesvoorstel verworpen door, 1.22, 11.47
  Yudhiṣṭhira versus, 18.78
Duṣkṛtinaḥ
  categorieën van, **7.15**-15
  definitie van, 4.8, 7.15
  eigenschappen van, 4.8
Dvāpara-yuga, 4.1, 4.7, 8.17
Dwaasheid, **14.16**, **14.17**

E

Echtgenote. *Zie:* Vrouw (echtgenote)
Economische ontwikkeling. *Zie:* Voorgeschreven plicht(en); Rijkdom
Edelsteen, *vaidurya*, 4.5
Educatie. *Zie:* Onderwijs
Eenheid, Caitanya's filosofie van, 18.78
Eenvoud, **13.8-12**, **16.1-3**, 16.1-3
  als ascese van geest, **17.16**-16
  als ascese van lichaam, **17.14**-14
  definitie van, 13.8-12
Eer, **14.22-25**, 14.22-25, **16.1-3**, 16.1-3, **17.18**-18
Eerbetuigingen
  door auteur, *1-2*
  aan kosmische gedaante door Arjuna, **11.31**, **11.35-37**, **11.39-40**, **11.44**
  aan Kṛṣṇa
    door Arjuna, **11.39-40**, **11.44**
    in *Gopāla-tāpanī Upaniṣad*, 11.54. *Zie:* Gebed(en)
Eerlijkheid, 4.22, 13.8-12, 16.1-3, 17.16, **18.42**, 18.78. *Zie:* Waarheid
Ego, 13.8-12
  vals. *Zie:* Vals ego
Ekādaśī, 9.14, 11.54
Elektriciteit, van Kṛṣṇa, 15.12
Element(en), materiële
  fijnstoffelijk, 7.4, 13.7
  gemanifesteerd & ongemanifesteerd, 2.28
  grofstoffelijke, 7.4
  als Kṛṣṇa's materiële energieën, **7.4**-4
  als lagere energie, 7.5
  leven van. *Zie:* Leven, oorsprong van, materiële theorie van
  levende wezens aanwezig in alle, 2.24
  materiële natuur bestaat uit, 2.28, **13.7**
  oorsprong van, 2.28, 7.4, 10.32
  opgesomd, 7.4-5
  sāṅkhya-filosofie &, 13.25, 15.1
  als scheppingen, 7.4
  vals ego &, **13.7**
  vuur als, 2.24, 9.16
  wapen van ieder, 2.23
  Zie: Materiële natuur; *specifieke elementen*
Ellenden van het leven
  vier genoemd, *18*
  vrijheid van, **2.56**-56, **2.65**
  Zie: Lijden (leed)
Energie(ën)
  afgescheiden, materiële natuur als, *8*
  behoud van, 2.28
  daivī prakṛti, 9.13
  externe. *Zie:* Energie, materiële
  goddelijk, natuur als, ook al inferieur, 7.14
  van de Heer, 10.39
    voor bestuur van materiële wereld, 9.9
    categorieën van, drie, *21-22*, 4.13, 7.4
    als eeuwig, 7.14
    Heer zal uitleggen, **10.19**-19
    hoedanigheden als, **7.14**
    houden alles in stand, 8.22, **9.4-10**, **15.13**
    als indirect de Heer, **9.4-10**, 9.18
    interne, **7.25**-25, 15.20, 18.46
    levende wezens als, 5.14, 9.17, 18.78
    materiële natuur als, *22*, **9.10**
    voor schepping, **9.4-10**, 13.20
    spirituele wereld als, **8.22**-22
    verering met de Heer, 18.46
    vuur als, 9.16
    het weer veroorzaakt door, **9.19**
    yoga-māyā, 10.17
    zonneschijn, vergeleken met, 9.4
  in de hoedanigheid onwetendheid, *22*
  illusionerende, 7.14
    Zie: Illusie; *Māyā*
  lagere, 6.29, 9.4, 15.1, 18.46
    vergeleken met hogere energie, *8*, **7.5-6**, 8.20
    materiële natuur als, 7.14, 9.8, 14.27
    Zie: Energie, materiële
  van lichaam, 2.22
  mahat-tattva, 10.20
  marginale, levende wezens als, 6.2, 6.29, 8.3, 9.13, 9.17, 13.23, 18.78
  materiële, 9.4, 18.78
    bestuurd door Kṛṣṇa, **9.5-10**, 9.11
Energie(ën) (*vervolg*)
    gespiritualiseerd door Kṛṣṇa-bewustzijn, 4.24
    opgesomd, **7.4**-4
    als Sāṅkhya's enige onderwerp van belangstelling, 7.4
    spirituele energie vergeleken met, *22*, 7.4, **7.5-6**, **8.20**, 10.22
    ziel als oorzaak van, 7.4, 7.6
    zintuigen superieur aan, **3.42**-42
    Zie: Materiële natuur
  van planeten, Heer als, **15.13**
  voor de schepping, **9.10**-10, 9.11
  spirituele, 9.4
    bedekt, 4.24
    levende wezens als, *22*, 6.29, **7.5-6**, 7.14, 14.27, 18.78
    meditatie op, *22*
    als oorzaak van materiële manifestatie, 7.6
    als superieur, 9.4
    toegewijden beschermd door, **9.13**-13
    vergeleken met materiële energie, *8*, *22*, 7.4, **7.5**-5, **8.20**, 10.22
  van ziel, **2.17**-17, 2.22
  vergeleken met zonlicht, 2.18
  Zie: Māyā; Materiële natuur
Ernst als ascese van de geest, **17.16**-16
Eten
  ascese in, 4.28
  door Bhīma, 1.15
  in *brahmacārī*-leven, 8.28
  in Cāturmāsya, 4.28
  van dieren. *Zie:* Slachten van dieren; Vleeseten
  doden voor, 14.16
  dromen &, 6.16
  Heer, afhankelijk van, **15.14**-14
  in de hoedanigheden goedheid, hartstocht, & onwetendheid, 6.16, **17.8-10**
  honden, 9.32
  voor impersonalist, 2.63
  door Kṛṣṇa, 2.63, **9.26**-26
  in Kṛṣṇa-bewustzijn, 2.63, 6.16
  door Nārada Muni, 9.2
  offer van, **4.29**-29
  offer van voedingsmiddelen voor, 3.11, **3.13**, 3.14
  van ongeofferd voedsel, 3.13-14
  onthechting van, 2.63, **4.29**-29, **6.16**-16, **18.51-53**
  overmatig, **6.16**-16
  prasādam. *Zie: Prasādam*
  regulering van, **6.16-17**
  door resultaatgerichte personen, 7.15
  in het spirituele leven, **6.16**-16
  spirituele, versus materiële, 2.63
  toegestaan & verboden voedsel, 9.26
  voor toegewijde, 2.63, 6.17
  vasten, 6.16, 8.28, 9.14, 10.4-5, 11.54, 14.27, 17.5-6
  vegetarisch dieet &, 6.16
  vlees. *Zie:* Vleeseten
  voedsel geofferd aan de Heer, 9.26
  yoga &, **6.16**-16
  zonde in, **3.13**-13, 6.16, 9.26
  zuivering van, 3.11
  Zie: Voedsel; *Prasādam*
Everest, Mount, 6.47

Evolutie
door levenssoorten, 14.15, 16.1-3
theorie van, 9.8
van ziel. *Zie:* Reïncarnatie *Zie:* Reïncarnatie
Expansies van de Heer. *Zie:* Allerhoogste Heer, expansies van de; Allerhoogste Heer, incarnaties van de; Kṛṣṇa, expansies van;
Extase, kenmerken van, 1.29

F

Fijnstoffelijk lichaam. *Zie:* Lichaam, materieel, fijnstoffelijk
Filosofie
acintya-bhedābheda-tattva, 7.8
atheïst Kapila's, 2.39
atheïstische, 2.28, 7.4
geen voordeel van, **9.12**
van boeddhisten, 2.26
van Caitanya, 7.8, 18.78
van devotie. *Zie:* Devotionele dienst; Kṛṣṇa-bewustzijn
doel van, 5.4-5
van eenheid, 18.78. *Zie:* Impersonalisme
empirische, 3.4, 4.9
huidige, 2.26
van Kapila (Heer), 2.39
Kṛṣṇa-bewustzijn &, 10.11
leegte, van, 4.10. *Zie:* Impersonalisme
Lokāyatika, 2.26
materiële, **2.26**-26
Māyāvādī. *Zie:* Impersonalisme
van monisme, 13.23
van nihilisme, 2.26
onpersoonlijke. *Zie:* Impersonalisme
persoonlijke
vergeleken met onpersoonlijke, 9.29
Zie: Devotionele dienst; Kṛṣṇa-bewustzijn
& religie, noodzaak van beide, 3.3
van valse religies, 2.26
Sāṅkhya. *Zie: Sāṁkhya*-filosofie
in twee soorten, 2.28
transcendentaal, aangeraden, **2.45**
Vaibhāṣika, 2.26
Vedānta, 2.45, 2.46
moeilijk te begrijpen, in huidige tijdperk, 2.46
van wetenschappers. *Zie:* Wetenschap; Wetenschapper(s)
vedische, 2.25
Zie: specifieke filosofieën
Filosoof (filosofen)
devotionele. *Zie:* Toegewijde(n)
onpersoonlijke. *Zie:* Impersonalist(en)
trots & gehechtheid als gevaarlijk voor, 14.6
Zie: specifieke filosofen

G

Gandharva('s)
in kosmische gedaante, **11.22**
Kṛṣṇa vertegenwoordigd onder, **10.26**
Gāṇḍīva, de boog, **1.29**
Ganges, de, *27*, 6.11-12
Kṛṣṇa vertegenwoordigd, **10.31**
vergeleken met *Bhagavad-gītā*, *26*, *27*
Garbhādhāna-saṁskāra, 16.1-3
Garbhodaka-śāyī Viṣṇu, 7.4, 9.8, 11.15, 11.37, 15.3-4
Garuḍa, 6.24, **10.30**, 12.7
Gaurakiśora dāsa Bābājī, *28*
Gāyatrī, Kṛṣṇa vertegenwoordigd door de, **10.35**-35
Gebed(en)
door Arjuna aan Kṛṣṇa, **11.14-31**, **11.35-46**
om Zijn gedaante als Nārāyaṇa te tonen, **11.45-46**
voor genade & vergeving, **11.41-42**,**11.44**
in kosmische gedaante, **11.15-31**, **11.36-46**
voor bescherming van koeien & *brāhmaṇa's*, 14.16
door Brahmā aan Govinda, 4.5
van eerbetuigingen aan Kṛṣṇa, 9.11
eerbetuigingen aan, door Mādhavendra Purī, 2.52
voor genade van de Heer, uit *Bhāgavatam*, 3.10
van *Gopāla-tāpanī Upaniṣad*, 9.11
Gurv-aṣṭaka, 2.41
voor devotionele dienst door Caitanya, 6.1
door halfgoden voor bescherming van kosmische gedaante, **11.21**
aan Heer voor het vervullen van materiële verlangens, 9.24
voor het zich herinneren van Kṛṣṇa op moment van de dood, 8.2
door kind in baarmoeder, 7.15
met kosmische gedaante
door Arjuna, **11.36-46**
door halfgoden, **11.21**
door Kulaśekhara Mahārāja, 8.2
met spiritueel leraar, 2.41
stimulans voor, 7.15
door toegewijden voor materieel voordeel, 7.18, 7.22
universeel, Hare Kṛṣṇa-mantra als, *27*
door Viśvanātha Cakravartī Ṭhākura, 2.41
over Vivasvān, 4.1
Gebod(en). *Zie:* Heilige tekst(en), voorschriften van; Vedische voorschriften in de heilige teksten. *Zie:* Heilige tekst(en), voorschriften van; Vedische voorschriften
Geboorte
bepalende factor(en) van
gedachten op het moment van de dood als, *21-22*, **8.6**-6
halfgodenverering als, *18*
hoedanigheden van de natuur als, **14.14-15**, **14.18**-18
hogere autoriteiten als, *20*
karma van vorige levens als, 2.27
Kṛṣṇa als, **10.4-5**, 10.34, **14.3**-4
verlangen als, 9.10, 13.22
besluit voor, *20*
betekenis van, 10.4-5
van goede bevolking, 1.40
bevrijding van. *Zie:* Bevrijding
cyclus van. *Zie:* Cyclus van geboorte en dood; Reïncarnatie
als dier, 3.14, 8.3, 8.6, 13.21, 13.22, **14.15**, 14.16, 15.8, 15.9, 16.1-3, **16.19-20**
Geboorte (*vervolg*)
in goede familie, **6.41-43**, 6.45
dood gevolgd door, 2.20, **2.27**-27
door Garbhādhāna-saṁskāra, 16.1-3
hogere, 1.31, 2.8, 2.22, 2.31, 2.40, 6.41, **6.42-43**, **14.14**
als Jaḍa Bharata, 6.43
lagere, 1.43, 9.12, **9.32**-32, **14.15**, 16.4, **16.19-20**
leed tijdens, 13.8-12
alleen voor lichaam, **2.20**, 13.32
als menselijk wezen, 2.40, **14.15**
in natuur, Heer oorzaak van, **14.3**-4
natuur niet oorzaak van, 14.3
ontstijgen, 2.46, 4.28-29, **9.32**-32
oorsprong van, Kṛṣṇa als, **10.4-5**, 10.34, **14.3**-4
planeet van, keuze van, 12.6-7
als resultaatgericht werker, **14.15**
sterven begint vanaf, 10.34
terugvallen gaat vooraf aan, 8.3
voor transcendentalist, zonder succes, **6.41-43**
op de zon, 1.31
Zie: Reïncarnatie
Geconditioneerde ziel(en), 18.78
Zie: Levend wezen (levende wezens)
als altijd actief, **3.5**-5
angst en somberheid, in beslag genomen door, 2.22
als angstig, 6.14
Beeldgedaante-verering bedoeld als hulp, 12.5
behandeling & dieet voor, 6.35
beheerst, *6*
door illusionerende energie, 3.5
bevrijding voor. *Zie:* Bevrijding
bewustzijn beperkt voor, 2.17
Bhagavad-gītā bedoeld voor, 11.55
bron van geluk onbekend aan, 1.31
devotionele dienst voor, **12.9**-9
dienst met zintuigen aanbevolen voor, 6.18
eigenbelang vergeten door, 1.30
filosofie van, waarde van, 2.12
gebreken van
als diskwalificatie, 2.12
vier, *13*, 16.24
gedaante van de Heer vergezeld. *Zie:* Superziel
gedwongen actief te zijn, **3.5**-5
hoedanigheden van de natuur, gebonden door, **3.33**
illusies van. *Zie:* Illusie
individu, als altijd een, **2.12**-12
kauwen wat al uitgekauwd is, 18.36
kenmerken van, *10*
als 'kenner van het veld,' 13.1-3, 13.5
Kṛṣṇa-bewustzijn goed voor, 4.15, 4.24
als het leven in een lichaam, 7.6
materieel lichaam &, 7.6
materiële verlangens van. *Zie:* Verlangens, materiële
natuur vol van, 2.39
als *nitya-baddha*, 7.14
onafhankelijkheid van, misbruikt, 15.7
als ontstegen aan lichaam, **13.32-33**
als onwetend
aangaande verleden, heden, & toekomst, 7.26
aangaande juist handelen, 18.58

Geconditioneerde ziel(en) (*vervolg*)
onzuiver door levensadems, 2.17
opstandig tegen de Heer, 13.20
overgave van. *Zie:* Overgave aan de Heer
plichten te vervullen door, **3.35**-35
schepping goed voor, **3.10**-10
seksueel genot nodig voor, 3.34
soorten, goddelijke & demonische, **16.6**
als superieur aan intelligentie, **3.42**-42
Superziel vergezeld, **13.23**-23
als getuige van activiteiten van, 8.4
val van
naar materiële wereld, 13.20
stadia van, **2.62-63**
vals ego van, 3.40
vergeet de Heer, *22*, 18.59
vergeetachtigheid van, *22*
vergeleken
met bevrijde ziel, **5.13-14**, 5.13-14, 5.19
met gebonden man, 7.14
met passagier, 6.34
met Superziel, 5.18, 6.29
met verdrinkende man, 2.1
met vogel in boom, 2.22
met vonk, uitgedoofde, 2.23
verheffing van
door Kṛṣṇa-bewustzijn, 4.24
veda's gegeven aan, 3.15
verlangens van, Superziel vervuld, 2.22
verleid tot val, 6.37
verspreidt bewustzijn over het hele lichaam, 2.17
vooruitgang van, programma voor, 3.10
zielsverhuizing van. *Zie:* Reïncarnatie
zielsverhuizing, lijdt door, 15.10
Zie: Lijden (leed)
zinsbevrediging, verslaafd aan, 3.40
zuivering voor. *Zie:* Zuivering
Geduld, 12.18-19
definitie van, 10.34
Kṛṣṇa vertegenwoordigd door, **10.34**-34
Geest
Zie: Lichaam, fijnstoffelijk; Meditatie
als altijd actief, 3.42
ascese van, **17.16**-16
bezig met Kṛṣṇa, 6.34
als centrum van alle activiteiten van zintuigen, 3.40
in devotionele dienst, 3.42, 6.36
discipline van, **2.60**-60, **6.25-26**
betekenis van, 10.4-5, 17.16
bevrijding door, **5.27-28**, 5.27-28, **6.5**-5
voor *brahmacārī*, 4.26
door chanten van Hare Kṛṣṇa, 6.34
definitie van, 10.4-5
door devotionele dienst, 2.67, 6.36
door horen van vedische literatuur, 17.16
huwelijk bedoeld om te helpen, 18.5
is iedereen dierbaar, **5.7**
intelligentie voor, 6.34
kenmerken van, **6.7-8**
Kṛṣṇa oorsprong van, **10.4-5**
Geest (*vervolg*)
methoden voor, **6.35-36**, 17.16
moeilijkheid van, **6.33-35**
mogelijkheid van, **6.35-36**
neutraal door, **6.7-9**
noodzaak van, **6.5-6**, **6.26**, 6.34, 6.36
door onthechting, **6.35**-35
door toegewijde, **5.7**
vastberadenheid voor, **6.35-36**
voordelen van, **6.6-7**
in yoga, **6.18-27**
yoga bedoeld voor, 6.5, 6.6
voor zelfrealisatie, **18.51-53**
Zie: Onthechting
ernst van, **17.16**
gedachten van, op moment van de dood, **8.5-6**
geluidsvibratie van Kṛṣṇa, vindt rust in de, *25*
gesterkt door overgave, 3.42
in de hoedanigheden goedheid, hartstocht, & onwetendheid, 15.7
hogere bezigheid voor, **2.59**-59, 3.42
hypocrisie van, 17.16
intelligentie ter sterking, 3.42
intelligentie superieur aan, **3.42**-42
kenmerken van, **6.34**-34
Kṛṣṇa
bestuurt, 1.24
vertegenwoordigd door, **10.22**
Kṛṣṇa's, 9.34
in Kṛṣṇa's dienst, 2.60, 6.18, 6.27
lust &, **3.40**
natuur van, 6.26
onbeweeglijk in zelfrealisatie, **2.53**-53
onrustige, val door, 3.42
onverstoorbaarheid van, **5.19**, **5.20**, **6.25-26**
door Kṛṣṇa-bewustzijn, **3.43**-43
onzuiver, **3.6**
processen van, als stimulans voor activiteit, 18.18
als rusteloos, *25*
in *samādhi*, 2.44
spirituele bezigheid nodig voor, 2.60
als superieur aan zintuigen, **3.42**-42
tevredenheid van
alleen door Kṛṣṇa-bewustzijn, **2.66**-66
manier om te zorgen voor, 17.16
training voor, beste, 17.16
uitsluitend gericht op Kṛṣṇa, **8.5-10**
Kṛṣṇa raadt aan, **12.8**
vergeleken
met infectie, 6.34
met spiegel, **3.38**
met voertuig, 6.34
met wind, **6.34**-34
met zwaan, 8.2
verheffing door, **13.29**
verlangens verzonnen door, **2.55**-55
verstoring van, door materiële gehechtheid, **1.28-45**
voldoening in het zelf, **2.55**
als vriend of vijand, **6.5-6**
worsteling met, **15.7**-7
zinsbevrediging &, 3.40
zintuigen &, **2.67**
zuivering van, 6.20-23
Geesten, aanbidden van, **9.25**, **17.4**-4
Geesten. *Zie:* Lichaam (het materiële), fijnstoffelijk
Gehechtheid
activiteiten in, **18.27**
aan activiteiten & hun vruchten, **18.27**
afkeer &, **2.47**-47, **2.64**, **3.34**-34, 10.4-5
ascese en verstervingen &, **17.5-6**, 17.5-6
aan baas spelen over, 3.8, 13.21-22, 15.5, **16.13-15**, 18.35
aan bedwelmende middelen, 3.24, 4.10, 14.8, 16.10
bevrijding van. *Zie:* Bevrijding; Onthechting
definitie van, 2.56
van demonen, **16.11-16**
devotionele dienst gehinderd door, **2.44**
aan dierlijke neigingen, 6.40
dwaasheid van, 4.12, 7.15
aan eer, 13.8-12, 15.5
aan eigendom, 2.47-48, **2.71**, 5.29, 15.5
erger worden van, 15.20
geest verstoord door, 1.30
aan gereguleerde zinsbevrediging, 3.34
met gezinsleven. *Zie:* Gezinsleven, gehechtheid aan
aan goedheid, 3.19, **14.6-6**
aan gokken, 16.10
Haridāsa Ṭhākura, getest op, 2.62
hartstocht, de hoedanigheid, door, **14.12**-12
aan de hoedanigheid goedheid, **14.6**-6
iedereen verricht activiteiten met, 6.1
illusie van. *Zie:* Illusie
aan impersonalisme, 9.14, 12.1
aan kennis, materiële, 6.8
Kṛṣṇa-bewustzijn &, 2.56
aan Kṛṣṇa vergeleken met materiele, **5.12**, 6.35
lust &, *17*, *19*
aan macht, **16.13-15**
aan materiële
activiteiten, **3.29**-29, 16.11-12
benamingen, *19*, 3.29, 7.13
lichaam, *19*, **2.25-30**, 3.29
onderwerpen, 2.29
van *mūḍha*, 7.15
niet-toegewijden beïnvloed door, 1.28
aan niet vervullen van plicht, **2.47**-47
onthechting vergeleken met, 2.56
ontstegen in Kṛṣṇa-bewustzijn, **2.64**
aan opgeven van activiteiten, **3.4-9**
overgave belemmerd door, **15.5**-5
aan persoonlijke verheffing, 6.32
om plicht te vermijden, **2.47**-47
aan resultaatgerichte activiteit, **3.25-26**, **5.12**, 7.15, **14.7**, **18.27**
aan rijkdom, 1.32-35, 14.8, 16.10, **16.13-15**, 16.13-15, **18.34**
door *sannyāsī's*, 6.1
aan seks, 2.60, 3.34, 7.15, 10.28, 16.10
aan slaap, 1.24, 6.16, **14.8**, 18.35
in het spirituele leven, 6.40
stadia van, **2.62-63**, 4.10
aan het tijdelijke, 4.12, 7.13
als val, 15.20
vals ego &, 3.40

Gehechtheid (*vervolg*)
met verering van halfgoden, 9.20
aan verering van zichzelf, **17.18**-18
verwarring door, 1.30
Zie: Lichamelijke opvatting van het leven
aan vleeseten, 3.12, 16.1-3, 16.10
aan vrije seks, 3.34
vrijgevigheid met, **17.21**
aan vrouwen, 2.60, 3.34, 14.7, 16.10
Zie: Gehechtheid, aan seks
vrouw & man, tussen, 14.7.
Zie: Gehechtheid, aan seks
aan de vruchten (resultaten) van activiteiten, **3.9**-9, **5.12**, 6.40, 7.15, **18.34**
aan woning, 14.12
van *yogī's*, 8.14
aan zinsbevrediging, 2.29, 3.8, 3.12, **3.34**, 14.7, **14.12**-12, **16.16**-16, **18.32**
Zie: Onthechting; Verlangen(s), materiële zinsbevrediging
Geheime dingen, Kṛṣṇa vertegenwoordigd onder, **10.38**
Geheugen
definitie van, 10.34
gezuiverde, 3.11
Kṛṣṇa vertegenwoordigd door, **10.34**-34
Gehuwde personen, leven van. *Zie:* Gezinsleven
Geld. *Zie:* Rijkdom
Gelijkmoedigheid, **10.4-5**, 10.4-5, **12.18-19**, 12.18-19
betekenis van, 10.4-5
van impersonalisten, **12.3-4**
als deugd, **12.18-19**, 12.18-19
door hoedanigheden van de natuur te ontstijgen, **14.22-25**, 14.22-25
Geloof
door *Bhagavad-gītā*, 4.41
in *Bhagavad-gītā*, 4.40
blind, 17.2
definitie van, 2.41, 4.39
in devotionele dienst, belang van, **9.3**-3
in eeuwige voorschriften van de Heer, 3.31
in de hoedanigheden goedheid, hartstocht, & onwetendheid, in detail, **17.1-4**
in de hoedanigheid onwetendheid, geen enkel geloof, 17.13
in horen van spirituele autoriteiten, 13.26
kennis door, 4.40
in Kṛṣṇa als Allerhoogste Heer, 18.68
in Kṛṣṇa's belofte, *21*
materiële, 17.3
misplaatste, 17.1
offer volgens, 4.33
religie. *Zie:* Religie
in spiritueel leraar, 6.47, 11.54
transcendentaal, **17.17**
vergeleken met *sanātana-dharma*, *15*
verheffing van, 17.3
in yogabeoefening, **6.24**
Zie: Geloof in Heer; Religie
Geloof in de Heer, *5*, *21*, 8.23, **17.17**
van Arjuna, *21*, *24*, 2.6, 4.4
betekenis van, 9.3
bevrijding door, 3.31
door chanten van Hare Kṛṣṇa, 4.39
door devotionele dienst, 7.30, 8.28
Geloof in de Heer (*vervolg*)
devotionele dienst met, 12.2
door gezelschap van toegewijden, 9.3
dṛḍha-vrata, 7.30
gebrek aan, **9.3**-3
in *Bhagavad-gītā* commentatoren, 3.31, 18.67
in demonen, 4.3, 4.4, 16.11-12, 16.18
geloof in de hoedanigheid onwetendheid als, 17.13
resultaten van, 4.40, **17.28**-28
in toegewijden, 9.12
geleidelijk bereikt, 7.30
horen van *Bhagavad-gītā* met, 18.68, **18.71**-71
& Zijn incarnaties, 4.9
liefde voor God, rijpt tot, 17.28
onderverdelingen van, drie, 9.3
ontwikkeling van, proces van, 9.3
door Kṛṣṇa-bewustzijn, 4.41, 7.30
van Pāṇḍava's, 1.19
van *sannyāsī*, 16.1-3
spirituele kennis door, 6.47
spiritueel leraar &, 11.54, 17.28
van toegewijden, 4.4, 9.3, 9.12, 18.66
toegewijden ingedeeld naar, 9.3
vastberaden, 7.30
verheffing door, 13.23
noodzaak van, **4.39-40**, **10.14**-14, **17.28**-28
volmaaktheid door, 4.9
voorwaarden voor, 2.29
zuivere devotionele dienst resultaat van, **10.7**-7
van zuivere toegewijden, 9.11
Geluidsvibraties, Kṛṣṇa vertegenwoordigd onder, **10.25**
Geluk
door de allerhoogste genieter te dienen, *10-11*
Arjuna's bezorgdheid om, *13*, 2.39
door Arjuna's voetspoor te volgen,18.74
door ascese, 5.22
voor bevrijde ziel, **5.24**
van binnenin, **5.21**, **5.24**
in *brahma-bhūta* stadium, 18.63
van Brahman niveau, **14.27**-27
degenen zonder geloof hebben niet, **4.40**
door devotionele dienst, 7.30, 9.2
vergeleken met tevredenheid van eten, 6.35
Zie: Geluk, spiritueel
gebrek aan. *Zie:* Lijden (leed)
als genade van Kṛṣṇa, 2.56
door gezuiverde activiteiten, *9-10*
in gezinsleven, activiteiten voor, 13.8-12
door Godsrealisatie, **18.54**-54
goedheid, door hoedanigheid, **14.6**-6
goedheid, in de hoedanigheid, 14.17, **18.37**
als vergif in het begin, daarna nectar, **18.37**
hartstocht, in de hoedanigheid, **18.38**
los van Heer niet mogelijk, *16*
op hemelse planeten, **9.20**
in de hoedanigheden goedheid, hartstocht, & onwetendheid, **18.36-39**
door de hoedanigheden van de natuur te ontstijgen, **14.20**
hoogste, 4.31
Geluk (*vervolg*)
van illusie, **18.39**-39
impersonalisme &, 5.6, 6.20-23
als karmisch resultaat, *7*
door kennis over Kṛṣṇa, 6.32
Kṛṣṇa
nodig voor, 3.30
oorsprong van, **10.4-5**
vertegenwoordigd door, **10.34**-34
Kṛṣṇa's, 1.22
door Kṛṣṇa-bewustzijn, **5.21**, 6.20-23, **6.27**, 6.32, 8.28, 9.33, 18.76
voor *kṣatriya*, **2.32**-32
op de maan, 8.25
materieel, 3.40
Arjuna's bezorgdheid om, **1.31-36**, 1.36
op hemelse planeten, **2.42-43**, 2.42-43
als kauwen wat al gekauwd is, 18.36
leed vergezelt, 14.16
mislukt altijd, 14.15
onthechting van, **5.20**, **12.13-19**, 13.8-12
oorzaak van, 1.30, 1.32-35, **10.4-5**, **13.21-22**
als tijdelijk, 1.36, 2.69, **5.22**
vergeleken met spiritueel geluk, 5.22, 5.24, 6.38
als vijand, 3.39
zielsverhuizing, bevorderd, 2.13
als zinsbevrediging, 2.39
materiële verlangens stoppen, 2.70
materiële wereld mist, *19*, 2.51
door offer, **3.10-12**, **4.31**-31
onbeperkt, in zelfrealisatie, **6.20-23**
door onthechting, **5.13**, **6.7**
onthechting alleen verschaft geen, **5.6**-6
onthechting van, **2.15**, **2.38**
onwetendheid, in de hoedanigheid, **18.39**-39
oorzaak van, 6.32
pareśānubhava, 6.35
poorten van lichaam &, 14.11
reguleringen nodig voor, **6.20-23**
resultaatgerichte activiteiten geven niet, 2.51
rijkdom &, **2.8**-8
in *samādhi*, **6.20-23**, 6.20-23
door samenwerking met de Heer, *10-11*
van Sañjaya, **18.77**-77
schepping treft voorzieningen voor, **3.10**
door seks, 18.38
sensueel. *Zie:* Zinsbevrediging
door slaap & luiheid, **18.39**-39
soorten van, drie, overeenkomstig hoedanigheden van de natuur, **18.36-39**
door spiritueel leven, 2.69
spirituele, 10.4-5
door devotionele dienst, 6.26, 6.35, 8.28, 9.2, **10.9**-9, **10.18**, 10.19, **11.36**, 13.22
door de naam van de Heer te horen, **11.36**
vergeleken met materieel geluk, 5.22, 5.24, 6.37
volmaaktheid van, **6.27**
door zelfrealisatie, **6.20-23**, 6.20-23
door spirituele kennis, **9.2**
standaard van, 6.26

Geluk (*vervolg*)
als tijdelijk, **2.14**
voor toegewijden, **5.21-24**
voor transcendentalisten, 5.22
vergeleken
met nectar of vergif, **18.37-38**
met seizoen, **2.14**
voedsel voor, **17.8**
vrede nodig voor, **2.66**-66
door yoga, 6.4, **6.20-23**, 6.20-23, **6.27-29**
door zelfrealisatie, **5.21-24**, **6.20-23**, 6.20-23
zelfrealisatie, van proces van, als vergif dan nectar, **18.37**
van zinsbevrediging, 3.39, **18.38**
zintuigen, door beheersing van, **5.23**
van zuivere toegewijde, **18.54**-54
Zie: Zinsbevrediging; Lijden (leed), verlichting van
Genade
van Kṛṣṇa. *Zie:* Kṛṣṇa, genade van
van Vyāsadeva, **18.75**-75
van zuivere toegewijde, 18.71
Genot. *Zie:* Geluk; Zinsbevrediging
Geschiedenis, *15*
Geschriften. *Zie:* Heilige teksten
Getrouwde personen, leven van. *Zie:* Gezinsleven
Geur, oorspronkelijke, **7.9**
Geweld
activiteit gebaseerd op, in de hoedanigheid onwetendheid, 18.25
activiteit &, in de hoedanigheid onwetendheid, **18.25**
ascese omwille van, **17.19**
tegenover dieren
verboden, 2.19, 16.1-3
Zie: Slachten van dieren
door demonen, tegenover Zichzelf alsook tegenover anderen, 16.18
eeuwigheid van ziel is geen excuus, 2.30
geautoriseerd & ongeautoriseerd, 18.17
kracht voor, doel voor, **7.11**
kṣatriya's mogen gebruiken, 16.1-3, 18.47, 18.48
soms noodzakelijk, 2.21, 2.30, 3.20, 16.1-3, 18.47, 18.48
als onvermijdelijk, 2.27
als plicht, **2.31-33**
rechtvaardigen, te, vergeleken met chirurgische ingreep, 2.21
reïncarnatie &, onnodig, 2.27
religieus, **2.31-33**
sanctie van de Heer voor, 2.30
verboden & toelaatbaar, 2.19, 2.21
verboden door veda's, 2.19
Zie: Doden; Geweldloosheid; Moord; Oorlog; Slachten van dieren; Slag op Kurukṣetra
Geweldloosheid, **16.1-3**
als ascese van lichaam, **17.14**
betekenis van, 10.4-5, 13.8-12, 16.1-3
Boeddha &, 4.7
kṣatriya's &, 2.31, 2.32, 16.1-3
oorsprong van, Kṛṣṇa als, **10.4-5**
vergeleken met slachten van dieren, 16.1-3
Zie: Geweld
Gezelschap, slecht, 11.55
Gezinsleven
Arjuna &, **1.27-2.9**, 3.8, 13.8-12
ascese in, 4.26, **17.14**-14
Gezinsleven (*vervolg*)
Beeldgedaante-verering in, 13.8-12
bescherming door, 2.7
bhakti-yoga in, 6.14
van demonen, **16.13-15**
in devotionele dienst, **6.42-43**
dochter in, 16.7
echtgenoot in, 16.7
echtgenote in, 1.36, 3.34, 7.21, **11.44**, 16.7
familieleden in, als Kṛṣṇa, **9.17**-17
gehechtheid aan, 2.7, 3.29, 7.27, 14.7, 18.27
geluk in, 1.31, 13.8-12
getrouwde personen in, 10.4-5
gunstig, vergeleken met ongunstig, 13.8-12
hervormingsceremonieën in, 7.15
huwelijk &, 4.26, 18.5, 18.7
Zie: Huwelijk
illusie van, 3.29 *Zie:* Illusie
inkomen van, 16.1-3
kinderen in. *Zie:* Kinderen
van Kṛṣṇa, 3.23
in Kṛṣṇa-bewustzijn, 3.7, 7.11, 13.8-12, 16.1-3
materiële, 12.11
meerderen in, 2.4
moord in, als zondig, **1.44**
offer &, **4.26**-26, 8.28, 16.1-3
onthechting &, **4.26**-26, 6.14, 13.8-12, 16.1-3. *Zie:* Onthechting
onthechting van, 3.7, 6.20-23, 12.17, **13.8-12**, 13.8-12
ouderen in, **1.39-42**
ouders in, 7.15, 11.43, 16.7
als Kṛṣṇa, **9.17**-17
plichten in, devotionele dienst stelt tevreden, 1.41
principes voor, 16.1-3
regulering in, 3.7, 3.23, 4.26, 4.31, 6.14
seks in, 3.34, 6.14, 7.11, 16.1-3
spirituele, 4.26, **6.42-43**
tradities binnen, **1.39-42**
val van, **1.39-42**
varṇāśrama &, 7.15
volmaaktheid door, 3.7
voorouders (heengegaan) in. *Zie:* Voorouder(s)
voorvaderen &. *Zie:* Gezinsleven, voorouders in
vrijgevigheid &, 8.28, 16.1-3
in vrijgevigheid aan Kṛṣṇa-bewustzijn, 16.1-3
vrouwen in, **1.40**-40, **11.44**, 16.7
welzijnsactiviteiten door, **1.42**
zinsbevrediging in, 4.31
zonen, rol binnen, 16.7
Gezondheid
halfgodenverering voor, 7.20-21
voedsel &, **17.8-9**, 17.10
Gītā. Zie: Bhagavad-gītā; Bhagavad-gītā zoals ze is
Gītā-māhātmya
aangehaald m.b.t. horen van *Bhagavad-gītā*, 1.1
geciteerd m.b.t. horen van *Bhagavad-gītā*, *26-27*
als samenvatting van *Bhagavad-gītā*, 1.1
Gītopaniṣad, *2*
Zie: Bhagavad-gītā; Bhagavad-gītā zoals ze is
God
universeel, Kṛṣṇa als, *27*
Zie: Absolute Waarheid; Kṛṣṇa; Allerhoogste Heer
God, terug naar, *17-21*, *25-26*, 2.24
aangeraden, 15.10
activiteit omwille van, 17.25
door activiteiten van bevrijding, **5.24-26**
door *Bhagavad-gītā's* instructies, *14*
door *buddhi-yoga*, 10.10
door chanten van Hare Kṛṣṇa, 8.13, 8.19
als doel van het leven, 3.7
door devotionele dienst, **2.51**-51, **7.23**-23, 7.24, 7.29, **8.22**-22, 10.9, **11.55**-55, **18.55**-55
Kṛṣṇa moedigt aan, **9.33-34**
uitsluitend, 8.22, **8.28**-28
door faciliteiten van de schepping, **3.10**
door genade of gunst van de Heer, **18.62**-62
door horen over Heer, 13.26
individualiteit behouden na, 18.55
door kennis van veda's, 15.15
kennis voor, van Superziel, 13.18
door Kṛṣṇa-bewustzijn, **2.72**, 4.10, **4.24**, 4.29, 5.26, 6.15, **8.13**, 8.28, 9.25, 9.26, **9.28**-28, 10.4-5, **11.55**-55, 15.8, 17.23
door Kṛṣṇa-bewustzijn, zuivere, 18.65
Kṛṣṇa's beloften, voor Zijn toegewijde, **18.65**
door Kṛṣṇa te kennen, **4.9-10**, 11.43
Kṛṣṇa zet uiteen proces voor, **11.55**-55
materiële verlangens belemmeren, 16.1-3
materiële wereld geeft kans voor, 11.33
op moment van de dood, door zich herinneren van Heer, **7.30**, **8.8**, **8.10**, **8.13**
door offer, **3.10**, 4.30
door onthechting & overgave, **15.3-4**, 15.3-4, 15.6
oorspronkelijke spirituele lichaam opgewekt op moment van, 15.7
door overgave aan de Heer, 9.28, **11.55**-55, **15.3-5**, 15.6, **18.62**-62
door prediken *Bhagavad-gītā*, **18.68**
proces voor, **15.5**-5
met spiritueel lichaam, 15.7
geen terugkeer naar deze wereld na, *17*, **8.15**, **8.16**, 11.43, **15.6**-6
voor toegewijden, 8.23, 18.56
veda's aanwijzing voor, 3.15
vereisten voor, **15.5**-5
door verering van Kṛṣṇa, **7.23**-23, **9.25**
verlangen naar, 15.6
tijdens vernietiging van universum, 8.16
voor *yogī* in Kṛṣṇa-bewustzijn, **6.15**-15
door zelfrealisatie, 5.19
zien van de Heer &, 15.7
door zuivere devotionele dienst, 2.39, **11.55**-55
zuivere toegewijde gekwalificeerd voor, 9.26
Go-dāsa definitie van, 6.26
Goden. *Zie:* Halfgod(en)
Goden van de materiële natuur. *Zie:* Halfgod(en).
Godin van het geluk, 1.14-15, 1.20, **1.36**-36
Godinnen van geluk, 8.21

Godsbewustzijn. *Zie:* Godsrealisatie; Kṛṣṇa-bewustzijn
Godslastering, **16.18**. *Zie:* Overtreding(en)
Godsrealisatie
ānanda-maya stadium van, 13.5
anna-maya-stadium van, 13.5
aspecten van de Heer beseft. *Zie:* Godsrealisatie, stadia van
Bhagavān-fase van, 2.2, 13.8-12
Brahman-realisatie &, *11*, 2.2, 5.20, 6.10, 7.3, 7.26, 10.15, 13.5, **13.31**-31, 14.27,18.53, **18.54**-54, 18.78
Zie: Godsrealisatie, impersonalistisch stadium van
brahma-bhūta niveau, 18.63
Heer Caitanya's aanbeveling voor, 13.26
door chanten, 8.11, 10.35
complete, vergeleken met gedeeltelijke, 4.11
door devotionele dienst, 12.5, **14.26**-26
directe, vergeleken met indirecte, 12.12
faciliteit voor, *12*
gedeeltelijk, 4.11, 7.1
gelijkmoedigheid in, **18.54**-54
geluk van, **18.54**-54
door zich herinneren van Heer, 10.13
hoogste, 7.24, 7.26, 13.8-12, 14.27, 18.78
Zie: Godsrealisatie, Bhagavān stadium van; Kṛṣṇa-bewustzijn
voor iedereen bereikbaar, *25-26*, 10.17
impersonalistisch stadium van, *11*, 4.11, 4.13, 7.1, 7.3, 7.8, **7.13**-13, 10.2, **12.5**-5, 18.54. *Zie:* Impersonalisme
jñāna-maya, 13.5
Kṛṣṇa-bewustzijn als, 2.52
Kṛṣṇa-bewustzijn als hoogste, 7.26
Kṛṣṇa object van, 4.11
Kṛṣṇa realisatie als, 15.15
methoden voor, stadia van, 12.12
nederigheid noodzakelijk in, 13.8-12
door onthechting, 12.3-4
Paramātmā-realisatie als, *11*, 2.2, **6.31**-31, 7.26, 10.15, 12.3-4, **13.28-29**, 14.27
personalistisch, vergeleken met impersonalistisch, 7.3, 7.8, 9.11, 10.2
prāṇa-maya stadium van, 13.5
proces van. *Zie:* Devotionele dienst; Yoga
sac-cid-ānanda-vigraha &, *11*
soorten van. *Zie:* Godsrealisatie, stadia van
soorten pogingen voor, **13.25**-25
stadia van, *11*, 4.11, 4.13, 5.17, 6.10, 6.15, 7.1, 7.17, 7.19, 7.24, 7.26, 10.15, 13.5, 13.8-12, 14.27, 15.15, 18.78
vergeleken met trap, 13.12
alle typen van. *Zie:* Godsrealisatie, stadia van
door *Vedānta*-filosofie, 2.45, 15.15
vijñāna-maya stadium van, 13.5
voorwaarden voor, 2.29
Zie: Kṛṣṇa-bewustzijn
Goeddoen, nooit door kwaad overmand, **6.40**
Goedheid, de hoedanigheid, *7*
activiteit in, 2.47, **14.16**-16, 16.1-3, **18.23**, **18.26**
Goedheid, de hoedanigheid (*vervolg*)
ascese in, 17.23
brāhmaṇa's &, 14.6, 18.47
conditionering door, **14.6**-6, **14.9**
effecten & manifestaties van, op levend wezen, **14.6**-6, **14.9-11**, **14.14**, **14.16**-16, **14.17-18**
eten in, 6.16, 6.17, **17.8**, 17.10, 17.23
Gāyatrī-mantra &, 10.35
geest in, 15.7
gehechtheid aan, 3.19, **14.6**-6
geloof in, **17.2-4**
geluk in, **18.37**
intelligentie (kennis) in, **18.20**-20, 18.22, **18.30**
lichaam in, **14.11**
materiële reacties &, 2.38
offer in, 17.23
onderwijs nodig voor, 14.17
onthechting in, **18.10-11**
onthechting van resultaten van activiteiten als, **18.10**
plicht aanvaard in, **18.9**-10
sterven in, resultaat van, **14.14**
tegenover de hoedanigheid onwetendheid of hartstocht, 14.8, **14.10**
varṇa in, 9.32
vastberadenheid in, **18.33**
vasten in, 10.4-5
verering in, 3.12
verheffing tot, 3.37
voordelen van, *9*, **14.6**-6, **14.14**, **14.17-18**, 16.24
vrijgevigheid in, 16.1-3, 17.23
vrome activiteit &, **14.16**-16
zintuigen in, **14.11**
zuivere, 14.10, 17.3-4
Zie: Hoedanigheden van de natuur
Goeroe. *Zie:* Spiritueel leraar (leraren)
Gokken, 1.11, 1.37-38
Kṛṣṇa vertegenwoordigd door, **10.36**
Goloka Vṛndāvana. *Zie:* Vṛndāvana, Goloka
Gopāla-tāpanī Upaniṣad geciteerd
m.b.t. devotionele dienst, 6.47
m.b.t. Kṛṣṇa, 6.31, 8.22, 10.8, 11.54
gedaante van, 9.11
m.b.t. vedische kennis, 10.8
Gopī's, jonge
Gosvāmī('s)
definitie van, 6.26
families van, 6.42
kwalificaties voor, 5.23
zes, opgesomd, *1*
Zie: namen van individuele gosvāmī's
Zie: Sannyāsī's
Govardhana, de heuvel, 3.24
Govinda, Heer, *11*, 6.30
als Heer, oorspronkelijke persoon, 4.5
Kṛṣṇa als, 1.15, **1.32-35**, 1.32-35, 2.2, 4.5, 7.3, 8.21
Gṛhamedhī's. *Zie:* Gezinsleven; Materialisten
Gṛhastha's. *Zie:* Gezinsleven; *Varṇāśrama-dharma*-stelsel
Guḍākeśa, Arjuna als, 1.24, 10.20
Guṇa's. *Zie:* Hoedanigheden van de materiële natuur
Gunst(en), 2.33, 18.73
voor het begrijpen van Kṛṣṇa's verschijnen & activiteiten, **4.9-10**
voor het horen van *Bhagavad-gītā*, **18.71**-71
Gunst(en) (*vervolg*)
voor het prediken van de filosofie van de *Bhagavad-gītā*, **18.68-69**
Guru. *Zie:* Spiritueel leraar (leraren)
Gurukula, 6.14
Gurv-aṣṭaka geciteerd m.b.t. het tevredenstellen van de Heer & spiritueel leraar, 2.41

H

Haai, Kṛṣṇa vertegenwoordigd door, **10.31**
Haat, **7.27**
Halfgod(en)
analogie van banyanboom in, 15.2
Arjuna vocht, 2.33
belangrijkste, 10.7
belangrijkste onder, 8.2, 10.7
besturende, 8.2
als bestuurders van de natuur, 3.11, **3.12**, 3.24, 4.12, 4.25
als deeltjes van de Heer, 4.12, 7.21, 7.23
devotionele dienst vervuld plichten tegenover, 1.41
eerbetuigingen aan, door Mādhavendra Purī, 2.52
geloof in, **7.21-22**
geschapen door Kṛṣṇa, **10.2**-2, 10.3, 10.42
niet God, 4.12
goede eigenschappen van, toegewijden hebben, 1.28
hoedanigheden van de natuur beïnvloeden, **18.40**
imitatie van, 3.24
invloed van, op bestemming na de dood, **8.24**
als *īśvara's*, 3.24
in kosmische gedaante, **11.6**, **11.15**, **11.22**
kosmische gedaante gevreesd door, **11.21**
Kṛṣṇa
in baarmoeder vereerd door, 11.52
gedaante van, verlangen te zien, **11.52**
niet gekend door, *4*, **10.2-6**, **10.14-15**
groter dan, **11.37-38**, 11.40
als oorsprong van, **10.2**-2, 10.3, 10.42
vereerd door, 4.12
vertegenwoordigd onder, **10.22-23**
als Kṛṣṇa's tussenpersonen, 3.11, **3.12**-12, 9.23
Kṛṣṇa vertegenwoordigd onder, **10.21**
Kurukṣetra &, 1.1
als levende wezens, niet God, 4.12
levensbehoeften, voorzien van, **3.11-12**, 3.14
levensduur van, op de maan, 8.25
van liefde, **10.28**-28
van maan, 7.23
menselijke wezens
vergeleken met, 3.24
werken samen met, **3.11**-11
offeren aan, **3.11-12**, **4.25**
Zie: Halfgodenverering
oorsprong van, **10.2**-2, 10.3, 10.42, 11.37
planeten van. *Zie:* Planet(en), van halfgod(en)

Halfgod(en) (*vervolg*)
Slag op Kurukṣetra gadegeslagen door, 11.36
soorten van, twee, 8.2
tevredenheid, **3.11-12**, 3.14, 9.23
toegewijden als, 11.48
als tussenpersonen van de Heer, 3.11, **3.12**-12, 9.23
vergeleken
met demonen, 10.30, 17.1
met Kṛṣṇa, 2.2, 3.22, 4.12
met ledematen van lichaam, 3.14
vereerd in de hoedanigheid goedheid, 17.4
verering van. *Zie:* Halfgodenverering
verplichtingen tegenover, 2.38, **3.12**-12
voornaamste, 8.2
vorm van, zielsverhuizing naar, 15.8
van vuur, 1.14
onder waterdieren, 10.29
wijzen, Kṛṣṇa vertegenwoordigd onder, **10.26**
zegeningen van, **3.11-12**, 7.20-**7.23**
van zon. *Zie:* Vivasvān
Zie: specifieke halfgoden
Halfgodenverering, 9.15, 9.20, 17.28
aanbevelingen voor, 7.20-21, 10.42
darśa-paurṇamāsī, 9.25
gehechtheid aan, 9.20
gebrek(en) van
dwaasheid als, 4.12, **7.20-23**, 7.24, **9.23-25**
Kṛṣṇa's afkeur van, als, *16-17*, **9.21**, **9.23-25**
onnodig zijn van, als, *16-17*, **9.23-25**
onwetendheid als, **7.20-23**, 9.23-**24**
tijdelijkheid van voordelen van, 4.12, **9.21**, 9.24
voor gezondheid, 7.20-21
in de hoedanigheid goedheid, **17.4**-4
door impersonalisten, 17.4
van Kālī, 3.12
in kosmische gedaante, 8.4
Kṛṣṇa maakt geloof vast voor, **7.21-22**
als materialistisch, 17.13
Nanda Mahārāja &, *16-17*
met offers, **4.25**
overeenkomstig hoedanigheden van de natuur, 3.12
van Sarasvatī, 7.21
tegenover verering aan de Heer, **9.23-25**
van Umā, 7.21
in vedische literatuur, 3.14, 7.21, 9.25
vergeleken
met devotionele dienst, 7.20, 7.22-23, 7.29
met omkopen van ambtenaars en managers van de regering, 9.23
Viṣṇu-verering moet plaatsvinden bij, 3.11
voor vleeseten. *Zie:* Offeren, van dieren
voordeel van
Arjuna stelt vragen over, 17.1
bevrediging van materiële verlangens
als, *17*, **4.12**-12, **7.20**-20, 7.21-22, 7.24, 17.13
Halfgodenverering (*vervolg*)
gezondheid als, 7.20-21
als tijdelijk, 4.12, **9.21**, 9.24
verheffing naar hogere planeten als, **7.23**-23, 7.24, 9.18, **9.20-21**, **9.25**
voorspoed als, **3.11-12**, 3.16
zinsbevrediging als, **4.12**-12, **9.20-21**
van zonnegod, 7.20-21
Handel & *vaiśya's*, **18.44**
Handelaar (handelaren)
voorgeschreven plichten van, 18.47, 18.48
Zie: Vaiśya('s)
Handelende persoon (personen)
goedheid, in de hoedanigheid, **18.26**
hartstocht, in de hoedanigheid, **18.27**
onwetendheid, in de hoedanigheid, **18.28**
resultaatgericht. *Zie:* Resultaatgerichte werker(s)
Zie: Śūdra's
Hanumān, 3.37
vlag, **1.20**-20
Hardwar, 6.11-12
Hare Kṛṣṇa-*mantra* geciteerd, *2*, *27*, 6.44, 7.24
Zie: Chanten in Kṛṣṇa-bewustzijn
Hare Kṛṣṇa-beweging. *Zie:* ISKCON; Beweging voor Kṛṣṇa-bewustzijn
Hari-bhakti-vilāsa geciteerd
m.b.t. devotionele dienst, zuivere, 11.55
m.b.t. overgave aan Kṛṣṇa, 18.66
Haridāsa, Choṭa, 16.1-3
Haridāsa Ṭhākura, 2.62, 6.17, 6.44, 11.55
Hart
Heer in. *Zie:* Superziel
Zie: Lichaam (materiële), hart van
Hartstocht, de hoedanigheid, *7*
aantrekking tussen man & vrouw vertegenwoordiger van, 14.7
activiteit in, **14.16**-16, **18.24**
ascese in, 17.23
bewustzijn waargenomen overeenkomstig, 18.21
als bindend, **14.7**
Brahmā &, 7.14
conditionering door, **14.5**, **14.7**, **14.9**
demonen in, 16.24
dood in, resultaat van, **14.15**
effecten & manifestaties van, op levend wezen, **14.5**, 14.7, 14.9, 14.12, 14.15-18
eigenschappen van iemand in, **18.27**
ellende van, **14.16**-16
geboorte als resultaat van, **14.18**
geest in, 15.7
gehechtheid & verlangen van, **14.12**-12
geloof in, **17.2-4**
geluk in, **18.38**
handelende persoon in, **18.27**
intelligentie in, **18.31**
intense inspanning door, **14.12**-12
kennis in, **18.21**-21
leed van, **14.16**-16, 14.17
materiële verlangens van, **14.7**
plicht opgegeven uit, **18.8**
val door, **14.18**-18
vastberadenheid in, **18.34**
verheffing van, 3.37
verlangen & ontevredenheid door, 14.17
Hartstocht, de hoedanigheid (*vervolg*)
voedsel in, **17.7**, **17.9**, 17.10, 17.23
vrijgevigheid in, 14.9, 16.1-3, 17.23
vrijheid van, door Kṛṣṇa-bewustzijn, **6.27**
offer in, 17.23
onthechting in, **18.8**
overheersing van, **14.10**
in huidige tijdperk, 14.7
reacties volgend op activiteiten in, 2.38
resultaatgerichte activiteiten &, **14.7**, **14.9**, **14.12**-12, **18.34**
varṇa in, 9.32
zinsbevrediging in, **18.34**
Zie: Hoedanigheden van de natuur
Haṭha-yoga, 4.29, 6.20-23, 6.47, 8.14, 8.23, 13.25
doel van, 2.17
Hebzucht, **14.17**
Zie: Gehechtheid; Verlangen(s), materiële
Hebzucht, vrij zijn van, **16.1-3**
Heer, de Allerhoogste. *Zie:* Allerhoogste Heer; Kṛṣṇa
Heilige(n)
bespotting van, 16.24
beste onder, 5.26
in devotionele dienst, **7.28**
Kṛṣṇa beschermt, **4.8-9**
plezier voor, 5.22
toegewijden als, 4.8
als vergevend, 1.36
visie van, **5.18**-18
wijzen, grote, als, **10.6**-6
Zie: Sādhu('s); Toegewijde(n); Wijze(n)
Heilige dagen, 18.75
Heilige plaatsen, **1.1**-1, 2.61, 3.40, 6.11-12, 8.14, 17.20
Heilige tekst(en)
als autoriteit, 13.5
voor leiders & leraren, 3.21
over plicht, **16.24**-24
Bhagavad-gītā beste onder, 4.40
Caitanya voorspeld in, 4.8
citeren, als autoriteit, 17.15
devotionele dienst geleid door, 10.3
geconditioneerde zielen niet auteurs van, 2.12
halfgodenverering aangeraden in, 7.21
van impersonalisten, 5.6
Heer citeert, **18.4**, **18.13**
Heer te kennen door, 10.7
incarnaties voorspeld in, 4.7
kennis over Heer door, 8.9
Kṛṣṇa aanvaard als Heer door, *3*
Kṛṣṇa's suprematie ondersteund door, 10.7-8
leiders & leraren moeten volgen, 3.21
onvolkomenheden afwezig in, 16.24
voorbeelden van, 10.32
voorschriften van, 16.23, **16.24**-24
activiteit beoordeeld volgens, 18.15
demonen volgen niet, 16.7
gehoorzaamheid aan, nodig, 17.14, 18.30
voor offer, vrijgevigheid, & ascese, **17.24**
offer, zonder rekening te houden met, **17.13**
politiek vasten &, 17.5-6
voor vasten, 17.5-6

Heilige tekst(en) (*vervolg*)
vernietigd door onverantwoordelijke activiteit, 18.25
veronachtzaming van, **17.1-3**, **17.5-6**, 17.5-6
in de hoedanigheid onwetendheid, **18.28**
volgelingen van, 6.40
volgen, noodzaak van, 16.22, **16.23-24**, 17.5-6
wetens overtreden, 16.23. *Zie:* Regulerende principes
universeel, *Bhagavad-gītā* als, *27*, 1.1
Zie: Bhagavad-gītā; Śrīmad-Bhāgavatam; Veda's; Vedische literatuur
Heldhaftigheid, **18.43**
Helse planeten, **1.43**-43, 16.10, **16.16**-16, **16.21-22**
demonen gaan naar, 16.16
degradatie naar, 1.43
val naar, **14.18**
bescherming van, 1.43
Hemelse planeet (planeten)
brāhmaṇa's verdienen, 2.31
demonen proberen te bereiken, 16.16
devotionele dienst op, 8.16
Dhruvaloka als speciaal, 18.71
dood ook op, 8.17
door horen van *Bhagavad-gītā*, **18.71**-71
koning van, 10.24
in kosmische gedaante, **11.15**-15
Kṛṣṇa-bewustzijn op, 8.16
leed ook op, **8.16**, 8.17
Nandana-kānana tuinen van, 2.42-43
onthechting van, 11.55
soma-rasa op, 2.42-43
toegewijden verheven door, 8.16
tijdelijk woonplaats op, 8.16, 8.19
val van, 8.16, 8.19, **9.21**
vedische studie om te bereiken, **9.20-21**
vergeleken met spirituele wereld, 9.21
verheffing tot, 2.8, 2.31, **14.14**, **14.18**
voor Arjuna, **2.37**
voor *kṣatriya's*, 2.31, **2.32**-32, **2.37**
offer voor, 8.3, 8.16, 18.71
vrijgevigheid voor, 17.21
verheffing van, 8.16
voorbeelden van, 9.20
zielsverhuizing naar, 8.17, **9.20**
zinsbevrediging op, 2.42-43, **9.20**, **9.21**
Herhaling
in heilige teksten, waarde van, 2.25
juistheid van, 11.19
Herinneren, zich Kṛṣṇa, 2.48, 6.3, 6.10, 6.19,6.31, 7.28, **8.5-10**
altijd, proces voor, *23-25*, 8.5-6, 8.8, **8.9**-9, **8.14**-14, 18.65
Ambarīṣa Mahārāja's voorbeeld van, 6.18
voordelen van, *20-22*, *23*, *25-26*, 1.24, 2.52, 10.12-13
belang van, *23-25*, **8.5-6**, **8.8-9**, 18.64-65
bevrijding door, *20*, *22*, 5.26, **8.8**, **8.10**, **8.13**, 10.12-13
door chanten van Hare Kṛṣṇa, *23*, 8.5-8, 8.11-14, 9.27
Herinneren, zich Kṛṣṇa (*vervolg*)
gedaante van Kṛṣṇa, *20*, 18.65
Heer in hart, **6.13-14**
Kṛṣṇa adviseert & onderwijst, *23-25*, **12.8**, **18.65**-65
Kṛṣṇa bereikt door, *23*, *25-26*, **8.5-8**
met liefde, *23*, 9.34
door Mādhavendra Purī, 2.52
op moment van de dood, *20*, *21*, *22*, *25*, **8.2**-2, **8.5-6**
met motivatie voor bevrijding, 7.29
als onderricht van de *Bhagavad-gītā*, *24*
in *samādhi*, 2.53, 6.10
terug naar God door, **8.8**, **8.10**, **8.13**
naast voorgeschreven plichten, **8.7**
& meditatie, 2.61
Zie: Meditatie
Herinnering & vergetelheid
Heer & Superziel als bron van, **15.15**-15
Zie: Kennis
Hiḍimba, 1.15
Himālaya's, 6.47
Kṛṣṇa vertegenwoordigd door, **10.25**
vergeleken met Mount Meru, 10.25
Hiraṇyakaśipu, 4.8, 7.15, 16.20, 17.19
Historische teksten. *Zie: Bhagavad-gītā; Purāṇa('s); Śrīmad-Bhāgavatam*
Hitler, 17.4
Hitte
Kṛṣṇa als, **7.9**
van vertering, 7.9
Zie: Vuur
Hoedanigheid (hoedanigheden) van de materiële natuur, *14*
activiteit
bestuurd & opgelegd aan iedereen door, **3.5**-5
neiging gedicteerd door, 4.13
volgens, **4.13**-13
activiteit volgens, **14.16**-16, 15.7, **18.23-25**
activiteit in, resultaat van, 17.2
Arjuna verzocht te ontstijgen, **2.45**
ascese overeenkomstig elke, **17.7**, **17.17-19**, 17.23
in banyanboom-analogie, **15.2**
besturen activiteiten, **3.5**-5, **3.27**-27
competitie voor suprematie onder, **14.10**
conditionering door, overeenkomstig elke, **14.5-10**
dualiteiten veroorzaakt door, 2.45
eigenschappen & kenmerken overeenkomstig elke, **18.19-41**
eigenschappen van handelende personen overeenkomstig elke, **18.26-28**
als energieën van de Heer, **7.14**
geest volgens, 15.7
geloof overeenkomstig elke, **17.1-4**
geluk overeenkomstig elke, **18.36-39**
halfgodenverering volgens, 3.12
handelende persoon overeenkomstig elke, **18.26-28**
hart in, 17.3
illusie door, **7.13-14**
incarnaties van de Heer voor, 7.14
intelligentie overeenkomstig elke, **18.29-32**
invloed van, als universeel, **18.40**
kennis overeenkomstig elke, **18.20-22**
Hoedanigheid (hoedanigheden) van de materiële natuur (*vervolg*)
Kṛṣṇa-bewustzijn ontstegen aan, 7.13
Kṛṣṇa ontstegen aan, 4.4, **7.12-13**
levend wezen bestuurd door, **3.33**, 14.22-25, **18.59-61**
lichaam beheerst door, **5.14**-14
lichaam volgens, 7.13, 13.5
van materiële natuur, **13.20**-20
materiële wereld &, 5.10
offer overeenkomstig elke, 3.12, **17.7**, **17.11-13**, 17.23
omgang met, zielsverhuizing volgens, **13.22-22**
als onderwerp van veda's, **2.45**
onthechting van activiteit in, **18.26**
onthechting overeenkomstig elke, **18.4**, **18.7**-7
onzuiverheid door, 17.3
oorsprong van, Kṛṣṇa als, **7.12**-12
als oorzaak, materiële, 7.12
plicht overeenkomstig elke, 3.35
pradhāna, stadium van ongemanifesteerde, 13.7
resultaten van, 18.19
soorten van mensen volgens, 7.13
transcendentie van
Arjuna's vragen over, **14.21**-21, 14.22-25
zelfs wanneer belichaamd, **14.20**
door devotionele dienst, **14.26**-26
gedrag volgend op, **14.21**-21, **14.22-25**, 14.22-25
geluk door, **14.20**
kenmerken van, **14.21**-21, **14.22-25**, 14.22-25
door Kṛṣṇa-bewustzijn, 3.33, 5.13-**14**, **14.19-20**
manier voor, **14.26**-26
door overgave aan de Heer, **14.26**
vrijheid van ellende van het leven door, **14.20**
varṇāśrama
&, 3.35
onderverdelingen volgens, 7.13, 9.32, 18.47
positie in verband met, 2.31
vastberadenheid overeenkomstig elke, **18.29**, **18.33-35**
verering overeenkomstig elke, **17.1**-1
vergeleken
met koorden, 7.14
met wetten, 7.12
verheffing door, 17.2
voedsel overeenkomstig elke, **17.7-10**, 17.23
vrijgevigheid overeenkomstig elke, 8.28, 16.1-3, **17.7**, **17.20-22**, 17.23
vrijheid van
door devotionele dienst, 7.1
alleen door Heer of bevrijde ziel, 7.14
Zie: Bevrijding
ziel ontstegen aan, 13.32
zielsverhuizing overeenkomstig elke, **13.22**-22, **14.14-15**
Zie: Materiële natuur; *namen van individuele hoedanigheden*
Hoornschelpen die op Kurukṣetra schalden, **1.12-18**
Horen in Kṛṣṇa-bewustzijn, 7.1, 18.55

Horen in Kṛṣṇa-bewustzijn (*vervolg*)
door Ambarīṣa Mahārāja, 2.61
van autoriteit, 1.43, **13.26**, 15.19
belang van, 7.1, 7.15, 10.1, 13.26
Bhagavad-gītā, *2–5*, *12*, *25–27*, 1.1, 2.20, 2.22, 2.29, **4.1**-1, 4.42, 8.28, 12.9, **18.67**, **18.71**-71, 18.76
door *brahmacārī*, 4.26
Caitanya raadt aan, 7.15, 13.26
& chanten, 8.8, 9.2, 9.14, **10.9**-9, 10.19, 12.20, 13.8-12, 14.27
als deskundige behandeling voor krankzinnige geest, 6.35
als gemakkelijkste proces van devotionele dienst, *25*
Hare Kṛṣṇa-mantra &, 13.26
herhaaldelijk, 2.25
zich herinneren & omgang met de Heer het gevolg, *25*
kracht van, 9.1
van Kṛṣṇa, 2.20, 2.29, 4.4
Kṛṣṇa begrepen door, 9.2, 10.2, 11.52
materialisten verwerpen, 7.15
in omgang met toegewijden, 9.1, 10.1
plezier van, 10.9, **10.18**-18
resultaatgerichte werkers vermijden, 7.15
smaak voor, 4.10
van spiritueel leraar, 16.1-3
Śrīmad-Bhāgavatam &, 12.9
van toegewijden, 8.15, 9.2, 12.9
verering aan de Heer aangewakkerd door, **13.26**
vergeleken
met baden in Ganges, *27*
met luisteren naar wereldse onderwerpen, 10.18
verlichting door, 2.20, **9.1**-1
voordelen van, *22*, *25–27*, 2.22, 6.35, **9.1**-1, 13.22, **13.26**, 18.76
zelfrealisatie door, **9.1**-1
ziel begrepen door, 2.25
zonder eigenbelang, 1.1
zuivering door, 7.1, 13.22, 18.55, **18.71**-71
Hṛṣīkeśa (plaats), 6.11-12
Hṛṣīkeśa, Kṛṣṇa als, 1.15, 1.22, 1.25, 3.27, 6.26, 13.3, **18.1**-1, 18.46
Huidige tijdperk. *Zie:* Kali-yuga
Huwelijk
nodig in menselijke samenleving, 18.5
sannyāsī's, rol in, 18.5, 18.7
veronachtzaming van, 16.7
voordelen van, 18.5
Zie: Gezinsleven
Hymnen in de *Sāma-veda*, Kṛṣṇa vertegenwoordigd onder de, **10.35**-35
Hypocrisie, **3.6**, 3.6, 3.7, 3.8, 17.16
tijdperk van, 6.11-12

I

Ikṣvāku, **4.1**-1, 4.16
Ilāvṛta-varṣa, 6.43
Illusie
door academische kennis, 6.8
activiteit in, **18.25**
als afzonderlijk van Kṛṣṇa, **4.35**-35
van Allerhoogste Brahman gezien als *jīva*, 8.3
van Arjuna, *13*, **11.1**-1, **18.73**-73
van atheïsten, **9.12**-12
van atheïstische opvattingen over God, 7.15
bevrijding van. *Zie:* Bevrijding
Illusie (*vervolg*)
van demonen, **9.12**-12, **16.10**-18
te denken dat halfgoden gelijk staan aan God of Kṛṣṇa, 4.12, 10.42
als diskwalificatie voor spirituele onderwijzer, 2.13
van dood vergeten, 14.8
van dualiteiten van het leven, 5.12, 7.27
van ezelachtige *mūḍha*, 7.15
geboorte in, **7.27**
van 'geleerde' personen, 7.15
geluk door, **18.39**-39
van geluk in materiële wereld, 1.31, **2.14**, 2.51, **5.22**
gezelschap van toegewijden neemt weg, 7.28
Heer bestuurt, 7.14, 7.21
door hoedanigheden van de natuur, **7.13**
hoedanigheid onwetendheid &, **14.8**, **14.13**, **18.32**-32, **18.35**-35, 18.39
impersonalisme als, 2.63, **7.24**-24, 7.27
intelligentie vrij van, **2.52**
van intoxicatie, 4.10
kennis neemt weg, **4.35-36**, **5.16-17**
over Kṛṣṇa-bewustzijn, 3.1
Kṛṣṇa-bewustzijn neemt weg, 4.24
over Kṛṣṇa's gedaante, **7.24**-24
over Kṛṣṇa's positie, 4.4, **9.11**-11, 10.8, 10.42
Kṛṣṇa verdrijft voor Arjuna, 11.1
laatste, 18.73
van levend wezen
als Allerhoogste, *8*
als eigenaar, 5.14, 5.29, 7.27
als God, 2.17, 2.39, 5.16, **9.12**-12, 9.15, 13.8-12, 13.14, 16.16, 18.73
als handelende persoon, **3.27**-27, **18.16**, **18.17**
als materiële, *9–10*, 7.5
als meester, 5.14, 13.22, 18.73
als schepper & genieter, *10*
levend wezen dient, als het Kṛṣṇa niet dient, 18.73
levend wezen veroorzaakt zijn eigen, **5.15**-15
van lichamelijke benamingen, *13*, *19*, 2.1, 2.12, **2.26**-26, 2.30, 2.71, 3.29, 3.40, 5.2, 5.13, 5.19, 5.20, 7.5, 7.13, 8.3, 13.2, 13.8-12, **13.31-32**, 16.8, 18.21
van lichamelijke levensopvatting. *Zie:* Lichamelijke opvatting van het leven
van materiële oorsprong van bewustzijn, *9*
van materiële vooruitgang, 9.18
door materiële wereld of energie, 2.2, 2.29, 8.19
van materiële wereld als werkelijk, *19*, 15.1
van natuur als vals, *8*
van ongehoorzaam zijn aan Heer, **3.32**
onwetendheid, hoedanigheid, &, **14.8**, **14.13**, **18.32**-32, **18.35**-35, 18.39
onwetendheid over Kṛṣṇa door, 7.8, 7.27, 10.8
over oorsprong van leven, 2.30
oorzaken van, 1.30, **3.40**, 7.5
overgave belemmerd door, **15.5**-5
van spirituele activiteiten gezien als materieel, *9*
Illusie (*vervolg*)
stadia van, **2.63**
van uiterlijk vertoon van spiritueel leven, **3.6**
van vals besef van eigendom, 15.5
van vals ego. *Zie:* Vals ego
vedische kennis vrij van, *12*, *13*
verdriet, materiële, als, 2.1
van vergeetachtigheid, *9*, *22*
van identiteit & doel, **4.35**-35, 7.5
van Kṛṣṇa, 2.22, 3.27, **4.35**-35, 6.32, 7.15
van Kṛṣṇa als eigenaar, 5.29
van Kṛṣṇa's suprematie, 5.25
van leed, 7.15
van relatie met de Heer, *22*, **4.35**-35
van spiritueel leven, 2.69
van verleden, 7.26
van vrijheid, *6*
van waarheid aanvaard als onwaarheid, 18.32
van werken alsof de dood niet komt, 14.8
door woede, **2.63**, 3.37
over ziel, 2.29
voor ziel buiten Kṛṣṇa-bewustzijn, 3.5
door zinsbevrediging, **2.44**, 3.27, 15.10
van zinsbevrediging gezien als waar geluk, 3.40
Zie: Atheïst(en); Impersonalisme; *Māyā*; Vals ego
Impersonalisme, 3.4
argumenten tegen, **2.12**-12, 2.13, 5.3, 5.16, **7.24**-24, 7.26, 9.11
in beginstadium van spiritueel leven, 7.19
beheersing van zintuigen &, **12.3-4**
beoefenaars van. *Zie:* Impersonalist(en)
bereiken van Kṛṣṇa door, **12.3-4**
bevrijding &, 6.15
in boeddhisme, 2.72
filosofie van, 2.12, 2.13, 2.23, 2.24, 15.1
als gedeeltelijke kennis van de Heer, *11–12*
gelijkmoedigheid in, **12.3-4**
godsrealisatie &, 7.1
Heer onkenbaar door, 7.28
illusie van, 7.27
Kṛṣṇa & Brahman gezien in, 11.51
nadelen van, 4.10, 4.11, 12.1, **12.5**-5, 12.20
onthechting &, 5.2
vergeleken
met devotionele dienst, **12.1-7**, 12.20
met personalisme, 2.12, 7.3, **7.24**-27, 9.11, 9.29
verworpen, **2.12**-12, 2.13, 2.61, 2.72, 4.35, 5.3, 7.24
als spirituele zelfmoord, 4.11
als zondig, 7.28
Impersonalist(en)
Absolute Waarheid als onpersoonlijk opgevat door, 11.52
Allerhoogste als bevrijding voor, 3.19
argumenten van, 7.7, 9.11
Arjuna ondervraagt Kṛṣṇa ten behoeve van, **10.16**
bereiken van Kṛṣṇa door, **12.3-4**
bevrijding voor, 3.19, 4.9, 6.20-23, 9.2, 9.12, 18.54

Impersonalist(en) (*vervolg*)
Bhagavad-gītā geïnterpreteerd door, 2.7, 2.12
Bhāgavatam, studie van, door, 5.6
Brahman &, 17.4
commentaren door, 5.6, 12.1
eten &, 2.63
filosofie van, 1.15, 2.7, 2.12, 3.19, 6.20-23, 9.11, 9.33, 11.52
geluk &, 6.20-23
gevaar van te horen van, 2.12
God niet zichtbaar door, 11.48
godsrealisatie voor, 4.11, 4.13, 18.54
grootste van, 7.3
halfgodenverering &, 17.4
heilige teksten van, 5.6
als indirect Kṛṣṇa-bewust, 6.10
niet intelligent, 7.24
Kṛṣṇa bespot door, 11.51, 11.52
leider van, 4.12, 7.24
als *māyāvādī's*, 7.24
meditatie door, 12.1
monisten als, 13.25
offer door, **4.25**-25
oṁkāra &, 8.11
onwetendheid van, 4.10, 7.3, **7.24-25**, 9.26, 10.19, 13.23
Śaṅkarācārya als, 4.12
toegewijden verboden om te horen van, 2.12
als transcendentalist, *3*, *21*
val voor, 4.11, 5.6, 9.25
Vedānta-sūtra verkeerd begrepen door, 18.1
verering door, 9.15
vergeleken
met personalisten, 4.18
met *sannyāsī's*, 5.2, 5.6
met toegewijden, 4.18, **5.6**-6, 7.24, 9.11, 9.14-15
Zie: Impersonalisme
Incarnaties. *Zie:* Kṛṣṇa, incarnatie(s) van; *specifieke incarnaties*
India, 3.20
families van transcendentalisten in, 6.42
huidige, 6.42, 8.21
land in, 11.55
Manu-saṁhitā &, 16.7
pelgrimsoorden in, 6.11-12
spirituele paden in, 16.24
tempels in, 9.34, 11.54
vedische autoriteiten van, *2-3*
vrijgevigheid in, 4.28
Vṛndāvana in, 8.21
Individualiteit, **2.12**-12, **2.23-24**, 4.11, 4.35, 5.3, 7.24, 13.23
Indra, Heer, *17*, 3.14, 7.23, 8.2, 17.4
Arjuna &, 2.33
Bṛhaspati &, 10.24
Kṛṣṇa vertegenwoordigd door, **10.22**
oorsprong van, 10.8
planeet van, 8.16, 9.18, **9.20**
Inkomen. *Zie:* Rijkdom
Intelligentie, 10.4-5
voor besturen van geest, 6.34
betekenis van, 10.4-5, 10.34
demonen hebben gebrek aan, **6.9**-9
direct grenzend aan ziel, 3.40
als fijnstoffelijk element, 7.4
geest gesterkt door, 3.42
goedheid, in de hoedanigheid, **18.30**
hartstocht, in de hoedanigheid, **18.31**
Intelligentie (*vervolg*)
in de hoedanigheden van de natuur, 13.6-7, **18.29-32**
in de hoedanigheid goedheid, **18.30**
hoedanigheden goedheid, hartstocht, & onwetendheid, in de, **18.29-32**
in de hoedanigheid hartstocht, **18.31**
in de hoedanigheid onwetendheid, 13.6-7, **18.32**-32
Kṛṣṇa
als, **7.10**
als oorsprong van, **10.4-5**
vertegenwoordigd door, **10.34**-34
in Kṛṣṇa-bewustzijn, **3.43**-43, **8.7**
door Kṛṣṇa-bewustzijn, **2.65**, 2.68
Kṛṣṇa vertegenwoordigd door, **10.34**-34
materialisten gebrek aan, **16.9**-9
materiële, vergeleken met spirituele, 2.69
meegevoerd, **2.67**
lust &, **3.40**
onwankelbaar, **2.68**
onwetendheid, in de hoedanigheid, 13.6-7, **18.32**-32
oorsprong van, **10.4-5**
spirituele, 2.69, 3.42, **3.43**-43
als superieur aan geest, **3.42**-42
van hen die aarzelen, **2.41**-41
verering van Kṛṣṇa door, **18.70**
Zie: Kennis; Lichaam (materiële), fijnstoffelijk
vergeleken
met boot, **2.67**
met medicijn, 6.34
met resultaatgerichte activiteiten, **3.1**-1
verlies van, ontwikkeling leidt tot, **2.62-63**
vrij van verwarring, **2.52**
wijdvertakt, **2.41**-41
ziel superieur aan, **3.42**-42
zuivering door, **18.53**
Internationale Gemeenschap voor Kṛṣṇa-bewustzijn. *Zie:* ISKCON
Intoxicatie. *Zie:* Bedwelmende en opwekkende middelen, gebruik van
Inzicht. *Zie:* Godsrealisatie; Kṛṣṇa-bewustzijn; Zelfrealisatie
ISKCON
onthechting in, 18.11
Zie: Beweging voor Kṛṣṇa-bewustzijn
Īśopaniṣad
aangehaald m.b.t. Allerhoogste Brahman als eigenaar, 5.10
geciteerd
m.b.t. devotionele dienst, 7.25
m.b.t. Kṛṣṇa als eigenaar, 2.71
m.b.t. Kṛṣṇa's gedaante bedekt door *yoga-māyā*, 7.25
Īśvara
definitie van, *6*
levend wezen als, 15.8
als onderwerp van *Gītā*, *6*, *8*, *9*
Īśvara Purī, *28*

J

Jaḍa Bharata, 6.43
Jagāi & Mādhāi, 7.15
Jagannātha dāsa Bābājī, *28*
Jagatpati, Kṛṣṇa als, **10.15**-15
Jagen, 16.19. *Zie:* Slachten van dieren
Jaipur, koningen van, 2.31
Janaka, Koning, **3.20**-20, 4.16, 7.15
Janārdana, Kṛṣṇa als, **1.37-38**, 8.22
Janmāṣṭamī, 11.54
Janoloka, 9.20, 14.14
Japa, 9.27
Kṛṣṇa vertegenwoordigd door, **10.25**
Jayadharma, *28*
Jayadratha, 1.9, **11.34**
Jaya Tīrtha, *28*
Jezus Christus, 11.55
Jīva
definitie van, *6*, *7*
als onderwerp van *Gītā*, *6*, *8*, *9*
Zie: Levend wezen (levende wezens); Ziel(en)
Jīva-bhūtām, definitie van, *7*
Jīva Gosvāmī, *28*
aangehaald m.b.t. Kṛṣṇa als Superziel, 9.11
Jīvātmā, 8.3
Zie: Ziel(en)
Jñāna
definitie van, 3.41, 5.2, 13.3
Zie: Kennis; Yoga, *jñāna*
Jñāna-kāṇḍa definitie van, 4.33
Jñāna-maya, 13.5
Jñānasindhu, *28*
Jñānī('s), *3*, *24*

K

Kāla
definitie van, *8*
als onderwerp van *Gītā*, *6*, *8*, *9*
Zie: Tijd
Kāli-verering, 3.12
Kali-yuga, 8.17
beheersing van zintuigen door yoga &, 8.12
Bhagavad-gītā
speciaal voor, *26*, *27*
versies in, 4.2
Bhagavad-gītā zoals ze is nodig in, *2-3*
brahmacarya moeilijk in, 8.11
chanten van heilige namen aangeraden in, 2.46, 6.12, 8.13, 9.27
doden van koeien in, 14.16
duur van, 4.1, 8.17
filosofie heersend in, 2.26
godsrealisatie in, door chanten, 8.11
historische positie van, 4.1, 8.17
hoedanigheid hartstocht in, 14.7
horen van veda's moeilijk in, *26-27*
huwelijk in, 16.7
incarnatie van de Heer voor, 4.8
India in, 6.42
Jaipur, koningen van, in, 2.31
kenmerken van, 4.1, 6.33, 8.17
Kṛṣṇa-bewustzijn nodig in, 14.16-17
kṣatriya's in, 2.31
kwaliteit van mensen in, 2.46, 7.15
literatuur in, 10.18
Manu-saṁhitā gevolgd in, 16.7
meditatie in, 9.27
menselijke 'beschaving' in, 14.16
monarchie in, 10.27
offer voor, *saṅkīrtana* als, 3.10, 3.12-14, 16.1-3
onderwijs in, 10.4-5
als materialistisch, 9.2
geen spiritueel, 13.26
ziel veronachtzaamd in, 9.2
onwetendheid (spirituele) in, 7.15, 9.2, 14.16

Kali-yuga (*vervolg*)
Zie: Onwetendheid; Onwetendheid, hoedanigheid van
oorlogsgevaar in, 16.9
poëzie in, 10.35
Rāma's heerschappij nog altijd verlangd in, 1.36
religie in, 7.15
religieuze eenheid voor, *27*
ruimtevaart, pogingen tot, in, 16.16
saṅkīrtana in, 2.46, 3.10, 3.14, 4.8, 6.12, 16.1-3
spiritualiteit minimaal in, *24*
spiritueel onderwijs in, 13.26, 14.16
toegewijden in
aanwijzing van de Heer voor, 18.57
Zie: Toegewijde(n)
valse *yogī's* in, 15.11
vedische rituelen & studies moeilijk in, 2.46
voorspelling van *saṅkīrtana* voor, 4.8
vrede in, kans op, 14.17
vrijgevigheid in, 4.28
Vṛndāvana &, 8.21
vrouwen onbeschermd in, 16.7
wapentuig van, 2.23
wetenschap in
beperkingen van, 7.4
zuiverheid van koe bevestigd door, *12*
wetenschappers in, 11.33
ziel &, 2.17, 2.22
yoga in, 6.11-12, 6.20-23, 6.33
yuga's (andere) &, 4.1
zinsbevrediging in, 17.16
zonnegod in
Vivasvān als, 4.1
Zie: Vivasvān
Kalki, Heer, 8.17
Kalmte, **16.1-3**
Zie: Brahman
Kalpa definitie van, 8.17
Kalpa-sūtra's, 11.48
Kāma. *Zie:* Gehechtheid; Verlangen(s), materiële
Kaṁsa, Koning, 4.8, 9.34, 11.55, 16.20
Kandarpa (Cupido), Kṛṣṇa vertegenwoordigd door, **10.28**-28
Kapila (atheïst), 2.39, 10.26
Kapila, Heer, 4.16, 7.15
aangehaald m.b.t. zielsverhuizing, 8.25
Kṛṣṇa vertegenwoordigd door, **10.26**
& moeder, 2.39, 10.26
sāṅkhya-filosofie van, 2.39
vergeleken met atheïst Kapila, 2.39, 10.26
Kāraṇodaka-śāyī Viṣṇu, 10.20
Karma
als activiteit voor lichaam, **8.3**
akarma &, 4.18, 4.20
definitie van, *6*, *8*, 8.3
voor doden, 14.16
als niet eeuwig, *9*
gebondenheid van, 2.50
geboorte volgens, 2.18, 2.27, 8.3, 13.5, 14.3, 15.8
geluk & leed vanwege, *7-8*
als onderwerp van *Gītā*, *6*, *8*, *9*
van resultaatgerichte activiteiten, 2.47
reacties vanwege, *9*
Zie: Reactie(s) voor zonden
tijd &, *8*

Karma (*vervolg*)
toegewijde ziet genade van Heer in, 12.13-14
verandering van, door kennis, *8*
vikarma &, 4.17, 4.20
Zie: Activiteit(en); Cyclus van geboorte en dood; Materiële leven; Reactie(s) voor zonden; Resultaatgerichte activiteit; Werk
voordelen van, 16.16
vrijheid van, *26*, **2.50-51**, 3.31, 4.14
van vrome activiteiten, 2.8
'vruchten afwerpen' van reacties van, 9.2
wetten van, *19*
Karmische reactie(s). *Zie:* Reactie(s) voor zonden
Kalpa, definitie van,
Karma-kāṇḍa, 2.42-43, 2.46
definitie van, 4.33
Zie: Resultaatgerichte activiteit
Karma-yoga. *Zie:* Yoga, Karma
Karmī('s). *Zie:* Materialist(en)
Karṇa, **1.8**, 2.35, **11.26-27**, 11.26-27, **11.34**, 18.78
familieleden van, 1.8
Kārtikeya, Heer, 2.62
Kṛṣṇa vertegenwoordigd door, **10.24**
ouders van, 10.24
Kāśī, koning van (Kāśirāja), **1.5**, **1.16-18**, 1.16-18
Kastenstelsel, vedisch. *Zie:* *varṇāśrama-dharma*-stelsel
Cāturmāsya, 2.42-43, 4.28
Kaṭha Upaniṣad aangehaald
Zie: *Kaṭha Upaniṣad* geciteerd
m.b.t. Heer als een persoon, *11-12*
m.b.t. ziel, geest, zintuigen, & zinsobjecten, 3.42
Kaṭha Upaniṣad geciteerd
m.b.t. devotionele dienst, 8.14
m.b.t. geest, 6.34
m.b.t. Kṛṣṇa
als Allerhoogste eeuwige, 7.10, 15.17
gekend door overgave, 8.14
als instandhouder van alles, 2.12
als oorzaak van alle oorzaken, 7.6
als veraf en dichtbij ons, 13.16
verslindend, iedereen, 11.32
woning van, 8.21
m.b.t. overgave aan de Heer, 8.14
m.b.t. spirituele wereld, 15.6
m.b.t. Superziel & boom van lichaam, 2.20
m.b.t. ziel, 2.20, 2.29, 13.13
Zie: *Kaṭha Upaniṣad* aangehaald
Kauṣītakī Upaniṣad geciteerd
m.b.t. het vervullen van verlangens door de Heer, 5.15
Kavi's
beste van, 10.37
Kṛṣṇa als, 8.9
Kenner, de, als een factor van activiteit, **18.18**
Kenner van het veld, de,
levend wezen als, 13.1-3, 13.5
& veld van activiteiten, **13.27**, 14.3
Zie: Ziel(en); Superziel
Kennis
van dier, 18.22
betekenis van, 10.4-5, 13.19
doel van, Heer als, **9.17**-17, **13.18**

Kennis (*vervolg*)
einde van, Kṛṣṇa als, **11.38**-38
als factor van activiteit, **18.18**
fenomenale (materiële) & spirituele, **7.2**
gebrek aan. *Zie:* Onwetendheid; Illusie
goedheid, in de hoedanigheid, **14.11**, **14.17**, **18.20**-20
in de hoedanigheid goedheid, **14.11**, **14.17**, **18.20**-20
in de hoedanigheid hartstocht, **18.21**-21
in de hoedanigheid onwetendheid, **18.22**-22
Kṛṣṇa
als, **11.38**-38
Schepper van, **10.4-5**
Kṛṣṇa's, 2.20, 6.39, **7.26**-26, **11.38**-38
vergeleken met die van levend wezen, **5.15**-15, 5.16
over levende wezens, alle, Heer heeft, **7.26**-26
van levend wezen vergeleken met die van de Heer, **5.15**-15, 5.16
van lichaam & niets anders, **18.22**-22
materiële, 10.4-5
vergeleken met spirituele, 9.2, 10.4-5
van materiële wereld & haar oorsprong, 15.3-4
object van, als factor van activiteit, **18.18**
onvoldoende zonder Kṛṣṇa, 2.8
onwetendheid, in de hoedanigheid, **18.22**-22
spirituele. *Zie:* Kennis, spirituele
van verleden, heden, & toekomst, 6.39, **7.26**-26, 8.9, 11.7, 18.61
volmaaktheid van, 13.8-12, 16.23
van universum, 11.7
van gebruik van geweld, 2.21
vedische. *Zie:* Kennis, vedische
Kennis, spirituele
over de Absolute Waarheid, *5-6*, **5.20**, 11.52
academische, vergeleken met gerealiseerde, 6.8
activiteit in, 5.1
over activiteit & inactiviteit, **4.16-21**, **4.33**, **4.41**
over activiteit, juiste & onjuiste, **18.30**, **18.31**
van Arjuna over universum, verleden, heden, & toekomst, 11.7
autoriteit voor
kwalificaties voor, 2.7, 2.8, 2.12, 2.13, 13.5
Zie: Spiritueel leraar (leraren)
als begrip van lichaam & zijn kenner, **13.3**
beheersing van zintuigen nodig voor, 2.6
belang van, 2.11, 2.13
beste van, Kṛṣṇa offers aan Arjuna, **14.1**-1
over bestuurder van universum, *6-7*
betekenis van, 10.4-5, 13.19, 14.2
over bevrijdende & bindende activiteit in de hoedanigheid goedheid, **18.30**
over bevrijding, 2.2
proces van, **13.35**-35

Kennis, spirituele (*vervolg*)
bevrijding niet gegarandeerd door, 3.33
van *Bhagavad-gītā*, 2.12
Zie: Bhagavad-gītā; Bhagavad-gītā zoals ze is
als brahmaanse kwaliteit, **18.42**
Brahman als, 13.18
over Brahman, 10.4-5, 18.64
van *brāhmaṇa*, 10.4-5
bron(nen) van, **7.1-1**
analytische studie als, 2.16
autoriteit als, *2-3*, 1.43, 2.7, 2.8, 2.12, 2.13, 2.25, 4.16-17, 7.15, 9.34, 10.3, 13.5, 18.62
beheersing van zintuigen als, **4.39**
Bhagavad-gītā als, 2.20, 2.29, 2.50, 3.2, 3.41, 4.42, 8.28, 10.2, 10.3, 11.48, 11.55, 13.1-2, 15.10, 18.67, 18.71, 18.73
devotionele dienst als, 2.39, 4.38, 6.8, 7.1, 8.14, 9.2, 9.4, 10.1-2, **10.10**-10, 10.15, 10.17, 15.11, 15.20, 18.67
devotionele dienst alleen als, 7.3, 7.24-25, 9.2, 9.4, 11.52-53, **11.54**-54, 15.11, **18.55**-55, 18.67
drie niet-tegenstrijdige, 10.3
geloof als, 4.40, 6.47
genade van Kṛṣṇa als, 7.24, 11.4, 11.52
heilige teksten als, 2.45, 7.15, 8.9, 10.3, 10.7, 10.32, 13.5, **15.15**-15, **15.18**-18
herhaling als, 12.18-19
hoedanigheid goedheid als, **14.6**-6, **14.17**
horen als, 4.4, **7.1**, 9.1, 10.2, 11.52, 15.3-4, **18.74-76**
intelligentie als, 7.10
Kṛṣṇa als, *13*, 2.20, 2.39, 2.45, 3.2, 3.41, 4.4, **7.26**, **9.1**-1, 10.2, **10.4-5**, 10.4-5, 10.8, 11.4, 11.7, 11.52, **15.15**-15, **18.63-64**, **18.74-76**
Kṛṣṇa-bewustzijn als, **7.1**-1, 7.3, 7.24, 15.11
liefde voor Kṛṣṇa als, 9.4
offer als, **4.33**
opeenvolging van discipelen als, *12-13*, 4.16, 7.2, 18.75
overgave aan de Heer als, **5.16-17**, 10.2, 11.4, 11.52
realisatie als, **6.8**-8
religie als, 2.14
research als, *12*
Sāṅkhya als, 13.25
sannyāsī's als, 16.1-3
spiritueel leraar als, 2.7, **4.34**-34, 4.35, 5.16, 10.3, 10.8, 11.34, 11.54, 13.24, 13.35, 16.1-3, 18.75
Śrīmad-Bhāgavatam als, 10.2, 10.3, 10.9
Superziel als, **10.10**-10, **13.18**, **15.15**-15
toegewijden als, **4.34**-34, 7.30, 9.1, 13.24, 13.28, 15.3-4, 15.10, 17.26-27, 18.55
vrijheid van gehechtheid, angst, & woede als, **4.10**-10
Vyāsadeva als, 10.37
zelfgerealiseerde ziel als, **4.34-35**

Kennis, spirituele (*vervolg*)
zelfrealisatie als, **15.11**-11
complete, definitie van, 7.2
complete & perfecte, Kṛṣṇa bron van, 7.1-2
culmineert in overgave, 18.66
cultivering van, **12.12**-12, **16.1-3**, 16.1-3
definitie van, 2.11
devotionele dienst in, **7.17-19**, **15.20**-20
over devotionele dienst, **10.10-11**
doel van, 4.33
devotionele dienst aan Kṛṣṇa als, 13.8-12
als doel van offer, **4.33**-33
van doel van het leven, *5-6*
als eeuwig, **9.2**-2
experimentele, 3.3
van fundamentele waarheden, vijf, *Gītā* geeft uiteenzetting van, *6*
gebrek aan. *Zie:* Illusie; Onwetendheid
met gebrek aan geloof, 4.40
als geheim, **9.2-2**
als genade van de Heer aan Zijn toegewijden, **10.10-11**
gerealiseerde, vergeleken met academische, **6.8**-8
over geweld, 2.21
God gerealiseerd volgens, 7.17
over God's grootheid, 10.7
over God, wetenschap van, **5.20**
Zie: Kṛṣṇa-bewustzijn
goedheid, in de hoedanigheid, **18.20**-20, 18.22
Heer als, **13.18**
Heer vat samen, voor Arjuna, **18.2-66**
over Heer. *Zie:* Kennis, spirituele, over Kṛṣṇa
in de hoedanigheden goedheid, hartstocht, & onwetendheid, **18.20-22**
door hoedanigheid goedheid, **14.11**, **14.17**
van de hoedanigheid goedheid, **14.11**, **14.17**
hoogste, **7.17**, **18.64-66**
in de hoedanigheid goedheid, **18.20**-20, 18.22
houding nodig voor krijgen van, **4.34**-34
iedereen kan zich toeleggen op, *25-26*
jñāna &, 3.41
over karma, wet van, 4.14
koning van, *Gītā's* negende hoofdstuk als, 9.2
als koning van onderwijs, **9.2**-2
over Kṛṣṇa, **5.29**-29
als alles, 18.78
activiteit in, **4.14-15**
asaṁśayaṁ samagram-stadium van, 7.1
belang van, **10.7**-7
door bevrijde zielen, **4.15**-15
bevrijding door, **4.9**-9, 6.15, 7.7
bevrijding van reacties voor zonden door, **10.3**-3
als bron van alles, 10.8
door devotionele dienst, alleen, 9.2
devotionele dienst geïnspireerd door, **10.7**-7, **10.8**, 10.42, **15.19**-19

Kennis, spirituele (*vervolg*)
als doel van veda's, 2.46, 17.28
eigendom van, 6.10
expansies van, 4.13
na vele geboorten, **7.19**, 12.3-4
niet geopenbaard aan iedereen, 18.55
van geschriften, 10.7
graden van, 7.1
grootheid van, **10.7**-7
halfgoden & wijzen hebben weinig, **10.2**-2
van Heer als Superziel, **13.18**
alleen Heer Zelf heeft, **10.15**-15
Heer Zelf moet onthullen, 11.4
als hoogste kennis, 4.13, 7.16
impersonalisten kunnen niet hebben, 7.3, 10.19
van *Kaṭha Upaniṣad*, 8.14
als kennis van alles, **15.19**-19
als kennis van veda's, 11.54
Kṛṣṇa geeft meer van, aan Arjuna, **10.1**-1
Kṛṣṇa's vermogen bedekt, **7.25**-25
kwalificaties voor verkrijgen van, *5*, 10.2-3, **18.67**
levende wezens beperkt in begrip, **10.19**-19
niet op materiële manier te bereiken, 11.4, **11.53**
moeilijk te krijgen, *5*
op moment van de dood, **7.30**
als nectar, **10.18**-18
niemand heeft, **7.26**
niet-toegewijden kunnen niet geven, 4.4
overgave aan de Heer geïnspireerd door, **10.7**-7, 12.3-4
onvoorstelbaar, **8.9**-9
regulerende principes die gevolgd moeten worden voor, 11.54
door *sāṅkhya*-filosofie, 13.25
speculatief, als ontoereikend, 7.24
speculatie geeft geen, 8.9, 10.11, 11.4
stadia van, 10.15
suprematie van, **4.9**-9, 5.25, **5.29**-29, **10.7**-8, 10.42
terug naar God door, **4.9**-9
na terug naar God, 15.7
in toenemende realisatie van Zijn aspecten, 10.15
vedische literatuur ontoereikend voor, 7.24
volheden & mystieke vermogens van, **10.7**-7
vrede door, 15.17
volmaaktheid door, **15.20**-20
weggehouden van onintelligente personen, **7.24-26**
yoga-māyā bedekt, 7.25, 10.17
zeldzaamheid van, **7.3**-3, 7.25-**26**, 7.26, **10.2**-2, **10.14-15**, 11.52
van Zichzelf, 4.4
& zuivere devotionele dienst, **7.17-19**
zuiverheid nodig voor, **6.8**-8
zuivering door, **4.10**
van Kṛṣṇa, 2.20, 6.39, **7.26**-26
over alle levende wezens, **7.26**-26
vergeleken met kennis van levend wezen kennis, 5.15, 5.16

Kennis, spirituele (*vervolg*)
- Kṛṣṇa benaderd voor, **7.16**-16
- Kṛṣṇa is alle, **11.38**-38
- Kṛṣṇa heeft alle, **11.38**-38
- over Kṛṣṇa's
  - eigenaarschap, 5.2, 5.10-11, **5.29**-29, 6.10
  - gedaante & activiteiten, 11.43
  - goddelijkheid, **15.19**-19
  - grootheid, 10.19
  - verschijnen & activiteiten, **4.9**-9, 11.43
  - volheden & mystieke vermogens, **10.7**-7
- door Kṛṣṇa-bewustzijn, 5.16-**18**, **7.1**-1
- over Kṛṣṇa-bewustzijn, activiteit in, **4.16-21**, **4.33**, **4.37**, **4.41**
- Kṛṣṇa-bewustzijn &, 6.2
- kwalificaties voor ontvangen van, 2.12
- over leed, 15.10
- over levende wezens, **7.26**-26
  - & lichaam, 13.4
  - positie van dienaarschap van, 18.73
  - relatie van, met de Heer, 4.17, **4.35**-35, **13.3**-3
  - als verschillend van Heer, 13.3-4
- van levend wezen vergeleken met kennis van de Heer, **5.15**-15, 5.16
- over lichaam, Heer, & levende wezens samengevat, **13.19**-19
- over lichaam, ziel, Superziel, & bevrijding, **13.35**-35
- lust vernietigd, **3.41**
- materialisten hebben gebrek aan, 2.2
- over materiële wereld & haar oorsprong, 15.3-4
- over natuur, ziel & Superziel, **13.24**-24
  - Kṛṣṇa heeft, 8.9
- noodzaak van, 2.29
- offer door cultivering van, **9.15**
- offer met, **4.33**-33
- over offer, **4.30-33**
- onderverdelingen van, twee, 4.42
- over onpersoonlijk spirituele natuur & hoedanigheid goedheid, **18.20**-20
- onthechting in, 5.1, 5.2, 5.3, 6.10
  - bevrijding door, **5.3**
- onthechting nodig voor, 2.20
- over oorzaken van activiteit, 18.17
- over oorzaak van val, 13.20
- overgave door, 15.5, 18.73, **7.19**-19
  - perfect, **5.16-18**
  - kenmerken van, **4.19-23**
- over relatie van levende wezens met Kṛṣṇa, **4.35**-35
- van transcendentalist, 2.57
- als perfectie van religie, **9.2**-2
- personen gekwalificeerd voor, **13.25**-25
- door persoon met kennis, 1.43
- als plezierig, **9.2**-2
- poorten van lichaam &, **14.11**
- over *prakṛti, puruṣa, & īśvara*, 13.3
- *pratyakṣa*, 9.2
- prediken van. *Zie:* Prediken van Kṛṣṇa-bewustzijn
- proces van
  - begin van, nederigheid aan het, **13.8-12**, 13.8-12
  - culminatie van, 13.8-12

Kennis, spirituele (*vervolg*)
  - als transcendentaal, 13.8-12
  - twintig onderdelen in, **13.8-12**, 13.8-12
  - als voorbijgaand aan materiele elementen, 13.8-12
- realisatie &, **6.8**-8
- over religieuze principes, 4.16
- Sāṅkhya &, 2.39
- soorten van, 18.66
- van spiritueel leraar, bonafide, 5.16
- door spiritueel leraar als directe ervaring, 18.75
- over spirituele natuur & hoedanigheid goedheid, **18.20**-20
- over spirituele volmaaktheid, samenvatting van, **18.50-66**
- als subliem & zuiver, **4.38**
- over Superziel, 5.18, **13.28-29**, 15.18
- van Superziel over verleden, heden, & toekomst, 18.61
- over suprematie van de Heer, **7.19**-19
- tegenwoordig veronachtzaamd, 14.16
- theoretische, 16.23
- voor tijd & omstandigheid, 4.7
- toegewijden
  - begrijpen, alleen, **13.19**-19
  - proberen te geven, 15.10
- over toekomst, 6.39
- voor toekomstige beschaving, Kṛṣṇa regelt, *6*
- transcendentaal, **4.23**, 14.2
  - waarde van, **4.36-39**
- van transcendentalisten, **15.11**-11
- over universum, 11.7
- vastberadenheid in Kṛṣṇa-bewustzijn &, 2.41
- over veda's, **8.11**
  - *Zie:* Kennis, vedische
- over veld van activiteit & kenner van activiteiten, **13.5**-5, **13.19**-19, **13.27**, 14.3
- vergeleken
  - met boot, **4.36**-36
  - met lamp, **10.11**
  - met materiële kennis, 9.2, 10.4-5
  - met vuur, **4.19**, **4.37**
  - met wapen, **4.42**
  - met zonlicht, **5.16**-16
- verloren door zondig verlangens, 3.6
- verspreiding van. *Zie:* Devotionele dienst, van prediken
- vertrouwelijke, **9.1-2**
  - diskwalificaties voor horen, **18.67**
  - graden van, 18.64, 18.78
  - Kṛṣṇa prijst, **9.1-2**
  - van Kṛṣṇa Zelf, **18.75**-75
  - van zelf & Allerhoogste Zelf, 3.41
- vertrouwelijkst, **15.20**-20, **18.64-66**, 18.66
  - van leed, **9.1**-1
  - van strijd, 2.45
  - voor verlichting
- *vijñāna*, 13.19
- over Viṣṇu's, 7.4
- volledige, kenmerken van, **4.19-23**
- volmaaktheid van
  - als kennis van & dienst aan de Heer, 13.8-12
  - Kṛṣṇa-bewustzijn als, 16.23
- voordeel/voordelen van, 2.51, 8.28, 11.55,15.10

Kennis, spirituele (*vervolg*)
  - Allerhoogste doel bereikt als, **13.35**-35
  - bevrijding als, **4.9**-9, 4.14, 4.17, **4.36-39**, 6.15, 7.4, 7.7, **13.24**-24, **13.35**-35, **14.2**-2
  - bevrijding van reacties voor zonden als, **4.19**, **10.3**-3
  - in detail, **9.1**-2
  - geluk als, **9.2**-2, **10.18**-18
  - godsrealisatie als, 7.17, **13.25**-25
  - herstel van relatie met de Heer als, 2.16
  - illusie weggenomen als, 2.13, **4.35**-35, **5.16-17**
  - *karma* veranderd als, *8*
  - onthechting als, 15.1, 15.3-4
  - reacties voor zonden weggenomen als, **4.19**, **4.37**, **10.3**-3
  - terug naar God als, **4.9**-9, 11.43, **13.35**-35, 15.15
  - tevredenheid van geest als, 17.16
  - transcendentie als, **2.52-54**
  - verlichting als, 2.20
  - verlichting van leed als, 2.45, **4.36**-36, **9.1**-1
  - verlichting van treurnis als, 2.11
  - volmaaktheid als, **14.1**-1, **15.20**-20
  - vrede als, 4.38-**39**, **5.29**, 15.17
  - zelfrealisatie als, 2.1, 6.37, 7.17, **9.2**-2
  - zuivering als, **4.10**
- 'vuur' van, karmische reacties &, **4.19**
- over wat wel & wat niet gedaan moet worden, **18.30**, **18.31**
- weggeroofd door illusie, **7.15**-15
- werkelijke, als gelijk zien kenmerk van, **5.18**-18, 7.15
- over wet van karma, 4.14
- over wezenlijke positie
  - van iemands zelf, 2.51
  - van levende wezens, 18.73
- als wezenlijke positie van levend wezen, **5.15**-15
- zeldzaamheid van, **2.29**-29
- van zelf
  - enkelen verlangen, *6*
  - gerealiseerde, **5.16-17**
  - over ziel & zielsverhuizing, **15.11**-11
- over ziel, 2.25, 2.29
  - activiteiten van, 9.2
  - & bewustzijn, **13.34**-34
  - door *Bhagavad-gītā*, 2.1
  - kenmerken van, 2.20
  - van Kṛṣṇa, 2.1
  - & lichaam, 3.41, 9.15
  - noodzaak van, 3.42, 9.1-2
  - & Superziel, 2.29
  - als verschillend van lichaam, 9.1-2
  - & zielsverhuizing, 15.10-11
- over zielsverhuizing, **15.10**-10
- over zinsbevrediging, 18.36
- over zuivere toegewijden, 9.28
- zuivere toegewijden kunnen alleen begrijpen, 13.19
- als zuiverste kennis, **9.2**-2
- *Zie:* Godsrealisatie; Kennis, vedische; Onderwijs; Onwetendheid; Sāṅkhya; Veda's

Kennis, vedische, *2-3*, *12-14*, 2.45, 15.1

Kennis, spirituele (*vervolg*)
Bhagavad-gītā essentie van, *2, 12-14*
culmineert in devotionele dienst, 15.19
devotionele dienst ontstegen aan, 9.2
geest tevreden door, 17.16
geleerden van, 9.20
Kṛṣṇa als bron van, 10.8
Kṛṣṇa geeft uit genade, 15.15
Kṛṣṇa kennen als, 11.54
oorsprong & opeenvolging van, *12-13*
research, geen kwestie van, *12*
Vyāsadeva legde uit, 10.37
Keśava, 8.22
Keśī demon & Kṛṣṇa, **18.1**-1
Keśī-niṣūdana, reden dat Kṛṣṇa bekendstaat als, **18.1**-1
Khaṭvāṅga Mahārāja, 2.72
Kinderen, 2.20, 3.38, 7.11, 7.15, 16.1-3
ongeboren, 3.38, 7.15
onwenselijke (*varṇa-saṅkara*), **1.40-41**, **3.24**
plicht tegenover, 7.11, 7.15
Kīrtana in Kṛṣṇa-bewustzijn. *Zie:* Chanten in Kṛṣṇa-bewustzijn
Koe(ien)
belang van, 14.16
bescherming van, 14.16, **18.44**
doden van, als verboden & strafbaar, 14.16
Zie: Slachten van dieren
Kṛṣṇa &, 1.15, 14.16
in Kṛṣṇaloka, 10.28
Kṛṣṇa vertegenwoordigd onder, **10.28**-28
surabhi, 8.21
als zuiver, *12*
Koeherdersjongens, *17*, 11.8
Koning(en). *Zie: Kṣatriya('s)*; Regering(en); *specifieke koningen*
Koning, Kṛṣṇa vertegenwoordigd door de, **10.27**-27
Koninkrijk van de Pāṇḍava's, 1.16-18, **1.31-35**
Koninkrijk van God. *Zie:* Spirituele wereld
Kosmische gedaante van de Heer, 9.11
als *adhidaiva*, **8.4**
als angstwekkend, **11.21-31**, 11.36, 11.54
Arjuna
bidt tot, **11.35-46**
blij te zien, **11.35-36**, **11.45**
brengt zijn eerberuigingen aan, **11.35-44**
getoond aan, 11.1, 11.3, **11.5-32**, **11.45-49**
getoond aan, lot van het leger van de Kuru's, **11.26-28**, 11.49
kan Kṛṣṇa niet vergeten ondanks, 11.41-42
redenen, voor verlangen te zien, 11.1-3, 11.8
verstoord toen hij zag, **11.14**, **11.24-25**, **11.35**, **11.45**-45, **11.49**
verward door, **11.25**
vraagt genade van, **11.25**, **11.31**
vraagt om te zien, 11.1, **11.3-4**
vreesde, 11.48
was enige die kon zien, 11.13
was niet bevreesd voor, 11.14
als beginloos, **11.16**, **11.19**
voor beginneling, 8.4
Kosmische gedaante van de Heer (*vervolg*)
als bewijs van Kṛṣṇa's goddelijkheid, 11.1-3, 11.8, 11.54
demonen vrezen, **11.36**
doden door, **11.26-28**, **11.32**
doel van Kṛṣṇa's tonen van, 11.49, 11.54
Duryodhana &, 11.47
gebeden tot, door Arjuna, **11.35-46**
gezien
op andere planeten, **11.20**, **11.23**, 11.36, 11.47
alleen met devotie, 11.52
alleen door openbaring door Kṛṣṇa, 11.5, **11.8-9**
nooit tevoren in de gedaante die aan Arjuna werd getoond, **11.47-48**
als 'volledig aanwezig, op één plaats', **11.7**, 11.11, 11.15
door Vyāsadeva & Sañjaya, 18.77
alleen door zuivere toegewijden, 11.48
halfgoden vrezen, **11.21**
interesse van toegewijden in, 11.8,11.48, 11.49, 11.54
inwoners van planeten verstoord door, **11.20**, **11.23**
kenmerken van, **11.5-7**, **11.11-13**, **11.15-32**
Kṛṣṇa
als, 9.19
bereidt Arjuna voor om te zien, **11.5-7**
toont Arjuna, 11.1, **11.5-32**, **11.45-49**
Kṛṣṇa's oorspronkelijke gedaante vervangt, voor Arjuna, 11.1, **11.50-51**
Kṛṣṇa's suprematie geopenbaard door, **11.5-47**
lot van het leger van Kuru's gezien in, **11.26-28**
materialisten beschouwen, als Allerhoogste, 4.10
als materieel & tijdelijk, 11.45
missie van, **11.31-32**
moeilijk te zien, **11.17**, **11.45**, **11.48**
monden van, **11.16**, **11.19**, **11.24-30**
ogen om te zien, Kṛṣṇa kan geven, **11.8**-8
als onbeperkt, **11.4-13**, **11.16-25**, **11.28-30**
planeten gesteund door, 15.13
Sañjaya
herinnert zich, **18.77-78**
probeerde te beschrijven, 11.12
schittering van, **11.11-12**, **11.17-19**, 11.21, **11.30**, **11.47**
als tijdelijk, 11.5, 11.46, 11.54, 11.55
als transcendentaal, 11.5
uitkomst van de Slag op Kurukṣetra getoond in, **11.26-28**
verering van, 9.15
vergeleken
met Kṛṣṇa's oorspronkelijke gedaante, 11.54
met materiële natuur, 11.5
verslindt iedereen, **11.26-28**, **11.32**
vertegenwoordigingen van delen van, 8.4
visie van, alleen Kṛṣṇa geeft, 11.4, **11.8**-8
Kosmische gedaante van de Heer (*vervolg*)
volmaakte wezens vereren, **11.36**
als vurig, **11.17**, **11.19**, **11.24-25**, **11.28-30**
zuivere toegewijden &, 11.54
Kosmische tijdperken. *Zie:* Dvāpara-yuga; Kali-yuga; Satya-yuga; Tretā-yuga; *Yuga('s)*
Kracht
buitengewone, waar Kṛṣṇa & Arjuna aanwezig zijn, **18.78**
demonen trots op, **16.18**
als eigenschap van *kṣatriya*, **18.43**
Kṛṣṇa vertegenwoordigd door, **10.36**
onthechting van, **18.51-53**
voedsel voor, **17.8**
Krishna. *Zie:* Kṛṣṇa, Heer
Kṛpācārya, **1.8**, 1.26
Kṛpaṇa definitie van de, 2.7
Kṛṣṇa geciteerd. *Zie: relevante verzen in de Bhagavad-gītā*
Kṛṣṇa, Heer
als aantrekkelijk voor iedereen, 11.50
aanwijzing(en) van, 10.3
afwegen van, **18.63**-63
Arjuna aanvaardt, **18.73**-73
noodzaak van navolgen van, **18.59-60**
door spiritueel leraar, 10.3, 18.63
veronachtzaming van, **18.59-60**
vertrouwelijkst, 18.78
Zie: specifieke instructies
aard van. *Zie: specifieke kenmerken van Kṛṣṇa*
als absolute, 4.5, 4.35, 12.5
als Absolute Waarheid, 2.2, 6.38, 7.4, **7.7**-7, 10.3, **10.12-13**, 11.54, 18.78
als *acintya*, **8.9**-9
activiteit voor, **3.22-24**
activiteiten van. *Zie:* Kṛṣṇa, activiteiten van vermaak van
activiteiten van vermaak van, *17*, 7.25, 9.11
goed voor iedereen, 11.36
grootheid vertoond door, 9.11, 10.36
horen van, als nectar, **10.18**-18
als kind, 9.11
activiteiten van vermaak op de aarde van.
Zie: Kṛṣṇa, activiteiten van vermaak van
als Acyuta, 8.3
als *adhiyajña*, **8.4**
als *advaita*, 4.5
als afstammeling van Vṛṣṇi, **3.36**
als alaantrekkelijk, 18.66
als algenadig, 15.15
als algoed, **11.36**-36, 15.15
als Allerhoogste
autoriteit, 3.22, 4.4, 7.1, 8.1
bedrieger, 10.36
bestuurder, 7.5, 7.21, **7.30**, **8.9**-9, 9.4, 9.5-**10**, 11.33, 13.3, 13.27, 16.8
Brahman, *4-5*
bron, 6.29, 6.30, **7.6-12**, **10.8**-8, 10.20
eeuwig, 7.10
eigenaar, 2.66, 2.71, 5.2, 5.10, **5.29**-29, **10.3**-3, 11.55
genieter, 2.63, 8.8, **9.24**

Kṛṣṇa, Heer (*vervolg*)
genieter, eigenaar, & vriend, 2.66
hoogste en voornaamste doel, **11.18**
individueel persoon, **2.12**-12
instandhouder, **15.17**-17
leraar, 2.32
meester, 1.22, 7.20
mysticus, **10.17-18**, **11.4**, **11.8**, **11.9**
oorzaak, 2.2, 4.35, 7.2-3, **7.6-11**, **7.19**-19, **9.4-10**, **10.8**-8, 10.20, 11.54
Schepper, **9.7-8**
spiritueel leraar, **11.43**, 11.54
toevlucht, **11.37**, **11.38**-38
vader, 3.24, 6.29
verblijfplaats, 18.62
vererenswaardig persoon, 10.42
vernietiger, **11.32**
voorvader, **10.6**-6
vriend, 2.66
als Allerhoogste Absolute Waarheid, 18.78
als Allerhoogste Heer, 4.3, **4.35**-35, 5.17, 6.30, 6.47, 7.15, **7.24**-24, **7.30**-30, **9.11**-11, **9.15**, 10.2, **10.3**-3, 11.8, **11.18**, **11.31**, 11.43, **11.44**, **15.18-19**
aanvaard door alle toegewijden, 4.4
aanvaarding van, 2.29
afgunstigheid vanwege, 18.67
Arjuna aanvaart, 4.3, **10.12-15**, 11.54
Arjuna wil vaststellen, 11.1, 11.3
autoriteiten bevestigen, **10.12-13**, 10.12-13
bewijs voor, 2.2
Bhagavad-gītā legt uit, 4.42
kennis over, **4.9-10**
kind-zijn bewijs van, 9.11
Parāśara Muni aanvaart, 10.1
als Superziel, **10.11**-11, **10.20**-20, 10.42, 13.3, 14.27, 18.61
Zie: Allerhoogste Heer
als Allerhoogste Persoonlijkheid Gods, *2*, *11*, **9.13**, 9.14, **10.12-17**, 11.8, **11.18**, **11.38**-38, **11.43**, 11.46, 11.54, 18.78
alles bevindt zich in, **8.22**-22
als alles & onafhankelijk, **7.12**-12
alles in verband met, **7.19**-19
als almachtig, 10.39, **11.40**, 13.14, 18.73
als alomtegenwoordig, **6.29**, **6.30**, **9.4-6**, 9.11, 11.2, **11.38**-38, **11.40**, 18.46
hoewel in hart van iedereen, 15.15
hoewel losstaand van, 11.3
als Superziel, **10.42**-42
hoewel in Zijn woning, **8.22**-22, 9.11
alomtegenwoordige volheden van, **10.16-17**
als alwetend, 4.15, 6.39, **8.9**, **11.38**-38
als *ananta*, 11.37
Arjuna &. *Zie:* Arjuna, Kṛṣṇa & ...
als *asamaurdhva*, 10.42
als ascese van asceten, **7.9**
als auteur & kenner van veda's, 2.46, 4.7
als auteur van *Vedānta-sūtra*, 18.1
als autoriteit over devotionele dienst, 7.1

Kṛṣṇa, Heer (*vervolg*)
als autoriteit, hoogste van Allerhoogste, 4.4, 8.1
als avontuur, **10.36**
in baarmoeder, 11.52
in banyanboom-analogie, 15.3-4
als basis van alles, **9.4-8**, **9.18**-18
Zie: Kṛṣṇa, als oorzaak van ...
bedekt door *yoga-māyā*, 11.52
als bedrieger, Allerhoogste, 10.36
Beeldgedaante van, 11.55
Zie: Beeldgedaante(n) van Allerhoogste Heer
als beginloos, 4.5, **4.6**-6, **10.3**-3, **11.16**, **11.19**
als begin, midden, & eind van alle wezens, **10.20**-20
als belangrijkste begunstigde van offer, 3.11
bekendheid als, 1.15
bekritiseerd wanneer verschijnend als mens, *18*
als bekwaamheid in de mens, **7.8**
benodigdheden van het leven gegeven door, 9.29
bereiken van
door devotionele dienst, **7.18**-18, **8.5**-8, **8.14-15**, **8.22**-22, 9.26, **9.34**-34, **12.8-9**, **18.65-66**
door zich Kṛṣṇa te herinneren, **8.5-8**
Kṛṣṇa's belofte van, **12.8**, **18.65-66**
door onpersoonlijk proces, voorwaarden voor, **12.3-4**
door toegewijden, **13.19**-19
Zie: Bevrijding; God, terug naar
bescherming door, 9.18, 18.66
voor Zijn toegewijden, **9.22**, **9.31**, 9.34, 18.58, **18.66**-66
bespotting van, 6.47, 7.15, 7.24, 9.1, **9.11**-11, 9.12, 11.48, 11.51, 11.52, 16.18
Zie: Overtreding(en), tegenover Kṛṣṇa
als besturend beginsel, **7.30**
als bestuurder
van alles, 7.5, 7.21, **8.9**-9, 9.5-11, 11.33, 11.43, 13.3, 13.27
door Zijn energieën, **9.5-10**, 9.11
van geest, 1.24
van levende wezens, 13.3, **16.19-20**, **18.61**-61
van materiële wereld & natuur, *6*, 3.27, **9.5-10**, 9.11, 13.27
van *māyā*, 7.14
van planeten, 4.1, 9.6
als Superziel, 8.9
vergeleken met ondergeschikte bestuurders, 9.11
van zielsverhuizing, **16.19-20**
van zintuigen van levende wezens, 1.15, 1.24, 13.3
als bevrijder van Zijn toegewijde, **12.6-7**, 12.6-7, 18.46
bewustzijn over. *Zie:* Kṛṣṇa-bewustzijn; *Bhagavad-gītā* gesproken door, *2*, *3*, *9*, *26*, 1.1, 2.1, 2.20, 4.1, 4.42, 10.14, 10.15
als leer van, **2.29**
als Bhagavān, *2*, 10.1
naam van, definitie van, 2.2, 10.1

Kṛṣṇa, Heer (*vervolg*)
Bhīṣmadeva &, 7.25
als Bhūta-bhāvana, **10.15**-15
als Bhūteśa, **10.15**-15
blik van, schepping door, 9.10
als boter voor offer, **9.16**
als boven alles, 2.2
als bovenmenselijk, 4.4
als Brahmā, **11.39**
brahmajyoti bedekt gedaante van, 7.25
Brahman &, *11*, 7.10, **13.13**, **14.27**-27
als bron. *Zie:* Kṛṣṇa, als oorsprong
als de onuitputtelijke bron of reservoir van alle vreugde, *17*
demonen verslagen door, 1.15, **4.8**-8, 8.17, 16.20
als Devadeva, **10.15**-15
Devakī &, 4.8
als Devakī-nandana, 1.15
devotionele dienst aan. *Zie:* Devotionele dienst
devotionele dienst bedoeld voor, **9.34**-34
devotionele gedaante van, 3.10
Zie: Beeldgedaante(n) van Allerhoogste Heer
als dienaar van Arjuna, **1.21-22**, 1.21-22
dienst aan. *Zie:* Devotionele dienst
discipel van, Vivasvān als, 4.15
doden door, 11.55
van demonen, **2.4**, **4.8**-8, **8.2**-2, 8.17, 16.20
als kosmische gedaante, **11.26-30**, **11.32**
als doder van de Madhu demon (Madhusūdana), **2.4**, **8.2**
reden voor bekendheid als, 1.15, **2.1**-1, 8.2
als doel, 3.26, **7.18**, **9.18**-18, 10.10, **11.18**, 17.28
van kennis, **9.17**-17, 13.8-12
van veda's, 2.46, 2.52, 3.26, **9.17**-17, 9.20, 15.1, 17.28
van vedische rituelen & offers, 3.26
als dood, **9.19**, **10.34**
dualiteit &, 5.17
& Duryodhana, 11.47
eenheid met, 5.3
van zuivere toegewijde, 18.54
als een met, maar verschillend van, alles, 18.78
eerbetuigingen aan, **9.34**-34
door Arjuna, **11.39-40**
als eeuwig, 4.4, **7.25**-25, **10.12-13**, **11.19**
Allerhoogste, 15.17
transcendentaal & oorspronkelijke persoon, **10.12-13**, 10.12-13
als eeuwig gelukkig, *17*
als eigenaar, 2.66, 2.71, 5.2, 5.10, **5.29**-29, **10.3**-3, 11.55
kennis over, 5.10-12
van tempel, 11.55
van de zintuigen, 6.26
van alles. *Zie:* Kṛṣṇa, als eigenaar
eigenschappen van, 4.5
drie, 6.15
herinneren van, **8.9**-9
Zie: Kṛṣṇa, volheden van
energieën van. *Zie:* Energie, van de Heer als energie van planeten, **15.13**
als essentie van alles, **15.12-14**

Kṛṣṇa, Heer (*vervolg*)
- eten door, 9.26
- expansie(s) van
  - als Heer Balarāma, 10.37
  - devotionele dienst aan, 8.14, 14.26
  - eerste, 10.37
  - Zijn gedaanten buiten Vṛndāvana als, 10.37
  - incarnaties als, 4.35
  - als jeugdig, 11.46
  - Kṛṣṇa als oorsprong van, 11.46
  - levende wezens als, 4.35, 15.7
  - als Mahā-Viṣṇu, 11.54
  - als Nārāyaṇa, 10.8, 11.45, 14.26
  - oorspronkelijke identiteit blijft ondanks, 4.35
  - primair & secondair, 15.7
  - *puruṣa*, 7.4
  - voor schepping, 7.4, 9.8, 10.20
  - in spirituele hemel, 11.45
  - Superziel als, **6.31**-31, 7.4, 7.15, 10.42, 13.3
  - als transcendentaal & volledig in alle volheden, 14.26
  - typen van, 10.37
  - in Vaikuṇṭha planeten, 8.22, 15.7
    - vergeleken met vruchten, bloemen, & bladeren, 8.22
  - in Viṣṇu-gedaanten, 10.20, **11.46**-46
  - *viṣṇu-tattva*, 15.7
  - voorbeelden van, 4.13, 8.8, 14.26, 15.7, 18.65
  - wereld instandgehouden door, 10.42
  - *Zie:* Allerhoogste Heer, expansie(s) van; Kṛṣṇa, gedaante(n) van; Kṛṣṇa, incarnatie(s) van; Superziel
- familie van, vol liefde voor Hem, 11.8
- als filosoof, 2.34
- met fluit, 4.6
- als geboorte, 10.34
- geciteerd. *Zie: Bhagavad-gītā* geciteerd
- gedaante(n) van
  - absolute natuur van, 2.2, 4.5, **4.6**-6, 4.9, 7.24, 7.25, 9.5, 9.11, 9.12, 11.54, 13.14-15
  - Arjuna getoond, 9.11, **11.50**, 11.55
  - beschreven, 6.47, 8.21, 18.65
  - als Caitanya, 3.10
  - devotionele, 3.10
  - van eeuwigheid, kennis & gelukzaligheid (*sac-cid-ānanda*), 2.2, 9.11, 11.54
  - groei van, 4.6
  - halfgoden willen zien, **11.52**
  - als jeugdig, 4.5-6, 11.46
  - lotusogen van, **11.2**
  - meditatie op, **9.22**, 18.65
  - menselijke, 4.5-6, 9.11, **11.51**
  - als Nārāyaṇa, **11.45**-45, 11.50, 11.54
  - oorspronkelijke, **4.6**-6, **4.7**, 11.1, **11.50-51**, 11.54, 11.55, 18.65
  - opvattingen van impersonalisten over, 7.24, 7.26, 9.11
  - als persoonlijk, 4.10, 7.24

Kṛṣṇa, Heer (*vervolg*)
  - als *sac-cid-ānanda*, 4.5, 9.11, 11.54
  - Sañjaya herinnert, **18.77**-77
  - als *saumya-vapuḥ*, 11.50
  - schoonheid van, 8.21, 11.50, **11.51**, 18.65, 18.66
  - als Śyāmasundara, 11.55
  - als tijd, **11.32**, 11.55
  - tijdens 'geboorte,' 11.53
  - toegewijde concentreert zich op, 9.13, 11.8, 18.65
  - tweearmige, **11.50**, 11.54, 11.55
  - vergeleken met
    - materieel lichaam, 9.11-12, 11.43, 13.18
  - kosmische gedaante, 11.54
  - vermogens van, 9.11, 13.14
  - vierarmige, 9.11, **11.46**, **11.50**, 11.53-55
  - *yoga-māyā* bedekt, 7.25
  - zien, kwalificaties voor, **11.52-54**
  - zintuigen van, 13.15
  - *Zie:* Kṛṣṇa, incarnatie(s) van
- gebeden tot. *Zie:* Gebeden
- geboorte, activiteiten van vermaak van, 4.6, 11.50, 11.52, 11.53, 11.54
  - *Zie:* Kṛṣṇa, verschijning(en) van
- geest van, niet verschillend van Zichzelf, 9.34
- geëxpandeerd als Superziel. *Zie:* Superziel
- gehechtheid aan, 5.5, 6.35
  - *Zie:* Liefde voor de Heer
- geheugen van, **4.5**-5
- gehoorzaamheid aan, 2.48
  - noodzaak van, 3.32
  - vergeleken met imitatie van, 3.24
- als gelijk aan iedereen, **9.29**-29
- gelijkheid met
  - kwalitatieve, door devotionele dienst, 14.26
  - niemand heeft kwantitatieve, **11.43**-43
- geloof in, *5, 21*, 4.39, 4.42, 9.3
  - *Zie:* Geloof in God
- geloof in halfgoden gesterkt door, **7.21**-21
- als geluid in ether, **7.8**
- geluksgodin &, 1.14, **1.36**-36
- genade van, 4.16, 15.15
  - door de ziel als Superziel te
- als geneeskrachtige kruid, **9.16**
- als genieter van alles, 2.63, 2.66, 8.8, **9.24**
- als genieter van offers, **9.24**, **9.26-27**
- niet geopenbaard aan iedereen, 18.55
- gerechtigheid van, & geweld, 2.21
- niet geschapen, **10.3**-3
- als getuigen, 2.22
  - *Zie:* Superziel
- als geur van aarde, oorspronkelijke, **7.9**
- in gezinsleven, 3.23
- gloed van vuur & straling van, **15.12**-12
- goddelijkheid van. *Zie:* Kṛṣṇa, als Allerhoogste Heer
- als God der goden, **11.37**-37
- als goed voor iedereen, 15.15
- Govardhana, Heuvel &, 3.24
- als Govinda, 2.2, 7.3, 8.21

Kṛṣṇa, Heer (*vervolg*)
  - reden voor bekendheid als, 1.15, 1.32-35, 3.13
- grootheid van, **10.12-13**, 10.12-13, **10.19**-19, **10.40-42**, **11.37**-37, **11.43-44**, **15.12-15**, **15.18**-18
- *Zie:* Kṛṣṇa, als Allerhoogste ...; Kṛṣṇa, volheden van
- halfgoden ondergeschikt aan, **7.22**-22, **10.2**-2, 10.42
- als 'niet degenen die handelt,' **4.13**
- in hart van iedereen, 1.15, **6.29**-29, **15.15**-15. *Zie:* Superziel
- als Heer
  - van iedereen, 3.10, 6.30, **10.15**-15
  - van materiële natuur, 13.15
  - van universum, **10.15**-15
- heilige tekst aangehaald door, **13.5**, **18.4**, **18.13**
- herinnering van. *Zie:* Herinnering in Kṛṣṇa-bewustzijn
- herinnering, kennis, & vergeetachtigheid van, **15.15**-15
- als hitte in vuur, **7.9**
- als hogere energie, 6.29
- hoornschelp weerklonken door, **1.14-15**
- als Hṛṣīkeśa, 1.22, 1.24, 2.10, 18.46
  - reden voor bekendheid als, 1.15, 3.27, 6.26, 13.3, **18.1**-1
- als iedereen, **9.17**-17
- illusionerende energie van. *Zie:* Energie; *Māyā*
- imitatie van, vergeleken met gehoorzaamheid aan, 3.24
- incarnatie(s) van
  - atheïstische opvattingen over, 7.15
  - voor bescherming van dieren, 4.7
  - Brahmā prijst, 4.5
  - *Brahma-saṁhitā* somt op, 4.5
  - Boeddha als, 4.7
  - Caitanya als, 4.8, 16.1-3
  - incarnaties van toegewijden
  - voor schepping, 7.4, 9.8, 10.20
  - valse, 3.24
- als individu, 2.39, **9.4-5**
- als instandhouder, **8.9**-9, **9.4-10**, 13.15, 15.13, **15.17**-17
  - van eeuwige religie, **11.18**
  - van iedereen & alles, **9.4-10**, **9.18**-18
  - instructies van. *Zie:* Kṛṣṇa, aanwijzing(en) van
- als intelligentie, **7.10**
- intern vermogen van, **7.25**-25
- als Jagatpati, **10.15**-15
- als Janārdana, **1.37-38**, **3.1**, **10.18**
- als eeuwig jeugdig, 4.5-6
- Kaṁsa &, 9.34, 11.55
- als *kavi*, 8.9
- als kenner van alles, 4.15, 6.39, **8.9**, **11.38**-38
- als ook een kenner van lichaam, **13.3**-3
- als kennis, alle, **11.38**-38
- kennis over. *Zie:* Kennis, over Kṛṣṇa
- kennis van, 6.39, **7.26**-26. *Zie:* Kennis, bron(nen) van, Kṛṣṇa als
- als Keśava, **3.1**
- als Keśī-niṣūdana, **18.1**-1
- kleding van, 6.47, 8.21
- als kleiner dan het kleinste, **8.9**-9
- koeien van, 10.28
- als koeherder, 10.28

Kṛṣṇa, Heer (*vervolg*)
koeherdersvrienden van, 11.8
als kosmische gedaante, 9.19, **11.31-32**, 11.54, **18.77**-77. *Zie:* Kosmische gedaante
als kracht van sterken, **7.11**, **10.36**
kṣatriya rol van, 3.22
als leider van iedereen, **4.11**
als leraar
van Arjuna, 2.20
van Brahmā, 2.29
leringen van, waarde & noodzaak van volgen van, **3.31-32**
levende wezens als, 9.17
levende wezens &. *Zie:* Levend wezen (levende wezens), Kṛṣṇa & ...
als levende wezens toegenegen, 7.14
als leven van iedereen, **7.9**, 18.20
als leven & ziel van materiële manifestatie, 10.20
lichaam van. *Zie:* Kṛṣṇa, gedaante(n) van
als licht van zon & maan, **7.8**-8, **15.12**-12
liefde voor. *Zie:* Liefde voor de Heer
literatuur over, blijft altijd boeien, 10.18
lot van leger van Kuru's aangeduid aan Arjuna door, **11.26-28**, **11.32-34**, 11.49
met lotusogen, **11.2**
lotusvoeten van, 2.51
als lucht, **11.39**
als maan, **11.39**, **15.13**
als maanlicht, **7.8**-8
maanlicht & schittering van, **15.12**-12
als Mādhava, 1.36
Mādhavendra Purī herinnert zich, 2.52
als *mahātmā*, 11.37
als Mahā-Viṣṇu, 10.20
manifestaties van, niet te zien of te horen voor, **11.6**
materialisten kunnen niet begrijpen, 4.5
materieel gezien niet waarneembaar, 9.4
materiële & spirituele hetzelfde voor, **9.19**
meditatie op. *Zie:* Zich herinneren van Kṛṣṇa
als meester
eerbiedwaardige, **11.43**
van iedereen, 7.20, 11.40
van alle mystici, **18.78**
van alle mystiek, **11.4**-4, **18.75**-75
van offer, **9.24**
van alle yoga's, 18.75
van zintuigen, 3.27, **11.36**, **18.1**-1, 18.46
menselijke verschijning van, niet begrepen, **9.11**-11
menselijke wezens
afhankelijk van, 15.13
ontworpen naar, 7.15
als moed van machtigen, **7.10**
als moeder, 6.29, **9.17**
moeder van, 4.4, 4.8, 6.47, 7.3, 10.8, 11.52
als Mukunda, 1.41
reden voor bekendheid als, 2.51, 3.13
als mysticus, Allerhoogste, **10.17-18**, **11.4**, **11.8**, **11.9**

Kṛṣṇa, Heer (*vervolg*)
mystieke vermogens van, kennis over, **10.7**-7
mystieke volheid van, **9.5**-5
naam (namen) van
absolute natuur van, 12.8
chanten van. *Zie:* Chanten in Kṛṣṇa-bewustzijn
definitie van, *17*
impersonalisten vermijden, 7.8
plezier van horen, **11.36**
voorbeelden van, 6.47
Zie: specifieke namen van Kṛṣṇa
als Nārāyaṇa, 4.6, 11.54
bij geboorte, 11.50
natuur bevrucht door, 14.27
neutraliteit van, 6.29, **9.9-10**
als *nirguṇa*, 7.12
als object van kennis, **9.17**-17
als offer, **9.16**-16
offer bedoeld voor, **9.24**
als offergave, **9.16**-16
als offering aan voorouders, **9.16**
offeringen aanvaard door, **9.26-27**
offeringen geschikt voor, 11.55
officiers & managers van, halfgoden als, 9.23
ogen van, vergeleken met lotusbloem, 11.2
ogenschijnlijk ouder worden van, 4.6
als *oṁ* (*oṁkāra*), **7.8**-8, 8.13, **9.17**-17
omgang met, 15.7
bereiken van, 10.42, **12.8**-8
geluk van, *17*
als onafhankelijk, 4.7, **7.12**, **3.22**
als onbegrensd, 7.23, **10.19**-19, **11.37**, **11.38**
als onbeperkt, **11.37**, **11.38**
onbereikbaar door demonen, **16.20**
als ondernemend & hard werkend, 10.36
ondervraagt Arjuna, **18.72**
als onfeilbaar, **1.21-22**, 1.21-22, 4.5, **7.25**
als ongeboren, **4.6**-6, **7.25**-25, **10.3**-3, **10.12-13**, 10.12-13
als onsterfelijkheid, **9.19**
ontbinding door, **7.6**
onthecht van Zijn schepping, **9.4**-4
als ontstegen aan hoedanigheden van de natuur, 4.4
onthechting als volheid van, 18.78
onuitputtelijk, **7.13**, 7.25, **11.18**
als onveranderlijk, **4.13**
als onvoorstelbaar, redenen voor, **8.9**-9
oom van, 9.34
oordeel over onthechting gegeven door, **18.4**
als oorsprong, 6.30, **7.6-11**, **9.4-10**, **10.2**-2, **10.8**-8, **15.3-4**
van alles, 2.2, 6.29-30, **10.15**-15, 10.20, 10.42, 13.17, **15.3-4**
van eigenschappen, alle, goede of slechte, **10.4-5**, 10.4-5
van alle eigenschappen van levendewezens, **10.4-5**, 10.4-5
van expansies, 11.46
van gedaanten van God, 11.54, 11.55
van halfgoden & wijzen, **10.2**-2, 10.8, 10.42

Kṛṣṇa, Heer (*vervolg*)
van herinnering, kennis, & vergeetachtigheid, **15.15**-15
van hoedanigheden van de natuur, **7.12**-12
van incarnaties, 4.8, 11.1
van alle kennis, 7.1-**2**
van Kumāra's, vier, **10.6**-6
van het leven, **7.9-10**, **10.6**-6
van levende wezens, **10.6**-6, 10.42, **11.2**-2, 13.17, 18.46
van Manu's, **10.6**-6
van materiële & spirituele werelden, **10.8**-8
van plezier, 1.32-35
van schepping, 11.2
van universum, 10.20
van veda's, **15.15**-15
van vedische kennis, 10.8
van warmte & regen, **9.19**
van alle zintuigen, **13.15**-15
als oorspronkelijke
gedaante van God, 11.54, 18.65
geur van aarde, **7.9**
persoon, 4.5, **10.12-13**, 10.12-13
persoonlijkheid van God, **11.38**, 11.46, 11.54
Schepper, **11.37**-37
spiritueel leraar, 11.43
zaad van bestaan, **7.10**
oorsprong van, als onbekend, **10.2**-2
als oorsprong van het leven. *Zie:* Kṛṣṇa, als oorsprong ...
als oorzaak
van onze activiteiten, 4.21
van alles, *11*, **7.6-12**, **7.19**-19, **9.4-5**
van alle oorzaken, 4.35, 7.2, 7.3, 7.6, **7.19**-19, 9.18, **10.2**-2, **10.8**-8, 10.13, 10.20, **10.39**-39, 11.1, **11.37**-37, 11.54
van vermogens van levende wezens, 7.19
opeenvolging van discipelen &. *Zie:* Opeenvolging van discipelen; Spiritueel leraar (leraren)
als oplossing van alle problemen, 2.7-8
ouders van, 1.15, 9.11, 11.53
als oudste persoon, **8.9**-9, **11.18**, **11.38**
Zie: Kṛṣṇa, als oorspronkelijke persoon
als overal, **6.29**, **6.30**
Zie: Kṛṣṇa, als alomtegenwoordig
overal aanwezig, **6.29-30**, **9.4-6**, 9.11, 10.42, 11.2, **11.38**-38, **11.40**, 18.46
overgave aan. *Zie:* Overgave aan de Heer
als overgrootvader, **11.39**-39
als overwinning, **10.36**
overwinning door aanwezigheid van, 18.74, **18.78**
Pāṇḍava's &, 1.14-15, 1.20, 7.25
als Parabrahman, van *paraṁ brahma*, *4*, 7.10, 10.13, 18.62
als *paraṁ dhāma*, 18.62
als Pārtha-sārathi, reden voor bekendheid als, 1.15
perfectie volgens, 3.19
als persoon, 4.5, **7.24**-24, **8.9**, **10.12-13**, 10.12-13, 11.54
vergeleken met onpersoonlijk besef, 7.26-27

Kṛṣṇa, Heer (*vervolg*)
persoonlijke gedaante van, moeilijkheid te kennen, **7.24-25**
persoonlijk gezien, 15.7
plan van, voor materiële wereld, 11.33
planeet (planeten) van, **6.15**
bereiken van, **7.23**, 7.24, 7.29
Zie: God, terug naar; Spirituele planeten
plicht voor, **3.22-24**
prakṛti van, 4.6
als Prapitāmaha, reden voor bekendheid als, 10.6
als *puruṣa*, 15.1
als Puruṣottama, **8.1**-1, **10.15**-15, 11.3
als Rāmacandra, 1.20
rāsa-dans van, imitatie van, 3.24
realiseren van, het zich, 15.15, 18.78
stadia van, 15.15
Zie: Godsrealisatie
reden voor bekendheid als, 3.13
regering van, halfgoden in, 9.23
relaties, alle besloten in, 11.14
relaties met, *3-4*, 2.10, 4.11
Kṛṣṇa, heeft verschillende namen, 1.15
soorten van, 11.14
voorbeelden van, 6.47
religie beschermd door, **4.7-8**
als ritueel, **9.16**-16
roem van, Arjuna prijst, **11.36-40**
als *sac-cid-ānanda*, *11*, *17*, 4.4, 7.24
Sañjaya, geprezen door, **18.74-78**
Sañjaya prijst, **18.74-78**
Śaṅkarācārya aanvaart, 7.3
sarcasme van, tot Arjuna, 2.26
als Schepper, 4.13, **9.7-8**
oorspronkelijke, **11.37**
van *varṇāśrama*, **4.13**-13
Zie: Kṛṣṇa, als oorzaak ...
schepping &, 10.3
als schepping & vernietiging, **9.18**-18
als schijnend als de zon, **8.9**
schoonheid van, 2.59, 6.47, 8.21, 11.50, **11.51**, 18.65, 18.66
Śiśupāla &, 7.25
Slag op Kurukṣetra &, 2.38, 3.20, 4.6, 9.11, **11.33-34**
uitkomst van, voorspeld door, **11.32-34**
als smaak van water, **7.8**-8
sociale geldingen geschapen door, **4.13**-13
als spiritueel leraar, **2.7**-7, **11.43**
als spiritueel leraar van Arjuna, **2.7-9**
spiritueel leraar vertegenwoordigt, 13.8-12
spiritueel leven uitgelegd door, 3.2
in spirituele wereld hoewel alomtegenwoordig, **8.22**-22
sprekend over Zichzelf, 4.4
als 'sterkarmige,' **18.1**
straf van Kuru's verlangd door, 1.32-35
strijdwagen van, **1.14**, **1.20**, **1.24**
vlag op, **1.20**-20
als superieur aan Brahman, 2.12
als Superziel, **6.29-30**, **6.31**-31, **7.21**-21, 7.26, **8.4**, 9.11, 10.10, **10.11**, **10.20**-20, 10.42, 13.1-3, **13.15-16**, 14.27, **15.15**-15, 18.61.
Zie: Superziel
& Superziel, eenheid van, **6.31**-31

Kṛṣṇa, Heer (*vervolg*)
suprematie van, 2.2, 4.5-6, 6.29-30, 6.32, 6.38, 7.1-3, **7.6-13**, 7.15, **7.19**-19, 7.20, **7.24-25**, **7.30**, 8.8, **8.22**-22, 9.1, **9.4-19**, **9.23**-23, 10.1, **10.2-8**, **10.12-16**, **10.38-42**, **11.5-44**, **13.13-16**, **13.18**-18, 13.20, **15.18-19**, 18.4, 18.14, 18.16, 18.46, 18.49, 18.55, 18.57, **18.59**-59, 18.66-67, **18.73**-73, **18.75**-75, **18.78**-78
Bhagavad-gītā onderwijst, 15.19
Brahma-saṁhitā aangehaald m.b.t., 2.2
gezaghebbende referenties voor, 10.7-8
in detail, **11.37-38**, **11.43**-43
in geheugen, **4.5**-5
kosmische gedaante onthult, 11.3, **11.5-47**
Kṛṣṇa's vermogen beperkt kennis van, **7.25-26**
noodzaak van kennen van, **5.29**
vergeetachtigheid van, 5.25
als Śyāmasundara, 6.30, 9.19, 11.52, 11.55
beschrijving van, 6.47
tante van, 1.25
tempel(s) van
Ambarīṣa Mahārāja &, 2.61
lichaam als, 9.11
tevredenheid van, 2.64, 2.71
alleen door devotionele dienst, 10.11
stelt iedereen tevreden, 2.41
als doel van *varṇāśrama-dharma's*, 2.48
als tijd, **10.33**-33, **11.32**, 11.55
tijdperk van
jeugdig, 4.5-6
op Kurukṣetra, 4.6
oudste, **8.9**-9
toegewijden &. *Zie:* Toegewijde(n) van Allerhoogste Heer, Kṛṣṇa & ...
als Zijn toegewijden toegenegen, 1.22, 7.14, 7.18
toevlucht van, bevrijding door, 2.51
als toevlucht van iedereen, **11.37**, **11.38**-38
als toevlucht, uiteindelijke, 9.18, **11.37**, **11.38**-38
als transcendentaal, 4.4, 4.12, **8.9**-9, 18.78
aan hoedanigheden van de natuur, **7.12-13**, **11.38**, 13.15
aan levende wezens, *17*
aan materiële natuur & universum, 4.4, 9.13, **11.37-38**
aan reacties van activiteit, **4.14**-14
aan reguleringen & plicht, 3.22
aan resultaatgerichte activiteit, **4.14**-14
aan Zijn schepping, **7.12-13**, **9.4-10**, 9.10-11, 11.2
aan *varṇāśrama*, **4.13**-13
als transcendentale mantra, **9.16**
tulasī &, 9.2, 11.55
uiteindelijke instructie van, 7.21
uitstraling van, 4.35, 6.47, 15.18
Zie: Brahman
universa &. *Zie:* Universum (universa), Kṛṣṇa & ...

Kṛṣṇa, Heer (*vervolg*)
als universele God, *27*
als vader
van iedereen, *14*, 3.24, 6.29, 7.15, 9.10, **10.6**-6, **11.39**-39, **11.43**, **14.3-4**
van universum, **9.17**
vader van, 1.25, 2.3
varṇāśrama geschapen door, **4.13**-13
als Vāsudeva, 2.56
reden voor bekendheid als, 1.15, 10.37
Vedānta-sūtra, als auteur van, 18.1
als veda's, **9.17**-17
veda's, als doel van, 2.46, 2.52, 3.26, **9.17**-17, **9.20**
veda's uitgelegd door, als Vyāsadeva, 15.16, 15.18
verantwoordelijk voor overgegeven zielen, *26*
als verblijfplaats, uiteindelijke, **9.4-6**, **9.18**-18, **10.12-13**, 10.12-13, **11.18**, **11.38**-38, 13.17
verdwijnen van, vergeleken met zonsondergang, 4.6
verering van
laagste typen van, **9.15**-15
Zie: Verering, van de Heer
verering bedoeld voor, **6.47**-47, 10.42, **11.44**
vergeleken
met boom, 8.22, 9.3, 9.23
met diamant, 9.29
met dokter, *2*
met draad voor parels, **7.7**
met halfgoden, 2.2
met koeherdersjongen, *27*
met koning, 7.12, 9.4, 13.3, 14.26
met lichaam, hele, 7.23
met lotusbloem, 8.2
met luchtruim, **9.6**-6
met minnaar, *23*
met moeder, 6.29
met ouder, 12.6-7
met ruiker aan bloemen, 9.10
met vader, 11.43, **11.44**
met wensboom, 9.29
met wolk, 9.29
met wortel van banyan, 15.3-4
met wortel van boom, 7.10
met zon, 4.6, 7.8, 7.26, 18.78
vergeving door, 1.32-35
voor Arjuna, 11.1, 11.4, 11.7, **11.44**
door *asura's* (demonen) te doden, 16.20
door alle benodigdheden aan de levende wezens te geven, 15.15
betwijfeld, 16.20
bewijs voor, 4.7, 11.3, 11.54
bron van, Kṛṣṇa als, 2.2, 4.5, **4.7**-7, 11.1, 11.54
voor demonen, 16.20
dienst aan, 8.14
doel van, *6*, **4.7-8**
als Zijn expansies, 4.35
frequentie van, **4.8**-8
door de geconditioneerde ziel te bevrijden, 7.14
als goddelijke meester, 7.15
grondeloze, 7.14
Heer alleen gekend door, 7.24, 11.4
heilige teksten verhalen over activiteiten van
vermaak van, 10.18

Kṛṣṇa, Heer (*vervolg*)
    - voor hoedanigheden van de natuur, 7.14
    - imitatie van, door gewone mensen, 11.48
    - in instructies, 13.23, 15.15
    - illusie weggenomen door, **18.73**-73
    - in Kali-yuga, 8.17
    - als Kalki, 8.17
    - Kapila (Heer) als, 10.26
    - in kennis, **10.10-11**, 15.15
    - als Kṛṣṇa, 4.8, 10.36
    - Kṛṣṇa-bewustzijn opgewekt door, 4.7
    - missie van, **4.8**, 16.20
    - leed aanvaard als, 12.13-14
    - door Zijn omgang als vriend met Arjuna, 11.41-42
    - omwille van toegewijden, **4.8**-8
    - als onbeperkt, 7.23
    - onderwijst dezelfde principes, 4.7
    - voor overgegeven ziel, 7.14
    - *puruṣa*, 7.4, 9.8, 10.20
    - *sannyāsī* afhankelijk van, 16.1-3
    - soorten van, opgesomd, 4.8
    - *Śrīmad-Bhāgavatam* somt op, 11.54
    - terug naar God door, **18.56**
    - met toegewijden, **8.14**-14, **9.22**, **9.29**-29, **10.10-11**, 11.34, 11.55, 12.7, 12.13-14, 18.73
    - tonen van kosmische gedaante als, 11.4, 11.7, 11.47
    - *Vedānta-sūtra* samengesteld door, 15.15
    - voorbeelden van, 6.47
    - door te voorzien in zon, maan, & vuur, **15.12**-12
    - als Vyāsadeva, 10.37, 15.15, 15.16, 15.18, 18.77
    - als zoon, 4.7
    - met zuivere toegewijden, 10.11, 18.56
    - *Zie:* Kṛṣṇa, gedaante(n) van; *specifieke incarnaties*
- vergezelt, 4.5, 13.21
- verhalen over, eigenschappen van, **10.18**-18
- verlangen van levende wezens op behulpzame manier vervuld door, 5.15
- nooit verloren voor toegewijde, **6.30-31**
- als verlosser, Allerhoogste, 18.66
- als vernietiger van alle, **11.32**
- verschijning(en) van, 4.4
    - activiteiten van vermaak tijdens, 11.50
    - niet begrepen in menselijke gedaante, **9.11**-11
    - bevrijding door te kennen, **4.9-10**
    - dag van, vasten op, 9.14
    - doel van, *17-18*, 3.23, **4.7**-7, 10.13
    - frequentie van, **4.6**, **4.7**-7
    - gedaante & activiteiten van vermaak getoond tijdens, *17-18*
    - als kind van Devakī, 4.4, 10.3
    - Kṛṣṇa legt uit, **4.5-9**
    - op Kurukṣetra, 1.1
    - locatie van, 8.21

Kṛṣṇa, Heer (*vervolg*)
    - om samenleving te corrigeren, 3.24
    - als spiritueel of transcendentaal, 4.4, 4.7, **9.11**-11, 10.3, 13.15
    - vergeleken met zonsopkomst, 4.6
    - als Zijn zelf, **4.6-8**
- verslindt alle, 13.17
- vijandig jegens, 9.1, **18.67**, **18.71**-71
- als Viṣṇu, **6.31**-31, 10.20, **11.24**
    - *Zie:* Viṣṇu, Heer
- Vivasvān &, **4.4**, 4.5, 4.15, 7.26
- voedsel geofferd aan, 6.17, 9.2, **9.26**-26, 13.14, 17.10. *Zie: Prasādam*
- volheden van, **10.7**-7, **10.40**, 13.15
    - in detail, **10.2-8**, **10.12-42**
    - bij geboorte, 4.6
    - gedeeld met Zijn toegewijde, 14.27
    - alleen gekend door toegewijden, 7.3
    - getoond door Kṛṣṇa, 10.1
    - kennis als, **4.5**-5
    - kennis over, **10.7**-7
    - in kosmische gedaante, **11.5-43**
    - mystieke, **9.5**-5
    - als onbeperkt, **10.19**
    - als onbeperkt & ondoorgrondelijk, **10.19**-19
    - onthechting als, 18.78
    - opgesomd, 7.3, 7.13
    - toegewijden niet bijzonder aangetrokken tot, 11.8
    - vergeleken met die van anderen, 2.2
- voorbeeld gegeven door, **3.23-24**
- als voorouder van alle voorouders, **10.6**-7
- vredesaanbod van, 11.47
- vreugdevol aspect van, 13.5
- als vriend, 2.22, 2.66, 6.47, 7.1, **9.18**-18, **9.29**-29, 11.8, 18.58, 18.73
- vriend van, Arjuna als. *Zie:* Arjuna, Kṛṣṇa en, relatie tussen
- vrienden & speelkameraden van, *17*, 11.8
- als vuur van offer, **9.16**-16
- als waarheid, hoogste, 5.17
- als wagenmenner, 1.15, **1.21-24**, 18.78
- als water, **11.39**
- als welgezinde van iedereen, 1.36
- als welgezinde van koeien, *brāhmaṇa's* enz., 14.16
- woning(en) van, *18*, 9.11, **15.6**-6, **18.56**
    - als *ānanda-cinmaya-rasa*, 8.22
    - bereikt door devotionele dienst, **8.22**-22
    - beschreven, **8.21**
    - bevrijding naar, 8.13, **8.16**-16, 8.19, **8.21**, 8.28
    - *Brahma-saṁhitā* beschrijft, 8.21
    - Heer in, hoewel Hij overal is, 9.11
    - als hoogste verblijfplaats & bestemming, **8.21**
    - Kṛṣṇa Allerhoogste in, 8.22
    - als manifestatie van Kṛṣṇa's energie, **8.22**-22
    - replica van, 8.21
    - geen terugkeer van, **4.9**-9, **8.21**, 11.43, **15.6**-6
    - als uiteindelijk, **9.18**-18, **10.12-13**, 10.12-13, **11.45**
    - *Zie:* Spirituele wereld; Vṛndāvana; Vṛndāvana, Goloka
- als Yādava, **11.41-42**, 11.41-42
- als *yajña-pati*, 3.11
- als Yaśodā-nandana, reden voor yoga aangeraden door, **6.46-47**
- *yoga-māyā* van, 10.17, 11.52
- als *yogeśvara*, 11.4
- als zaad van alles, 7.10, 9.17, **10.39**-39
- als zelden gekend of begrepen, 4.5, **7.3**-3, 7.25-**26**, 7.26, **10.2**-2, **10.14-15**, 11.52
- & ziel & lichaam, relatie tussen, **13.1-7**
- als ziel van universum, **10.20**-20
- zien
    - kwalificaties voor, **11.52-54**
    - door liefde, 11.55
    - niet door ongekwalificeerde personen, **11.48**-48
- zintuigen van, 1.15
    - absolute natuur van, 9.26, 11.43, 13.15
    - tevredenstellend, stelt onze zintuigen tevreden, 1.32-35
    - vergeleken met onze zintuigen, 11.43, 13.15
- zon afhankelijk van, 10.42
- zon gehoorzaamd, 4.1
- als zonlicht, **7.8**-8, **15.12**-12
- als zuiveraar, **9.17**-17
- als zuiverste, **10.12-13**, 10.12-13
- *Zie:* Kṛṣṇa-bewustzijn; Allerhoogste Heer

Kṛṣṇa-bewustzijn
- door aanwijzing van Superziel, 18.63
- als absolute, 2.41
- Absolute Waarheid te vinden door, 3.3
- activiteit in, **4.15-24**, **5.1-14**, **6.1-4**, **6.17**, 6.20-23
    - *buddhi-yoga* als, 10.10
    - Kṛṣṇa raadt aan, **12.10**
    - als ware onthechting, 18.49
    - overeenkomstig iemands eigen natuur, 18.46-49
    - vergeleken met onthechting van activiteit, **6.1**-1
    - *Zie:* Devotionele dienst
- activiteiten in, 6.20-23
    - nodig, **4.15**-15
    - geen reactie voor, 18.13-14
    - verantwoordelijkheid voor, 18.14, 18.17
    - *Zie:* Devotionele dienst
- activiteiten voor Kṛṣṇa noodzakelijk in, 10.10
- activiteiten voor ontwikkelen van, **3.26**-26
- Arjuna's moeilijkheid in, 3.2
- ascese in, 12.9
- door te assisteren in devotionele dienst, 12.10
- *aṣṭāṅga-yoga* &, 5.28, 5.29
- autoriteiten in, 4.15-17
    - genoemd, 4.16
    - Kṛṣṇa als belangrijkste van allemaal, 7.1
- van begin van het leven, 3.41, 8.5
- beginnelingen in, 4.15
- te beginnen op ieder tijdstip, 3.41

Kṛṣṇa-bewustzijn (*vervolg*)
beginstadium van, Heer waarderen in natuur, **15.12**-12
begint met omgang, 7.30
beheersing van zintuigen natuurlijk in, 6.2
belang van, 11.33
vandaag, 14.16
bereiken van
na vele geboorten, **6.45**-45
door Khaṭvāṅga Mahārāja, 2.72
tijd nodig voor, 2.72
vereisten voor, 2.72
als beste niveau van activiteit, 17.28
betekenis van, 18.73
als bevrijding, 2.72, 4.35, 5.3, **6.27**
bevrijding door
Kṛṣṇa garandeert, **9.28**-28
Kṛṣṇa geeft, **12.6-7**, 12.6-7
Bhagavad-gītā &, 1.1, 10.11
niet bindend, 18.14, 18.17
als *buddhi-yoga*, 3.1, 3.3
door chanten van Hare Kṛṣṇa-mantra, 8.5
constant, **9.22**
devotionele dienst in, **18.57-58**
door devotionele dienst, 8.27
als het dienen van Kṛṣṇa met gezuiverde zintuigen, 6.26
direct aanvaard, 17.28
als directe methode, 3.3
als doel, 3.5, 16.23, 18.66
van kennis, 4.33, 16.23-24
van menselijk leven, 3.28, 7.30, 10.4-5, 11.33
van offers, 4.33
zonder af te dwalen, Kṛṣṇa bereikt door, **8.8**-8
dwang in, 8.8
als eeuwig waarheid, 3.31
eten in, 6.16
evenwichtigheid in, **2.56**-56, **6.19**, 7.1
als excuus door Arjuna, 3.1
expansies van de Heer te kennen in, 4.13
extatische symptomen van, 1.29
filosofie &, 10.11
als foutloos, 3.3
gehechtheid aan, 3.34, 5.5
'geheim' van, 4.34, 5.12
gehinderd door gehechtheid, angst, & woede, **4.10**-10
geleidelijke ontwikkeling van, **3.26**-26, 3.31, 3.43, 4.15, 4.24, 5.29, 7.30
geloof &, 3.31, **4.39**
gemeenschappen voor, 15.6, 16.1-3
gezinsleven in. *Zie:* Gezinsleven
grondbeginsel van, 6.30
gunstig, vergeleken met ongunstig, 11.55
heilige dagen in, 14.27
op hogere planeten, 8.16
hogere smaak van, **2.58-59**, **5.21**
als hoogste pad, 6.40
als hoogste realisatie, 7.26, 14.27
als hoogste yoga, **6.47**-47, 7.1
door horen van *Bhagavad-gītā*, 18.76
huidige tijdperk heeft nodig, 14.16-17
inactiviteit &, 3.1
incidentele terugval van toegewijde gecorrigeerd door, 9.30, **9.31**-31
intelligentie voor, **3.43**-43

Kṛṣṇa-bewustzijn (*vervolg*)
interesse in, als zeldzaam, **4.12**-12
kenmerken van, **2.54-61**, **2.64-65**, **2.68-72**, **4.19-23**, **5.16-28**
kennis &, 6.2, 6.8
Zie: Kennis, bronnen van
Kṛṣṇa bereikt door, **8.5-8**, **12.8**
Kṛṣṇa raadt aan, **12.8-9**
lust
getransformeerd in, 3.37
overwonnen door, **3.43**-43
materie gespiritualiseerd door, 4.24
moeilijkheid te volgen, 12.11
op moment van de dood, noodzaak van, **8.10**
morele voorschriften &, 3.16
noodzaak van, 3.41, 14.16-17
Zie: Kṛṣṇa-bewustzijn, voordelen van
offer &, **4.24**-33, 4.42
door offer, 3.10-11
omgang met toegewijden nodig voor, 6.8. *Zie:* Toegewijden, omgang met
oṁ tat sat &, 17.23
onbevreesdheid door, 10.4-5
onthechting
door, **4.19-23**, **5.7-14**, **6.1-4**, **6.13-26**
van de resultaten van activiteit in, **3.30-31**
van seksgenot door, 5.21
vanzelf in, 6.18
als onthechting, echte, 5.3, **6.2-3**, 18.49
onthechting in, 8.27, 9.28
geen verlies van, 6.40
voorbeelden van, 18.7-11
ontwikkeling van, incarnaties van de Heer helpen, 4.7
als oorspronkelijke bewustzijn, 15.9
opeenvolging van discipelen &, 4.16
overgave door, 6.7
overgegeven, boven alle religie, **18.66**-66
perfectie in, 2.41, 5.11
alleen voor plezier van de Heer, 2.39, 2.40
plicht
&, **3.31**, 4.20, 5.29
ontstegen door, **3.17-18**
vergeleken met, 3.5
als plicht, 6.1, 9.27
als plicht van regeringsleiders, 4.1
prediken van. *Zie:* Prediken van Kṛṣṇa-bewustzijn
resultaat van gedeeltelijk complete, **2.40**-40
rijkdom gebruikt voor, 18.8
rol van de geest in, 3.42, **6.5-6**, 6.27
samādhi in, 2.57
sāṅkhya-yoga &, 3.3
slapen &, 6.17
spiritueel leraar nodig voor, 2.68
in spirituele wereld, 2.72
spraak onthult, 2.54
stadia van, 4.10, 5.11, 18.55
analogieën over, **3.38**
stadium van perfectie van, 2.71
als het tevredenstellen van Kṛṣṇa, 2.64, 2.71
als transcendentaal, **4.23-24**
aan alle andere spirituele processen, 18.66
aan bevrijding & zelfrealisatie, 6.30

Kṛṣṇa-bewustzijn (*vervolg*)
aan gehechtheid & afkeer, **2.64**
aan hoedanigheden van de natuur, 3.33, 7.13
aan moment van de dood, 8.23-24, **8.27**
aan offer, 8.3
aan plichten binnen *varṇāśrama*, 3.35
aan plichten & verplichtingen, 2.41, 2.52, 3.35
aan reacties op activiteiten, 3.19
aan resultaatgerichte activiteiten, 2.53
aan veda's & *upaniṣads*, 2.52
aan vedische offers en ascese, 2.52, 3.15, 3.16-17, 4.28
aan vedische riten & rituelen, 2.52
aan yoga's, 4.28
als universeel, 9.26
val van, **2.40**-40, **2.67**-67, 4.29
voordeel blijft ondanks, 3.5
vastberadenheid in, **2.41**-41, 2.56
in de hoedanigheid goedheid, 18.33
materialisme belemmert, **2.41**-41, **2.44**
vasten in, 6.16
door vedisch offer, 3.16
vergeleken
met boot, **4.36**-36
met eten, 2.60
met filosofische speculatie, **3.3**-3
met materieel bewustzijn, 5.8-9
met materiële verlangens, 3.37
met resultaatgerichte activiteiten, 2.41
met welzijnswerk, 5.25
met yoga, 6.1
veronachtzaming van, **18.58**
vervulling van, door dood, **2.72**
volkomen, **4.23-24**
als volmaaktheid van kennis, 16.23
als volmaaktheid van het leven, 11.33
voordeel/voordelen van
beheersing van zintuigen als, **2.58-61**, **2.64**, **2.70**, 3.3, 3.43, 4.29, 6.2
bevrijding als, 2.68, **2.72**, 3.31, **4.9-10**, **4.16**-16, 4.29, 4.35, **5.2**-2, **5.17**-17, 6.15, **6.27**, 6.31, 7.14, 8.8, 8.19, 13.24, 18.12
contact met Kṛṣṇa als, 2.53
alle doeleinden perfect gediend door, 6.2
doodsmoment ontstegen door, als, 8.23-24, **8.27**
geest beheerst als, **3.43**-43
geest tevredengesteld als, **2.66**-66
geloof als, 7.30
geluk als, 2.55, **2.66**-66, 2.70, 4.9, **6.27**, 6.32, 8.28, 9.33, **18.54**-54, 18.76
genade van de Heer als, **2.64**
goede eigenschappen als, 2.55
even gunstig voor iedereen als, 4.15
hoedanigheid goedheid, bereiken van, als, 14.17

Kṛṣṇa-bewustzijn (*vervolg*)
hogere smaak als, **2.59**-59, 2.60, 2.62-63
intelligentie als, **2.65**
karma ontstegen door, als, 4.14
kennis als, 5.16, **5.17**-17, **7.1**-1, 7.24, 15.11
kennis over Kṛṣṇa als, 5.28, 7.3
Kṛṣṇa bereikt door, als, *23*, *25*, **8.5-8**, **12.8**
Kṛṣṇa-bewustzijn voortgezet na de dood als, **2.40**-40
lichaam ontstegen door, als, **5.13**-13
liefde voor God als, 3.41
materie gespiritualiseerd als, 4.24
misvattingen weggenomen door, als, **5.17**-17
onafhankelijkheid als, **3.18**
onbevreesdheid als, 10.4-5
onthechting als, 2.48, 2.52-53, 2.55-56, **2.57-61**, 3.17, 3.34, **3.43**-43, 4.18, **4.20-23**, **5.21**, 5.26, 6.1-4, **6.2**-2, 6.10, 6.18, 6.35-36, 7.1, 14.22-25, 15.6
ontstegen zijn aan hoedanigheden van de natuur als, 3.33
ontstijgen van lichaam & zintuigen als, **5.13-14**
onverstoordheid als, **2.70**-70
oplossing van alle problemen als, 4.31
permanent voordeel, als, 3.4-5
plezier, spiritueel, als, 2.60-61, **5.21**
samādhi als, 8.12
teruggaan naar God als, **2.72**, 4.10, **4.24**, 4.29, 5.26, 6.15, **8.13**, 8.28, 9.25-26, **9.28**-28, 10.4-5, **11.55**-55, 15.8, 17.23, 18.65
tevredenheid als, **2.55**-55, 2.60, **2.65**
verheffing als, 3.33, 7.28, 14.17
verheffing naar Kṛṣṇa als, **8.5-8**
verplichtingen als, 2.38
verplichtingen vervuld door, als, **3.17-18**
volledige godsrealisatie als, 2.53
volmaaktheid als, 2.41, 18.49-50
vrede als, 2.8, **2.66**-66, **2.71**, 4.38, **5.12**, **5.29**
vrijheid van bezorgdheid als, 2.45
vrijheid van dualiteiten van natuur als, 5.13, **6.7-8**, 7.1
vrijheid van illusie als, 4.24
vrijheid van leed als, 2.8, **2.65**, 5.26, **5.29**, **6.7**-7, 18.54
vrijheid van lichamelijke levensopvatting als, 14.22-25
vrijheid van materiële opvatting van
het leven als, 2.41
vrijheid van materiële plichten als, **3.17-18**
vrijheid van reacties, zondig, als, 2.38, 3.3, **3.31**, 4.15, **10.3**-3, **18.66**-66
vrijheid van schulden & voorgeschreven activiteiten &, 3.33, 18.8

Kṛṣṇa-bewustzijn (*vervolg*)
vrijheid van verwarring als, **2.72**
vrijheid van wedergeboorte als, 13.22
vrijheid van zinsbevrediging als, 14.22-25
woning van de Heer, bereiken van, als, *19-20*, *25*
zelfrealisatie als, 6.37, 18.50
zonder verlangen zijn als, 2.70
zuivering als, 3.3, 3.17, 3.38, 3.41, **4.10**-10, 5.2, **5.17**-17, 8.5, 8.7, 8.8, 12.9, 17.3, 17.28
als voordelig voor iedereen, 4.15
voorgeschreven plichten &, **8.7**
vooruitgang in, test voor, 13.8-12
vooruitgang in, 3.19
vereisten voor, 3.31
vrede door, **5.12**, **5.29**
vrije tijd &, 6.17
vroeg opstaan in, 18.8
waarderen van de Heer in natuur brengt teweeg, 15.12
als welzijnswerk, hoogste, **5.25**
woede &, **2.56**-56
yoga &, 2.48, 5.28-29, 6.3, 6.20-23, 6.40, 7.1, 8.8, 8.12, 9.22
zeldzaamheid van, 7.26
zelfrealisatie &, **6.27**
zielsverhuizing volgens, 15.8
zinsbevrediging ontstegen door, **2.55-61**, **2.68-71**
zintuigen
gebruikt in, 2.67-68, 6.26
gezuiverd door, 12.9
ontstegen door, **5.13**-13
zuiver, 2.45, 4.10
alternatief voor, **12.9**-9
terug naar God door, 18.65
kenmerken van, 6.7-32
zuiverheid van, 6.45
zuivering door, 17.28
stadia van zuivering, 3.38
Zie: Devotionele dienst; Liefde voor God; Spiritueel leven
Kṛṣṇadāsa Kavirāja, *28*
Kṛṣṇa-karma, 11.55
Kṛṣṇaloka, *18*, 6.15, 10.28, 11.55
Zie: Spirituele wereld
Kṛtavarmā, 1.9, 1.26
Kṛtī, definitie van, 7.15
Kṣamā definitie van, 10.4-5
Kṣatriya('s)
actief als *brāhmaṇa's*, 3.35
Arjuna als, *24*, 2.2, 2.26, 3.8, 18.47, 18.59
als beschermers, 2.31-32
bevechten van tijgers door, 2.31
definitie van, 2.31
dieren gedood door, 2.31
diplomatie soms nodig voor, 18.47
doden door, 18.47
training voor, 2.31
dood voor, 1.31, 2.22
eigenschappen van, 2.31
eigenschappen van activiteit van, **18.43**
gelegenheden om te strijden voor, **2.32-33**
genade door, 16.1-3
geweld &, 16.1-3, 18.47-48
gokken voor, 1.37-38
hemelse planeten verdiend door, 2.31-32, **2.37**
in de hoedanigheid hartstocht, 4.13, 7.13, 9.32

Kṣatriya('s) (*vervolg*)
kracht nodig voor, 16.1-3
Kṛṣṇa's rol als, 3.22
van leger van Kuru's, **1.8-10**, **1.25**-25
van leger van Pāṇḍava's, **1.3-6**, **1.10**, **1.14-18**
ongekwalificeerde, 2.3
oorsprong van, 10.6
plicht voor, 1.36, 2.27, **2.31-33**, 3.8, 3.22, 16.5, 18.47-48
principes voor, 1.31, 2.3, 2.26
aanvaarden uitdaging, 1.37-38
tijdens gevecht met een ongewapende en onwillige vijand, 1.45
sannyāsa &, 2.31
straffen als plicht van, 1.36
sūrya-vaṁśa, 4.1
vader van, 4.1
vechten plicht van, 2.14, **2.31-33**, 16.5
Visvasvān als vader van, 4.1
volgende leven voor, 1.31, 2.37
werk voor, 1.31, 18.47-48
Zie: Politicus (politici); *Varṇāśrama-dharma*, stelsel van; *specifieke kṣatriya('s)*
Kṣetra
materieel lichaam als, 13.1-2
Zie: Lichaam, materiële
Kṣetra-jña
Heer als, **13.3**-5
levend wezen als, **13.1-2**, 13.1-2, 13.5-7
Kṣīrodaka-śāyī Viṣṇu, 7.4, 9.8
Kuisheid, 1.40
Kulaśekhara Mahārāja, gebed van, 8.2
Kumāra's, vier, 4.16, 7.15, **10.6**-6, 10.7, 14.27
Kumbhaka-yoga, 4.29
Kuntī, 1.8, **1.27**
zonen van. *Zie:* Karṇa; Pāṇḍava's; *specifieke zonen*
Kuntibhoja, **1.5**
Kūrma Purāṇa geciteerd m.b.t. Kṛṣṇa's lichaam, 9.34
Kuru's
Arjuna
medelijden voor, 1.32-35, **1.36**-36
weigert tegenstand te bieden, **1.45**
bijeenkomst van, 7.25
Dhṛtarāṣṭra &, 1.1
Draupadī beledigd door, 11.49
dynastie van, 'voorvader' van, **1.12**-12
fortuin negeerde, 1.15
hoornschelpen geblazen door, **1.12-13**, 1.19
in kosmische gedaante, **11.26-28**
leger van
Arjuna betreurt vernietiging van, **1.27-45**
Arjuna evalueert, **1.20-26**
beschreven, **1.7-10**, **1.25-26**
Duryodhana geciteerd m.b.t., **1.3-11**
Duryodhana instrueert, **1.11**-11
kracht van, vergeleken met Pāṇḍava's, **1.10**, 1.20
lot van, aangegeven door Kṛṣṇa aan Arjuna, **11.26-28**, **11.32-34**, 11.36, 11.49
lot van, Dhṛtarāṣṭra vreest voor, 1.1-2
lot van, voorspeld door Sañjaya, **18.78**-78

Kuru's (*vervolg*)
voorbestemd gedood te worden, 1.32-35
ontmoedigd aangaande de strijd, 1.1-2, 1.19
& Pāṇḍava's bereiden zich voor op de strijd, **1.1-28**
politieke handelingen van, 1.1-3, 1.11, 1.16-18, 1.23, 1.36-38
straf voor, verlangd door de Heer, 1.32-35
uitdaging door, 1.37-38
vergeleken met
onnodige planten, 1.1
Pāṇḍava's, **1.1-45**
vertrouwen van, verscheurd, **1.19**-19
voorbestemde de strijd te verliezen, 1.16-18
Zie: Kuru's, leger van, lot van ...
Kurukṣetra, *Gītā* gesproken op, *3*
Kurukṣetra, Slag van, *5*, 12.6-7
achtergrond van, 18.78
Arjuna
familieleden van, uit op, **1.28**-28
gevoelens van, over, *13*, **1.27-2.9**, 11.32
& Kṛṣṇa in, 1.15, 9.11
stemt in met deelname aan, *13*, **18.73**-73
niet bedoeld te vermijden, 1.25
vlag van, in, **1.20**-20
weigert deel te nemen aan, **1.45-46**
beïnvloed door locatie, 1.1-2
belang van, 18.78
boogschutters van, **1.4**
Dhṛtarāṣṭra
vraagt naar, 18.74
vreesde uitkomst van, 1.1-2
dood in, ziel ongeroerd door, 5.7
als Duryodhana tegenover Yudhiṣṭhira, 18.78
generaals in, vergeleken, **1.10**
halfgoden waren getuige van, 11.36
hoornschelpen weerklonken in, **1.12-18**, 1.19
Kṛṣṇa
leeftijd & verschijning van, in, 4.6
positie van, in, 1.12, 3.22
wagenmenner in, 1.15, **1.21-22**, 1.21-22, 18.78
wil van, voor, 2.27, 2.38, **11.33-34**
Kuru's vastberaden voor, 3.20
legers in
Arjuna kijkt uit over, **1.21-27**
Arjuna's familieleden in, genoemd, 1.26
Arjuna's zorg over, **1.26-45**
bevoordeeld door Kṛṣṇa's & Arjuna's gesprek, 2.10
als eeuwig individuelen, **2.12**-12
generaals van, **2.35**
vergeleken met golven van rivieren, **11.28**
als onvermijdelijk, 2.27
oorzaak van, 1.16-18, 1.22-**23**
overwinning voor Pāṇḍava's in, als gemengde zegening, **2.5-6**
pogingen uit de weg te gaan, 3.20
politieke achtergrond van, 1.1-3, 1.11, 1.16-18, 1.23, 1.36-38
op het punt te beginnen, **1.20**
Kurukṣetra, Slag van (*vervolg*)
als rechtvaardige oorlog, 2.22, 2.27
Sañjaya vroeg naar, 18.74
terrein van. *Zie:* Slag op veld van Kurukṣetra
uitdaging om deel te nemen aan, 1.37-38
uitkomst van, 1.9
voorspeld door de Heer, **11.32-34**, 11.36
voorspeld in kosmische gedaante, **11.26-28**, 11.49
voorspeld door Sañjaya, **18.78**-78
voorbeeld van , 3.20
vrede niet mogelijk aan begin van, 1.22-23
waargenomen vanuit de ruimte, 11.36
wagenmenner in, 1.15, **1.21-22**, 1.21-22, 18.78
Kurukṣetra, Slagveld van, *6*, 1.15
als heilige plaats, **1.1**-1
hoornschelpen weerklonken op, **1.12-18**
invloed van, op strijd, 1.1
kosmische gedaante gezien op, **11.13**-13, 11.20
Zie: Kosmische gedaante
legers op
bestemming van, voorspeld, **11.26-28**, **11.32-34**, **18.78**-78
verslonden door kosmische gedaante, **11.26-28**, 11.32
verslonden door tijd, **11.32**
strijd op. *Zie:* Slag op Kurukṣetra
voorbereidingen voor de strijd op, **1.1**-28
vergeleken met rijstveld, 1.1
Kuru-kṣetre, betekenis van het woord, 1.1
Kūṭa-stha, ziel als, 2.20
Kuvera, Heer, **10.23**-23, 17.28
Kwaadaardige personen, 9.31
soorten van, **7.15**-15. *Zie:*Demon(en)

L

Lakṣmaṇa, Heer, 1.26
Lakṣmīpati, *28*
Leed. *Zie:* Lijden (leed)
Leegte. *Zie:* Filosofie van de leegte; Impersonalisme
Leeuw, Kṛṣṇa vertegenwoordigd door de, **10.30**
Legers, Kuru & Pāṇḍava, **1.3-6**, **1.7-10**, **1.14-20**, **1.25-26**
Leider(s), **3.20**-21, 3.22
Zie: Kṣatriya('s); Regering(en); Spiritueel leraar (leraren); *namen van individuele leiders*
Leiderschap voor een *kṣatriya*, **18.43**
Lente, Kṛṣṇa vertegenwoordigd door, **10.35**-35
Leraar (leraren)
ongekwalificeerd, 2.5
Zie: Spiritueel leraar (leraren); *specifieke leraren*
Letter A, Kṛṣṇa vertegenwoordigd door de, **10.33**-33
Leven
levend wezen, rol in, 13.27
oorsprong van, *13*, 2.39
Kṛṣṇa als, **7.9**-9, **10.6**-6
materiële filosofie van, **2.26**-26
Leven (*vervolg*)
stadia van, **10.6**-6
Zie: Schepping
Zie: Levend wezen (levende wezens); Materiële leven; Menselijk leven; Samenleving; Ziel; Spiritueel leven
Leven uit materie, 2.30
Levend wezen (levende wezens)
aanwijzing & kennis voor, essentieelste & vertrouwelijkste deel van, **18.64-66**
actief, als altijd, **3.5**-5
activiteiten van, **3.33**, 4.14
vergeleken met plantengroei, 4.14
Zie: Activiteit(en)
afhankelijk van Kṛṣṇa, 4.11
voor bestaan, **10.39**-39
in eten, **15.14**-14
afhankelijk van zon, maan, & vuur, 15.12, **15.13-14**
Allerhoogste Heer &. *Zie:* Levend wezen (levende wezens), Kṛṣṇa & ...
als 'alomtegenwoordig,' 2.24
in banyanboom-analogie, 15.1, 15.2
bedekkingen van, vergeleken met rook, stof, van moederschoot, **3.38**
als beginloos & ongeboren, **2.12**-12, **2.20**, **13.13**, 13.32
Zie: Levend wezen (levende wezens), als eeuwig
behandeling & dieet voor genezing van, 6.35
belichaamde, hoedanigheden van de natuur besturen, 14.22-25
bescherming voor
door Kṛṣṇa, 9.18
door *kṣatriya's*, 2.31, 2.32
als bestuurd, *6*
door hoedanigheden van de natuur, 18.60
door Kṛṣṇa, 3.22, 3.27, 11.43
door lichaam, 13.21, 14.5
door materiële natuur, **13.22**-22
door Superziel, **18.61-62**
als bestuurder van Zijn lichaam, 15.8
bestuurders onder, vergeleken met Allerhoogste bestuurder, 9.11
niet bestuurder van toekomstige geboorten, 16.19
bevrijd. *Zie:* Bevrijding; Ziel(en), bevrijd
bevrijding voor. *Zie:* Bevrijding
binnen de Heer, **9.4-6**, 9.8, **9.10**-10
als Brahman, *4*, 8.1, **8.3**, 13.13
categorieën van
geconditioneerde & bevrijde, 18.78
goddelijke & demonische, **16.6**
als veranderlijke & onveranderlijke,**15.16**-16
als delen van lichaam van de Heer, 7.23
demonische. *Zie:* Demon(en)
dharma voor, *14-16*
als altijd dienaren, *15-16*
als dienaren van de Heer, *16*, 2.51, 2.52, 2.71, 4.17, 4.18, 6.28, 6.29, 7.20, 7.30, 11.43, 13.13, 18.73
direct of indirect, 6.29

Levend wezen (levende wezens) (*vervolg*)
eeuwige, 2.53, 2.71, 4.17, 4.18, 6.28, 6.29, 7.30, 13.13, 18.73
Zie: Levend wezen (levende wezens), wezenlijke positie van
dienst aan de Heer als plicht van, 2.48-51
dient Heer of *māyā*, 18.73
niet te doden, **2.19**, **2.20**
doel van, *10–11*, 4.35, 17.28
Zie: Levend wezen (levende wezens), wezenlijke positie van
dromen van. *Zie:* Dromen
eenheid van, met de Heer, *8*, *10–11*, *14*, *16*, 2.20, 2.22, 2.23, 4.7, 13.3, 15.7, 15.16
eerste, *13*, 2.29, 10.6
eeuwig activiteiten voor, *14–16*
als eeuwig, *5*, *8*, *9*, *14–15*, 2.13, 2.39, 6.39, **15.7**-7, 15.16, 18.20
& beginloos, **2.12**-12, **13.13**, **13.20**-20
dienaren van de Heer, 2.52, 2.71, 4.17, 4.18, 6.28, 6.29, 7.30, 13.13, 18.73
verbonden met Kṛṣṇa, 11.41-42
als eigenaar van niets, 3.30
eigenbelang van, 1.30
eigenschappen van, bron van, **10.4-5**, 10.4-5
als energie van de Heer, 2.16, 5.14, 6.2, 6.29, 8.3, 9.13, 9.17, 13.23, 18.78
evolutie &, 9.8
als expansies van Kṛṣṇa, 4.35
familieleden van, Kṛṣṇa als, **9.17**-17
frustratie aanzet van spirituele zoektocht voor, 3.37
gebonden door hoedanigheden van de natuur, **14.5**-19
geconditioneerd door hoedanigheden van de natuur, **14.6**-19
als geest, 9.25
geheugen van, vergeleken met geheugen van de Heer, 4.6
als gelijk beschouwd door transcendentalist, 12.3-4, **18.54**-54
gelijkheid onder, **5.18**-18, 6.29, 6.32
niet gelijk aan Kṛṣṇa, 10.42, **11.43**-43
geloof nodig voor, 4.42
geluk voor. *Zie:* Geluk
gemanifesteerd als combinatie van het spirituele & materiele, 14.3-4
als genoten, *10*, *16*
'geschapen' door de Heer. *Zie:* Kṛṣṇa, als Schepper; Allerhoogste Heer, als Schepper
geweld door. *Zie:* Geweld
als God, argument tegen, 5.16
grootheid van, vergeleken met Kṛṣṇa's grootheid, **11.37**-37, **11.43**-43
grootvader van, 10.6
als handelende persoon, als onderdeel van activiteit, **18.18**
hart van, Heer in. *Zie:* Superziel
Heer &. *Zie:* Levend wezen (levende wezens), Kṛṣṇa & ...
niet de Heer, 13.3, 13.4
hoedanigheden van de natuur &. *Zie:* Hoedanigheden van de materiële natuur
als hogere energie, *22*, 6.29, **7.5-6**, 7.14, 14.27

Levend wezen (levende wezens) (*vervolg*)
hulpeloos, **3.5**
op hogere planeten. *Zie:* Planeet (planeten)
identiteit van
in detail, **15.7**-7
Zie: Levend wezen (levende wezens), als integrerend deeltje van de Heer, wezenlijke positie van
illusie, in. *Zie:* Illusie; Ziel(en), geconditioneerde
individuele ziel voor elk, 2.17
als altijd individuen, **2.12**-12, 2.23, 2.39, 5.16, 6.39, 14.2, 14.26, 15.7, 15.18
ingebracht in de natuur, 9.10, **14.3**, 14.27
als *īśvara*, *7*, 15.8
vergeleken met Allerhoogste *īśvara*, *7*, 9.11
jīva-bhūta, 15.16
als *jīvātmā*, 8.3
karmische resultaten voor, *8*
Zie: Activiteit(en), reacties voor; Karma; Reacties voor zonden
als kenner van lichaam, **13.1-3**, 13.1-3
als 'kenner van het veld,' **13.1-5**, 13.7, 13.18, 13.20, **13.27**, 14.3.
Zie: Kennis
kennis van, over van. *Zie:* Kennis
kosmische gedaante &. *Zie:* Kosmische gedaante
Kṛṣṇa
als, 9.17
bestuurt, 3.27
eenheid van, met, *7*, *10–11*, *14*, *16*, 2.20, 2.22, 2.23, 5.3, 13.3, 15.7, 15.16
eeuwig verbonden met, 3.27, 11.41-42, 11.55
gelijk tegenover iedereen, **9.29**-29
als Heer van, 3.10, 6.30, **10.15**-15
houdt in stand, 2.12, **9.18**, **10.42**, **13.15**-15, **13.17**-17, **15.17**-17
als leven van, **7.9**, 7.10
meester van, **9.18**
ondersteunt van binnenin, **10.42**
ontstegen aan activiteiten van, 6.29, **9.9-11**
relatie van, met, *3–4*, 2.51, 4.17, 6.28, 7.14, 9.8, 10.42, 13.1-2, 13.23
verenigd in yoga met, **6.47**-47
vergeleken met, 4.6, 5.29, 6.39, 7.5-**6** **7.26**-26, 8.3, 8.8, 9.5, 10.3, 10.42,**11.37**-37, **11.43-44**, 13.3, 13.13-15, 13.18, 13.20, **15.18**-18
vertegenwoordigingen van, onder, **10.21-34**, **10.37-38**
welgezinde van, 1.36
als Kṛṣṇa's, **4.35**-35, 5.10, 5.11, 9.17
dienaren, *16*, 2.51, 2.52, 2.71, 4.17, 4.18, 6.28, 6.29, 7.20, 7.30, 11.43, 13.13, 18.73

Levend wezen (levende wezens) (*vervolg*)
integrerende deeltjes, *7*, *8*, *10*, 1.15, 2.13, 2.16, 2.18, 2.23, 2.46, 3.28, 3.36, 3.37, 3.41, 4.12, 4.21, **4.35**-35, 5.3, 5.5, 5.29, 6.1, 6.28, 6.47, 9.17, 13.20, 13.23, **15.7**-7, 15.16, 17.3, 18.46, 18.55, 18.78
lichaamsdelen, 7.23
zonen, 7.14
als *kṣetra-jña*, 'kenner van het veld,' **13.1-5**, 13.7, 13.18, 13.20, **13.27**, 14.3
leed van. *Zie:* Lijden (leed)
levens van, vroegere & toekomstige. *Zie:* Geboorte; Verhuizing van de ziel
levenskenmerken van, twee, **13.7**
lichaam van. *Zie:* Lichaam; Spiritueel lichaam
niet lichaam, *15*, 2.1, **2.16-22**, **2.25**-25, 2.39, 2.71, 5.2, 5.11, 5.13, 5.20, 9.1, 10.20, 13.1-2, 13.7, 13.20, 13.31, 15.7, 15.10
logica voor begrijpen van, 13.1-2
lichaam, ziel, & Superziel van, relatie tussen, in detail, **13.1-7**
liefde voor God sluimerend aanwezig in, 12.9
manifest & niet-manifest, **2.28**-28, **8.18**, 13.20
als marginale energie, 8.3, 9.13, 9.17, 13.23
& materiële natuur, alle als combinaties van, 13.27
māyā &. *Zie: Māyā*
menselijke. *Zie:* Menselijk(e) wezen(s)
natuur bestuurt, 7.13-14, **13.22**-22
natuur, eeuwige, van. *Zie:* Levend wezen (levende wezens), wezenlijke positie
van natuur niet de oorsprong van, 14.3
omvang van, 8.9
niet onafhankelijk van het bestuur van de Heer, **18.61**-61
onafhankelijk van Heer, geluk niet mogelijk voor, *16*
als ondergeschikt aan de Heer, 1.22, 4.5, 13.8-12
Zie: Levend wezen (levende wezens), als dienaren ...; Levend wezen (levende wezens), wezenlijke positie van
als onderwerp van *Gītā*, *6*, *8*, *10*
onpersoonlijk concept van, 1.15
Zie: Impersonalisme
als onvernietigbaar, *15*
oorsprong van, *4*, 7.6, **9.8**, **14.3-4**
Kṛṣṇa als, 2.16, 3.15, 3.37, 6.29, **7.10**, **10.6**-6, **10.15**-15, 10.42, **11.2**-2, 13.17, **18.46**
research van, 15.3-4
Zie: Schepping
oorspronkelijke natuur van, 3.36, 17.3
Zie: Levend wezen (levende wezens), wezenlijke positie van
als oorspronkelijk zuiver, 3.36
als oorzaak van leed & genot, **13.21-22**
als opstandig, 13.20, 13.23
overal, 2.24, 14.4

Levend wezen (levende wezens) (*vervolg*)
overgegeven aan de Heer. *Zie:* Toegewijde(n); Overgave aan de Heer; Zuivere toegewijde(n)
overgrootvader van, 10.6, **11.39**-39
patriarchen van, **10.6**-6, 10.7, 10.8
perfect. *Zie:* Bevrijde ziel(en); Zelfgerealiseerde ziel(en); Zuivere toegewijde(n); *specifieke volmaakte wezens*
plicht voor. *Zie:* Plicht; *specifieke plichten*
als *prakṛti*, *7*
als *puruṣa*, 13.20
reacties voor activiteiten van. *Zie:* Activiteit(en), reactie(s) voor; Karma; Reactie(s) voor zonden
reacties voor zonden voor. *Zie:* Reacties voor zonden
respect vanwege, 9.11
als samenwerker, *10*
tijdens schepping, 14.3-4
'schepping' van, **9.8**-8 9.10
energieën van de Heer voor, **9.10**-10. *Zie:* Schepping
als secundaire bestuurders, 13.3
soorten van
schepping van, 9.8, 9.10
aantal, 7.10, 7.15, 8.3, 13.21
zielsverhuizing *&*, 8.3, 16.19
soorten van. *Zie:* Levend wezen (levende wezens), categorieën van; Levend wezen (levende wezens), soorten van
spirituele natuur van, 18.20, 18.78
Zie: Levend wezen (levende wezens), wezenlijke positie van
strijd om het bestaan van, 15.16
Superziel *&*. *Zie:* Superziel, levende wezens *&* ...
svarūpa van, *4*, *15*
tevredenheid van de Heer vereist van, 6.1, 6.2
tijdelijk bestaan van, 4.12
Zie: Lichaam (materiële), als tijdelijk
als transcendentaal maar geconditioneerd, 14.5
transformaties van, zes, 2.20, 10.34
typen van
gekend door *Bhagavad-gītā*, 2.54
overeenkomstig conditionering van hoedanigheden, **14.5-9**
val van. *Zie:* Val
vader van. *Zie:* Kṛṣṇa, als vader van iedereen
veld van activiteiten van, **13.1-7**, 13.18, **13.19**, 13.20, **13.27**, 14.3
veranderlijk *&* onveranderlijk, **15.16**-16
Heer ontstegen aan, **15.18**-18
als verantwoordelijk voor eigen activiteiten, 4.14
verering door, bedoeld voor Kṛṣṇa, **11.44**
vergeetachtigheid door, *6*, *9*, *22*, 2.20, 4.5, 4.6, 15.15
vergeleken
met bestuurder van auto, 18.61
met deel van boom, *10*-*11*, 5.7, 9.3
met deeltje goud, *7*
met dienaar, *11*
met elementen, *15*
met gouden ring, 9.29
met hand van lichaam, 4.21
met ledematen van lichaam, 6.1
met lichaamsdelen, *10*, *16*, 5.7, 7.23
met luchtbellen in oceaan, 4.10
met onderdeel van machine, *10*
met passagier, 6.34
met staatsburgers, 13.3
met sterren, 2.13
met winden, **9.6**-6
met zonneschijn, 18.78
met zwemmer in oceaan, **4.36**-36
met vuur, spiegel, van embryo, **3.38**
vergeving voor, door de Heer, 1.32-35
verlangens van
als deel van, 2.71
Superziel *&*, *9*, 18.61
Zie: Verlangen; Verlangen(s), materiële
verlangens van, uit vroegere levens, 15.15
vermogen tot besturen van, *7*
vermogens van, *&* Heer, 7.19
vermogens van, leven als oorzaak van, 7.19
niet vernietigd door vuur, 2.24
vernietiging van, **8.18-19**
verplicht aan halfgoden, **3.12**-12
verschijnen *&* verdwijnen van, **11.2**-2
verschillende natuur *&* lichamen voor, 13.3
verschillend van lichaam, *15*, **2.16-22**, **2.25-30**, 2.71, 5.11, 5.13, 5.20, 9.1, 10.20, 13.2, 13.7, 13.20, 15.7, 15.10
logische argumenten m.b.t., 13.2
verslonden door kosmische gedaante, 11.32
verward door onwetendheid, **5.15**-15
vijand van, lust als, **3.37**-37
volheden van, vergeleken met die van de Heer, 2.2
vriend van
Kṛṣṇa als. *Zie:* Kṛṣṇa, als vriend
toegewijde als, 6.32
vrije wil van onafhankelijkheid van, 3.37, 4.14, 5.15, 7.21, 13.23, 15.7, 15.8, **18.63**-63, 18.78
welzijnswerk voor, hoogste, **5.25**
wezenlijke positie van, *4*, *6*, *14*-*15*,2.49, 2.51, 2.71, 3.30, 3.36, 3.37, 3.41, 3.42, 3.43, 4.19, 4.35, 5.3, 5.5, 5.15, 6.6, 6.20-23, 6.28, 6.29, 6.47, 7.15, 8.3, 13.23, 18.73
activiteit volgens, 5.29, 6.2, 9.30
belang van, 7.28
bevrijding als herstel van, 18.55
in detail, **15.7**-7, 18.73
illusie bedekt, 7.27
kennis over, **4.36-37**, 7.30, 18.73
als onvermijdelijk, 11.43
overgave door kennis van, 6.46
vergeetachtigheid van, 18.73
vertegenwoordigd door Arjuna, 18.73
zaad van, Kṛṣṇa als, **7.10**, **10.39**-39
zaad, in vorm van, 14.3
zelfrealisatie voor. *Zie:* Kṛṣṇa-bewustzijn; Zelfrealisatie
als ziel, 2.18, 7.1, 7.29, 15.7
niet lichaam, 2.19, 2.28, 2.30, 5.2, 5.5, 9.15, 13.20, 15.7
Kṛṣṇa legt uit, **2.13-30**
zintuigen van. *Zie:* Zintuigen
zondige activiteit door. *Zie:* Zondige activiteit
als zonen van de Heer, *14*, 7.14, 14.16
zuivering voor. *Zie:* Zuivering
zwakheid van het hart van, 15.20
Zie: Dier(en); Geconditioneerde ziel(en); Menselijk(e) wezen(s)
Levensadem(s), 2.17, **4.27-29**, **8.10-12**, **15.14**
genoemd, 2.17
Zie: Adembeheersing
Levenskracht
Kṛṣṇa vertegenwoordigd door, **10.22**
Zie: Bewustzijn; Ziel(en)
Levenssoorten
aantal, 15.9
dier, 14.18
voor zielsverhuizing naar, 16.19
Zie: specifieke soorten
Lichaam
oorspronkelijk, 15.7
spiritueel
na bevrijding, 15.7
door devotionele dienst, 8.6
vergeleken met materieel lichaam, 8.3, 15.16
voordelen van, 7.29
geen verandering voor, 15.16
viṣṇu-mūrti &, 15.7
door voorbereiding in dit leven, *20*-*21*. *Zie:* Ziel(en)
Lichaam, het materiële
activiteiten van, buiten de macht van het zelf, **13.30-31**
ascese van, **17.14**-14
benamingen van, gehechtheid aan, 3.29
bepalende factor(en) van
bestuur van de Heer als, 16.19
bewustzijn als, **15.8-9**
hoedanigheden van de natuur als, 7.13, 13.5
karma van vroegere activiteit als, 8.3, 13.5, 13.21
verlangen als, 9.10, 13.21, 13.30
bestuurd door
Heer, 3.27
levend wezen, 15.8
bestuurder van activiteiten, **13.30-31**
bestuurt levend wezen, 13.21
bewustzijn in, van levend wezen (ziel), 2.17, **13.34-35**
Zie: Bewustzijn; Ziel(en)
bijproducten van, 2.20
bloed van, energieën van ziel gedragen door, 2.17
van dier, 13.21

Lichaam, het materiële (*vervolg*)
vergeleken met stof op spiegel, 3.38
Zie: Dier(en); Geboorte als dier
dood, vergeleken met leven, 2.17-19
als dood, 3.5
dood van. *Zie:* Dood
evolutieproces voor, 2.31
als factor van activiteit, **18.14**-14
geboorte van, 2.20
Zie: Geboorte
gehechtheid aan. *Zie:* Gehechtheid; Vals ego
groei van, 2.20, 7.6
grove & subtiele, niveaus van, **3.42**-42
hart van
energie van, 2.22
ziel in, 2.17, 2.20
in de hoedanigheid goedheid, **14.11**
leeftijden van, 2.20, 2.22
menselijk
doel van, 10.4-5
Zie: Menselijk(e) wezen(s);
onderdelen van, **13.6-7**
onthechting ondanks, 6.25
onthechting van, 4.21, 14.22-25
Zie: Onthechting
als oorzaak van activiteit, 5.14, 14.5
als oorzaak van leed & plezier, 13.21
oorzaken van. *Zie:* Lichaam, bepalende factoren van
plichten m.b.t.. *Zie:* Plicht
poorten van, **5.13**, **14.11**
Zie: Zintuigen
tekortkomingen van, *20*
toegewijde onthecht van, **5.8-11**, **5.13-14**
van toegewijde, vergeleken met lotusblad, 5.10
als veld van activiteit, in detail, **13.1-7**
veranderen, **2.16**, 2.22, 13.2, 15.16
veranderingen van, zes, *14*, 2.20, 8.4, 10.34, 13.7, 15.16
vergeleken
met auto, 18.61
met boom, 2.20, 2.22, 16.11-12
met droomlichaam, 2.28
met kleren, *9*, 2.1, **2.22**, 2.28
met Kṛṣṇa's lichaam, *20*, 9.11, 10.3, 11.43, 13.18
met lapje grond, 13.3
met machine, **18.61**-61
met spirituele lichaam, 8.3, 15.16
met stad, **5.13-14**
met ziel, 2.11, **2.16-30**, 2.30, 9.2
verlangens van, 2.70
verlangens vervuld door, 13.31
vertering &, **15.14**-14
verwerven van. *Zie:* Geboorte; Reïncarnatie
voedsel voor. *Zie:* Eten; *Prasādam*; Voedsel
ziekten van. *Zie:* Ziekte(n)
Lichamelijke benamingen, *19*
Lichamelijke opvatting van het leven, 1.29, 2.1, **2.26-27**, 3.40, 13.1-2, 13.8-12
dwaasheid van, 3.40
illusie van, *19*, 7.13
Kṛṣṇa verwerpt, 2.12
leed veroorzaakt door, 5.14
lust veroorzaakt, **3.40**
Lichamelijke opvatting van het leven (*vervolg*)
reacties op, 5.15
vergeleken met vogel genietend van vruchten van boom, 2.22
vrijheid van, *9-10*, **13.31-32**, 14.22-25
zielsverhuizing volgens, 13.21-22
Licht(en)
Heer als bron van, **13.18**
Kṛṣṇa vertegenwoordigd onder, **10.21**
Liefdadigheid. *Zie:* Vrijgevigheid
Liefdadigheidswerk. *Zie:* Welzijnswerk
Liefde, god van de, **10.28**-28
Liefde voor de Heer, 4.20, 8.28
begonnen op ieder moment, 3.41
beloond naar overgave, **4.11**
devotionele dienst &, 9.2, 10.9, **10.10**-10, 11.49, **12.9**-9
gedaante van de Heer passend voor relaties met toegewijden die bezitten, 11.54
geloof in God rijpt tot, 17.28
van koeherdersjongens, 11.8
Kṛṣṇa te zien door, 11.55
lust
als transformatie van, 3.37
als verwrongen weerspiegeling van, 3.41
als natuurlijke toestand, 3.41
nodig om zich Hem te herinneren, *23*
in onvermengde devotie, als kennis, **13.8-12**
sluimerend, opwekking van, 12.9
van toegewijden, 3.13, 8.28
vergeleken met melk, 3.37
van vrienden, speelkameraden, & ouders van Kṛṣṇa, 11.8
Zie: Bhakti; *Bhakti-yoga*; Devotionele dienst; Kṛṣṇa-bewustzijn
Lijden (leed)
angst &, 1.29, **2.56**, **10.4-5**, 10.4-5
in baarmoeder, 7.15
bescherming van, 1.19
Bhagavad-gītā
geeft uitleg over verlichting van, *9*
verlicht, *26*
ook op Brahmā's planeet, 8.17
van dieren, 14.16
Zie: Slachten van dieren
door doelloosheid, 2.66
dood, op moment van de, 13.8-12
doodstraf &, 2.21
drieledige ellende als, 16.24
ellende als, *18*, 2.51
frustratie als, 1.30, 3.37, 4.10
gebed opgewekt door, 7.15
geboorte, dood, ouderdom, & ziekte als, 13.8-12
tijdens geboorte, 13.8-12
geconditioneerde ziel vol van, 2.22
als genade van de Heer, 2.56, 3.28
hartstochtelijke inspanningen altijd vergezeld van, 14.16
in de hoedanigheid hartstocht, **14.16**-16, 14.17
de hoedanigheid onwetendheid als, 18.39
op hogere alsook lagere planeten, **8.16**, 8.17
als karmische reacties, *8*, *9*, *26*
van kind in baarmoeder, 7.15
Kṛṣṇa-bewustzijn &, 2.66, 10.4-5
Lijden (leed) (*vervolg*)
Kṛṣṇa oorsprong van, **10.4-5**
levend wezen veroorzaakt, **13.21-22**
in lichaam van geest, 1.41
lichamelijke opvatting van het leven veroorzaakt, 5.14
materieel geluk vergezeld van, 14.16
materiële wereld vol van, 2.51, **8.15**, **9.33**-33, 11.43
onthechting van, 6.20-23. *Zie:* Onthechting
ontstijgen aan, **2.56**
als onvermijdelijk in materiële wereld, *18-19*
oorzaak (oorzaken) van, 6.32
hartstocht als, **14.16**-16, 14.17
karmische reacties als, *9*
Kṛṣṇa als, **10.4-5**
levend wezen als, **13.21-22**
lichaam als, *20*, 13.21
materiële verlangens als, 1.30, **2.70**-70
natuur als, 2.7, 2.8
onwetendheid als, 13.8-12, 18.39
oorlog als, 1.40
ouderdom als, 13.8-12
proberen te genieten los van de Heer als, *10-11*
toegewijde begrijpt, 15.10
voedsel als, **17.9**, 17.10
vergeetachtigheid over Heer als, 5.25, 6.32, 11.55
vergeetachtigheid van eigenbelang als, 1.30
zinsbevrediging als, **5.22**, **18.38**
planeet voor, 10.29
reacties voor zonden als. *Zie:* Reacties voor zonden
van resultaatgerichte werkers, 7.15
als stimulans in het spirituele leven, 13.8-12
straffen als, 10.29
strijd om het bestaan als, 2.45
als tijdelijk, **2.14**, 2.69
toegewijden
vrij van, 5.26
willen anderen bevrijden van, 11.55
zien, als Kṛṣṇa's genade, 12.13-14
voor toegewijden, geminimaliseerd, 2.56
tolerantie van, **2.14**, 2.15, 2.45
treurnis &, **2.11**-11
vergeleken met seizoenen, **2.14**
verlichting van
Bhagavad-gītā legt uit, *9*
door devotionele dienst, 1.41, 9.33, 11.55
door goed gezelschap, 18.36
door gereguleerd leven, **6.17**
Heer benaderd voor, **7.16**-16
door hoedanigheden te ontstijgen, **14.20**
door horen over Heer, **9.1**
door horen van *Bhagavad-gītā*, 2.22
door Kṛṣṇa-bewustzijn, 2.8, **5.29**, 15.10, 18.54
door overgave, 18.62
door spirituele kennis, **9.1**-1
toegewijde predikt om te geven, 11.55
voor voorouders, 1.41
door zelfrealisatie, **6.20-23**, 6.20-23

Lijden (leed) (*vervolg*)
vernietiging als, **8.19**
van voorouders, 1.41
vraag over, *5*
vrijheid van, door Kṛṣṇa-bewustzijn, **2.65**
zelfrealisatie is schijnbaar, **18.37**
van ziekte, 1.40, 13.8-12
door zielsverhuizing, 2.8, **2.13**, 15.10
van zinsbevrediging, **5.22**, **18.38**
zorg van Arjuna op Kurukṣetra, **1.28-2.2**
van demonen, **16.11-12**, **16.16**-16
alle ervaring, *5*
Literatuur
spirituele, vergeleken met materiële, *21-22*
Zie: specifieke boeken
Logici. *Zie:* Beoefenaars van logica
Logisch argument, 10.32
Lokāyatika-filosofen & -filosofie, 2.26
Lucht
element. *Zie:* Elementen
Kṛṣṇa als, **11.39**
van leven. *Zie:* Levensadem(s)
Luiheid & de hoedanigheid onwetendheid, **14.8**, **14.13**, **18.28**, **18.39**-39
Lust, **2.62**, **3.37-41**, **3.43**, **16.8-12**, **16.18**, **16.21**-21
gevaar van, **3.40-41**
gezuiverd door devotionele dienst, 3.41
in Kṛṣṇa's dienst, 3.37
overwonnen door Kṛṣṇa-bewustzijn, **3.43**-43
reguleren van zintuigen om te beheersen, **3.41**-41
vergeleken
met rook, stof & moederschoot, **3.38**
met vuur, **3.39**
met yoghurt, 3.37
woede, hebzucht, &, **16.21-22**
zetels van, **3.40**
zintuigen &, **3.40**, 3.42
Zie: Gehechtheid; Verlangen(s), materiële; Zinsbevrediging

M

Maan, *17*, *18*, *24*
belang van, 15.12
groenten gevoed door, **15.13**-13
halfgod van, 7.23
Heer als, **15.13**
Kṛṣṇa als, **11.39**
Kṛṣṇa vertegenwoordigd door, **10.21**
leven op, 8.25
levend wezen afhankelijk van, 15.12, **15.13-14**
licht van, **7.8**-8, 13.18
in kosmische gedaante, 8.4, **11.19**
als ster, **10.21**, 15.12
straling & licht van, van Kṛṣṇa, **15.12**-12
zielsverhuizing naar, *18*, 2.8, **8.25**
Maanden
beste, **10.35**-35
Kṛṣṇa vertegenwoordigd onder, **10.35**-35
Mādhava, Heer, 1.36, 8.22
Mādhavendra Purī
geciteerd m.b.t. ontstijgen aan riten & rituelen door devotionele dienst, 2.52
Kṛṣṇa herinnerd door, 2.52
Mādhavendra Purī (*vervolg*)
in de opeenvolging van discipelen, *28*
Madhu demon, 1.15, 8.2
Madhusūdana, Heer, Kṛṣṇa als, *24*, **8.2**
reden voor bekendheid als, 1.15, **2.1**-1, 8.2
Madhvācārya, *2*, *28*, 7.15
Mādhyandināyana-śruti geciteerd m.b.t. de bevrijde ziel in de spirituele wereld, 15.7
Mahā Upaniṣad geciteerd m.b.t. de schepping, 10.8
Mahā-bāhu, Arjuna als, 2.26
Mahābhārata, *22*, *27*, 1.1, 4.8
geciteerd m.b.t. *Bhagavad-gītā's* geschiedenis, 4.1
geciteerd m.b.t. *muni's*, 2.56
geciteerd m.b.t. de schepping, 10.8
Mahad brahma, 14.3
Mahājana's (vedische autoriteiten), genoemd, 4.16, 7.15
Mahā-mantra
voor het zich herinneren van de Heer, 8.5
Zie: Chanten in Kṛṣṇa-bewustzijn
Mahārāja's. *Zie: kṣatriya('s)*; *specifieke koningen*
Maharloka, 9.18, 9.20
Mahātmā('s), 8.15
betekenis van, 11.37
definitie van, 8.15
kenmerken van, 9.15
kenmerken & eigenschappen van, **9.13**-13
kwalificaties van, 9.13
als zuivere toegewijden, 9.13
Zie: Toegewijde(n); Wijze(n); Zuivere toegewijde(n); *specifieke persoonlijkheden*
Mahat-tattva, 7.4, 9.8
brahmajyoti bedekt door, 13.18, 15.6
schepping &, 13.20, 14.3
ziel van, Heer als, 10.20
Mahā-Viṣṇu, 7.4, 10.8, 11.1, 13.20
als expansie van Kṛṣṇa, 11.54
in kosmische oceaan, 10.20
mahat-tattva &, 10.20
schepping &, 9.8, 11.54
universa van, 11.54
Mammonisme. *Zie:* Materialisme; Zinsbevrediging
Māṇḍūkya Upaniṣad geciteerd m.b.t. de materiële wereld als een manifestatie van Brahman, 5.10
Maṇipuṣpaka hoornschelp, **1.16-18**
Mantra, transcendentale, Kṛṣṇa als de, **9.16**
Manu('s)
Bhagavad-gītā gesproken tot, **4.1**-1
duur van tijdperk van, 4.1
als Kṛṣṇa-bewuste autoriteit, 4.16
Kṛṣṇa oorsprong van, **10.6**-6
van Kṛṣṇa's verschijning, 4.7
in de opeenvolging van discipelen, *3*, 4.16
overgave aan de Heer, 7.15
tijdperk van, 4.1
Manu-saṁhitā
aangehaald
m.b.t. lust, 3.39
m.b.t. straf voor moord, 2.21
hervormingsceremonieën van, 7.15
als instructie voor menselijke samenleving, 3.21
Manu-saṁhitā (*vervolg*)
reguleringen voor menselijk gedrag in, 16.7
wetten ontleent aan, 16.7
wet van, aangaande vrouwen, 16.7
Mārgaśīrṣa, Kṛṣṇa vertegenwoordigd door, **10.35**-35
Marginale energie. *Zie:* Energie, marginale
Marīci, Kṛṣṇa vertegenwoordigd door, **10.21**
Marihuana, 3.24
Maruts
kosmische gedaante &, **11.22**
Kṛṣṇa vertegenwoordigd onder, **10.21**
Materialisme
als *asat*, *5*
bezorgdheid door, *5*
complicaties van, 2.7
illusie door, 2.2
illusie van. *Zie:* Illusie
literatuur in, *22*
als niet-bestaan, *5*
vergeleken met spiritueel leven, 1.32-35
vernietiging van familie heeft als resultaat, **1.39**-39
zintuigen zoeken, 2.62
Zie: Gehechtheid; Resultaatgerichte activiteit; Zinsbevrediging
Materialist(en)
activiteit van, eigenschappen van, **18.24**, **18.27-28**
afgunstig op Kṛṣṇa, 18.67
Arjuna ondervraagt Kṛṣṇa in het voordeel van, 4.4
atheïstische, **9.12**-12
Zie: Atheïsme; Atheïst(en); Demon(en)
beoefenen spirituele speculatie, 4.10
geen besef van spiritualiteit, 13.25
bestuur van natuur vergeten door, **3.27**-27
Bhagavad-gītā
commentaren op, door, 4.2, 18.67
niet gewaardeerd door, 4.2
demonisch, 4.3, 7.15
Heer bespot door, **9.12**-12
Kaṁsa voorbeeld van , 9.34
Zie: Atheïst(en); Demon(en)
devotionele dienst veronachtzaamd door, **2.41**-41
dieren doden door. *Zie:* Slachten van dieren
als dierlijk, 6.40
als dieven, 3.12, 3.13
als dwaas, 3.40
gebrek aan doel in leven, 3.12
eigenschappen van
in de hoedanigheden goedheid, hartstocht, & onwetendheid, **18.7-8**, **18.21-22**, **18.24-25**, **18.27-28**, **18.31-32**, **18.34-35**, **18.38-39**
Zie: Hoedanigheden van de natuur
falen, als gedoemd te, 2.44
filosofie van, 3.16
gefrustreerd, 4.10
geleerden, wereldse, als, 4.9
genieten zonder offer, **3.12**-12
goede werken door, 3.29
halfgoden vereerd door, *16-17*, **4.12**-12

Materialist(en) (*vervolg*)
hoedanigheden van de natuur
& . *Zie:* Hoedanigheden van de natuur; *specifieke hoedanigheden*
in de hoedanigheid goedheid. *Zie:* Goedheid, hoedanigheid van
in de hoedanigheid hartstocht. *Zie:* Hartstocht, hoedanigheid van
hypocrieten in spiritueel leven als, 3.6
illusie van. *Zie:* Illusie
intelligentie, gebrek aan in, **16.9**-9
kennis van, eigenschappen van, **18.21-22**
kosmische gedaante gezien als Allerhoogste door, 4.10
Kṛṣṇa
niet begrepen door, 4.10, 7.4
bespot door, 6.47, **9.11**-11, 9.11-12
kenmerken van, voor het zich herinneren van door, **10.17**-17
methoden van, verworpen door, 7.15
vererenswaardig voor, 4.11
vergeten door, 3.27
literatuur van, vergeleken met spirituele literatuur, *22*
materiële gehechtheden zekerheid voor, 1.28
nacht van, vergeleken met tijd van
ontwaken voor spiritualisten, **2.69**-69
offers voor, 3.12, 4.25
omgang met, 11.55
ongehoorzaam aan de Heer, 3.39
perfectie verloren voor, **3.32**
reacties voor, **3.32**
onwetend
over bevrijding, 2.2
over echte activiteit & verering, 4.12
over de Heer, 4.10
over ziel & zielsverhuizing, **15.11**-11
in onwetendheid, **3.29**-29
Zie: Onwetendheid
opstandig tegenover de Heer, 13.20
overgave vermeden door, **7.15**-15
personalisme beangstigd, 4.10
plicht vereist van, 3.7-9
regulering afwezig in, 6.40
religie van. *Zie:* Religie, materiële
spiritueel leven, hebben geen interesse voor, 3.29, **4.10**-10
tijd van ontwaken van, vergeleken met nacht van spiritualisten, **2.69**-69
toegewijden
vergeleken met, 1.28, 2.72, 3.25, 3.27, 4.3, 4.8, 5.10, **5.12**, 7.15, 12.15
moeten niet verstoren, **3.26**-26, **3.29**-29
zouden kunnen lijken op, *9-10*
val van, **14.18**-18
in vals ego
ziet zichzelf als handelende persoon, **3.27**-27
Zie: Vals ego
verering belangrijke mensen, 4.12
verering halfgoden voor materiele resultaten, **4.12**-12

Materialist(en) (*vervolg*)
vergeleken
met criminelen, 3.39
met ezel, 7.15
met personeel, 4.14
met spiritualisten, **2.69**-69, 6.38, 6.40
met varkens, 7.15
met wijze, **2.69**-69
met ziek persoon, 2.59
verlangens van, 3.25
verstoring van, wijzen vermijden, **3.29**-29
vooruitgang voor, 3.6
vrekkig, 2.7
zelfzuchtigheid van, 1.30
zielsverhuizing voortgezet door, 8.24-26
Zie: Demon(en); Resultaatgerichte werkers
Materie
als het spirituele bedekt, 4.24
& het spirituele, als hetzelfde voor Kṛṣṇa, **9.19**
vergeleken met het spirituele, **2.16-30**
Zie: Energie, lagere; Energie, materiële; Materiële wereld
Materiële activiteiten. *Zie:* Materialisme; Resultaatgerichte activiteiten
Materiële energie. *Zie:* Energie, marginale; Energie, materiële
Materiële gehechtheid. *Zie:* Gehechtheid
Materiële leven, het
beëindiging van, als doel van yoga, **6.15-16**
begin van, 7.14
benamingen in, 3.29
benodigdheden voor
bestuurd door de Heer, 3.28
door halfgodenverering, **3.11-12**, 3.16
halfgoden voorzien in, 3.11, **3.12**-12, 3.14, 3.16
Heer voorziet in, 2.70, 3.12, 3.16, 9.29, 12.20, 18.66
minimaliseren, 6.20-23
door offer, **3.10**-10, 4.31
reguleringen aangaande, **3.34**
seks als een van, 3.34
bevrijding van. *Zie:* Bevrijding
comfortabel door offer, **3.10-12**
devotionele dienst kan lijken op, 9.30
duur van, toename van, 4.29
dwaasheid van, 8.19
ellende van, 7.15, 7.29, 13.8-12
Brahmaloka, ook op, 8.17
genoemd, **13.8-12**
inzien van het kwaad van, **13.8-12**
vrijheid van, door ontstijgen van hoedanigheden, **14.20**
Zie: Lijden (leed)
als ellendig, 2.51
faciliteiten voor
Heer voorziet in, 4.14
vergeleken met regens, 4.14
met familie. *Zie:* Gezinsleven
gebondenheid door, **5.12**, 18.73
gefrustreerd met, 3.37
gehechtheid aan, **3.29**-29
door demonen, 16.11-12
Zie: Gehechtheid
gehechtheid oorzaak van, 13.21-22
geluk in. *Zie:* Geluk

Materiële leven, het (*vervolg*)
illusie in. *Zie:* Illusie
leed in. *Zie:* Materiële leven, ellende van; Lijden (leed)
als manifestatie & vernietiging, **8.19**
offer omwille van, **17.12-13**
onderwijs over, moderne samenleving geeft alleen, 9.2
onwetendheid in. *Zie:* Onwetendheid
onzuiverheid door, devotionele dienst zuivert van, 10.11
pessimisme aangaande, 13.8-12
reacties voor zonden veroorzaken, 4.30
stadia van gehechtheid aan, drie, 4.10
tegenwoordig. *Zie:* Huidige tijdperk
val naar
van devotionele dienst, **9.3**-3
vrijheid van, door yoga, 6.20-23, 6.25
vergeleken
met baan, 12.9
met het echte leven, 2.72
met spiritueel leven, 2.72, 6.40, 9.1, 9.20-21
met ziekte, 4.24
vroomheid in, 3.16
in westerse landen. *Zie:* Westerse wereld
als worsteling, **15.7**-7, 15.8
voor bestaan in, vergeleken met zwemmen in oceaan, 4.36
als zondig, **3.16**
Zie: Materialisme; Resultaatgerichte activiteit
Materiële lichaam. *Zie:* Lichaam, het materiële
Materiële natuur, de
als *adhibhūta*, **8.4**
als afhankelijk van Heer, *6-7*
als bestuurd, *6-7*
door Kṛṣṇa, 3.27
als bestuurder
van levend wezen, **13.22**-22
overeenkomstig lichaam, **13.21-22**
bestuur van, levende wezens pogen, *6-7*
bevrijding van. *Zie:* Bevrijding
bevruchting van
door de Heer, 2.39, **14.3**, 14.27
met levende wezens, 3.15, 9.10
Bhagavad-gītā legt uit, *6, 8*
bindende invloed van, **3.33**
blik van de Heer over, 3.15
als compleet, *12*
doel van, 3.36, 13.20
als eeuwig, *8, 9*
& beginloos, **13.20**-20
elementen, gevormd uit, **7.4-5**, 13.6-7
Zie: Elementen, materiële
als energie van de Heer, *8, 22*, 7.14, **9.9-10**
evolutie van. *Zie:* Evolutie
geboorte in. *Zie:* Geboorte
gemanifesteerd & ongemanifesteerd, 13.20
als goddelijk hoewel lagere energie, 7.14
halfgoden managen, 3.24, 4.25
Heer bestuurt, 7.14
Heer ontstegen aan, 4.4, 9.13

Materiële natuur, de (*vervolg*)
hoedanigheden. *Zie:* Hoedanigheden van de natuur
hogere & lagere, *7-8*
hogere natuur &, combinatie van, 13.27
kwaliteiten van, drie, *7*
leed veroorzaakt door, 2.7, 2.8
Zie: Lijden (leed)
levende wezens
bestuurd door, 7.13-14, **13.22**-22
&, combinatie van, 13.27
lichaam bestuurd door, **5.14**-14
manifestaties van
vergeleken met seizoenen, *8*
vergeleken met wolken, *8*
onderdelen van, **13.6-7**
Zie: Elementen, materiële; Energie, materiële
als onderwerp van *Gītā*, *6*, *8*
oorsprong van, 7.6
Zie: Schepping
niet oorsprong van levende wezens, 14.3
als oorzaak
van activiteit, **5.14**
van alle materiële oorzaken & gevolgen, **13.21-22**
ondergeschikt, 9.8, **9.10**-10
onmiddellijk, 4.14
als *prakṛti*, *7-8*, 2.39, 7.4, **13.1-2**, 13.3
schepping &, 7.14
spirituele natuur ontstegen aan, **8.20-21**
als tijdelijk gemanifesteerd, *8*
transformaties & hoedanigheden, **13.20**-20
val door contact met, **3.37**
vergeleken
met rijst, 14.3
met wetten koninkrijk, 7.12
verlangens tegemoetgekomen door, 3.37
vrijheid van, 9.13
wetten van
bestuur van, 13.21
dood volgens, 16.11-12
Zie: Energie, materiële; Materiële wereld; Hoedanigheden van de natuur
Materiële verlangens. *Zie:* Gehechtheid; Verlangen(s), materiële
Materiële wereld, de
activiteiten in
gespiritualiseerd door Kṛṣṇa-bewustzijn, **4.24**-24
seks middelpunt van, 3.39 analytische studie van, **5.5**-5
Zie: Sāṅkhya; *Sāṅkhya-yoga*
bestuurd door Kṛṣṇa, **9.8-10**
bestuurders van, vergeleken met Allerhoogste bestuurder, 9.11
bevrijding van. *Zie:* Bevrijding
brahmajyoti bedekt door, 13.18
bron van, in energieën van de Heer, 13.20
als compleet, *12*
demonische opvatting van, **16.8**-8
doel van, als kans om terug naar God te gaan, 11.33
dualiteiten van, 4.22
toegewijde ontstegen aan, **4.22**-22
eigenschappen van, *14*
elementen van, *12*
Zie: Element(en), materiële
als ellendig, **8.15**, **9.33**-33, 11.43
Zie: Lijden (leed)
Materiële wereld, de (*vervolg*)
gebondenheid aan, vrijheid van. *Zie:* Bevrijding
als geboorte & dood, plaats van herhaaldelijke, **9.21**
gedegradeerd door zinsbevrediging, 16.9
geluk
onmogelijk in, 2.51
Zie: Geluk
hoedanigheden van de natuur &, 5.8-10
illusie in. *Zie:* Illusie
Kṛṣṇa
alomtegenwoordig in, **8.22**-22
als bestuurder van, 16.8
instandhouder van, **9.18**-18
ontstegen aan, 4.14, 9.11, **11.37-38**
oorsprong van, 10.8
plan van, voor, 11.33
leed in. *Zie:* Lijden (leed)
leven in, vergeleken met droom, 2.28
mahat-tattva bedekking van, 9.8, 13.18
als *maithunya-āgāra*, 3.39
manifestatie in, van levende wezens, **8.19**
omvang van, *21*
'onbewoonbaar voor iedere verstandige gentleman,' 9.33
onderhouden door de Heer, 15.13
niet onecht maar tijdelijk, 9.33
onthechting van, 11.55
oorsprong van
Kṛṣṇa als, 10.8, **15.3-4**
spirituele wereld als, 15.1
oorzaak van
ondergeschikt, materiële natuur als, 9.8, **9.10**-10
research van, 15.3-4
pradhāna &, 5.10
schepping van. *Zie:* Schepping
spirituele wereld
bedekt, als, 4.24
ontstegen aan, **8.21**
vergeleken met, *14*, *17*, *18-19*, *20*, *21-22*, 9.33, 13.18, 13.21, 15.1, 15.6, 15.16
weerspiegeling van, 15.1, 15.3-4
strijd om het bestaan in, 15.16
terugkeer naar. *Zie:* Cyclus van geboorte en dood; Reïncarnatie
als tijdelijk, 4.12, 9.33, 15.1
maar niet onecht, 9.33
voor toegewijde, net zo goed als Vaikuṇṭha, 18.54
val naar, 9.25, 13.24
Zie: Val
vergeleken
met banyan, **15.1**-1, 16.1-3
met bloem, 9.10
met boom met wortels omhoog, *19*, **15.1**-1
met oceaan, **4.36**-36, **12.6-7**, 12.6-7
met spirituele wereld, *14*, *17*, *18-19*, *20*, *21-22*, 9.33, 13.18, 13.21, 15.1, 15.6, 15.16
met water in hoefafdruk van kalf, 2.51
met weerspiegeling, *19*
met woestijn, *19*
met bosbrand, 4.36
verlaten. *Zie:* God, terug naar; Bevrijding
Materiële wereld, de (*vervolg*)
vernietiging van
demonen op weg naar, **16.9**-9
Zie: Vernietiging
verstrikking in, 15.1, 15.3-4
lust oorzaak van, 3.37
als verwrongen weerspiegeling, 15.1
als weerspiegeling van spirituele wereld, 15.1, 15.3-4
Zie: Materiële natuur; Planeet (planeten), materiële; Universum
Mathurā, 6.11-12
Māyā
bestuurt geconditioneerde zielen, 3.5
definitie van, 4.6, 4.35, 6.20-23, 10.39
van denken dat men zelf God is, 18.73
ellende van, 16.24
Heer bestuurt, 7.14
Kṛṣṇa's gedaante niet, 7.24, 7.26
laatste valstrik van, 2.39, 18.73
levende wezens
dienen, 18.73
geneigd bedekt te worden door, 2.23
visie bedekt door, 7.26
transcendentalist verleid door, 6.37
vergeetachtigheid door, 7.15
vergeleken met wolk, 7.26
vrijheid van, 2.14, 3.33, 7.5
Zie: Onwetendheid; Illusie; Materiële natuur; *Yoga-māyā*
Māyā-devī & Haridāsa Ṭhākura, 2.62
Māyāvāda-filosofie. *Zie:* Impersonalisme
Māyāvādī('s). *Zie:* Impersonalist(en)
Māyayāpahṛta-jñānāḥ, **7.15**-15
Mededogen, **16.1-3**
Arjuna's, **1.27-28**, 1.28, 1.32-35, **2.1**, 2.2, 2.36
Medicijn, **9.16**
Meditatie, **6.19**, **6.25-26**
op Brahman, 12.1
op *cakra's*, zes, 8.10
door chanten van Hare Kṛṣṇa, 8.8
Zie: Chanten in Kṛṣṇa-bewustzijn
evenwichtigheid in, **6.19**
op gedaante van de Heer, **9.22**, 18.65
God (Superziel)-realisatie door, **13.25**-25
op Heer in hart, **6.13-14**
in huidige tijdperk, 9.27
als interim proces, 12.12
op Kṛṣṇa, *23*, *24-25*, **6.10**-10, 7.28
Kṛṣṇa bereikt door, **8.8**
Kṛṣṇa raadt aan, **18.65**-65
uit vijandschap, 9.34
met motivatie voor bevrijding, 7.29
object van, 7.2
onpersoonlijk, als moeilijk, 12.1
proces van yoga van, 5.28
schijn van, **3.6**
op spirituele energie, *21-22*
op Superziel, **6.31**-31, 8.12
valse, **3.6**
op vedische literatuur, *22*
Viṣṇu object van, 2.61
op volheden van de Heer, **10.17**
Meditatie, diepe, 2.62, 4.24, **4.29**, **5.21**, 5.26, 6.10, **6.20-23**, 6.20-23, **6.25**, 6.25, 6.31, 8.12, **18.51-53**, 18.51-53.
Zie: Samādhi

Menakā, Viśvāmitra &, 2.60
Mens(en)
aanwijzing & kennis voor, **18.59-61**, **18.64-66**
actief in de hoedanigheden van de natuur, **18.26-28**
afhankelijk van Heer, 15.13
Arjuna ondervraagt Heer ten behoeve van, 10.16-17
in banyanboom-analogie, 15.2
bekwaamheid in, Kṛṣṇa als, **7.8**-8
benodigdheden van, 3.9, 3.34, **4.21**-21, 6.20-23, 12.20, 18.66
beschaafde, als gereguleerd, 7.15
bescherming door, 7.11
bescherming voor, 4.1
bestuurders van, **3.27**-27
bestuurders van, in regering. *Zie:* Regering(en)
demonische personen. *Zie:* Demon(en)
deugden van. *Zie:* Deugd; *specifieke deugden*
dierenleven niet bedoeld voor, *14-15*
dood voor. *Zie:* Dood
dwaze, **7.15**-15
eigenschappen, goede, in, 10.4-5
Zie: Deugd
eigenschappen & kenmerken van
bekendstaan overeenkomstig, 2.54
overeenkomstig hoedanigheden van de natuur, **18.19-44**
evolutie van. *Zie:* Evolutie; Reïncarnatie
geboorte als, 2.40, **14.15**
Zie: Geboorte
gehechtheden van. *Zie:* Gehechtheid
gehuwd. *Zie:* Gezinsleven
gekend door specifieke kenmerken, 2.54
gekwalificeerd voor vrijgevigheid, 17.20
geleerde, definitie van, 7.15
geleerde onder, 7.15
geluk voor. *Zie:* Geluk
getrouwd. *Zie:* Gezinsleven
geweld door. *Zie:* Geweld; Moord; Oorlog; Slachten van dieren
geweld onvermijdelijk onder, 2.27
goddelijke, **16.5-6**
Zie: Toegewijde(n); Transcendentalist(en); *Yogī('s)*
goddeloos, die zich nooit overgeven aan Kṛṣṇa, **7.15**-15, 9.31
groot man gevolgd door, **3.21**-21
halfgoden &, samenwerking tussen, **3.11**-11, 3.24
handelen overeenkomstig hun eigen natuur, **3.33**
hoedanigheden van de natuur &, **18.19-40**
Zie: Hoedanigheden van de natuur
huwelijksceremonie nodig voor, 18.5
incarnaties van de Heer geïmiteerd door, 11.48
kenmerken van, belangrijkste, 2.54
Mens(en) (*vervolg*)
kenmerken van, onderscheidende, 7.15
kennis voor
Kṛṣṇa's regeling voor, *6*
Zie: Kennis
koning onder, Kṛṣṇa vertegenwoordigd door, **10.27**-27
Zie: Kṣatriya('s)
kracht van, **7.11**
Kṛṣṇa als, **7.11**, **10.36**
Kṛṣṇa
gedaante van, als, **11.51**
manifestaties van, niet gekend door, **11.6**
vertegenwoordiging van, onder, **10.27**-27
verschijnt als, *18*
als welgezinde van, 14.16
kwaadaardige personen, 9.31
Zie: Demon(en); Materialist(en)
laagsten onder, **7.15**-15, **16.19**
van lagere afkomst, gekwalificeerd voor allerhoogste bestemming, *25*, **9.32**-32
leed van. *Zie:* Lijden (leed)
leiders onder
onverantwoordelijk, 1.42
Zie: Kṣatriya('s); Regering(en)
levensduur van, 7.9
machtigen, Kṛṣṇa bron van macht van, **7.10**
materialistisch. *Zie:* Gehechtheid; Materialist(en)
nieuwsgierige, Heer benaderd door, **7.16**-16
nood, degenen die in verkeren, **7.16**-16
onderwijs voor. *Zie:* Onderwijs; Kennis
ongeboren, 7.15
onthecht. *Zie:* Onthechting
onwenselijke bevolking onder, **3.24**
oorsprong van, 9.8
oudere, 2.20
perfectie voor
door iemands eigen activiteit, **18.46**
door *varṇāśrama*, 4.26
zeldzaamheid van, **7.3**-3
Zie: Zuivere toegewijde(n); Bevrijde ziel(en); Volmaakte wezen(s); Volmaaktheid
plicht voor. *Zie:* Plicht
principes voor. *Zie:* Menselijk(e) wezen(s), reguleringen voor
problemen van, *Gītā* bedoeld om op te lossen, *26*
Zie: Menselijk leven; Samenleving
regering voor. *Zie:* Regering(en)
regulering voor, **3.15**-15, 6.40, **16.1-3**, 16.1-3, **16.7**-7, 16.22, **16.23-24**, 17.5-6, 18.25, 18.78
Zie: Regulerende principes
reguleringen in de heilige teksten voor. *Zie:* Regulerende principes
rijkdom oorzaak voor, 16.16
rijkdom voor. *Zie:* Rijkdom
samenleving van, 1.42, 2.4, 2.21, 3.19-21, 14.16
schepping van, 9.8
Mens(en) (*vervolg*)
soorten van, 4.3, 4.15, 7.13, **9.32-33**, **16.6**. *Zie: Varṇāśrama-dharma*, stelsel van
aantal, 7.15
demonische, **16.19-20**
twee, 6.40
spraak van, belang van, 2.54
toegewijden preken omwille van, 11.55
typen van. *Zie:* Menselijk(e) wezen(s), soorten van
val van, 16.1-3
door afkeer van spirituele principes, 16.24
naar demonische soorten, **16.19-20**
naar hel, **16.21**
naar hels leven, **14.18**-18
van Kṛṣṇa-bewustzijn, **2.40**-40, **2.67**, 3.5, 4.29, **9.3**-3, **9.30**-30, 15.20
door materialistisch gezelschap, 7.28
door materiële verlangen, 6.5
met materieel leven, **9.3**-3
door ongeloof, **4.40**
door overtredingen tegenover Heer, **9.12**-12
vedische literatuur bedoeld voor, *13-14*
verering voor, *17*
Zie: Devotionele dienst; Verering
vergeleken
met dieren, *13-14*, 4.40, 7.3, 14.17
met motten, **11.29**
met vuur bedekt door rook, **3.38**
verheffing voor, **4.28**-28
verlangend naar rijkdom, **7.16**-16
verslonden door kosmische gedaante, **11.26-30**, 11.32
voedsel verboden & geschikt voor, 9.26
Zie: Eten; Voedsel; *Prasādam*
vrekkig, 2.7
vrije wil van, 7.21
vrome, benaderen Kṛṣṇa, **7.16**, 8.14
waanzinnig, **14.8**, **14.13**
zelfkennis voor, *6*
Zie: Zelfrealisatie
zintuigen van. *Zie:* Zintuigen
zoekend naar kennis, Heer benaderd door, **7.16-17**
zondig, 1.11, **1.36-44**
Zie: Demon(en); Materialist(en)
zuiverende processen &, 18.5
Zie: Menselijk leven; Levend wezen (levende wezens); Samenleving
Menselijk leven
activiteiten voor onderhoud van, **3.8**-9 *Zie:* Zintuigen
ascese nodig in, 16.1-3
in baarmoeder, 7.15
begin van, *5*
bedoeld voor Kṛṣṇa-bewustzijn, 3.41
benodigdheden in, 3.9, 3.34, **4.21**-21, 6.20-23, 12.20, 18.66
benodigdheden voor, 3.9, **4.21-22**, 6.20-23

Menselijk leven (*vervolg*)
beschaafd, doel van, 7.15
bevrijding van. *Zie:* Bevrijding
voor dierenoffers, 2.31
doden van. *Zie:* Moord; Oorlog; Slachten van dieren
doel van, *13*, *17*, *25*, 2.2, 2.7, 3.12, 3.38, 4.26, 7.15,9.27, 10.4-5, 14.15, 16.23, 18.1
devotionele dienst als, 18.1
Heer in hart als, **6.13-14**
Kṛṣṇa als, **9.18**-18, 10.10
Kṛṣṇa-bewustzijn als, 3.27, 3.28, 4.1, 11.33, 16.23, 18.65-66
materialisten hebben gebrek aan, 3.12
onwetendheid over, **7.15**-15
varṇāśrama om te bereiken, 4.26
zelfrealisatie als, 3.16
Zie: Menselijk leven, doel van duur van, 7.9
eind van, devotionele dienst aan, *25*
ellende is het gevolg van, *20*
fijnstoffelijk
draagt levensopvatting voor volgende lichaam, **15.8**-8
elementen van, 13.7
geesten als, 1.41
& grofstoffelijk, niveaus van, **3.42**-42
functies van, vier, 6.20-23
gedachten tijdens, resultaat van, 8.6
geluk in. *Zie:* Geluk
geweld aandoen. *Zie:* Geweld
Heer als Superziel in. *Zie:* Superziel
hoedanigheden van de natuur besturen, 2.45, **5.14-15**
moet ingericht worden om zich Kṛṣṇa te herinneren, 18.65
kenners van, **13.1-5**, 13.13, 13.18-19
Zie: Allerhoogste Heer, als Superziel; Ziel(en), geconditioneerde
kennis over, 2.1, **18.22**-22
kennis over, Kṛṣṇa's regeling voor, *6*
Kṛṣṇa moet herinnerd worden in, 18.65. *Zie:* Menselijk leven, doel van
in Kṛṣṇa's dienst, 13.8-12
als Kṛṣṇa's eigendom, 5.10-11
als *kṣetra*, 13.2
kwellen van uit trots & gehechtheid, **17.5-6**, 17.5-6
leed in. *Zie:* Lijden (leed)
leed & plezier door, 13.21
leven van
van Heer, 18.20
ziel als, 7.6, 10.20
leven van, theorie van, 2.26
levende, vergeleken met dode, 2.17-19
voor leven op zonneplaneet, 2.24
levensadems van. *Zie:* Levensadem(s)
levend wezen
bestuurd door, 13.21
van maanbewoners, 8.25
moraliteit in, 1.40. *Zie:* Deugd; Kṛṣṇa-bewustzijn; Religie; Zuivering

Menselijk leven (*vervolg*)
natuur bestuurt, **5.14-15**
als 'niet-bestaand,' **2.16**, 2.28
niet nodig, 14.22-25
offer essentieel in, **3.16**
omstandigheden van, devotionele dienst onafhankelijk van, 9.2, 9.14, **9.32**-32
onderhoud van, 3.9, **4.21**-21, 6.20-23, 12.20, 18.66
onderverdelingen in overeenkomstig hoedanigheden, **4.13**-13
varṇāśrama. Zie: Varṇāśrama-dharma, stelsel van
ontstijgen, door Kṛṣṇa-bewustzijn, **5.13-14**
oorsprong van, **10.6**-6
opofferen van, 2.22
oud. *Zie:* Menselijk leven, Ouderdom
overwinning in, door Kṛṣṇa-bewust-zijn, 11.34
van planten, 3.38
plicht in. *Zie:* Plicht
puruṣārtha in, 6.20-23
regulering in, **6.16-17**, 16.6, 16.23
respect voor, 9.11
soorten van, aantal, 8.3, 13.21, 15.9
soorten van, reden voor, 13.3
spirituele lichaam vergeleken met, 8.3, 15.16
spirituele of materiële kenmerken vertoond door, 1.29
stadia van, in vedische beschaving.
Zie: Varṇāśrama-dharma, stelsel van
& Superziel, 5.18, 13.1-5, 18.61
als tempel van de Heer, 9.11
als tijdelijk, *14-15*, 2.11, **2.16-30**, **13.28**, 18.20
treuren over, als dwaas, **2.11**-11
val in, 3.42
varṇāśrama &, 2.31.
Zie: Varṇāśrama-dharma, stelsel van
vergeleken met dier & plantenleven, 3.38
verheffing tot, 14.15
Zie: Reïncarnatie
verloren tijdens Brahmā's nacht, **8.18-19**
verspilling van, 2.7, 3.16
volmaaktheid van, *16-17*, 2.15, 8.15
als Kṛṣṇa-bewustzijn, 11.33
ongehoorzaamheid aan de Heer
vernietigd kans op, **3.32**
door spirituele orden van *varṇāśrama*, 8.28
zelden nagestreefd, **7.3**-3
Zie: Volmaaktheid
als voorbereiding op hiernamaals, *20-21*
voordelen & gelegenheid van, 2.7, 3.38, 4.31, 7.30, 14.15
vroom, 3.16
van vrouw geen diskwalificatie, **9.32**-32
van zelfrealisatie
als ontstegen aan materiële plichten, **3.17-18**
Zie: Zelfrealisatie
zetels van lust in, **3.40**

Menselijk leven (*vervolg*)
ziel &, **2.16-30**, 3.5, 7.6, 10.20, **13.32-33**, 15.8
Zie: Ziel; Ziel(en), geconditioneerde
zielsverhuizing naar, **2.40**-40, **14.15**
Zie: Reïncarnatie
ziel vergeleken met, 2.11, **2.16-30**, 2.30, 9.2
zinsbevrediging &, 4.26
Zie: Zinsbevrediging
voor zinsbevrediging, 13.1-2
zintuigen van. *Zie:* Zintuigen
zintuigen superieur aan, **3.42**-42
zuivering van, 9.2, 18.5-6
geleidelijke, 3.35. *Zie:* Zuivering
Zie: Menselijk(e) wezen(s); Samenleving
Menselijke samenleving, 1.42, 2.4, 2.21, 3.20-21, 14.16
Zie: Menselijk leven; Samenleving; *Varṇāśrama-dharma*, stelsel van
Mensheid. *Zie:* Mens(en); Samenleving
Mentale discipline. *Zie:* Geest, het disciplineren van de
Meru, de berg,
belang van, 10.23
Kṛṣṇa vertegenwoordigd door, **10.23**-23
vergeleken met Himālaya's, 10.25
Mīmāṁsā-sūtra's, 11.48
Missionaire taken. *Zie:* Prediken van Kṛṣṇa-bewustzijn
Mithilā, 3.20
Moed, Kṛṣṇa als, **7.10**
Moed in de strijd, **18.43**
Moeder(s)
vrouw niet iemands echtgenote beschouwd als, 3.34
Zie: specifieke moeders
Mokṣa. *Zie:* Bevrijding
Mokṣa-dharma 10.8
Monarchie, vedische, 10.27
Monisme. *Zie:* Impersonalisme
Moord, 2.19, 2.21
reïncarnatie rechtvaardigt niet, 2.27
straf voor, 1.36
Moraliteit
Bhagavad-gītā Allerhoogste instructie in, 18.78
belangrijk voor samenleving, **1.39-42**
essentie van, als overgave aan de Heer, 18.78
waar Kṛṣṇa & Arjuna aanwezig zijn, **18.78**
Kṛṣṇa vertegenwoordigd door, **10.38**
Zie: Deugd; Kṛṣṇa-bewustzijn; Religie; Zuivering
Mount Everest, 6.47
Mūḍha's, **7.15**-15
vergeleken met ezels, 7.15
Mukti
definitie van, *10*
Zie: Bevrijding
Mukunda, Heer, Kṛṣṇa als, 1.41, 2.51
Muṇḍaka Upaniṣad
aangehaald m.b.t. ziel, 2.17
geciteerd
m.b.t. schepping, 14.3
m.b.t. kennis van Heer, 7.2
m.b.t. materiële wereld als manifestatie van Brahman, 5.10
m.b.t. Superziel, 13.21

Muṇḍaka Upaniṣad (*vervolg*)
m.b.t. ziel, 2.17
m.b.t. ziel & Superziel als vogels in boom, 2.22
Muni('s)
definitie van, **2.56**-56
typen van, 2.56
Vyāsadeva als beste, 10.37
Mystieke vermogens, Kṛṣṇa als de bestuurder van alle, **11.4**, **11.9**
Mystieke yoga. *Zie:* Yoga

N

Nacht voor iedereen vergeleken met de tijd van ontwaken voor de wijze, **2.69**-69
Nāga slangen, Kṛṣṇa vertegenwoordigd onder de, **10.29**
Naimiṣāraṇya, de wijzen van, 10.18
Naiṣkarmya, 6.47
Nakula, hoornschelp geblazen door, **1.16-18**
Nanda Mahārāja & het vereren van Indra, *17*
Nandana-kānana tuinen, 2.42-43
Nārada Muni, *4*, *5*, 7.24, **10.13**
als autoriteit aangaande Kṛṣṇa, 18.62
geciteerd
m.b.t. zijn vorige leven van devotionele dienst, 9.2
m.b.t. Kṛṣṇa-bewustzijn, geen verlies van, 6.40
als Kṛṣṇa-bewuste autoriteit, 4.16
Kṛṣṇa vertegenwoordigd door, **10.26**
moeder van, 9.2
in de opeenvolging van discipelen, *28*
prasādam &, 9.2
spiritueel leraar van, 18.75
toegewijden gediend door, 9.2
vorig leven van, 9.2
Nārada-pañcarātra, 7.3, 7.4, 10.20
geciteerd m.b.t. Kṛṣṇa-bewustzijn, bevrijding door, 6.31
geciteerd m.b.t. Viṣṇu-expansies, drie, 7.4, 10.20
Narādhama's, **7.15**-15
definitie van, 7.15
Nārāyaṇa, Heer, 2.2, 14.26, 18.65
als bron van halfgoden & voorvaders, 10.8
gedaanten van
Arjuna verzoekt te zien, **11.45-46**
beschreven, 11.45
voor spirituele planeten, 11.45
Kṛṣṇa als oorsprong van, 10.8
Kṛṣṇa's verschijning als, 4.6
als oorsprong van Brahmā, 10.8
als Schepper van Śiva, Heer, 10.8
symbolen van, **11.45**
Zie: Allerhoogste Heer, als Nārāyaṇa
Nārāyaṇa Upaniṣad geciteerd
m.b.t. halfgoden, Nārāyaṇa als Schepper van, 10.8
m.b.t. Kṛṣṇa
als oorspronkelijke persoon, 10.8
suprematie van, 10.8
m.b.t. levende wezens, Nārāyaṇa als Schepper van, 10.8
m.b.t. schepping, 10.8
Nārāyaṇīya geciteerd m.b.t. devotionele dienst, 12.7

Narottama (*ācārya*), *28*
Natuur, de
Kṛṣṇa leidt, *6-7*
materiële. *Zie:* Materiële natuur
Nederigheid, 8.28, 10.34, **3.8-12**, 13.8-12, 16.1-3
definitie van, 13.8-12
noodzaak van, 13.8-12
van *sannyāsī*, 16.1-3
visie van iemand in, **5.18**-18
Zie: Bescheidenheid
Niet-toegewijden, 1.28, 2.7
Zie: Atheïst(en); Demon(en); Impersonalist(en); Materialist(en); *specifieke niet-toegewijden*
Nihilisme, 2.26
Nimbārka Svāmī, *3*
Nirguṇa verering vergeleken met *saguṇa* verering, 12.5
Nirukti woordenboek geciteerd
m.b.t. activiteiten van vermaak & energie van de Heer, 9.5
m.b.t. *samādhi*, 2.44
m.b.t. *sāṅkhya*, 2.39
m.b.t. doel van veda's, 15.18
Nirvāṇa, 6.20-23
definitie van, 2.72
Nitya-baddha zielen, 7.14
Zie: Geconditioneerde ziel(en)
Nityānanda, Heer
genade van, aan Jagāi & Mādhāi, 7.15
in de opeenvolging van discipelen, *28*
Nṛhari, *28*
Nṛsiṁhadeva, Heer, 4.13, 6.47, 8.14, 11.46, 15.7
als incarnatie van Kṛṣṇa, 4.5
Nṛsiṁha Purāṇa geciteerd m.b.t. toegewijd 9.30

O

Objecten van de zintuigen. *Zie:* Zinsobjecten
Oceaan
karnen van, **10.27**-27
Kṛṣṇa vertegenwoordigd door, **10.24**
Oceaan van Oorzaken (kosmische oceaan), 10.20, 11.54
Offer(s), **16.1-3**
aanbevelingen van veda's voor, 3.12
door ademoefeningen, **4.27**-27, **4.29**
Agni-hotra, 11.48, 16.1-3
met Allerhoogste Brahman, **4.25**
ascese als, **4.28**-28
Aśvamedha-yajña, 18.71
met Beeldgedaante van de Heer, 9.26
begunstigde van
Heer als, 3.14
Kṛṣṇa als, 3.11
Viṣṇu als, 3.9-12, 3.15
door beheersing van zintuigen, **4.26**-26
benodigdheden van het leven in voorzien door, 4.31
voor bereiken van hogere planeten, 18.71
beste, chanten van Hare Kṛṣṇa als, 10.25, 16.1-3
betekenis van, 4.25
bevrijding door, **3.10**, 3.11, **4.32**
van bezittingen, 4.25, **4.28**-28, 4.42
boter in, Kṛṣṇa als, **9.16**

Offer(s) (*vervolg*)
door *brahmacārī's*, **4.26**-26
candrāyaṇa, 4.28
Cāturmāsya, 2.42-43
van chanten van Hare Kṛṣṇa. *Zie:* Chanten in Kṛṣṇa-bewustzijn
cyclus van, 8.3
demonen &, 16.16, **16.17**
devotionele dienst als, 4.23
geeft zelfde resultaten als ascese, **8.28**-28
ontstegen aan, 9.16
in devotionele dienst, 3.10, **3.13**-13, **9.26-27**
van dieren, 3.12, 4.7, 10.25
uitgelegd, 18.3
doel van, **17.25**
beheersing van zintuigen als, 4.30
transcendentale kennis als, **4.33**-33
dravyamaya-yajña, 4.28
van Drupada, 1.3
in eten, **4.29**-29
zonder geloof, **17.28**-28
geluk door, **3.10-12**, **4.31**-31
genieter van, Kṛṣṇa als, 2.66, **9.24**, **9.26-27**
door getrouwde personen, **4.26**-26, 8.28, 16.1-3
goedheid, in de hoedanigheid, **17.11**
hartstocht, in de hoedanigheid, **17.12**
met halfgoden, **3.11-12**, **4.25**
Heer voornaamste begunstigde van, 3.11, 3.12
Heer aanwezig in, **3.15**
Heer beveelt, **3.10-12**
Heer kan aanvaarden, 13.14
met de Heer, noodzaak van, **9.26-27**
Heer van, **8.2**
als *adhiyajña*, **8.4**
in de hoedanigheden goedheid, hartstocht, & onwetendheid, 3.12, **17.7**, **17.11-13**, 17.23
in de hoedanigheid goedheid, **17.11**
in de hoedanigheid hartstocht, **17.12**
in de hoedanigheid onwetendheid, **17.13**
voor huidige tijdperk, *saṅkīrtana* als, 3.10, 3.12-14
huwelijksceremonie &, 18.5
door impersonalist, 4.25
Jyotiṣṭoma, 9.16
met kennis, **4.33**-33
van kennis, cultivering van, als, **9.15**
kennis door, **4.33**
kennis over, **4.30-33**
Kṛṣṇa
als, **9.16**-16
besturend beginsel van, **7.30**
als genieter van, 2.66, **9.24**, **9.26-27**
als meester van, **9.24**
vertegenwoordiging van, onder, **10.25**
met Kṛṣṇa
noodzaak van, **9.26-27**
offeringen geschikt voor, 11.55
overblijfselen van, als *prasādam*, 11.55
overeenkomstig Zijn verlangen, 9.26
Kṛṣṇa-bewustzijn
&, **4.24**-24, 4.25-26, 4.28, 4.29, 4.31, 4.33, 4.42, **12.10**

Offer(s) (*vervolg*)
door, 3.10
kan het resultaat zijn van, 3.11
ontstegen aan, 4.28, 8.3
in Kṛṣṇa's dienst, 12.6-7
van levensadem, **4.27-29**
met liefde & devotie, **9.26**
maan bereikt door, 8.25
door materialisten, 4.25
voor materiële doelen, 18.2
materiële, vergeleken met spirituele, 4.33, 4.42, 17.23, 18.2
noodzaak van, **3.10-15**
om reacties voor zonden te vermijden, **3.16**
object van, Heer als, **17.26-27**, 17.26-27
offeringen voor
juiste, **9.26**-26
Kṛṣṇa als, **9.16**-16
soorten van, vijf, 8.3
met *'oṁ,'* **17.24**
oṁ tat sat &, **17.23**-23
onderverdelingen van
twee, 4.25, 4.42
vier, **4.28**-28
ongeautoriseerd, **17.13**
met onthechting, **17.11**, **17.25**
onthechting van, **18.3**
verworpen door de Heer, **18.5-6**
onwetendheid, in de hoedanigheid, **17.13**
overblijfselen van, toegewijde aanvaart, 9.26
overeenkomstig verlangen van de Heer, **3.9**, 3.11, 3.13, 3.14, 9.26, 17.23
pañcāgni-vidyā, 8.16
pañca-mahā-yajña, 3.12, 9.16
Pāṇḍava's, 1.15
Pitṛloka, met inwoners van, 9.16
plicht &, **3.14**, **17.11**
regen door, **3.14**-14
van resultaten van activiteiten
voor goed doel, 12.11
Kṛṣṇa raadt aan, **12.11**
voor het verspreiden van Kṛṣṇa bewustzijn, 12.10
rijkdom nodig voor, 16.1-3
saṅkīrtana-yajña, 3.10, 3.12-14
met *'sat,'* **17.26-27** 17.26-27
in seks, 4.26
alleen voor de show, **16.17**
soorten van, **4.25-29**, 4.30, 4.42, 8.3
overeenkomstig geloof, 4.33
gradaties van, **4.32**
spiritualiseert alles, **4.24**-24
voor spirituele doelen, 18.2
in het spirituele leven, **4.24-33**
spirituele, vergeleken met materiële, 4.33, 4.42, 18.2
door studie van veda's, **4.28**-28
tapomaya-yajña, 4.28
met *'tat,'* **17.25**
terug naar God door, **3.10**
door toegewijden, 3.13-14, 4.25-26, 4.29
veda's schrijven voor, 3.14
vedische, 2.42-43
allemaal bedoeld om Allerhoogste Heer tevreden te stellen, **9.24**
Kṛṣṇa-bewustzijn ontstijgt, 2.52, 3.16, 3.17, 3.19
Kṛṣṇa doel van, **3.26**-26
doel van, 2.46
vereisten voor, **17.13**
Offer(s) (*vervolg*)
vedische literatuur met betrekking tot, 11.48
verheffing door, **4.30**
voor verheffing naar hemelse planeten, 8.3, 8.16, 17.12
voor Viṣṇu's tevredenheid, **3.9-10**
vivāha-yajña, 18.5
voedsel geofferd in, **3.13**, 3.14, 9.26, 17.10
noodzaak van eten, 9.26-**27**
proces van offeren, 9.26
voordeel van
bevrijding als, **4.30**
bezittingen als, 4.30
geluk als, **4.31**
terug naar God als, 4.30
voordelen van, **3.10-15**
voorspoed door, **3.11-12**
vrijgevigheid &, **4.28**-28
vuur voor
Kṛṣṇa als, **9.16**-16
onthechting van, **6.1**-1
soorten van, vijf, 8.3
in yogabeoefening, **4.28**-28
als zuiverend voor iedereen, **18.5-6**
zuivering door, 3.11, 3.12-**13**, 3.14, 3.16, **4.30**, 12.11
Zie: Onthechting; *Yajña('s)*
Olifanten, Kṛṣṇa vertegenwoordigd onder, **10.27**-27
Oṁ(kāra), 8.11
als Brahman, 8.11, 8.13
Kṛṣṇa als, **7.8**-8, 8.13, **9.17**-17
Kṛṣṇa vertegenwoordigd door, **10.25**
offer, vrijgevigheid, & ascese met, **17.24**
in vedische hymnen, 17.23
Zie: Oṁ tat sat
Oṁ tat sat, **17.23-27**
betekenis van, 17.23
brāhmaṇa's &, **17.23**-23
Heer als, **17.23**-23, 18.1
Kṛṣṇa-bewustzijn &, 17.23
in veda's, **17.23**-23
Zie: Oṁ(kāra)
Onbevreesdheid, **2.56**, **6.13-14**, 6.13-14, **6.1-3**
oorsprong van, Kṛṣṇa als, **10.4-5**
door overgave, 1.19
van *sannyāsī*, 16.1-3
Onderwijs
boeken voor, 10.32
voor *brahmacārī*, 6.14, 8.11, 8.28, 16.1-3
devotionele dienst niet afhankelijk van, 9.2, 10.11
guru-kula &, 6.14
in de hoedanigheid goedheid, 14.17
in huidige tijdperk, 9.2, 13.26
van Kṛṣṇa van Zijn vertegenwoordiger, 2.20
materiële, 10.4-5
Kṛṣṇa niet te kennen door, **11.53**, 11.54, 18.55
van Nārada Muni, 9.2
van spiritueel leraar, 2.20, 6.14, 8.28
spirituele
leraar van, kwalificatie voor, 11.43
noodzaak van, 14.17
tegenwoordig niet bestaand, 13.26
spraak in, 17.15
in veda's, 8.28, 10.32
verering voor, 7.21
Onderwijs (*vervolg*)
werkelijk, 7.15
Zie: Kennis
Onderzoek, het juiste, *5*
Ongerustheid. *Zie:* Lijden (leed)
Onnodig kritiseren. *Zie:* Overtredingen, **16.1-3**, 16.1-3. *Zie:* Overtreding(en)
Onsterfelijkheid
Kṛṣṇa als, **9.19**
Zie: Ziel(en), als eeuwig
Onthechte levensorde. *Zie: Brahmacarya*; *Sannyāsa*; *Vānaprastha*
Onthechting, **16.1-3**
van activiteit, 3.43
kunstmatig, **3.6**-6
als onjuist, **3.4-33**
vergeleken met devotionele dienst, **5.1-13**, 6.1-23
activiteit in, **4.18-24**
in de hoedanigheid goedheid, **18.23**, **18.26**
als alternatief voor gereguleerde devotionele dienst, **12.11**
van Arjuna, 2.6
voor Arjuna, Kṛṣṇa spoort aan, **2.38**
Arjuna verlangt, 1.31, **2.5-6**
ascese met, **17.17**, **17.25**
in banyanboom-analogie, 15.1, **15.3-4**
voor beginnende spiritualist, 3.42
door beheersing van adem, **4.27-28**, **5.27-28**, 5.27-28
betekenis van, 13.8-12, **18.2**
bevrijding &, 2.15, 4.29-30, **5.19-21**, **5.26-29**, 16.1-3
bevrijding door, **5.2**-2
door *bhakti-yoga*, 7.1
door *brāhmaṇa's*, 10.4-5
door Caitanya, 2.15
complete, kenmerken van, **14.22-25**, 14.22-25
cultivering van kennis als alternatief voor, **12.12**
definitie van, 2.56
devotionele dienst &, **5.6**-6, 18.11
door devotionele dienst, *19*, 3.28, 4.10, 18.55
in devotionele dienst, 2.56, 6.47
niet echt, **1.31**-31
eigendom van de Heer &, 5.2
in eten, 2.63, **4.29**-29, **6.16**-16
Zie: Vasten
extreme, als ongunstig, 10.4-5
geduld &, 10.34
geest bedwongen door, **6.35**-35
& gehechtheid aan Kṛṣṇa, 5.5
gelijkmoedigheid, **6.7-9**
geluk door, **5.13**
geluk vereist meer dan, **5.6**-6
'gevaar' van, 6.38, 6.40
door gezelschap, 15.3-4
van gezinsleven, 2.15, 13.8-12
in gezinsleven, van seks, 4.26, 6.14
godsrealisatie door, 12.3-4
goedheid, in de hoedanigheid, **18.9-11**
door Haridāsa Ṭhākura, 6.17
hartstocht, in de hoedanigheid, **18.8**
Heer die oordeel geeft over, **18.4**
in de hoedanigheden goedheid, hartstocht, & onwetendheid, **18.4**, **18.7-10**
in de hoedanigheid goedheid, **18.9-11**
in de hoedanigheid hartstocht, **18.8**

Onthechting (*vervolg*)
in de hoedanigheid onwetendheid, **18.7**
door hogere smaak, **2.59-64**, 5.24
door te horen over Kṛṣṇa, 6.35
imitatie van, 16.17
impersonalist, van, vergeleken met die van toegewijde, 2.63
impersonalistische, tegenover gehechtheid aan Kṛṣṇa, 6.35
als ontoereikend voor zuivering, 5.2
als activiteit omwille van Kṛṣṇa, 18.49
Brahman bereikt door, **18.50**-50
voorbeelden van, 18.7-11
onvolledig, vergeleken met volledige, 6.10
als kenmerk van het ontstijgen van hoedanigheden, **14.22-25**, 14.22-25
kenmerken van, **2.55-61**, **2.64-65**, **2.68-72**
door kenner van Absolute Waarheid, **3.28**-28
als kennis, **13.8-12**
door kennis, 15.1, 15.3-4
in kennis, 5.1, 5.3, 6.10
dat Kṛṣṇa eigenaar is van alles, 5.2
omwille van Kṛṣṇa, 6.40
door Kṛṣṇa-bewustzijn, **2.55-56**, 2.56, 2.57-71, 3.17, 4.23, 5.26, 6.1-4, **6.2-3**, 6.10, 6.35-36, 7.1, 15.6
in Kṛṣṇa-bewustzijn, **2.38**, 2.40, 2.56, **2.64**, 4.18, **4.19-23**, **5.7-14**, **6.2-3**, **6.13-26**, 6.40, 8.27, 9.28, 18.49
Kṛṣṇa raadt aan, **12.11**
Kṛṣṇa's volheid van, 18.78
Kṛṣṇa zet Arjuna aan tot, **2.38**
kṣatriya's &, 2.31
kunstmatig, **2.59**-59, 2.71, **3.4-6**, 3.7-8, **3.33**
als niet aan te raden, 4.15
vergeleken met echte onthechting, **6.1**-1
moet vermeden worden, **3.33**
levensorden toegewijd aan. *Zie: Brahmacarya; Sannyāsa; Vānaprastha*
voor materieel voordeel, 3.7-8
van materiële opvatting van het leven, 2.41
van materiële verlangens, **6.2-3**
meningen over, zijn verdeeld, **18.3-5**
van *muni*, **2.56**-56
noodzaak van, **15.3-4**, 16.1-3
van offer, vrijgevigheid, & ascese, **18.3**
verworpen door de Heer, **18.5-6**
van omgang met vrouwen, 2.15
ondanks belichaamd te zijn, 6.25
onderdelen van, **18.51-53**
onderdrukking &, **3.33**
onwetendheid, in de hoedanigheid, **18.7**
overeenkomstig hoedanigheden van de natuur, **18.4**
door overgave, 15.3-4
overstegen in Kṛṣṇa-bewustzijn, **2.64**
Patañjali, door yoga van, 4.27
perfectie &, **3.4-9**, **18.49-50**

Onthechting (*vervolg*)
van plicht in *varṇāśrama* verboden, **18.47-48**
van plichten, 3.43
als verboden, **18.7-9**, **18.47-48**
omwille van Kṛṣṇa, 2.38, 2.40
niet nodig, **8.7**
proces voor, 4.10
van alleen iemands quotum aanvaarden, *13*
reacties vermeden door, **18.12**
door regulatie van zinsbevrediging, **3.34**
van resultaatgerichte activiteiten, 3.4
voor dienst aan Kṛṣṇa, 12.10
meningen over, **18.3**
als ontoereikend voor zuivering, 5.2
door toegewijde, **5.12**
van resultaten van activiteiten, **2.39**, **4.41**, **18.11**
Rūpa Gosvāmī adviseert, 8.27
door Rūpa Gosvāmī, 6.17
& sannyāsa, 2.15, **18.2**, **18.7**
Zie: Sannyāsa
van seks, 4.26
voor *brahmacārī*, 6.13-14
binnen gezinsleven, 6.13-14, 16.1-3
nodig voor yoga, **6.13-14**, 6.13-14
door *yogī*, 6.18
van slaap in vroege morgen, 18.8
van slecht gezelschap, 11.55
spiritueel leven vereist, 13.8-12
spirituele activiteiten niet onderhevig aan, 18.2
spirituele plichten niet onderhevig aan, 18.2, **18.3-9**
van spirituele plichten verboden, **18.6-10**
Superziel gerealiseerd door, 12.3-4
tapasya &, 16.1-3. *Zie:* Ascese
om terug te gaan naar God, **15.3-5**
door toegewijden, **3.28**-28, **5.12**, 6.16, 6.17
vergeleken met die van impersonalist, 2.63
van toegewijde(n). *Zie:* Toegewijde(n), onthechting van
vairāgya als, 6.35
valse, **3.6**
val volgend op, resultaat van, 2.40
van
aangename of onaangename activiteit, **18.10**
alles behalve Kṛṣṇa, 9.13, 9.28, 11.55, 12.6-7, 18.65
baas spelen over, 13.22, 14.27
bevrijding, 2.70, 8.14-15, 11.55
bezitsdrang, **2.71**, **3.30**, **4.21**, 4.22, 6.10, 11.55, **12.13-14**
kritiek, 13.8-12
diplomatie, 13.8-12
dood, moment van, 8.23-24, **8.27**
dualiteiten, 2.45, **12.17-19**, 13.8-12, **4.22-25**, 14.22-25, **15.5**-5
eer & schande, **12.18-19**, 12.18-19,13.8-12, **14.22-25**, 14.22-25, **16.1-3**, 16.1-3
eten, **18.51-53**
geluk, **2.15**, **2.38**, 13.8-12
gereguleerde zinsbevrediging, **3.34**
gewone mensen, **13.8-12**

Onthechting (*vervolg*)
gezinsleven, 3.7, 6.20-23, 12.17, **13.8-12**, 13.8-12
hitte & kou, **12.18-19**
hogere planeten, 11.55
krachtsvertoon, **18.51-53**
leed, 6.20-23
lichaam, materiële, 4.21, **5.8-11**, **5.13-14**, 14.22-25
lichamelijke behoeften, 6.20-23
lust, woede, & hebzucht, 16.22, **18.51-53**
materieel geluk, 2.69
materiële verlangens, **18.51-53**
onnodig sporten, bioscoop, & sociale bezigheden, 13.8-12
persoonlijke verheffing, 6.32
iets plezierigs & onplezierigs, **5.20**
resultaat van plichten, **2.47-48**, **3.30-31**
resultaatgerichte activiteiten, 2.1, **3.19**-19, **4.20-22**, **5.12**
resultaten van activiteiten, **13.25**-25
resultaten van activiteiten, **2.47-49**, **3.19**, **3.30-31**, **4.18-24**, **5.3**, **5.12**, **6.1**, **6.40**, **11.55**, **18.7-8**, **18.9-11**, **18.26**
resultaten van offers, ascese, & vrijgevigheid, **17.11**, **17.25**
rijkdom, 10.4-5, 12.16
seks, 5.21, 6.14
slaap, 1.24, 6.17
slecht gezelschap, 13.8-12
tijdverspilling, 13.8-12
trots, valse, **18.51-53**
uitkomst van de strijd, Kṛṣṇa zet Arjuna aan tot, **2.38**
vals besef van eigendom, **18.51-53**
vals ego, **2.71**, 4.21, 5.20, **12.13-14**, 13.8-12, **18.51-53**
valse benamingen, 12.16
vaste verblijfplaats, **12.18-19**, 12.18-19
vermijden van activiteit, **3.18**
woede, **18.51-53**
zinsbevrediging, 5.21, **5.22**, 17.16, **18.51-53**
zintuigen ondanks gebruikmaking daarvan, **5.8-11**, **5.13**
vanzelf door Kṛṣṇa-bewustzijn, 6.18
varṇa's voor, 16.1-3
in *varṇāśrama*-system, 16.1-3
verdraagzaamheid &, 8.5, 13.8-12
van verlangen voor zinsbevrediging, **6.2**-2
vergeleken met gehechtheid, 2.56
volledige, vergeleken met onvolledige, 5.2, 6.10
voordeel/voordelen van, 1.31, **5.13**
bevrijding als, 2.15, 4.29, **5.19-20**, **5.26-28**
geboorte op zon als, 1.31
geluk als, **6.7**, 13.22
volmaaktheid als, **18.49**-49
vrede als, **2.70-71**, 18.51-53
zelfrealisatie als, **18.51-53**
zuivering als, 16.22
vrijgevigheid met, **17.20**, **17.24-25**
van vruchten van activiteit, **2.39**, **4.41**, **18.11**

Onthechting (*vervolg*)
werkelijke, 2.58-60, **2.61-63**, **2.64**, **2.67-68**, **2.70-71**, **6.1-2**
als activiteit in Kṛṣṇa-bewustzijn, 18.49
devotionele dienst als, 10.3
als onthechting van resultaten van activiteiten, 18.7-11
als onthechting van vruchten van activiteit, **18.11**
vergeleken met kunstmatige onthechting, **6.1**-1
van Yāmunācārya, 2.60, 5.21
in yoga, **6.2**, **6.3-4**, **6.4**, **6.13-26**, **8.12**
door yoga, 4.27, **5.27-28**, 5.27-28, **6.1-4**
door yoga van Patañjali, 4.27
door *yogī*, van seks, 6.18
yukta-vairāgya, 8.27, 9.28
zelfrealisatie &, 2.1, **18.51-53**, 18.51-54
van zelfzuchtige verlangens, **13.25**-25
van zinsbevrediging, **4.26-27**, 6.17
zintuigen, door beheersing van, **5.27-28**, 5.27-28
zuivering &, 3.8, 12.11
Zie: Ascese; Offer; Onthechting; Overgave; Zuivering
Ontstaan, Kṛṣṇa als genererend principe, **10.34**-34
Ontvoering, straf voor, 1.36
Onverplaatsbare dingen, Kṛṣṇa vertegenwoordigd onder, **10.25**
Onwetendheid
over activiteiten, juiste & onjuiste, **16.7**-7, 18.58
Arjuna boven, *6*, 1.24
van atheïsten, 7.15
over bevrijding, 9.12
Bhagavad-gītā doet teniet, 2.1, 2.50
definitie van, **13.8-12**, 13.8-12
van demonen, **16.4**, **16.7-9**, 16.11-12, 6.18
over devotionele dienst, **5.4**
devotionele dienst neemt weg, 15.20
over doden van dieren, 14.16
over doel van het leven, *6*, **7.15**-15
over ellende & gevaren van materiële wereld, 2.51
over factoren van activiteit, **18.16**
van 'geleerde' personen, 7.15
halfgodenverering vanwege, **7.20-23**, 9.23-**24**
over Heer. *Zie:* Onwetendheid, over Kṛṣṇa
de hoedanigheid. *Zie:* Onwetendheid, hoedanigheid van
horen van autoriteiten doet teniet, **13.26**
in huidige tijdperk, 9.2, 14.16
identificatie met lichaam vanwege, 3.29
over identiteit. *Zie:* Onwetendheid, over ziel of zelf
over identiteit & doel van levende wezens, **4.35**-35, 5.2
Zie: Onwetendheid, over ziel of zelf
van impersonalisten, 2.23, 7.4, **7.24**-24, 9.26, 13.23
over *karma-yoga* & Sāṅkhya, **5.4**
over karmisch wetten, 4.14
kenmerken van, 2.1
over Kṛṣṇa, 4.3-4, 4.10, 4.14, 7.8, **7.13**-13, **7.24-26**, 9.18, 10.8, **10.14**-15

Onwetendheid (*vervolg*)
als absolute, 9.34
van atheïsten, 7.4, 7.15
commentaren gebaseerd op, 9.1
als Heer, 4.9, 4.35, 7.3, **7.26**-26, **9.11-12**, 9.34, 10.3, 10.8, 11.51, 11.52-54
van illusie, 7.27
van impersonalisten, 13.23
Kṛṣṇa's vermogen houdt in stand, **7.25**-25
& levend wezen, 2.22, 2.51, 9.12
manifestaties van, **11.6**
van materialisten & impersonalisten, 4.10, 7.4, **7.24**-24, 9.26, **10.14**-14, 18.67
māyā veroorzaakt, 7.26
onvoorstelbare eigenschappen van, 8.9
als persoon met gedaante, *11-12*, 4.10, **7.24**-24, 9.11, 11.43
resultaat van, 9.21
als Schepper, 10.8
vergeleken met wolk, 7.26
ware natuur van, **7.24-26**
Kṛṣṇa bespot door, **9.11**-11
over Kṛṣṇa-bewustzijn, 2.63, **10.10**-10
Kṛṣṇa regelde Arjuna's, *6*
leed vanwege, 5.14, 13.8-12
lust &, 3.39
van materialisten, **3.29**-29, 4.12
over Kṛṣṇa, 7.4, 7.24, 9.26, **10.14**-14, 18.67
& pseudotranscendentalisten, **15.11**-11
over materiële natuur, 11.33
in ongehoorzaamheid aan de Heer, **3.32**
van ongelovige personen, **4.40**
zonder opeenvolging van discipelen, 18.75
overwinnen, 1.24
over plicht, 2.32
over reguleringen in de geschriften, 16.7
reïncarnatie &, 2.22, 2.51, **15.10**-10
over religie, 4.16
resultaatgerichte activiteiten vanwege, **2.42-43**, 2.42-43, **3.25-27**
rijkdom, over gebruik van, 2.49
van *sāṅkhya*-filosofen, 7.4
over *sāṅkhya-yoga*, 2.39
slaap als, 1.24
spirituele, 9.2
soorten van personen gedoemd tot, 13.25
over spirituele bestaan, 4.10
over spirituele & materiële werelden, *20*
spraak onthult, 2.54
& twijfels weggenomen door kennis, **4.42**-42
over verering Heer, 9.15
vergeleken
met duisternis, **10.11**-11
met nacht, 5.16
over verleden, heden, & toekomst, 7.26
verwarring door, **5.15**-15
over vooruitgang in devotie, Heer corrigeert, **10.10-11**
vrijheid van, 15.20
over wapentuig van voorheen, 2.23

Onwetendheid (*vervolg*)
van wetenschappers, 2.23, 11.33, 13.33
over wezenlijke positie, 2.50
yoga, over doel van, 2.61
over ziel, 2.19, 2.20, 2.23, **2.26**-26, **2.29**-29, **3.32**, **4.35**-35, 5.2, 9.2, 13.23, 13.33, 18.21
Zie: Onwetendheid, hoedanigheid van; Illusie
Onwetendheid, de hoedanigheid, *7*
ascese in, 17.23
activiteit in, **14.16**-16, **18.25**-25
conditionering door, **14.5**, **14.8-9**
demonen in, 16.24
dromen &, **18.35**-35
energieën in, *22*
eten in, 6.16, **17.7**, **17.10**-10
geboorte als resultaat van, **14.15**, 14.16, **14.18**-18
gebreken van, **14.8**, **14.13**, **14.18**-18
geest in, 15.7
geloof in, **17.2-4**
geluk in, **18.39**-39
gevolgen & manifestaties van, op levend wezen, 6.16, **14.5**, **14.8-10**, **14.13**, **14.16**-16, **14.17-18**, **18.28**, 18.39
handelende persoon in, **18.28**
hoedanigheid hartstocht versus, **14.10**
illusie in, **18.32**-32, **18.35**-35, 18.39
intelligentie in, 13.7, **18.32**-32
intoxicatie in, 14.17
kennis in, **18.22**, **18.32**
luiheid &, **14.8**, **14.13**
offer in, 17.23
onwetendheid over Kṛṣṇa als, 4.9
overheersing van, **14.10**
plicht opgegeven uit, **18.7**
Heer Śiva &, 7.14, 10.23
slaap in, 6.16, 10.20, 14.8
varṇa in, 9.32
vastberadenheid in, **18.35**-35
vasten in, 10.4-5
vergeleken
met hoedanigheid goedheid, 14.8
met hoedanigheid hartstocht, 14.8
voedsel in, 17.10
vrijgevigheid in, 16.1-3, 17.23
woede in, 3.37
Zie: Hoedanigheden van de natuur; Onwetendheid
Oorlog, 1.40
atoom, demonen kunnen veroorzaken, 16.9
dood in, 2.22
gerechtvaardigd, 2.21, 2.27
Slag op Kurukṣetra als, 2.27
gevaar van, tegenwoordig, 16.9
geweld nodig in, 2.30
met goedkeuring van de Heer, 2.30
kṣatriya &, 2.31, 2.32
op Kurukṣetra. *Zie:* Slag op Kurukṣetra; Slag op veld van Kurukṣetra
onnodig, 2.27
regels voor, onder *kṣatriya's*, 1.45
wapens van, Kṛṣṇa vertegenwoordigd onder, **10.28**-28
Zie: Slag op veld van Kurukṣetra; Slag op Kurukṣetra; Wapen(s)
Oorsprong van het leven. *Zie:* Leven, oorsprong van het; Levende wezens; Ziel(en)

Oorzaken van voortplanting, Kṛṣṇa vertegenwoordigd onder, **10.28**-28
Oorzaken, vijf onmiddellijke & uiteindelijke, 5.8-9
Opeenvolging(en) van discipelen, *3*, *5*, *12-13*, **4.2**, 4.16, 7.2, 18.75
  Arjuna in, 10.14, 11.8
  Bhagavad-gītā &, 1.1, **4.1-5**, 4.42, 7.15, 10.13, 10.14, 11.43
  van Brahmā, *13*, 11.43
  gebed (eerbetuigingen) tot, *1-2*
  Ikṣvāku in, *3*, **4.1**, 4.16
  Kṛṣṇa
    hersteld, *3*, 4.2, **4.7**-7
    in, *28*
  lijst van, *28*
  Manu in, *3*, **4.1**, 4.16
  'mysterie van,' 18.75
  noodzaak van, 4.16, 4.34, 11.43, 18.75
  van Rāmānujācārya, 7.24
  Sañjaya in, 18.75
  Vivasvān (zonnegod) in, *3*, **4.1**, 4.15-16, 7.26
  Vyāsadeva in, 18.75
  Zie: Spiritueel leraar (leraren); *specifieke leden van opeenvolging*
Ouderdom, 13.8-12
Ouders. *Zie:* Gezinsleven, ouders in
Overgave (aan de Heer), 2.53, 6.8
  angst voor, onnodig, **18.66**-66
  door Arjuna, 2.22
    verzocht door de Heer, **3.30**, **18.62**
  baby in baarmoeder belooft, 7.15
  belemmeringen voor, **15.5**-5
  beloning volgens, **4.11**
  bevrijding door, 7.15, 9.11, 13.18
    alleen, **7.14**-14
    gemakkelijk, **7.14**-14
  demonen & atheïsten vermijden, **7.15**-15, 9.12
  devotionele dienst in, **5.10**-10
  direct proces voor, 12.12
  dood, op moment van de, **2.72**
  na vele geboorten, 2.39, 12.3-4
  of wordt gedwongen te handelen overeenkomstig de natuur, **18.59-61**
  geest gesterkt door, 3.42
  geluk door, 3.30
  door geschoolde & intelligente mensen & leiders, 7.15
  door gunstige dingen te aanvaarden, 10.4-5
  door halfgoden, aan kosmische gedaante, **11.21**
  door zich de Heer te herinneren, **18.65-66**
  hoedanigheden ontstegen door, **14.26**
  als hoogste kennis, **18.64-66**, 18.78
  als instrument van Kṛṣṇa, 11.33
  kenmerken van, 10.9
  door kennis, **5.16-17**, **7.19**-19, **10.7**-7, 18.73
  kennis heeft als resultaat, 18.73
  kennis, perfecte, door, **5.16-17**
  door Khaṭvāṅga Mahārāja, 2.72
  als kosmische gedaante, **11.21**
  Kṛṣṇa
    adviseert, 18.63, **18.65-66**
    alleen gekend door, 10.2, 11.4
    beantwoordt, **4.11**, **9.29**-29
    belooft bescherming voor, **18.66**-66
Overgave (aan de Heer) (*vervolg*)
    beveelt, *26*, **2.49**, **15.3-4**, **18.62**, **18.66**
    genade van, opgewekt door, **8.14**-14
    leidt volgens, 1.15
    vereist, **3.30**
  door Kṛṣṇa-bewustzijn, 6.6
  Kṛṣṇa's tevredenheid, van alles voor, 2.48, **2.49-53**
  als les van *Bhagavad-gītā*, 2.50, 4.7, 18.78
  door leven in te richten om zich Kṛṣṇa te herinneren, 18.65
  mentaliteit van, 9.28
  noodzaak van, **15.3-4**, 15.6
  geen obstakels voor, **18.66**-66
  aan het 'ongeborene in Kṛṣṇa,' 2.7
  onmiddellijke, als mogelijk, 2.72
  onthechting door, 15.3-4
  onthechting &, terug naar God door, **15.3-5**
  als ontstegen aan religie, **18.66**-66
  met plan van de Heer, 11.33
  reacties voor zonden weggenomen door, **18.66**-66
  door spiritueel leraar, 2.39, 2.41, **4.34**-34, 13.8-12
  door spirituele kennis, 15.5
  als Superziel, *6*, 18.62-63
  terug naar God door, 9.28, **11.55**-55
  vereisten voor, **15.5**-5
  verlichting van leed door, 18.62
  geen verlies van, 6.40
  voordeel/voordelen van, **5.12**
    onbevreesdheid als, 1.19
    vrijheid van reacties als, **3.31**
    vrijheid van schulden & verplichtingen als, 2.38
    zorgeloosheid als, 2.45
  vrede door, **5.12**
  vrijheid van beheersing door natuur door, **9.13**-13
  weg van, **3.30**, **15.5**-5, 18.66
  als wezenlijke positie van levend wezen, 7.5, 18.73
  als yoga, ware, 2.48
  zeldzaamheid van, **7.19**
  Zie: Devotionele dienst, zuivere
Overgave aan zuivere toegewijden, 13.26
Overheersers, Kṛṣṇa vertegenwoordigd onder, **10.30**
Overleden voorouders, Kṛṣṇa vertegenwoordigd onder, **10.29**
Overspel, 1.40. *Zie:* Seksualiteit, vrije
Overtreding(en)
  Arjuna &, **11.41-42**, **11.44**, 11.45
  van afkeer van spirituele principes, 16.24
  van bespotten van Kṛṣṇa, **9.11**-11
  door Bhīṣmadeva & Droṇācārya tegenover Draupadī, 11.49
  tegenover Caitanya, 10.11
  van demonen tegenover ware religie, **16.18**
  ernstige, ongeautoriseerde ascese als, **17.5-6**, 17.5-6
  grootste, van menselijk leven, 16.24
  van onnodig kritiseren, 16.1-3
  met Superziel, **17.5-6**, 17.5-6
  tegenover Kṛṣṇa
    van afgunstigheid, 18.67
    Arjuna bidt voor vergeving voor, **11.41-42**, **11.44**
    Arjuna vreest, 11.45
    van denken dat halfgoden gelijk zijn aan Hem, 10.42
Overtreding(en) (*vervolg*)
    reacties voor, **9.12**-12
    Zie: Kṛṣṇa, bespotting van
  tegenover ware religie, **16.18**
  met toegewijden
    Kṛṣṇa verbiedt, **9.30**-30
    Kṛṣṇa vergeeft niet, 1.32-35
    door Kuru's, 1.32-35, 11.49
Overtuiging als levenskenmerk, 13.7
Overwinnaars, Kṛṣṇa vertegenwoordigd onder, 10.36
Overwinning
  door Kṛṣṇa's & Arjuna's aanwezigheid, 18.74, **18.78**
  Kṛṣṇa vertegenwoordigd door, **10.36**
Overwinning, degenen die nastreven, Kṛṣṇa's vertegenwoordigd onder, **10.38**

P

Paarden, Kṛṣṇa vertegenwoordigd onder de, **10.27**-27
Pāda-sevanam in Kṛṣṇa-bewustzijn. *Zie:* Verering, van de Heer
Padmanābha, *28*, 8.22
Padma Purāṇa geciteerd
  m.b.t. Kṛṣṇa-bewustzijn, plezier door, 5.22
  m.b.t. spiritueel leraar van elke kaste mits *vaiṣṇava*, 2.8
  m.b.t. toegewijden & reacties voor zonden, 9.2
Pāñcajanya hoornschelp, **1.15**
Pāñcarātrikī, 5.6
Pañca-tattva
  gebed tot, *2*
  mahā-mantra, *2*
Pāṇḍava's
  Dhṛtarāṣṭra &, relatie tussen, 1.1
  fortuin begunstigt, 1.14
  geloof van, 1.19
  hoornschelpen weerklonken door, **1.14-18**
  koninkrijk van, 1.16-18, **1.31-35**
  Kṛṣṇa
    gekend als Heer door, 7.25
    koos partij voor, 1.14
    leidde, 1.20
    vertegenwoordiging van, onder, **10.37**-37
  & Kuru's bereiden zich voor op strijd, **1.1-28**
  Kuru's ontmoedigd door, **1.19**-20
  leger van
    beschreven, **1.3-6**, **1.10**, **1.14**-19
    kracht van, **1.10**, 1.20
    lot van, in Slag op Kurukṣetra, **11.26-28**
    overwinning voor, voortekenen van, **1.20**-20
  leraar van, 1.3
  overwinning wachtte op, 1.14
  als religieus, 1.1
  soldaten van
    in kosmische gedaante, **11.26-28**
    lot van, op Kurukṣetra, **11.26-28**
  tegenover Kuru's, **1.1-46**
    politieke handelingen van, 1.1-3, 1.11, 1.16-18, 1.23, 1.36, 1.37-38
  Zie: specifieke Pāṇḍava's
Pāṇḍu, Koning, **1.1**, 1.8
  Arjuna &, **6.2**, 10.37
  Dhṛtarāṣṭra &, relatie tussen, 1.1

Pāṇḍu, Koning (*vervolg*)
zonen van. *Zie:* Pāṇḍava's; *specifieke Pāṇḍava's*
Parabrahman
definitie van, *4*
Kṛṣṇa als, *4*
vergeleken met Brahman, 8.3
Zie: Brahman, Allerhoogste
Paramātmā. *Zie:* Superziel
Paraṁ dhāma definitie van, *4*
Parameśvara, betekenis van, 13.28
Paramparā
definitie van, *3*
Zie: Opeenvolging van discipelen
Parāśara Muni, 2.32
aangehaald m.b.t. woord *bhagavān*, 2.2
geciteerd m.b.t. *kṣatriya*'s plicht, 2.32
geciteerd m.b.t. levende wezens & Superziel, 13.5
Kṛṣṇa aanvaard als Heer door, 10.1
als vader van Vyāsadeva, 2.2, 13.5
Parāśara-smṛti geciteerd. *Zie:* Parāśara Muni, geciteerd
Paraśurāma, Heer, 3.35
Parīkṣit Mahārāja, 10.27
Pārtha. *Zie:* Arjuna
Pārtha-sārathi, Kṛṣṇa als, 1.15
Pārvatī
Śiva & Kārtikeya en, 2.62
zoon van, 10.24
Pāṣaṇḍī, 4.12
Pāśupata-astra, 2.33
Patañjali Muni, 6.20-23
aangehaald m.b.t. ziel & zinsbevrediging, 4.27
geciteerd
m.b.t. bevrijding & spiritueel plezier, 6.20-23
m.b.t. zelfrealisatie, 6.20-23
yogastelsel van, 4.27, 6.20-23
Pauṇḍra hoornschelp, **1.15**
Pavitram definitie van, *4*
Pelgrimsoord(en). *Zie:* Bedevaartplaats(en)
Pelgrimstocht. *Zie:* Bedevaart
Perfectie. *Zie:* Volmaaktheid
Pijn. *Zie:* Lijden (leed)
Piśāca's, 9.25
Pitā('s)
bestuurder van, 10.29
planeet van (Pitṛloka), 10.29
offer aan, 9.16
Pitāmaha, Brahmā als, 10.6
Planeet (planeten), *17*, *18*
aantal, *17*
Aarde. *Zie:* Planeet Aarde
in banyanboom-analogie, 15.2
bestuurders van, *7*
Zie: Halfgod(en)
van Brahmā, *18*, 14.18
leed ook op, 8.17
verheffing tot, offer voor, 8.16
zielsverhuizing naar, 8.17
eigenaar van, Kṛṣṇa als, **10.3**-3
Zie: Helse planeten
energie van, Heer als, **15.13**
van Gandharva's, 10.26
van geesten, **9.25**
van halfgoden
bereikt door halfgodenverering, **7.23**-23, 7.24
als Kṛṣṇa's energie, 9.18
val van, 8.16
verering voor geboorte op, **9.25**
voorbeelden van, 8.16
Planeet (planeten) (*vervolg*)
zielsverhuizing naar, 9.18
Zie: Hemelse planeten
Heer
bestuurt, 9.6
eigenaar van, **10.3**-3
houdt in stand, 8.9
oorsprong van, **10.8**
helse, 10.29, 16.10, **16.16**-16
Zie: Helse planeten
hemelse. *Zie:* Hemelse planeten
hogere. *Zie:* Hemelse planeten
Satyaloka, 14.18
hoger & lager
zielsverhuizing door heel, 8.19
Zie: Helse planeten; Hemelse planeten
hoogste, **14.18**
van Indra, **9.20**
koning(en) van, *Bhagavad-gītā* gehoord door, **4.1**-1
kosmische gedaante
gezien op, **11.20**, **11.23**, 11.36, 11.47
verstoort bewoners van, **11.20**, **11.23**
lagere. *Zie:* Helse planeten
leven op, 8.25, 10.4-5
alle, 2.24, 14.4
bron van, **10.6**-6
levende wezens op alle, 14.4
licht van, 13.18
maan. *Zie:* Maan
materiële, hoogste, 8.17
ondersteuning van
Heer als energie voor, **15.13**
door kosmische gedaante van de Heer, 15.13
oorsprong van, 4.1
Kṛṣṇa als, **10.8**
van Pitā's, 9.25, 10.29
Poolster, 18.71
reis naar verschillende, *17*, *18*
tijdens schepping, 10.8
spirituele. *Zie:* Spirituele wereld, planeten in
sterren als, 10.21
vergeleken met drijvende man, 15.13
verlichting van, 13.18
van voorouders, 10.29
van de Heer, verheffing tot, **9.25**
veelheid van, 11.13
van Yamarāja, 10.29
zielsverhuizing naar, overeenkomstig hoedanigheden van de natuur, **14.18**
zon
als koning van, 4.1
Zie: Zon
Zie: *specifieke planeten*
Plantenleven, 3.38
Plezier
op hemelse planeten, **2.42-43**, 2.42-43
hoogste, *Kṛṣṇa* betekent, *17*
materieel, vedische manieren om te krijgen, **2.42-43**, 2.42-43
Zie: Geluk; Zinsbevrediging
Plicht(en), 2.31
aanvaarding van, **18.9**-10
van activiteit zonder gehechtheid, **3.19**-19
om anderen te respecteren, 9.11
voor Arjuna, *23*, 2.2, 2.7, **2.27**-27, **2.31-38**, **2.47-48**, 3.8
Plicht(en) (*vervolg*)
voor bevrijde & geconditioneerde zielen, 2.31
van *brahmacārī*, 8.28
van *brāhmaṇa*, 18.47-48
devotionele dienst &, 1.41, 3.4, 6.20-23, 6.47, **8.28**-28, 10.3
doel van, 3.7
geautoriseerd, 2.32
geconditioneerde zielen hebben nodig, **3.35**-35
gedeeltelijk compleet, 2.40
geweld kan, zijn, **2.31-33**
voor handelaar, 18.47
voor Heer, **3.22-24**
heilige teksten als gezaghebbend aangaande, 16.6, **16.23**-23
hoedanigheden leggen op , 2.47
& hoedanigheid goedheid, **18.9**-10
idee van de materialisten van, 7.15
iemands eigen, vergeleken met plichten van een ander, **3.35**-35
inferieur, gehechtheid aan, **3.29**-29
Janaka Mahārāja &, **3.20**-20
voor Kṛṣṇa, **3.22**-22
Kṛṣṇa-bewustzijn
als, 6.1
ontstijgt, 2.38, 2.41, 2.52, **3.17-18**, 3.43
zij aan zij met, 8.7
in Kṛṣṇa-bewustzijn, **3.30-31**, 4.20, 5.29
Kṛṣṇa's voorbeeld aangaande, **3.22-24**
Kṛṣṇa verlicht, voor zelfgerealiseerde ziel, 3.17
voor *kṣatriya*, 2.14, 2.15, 2.27, **2.31**-31, 3.22, 18.47-48
leiders veronachtzamen, 1.42
om het leven zo in te richten dat men Kṛṣṇa nooit kan vergeten, 9.27
meditatie op Kṛṣṇa niet gehinderd door, *23-24*
noodzaak van, 2.14, **3.8-9**, **3.20-25**, 3.33, **3.35**-35, **6.1**-1, **18.47**-53
offer verricht als, **17.11**
ondanks moeilijkheden, 2.14
onderhoud van lichaam &, 3.9
met onthechting, **3.30**-30
opgegeven omwille van Kṛṣṇa, 2.38, 2.40, 3.33, 3.43
voor het plezier van de Heer, **3.9**
van prediken, 16.1-3
van regeringsleiders, 4.1
religieuze principes definiëren, 2.31
resultaten van, onthechting van, **2.47-49**
voor *sannyāsī*, 16.1-3
spiritueel leraar &, 2.41, 3.35, 18.57
spirituele & materiële, 2.2, 2.31, 2.38, 3.35
spirituele, niet onderhevig aan onthechting, 18.2, **18.3-9**
toegewijden &, 1.41, 6.20-23, 9.28
transcendentaal, in de hoedanigheid goedheid, **18.26**
typen van, drie, 2.47
voor *vaiśya*, 18.47
in *varṇāśrama*, 2.31, **3.35**-35, 8.28, 18.23, **18.47-48**, 18.66
vedische, & toegewijden, 9.28
met verering van Heer, 17.11, 18.46
vergeleken met Kṛṣṇa-bewustzijn, 2.40, 3.5, 3.33
verheffing door, 2.31

Plicht(en) (*vervolg*)
veronachtzaming van, **2.47**-47, **18.7-8**
door Bhīṣmadeva & Droṇācārya, 11.49
reactie op, **2.33**-33, 6.40, 6.47
als verboden, **18.7-8**, **18.47-48**
als zondig, 2.27
volgens iemands eigen natuur, **3.35**-35, **18.47**-47
voorbeeld van aanvaarding van, **3.20-26**
voorbeelden nodig voor, **3.20-26**
voorbeelden van, **8.28**-28
voorgeschreven, **3.35**-35, **8.7**, 17.26-27, **18.6-9**, **18.47**-47
vrijgevigheid uit, **17.20**
vrijheid van, door overgave aan de Heer, 2.38
yajña hebben oorsprong in, **3.14**
voor zelfgerealiseerde ziel, **3.17-18**
aan zichzelf opgelegd, 7.15
voor zuivering, 3.4
Zie: Dharma; Sanātana-dharma; Voorgeschreven plicht(en)
Poëzie
Kṛṣṇa's vertegenwoordiging in, **10.35**-35
regels voor, 10.35
Politicus (politici)
kwalificatie voor, 1.2
val van, 2.8
Zie: Kṣatriya('s)
Politiek, 2.31
van conflict tussen Pāṇḍava's & Kuru's, 1.1-3, 1.11, 1.16-18, 1.23, 1.36, 1.37-38
Zie: Diplomatie
Poolster, 18.71
Prabhupāda, Śrīla
eerbetuigingen door, *1-2*
familie van, 6.42
in de opeenvolging van discipelen, *28*
Pradhāna, 13.7
Pradyumna, 8.22
Prahlāda Mahārāja, 4.8
van familie van Daitya's, **10.30**
risico's nemen omwille van Kṛṣṇa, 11.55
als Kṛṣṇa-bewuste autoriteit, 4.16
Kṛṣṇa vertegenwoordigd door, **10.30**
overgave aan Allerhoogste Heer door, 7.15
tolereert zijn vader, 13.8-12
Prajāpati, 16.6
Prakāśānanda Sarasvatī & Caitanya, 2.46, 10.11
Prakṛti, 2.39, 7.4, 15.1
bestuurd door de Heer, *6-7*
definitie van, *6, 8*, 4.6
als eeuwig maar tijdelijk gemanifesteerd, *8, 9*
hogere & lagere, *7, 8*
Kṛṣṇa's, 4.6
levende wezens als, *7*
natuur als, **13.1-2**, 13.3
als onderwerp van *Gītā*, *6, 7*
vergeleken met echtgenote, *7*
als vrouwelijk, *7*
Prāṇa. Zie: Levensadem(s)
Prāṇa-maya, 13.5
Prāṇāyāma-yoga, **4.29**
Prapitāmaha, Kṛṣṇa als, 10.6
Prasādam, 4.29, 6.17, 13.8-12, 17.10
aanvaarding van, als devotionele dienst, 16.24, 18.7
Prasādam (*vervolg*)
belang van, **3.13**-13
bloemen als, 2.61
Heer Caitanya raadt aan, 16.24
definitie van, 4.29
als 'juiste dieet voor de lijdende patiënt,' 6.35
leed verlicht door, 1.41
Nārada Muni &, 9.2
noodzaak van, 6.16
offer &, **17.13**
offerbaar voedsel voor, 6.17, 9.2, **9.26**-26, 13.14, 17.10
onthechting &, 2.63
als overblijfselen van offer, 11.55
als overblijfselen van voedsel van toegewijden van de Heer, 17.10
reacties voor zonden weggenomen door, **3.13**, 3.14
tulasī, 2.61, 9.2
vergeleken met vaccinestof, 3.14
verspreiding van, tijdens offer, **17.13**
voordelen van, 6.17, 9.2, 9.26-27, 12.8, 17.10
voor voorouders, **1.41**-41
zuivering door, 3.11, 3.14, 12.8
Praśna Upaniṣad geciteerd m.b.t. de ziel als kenner & verrichter, 18.14
Pratyag-ātmā & parāg-ātmā, 4.27
Pratyāhāra, 5.28, 6.25
Pravṛtti, 18.30
Prayāga, 6.11-12
Prāyaścitta (boetedoening), 1.43
Zie: Zuivering
Prediken van Kṛṣṇa-bewustzijn, 3.13, 6.32, 9.2, 11.55, 15.10
autoriteiten die aangehaald moeten worden in, 17.15
benodigdheden in, 12.10
Bhagavad-gītā &, **18.68-71**, 18.71
door Caitanya, 7.15, 18.54
als geweldloosheid, 13.8-12
hulp in, 12.10
Kṛṣṇa geplezierd door, 11.55
openlijk, 18.71
plicht van, 13.8-12, 16.1-3
rijkdom gebruikt om te ondersteunen, 12.10
risico's ondernomen tijdens, 11.55
door *sannyāsī's*, 10.4-5, 16.1-3
van toegewijde stimulans voor, 11.55
in het voordeel van lijdende levende wezens, 11.55
voordelen van, **18.68**
vrijgevigheid moet ondersteunen, 11.54
Predikers van het Kṛṣṇa-bewustzijn. *Zie:* Toegewijde(n)
Prema. Zie: Liefde voor God
Priester(s)
Kṛṣṇa vertegenwoordigd onder, **10.24**
Zie: Wijze(n); *specifieke priesters*
Pṛthā, familieleden van, 1.25
Purāṇa's, *3*, 7.3, 10.18, 11.48
geschiedenis van, *22*
als historiën, *22*
Purujit, **1.5**
Puruṣa, 15.1
definitie van, *4*
ziel als, 13.20
Puruṣa-avatāra's, 7.4, 10.20
Puruṣa-bodhinī Upaniṣad geciteerd m.b.t. de gedaanten van de Heer, 4.9
Puruṣārtha definitie van, 6.20-23
Puruṣottama, *28*
Puruṣottama, Heer, *11*, 8.22
Kṛṣṇa als, **8.1**-1, **10.15**-15, 11.3
Puruṣottama-yoga, 15.20

R

Rādhārāṇī, *1*
Raghu-dynastie, 4.1
Ragunātha dāsa Gosvāmī, *28*
Rahūgaṇa (Koning) & Jaḍa Bharata, 6.43
Rāja-yoga, 6.47
Rājendra, *28*
Rākṣasa's, 9.25
Zie: Demon(en)
Rāmacandra, Heer, 1.20, 4.13, 6.47, 8.14, 14.26, 15.7, 18.65
dynastie van, 4.1
echtgenoot van, 1.20
Hanumān &, 3.37
Heer gekend als, 5.22
als incarnatie van Kṛṣṇa, 4.5
Kṛṣṇa vertegenwoordigd door, **10.31**
tegenover Rāvaṇa, 1.20, 1.36
als rechtschapen koning, 10.27
schoonvader van, 3.20
Zie: Allerhoogste Heer
Rāmānujācārya, *2*, 2.12, 7.24
aangehaald m.b.t. *sanātana-dharma*, *15*
als overgegeven aan de Heer, 7.15
Rāma-rājya, 1.36
Rasa's
in devotionele dienst, vijf, 8.14
Zie: Allerhoogste Heer, relaties met; Kṛṣṇa, relaties met
Rāvaṇa, 4.8, 7.15, 16.20
tegenover Hanumān, 3.37
Rāma tegenover, 1.20, 1.36
trap van, 16.16
Reactie(s) voor zonden
Arjuna
hoeft niet te vrezen, **2.26-27**, **2.38**
immuun voor, 2.19, 2.21
vreesde, **1.36-44**, 2.27, 18.59
vrijheid van, belooft aan, **2.38**
voor bedwelmende middelen, 3.24
beëindigd door devotionele dienst, 2.50
als belemmering aan zelfrealisatie, 3.14
bescherming van, Heer biedt, *26*, 12.6-7
voor bespotten van Heer, **9.12**-12
devotionele dienst ontstegen aan, 2.21, 2.38
voor doden van aanvallers, **1.36**
in eten, 3.13-14, 6.16, 9.26
geboorte als dier, **14.15**, 14.16
Heer
beschermt toegewijde tegen, *26*, 12.6-7
niet verantwoordelijk voor, 5.15
hel als, 1.43
materieel leven veroorzaakt door, 4.31
offer voor zuivering van, **3.16**
voor ongehoorzaamheid aan de Heer, **3.32**
voor overtreders tegenover de Heer, **9.12**-12
planeet voor straf voor, 10.29
stadia van, 4.37, 9.2

Reactie(s) voor zonden (*vervolg*)
toegewijde ziet genade van de Heer in, 12.13-14
vergeleken met boom, 9.2
verlichting van
door boetedoening, 1.43
door dood in strijd, 2.22
door straf, 2.21
voor verzaken van plicht, 2.27, **2.33**-33, 6.40
voor vleeseten, 14.16
voorgeschreven plichten &, **18.47**-47
van voortgezet materieel bestaan, 3.39
vrijheid van
door devotionele dienst, **7.28**, 9.2
door eten van *prasādam*, **3.13**, 3.14
door het zich herinneren van Kṛṣṇa, 2.52
door hoedanigheid goedheid, **14.6**-6
door Kṛṣṇa te kennen, **10.3**-3
door Kṛṣṇa-bewustzijn, **10.3**-3
door opgeven van activiteiten, als ondoeltreffend, **3.4**
door overgave aan de Heer, **18.66**-66
Zie: Bevrijding
vruchten dragen van, 9.2
van Yamarāja, 10.29
zinsbevrediging, oplopen door, 2.38
voor zinsbevrediging zonder offer, **3.16**
zuivering van, door studie van veda's, **9.20**
Zie: Karma; Lijden (leed); Straf
Regen door offers, **3.14**-14
Regering
bescherming door, 2.31-32
dienst in, *16*
doden bestraft door, 14.16
geweld door, 2.27. *Zie:* Oorlog
koningen in, 10.27
koning, onder rechtvaardige, 10.27
van Kṛṣṇa, halfgoden in, 9.23
leider(s), 1.36, 1.42
keizer van de wereld als, 6.43
overgave door, 7.15
plicht van, **3.21**-21, 4.1
spirituele visie ontbreekt in, 10.4-5
verering van, 4.12
planetair, **4.1**-1
Raghu dynastie als, 4.1
Rāmacandra's, 1.36
religieus, 2.32
straf door. *Zie:* Straf
vasten om te beïnvloeden, 17.5-6
wet &, 2.21, 2.27, 16.7, 18.17
Zie: Varṇāśrama-dharma, stelsel van
Regulerende principes, 18.78
noodzaak van, 16.22, **16.23-24**
als 'principes van vrijheid,' **2.64**
vernietigd door onverantwoordelijke activiteit, 18.25
zuivering door, 16.22
Zie: Heilige tekst(en), voorschriften van
Reïncarnatie, 2.13
bestuurd door autoriteiten, *20-21*
Reïncarnatie (*vervolg*)
door Bharata Mahārāja, 6.43, 8.6
naar Brahmaloka, 8.17
als cyclus van geboorte en dood, 9.21
Zie: Cyclus van geboorte en dood
van demonen naar lagere levensvormen, **16.19-20**
in detail, **2.13**-27
met Dhruvaloka, 18.71
dier, van gedood, 14.16, 14.17
door dieren, 16.1-3
naar dierenlichaam, 13.21, 13.22, 15.8, 15.9, 16.1-3
van doder naar slachtoffer, 14.16
einde van
door terugkeer naar woning van de Heer, **8.15-16**
Zie: God, terug naar; Bevrijding
evolutionair proces van, 14.15
naar goede familie, **6.41-43**, 6.45
naar familie van *brāhmaṇa's*, 6.41, 6.43
naar familie van transcendentalisten, **6.42-43**
fijnstoffelijk lichaam &, 15.8
gedachten op moment van de dood bepalen, **8.6**-6
Heer
immuun voor, 4.5, 4.6
legt uit, **2.13**-27
leidt, **18.61**-61
in de hoedanigheid goedheid, 14.6
naar hogere & lagere planeten, 2.8, 6.41, **8.16**, 8.19
naar hogere planeten, 6.41
demonen proberen, 16.16
door de *Gītā* op de juiste manier te horen, **18.71**-71
door halfgodenverering, **9.25**
van hogere planeten, 8.16, **9.21**
in huidige lichaam, **2.13**, 13.2
kennis & onwetendheid over, **15.10-11**
als leed, 2.8, 15.10
levenssoorten, in verschillende, 8.3, 16.19
naar maanplaneet, **8.25**
materialisten laten voortduren, 8.24-26
naar menselijke vorm van leven, 2.40, 14.15
neerwaarts, 8.3, **14.15**
onafhankelijkheid van levend wezen beïnvloedt, 15.8
onwetendheid laat voortduren, 2.51
oorzaak (oorzaken) van
vergeetachtigheid van Heer als, 2.22
Zie: Verhuizing van de zielen, overeenkomstig ...
overeenkomstig
bestuur van de Heer, **16.19**-19
bewustzijn, **15.8**-8
contact met materie, 15.16
gedachten op moment van de dood, **8.6-7**
hoedanigheden van de natuur, **13.22**-22, **14.14-15**, **14.18**-18
karma, 15.8
levend wezen onafhankelijkheid, 15.8
Superziel, **18.61**-61
Reïncarnatie (*vervolg*)
tijd van heengaan, **8.23-26**
verlangen, **8.6-7**, 13.22
met planeet Aarde van hemelse planeten, **9.21**
naar planeten van geesten, **9.25**
naar planeten van de halfgoden, 9.18
proces van, **15.8**-8, 16.19
spirituele vooruitgang gaat door ondanks, 6.40, **6.43-45**
naar spirituele wereld, 15.8
Superziel &, 2.22, **18.61-62**
toegewijde niet bezorgd over, 12.6-7
van transcendentalist, niet succesvolle, **6.41-43**
vergeetachtigheid door, 7.26, 15.15, 18.61
vergeleken
met groei, 2.22
met groeien, **2.13**, 2.22
met ritje met reuzenrad, 9.21
met veranderen van kleren, *9*, **2.22**, 13.22
met zwerven van tak naar tak, 15.1
verheugen over, 2.13
verlangens beïnvloeden **8.6**-6, 13.22
naar vorm van halfgod, 15.8, 15.9
vrijheid van
door devotionele dienst, 5.2, 13.22
door zelfrealisatie, **5.19**
Zie: Bevrijding, God, terug naar
waarde van, 2.13
wijs persoon niet verward door, **2.13**
yoga voortgezet tijdens, **6.41-45**
yogī bestuurt, 12.6-7
Zie: Cyclus van geboorte en dood
van *yogī*, niet succesvolle, **6.41-43**
zinsbevrediging gaat door, 5.2
Reinheid, **16.1-3**, 16.1-3
als ascese van lichaam, **17.14**-14
baden, door zich te, 2.14
definitie van, 13.8-12, 16.1-3, 16.7
gebrek aan, **16.7**, **16.10**-10
gedrag, in iemands, 16.1-3
soorten van, 16.1-3, 16.7
Religie
achtergelaten omwille van Kṛṣṇa, **18.66**-66
in banyan-analogie, 15.1
als bescherming voor vrouwen, 1.40
Bhagavad-gītā
eindconclusie aangaande, 18.78
legt uit, 4.7
boeken van, 10.32
als brahmaanse eigenschap, **18.42**
codes van
morele, 3.16
door Parāśara Muni, 2.32
doel van, 7.15
doel van, devotionele dienst als, 9.2
eeuwig, *15-16*
Kṛṣṇa als instandhouder van, **11.18**
& filosofie, noodzaak van beide, 3.3
in gezinsleven, verlies van, **1.39-42**
graden van kennis over, 4.7

Religie (*vervolg*)
Heer autoriteit op, 4.7
hoogste principe van, 4.7
in huidige tijdperk, 7.15
van iedereen
dienst als, *15-16*. *Zie: Sanātana-dharma*
irreligie, beschouwd als & vice versa in de hoedanigheid onwetendheid, **18.32**-32
Kṛṣṇa daalt neer om te beschermen, **4.7-8**
Kṛṣṇa's voorbeeld aangaande, **3.22-24**
materiële, 2.26, 13.8-12, 17.7
in de hoedanigheid hartstocht, **18.34**
vergeleken met spirituele, 17.11
overeenkomstig hoedanigheden van de natuur, 17.4
overgave aan Kṛṣṇa als verheven boven, **18.66**-66
principe(s) van
aangeraden, 2.18
bron van, 4.16
voor dierenoffer, 2.31
doden volgens, 2.19, 2.21
geweld &, 2.21, **2.31-33**
in gezinsleven, 1.39-42
kennis door, 2.14
Kṛṣṇa verschijnt om te herstellen, 3.23, 10.12-13
voor *kṣatriya's*, 1.31, 2.14
in *Manu-smṛti*, 7.15
noodzaak van, 7.15
offeringen aan voorouders als, **1.41**-41
onvoldoende zonder Kṛṣṇa, 2.8
ouderen verantwoordelijk voor, 1.39
in *Parāśara-smṛti*, 2.32
plichten volgens, 2.31
regering volgens, 2.32
voor reinheid, 2.14
relatieve belang van, 2.11
seks volgens, **7.11**
strijden op grond van, **2.31-33**
varṇāśrama, begin met, 4.7
varṇāśrama ondersteunt, 1.39
vergeving als, 1.36
voor verheffing, 2.14
veronachtzaming van, 7.15
verplichting te volgen, 1.37-38
Zie: Regulerende principes; Deugd
sektarisch, *14-15*
spirituele, vergeleken met materiële, 17.11
tegenover ongodsdienstigheid, **18.32**-32
tijdperken prominent in, 8.17
vader van, 1.1
valse, 7.15, 16.1-3
van demonen, 16.4, 16.10, **16.17**
veda's autoriteit op, 4.7
als veranderlijk, *15*
vergeleken
met *sanātana-dharma*, *15-16*
met wiskunde, 4.7
volmaaktheid van, spirituele kennis als, **9.2**-2
Zie: Devotionele dienst; Kṛṣṇabewustzijn; *Sanātana-dharma*
Religieuze principes. *Zie:* Religie, principes van
Reputatie
Allerhoogste, 2.2
van Arjuna, **2.3**-3, **2.33-36**
van Bhīṣmadeva, 1.11
Kṛṣṇa's, *2-3*, *4-5*, 1.15, 2.2
schande &, **2.34**
verlies van, 2.3, **2.33-36**
Respect, 9.11
Resultaatgerichte activiteit
aarzelen, degenen die, afgeleid door, **2.41**-41
als activiteit voor lichaam, **8.3**
in banyanboom-analogie, **15.2**
beginstadia van yoga &, 6.3
als binding, **2.39**, 2.47, 2.49, **3.9**, 4.20, 5.2, **14.7**, 15.1
gehechtheid aan, **3.26-27**, **5.12**, 7.15, **14.7**, **18.27**
halfgodenverering &, **4.12**-12
van hoedanigheid hartstocht, **14.12**-12
karmische reacties voor, 3.9, 4.14, **4.37**, 9.2
vrijheid van, door devotionele dienst, **2.38-39**, **3.31**, **4.37**
Kṛṣṇa-bewustzijn transcendeert, 2.41, 2.53, 3.19
Kṛṣṇa ondervraagd over, **3.1**-1
Kṛṣṇa ontstegen aan, **4.14**-14
leed vergezelt, 7.15
offer als, 4.33
onthechting van, 2.1, 3.4, **3.19**-19, **4.20-22**, **5.12**, **6.3-4**, **18.3**
Zie: Onthechting
onwetende personen gehecht aan, **2.42-43**, 2.42-43, **3.25-27**
resultaten van
afhankelijk van Heer, 4.11
gehechtheid aan, **5.12**, 6.40, 7.15, **18.34**
offer van, **12.11**
ongelukkigheid &, 2.70
onthechting van, **2.39**, 3.4, **4.42**, **6.3-4**, 9.28, **12.16-17**, 18.3
toegewijden onthecht van, **12.16-17**
verantwoordelijkheid voor, 4.14
toegewijde ontstegen aan, **5.7-14**
toegewijde vermijdt, **5.13-14**
veda's raden aan, **2.42-43**, 2.42-43, **2.45-46**
vergeleken
met devotionele dienst, 2.38-40, 2.52-53, **3.28-29**, **8.28**-28
met intelligentie, **3.1**-1
voor verheffing naar hemelse planeten, **2.42-43**, 2.42-43, 8.25
verworpen, 2.42-43, **2.47-49**, 2.51, 7.15
Zie: Karma; *Karma-kāṇḍa*; Materiële leven
Resultaatgerichte werkers
vergeleken met varkens, 7.15
Zie: Materialist(en); Werker(s); *Śūdra('s)*
Ṛg-veda, **9.17**-17
geciteerd
m.b.t. doden van koeien, 14.16
m.b.t. *oṁ*, 17.23
m.b.t. Heer Viṣṇu, 17.24
m.b.t. woning van de Heer, 18.62
Rijkdom
gebruik van, 2.49
gehechtheid aan, 1.32-35, 14.8
door demonen, 16.16
in de hoedanigheid hartstocht, **18.34**
geluk niet gegarandeerd door, **2.8**-8
door goede daden in verleden, 16.16
illegaal verkregen, 16.16
inkomen als, 10.4-5, 16.1-3
van Kṛṣṇa. *Zie:* Kṛṣṇa, volheden van
waar Kṛṣṇa & Arjuna aanwezig zijn, **18.78**
Zie: Rijkdom
in Kṛṣṇa-bewustzijn, 12.10, 18.8
in Kṛṣṇa's dienst, **9.27**-27, 11.54, 11.55, 12.10
Kuvera heer van, **10.23**-23
misleiding door, **16.17**
offer van, 4.25, **4.28**-28, 4.42
offers vereisen, 16.1-3
onthechting van, **4.21**-21
door toegewijde, 12.16
Zie: Onthechting
onthechting van gedachten aan, 10.4-5
oorzaak van, *karma* als, 16.16
sannyāsī &, 16.1-3
stelen van, 1.36
toegewijden tevredengesteld door veel of weinig, 1.32-35
als tijdelijk, 2.8
verering voor, 17.11
vrijgevigheid &, 10.4-5, 16.1-3
Rivier(en)
Kṛṣṇa vertegenwoordigd onder, **10.31**. *Zie: specifieke rivieren*
Roem
betekenis van, 10.4-5
Kṛṣṇa vertegenwoordigd door, **10.34**-34
voor *kṣatriya*, 2.2
oorsprong van, Kṛṣṇa als, **10.4-5**
Ronden, het chanten van, 9.27
Rudra('s)
belangrijkste van, 10.23
Kṛṣṇa vertegenwoordigd onder, **10.23**
in kosmische gedaante, **11.6**
oorsprong van, Heer als, 10.8
Rūpa Gosvāmī
Caitanya &, 11.54
gebed tot, *1*
geciteerd
m.b.t. devotionele dienst, zui-vere, 11.55
m.b.t. Kṛṣṇa-bewustzijn als bevrijding, 6.31
m.b.t. onthechting & Kṛṣṇa-bewustzijn, 8.27, 9.28
m.b.t. toegewijde als bevrijd, 6.31
in de opeenvolging van discipelen, *28*
predikactiviteiten van, *1*
slaap opgegeven door, 6.17

S

Śabda-brahma, het ontstijgen aan de reikwijdte van, 2.52
Sac-cid-ānanda, *11*, 20
Kṛṣṇa als, 4.5
Kṛṣṇa's gedaante als, *17*, 9.11
Sādhaka, 2.68

Sādhu('s)
definitie van, 4.8
eigenschappen van, 4.8
toegewijden als, 4.8, 17.26-27
Zie: Toegewijde(n); Heilige personen; Wijze(n)
Sādhya's, **11.22**
Saguṇa-verering, 12.5
Sahadeva, **1.16-18**
Śaibya, **1.5**
Sakhyam in Kṛṣṇa-bewustzijn. *Zie:* Kṛṣṇa, relaties met
Śakuni, 1.26
Śalya, 1.9, 1.26
Samādhi, 1.24, 2.57, 6.10, **6.20-23**, 6.20-23, 6.25
betekenis van, 2.53
definitie van, 2.44
door Kṛṣṇa-bewustzijn, 2.57, 8.12
soorten van, twee, 6.20-23
Zie: Herinneren in Kṛṣṇa-bewustzijn; Meditatie
Samāna, 2.17
Samatā definitie van, 10.4-5
Sāma-veda, **9.17**-17, **10.22**, **10.35**-35
hymnen in, **10.35**-35
Kṛṣṇa vertegenwoordigd door, **10.22**
Samengestelde woorden, Kṛṣṇa vertegenwoordigd onder, **10.33**-33
Samenleving
familie in. *Zie:* Gezinsleven
Krishna-bewust. *Zie:* Beweging voor Kṛṣṇa-bewustzijn; ISKCON
menselijke. *Zie:* Menselijk leven; Menselijke wezens
onderverdelingen in. *Zie:* *Varṇāśrama-dharma*, stelsel van
regering voor. *Zie:* Regering
tegenwoordige. *Zie:* Kali-yuga
van toegewijden van Kṛṣṇa. *Zie:* ISKCON; Beweging voor Kṛṣṇa-beweging
vedische. *Zie:* *Varṇāśrama-dharma*, stelsel van; Vedische beschaving
vrouwen in. *Zie:* Gezinsleven; Vrouwen
westerse. *Zie:* Westerse wereld
Samprajñāta-samādhi, 6.20-23
Saṁsāra. *Zie:* Cyclus van geboorte en dood; Reïncarnatie
Saṁskāra, Garbhādhāna, 16.1-3
Sanaka-kumāra, 10.6
Sananda-kumāra, 10.6
Sanātana definitie van, *14*
Sanātana-dharma, *14-16*, 1.42
als beginloos, *14*
definitie van, *14*
vergeleken
met elementaire natuur, *14*
met religie, *15-16*
uitgeweid over, *15-16*
Zie: *Varṇāśrama-dharma*, stelsel van
Sanātana Gosvāmī
Caitanya *&*, *15*
in de opeenvolging van discipelen, *28*
Sanat-kumāra, 10.6
Sāndīpani Muni, 2.4
Sañjaya
Dhṛtarāṣṭra
&, 11.12
aangemoedigd door, **1.2**-2
gewaarschuwd door, 1.16-18

Sañjaya (*vervolg*)
ontmoedigd door, **18.78**
vragen, **1.1**-1, 18.74
geluk van, **18.77**-77
hoorde Kṛṣṇa rechtstreeks, **18.75**-75
kosmische gedaante
geprobeerd te beschrijven, 11.12
te zien door, 18.77
in de opeenvolging van discipelen, 18.75
spiritueel leraar van, 1.1, 18.75, 18.77
verheerlijkt Kṛṣṇa *&* Arjuna, **18.74-78**
vertelling door, **1.2-18.78**
visie van
van Slag op veld van Kurukṣetra, 1.1, 18.75
door Vyāsadeva's genade, 18.75
Vyāsadeva *&*, 11.12
Śaṅkara, Heer. *Zie:* Śiva
Śaṅkarācārya, *2*
aangehaald m.b.t. Kṛṣṇa als Allerhoogste Heer, 7.24
Bhagavad-gītā commentaar van, 7.3
als grootste van impersonalisten, 7.3
Kṛṣṇa aanvaard door, 7.3
Śārīraka-bhāṣya van, 5.6
Vedānta-sūtra aanvaard door, 18.13
Saṅkarṣaṇa, 8.22
Saṅkīrtana
Caitanya
aangeraden, 3.10
ingevoerd, 3.12
definitie van, 4.8
onderricht van, als noodzakelijk, 3.13
als *yajña* voor huidige tijdperk, 3.10, 3.12-14
Zie: Chanten in Kṛṣṇa-bewustzijn
Sāṅkhya
van atheïst Kapila, 2.39
definitie van, 2.39, **5.4**
van Heer Kapila, 2.39
als niet-verschillend
van *bhakti-yoga*, 5.5
van *karma-yoga*, **5.4**
vergeleken met Vedānta, 18.13
Sāṅkhya-filosofie, 4.28
als analytische studie van
lichaam en ziel, 2.39
materiële wereld, 13.25
van atheïst Kapila, 2.39, 7.4
devotionele dienst als, 5.4
doel van
Viṣṇu als, 5.4
van Heer Kapila, 2.39
māyāvādī's &, 5.6
Sannyāsa
Arjuna's opvatting van, 5.1
betekenis van, 10.3, **18.2**
van Caitanya, 16.1-3
doel van, 3.5
Heer definieert, **18.2**
voor *kṣatriya*, 2.31
moeilijkheden van, 2.15
onthechting in, **18.2**
vereisten voor, 3.4
zuivering vereist vooraf, 3.4
Zie: *Varṇāśrama-dharma*, stelsel van
Sannyāsa-yoga, 6.2
Sannyāsī('s)
activiteit *&*, 5.6
afhankelijk van Heer, 16.1-3

Sannyāsī('s) (*vervolg*)
bedelen van, 10.4-5
Caitanya's voorbeeld van, 16.1-3
geloof van, 16.1-3
huwelijksceremonies *&*, 18.5, 18.7
impersonalist (Māyāvādī), 5.2, 5.6
vergeleken met *vaiṣṇava*, 5.6
koken *&*, 18.7
kwalificaties van, 9.28
materieel gehecht, 6.1
nederigheid van, 16.1-3
als onbevreesd, 16.1-3
onthechting *&*, 18.7
prediken bedoeld voor, 16.1-3
prediken door, aan getrouwde personen, 10.4-5
rijkdom *&*, 16.1-3
schenkingen geofferd aan, 10.4-5
soorten van, twee, 5.6
spiritueel leraar *&*, 16.1-3
toegewijden als, 18.11, 18.49
als toegewijden die alles aan Kṛṣṇa offeren, 18.11
vaiṣṇava, 5.6
verlangens (materiële) moeten worden vermeden door, 16.1-3
als verstoring als ze er niet gekwalificeerd voor zijn, 3.4
heeft vertrouwen in Superziel, 16.1-3
vrouwen *&*, 16.1-3, 18.5
zuivering voor, restricties voor, 16.1-3
Sanskriet, de taal, 10.33, 10.34, 10.35
Sarasvatī, Godin, verering van, 7.21
Śārīraka-bhāṣya, 5.6
Sarva-gata, ziel als, 2.24
Śāstra. *Zie:* Heilige tekst(en)
Śāśvatam definitie van, *4-5*
Sat, offer, vrijgevigheid, *&* ascese met, **17.26-27**, 17.26-27
Ṣaṭ-cakra-yoga, 8.10, 8.11
proces van, **8.11-13**
Sātvata-tantra geciteerd, **7.4**, **10.20**
Sātyaki, **1.16-18**
Satyam
definitie van, 10.4-5
Zie: Waarheidlievendheid
Satya-yuga, 8.17
Śaucam. *Zie:* Reinheid
Saumadatti, 1.8
Saumya-vapuḥ, Kṛṣṇa's gedaante als, 11.50
Śaunaka geciteerd m.b.t. horen over Heer, 10.18
Savyasācī, Arjuna als, **11.33**
Schaarste, 3.14
Schande, Kṛṣṇa als de oorsprong van, **10.4-5**
Schepper(s)
Kṛṣṇa vertegenwoordigd onder, **10.33**-33
Zie: Brahmā; Kṛṣṇa
Schepping
begin van, 10.8
door de blik van de Heer, 2.39, 9.10
Brahmā *&*, 8.17, 10.6, 10.32
componenten van, **7.4-5**
cycli van, **8.17-19**, **9.7-8**
demonen speculeren over, 16.8
doel van, **3.10**-10, 3.37, 9.8
van eerste levende wezens, **10.6**-6
elementen gemanifesteerd tijdens, 2.28, 10.32
energieën van de Heer *&*, **9.4-10**, 13.20
in de energieën van de Heer, **9.4-10**

- Schepping (*vervolg*)
  - evolutie &, 9.8
  - frequentie van, **9.7**
  - van halfgoden, 11.37
  - Heer ontstegen aan, **9.4-11**, 9.11, 11.2
  - herhaling van, *8*, 13.20, 18.78
  - Kṛṣṇa &, **7.6-12**, **9.4-10**, 10.3, 11.2
  - Kṛṣṇa als, **9.18**-18
  - Kṣīrodaka-śāyī Viṣṇu &, 9.8
  - van levende wezens, 3.15, **9.8**-8, 9.10, 13.20, 14.3-4
    - goed voor, **3.10**
    - verlangen van de Heer, 10.8
  - van leven, Kṛṣṇa als oorzaak van, **7.9-10**
  - van levenssoorten, 9.8, 9.10
  - lotusbloem &, 11.37
  - *mahat-tattva* &, 7.4, 9.8, 10.20, 13.20, 14.3
  - materiële energieën omvatten, 7.4
  - oorzaak van, **7.6-12**
  - oorsprong van, **7.6-12**, **9.4-10**, **9.18**-18, 10.3, 11.2
  - proces van, 7.4, 10.20
  - *puruṣa* & *prakṛti* &, 2.39
  - rol van natuur in, 7.14, 9.10
  - stadia van, **10.32**-32
  - als eigenlijk spiritueel, 18.62
  - Superziel &, 7.6, 10.20
  - tegelijkertijd, 9.8
  - & vernietiging, **9.7-8**
  - Viṣṇu's voor, 7.4, 10.20, 10.32
  - door de wil van de Heer, 9.5
  - van zonnestelsel, 4.1
  - *Zie:* Evolutie; Vernietiging
- Schepping, de. *Zie:* Materiële wereld; Universum, materiële
- Scheppingen, Kṛṣṇa vertegenwoordigd onder, **10.32**-32
- Schittering, Kṛṣṇa vertegenwoordigd door, **10.36**
- Scholing. *Zie:* Onderwijs
- Schoonheid, Kṛṣṇa vertegenwoordigd door, 10.41
- Seizoenen
  - beste, **10.35**-35
  - Kṛṣṇa vertegenwoordigd onder, **10.35**-35
- Seks. *Zie:* Seksualiteit
- Seksualiteit
  - afschuw tijdens denken aan, 2.60
  - beheersing van
    - in gezinsleven, noodzaak van, 16.1-3
    - voor Kṛṣṇa-bewuste kinderen, 16.1-3
  - boeien van, 3.39
  - als centrum van activiteit, 3.39
  - doel voor, 7.11, 16.1-3
  - gehechtheid aan
    - vermijden van, 3.34
    - *Zie:* Gehechtheid
  - geluk van, als nectar en dan vergif, **18.38**-38
  - in gezinsleven, 3.34
    - bestuur van, 16.1-3
  - als Kṛṣṇa mits correct, 10.28, 16.1-3
  - als *maithunya-āgāra*, 3.39
  - als noodzakelijkheid, 3.34
  - offer in, 4.26
  - onthechting van, 5.21
    - *Zie:* Onthechting; Onthechting, van seks
  - religieus, 10.28
    - Kṛṣṇa als, **7.11**
    - Kṛṣṇa vertegenwoordigd door, 10.28
  - research naar, 13.8-12
- Seksualiteit (*vervolg*)
  - val van, 2.60
  - verboden in, 3.34
  - vergeleken met tralies in gevangenis, 3.39
  - verwekken van een goed kind, voor het 16.1-3
  - voorbehoedsmiddelen &, 16.1-3
  - vrije, 3.34
    - bescherming van, 1.40
    - overspel &, 1.40
  - Yāmunācārya's mening over, 5.21
  - zelfrealisatie &, 5.21
- *Siddha's*, Slag van Kurukṣetra gadegeslagen door, 11.36
- *Siddhi's*, 6.20-23
- Śikhaṇḍī, **1.16-18**
- *Śikṣāṣṭaka* geciteerd
  - m.b.t. tolerantie, 8.5
  - m.b.t. zuiveren van het hart, 6.20-23
- Śiśupāla, Kṛṣṇa &, 7.25
- Sītā-devī, 1.20
  - Rāma &, 1.36
  - vader van, 3.20
- Śiva, Heer, 2.2, 8.2, 10.7, 10.42, 11.52, 17.4
  - Arjuna &, gevecht tussen, 2.33
  - bevrijding niet gegeven door, 7.14
  - geciteerd m.b.t. bevrijding & Viṣṇu, 7.14
  - imitators van, 3.24
  - als integrerend deeltje van Kṛṣṇa, 15.7
  - in kosmische gedaante, **11.15**, **11.22**
  - Kṛṣṇa
    - als oorsprong van, 10.3, 10.8
    - vergeleken met, 10.42
    - vertegenwoordigd door, **10.23**
  - als Kṛṣṇa-bewuste autoriteit, 4.16
  - Nārāyaṇa oorsprong van, 10.8
  - oorsprong van
    - als Brahmā, Viṣṇu, & Kṛṣṇa, 11.37
    - Kṛṣṇa als, 10.8
    - Nārāyaṇa als, 10.8
  - als overgegeven aan de Heer, 7.15
  - Pārvatī en Kārtikeya &, 2.62
  - als Śaṅkara, 10.23
  - Umā vrouw van, 7.21
  - vergif gedronken door, 10.27
  - als vernietiger, 10.32
  - zoon van, 10.24
- Skanda, Heer
  - Kṛṣṇa vertegenwoordigd door, 10.24
  - ouders van, 10.24
- Slaap
  - Arjuna overwinnaar van, 1.24
  - gehechtheid aan, 6.16
    - als de hoedanigheid onwetendheid, 18.35
  - geluk van, **18.39**-39
  - de hoedanigheid onwetendheid &, 1.24, **14.8**, **18.35**-35, **18.39**-39
  - in Kṛṣṇa-bewustzijn, 6.17
  - overdadige, 6.16, 6.17
  - overwinnen, 1.24
  - onthechting van, 6.17
  - regulering van, **6.16-17**
  - in het spirituele leven, **6.16**-16
  - vastberadenheid niet verder gaand dan, **18.35**-35
- Slachten van dieren, 4.21
  - ergste soort van, 14.16
  - 'excuses' voor, 2.27, 4.7, 16.1-3
  - door gedegradeerde personen, 3.12, 16.9, 16.19, 17.10
- Slachten van dieren (*vervolg*)
  - gehechtheid aan. *Zie:* Gehechtheid
  - in de hoedanigheid onwetendheid, 14.16
  - incarnatie van de Heer voor het stoppen van, 4.7
  - door *kṣatriya's*, 2.31
  - bij offers, 2.31, 3.12, 4.7, 16.1-3, 18.3
  - slachtoffer van, bestemming van, 2.31, 14.16, 14.17, 16.1-3, 18.3
  - strafbaar, 2.19, 14.16, 14.17
  - verboden voor de mens, *13-14*, 2.19, 14.16
  - *Zie:* Vleeseten
- Slag van Kurukṣetra. *Zie:* Kurukṣetra, Slag van
- Slagveld van Kurukṣetra. *Zie:* Kurukṣetra, Slagveld van
- Slang(en)
  - goddelijke, in kosmische gedaante, **11.15**
  - Kṛṣṇa vertegenwoordigd onder, **10.28-29**
- *Smṛti-śāstra* geciteerd m.b.t. Viṣṇu als één maar alomtegenwoordig, 6.31
- Sociale leven, 13.8-12, 16.1-3, 18.66
- Soldaten. *Zie:* Legers; *Kṣatriya('s); namen van specifieke soldaten*
- Somadatta, **1.8**, 1.26
  - zoon van, **1.8**
- *Soma-rasa* (*soma*-sap), 2.42-43, 8.25, **9.20**
- Speculatie, 3.3, 6.8
  - atheïstische, 10.15
  - over *Bhagavad-gītā*, 11.54
  - demonische, 16.8
  - frustratie door, 4.10
  - God gerealiseerd als onpersoonlijk door, 10.2
  - filosofische, 3.3, 3.43, 14.1
    - *Bhagavad-gītā* niet, 4.1, 4.2
    - door impersonalisten, 4.25
    - vergeleken met Kṛṣṇa-bewust-zijn, **3.3**-3
  - door halfgoden & wijzen, **10.2**-2
  - over Heer & levende wezens, 15.19
  - Heer niet gekend door, 7.24, 8.9, 10.11, 11.4, 11.52
  - impersonalist, 5.6
  - Kṛṣṇa-bewustzijn &, 5.6
  - door *māyayāpahṛta-jñānā*, **7.15**-15
  - door *muni's*, 2.56
  - ontstijgen aan, 2.56
- Spiritualisme, 9.25
  - *Zie:* Religie
- Spiritualisten
  - onderverdelingen van, drie, 6.40
  - *Zie:* Heilige personen; *Sādhu('s)*; Toegewijde(n); Wijze(n)
- Spiritualiteit. *Zie:* Religie
- Spiritueel leraar (leraren), 10.11, 12.10, 13.24
  - aangeraden, 2.68
  - aanvaarding van
    - als essentieel, 13.8-12
    - als serieus, 2.7
  - Allerhoogste, Kṛṣṇa als, **11.43**
  - belang van, 13.8-12
  - als bevrijd, 7.14
  - bevrijding door, 7.14
  - bonafide, 10.10
    - aanvaarden & horen van, 12.20
    - *Bhagavad-gītā* moet gehoord worden van, 16.1-3
    - voordelen van het tevredenstellen van, 13.8-12

Spiritueel leraar (leraren) (*vervolg*)
voordelen van overgave aan, 13.8-12
brahmacārī's &, 6.14
brāhmaṇa als, 16.1-3
van Caitanya, 2.46
Caitanya-caritāmṛta definieert, 2.8
demonen zijn ongehoorzaam aan, 16.24
dienst bedoeld voor, **4.34**-34
discipel & relatie tussen, 2.7, 2.10, **4.34**-34
Zie: Discipelen van spiritueel leraar
diskwalificaties voor, 2.7, 2.8, 2.12, 2.13
eerbetuigingen aan, 2.41
als ernstig, 2.10
families van, 6.42
gebeden aan, 2.41
geboortedag van, 18.75
gehoorzaamheid aan, 2.41, 2.53
geloof in Heer door leiding van, 17.28
geloof in, noodzaak van, 6.47
genade van, 13.8-12
gesprekken met, als serieus, 2.7
Gurv-aṣṭaka gebeden op, 2.41
Heer
als, *12-13*
begrepen door, 11.34
tevredengesteld door tevredenheid van, 2.41
vertegenwoordigd door, 10.3
zendt, *14*
als honderd procent Kṛṣṇa-bewust, 2.8
horen van, **4.34**-34, **4.35-36**, 16.1-3
incarnatie van, Nityānanda als, 7.15
initiatie door, 4.10
oṁ tat sat tijdens, 17.26-27
als spirituele plichten, 3.35
instructies van, 16.1-3
kennis door, 2.7, **4.34-35**, 5.16, 10.8, 13.35, 15.20, 16.1-3, 18.75
Kṛṣṇa
als, 2.7, 11.43, 11.54
direct gehoord via, 18.75
zendt, 4.7
Kṛṣṇa leidt via, 10.3
als Kṛṣṇa's vertegenwoordiger, 2.20
kwalificaties & eigenschappen van, 2.8, 2.41, **4.34-35**, 4.42, 5.16, 18.75
leiding door, 3.35, 4.10, 9.14, 17.6, 18.63
als belangrijkste plicht, 18.57
gehoorzaamheid aan, 18.59
noodzaak van, 3.35, 10.3, 11.54, 12.5, 17.28
als leraar van veda's, 8.28
als meester in wetenschap van Kṛṣṇa, 2.8
van Nārada Muni, 18.75
niet
geconditioneerde ziel, 2.12
in tegenstrijd met heilige personen & teksten, 10.3
noodzaak van, *25*, 2.7-8, 2.20, 2.41, 4.10, **4.34**-34, **4.35-36**, 9.34, 10.3, 11.54, 13.8-12, 16.24, 17.28
voor kennis over Heer, 18.75
omgang met, 10.4-5
ongekwalificeerd, verwerping van, 2.5
Spiritueel leraar (leraren) (*vervolg*)
als ontstegen aan kasten & orden, 2.8
oorspronkelijke, 2.7, 4.34
Kṛṣṇa als, 11.43
opeenvolging van discipelen van. *Zie:* Opeenvolging(en) van discipelen
in de opeenvolging van discipelen, 11.43, 18.75
overblijfselen van offeringen aan, 17.10
overgave aan. *Zie:* Overgave, aan spiritueel leraar
plannen van, net zo goed als die van de Heer, 11.34
regels van, 8.28
van Sañjaya, 18.75
sannyāsī &, 16.1-3
test van, 4.34
tevredenheid van, nodig, **4.34**-34
toegewijde geleid door, 18.58
als transparant tussenpersoon, 18.75
verering van, **17.14**
verheffing door omgang met & gehoorzaamheid aan, 17.2
voetstappen volgen van, aangeraden, 4.40
volmaaktheid door leiding van, 18.57
voordelen van, 13.35
Vyāsadeva vertegenwoordigd door, 18.75
als zelfgerealiseerd, **4.34**-34
zuivere toegewijde &, 12.13-14, 18.56
Zie: specifieke spiritueel leraren
Spiritueel leven
activiteit als deel van, 7.19
activiteiten in
moeten niet opgegeven worden, 18.2, **18.3-10**
Zie: Devotionele dienst
ascese nodig in, 16.1-3
autoriteiten in, Kṛṣṇa's goddelijkheid &, **10.12-13**, 10.12-13
begin van, onthechting als, 3.42
beheersing van zintuigen in. *Zie:* Beheersen van zintuigen
belemmeringen in, **4.10**-10
tolereren van, 13.8-12
in belichaamde staat, 5.29
bevrijding door, 8.28
celibaat in, **8.11**
doel van, Kṛṣṇa als, 4.11
eten in, **6.16**-16
familieverantwoordelijkheid voor, 1.39
hoogste pad van, 18.78
Kṛṣṇa-bewustzijn als, 6.40, 7.30
in India, 16.24
kritiek voor, 13.8-12
Kṛṣṇa doel van, 4.11
leed als aanzet voor, 13.8-12
leven na leven voortgezet, **6.41-45**
materialisten ongeïnteresseerd in, 3.29, **4.10**-10
materiële gehechtheid in, 6.40
offer &, **4.24-33**. *Zie:* Offer(s)
onderverdelingen in
drie, 6.40
twee, 4.42
onderzoek naar, oorzaak van, 3.37
ongeïnteresseerdheid in, 14.8
door onthechting, 2.15
onthechting in. *Zie:* Onthechting
Spiritueel leven (*vervolg*)
onthechting nodig in, 13.8-12
onthechting in. *Zie:* Onthechting
plicht &, 2.2
processen van
direct & indirect, 12.12
niveaus van, overeenkomstig
relaties in, 4.11
risico's in, 13.8-12
spiritueel leraar voor. *Zie:* Spiritueel leraar (leraren)
standvastigheid in, 13.8-12
uitgelegd door Kṛṣṇa, 3.2
vals, 3.33, **3.6**-8, 16.1-3
verering in, soorten van, **7.23**-23, 7.24
vergeleken met materieel leven, 1.32-35, 2.72, 6.40, 9.1, 9.20-21
vermogen, **12.8-12**
ontstegen door Kṛṣṇa-bewustzijn, 18.66
zuiverende, **18.5-6**
volmaaktheid in
als Kṛṣṇa-bewustzijn, 18.49-50
door onthechting, **18.49**-49
voltooiing van, door moment van de dood, **2.72**
voordeel van
bevrijding als, **2.72**
goede geboorte als, 1.31
plezier, transcendentaal, als, 2.69
succes, uiteindelijke, als, **6.40-45**
terug naar God als, **2.72**
vrijheid van verwarring als, **2.72**
voorschriften van
demonen negeren, **16.17**
Zie: Regulerende principes
vooruitgang in
door plicht, 2.2
test voor, 13.8-12
zelfbeheersing in. *Zie:* Zelfbeheersing
zinsbevrediging belemmert, **2.41-44**
Zie: Devotionele dienst; Kṛṣṇabewustzijn; Religie; Yoga
Spiritueel lichaam. *Zie:* Lichaam, spirituele
Spirituele hemel. *Zie:* Spirituele wereld
Spirituele kennis. *Zie:* Kennis, spirituele
Spirituele planeten. *Zie:* Spirituele wereld, planeten in
Spirituele wereld
als *avyakta*, *20*
in banyanboom-analogie, **15.3-4**
bedekt, als 'materiële' wereld, 4.24
bereiken van. *Zie:* Bevrijding; God, terug naar
beschreven, *17*
brahmajyoti van, 15.6
devotioneel leven & activiteit in, 14.2
devotionele dienst &, 2.72
als doel van veda's, 15.1
eenheid met de Heer & levende wezens in, 15.16
als eeuwig, *14-15*
gedaante in, 14.2
gelijkheid (kwalitatieve) met de Heer in, **14.2**-2
Goloka Vṛndāvana in, 8.28
Heer in, hoewel alomtegenwoordig, 9.11
individualiteit behouden in, 14.2

- Spirituele wereld (*vervolg*)
  - kenmerken van, 14.2
  - Kṛṣṇa's woning in. *Zie:* Kṛṣṇa, woning(en) van
  - kwalificatie voor spreken over, *9*
  - als manifestatie van de Heer, **8.22**-22
  - materiële wereld als weerspiegeling van, 15.1, 15.3-4
  - natuur van, 2.51, **15.6**-6
  - omvang van, *21*
  - als ongemanifesteerd, *20*
  - oorsprong van, Kṛṣṇa als, 10.8
  - Paramātmā &, 7.4
  - als *paraṁ padam*, 2.51
  - planeet (planeten) in, *18-21*, 8.13
    - aantal van, *21*
    - Beeldgedaanten van, 15.7
    - bevrijding naar, **9.25**
    - in *brahmajyoti*, *21*
    - devotionele dienst in, 14.2
    - Goloka Vṛndāvana als, *17*, *18*, *21*, 8.15
    - heersende Godheden van, 8.22
    - kenmerken van, 6.15
    - Kṛṣṇaloka als, 8.15
    - kwalificatie voor toegang, 2.51
    - manifestaties van de Heer in, 11.45
    - Nārāyaṇa-gedaante voor, 11.45
    - natuur van, 2.51
    - als onbeperkt, 11.45
    - spirituele lichamen van levende wezens op, 15.7
    - Vaikuṇṭha als, 2.51, 8.13, 11.45, 15.6
    - verlichting van, 13.18, **15.6**-6
    - voornaamste onder, *17-18*
    - als zelf lichtgevend, 6.15
  - relaties met Kṛṣṇa in, 4.11
  - als geheel spiritueel, 8.22
  - geen terugkeer van, **8.15-16**
  - Vaikuṇṭha deel van, 2.51, 8.13, 11.45, 15.6
  - variëteit in, 10.19, 14.2
  - als verblijfplaats van de Heer, 18.62
  - vergeleken
    - met hogere planeten, 9.21
    - met materiële wereld, *17-18*, *19*, *20*, 9.33, 13.18, 13.21, 15.6, 15.16
    - met rechtopstaande boom, *19*
  - verheffing tot
    - toegewijde vertrouwt Kṛṣṇa voor, 12.6-7
    - *Zie:* God, terug naar
  - verlichting in, *17*
  - vernietiging beroert niet, **8.20**
  - volheden van, 15.6
  - voordelen van, 15.6
  - weerspiegeling van, materiële wereld als, 15.1, 15.3-4
  - als zelf lichtgevend, 2.16
  - niet zichtbaar vanuit materiële wereld, **15.3-4**
  - zielsverhuizing naar, 15.8
  - *Zie:* Kṛṣṇaloka; Vaikuṇṭha; Vṛndāvana; Vṛndāvana, Goloka
- Spirituele wetenschap
  - Kṛṣṇa vertegenwoordigd door, **10.32**-32
  - *Zie:* Devotionele dienst; Kṛṣṇa-bewustzijn; Yoga
- Spirituele, het
  - bedekt, materie als, 4.24
- Spirituele, het (*vervolg*)
  - materie &, als hetzelfde voor Kṛṣṇa, **9.19**. *Zie:* Ziel(en)
  - vergeleken met materie, **2.16-30**
- Sporten, 13.8-12
- Spraak
  - ascese van, **17.15**-15
  - bestuur van, **18.51-53**
  - eloquente, Kṛṣṇa vertegenwoordigd door, **10.34**-34
  - iemands kenmerken gekend door, 2.54
  - regels voor, **17.15**
- *Śraddhā*, 17.3
  - *Zie:* Geloof in Heer
- *Śravaṇam*. *Zie:* Horen in Kṛṣṇa-bewustzijn
- Śrīdhara, 8.22
- Śrīdhara Svāmī geciteerd m.b.t. de verheffing van toegewijden tijdens de vernietiging van het universum, 8.16
- *Śrī Īśopaniṣad*. *Zie: Īśopaniṣad*
- *Śrīmad-Bhāgavatam*, *3*, 4.8
  - als commentaar op *Vedānta-sūtra*, *22*
  - als dierbaar aan toegewijden, 10.9
  - Heer gekend door, 10.2
  - horen van, aangeraden, 12.9
  - incarnaties van de Heer opgesomd in, 11.54
  - Kapila's (Heer) *sāṅkhya*-filosofie &, 2.39
  - als transcendentale literatuur, 10.9
  - & *Vedānta-sūtra*, 15.15
  - als wetenschap van Kṛṣṇa, 2.8
  - *Zie: Śrīmad-Bhāgavatam* aangehaald; *Śrīmad-Bhāgavatam* geciteerd
- *Śrīmad-Bhāgavatam* aangehaald
  - m.b.t. gezelschap van toegewijden, 17.26-27
  - m.b.t. eigenschappen van toegewijden, 2.55
  - m.b.t. Kṛṣṇa als God op moment van geboorte, 4.6
  - m.b.t. Kṛṣṇa's gezinsleven, 3.23
  - m.b.t. bevrijding & *nirvāṇa*, 6.20-23
  - m.b.t. *tattva-vit*, 3.28
  - m.b.t. zielsverhuizing naar maan, 8.25
  - *Zie: Śrīmad-Bhāgavatam* geciteerd
- *Śrīmad-Bhāgavatam* geciteerd
  - m.b.t. Absolute Waarheid, drie aspecten van, 2.2
  - m.b.t. Allerhoogste Brahman als oorsprong van alles, 3.37
  - m.b.t. Ambarīṣa Mahārāja, 2.61, 6.18
  - m.b.t. angst, 1.30, 10.4-5
  - m.b.t. aspecten van Absolute Waarheid, 10.15
  - m.b.t. beheersing van zintuigen door devotionele dienst, 5.26
  - m.b.t. bevrijding, *10*
    - door dienst aan toegewijden, 7.28
    - Kṛṣṇa-bewustzijn &, 4.35
    - door Kṛṣṇa's bescherming, 2.51
  - m.b.t. *Bhāgavatam* als dierbaar aan toegewijden, 10.9
  - m.b.t. chanten als hoogste realisatie, 2.46
  - m.b.t. chanten van naam van de Heer als doel van veda's, 2.46
  - m.b.t. devotionele dienst
    - aangeraden, 7.20
- *Śrīmad-Bhāgavatam* geciteerd (*vervolg*)
    - van Ambarīṣa Mahārāja, 6.18
    - van chanten, 6.44
    - met geest, 6.27, 6.34
    - goede eigenschappen door, 13.8-12
    - van horen over Kṛṣṇa, 7.1
    - noodzaak van, 5.2, 6.47
    - onthechting door, 5.26
    - processen van, negen, *25*, 2.61
    - religie &, 9.2
    - vergeleken met resultaatgerichte activiteit, 2.40
    - als water geven van wortel van boom, 9.3
  - m.b.t. devotionele dienst tegenover resultaatgerichte activiteit, 2.40
  - m.b.t. devotionele dienst, negen processen van, *25*
  - m.b.t. geest
    - devotionele dienst &, 6.27
    - opgaand in Kṛṣṇa, 6.15, 6.34
  - m.b.t. godsrealisatie, stadia van, 10.15, 13.8-12
  - m.b.t. Heer
    - kennis over, door Zijn genade, 7.24
    - & levende wezens, 7.5
    - volheden van, 3.10
  - m.b.t. horen over Heer, 10.18
  - m.b.t. horen van Heer, 9.1
    - over Kṛṣṇa door horen, 7.1
  - m.b.t. incarnaties van de Heer, 2.2
    - bron van, 2.2
  - m.b.t. kennis vertrouwelijk, van zelf & Allerhoogste, 3.41
  - m.b.t. koeherdersvrienden van Kṛṣṇa, 11.8
  - m.b.t. Kṛṣṇa
    - activiteiten van vermaak van, 9.11
    - & koeherdersjongens, 11.8
    - als oorspronkelijke Allerhoogste Heer, 11.54
    - suprematie van, 7.25
  - m.b.t. Kṛṣṇa-bewustzijn
    - actief zijn in, 6.15
    - onbevreesdheid door, 6.14
    - plichten &, 3.5
    - geen verlies van, 6.40
  - m.b.t. Kṛṣṇa's
    - aanwezigheid in iedereen, 9.11
    - menselijke activiteiten van vermaak, 9.11
  - m.b.t. levende wezens & Heer, 7.5
  - m.b.t. lichamelijke opvatting van het leven, 3.40
  - m.b.t. materialistisch gezelschap, 7.28
  - m.b.t. Nārada Muni, 9.2
  - m.b.t. niet-toegewijden tegenover toegewijden, 1.28
  - m.b.t. onbevreesdheid door Kṛṣṇa-bewustzijn, 6.14
  - m.b.t. onthechting door devotionele dienst, 5.26
  - m.b.t. plicht
    - devotionele dienst als, 6.47
    - Kṛṣṇa-bewustzijn &, 3.5
  - m.b.t. religie
    - bron van, 4.7, 4.16, 4.34
    - devotionele dienst &, 9.2
  - m.b.t. resultaatgerichte activiteiten, 5.2
  - m.b.t. *saṅkīrtana-yajña*, 3.10

Śrīmad-Bhāgavatam geciteerd (*vervolg*)
m.b.t. spiritueel plezier, 5.22
m.b.t. spirituele wereld bereikt door devotionele dienst, 2.51
m.b.t. *Śrīmad-Bhāgavatam*, 10.9
m.b.t. toegewijden & Heer, relatie tussen, 7.18
m.b.t. Vāsudeva-verering van zuivere goedheid, 17.4
m.b.t. vedische rituelen overstegen door chanters van heilige namen, 6.44
m.b.t. verering van Heer vanuit iedere omstandigheid, 4.11
m.b.t. verplichtingen vervuld door devotionele dienst, 1.41
m.b.t. volgen van Heer vergeleken met imiteren van Heer, 3.24
m.b.t. vrijheid van verplichtingen, 2.38
m.b.t. waarneming van leed van toegewijde, 12.13-14
m.b.t. wezenlijke positie van levend wezen, 6.20-23, 7.18
m.b.t. zinsbevrediging, 5.2
Zie: Śrīmad-Bhāgavatam aangehaald
Śruti. *Zie:* Horen in Kṛṣṇa-bewustzijn; Vedische literatuur
Standvastigheid, **16.1-3**
Kṛṣṇa vertegenwoordigd door, **10.34**-34
Standvastigheid definitie van, 13.8-12
Sterken, de
Kṛṣṇa vertegenwoordigd onder, **10.36**
Zie: Kṣatriya('s); specifieke mannen
Sterren
Kṛṣṇa vertegenwoordigd onder, **10.21**
licht van, bron van, 13.18
natuur van, 10.21
Zie: Planeet (planeten)
Sthita-dhīr muni, 2.56
Stilte
belang van, 10.38
definitie van, 12.18-19, 17.16
Kṛṣṇa vertegenwoordigd door, **10.38**
zuivere toegewijde &, **12.18-19**, 12.18-19
Stotra-ratna geciteerd
m.b.t. Heer, kennis over, 7.24
m.b.t. *muni*, 2.56
Straf
voor aanvallers, zes soorten van, 1.36
van criminelen, 1.36
door dood, 2.21, 14.16
voor doden, 14.16
door de Heer & natuurwetten. *Zie:* Reacties voor zonden
Kṛṣṇa vertegenwoordigd door, **10.38**
Manu-saṁhitā aangehaald m.b.t., 2.21
voor moord, 2.19, 2.21
door Rāmacandra, 1.36
door regering, 2.21
Zie: Helse planeten; Reacties voor zonden
Strijder(s). *Zie: Kṣatriya's;* Legers; *specifieke strijders*
Studie. *Zie:* Intelligentie; Kennis; Onderwijs
Subala Upaniṣad geciteerd m.b.t. Heer als Superziel van universa, 10.20
Subhadrā, zoon van, **1.6**, **1.16-18**
Śūdra('s)
eigenschappen van, 2.1, **18.44**
gekwalificeerd voor allerhoogste bestemming, **9.32**-32
de hoedanigheid van de natuur voor, 7.13
Kṛṣṇa te bereiken door, *25*
nederigheid & respect nodig van, 16.1-3
in onwetendheid, 4.13, 9.32
principes voor, 16.1-3
Zie: Varṇāśrama-dharma, stelsel van; Werker(s)
Sughoṣa hoornschelp, **1.16-18**
Śukadeva Gosvāmī als Kṛṣṇa-bewuste autoriteit, 4.16
Sukham definitie van, 10.4-5
Śukrācārya, Kṛṣṇa vertegenwoordigd door, 10.37
Sukṛtinaḥ, vier soorten van, **7.16**-16
Superziel, 2.20, 2.39, 4.11, 7.4, 9.11, 9.18, 18.78
als *adhiyajña*, **8.4**
als Allerhoogste bestuurder, 13.18
als alomtegenwoordig, 10.42, **13.14**, 15.13
Arjuna begrepen door, 1.25
bereiken van, **6.7**
besef van, **6.29-30**, **6.31**-31, 18.78
door onthechting, 12.3-4
vereisten voor, 12.3-4
als bestuurder van alles, 8.9
gaat binnen in alles, 9.8
als binnen & buiten, dichtbij & veraf, **13.16**-16
binnen alles & iedereen, 15.13
met Brahman & Bhagavān, 2.2
als bron
van alle licht, **13.18**
van alle zintuigen, **13.15**-15
demonen vijandig tegenover, **16.18**
in detail, **13.13-18**
als doel van kennis, **13.18**
als doel van yoga, **6.13-14**, 6.13-14
als één geëxpandeerd in vele, 6.31
als eeuwig, **13.28**
als factor van activiteit, **18.14**-14, 18.16
functies van, **13.23**-23
gehoorzaamheid aan, 6.6
gekend door, iedereen, 7.26
als gelokaliseerd hoewel alomtegenwoordig, 15.15
geloof in halfgoden gesterkt door, **7.21-22**
genade van, 13.21, 13.23
als getuige, 2.22, 8.4, **13.23**, 16.11-12, 18.61
als getuige & degene die toestemming geeft, **13.23**
gunsten van halfgoden verleend door, **7.22**-22
halfgoden &, 7.21
in hart van iedereen, 2.20, 5.18, **10.20**-20, **13.18**-18, **13.28-29**, **15.15**-15, 18.46, **18.61**
helpt levend wezen, 10
herinnering, kennis, & vergeetachtigheid van, **15.15**-15, 18.13
herinnering van vroegere verlangens door, 18.61
als instandhouder van iedereen, 2.12, **13.15**-15, **13.17**-17, **15.13**-13, **15.17**-17
Superziel (*vervolg*)
kenmerken van, 5.18
als kenner
van levende wezens, 7.26
van lichaam, **13.3**-3, 13.13
als kennis, **13.18**
kennis over, belang van, **13.28-29**
Kṛṣṇa
als, **7.21-22**, **8.4**, 9.11, **10.20**-20, 10.42, 13.3, 14.27, **15.15**-15, 18.61
als een met, **6.31**-31
oorsprong van, 2.20
superieur aan, 7.15
als Kṣīrodaka-śāyī Viṣṇu, 7.4
leiding door, *9*, 18.63
levende wezens
bestuurd door, **18.61-62**
gedragen door, **10.42**-42
gekend door, 7.26
onderhouden door, 2.12, 6.29, 10.42, **13.15**-15, **13.17**-17, **15.17**-17
vergeleken met, 2.13
vergezeld van, 13.21, **13.23**-23, **13.28**
lichaam
aangewezen door, 18.61
tempel voor, 9.11
met liefde en devotie dienen van, **6.31**-31
meditatie op, **6.13-14**, **6.31**-31
in yoga, **8.12**
als meester van hoedanigheden van de natuur, **13.15**-15
als meester & toevlucht van iedereen, 13.18
als object van kennis, **13.18**
omvang van, 8.9
doet ontstaan & verslindt iedereen, **13.17**-17
als oorzaak van activiteiten, **18.14**-14, 18.16
overgave aan, 18.62, 18.63
als Paramātmā, 13.23
zich realiseren van, *11*, 10.15
als gedeeltelijk Kṛṣṇa-bewustzijn, 6.10
sannyāsī overtuigd van de aanwezigheid van, 16.1-3
schepping &, 7.6
schepping doordrongen van, 10.20
terug naar God geholpen door, 13.18
als tijdelijke manifestatie, 7.4
toegewijden
geholpen & verlicht door, **10.10-11**
geleid door, 18.58
als transcendentaal
met hoedanigheden van de natuur, **13.15**-15
aan lichaam waarin Hij Zich bevindt, 6.29
als transcendentale genieter, **13.23**
uitstraling van, 13.14, 13.18, 15.18
veda's geven uitleg over, 15.18
niet verdeeld, **13.17**-17
vereerders van, *21*
vergeleken
met vogel in boom, 2.22
met vogel als getuige, 16.11-12
met vriend, 2.22
met vuur, 2.61
met ziel, 2.13, 2.20, 5.18, 6.29, 13.5, 13.13-15, 13.18, 13.20, 13.23, 13.28, 13.34, 15.13
met zon, 13.17, 13.18

Superziel (*vervolg*)
verlangens vervuld door, 2.22
verstoord door ongeautoriseerde strenge ascese, **17.5-6**, 17.5-6
als *vibhu-ātmā*, 2.20
Viṣṇu als, 6.31
Viṣṇu-gedaante voor, 9.8
als voorbijgaand aan duisternis van materie, **13.18**
als vriend, 13.23, 13.34, 18.14, 18.16
waarneming van, drie manier voor, **13.25**-25
yoga houdt in het ontmoeten van, 6.6
ziel &. *Zie:* Ziel(en), Superziel &
ziel & lichaam en, relatie tussen, **13.1-7**
zielsverhuizing door, 2.22
niet te zien door materiële zintuigen, **13.16**-16
te zien in hart van iedereen, **6.29-30**
als zonder zintuigen (materiële), **13.15**-15
zondig activiteiten niet aangezet door, 3.36
Surabhi-koe, 8.21
Kṛṣṇa vertegenwoordigd door, **10.28**-28
Sūryaloka, 9.18
Sūrya-vaṁśa kṣatriya's, 4.1
Sūta Gosvāmī, 10.18
Sva-dharma
Twee soorten van, 2.31
Zie: Plicht
Svāmī('s)
definitie van, 6.26
kwalificaties voor, 5.23
Zie: Gosvāmī('s); Sannyāsī('s)
Svargaloka, *18*
Svārtha-gati, 3.7
Svarūpa Dāmodara in de opeenvolging van discipelen, *28*
Svarūpa definitie van, *4*, 4.6
Svarūpa-siddhi definitie van, *4*
Śvetāśvatara Upaniṣad geciteerd
m.b.t. bevrijding door Kṛṣṇa-bewust-zijn, 6.15, 13.18
m.b.t. Brahman-opvattingen, drie, 13.3
m.b.t. devotionele dienst, 6.47
m.b.t. geloof & kennis, 6.47
m.b.t. geloof in Heer & spiritueel leraar, 11.54
m.b.t. Heer
als Allerhoogste eeuwig, 15.17
als bestuurder, 5.13
gedaante & zintuigen van, 3.22
levende wezens en natuur &, 13.3
als meester & toevlucht van iedereen, 13.18
suprematie van, 3.22, 5.29
transcendentale handen van, 13.15
als voorbijgaand aan duisternis van materiële wereld, 13.18
als voornaamste kenner van lichaam
& meester van hoedanigheden van de natuur, 13.13
& Zijn energieën, 8.22
m.b.t. Kṛṣṇa als Allerhoogste persoon, 11.43
m.b.t. Kṛṣṇa-bewustzijn, bevrijding door, 6.15
m.b.t. *māyā* als energie van de Heer, 7.14
Śvetāśvatara Upaniṣad geciteerd (*vervolg*)
m.b.t. natuur van Absolute Waarheid, 7.7
m.b.t. overgave aan de Heer, 7.19
m.b.t. transcenderen van materieel lichaam, 5.13
m.b.t. ziel, 2.17
& Superziel als vogels in boom, 2.22
Śyāmasundara, Heer, 6.30, 9.19, 11.55
beschrijving van, 6.47
moeilijk te zien, gedaante van, 11.52
Zie: Kṛṣṇa

T

Taittirīya Upaniṣad geciteerd
m.b.t. Brahman-realisatie, 13.5
m.b.t. gelukzaligheid van het begrijpen van Kṛṣṇa, 14.27
m.b.t. Kṛṣṇa
als bestuurder, 9.6
als bron van alles, 13.17
als bron van plezier, 14.27
Taittirīya Upaniṣad, inhoud van, 13.5
Tapasya
definitie van, 10.4-5, 11.48
Zie: Ascese; Onthechting
Tapoloka, 9.20
Tat, 17.23, **17.25**
Tat tvam asi, van toepassing, 4.9
Tattva-vit, 3.28
Tempel(s)
bouwen van, voor Kṛṣṇa, 12.16
devotionele dienst in, 17.26-27
dienst aan, 11.55
hulp in bouw van, 12.10
in India, 9.34
Kṛṣṇa eigenaar van, 11.55
rijkdom om te steunen, 11.55
verering in, 11.54, 17.11
Zie: Beeldgedaante-verering
vrijgevigheid in, 17.20
Ṭhākura Haridāsa, 2.62, 6.17, 6.44, 11.55
Terugtrekken, zich. *Zie:* Onthechting; *Sannyāsa*; *Vānaprastha*
Tevredenheid
als ascese van de geest, **17.16**-16
definitie van, 10.4-5
oorsprong van, Kṛṣṇa als, **10.4-5**
in zuivere toegewijden, **12.18-19**, 12.18-19
Zie: Onthechting
Ṭhākura Haridāsa. *Zie:* Haridāsa Ṭhākura
Theoretiseren. *Zie:* Speculatie
Tijd & plaats
activiteit volgens, 18.10
vrijgevigheid volgens, **17.20-22**
Tijd, *6*, *8*, 18.78
allesverslindend, 11.32, 11.55
voor Brahmā, 9.7
van jaar, beste van, **10.35**-35
karma &, *6*, *8*
Kṛṣṇa
als, **10.30**, **10.33**-33, **11.32**, 11.55
ziener van alles, 2.20
macht van, 10.30
millennium als onderdeel van, **9.7**
& plaats. *Zie:* Tijd & plaats
als onderwerp van *Gītā*, *6*, *8*, *9*
universeel, **9.7**
duur van & verschillen tussen, **8.17-18**
als vernietiger van alles, 11.32
voor vrijgevigheid
Tijd (*vervolg*)
juiste, **17.20**
onjuiste, **17.22**
waarde van, voor toegewijde, 6.17
ziel als voorbijgaand aan, 2.20
zuivere toegewijde niet beperkt door, 18.56
Tijdperk, huidige. *Zie:* Kali-yuga
Tijdperken, kosmische. *Zie:* Dvāpara-yuga; Kali-yuga; Satya-yuga; Tretā-yuga; *Yuga('s)*
Toegewijde(n) van de Allerhoogste Heer
aanwijzing van de Heer voor, **18.57-58**
actief met onthechting, **4.18-24**, 18.11
Āditya's als, 10.30
afgunst, vrij van, **4.22**
Arjuna als, 1.45, 1.46
als Ārya's, 2.46
aṣṭāṅga-yoga &, 12.7
bedelen van, 10.4-5
beginneling, 2.52, 2.59, 3.42, 8.4, 9.11, 11.54
beheersen van de zintuigen van, **2.58-59**, **5.8-11**, **5.13**
niet beledigend, **5.7**-7
benodigdheden voor, 2.70, 4.22
bescherming voor
door goddelijke natuur van de Heer, **9.13**-13
Heer belooft, *26*, **9.31**
door Kṛṣṇa, **9.22**, 9.34, 18.58
Kṛṣṇa incarneert voor, **4.8**-8
beste, in kennis van Kṛṣṇa, **7.17-18**
als beste van transcendentalisten, 13.25, 18.1
bevrijd van reacties voor zonden, **7.28**
bevrijding voor, **4.9**-9, **9.28**-28, 18.12
vergeleken met die van impersonalist, *20-21*
Zie: Bevrijding
bezitten eigenschappen van de halfgoden, 1.28
Bhagavad-gītā &, 13.19, **18.68**, 18.71
brahmacārī. *Zie: Brahmacārī ('s); Brahmacarya*
categorieën van, overeenkomstig hun geloof, 9.3
dagelijkse gewoonten van, 12.16
dāsya-bhakta categorie van, 8.14
deelt in volheden van de Heer, 14.27
deugden van, 12.18-19
devotionele dienst natuurlijk voor, 5.8-9
dienst aan, 7.28, 9.2
Zie: Toegewijde(n), omgang met
dienstwilligheid van, 18.57
dierbaar aan Kṛṣṇa, **12.13-20**, **18.68-69**
als dierbaar aan iedereen, **5.7**
dood, op moment van de, 8.23-24, 8.27, 12.6-7
eigenschappen van, **2.54-61**, **2.64-65**, **2.68-72**, **4.18-22**
vanzelf goed door Kṛṣṇa-bewustzijn, 2.55
eten &, 6.16, 6.17, 9.26
gebed (eerbetuigingen) aan, *2*
gebeden door
voor materieel voordeel, 7.18, 7.22
Zie: Gebeden
met gebrek aan geloof, 9.12

Toegewijde(n) van de Allerhoogste Heer (*vervolg*)
gebreken in, vergeleken met vlekken op de maan, 9.30
geest beheerst door, **5.7**
geleerd, niet afwijkend, 10.8
gelijkmoedigheid van, **5.18-19**, **6.29**-29, 7.15
geloof van, in Kṛṣṇa, 4.4
geluk voor, **5.21-24**
genade van, 3.29, 7.15, 7.28, 10.17, 11.55, 12.5, 15.10
getrouwd persoon. *Zie:* Gezinsleven
'gewone' activiteiten van, *9-10*
gezelschap belangrijk voor, 13.8-12
gezinsleven voor. *Zie:* Gezinsleven
goede eigenschappen overvloedig aanwezig in, 1.28
grootste, Nārada Muni als, 10.26
als halfgoden, 11.48
handelt alleen voor Kṛṣṇa, 3.25, 12.2, 14.22-25
Hanumān als eeuwig, 1.20
als heilig ondanks discrepantie, **9.30**-30
herinnert zich Kṛṣṇa altijd, 1.24
hoedanigheden ontstegen door, 17.28
horen van, 1.1, 7.1, 8.28
Zie: Toegewijde(n), omgang met
horen van verkeerde bron vermeden door, 10.8
houdt van Kṛṣṇa, 8.28
in huidige tijdperk, aanwijzing van de Heer voor, 18.57
imitators van, 3.24
impersonalisme &, 2.12, 4.18, **5.6**-6, **7.24**-24, 9.11, 9.14-15, 10.2
incarnaties van, 4.5
individu, als altijd een, 18.55
in ISKCON, 18.11
jñānī & yogī, als grootste, *24*
kenmerken van. *Zie:* Toegewijden, eigenschappen van
in kennis, **7.17-18**, 18.12
kennis over Kṛṣṇa beperkt tot, 10.2-3, 10.11, **18.67**
kennis &. *Zie:* Kennis
Kṛṣṇa
als voorwerp van belangstelling van, 4.4, 11.8, 11.55
bereikt door, **7.23**-23, **13.19**-19
geeft eer aan, 11.34
geliefd door, 3.13, 6.30
genadig voor, 18.73
heeft uitwisselingen met, **4.11**, **9.29**-29
in, **9.29**-29
kan Zichzelf geven aan, 18.73
net als Kṛṣṇa, **7.18**-18
nooit verloren voor, **6.30**-30
overal te zien door, **6.30**-30
tevreden gesteld door, 1.32-35
vererenswaardig voor, 4.11
verlost, 18.46
welgezinde van, 1.36
Kṛṣṇa's
aanwijzingen moeten gevolgd worden door, **18.57-58**
eigenaarsschap beseft door, 6.10
gedaante van God aantrekkelijk voor, 11.54
genade voor, **9.22**
genegenheid voor, 1.22

Toegewijde(n) van de Allerhoogste Heer (*vervolg*)
incarnaties vergezeld van, 4.5
relaties met, 1.22, 4.11, **6.30**-30, 7.14, 7.18, 8.14, **9.29**-29, 10.9, 11.8, 11.14, 11.36, 11.41-42, 11.44, 11.49, 11.54, 18.58
volheden niet hoofdzakelijk aantrekkelijk voor, 11.8
kinderen voor, 16.1-3. *Zie:* Gezinsleven
koeherdersjongens als, 11.8
kosmische gedaante &, 11.8, 11.48, 11.49, 11.54
kwalificatie van, devotionele dienst als, **10.10**-10
leed
begrepen door, 15.10
geminimaliseerd voor, 2.56
literatuur van, *22*
mādhurya, 8.14
mahātmā, kenmerken van, **9.13**-13
materialisten moeten niet verstoord worden door, **3.26**-26
materieel gemotiveerd, 7.16, 7.29
& materiële wereld, 18.54
mat-para, 2.61
als mededogend, *2*
meditatie van, **6.19**
motivaties van, **7.16**-16
Nārada's dienst aan, 9.2
offer door, 3.13-14, 4.25-26
offert alles eerst aan de Heer, 3.13-14
omgaan met, 2.61, 6.18, 10.4-5
devotionele dienst &, 14.27
dienst in, 15.20
Heer begrepen door, 7.30
voor horen & chanten over Heer, 8.28, 9.1, 10.1, **10.9**-9, 10.19, 15.3-4
Kṛṣṇa-bewustzijn begint met, 7.30
door Nārada Muni, 9.2
verlangen naar, 4.10
voordeel/voordelen van, 2.29, 4.17, 6.8, 7.16, 7.28, 7.30, 8.28, 9.1, 9.32, 13.24, 14.27, 15.3-4, 15.6, 17.26-27, 18.36
Zie: Spiritueel leraar (leraren), bonafide, omgang met
onafhankelijkheid van, **18.63**-63
wordt onderhouden door devotionele dienst, 4.21
ongevoeligheid van, 6.20-23
onrechtvaardig bekritiseerd, 10.11
onthecht, als werkelijk, 18.11
onthechting door, **3.28**-28, 6.16, 6.17
onthechting van, **2.55-59**, **2.61**, **2.64**, **2.68**, **2.70-71**, **4.20-23**, **5.11**, 6.1, 8.14, 10.4-5, **12.13-19**, 14.22-25
als natuurlijk resultaat van Kṛṣṇa-bewustzijn, 4.19-22
enthousiast niettemin, 18.26
ondanks lichamelijke activiteit, **5.8-11**, **5.13-14**
van alles behalve Kṛṣṇa, 9.13, 9.28, 11.55, 12.6-7
van bevrijding, 11.55
van bezitsdrang, **12.13-14**
van dood, moment van, 8.23-24, 8.27
van eer & schande, **12.18-19**, 12.18-19

Toegewijde(n) van de Allerhoogste Heer (*vervolg*)
van geluk, materieel, **12.13-15**
van gezinsleven, 6.20-23, 12.17
van hitte & kou, **12.18-19**
van hogere planeten, 11.55
van lichamelijke behoeften, **5.11**, 6.20-23
van resultaten van activiteiten, 3.17-19, 18.7-11
van rijkdom, 12.16
van tijdverspilling, 13.8-12
van vals ego, **12.13-14**
van vaste verblijfplaats, **12.18-19**, 12.18-19
van leed, 6.20-23
als onzelfzuchtig, 6.32
in de opeenvolging van discipelen. *Zie:* Opeenvolging van discipelen; Spiritueel leraar (leraren)
opeenvolging van discipelen, & kosmische gedaante, 11.47
oprecht, **10.10**-10
overblijfselen van offeringen aan, 17.10
overgegeven, **4.11**, **5.12**, 9.28, **9.29**-29, **18.66**-66
overtreding tegen. *Zie:* Overtreding(en)
als patiënt, 12.18-19
planeten van, 14.14
plezier van, horen & chanten over Heer als, **10.9**-9, **10.18**-18
plicht &, 6.20-23, 9.28, 18.57
prediken &, **18.68**
relaties met de Heer, in vijf verschillende, *3-4*
resultaatgerichte activiteiten vermeden door, **5.13-14**
rijkdom &, 1.32-35
risico's aanvaard door, 3.29, 11.55
roem &, 10.4-5
als *sādhu*, 4.8, 17.26-27
sākhya, 8.14
sannyāsī. *Zie: Sannyāsa; Sannyāsī('s)*
als *sannyāsī*, ware, 18.49
śānta, 8.14
soorten van, vijf, 8.14
spiritueel leraar
aanvaard door, 12.20
moet, zijn, 2.8
spirituele kennis alleen begrepen door, **13.19**-19
spraak van, **2.54**-54, 12.18-19
Śrīmad-Bhāgavatam dierbaar aan, 10.9
standvastig, **2.56**-56, **4.22-23**
tevreden, snel, **4.22**-22
tijd als iets waardevols beschouwd door, 6.17
tijdsbesteding van, 8.23-24, 8.27
toekomst voor, **2.40-41**, 10.4-5
als transcendentaal, *9-10*, *19*, 1.32- 35, 2.64, 4.13, **4.22-23**, **5.7-14**, 18.26
Zie: Toegewijde(n), onthechting van
transcendentale visie van, 6.28-30
als transcendentalist, *3*, *21*
val door, 9.30, 15.20
vals ego afwezig in, 5.11
vānaprastha. *Zie: Vānaprastha*
vātsalya, 8.14
veda's &, 15.1, 15.19
vedische voorschriften voor, 2.58
verering van. *Zie:* Verering

Toegewijde(n) van de Allerhoogste Heer (*vervolg*)
verfoeilijkste daad door, begrijpen van, **9.30**-30
vergeleken
met assistent van koning, 14.26
met demonen, 4.3, 4.8
met dier, in bezit, 4.21
met getrouwde vrouw die minnaar heeft, *23*
met halfgodenvereerders, 7.20, 7.22-23, 7.29
met kassier, 3.30
met kind, 12.7
met maan, 9.30
met man in oceaan, 12.7
met materialisten, 2.72, 3.25, 3.27, 4.3, 4.8, 5.10, **5.12**, 7.15, 12.15
met niet-toegewijden, 1.28
met rivier, 18.54
met schildpad, **2.58**-58, 5.26
met slangenbezweerder, 2.58
met wensbomen, *2*
met *yogī's*, 2.61, 8.23-24
verheven door hogere planeten, 8.16
verlangen alleen Kṛṣṇa, 9.13, 9.22, 11.55, 12.6-7
verlangens van, 3.25, 5.7, 7.18, 7.22
nooit verloren voor Kṛṣṇa, **6.30**-30
verplichtingen &, 9.28
niet verstoord, **2.70**-70, 3.28, **4.22**-22
vertrouwd zijn toekomst aan Kṛṣṇa toe, 12.6-7
visie van, van Kṛṣṇa overal, **6.30-31**
voedsel geofferd door, 3.14
volgen in de voetsporen van, **4.15**-15, 4.16
als volkomen tevreden, 2.70
volledig actief, 18.58
voorbeeld gegeven door, **3.20**-20
als voorzichtig, 9.30
vredig, als van nature, 11.49
als vriend van iedereen, 6.32
vriend van, Kṛṣṇa als, **9.29**-29
vrijetijdsbesteding &, 6.17
vrijgevigheid bedoeld voor, 11.54, 17.20
werk voor, 4.22, 18.8-11
werkgelegenheid voor, 4.22
wraak door, 1.32-35
als *yogī*, *24*, 4.25, 6.15, 6.32, 9.27, 10.3, 18.75
als *yukta*, 9.28
als zachtaardig, 1.45
zeldzaamheid van, 10.3
zielsverhuizing van, door hogere planeten, 8.16
geen zorgen voor, **12.16-17**, 18.58
zuivere. *Zie:* Zuivere toegewijde(n)
als zwijgzaam, 12.18-19
Zie: Zuivere toegewijde(n); *specifieke toegewijden*
Tolerantie. *Zie:* Verdraagzaamheid
Toorn. *Zie:* Woede
Trance. *Zie:* Meditatie, diepe; *Samādhi*
Transcendentale kennis. *Zie:* Kennis, spirituele
Transcendentalisme. *Zie:* Devotionele dienst; Godsrealisatie; Impersonalisme; Kṛṣṇa-bewustzijn; Yoga; Zelfrealisatie
Transcendentalist(en)
eerste vereiste voor, *10*
eigenschappen van, **16.1-3**, 16.1-3, **18.51-54**

Transcendentalist(en) (*vervolg*)
geboorte in familie van, **6.42-43**
gelijkmoedigheid van, 12.3-4, **14.22-25**, 14.22-25
gevallen
geboorte voor, **6.41-43**
geluk verloren door, 6.38
lot van, **6.37-45**
toekomst van, **6.38-45**
vergeleken met verwaaide wolk, **6.38**. *Zie:* Val
hoogste, 18.66
offer, vrijgevigheid, & ascese door, **17.24**
omgang met, 17.4
kenmerken & gedrag van, **14.22-25**, 14.22-25
nacht & ontwaken, tijd voor, **2.69**-69
soorten van, *3*, **3.3**-3, 12.1, 18.66
drie vergeleken, *21*
spirituele visie van, 15.10-11
succes gegarandeerd voor, **6.40-45**
toegewijden
als, 9.29
als beste van, 18.1
val van. *Zie:* Val
valse, **3.6**-6, 15.11
vereisten voor, **6.10-18**
vergeleken
met lamp op een windstille plaats, **6.19**
met materialisten, 6.38
met oceaan, **2.70**-70
met wolk, **6.38**
verleid door *māyā*, 6.37
als vrij van beheersing door hoedanigheden, 14.22-25
yoga aantrekkelijk voor, **6.44**-44
zeldzaamheid van, 10.3
ziel & Superziel als waargenomen door, **13.28-33**
als zieners, 1.1, 2.16
zuivere, eigenschappen van, **6.7-32**
Zie: Heilige personen; Impersonalist(en); Toegewijde(n); Wijze(n); *Yogī('s)*; Zuivere toegewijde(n)
Transcendentale, het. *Zie:* Bevrijding; Kṛṣṇa-bewustzijn
Transcendentie. *Zie:* Bevrijding; Kṛṣṇa-bewustzijn
Transmigratie. *Zie:* Zielsverhuizing
Tretā-yuga, 4.1, 8.17
Tri-kāla-jñāna, Kṛṣṇa als, **7.26**-26
Tri-vedī's, 9.20
Trivikrama, 8.22
Trots, 18.35
ascese uit, **17.5-6**, 17.5-6
van demonen, **16.4**, **16.10**-10, **16.13-15**, 16.16, **16.17-18**
offer uit, **17.12**
onthechting van, **18.51-53**
overgave belemmerd door, **15.5**-5
Tulasī, 2.61, 6.18
kweken & offeren, 11.55
prasādam, voordelen van, 9.2
Tuṣṭi definitie van, 10.4-5
Tweeledige woord, Kṛṣṇa vertegenwoordigd door het, **10.33**-33
Twijfel(s)
Arjuna's, 8.2
& verwarring, vrijheid van, **10.4-5**
Zie: Arjuna, vragen door
Tyāga
definitie van, **18.2**
Zie: Onthechting

U

Uccaiḥśravā, Kṛṣṇa vertegenwoordigd door, **10.27**-27
Udāna, 2.17
Ugrasena, 2.4
Uitstel, **18.28**
Uitvoerders van de wet, Kṛṣṇa vertegenwoordigd onder, **10.29**
Umā, verering van, 7.21
Universum (universa)
aantal, *21*
in banyan-analogie, 15.1
begin van, Heer als, **10.20**-20
bestuurd door de Heer, *6-7*
duur van, 8.17
expansies van, in kosmische gedaante, **11.13**-13
gedaante van de Heer als, **11.3**, **11.7-32**. *Zie:* Kosmische gedaante
genealogie van bewoners van, **10.6**-6
geschiedenis van, 4.1
activiteiten van vermaak van de Heer verhaald in, 10.18
kosmische gedaante van Kṛṣṇa omvat alles van, **11.7**
Kṛṣṇa
doordringt, 9.11, **11.38-39**
houdt in stand, 7.10
leven van, 10.20
ontstegen aan, **11.37-38**
oorsprong van, 10.20
vader van, **9.17**
'leegte' in, 6.15
onderhoud van
halfgoden aangesteld voor, 4.25
door Kṛṣṇa, 7.10
oorsprong van
Kṛṣṇa als, 10.20
Mahā-Viṣṇu als, 11.54
planeten van. *Zie:* Planeet (planeten)
Poolster van, 18.71
rustplaats van, Kṛṣṇa als, **11.18**
samenvoeging van, 15.12, **15.13**
schepping van. *Zie:* Schepping
ster(ren) in, 15.12
maan als, **10.21**, 15.12
tijdperken van
in detail, **8.17**-17. *Zie: Yuga's*
tijdsperioden van, **8.17-19**, **9.7**
Zie: Tijd
toevlucht van, **11.37-38**
toevlucht van, Kṛṣṇa als, **11.45**
vader van, Kṛṣṇa als, **9.17**
veelheid van, Arjuna kon zien, **11.13**-13
vernietiging van. *Zie:* Vernietiging van universum (universa)
verwoesting van. *Zie:* Vernietiging
voorvaders van, 10.6, 10.7
oorsprong van, Nārāyaṇa als, 10.8
ziel van, Kṛṣṇa als, **10.20**-20
zon in, 10.21, 15.12
Zie: Materiële wereld; Planeet (planeten)
Universum, tijdperken in, 4.1 *Zie: Yuga's*
Upadeśāmṛta geciteerd m.b.t. devotionele dienst, 6.24
Upaniṣad(s), 4.8, 4.28, 7.3, 7.24, 11.48
essentie van, *27*

Upaniṣad(s) (*vervolg*)
geciteerd
m.b.t. Allerhoogste Heer, 3.22
m.b.t. veda's oorsprong, 3.15
Gītopaniṣad als, *2*
Zie: Bhagavad-gītā; Bhagavad-gītā zoals ze is
ontstijgen, 2.52
spiritueel leven uitgelegd in, 2.45
Zie: specifieke upaniṣads
Uśanā, Kṛṣṇa vertegenwoordigd door, **10.37**-37
Uttama definitie van, 9.2
Uttamaujā, **1.6**

V

Vaibhāṣika filosofen & filosofie, 2.26
Vaidūrya-steen, 4.5
Vaikuṇṭha('s), 15.6
Heer van, *21*
promotie naar, *21*
Zie: Spirituele wereld
Vairāgya
definitie van, 6.35
Zie: Onthechting
Vaiṣṇava-filosofie. *Zie:* Devotionele dienst; Kṛṣṇa-bewustzijn
Vaiṣṇava-aparādha. Zie: Overtreding(en)
Vaiṣṇava's. *Zie:* Toegewijde(n)
Vaiśya('s)
eigenschappen van activiteit van, **18.44**
gekwalificeerd voor Allerhoogste bestemming, **9.32**-32
hoedanigheden van de natuur &, 7.13
in gemengde hartstocht & onwetendheid, 4.13, 9.32
Kṛṣṇa bereikbaar door, *25*, **9.32**
reinheid bedoeld voor, 16.1-3
voorgeschreven plichten van, 18.47
Zie: Varṇāśrama-dharma, stelsel van
Val, 9.25, 13.24
Arjuna's vragen over, **6.37-38**
van familie, **1.39-43**
geschiedenis van, 7.14
oorzaak van, 15.20
redenen voor, 13.20
van spirituele wereld, *17-18*, **15.6**-6
stadia van, **2.62-63**
van toegewijde, **9.3**-3, 9.22, **9.30**-30, 15.20
van vrouwen, **1.40**-40
door zintuigen niet gebruikt in devotionele dienst, 2.64
Vals ego, 6.5, 18.17
activiteit in, **18.24**, **18.58**
activiteit zonder, **18.26**
afwezigheid van, **2.71**, 5.11, 5.20, **12.13-14**, **13.8-12**, **18.26**, **18.51-53**
ascese uit, **17.5-6**
benamingen in, *19*
definitie van, *10*, 13.8-12
van demonen, **16.18**
element van, **13.7**
gehechtheid (materiële) &, 3.40
oorspronkelijke toestand van, 13.7
oorzaak van, 3.40
vasten om politieke redenen uit, 17.5-6
vergeleken met ego (werkelijk), 13.8-12
zintuigen &, 7.4
Zie: Gehechtheid; Lichaam, fijnstoffelijk; Lichamelijke opvatting van het leven
Vāmana, Heer, 8.22
Vānaprastha. Zie: Varṇāśrama-dharma, stelsel van
Vandanam in Kṛṣṇa-bewustzijn. *Zie:* Gebeden
Varāha, Heer, 4.13, 6.47, 18.65
Varāha Purāṇa
aangehaald m.b.t. levende wezens als deeltjes van de Heer, 2.23
geciteerd
m.b.t. halfgoden, 10.8
m.b.t. Nārāyaṇa als oorsprong van halfgoden, 10.8
m.b.t. schepping, 10.8
m.b.t. toegewijde op moment van de dood, 12.6-7
Varṇa-saṅkara (onwenselijk nageslacht), **1.40-41**, **1.42**, **3.24**
Varṇāśrama-dharma, stelsel van, **9.32-33**
bestuurlijk orde in. *Zie: Kṣatriya's*
brāhmaṇa als spiritueel leraar in, 16.1-3
devotionele dienst transcendeert rituelen van, **8.28**-28
doel van, 1.40, 1.42, 2.48, 3.7, 3.9, 4.13, 4.26
Kṛṣṇa-bewustzijn als, 18.66
het leven bereikt door, 4.26
tevredenstellen van Viṣṇu als, 9.24
erfelijkheid in, rol van, 2.3
geboorte niet belangrijk in, 16.1-3
gezinsleven binnen, 1.40-43
hervormingsceremonieën &, 7.15
hoedanigheden van de natuur &, 3.35, 7.13, 9.32
Kṛṣṇa
Schepper van, **4.13**-13
ontstegen aan, **4.13-14**
Kṛṣṇa-bewustzijn
ontstijgt aan, 3.35
opgewekt door, 4.42
vergezellen, moet activiteit in, *23-26*
leiders veronachtzamen, 1.42
Manu-smṛti &, 7.15
menselijk beschaving heeft nodig, 2.31
onderdeel (onderdelen) van, *23-26*, 4.26, 7.13
duur van elke, 16.1-3
kwaliteiten vereist van elke, 16.1-3
mensen lager dan, 9.32
overeenkomstig hoedanigheden van de natuur, 7.13, 9.32, **18.41**
overeenkomstig kwaliteit, 16.1-3
als tijdelijk benamingen, 7.13
als plicht overeenkomstig hoedanigheden & lichaam, 2.31
plichten in, *23-24*, 2.31
moeten culmineren in Kṛṣṇa-bewustzijn, 18.66
moeten niet verworpen worden, **18.47-48**
met onthechting & in Kṛṣṇa-bewustzijn, 18.23
omwille van Kṛṣṇa, 18.47-48
ontstegen door zuiver Kṛṣṇa bewustzijn, 3.35
religie begint met, 4.7
sannyāsī als spiritueel leraar in, 16.1-3
Varṇāśrama-dharma, stelsel van (*vervolg*)
situatie in, overeenkomstig hoedanigheden, **4.13**-13
spiritueel leraar ontstegen aan, 2.8
spirituele orden van plichten in, 8.28
vooruitgang door, 8.28
als *sva-dharma*, 2.31
toegewijden ontstegen aan, 4.13
voordelen van, 1.42
vrouwen &, 1.40
zuivering door, 1.40, 1.42, 16.22
zuiver Kṛṣṇa-bewustzijn ontstijgt aan, 3.35
Zie: specifieke varṇa's & āśrama's
Varuṇa, Heer, 3.14
Kṛṣṇa vertegenwoordigd door, **10.29**
Vastberadenheid, **16.1-3**, **18.33-35**, **18.43**
betekenis van, 16.1-3
Vasten, 6.16, 8.28, 17.5-6
in verschillende hoedanigheden, 10.4-5
in Kṛṣṇa-bewustzijn, 6.16, 10.4-5, 14.27
voor materiële redenen, 10.4-5, 17.5-6
bepaalde tijden voor, 9.14, 11.54
Vasu('s)
in kosmische gedaante, **11.6**, **11.22**
Kṛṣṇa vertegenwoordigd onder, **10.23**
oorsprong van, Heer als, 10.8
Vasudeva, 7.24
Kaṁsa vervolgde, 4.8
Kṛṣṇa &, 9.11
Kṛṣṇa's verschijning aan, 10.3, 11.53
Kṛṣṇa zoon van, 1.15, 2.3
Vāsudeva, Heer, 8.22
Balarāma als, 10.37
als doel, 12.3-4
familieleden van, 1.25
Kṛṣṇa & Balarāma als, 10.37
Kṛṣṇa als, 1.15, 2.56
Kṛṣṇa vertegenwoordigd door, **10.37**-37
als oorzaak van alles, **7.19**-19
Zie: Kṛṣṇa; Allerhoogste Heer
Vasudeva-toestand, 14.10
Zie: Zuivere goedheid
Vāsuki
Kṛṣṇa vertegenwoordigd door, **10.28**
in kosmische gedaante, 11.15
Veda('s), 10.32
aangehaald
m.b.t. offer, 3.9
m.b.t. ontelbare gedaanten van de Heer, 4.5
m.b.t. ziel, 2.25
als aanwijzingen voor activiteiten, **3.15**-15
astronomie volgens. *Zie:* Astronomie, vedische
auteur van, *22*, 2.46
autoriteiten op, *2-3*, 4.1
begeleiden geleidelijke terugkeer naar God, 3.15
begrijpen van, **15.15**-15
bevrijding door volgen van, 3.15
bloemrijke taal van, **2.42-43**, **2.53**-53
delen van, 2.45
dierenoffer in, 4.7
doel(en) van, **2.46**-46, 2.52, 3.10, 4.7, **15.15**-15

Veda('s) (*vervolg*)
in detail, **15.15**-15
devotionele dienst als, 16.24, 18.1
Kṛṣṇa als, 2.46, 3.26, **9.17**-17, **9.20**, 15.1
Kṛṣṇa kennen als, 17.28
smṛti geeft uitleg, 15.18
spirituele wereld als, 15.1
zelfrealisatie als, 2.46
geciteerd
m.b.t. Allerhoogste Heer, gedaanten van, als Zichzelf, 4.9
m.b.t. Cāturmāsya, 2.42-43
m.b.t. doden, 2.19
m.b.t. God als een, 4.12
m.b.t. Heer & levend wezen als kenners van lichaam, 13.3
m.b.t. Heer als oorzaak van alle oorzaken, 4.14
m.b.t. Heer, 3.10
m.b.t. offer & zuivering, 3.11
genoemd
drie, **9.17**, 9.20
vier, 9.17
vijfde, 2.45
geschiedenis van, *22*
halfgodenverering in, 3.14, 9.25
horen van, van spiritueel leraar, 16.1-3
karma-kāṇḍa-gedeelte van, 2.42-43, 2.45, 2.46
offers in, 9.16
kennis over, **8.11**
kennen van Kṛṣṇa als hetzelfde als, 11.54
kennis van, 2.25
voor geluk, 4.31
over Heer, **15.15**-15
Kṛṣṇa
als, **9.17**-17
als doel, bedoeling, & kenner van, **15.15**-15
te kennen door, **15.18**-18
verheerlijkt door, **15.18**-18
Kṛṣṇa vertegenwoordigd onder, **10.22**
leerlingen van, **9.20**
levende wezens hebben kennis nodig van, 15.15
mantra's van, *oṁ* in, **7.8**-8
offers voorgeschreven door, 2.42-43, 3.12, 3.14, 4.30-**32**
Kṛṣṇa-bewustzijn door, 3.16
Kṛṣṇa-bewustzijn ontstegen aan, 3.15
Zie: Offer(s)
oṁ tat sat in, **17.23**-23
onderwijs in, van spiritueel leraar, 8.28
ontstijgen aan, 2.52
oorsprong van, **3.15**-15, 4.7
ademen van de Heer als, 3.15
principes van, als ware religie, 4.7
regels van, voor ascese, 10.4-5
religie gekend door, 4.7
resultaatgerichte activiteiten aangeraden in, **2.42-43**, 2.42-43, **2.45**-46
rituelen van
Kṛṣṇa als, **9.16**-16
overstegen door chanten van Hare Kṛṣṇa, 6.44
śabda-brahma, 6.44
Sāma, **10.22**, **10.35**-35

Veda('s) (*vervolg*)
spiritueel leraar
voor onderwijs, 8.28
presenteert naar waarheid, 16.1-3
studie van, **16.1-3**
voor *brahmacārī's*, 16.1-3
devotionele dienst geeft zelfde resultaten als, **8.28**-28
kosmische gedaante van de Heer niet gemaakt door, 11.48
offer van, **4.28**-28
niet toereikend om Kṛṣṇa te kennen, **11.53**
voor verheffing naar hogere planeten, **9.20-21**
upaniṣads als deel van, 2.45
vergeleken
met moeder, 2.25
met reservoir, **2.46**
vier, genoemd, 3.15, 11.48
vijfde, *Mahābhārata* als, 2.45
voorschriften van. *Zie:* Vedische voorschriften
als wetten van de Heer, 18.4
zelfrealisatie als doel van, 2.46
zinsbevrediging &, 3.15
Zie: Heilige tekst(en)
Vedānta, 18.13
Vedānta-sūtra, 4.28, 10.32, 11.48
auteur van, Vyāsadeva als, 13.5, 15.15, 15.16
commentaren op, *22*
vaiṣṇava, vergeleken met impersonalist, 5.6
Kṛṣṇa
auteur & kenner van, 18.1
vertegenwoordigd door, 10.32
Śaṅkarācārya aanvaart, 18.13
& *Śrīmad-Bhāgavatam*, 15.15
vedische literatuur &, relatie tussen, *22*
Zie: Vedānta-sūtra aangehaald; *Vedānta-sūtra* geciteerd
Vedānta-sūtra aangehaald
m.b.t. kennis van veld & kenner van veld, **13.5**-5
door Kṛṣṇa, **13.5**
Vedānta-sūtra geciteerd
m.b.t. Absolute Waarheid, 9.21
m.b.t. bevrijding, 18.55
m.b.t. devotionele dienst
kennis door, 9.2
gaat verder na bevrijding, 18.55
verlichting door, 9.2
m.b.t. levende wezens die geluk zoeken, *17*
m.b.t. onderzoek naar Allerhoogste, 3.37
m.b.t. Heer
als doel, 15.15
in geluid, lichaam, lucht, & maag, 15.14
als vol geluk, 13.5
als oorsprong, 18.46
als verteringsvuur, 15.14
m.b.t. onpartijdigheid van de Heer, 4.14
m.b.t. partijdigheid van de Heer, 5.15
m.b.t. transcendentaal plezier, 6.20-23
m.b.t. ziel als kenner & verrichter, 18.14

Veda's, regels van. *Zie:* Vedische voorschriften
Vedische beschaving
onderverdelingen van activiteit in. *Zie: Varṇāśrama-dharma*, stelsel van
onthechting in. *Zie:* Onthechting
onder Rāmacandra, Heer, 1.36
Zie: Ārya's; *Varṇāśrama-dharma*, stelsel van
Vedische geboden. *Zie:* Vedische voorschriften
Vedische geschriften. *Zie:* Vedische literatuur; Heilige tekst(en)
Vedische hymnen vergeleken met bladeren van banyan, **15.1**
Vedische kennis. *Zie:* Kennis, vedische; Veda('s)
Vedische literatuur
aangehaald door Kṛṣṇa m.b.t. veld van activiteiten, **13.5**
bedoeld voor mensen, *13-14*
Bhagavad-gītā
als, 4.1
als essentie van, *26*
voldoend voor begrijpen van, *26*
geschiedenis van, *22*
halfgodenverering in, 7.20-21
Zie: Halfgodenverering
voor hoger onderwijs, 10.32
Kṛṣṇa
aanvaard als Heer door, *2-3*
gekend door, 15.15
meditatie op, *22*
mening, verschillen van over, 18.3
offer &, 11.48
ontoereikend om de Heer te kennen, 7.24
als perfect, 4.1
reciteren & bestuderen van, **17.15**-15
spiritueel leraar, aanvaarden van, voorgeschreven door, 2.7
spirituele kennis door, **13.5**-5
studie van, tegenwoordig moeilijk, 2.46
voorbeelden van, 10.32, 11.48
voorschriften van. *Zie:* Heilige tekst(en), voorschriften van; Vedische voorschriften
Zie: Bhagavad-gītā; Śrīmad-Bhāga-vatam; Veda's; *specifieke heilige teksten*
Vedische offers. *Zie:* Offer(s)
Vedische rituelen
voor beginnende toegewijden, 2.52
doel van, 2.46, **15.20**-20
Kṛṣṇa-bewustzijn ontstegen aan, 2.52, 3.15, 3.19
Kṛṣṇa doel van, 3.26
ontstegen door devotionele dienst, 2.52-53
tegenwoordig moeilijk, 2.46
voor verheffing naar hemelse planeten, 2.42-43
vertrouwelijkste deel van, **15.20**-20
zuivering door, 3.26
Vedische voorschriften, **3.15**-15
over dierenoffer, 4.7
voor nemen van bad, *12*, 2.14
noodzaak van het volgen van, 16.22, **16.23-24**, 17.5-6
toegewijde moet volgen, 2.58
over vrijgevigheid, 10.4-5
wetens overtreden, 16.23

Vedische voorschriften (*vervolg*)
zuivering door, 16.22. *Zie:* Kennis, vedische; Veda's
Vegetarisme, 6.16-17
Veld van activiteiten, **13.1-7**
& kenner van veld, **13.19**-19, **13.27**, 14.3
kenners van. *Zie:* Ziel(en); Superziel
Zie: Lichaam, materiële
Verantwoordelijkheid. *Zie:* Plicht
Verblijfplaats
gehechtheid aan, 14.12
onthechting van, **12.18-19**, 12.18-19
Verdraagzaamheid, 2.14-15, 8.5, 10.4-5, **11.44**, **13.8-12**, 13.8-12, 16.1-3
Arjuna vraagt van Kṛṣṇa, **11.44**
als brahmaanse eigenschap, **18.42**
definitie van, 13.8-12
door meerderen, **11.44**
in zuivere toegewijden, **12.13-15**
Verdriet. *Zie:* Lijden (leed)
Verering
op aanbeveling van autoriteiten, **13.26**
van *arcā-vigraha*. *Zie:* Beeldgedaante-verering
door Arjuna. *Zie:* Arjuna, Kṛṣṇa &...
van banyan, 10.26
bedoeld voor Heer, **6.47**-47
van Beeldgedaante. *Zie:* Beeldgedaante-verering
betekenis van, 6.47
van *brāhmaṇa's*, **17.13**
definitie van, 6.47
van demonen, 16.10, **17.4**-4
in devotionele dienst, **9.34**-34
op aanbeveling van autoriteiten, **13.26**
als aangeraden, 7.20
door Arjuna, **11.35-44**
met exclusieve devotie, *17*, **9.22**
als hoogste verering, **9.23-25**
horen over Heer inspireert, **13.26**
met kosmische gedaante, **11.35-44**
door *mahātmā's*, **9.14**
met materieel verlangen, 7.20
als nodig, 6.47
als plicht, 17.11
niet resultaatgericht, 17.11
terug naar God door, **7.23-24**, **9.25**
als transcendentaal, 17.4
typen van, **9.15-16**
vergeleken met halfgodenverering of andere verering, **7.23-24**, 7.24, **9.23-25**
werkelijk object van, **6.47**-47
in geconditioneerde toestand, 17.28
met geesten & verschijningen, **9.25**, **17.4**-4, 17.28
gehechtheid aan het ontvangen van, **17.18**-18
van God. *Zie:* Verering, van Kṛṣṇa
door halfgoden aan Kṛṣṇa in baarmoeder, 11.52
van halfgoden. *Zie:* Halfgodenverering
in de hoedanigheden goedheid, hartstocht, & onwetendheid, **17.1**-1
door impersonalisten, 9.15
Verering (*vervolg*)
van halfgoden, 17.4
in India, 10.26
door intelligentie, horen van *Bhagavad-gītā* als, **18.70**
van kosmische gedaante van de Heer, **9.15**-15
door Arjuna. *Zie:* Kosmische gedaante van de Heer, Arjuna &...
van Kṛṣṇa
door activiteit, **18.46**-46
als ascese van lichaam, **17.14**
in baarmoeder door halfgoden, 11.52
belang van, 10.42
met Zijn energieën, 18.46
als hoogste, **12.2**
iedereen moet zich bezighouden met, **11.44**
in iedere levensomstandigheid, 4.11
als incarnatie van veda's, 15.15
indirect, **9.20**
als instructie van de Heer, **18.65-66**
laagste typen van, **9.15**-15
in oorspronkelijke gedaante, 18.65
als plicht, 18.46
tegenover verering van onpersoonlijk Brahman, **12.1-7**
in zuivere goedheid, 17.4
Kṛṣṇa object van, **9.34**-34, **11.44**, 11.54
Kṛṣṇa waardig om, 10.42, **11.43**
kunstmatig, 17.18
voor materieel voordeel, 17.11
van meerderen, **17.14**
met Nārada Muni, 10.26
object van, als Heer in verschillende aspecten, 15.15
officiële, 11.53
door ondergeschikten, 17.18
van onpersoonlijk Brahman vergeleken met devotionele dienst, **12.1-7**
onpersoonlijk, Kṛṣṇa uiteindelijk bereikbaar door, **12.3-4**
personen die zouden moet ontvangen, **17.14**-14
van gewoon persoon, 17.4
als plicht, 17.11
resultaten van verschillende soorten van, **9.25**
saguṇa & nirguṇa, 12.5
van Sarasvatī, 7.21
soorten van, 6.47
resultaten van, verschillende, **9.25**
van spiritueel leraar, **17.14**
tempel, 12.5
noodzaak van, 11.54
Zie: Beeldgedaante-verering
transcendentaal, 17.4
van Umā, 7.21
vergeleken met post, 12.5
van verzonnen gedaante van de Heer, 9.15
niet voldoende om Kṛṣṇa te kennen, **11.53**
van voorouders, resultaten van, **9.25**
van Yakṣa's, 17.28
van zichzelf, 9.15
van zonnegod, 7.20, 7.21
Vergeetachtigheid. *Zie:* Illusie; *Māyā*
Vergelijkingen. *Zie:* Analogieën
Vergevensgezindheid, 1.32-36, **16.1-3**, 16.1-3
oorsprong van, Kṛṣṇa als, **10.4-5**
Zie: Genade; Medelijden; Overtreding(en)
Vergiftigen, straf voor, 1.36
Verlangen(s)
Kṛṣṇa vervuld, 2.22, 5.15
materiële. *Zie:* Verlangen(s), materiële
spirituele, vergeleken met materiële, 2.71, 3.25
voor spirituele wereld, *20*
van toegewijde, 5.7
vanzelf bevredigd in devotionele dienst, 1.32-35
om zonde te vermijden, **3.36-37**
Verlangen(s), materiële
ascese uit, **17.5-6**, 17.5-6
om baas te spelen, 13.21, 14.27, 15.20
beheersing van
noodzaak voor, 5.23
Zie: Beheersen van zintuigen; Geest, beheersen van; Onthechting
bidden voor, 9.24
consequenties van, *17*, **2.67**, 2.70, 3.6, **3.37-41**, 3.43, 5.23, **7.27**, **8.6**-6, 9.10, 13.21-22, 13.30, 15.5, 15.10, 15.20, 16.1-3, **16.21**-21
definitie van, 2.71
van demonen. *Zie:* Demon(en), eigenschappen van
devotionele dienst &, 7.20, 7.29
naar eenheid met God, 2.39, 7.5, 7.27, 9.12
geboorte & lichaam volgens, **8.6**-6, 9.10, 13.21-22, 13.31
haat &, **7.27**
haat tegenover de Heer &, *10-11*, 7.27
halfgoden &, *16-17*, **7.20**-20, 7.21-22, 7.24 . *Zie:* Halfgodenverering
hebzucht, **16.1-3**
hebzucht &, **1.37-38**, **14.17**, **16.21-22**, **18.27**
Heer alleen kan vervullen, 7.21-22
voor hemels geluk, **2.42-43**, 2.42-43, **9.20**
de hoedanigheid hartstocht &, **14.7**, **14.12**-12, **18.24**
iedereen getroffen door, 2.70, 3.8
Kṛṣṇa-bewustzijn &, 3.37
Kṛṣṇa verering ondanks, 4.11
lust als. *Zie:* Lust
natuur geeft de mogelijkheid te vervullen, 3.37
onthechting van. *Zie:* Onthechting
als onwetendheid, 2.42-43
om overgebracht te worden naar andere planeten, 9.25
voor rijkdom, **7.16**-16
sannyāsī &, 16.1-3
schepping, ondergebracht in, 9.8
spirituele wereld gereflecteerd in, 15.1
stadia van ontwikkeling van, **2.62**
als subtiele conditionering, 5.15
toegewijden overwinnen, **2.55-64**, **2.68-71**
vergeleken
met rivieren, **2.70**-70, 18.51-53
met spiritueel verlangen, 2.71, 3.25
uit verzinsels van de geest, **2.55**-55

Verlangen(s), materiële (*vervolg*)
als vijand, 3.43
vrijheid van, **2.70**-70
Zie: Beheersen van zintuigen; Onthechting
voor zinsbevrediging, 2.39, **2.42-43**, 2.42-43
Zie: Zinsbevrediging
zuivering van, door omzetting, 3.37
Zie: Zuivering
Zie: Gehechtheid; Lust; Zinsbevrediging
Verlangen(s), vrij zijn van, **2.70-71**
definitie van, 2.71
Zie: Onthechting
Verlichting. *Zie:* Devotionele dienst, voordelen van; Godsrealisatie; Kṛṣṇa-bewustzijn; Zelfrealisatie; Zuivering
Vernietiging van het universum/universa, *12*, **7.6**, 8.16, **8.20**, **9.7-8**, **9.18**, 10.32, 10.33, **11.32**
Kṛṣṇa als, **9.18**
Vernietiging in vuur, 2.24
Verplichting. *Zie:* Plicht
Verrichter van herculische daden, Bhīma als, **1.14**
'Verrichter', de, 18.14, 18.17
Vertering, 7.9, **15.14**-14
Vertrouwelijk kennis. *Zie:* Devotionele dienst; Kennis, spirituele
Verwarring. *Zie:* Illusie
Verwoesting. *Zie:* Vernietiging
Vibhu definitie van, *5*
Vibhu-ātmā definitie van, 2.20
Vibhūti definitie van, 10.19
Vidyānidhi, *28*
Vijandigheid tegenover Kṛṣṇa, 18.67
Zie: Atheïsme; Impersonalisme
Vijandigheid van demonen, **16.18-19**
Vijñāna-maya, 13.5
Vikarma, 4.20
definitie van, 3.15, 4.17
Vikarṇa, **1.8**
broer van, 1.8
Virāṭa, **1.4**
hoornschelp geblazen door, **1.16-18**
Viṣṇu, Heer, 11.55, 15.7, 18.65
als doel van *varṇāśrama*, 3.9
als doel van yoga, 5.4
drager van, Garuḍa als, 6.24, 10.30
Garbhodaka-śāyī, 7.4, 9.8, 15.3-4
bed van, 11.15
Brahmā &, 11.37
in kosmische gedaante, 11.15
gedaanten van
voor schepping, 7.4, 10.20, 10.32
vergeleken met spirituele lichaam van levend wezen, 15.7
in hart van iedereen, 6.31
als Heer van offer, 8.2
impersonalistische verering van, 17.4
als integrerend deeltje van Kṛṣṇa, 15.7
Kṛṣṇa
als, 4.23, **6.31**-31, 10.20, **11.24**
vertegenwoordigd door, **10.21**
Kṣīrodaka-śāyī, 7.4, 9.8
Mahā-, 7.4, 11.1, 13.20
schepping &, 9.8, 11.54
meditatie op, 2.61
als meester van *māyā*, alleen, 7.14
als *prajā-pati*, 3.10
schepping geleid door, 10.32, 11.54, 13.20
Viṣṇu, Heer (*vervolg*)
symbolen van, 6.31
verblijfplaats van. *Zie:* Spirituele wereld
vergeleken met zon, 6.31
als voornaamste begunstigde van offer (*yajña-puruṣa*), 3.9-12, 3.15
als *yajña*, 3.9, 9.24
als zelf lichtgevend, 2.16
als ziel & wortel van materiële wereld, 5.4
zuivering door, 2.61
Zie: Allerhoogste Heer
Viṣṇumūrti, 15.7
Viṣṇu Purāṇa
aangehaald m.b.t. *varṇāśrama-dharma*, 2.48
geciteerd
m.b.t. energieën van de Heer, *21-22*
m.b.t. Kṛṣṇa als Schepper van alles, 11.40
m.b.t. Kṛṣṇa als welgezinde van koeien, *brāhmaṇa's* enz., 14.16
m.b.t. spirituele bestaan, 2.16
m.b.t. *varṇāśrama*, 3.9
Viṣṇu-tattva, 2.17
Vissen, Kṛṣṇa vertegenwoordigd onder, **10.31**
Viśva-kośa-woordenboek geciteerd m.b.t. *māyā*, 4.6
Viśvāmitra
als *kṣatriya* & als *brāhmaṇa*, 3.35
Menakā &, 2.60
Viśvanātha Cakravartī Ṭhākura, *28*
aangehaald m.b.t. Kṛṣṇa als Superziel, 9.11
geciteerd m.b.t. spiritueel leraar, 2.41
Viśva-rūpa. *Zie:* Kosmische gedaante van de Heer
Viśvedeva's, **11.22**
Vitaliteit, **16.1-3**
kṣatriya's hebben nodig, 16.1-3
Vivasvān
bereiken van planeet van, 7.23
Bhagavad-gītā gesproken tot, **4.1**-1, **4.4**, 4.5
Heer herinnert Zich, 7.26
als discipel van Kṛṣṇa, 4.15
gebed over, 4.1
invloed van, op bestemming na de dood, **8.24**
als oorsprong van *kṣatriya's*, 4.1
in de opeenvolging van discipelen, *3*, **4.1**, 4.15, 4.16, 7.26
verering van, 7.20, 7.21
Vleeseten
als algemene menselijke neiging, 4.26
gehechtheid aan, *14*, 3.12, 16.1-3
verboden & onnodig, 6.16, 16.1-3
als zondig & verboden, 6.16, 14.16
Zie: Slachten van dieren
Voedsel
acceptabel voor de Heer, **9.26**-26
categorieën van
vier, 15.14
door kwaliteit & hoedanigheid, **17.8-10**
dier. *Zie:* Slachten van dieren; Vleeseten
voor dieren, *14*
doden voor. *Zie:* Slachten van dieren; Vleeseten
doel van, 17.10
Voedsel (*vervolg*)
effect op gezondheid door, **17.8-9**, 17.10
geofferd aan Kṛṣṇa. *Zie: Prasādam*
geofferd aan voorouders, **1.41**-41
groenten als, 15.13
koken, 18.7
melkproducten als, 17.10
voor menselijke wezens, 9.26
door offer, **3.12**-12, 3.14
voor offer, Kṛṣṇa als, **9.16**-16
overblijfselen van, **17.10**-10
van Heer of toegewijden. *Zie: Prasādam*
voor proteïne, 17.10
spiritueel. *Zie: Prasādam*
vegetarisch, 17.10
vertering van, 7.9, **15.14**-14
vlees gebruikt als, 4.26, 6.16, 14.16, 16.1-3. *Zie:* Vleeseten
werkelijk, granen & groenten als, 3.14
ziekte & leed door, **17.9**, 17.10
zondig, 9.26
zuiverend, **17.8**, 17.10
Zie: Eten; *Prasādam*
Vogels, Kṛṣṇa vertegenwoordigd onder, **10.30**
Volmaakte wezens
kosmische gedaante &, **11.22**, **11.36**
Kṛṣṇa vertegenwoordigd onder, **10.26**
Zie: Zuivere toegewijde(n)
Volmaaktheid
door kennis van devotionele dienst, **15.20**-20
door ongeloof aan Kṛṣṇa & beheersing van zintuigen, 4.39
Voorbeeld, noodzaak voor een, **3.20-25**
Voorgeschreven plicht(en)
chanten van Hare Kṛṣṇa &, 12.6-7
dienst aan de Heer door, **18.46**-48
iedereen kan behouden, *23-24*
iemands eigen, als beste, **18.47**-48
imperfect uitgevoerd, & plicht van anderen, **18.47-48**
in Kṛṣṇa-bewustzijn, 18.48-50
Kṛṣṇa-bewustzijn zou samen moeten gaan met, *23-24*
voor *kṣatriya*, 1.31
onderverdelingen van. *Zie: Varṇāśrama-dharma*, stelsel van
universele, devotionele dienst als, *27*
Zie: Dharma; Plicht; *Varṇāśrama-dharma*, stelsel van; *specifieke voorgeschreven verplichtingen*
Voorouder(s)
in kosmische gedaante, **11.22**
Kṛṣṇa vertegenwoordigd onder, **10.29**
offeringen aan, Kṛṣṇa als, **9.16**
Voorschriften in de heilige teksten. *Zie:* Regulerende principes
Voortplanting, **10.28**-28
Voorvaders. *Zie:* Voorouder(s)
Vragen van Arjuna. *Zie:* Arjuna, vragen van
Vrede
formule voor, **5.29**-29
kans op, 14.17
'Vrede!', **11.21**
Vreedzaamheid
door afwezigheid van materiële verlangens, **2.70-71**
basisprincipe van, 2.71

Vreedzaamheid (*vervolg*)
als brahmaanse eigenschap, **18.42**
door devotionele dienst, **9.31**
geluk door, **2.66**
door genade van de Heer, **18.62**
door kennen van Heer, 15.17
door kennis & beheersing van zintuigen, 4.39
Kṛṣṇa-bewustzijn
enige garantie voor, 2.8
manier voor, 2.71, 4.38, **5.12**, **5.29**
nodig voor, **2.66**-66
Kṛṣṇa biedt aan, aan Duryodhana, 11.47
door onthechting, **2.70-71**, 18.51-53
& beheersing van zintuigen alleen, **2.70-71**
door overgave aan de Heer, **5.12**, **18.62**
tussen Pāṇḍava's & Kuru's, kansen op, 1.22-23
door spirituele kennis, 4.38-**39**
toegewijden &, 11.49
van zelfrealisatie, **18.51-53**, 18.51-53
zinsbevrediging &, **2.70**-70
Vrees. *Zie:* Lijden (leed)
Vriendelijkheid, **16.1-3**
van Arjuna, 1.46
van zuivere toegewijden, **12.13-15**
Vriendschap(pen)
van Kṛṣṇa & Arjuna. *Zie:* Arjuna, Kṛṣṇa &, relatie tussen
transcendentaal, vergeleken met materiële, *4*
Vrije seks. *Zie:* Seksualiteit, vrije
Vrije wil & onafhankelijkheid, 3.37, 4.14, 5.15, 7.21, 13.23, 15.7-8, **18.63**-63, 18.78
Vrijgevigheid, **16.1-3**, **18.43**.
aan arme personen, 17.20
aan *brāhmaṇa's*, 10.4-5, 11.48
definitie van, 10.4-5, 16.1-3
doel van, **17.25**
met gehechtheid aan resultaten, **17.21**
zonder geloof, **17.28**-28
goedheid, in de hoedanigheid, **17.20**
voor getrouwde personen, 8.28, 16.1-3
hartstocht, in de hoedanigheid, 14.9, **17.21**
in de hoedanigheden goedheid, hartstocht, & onwetendheid, 16.1-3, **17.7**, **17.20-22**, 17.23
instellingen voor, 4.28, 17.21
Kṛṣṇa-bewuste, 5.25, **8.28**-28, **9.27**-27, 11.48, 11.54, 16.1-3, 17.23
Kṛṣṇa niet te kennen door, alleen, **11.53**
Kṛṣṇa oorsprong van, **10.4-5**
materiële, 5.6, 17.23
als offer, **4.28**-28
met *oṁ*, **17.24**
onderscheid in, 8.28, 10.4-5, 11.48, 11.54, **17.20**-20, 18.5
onthechting van, **18.3**, **18.5-7**
met onthechting, **17.20**, **17.25**
onwetendheid, in de hoedanigheid, **17.22**-22
met *sannyāsī's*, 10.4-5
met *sat*, **17.26-27**, 17.26-27
met *tat*, **17.25**
van vijftig procent van iemands inkomsten, 10.4-5
als zuiverend, 12.11, **18.5**-5
Vrij zijn van de materiële wereld & verlangens. *Zie:* Bevrijding; Onthechting
Vṛkodara, Bhīma als, 1.15 *Zie:* Bhīma
Vṛndāvana, 6.11-12, 8.21, 9.19
activiteiten van vermaak, *17*
Goloka, *17*, *18*, *21*, 6.15, 8.28, 9.11, 11.55, 15.6
aardse replica van, in India, 8.21
beschreven, *17-18*, 8.21
devotionele dienst bereikt, 10.9
Zie: God, terug naar; Spirituele wereld
inwoners van, *17*
Kṛṣṇa verlaat nooit, 10.37
Vṛndāvana, India, 8.21
Vrome activiteiten
in de hoedanigheid goedheid, **14.16**-16
resultaten van, als tijdelijk, 2.8
Vrome mensen, vier soorten van, **7.16**-16, 8.14 Vroomheid, 3.16, 15.2
Vrouw (echtgenote), 1.36, 3.34, 7.21, **11.44**, 16.7
Vrouwen
bescherming voor, 16.7
betrouwbaarheid van, 1.40
Caitanya &, 16.1-3
gehechtheid aan, 2.60, 3.34, 14.7, 16.10
gereguleerd, 3.34
de hoedanigheid hartstocht gekenmerkt door, 14.7
gekwalificeerd voor Allerhoogste bestemming, **9.32**-32
getrouwde, **11.44**
Zie: Gezinsleven
intelligentie van, 1.40
Kṛṣṇa bereikbaar voor, *25*
Kṛṣṇa's vertegenwoordigingen onder, **10.34**-34
als moeder, 3.34
omgang met, iemand die afstand doet van de wereld &, 16.1-3
onthechting van. *Zie:* Onthechting
sannyāsī &, 16.1-3
vergeleken met kinderen, 1.40, 16.7
vrijheid voor, 16.7
Zie: Gezinsleven
Vuur
in kosmische gedaante, **11.19**, **11.24**, **11.28-29**
Kṛṣṇa vertegenwoordigd door, **10.23**
offer voor getrouwde personen, **6.1**-1, 8.3, 16.1-3
straling & licht van, van Kṛṣṇa, **15.12**-12
niet vernietigd in, 2.24
van vertering, 7.9, **15.14**-14
Zie: Element(en)
Vyāna, 2.17
Vyāsadeva, *4*, *5*, *22*, 2.32, 7.24, **10.13**
als auteur van *Vedānta-sūtra's*, 13.5, 15.15, 15.16
als autoriteit aangaande Kṛṣṇa, 18.62
als beste van *muni's*, 10.37
genade van, Sañjaya hoorde Kṛṣṇa door, **18.75**-75
als incarnatie van de Heer, 10.37, 15.15, 15.16, 15.18, 18.77
kosmische gedaante ook te zien door, 18.77
Vyāsadeva (*vervolg*)
Kṛṣṇa vertegenwoordigd door, **10.37**-37
in de opeenvolging van discipelen, *28*, 18.75
ouders van, 15.18
als overgegeven aan de Heer, 7.15
Sañjaya &, 1.1, 11.12, **18.75**-75, 18.77
spiritueel leraar vertegenwoordigd, 18.75
vader van, 13.5
veda's uitgelegd door, 10.37, 15.18
veda's & vedische literatuur gegeven door, *22*
Vyāsa-pūjā, 18.75
Vyāsa Tīrtha, *28*
Vyavasāyātmikā-intelligentie, 2.41

W

Waanzin door de hoedanigheid onwetendheid, **14.8**, **14.9**, **14.13**, **14.17**
Waarheid, **16.1-3**
Absolute. *Zie:* Absolute Waarheid; Allerhoogste Heer; Kṛṣṇa
definitie van, 10.4-5, 16.1-3
gebrek aan, **16.7**
handelaar &, 18.47, 18.48
Kṛṣṇa
oorsprong van, **10.4-5**
vertegenwoordigd door, **10.32**-32
kṣatriya's &, 18.47
spreken over, als ascese van spraak, **17.15**
standaard van, 13.8-12
waarneming van, door hoedanigheid onwetendheid, 18.32
van Yudhiṣṭhira, 18.78
Wapen(s)
atoom, 2.23
van demonen, 16.9
degenen die hanteren
Kṛṣṇa vertegenwoordigd onder, **10.31**
Kṛṣṇa vertegenwoordigd onder, **10.28**-28
van Kuru's, **1.9**
van materiële elementen, 2.23
ziel onkwetsbaar voor, **2.23**
pāśupata-astra, 2.33
van verschillende tijdperken, 2.23
Zie: Kṣatriya('s); Oorlog
Water
element. *Zie:* Elementen
Kṛṣṇa als, **11.39**
zuivere smaak van, als vertegenwoordiging van de Heer, **7.8**-8
Waterbekkens, Kṛṣṇa vertegenwoordigd onder, **10.24**
Waterdieren, Kṛṣṇa vertegenwoordigd onder, **10.29**
Weer, het, Kṛṣṇa als bestuurder van, **9.19**
Weerspiegelingstheorie, 2.13
Wellust. *Zie:* Lust
Welsprekendheid, Kṛṣṇa vertegenwoordigd door, **10.34**-34
Welzijnswerk
familie &, **1.42**
Kṛṣṇa-bewustzijn als hoogste, **5.25**
Zie: Barmhartigheid; Vrijgevigheid
Wensbomen, *2*, 8.21
Wereld, materiële. *Zie:* Materiële wereld
Wereld, spirituele. *Zie:* Spirituele wereld

Wereldverzaker(s)
volgende leven voor, 1.31
Zie: Sannyāsī('s)
Werk
afstand doen van resultaten van, **12.11**, 18.9
alleen voor Kṛṣṇa, 12.6-7, 18.9
alleen als *kṛṣṇa-karma*, 11.55
alleen wat verband houdt met Kṛṣṇa, 6.17
altijd gereguleerd en onaangetast, 6.17
ander, *kṣatriya's* kunnen zich niet bezighouden met, 1.31
wat betreft, 11.55
eigen, demonisch persoon vertrouwt op kracht van, 16.16
enthousiasme tot volbrenging van, 18.26
in fabriek, Kṛṣṇa-bewuste arbeider identificeert zich niet met, 18.9
zijn geld gebruiken voor Kṛṣṇa-bewustzijn door, 18.8
hartstocht, in hoedanigheid, 14.17
huishoudelijk, geen argwaan wekken &, *23*
op de juiste manier, **6.36**
van Kṛṣṇa-bewustzijn ondersteunen, 12.10
onder Kṛṣṇa's bescherming, **18.57**
Zie: Activiteit(en)
onthechten van vruchten van, 18.11.
Zie: Werk, afstand doen van resultaten van
overeenkomstig eigen natuur, 18.47
voor plezier van denkbeeldige meesters, 7.15
als spirituele activiteit, 12.10
succesvol, alleen gelukkig door, persoon
in hoedanigheid hartstocht, 18.27
verdienstelijk, *Kṛtī* iemand die doet, 7.15
geen verwachtingen wat betreft de resultaten van, 18.26
niet voltooid, val door, 2.40
Werk voor de *śūdra*, 18.44
Werker(s)
dwaze, & mammon, 7.15
onthecht van resultaten van resultaatgerichte activiteiten, 13.25
Westerse wereld
edities van *Bhagavad-gītā* in, *2*
Zie: Kali-yuga
Wet. *Zie:* Regering(en); Vedische voorschriften
Wetenschap(pen)
beperkingen van, 7.4
filosofie gangbaar in, 2.26
hart zoals waargenomen in, 2.17
Kṛṣṇa vertegenwoordigd onder, **10.32**-32
verandering van lichaam bevestigd door, 2.16
wapens &, 2.23
Wetenschapper(s)
filosofie van, 2.26
kennis van
over de materiële natuur, 11.33
over het universum, 11.7
over de ziel, 2.17, 2.22
seks onderzocht door, 13.8-12
Wetenschapper(s) (*vervolg*)
trots & gehechtheid gevaarlijk voor, 14.6
ziel onzichtbaar voor, 2.25
Wetteloosheid, onderdrukker van, Kṛṣṇa vertegenwoordigd als de, **10.38**
Wezenlijke positie van overgave, 7.5
Zie: Overgave aan de Heer
Wezens. *Zie:* Levende wezens; Ziel
Wijsheid
als brahmaanse eigenschap, **18.42**
definitie van, 10.38
Kṛṣṇa vertegenwoordigd door, **10.38**
Wijze(n)
grote, Kṛṣṇa oorsprong van, **10.6**-6
kennis van, **13.5**
in kosmische gedaante, **11.15**, **11.21**
Kṛṣṇa vertegenwoordigd onder, **10.25**, **10.26**, **10.37**-37
nacht & tijd voor ontwaken voor, **2.69**-69
planeten van, 14.14
uiteenlopende meningen van, **18.3**
vedische, over Kṛṣṇa, **10.12-13**
volmaaktheid bereikt door, door kennis van Heer, **14.1**-1
voorbeelden van, *4*, 13.5
wijsheid van, Kṛṣṇa's vertegenwoordigd als, **10.38**
Zie: Sādhu('s); Heilige personen; Toegewijde(n); *specifieke wijze personen*
'Wijze met een onwankelbare geest,' **2.56**
Wind
Kṛṣṇa bestuurt, 9.6
Kṛṣṇa vertegenwoordigd door, **10.31**
Woede
bronnen van, **2.62**, **3.37**-37, 16.1-3, 16.21
van demonische personen, **16.4**, **16.18**
schade door, 3.37, 16.1-3, **16.21-22**
vrij zijn van, **2.56**-56, **16.1-3**, 16.1-3, 16.22, **18.51-53**
spiritualisering van, 3.37
Woonplaats. *Zie:* Verblijfplaats
Wraak, 1.32-35. *Zie:* Woede
Wreedheid van degenen die demonisch zijn, 16.9

Y

Yādava, Kṛṣṇa als, **11.41-42**, 11.41-42
Yajña
bevolen door Kṛṣṇa, **3.10**
dravyamaya-, 4.28
als Heer Viṣṇu, 3.9, 9.24
pañca-mahā-yajña, 3.12
saṅkīrtana-, 3.12
tapomaya-, 4.28
Zie: Offer(s)
Yajña, Viṣṇu als, 9.24
Yajña-pati, Kṛṣṇa als, 3.11
Yajña-puruṣa, Heer als, 3.14, 3.15
Yājñavalkya geciteerd m.b.t. *brahmacarya*, 6.13-14
Yajur-veda, **9.17**-17, 13.5
Yakṣa('s), 9.25, 17.28
kosmische gedaante &, **11.22**
Kṛṣṇa vertegenwoordigd onder, **10.23**-23
Yama, niyama, āsana enz., 2.59
Yamadūta's, 18.25
Yamarāja
als Kṛṣṇa-bewuste autoriteit, 4.16
Kṛṣṇa vertegenwoordigd door, **10.29**-29
Yamunā, (rivier), 6.11-12
Yāmunācārya
aangehaald m.b.t. onthechting door Kṛṣṇa-bewustzijn, 2.62
geciteerd
m.b.t. kennis over Heer, 7.15, 7.24
m.b.t. onthechting door dienst aan Kṛṣṇa's, 2.60
m.b.t. onthechting van seksgenot, 5.21
Yaśas definitie van, 10.4-5
Yaśodā, 6.47
Kṛṣṇa als zoon van, 1.15
Yaśodā-nandana, Kṛṣṇa als, 1.15
Yoga
aangeraden door Kṛṣṇa, **6.46-47**
achtvoudige proces van, 5.28, 5.29, 6.37, 6.40, 6.47
Kṛṣṇa-bewustzijn &, 6.1
Arjuna geeft uiting aan moeilijkheid met, **6.33-34**
voor Arjuna, *24*
als Arjuna's wapen, **4.42**
aṣṭāṅga-, 6.47, 9.2
beheersing van zintuigen door, 2.59
Kṛṣṇa-bewustzijn &, 6.1
onderverdelingen van, 5.28
toegewijde vindt onnodig, 12.6-7
autoriteit op gebied van, Patañjali als, 6.20-23
bedoeling & doel van, 6.5, 6.20-23
beheersing van ademhaling door, **4.27**-27, **4.29**
beheersing van zintuigen &, 2.48, **4.29**, **5.27-28**, **6.11-18**, **8.12**
beoefenaars van. *Zie: Yogī('s)*
bevrijding door, **6.27-28**, 8.14
Bhagavad-gītā als wetenschap van, **4.1**-1
in *Bhagavad-gītā*, 2.72, 3.2
van *Bhagavad-gītā*, *3*
bhakti-, 2.39, 3.16, 5.29, 6.20-23, 8.10, 8.14. *Zie:* Devotionele dienst
bonafide, vergeleken met valse, 6.13-14, 6.15
brahma-, 5.21
buddhi-, 2.39, 2.49, 2.51, 3.1, 3.3, 3.4, 5.1
definitie van, 10.10
als devotionele dienst, 10.10
terug naar God door, 10.10
cakra's &, 8.10
definitie van, **2.48**, 6.3, 10.10
delen van, drie, 6.3
devotionele, **5.5**
typen van, 2.39
Zie: Devotionele dienst
dhyāna-, 6.14, 6.20-23, 6.47, 7.3
diepe meditatie in, **6.20-23**, 6.20-23, **6.25**-25. *Zie: specifieke yoga's*
discipline van geest nodig voor, **6.26**
disciplines van, 3.43, 5.2, 6.3, **6.11-26**
doel van, 2.61, 3.3
bereiken van, **6.45**-45
als Superziel-realisatie, **6.13-14**, 6.13-14
als terug naar God, **6.15**-15
dood, op moment van de, **8.10**
eten &, **6.16-17**

Yoga (*vervolg*)
geloof &, **6.24**
geluk door, 6.4, **6.20-23**, 6.20-23, **6.27-28**
haṭha-, 4.29, 6.20-23, 6.47, 8.14, 8.23, 13.25
Heer & levend wezen verenigd in, **6.47**-47
hoogste, 6.3, 6.6
bhakti-yoga als, **6.47**-47, 10.10
buddhi-yoga als, 10.10
Kṛṣṇa-bewustzijn als, **6.47**-47, 7.1
als hoogste praktijk, **6.46-47**
houdingen in, 4.29, 6.3
jñāna-, 3.16, 5.29, 6.14, 6.46, 6.47, 7.3, 8.14, 8.23, 9.2, 9.3
als heel moeilijk, **12.5**-5
vergeleken met *bhakti-yoga*, 10.10, 12.5
in Kali-yuga, 6.11-12, 6.20-23, 6.33, 6.35, 6.37, 15.11
moeilijkheid met, 6.33
karma-, 2.39, 2.51, **3.1-43**, 5.29, 6.1, 6.20-23, 6.46, 6.47, 8.14, 8.23, 9.2, 9.3
bhakti-yoga &, 10.10
doel van, 5.4
Sāṅkhya-*yoga* &, **5.4**
Kṛṣṇa
als meester van, 18.75
moedigt aan, **2.50**
Kṛṣṇa-bewustzijn
&, 5.28, 5.29, 6.4, 6.36, 6.40, 7.1, 9.22
als, 2.48
als beste, 6.20-23
ontstegen aan, 4.28
vergeleken met, 6.1
kumbhaka-, 4.29
als kunst van al het handelen **2.50**
leven na leven voortgezet, **6.41-45**
levensadems beheerst door, **4.27**-27, **4.29**, **8.10-12**
levenslange, nodig, 8.10
materiële gehechtheid in, 8.14
menselijk leven bedoeld voor, 4.26
mentale discipline in, **6.18-27**, **6.36**
moeilijk
Arjuna, zelfs voor, **6.33-34**
in huidige tijdperk, 6.37
noodzaak van, 8.10
als offer, **4.28**-28
onthechting &, **6.3-4**, **6.13-14**, 6.13-14
onthechting door, 4.27
Kṛṣṇa-bewustzijn &, **6.1-4**
proces voor, **5.27-28**, 5.27-28
onthechting in, **6.13-26**, **8.12**
paden van, 2.72, 3.2
Patañjali &, 4.27, 6.20-23
plaats voor, **6.11-12**, 6.11-12
prāṇāyāma-, **4.29**
pratyāhāra proces in, 5.28
proces van, **6.11-18**
proces van meditatie in, 5.28
processen van, met wat *bhakti* toegevoegd, 8.14
puruṣottama-, 15.20
rāja-, 6.47
regulering in, **6.16-17**, **6.33**, 6.35
sanātana-, 4.42
sāṅkhya-, *12*, 2.1, 2.39, 2.66, 3.3, 4.28, 7.4
van atheïst Kapila, 2.39
als analytische studie, 2.39
als *bhakti-yoga*, 2.39
buddhi-yoga &, 3.3
definitie van, 2.39, 18.13
Yoga (*vervolg*)
devotionele dienst &, **5.5**
doel van, 5.4-5
elementen van materiële wereld &, 15.1
Heer gekend door, 13.25
van Kapila (Heer), 2.39
karma-yoga &, **5.4**
Kṛṣṇa gebruikt, **2.39**-39
van Kṛṣṇa, 2.39
materiële wereld volgens, 15.1
vergeleken met atheïstische Sāṅkhya, 2.39
vergeleken met het vinden van wortel, 5.4
sannyāsa-, 6.2
ṣaṭ-cakra-, 8.10, 8.11
proces van, **8.11-13**
siddhi's, 6.20-23
slaap &, **6.16-16**
soorten van, 2.39
vergeleken, 6.47
vergeleken met bergen, 6.47
voor zelfrealisatie, 3.16
tegenwoordig, 6.11-12
niet praktisch, **6.33**-33
terug naar God door, **6.15**-15
val van, 6.37
valse, 6.11-12, 6.20-23, 6.33, 6.36
in Kali-yuga, 15.11
vanzelf aangetrokken tot, **6.44**-44
vastberadenheid in, **6.24-26**, **18.33**
vereisten voor, **6.11-17**
vergeleken
met Kṛṣṇa-bewustzijn, 8.8
met ladder, 6.3
met vuur, 6.36
verheffing door, **4.28**-28
verheven stadia van, **6.3-4**
volmaaktheid van, 6.25, 18.49
voordelen van, **6.27-28**
vrijheid van val door, 6.20-23, 6.26
ware, 6.6
yogārūḍha-stadium van, 6.3, 18.49
yogārurukṣu-stadium van, 6.3
zelfrealisatie door, 3.16
zinsbevrediging &, 6.20-23, 6.36
Zie: Yogī's
Yoga-māyā
Arjuna &, *6*
kennis over Heer bedekt door, 10.17
Kṛṣṇa bedekt door, 7.25, 10.17, 11.52
Yoga-sūtra's
aangehaald
m.b.t. juiste meditatie, 2.61
m.b.t. ziel & zinsbevrediging, 4.27
geciteerd m.b.t. zelfrealisatie, 6.20-23
Yogeśvara, Kṛṣṇa als, 11.4
Yogī('s)
afhankelijk van Heer, 4.11
bevrijding voor, **6.27-28**
bhakti-
soorten van, vijf, 8.14
Zie: Toegewijde(n)
dood van, moment van, **8.23-26**
haṭha-, 6.47
hoogste
Kṛṣṇa definieert, *24*
toegewijde als, *24*
kwalificaties van, **6.8**
mentale discipline voor, **6.18-27**
moment van dood uitgekozen door, 8.23-24
mystieke vermogens &, 2.70
Yogī('s) (*vervolg*)
niet-succesvolle
geboorte van, **6.41-43**
lot van, **6.37-45**
soorten van, twee, 6.41-**42**
toekomst van, **6.38-45**
offer door, **4.25**
ongelukkig, 2.70
onthecht & actief alleen voor zuivering, **5.11**
onthechting door, 6.18
onthechting nodig voor, **6.2**
plezier voor, 5.22
pseudo-, 2.61, **3.6**, 3.33, 5.11, 6.15, 6.20-23
soorten van, 6.47
succes voor, **6.45**-45
Superziel te zien door, **6.29-30**
toegewijde
als, 4.25, 6.15, 9.27, 10.3
als beste van, 6.32, 18.1, 18.75
vergeleken met, 2.61, 6.32, 8.23-24
transcendentale visie van, **6.29-30**
als transcendentalist, *3*
vereisten voor, **6.11-18**
vergeleken
met schildpad, **2.58**-58
met slangenbezweerder, 2.58
met wolk, **6.38**
met zuivere toegewijde, 8.14
Viśvāmitra, 2.60
volmaakt, **6.32**
zielsverhuizing bestuurd door, 12.6-7
zuivere, vergeleken met degenen die belangen hebben, 8.14
Zie: Yoga; *specifieke yogī's*
Yudhāmanyu, **1.6**
Yudhiṣṭhira Mahārāja, 1.1
Arjuna hielp, 1.15
eigenschappen van, 18.78
hoornschelp geblazen door, **1.16-18**
Kṛṣṇa & Arjuna ondersteunden, 18.78
als rechtschapen koning, 10.27
tegenover Duryodhana, 18.78
Yuga('s)
cyclus van, 8.17
Dvāpara-, 4.1
huidige, 4.1
Kali-, 4.1
Zie: Kali-yuga
natuur van elke, 8.17
tijdsduren van, 4.1, **8.17**-17
Tretā-, 4.1
Yukta-vairāgya, 9.28
Yuyudhāna, **1.4**

Z

Zaad, oorspronkelijke, van al wat is, Kṛṣṇa als, **7.10**
Zegeningen. *Zie:* Gunst(en); Genade
Zelf
definitie van, **8.1**-1, **8.3**
ware, vergeleken met valse, 13.8-12
Zie: Ziel(en)
Zelfbeheersing, **16.1-3**
als ascese van geest, **17.16**-16
betekenis van, 13.8-12
als brahmaanse eigenschap, **18.42**
voor getrouwd persoon, 16.1-3
als kennis, **13.8-12**
noodzaak van, 16.1-3
volmaaktheid door, **18.49**-49
in zuivere toegewijde, **12.13-15**

Zelfgerealiseerde ziel(en). *Zie:* Bevrijde ziel(en); Toegewijde(n)
Zelfrealisatie, 2.28
aanvaarden van belang van, **13.8-12**
angsten over, **4.10**-10
door beheersing van zintuigen, **4.27**-27
belang van, 2.29
beste proces voor. *Zie:* Devotionele dienst
als bevrijding, 5.19
bewustzijn in, 3.17
door *bhakti-yoga,* als beste, 13.8-12
brahma-bhūta-stadium van, 5.24, 18.51-54
Brahman-realisatie &. *Zie:* Godsrealisatie, Brahman-realisatie & ...
chanten van naam van de Heer als hoogste, 2.46
definitie van, 2.46, 2.71, 6.28
devotionele dienst &, **3.3**-3, 13.8-12, 16.22
diepe meditatie van, **2.53**-53
direct & indirect, **3.3**-3, 12.20
eerste niveau van, als Brahmanopvatting, 14.27
ego &, 13.8-12
evenwichtigheid in, **6.18-23**
geest gegrond in, **2.53**-53
door geest die onder controle is, 6.36
geleidelijke, vergeleken met direct proces voor, 12.20
gelijkmoedigheid in, **5.18-19**
geluk door, **5.21-24**, **6.20-23**, 6.20-23, **18.37**
hoogste, 2.53
Kṛṣṇa-bewustzijn als, 6.10
door horen van Heer, 9.1-2
intelligentie voor, 2.69
kenmerken van, **2.54**-54, **2.64-65**, **2.68-72**, **5.16-28**, **6.8-9**, **6.20-**23, **18.54**-54
kenmerken van iemand in, **18.54**-54
kennis
&, **6.7-9**
in, **5.16-17**, **6.8-9**
door, **15.11**-11
door kennis, 2.1, 6.37, 7.17
Kṛṣṇa-bewustzijn &, **6.27**, 6.30, 6.37
kwalificaties voor, 1.46
lust vernietigd, **3.41**
menselijk leven bedoeld voor, 10.4-5
mentale controle nodig voor, **6.36**
methoden voor, 3.16, 6.37, 12.20
onafhankelijkheid in, **3.18**
onpersoonlijke kennis voor, 18.20
onthechting &, 2.1, **16.22**, **18.51-53**, 18.51-53
door onthechting in Kṛṣṇa-bewustzijn, 18.50
onthechting nodig voor, 2.1, **16.22**
plicht ontstegen door, **3.17-18**
praktijken die leiden tot, 4.42
reguleringen voor, geluk van, 18.37
research voor, 15.3-4
samādhi in, 2.44
seksgenot &, 5.21
soorten van, twee, **3.3**-3
door spirituele kennis, **9.2**-2
stadia van, 13.1-2
ontwikkeling door, 7.19, 14.27
struikelblokken voor, 3.14, **3.34**, **3.41**
vrije seks als, **3.34**-34
Superziel te zien in, **6.29**-29
Zelfrealisatie (*vervolg*)
terug naar God door, 5.19
test van, 5.21
toenemende ontwikkeling van alternatieven in, **12.8-12**
typen van pogingen tot, 13.25
val van
Arjuna's vragen over, **6.37-38**
geluk kwijt door, 6.38
oorzaken van, **6.37**
resultaten van, **6.38-45**
veda's bedoeld voor, 2.46
vergeleken met zonsopkomst, **5.16**-16
verlangen naar, 4.10
verlichting van leed door, **6.20-23**, 6.20-23
veronachtzaming van, 2.7
volmaaktheid van, overgave aan Kṛṣṇa als, 18.78
voordelen van, **6.20-23**, 6.20-23, 18.51-53
vrede door, 18.51-53
wedergeboorte beëindigd door, **5.19**
yoga, door middel van, 3.16
zinsbevrediging belemmert, 2.29, **3.34**, 6.36
Zie: Bevrijding; Kṛṣṇa-bewustzijn
Zelfverdediging, Arjuna weigert, **1.45**
Zelfverloochening, **6.10**
Ziekte, 13.8-12
Ziel(en)
als altijd actief, 3.5, 9.2
als *aṇu-ātmā,* 2.20
als atomisch, 2.17, 2.20, 2.24, 2.29
als beginloos, **2.12**-12, **2.20**
belang van, 9.2
als 'bestaand,' 2.16
bewijs voor, 2.17, 2.20, 2.25, 13.34
bewustzijn als, 2.20, 13.34
bewustzijn
van, 2.17, 2.25
kenmerk van, 2.20, 13.34
van, vergeleken met die van de Heer, 2.20
bron van, Kṛṣṇa als, 7.6
devotionele dienst door, 3.42
van dieren, 2.20
doordringt lichaam door bewustzijn, **2.17**-17
eeuwigheid van, **2.11-12**, **2.13**, **2.16-30**, 2.20, 10.4-5, **13.28**, **13.32**
geen excuus voor geweld, 2.30, 16.1-3
gevoeld door ouderen, 2.20
Kṛṣṇa bevestigt, **2.12**
in verleden alsook in toekomst, **2.12**-12, **2.20**
eigenschappen van, 5.18
energieën van, bloed draagt, 2.17
energie lichaam van, 2.22
als ervaarbaar, 2.17
niet op materiële manier, 2.25
als factor van activiteit, 18.14
geconditioneerde. *Zie:* Geconditioneerde ziel(en)
gekend door horen van autoriteit, 2.25
geloof & ongeloof aangaande, **2.26-27**, **2.28**-28
in hart, 2.17, 2.20
Heer
&, eenheid van, 2.20, 2.23, 2.24
gedaante van, vergezelt. *Zie:* Superziel
legt uit, **2.11-30**
vergeleken met, 2.25
Ziel(en) (*vervolg*)
als hoogste, **3.42**-42
individualiteit van, 15.7
eeuwig, *14*, **2.12**-12, 2.24, 2.39
Kṛṣṇa bevestigt, **2.12**-12
als integrerend deeltje van Allerhoogste Ziel, 2.13
als integrerend deeltje van de Heer, 2.20, 2.23, 2.24
intelligentie naast, 3.40
kenmerk van, bewustzijn als, 2.20, 13.34
als kenner van lichaam, 13.13
kennis als kenmerk van, 2.20
kennis over. *Zie:* Kennis, spirituele, over ziel
Kṛṣṇa's uitleg van, als Sāṅkhya, **2.39**
als *kūṭa-stha,* 2.20
als leven van lichaam, **2.17-18**, 2.20, 10.20
levend wezen als, 2.11, 2.28, 2.30, 13.20, 15.7
lichaam
bestuurd door, 3.5
vergeleken met, 2.11, **2.16-20**, **2.30**-30, 9.2
lichamelijk veranderingen vanwege, 2.20
als *mahān,* 3.42
māyā kan bedekken, 2.23
natuur bevrucht met, 2.39
natuur van, *3-4*, **2.12-13**, **2.16-30**, **13.32**
niet te bevochtigen, **2.23**, **2.24**
brandbaar, **2.23**, **2.24**
breekbaar, **2.24**
deelbaar, 2.13, **2.23**, **2.24**, 15.7
te doden, **2.17-21**, **2.23-24**, 2.39
op te drogen, **2.23**, **2.24**
geboren, **2.20**, **2.21**
de Heer, 13.8-12
meetbaar, 2.17, **2.18**
te ontkennen, 2.17
te scheiden van Heer, 2.23
veranderlijk, 2.13, **2.16**, 2.20, **2.21**, **2.24**, **2.25**, 2.30
vernietigbaar, **2.17-25**
viṣṇu-tattva, 2.17
voorstelbaar, **2.25**
zichtbaar, 2.18, **2.25**
omvang van, 2.17, **2.18**, 2.19, 2.20, 2.25, 2.29, 8.9
onafhankelijkheid van, 15.7
als ondeelbaar, 2.13
als altijd ondergeschikt aan Allerhoogste Ziel, 2.25
als niet onderhevig aan veranderingen, 2.20
als onsterfelijk. *Zie:* Ziel, als eeuwig
als ontstegen
aan hoedanigheden van de natuur, 13.32
aan lichaam, **2.16-30**, **13.32-34**
aan zintuigen, geest, & intelligentie, **3.43**
onwetendheid over, 2.19, 2.20, 2.23, **2.26** 26, **2.29**-29, **3.32**, **4.35**-35, 5.2, 9.2, 13.23, 13.33, 18.21
overal aanwezig, 2.24
als permanent, **2.20**
plaats van, in lichaam, 2.20
pratyag-ātmā & *parāg-ātmā,* 4.27
als *puruṣa,* 13.20
research naar, 13.8-12
in *sāṅkhya*-filosofie, 13.25
als *sarva-gata,* 2.24

Ziel(en) (*vervolg*)
  soorten van, twee beschreven, 2.20
  spirituele natuur van, **13.32-33**
  Superziel vergezelt, **13.28-29**
  & Superziel en lichaam, **13.1-7**
  als talloos, 2.17
  theorieën over, 18.21
  theorie van impersonalisten over, 2.23, 2.24
  val van
    neiging voor, 2.23. *Zie:* Val
  als verbazingwekkend, **2.29**
  verbinden zich met de Heer door Kṛṣṇa-bewustzijn, 3.42
  vergeleken
    met ether (lucht), **13.33**
    met genietende vogel, 16.11-12
    met de Heer, 2.25
    met materiële lichaam, 2.28
    met moleculen zonlicht, 2.17
    met Superziel, 2.20, 6.29, 13.5, 13.13-15, 13.18, 13.20, 13.23, 13.34
    met vonken, 2.23
    met zon, 2.18, 2.20, **13.34**-34
  verlichting door, **13.34**-34
  wapens kunnen niet doden, **2.23**
  wezenlijke positie van, 3.41
    noodzaak van kennen van, 3.42
  zielsverhuizing van. *Zie:* Reïncarnatie
  zintuigen van, 13.15
  als zuiver, 15.9
  Zie: Levend wezen (levende wezens)
Zielsverhuizing. *Zie:* Reïncarnatie
Zien, werkelijk, definitie van, **13.28-30**
Zinsbevrediging
  Arjuna's vechten was geen, 2.71
  in banyanboom-analogie, 15.1-2
  bereiken van
    door offer, 2.42-43
    door resultaatgerichte activiteit, **2.42-43**, 2.42-43
  als bindend, 5.2
  degradatie door, 16.9
  demonen gehecht aan, **16.11-12**
  denken aan, **2.62**-62
  devotionele dienst gehinderd door, **2.44**
  dieren doden voor, 16.1-3
  dierlijk, 5.22
  dwaasheid van, **5.22**
  ellende van, **5.22**
  eten &, **3.13**-13, **6.16**-16
  filosofie van de materialisten van, 3.16
  geest, in, rol van de, 3.40
  gehechtheid aan
    in de hoedanigheid hartstocht, **14.12**-12, **18.34**
    de hoedanigheid hartstocht
  geluk van, 3.39
    als nectar daarna vergif, **18.38**
  gereguleerd
    onthechting door, **3.34**
    onthechting van, **3.34**
    lust beheerst door, **3.41**-41
    vergeleken met reizen op koninklijke wegen, 3.34
  in gezinsleven, 4.31
  grens van, 1.32-35
  halfgoden-verering voor, **4.12**-12, 17.13
  Heer niet verantwoordelijk voor, 4.14
  m.b.t. hemelse planeten, **9.20**, **9.21**
Zinsbevrediging (*vervolg*)
  iedereen verlangt, 3.8
  illusie van. *Zie:* Illusie
  illusie veroorzaakt door, 3.27
  intelligentie verloren door, **2.67**
  intelligentie voor, 2.69
  in *karma-kāṇḍa*-gedeelte van veda's, 2.42-43, 2.45
  als kauwen wat al uitgekauwd is, 18.36
  Kṛṣṇa niet bedoeld voor onze, 1.32-35
  leed als eindresultaat van, **18.38**
  lichaam voor, 13.1-2
  op de maan, 8.25
  materialisten toegewijd aan, 16.9
  meditatie geïmiteerd voor, 3.7-8
  menselijk leven &, 4.26
  onthechting van, 5.21, 6.17
    geest tevredengesteld door, 17.16
    in yoga, **6.4**
    voor zelfrealisatie, **18.51-53**
    Zie: Beheersen van zintuigen; Onthechting
  oorzaak van, **2.62**-62
  als oorzaak van materiële bestaan, 4.30
  reactie volgt op, 2.38. *Zie:* Karma
  restrictie van, **2.59**-59
  spirituele vooruitgang gehinderd door, **2.41-44**
  als tijdelijk, 4.12
  toegewijden ontstijgen, **2.55-64**, **2.68-71**
  voor tong
    zondige soorten van, 6.16
    Zie: Zinsbevrediging, eten &...
  uiteindelijke verlangen voor, 2.39
  val door, **2.67**
  vedische
    toelating voor, 3.15, 3.16
    methode voor het bereiken van, **2.42-43**, 2.42-43
    voorschriften beperken, 2.58
  vergeleken
    met eten van vruchten van boom, 2.22
    met geluk van varkens, 7.15
    met te veel eten, 4.24
    met water, 6.36
  verlangen naar
    onthechting van, **6.2**-2
    Zie: Gehechtheid; Lust; Verlangen(s), materiële
  vermijden van
    noodzaak van, 17.16
  verschillend van lichaam, *15-16*, **2.16-22**, **2.25-30**, 2.71, 5.11, 5.13, 5.20, 9.1, 10.20, 13.2, 13.7, 3.20, 15.7, 15.10
    logische argumenten m.b.t., 13.2
    Zie: Beheersen van zintuigen veroorzaakt, 14.7
    Zie: Gehechtheid
  verwarring door, 3.27
  als vijand, 3.43
  vrede onmogelijk door, **2.70**-70
  vrijheid van, door Kṛṣṇa-bewustzijn, 14.22-25
  werken voor, in de hoedanigheid hartstocht, **18.27**
  yoga
    beperkt, 6.20-23
    gehinderd door, 6.36
  zelfrealisatie gehinderd door, 2.29, **3.34**, 6.36
Zinsbevrediging (*vervolg*)
  zielsverhuizing geeft gelegenheid voor, 2.13
  zintuigen eisen, 2.70
  Zie: Gehechtheid; Materialisme; Verlangen(s), materiële
Zinsobject(en)
  in banyanboom-analogie, **15.2**
  gebruik van, 2.63
  invloed van, **2.62**-62
  onthechting van. *Zie:* Onthechting
  vergeleken
    met twijgen van banyan, **15.2**
    met giftige planten, 2.42-43
  vijf genoemd, 13.7
Zintuigen
  belangrijkste van, 13.8-12
  bestuurd door Kṛṣṇa, 1.15
  bestuur van. *Zie:* Ascese; Onthechting
  bevrediging geëist door, 2.70
  bevrediging van. *Zie:* Zinsbevrediging
  bezigheid nodig voor, 2.62
  bron van, Heer als, **13.15**-15
  als bronnen van ellende, **5.22**
  centrum van, geest als, 3.40
  in devotionele dienst, gebruik van, 2.58, 2.64, **5.8-11**, 6.18, 6.26
    voorbeelden van, 13.8-12
    als ware onthechting, 13.8-12
    zuivering door, 12.9
  in devotionele dienst vergeleken met slangen met gebroken giftanden, 3.42
  elf, genoemd, 13.7
  als factoren van activiteit, **18.14-15**
  geest &, **2.67**, **3.42**-42
  gewaarwordingen van, gekend door ieder individueel, 2.17
  goedheid, in de hoedanigheid, **14.11**
  Govinda geeft plezier aan, 1.15
  Heer niet gekend door, 7.3
  van de Heer
    absolute natuur van, 9.26
    vergeleken met zintuigen van levend
  Hṛṣīkeśa bezit & bestuurt, 1.15
  als integrerend deeltje van Kṛṣṇa's zintuigen, 1.15
  kracht van, leven geeft, 7.19
  Kṛṣṇa
    bezit & bestuurt, 1.15, 6.26
    Heer van, 1.22
    leidt, 1.24
    meester van, 3.27, **11.36**, **18.1**-1, 18.46
    geeft plezier aan, 1.15
    vertegenwoordiging van, onder, **10.22**
  in Kṛṣṇa-bewustzijn, 2.67-68
  levensadem &, 4.27
  lust &, **3.40**, 3.42
  meester van, Heer als, **18.1**-1, 18.46
  objecten van. *Zie:* Zinsobjecten
  als onderdeel van activiteit, **18.18**
  onthechting van
    ondanks gebruik van, **5.8-11**, **5.13**
    Zie: Onthechting
  onthechting van plezier van. *Zie:* Onthechting
  ontstijgen, door Kṛṣṇa-bewustzijn, **5.13-14**
  als onvolmaakt, *20*
  opvatting van impersonalisten over, 1.15

Zintuigen (*vervolg*)
als poorten van lichaam, **5.13**
in *sāṅkhya*-filosofie, 15.1
als superieur aan lichaam, 3.42
als superieur aan materie, **3.42**-42
teruggetrokken door yoga proces, **8.12**
tevredenheid van
door zintuigen van de Heer tevreden te stellen, 1.32-35
Zie: Zinsbevrediging
toegewijde ontstegen aan, **5.8-11**, **5.13**
typen van, 13.7
vergeleken
met Kṛṣṇa's zintuigen, 11.43
met paarden, 6.34
met poorten, **5.13**
met slangen, 2.58, 3.42
met toppen van de takken van de banyan, 15.2
met vijanden, 2.68
wezen, 13.15
worsteling met, **15.7**-7
ziel heeft, 13.15
zuivering van, door devotionele dienst, 12.9
van zuivere toegewijde vergeleken met gebroken giftanden van slang, 18.54
Zie: Lichaam, materiële; Zintuigen
Zintuigen, beheersing van
door *aṣṭāṅga-yoga*, 2.59
door Beeldgedaante-verering, 13.8-12
door beheersen van de ademhaling, **4.27**-27, **4.29**
bevrijding door, **5.27-28**, 5.27-28
definitie van, 10.4-5
door devotionele dienst, 2.68, 5.26
als doel van offer, 4.30
door geest die opgaat in devotionele dienst, 3.42
geleidelijke, **6.25-26**
geluk door, **5.23**
gosvāmī's &, 5.23, 6.26
door hogere smaak, **2.59-64**, 2.67-**68**
impersonalisme &, **12.3-4**
kennis door, **4.39**
Kṛṣṇa-bewust, **2.58-71**, 6.2, 13.8-12
voorbeelden van, 13.8-12
Kṛṣṇa-bewustzijn, alleen door, 2.61, 2.62, 2.63, 2.67-68
Kṛṣṇa oorsprong van, **10.4-5**
kunstmatig, 3.43
levensadem &, **4.27**-27
moeilijkheid van, **2.60**-60, **2.62-63**, **2.67**
nodig voor kennis & bevrijding, 2.6
noodzaak van, **3.34**-34, **3.41**-41, 4.29, 4.30, **5.23**, **6.24**, 6.26
obstakels voor, opgesomd, 5.23
offer van, **4.26**-26
van ogen, 13.8-12
onthechting door, **5.27-28**, 5.27-28
oorsprong van, Kṛṣṇa als, **10.4-5**
van oren, 13.8-12
pratyāhāra, 6.25
methode van, **8.12**
tegenwoordig onpraktisch, 8.12
door regulerende principes, **2.64**
regulering voor, **3.34**
door restricties, **2.59**-59
stelt iedereen tevreden, **5.7**
Zintuigen, beheersing van (*vervolg*)
door *svāmī* of *gosvāmī*, 5.23, 6.26
door toegewijden, **2.57-59**, **5.8-11**, **5.13**
van tong, 13.8-12
vastberadenheid voor, **6.24**
vergeleken met het terugtrekken van ledematen van de schildpad, **2.58**-58
Viśvāmitra &, 2.60
voordelen van, **4.39**
vrede door, **2.70-71**
door yoga, 2.48, **4.29**, **5.27-28**, 5.27-28, **6.11-18**, 6.28, **8.12**
zelfrealisatie door, **4.27**-27
voor zelfrealisatie, **18.51-53**
Zie: Ascese; Onthechting
Zintuigen & vals ego, 7.4
Zon(nen), *17*, 15.6
aantal, in universum, 10.21, 15.12
afhankelijk van Kṛṣṇa, 10.42
belang van, 15.12
bestuurd door de Heer, 4.1
beweging van, 9.6
geboorte op, *18*, 1.31
halfgod van, verering van, 4.1, 7.20, 7.21
in kosmische gedaante, 8.4, **11.19**
Kṛṣṇa vertegenwoordigd door, **10.21**
levende wezens op, 2.24
licht van, **7.8**-8, 13.18, **15.12**-12
als oog van de Heer, 4.1, 9.6
Zie: Vivasvān
als oorsprong van andere planeten, 4.1
Zondaar(s). *Zie:* Demon(en); Materialist(en)
Zondige activiteit(en)
agressie als, 1.36
anticonceptie &, 16.1-3
van bedwelmende middelen, 3.24
van het bespotten van Kṛṣṇa, 6.47, **9.11-12**
boetedoening gaat tegen, 1.43
van het degraderen van de principes van de samenleving, **1.42-43**
doden van dieren als, *14*, 14.16, 14.17
van het doden van familieleden, **1.44**
in eten, **3.13**-13, 9.26
van de Heer als een gewoon persoon beschouwen, 9.12
kennis verloren vanwege, 3.6
van Kuru's tegenover Draupadī, 1.11
lust &, **3.41**
Zie: Lust
van materieel leven zonder offer, **3.16**
oorzaak van
Arjuna's vraag over, **3.36-37**
lust als, **3.37-41**
overspel als, 1.40
reacties van. *Zie:* Reactie(s) voor zonden; Straf
straf voor, **1.43**-43
Zie: Straf; Reacties voor zonden
Superziel niet oorzaak van, 3.36
tijdperken van duidelijke aanwezigheid van, 8.17
door toegewijde, begrijpen van, **9.30-31**
van uiterlijk vertoon van spiritueel leven, 3.6
Zondige activiteit(en) (*vervolg*)
van vergeetachtigheid van wezenlijke positie, 7.28
vergeleken met het planten van zaad, 9.2
verschillen van de *yuga's* in, 8.17
van vleeseten, 6.16, 14.16, 16.1-3
vrijheid van
door devotionele dienst, 15.20
nodig voor het kennen van Kṛṣṇa, 15.20
tegen de wil, **3.36**-36
Zie: specifieke zondige activiteiten
Zondige mensen, vier soorten, **7.15**-15
Zonnegod. *Zie:* Vivasvān
Zorg. *Zie:* Lijden (leed)
Zuivere devotionele dienst, 2.39, 4.10, 9.20
activiteiten van, negen, 9.1
bereiken van, stadia van, **18.51-56**
als bevrijding, **9.13**-13, **14.26**-26, 18.54, 18.58
in *Bhagavad-gītā*, 18.1
Brahman bereikt door, **14.26**-26
definitie van, 7.16
als doel van kennis, 13.8-12
geloof heeft als resultaat, **10.7**-7
geluk door, **18.54**-54
kenmerken & eigenschappen van, 6.7-32, **8.14**-14, **10.9**-9, **11.55**-55
kennis door, 15.11
kennis over Kṛṣṇa inspireert, **10.7-8**
& lagere alternatieven, **12.8-12**
overtuiging brengt, **10.7**-7
door prediken van *Bhagavad-gītā*, **18.68**
risico's genomen in, 12.17
tegenover gereguleerde, 12.12
terug naar God gegarandeerd door, **11.55**-55
vergeleken met materieel gemotiveerde dienst, 7.16, 9.2
Zuiveraars, Kṛṣṇa vertegenwoordigd onder de, **10.31**
Zuivere goedheid, 14.10, 17.3, 17.4
Zuivere toegewijde(n)
als *adhyātma-cetas*, 3.30
alleen kunnen zich Kṛṣṇa realiseren, 4.11
allemaal verheven door omgang met, 9.32
begeleiding door, 9.32, 18.55, 18.56
geen belemmeringen voor, 8.14, **9.22**, 12.17
als bevrijd, 9.28
bezorgdheid afwezig in, 10.11, **12.16-17**
Bhagavad-gītā begrepen door, 18.64
op Brahman-niveau, 7.29
devotionele dienst van, 6.8, 6.18, 12.2, **12.13-14**, 12.13-14
eenheid van, met de Heer, 18.54
eigenschappen & kwalificaties van, 6.7-32, **7.17-18**, 7.20, 7.22, **8.14**-14, 9.11, 9.13, **9.22**, 9.28, **10.9**-9, 10.42, 12.2, **12.13-20**, **18.54**-54, 18.56
essentieel voor het kennen van Kṛṣṇa, 2.29
als expert, **12.16**
gedaante van Kṛṣṇa aantrekkelijk voor, 11.8
gelijkmoedigheid van, **12.13-16**, **12.18-19**, 12.18-19, **18.54**-54

Zuivere toegewijde(n) (*vervolg*)
geluk van, **18.54**-54
genade van, 2.29, 18.71, 18.73
als geschikt om terug te gaan naar God, 9.26
goede eigenschappen nodig voor, 12.18-19
goede eigenschappen van, 1.28
altijd de Heer dienend, **8.14**-14, 18.56
als hoogste transcendentalist, 18.66
horen & chanten over Kṛṣṇa met plezier, 10.19
horen van, 7.1, 8.15
als kind, **12.13-15**
kosmische gedaante is niet echt aantrekkelijk voor, 11.54
Kṛṣṇa
alleen degen die aantrekt, 2.64, 9.13
alleen te zien door, 11.48
beloften van, aan, **12.6-7**, 12.6-7, **18.65-66**
beschermd, 9.34
bestuurt, 1.15
brengt wat ze missen en laat houden wat ze hebben, **9.22**
gekend door, 4.5, 7.3
genadig voor, 7.23, 11.7, 18.56
geplezierd door, 1.22
gezelschap van, voor, 4.9, 4.11
herinnerd door, **8.14**-14, **10.9**-9
verlicht, 10.11
wil van ons, **18.65**
Kṛṣṇa herinnerend tijdens slaap, zich 1.24
leed gevoeld door, 12.16
als *mahātmā's*, 9.13
meditatie van, **6.19**
als *niṣkāma*, 8.14
offeringen van, aanvaard door Kṛṣṇa, 9.26
omgang met, 6.8, 7.16, 7.17, 7.28, 9.32, 12.20, 15.20
zeldzaamheid van, 10.9
onafhankelijkheid van, **12.16-17**
als onkenbaar, 9.28
onthechting van, 7.22, 8.14, **8.15**, 8.23-24, 8.27, **12.16-17**
overgave aan, 13.26
overgegeven aan de Heer, 10.9
plezier voor, horen & chanten als, **10.9**-9
plicht &, **3.17-18**, 9.28
prediken door, 11.55
risico's genomen door, 12.17
spiritueel leraar &, 12.13-14

Zuivere toegewijde(n) (*vervolg*)
& Zijn spiritueel leraar, 18.56
spirituele kennis alleen begrepen door, 13.19
terug naar God voor, 18.55, **18.56**
als tevredengesteld, **12.13-14**, 12.13-14
toekomst van, 9.28
als tolerant, **12.13-14**, 12.13-14
als transcendentaal
aan angst & bezorgdheid, **12.15**-15
aan benamingen, 12.16
aan dualiteiten van het leven, **12.17**-17
aan gehechtheid & onthechting, 2.64
aan materiële plichten, **3.17-18**, 3.35
geen val voor, 9.22
als vastberaden in devotionele dienst, **12.13-14**, 12.13-14
in verbinding met de Heer, *9*
vergeleken
met toegewijden met motivaties, 7.16
met *yogī's*, 8.14, 8.16
verstoringen afwezig in, **12.15-16**
vijandigheid ontbreekt in, **12.13-14**
visie van, 11.7
volkomen gehecht aan de Heer, **10.9**-9
volledig actief onder Kṛṣṇa's leiding, 18.56
met volledige kennis over Kṛṣṇa, **7.17-19**
als vriend van iedereen, **12.13-14**
vrij van slecht gezelschap, **12.18-19**, 12.18-19
als zachtaardig, 1.28
als zeldzaam, 12.13-14
als zelfbeheerst, **12.13-14**, 12.13-14
Zuiverheid
activiteiten in, als *bhakti*, *9-10*
van bewustzijn definitie van, *10*
als brahmaanse eigenschap, **18.42**
nodig voor spreken over transcendentale onderwerpen, *9*
voor *sannyāsī*, 16.1-3
Zuivering, 9.31, **16.1-3**
door ascese, **18.5-7**
als ascese van geest, **17.16**-16
boetedoening voor, 1.43
door chanten van Hare Kṛṣṇa, 9.31
vergeleken met direct proces, 17.28
door *haṭha-yoga*, 2.17
door horen

Zuivering (*vervolg*)
Bhagavad-gītā, **18.71**-71
over Heer, 18.55
door devotionele dienst, *19*, **2.51**, 2.61, 3.9, **9.28**-28, 10.11, 14.27, 15.20, 18.66
door dood op slagveld, 2.22
familietradities voor, **1.39**-39
geleidelijke, 3.35, **16.22**
van Heer, 13.22
door intelligentie, **18.51-53**
door Kṛṣṇa-bewustzijn, 3.38, 3.41, 17.3
als direct proces, 17.28
lucht, van materiële soorten, 2.17
van lust naar liefde, 3.37
door omgang met transcendentalisten, 17.4
door offer, 3.11, 3.12-**13**, 3.14, **4.30**, 18.2
alle voordelen van, **18.5-6**
door omgang met toegewijden, 14.27
onthechting &, *19*, 3.8
door onthechting van lust, woede, & hebzucht, 16.22
door *prasādam*, 3.11, 3.14
processen voor, aangeraden aan iedereen, **18.5-6**
regels van heilige teksten moeten gevolgd worden voor, **16.23**-23
door regels & reguleringen, 3.6
van samenleving, *varṇāśrama* voor, 1.39-42, 16.22
sannyāsa vereist, 3.4
voor *sannyāsī*, restricties voor, 16.1-3
stadia van, **16.22**
door Superziel, 2.61
door de Superziel overal te zien, **13.29**
door vasten, 17.5-6
door vedische rituelen, 3.26
van verlangen om de baas te spelen, 13.22
door vervulde plichten, 3.7-8, 17.26-27, **18.6-11**
voedsel geschikt voor, **17.8**, 17.10
voor voorouders, **1.41**-41door vrijgevigheid, 12.11
alle voordelen van, **18.5**-6
door vuur (vernietiging), 2.24
van ziel tot aan zintuigen, 3.42
Zie: Ascese; Devotionele dienst; Verheffing; Zelfrealisatie
Zwarte magie, 9.25
Zwarte markt, handel op, 16.1-3, 16.16

GELEERDEN *over de* BHAGAVAD-GĪTĀ ZOALS ZE IS

DE BHAGAVAD-GĪTĀ *zoals ze is* van Śrī Śrīmad A.C. Bhaktivedanta Swami Prabhupāda is de meest gezaghebbende editie van deze klassieke tekst uit de wereldliteratuur en met meer dan vijfig miljoen gedrukte exemplaren in meer dan vijfig talen ook de meest verkochte. Hier enkele uitspraken van een aantal vooraanstaande internationale geleerden.

'De *Bhagavad-gītā* roept de mens op tot een persoonlijke liefdesrelatie met God Kṛṣṇa. Haar boodschap is een zeer belangrijke bron van inspiratie voor het godsdienstig denken in India geweest. A.C. Bhaktivedanta Swami Prabhupāda brengt met zijn vertaling van de *Bhagavad-gītā* deze boodschap nu ook aan het Nederlandse publiek over.'

— *Dr. G.H. Schokker*
Instituut Kern (Indologie), Rijksuniversiteit Leiden

'Als geen ander literair werk heeft de editie van de *Bhagavad-gītā* van A.C. Bhaktivedanta Swami Prabhupāda de westerse wereld toegang gegeven tot nauwkeurige kennis over de oudste spirituele traditie van India. Daarnaast draagt ze bij aan het onderlinge begrip der volkeren, iets wat tegenwoordig zeer noodzakelijk is.'

— *Prof. Dr. Theol. Edmund Weber*
Directeur van het Instituut voor Irenologie
Johann Wolfgang Goethe Universiteit, Frankfurt am Main

'Er kan geen twijfel over bestaan dat deze editie een van de beste boeken is wat de *Gītā* en devotie betreft. De vertaling van Prabhupāda is een ideale mengeling van nauwgezette letterlijkheid en religieus inzicht.'

— *Dr. Thomas J. Hopkins*
Emeritus professor in de godsdienstwetenschap
Franklin & Marshall College (Lancaster, PA, USA)

'De *Gītā* kan worden gezien als het belangrijkste literaire bewijs voor de grote religieuze beschaving van India, de oudste nog bestaande cultuur ter wereld (...). Deze vertaling met commentaar is nogmaals een uiting van het permanente vitale belang van de *Gītā*. Swami Bhaktivedanta is zo goed het Westen eraan te herinneren dat onze hoogst activistische en eenzijdige cultuur geconfronteerd wordt met een crisis die wel eens zou kunnen eindigen in zelfvernietiging door haar gebrek aan de innerlijke diepte van een authentiek metafysisch bewustzijn. Zonder een dergelijke diepte zijn onze plechtige morele en politieke verklaringen niet anders dan een loze woordenstroom.'

—*Thomas Merton*
katholiek theoloog, monnik, schrijver

'Als wat werkt waar is, zoals Pierce en de pragmatisten volhouden, dan moet er wel een kern van waarheid zitten in de *Bhagavad-gītā zoals ze is*, want zij die haar filosofie volgen, vertonen een vreugdevolle sereniteit, die meestal afwezig is in het sombere en schrille leven van de hedendaagse mens.'

— Dr. Elwin H. Powell
Professor in de sociologie, State University of New York

'In deze prachtige vertaling heeft Śrīla Prabhupāda het diep devotionele karakter van de *Gītā* weergegeven en heeft hij de tekst van een uitgebreid commentaar voorzien, die trouw is aan de waarlijk authentieke traditie van Śrī Kṛṣṇa Caitanya, een van de belangrijkste en invloedrijkste heiligen van India.'

— Dr. J. Stillson Judah
Emeritus professor in de godsdienstgeschiedenis
Graduate Theological Union, Berkeley

'*Bhagavad-gītā zoals ze is* is een diepgevoelde, krachtige en prachtig uitgelegde tekst (...). Ik heb nog geen andere tekst over de *Gītā* gezien met zo'n stem en stijl van gewicht. Het is een werk van onbetwistbare integriteit (...). Het zal voor lange tijd een belangrijke plaats innemen in het intellectuele en ethische leven van de moderne mens.'

— Dr. S. Shukla
Associate professor in de taalkunde, Universiteit van Georgetown

'Ik ben zeer onder de indruk van de wetenschappelijke en gezaghebbende editie van de *Bhagavad-gītā* van A.C. Bhaktivedanta Swami Prabhupāda. Zowel voor de geleerde als voor de leek is het een zeer belangrijk werk. Daarnaast is het zeer goed bruikbaar als naslagwerk en ook als studieboek. Ik raad mijn studenten deze editie direct aan. Het is een prachtig en geslaagd boek.'

— Dr. Samuel D. Atkins
Professor in het Sanskriet, Universiteit van Princeton

'Van de hele Indiase literatuur is er in het westen geen enkele andere tekst vaker geciteerd dan de *Bhagavad-gītā*, omdat geen enkele tekst er meer geliefd is. Het vertalen van zo'n werk vereist niet alleen kennis van het Sanskriet, maar ook een innerlijke genegenheid voor het thema. Daarnaast vereist het ook woordkunst, want het gedicht is een symfonie, waarin God in alles wordt gezien.

'Śrī Śrīmad A.C. Bhaktivedanta Swami Prabhupāda heeft uiteraard een diepe genegenheid voor het thema, maar hij benadert het bovendien met een speciaal interpretatief inzicht, een krachtige en overtuigende weergave in de *bhakti*-traditie (...). De Swami is studenten zeer dienstbaar door het geliefde Indiase epos met een frisse betekenis te bezielen. Wat ons perspectief ook is, we moeten állemaal dankbaar zijn voor de arbeid die tot dit verhelderende werk heeft geleid.'

— Dr. Geddes MacGregor
Eminent emeritus professor in de filosofie
Universiteit van Zuid-Californië

FSC
www.fsc.org
MIX
From responsible sources
FSC® C021883

Printed in Italy by L.O.C.E. s.n.c. at Grafica Veneta S.p.a. Trebaseleghe (Padova)